LANGENSCHEIDT'S POCKET POLISH DICTIONARY

ENGLISH-POLISH
POLISH-ENGLISH

by

PROFESSOR TADEUSZ GRZEBIENIOWSKI

New Edition

Revised and updated by

Dr Andrzej Kaznowski

LANGENSCHEIDT

NEW YORK · BERLIN · MUNICH

Printed in Germany

CONTENTS – SPIS TREŚCI

PRZEDMOWA

Nowa edycja *Pocket Polish Dictionary* opracowana została na bazie słownika *Pocket Polish Dictionary* profesora Tadeusza Grzebieniowskiego, wydawanego ostatnio przez Langenscheidta. Od chwili ukazania się *Pocket Polish* wiele milionów egzemplarzy tego słownika sprzedano zarówno w Polsce jak i poza jej granicami.

W stosunku do poprzedniego obecne opracowanie zostało poszerzone i zaktualizowane o nowe wyrazy z takich dziedzin jak informatyka, biznes, finansowość, zajęcia rekreacyjne i sporty. Słownik zawiera około 50 000 haseł i zwrotów oraz osobne spisy nazw geograficznych i powszechnie używanych skrótów. Część angielsko-polska obejmuje ponadto wykaz czasowników o nieregularnej odmianie, zestawienie brytyjskich i amerykańskich miar i wag. Nowy słownik *Pocket Polish Dictionary* przeznaczony jest dla szerokiego kręgu polsko- i anglojęzycznych odbiorców: biznesmenów, dziennikarzy, turystów, studentów i uczniów, zarówno dla zaawansowanych w nauce jednego z tych języków jak i dla początkujących.

PREFACE

The new edition of the *Pocket Polish Dictionary* was compiled on the basis of Professor Tadeusz Grzebieniowski's *Pocket Polish Dictionary*, which had been recently published by Langenscheidt. Since its publication, millions of copies of the *Pocket Polish* have been sold both in Poland and abroad.

In comparison with its original the revised edition has been enlarged and brought up to date to include terms relating to computer science, business, finance, leisure activities and sports. The dictionary contains about 50,000 entries and phrases as well as lists of geographical names and common abbreviations. The English section also includes a list of irregular verbs and charts of British and American weights and measures. The new *Pocket Polish Dictionary* is intended for a wide range of Polish and English speaking users: for business people, journalists, tourists, university and secondary/high school students, for both advanced learners and beginners of either of the two languages.

Part One

English-Polish

GUIDE TO THE USE OF THE DICTIONARY

WSKAZÓWKI DLA UŻYTKOWNIKA

1. Headwords

1. Hasła

The headwords are printed in boldfaced type in strictly alphabetical order. They are labelled by pertinent abbreviations indicating the grammatical categories to which they belong. Other symbols denote particular branches of learning or the special uses.

Wyrazy hasłowe podaje się pismem półgrubym w porządku ściśle alfabetycznym. Po haśle odpowiednim kwalifikatorem zaznacza się kategorię gramatyczną, do której zalicza się wyraz. Inne kwalifikatory wskazują na przynależność do poszczególnych dziedzin wiedzy lub na specjalistyczny zakres użycia wyrazu.

If an English word is invariable in form irrespective of its grammatical category, e.g. **love** (as a noun) = miłość and **love** (as a verb) = kochać, its Polish equivalents are arranged, within the same entry, according to the grammatical order, e.g.:

Jeżeli wyraz hasłowy występuje w charakterze różnych części mowy identycznych pod względem formy (jak np. **love** = miłość i **love** = kochać), to w takim przypadku podano go w jednym artykule hasłowym z polskimi odpowiednikami uszeregowanymi według ustalonej w gramatyce kolejności, np.:

hand [hænd] *s* ręka, dłoń...; *vt* (*także* ~ **in**) wręczyć...

If the English headword is followed by several Polish equivalents, it is the basic meaning or the earliest one etymologically that comes first, e.g.:

Jeżeli wyraz hasłowy ma kilka odpowiedników polskich, na pierwszym miejscu podano znaczenie bliższe lub pierwotne, a potem kolejno, znaczenia dalsze lub pochodne, np.:

gath·er ['gæðə] *vt vi* zbierać (się); wnioskować; (*o rzece*) wzbierać; (*o wrzodzie*) nabierać; narastać

Homonyms are given as separate entries and marked with successive numerals, e.g.:

Homonimy podano w osobnych hasłach oznaczonych kolejnymi cyframi, np.:

grave 1. [greɪv] *s* grób
grave 2. [greɪv] *adj* poważny, ważny

If the headword belongs to various grammatical categories, these are separated by means of a semicolon, and labelled by a pertinent grammatical abbreviation, e.g.:

Jeżeli wyraz hasłowy należy do różnych kategorii gramatycznych, oddzielono je średnikiem oraz oznaczono odpowiednim kwalifikatorem gramatycznym, np.:

af·ter·noon [ˌɑːftə'nuːn] *s* popołudnie; *adj attr* popołudniowy...

Nouns

Hasła rzeczownikowe

Many English nouns denoting persons have been rendered in Polish as masculine only, e.g. **teacher** ‚nauczyciel'; the feminine equivalent ‚nauczycielka' is not given.

Znaczna część rzeczowników angielskich ma jednakową formę dla rodzaju męskiego i żeńskiego, np. **teacher** ‚nauczyciel', ‚nauczycielka'. Dla uproszczenia polskie odpowiedniki podano tylko w formie rodzaju męskiego.

Regular plurals have not, as a matter of course, been included. It is only the irregular plural forms that have been inserted, as well as those that might seem questionable (given in round brackets), e.g.:

Tylko regularne formy liczby mnogiej zostały pominięte. Formy nieregularne lub nasuwające wątpliwości podano w nawiasach okrągłych, np.:

goose [gu:s] *s* (*pl* **geese** [gi:s]) gęś

Adjectives

Hasła przymiotnikowe

The degrees of comparison have been consistently shown within the entries for irregular adjectives.

Przy przymiotnikach stopniowanych nieregularnie podano formy stopnia wyższego i najwyższego.

Adjectives used only as attributes or as predicatives are provided with the labels *attr* and *praed,* respectively.

Przymiotniki, których można użyć tylko przydawkowo lub tylko orzecznikowo, oznaczone są odpowiednio skrótami *attr* i *praed.*

Verbs

Hasła czasownikowe

The basic forms of the regular verbs, ending in **ed, ed** (**d, d**), have been omitted. As far as the irregular verbs are concerned, three main forms have been given: infinitive, simple past tense and past participle. The asterisk * placed before the entry refers to the list of irregular verbs.

Pominięto podstawowe formy fleksyjne czasowników, które tworzy się regularnie przez dodanie końcówki **ed**, **ed** (**d**, **d**). Jeśli chodzi o czasowniki o odmianie nieregularnej, to w słowniku podaje się trzy podstawowe formy: bezokolicznika, czasu przeszłego i imiesłowu czasu przeszłego. Poprzedzający hasło asteryks (*) odsyła do spisu czasowników z odmianą nieregularną.

The syntactic category of the verb in a sentence, as exemplified in the present dictionary, is given in round brackets immediately after its Polish equivalent, e.g.:

Różnice w składni czasowników zaznaczamy za pomocą odpowiednich zaimków i przyimków, w nawiasach okrągłych, tuż po polskim odpowiedniku, np.:

agree [ə'griː] *vi* zgadzać się (***to sth*** na coś); układać się, umawiać się, porozumiewać się (***on, upon sth*** w sprawie czegoś) ...

2. Phonetic Transcription

2. Transkrypcja

The headwords are followed by the phonetic script, each particular English word being transcribed and placed within square brackets. The symbols used here are those of the International Phonetic Association, based on the recent editions of British dictionaries (*Longman Pronunciation Dictionary* by J. C. Wells and *English Pronouncing Dictionary*, edited by P. Roach and J. Hartman). Phonetic transcriptions in this book have all been simplified towards the Jones/Gimson standard.

Przy każdym wyrazie hasłowym podano w nawiasie kwadratowym jego transkrypcję fonetyczną. Zastosowano symbole ogólnie przyjętej transkrypcji międzynarodowej, w oparciu o najnowsze wydania słowników brytyjskich (*Longman Pronunciation Dictionary* opracowany przez J. C. Wellsa oraz *English Pronouncing Dictionary*, pod redakcją P. Roacha i J. Hartmana). Zapis fonetyczny w niniejszym słowniku został nieco uproszczony zgodnie ze standartem Jonesa/Gimsona.

samogłoski

znak graficzny dźwięku	zbliżony polski odpowiednik	przykład użycia i wymowa
iː	i	eat [iːt]
ɪ	y	sit [sɪt]
e	e	bed [bed]
æ	a/e	bad [bæd]
ɑː	a (długie)	half [hɑːf]
ɒ	o (krótkie)	not [nɒt]
ɔː	o (długie)	law [lɔː]
ʊ	u (krótkie)	put [pʊt]
uː	u (długie)	food [fuːd]
ʌ	a (krótkie)	luck [lʌk]
ɜː	e (długie)	first [fɜːst]
ə	e (nieakcentowane)	ago [ə'gəʊ]

dwugłoski

eɪ	ei (łącznie)	late [leɪt]
əʊ	eu (łącznie)	stone [stəʊn]
aɪ	ai (łącznie)	nice [naɪs]
aʊ	au (łącznie)	loud [laʊd]
ɔɪ	oi (łącznie)	point [pɔɪnt]
ɪə	ie (łącznie)	fear [fɪə]

eə	ea	hair [heə]
ʊə	ue	tour [tʊə]

niektóre spółgłoski

tʃ	cz	chin [tʃɪn]
dʒ	dż	just [dʒʌst]
v	w	voice [vɔɪs]
θ		thing [θɪŋ]
ð		then [ðen]
ʃ	sz	sharp [ʃɑːp]
ʒ	ż	vision ['vɪʒn]
ŋ	n (nosowe)	sing [sɪŋ]
w	ł	wet [wet]

3. Spelling

3. Pisownia

The spelling used throughout the present dictionary is that of Great Britain and most English speaking countries except the U.S.A.

W słowniku niniejszym zastosowano pisownię brytyjską, przyjętą powszechnie w Wielkiej Brytanii i w innych krajach mówiących po angielsku z wyjątkiem Stanów Zjednoczonych.

Some slight variants found both in Britain and in the U.S.A., e.g. **cosy** or **cozy**, **gipsy** or **gypsy** are, as a rule, provided with the equals sign (=).

Pewne oboczne formy ortograficzne, spotykane zarówno w pisowni brytyjskiej, jak i amerykańskiej, takie jak np. **cosy** albo **cozy**, **gipsy** albo **gypsy**, oznaczone są znakiem równości (=).

ABBREVIATIONS

SKRÓTY

adj	przymiotnik	adjective
adv	przysłówek	adverb
am.	amerykański	American
anat.	anatomia	anatomy
arch.	architektura	architecture
astr.	astronomia	astronomy
attr	przydawka, przydawkowy	attribute, attributive
bank.	bankowość	banking
biol.	biologia	biology
bot.	botanika	botany
bryt.	brytyjski	British
chem.	chemia	chemistry
comp	stopień wyższy	comparative (degree)

conj	spójnik	conjunction
dent.	dentystyka	dentistry
dial.	dialekt	dialect
dod.	znaczenie dodatnie	positive (meaning)
dosł.	dosłownie	literally
druk.	drukarstwo	printing
elektr.	elektryczność	electricity
f	(rodzaj) żeński	feminine (gender)
filat.	filatelistyka	philately
film	film	film
filoz.	filozofia	philosophy
fin.	finansowość	finances
fiz.	fizyka	physics
fot.	fotografia	photography
fut	czas przyszły	future tense
genit	dopełniacz	genitive
geogr.	geografia	geography
geol.	geologia	geology
górn.	górnictwo	mining
gram.	gramatyka	grammar
handl.	handlowy	commerce, trade
hist.	historia	history
imp	forma nieosobowa	impersonal form
inf	bezokolicznik	infinitive
int	wykrzyknik	interjection
interrog	pytający	interrogative
kin.	kinematografia	cinematography
kolej.	kolejnictwo	railways
komp.	komputery	computers
lit.	literatura, wyraz literacki	literature, literary use
lotn.	lotnictwo	aviation
łac.	wyraz łaciński	Latin word
m	(rodzaj) męski	masculine (gender)
mal.	malarstwo	painting
mat.	matematyka	mathematics
med.	medycyna	medicine
miner.	mineralogia	mineralogy
mors.	morski	marine (term)
mot.	motoryzacja	motoring
muz.	muzyka	music
n	(rodzaj) nijaki	neuter (gender)
neg.	forma przecząca	negative form
nieodm.	wyraz nieodmienny	indeclinable (unconjugated) word
num	liczebnik	numeral
p	czas przeszły	past tense, preterite
part.	partykuła	particle
pieszcz.	pieszczotliwy	term of endearment
pl	liczba mnoga	plural
poet.	wyraz poetycki	poetic use

polit.	polityka	politics
por.	porównaj	compare
pot.	wyraz potoczny	colloquialism
pp	imiesłów czasu przeszłego	past participle
ppraes	imiesłów czasu teraźniejszego	present participle
praed	orzecznik, orzecznikowy	predicative
praef	przedrostek	prefix
praep	przyimek	preposition
praes	czas teraźniejszy	present tense
prawn.	termin prawniczy	law
pron	zaimek	pronoun
przen.	przenośnie	figuratively
reg.	regularny	regular
rel.	religia	religion
rów.	również	also
s	rzeczownik	substantive, noun
sb, sb's	ktoś, kogoś	somebody, somebody's
sing	liczba pojedyncza	singular
skr.	skrót	abbreviation
s pl	rzeczownik w liczbie mnogiej	plural noun
sport	sport	sports
sth	coś	something
suf	przyrostek	suffix
sup	stopień najwyższy	superlative (degree)
szk.	szkolny	school word
teatr	teatr	theatre
techn.	technika	technology
uj.	ujemny	pejorative
uż.	używany	used
v	czasownik	verb
v aux	czasownik posiłkowy	auxiliary verb
vi	czasownik nieprzechodni	intransitive verb
v imp	czasownik nieosobowy	impersonal verb
vr	czasownik zwrotny	reflexive verb
vt	czasownik przechodni	transitive verb
wojsk.	wojskowy	military
wulg.	wulgarny	vulgar, obscene
wyj.	wyjątek	exception
zam.	zamiast	instead of
zbior.	rzeczownik zbiorowy	collective noun
zdrob.	wyraz zdrobniały	diminutive
znacz.	znaczenie	meaning
zob.	zobacz	see
zool.	zoologia	zoology
zw.	zwykle	usually
żart.	żartobliwy	humorous (usage)

EXPLANATORY SIGNS
ZNAKI OBJAŚNIAJĄCE

ˈ The upper stress mark denotes that the following syllable bears the primary stress.
Kreska u góry (w zapisie transkrypcyjnym hasła) oznacza że główny akcent leży na następującej po niej zgłosce.

ˌ The lower stress mark denotes that the following syllable bears the secondary stress, weaker than the primary.
Kreska u dołu oznacza, że na następującej po niej zgłosce leży słabszy od głównego akcent poboczny.

• The dot is a sign of syllable separation. Thus it shows how to divide the word in written text.
Kropka określa zasady dzielenia wyrazów zgodnie z ortografią angielską.

* The asterisk, placed before the verb, refers to the list of irregular verbs.
Gwiazdka przy czasownikach nieregularnych odsyła do tabeli czasowników z odmianą nieregularną.

[ ] Square brackets are used to indicate the phonetic transcription of the headword.
W nawiasach kwadratowych umieszczono transkrypcję fonetyczną wyrazów hasłowych.

( ) Round brackets contain explanatory information, irregular forms of the headwords, or words and letters which can be omitted.
W nawiasach okrągłych umieszczono objaśnienia, nieregularne formy wyrazu hasłowego, wyrazy i litery, które mogą być opuszczone.

< > Angular brackets enclose words and parts of expressions which are interchangeable.
W nawiasach trójkątnych umieszczono wymienne wyrazy lub człony związków frazeologicznych.

= The equals sign refers the reader to the entry containing the desired equivalents.
Znak równania odsyła użytkownika do hasła, w którym znajdzie potrzebne mu odpowiedniki.

~ The tilde replaces the headword.
Tylda zastępuje w zwrotach hasło.

1., 2. Numerals denote the sequence of headwords with the same spelling, but differing in etymology and meaning.
Cyfry po hasłach wskazują na odrębność znaczenia i pochodzenia wyrazów o tej samej pisowni, podanych jako osobne hasła.

; The semicolon is used to denote distinct meanings of two or more equivalents of the headword and to separate particular items of grammatical information and grammatical categories.

Średnik oddziela odpowiedniki o całkowicie różnych znaczeniach, związki frazeologiczne oraz objaśnienia i kategorie gramatyczne.

, The comma is used to separate equivalents close in meaning. Przecinek oddziela odpowiedniki bliskie pod względem znaczeniowym.

THE ENGLISH ALPHABET

ALFABET ANGIELSKI

a [eɪ]	f [ef]	k [keɪ]	p [piː]	u [juː]
b [biː]	g [dʒiː]	l [el]	q [kjuː]	v [viː]
c [siː]	h [eɪtʃ]	m [em]	r [ɑː]	w ['dʌbljuː]
d [diː]	i [aɪ]	n [en]	s [es]	x [eks] y [waɪ]
e [iː]	j [dʒeɪ]	o [əʊ]	t [tiː]	z [zed, *am.* ziː]

A

a [ə, eɪ] *przedimek nieokreślony* (*przed spółgłoską*); *zob. także* ***an***

a·back [ə'bæk] *adv* wstecz, do tyłu, z tyłu, na uboczu; ***taken ~*** zaskoczonya

ab·a·cus ['æbəkəs] *s* (*pl* ***abaci*** ['æbəsaɪ] *lub* ***abacuses*** ['æbəkəsɪz]) liczydło

a·ban·don 1. [ə'bændən] *vt* opuścić, zaniechać; zrezygnować; *vr* ***~ oneself to sth*** oddać się, poddać się (czemuś)

a·ban·don 2. [ə'bændən] *s* żywiołowość

a·ban·don·ment [ə'bændənmənt] *s* opuszczenie, porzucenie; zaniedbanie; rezygnacja

a·bash [ə'bæʃ] *vt* zawstydzić, zmieszać

a·bate [ə'beɪt] *vt* opuścić, obniżyć; zmniejszyć; *vt* opaść; osłabnąć; zmniejszyć się

ab·bey ['æbɪ] *s* opactwo (*klasztor lub kościół przyklasztorny*)

ab·bot ['æbət] *s* opat

ab·bre·vi·ate [ə'briːvɪeɪt] *vt* skracać

ab·bre·via·tion [əˌbriːvɪ'eɪʃn] *s* skrót, skrócenie

ABC [ˌeɪbiː'siː] *s* alfabet; podstawy wiedzy, nauki

ab·di·cate ['æbdɪkeɪt] *vt* rezygnować (***the office*** z urzędu); abdykować (***the throne*** z tronu)

ab·di·ca·tion [ˌæbdɪ'keɪʃn] *s* zrzeczenie się, abdykacja (***of the throne*** <***office***> z tronu <urzędu>)

ab·do·men ['æbdəmən] *s* brzuch

ab·duct [æb'dʌkt] *vt* uprowadzić, porwać

ab·duc·tion [æb'dʌkʃn] *s* uprowadzenie, porwanie

ab·er·ra·tion [ˌæbə'reɪʃn] *s* zboczenie (z właściwej drogi), odchylenie; aberracja

a·bet [ə'bet] *vt* podjudzać, podżegać, współdziałać (w przestępstwie)

a·bey·ance [ə'beɪəns] *s* stan zawieszenia, niepewności

ab·hor [əb'hɔː] *vt* czuć wstręt, żywić nienawiść (***sb, sth*** do kogoś, do czegoś)

a·bide** [ə'baɪd] *vt* (abided, abided*** *lub* ***abode, abode*** [ə'bəud]) wytrzymywać, znosić; oczekiwać; *vi* pozostawać, przebywać; ***~ by sth*** dotrzymywać czegoś, trzymać się czegoś

a·bid·ing [ə'baɪdɪŋ] *adj* trwały, stały

a·bil·i·ty [ə'bɪlətɪ] *s* zdolność; *pl* ***abilities*** talent, uzdolnienie; ***to the best of my ~*** <***abilities***> jak potrafię najlepiej, w granicach moich możliwości

ab·ject ['æbdʒekt] *adj* podły, nikczemny, godny pogardy; nędzny; nieszczęsny

ab·jure [əb'dʒuə] *vt* wyrzec się (***sth*** czegoś)

a·blaze [ə'bleɪz] *adv adj praed* w płomieniach; płonący

a·ble ['eɪbl] *adj* zdolny, zręczny, nadający się; ***to be ~*** móc, być w stanie, potrafić

a·ble-bod·ied [ˌeɪbl'bɒdɪd] *adj* silny, zdrowy

ab·ne·ga·tion [ˌæbnɪ'geɪʃn] *s* abnegacja, zaniedbanie

ab·nor·mal [æb'nɔːml] *adj* anormalny, nieprawidłowy

a·board [ə'bɔːd] *adv i praep* na pokładzie (statku, samolotu), na

pokład; *am. także* w pociągu, do pociągu
a·bode 1. *zob.* **abide**
a·bode 2. [ə'bəʊd] *s* miejsce pobytu, siedziba; ***to take up one's ~*** zamieszkać
a·bol·ish [ə'bɒlɪʃ] *vt* znieść, usunąć, skasować, obalić
ab·o·li·tion [ˌæbə'lɪʃn] *s* zniesienie, usunięcie, obalenie; *am.* zniesienie niewolnictwa
a bomb ['eɪ bɒm] *s* (= ***atomic bomb***) bomba atomowa
a·bom·i·na·ble [ə'bɒmɪnəbl] *adj* wstrętny, obrzydliwy; ***~ snowman*** yeti
a·bom·i·nate [ə'bɒmɪneɪt] *vt* czuć wstręt (***sth*** do czegoś); brzydzić się (***sth*** czymś)
a·bom·i·na·tion [əˌbɒmɪ'neɪʃn] *s* wstręt, obrzydzenie, odraza; przedmiot wstrętu
ab·o·rig·i·nal [ˌæbə'rɪdʒənl] *adj* pierwotny mieszkaniec (*zw.* w Australii)
ab·o·rig·i·nes [ˌæbə'rɪdʒɪniːz] *s pl* tubylcy, pierwotni mieszkańcy (*zw.* w Australii)
a·bor·tion [ə'bɔːʃn] *s* poronienie; *przen.* nieudane dzieło
a·bor·tive [ə'bɔːtɪv] *adj* poroniony; *przen.* nieudany
a·bound [ə'baʊnd] *vi* obfitować (***in, with sth*** w coś); ***he ~s in courage*** jest pełen odwagi
about [ə'baʊt] *adv* dookoła, wokół, tu i tam; mniej więcej, około; ***to be ~ to do sth*** mieć (zamiar) coś zrobić, zabierać się do zrobienia czegoś; *praep* przy, dookoła; odnośnie do, w sprawie; ***I have no money ~ me*** nie mam przy sobie pieniędzy; ***what ~ leaving?*** a może byśmy wyszli?
a·bove [ə'bʌv] *adv* w górze, powyżej; *praep* nad, ponad; *adj attr* powyższy, wyżej wymieniony
a·bra·sion [ə'breɪʒn] *s* otarcie (skóry), starcie; wytarcie
a·breast [ə'brest] *adv* w jednym rzędzie, obok, ramię przy ramieniu; ***to keep ~ of*** dotrzymywać kroku, być na bieżąco
a·bridge [ə'brɪdʒ] *vt* skrócić, streścić
a·broad [ə'brɔːd] *adv* za granicą, za granicę; na zewnątrz, poza dom(em), szeroko i daleko; ***there is a rumour ~*** rozchodzi się pogłoska
ab·rupt [ə'brʌpt] *adj* oderwany; nagły, niespodziewany; (o *wzniesieniu*) stromy; szorstki (*np. ton*), opryskliwy
ab·scess ['æbses] *s* (*pl* ***~es*** ['æbsesɪz]) wrzód
ab·sence ['æbsns] *s* nieobecność, brak; ***~ of mind*** roztargnienie
ab·sent ['æbsnt] *adj* nieobecny, brakujący; *vr* [əb'sent] ***~ oneself*** być nieobecnym; ***~ oneself from school*** być nieobecnym w szkole
ab·sent·ee [ˌæbsn'tiː] *s* osoba nieobecna
ab·sent-mind·ed [ˌæbsnt-'maɪndɪd] *adj* roztargniony
ab·so·lute ['æbsəluːt] *adj* absolutny, bezwarunkowy, bezwzględny; stanowczy; ***~ value*** *mat.* wartość bezwzględna; *s* absolut
ab·so·lute·ly ['æbsəluːtlɪ] *adv* absolutnie, bezwarunkowo, bezwzględnie; stanowczo; *int* na pewno!, oczywiście!
ab·so·lu·tion [ˌæbsə'luːʃn] *s rel.* rozgrzeszenie; darowanie winy
ab·so·lut·ism ['æbsəluːtɪzm] *s* absolutyzm
ab·solve [əb'zɒlv] *vt* zwolnić (***sb from sth*** kogoś od czegoś), darować (***sb from sth*** komuś coś); rozgrzeszyć
ab·sorb [əb'sɔːb] *vt* absorbować, wsysać, pochłaniać; ***he is ~ed in tennis*** pochłania go tenis
ab·sorp·tion [əb'sɔːpʃn] *s* wchłonięcie; zaabsorbowanie (***in sth*** czymś)
ab·stain [əb'steɪn] *vi* powstrzymywać się (***from sth*** od czegoś)

ab·stain·er [əb'steınə] *s* abstynent
ab·sti·nence ['æbstınəns] *s* wstrzemięźliwość, trzeźwość
ab·stract ['æbstrækt] *adj* abstrakcyjny, oderwany; niejasny; *s* wyciąg, skrót; *vt* [əb'strækt] odrywać, odciągać, odejmować
ab·strac·tion [æb'strækʃn] *s* abstrakcja, abstrahowanie, oddzielenie; roztargnienie
ab·surd [əb'sɜːd] *adj* niedorzeczny, głupi; absurdalny
ab·sur·di·ty [əb'sɜːdətı] *s* niedorzeczność
a·bun·dance [ə'bʌndəns] *s* obfitość
a·bun·dant [ə'bʌndənt] *adj* obfity
a·buse [ə'bjuːs] *s* nadużycie; obraza, zniesławienie; *vt* [ə'bjuz] nadużywać; obrażać, zniesławiać
a·bu·sive [ə'bjuːsıv] *adj* obrażający, obraźliwy, obelżywy
a·bys·mal [ə'bızml] *adj* bezdenny, przepastny; okropny, fatalny
a·byss [ə'bıs] *s* przepaść, otchłań
a·ca·cia [ə'keıʃə] *s* akacja
ac·a·dem·ic [ˌækə'demık] *adj* akademicki; teoretyczny; *s* akademik, uczony
a·ca·de·mi·cian [əˌkædə'mıʃn] *s* członek akademii
a·cad·e·my [ə'kædəmı] *s* akademia, zakład naukowy, uczelnia
ac·cede [æk'siːd] *vi* przystąpić, dołączyć się; zgodzić się, przystać (***to sth*** na coś); wstąpić (***to the throne*** na tron); objąć (***to a post*** stanowisko)
ac·cel·er·ate [ək'seləreıt] *vt vi* przyspieszyć
ac·cel·er·a·tion [əkˌselə'reıʃn] *s* przyspieszenie
ac·cel·er·a·tor [ək'seləreıtə] *s* akcelerator; *mot.* pedał gazu
ac·cent ['æksnt] *s* akcent, przycisk; sposób wymawiania; *vt* [æk'sent] akcentować, kłaść nacisk, podkreślać
ac·cen·tu·ate [ək'sentʃʊeıt] *vt* akcentować, podkreślać, uwypuklać
ac·cept [ək'sept] *vt vi* przyjmować, zgadzać się; akceptować (*np. weksel*)
ac·cept·a·ble [ək'septəbl] *adj* do przyjęcia; znośny, zadowalający; pożądany
ac·cept·ance [ək'septəns] *s* (chętne) przyjęcie; zgoda (***of sth*** na coś), uznanie; *handl.* akcept
ac·cess ['ækses] *s* dostęp, dojście, dojazd; ***easy of ~*** łatwo dostępny; ***~ to power*** dojście do władzy; *attr* dojazdowy; ***good ~ roads*** dobre drogi dojazdowe; ***~ time*** *komp.* czas dostępu (do dysku)
ac·ces·si·ble [ək'sesəbl] *adj* dostępny; przystępny
ac·ces·sion [æk'seʃn] *s* przystąpienie; zgoda (***to sth*** na coś); dojście (***to power*** do władzy); objęcie (***to the throne*** tronu, ***to an office*** urzędu)
ac·ces·so·ry [ək'sesərı] *adj praed* dodatkowy; *s* wspólnik przestępstwa; *pl* ***accessories*** akcesoria, dodatki, wyposażenie
ac·ci·dent ['æksıdənt] *s* wypadek, nieszczęśliwy wypadek; przypadek, traf; ***by ~*** przypadkowo; ***to meet with an ~*** ulec wypadkowi
ac·ci·den·tal [ˌæksı'dentl] *adj* przypadkowy; nieistotny; ***~ death*** śmierć na skutek nieszczęśliwego wypadku
ac·claim [ə'kleım] *vt* przyjmować z uznaniem; oklaskiwać
ac·cla·ma·tion [ˌæklə'meıʃn] *s* aklamacja, poklask; ***to carry by ~*** uchwalać przez aklamację
ac·cli·mate ['ækləmeıt] *am.* = ***acclimatize***
ac·cli·ma·tion [ˌæklaı'meıʃn] *am.* = ***acclimatization***
ac·cli·ma·ti·za·tion [əˌklaımətaı'zeıʃn] *s* aklimatyzacja

ac·cli·ma·tize [ə'klaɪmətaɪz] *vt vi* aklimatyzować (się)
ac·com·mo·date [ə'kɒmədeɪt] *vt* dostosować; zaopatrzyć (***with sth*** w coś); ulokować, zakwaterować
ac·com·mo·dat·ing [ə'kɒmədeɪtɪŋ] *adj* zgodny, kompromisowy; uprzejmy, usłużny
ac·com·mo·da·tion [əˌkɒmə'deɪʃn] *s* dostosowanie; zaopatrzenie; wygoda; kwatera, pomieszczenie; nocleg; ***~ bureau*** biuro zakwaterowań
ac·com·pa·ni·ment [ə'kʌmpənɪmənt] *s* dodatek; *muz.* akompaniament
ac·com·pa·ny [ə'kʌmpnɪ] *vt* towarzyszyć; *muz.* akompaniować
ac·com·plice [ə'kʌmplɪs] *s* wspólnik (przestępstwa), współwinny
ac·com·plish [ə'kʌmplɪʃ] *vt* wykończyć, wykonać, spełnić
ac·com·plished [ə'kʌmplɪʃt] *adj* skończony, doskonały; dobrze wychowany <ułożony>, wykształcony
ac·com·plish·ment [ə'kʌmplɪʃmənt] *s* wykonanie, wykończenie; majstersztyk; *pl* ***~s*** wykształcenie; walory towarzyskie
ac·cord [ə'kɔːd] *s* zgoda, harmonia; *muz.* akord; ***with one ~*** jednomyślnie, jednogłośnie; ***in ~ with...*** zgodnie z...; ***of one's own ~*** dobrowolnie, samorzutnie; *vt* uzgodnić (***to sth*** z czymś); dać, przyznać, użyczyć; przyzwolić; *vi* harmonizować; zgadzać się (***with sth*** z czymś)
ac·cord·ance [ə'kɔːdns] *s* zgodność, zgoda; ***in ~ with sth*** zgodnie z czymś, stosownie do czegoś
ac·cord·ing [ə'kɔːdɪŋ] *praep w zwrocie:* ***~ to*** według, zgodnie z; *conj w zwrocie:* ***~ as*** według tego <w miarę> jak
ac·cord·ing·ly [ə'kɔːdɪŋlɪ] *adv* zgodnie z tym, stosownie do tego; odpowiednio; zatem
ac·cor·di·on [ə'kɔːdɪən] *s* akordeon
ac·cost [ə'kɒst] *vt* zwrócić się, zbliżyć się (***sb*** do kogoś), zagadnąć, zaczepić
ac·count [ə'kaʊnt] *s* rachunek, konto; obliczenie; sprawozdanie, relacja; *pl* ***~s*** księgi (rachunkowe); księgowość; porachunki; ***balance of ~s*** zamknięcie rachunków handlowych, bilans handlowy; ***current ~*** rachunek bieżący; ***savings ~*** rachunek oszczędnościowy; *am.* ***checking ~*** rachunek czekowy; ***to keep ~s*** prowadzić księgowość; ***to leave out of ~*** nie uwzględniać, nie brać pod uwagę; ***to make much ~ of sth*** przywiązywać dużą wagę do czegoś; ***to take into ~*** brać pod uwagę, uwzględniać; ***to turn to good ~*** obrócić na korzyść; ***to give ~ of*** zrelacjonować, wyjaśnić; ***of great ~*** wiele znaczący; ***of no ~*** bez znaczenia; ***on all ~s*** pod każdym względem; ***on ~ of*** na rachunek; ze względu na, z powodu; ***on no ~*** za żadną cenę, w żadnym wypadku; *vt* obliczać; ***he ~s himself clever*** on uważa się za zdolnego; *vi* zdawać sprawę (***on sth*** z czegoś); wytłumaczyć (***for sth*** coś); wyliczać się (***for sth*** z czegoś)
ac·count·a·ble [ə'kaʊntəbl] *adj* odpowiedzialny (***to sb*** przed kimś, ***for sth*** za coś); (*o fakcie*) dający się wytłumaczyć
ac·count·an·cy [ə'kaʊntənsɪ] *s* księgowość, rachunkowość
ac·count·ant [ə'kaʊntənt] *s* księgowy, prowadzący rachunki
ac·cre·dit [ə'kredɪt] *vt* upełnomocnić, akredytować; przypisać (***sb with sth*** komuś coś)
ac·crue [ə'kruː] *vi* (*o dochodach*) narastać; płynąć (***from sth*** z czegoś)

ac·cu·mu·late [ə'kjuːmjʊleɪt] *vt* gromadzić, akumulować; *vi* gromadzić się, narastać
ac·cu·mu·la·tion [əˌkjuːmjʊ'leɪʃn] *s* nagromadzenie, akumulacja; ***primary* <*primitive*> ~** akumulacja pierwotna
ac·cu·ra·cy ['ækjʊrəsɪ] *s* dokładność, ścisłość; punktualność
ac·cu·rate ['ækjʊrət] *adj* dokładny, ścisły; punktualny
ac·cu·sa·tion [ˌækjʊ'zeɪʃn] *s* oskarżenie, skarga; ***to bring an ~*** wystąpić z oskarżeniem
ac·cu·sa·tive [ə'kjuːzətɪv] *s gram.* biernik
ac·cuse [ə'kjuːz] *vt* oskarżać (***sb of sth*** kogoś o coś), winić
ac·cus·tom [ə'kʌstəm] *vt* przyzwyczajać; ***to become* <*get*> *~ed*** przyzwyczajać się
ace [eɪs] *s* (*w kartach i przen.*) as; ***within an ~ of*** o włos od
ache [eɪk] *s* (ciągły) ból; *vi* boleć
a·chieve [ə'tʃiːv] *vt* osiągnąć (z trudem), zdobyć, dokonać
a·chieve·ment [ə'tʃiːvmənt] *s* osiągnięcie, dokonanie; zdobycz; ***this is impossible of ~*** tego się nie da osiągnąć
A·chil·les' heel [ə'kɪliːz 'hiːl] *s* pięta Achillesa
a·cid ['æsɪd] *s chem.* kwas; *adj* kwaśny, kwasowy; ostry (w smaku); żrący; *przen.* zgryźliwy; ***the ~ test*** próba na kwasowość; *przen.* sprawdzian (wartości); ***~ rain*** kwaśny deszcz
ac·knowl·edge [ək'nɒlɪdʒ] *vt* uznawać, przyznawać; potwierdzać; wyrażać podziękowanie (***sth*** za coś)
ac·knowl·edg·ment [ək'nɒlɪdʒmənt] *s* uznanie, przyznanie; potwierdzenie; podziękowanie; ***in ~ of*** w dowód uznania <wdzięczności>
a·corn ['eɪkɔːn] *s* żołądź
a·cous·tic [ə'kuːstɪk] *adj* akustyczny
a·cous·tics [ə'kuːstɪks] *s* akustyka
ac·quaint [ə'kweɪnt] *vt* zaznajomić; donieść (***sb with sth*** komuś o czymś); ***to ~ oneself, to get* <*become*> *~ed*** zaznajomić się (***with sb, sth*** z kimś, z czymś); poznać (***with sb, sth*** kogoś, coś)
ac·quaint·ance [ə'kweɪntəns] *s* znajomość; znajomy (człowiek); ***I made his ~, I made ~ with him*** zawarłem z nim znajomość
ac·qui·esce [ˌækwɪ'es] *vi* pogodzić się (***in sth*** z czymś), przystać (***in sth*** na coś)
ac·qui·es·cence [ˌækwɪ'esns] *s* zgoda, przyzwolenie
ac·quire [ə'kwaɪə] *vt* nabywać, osiągać, zdobywać; przyswajać sobie
ac·quire·ment [ə'kwaɪəmənt] *s* nabycie; osiągnięcie; sprawność (nabyta); *pl* ***~s*** nabyte rzeczy, nabyta wiedza, umiejętność
ac·qui·si·tion [ˌækwɪ'zɪʃn] *s* nabycie; zdobywanie; nabytek, dorobek
ac·qui·si·tive [ə'kwɪzətɪv] *adj* żądny zysku, zachłanny
ac·quit [ə'kwɪt] *vt* uwolnić, zwolnić; spłacić, uiścić; uniewinnić (***of a crime*** od zbrodni); *vr* ***~ oneself*** wywiązać się (***of sth*** z czegoś)
ac·quit·tal [ə'kwɪtl] *s* zwolnienie; uniewinnienie
a·cre ['eɪkə] *s* akr (*miara powierzchni*)
ac·rid ['ækrɪd] *adj* ostry, żrący; cierpki; gryzący; *przen.* zjadliwy
ac·ri·mo·ny ['ækrɪmənɪ] *s* zjadliwość, szorstkość (*słów, postępowania*); *przen.* gorycz
ac·ro·bat ['ækrəbæt] *s* akrobata
ac·ro·bat·ic [ˌækrə'bætɪk] *adj* akrobatyczny
ac·ro·bat·ics [ˌækrə'bætɪks] *s* akrobatyka
a·cross [ə'krɒs] *praep* przez, w poprzek, po; ***to come ~ sth***

natknąć się na coś, trafić przypadkiem na coś; *adv* na krzyż; wszerz, na szerokość; po drugiej stronie; na przełaj; ***with arms ~*** ze skrzyżowanymi ramionami

act [ækt] *s* czyn; uczynek; czynność; akt; ustawa; dokument; *teatr* akt; ***in the ~ of*** w trakcie; ***~ of God*** siła wyższa; *vi* działać, czynić, postępować, zachowywać się; występować, grać (na scenie); ***to ~ upon sth*** kierować się czymś, postępować według czegoś; *vt* odgrywać, grać (rolę); udawać

ac·tion ['ækʃn] *s* akcja; działanie; czyn; ruch; sprawa (sądowa); *wojsk.* bitwa; ***to take ~*** podjąć kroki <działania>; ***to take*** <***bring***> ***an ~*** wytoczyć sprawę (***against sb*** komuś); ***to put in ~*** wprawić w ruch, uruchomić; ***killed in ~*** poległ w walce <na polu chwały>

ac·tive ['æktɪv] *adj* aktywny, czynny, żywy; realny, rzeczywisty; ***~ voice*** *gram.* strona czynna

ac·tiv·i·ty [æk'tɪvətɪ] *s* czynność, działalność, aktywność; *pl* ***activities*** zajęcie, sfera działalności

ac·tor ['æktə] *s* aktor

ac·tress ['æktrɪs] *s* aktorka

ac·tu·al ['æktʃuəl] *adj* rzeczywisty, faktyczny; ***in ~ fact*** w rzeczywistości, w istocie

ac·tu·al·ly ['æktʃuəlɪ] *adv* naprawdę; faktycznie

ac·tu·ate ['æktʃueɪt] *vt* wprawiać w ruch; podniecać, ożywiać; wpływać (***sth*** na coś)

ac·u·men ['ækjumən] *s* bystrość (umysłu)

ac·u·punc·ture ['ækjuˌpʌŋktʃə] *s* akupunktura

a·cute [ə'kjuːt] *adj* ostry; bystry; przenikliwy; dotkliwy

ad [æd] *s pot.* = ***advertisement***

ad·age ['ædɪdʒ] *s* przysłowie, powiedzenie

ad·a·mant ['ædəmənt] *s* coś twardego (*np. kamień*); *adj praed* niewzruszony, twardy

a·dapt [ə'dæpt] *vt* dostosować, przystosować, adaptować; przerobić

add [æd] *vt vi* dodawać; dołączać; powiększać; wzbogacać (***to sth*** coś); ***to ~ up*** dodawać, sumować

ad·den·dum [ə'dendəm] *s* (*pl* ***addenda*** [ə'dendə]) uzupełnienie, dodatek (*w publikacji*)

ad·der ['ædə] *s zool.* żmija

ad·dict [ə'dɪkt] *vr* ***~ oneself*** oddawać się (***to sth*** czemuś), uprawiać (***to sth*** coś); *vt* ***to be ~ed to sth*** uprawiać <robić> coś nałogowo; *s* ['ædɪkt] nałogowiec; ***drug ~*** narkoman

ad·dic·tion [ə'dɪkʃn] *s* nałóg

ad·di·tion [ə'dɪʃn] *s* dodatek; dodawanie; ***in ~*** dodatkowo, również, ponadto

ad·di·tion·al [ə'dɪʃnəl] *adj* dodatkowy, dalszy

ad·dress [ə'dres] *s* adres; przemówienie; odezwa; *vt* adresować; zwracać się

ad·dres·see [ˌædre'siː] *s* adresat

ad·duce [ə'djuːs] *vt* przytaczać, cytować

ad·e·quate ['ædɪkwət] *adj* odpowiedni, stosowny, trafny

ad·here [əd'hɪə] *vi* przylegać; trzymać się, dotrzymywać (***to sth*** czegoś), usilnie popierać (***to sb, sth*** kogoś, coś)

ad·her·ent [əd'hɪərnt] *s* zwolennik, stronnik; *adj* lgnący; przynależny

ad·he·sion [əd'hiːʒn] *s* przyleganie; przynależność; poparcie

ad·he·sive [əd'hiːsɪv] *adj* przylegający, przyczepny; ***~ tape*** przylepiec, plaster

ad·ja·cent [ə'dʒeɪsnt] *adj* przyległy, sąsiedni

ad·jec·tive ['ædʒɪktɪv] *s gram.* przymiotnik

ad·join [ə'dʒɔɪn] *vt* przyłączyć, dołączyć; *vi* przylegać

ad·journ [ə'dʒɜːn] *vt* odroczyć; zawiesić; *vi pot.* przenieść się (na inne miejsce)
ad·just [ə'dʒʌst] *vt* uporządkować, uzgodnić, dostosować; załatwić (spór)
ad·min·is·ter [əd'mɪnɪstə] *vt* administrować, zarządzać; sprawować; wymierzać (*sprawiedliwość*); podawać (*lekarstwo*)
ad·min·is·tra·tion [əd,mɪnɪ'streɪʃn] *s* administracja, zarząd; wymiar (sprawiedliwości); podawanie (lekarstwa); *am.* rząd
ad·mi·ra·ble ['ædmərəbl] *adj* godny podziwu, wspaniały
ad·mi·ral ['ædmrəl] *s* admirał
ad·mi·ral·ty ['ædmərəltɪ] *s* admiralicja (*ministerstwo marynarki*); gmach admiralicji
ad·mi·ra·tion [,ædmə'reɪʃn] *s* podziw; przedmiot podziwu
ad·mire [əd'maɪə] *vt* podziwiać
ad·mir·er [əd'maɪərə] *s* wielbiciel
ad·mis·si·ble [əd'mɪsəbl] *adj* dopuszczalny
ad·mis·sion [əd'mɪʃn] *adj* dopuszczanie; wstęp, dostęp; przyznanie; **~ free** wstęp wolny
ad·mit [əd'mɪt] *vt vi* dopuścić, przyjąć; przyznać (się); zezwolić (**of sth** na coś)
ad·mit·tance [əd'mɪtns] *s* dopuszczenie; dostęp; przyjęcie; **no ~** wstęp wzbroniony
ad·mon·ish [əd'mɒnɪʃ] *vt* upominać; ostrzegać (**against, of sth** przed czymś)
ad·mo·ni·tion [,ædmə'nɪʃn] *s* upomnienie; ostrzeżenie
a·do [ə'duː] *s* hałas, wrzawa; rwetes; kłopot
ad·o·les·cence [,ædə'lesns] *s* młodość, wiek dojrzewania
ad·o·les·cent [,ædə'lesnt] *s* młodzieniec, dziewczyna; *adj* młodzieńczy
a·dopt [ə'dɒpt] *vt* adoptować; przysposabiać; przyswajać (sobie), przyjmować
a·dop·tion [ə'dɒpʃn] *s* adopcja
a·dop·tive [ə'dɒptɪv] *adj* przybrany, łatwo przyjmujący
a·dor·a·ble [ə'dɔːrəbl] *adj* godny uwielbienia
a·dor·a·tion [,ædə'reɪʃn] *s* adoracja, uwielbienie
a·dore [ə'dɔː] *vt* uwielbiać, czcić; *pot.* bardzo lubić
a·dorn [ə'dɔːn] *vt* zdobić, upiększać; być ozdobą (**sth** czegoś)
a·drift [ə'drɪft] *adv* na falach, na fale; *przen.* **to turn ~** rzucić na los szczęścia, wyrzucić na bruk
a·droit [ə'drɔɪt] *adj* zręczny; pomysłowy
a·dult ['ædʌlt] *adj* dorosły, dojrzały, pełnoletni; *s* dojrzały <dorosły> człowiek
a·dul·ter·ate [ə'dʌltəreɪt] *vt* podrabiać, fałszować (*zw. napoje, żywność*)
a·dul·ter·y [ə'dʌltərɪ] *s* cudzołóstwo
ad·vance [əd'vɑːns] *vt* posuwać naprzód; poprawiać, udoskonalać; wypłacić, płacić z góry; pożyczać; przedstawiać, zgłaszać (*np. wniosek*); podwyższać (*np. cenę*); *vi* posuwać się naprzód, robić postępy; (*o cenach*) iść w górę; *s* postęp, posuwanie się naprzód; udoskonalenie; awans; wniosek; zaliczka, pożyczka; podwyższenie (*np. ceny*); *pl* **~s** uprzejmości, zaloty; **in ~** zawczasu, z góry; na przedzie; **to be in ~** wyprzedzać (**of sb, sth** kogoś, coś), przekraczać; *adj attr* przedni; okazowy
ad·vanced [əd'vɑːnst] *zob.* **advance** *v*; *adj* wysunięty naprzód; zaawansowany; postępowy; **~ in years** starszy wiekiem
ad·vance·ment [əd'vɑːnsmənt] *s* posunięcie naprzód, postęp; zaliczka; awans
ad·van·tage [əd'vɑːntɪdʒ] *s* korzyść, pożytek; przewaga; **to have an ~** górować (**over sb** nad

kimś); ***to take ~*** wykorzystać (***of sth*** coś); nadużyć, wykorzystać (***of sb*** kogoś); ***to turn to ~*** obrócić na korzyść; ***to ~*** korzystnie; ***to the best ~*** jak najkorzystniej

ad·van·ta·geous [ˌædvən'teɪdʒəs] *adj* korzystny

ad·ven·ture [əd'ventʃə] *s* przygoda; ryzyko; *vt* ryzykować (***sth*** coś); narażać (***sb*** kogoś); *vi* ryzykować, odważyć się (***upon sth*** na coś)

ad·ven·tur·er [əd'ventʃərə] *s* poszukiwacz przygód; ryzykant

ad·verb ['ædvɜːb] *s gram.* przysłówek

ad·ver·sa·ry ['ædvəsərɪ] *s* przeciwnik

ad·verse ['ædvɜːs] *adj* przeciwny, wrogi, nie sprzyjający

ad·ver·si·ty [əd'vɜːsətɪ] *s* zły los, nieszczęście, bieda

ad·ver·tise ['ædvətaɪz] *vt* zawiadamiać, ogłaszać; reklamować, anonsować; *vi* poszukiwać za pomocą ogłoszenia (***for sb, sth*** kogoś, czegoś)

ad·ver·tise·ment [əd'vɜːtɪsmənt] *s* ogłoszenie, reklama

advice [əd'vaɪs] *s* rada; *am. handl.* zawiadomienie, nota; ***a piece of ~*** rada; ***to take*** <***seek***> ***sb's ~*** posłuchać czyjejś rady; ***on sb's ~*** za czyjąś radą

ad·vis·a·ble [əd'vaɪzəbl] *adj* godny polecenia, wskazany, pożyteczny, rozsądny

ad·vise [əd'vaɪz] *vt* radzić (***sb*** komuś); *handl.* zawiadamiać

ad·vis·er [əd'vaɪzə] *s* radca, doradca; ***legal ~*** radca prawny

ad·vo·cate ['ædvəkət] *s* adwokat, obrońca; *vt* ['ædvəkeɪt] podtrzymywać, bronić, występować w obronie (***sth*** czegoś), przemawiać (***sth*** za czymś)

aer·i·al ['eərɪəl] *s* antena; ***dish ~*** antena satelitarna; *adj* powietrzny; napowietrzny; *przen.* nierzeczywisty, bezcielesny

aer·o·bics [eə'rəubɪks] *s* aerobik

aer·o·plane ['eərəpleɪn] *s* samolot

aer·o·sol ['eərəsɒl] *s* aerozol

aes·thete ['iːsθiːt] *s* esteta

aes·thet·ic [iːs'θetɪk] *adj* estetyczny

aes·thet·ics [iːs'θetɪks] *s* estetyka

a·far [ə'fɑː] *adv w zwrotach*: ***~ off*** w oddali; ***from ~*** z dala

af·fa·ble ['æfəbl] *adj* uprzejmy

af·fair [ə'feə] *s* sprawa, interes; romans, flirt; *pl* ***~s*** sprawy (*np. państwowe*)

af·fect 1. [ə'fekt] *vt* wzruszyć; dotknąć; oddziaływać, wpływać (***sb, sth*** na kogoś, na coś); ***to ~ one's health*** odbić się na czyimś zdrowiu

af·fect 2. [ə'fekt] *vt* udawać (***sb, sth*** kogoś, coś), pozować (***sb*** na kogoś); przybierać pozory <cechy> (***sth*** czegoś)

af·fec·ta·tion [ˌæfek'teɪʃn] *s* afektacja, poza, udawanie

af·fect·ed [ə'fektɪd] *zob.* ***affect* 1., 2.**; *adj* afektowany; usposobiony; dotknięty

af·fec·tion [ə'fekʃn] *s* przywiązanie, uczucie, sentyment, miłość

af·fi·da·vit [ˌæfɪ'deɪvɪt] *s* affidavit (*pisemna deklaracja pod przysięgą*)

af·fil·i·ate [ə'fɪlɪeɪt] *vt* afiliować; łączyć, przyłączyć; ***~d society*** filia

af·fil·ia·tion [əˌfɪlɪ'eɪʃn] *s* afiliacja

af·fin·i·ty [ə'fɪnɪtɪ] *s* pokrewieństwo, powinowactwo; sympatia

af·firm [ə'fɜːm] *vt vi* potwierdzać, zapewniać; twierdzić

af·fir·ma·tion [ˌæfə'meɪʃn] *s* twierdzenie, zapewnienie

af·fir·ma·tive [ə'fɜːmətɪv] *adj* twierdzący, pozytywny

af·fix [ə'fɪks] *vt* przytwierdzić, przyczepić, przybić; dołączyć

af·flict [ə'flɪkt] *vt* gnębić, dręczyć;

dotknąć (chorobą); *~ed with sth* chory na coś
af·flic·tion [ə'flɪkʃn] *s* przygnębienie; nieszczęście; cierpienie; choroba
af·flu·ence ['æfluəns] *s* obfitość, bogactwo; zgromadzenie; natłok
af·flu·ent ['æfluənt] *adj* dostatni; zasobny (*in sth* w coś); *s* dopływ (*rzeki*)
af·ford [ə'fɔːd] *vt* dostarczyć, użyczyć, dać; zdobyć się, pozwolić sobie (*sth* na coś); *I can ~ it* stać mnie na to
af·front [ə'frʌnt] *vt* obrażać; *s* obraza, afront
Af·ghan ['æfgæn] *s* Afgańczyk (mieszkaniec Afganistanu); *adj* afgański
a·field [ə'fiːld] *adv* w pole, w polu; daleko
a·flame [ə'fleɪm] *adv adj praed* w płomieniach; płonący; *przen.* w podnieceniu
a·float [ə'fləʊt] *adv adj praed* na falach, na wodzie; w powietrzu; płynący; unoszący się; *przen.* w obiegu
a·foot [ə'fʊt] *adv adj praed* pieszo, na nogach
a·fore·said [ə'fɔːsed] *adj* wyżej wspomniany
a·fraid [ə'freɪd] *adj praed* przestraszony; *to be ~ of sth* bać się czegoś; *I'm ~ I can't do it* przykro mi, ale nie mogę tego zrobić
a·fresh [ə'freʃ] *adv* na nowo
Af·ri·can ['æfrɪkən] *s* Afrykanin; *adj* afrykański
af·ter ['ɑːftə] *praep* po; za; według; o; *~ all* mimo wszystko; a jednak; *adv* potem, następnie; w tyle; z tyłu; *conj* kiedy, skoro, po tym, jak; *adj attr* następny, późniejszy; tylny; *~ hours* po godzinach (pracy)
af·ter-ef·fect ['ɑːftərɪˌfekt] *s* skutek (*np. po zażyciu*), następstwo
af·ter·life ['ɑːftəlaɪf] *s* życie pozagrobowe
af·ter·math ['ɑːftəmæθ] *s* pokłosie; *przen.* żniwo, następstwa
af·ter·noon [ˌɑːftə'nuːn] *s* popołudnie; *adj attr* popołudniowy; *~ tea* podwieczorek
af·ter·shave ['ɑːftəʃeɪv] *s* płyn po goleniu
af·ter·taste ['ɑːftəteɪst] *s* posmak
af·ter·thought ['ɑːftəθɔːt] *s* refleksja (po fakcie); spóźniona refleksja
af·ter·ward(s) ['ɑːftəwəd(z)] *adv* następnie, później
a·gain [ə'gen] *adv* znowu, jeszcze raz; prócz tego, również; z drugiej strony; *~ and ~* raz po raz; *never ~* nigdy więcej; *as much ~* drugie tyle
a·gainst [ə'genst] *praep* przeciw; wbrew; o; na
a·gate ['ægət] *s* agat
age [eɪdʒ] *s* wiek; epoka, czasy; *what is your ~?* ile masz lat?; *to come of ~* osiągnąć pełnoletność; *of ~* pełnoletni; *under ~* niepełnoletni; *vi* starzeć się; *vt* postarzać; *~d seventy years* w wieku lat siedemdziesięciu; *for ~s* od wieków
ag·ed ['eɪdʒɪd] *adj* stary, sędziwy
age·long ['eɪdʒlɒŋ] *adj* odwieczny; długotrwały
a·gen·cy ['eɪdʒənsɪ] *s* działanie, środek działania, siła działająca; agencja; *by <through> the ~ of sb, sth* za pośrednictwem kogoś, czegoś; *travel ~* biuro podróży <turystyczne>
a·gen·da [ə'dʒendə] *s pl* plan zajęć, terminarz; porządek dnia
a·gent ['eɪdʒənt] *s* agent, pośrednik; siła działająca, czynnik
ag·gra·vate ['ægrəveɪt] *vt* obciążyć, utrudnić, pogorszyć; rozdrażnić
ag·gra·va·tion [ˌægrə'veɪʃn] *s* obciążenie, utrudnienie, pogorszenie; rozdrażnienie, gniew

ag·gre·gate ['ægrɪgeɪt] *vt vi* gromadzić (się), łączyć, tworzyć całość; wynosić, liczyć w sumie; *s* ['ægrɪgət] agregat; masa; całość, łączna liczba; *adj* łączny, zbiorowy

ag·gres·sion [ə'greʃn] *s* napaść, agresja

ag·gres·sive [ə'gresɪv] *adj* napastliwy, agresywny, zaczepny

ag·gres·sor [ə'gresə] *s* napastnik, agresor

ag·grieve [ə'griːv] *vt* zmartwić, przygnębić, skrzywdzić

a·ghast [ə'gɑːst] *adj praed* przerażony, oszołomiony, osłupiały

a·gi·le ['ædʒaɪl] *adj* zwinny, ruchliwy, obrotny

ag·i·tate ['ædʒɪteɪt] *vt* poruszać, niepokoić, podniecać, podburzać; denerwować, roztrząsać, dyskutować (gwałtownie); *vi* agitować

ag·i·ta·tion [ˌædʒɪ'teɪʃn] *s* poruszenie; podniecenie, roztrząsanie, dyskusja (gwałtowna); agitacja

ag·nos·tic [æg'nɒstɪk] *s* agnostyk; *adj* agnostyczny

a·go [ə'gəʊ] *adv*: ***long ~*** dawno temu; ***two years ~*** dwa lata temu

ag·o·nize ['ægənaɪz] *vt* męczyć, dręczyć; *vi* przeżywać śmiertelne męki, wić się w bólach

a·go·ny ['ægənɪ] *s* gwałtowny ból, cierpienie; udręka, męczarnia; rozpaczliwa walka; agonia; ***~ column*** *bryt. szpalta przeznaczona dla czytelników zwracających się do gazety ze swoimi kłopotami*

a·gra·ri·an [ə'greərɪən] *adj* agrarny, rolny

a·gree [ə'griː] *vi* zgadzać się (***to sth*** na coś); umawiać się, porozumiewać się (***on, upon sth*** w sprawie czegoś); odpowiadać (***with sth*** czemuś); służyć; ***this food does not ~ with me*** to jedzenie mi nie służy; *vt* uzgadniać, ustalać, umawiać; ***on the ~d day*** w umówionym dniu; ***~d!*** zgoda!

a·gree·a·ble [ə'griːəbl] *adj* przyjemny, miły; zgodny (***to sth*** z czymś)

a·gree·ment [ə'griːmənt] *s* zgoda, umowa, układ; ***in ~ with...*** zgodnie z...

ag·ri·cul·tu·ral [ˌægrɪ'kʌltʃərl] *adj* rolniczy, rolny

ag·ri·cul·ture ['ægrɪkʌltʃə] *s* rolnictwo

ag·ro·no·mic [ˌægrə'nɒmɪk] *adj* agronomiczny

ag·ro·no·my [ə'grɒnəmɪ] *s* agronomia

a·ground [ə'graʊnd] *adv* na mieliźnie, na mieliznę; ***to run <go> ~*** osiąść na mieliźnie

a·gue ['eɪgjuː] *s* febra, dreszcze

a·head [ə'hed] *adv* przed siebie, naprzód; na przedzie; dalej; ***to be <get> ~ of sb*** wyprzedzać kogoś; ***the task ~ of us*** zadanie, które nas czeka; ***to go ~*** robić postępy, kontynuować

aid [eɪd] *s* pomoc; pomocnik; zasiłek; ***teaching ~s*** pomoce naukowe; ***first ~*** pierwsza pomoc; ***~ station*** punkt pomocy lekarskiej; *vt* pomagać (***sb*** komuś)

aide [eɪd] *s* pomocnik; doradca (zw. rządowy)

ail [eɪl] *vt* boleć, dolegać; ***what ~s him?*** co mu jest?; *vi* cierpieć, chorować

ai·le·ron ['eɪlərɒn] *s lotn.* lotka

ail·ment ['eɪlmənt] *s* niedomaganie, dolegliwość, choroba

aim [eɪm] *vi* celować, mierzyć; mieć na celu; dążyć (***at sth*** do czegoś); *vt* mierzyć, rzucać; kierować (*uwagę*); *s* cel, zamiar; ***to take ~*** celować (***at sth*** do czegoś)

air 1. [eə] *s* powietrze; ***by ~*** drogą powietrzną; ***on the ~*** (nadany) przez radio; ***to take the ~*** przejść się; ***~ force*** siły lotnicze; ***~ terminal*** dworzec lotniczy; *vt* wietrzyć; suszyć (na wietrze)

air 2. [eə] *s* aria, pieśń

air 3. [eə] *s* wygląd, mina; zachowanie; *zw. pl* **~s** poza; ***to put on <give oneself> ~s*** pozować; pysznić się

air·base ['eəbeɪs] *s* (wojskowa) baza lotnicza

air·borne ['eəbɔːn] *adj* w powietrzu, w locie; (*o wojsku*) spadochronowy

air con·di·tion·ing ['eəkən-'dɪʃnɪŋ] *s* klimatyzacja

air·craft ['eəkrɑːft] *s* samolot; *zbior.* lotnictwo

air·craft car·ri·er ['eəkrɑːft-ˌkærɪə] *s* lotniskowiec

air·field ['eəfiːld] lotnisko, pole startowe

air·host·ess ['eəˌhəʊstɪs] *s* stewardessa

air·i·ly ['eərəlɪ] *adv* impertynencko; lekko, beztrosko

air·ing ['eərɪŋ] *s* wietrzenie; ***to take an ~*** przewietrzyć się

air·lift ['eəlɪft] *s* transport <most> powietrzny

air·line ['eəlaɪn] *s* linia lotnicza

air·lin·er ['eəlaɪnə] *s* regularnie kursujący samolot komunikacyjny

air·mail ['eəmeɪl] *s* poczta lotnicza

air·man ['eəmən] *s* (*pl* ***airmen*** ['eəmən]) lotnik

air·plane ['eəpleɪn] *s am.* = ***aeroplane***

air·port ['eəpɔːt] *s* lotnisko

air·proof ['eəpruːf] *adj* hermetyczny, szczelny

air raid ['eəreɪd] *s* nalot lotniczy

air-raid shel·ter ['eəreɪdˌʃeltə] *s* schron przeciwlotniczy

air route ['eəruːt] *s* trasa lotnicza

air·screw ['eəskruː] *s* śmigło

air·ship ['eəʃɪp] *s* statek powietrzny

air·sick ['eəsɪk] *adj* chory wskutek lotu samolotu

air·tight ['eətaɪt] *adj* szczelny, hermetyczny

air·way ['eəweɪ] *s* linia lotnicza; *górn.* wentyl

air·wor·thy ['eəˌwɜːðɪ] *adj* (*o samolocie*) zdolny do latania

air·y ['eərɪ] *adj* przewiewny, lekki; (*o człowieku*) próżny, beztroski

a·jar [ə'dʒɑː] *adj praed* (*o drzwiach, bramie*) półotwarty

a·kin [ə'kɪn] *adj praed* krewny; podobny

a·lac·ri·ty [ə'lækrətɪ] *s* żwawość, gotowość

a·larm [ə'lɑːm] *s* alarm; strach, popłoch, oszołomienie; ***to take ~*** ulec panice; *vt* alarmować, niepokoić

a·larm clock [ə'lɑːmklɒk] *s* budzik

a·las [ə'læs] *int* niestety!

al·bum ['ælbəm] *s* album

al·bu·men ['ælbjʊmen] *s biol. chem.* białko

al·che·my ['ælkəmɪ] *s* alchemia

al·co·hol ['ælkəhɒl] *s* alkohol, napój alkoholowy

al·co·hol·ic [ˌælkə'hɒlɪk] *adj* alkoholowy; *s* alkoholik

al·der·man ['ɔːldəmən] *s* (*pl* ***aldermen*** ['ɔːldəmən]) radny miejski

ale [eɪl] *s* jasne (mocne) piwo

a·lert [ə'lɜːt] *adj* czujny; żwawy; *s zw. lotn.* alarm; pogotowie; ***on the ~*** na straży, w pogotowiu

al·ge·bra ['ældʒɪbrə] *s* algebra

al·go·rith·m ['ælgərɪðəm] *s* algorytm

a·li·as ['eɪlɪəs] *adv* inaczej; *s* przybrane nazwisko

al·i·bi ['ælɪbaɪ] *s* alibi

al·ien ['eɪlɪən] *adj* obcy; cudzoziemski; *s* cudzoziemiec

al·ien·ate ['eɪlɪəneɪt] *vt* przenieść (*majątek na kogoś*); odstręczyć, zrazić; oderwać

al·ien·a·tion [ˌeɪlɪə'neɪʃn] *s* alienacja; wyobcowanie

a·light [ə'laɪt] *vi* schodzić, zstępować; spadać; wysiadać; (*o samolocie, ptaku*) lądować z powietrza

a·lign [ə'laɪn] *vt* ustawiać w rząd, szeregować; *vi wojsk.* równać

a·like [ə'laɪk] *adj praed* podobny, jednakowy; *adv* podobnie, jednakowo; zarówno

a·li·men·ta·ry [ˌælɪ'mentrɪ] *adj* odżywczy; spożywczy; żywiący, utrzymujący; ***the ~ canal*** *anat.* przewód pokarmowy

a·li·mo·ny ['ælɪmənɪ] *s* alimenty

a·live [ə'laɪv] *adj praed* żywy; żwawy; pełen życia; ***to be ~ to sth*** być wrażliwym na coś <świadomym czegoś>

al·ka·li ['ælkəlaɪ] *s chem.* zasada; *pl* ***~s*** alkalia

al·ka·line ['ælkəlaɪn] *adj chem.* alkaliczny

all [ɔːl] *adj i pron* wszystek, cały, całkowity, każdy, wszelki; ***after ~*** mimo wszystko; ostatecznie; ***~ but*** prawie że, nieomal; ***~ in ~*** całkowicie, razem wziąwszy; ***~ of us*** my wszyscy; ***at ~*** w ogóle; ***before ~*** przede wszystkim; ***for ~ that*** mimo wszystko; ***in ~*** w całości, ogółem; ***most of ~*** najbardziej, przede wszystkim; ***not at ~*** wcale nie, nie ma za co (dziękować); ***once for ~*** raz na zawsze; *s* wszystko, całość; *adv* całkowicie, w pełni; ***~ right*** wszystko w porządku, dobrze; ***~ the same*** wszystko jedno; mimo wszystko; ***~ the better*** tym lepiej; ***~ over*** wszędzie, na całej przestrzeni; ***it is ~ over with him*** koniec z nim; ***~ told*** w sumie, wszystko razem; *pot.* ***~ round*** <***around***> ogólnie, całościowo; wszechstronnie

al·lay [ə'leɪ] *vt* uśmierzyć, uspokoić, złagodzić, osłabić

al·lege [ə'ledʒ] *vt* twierdzić (bez dowodów); przytaczać, powoływać się (***sth*** na coś)

al·leged [ə'ledʒd] *adj* rzekomy, domniemany

al·le·giance [ə'liːdʒəns] *s* wierność, lojalność

al·le·gor·i·cal [ˌælɪ'gɒrɪkl] *adj* alegoryczny

al·le·go·ry ['ælɪgərɪ] *s* alegoria

al·ler·gy ['ælədʒɪ] *s* alergia (***to sth*** na coś)

al·le·vi·ate [ə'liːvɪeɪt] *vt* ulżyć, złagodzić; zaspokoić

al·ley ['ælɪ] *s* aleja; uliczka; przejście; ***blind ~*** ślepy zaułek

al·li·ance [ə'laɪəns] *s* przymierze; związek; pokrewieństwo

al·lied ['ælaɪd] *adj* sprzymierzony; pokrewny, bliski

al·li·ga·tor ['ælɪgeɪtə] *s* aligator

al·lit·er·a·tion [əˌlɪtə'reɪʃn] *s* aliteracja

al·lo·cate ['æləkeɪt] *vt* przydzielić; wyznaczyć

al·lot [ə'lɒt] *vt* przydzielić, przyznać; wyznaczyć; rozdzielić; rozparcelować

al·lot·ment [ə'lɒtmənt] *s* przydział; cząstka; kawałek gruntu, działka

al·low [ə'laʊ] *vt* przyzwalać; przyznawać; przeznaczać, uznawać; *vi* ***~ of sth*** dopuszczać do czegoś, zgadzać się na coś; ***~ for sth*** brać coś pod uwagę, uwzględniać coś

al·low·ance [ə'laʊəns] *s* przydział, racja; (przyznany) fundusz, dotacja; renta; bonifikata; kieszonkowe; tolerowanie, pozwolenie; ***family ~*** dodatek rodzinny; ***to make ~s for sth*** brać coś pod uwagę

al·loy [ə'lɔɪ] *vt* mieszać (*metale*); tworzyć stop; *s* ['ælɔɪ] stop; próba (*np. złota*)

all-pur·pose ['ɔːlˌpɜːpəs] *adj* uniwersalny, wszechstronny

al·lude [ə'luːd] *vi* robić aluzję (***to sth*** do czegoś)

al·lure [ə'ljʊə] *vt* nęcić, uwodzić

al·lu·sion [ə'luːʒn] *s* aluzja, przytyk

al·ly [ə'laɪ] *vt* połączyć, sprzymierzyć; skoligacić; *vi* połączyć się,

być sprzymierzonym; *s* ['ælaɪ] sprzymierzeniec
al·ma·nac ['ɔːlmənæk] *s* almanach, kalendarz
al·might·y [ɔːl'maɪtɪ] *adj* wszechpotężny, wszechmocny
al·mond ['ɑːmənd] *s bot.* migdał
al·most ['ɔːlməʊst] *adv* prawie
alms [ɑːmz] *s sing i pl* jałmużna
a·loft [ə'lɒft] *adv* w górę, w górze
a·lone [ə'ləʊn] *adj praed* sam, sam jeden; ***to leave <let> sb, sth ~*** pozostawić kogoś, coś w spokoju, dać spokój komuś, czemuś; *adv* tylko, jedynie; ***let ~*** zwłaszcza, a co dopiero
a·long [ə'lɒŋ] *praep* wzdłuż; ***all ~*** na całą długość; przez cały czas; ***~ the street*** ulicą; ***~ with*** razem, wspólnie, wraz z; *adv* naprzód, dalej; ***come ~!*** chodź tu!; ***to take ~*** zabrać
a·long·side [əˌlɒŋ'saɪd] *adv* w jednym rzędzie, obok; *praep* wzdłuż, obok, przy
a·loof [ə'luːf] *adv* z dala; na uboczu
a·loud [ə'laʊd] *adv* głośno, na głos
al·pha·bet ['ælfəbet] *s* alfabet
al·pha·bet·i·cal [ˌælfə'betɪkl] *adj* alfabetyczny
al·pine ['ælpaɪn] *adj* alpejski; górski
al·pi·nist ['ælpɪnɪst] *s* alpinista
al·read·y [ɔːl'redɪ] *adv* już; poprzednio
al·so ['ɔːlsəʊ] *adv* także, również
al·tar ['ɔːltə] *s* ołtarz
al·ter ['ɔːltə] *vt vi* zmieniać (się)
al·ter·a·tion [ˌɔːltə'reɪʃn] *s* zmiana
al·ter·nate 1. [ɔːl'tɜːnət] *adj* co drugi, kolejny, odbywający się na zmianę
al·ter·nate 2. ['ɔːltəneɪt] *vt* zmieniać kolejno, robić *coś* na zmianę; *vi* następować kolejno, zmieniać się
al·ter·na·tive [ɔːl'tɜːnətɪv] *s* alternatywa; *adj* alternatywny; niekonwencjonalny
al·though [ɔːl'ðəʊ] *conj* chociaż, mimo że
al·ti·tude ['æltɪtjuːd] *s* wysokość
al·to ['æltəʊ] *s muz.* alt
al·to·geth·er [ˌɔːltə'geðə] *adv* całkowicie, w pełni; ogółem
al·tru·ism ['æltrʊɪzm] *s* altruizm
al·um·nus [ə'lʌmnəs] *s* (*pl* ***alumni*** [ə'lʌmnaɪ]) wychowanek, absolwent
al·ways ['ɔːlweɪz] *adv* zawsze, ciągle
am *zob.* ***be***
a·mal·ga·mate [ə'mælgəmeɪt] *vt vi* łączyć (się), jednoczyć (się)
a·mass [ə'mæs] *vt* zbierać, gromadzić
am·a·teur ['æmətə] *s* amator
a·maze [ə'meɪz] *vt* zdumieć
a·maze·ment [ə'meɪzmənt] *s* zdumienie
a·maz·ing [ə'meɪzɪŋ] *ppraes* i *adj* zdumiewający
am·bas·sa·dor [æm'bæsədə] *s* ambasador; minister pełnomocny; poseł (***to France*** we Francji; ***in Paris*** w Paryżu)
am·ber ['æmbə] *s* bursztyn
am·bi·gu·i·ty [ˌæmbɪ'gjuːətɪ] *s* dwuznaczność, dwuznacznik, niejasność
am·big·u·ous [æm'bɪgjʊəs] *adj* dwuznaczny, niejasny
am·bi·tion [æm'bɪʃn] *s* ambicja
am·bi·tious [æm'bɪʃəs] *adj* ambitny
am·bu·lance ['æmbjʊləns] *s* karetka pogotowia; szpital polowy
am·bush ['æmbʊʃ] *s* zasadzka; *vt* napadać z zasadzki; robić zasadzkę
a·mel·io·rate [ə'miːlɪəreɪt] *vt vi* poprawiać (się), polepszać (się)
a·men [ˌɑː'men] *nieodm.* amen
a·me·na·bi·li·ty [əˌmiːnə'bɪlətɪ] *s* odpowiedzialność sądowa; uległość, powolność
a·me·na·ble [ə'miːnəbl] *adj* od-

powiedzialny (wobec prawa); uległy, powolny; dostępny

a·mend [ə'mend] *vt* poprawiać, usprawniać, wnosić poprawki; *vi* poprawiać się; *s pl* **~s** zadośćuczynienie, kompensata; ***to make ~s for sth*** zrekompensować coś; naprawić coś (*np. krzywdę*)

a·mend·ment [ə'mendmənt] *s* poprawa, naprawa; *prawn.* poprawka, nowela

A·mer·i·can [ə'merɪkən] *s* Amerykanin; *adj* amerykański

am·e·thyst ['æmɪθɪst] *s* ametyst

a·mi·a·bi·li·ty [ˌeɪmɪə'bɪlətɪ] *s* uprzejmość, miłe obejście

a·mi·a·ble ['eɪmɪəbl] *adj* miły, uprzejmy

a·mi·ca·ble ['æmɪkəbl] *adj* przyjacielski; polubowny

a·mid [ə'mɪd], **a·midst** [ə'mɪdst] *praep* pomiędzy, pośród

a·miss [ə'mɪs] *adv* fałszywie, błędnie, nieodpowiednio; ***to come ~*** przybyć nie w porę; ***sth is ~ with him*** z nim jest coś nie w porządku; ***to take ~*** brać za złe

am·i·ty ['æmətɪ] *s* przyjaźń; ***a treaty of ~*** układ o przyjaźni

am·mo·nia [ə'məʊnɪə] *s chem.* amoniak

am·mu·ni·tion ['æmjʊ'nɪʃn] *s* amunicja

am·ne·si·a [æm'niːzɪə] *s* amnezja, utrata pamięci

am·nes·ty ['æmnəstɪ] *s* amnestia; *vt* udzielić amnestii

a·moe·ba [ə'miːbə] *s zool.* ameba

a·mok [ə'mɒk] *adv* = ***amuck***

a·mong [ə'mʌŋ], **a·mongst** [ə'mʌŋst] *praep* między, wśród

am·o·rous ['æmərəs] *adj* zakochany; *pot.* kochliwy

a·mor·phous [ə'mɔːfəs] *adj* bezpostaciowy, bezkształtny

a·mount [ə'maʊnt] *vi* stanowić (sumę), wynosić; równać się (***to sth*** czemuś); ***the bill ~s to £ 100*** rachunek wynosi 100 funtów; ***this ~s to nothing*** nic z tego nie wychodzi; *s* suma, ilość; wartość, znaczenie, wynik

am·phib·ian [æm'fɪbɪən] *s* płaz, zwierzę ziemnowodne; *lotn. wojsk.* amfibia

am·phi·the·a·tre ['æmfɪˌθɪətə] *s* amfiteatr

am·ple ['æmpl] *adj* obszerny, obfity; wystarczający, dostatni; rozłożysty

am·pli·fi·er ['æmplɪfaɪə] *s* wzmacniacz

am·pli·fy ['æmplɪfaɪ] *vt* rozszerzać, powiększać; *elektr.* wzmacniać; *vi* rozwodzić się (***on sth*** nad czymś)

am·pli·tude ['æmplɪtjuːd] *s* zasięg; obfitość; *fiz.* amplituda

am·pu·tate ['æmpjʊteɪt] *vt* amputować

a·muck [ə'mʌk] *adv* w szale; ***to run ~*** wpaść w szał

a·muse [ə'mjuːz] *vt* zabawiać

a·muse·ment [ə'mjuːzmənt] *s* rozrywka, zabawa; *am.* ***~ park*** wesołe miasteczko

an [ən, æn] *przedimek nieokreślony* (*przed samogłoską*); *zob. także* ***a***

a·nach·ro·nism [ə'nækrənɪzm] *s* anachronizm

a·nach·ro·nis·tic [əˌnækrə'nɪstɪk] *adj* anachroniczny

a·nae·mi·a, a·ne·mi·a [ə'niːmɪə] *s* anemia, niedokrwistość

an·aes·the·sia, an·es·the·sia [ˌænɪs'θiːzɪə] *s* anestezja, znieczulenie

an·aes·thet·ic, an·es·thet·ic [ˌænɪs'θetɪk] *adj* znieczulający; *s* środek znieczulający

a·nal·o·gous [ə'næləgəs] *adj* analogiczny

a·nal·ogue ['ænəlɒg] *adj techn.* analogowy

a·nal·o·gy [ə'nælədʒɪ] *s* analogia

an·a·lyse ['ænəlaɪz] *vt* analizować

a·nal·y·sis [ə'næləsɪs] *s* (*pl* ***analyses*** [ə'næləsiːz]) analiza; *gram.* rozbiór

an·a·lyze ['ænəlaɪz] *vt am.* = ***analyse***
a·narch·ic(al) [æ'nɑːkɪk(l)] *adj* anarchiczny
an·ar·chy ['ænəkɪ] *s* anarchia
a·nath·e·ma [ə'næθəmə] *s* klątwa
an·a·tom·ic(al) [ˌænə'tɒmɪk(l)] *adj* anatomiczny
a·nat·o·my [ə'nætəmɪ] *s* anatomia
an·ces·tor ['ænsɪstə] *s* przodek, antenat
an·ces·tral [æn'sestrəl] *adj* dziedziczny, rodowy
an·ces·try ['ænsɪstrɪ] *s zbior.* przodkowie; ród
an·chor ['æŋkə] *s* kotwica; *vt* zakotwiczyć; *vi* stać na kotwicy
an·chor·age ['æŋkərɪdʒ] *s* miejsce zakotwiczenia; kotwiczne (opłata)
an·chor·ite ['æŋkəraɪt] *s* pustelnik
an·cho·vy ['æntʃəvɪ] *s zool.* sardela
an·cient ['eɪnʃənt] *adj* dawny, stary, starożytny; wiekowy
and [ænd, ənd, ən] *conj* i, a; z; ***for hours ~ hours*** całymi godzinami; ***better ~ better*** coraz lepiej
an·droid ['ændrɔɪd] *s* android (*w literaturze fantastycznonaukowej*: *robot w ludzkiej postaci*)
an·ec·dote ['ænɪkdəʊt] *s* anegdota
a·new [ə'njuː] *adv* na nowo, powtórnie; inaczej
an·gel ['eɪndʒl] *s* anioł
an·gel·ic [æn'dʒelɪk] *adj* anielski
an·ger ['æŋgə] *s* gniew; *vt* gniewać, złościć
an·gi·na [æn'dʒaɪnə] *s med.* angina
an·gle 1. ['æŋgl] *s* kąt; *przen.* punkt widzenia
an·gle 2. ['æŋgl] *vi* łowić ryby (*na wędkę*)
an·gler ['æŋglə] *s* wędkarz
An·gli·can ['æŋglɪkən] *adj* anglikański; *s* anglikanin
An·glo-Sax·on [ˌæŋgləʊ'sæksn] *s* Anglosas; *adj* anglosaski
an·gry ['æŋgrɪ] *adj* zagniewany; gniewny; ***to be ~ with sb*** <***at sth***> gniewać się na kogoś <na coś>; ***to get ~*** rozgniewać się
an·guish ['æŋgwɪʃ] *s* lęk, męka, ból
an·gu·lar ['æŋgjʊlə] *adj* kątowy; narożny; kanciasty; kościsty
an·i·mal ['ænəml] *s* zwierzę, stworzenie; *adj* zwierzęcy; zmysłowy
an·i·mate ['ænɪmeɪt] *vt* ożywiać; pobudzać; ***~d cartoon*** kreskówka, film rysunkowy; *adj* ['ænɪmət] ożywiony, żywy, żwawy
an·i·ma·tion [ˌænɪ'meɪʃn] *s* ożywienie
an·i·mos·i·ty [ˌænɪ'mɒsətɪ] *s* animozja, niechęć, uraza
ani·seed ['ænɪsiːd] *s* anyżek
an·kle ['æŋkl] *s anat.* kostka (*u nogi*); ***~ deep*** po kostki
an·nal·ist ['ænəlɪst] *s* kronikarz
an·nals ['ænlz] *s pl* rocznik, kronika
an·nex ['æneks] *s* (*także* ***annexe***) aneks, dodatek; przybudówka; *vt* [ə'neks] dołączyć, przyłączyć; anektować
an·nex·a·tion [ˌænek'seɪʃn] *s* przyłączenie; aneksja
an·ni·hi·late [ə'naɪəleɪt] *vt* niszczyć, unicestwiać, niweczyć
an·ni·ver·sa·ry [ˌænɪ'vɜːsrɪ] *s* rocznica
an·no Dom·i·ni [ˌænəʊ 'dɒmɪnaɪ] roku pańskiego; naszej ery
an·no·tate ['ænəteɪt] *vt* objaśniać, komentować
an·no·ta·tion [ˌænə'teɪʃn] *s* adnotacja, uwaga, komentarz
an·nounce [ə'naʊns] *vt* zapowiadać, ogłaszać, zawiadamiać
an·nounce·ment [ə'naʊnsmənt] *s* zawiadomienie, zapowiedź, ogłoszenie, komunikat
an·noun·cer [ə'naʊnsə] *s* konferansjer; ***radio ~*** spiker

an·noy [ə'nɔɪ] *vt* dokuczać, niepokoić, drażnić
an·noy·ance [ə'nɔɪəns] *s* utrapienie, udręka; dokuczanie, złośliwość; ***to subject sb to ~*** dokuczać komuś
an·noyed [ə'nɔɪd] *zob.* ***annoy***; *adj* zagniewany, rozdrażniony; ***to be ~ with sb*** gniewać się na kogoś; ***to get ~ at sth*** zmartwić <zirytować> się czymś
an·nu·al ['ænjʊəl] *adj* roczny, coroczny; *s* rocznik
an·nu·i·ty [ə'nju:ətɪ] *s* roczna suma; renta; ***life ~*** renta dożywotnia
an·nul [ə'nʌl] *vt* anulować, unieważniać
an·nun·ci·a·tion [əˌnʌnsɪ'eɪʃn] *s* oznajmienie; *rel.* zwiastowanie
a·noint [ə'nɔɪnt] *vt* namaścić (ceremonialnie)
a·nom·a·lous [ə'nɒmələs] *adj* nienormalny, anormalny, nieprawidłowy
a·nom·a·ly [ə'nɒməlɪ] *s* anomalia
a·non·y·mous [ə'nɒnɪməs] *adj* anonimowy; ***~ letter*** anonim
an·o·rak ['ænəræk] *s* anorak
an·oth·er [ə'nʌðə] *adj i pron* inny, drugi, jeszcze jeden; ***in ~ way*** inaczej; ***~ two hours*** jeszcze dwie godziny
an·swer ['ɑ:nsə] *s* odpowiedź (***to sth*** na coś); rozwiązanie; *vt* odpowiadać (***sth*** na coś); spełniać, zaspokajać (życzenie); służyć (celowi); *pot.* ***to ~ (sb) back*** odpowiadać (komuś) niegrzecznie; *vi* być odpowiedzialnym (***for sth to sb*** za coś przed kimś); odpowiadać (***to sth*** na coś); (***phone***) ***~ing machine*** automatyczna sekretarka
an·swer·a·ble ['ɑ:nsərəbl] *adj* odpowiedzialny (***for sth to sb*** za coś przed kimś)
ant [ænt] *s zool.* mrówka
an·tag·o·nism [æn'tægənɪzm] *s* antagonizm
an·tag·o·nize [æn'tægənaɪz] *vt* sprzeciwiać się, przeciwdziałać; wzbudzać wrogość
Ant·arc·tic [æn'tɑ:ktɪk] *adj* antarktyczny; *s* ***the Antarctic*** Antarktyda
ant·eat·er ['ænt,i:tə] *s zool.* mrówkojad
an·te·ce·dent [ˌæntɪ'si:dnt] *adj* poprzedzający (***to sth*** coś), poprzedni; *s* poprzedzająca okoliczność; *gram.* poprzednik
an·te·cham·ber ['æntɪˌtʃeɪmbə] *s* antyszamber; przedpokój; poczekalnia
an·te·date ['æntɪdeɪt] *vt* antydatować
an·te·lope ['æntɪləʊp] *s* antylopa
an·ten·na [æn'tenə] *s* (*pl* ***antennae*** [æn'teni:]) antena; *zool.* czułek; ***drag ~*** antena wysuwana
an·te·ri·or [æn'tɪərɪə] *adj* poprzedzający (***to sth*** coś); wcześniejszy (***to sth*** od czegoś), poprzedni
an·te·room ['æntɪrʊm] *s* przedpokój; poczekalnia
an·them ['ænθəm] *s* hymn
ant·hill ['ænthɪl] *s* mrowisko
an·thol·o·gy [æn'θɒlədʒɪ] *s* antologia
an·thro·pol·o·gy [ˌænθrə'pɒlədʒɪ] *s* antropologia
an·ti·air·craft [ˌæntɪ'eəkrɑ:ft] *adj attr* przeciwlotniczy; *s* artyleria przeciwlotnicza, działo przeciwlotnicze
an·ti·bi·o·tic [ˌæntɪbaɪ'ɒtɪk] *s* antybiotyk
an·ti·bod·y ['æntɪˌbɒdɪ] *s* przeciwciało
an·tic ['æntɪk] *s zw. pl* ***~s*** błazenada
an·ti·ci·pate [æn'tɪsɪpeɪt] *vt* antycypować, uprzedzać; przewidywać
an·ti·ci·pat·ed [æn'tɪsɪpeɪtɪd] *zob.* ***anticipate***; *adj* przedterminowy; *handl.* wykupiony przed terminem

an·ti·ci·pa·tion [æn,tɪsɪ'peɪʃn] *s* uprzedzanie, przewidywanie; zapłata z góry, zaliczka; ***in ~*** z góry; *handl.* przedterminowo
an·ti·dote ['æntɪdəʊt] *s* antidotum, odtrutka
an·tip·a·thy [æn'tɪpəθɪ] *s* antypatia
an·ti·qua·ry ['æntɪkwərɪ] *s* antykwariusz, zbieracz antyków
an·ti·quat·ed ['æntɪkweɪtɪd] *adj* przestarzały
an·tique [æn'ti:k] *adj* starożytny, antyczny; staroświecki; *s* sztuka starożytna; antyk
an·tiq·ui·ty [æn'tɪkwətɪ] *s* starożytność; antyk
an·ti-Sem·ite [,æntɪ'si:maɪt] *s* antysemita
an·ti·sep·tic [,æntɪ'septɪk] *s* środek odkażający; *adj* antyseptyczny
an·tith·e·sis [æn'tɪθəsɪs] *s* antyteza
ant·ler ['æntlə] *s* róg (*np. jelenia*)
an·to·nym ['æntənɪm] *s* antonim
a·nus ['eɪnəs] *s anat.* odbyt
an·vil ['ænvɪl] *s* kowadło
anx·i·e·ty [æŋ'zaɪətɪ] *s* niepokój, trwoga (***for*** <***about***> ***sth*** o coś); troska; dążenie, pożądanie
anx·ious ['æŋkʃəs] *adj* niespokojny, pełen troski (***for*** <***about***> ***sth*** o coś); pożądający, pragnący (***for*** <***about***> ***sth*** czegoś)
an·y ['enɪ] *pron* jaki, jakiś, jakikolwiek; wszelki; każdy; którykolwiek; ***not ~*** żaden; *adv* nieco, trochę, jeszcze; ***~ farther*** trochę dalej; ***not ~ farther*** ani trochę dalej; ***it is not ~ good*** to się na nic nie przyda
an·y·bod·y ['enɪ,bɒdɪ] *pron* ktokolwiek, ktoś; każdy
an·y·how ['enɪhaʊ] *adv* jakkolwiek, w jakikolwiek sposób; byle jak, w każdym razie
an·y·one ['enɪwʌn] *pron* = ***anybody***
an·y·thing ['enɪθɪŋ] *pron* cokolwiek, coś; wszystko; *z przeczeniem* nic
an·y·way ['enɪweɪ] *adv* = ***anyhow***
an·y·where ['enɪweə] *adv* gdziekolwiek, gdzieś; wszędzie; *z przeczeniem:* nigdzie
a·part [ə'pɑ:t] *adv* oddzielnie, na boku, na bok; osobno; w odległości; ***~ from*** pomijając, abstrahując, niezależnie od, oprócz; ***to get ~*** oddzielić; ***to set ~*** odłożyć; ***to take ~*** rozkładać, rozbierać na części
a·part·heid [ə'pɑ:theɪt] *s* segregacja rasowa; apartheid
a·part·ment [ə'pɑ:tmənt] *s* pokój, mieszkanie; ***~ house*** dom mieszkalny (czynszowy), kamienica
ap·a·thet·ic [,æpə'θetɪk] *adj* apatyczny, obojętny
ap·a·thy ['æpəθɪ] *s* apatia, obojętność
ape [eɪp] *s* małpa (człekokształtna); *vt* małpować
ap·er·ture ['æpətʃə] *s* otwór, szczelina
a·pex ['eɪpeks] *s* (*pl* ***~es*** ['eɪpeksɪz] *lub* ***apices*** ['eɪpɪsi:z]) szczyt, punkt szczytowy
aph·ro·dis·i·ac [,æfrə'dɪzɪæk] *s* afrodyzjak, środek podniecający seksualnie
a·piece [ə'pi:s] *adv* za sztukę; na każdego, na głowę
a·poc·a·lypse [ə'pɒkəlɪps] *s* apokalipsa
a·pol·o·gize [ə'pɒlədʒaɪz] *vi* usprawiedliwiać się (***to sb for sth*** przed kimś z czegoś), przepraszać
a·pol·o·gy [ə'pɒlədʒɪ] *s* usprawiedliwienie, przeproszenie; obrona
ap·o·plex·y ['æpəpleksɪ] *s* apopleksja
a·pos·tle [ə'pɒsl] *s* apostoł
a·pos·tro·phe [ə'pɒstrəfɪ] *s* apostrof; apostrofa, zwrot

ap·pal [ə'pɔːl] *vt* trwożyć, przerażać
ap·pa·ra·tus [ˌæpə'reɪtəs] *s* (*pl* **~** lub **~es** ['æpə'reɪtəsɪz]) aparat, przyrząd, urządzenie; (*w organizmie*) narząd
ap·par·ent [ə'pærənt] *adj* widoczny, oczywisty; pozorny
ap·peal [ə'piːl] *vi* apelować, zwracać się, wzywać, usilnie prosić (**to sb for sth** kogoś o coś); nęcić, pociągać; oddziaływać (**to sb** na kogoś); *s* apel, wezwanie; odwołanie, apelacja; zainteresowanie, pociąg; **popular ~** popularność; **sex ~** atrakcyjność, powab (płci); **an ~ to a higher court** apelacja do sądu wyższej instancji; **an ~ from a decision** odwołanie od (czyjejś) decyzji; **to make an ~ for help** prosić <błagać> o pomoc
ap·pear [ə'pɪə] *vi* zjawiać się, pokazywać się; występować; wydawać się, zdawać się; okazywać się
ap·pear·ance [ə'pɪərəns] *s* wygląd zewnętrzny; zjawienie się; wystąpienie; pozór; **at first ~** na pierwszy rzut oka; **to keep up ~s** zachowywać pozory
ap·pease [ə'piːz] *vt* uspokoić, uśmierzyć, złagodzić; uciszyć; zaspokoić
ap·pease·ment [ə'piːzmənt] *s* uspokojenie, uśmierzenie, złagodzenie; **policy of ~** polityka łagodzenia (sporów międzynarodowych)
ap·pend [ə'pend] *vt* dołączyć, dodać
ap·pen·dage [ə'pendɪdʒ] *s* dodatek, uzupełnienie
ap·pen·di·ci·tis [əˌpendə'saɪtɪs] *s med.* zapalenie wyrostka robaczkowego
ap·pen·dix [ə'pendɪks] *s* (*pl* **~es** [ə'pendɪksɪz] *lub* **appendices** [ə'pendɪsiːz]) dodatek, uzupełnienie; *anat.* wyrostek robaczkowy
ap·per·tain [ˌæpə'teɪn] *vi* należeć, odnosić się
ap·pe·tite ['æpətaɪt] *s* apetyt (**for sth** na coś)
ap·pe·tiz·er ['æpətaɪzə] *s* zakąska, małe danie
ap·pe·tiz·ing ['æpətaɪzɪŋ] *adj* apetyczny
ap·plaud [ə'plɔːd] *vt* oklaskiwać; przyklasnąć; *vi* klaskać
ap·plause [ə'plɔːz] *s* aplauz, oklaski; pochwała
ap·ple ['æpl] *s* jabłko; **~ of the eye** źrenica; *przen.* oczko w głowie
ap·pli·ance [ə'plaɪəns] *s* zastosowanie, użycie; narzędzie, instrument; *pl* **~s** przybory
ap·pli·ca·ble ['æplɪkəbl] *adj* dający się zastosować, stosowny
ap·pli·cant ['æplɪkənt] *s* petent; kandydat
ap·pli·ca·tion [ˌæplɪ'keɪʃn] *s* aplikacja; podanie; zastosowanie, użycie; uwaga; pilność; *komp.* program użytkowy; **~ form** formularz (podaniowy)
ap·ply [ə'plaɪ] *vt* stosować, używać; poświęcać (uwagę, trud); *vi* zwracać się (**to sb for sth** do kogoś o coś), starać się (**for sth** o coś); dać się zastosować, odnosić się; oddawać się (**to sth** czemuś); *vr* **~ oneself** przykładać się (**to sth** do czegoś); **~ within** tu udziela się informacji
ap·point [ə'pɔɪnt] *vt* wyznaczać; mianować; określać
ap·point·ment [ə'pɔɪntmənt] *s* wyznaczenie; nominacja; określenie; zarządzenie; stanowisko; umowa; umówione spotkanie; **to keep an ~** przyjść na spotkanie; **to make <fix> an ~** umówić się na spotkanie; **by ~** do uzgodnienia, po wcześniejszym uzgodnieniu
ap·po·site [ˌæpəzɪt] *adj* stosowny, trafny
ap·po·si·tion [ˌæpə'zɪʃn] *s* przy-

łożenie, zastosowanie; *gram.* dopowiedzenie

ap·praise [ə'preɪz] *vt* szacować, cenić

ap·pre·ci·a·ble [ə'priːʃəbl] *adj* godny zauważenia, znaczny

ap·pre·ci·ate [ə'priːʃɪeɪt] *vt* ocenić, oszacować; uznawać, wysoko sobie cenić; dziękować, być wdzięcznym (***sth*** za coś); *am.* podnieść wartość; *vi* zyskiwać na wartości

ap·pre·ci·a·tion [əˌpriːʃɪ'eɪʃn] *s* ocena; uznanie; wdzięczność, podziękowanie; *am.* podwyższenie <wzrost> ceny

ap·pre·hend [ˌæprɪ'hend] *vt* obawiać się; chwycić, pojmać; rozumieć, pojmować

ap·pre·hen·sion [ˌæprɪ'henʃn] *s* obawa; ujęcie, pojmanie; pojętność, rozumienie; ***beyond ~*** nie do pojęcia

ap·pre·hen·sive [ˌæprɪ'hensɪv] *adj* bojaźliwy, niespokojny (***about*** <***for***> ***sb*** o kogoś, ***of sth*** o coś); pojętny, bystry, rozumiejący (***of sth*** coś)

ap·pren·tice [ə'prentɪs] *s* uczeń, terminator; *vt* oddać do terminu, na naukę

ap·pren·tice·ship [ə'prentɪsʃɪp] *s* terminowanie, nauka (*rzemiosła*), praktyka (*w zawodzie*)

ap·proach [ə'prəʊtʃ] *vt* zbliżać się, podchodzić (***sb, sth*** do kogoś, do czegoś); zagadnąć (***sb*** kogoś); *vi* zbliżać się, nadchodzić, być bliskim; *s* zbliżenie, podejście; dostęp, wejście, wjazd; ***easy of ~*** łatwo dostępny

ap·pro·ba·tion [ˌæprə'beɪʃn] *s* aprobata, uznanie

ap·pro·pri·ate [ə'prəʊprɪət] *adj* odpowiedni, stosowny; *vt* [ə'prəʊprɪeɪt] przywłaszczać sobie; przypisywać sobie; użyć, przeznaczyć (***to sth*** na coś); wyasygnować

ap·pro·pri·ate·ness [ə'prəʊprɪətnɪs] *s* stosowność, odpowiedniość; ***with ~*** stosownie, trafnie, właściwie

ap·pro·pri·a·tion [əˌprəʊprɪ'eɪʃn] *s* przywłaszczenie; asygnowanie (*zw. kredytów*)

ap·prov·al [ə'pruːvl] *s* uznanie, aprobata; *handl.* ***on ~*** na próbę

ap·prove [ə'pruːv] *vt vi* aprobować, uznawać (***sth, of sth*** coś)

ap·prox·i·mate [ə'prɒksɪmeɪt] *vi* zbliżać (się), podchodzić (***to sb, sth*** do kogoś, do czegoś); *vt* zbliżać; *adj* [ə'prɒksɪmət] przybliżony

a·pri·cot ['eɪprɪkɒt] *s bot.* morela

A·pril ['eɪprəl] *s* kwiecień; ***~ Fools' Day*** prima aprilis

a·pron ['eɪprən] *s* fartuch; płyta lotniska

apt [æpt] *adj* odpowiedni; skłonny; zdolny; nadający się (***for sth*** do czegoś)

ap·ti·tude ['æptɪtjuːd] *s* stosowność; skłonność; uzdolnienie, zdolność

aq·ua·plane ['ækwəpleɪn] *s* deska do surfingu

a·qua·ri·um [ə'kweərɪəm] *s* akwarium

A·quar·i·us [ə'kweərɪəs] *s* Wodnik (*znak zodiaku*)

aq·uat·ic [ə'kwætɪk] *adj* (*o zwierzętach, roślinach, sportach*) wodny

Ar·ab ['ærəb] *s* Arab; (*koń*) arab

A·ra·bian [ə'reɪbɪən] *adj* arabski; *s* Arab

A·ra·bic ['ærəbɪk] *adj* arabski; *s* język arabski

a·ra·ble ['ærəbl] *adj* orny

ar·bi·ter ['ɑːbɪtə] *s* arbiter, rozjemca

ar·bi·tra·ry ['ɑːbɪtrərɪ] *adj* arbitralny; dowolny, samowolny

ar·bi·trate ['ɑːbɪtreɪt] *vi* być sędzią polubownym; *vt* załatwić polubownie, rozstrzygnąć

ar·bi·tra·tion [ˌɑːbɪ'treɪʃn] *s* arbitraż, postępowanie rozjemcze

arc [ɑːk] *s mat.* łuk; ~ ***light*** światło łukowe
ar·cade [ɑː'keɪd] *s* ***shopping*** ~ *bryt.* pasaż handlowy
arch 1. [ɑːtʃ] *s arch.* łuk, sklepienie; *vt vi* wyginać (się) w łuk; nadawać <przybierać> formę łuku
arch 2. [ɑːtʃ] *adj* wisusowski, łobuzerski
arch 3. [ɑːtʃ] *praef* arcy; archi
ar·chae·ol·o·gy [ˌɑːkɪ'ɒlədʒɪ] *s* archeologia
ar·cha·ic [ɑː'keɪɪk] *adj* archaiczny
ar·cha·ism ['ɑːkeɪɪzm] *s* archaizm
ar·ch·an·gel ['ɑːkˌeɪndʒl] *s* archanioł
arch·bish·op [ˌɑːtʃ'bɪʃəp] *s* arcybiskup
arch·duke [ˌɑːtʃ'djuːk] *s* arcyksiążę
arch·er ['ɑːtʃə] *s* łucznik
arch·er·y ['ɑːtʃərɪ] *s* łucznictwo
ar·chi·pel·a·go [ˌɑːkɪ'peləgəʊ] *s* archipelag
ar·chi·tect ['ɑːkɪtekt] *s* architekt
ar·chi·tec·ture ['ɑːkɪtektʃə] *s* architektura
ar·chives ['ɑːkaɪvz] *s pl* archiwum
arc·tic ['ɑːktɪk] *adj* arktyczny; *s* ***the Arctic*** Arktyka
ar·dent ['ɑːdnt] *adj* płonący, gorący; zapalony, żarliwy
ar·dour ['ɑːdə] *s* żar; żarliwość, zapał
ar·du·ous ['ɑːdjʊəs] *adj* męczący, trudny; (*o skale itp.*) stromy
are [ɑː] *zob.* **be**
a·re·a ['eərɪə] *s* przestrzeń, powierzchnia, płaszczyzna, plac; zakres; okolica; strefa
a·re·na [ə'riːnə] *s* arena
aren't [ɑːnt] = ***are not***; *zob.* **be**
ar·gen·tine ['ɑːdʒəntaɪn] *adj* srebrny, srebrzysty
Ar·gen·tine, ['ɑːdʒənˌtiːn], **Ar·gen·tin·i·an** [ˌɑːdʒən'tɪnɪən] *adj* argentyński; *s* Argentyńczyk
ar·gue ['ɑːgjuː] *vt* roztrząsać; uzasadniać, argumentować; wnioskować; wmawiać (***sb into sth*** komuś coś), przekonywać (***sb into sth*** kogoś o czymś); perswadować (***sb out of sth*** komuś coś); *vi* argumentować (***for sth*** za czymś, ***against sth*** przeciw czemuś); sprzeczać się (***about, for sth*** o coś)
ar·gu·ment ['ɑːgjʊmənt] *s* argument, dowód; dyskusja, sprzeczka; teza
aria ['ɑːrɪə] *s muz.* aria
ar·id ['ærɪd] *adj* suchy, jałowy
Ar·ies ['eəriːz] *s* Baran (*znak zodiaku*)
a·right [ə'raɪt] *adv* słusznie, prawidłowo, dobrze
a·rise** [ə'raɪz] *vi* (arose*** [ə'rəʊz], ***arisen*** [ə'rɪzn]) wstawać, powstawać; ukazywać się, wyłaniać się; wynikać
ar·is·toc·ra·cy [ˌærɪ'stɒkrəsɪ] *s* arystokracja
ar·is·to·crat ['ærɪstəkræt] *s* arystokrata
a·rith·me·tic [ə'rɪθmətɪk] *s* arytmetyka
ark [ɑːk] *s* arka
arm 1. [ɑːm] *s* ramię; ręka; poręcz krzesła, oparcie; konar; ~ ***of the sea*** odnoga morska; ~ ***in*** ~ ramię w ramię, pod rękę
arm 2. [ɑːm] *s* (*zw. pl* **~s**) broń; ***in ~s*** pod bronią; ***to bear ~s*** odbywać służbę wojskową; ***a call to ~s*** powołanie do służby wojskowej; *vt vi* zbroić (się)
ar·ma·ment ['ɑːməmənt] *s* uzbrojenie, zbrojenie; *pl* **~s** zbrojenia; ~ ***race*** wyścig zbrojeń
arm·chair ['ɑːmtʃeə] *s* fotel
arm·ful ['ɑːmfʊl] *s* naręcze
ar·mi·stice ['ɑːmɪstɪs] *s* zawieszenie broni, rozejm
ar·mour ['ɑːmə] *s* zbroja, pancerz; *vt* opancerzyć
ar·moured ['ɑːməd] *adj* pancerny; zbrojony (*np. beton*)

ar·mour·y ['ɑːmərɪ] *s* magazyn broni, arsenał; *am.* fabryka broni
arms [ɑːmz] *s pl* herb
ar·my ['ɑːmɪ] *s* wojsko; ***the ~*** armia; ***to join the ~*** pójść do wojska
a·ro·ma [ə'rəʊmə] *s* aromat
ar·o·mat·ic [ˌærəʊ'mætɪk] *adj* aromatyczny
a·rose *zob.* ***arise***
a·round [ə'raʊnd] *adv i praep* naokoło, dookoła; na wszystkie strony; *am.* tu i tam
a·rouse [ə'raʊz] *vt* wzbudzać, podniecać, aktywizować; budzić (ze snu)
ar·raign [ə'reɪn] *vt* pozwać do sądu, oskarżyć
ar·range [ə'reɪndʒ] *vt* urządzać, porządkować, układać; umawiać, ustalać; załatwiać, łagodzić (*np. spór*); *vi* układać się, umawiać się
ar·range·ment [ə'reɪndʒmənt] *s* urządzenie; układ, umowa; uporządkowanie; *zw. pl* ***~s*** plany, przygotowania; ***to make ~s to...*** poczynić kroki, aby...
ar·ray [ə'reɪ] *vt* stroić; ustawiać w szyk (bojowy); *s* strój; szyk bojowy; procesja; *mat.* tablica
ar·rears [ə'rɪəz] *s pl* zaległości; długi
ar·rest [ə'rest] *vt* aresztować; zatrzymywać; przykuwać (*uwagę*); *s* areszt, zatrzymanie; zahamowanie; ***under ~*** aresztowany
ar·ri·val [ə'raɪvl] *s* przybycie, dojście (***at, in sth*** do czegoś); przybysz; rzecz, która nadeszła
ar·rive [ə'raɪv] *vi* przybyć, dojść (***at, in sth*** do czegoś); osiągnąć (***at sth*** coś)
ar·ro·gance ['ærəgəns] *s* arogancja
ar·ro·gant ['ærəgənt] *adj* arogancki
ar·row ['ærəʊ] *s* strzała, strzałka
arse [ɑːs] *s bryt. wulg.* dupa, tyłek; (*także* ***arsehole***) odbyt; głupek
ar·se·nic ['ɑːsnɪk] *s chem.* arsen; arszenik
ar·son ['ɑːsn] *s* podpalenie (*przestępstwo*)
art [ɑːt] *s* sztuka; zręczność; chytrość; *pl* ***~s*** nauki humanistyczne; ***fine ~s*** sztuki piękne
ar·te·ry ['ɑːtərɪ] *s anat.* arteria
art·ful ['ɑːtfl] *adj* zręczny; chytry
ar·thrit·ic [ɑː'θrɪtɪk] *adj* artretyczny
ar·thri·tis [ɑː'θraɪtɪs] *s* artretyzm
ar·ti·choke ['ɑːtɪtʃəʊk] *s* karczoch
ar·ti·cle ['ɑːtɪkl] *s* artykuł; rozdział, punkt; paragraf; przedmiot; *gram.* rodzajnik, przedimek
ar·tic·u·late [ɑː'tɪkjʊleɪt] *vt vi* artykułować, (wyraźnie) wymawiać; *adj* [ɑ'tɪkjʊlət] artykułowany; jasno wyrażony <wyrażający się>
ar·tic·u·la·tion [ɑːˌtɪkjʊ'leɪʃn] *s* artykulacja, wymawianie
ar·ti·fice ['ɑːtɪfɪs] *s* sztuka, sztuczka; zręczność; chytrość; pomysł, podstęp
ar·ti·fi·cial [ˌɑːtɪ'fɪʃl] *adj* sztuczny
ar·til·ler·y [ɑː'tɪlərɪ] *s* artyleria
ar·ti·san [ˌɑːtɪ'zæn] *s* rzemieślnik
ar·tist ['ɑːtɪst] *s* artysta
ar·tis·tic [ɑː'tɪstɪk] *adj* artystyczny
art·less ['ɑːtləs] *adj* prosty, niewyszukany; naturalny; niedoświadczony
Ar·y·an ['eərɪən] *adj* aryjski; *s* Aryjczyk
as [æz, əz] *adv* jak; jako; za; *conj* ponieważ, skoro; jak; jako; kiedy, (podczas) gdy; chociaż; w miarę, jak; ***as ... as*** tak ... jak, równie ... jak; ***as far as*** aż do, o ile; ***as for*** co się tyczy; co do; ***as if, as though*** jak gdyby; ***as it is*** faktycznie, rzeczywiście; ***as it were*** że tak powiem; ***as a rule*** z reguły, zasadniczo; ***as much <many> as*** aż tyle; ***as soon as*** skoro tylko; ***as to*** co się tyczy, odnośnie

do; ***as well*** również; także; ***as well as*** równie dobrze, jak również; ***as yet*** jak dotąd; ***so ... as*** tak ... jak (*zw. w przeczeniu* ***not so ... as*** nie tak ... jak); ***so as*** (*przed inf*) tak, ażeby <że>; ***be so good as to tell me*** bądź łaskaw powiedzieć mi

as·cend [ə'send] *vi* wznosić się, iść w górę; wspinać się; *vt* wstąpić (***the throne*** na tron)

as·cend·ant [ə'sendənt] *s*: ***to be in the ~*** mieć przewagę, górować

as·cen·sion [ə'senʃn] *s* unoszenie się ku górze; wstąpienie (***to the throne*** na tron); *rel.* ***the Ascension*** (***Day***) Wniebowstąpienie

as·cent [ə'sent] *s* wznoszenie (się); wchodzenie (na górę), wspinanie się (na szczyt)

as·cer·tain [ˌæsə'teɪn] *vt* ustalić, stwierdzić

as·cet·ic [ə'setɪk] *adj* ascetyczny; *s* asceta

as·cribe [ə'skraɪb] *vt* przypisywać

a·sep·tic [ə'septɪk] *adj* aseptyczny; *s* środek aseptyczny

ash 1. [æʃ] *s* (*zw. pl* ***~es*** ['æʃɪz]) popiół; ***Ash Wednesday*** środa popielcowa, Popielec

ash 2. [æʃ] *s bot.* jesion

a·shamed [ə'ʃeɪmd] *adj praed* zawstydzony; ***to be ~*** wstydzić się (***of sth*** czegoś, ***for sth*** z powodu czegoś)

ash·en ['æʃn] *adj* popielaty

a·shore [ə'ʃɔː] *adv* na brzeg, na brzegu, na ląd, na lądzie; ***to run*** <***be driven***> ***~*** osiąść na mieliźnie

ash·tray ['æʃtreɪ] *s* popielniczka

A·si·at·ic [ˌeɪʃɪ'ætɪk] *adj* azjatycki; *s* Azjata

a·side [ə'saɪd] *adj* na bok, na boku; ***to put ~*** odkładać

ask [ɑːsk] *vt* pytać, prosić, upraszać (***sb*** kogoś, ***sth*** o coś); żądać (***sth*** czegoś); ***to ~ a question*** zadać pytanie; *vi* prosić (***for sth*** o coś), pytać (***for sb, sth*** o kogoś, o coś); pytać, dowiadywać się (***about*** <***after***> ***sb, sth*** o kogoś, o coś); ***to ~ to dinner*** prosić na obiad; *pot.* ***to ~ for trouble*** szukać kłopotu

a·skance [ə'skæns] *adv* ukosem, na ukos; w bok; ***to look ~*** spoglądać podejrzliwie

a·skew [ə'skjuː] *adv* krzywo

a·slant [ə'slɑːnt] *adv* skośnie, na ukos

a·sleep [ə'sliːp] *adj praed i adv* śpiący, pogrążony we śnie; (*o nogach*) zdrętwiały; ***to be ~*** spać; ***to fall ~*** zasnąć

as·par·a·gus [ə'spærəgəs] *s* szparag

as·pect ['æspekt] *s* aspekt; wygląd; widok; zapatrywanie; wzgląd; *gram.* strona; postać (*czasownika*)

as·pen ['æspən] *s bot.* osika

as·phalt ['æsfælt] *s* asfalt

as·pir·ant ['æspɪrənt] *s* aspirant, kandydat

as·pi·ra·tion [ˌæspə'reɪʃn] *s* aspiracja, dążenie (***after, for sth*** do czegoś)

as·pi·rin ['æsprɪn] *s* aspiryna

ass 1. [æs] *s* osioł; ***to make an ~ of oneself*** robić z siebie durnia

ass 2. [æs] *s am. wulg.* dupa, zadek; (*także* ***asshole***) odbyt; głupek

as·sail [ə'seɪl] *vt* napadać, atakować

as·sail·ant [ə'seɪlənt] *s* napastnik

as·sas·sin [ə'sæsɪn] *s* morderca, skrytobójca

as·sas·si·nate [ə'sæsɪneɪt] *vt* mordować (skrytobójczo)

as·sault [ə'sɔːlt] *s* napad, atak; pobicie; ***~ and battery*** napad z pobiciem; *vt* napaść (nagle), zaatakować; pobić

as·say [ə'seɪ] *s* badanie, próba (*np. metali*); *vt* badać, robić próbę

as·sem·ble [ə'sembl] *vt* gromadzić, zbierać; składać, monto-

wać; *vi* gromadzić się, zbierać się
as·sem·bler [ə'semblə] *s komp.* asembler
as·sem·bly [ə'semblɪ] *s* zebranie, zgromadzenie; zbiórka; montaż
as·sent [ə'sent] *vi* zgadzać się, przyzwalać (***to sth*** na coś); *s* zgoda, przyzwolenie
as·sert [ə'sɜːt] *vt* potwierdzać; bronić (*np. sprawy*); twierdzić; *vr* **~ *oneself*** bronić swych praw; żądać zbyt wiele; wywyższać się
as·ser·tion [ə'sɜːʃn] *s* twierdzenie (stanowcze); obrona (swych praw)
as·sess [ə'ses] *vt* szacować, taksować; nakładać (*np. podatek*)
as·sess·ment [ə'sesmənt] *s* oszacowanie; opodatkowanie; podatek
as·ses·sor [ə'sesə] *s* asesor; urzędnik podatkowy
as·set ['æset] *s* wartość, zaleta, plus; zabezpieczenie; rzecz wartościowa; *pl* **~s** aktywa; własność
as·sid·u·ous [ə'sɪdjʊəs] *adj* wytrwały, pilny, pieczołowity
as·sign [ə'saɪn] *vt* wyznaczać; ustalać, określać; przydzielać, przypisywać
as·sig·na·tion [ˌæsɪg'neɪʃn] *s* wyznaczenie; ustalenie; przydział, asygnacja
as·sim·i·late [ə'sɪməleɪt] *vt vi* asymilować (się), upodabniać (się)
as·sist [ə'sɪst] *vt* asystować; pomagać; *vi* być obecnym
as·sist·ance [ə'sɪstəns] *s* asysta; pomoc, poparcie; obecność
as·sist·ant [ə'sɪstənt] *s* pomocnik, asystent; **~ *manager*** wicedyrektor; ***shop* ~** ekspedient; *adj* pomocniczy
as·so·ci·ate [ə'səʊʃɪeɪt] *vt* łączyć, wiązać, kojarzyć; *vi* obcować, współdziałać, łączyć się; *s* [ə'səʊʃɪət] towarzysz, współuczestnik; *adj* związany; dołączony
as·so·ci·a·tion [əˌsəʊʃɪ'eɪʃn] *s* stowarzyszenie, zrzeszenie; skojarzenie; obcowanie; związek; *sport* **~ *football*** *sport* piłka nożna (*w odróżnieniu od rugby i futbolu amerykańskiego*)
as·sort·ment [ə'sɔːtmənt] *s* asortyment, dobór
as·sume [ə'sjuːm] *vt* przyjmować; brać na siebie; obejmować (*np. urząd*); przybierać; przypuszczać, zakładać; udawać
as·sump·tion [ə'sʌmpʃn] *s* przyjęcie; objęcie; przypuszczenie, założenie; udawanie; zarozumialstwo; *rel.* ***Assumption*** Wniebowzięcie
as·sur·ance [ə'ʃʊərəns] *s* zapewnienie; pewność (siebie); *bryt.* ubezpieczenie
as·sure [ə'ʃʊə] *vt* zapewniać; *bryt.* ubezpieczać; ***to rest* ~*d*** być spokojnym
as·ter·isk ['æstərɪsk] *s druk.* gwiazdka, odsyłacz
a·stern [ə'stɜːn] *adv* w tyle okrętu
asth·ma ['æsmə] *s* astma
a·ston·ish [ə'stɒnɪʃ] *vt* zdziwić, zdumieć
a·stound [ə'staʊnd] *vt* zdumiewać
as·tra·khan [ˌæstrə'kæn] *s* karakuł
a·stray [ə'streɪ] *adj praed adv dosł. i przen.* zabłąkany; ***to go* ~** zabłąkać się; ***to lead* ~** wywieść na manowce
as·trol·o·gy [ə'strɒlədʒɪ] *s* astrologia
as·tro·naut ['æstrənɔːt] *s* astronauta
as·tron·o·my [ə'strɒnəmɪ] *s* astronomia
as·tute [ə'stjuːt] *adj* chytry; bystry
a·sun·der [ə'sʌndə] *adv* oddzielnie; w kawałkach; na kawałki; w różne strony
a·sy·lum [ə'saɪləm] *s* azyl; przytułek
at [æt, ət] *praep na oznaczenie*

miejsca: przy, u, na, w; ***at school*** w szkole; ***at sea*** na morzu; ***at the Rhetts'*** u państwa Rhett; ***at my mother's*** u mojej matki; *na oznaczenie czasu*: w, o, na; ***at nine o'clock*** o godzinie dziewiątej; *na oznaczenie sposobu, celu, stanu, ceny*: na, za, z, po, w; ***at once*** natychmiast; ***at last*** w końcu; nareszcie; ***at least*** przynajmniej

ate *zob.* ***eat***

atel·ier [ə'telıeı] *s* atelier

a·the·ism ['eıθıızm] *s* ateizm

a·the·ist ['eıθııst] *s* ateista

a·the·is·tic [ˌeıθı'ıstık] *adj* ateistyczny

ath·lete ['æθli:t] *s* sportowiec

ath·let·ic [æθ'letık] *adj* sportowy; wysportowany; mocny, silny

ath·let·ics [æθ'letıks] *s* sport; lekkoatletyka

At·lan·tic [ət'læntık] *adj* atlantycki; *s* Atlantyk

at·las ['ætləs] *s* atlas; ***road ~*** atlas drogowy

at·mos·phere ['ætməˌsfıə] *s fiz. i przen.* atmosfera

at·mos·pher·ic [ˌætməs'ferık] *adj* atmosferyczny

at·om ['ætəm] *s* atom; *przen.* odrobina

a·tom·ic [ə'tɒmık] *adj* atomowy

a·tom·izer ['ætəmaızə] *s* rozpylacz (kosmetyczny)

a·tone [ə'təʊn] *vi* odpokutować; rekompensować (***for sth*** coś), zadośćuczynić

a·tro·cious [ə'trəʊʃəs] *adj* okrutny; okropny

a·troc·i·ty [ə'trɒsətı] *s* okrucieństwo; okropność

at·tach [ə'tætʃ] *vt* przywiązać, przymocować; dołączać; *vi* być przywiązanym <dołączonym>

at·tach·ment [ə'tætʃmənt] *s* przywiązanie, więź (uczuciowa); dodatek, załącznik

at·tack [ə'tæk] *vt* atakować; *s* atak

at·tain [ə'teın] *vt vi* osiągnąć, zdobyć, dojść (***sth, to sth, at sth*** do czegoś)

at·tain·ment [ə'teınmənt] *s* osiągnięcie; zdobycie; *pl* ***~s*** wiadomości, sprawność

at·tempt [ə'tempt] *vt* próbować, usiłować; *s* próba, usiłowanie

at·tend [ə'tend] *vt* towarzyszyć (***sb*** komuś); uczęszczać (***school*** do szkoły, ***lectures*** na wykłady); służyć pomocą (***sb*** komuś); pielęgnować; leczyć; obsługiwać; być obecnym (***a meeting*** na zebraniu); *vi* usługiwać (***on, upon, to sb*** komuś), obsługiwać (***to sb, sth*** kogoś, coś); uważać (***to sth*** na coś), pilnować (***to sth*** czegoś); przykładać się (***to sth*** do czegoś)

at·tend·ance [ə'tendəns] *s* uwaga; obsługa; pomoc, opieka; frekwencja

at·tend·ant [ə'tendənt] *adj* towarzyszący; *s* osoba obsługująca; pomocnik, asystent

at·ten·tion [ə'tenʃn] *s* uwaga; opieka; grzeczność; ***to pay ~*** zwracać uwagę (***to sth*** na coś); ***~!*** baczność!; uwaga!

at·ten·tive [ə'tentıv] *adj* uważny; troskliwy; uprzejmy

at·ten·u·ate [ə'tenjʊeıt] *vt* łagodzić; pomniejszać, osłabiać

at·test [ə'test] *vt* stwierdzać, zaświadczać; zaprzysięgać; *vi* świadczyć (***to sth*** o czymś)

at·tes·ta·tion [ˌæte'steıʃn] *s* zaświadczenie; świadectwo; zaprzysiężenie

at·tic ['ætık] *s* poddasze, mansarda

at·tire [ə'taıə] *vt* ubierać; zdobić; *s* ubiór, strój; ozdoba

at·ti·tude ['ætıtju:d] *s* postawa, stanowisko, stosunek

at·tor·ney [ə'tɜ:nı] *s am.* obrońca, adwokat; rzecznik, pełnomocnik; ***letter <power> of ~*** pełnomocnictwo; ***Attorney General*** *am.*

prokurator generalny; minister sprawiedliwości
at·tract [ə'trækt] *vt* przyciągać, pociągać
at·trac·tion [ə'trækʃn] *s* atrakcja; pociąg; atrakcyjność; przyciąganie
at·tract·ive [ə'træktɪv] *adj* atrakcyjny, pociągający; przyciągający
at·trib·ute [ə'trɪbjuːt] *vt* przypisywać; *s* ['ætrɪbjuːt] atrybut, właściwość; *gram.* przydawka
at·tri·tion [ə'trɪʃn] *s* tarcie; zużycie, zdarcie; wyniszczenie
at·tune [ə'tjuːn] *vt* stroić, dostroić; zharmonizować (***to sth*** z czymś)
au·burn ['ɔːbən] *adj* kasztanowaty
auc·tion ['ɔːkʃn] *s* aukcja, licytacja; *vt* sprzedawać na licytacji
auc·tion·eer [ˌɔːkʃə'nɪə] *s* licytator
au·da·cious [ɔː'deɪʃəs] *adj* śmiały, zuchwały
au·dac·i·ty [ɔː'dæsətɪ] *s* śmiałość, zuchwalstwo
au·di·ble ['ɔːdəbl] *adj* słyszalny
au·di·ence ['ɔːdɪəns] *s* publiczność, słuchacze; audiencja
au·dit 1. ['ɔːdɪt] *s handl.* kontrola bilansu; *vt* sprawdzać bilans
au·dit 2. ['ɔːdɪt] *vt uczestniczyć w zajęciach uniwersyteckich bez obowiązku zdawania egzaminów*
aug·ment [ɔːg'ment] *vt vi* powiększać (się)
aug·men·ta·tion [ˌɔːgmen'teɪʃn] *s* powiększenie, wzrost
Au·gust ['ɔːgəst] *s* sierpień
au·gust [ɔː'gʌst] *adj* dostojny, majestatyczny
aunt [ɑːnt] *s* ciotka
aunt·ie ['ɑːntɪ] *s* ciocia
au pair (girl) [ˌəʊ'peəˌgɜːl] *s dziewczyna ucząca się języka angielskiego w Anglii, pracująca jako pomoc domowa*
aus·pi·ces ['ɔːspɪsɪz] *s pl* piecza, patronat; ***under the ~ of*** pod auspicjami
aus·pi·cious [ɔː'spɪʃəs] *adj* dobrze wróżący, pomyślny
aus·tere [ɔː'stɪə] *adj* surowy, srogi; prosty; szorstki
aus·ter·i·ty [ɔː'sterətɪ] *s* surowość, prostota; szorstkość
Aus·tra·li·an [ɒ'streɪlɪən] *adj* australijski; *s* Australijczyk
Aus·tri·an ['ɒstrɪən] *adj* austriacki; *s* Austriak
au·then·tic [ɔː'θentɪk] *adj* autentyczny
au·then·ti·cate [ɔː'θentɪkeɪt] *vt* poświadczać, nadawać ważność
au·then·ti·ci·ty [ˌɔːθen'tɪsətɪ] *s* autentyczność
au·thor ['ɔːθə] *s* autor
au·thor·i·ty [ɔː'θɒrətɪ] *s* autorytet, władza; upoważnienie; wiarygodne świadectwo; źródło; *pl* ***local authorities*** władze miejscowe
au·thor·i·za·tion [ˌɔːθəraɪ'zeɪʃn] *s* autoryzacja, upoważnienie
au·thor·ize ['ɔːθəraɪz] *vt* autoryzować, upoważniać
au·thor·ship ['ɔːθəʃɪp] *s* autorstwo
au·to ['ɔːtəʊ] *s am. pot.* auto, samochód
au·to·bi·og·ra·phy [ˌɔːtəbaɪ'ɒgrəfɪ] *s* autobiografia
au·toc·ra·cy [ɔː'tɒkrəsɪ] *s* samowładztwo, autokracja
au·to·graph ['ɔːtəgrɑːf] *s* autograf
au·to·mat ['ɔːtəmæt] *s am.* bar samoobsługowy
au·to·mat·ic [ˌɔːtə'mætɪk] *adj* automatyczny, mechaniczny
au·to·ma·tion [ˌɔːtə'meɪʃn] *s* automatyzacja
au·tom·a·ton [ɔː'tɒmətən] *s* (*pl* ***automata*** [ɔː'tɒmətə]) automat
au·to·mo·bile ['ɔːtəməbiːl] *s am.* samochód
au·ton·o·mous [ɔː'tɒnəməs] *adj* autonomiczny
au·ton·o·my [ɔː'tɒnəmɪ] *s* autonomia

au·top·sy ['ɔːtɒpsɪ] *s* autopsja, sekcja zwłok
au·tumn ['ɔːtəm] *s* jesień; *adj attr* jesienny
aux·il·ia·ry [ɔːg'zɪlɪərɪ] *adj* pomocniczy; *~ verb gram.* czasownik posiłkowy
a·vail [ə'veɪl] *vt* przynosić korzyść, pomagać; *vi* przedstawiać wartość, mieć znaczenie; *vr* ***~ oneself*** korzystać (***of sth*** z czegoś); *s* korzyść, pożytek; ***of no ~*** bezużyteczny; ***without ~*** bez korzyści, bez powodzenia
a·vail·a·ble [ə'veɪləbl] *adj* do wykorzystania, dostępny, osiągalny
av·a·lanche ['ævəlɑːnʃ] *s dosł. i przen.* lawina
av·a·rice ['ævərɪs] *s* skąpstwo
av·a·ri·cious [ˌævə'rɪʃəs] *adj* skąpy
a·venge [ə'vendʒ] *vt* pomścić
av·e·nue ['ævənjuː] *s* aleja, szeroka ulica
av·er·age ['ævərɪdʒ] *s mat.* przeciętna; przeciętność; ***on*** (***an***) ***~*** przeciętnie; *adj* przeciętny; *vt* wynosić przeciętnie; znajdować przeciętną
a·verse [ə'vɜːs] *adj* przeciwny; ***to be ~ to sth*** czuć niechęć <odrazę> do czegoś
a·ver·sion [ə'vɜːʃn] *s* odraza, niechęć
a·vert [ə'vɜːt] *vt* odwrócić; zapobiec (***sth*** czemuś)
a·vi·a·tion [ˌeɪvɪ'eɪʃn] *s* lotnictwo
a·vi·a·tor ['eɪvɪeɪtə] *s* lotnik
av·id ['ævɪd] *adj* chciwy (***for, of sth*** czegoś)
av·o·ca·do [ˌævə'kɑːdəʊ] *s* awokado
a·void [ə'vɔɪd] *vt* unikać
a·void·ance [ə'vɔɪdəns] *s* unikanie, uchylanie się
av·oir·du·pois [ˌævədə'pɔɪz] *s angielski układ jednostek wagi*
a·vow [ə'vaʊ] *vt* otwarcie przyznawać (się), wyznawać
a·vow·al [ə'vaʊəl] *s* przyznanie się (***of sth*** do czegoś), wyznanie (winy)
a·wait [ə'weɪt] *vt* oczekiwać, czekać
a·wake 1.** [ə'weɪk] *vt* (awoke*** [ə'wəʊk], ***awoken*** [ə'wəʊkn]) *dosł. i przen.* budzić; *vi* budzić się; uświadomić sobie (***to sth*** coś)
a·wake 2. [ə'weɪk] *adj praed* czuwający, obudzony; świadomy (***to sth*** czegoś)
a·wak·en [ə'weɪkən] = ***awake* 1.**
a·ward [ə'wɔːd] *vt* przyznawać, przysądzać; *s* przyznana nagroda; wyrok (*w wyniku arbitrażu*)
a·ware [ə'weə] *adj praed* świadomy, poinformowany; ***to be ~*** uświadamiać sobie (***of sth*** coś)
a·way [ə'weɪ] *adv* hen, na uboczu; poza (domem); *am.* ***right ~*** natychmiast; ***far and ~*** o wiele, znacznie; ***to make <do> ~*** pozbyć się (***with sth*** czegoś); ***two miles ~*** o dwie mile; ***~ with it!*** precz z tym!
awe [ɔː] *s* strach, trwoga; *vt* napawać trwogą
aw·ful ['ɔːfl] *adj* straszny, okropny
a·while [ə'waɪl] *adv* krótko, chwilowo
awk·ward ['ɔːkwəd] *adj* niezgrabny; niezdarny; zażenowany; niewygodny; przykry; kłopotliwy
awl [ɔːl] *s* szydło
awn·ing ['ɔːnɪŋ] *s* dach płócienny, markiza
a·woke *zob.* ***awake* 1.**
a·wry [ə'raɪ] *adj praed* przekręcony, przekrzywiony, opaczny; *adv* krzywo, na opak
ax, axe [æks] *s* siekiera
ax·i·om ['æksɪəm] *s* aksjomat
ax·is ['æksɪs] *s* (*pl* ***axes*** ['æksiːz]) *mat. polit.* oś
ax·le ['æksl] *s* oś (*np. wozu*)
ay, aye [aɪ] *int* tak!; *s* głos za; ***the ~s have it*** większość głosów jest za (wnioskiem)
az·ure ['æʒə] *s* lazur; *adj* błękitny, lazurowy

B

bab·ble ['bæbl] *vt vi* paplać, gadać; *s* paplanina, gadanie
babe [beɪb] *s* niemowlę
ba·boon [bə'bu:n] *s zool.* pawian
ba·by ['beɪbɪ] *s* niemowlę, osesek
ba·by·hood ['beɪbɪhʊd] *s* niemowlęctwo
ba·by·sit·ter ['beɪbɪˌsɪtə] *s osoba wynajmowana na kilka godzin do opieki nad dzieckiem*
bach·e·lor ['bætʃələ] *s* licencjat (*posiadacz niższego tytułu uniwersyteckiego w krajach anglosaskich*); kawaler, nieżonaty
ba·cil·lus [bə'sɪləs] *s* (*pl* ***bacilli*** [bə'sɪlaɪ]) bakcyl
back [bæk] *s* tył, odwrotna strona; plecy; grzbiet; *sport* obrońca; ***at the ~*** z tyłu; ***to be on one's ~*** chorować obłożnie; ***to put one's ~ into sth*** ciężko nad czymś pracować; *adj* tylny; zaległy; odwrotny; powrotny; *adv* w tyle, z tyłu; z powrotem; do tyłu; ***to go ~ on one's word*** cofnąć słowo, obietnicę; *pot.* ***~ to the salt mines*** z powrotem do roboty (*zw. po okresie wypoczynku*); *vt* popierać; cofać (*np. auto*); (*w grze*) stawiać (***sth*** na coś); *fin.* indosować; ***to ~ the wrong horse*** postawić na niewłaściwego konia; ***~ up*** stawiać (*w grze*); popierać (***sb*** kogoś); *vi* cofać się, iść do tyłu; ***~ out*** wycofać się, wykręcić się (***of sth*** z czegoś)
back·bite ['bækbaɪt] *vt* oczerniać, obmawiać
back·bone ['bækbəʊn] *s* kręgosłup
back·door [ˌbæk'dɔ:] *s* tylne drzwi; tajne wyjście; *adj attr* tajemniczy, skryty; zakulisowy
back·ground ['bækgraʊnd] *s* dalszy plan; tło (*także* polityczne, społeczne); pochodzenie, przeszłość; ***against a ~ of...*** na tle...
back·hand ['bækhænd] *s sport* (*w tenisie*) bekhend
back·ing ['bækɪŋ] *s* poparcie; podpora; *handl.* pokrycie (*w złocie*)
back·pay·ment ['bækpeɪmənt] *s* wypłata zaległości
back·slide [ˌbæk'slaɪd] *vi* sprzeniewierzyć się (*zasadzie*); zgrzeszyć (*ponownie*)
back·stage [ˌbæk'steɪdʒ] *adj adv* zakulisowy; za kulisami
back·stairs [ˌbæk'steəz] *s pl* tylne schody; tajne schody; *adj attr* skryty, podstępny
back·up ['bækʌp] *s* wsparcie; zaplecze
back·ward ['bækwəd] *adj* tylny, położony w tyle; zacofany; opieszały; ***~(s)*** *adv* w tył, ku tyłowi, z powrotem, wstecz
back·woods ['bækwʊdz] *s pl* dziewicze lasy, ostępy
ba·con ['beɪkən] *s* boczek, słonina, bekon
bac·te·ri·um [bæk'tɪərɪəm] *s* (*pl* ***bacteria*** [bæk'tɪərɪə]) bakteria; zarazek
bad [bæd] *adj* (*comp* ***worse*** [wɜ:s], *sup* ***worst*** [wɜ:st]) zły, w złym stanie; niezdrowy; bezwartościowy; przykry; lichy; dokuczliwy; (*o dziecku*) niegrzeczny; ***a ~ headache*** silny ból głowy; ***a ~ need*** gwałtowna potrzeba; ***to be ~ at sth*** nie umieć czegoś, nie orientować się w czymś; ***to be taken ~*** zachorować; ***to go ~*** zepsuć się; ***~ language*** język wulgarny
bade *zob.* ***bid***
badge [bædʒ] *s* oznaka, odznaka; symbol
badg·er ['bædʒə] *s* borsuk
bad·ly ['bædlɪ] *adv* źle; bardzo; ***to***

be ~ off być biednym; ***to need ~*** gwałtownie potrzebować

bad·min·ton ['bædmɪntən] *s* badminton, kometka

baf·fle ['bæfl] *vt* udaremniać, krzyżować (plany); łudzić; wprawiać w zakłopotanie

bag [bæg] *s* worek, torba (*papierowa itp.*); torebka (damska); *vt* włożyć do worka, zapakować; *pot.* buchnąć, zwędzić; *vi* wydymać się; (*o ubraniu*) wisieć jak worek; *pot.* ***doggie ~*** torebka *na nie dokończony posiłek, który chce się zabrać do domu*)

bag·ful ['bægfʊl] *s* pełny worek (*czegoś*)

bag·gage ['bægɪdʒ] *s am.* bagaż; ***~ room*** przechowalnia bagażu

bag·pipes ['bægpaɪps] *s pl muz.* kobza, dudy

bail [beɪl] *s* kaucja, poręka; poręczyciel; zakładnik; ***to go <stand> ~*** ręczyć (***for sth*** za coś); ***on ~*** za kaucją; *vt* ***~ sb*** (***out***) zwolnić za kaucją, uzyskać zwolnienie za kaucją

bail·iff ['beɪlɪf] *s* zarządca; *am. funkcjonariusz sądowy podległy szeryfowi*; *bryt.* komornik

bait [beɪt] *s* przynęta, pokusa; popas; *vt* nęcić; łapać na przynętę; drażnić, szczuć; karmić i poić (konie); *vi* popasać

bake [beɪk] *vt vi* piec (się)

ba·ker ['beɪkə] *s* piekarz; ***~'s dozen*** trzynaście; ***to give a ~'s dozen*** dać dodatkowo, dołożyć

bak·er·y ['beɪkərɪ] *s* piekarnia

bal·ance ['bæləns] *s* waga; równowaga; saldo; bilans; ***~ of payments <accounts>*** bilans płatniczy; ***~ of trade*** bilans handlowy; ***to strike a ~*** zestawić bilans; *vt* ważyć; równoważyć; bilansować, wyprowadzać saldo; *vi* zachowywać równowagę; balansować; ważyć się; wahać się

bal·co·ny ['bælkənɪ] *s* balkon; *teatr.* balkon, amfiteatr

bald [bɔːld] *adj* łysy; *przen.* jawny, jasny, prosty

bald·head ['bɔːldhed] *s* (człowiek) łysy

bald·ly ['bɔːldlɪ] *adv* prosto z mostu, otwarcie

bale 1. [beɪl] *s* bela (*sukna, papieru*)

bale 2. [beɪl] *s* nieszczęście, zguba

bale·ful ['beɪlfl] *adj* nieszczęsny, zgubny

balk [bɔːk] *s* belka; przeszkoda; niepowodzenie; *vt* zatrzymać; udaremnić; pominąć, zlekceważyć; *vi* (*o koniu*) opierać się (przed przeszkodą)

ball 1. [bɔːl] *s* piłka; kula, kulka; kłębek; *pl* ***~s*** *wulg.* jaja; bzdury; ***~ of the eye*** gałka oczna

ball 2. [bɔːl] *s* bal

bal·lad ['bæləd] *s* ballada

bal·last ['bæləst] *s* balast; równowaga psychiczna; *vt* obciążyć balastem; doprowadzać do równowagi

ball bear·ing [ˌbɔːl'beərɪŋ] *s techn.* łożysko kulkowe

bal·let ['bæleɪ] *s* balet

bal·loon [bə'luːn] *s* balon; *vi* nadymać się jak balon

bal·lot ['bælət] *s* kartka do głosowania; tajne głosowanie; *vi* tajnie głosować

bal·lot box ['bælətbɒks] *s* urna wyborcza

ball·point ['bɔːlpɔɪnt], **ball·point pen** [ˌbɔːlpɔɪnt'pen] *s* długopis

balm [bɑːm] *s* balsam; środek łagodzący; *przen.* pociecha

balm·y ['bɑːmɪ] *adj* balsamiczny; łagodzący

bal·us·trade [ˌbælə'streɪd] *s* balustrada

bam·boo [bæm'buː] *s* bambus

bam·boo·zle [bæm'buːzl] *vt* okpić; *pot.* nabrać

ban [bæn] *vt* publicznie zakazać, zabronić; rzucić klątwę; *s* klątwa; banicja; ***the ~ of public opinion***

pręgierz opinii publicznej; potępienie (przez opinię publiczną)
ba·nal [bə'nɑ:l] *adj* banalny
ba·nal·i·ty [bə'næləti] *s* banał
ba·na·na [bə'nɑ:nə] *s* banan; ***go ~s*** *pot.* zbzikować, zwariować
band 1. [bænd] *s* wstążka, taśma; opaska; pasmo; *vt* obwiązywać (*wstążką, taśmą*)
band 2. [bænd] *s* grupa, gromada; banda; orkiestra; *vt vi* grupować (się), zrzeszać (się); ***brass ~*** orkiestra dęta
band·age ['bændɪdʒ] *s* bandaż; *vt* bandażować
ban·dan·na [bæn'dænə] *s* (kolorowa) chustka (*noszona na szyi bądź wokół głowy*)
ban·dit ['bændɪt] *s* bandyta
band·mas·ter ['bænd,mɑ:stə] *s* *muz.* kapelmistrz
bands·man ['bændzmən] *s* (*pl* ***bandsmen*** ['bændzmən]) muzyk
ban·dy 1. ['bændɪ] *vt* przerzucać, odrzucać; wymieniać (*słowa, ciosy*)
ban·dy 2. ['bændɪ] *adj* (*o nogach*) krzywy
bane [beɪn] *s* jad, trucizna; zguba
bang [bæŋ] *s* głośne uderzenie; trzask; huk; *vt* walić; trzasnąć, huknąć; *adv* gwałtownie; z hukiem; *pot.* w sam raz, właśnie; *int!* buch!; bęc!
ban·ish ['bænɪʃ] *vt* skazać na banicję, wygnać, wydalić, usunąć; pozbyć się (strachu)
ban·ish·ment ['bænɪʃmənt] *s* wygnanie, banicja
ban·jo ['bændʒəʊ] *s muz.* banjo
bank 1. [bæŋk] *s* wał, nasyp; brzeg; ławica piaszczysta; zaspa śnieżna
bank 2. [bæŋk] *s* bank; *adj attr* bankowy; *vt* składać w banku; *vi* trzymać pieniądze w banku
bank·er ['bæŋkə] *s* bankier
bank hol·i·day [,bæŋk'hɒlədɪ] *s* *bryt.* dzień wolny (*jeden z czterech dni w roku dodatkowo wolnych od pracy poza niedzielami i świętami*)
bank·ing ['bæŋkɪŋ] *s* bankowość
bank·note ['bæŋknəʊt] *s* banknot
bank·rupt ['bæŋkrʌpt] *s* bankrut; *adj* zbankrutowany
bank·rupt·cy ['bæŋkrəptsɪ] *s* bankructwo
ban·ner ['bænə] *s* sztandar, chorągiew, transparent
banns [bænz] *s pl* zapowiedzi (przedślubne)
ban·quet ['bæŋkwɪt] *s* bankiet
ban·ter ['bæntə] *vt* drażnić, nabierać, żartować sobie (***sb*** z kogoś); *vi* przekomarzać się; *s* żarty, przekomarzanie
bap·tis·m ['bæptɪzm] *s* chrzest
bap·tize [bæp'taɪz] *vt* chrzcić
bar [bɑ:] *s* belka, sztaba, pręt, listwa; bariera; rogatka; zapora, przeszkoda; rygiel, zasuwa; *muz.* takt; trybunał sądowy; ława oskarżonych; adwokatura, palestra; *am.* bufet z wyszynkiem, bar; *pl* ***~s*** krata; ***~ code*** kod paskowy (*umieszczany na towarach*); *vt* zagradzać, odgradzać, przeszkadzać, hamować; ryglować; wykluczać; *praep pot.* oprócz, z wyjątkiem
bar·ba·ri·an [bɑ:'beərɪən] *adj* barbarzyński; *s* barbarzyńca
bar·bar·i·ty [bɑ:'bærətɪ] *s* barbarzyństwo
bar·ba·rous ['bɑ:bərəs] *adj* barbarzyński
bar·be·cue ['bɑ:bɪkju:] *s* rożen; przyjęcie towarzyskie (*zw. w ogrodzie, z daniami z rożna*)
barbed [bɑ:bd] *adj* (*o drucie*) kolczasty
bar·ber ['bɑ:bə] *s* fryzjer (męski)
bare [beə] *adj* goły, nagi, obnażony; otwarty, jasny; jedyny; pozbawiony (***of sth*** czegoś); ***to lay ~*** odsłonić; *vt* obnażać, odsłaniać

bare·foot ['beəfʊt] *adj* bosy; *adv* boso
bare·foot·ed [ˌbeə'fʊtɪd] *adj* bosy
bare·head·ed [ˌbeə'hedɪd] *adj* z odkrytą <gołą> głową
bare·ly ['beəlɪ] *adv* ledwo, tylko
bar·gain ['bɑːgɪn] *s* interes, transakcja; okazyjne kupno; ***into the ~*** na dodatek; ***to strike a ~*** ubić interes, dobić targu; *vi* robić interesy; targować się; umawiać się; spodziewać się (***for sth*** czegoś)
barge [bɑːdʒ] *s* barka
bark 1. [bɑːk] *s* kora; *vt* odzierać z kory
bark 2. [bɑːk] *vi* szczekać; *s* szczekanie
bar·ley ['bɑːlɪ] *s* jęczmień; ***hulled ~*** pęczak
bar·maid ['bɑːmeɪd] *s* bufetowa, barmanka
bar·man ['bɑːmən] *s* (*pl* ***barmen*** ['bɑːmən]) bufetowy, barman
barn [bɑːn] *s* stodoła
ba·rom·e·ter [bə'rɒmɪtə] *s* barometr
bar·on ['bærən] *s* baron
bar·rack ['bærək] *s* (*zw. pl* ***~s***) barak(i), koszary
bar·rage ['bærɑːʒ] *s* zapora, grobla; *wojsk.* ogień zaporowy
bar·rel ['bærəl] *s* beczułka; rura; lufa; *techn.* cylinder, walec
bar·ren ['bærən] *adj* jałowy, suchy; bezużyteczny
bar·ri·cade ['bærəkeɪd] *s* barykada; *vt* ['bærə'keɪd] barykadować
bar·ri·er ['bærɪə] *s* bariera, zapora, przeszkoda
bar·ring ['bɑːrɪŋ] *praep pot.* oprócz, wyjąwszy
bar·ris·ter ['bærɪstə] *s* adwokat
bar·row 1. ['bærəʊ] *s* taczka
bar·row 2. ['bærəʊ] *s* kopiec, kurhan
bar·ter ['bɑːtə] *s* handel wymienny; *vt vi* wymieniać towary, handlować
base 1. [beɪs] *s* baza, podstawa; *vt* opierać, gruntować, bazować
base 2. [beɪs] *adj* podły; niski
base·ball ['beɪsbɔːl] *s sport* baseball
base·less ['beɪslɪs] *adj* bezpodstawny
base·ment ['beɪsmənt] *s* fundament; suterena
bash·ful ['bæʃfl] *adj* bojaźliwy, wstydliwy, nieśmiały
ba·sic ['beɪsɪk] *adj* podstawowy, zasadniczy; ***~ English*** uproszczony język angielski
ba·sin ['beɪsn] *s* miska, miednica; basen; rezerwuar
ba·sis ['beɪsɪs] *s* (*pl* ***bases*** ['beɪsiːz]) baza, podstawa; zasada; podłoże
bask [bɑːsk] *vi* wygrzewać się (na słońcu)
bas·ket ['bɑːskɪt] *s* kosz
bas·ket·ball ['bɑːskɪtbɔːl] *s* koszykówka
bass [beɪs] *s muz.* bas
bas·set ['bæsɪt] *s zool.* jamnik
bas·soon [bə'suːn] *s muz.* fagot
bas·tard ['bæstəd] *s* bastard, bękart; *pot.* drań, łobuz
bat 1. [bæt] *s zool.* nietoperz
bat 2. [bæt] *s* kij (*w krykiecie*)
batch [bætʃ] *s* wypiek (*chleba*); partia, paczka, grupa
bath [bɑːθ] *s* (*pl* ***~s*** [bɑːðz]) kąpiel (*w łazience*); wanna, łazienka; *pl* ***~s*** łaźnia
bathe [beɪð] *vt vi* kąpać (się); *s* kąpiel (*morska, rzeczna*)
bath·room ['bɑːθrʊm] *s* łazienka
bath·tub ['bɑːθtʌb] *s* wanna
bat·on ['bætɒn] *s* batuta, pałeczka; buława
bat·ter ['bætə] *vi* gwałtownie stukać, walić (***at sth*** w coś); *vt* druzgotać, tłuc
bat·te·ry ['bætrɪ] *s* bateria; akumulator; pobicie; uderzenie
bat·tle ['bætl] *s* bitwa; ***~ dress*** mundur polowy; *vi* walczyć

bat·tle·field ['bætlfi:ld] *s* pole bitwy
bat·tle·ship ['bætlʃɪp] *s mors. wojsk.* pancernik
bawl [bɔ:l] *vi vt* wykrzykiwać, wrzeszczeć; *s* wrzask
bay 1. [beɪ] *s bot.* wawrzyn, laur (*także przen.*)
bay 2. [beɪ] *s* zatoka
bay 3. [beɪ] *s* wnęka; wykusz
bay 4. [beɪ] *s* ujadanie; wycie; osaczenie; ***to be <stand> at ~*** być przypartym do muru <osaczonym>; ***to bring to ~*** zapędzić w kozi róg; przycisnąć (kogoś) do muru; ***to keep at ~*** trzymać w szachu; *vi* wyć, ujadać
bay 5. [beɪ] *adj* (*o koniu*) gniady
bay·o·net ['beɪənɪt] *s wojsk.* bagnet
ba·zaar [bə'zɑ:] *s* wschodni targ; bazar
be** [bi:], ***am [æm, əm], ***is*** [ɪz], ***are*** [ɑ:], ***was*** [wɒz], ***were*** [wɜ:], ***been*** [bi:n] *v aux* być; *w połączeniu z pp tworzy stronę bierną*: ***it is done*** to jest zrobione; *w połączeniu z ppraes tworzy Continuous Form*: ***I am reading*** czytam; *w połączeniu z inf oznacza powinność*: ***I am to tell you*** powinienem <mam> ci powiedzieć; *w połączeniu z przysłówkiem* ***there*** być, znajdować się: ***there are people in the street*** na ulicy są ludzie; *w połączeniu z niektórymi przymiotnikami oznacza odpowiednią czynność*: ***to be late*** spóźnić się; *vi* być, istnieć; pozostawać, trwać; mieć się, czuć się; kosztować; (*o pogłosce*) krążyć; (*o chorobie*) panować; ***how are you?*** jak się masz?; ***I am better*** czuję się lepiej; ***how much is this?*** ile to kosztuje?; ***be about*** być czynnym; być w ruchu; być zajętym; ***be off*** odchodzić, odjeżdżać; ***be over*** minąć
beach [bi:tʃ] *s* brzeg (płaski), plaża
bea·con ['bi:kən] *s* sygnał ogniowy <świetlny>; latarnia morska; boja; znak drogowy; sygnał radiowy
bead [bi:d] *s* paciorek, koralik; kropla (*np. potu*); *pl* ***~s*** różaniec
beak [bi:k] *s* dziób (*ptaka*)
beak·er ['bi:kə] *s* plastykowy kubek; *chem.* zlewka
beam 1. [bɪ:m] *s* promień; radosny uśmiech; *techn.* (*radio*) fala kierunkowa, zasięg; *vi* promieniować, świecić; radośnie się uśmiechać
beam 2. [bi:m] *s* belka
beam·ing ['bi:mɪŋ] *adj* promienny, lśniący; radosny
beam·y ['bi:mɪ] *adj* promienny; (*o statku*) masywny, szeroki
bean [bi:n] *s* (*zw. pl* ***~s***) *bot.* fasola; ***broad ~s*** *bot.* bób
bear 1. [beə] *s* niedźwiedź
bear 2.** [beə] *vt* (bore*** [bɔ:], ***borne*** [bɔ:n]) nosić; znosić; (*zw. pp* ***born*** [bɔ:n]) rodzić; unieść, utrzymać (ciężar); przynosić, dawać (owoce, procent); być opatrzonym (podpisem, pieczątką); ***to be born*** urodzić się; *vi* ciążyć, uciskać; mieć znaczenie; odnosić się (***on sth*** do czegoś); ***~ down*** przezwyciężyć, pokonać; ***~ out*** potwierdzać; ***~ through*** przeprowadzić; ***~ up*** podpierać; wytrzymać; trzymać się; ***~ with*** znosić cierpliwie, godzić się (z czymś); ***to ~ company*** dotrzymywać towarzystwa; ***to ~ resemblance*** wykazywać podobieństwo; ***to ~ witness*** świadczyć; ***to ~ in mind*** mieć na myśli; ***to bring sth to ~ on*** użyć <zastosować> coś; *vr* ***~ oneself*** zachowywać się
bear·able ['beərəbl] *adj* znośny
beard [bɪəd] *s* broda; zarost
bear·er ['beərə] *s* posiadacz (*np. paszportu*); okaziciel (*np. czeku*)
bear·ing ['beərɪŋ] *s* wytrzymałość; postawa, zachowanie, postępowanie; aspekt (*sprawy*);

kierunek; godło; *techn.* łożysko; *pl* **~s** położenie geograficzne; szerokość geograficzna
beast [biːst] *s* zwierzę, bydlę, bestia
beast·ly ['biːstlɪ] *adj* zwierzęcy; brutalny; wstrętny; *adv* brutalnie; *pot.* wściekle
beat** [biːt] *vt* (beat*** [biːt], ***beaten*** ['biːtn]) bić, uderzać, stukać; tłuc; kuć, obrabiać (*metal*); pobić (*wroga, rekord*); wybijać (*takt*); *vi* (*o sercu, wietrze*) walić, łomotać, tłuc się; (*o pulsie*) bić; (*o burzy*) szaleć; walić (***at sth*** w coś); **~ *away*** odpędzić; **~ *back*** odbić; odeprzeć (*atak*); **~ *down*** złożyć (zboże); (*o słońcu*) prażyć; **~ *off*** odbić; odpędzić; **~ *out*** wybić, wyrąbać, wymłócić, wydeptać; **~ *up*** ubić; ***to ~ a*** <***the***> ***retreat*** trąbić na odwrót; ***to ~ the streets*** chodzić po ulicach; ***to ~ about the bush*** *pot.* owijać (słowa) w bawełnę; *s* uderzenie, bicie; chód (*zegara*); obchód, rewir (*policjanta*); *muz.* takt, wybijanie taktu
beat·en ['biːtn] *zob.* ***beat***; *adj* wybity; wymęczony; zużyty; oklepany, powszechnie znany; *techn.* obrobiony; (*o szlaku*) utarty
be·at·i·fy [bɪ'ætɪfaɪ] *vt rel.* beatyfikować
beat·ing ['biːtɪŋ] *s* bicie; *pot.* lanie
beau·ti·ful ['bjuːtəfl] *adj* piękny
beau·ti·fy ['bjuːtəfaɪ] *vt* upiększyć
beau·ty ['bjuːtɪ] *s* piękność; piękno; **~ *parlour*** salon piękności <kosmetyczny>
bea·ver ['biːvə] *s zool.* bóbr
be·came *zob.* ***become***
be·cause [bɪ'kɒz] *conj* ponieważ; *praep* **~ *of*** z powodu
beck·on ['bekən] *vt vi* skinąć (***sb, to sb*** na kogoś); wabić, nęcić; *s* skinienie
be·come** [bɪ'kʌm] *vi* (became*** [bɪ'keɪm], ***become*** [bɪ'kʌm]) zostać (*czymś*), stać się; ***what has ~ of him?*** co się z nim stało?; *vt* wypadać, licować; być do twarzy, pasować; ***it does not ~ you to do this*** nie wypada ci tego robić
be·com·ing [bɪ'kʌmɪŋ] *zob.* ***become***; *adj* stosowny, właściwy, twarzowy (*np. strój*)
bed [bed] *s* łóżko; grzęda; warstwa; *techn.* łożysko; ***to make the ~*** posłać łóżko; **~ *and board*** mieszkanie i wyżywienie; **~ *and breakfast*** nocleg i śniadanie; *vt* kłaść do łóżka; układać, składać; osadzać
bed·clothes ['bedkləʊðz] *s pl* pościel
bed·lam ['bedləm] *s* wrzawa, zamieszanie; *pot.* dom wariatów
bed·rid·den ['bedˌrɪdn] *adj* złożony chorobą
bed·room ['bedrʊm] *s* sypialnia
bed·side ['bedsaɪd] *s w zwrocie:* ***at sb's ~*** przy łóżku chorego
bed·spread ['bedspred] *s* kapa (na łóżko)
bed·stead ['bedsted] *s* łóżko (*bez materaca i pościeli*)
bed·time ['bedtaɪm] *s* pora snu
bee [biː] *s zool.* pszczoła; *przen.* ***to have a ~ in one's bonnet*** mieć bzika
beech [biːtʃ] *s bot.* buk
beef [biːf] *s* wołowina
beef·eat·er ['biːfˌiːtə] *s* strażnik zamku londyńskiego
beef·steak ['biːfsteɪk] *s* befsztyk
beef tea [ˌbiːf'tiː] *s* bulion wołowy
bee·hive ['biːhaɪv] *s* ul
been *zob.* ***be***
beer [bɪə] *s* piwo
beet [biːt] *s zool.* burak
beet·le ['biːtl] *s zool.* chrząszcz, żuk
beet·root ['biːtruːt] *s bot.* burak ćwikłowy
***be·fall** [bɪ'fɔːl] *vt vi* (*formy zob.*

fall) wydarzyć się, zdarzyć się (***sb*** komuś)
be·fit [bɪ'fɪt] *vt* pasować, być odpowiednim
be·fore [bɪ'fɔː] *praep* przed; ~ ***long*** wkrótce; ~ ***now*** już przedtem; *adv* z przodu; przedtem, dawniej; *conj* zanim
be·fore·hand [bɪ'fɔːhænd] *adv* z góry, naprzód; ***to be ~ with sb*** wyprzedzać kogoś; ***to be ~ with sth*** załatwić coś przed terminem
beg [beg] *vt vi* prosić (***sth of*** <***from***> ***sb*** kogoś o coś); żebrać; ***to ~ leave*** (***to do sth***) prosić o pozwolenie (zrobienia czegoś); ***I ~ your pardon*** przepraszam (nie dosłyszałem); ***I ~ to inform you*** pozwalam sobie pana poinformować
be·gan *zob.* ***begin***
be·get** [bɪ'get] *vt* (begot*** [bɪ'gɒt], ***begotten*** [bɪ'gɒtn]) płodzić, tworzyć
beg·gar ['begə] *s* żebrak; ***lucky ~*** *pot.* szczęściarz
beg·gar·ly ['begəlɪ] *adj* żebraczy, dziadowski
be·gin** [bɪ'gɪn] *vt vi* (began*** [bɪ'gæn], ***begun*** [bɪ'gʌn]) zaczynać (się); ***to ~ with*** na początek, przede wszystkim
be·gin·ner [bɪ'gɪnə] *s* początkujący, nowicjusz
be·gin·ning [bɪ'gɪnɪŋ] *s* początek
be·gone [bɪ'gɒn] *int poet.* precz!, wynoś się!
be·got, be·got·ten *zob.* ***beget***
be·grudge [bɪ'grʌdʒ] *vt* zazdrościć; skąpić (***sb sth*** komuś czegoś)
be·guile [bɪ'gaɪl] *vt* oszukiwać, mamić; skracać <przyjemnie spędzać> czas; zabawiać (*kogoś*)
be·gun *zob.* ***begin***
be·half [bɪ'hɑːf] *s* korzyść, sprawa; ***on*** <***in***> ***sb's ~*** na czyjąś korzyść, w czyjejś sprawie; ***on ~ of sb*** w czyimś imieniu
be·have [bɪ'heɪv] *vi* zachowywać (się), postępować (***towards sb*** w stosunku do kogoś); dobrze się zachowywać; *vr* ~ ***oneself*** dobrze się zachowywać
be·hav·iour [bɪ'heɪvjə] *s* zachowanie, postępowanie
be·head [bɪ'hed] *vt* ściąć głowę (***sb*** komuś)
be·held *zob.* ***behold***
be·hind [bɪ'haɪnd] *praep* za, poza; ~ ***schedule*** z opóźnieniem; ~ ***the times*** zacofany, przestarzały; *adv* z tyłu, do tyłu, wstecz; ***to be ~*** zalegać, być opóźnionym; ***to leave ~*** zostawić za sobą
be·hind·hand [bɪ'haɪndhænd] *adv* w tyle, z opóźnieniem; *adj* opóźniony, zaległy
be·hold** [bɪ'həʊld] (beheld, beheld*** [bɪ'held]) *vt lit.* spostrzegać, oglądać
be·hold·er [bɪ'həʊldə] *s* widz
be·hove [bɪ'həʊv], *am.* **be·hoove** [bɪ'huːv] *vt imp* wypadać, być właściwym, koniecznym; ***it ~s you*** (***to do sth***) wypada ci (coś zrobić); trzeba (abyś coś zrobił)
beige [beɪʒ] *s* beż; *adj* beżowy
be·ing ['biːɪŋ] *s* istnienie, istota; ***human ~*** istota ludzka; ***for the time ~*** chwilowo, na razie
be·lat·ed [bɪ'leɪtɪd] *adj* opóźniony
belch [beltʃ] *vt* wypluwać, gwałtownie wyrzucać; *vi* czkać; *pot.* bekać
bel·fry ['belfrɪ] *s* dzwonnica
Bel·gian ['beldʒən] *adj* belgijski; *s* Belg
be·lief [bɪ'liːf] *s* wiara; przekonanie, zdanie (*na jakiś temat*)
be·lieve [bɪ'liːv] *vt vi* wierzyć (***sb*** komuś, ***sth*** czemuś, ***in sth*** w coś); myśleć, sądzić; ***to make ~*** udawać; pozorować
be·lit·tle [bɪ'lɪtl] *vt* pomniejszać
bell [bel] *s* dzwon, dzwonek; *pot.* ***to ring the ~*** zadzwonić; *pot.* ***to ring a ~*** przypominać (*komuś*),

kojarzyć się (*komuś*), majaczyć w pamięci

belles let·tres [ˌbel 'letrə] *s* beletrystyka

bel·li·cose ['belɪkəʊs] *adj* wojowniczy

bel·lig·er·ent [bə'lɪdʒərənt] *adj* prowadzący wojnę; *s* państwo prowadzące <strona prowadząca> wojnę

bel·low ['beləʊ] *vi* ryczeć

bel·ly ['belɪ] *s* brzuch

be·long [bɪ'lɒŋ] *vi* należeć; tyczyć się; być rodem, pochodzić (***to a place*** z danej miejscowości)

be·long·ings [bɪ'lɒŋɪŋz] *s pl* rzeczy osobiste; dobytek, własność

be·lov·ed [bɪ'lʌvɪd] *adj* umiłowany, ukochany

be·low [bɪ'ləʊ] *praep* pod; *adv* niżej, poniżej

belt [belt] *s* pasek; pas (bezpieczeństwa); strefa; *vt* opasać, przymocować pasem

be·moan [bɪ'məʊn] *vt* opłakiwać

bench [bentʃ] *s* ława, ławka; sąd, trybunał

bend** [bend] *vt vi* (bent***, ***bent*** [bent]) zginać (się), uginać (się), pochylać (się), skręcać; *s* zgięcie; kolanko; zagłębienie; zakręt (*drogi*)

be·neath [bɪ'ni:θ] *praep* pod, poniżej; *adv* niżej, w dole, na dół

ben·e·dic·tion [ˌbenɪ'dɪkʃn] *s* błogosławieństwo

ben·e·fac·tor ['benɪfæktə] *s* dobroczyńca

be·nef·i·cent [bɪ'nefɪsnt] *adj* dobroczynny

ben·e·fi·cial [ˌbenɪ'fɪʃl] *adj* pożyteczny, korzystny

ben·e·fit ['benɪfɪt] *s* dobrodziejstwo; korzyść; zasiłek (dla bezrobotnych *itp.*); *vt* przynosić korzyść, pomagać; *vi* ciągnąć korzyść, korzystać (***by*** <***from***> ***sth*** z czegoś)

be·nev·o·lence [bɪ'nevələns] *s* życzliwość, dobroczynność

be·nev·o·lent [bɪ'nevələnt] *adj* życzliwy, dobroczynny

bent 1. *zob.* ***bend***

bent 2. [bent] *s* wygięcie, nagięcie; skłonność, zamiłowanie (***for sth*** do czegoś); napięcie łuku; wielki wysiłek; *adj* zgięty, wygięty; skłonny, zdecydowany (***on sth*** na coś)

be·numb [bɪ'nʌm] *vt* spowodować odrętwienie; oszołomić; sparaliżować; ***~ed by cold*** zdrętwiały z zimna

ben·zene ['benzi:n] *s chem.* benzen

ben·zine ['benzi:n] *s chem.* benzyna

be·queath [bɪ'kwi:ð] *vt* zapisać w testamencie, przekazać

be·quest [bɪ'kwest] *s* zapis (w testamencie); spuścizna

be·reave [bɪ'ri:v] *vt* pozbawić (***of sth*** czegoś); osierocić, osamotnić

be·reft [bɪ'reft] *adj* pozbawiony (***of sth*** czegoś)

be·ret ['bereɪ] *s* beret

ber·ry ['berɪ] *s bot.* jagoda

berth [bɜ:θ] *s* łóżko (*w wagonie*), koja (*na statku*); miejsce zakotwiczenia (*statku*); *przen.* ***to give sb a wide ~*** trzymać się z dala od kogoś

be·seech** [bɪ'si:tʃ] *vt* (besought, besought*** [bɪ'sɔ:t] *lub* ***beseeched, beseeched***) błagać, zaklinać

be·set** [bɪ'set] *vt* (beset, beset*** [bɪ'set]) oblegać, otoczyć, osaczyć; napastować

be·set·ting [bɪ'setɪŋ] *zob.* ***beset***; *adj* dręczący; nałogowy

be·side [bɪ'saɪd] *praep* obok; poza, oprócz; w porównaniu z

be·sides [bɪ'saɪdz] *adv* oprócz tego, poza tym; *praep* oprócz, poza

be·siege [bɪ'si:dʒ] *vt* oblegać; nagabywać

be·smear [bɪ'smɪə] *vt* zasmarować, zapaprać

be·sought *zob.* ***beseech***
be·speak** [bɪ'spiːk] *vt* (*formy zob.* ***speak) świadczyć (***sth*** o czymś)
be·spoke [bɪ'spəʊk] *zob.* ***bespeak***; *adj* zrobiony <robiący> na zamówienie
best [best] *adj* (*sup od* ***good***) najlepszy; ***~ man*** drużba; *adv* (*sup od* ***well***) najlepiej; *s* najlepsza rzecz; to, co najlepsze; ***to make the ~ of sth*** wyciągać z czegoś wszelkie możliwe korzyści; ***at ~*** w najlepszym razie; ***to do the ~ one can, to do one's ~*** zrobić, co tylko można; ***to the ~ of my power*** <***my ability***> najlepiej jak mogę <jak potrafię>
bes·ti·al ['bestɪəl] *adj* zwierzęcy
be·stir [bɪ'stɜː] *vt* ruszać, wprawiać w ruch; *vr* ***~ oneself*** zwijać się, krzątać się
be·stow [bɪ'stəʊ] *vt* nadać; użyczyć; okazać (***sth upon sb*** komuś coś)
best-sel·ler [ˌbest'selə] *s* bestseller
bet** [bet] *vt* (bet, bet*** [bet]) zakładać się; ***I ~ you a pound*** zakładam się z tobą o funta; *vi* stawiać (***on, upon sth*** na coś); *s* zakład; ***to make*** <***hold***> ***a ~*** zakładać się; ***you ~!*** no chyba!
be·to·ken [bɪ'təʊkən] *vt* oznaczać, zapowiadać, wskazywać
be·tray [bɪ'treɪ] *vt* zdradzać; oszukiwać; ujawniać
be·tray·al [bɪ'treɪəl] *s* zdrada
be·troth [bɪ'trəʊð] *vt* zaręczyć; *zw. w stronie biernej*: ***to be ~ed*** być zaręczonym (***to sb*** z kimś)
be·troth·al [bɪ'trəʊðəl] *s* zaręczyny
bet·ter ['betə] *adj* (*comp od* ***good***) lepszy; (*comp od* ***well***) zdrowszy, będący w lepszym stanie; *adv* (*comp od* ***well***) lepiej; ***to be ~*** czuć się lepiej, być zdrowszym; ***to be ~ off*** być w lepszej sytuacji materialnej; ***~ and ~*** coraz lepiej; ***all the ~*** tym lepiej; ***you had ~ go*** lepiej byś poszedł sobie; *s* lepsza rzecz, korzyść; przewaga; ***for the ~*** na lepsze; ***to get the ~ of sb*** wziąć górę nad kimś; ***his ~*** lepszy <mądrzejszy, mocniejszy *itp.*> od niego; *vt* poprawić, ulepszyć
be·tween [bɪ'twiːn] *praep* między; *adv* pośrodku, w środek
bev·el ['bevl] *s* skos, kant; *adj* skośny; *vt* ścinać skośnie
bev·er·age ['bevrɪdʒ] *s* napój
bev·y ['bevɪ] *s* stado (*ptaków*); gromada, grono (*osób*)
be·wail [bɪ'weɪl] *vt* opłakiwać
be·ware [bɪ'weə] *vi* (*tylko w inf i imp*) strzec się, mieć się na baczności (***of sth*** przed czymś)
be·wil·der [bɪ'wɪldə] *vt* wprawić w zakłopotanie, zmieszać, zbić z tropu
be·witch [bɪ'wɪtʃ] *vt* zaczarować
be·yond [bɪ'jɒnd] *praep* za, poza, po tamtej stronie; nad, ponad; ***~ measure*** nad miarę; ***~ belief*** nie do uwierzenia; ***~ hope*** bez nadziei, beznadziejny; *adv* dalej, hen, tam daleko
bi·as ['baɪəs] *s* ukos; skłonność, zamiłowanie; pochylenie; uprzedzenie; *vt* ściąć ukośnie; skłonić, nachylić; wywrzeć ujemny wpływ; uprzedzić, źle usposobić
Bi·ble ['baɪbl] *s* Biblia
bib·li·cal ['bɪblɪkl] *adj* biblijny
bib·li·og·ra·phy [ˌbɪblɪ'ɒgrəfɪ] *s* bibliografia
bick·er ['bɪkə] *vi* sprzeczać się (***about sth*** o coś)
bi·cy·cle ['baɪsəkl] *s* rower; ***folding ~*** (*rower*) składak; *vi* jeździć rowerem
bid** [bɪd] *vt* (bade*** [bæd], ***bidden*** ['bɪdn] *lub* ***bid, bid*** [bɪd]) kazać; wzywać; proponować; życzyć; licytować; podać cenę; ***he bade me come*** kazał mi przyjść; ***to ~ sb goodbye*** żegnać się z kimś; ***to ~ welcome*** witać; ***to ~ joy*** ży-

czyć szczęścia; *vi* oferować cenę (na licytacji); **~ up** podbić cenę; zapowiadać; **to ~ fair** dobrze się zapowiadać, zanosić; *s* oferta, cena oferowana na licytacji; (*w kartach*) zapowiedź; licytacja; **no ~** (*w kartach*) pas; **to make a ~** zabiegać (**for sth** o coś)
bid·der ['bɪdə] *s* podający cenę na licytacji; **the highest ~** oferujący najwyższą cenę
bid·ding ['bɪdɪŋ] *zob.* **bid**; *s* rozkaz; zaproszenie; licytacja (*w kartach*)
bi·det ['biːdeɪ] *s* **bidet**
bier [bɪə] *s* mary, karawan
big [bɪg] *adj* duży, gruby, obszerny; ważny; **~ with consequences** brzemienny w następstwa <w skutki>
big·a·my ['bɪgəmɪ] *s* bigamia
bike [baɪk] *s pot.* rower
bi·ki·ni [bɪ'kiːnɪ] *s* bikini, (damski) kostium kąpielowy (*dwuczęściowy*)
bi·lat·er·al [ˌbaɪ'lætrəl] *adj* dwustronny
bile [baɪl] *s* żółć; *przen.* gorycz; zgryźliwość
bil·ious ['bɪlɪəs] *adj* żółciowy; zgryźliwy
bill 1. [bɪl] *s* dziób
bill 2. [bɪl] *s* projekt ustawy; rachunek; poświadczenie, kwit; afisz; program; *am.* banknot; (*także* **~ of exchange**) trata, weksel; lista; deklaracja; **~ of fare** jadłospis; *vt* rozklejać afisze; ogłaszać
bil·let ['bɪlɪt] *s* kwatera; nakaz kwaterunkowy; *vt* zakwaterować
bil·liards ['bɪljədz] *s pl* bilard
bil·lion ['bɪljən] *s bryt.* bilion; *am.* miliard
bil·low ['bɪləʊ] *s lit.* duża fala, bałwan; *vi* falować; (*o falach*) piętrzyć się
bi·month·ly [ˌbaɪ'mʌnθlɪ] *adj* dwumiesięczny; dwutygodniowy; *adv* co dwa miesiące; co dwa tygodnie; *s* dwumiesięcznik; dwutygodnik
bin [bɪn] *s* skrzynia, paka, kosz (na śmiecie)
bi·na·ry ['baɪnərɪ] *adj mat.* binarny, dwójkowy
***bind** [baɪnd] *vt* (**bound, bound** [baʊnd]) wiązać, przywiązywać; oprawiać (*książki*); (*zw.* **~ up**) bandażować; (*zw.* **~ over**) zobowiązać do stawiennictwa w sądzie; **to be bound to...** być zmuszonym do...; *vi* (*o cemencie*) wiązać się; (*o śniegu*) lepić się; *vr* **~ oneself** zobowiązać się
bind·er ['baɪndə] *s* wiązanie, opaska; snopowiązałka
bind·ing ['baɪndɪŋ] *s* wiązanie; opatrunek; oprawa (*książki*)
bi·noc·u·lars [ˌbaɪ'nɒkjʊləz] *s pl* lornetka
bi·og·ra·phy [baɪ'ɒgrəfɪ] *s* biografia
bi·ol·o·gy [baɪ'ɒlədʒɪ] *s* biologia
bi·ped ['baɪped] *s* dwunożne stworzenie
birch [bɜːtʃ] *s bot.* brzoza
bird [bɜːd] *s* ptak; **~'s-eye view** widok z lotu ptaka
birth [bɜːθ] *s* urodzenie, narodziny, rozwiązanie; pochodzenie; **to give ~** urodzić, stworzyć; **by ~** z urodzenia, z pochodzenia
birth-con·trol ['bɜːθkənˌtrəʊl] *s* regulacja <kontrola> urodzeń
birth·day ['bɜːθdeɪ] *s* narodziny, urodziny; rocznica urodzin
birth rate ['bɜːθreɪt] *s* liczba urodzeń, przyrost naturalny
bis·cuit ['bɪskɪt] *s* herbatnik, biskwit
bish·op ['bɪʃəp] *s* biskup; laufer, goniec (*w szachach*)
bit 1. *zob.* **bite**
bit 2. [bɪt] *s* kąsek; kawałek; odrobina; *komp.* bit; **a ~** nieco, trochę; **~ by ~** po trochu, stopniowo; **a good ~** sporo; **not a ~** ani trochę; **a ~ at a time** stopniowo

bit 3. [bɪt] *s* wędzidło; ostrze (*narzędzia*)

bitch [bɪtʃ] *s* suka; ***son of a ~*** *wulg.* skurwysyn, sukinsyn

bite** [baɪt] *vt vi* (bit*** [bɪt], ***bitten*** ['bɪtn]) gryźć, kąsać, dziobać; szczypać; docinać; (*o bólu*) piec; *s* ukąszenie; kęs; *pot.* zakąska

bit·ter ['bɪtə] *adj* gorzki; zawzięty; (*o mrozie*) przenikliwy

bi·tu·men ['bɪtʃʊmən] *s chem.* bitum

bi·week·ly [ˌbaɪ'wiːklɪ] *adj* dwutygodniowy; *s* dwutygodnik

bi·zarre [bɪ'zɑː] *adj* dziwaczny

blab [blæb] *vt vi* paplać, gadać

black [blæk] *adj* czarny; ponury; czarnoskóry; ***a ~ eye*** podbite oko; *s* czerń; czarny kolor; *przen.* czarnoskóry (*Murzyn*), ciemnoskóry; *vt* czernić; ***~ out*** zaciemnić; zamazać

black·ber·ry ['blækbərɪ] *s bot.* jeżyna

black·board ['blækbɔːd] *s* tablica (szkolna)

black·en ['blækən] *vt* czernić; oczerniać; *vi* czernieć

black·guard ['blægɑːd] *s* łajdak; *adj attr* łajdacki, podły

black·head ['blækhed] *s* wągier (*na skórze*)

black·ing ['blækɪŋ] *s* czarna pasta (*do butów*)

black·leg ['blækleg] *s* łamistrajk; *am.* szuler, oszust

black·mail ['blækmeɪl] *s* szantaż; *vt* szantażować

blackout ['blækaʊt] *s* zaciemnienie, zgaszenie świateł

black·smith ['blæksmɪθ] *s* kowal

blad·der ['blædə] *s* pęcherz

blade [bleɪd] *s* ostrze; miecz; liść, źdźbło; płaska część (*np. wiosła*)

blame [bleɪm] *vt* ganić, łajać; *s* nagana; wina

blame·less ['bleɪmləs] *adj* nienaganny

blanch [blɑːntʃ] *vt* bielić; *vi* blednąć

bland [blænd] *adj* miły, łagodny; schlebiający

bland·ish ['blændɪʃ] *vt* schlebiać, pieścić

blank [blæŋk] *adj* pusty, nie zapisany; biały, blady; ślepy (*nabój*); biały (*wiersz*); (*o twarzy*) bez wyrazu, obojętny, bezmyślny; zaskoczony, zmieszany; *s* puste <nie zapisane> miejsce; pustka, próżnia

blank·et ['blæŋkɪt] *s* koc (wełniany); pokrycie

blare [bleə] *vt vi* huczeć, trąbić; wrzasnąć; *s* huk, trąbienie

blas·pheme [blæs'fiːm] *vt vi* bluźnić

blast [blɑːst] *s* silny podmuch wiatru, prąd powietrza; zadęcie (*na trąbie*); wybuch; nagła choroba, zaraza; *vt* wysadzić w powietrze; zniszczyć, zgubić

blast fur·nace ['blɑːstˌfɜːnɪs] *s* piec hutniczy

bla·tant ['bleɪtnt] *adj* krzykliwy; rażący

blaze 1. [bleɪz] *vi* płonąć; świecić; ***~ up*** buchnąć płomieniem; *s* płomień, błysk, wybuch; blask

blaze 2. [bleɪz] *vt* rozgłaszać

blaz·er ['bleɪzə] *s* marynarka sportowa

bleach [bliːtʃ] *vt* bielić, pozbawić koloru; ufarbować (*włosy*); *vi* bieleć

bleak [bliːk] *adj* ponury, smutny

bleat [bliːt] *vi vt* (*o owcy, kozie*) beczeć; *przen.* bąkać, mamrotać

bleed** [bliːd] *vi* (bled, bled*** [bled]) *dosł. i przen.* krwawić; *vt* puszczać krew

blem·ish ['blemɪʃ] *vt* splamić; zniekształcić; skazić; *s* plama, skaza, błąd

blend [blend] *vt vi* mieszać (się), łączyć (się), zlewać (się); *s* mieszanina, mieszanka

blend·er ['blendə] *vt* mikser

bless [bles] *vt* błogosławić

bless·ing ['blesɪŋ] *s* błogosła-

wieństwo; dobrodziejstwo
blew *zob.* ***blow***
blight [blaɪt] *vt* niszczyć, tłumić, udaremniać; *s* śnieć (*na zbożu*); zaraza; zniszczenie
blind [blaɪnd] *adj* ślepy; *vt* oślepić; *s* zasłona (okienna); ***~ date*** randka w ciemno; ***~ man's buff*** ciuciubabka (*zabawa dziecięca*)
blind·fold ['blaɪndfəʊld] *adj i adv* z zawiązanymi oczami; *vt* zawiązać oczy
blink [blɪŋk] *vi vt* mrugać; mrużyć; przymykać oczy (***sth*** na coś); *s* mruganie; mrużenie (oczu)
bliss [blɪs] *s* radość, błogość, błogostan
blis·ter ['blɪstə] *s* pęcherzyk
blithe [blaɪð] *adj poet.* radosny, wesoły
blitz [blɪts] *s* błyskawiczna wojna; nalot; *vt* niszczyć błyskawiczną wojną; dokonać nalotu
bliz·zard ['blɪzəd] *s* burza śnieżna
bloat [bləʊt] *vt vi* nadymać (się), nabrzmiewać
blob [blɒb] *s* kropelka (*np. farby*); plamka
bloc [blɒk] *s polit.* blok
block [blɒk] *s* blok, kloc; duży budynek, grupa domów; przeszkoda, zapora; *druk.* ***~ letters*** wersaliki
block·ade [blɒ'keɪd] *s* blokada
block·head ['blɒkhed] *s pot.* bałwan, tuman
blond [blɒnd] *adj* (*o włosach*) jasny; *s* blondyn
blonde [blɒnd] *s* blondynka
blood [blʌd] *s* krew; natura; pokrewieństwo; pochodzenie; ***in cold ~*** z zimną krwią
blood·hound ['blʌdhaʊnd] *s* pies gończy, ogar
blood·shed ['blʌdʃed] *s* przelew krwi
blood·shot ['blʌdʃɒt] *adj* (*o oczach*) nabiegły krwią
blood·suck·er ['blʌdˌsʌkə] *s zool. przen.* pijawka
blood·thirst·y ['blʌdˌθɜːstɪ] *adj* żądny krwi
blood ves·sel ['blʌdˌvesl] *s anat.* naczynie krwionośne
blood·y ['blʌdɪ] *adj* krwawy; *wulg. bryt.* przeklęty, cholerny, pieprzony
bloom [bluːm] *vi* kwitnąć; *s* kwiecie, kwiat
bloom·er ['bluːmə] *s pot.* gafa
bloom·ing ['bluːmɪŋ] *adj* kwitnący; *wulg.* przeklęty, cholerny
blos·som ['blɒsəm] *s* kwiecie, kwiat; *vi* kwitnąć
blot [blɒt] *s* plama, skaza; *vt* plamić; ***~ out*** wykreślić, usunąć, zatrzeć
blotch [blɒtʃ] *s* plama, skaza; krosta, wrzód
blot·ting pa·per ['blɒtɪŋˌpeɪpə] *s* bibuła
blouse [blaʊz] *s* bluza, bluzka
blow 1. [bləʊ] *s* uderzenie, cios; ***at a ~*** za jednym uderzeniem, naraz; ***to strike a ~*** zadać cios; ***~ up*** *fot.* powiększenie
blow 2.** [bləʊ] *vi* (blew*** [bluː], ***blown*** [bləʊn]) dąć, wiać; *vt* nadmuchać; rozwiewać; ***~ out*** zgasić; ***~ over*** przeminąć, pójść w zapomnienie; ***~ up*** napompować; wysadzić w powietrze
blow 3.** [bləʊ] *vi* (blew*** [bluː], ***blown*** [bləʊn]) *vi* kwitnąć
blown *zob.* ***blow 2. i 3.***
bludg·eon ['blʌdʒən] *s* pałka
blue [bluː] *adj* błękitny; *pot.* przygnębiony, smutny; ***true ~*** wierny swym zasadom; ***once in a ~ moon*** rzadko, od święta; *s* błękit; błękitna farba; ***navy ~*** kolor granatowy
blue·print ['bluːprɪnt] *s druk.* światłodruk; *przen.* plan, projekt
bluff 1. [blʌf] *s* stromy brzeg, stroma skała; *adj* stromy; szorstki, obcesowy
bluff 2. [blʌf] *s* oszustwo, nabieranie, zastraszenie, blaga, blef; *vt vi*

blagować, zastraszać, blefować
blu·ish ['blu:ɪʃ] *adj* niebieskawy
blun·der ['blʌndə] *s* błąd; *vi* popełnić błąd <gafę>
blunt [blʌnt] *adj* tępy, stępiony; ciężko myślący; nieokrzesany; prosty, niewymuszony; *vt* stępić
blur [blɜ:] *s* plama; niejasność; *vt* splamić, zamazać, zamącić, zatrzeć
blurb [blɜ:b] *s* notka (*na obwolucie, przedstawiająca treść książki*)
blurt [blɜ:t] *vt* (*zw.* **~ out**) wygadać, zdradzić (sekret)
blush [blʌʃ] *vi* rumienić się; *s* rumieniec
blus·ter ['blʌstə] *vi* rozbijać się, szaleć, huczeć; *s* hałaśliwość, huk, wrzask
boar [bɔ:] *s zool.* dzik; knur
board [bɔ:d] *s* deska; utrzymanie, wyżywienie; ciało obradujące; władza naczelna, rada, komisja; tablica do naklejania ogłoszeń; karton, tektura; pokład; burta; *komp.* płyta, karta; *pl* **~s** deski sceniczne; **full ~** całkowite utrzymanie; **~ of trade** ministerstwo handlu; **~ of trustees** rada powiernicza; *vt* szalować, okładać deskami; stołować; wchodzić na pokład statku <do pociągu, tramwaju *itp.*>; *vi* stołować się
board·er ['bɔ:də] *s* pensjonariusz; stołownik
board·ing house ['bɔ:dɪŋhaʊs] *s* pensjonat
board·ing school ['bɔ:dɪŋsku:l] *s* szkoła z internatem
boast [bəʊst] *s* samochwalstwo; *vt vi* wychwalać się, przechwalać się; chwalić się, szczycić się (**sth, of sth, about sth** czymś)
boat [bəʊt] *s* łódź, statek; **by ~** łodzią, statkiem; **to be in the same ~** być w takim samym położeniu; **to burn one's ~s** spalić za sobą mosty; *vi* płynąć łodzią
boat race ['bəʊtreɪs] *s* wyścigi wioślarskie, regaty
boat·swain ['bəʊsn] *s mors.* bosman
boat train ['bəʊttreɪn] *s* pociąg mający połączenie ze statkiem
bob [bɒb] *s* wisiorek; krótka fryzura (*kobieca*); drganie; podskok; *vi* kiwać się; drgać; podskakiwać; *vt* krótko strzyc
bob·bin ['bɒbɪn] *s* szpulka
bob·by ['bɒbɪ] *s bryt. pot.* policjant
bob·sleigh ['bɒbsleɪ] *s sport* bobslej
bode 1. *zob.* ***bide***
bode 2. [bəʊd] *vt* wróżyć, zapowiadać
bod·ice ['bɒdɪs] *s* stanik (*sukni*)
bod·ily ['bɒdɪlɪ] *adj* cielesny, fizyczny; *adv* fizycznie; osobiście; gremialnie; w całości
bod·y ['bɒdɪ] *s* ciało; oddział, grupa ludzi; ogół, zasadnicza część; *mot.* karoseria; **~ language** język ciała
bod·y build·ing ['bɒdɪˌbɪldɪŋ] *s* kulturystyka
bod·y·guard ['bɒdɪgɑ:d] *s* ochrona osobista; ochroniarz; straż przyboczna
bog [bɒg] *s* bagno
bog·ey, bo·gy ['bəʊgɪ] *s* straszydło, strach
bo·gus ['bəʊgəs] *adj* fałszywy, oszukańczy
boil [bɔɪl] *vi* gotować się, wrzeć, kipieć; *vt* gotować; **~ing point** temperatura wrzenia
boil·er ['bɔɪlə] *s* kocioł
bois·ter·ous ['bɔɪstərəs] *adj* hałaśliwy, burzliwy
bold [bəʊld] *adj* śmiały, zuchwały; wyraźny, rzucający się w oczy; **to make ~** ośmielić się
bol·lard ['bɒləd] *s* słupek drogowy
bol·ster ['bəʊlstə] *s* podgłówek
bolt 1. [bəʊlt] *s* zasuwa, rygiel; *vt* zamknąć na zasuwę, zaryglować
bolt 2. [bəʊlt] *s* piorun; grom; nagły skok, wypad; ucieczka; *vi* gwałtownie rzucić się, skoczyć

bomb [bɒm] *s* bomba; *vt* obrzucić bombami
bom·bard [bɒm'bɑːd] *vt* bombardować
bom·bast·ic [bɒm'bæstɪk] *adj.* napuszony, pompatyczny
bomb·er ['bɒmə] *s* bombowiec; bombardier
bomb·shell ['bɒmʃel] *s* bomba; *przen.* rewelacja, niespodziewana wiadomość
bon·bon ['bɒnbɒn] *s* cukierek (*zw.* czekoladowy z nadzieniem)
bond [bɒnd] *s* więź; zobowiązanie; obligacja
bond·age ['bɒndɪdʒ] *s* niewolnictwo
bond·hold·er ['bɒnd,həʊldə] *s* posiadacz obligacji, akcjonariusz
bone [bəʊn] *s* kość; ość; ***a ~ of contention*** kość niezgody
bon·fire ['bɒn,faɪə] *s* ognisko
bon·net ['bɒnɪt] *s* czapka (*damska*), czepek (*dziecięcy*); *mot.* maska (*samochodu*)
bon·ny ['bɒnɪ] *adj dial.* piękny; miły; krzepki
bo·nus ['bəʊnəs] *s* premia; dodatek
bon·y ['bəʊnɪ] *adj* kościsty
book [bʊk] *s* książka, księga; *vt* księgować, zapisywać, rejestrować; kupować bilet w przedsprzedaży, rezerwować miejsce (*np. w pociągu, teatrze*)
book·bind·er ['bʊk,baɪndə] *s* introligator
book·case ['bʊkkeɪs] *s* szafa na książki, biblioteka; regał
book·ing of·fice ['bʊkɪŋ,ɒfɪs] *s* kasa biletowa
book·ish ['bʊkɪʃ] *adj* książkowy, naukowy
book·keep·er ['bʊk,kiːpə] *s* księgowy, buchalter
book·keep·ing ['bʊk,kiːpɪŋ] *s* księgowość, buchalteria
book·let ['bʊklət] *s* książeczka
book·mak·er ['bʊk,meɪkə] *s* bukmacher
book·mark ['bʊkmɑːk] *s* zakładka (*do książki*)
book·sel·ler ['bʊk,selə] *s* księgarz
book·shelf ['bʊkʃelf] *s* półka na książki
book·shop ['bʊkʃɒp] *s* księgarnia
book·stall ['bʊkstɔːl] *s* kiosk z książkami
book·stand ['bʊkstænd] *s* półka na książki, regał
book·store ['bʊkstɔː] *s am.* księgarnia
boom [buːm] *s* dźwięk; huk; nagła zwyżka kursów <cen>; ożywienie gospodarcze; *vi vt* huczeć; podbijać ceny; szybko zwyżkować; dorabiać się, rozkwitać
boom·e·rang ['buːməræŋ] *s* bumerang
boon [buːn] *s* dar, łaska, błogosławieństwo
boor [bʊə] *s* prostak, gbur
boor·ish ['bʊərɪʃ] *adj* prostacki, gburowaty
boost [buːst] *vt* podnieść (przez poparcie); forsować przez reklamę, podnosić wartość <znaczenie>
boost·er ['buːstə] *s* wzmocnienie, pobudzenie
boot [buːt] *s* but (z cholewką); *mot.* tylny bagażnik (*w samochodzie*)
boot·black ['buːtblæk] *s* czyścibut
booth [buːð] *s* budka (z desek); kabina; stragan, kiosk; *am.* budka telefoniczna
boot·leg·ger ['buːt,legə] *s am.* przemytnik alkoholu (*w okresie prohibicji*)
boot pol·ish ['buːt,pɒlɪʃ] *s* pasta do butów
boots [buːts] *s* posługacz (hotelowy), czyścibut
boot·y ['buːtɪ] *s* łup, zdobycz
booze [buːz] *s pot.* wóda, coś mocnego
bor·der ['bɔːdə] *s* granica; brzeg;

krawędź; rąbek; *vt* ograniczać, otaczać; obrębiać; *vi* graniczyć, sąsiadować (***on sth*** z czymś)
bor·der·land ['bɔːdəlænd] *s* kresy, pogranicze
bore 1. [bɔː] *s* otwór, wydrążenie; *vt* wiercić, drążyć
bore 2. [bɔː] *s* nudziarstwo, nuda; nudziarz; *vt* nudzić; ***to be ~d to death*** być śmiertelnie znudzonym
bore 3. *zob.* ***bear***
bore·dom ['bɔːdəm] *s* nuda, znudzenie
born, borne *zob.* ***bear 2.***
bor·ough ['bʌrə] *s* miasteczko; *am.* miasto o pełnym samorządzie; *bryt. hist.* królewskie wolne miasto
bor·row ['bɒrəʊ] *vt vi* pożyczać (*od kogoś*), zapożyczać się
bos·om ['bʊzəm] *s* łono
boss [bɒs] *s pot.* szef, kierownik; *vi vt* rządzić (się), dominować
bot·a·ny ['bɒtənɪ] *s* botanika
both [bəʊθ] *pron i adj* oba, obaj, obie, oboje; ***~ of them*** oni obydwaj; ***~*** (***the***) ***books*** obydwie książki; *adv conj* ***~ ... and*** zarówno ..., jak i ...; nie tylko ..., ale i ...; ***~ he and his brother*** zarówno on, jak i jego brat; ***~ good and cheap*** nie tylko dobre, ale i tanie
both·er ['bɒðə] *vt* niepokoić, dręczyć; zanudzać; *vi* kłopotać, martwić się (***about sth*** o coś), zawracać sobie głowę; *s* kłopot, udręka, zawracanie głowy
bot·tle ['bɒtl] *s* butelka; ***hot water ~*** termofor; *vt* butelkować
bot·tom ['bɒtəm] *s* dno, grunt; dół, spód; fundament, podstawa; siedzenie; ***~s up!*** *pot.* do dna! (wypić do końca); ***~ up*** do góry dnem; ***at*** (***the***) ***~*** w gruncie rzeczy; *vt vi dosł. i przen.* sięgnąć dna; zgłębić
bough [baʊ] *s* konar
bought *zob.* ***buy***
boul·der ['bəʊldə] *s* głaz
bounce [baʊns] *vi vt* podskakiwać; odbijać (się); wpadać, wypadać (jak bomba); *am. pot.* wyrzucać (*np. z posady, z lokalu*); *s* uderzenie; odbicie (się), odskok; chełpliwość
bounc·er ['baʊnsə] *s pot.* bramkarz (*w lokalu*)
bound 1. [baʊnd] *s* granica; *vt* ograniczać, być granicą
bound 2. [baʊnd] *s* skok; odbicie (się); *vi* skakać, odbijać (się)
bound 3. [baʊnd] *adj* skierowany (do), przeznaczony (do), odjeżdżający, udający się (do); (*o statku*) płynący (do)
bound 4. *zob.* ***bind***
bound·a·ry ['baʊndrɪ] *s* granica
boun·ti·ful ['baʊntɪfl] *adj* hojny
bount·y ['baʊntɪ] *s* hojność; dar; premia
bou·quet [buː'keɪ] *s* bukiet
bour·geois ['bʊəʒwɑː] *s* należący do burżuazji; *adj* burżuazyjny
bour·geoi·sie [ˌbʊəʒwɑː'ziː] *s* burżuazja
bou·tique [buː'tiːk] *s* butik
bow 1. [bəʊ] *s* łuk; smyczek; kabłąk; tęcza; kokarda, muszka
bow 2. [baʊ] *s* ukłon; *vt* zginać, naginać, pochylać; *vi* kłaniać się; zginać się, uginać się
bow 3. [baʊ] *s* dziób (*łodzi, statku, samolotu*)
bow·el ['baʊəl] *s* jelito, kiszka; *pl* ***~s*** wnętrzności
bow·er ['baʊə] *s* altana; *lit.* buduar
bowl 1. [bəʊl] *s* czara, miska, waza
bowl 2. [bəʊl] *s* kula do gry w kręgle; *pl* ***~s, ~ing*** gra w kręgle; *vt vi* toczyć, rzucać kulę (w grze)
bowl·er ['bəʊlə] *s* melonik
bow·string ['bəʊstrɪŋ] *s* cięciwa (*łuku*)
bow tie [ˌbəʊ'taɪ] *s* muszka
box 1. [bɒks] *s* pudełko, skrzynia; kasetka; budka; loża; kabina; boks (*w stajni, w garażu*); *vt* pakować, wkładać

box 2. [bɒks] *s* uderzenie (*dłonią*); *vt* uderzać, boksować; *vi* boksować się
box·er ['bɒksə] *s* bokser, pięściarz
box·ing ['bɒksɪŋ] *s* boks, pięściarstwo
Box·ing Day ['bɒksɪŋdeɪ] *s święto obchodzone w Anglii w pierwszy powszedni dzień tygodnia po Bożym Narodzeniu*
box of·fice ['bɒks,ɒfɪs] *s* kasa (*w teatrze, kinie itp.*)
boy [bɔɪ] *s* chłopiec; boy, chłopiec do posług
boy·cott ['bɔɪkɒt] *s* bojkot; *vt* bojkotować
boy·friend ['bɔɪfrend] *s* sympatia, chłopak (*z którym się chodzi*)
boy·hood ['bɔɪhʊd] *s* chłopięctwo, lata chłopięce
boy·ish ['bɔɪɪʃ] *adj* chłopięcy
bra [brɑː] *s pot.* stanik
brace [breɪs] *s* klamra; wiązadło; podpora; para (dwie sztuki); *pl* **~s** ['breɪsɪz] *bryt.* szelki; *vt* przytwierdzać; spinać; wiązać; podpierać; wzmacniać, krzepić; *vr* **~ oneself up** zbierać siły
brace·let ['breɪslət] *s* bransoleta
brack·et ['brækɪt] *s* konsola; podpórka; kinkiet; (*zw. pl* **~s**) nawias
brag [bræg] *vt vi* chełpić, przechwalać (się); *s* chełpliwość, przechwałki
brag·gart ['brægət] *s* samochwał
braid [breɪd] *s am.* splot; warkocz; wstążka; lamówka; *vt* splatać; obszyć lamówką
brain [breɪn] *s* (*także pl* **~s**) mózg; umysł; zdolności; rozum; **to have sth on the ~** mieć bzika na punkcie czegoś; **to rack one's ~s** (**about sth**) łamać sobie głowę (nad czymś); **~ drain** drenaż mózgów
brake [breɪk] *s* hamulec; **emergency ~** hamulec bezpieczeństwa; *vt vi* hamować
bran [bræn] *s zbior.* otręby
branch [brɑːntʃ] *s* gałąź; odgałęzienie; filia; *vi* (*także* **~ away** <**forth, off, out**>) rozgałęziać się, odgałęziać się
brand [brænd] *s* głownia; znak firmowy; piętno; gatunek; *vt* piętnować, znakować
bran·dish ['brændɪʃ] *vt* wymachiwać, potrząsać
brand-new [,brænd'njuː] *adj* nowiuteńki
bran·dy ['brændɪ] *s* brandy
brass [brɑːs] *s* mosiądz; **~ band** orkiestra dęta
bras·si·ere ['bræzɪə] *s* biustonosz
brat [bræt] *s pot.* bachor
brave [breɪv] *adj* śmiały, dzielny; *vt* stawiać czoło
brav·er·y ['breɪvərɪ] *s* dzielność, męstwo
brawl [brɔːl] *s* awantura, burda; szum (*wody*); *vi* awanturować się; (*o wodzie*) szumieć
brawn·y ['brɔːnɪ] *adj* muskularny, krzepki
bra·zen ['breɪzn] *adj* mosiężny, spiżowy; bezczelny
Bra·zil·ian [brə'zɪlɪən] *s* Brazylijczyk; *adj* brazylijski
breach [briːtʃ] *s* złamanie, zerwanie; wyrwa, wyłom; naruszenie, przekroczenie
bread [bred] *s* chleb; **to earn one's ~** zarabiać na życie; **~ and butter** [,bredn'bʌtə] chleb z masłem; *przen.* środki utrzymania
breadth [bredθ] *s* szerokość; **to a hair's ~** o włos
bread·win·ner ['bred,wɪnə] *s* żywiciel
***break** [breɪk] *vt vi* (**broke** [brəʊk], **broken** ['brəʊkən]) łamać (się), rozrywać (się); przerywać (się); kruszyć (się), tłuc (się); niszczyć, rujnować; rozpoczynać (się); (*o dniu*) świtać; (*o pogodzie*) zmieniać się; naruszać (*całość, przepisy*); zbankrutować; zerwać przyjaźń (**with sb** z kimś); **~ away** oddzielić się, oder-

wać się, uciec; ~ ***down*** załamać (się), przełamać, zniszczyć, zburzyć; zepsuć (się); ~ ***in*** włamać (się), wtargnąć; wtrącić się; ~ ***into*** włamać się; ~ ***into tears*** wybuchnąć płaczem; ~ ***off*** odłamać (się); przerwać; zaniechać; ustać; ~ ***out*** wybuchnąć; ~ ***through*** przedrzeć (się); ~ ***up*** rozbić (się); przerwać; rozwiązać; zamknąć (się); zlikwidować; ustać; rozpocząć wakacje (szkolne); rozejść się (*np. o uczestnikach zebrania*); ***to ~ loose*** uwolnić się, zerwać pęta; ***to ~ the news*** oznajmić nowinę, zakomunikować; ***to ~ the record*** pobić rekord; ***to ~ the way*** torować drogę; *s* złamanie, przełamanie; rozbicie; wyłom; luka; przerwa; wybuch; zmiana; ~ ***of day*** świt

break·age ['breɪkɪdʒ] *s* złamanie, rozbicie; *zbior.* rzeczy połamane <potłuczone>

break·down ['breɪkdaʊn] *s* załamanie się; rozstrój nerwowy; zniszczenie; upadek, klęska; awaria, defekt, wypadek

break·er ['breɪkə] *s techn.* łamacz; fala przybrzeżna

break·fast ['brekfəst] *s* śniadanie; *vi* jeść śniadanie

break·through ['breɪkθruː] *s* wyłom, przerwa; przełom

break-up ['breɪkʌp] *s* rozpadnięcie się, załamanie się, upadek; koniec nauki, początek wakacji

break·wa·ter ['breɪkˌwɔːtə] *s* falochron

breast [brest] *s anat.* pierś

breath [breθ] *s* dech, oddech; ***in one ~*** jednym tchem; ***out of ~*** zadyszany; ***to take ~*** zaczerpnąć tchu; ***to waste one's ~*** mówić na próżno

breath·a·lys·er ['breθəlaɪzə] *s* alkomat, *pot.* balonik (*testujący zawartość alkoholu u kierowcy*)

breathe [briːð] *vt vi* oddychać; odetchnąć; (*także* ~ ***in***) wdychać; (*także* ~ ***out***) wydychać; szeptać; ***to ~ one's last*** wydać ostatnie tchnienie

bred *zob.* ***breed***

breech·es ['brɪtʃɪz] *s pl* bryczesy, spodnie

breed** [briːd] *vt vi* (bred***, ***bred*** [bred]) płodzić, rodzić; rozmnażać (się); wychowywać; hodować; *s* pochodzenie; rasa; chów

breed·ing ['briːdɪŋ] *s* hodowla, chów; wychowanie

breeze [briːz] *s* lekki wiatr, bryza

breez·y ['briːzɪ] *adj* wietrzny; odświeżający, rześki; wesoły

breth·ren ['breðrən] *s pl* bracia (*np. klasztorni*)

brev·i·ty ['brevətɪ] *s* krótkość, zwięzłość

brew [bruː] *vt dosł. i przen.* warzyć, gotować; *vi w zwrocie*: ***to be ~ing*** wisieć w powietrzu, grozić; *s* odwar, napar

brew·er·y ['bruːərɪ] *s* browar

bri·ar, bri·er 1. ['braɪə] *s bot.* dzika róża

bri·ar, bri·er 2. ['braɪə] *s bot.* wrzosiec; fajka z korzenia wrzośca

bribe [braɪb] *s* łapówka; *vt* dać łapówkę, przekupić

brib·er·y ['braɪbərɪ] *s* przekupstwo

brick [brɪk] *s* cegła; kawałek (*np. lodu*); *pot.* fajny gość <facet>

brick·lay·er ['brɪkˌleɪə] *s* murarz

bri·dal ['braɪdl] *s* wesele, ślub; *adj attr* weselny, ślubny

bride [braɪd] *s* panna młoda

bride·groom ['braɪdgruːm] *s* pan młody, nowożeniec

bridge 1. [brɪdʒ] *s* most; *przen.* pomost; *vt* połączyć mostem, przerzucić most <pomost> (***sth*** przez coś)

bridge 2. [brɪdʒ] *s* brydż

bridge·head ['brɪdʒhed] *s wojsk.* przyczółek

bri·dle ['braɪdl] *s* uzda, cugle; *vt* okiełznać; *przen.* opanować

brief 1. [bri:f] *adj* krótki, zwięzły; ***to be ~*** mówić zwięźle, streszczać się; ***in ~*** słowem; *s pl* ***~s*** majtki, slipy

brief 2. [bri:f] *s* streszczenie skargi sądowej; (*o adwokacie*) ***to hold ~ for sb*** prowadzić czyjąś sprawę

brief·case ['bri:fkeɪs] *s* teczka, aktówka

brief·ing ['bri:fɪŋ] *s* odprawa; instrukcja

bri·gade [brɪ'geɪd] *s* brygada

brig·a·dier [ˌbrɪgə'dɪə] *s wojsk.* brygadier

brig·and ['brɪgənd] *s* rozbójnik

bright [braɪt] *adj* jasny, promienny; błyszczący; wesoły, żwawy; bystry, inteligentny

bright·en ['braɪtn] *vt vi* (*także* ***~ up***) rozjaśnić (się); ożywić (się); rozweselić (się)

bril·liant ['brɪljənt] *adj* lśniący; wspaniały; znakomity

brim [brɪm] *s* krawędź, brzeg; rondo (*kapelusza*)

brine [braɪn] *s* solanka

bring** [brɪŋ] *vt* (brought, brought*** [brɔ:t]) przynosić; przyprowadzać; przywozić; wnosić (*np. skargę*); ***~ about*** powodować; dokonać; wywołać (*skutek*); ***~ back*** przypomnieć; ***~ down*** opuścić; osłabić; powalić; zestrzelić; upokorzyć; obniżyć (*np. ceny*); ***~ forth*** wydać na świat; ujawnić; wywołać; ***~ forward*** przedstawić; wysunąć; ***~ (sth) home*** uświadomić (coś); unaocznić (coś); ***~ in*** wnieść, włożyć, wprowadzić; ***~ on*** sprowadzić, wywołać, spowodować; ***~ out*** wykryć, wydobyć (na światło dzienne); wydać (*książkę*); wystawić (*sztukę*); wyjaśnić; ***~ together*** złączyć, zetknąć; ***~ under*** pokonać, opanować; ***~ up*** wychować; poruszyć (*temat*); ***to ~ to light*** odkryć

brink [brɪŋk] *s* brzeg, krawędź

brisk [brɪsk] *adj* żywy, żwawy; rześki; *vt vi* (*także* ***~ up***) ożywić (się)

bris·tle ['brɪsl] *s* szczecina; *vi* jeżyć się; sierdzić się; *vt* nastroszyć

Brit·ish ['brɪtɪʃ] *adj* brytyjski; *s pl* ***the ~*** Brytyjczycy

Brit·ish·er ['brɪtɪʃə] *s* Brytyjczyk

Brit·on ['brɪtn] *s lit.* Brytyjczyk

brit·tle ['brɪtl] *adj* kruchy

broach [brəʊtʃ] *vt* otworzyć, przedziurawić; poruszyć (*temat*)

broad [brɔ:d] *adj* szeroki, obszerny; (*o aluzji itp.*) wyraźny; (*o regule*) ogólny; pikantny, sprośny, rubaszny (*np. dowcip*)

broad·axe ['brɔ:dæks] *s* topór

broad·cast** ['brɔ:dkɑ:st] *s* transmisja radiowa, audycja; *vt vi* (broadcast, broadcast*** *lub* ***broadcasted, broadcasted***) transmitować, nadawać (przez radio); rozsypywać, rozsiewać; szerzyć (*np. wiadomości*)

broad·en ['brɔ:dn] *vt vi* rozszerzać (się)

broad·mind·ed [ˌbrɔ:d'maɪndɪd] *adj* (*o człowieku*) tolerancyjny, o szerokich poglądach

broad-shoul·dered [ˌbrɔ:d'ʃəʊldəd] *adj* barczysty

broil 1. [brɔɪl] *vt vi* piec, smażyć (się)

broil 2. [brɔɪl] *s* hałas, awantura

broke 1. *zob.* ***break***

broke 2. [brəʊk] *adj pot.* zrujnowany, zbankrutowany, bez grosza; ***to go ~*** zbankrutować

bro·ken *zob.* ***break***

bro·ken-down ['brəʊkəndaʊn] *adj* wyczerpany; zrujnowany; schorowany; załamany (duchowo); (*o maszynie*) zużyty; uszkodzony

brok·en-heart·ed [ˌbrəʊkən'hɑ:tɪd] *adj* zrozpaczony, załamany

bro·ker ['brəʊkə] *s* makler, pośrednik

bro·ker·age ['brəʊkərɪdʒ] *s* pośrednictwo; *handl.* prowizja
bro·mide ['brəʊmaɪd] *s chem.* brom
bron·chi ['brɒŋkaɪ] *s pl anat.* oskrzela
bron·chi·tis [brɒŋ'kaɪtɪs] *s med.* bronchit
bronze [brɒnz] *s* brąz, spiż
brooch [brəʊtʃ] *s* broszka
brood [bru:d] *s* wyląg; potomstwo; plemię; *vi* wylęgać; *przen.* rozmyślać
brook 1. [brʊk] *s* potok, strumyk
brook 2. [brʊk] *vt* znosić, cierpieć
broom [bru:m] *s* miotła
broth [brɒθ] *s* rosół, bulion
broth·el ['brɒθəl] *s wulg.* burdel
broth·er ['brʌðə] *s* brat
broth·er·hood ['brʌðəhʊd] *s* braterstwo, stowarzyszenie
broth·er-in-law ['brʌðərɪnlɔ:] *s* szwagier
brought *zob.* ***bring***
brow [braʊ] *s* brew; czoło
brown [braʊn] *adj* brunatny, brązowy
brown·ie ['braʊnɪ] *s* krasnoludek, duszek; harcerka (*z grupy zuchów*)
browse [braʊz] *vi* paść się; *vt* skubać (*trawę*); *przen.* czytać dla rozrywki, przeglądać (*książkę*)
bruise [bru:z] *vt vi* potłuc (się), nabić guza, zadrasnąć, zranić się; *s* stłuczenie, siniak
brunch [brʌntʃ] *s pot.* śniadanio-obiad (*połączenie śniadania z obiadem, zw. w sobotę lub niedzielę*)
bru·nette [bru:'net] *s* brunetka
brunt [brʌnt] *s* główne natarcie, najsilniejszy cios; ***to bear the ~*** przyjąć ciężar uderzenia, wytrzymać główne natarcie
brush [brʌʃ] *s* szczotka, pędzel; krzaki, zarośla; *vt* szczotkować, pędzlować, czyścić szczotką; ***~ aside*** odsunąć; ***~ away*** sczyścić; ***~ up*** wygładzić, odświeżyć (*np. wiadomości*)
brusque [bru:sk] *adj* obcesowy, szorstki
Brus·sels sprouts [ˌbrʌslz-'spraʊts] *s pl bot.* brukselka
bru·tal ['bru:tl] *adj* brutalny
bru·tal·i·ty [bru:'tælətɪ] *s* brutalność
brute [bru:t] *s* bydlę; brutal; *adj* bydlęcy; brutalny
bub·ble ['bʌbl] *s* balonik, bańka (*np.* mydlana); *vi* kipieć, bulgotać
buc·ca·neer [ˌbʌkə'nɪə] *s* pirat, korsarz; *vi* uprawiać korsarstwo
buck 1. [bʌk] *s* kozioł; jeleń; samiec (*zwierzyny płowej*); dandys; elegant
buck 2. [bʌk] *s am. pot.* dolar
buck·et ['bʌkɪt] *s* wiadro
buck·le ['bʌkl] *s* klamerka, sprzączka; *vt* spinać; *vi* zapinać się
buck·wheat ['bʌkwi:t] *s* gryka
bud [bʌd] *s* pączek; *vi* (*także* ***to be in ~***) pączkować
budge [bʌdʒ] *vi* poruszyć (się); *vt zw. w zdaniach przeczących*: ***I can't ~ him*** nie mogę go ruszyć
budg·et ['bʌdʒɪt] *s* budżet; *vi* robić budżet, planować wydatki
buf·fa·lo ['bʌfələʊ] *s* bawół
buff·er ['bʌfə] *s* bufor
buf·fet 1. ['bʌfɪt] *s* kułak; *dosł. i przen.* cios; *vt* okładać kułakami, uderzać
buf·fet 2. ['bʊfeɪ] *s* kredens; bufet (*dania dla gości*)
buf·foon [bə'fu:n] *s* bufon, błazen
bug [bʌg] *s* pluskwa; *am.* insekt; *przen. pot.* pluskwa (*urządzenie podsłuchowe*); *komp. pot.* błąd w programie *vt* podsłuchiwać
bug·bear ['bʌgbeə] *s* straszydło
bu·gle ['bju:gl] *s* róg, fanfara, trąbka; *vi* trąbić
build** [bɪld] *vt vi* (built, built*** [bɪlt]) budować, tworzyć; ***~ up*** rozbudować; wzmocnić; rozwinąć; *s* konstrukcja, kształt, budowa

build·er ['bɪldə] *s* budowniczy
build·ing ['bɪldɪŋ] *s* budynek
built *zob.* ***build***
bulb [bʌlb] *s* cebulka; żarówka
Bul·gar·i·an [bʌl'geərɪən] *adj* bułgarski; *s* Bułgar
bulge [bʌldʒ] *s* nabrzmienie, wypukłość, wydęcie; *vi* nabrzmiewać, pęcznieć, wydymać (się); *vt* nadymać; napychać
bulk [bʌlk] *s* wielkość, objętość, masa (*zw.* duża); większa <główna> część
bulk·y ['bʌlkɪ] *adj* duży, masywny; nieporęczny
bull 1. [bʊl] *s* byk
bull 2. [bʊl] *s* bulla
bull 3. [bʊl] *s* bzdura
bull·dog ['bʊldɒg] *s* buldog
bull·doz·er ['bʊldəʊzə] *s* buldożer, spychacz
bul·let ['bʊlɪt] *s* kula, pocisk
bul·le·tin ['bʊlətɪn] *s* biuletyn
bul·lion ['bʊlɪən] *s* złoto <srebro> w sztabach
bul·lock ['bʊlək] *s* wół
bull's eye ['bʊlzaɪ] *s* okrągłe okienko; bulaj; środek tarczy strzelniczej
bull·shit ['bʊlˌʃɪt] *s int wulg.* bzdety, brednie, bzdury
bul·ly ['bʊlɪ] *s osobnik terroryzujący słabszych*; zbir; *vt* terroryzować, znęcać się
bul·rush ['bʊlrʌʃ] *s* sitowie
bul·wark ['bʊlwək] *s* wał ochronny, przedmurze, osłona
bum 1. [bʌm] *s bryt. pot.* tyłek
bum 2. [bʌm] *s am. pot.* tramp, włóczęga, kloszard; *także* ***bummer***
bum·mer ['bʌmə] = ***bum 2.***
bump [bʌmp] *vt vi* gwałtownie uderzyć (***sth, against sth*** o coś); wpadać (***sb, sth*** *lub* ***into sb, sth*** na kogoś, na coś); toczyć się z hałasem; *s* uderzenie, wstrząs; guz; *pot.* **~ *of locality*** zmysł orientacyjny
bump·er ['bʌmpə] *s* pełna szklanka <pełny kielich> wina; *mot.* zderzak
bump·kin ['bʌmpkɪn] *s pot.* gamoń, fujara
bump·tious ['bʌmpʃəs] *adj* zarozumiały, nadęty
bun [bʌn] *s* słodka bułka
bunch [bʌntʃ] *s* wiązka, pęk, bukiet
bun·dle ['bʌndl] *s* wiązka; tłumok; pęk; plik; *vt vi* wiązać, zwijać (się); bezładnie pakować, wciskać; wyprawiać (***sb*** kogoś); (*zw.* **~ *off***) uchodzić w pośpiechu
bun·ga·low ['bʌŋgələʊ] *s* domek (*zw.* parterowy z werandą)
bun·gle ['bʌŋgl] *vt vi* partaczyć; *s* partactwo
bunk [bʌŋk] *s* łóżko (w pociągu), koja
buoy [bɔɪ] *s* boja; *vt* (*zw.* **~ *up***) utrzymywać na powierzchni; *przen.* podnosić na duchu
buoy·ant ['bɔɪənt] *adj* pływający, pławny; radosny; podniecający, pokrzepiający
bur·den ['bɜːdn] *s* ciężar, brzemię; istota (*sprawy, myśli itp.*); *vt* obciążyć
bur·den·some ['bɜːdnsəm] *adj* uciążliwy
bu·reau ['bjʊərəʊ] *s* biuro, urząd; *bryt.* biurko, sekretarzyk
bu·reau·cra·cy [bjʊə'rɒkrəsɪ] *s* biurokracja
burg·er ['bɜːgə] = ***hamburger***
bur·glar ['bɜːglə] *s* włamywacz
bur·i·al ['berɪəl] *s* pogrzeb
bur·i·al ground ['berɪəl graʊnd] *s* cmentarz
bur·lesque [bɜː'lesk] *s* burleska; *adj attr* burleskowy, komiczny
burn** [bɜːn] *vt vi* (burnt, burnt*** [bɜːnt] *lub* ***burned, burned*** [bɜːnd]) palić (się), zapalać, płonąć; sparzyć (się); opalać (się)
burn·er ['bɜːnə] *s* palnik; ***gas* ~** palnik gazowy
burnt *zob.* ***burn***

bur·row ['bʌrəʊ] *s* nora, jama; *vt* kopać norę; *vi* ukrywać się w norze
bur·sar ['bɜːsə] *s* kwestor
bur·sa·ry ['bɜːsərɪ] *s* kwestura; *szk.* stypendium
***burst** *vi* (**burst, burst** [bɜːst]) pękać, trzaskać; wybuchać; *vt* spowodować pęknięcie, rozsadzić, rozerwać; **to ~ with laughing, to ~ into laughter** wybuchnąć śmiechem; **~ in** wpaść; **~ out** wybuchnąć; *s* pęknięcie, wybuch
bur·y ['berɪ] *vt* grzebać, chować
bus [bʌs] *s* autobus; *komp.* szyna; **articulated ~** autobus przegubowy; *komp.* **data ~** szyna danych
bush [bʊʃ] *s* krzak, gąszcz; busz
bush·el ['bʊʃl] *s* buszel (miara pojemności)
bush·y ['bʊʃɪ] *adj* pokryty krzakami; krzaczasty
busi·ness ['bɪznəs] *s* interes(y); zajęcie; obowiązek; sprawa; zawód; przedsiębiorstwo handlowe; **~ hours** godziny zajęć <urzędowe>; **it is none of my ~** to nie moja sprawa; **mind your own ~** pilnuj swoich spraw; **on ~** w interesie, w sprawie; służbowo
busi·ness·man ['bɪznəsmən] *s* (*pl* **businessmen** ['bɪznəsmən]) kupiec, przemysłowiec; człowiek interesu
busk·er ['bʌskə] *s* muzyk <grajek> uliczny
bust 1. [bʌst] *s* popiersie; biust
***bust 2.** [bʌst] *vt* (**bust, bust** *lub* **busted, busted**) *pot.* rozbić
bust 3. [bʌst] *vt pot.* aresztować
bus·tle ['bʌsl] *vi* krzątać się, uwijać się; *vt* popędzać do roboty; *s* krzątanina, bieganina
bus·y ['bɪzɪ] *adj* zajęty, czynny, ruchliwy, mający dużo roboty; zajęty (**about, over, with sth** czymś); **I am ~ writing a letter** zajęty jestem pisaniem listu; *vr* **~ oneself** krzątać się
bus·y·bod·y ['bɪzɪˌbɒdɪ] *s* wścibski człowiek
but [bʌt, bət] *conj* ale, lecz; jednak; poza tym, że; jak tylko; **I cannot ~ laugh** nic mi nie pozostaje, jak tylko się śmiać, mogę tylko się śmiać; **~ yet** jednakże, niemniej jednak; **there was no one ~ laughed** nie było nikogo, kto by się nie śmiał; **I never utter a word ~ I think first** nigdy nie powiem słowa, zanim nie pomyślę; **he would have failed ~ that I helped him** on by przepadł, gdybym mu nie pomógł; *praep* oprócz, poza; **all ~ me** wszyscy oprócz mnie <poza mną>; **the last ~ one** przedostatni; **anywhere ~ here** gdziekolwiek, tylko nie tu; **~ for** bez; **~ for him** bez niego, gdyby nie on; **~ for that** gdyby nie to; **~ then** ale za to; *adv* dopiero, tylko; **~ now** dopiero teraz, dopiero co; **I have seen him ~ once** widziałem go tylko raz; **all ~** prawie; **he all ~ died of hunger** o mało co nie umarł z głodu
butch·er ['bʊtʃə] *s* rzeźnik; **~'s shop** sklep mięsny; *vt* mordować, zarzynać
butch·er·y ['bʊtʃərɪ] *s* rzeźnia; rzeź, masakra
but·ler ['bʌtlə] *s* szef służby
butt 1. [bʌt] *s* tępy koniec (*broni, narzędzia, kolby*); niedopałek (*papierosa, cygara*)
butt 2. [bʌt] *s* tarcza strzelnicza; cel (*kpin, pośmiewiska*)
butt 3. [bʌt] *vi vt* uderzać głową (**at, against sth** o coś), bóść; **~ in** wtrącać się
butt 4. [bʌt] *s* beczka
but·ter ['bʌtə] *s* masło; *vt* smarować masłem
but·ter·cup ['bʌtəkʌp] *s bot.* jaskier
but·ter·fly ['bʌtəflaɪ] *s zool.* motyl

but·ter·milk ['bʌtəmɪlk] *s* maślanka

but·tock ['bʌtək] *s* pośladek; *pl* **~s** zad (*konia*); siedzenie (*człowieka*)

but·ton ['bʌtn] *s* guzik; *vt vi* (*zw.* **~ up**) zapinać się

but·ton·hole ['bʌtnhəʊl] *s* dziurka od guzika; butonierka; *vt przen. pot.* nudzić, wiercić dziurę w brzuchu

but·tress ['bʌtrəs] *s* przypora; *vt* podtrzymywać

***buy** [baɪ] *vt* (**bought, bought** [bɔːt]) kupować; **~ off** opłacać; **~ up** wykupić (*towar*)

buy·er ['baɪə] *s* nabywca

buzz [bʌz] *s* brzęczenie; gwar; *vi* brzęczeć, buczeć

buzz·er ['bʌzə] *s elektr.* brzęczyk; *pot.* syrena (fabryczna)

by [baɪ] *praep* przy, u, obok; nad; przez; do; po, za; **by the door** przy drzwiach; **by the sea** nad morzem; **by moonlight** przy świetle księżyca; **by 5 o'clock** najdalej do godziny 5; **by then** do tego czasu; **by metres** na metry; **paid by the week** opłacany za tydzień <tygodniowo>; **one by one** jeden za drugim; **older by 10 years** starszy o 10 lat; **by day** w ciągu <za> dnia; **by night** w nocy, nocą; **by name** z nazwiska; **by hearsay** ze słyszenia; **by myself, all by myself** ja sam, sam (jeden); **by train, by bus, by land, by sea** *etc.* (podróżować) pociągiem autobusem, lądem, morzem *itp.*; **by steam, by electricity** *etc.* (poruszany) parą, elektrycznością *itp.*; **by letter, by phone** *etc.* (komunikować) listownie, telefonicznie *itp.*; **by hand** *etc.* ręką, ręcznie *itp.*; **step by step** krok za krokiem; **by degrees** stopniowo; **by chance** przypadkiem; **by heart** na pamięć; **by right** prawnie, sprawiedliwie; **by far** o wiele; **little by little** po trochu; *adv* obok, mimo; **near by, hard by** tuż obok; **by the way, by the by** przy okazji, przy tej sposobności, mimochodem; **by and by** wkrótce, niebawem

bye-bye [ˌbaɪ'baɪ] *int pot.* cześć!, na razie

by(e)-e·lec·tion ['baɪɪˌlekʃn] *s bryt.* wybory uzupełniające

by·gone ['baɪgɒn] *adj* miniony

by·law ['baɪlɔː] *s* rozporządzenie <przepisy> lokalne

by-pass ['baɪpɑːs] *s* objazd, droga objazdowa; *med.* bypass, połączenie omijające; obejście; *vt* objeżdżać, omijać

by·path ['baɪpɑːθ] *s* boczna droga

by-prod·uct ['baɪˌprɒdʌkt] *s* produkt uboczny

by·stand·er ['baɪˌstændə] *s* widz, świadek

byte [baɪt] *s komp.* bajt

by·way ['baɪweɪ] *s* boczna droga

by·word ['baɪwɜːd] *s* powiedzonko, przysłowie

By·zan·tine [baɪ'zæntaɪn] *adj* bizantyjski

C

cab [kæb] *s am.* taksówka, dorożka

cab·a·ret ['kæbəreɪ] *s* kabaret

cab·bage ['kæbɪdʒ] *s* kapusta

cab·in ['kæbɪn] *s* kabina, kajuta; chata

cab·i·net ['kæbɪnət] *s* gabinet; serwantka, szafka; *polit.* gabinet

ca·ble ['keɪbl] *s* kabel; *pot.* telegram; *vt vi* depeszować; **~ car** kolejka linowa; **~ television** <**TV**> telewizja kablowa
cab·man ['kæbmən] *s* (*pl* **cabmen** ['kæbmən]) taksówkarz
cache [kæʃ] *s komp.* (*także* **~ memory**) pamięć podręczna <typu cache>
cack·le ['kækl] *vi* gdakać; rechotać
ca·det [kə'det] *s* kadet; **~ corps** *bryt.* szkolne przysposobienie wojskowe
ca·dre ['kɑːdə] *s wojsk.* kadra
Cae·sar·e·an sec·tion [sɪˌzeərɪən 'sekʃn] *s* cesarskie cięcie
ca·fé ['kæfeɪ] *s* kawiarnia, bar
caf·e·te·ri·a [ˌkæfɪ'tɪərɪə] *s* restauracja samoobsługowa; bar szybkiej obsługi
cage [keɪdʒ] *s* klatka; winda (w kopalni); *vt* zamknąć w klatce
cais·son ['keɪsn] *s techn.* keson; *wojsk.* jaszcz
ca·jole [kə'dʒəʊl] *vt* przypochlebiać, uwodzić, pochlebstwami skłaniać do *czegoś*
cake [keɪk] *s* ciasto, ciastko; tort
ca·lam·i·ty [kə'læmətɪ] *s* klęska, plaga
cal·ci·um ['kælsɪəm] *s chem.* wapń
cal·cu·la·tion [ˌkælkjʊ'leɪʃn] *s* obliczenie, kalkulacja
cal·cu·la·tor ['kælkjʊleɪtə] *s* kalkulator
cal·cu·lus ['kælkjʊləs] *s mat.* rachunek
cal·en·dar ['kælɪndə] *s* kalendarz
calf 1. [kɑːf] *s* (*pl* **calves** [kɑːvz]) cielę; skóra cielęca; **~ love** cielęca miłość
calf 2. [kɑːf] *s* (*pl* **calves** [kɑːvz]) łydka
cal·i·bre, *am.* **cal·i·ber** ['kælɪbə] *s* kaliber
cal·i·co ['kælɪkəʊ] *s* rodzaj perkalu
call [kɔːl] *vi* wołać; odezwać się; budzić; (*także* **~ up**) telefonować; wstąpić, odwiedzać (**on sb** kogoś); przybyć, przyjść (**for sb, for sth** po kogoś, po coś, **at sb's house** do czyjegoś domu); wymagać, wzywać: żądać, domagać się (**for sth** czegoś); *vt* zawołać, przywołać, powołać, wywoływać; wezwać, zwołać; nazwać; **to be ~ed for** do odebrania na żądanie, (*na listach*) poste restante; **~ back** odwołać; **~ forth** wywołać; **~ in question** zakwestionować; **~ into being** powołać do życia; **~ into play** wprowadzić w grę; **~ off** odwołać; **~ out** wywołać, wyzwać; **~ over** odczytywać listę (obecności); **to ~ sb's attention** zwrócić czyjąś uwagę (**to sth** na coś); **to ~ sb to account** zażądać od kogoś rachunku, pociągnąć kogoś do odpowiedzialności; **to ~ the roll** odczytywać listę nazwisk; **~ up** przypominać, przywodzić na pamięć; powołać do wojska; **to ~ sb names** przezywać, wymyślać; **to ~ to mind** przypomnieć (sobie); *s* wołanie; krzyk; wezwanie, zew; rozmowa telefoniczna; wiadomość; wizyta; powołanie; apel; powód, potrzeba; **~ collect** *am.* rozmowa przez telefon na koszt osoby odbierającej; **advised ~** rozmowa telefoniczna z przywołaniem; **long-distance ~** rozmowa międzymiastowa; **here is no ~ for worry** nie ma powodu do zmartwienia; **at <within> ~** do usług, na wezwanie, pod ręką; **~ of nature** *żart.* naturalna potrzeba
call box ['kɔːlbɒks] *s* (*także* **phone box**) budka telefoniczna
call·er ['kɔːlə] *s* odwiedzający, gość
call girl ['kɔːlgɜːl] *s* prostytutka (*zamawiana przez telefon*)
call-in ['kɔːlɪn] *s am.* audycja radiowa z udziałem słuchaczy

C

call·ing ['kɔːlɪŋ] *s* wołanie; powołanie; zawód, zajęcie
cal·lis·then·ics [ˌkælɪs'θenɪks] *s* gimnastyka (*wspomagająca zdrowie i urodę ciała*)
cal·los·i·ty [kæ'lɒsətɪ] *s* stwardnienie, zrogowacenie skóry
cal·lous ['kæləs] *adj* twardy, stwardniały; zatwardziały; gruboskórny; nieczuły
cal·low ['kæləʊ] *adj* nieopierzony; *przen.* młody, niedoświadczony
calm [kɑːm] *adj* cichy, spokojny; *s* spokój, cisza; *vt vi* (*także* **~ down**) uspokoić, uciszyć (się)
cal·or·ie, cal·or·y ['kælərɪ] *s* kaloria
ca·lum·ni·ate [kə'lʌmnɪeɪt] *vt* oczerniać, spotwarzać
cal·um·ny ['kæləmnɪ] *s* oszczerstwo, potwarz
calves *zob.* ***calf***
came *zob.* ***come***
cam·el ['kæml] *s zool.* wielbłąd
cam·e·ra ['kæmərə] *s* aparat fotograficzny
cam·e·ra·man ['kæmrəmæn] *s* (*pl* ***cameramen*** ['kæmrəmen]) fotoreporter
cam·ou·flage ['kæməflɑːʒ] *s* maskowanie; *vt* maskować
camp [kæmp] *s* obóz, kemping, obozowisko; *vi* (*zw.* **~ out**) obozować, mieszkać w namiocie
cam·paign [kæm'peɪn] *s* kampania; *vi* prowadzić kampanię
cam·phor ['kæmfə] *s* kamfora
camp·ing ['kæmpɪŋ] *s* kemping, obozowanie; ***to go ~*** wybrać się na kemping; ***~ equipment*** sprzęt turystyczny
cam·pus ['kæmpəs] *s* teren szkoły <uniwersytetu>
can 1. [kæn, kən] *v aux* (*p* ***could*** [kʊd]) móc, potrafić, umieć; ***I ~ speak French*** znam (język) francuski; mówię po francusku; ***I ~ see*** widzę; ***I ~ hear*** słyszę; ***that ~'t be true!*** to niemożliwe!
can 2. [kæn] *s* kanister; *am.* puszka do konserw; *vt am.* puszkować
Ca·na·dian [kə'neɪdɪən] *adj* kanadyjski; *s* Kanadyjczyk
ca·nal [kə'næl] *s* kanał; kanalik; przewód (*np. pokarmowy*)
ca·nard [kæ'nɑːd] *s* kaczka dziennikarska, plotka
ca·na·ry [kə'neərɪ] *s* kanarek
can·can ['kænkæn] *s* kankan
can·cel ['kænsl] *vt* kasować, unieważniać, skreślać; odwoływać; stemplować (*np. znaczki*); **~ out** *mat.* skracać (*np. ułamek*); ***to ~ an indicator <a flasher>*** wyłączyć kierunkowskaz
can·cer ['kænsə] *s med.* rak; *także* ***Cancer*** Rak (*znak zodiaku*); ***tropic of Cancer*** Zwrotnik Raka
can·did ['kændɪd] *adj* szczery, prostolinijny, uczciwy
can·di·date ['kændɪdət] *s* kandydat
can·di·da·ture ['kændɪdətʃə] *s* kandydatura
can·dle ['kændl] *s* świeca
can·dle·pow·er ['kændlˌpaʊə] *s fiz.* świeca (*jednostka miary światła*)
can·dle·stick ['kændlstɪk] *s* lichtarz, świecznik
can·dour ['kændə] *s* szczerość, uczciwość
can·dy ['kændɪ] *s am. zbior.* słodycze; *vt* kandyzować
cane [keɪn] *s* trzcina; laska; pałka; *vt* chłostać
ca·nine ['kænaɪn] *adj* psi; ***~ tooth*** kieł
can·ker ['kæŋkə] *s* wrzód; *przen.* niszczycielski wpływ, zguba; *vt* zżerać; niszczyć, gubić; *vi* niszczeć
canned [kænd] *zob.* ***can 2*** ; *adj am.* konserwowy
can·ni·bal ['kænəbl] *s* kanibal, ludożerca; *adj* ludożerczy
can·non ['kænən] *s* działo, armata; *przen.* ***~ fodder*** mięso armatnie

can·non·ade [ˌkænə'neɪd] *s* kanonada; *vt* ostrzeliwać z dział

can·not ['kænət] *forma przecząca od* **can 1.**

can·ny ['kænɪ] *adj* sprytny, chytry; ostrożny

ca·noe [kə'nuː] *s* czółno (*z kory drzewa lub wydrążonego pnia*); *vi* płynąć czółnem

can·on 1. ['kænən] *s rel. muz. druk.* kanon; kryterium; **~ law** prawo kanoniczne

can·on 2. ['kænən] *s* kanonik

can·on·ize ['kænənaɪz] *vt rel.* kanonizować

can·o·py ['kænəpɪ] *s* baldachim; sklepienie

can't [kɑːnt] = **cannot**

cant [kænt] *s* obłuda, hipokryzja; żargon

can·teen [kæn'tiːn] *s* kantyna, stołówka; *bryt.* menażka

can·vas ['kænvəs] *s* płótno żaglowe, płótno malarskie; obraz olejny; **~ shoes** tenisówki

can·vass ['kænvəs] *vt vi* badać, roztrząsać; ubiegać się (**for sth** o coś); kaptować, zjednywać sobie; przygotowywać wybory, zabiegać (**for votes** o głosy wyborcze); *s* badanie; prowadzenie kampanii wyborczej; obliczanie głosów

can·yon ['kænjən] *s* kanion

cap [kæp] *s* czapka; wieko, pokrywa; kapsel; *vt* nakładać czapkę <wieko, kapsel *itp.*>; ukłonić się (**sb** komuś)

ca·pa·bil·i·ty [ˌkeɪpə'bɪlətɪ] *s* zdolność

ca·pa·ble ['keɪpəbl] *adj* zdolny, nadający się (**of sth** do czegoś), podatny (**of sth** na coś); uzdolniony

ca·pa·cious [kə'peɪʃəs] *adj* pojemny

ca·pac·i·ty [kə'pæsətɪ] *s* zdolność (**for sth** do czegoś); pojemność; nośność, charakter; kompetencja; **in the ~ of...** w charakterze...; **filled to ~** szczelnie wypełniony

cape 1. [keɪp] *s* peleryna

cape 2. [keɪp] *s* przylądek

ca·per ['keɪpə] *vi* podskakiwać, fikać koziołki; *s* podskok, sus

cap·i·tal ['kæpɪtl] *adj* główny; wybitny, duży; wspaniały, kapitalny; stołeczny; **~ letter** duża litera; **~ punishment** kara śmierci; *s* stolica; kapitał; duża litera

cap·i·tal·ism ['kæpɪtlɪzm] *s* kapitalizm

cap·i·tal·ist ['kæpɪtlɪst] *s* kapitalista

cap·i·tal·is·tic [ˌkæpɪtl'ɪstɪk] *adj* kapitalistyczny

cap·i·tal·ize ['kæpɪtlaɪz] *vt* dostarczać kapitału; pisać dużą literą; **to ~ on sth** wyciągać z czegoś korzyść

ca·pit·u·late [kə'pɪtʃʊleɪt] *vi* kapitulować

ca·pit·u·la·tion [kəˌpɪtʃʊ'leɪʃn] *s* kapitulacja

ca·pon ['keɪpən] *s* kapłon

ca·price [kə'priːs] *s* kaprys

ca·pri·cious [kə'prɪʃəs] *adj* kapryśny

Cap·ri·corn ['kæprɪkɔːn] *s* Koziorożec (*znak zodiaku*); **tropic of ~** Zwrotnik Koziorożca

cap·size [kæp'saɪz] *vt vi* (*o statku, łódce itp.*) wywrócić (się)

cap·tain ['kæptɪn] *s* kapitan; dowódca, naczelnik

cap·tion ['kæpʃn] *s* tytuł, napis, podpis

cap·ti·vate ['kæptɪveɪt] *vt* pojmać; zniewolić; urzec

cap·tive ['kæptɪv] *adj* pojmany, uwięziony; *s* jeniec

cap·tiv·i·ty [kæp'tɪvətɪ] *s* niewola

cap·ture ['kæptʃə] *vt* pojmać, zawładnąć; *s* zawładnięcie; zdobycz

car [kɑː] *s* samochód; wagon; wóz; **~ park** parking; **sports ~** samochód sportowy; **~ restaurant** wagon restauracyjny

car·a·mel ['kærəml] *s* karmel; karmelek

C

car·at ['kærət] *s* karat
car·a·van ['kærəvæn] *s mot.* karawana; przyczepa mieszkalna (*do samochodu*)
car·bon ['kɑːbən] *s chem.* węgiel (*pierwiastek*)
car·bon pa·per ['kɑːbən ˌpeɪpə] *s* kalka (maszynowa)
car·bu·ret·tor [ˌkɑːbjʊ'retə] *s mot* gaźnik
car·cass ['kɑːkəs] *s* ciało zabitego zwierzęcia; ścierwo; szkielet (*np. budynku*)
card [kɑːd] *s* karta, kartka; bilet; ***identity*** <***ID***> ~ dowód osobisty, karta tożsamości; ***visiting*** ~ wizytówka; ***credit*** ~ karta kredytowa
card·board ['kɑːdbɔːd] *s* tektura, karton
car·di·ac ['kɑːdɪæk] *adj* sercowy; *s* środek nasercowy
car·di·nal ['kɑːdnəl] *adj* główny, podstawowy; ***four ~ points*** cztery strony świata; *s* kardynał
care [keə] *s* troska; opieka; dozór; ostrożność; niepokój; staranność; (*w adresie*) ~ ***of*** (*zw. skr.* ***c/o***) z listami, na adres, do rąk; ***to take ~*** dbać (***of sb, sth*** o kogoś, o coś), uważać (***of sb, sth*** na kogoś, na coś); strzec się (***of sb, sth*** kogoś, czegoś); *vi* troszczyć się, dbać (***for sb, for sth*** o kogoś, o coś), być przywiązanym, lubić (***for sb, for sth*** kogoś, coś); ***do you ~?*** zależy ci na tym?; ***who ~s?*** kogo to obchodzi?; ***take ~!*** trzymaj się!
ca·reer [kə'rɪə] *s* zawód, zajęcie; kariera; losy, kolej życia; bieg, jazda; ~ ***woman*** kobieta pracująca zawodowo
ca·reer·ist [kə'rɪərɪst] *s* karierowicz
care·free ['keəfriː] *adj* beztroski
care·ful ['keəfl] *adj* troskliwy; ostrożny
care·less ['keələs] *adj* beztroski, niedbały, niechlujny
ca·ress [kə'res] *vt* pieścić; *s* pieszczota
care·tak·er ['keəˌteɪkə] *s* dozorca, stróż
care·worn ['keəwɔːn] *adj* zgnębiony troskami
car·go ['kɑːgəʊ] *s* ładunek (*statku, samolotu*)
car·i·ca·ture ['kærɪkətʃʊə] *s* karykatura; *vt* karykaturować
car·ies ['keəriːz] *s med.* próchnica (zębów)
car·na·tion [kɑː'neɪʃn] *s bot.* g(w)oździk; róż (*kolor*)
car·ni·val ['kɑːnɪvl] *s* karnawał
car·ol ['kærəl] *s* kolęda; *vi* kolędować
car·ol·ler ['kærələ] *s* kolędnik
ca·rou·sel [ˌkærə'sel] *s* podajnik bagażu (*na lotnisku*); *am.* karuzela
ca·rouse [kə'raʊz] *vi* hulać
carp [kɑːp] *s zool.* karp
car·pen·ter ['kɑːpɪntə] *s* stolarz; cieśla
car·pet ['kɑːpɪt] *s* dywan
car·riage ['kærɪdʒ] *s* wóz; powóz; wagon; podwozie; przewóz; postawa, zachowanie
car·ri·er ['kærɪə] *s* roznosiciel; posłaniec; tragarz; nosiciel (*zarazków*); transportowiec; lotniskowiec; bagażnik; *chem.* nośnik; *pl* ~***s*** firma transportowa
car·ri·on ['kærɪən] *s* padlina
car·rot ['kærət] *s* marchew
car·ry ['kærɪ] *vt* nosić, przenosić; wozić, dostarczać; doprowadzić; przeprowadzić (*np. uchwałę*); *vi* (*o broni*) nieść; (*o głosie*) rozlegać się; ~ ***about*** <***along***> nosić ze sobą; ~ ***away*** uprowadzić, porwać; ~ ***off*** uprowadzić, zabrać; zdobyć (*np. nagrodę*); ~ ***on*** prowadzić dalej, kontynuować; ~ ***out*** wykonać, przeprowadzić; ~ ***over*** przenosić; ~ ***through*** przeprowadzić, doprowadzić do końca; ***to ~ into effect*** wprowadzić w czyn; *przen.* ***to ~ the day*** wziąć

górę; ***to ~ weight*** mieć wagę <znaczenie>
car·ry·out ['kærıaʊt] = ***take-away***
cart [kɑːt] *s* wóz, fura; ***to put the ~ before the horse*** stawiać sprawę na głowie, robić rzeczy w odwrotnej kolejności
car·tel [kɑː'tel] *s ekon.* kartel
car·ter ['kɑːtə] *s* woźnica
cart·load ['kɑːtləʊd] *s* ładunek wozu
car·ton ['kɑːtn] *s* karton (*np. papierosów*)
car·toon [kɑː'tuːn] *s* karykatura; rycina, szkic
car·toon film [kɑː'tuːn fılm] *s* film rysunkowy
car·tridge ['kɑːtrıdʒ] *s* nabój; ***blank ~*** ślepy nabój; ***ball ~*** ostry nabój
carve [kɑːv] *vt* rzeźbić; krajać
carv·er ['kɑːvə] *s* rzeźbiarz; snycerz
case 1. [keıs] *s* wypadek; przypadek; położenie; sprawa (*np. sądowa*); ***in ~ of*** w przypadku; ***in any ~*** w każdym bądź razie; ***to have no ~*** nie mieć podstaw; ***~ history*** historia choroby
case 2. [keıs] *s* pudełko; skrzynia; walizka; futerał; ***dressing ~*** neseser
cash [kæʃ] *s* gotówka; zapłata; *pot.* pieniądze; ***in ~*** gotówką; ***~ down = c.o.d.*** (= ***cash on delivery***) płatne przy odbiorze; ***out of ~*** bez gotówki; ***~ register*** kasa (*w sklepie*); *vt* spieniężyć; opłacić; inkasować
cash-book ['kæʃbʊk] *s* księga kasowa
cash·ier [kæ'ʃıə] *s* kasjer
cas·ing ['keısıŋ] *s* oprawa; pokrowiec; powłoka; obudowa
ca·si·no [kə'siːnəʊ] *s* kasyno
cask [kɑːsk] *s* beczułka
cas·ket ['kɑːskıt] *s* kasetka, szkatułka; *am.* trumna
cas·sette [kə'set] *s* kaseta; ***video ~*** wideokaseta; ***~ recorder*** <***deck***> magnetofon kasetowy
cast** *vt* (cast, cast*** [kɑːst]) rzucać; zarzucać (*sieci*); *techn.* odlewać; *sport* powalić (*przeciwnika*); ***~ away*** odrzucić; ***~ down*** ściągnąć, spuścić; przygnębić; ***~ off*** odrzucić; ***~ out*** wyrzucić, wypędzić; ***~ up*** obliczyć; ***to ~ a vote*** oddać głos; *s* rzut; odlew; *teatr* obsada
cast·a·way ['kɑːstəweı] *adj* odrzucony, wyrzucony; *s* wyrzutek; rozbitek
caste [kɑːst] *s* kasta
cast i·ron [ˌkɑːst'aıən] *s* żeliwo; *adj attr* żeliwny; *przen.* twardy, niewzruszony
cas·tle ['kɑːsl] *s* zamek; wieża (*w szachach*); *przen.* ***~s in the air*** zamki na lodzie; *vi* robić roszadę (*w szachach*)
cas·tor oil [ˌkɑːstər'ɔıl] *s* olej rycynowy
cas·trate [kæ'streıt] *vt* kastrować; *s* kastrat; rzezaniec
cas·u·al ['kæʒʊəl] *adj* przypadkowy, doraźny, dorywczy; sezonowy (*pracownik*); niedbały; zdawkowy; ***~ clothes*** ubranie na co dzień
cas·u·al·ty ['kæʒʊəltı] *s* nieszczęśliwy wypadek; ofiara wypadku; *pl* ***casualties*** straty w ludziach
cat [kæt] *s* kot; ***it rains ~s and dogs*** leje jak z cebra
cat·a·clysm ['kætəklızm] *s* kataklizm
cat·a·logue ['kætəlɒg] *s* katalog; *vt* katalogować
cat·a·lys·er ['kætlaızə] *s* katalizator
cat·a·ma·ran [ˌkætəmə'ræn] *s* katamaran
cat·a·ract ['kætərækt] *s* katarakta, duży wodospad; *med.* zaćma, katarakta
ca·tarrh [kə'tɑː] *s* katar, nieżyt nosa

ca·tas·tro·phe [kə'tæstrəfɪ] *s* katastrofa

***catch** [kætʃ] *vt* (**caught, caught** [kɔːt]) łapać; łowić; ująć; pojąć, zrozumieć, dosłyszeć; zahaczyć, zaczepić; trafić, uderzyć; nabawić się (*choroby*); zarazić się (*chorobą*); *vi* chwytać się, czepiać się (**at sth** czegoś); **~ sb up** dogonić kogoś; **~ up with sb** dogonić kogoś, dorównać komuś; **to ~ cold** zaziębić się; **to ~ fire** zapalić się, stanąć w płomieniach; **to ~ hold** pochwycić (**of sth** coś); **to ~ sight** zobaczyć (**of sth** coś); *s* chwyt; uchwyt; łapanie; połów; łup

catch-22 [ˌkætʃ twentɪ'tuː] *s* błędne koło

catch·ing ['kætʃɪŋ] *adj* zaraźliwy

catch·word ['kætʃwɜːd] *s* hasło; slogan

catch·y ['kætʃɪ] *adj* pociągający; zwodniczy

cat·e·chis·m ['kætɪkɪzm] *s* katechizm

cat·e·gor·i·cal [ˌkætɪ'gɒrɪkl] *adj* kategoryczny

cat·e·go·ry ['kætɪgərɪ] *s* kategoria

ca·ter ['keɪtə] *vi* dostarczać żywności <rozrywki> (**for sb** komuś); obsługiwać (**for sb** kogoś)

ca·ter·er ['keɪtərə] *s* dostawca artykułów spożywczych

cat·er·pil·lar ['kætəpɪlə] *s zool. techn.* gąsienica

ca·the·dral [kə'θiːdrəl] *s* katedra

cath·o·lic ['kæθəlɪk] *adj* uniwersalny, powszechny; liberalny; katolicki; *s* **Catholic** katolik

cat·kin ['kætkɪn] *s bot.* bazia, kotek

cat·tle ['kætl] *s* bydło (rogate)

Cau·ca·sian [kɔː'keɪzɪən] *adj* kaukaski; *s* mieszkaniec Kaukazu

caught *zob.* **catch**

cau·li·flow·er ['kɒlɪˌflaʊə] *s bot.* kalafior

caus·al ['kɔːzl] *adj* przyczynowy

cause [kɔːz] *s* przyczyna; powód (**of sth** czegoś, **for sth** do czegoś); sprawa, proces; *vt* powodować

cause·way ['kɔːzweɪ] *s* droga na grobli; grobla

caus·tic ['kɔːstɪk] *adj* żrący; zjadliwy, kostyczny

cau·tion ['kɔːʃn] *s* ostrożność; przezorność; ostrzeżenie; uwaga; *vt* ostrzegać

cau·tious ['kɔːʃəs] *adj* ostrożny, rozważny, uważny

cav·a·lier [ˌkævə'lɪə] *adj* swobodny; szarmancki; nonszalancki

cav·al·ry ['kævlrɪ] *s* kawaleria

cave [keɪv] *s* pieczara, jaskinia; *vt* drążyć; *vi* zapadać się

cav·ern ['kævən] *s* jaskinia, jama

cav·i·ar ['kævɪɑː] *s* kawior

cav·il ['kævl] *vi* czepiać się (**at sb, sth** kogoś, czegoś), ganić (**at sb, sth** kogoś, coś); *s* złośliwa uwaga

cav·i·ty ['kævətɪ] *s* wydrążenie; *dent.* dziura

caw [kɔː] *vi* krakać; *s* krakanie

cease [siːs] *vi* przestawać, ustawać; *vt* przerwać, zaprzestać, skończyć

cease·less ['siːsləs] *adj* nieustanny

ce·dar ['siːdə] *s* cedr

cede [siːd] *vt* ustąpić, odstąpić, cedować

ceil·ing ['siːlɪŋ] *s* sufit

cel·e·brate ['seləbreɪt] *vt* świętować, obchodzić (*np. uroczystość*), sławić

cel·e·brat·ed ['seləbreɪtɪd] *adj* sławny, powszechnie znany

ce·leb·ri·ty [sə'lebrətɪ] *s* znakomitość, sława

ce·les·tial [sə'lestɪəl] *adj* niebiański, boski

cel·i·ba·cy ['selɪbəsɪ] *s* celibat

cel·i·bate ['selɪbət] *adj* bezżenny; *s* osoba żyjąca w celibacie

cell [sel] *s* cela, komórka; *elektr.* bateria

cel·lar ['selə] *s* piwnica
cel·lo ['tʃeləʊ] *s muz.* wiolonczela
Celt [kelt, *am.* selt] *s* Celt
Cel·tic ['keltɪk, *am.* 'seltɪk] *adj* celtycki
ce·ment [sɪ'ment] *s* cement; *vt* cementować; *przen.* utwierdzać
cem·e·ter·y ['semətrɪ] *s* cmentarz
cen·sor ['sensə] *s* cenzor; *vt* cenzurować
cen·sor·ship ['sensəʃɪp] *s* cenzura
cen·sure ['senʃə] *s* osąd, nagana, krytyka; *vt* ganić, krytykować, potępiać
cen·sus ['sensəs] *s* spis ludności
cent [sent] *s am.* cent (*1/100 dolara*); ***per ~*** na sto; ***at 5 per ~*** na 5 procent
cen·te·na·ri·an [ˌsentə'neərɪən] *adj* stuletni; *s* stuletni starzec
cen·te·na·ry [sen'ti:nərɪ] *s* stulecie; *adj* stuletni
cen·ter ['sentə] *am.* = ***centre***
cen·ti·grade ['sentɪgreɪd] *adj* stustopniowy; ***100 ~*** 100 stopni Celsjusza
cen·ti·me·tre ['sentɪˌmi:tə] *s* centymetr
cen·tral ['sentrl] *adj* centralny, główny, śródmiejski
cen·tral·ize ['sentrəlaɪz] *vt* centralizować
cen·tre ['sentə] *s* centrum, ośrodek; ***~ of gravity*** środek ciężkości; *vt vi* umieszczać w środku; skupiać (się), koncentrować (się)
cen·trif·u·gal [sen'trɪfjʊgl] *adj* odśrodkowy
cen·trip·e·tal [sen'trɪpɪtl] *adj* dośrodkowy
cen·tu·ry ['sentʃərɪ] *s* stulecie, wiek
ce·ram·ic [sɪ'ræmɪk] *adj* ceramiczny
ce·ram·ics [sɪ'ræmɪks] *s* ceramika
ce·re·al ['sɪərɪəl] *adj* zbożowy; *s* (*zw. pl **~s***) produkty mączne <zbożowe>
cer·e·bral ['serəbrəl] *adj* mózgowy
cer·e·mo·ni·al [ˌserə'məʊnɪəl] *adj* ceremonialny; *s* ceremoniał, obrządek
cer·e·mo·ny ['serəmənɪ] *s* ceremonia, uroczystość
cer·tain ['sɜ:tn] *adj* pewny; określony; przekonany; niejaki, pewien; ***for ~*** na pewno; ***to make ~*** ustalić, upewnić się; ***he is ~ to come*** on na pewno przyjdzie
cer·tain·ly ['sɜ:tnlɪ] *adv* na pewno, bezwarunkowo; *int* ***~!*** oczywiście!; ***~ not!*** nie!, nie ma mowy!
cer·tain·ty ['sɜ:tntɪ] *s* pewność; ***on a ~*** *pot.* na pewniaka; bez ryzyka
cer·tif·i·cate [sə'tɪfɪkət] *s* zaświadczenie, świadectwo
cer·ti·fy ['sɜ:tɪfaɪ] *vt vi* zaświadczać, poświadczać; ***this is to ~ that...*** niniejszym poświadcza się, że...
cer·ti·tude ['sɜ:tɪtju:d] *s* pewność
ces·sa·tion [se'seɪʃn] *s* przerwa, ustanie; wygaśnięcie (*terminu*)
chafe [tʃeɪf] *vt vi* trzeć (się), drażnić, jątrzyć (się)
chaff [tʃɑ:f] *s* sieczka, plewy; żarty, kpiny; *vt* żartować, droczyć się
cha·grin ['ʃægrɪn] *s* zmartwienie; *vt* martwić się
chain [tʃeɪn] *s dosł. i przen.* łańcuch; łańcuszek; *vt* przymocować łańcuchem; skuć; *przen.* uwiązać
chair [tʃeə] *s* krzesło, fotel; katedra (*uniwersytecka*); krzesło <miejsce, funkcja> przewodniczącego; ***to be in the ~*** przewodniczyć
chair·man ['tʃeəmən] *s* (*także* ***chairperson***) (*pl* ***chairmen*** ['tʃeəmən]) przewodniczący, prezes
chaise [ʃeɪz] *s* lekki powóz, bryczka
chalk [tʃɔ:k] *s* kreda; kredka; *vt* znaczyć kredą; szkicować
chal·lenge ['tʃæləndʒ] *s* wyzwa-

C

nie; wezwanie; próba sił; *vt* wyzywać; wzywać
cham·ber ['tʃeɪmbə] *s* sala, pokój; izba; komora; ~ ***music*** muzyka kameralna
cham·ber·lain ['tʃeɪmbəlɪn] *s* szambelan
cham·ber·maid ['tʃeɪmbəmeɪd] *s* pokojówka
cha·me·le·on [kə'miːlɪən] *s* kameleon
cham·ois (leath·er) [ˌʃæmɪ ('leðə)] *s* ircha
cham·pagne [ʃæm'peɪn] *s* szampan
cham·pi·gnon [tʃæm'pɪnɪən] *s* *bot.* pieczarka
cham·pi·on ['tʃæmpɪən] *s* (*także pot.* ***champ*** [tʃæmp]) *sport* mistrz, rekordzista; orędownik
chance [tʃɑːns] *s* traf, przypadek; możność, okazja; szansa; ryzyko; ***by*** ~ przypadkiem, przypadkowo; ***to give sb a*** ~ dać komuś szansę; ***to take one's*** ~ próbować, ryzykować; ~ ***of a lifetime*** szansa życiowa; *adj attr* przypadkowy; *vi* zdarzać się; natknąć się (***on, upon sb, sth*** na kogoś, na coś); *vt* ryzykować
chan·cel·ler·y ['tʃɑːnsələrɪ] *s bryt.* urząd kanclerza; biuro ambasady
chan·cel·lor ['tʃɑːnslə] *s* kanclerz; rektor (uniwersytetu); *bryt.* ***Chancellor of the Exchequer*** minister finansów; ***Lord Chancellor*** sędzia najwyższy
chan·cer·y ['tʃɑːnsərɪ] *s bryt.* rejestr publiczny; ***Chancery*** Sąd Lorda Kanclerza
chan·de·lier [ˌʃændə'lɪə] *s* żyrandol; kandelabr
change 1. [tʃeɪndʒ] *s* zmiana; wymiana; przemiana; przesiadka; drobne pieniądze, reszta; ***small*** ~ drobne; ***for a*** ~ dla urozmaicenia, na odmianę; *vt vi* zmieniać (się), wymieniać; odmieniać (się); przebierać się; ***to*** ~ ***trains*** przesiadać się z pociągu na pociąg; ***to*** ~ ***hands*** zmieniać właściciela; ***to*** ~ ***one's mind*** rozmyślić się
change 2. [tʃeɪndʒ] *s* (*także* ***Exchange, Stock Exchange***) giełda
change·a·ble ['tʃeɪndʒəbl] *adj* zmienny
chan·nel ['tʃænl] *s* kanał (*zw. morski, telewizyjny*); koryto (*rzeki*); kanalik; *przen.* droga, sposób; ***the English Channel*** kanał La Manche
chant [tʃɑːnt] *s* pieśń (*zw.* kościelna); *vt vi* śpiewać (*pieśni, psalmy*)
cha·os ['keɪɒs] *s* chaos
cha·ot·ic [keɪ'ɒtɪk] *adj* chaotyczny
chap [tʃæp] *s pot.* facet, gość
chap·el ['tʃæpl] *s* kaplica
chap·lain ['tʃæplɪn] *s* kapelan
chap·ter ['tʃæptə] *s* rozdział (*np. książki, życia*)
char·ac·ter ['kærɪktə] *s* charakter; postać, rola; osobistość; dobre <złe> imię, reputacja; cecha charakterystyczna; znak, litera; dziwak; *pot.* indywiduum, typ
char·ac·ter·is·tic [ˌkærɪktə'rɪstɪk] *adj* charakterystyczny, znamienny; *s* rys charakterystyczny
char·ac·ter·ize ['kærɪktəraɪz] *vt* charakteryzować, cechować; scharakteryzować, opisać (***sb, sth*** kogoś, coś)
cha·rade [ʃə'rɑːd] *s* szarada
char·coal ['tʃɑːkəʊl] *s* węgiel drzewny
charge [tʃɑːdʒ] *s* obciążenie, ciężar; ładunek; zarzut, oskarżenie; obowiązek, powinność, opieka; atak, szarża; nabój; koszt, opłata; *bryt.* ***to reverse the*** ~***s*** rozmawiać przez telefon na koszt osoby przyjmującej; ***on a*** ~ ***of*** pod zarzutem (***sth*** czegoś); ***at a*** ~ ***of*** za opłatą; ***to be in*** ~ opiekować się, zarządzać (***of sth*** czymś); ***to take*** ~ zająć się (***of sth*** czymś); ***free of*** ~ bezpłatny;

vt obciążać; ładować; oskarżać (***with sth*** o coś); polecić, powierzyć (***sb with sth*** komuś coś); policzyć, pobrać (kwotę); *vi* cenić, podawać cenę; atakować; ***how much do you ~ for it?*** ile za to żądasz?
char·i·ot ['tʃærɪət] *s* rydwan, wóz
char·i·ta·ble ['tʃærɪtəbl] *adj* dobroczynny, miłosierny
char·i·ty ['tʃærətɪ] *s* dobroczynność, miłosierdzie; jałmużna; ***to live on ~*** żyć z jałmużny
charm [tʃɑːm] *s* czar, wdzięk, urok; *vt vi* czarować, urzekać
chart [tʃɑːt] *s* mapa morska; wykres
char·ter ['tʃɑːtə] *s* karta; statut; przywilej; patent; *vt* nadać patent; przyznać (*prawo, przywilej*); frachtować (*statek*); wynajmować (*zw. samolot*)
char·wom·an ['tʃɑːˌwʊmən] *s* sprzątaczka
chase 1. [tʃeɪs] *s* pogoń; polowanie; *vt* gonić, ścigać; polować (***sth*** na coś)
chase 2. [tʃeɪs] *s* lufa; rowek; oprawa, ramka
chasm ['kæzm] *s* rozpadlina, przepaść, otchłań
chas·sis ['ʃæsɪ] *s mot.* podwozie
chaste [tʃeɪst] *adj* niewinny, cnotliwy, czysty; prosty, bez ornamentów
chas·ten ['tʃeɪsn] *vt* oczyszczać; doświadczać, karać
chas·tise [tʃæ'staɪz] *vt* karać; poskramiać; chłostać, smagać
chas·tise·ment [tʃæ'staɪzmənt] *s* kara; chłosta
chas·ti·ty ['tʃæstətɪ] *s* czystość, niewinność
chat [tʃæt] *s* swobodna rozmowa, pogawędka; ***~ show*** *bryt.* debata (*radiowa lub telewizyjna z udziałem znanych osób*); *vi* gawędzić, pogadać
chat·tels ['tʃætlz] *s pl prawn.* ruchomości; (*zw.* ***goods and ~***) mienie, dobytek
chat·ter ['tʃætə] *vi* świergotać, szczebiotać; paplać, trajkotać; szczękać; *s* szczebiot; paplanina; szczęk
chat·ter·box ['tʃætəbɒks] *s pot.* gaduła
chauf·feur ['ʃəʊfə] *s* szofer
chau·vin·ism ['ʃəʊvɪnɪzm] *s* szowinizm
cheap [tʃiːp] *adj* tani, marny, bezwartościowy; *adv* tanio
cheap·en ['tʃiːpən] *vt* obniżyć cenę; *vi* potanieć
cheat [tʃiːt] *vt vi* oszukiwać; *s* oszustwo; oszust
check [tʃek] *vt* wstrzymywać, hamować; trzymać w szachu; kontrolować, sprawdzać; *am.* oddać na przechowanie za pokwitowaniem, nadać (*np. bagaż*); ***~ in*** zameldować się (*w hotelu*); ***~ out*** wymeldować się; *s* zatrzymanie, zahamowanie; szach; kontrola; żeton; pokwitowanie; *am.* czek; rachunek; numerek (*w szatni itp.*)
check·er ['tʃekə] *s am.* = ***chequer***
check·mate ['tʃekmeɪt] *s* mat; *vt* dać mata; *przen.* udaremnić (*zamiary*); unicestwić
check·point ['tʃekpɔɪnt] *s* punkt kontrolny
cheek [tʃiːk] *s* policzek; *przen.* bezczelność, zuchwalstwo
cheek·y ['tʃiːkɪ] *adj* bezczelny, zuchwały
cheer [tʃɪə] *s* (*zw. pl* ***~s***) radosne okrzyki, oklaski; radość; samopoczucie; jedzenie, dobry posiłek; ***~s!*** na zdrowie! (*wznosząc toast*); ***to be of good ~*** być dobrej myśli; ***what ~?*** jak się czujesz?; *vt* rozweselać, zachęcać, dodawać otuchy; (*także* ***~ up***) przyjmować z aplauzem, robić owację; *vi* wiwatować; (*zw.* ***~ up***) nabierać otuchy; ***~ up!*** głowa do góry!; rozchmurz się!

C

C

cheer·ful ['tʃɪəfl] *adj* radosny, pogodny, zadowolony
cheer·i·o [ˌtʃɪərɪ'əʊ] *int* cześć!; sto lat! (*przy toastach*)
cheer·lead·er ['tʃɪəˌliːdə] *s zw. am.* wodzirej; *osoba organizująca doping publiczności na zawodach sportowych*
cheer·less ['tʃɪələs] *adj* posępny, ponury, smutny
cheer·y ['tʃɪərɪ] *adj* pełen radości, wesoły
cheese [tʃiːz] *s* ser
cheese·cake ['tʃiːzkeɪk] *s* sernik
chef [ʃef] *s* szef kuchni
chem·i·cal ['kemɪkl] *adj* chemiczny; *s pl* **~s** chemikalia
chem·ist ['kemɪst] *s* chemik; *bryt.* aptekarz; **~'s shop** apteka
chem·is·try ['kemɪstrɪ] *s* chemia
cheque [tʃek] *s bryt.* czek; **traveller's ~** czek podróżny
cheq·uer ['tʃekə] *s* szachownica; deseń w kratkę; *vt* kratkować
cher·ish ['tʃerɪʃ] *vt* lubić, pielęgnować, żywić (*np. uczucie, nadzieję*)
cher·ry ['tʃerɪ] *s* wiśnia, czereśnia; **~ brandy** wiśniówka
chess [tʃes] *s* szachy
chess·board ['tʃesbɔːd] *s* szachownica
chest [tʃest] *s* skrzynia, kufer; klatka piersiowa, pierś
chest·nut ['tʃesnʌt] *s* kasztan
chew [tʃuː] *vt vi* żuć
chew·ing-gum ['tʃuːɪŋgʌm] *s* guma do żucia
chick·en ['tʃɪkɪn] *s* kurczę
chick·en·pox ['tʃɪkɪnpɒks] *s med.* wietrzna ospa
chic·o·ry ['tʃɪkərɪ] *s* cykoria
***chide** [tʃaɪd] *vt* (**chided** *lub* **chid** [tʃɪd], **chided** *lub* **chidden** ['tʃɪdn]) ganić, łajać, besztać
chief [tʃiːf] *s* szef, wódz, głowa; *adj* główny, naczelny
chief·tain ['tʃiːftən] *s* wódz, herszt
child [tʃaɪld] *s* (*pl* **children** ['tʃɪldrən]) dziecko
child·birth ['tʃaɪldbɜːθ] *s* poród
child·hood ['tʃaɪldhʊd] *s* dzieciństwo
child·ish ['tʃaɪldɪʃ] *adj* dziecinny
chil·dren *zob.* **child**
chill [tʃɪl] *s* chłód; dreszcz; **to catch a ~** dostać dreszczy, przeziębić się; **to take the ~ off** podgrzać; *adj* chłodny, przejmujący dreszczem; *vt* chłodzić, studzić; *vi* stygnąć, oziębiać się
chill·y ['tʃɪlɪ] *adj* chłodny, przejmujący dreszczem
chime [tʃaɪm] *s* kurant; harmonia, zgoda; (*zw. pl* **~s**) dźwięk dzwonów; *vt vi* dzwonić, wydzwaniać; **to ~ in with** harmonizować z
chim·ney ['tʃɪmnɪ] *s* komin
chim·ney sweep ['tʃɪmnɪswiːp] *s* kominiarz
chim·pan·zee [ˌtʃɪmpæn'ziː] *s zool.* szympans
chin [tʃɪn] *s* podbródek, broda
chi·na ['tʃaɪnə] *s* porcelana
Chi·na·town ['tʃaɪnətaʊn] *s* chińska dzielnica (*miasta*)
Chi·nese [ˌtʃaɪ'niːz] *s* Chińczyk; język chiński; *adj* chiński
chink 1. [tʃɪŋk] *s* brzęk; *vt vi* brzęczeć, dźwięczeć, pobrzękiwać
chink 2. [tʃɪŋk] *s* szpara, szczelina; *vi* pękać; *vt* uszczelniać
chip [tʃɪp] *s* wiór, drzazga, skrawek; układ scalony; *komp. pot.* kość; *pl* **~s** frytki; *vt vi* strugać; łupać; kruszyć (się); szczerbić (się)
chirp [tʃɜːp], **chir·rup** ['tʃɪrəp] *vt vi* świergotać; *s* świergot
chis·el ['tʃɪzl] *s* dłuto; *vt* dłutować; rzeźbić (*dłutem*)
chiv·al·rous ['ʃɪvlrəs] *adj* rycerski
chiv·al·ry ['ʃɪvlrɪ] *s* rycerstwo, rycerskość
chlo·ride ['klɔːraɪd] *s chem.* chlorek

chlo·rine ['klɔːriːn] *s chem.* chlor
chlo·ro·form ['klɒrəfɔːm] *s* chloroform
chock-full [ˌtʃɒk'fʊl] *adj pot.* wypełniony po brzegi
choc·o·late ['tʃɒklət] *s* czekolada; *adj* czekoladowy
choice [tʃɔɪs] *s* wybór; chęć; dobór; rzecz wybrana; ***to make one's ~*** wybierać; *adj* wyborowy, wybrany
choir ['kwaɪə] *s* chór (*zespół śpiewaczy i chór kościelny*)
choke [tʃəʊk] *vt vi* dusić (się); głuszyć, tłumić; (*także* ***~ up***) zatykać; *s* duszenie (się), dławienie (się)
chol·e·ra ['kɒlərə] *s med.* cholera
cho·les·te·rol [kə'lestərɒl] *s* cholesterol
choose** [tʃuːz] *vt* (chose*** [tʃəʊz], ***chosen*** ['tʃəʊzn]) wybierać, obierać; *vi* mieć wybór; woleć; ***if you ~*** jeżeli masz ochotę
chop [tʃɒp] *vt* krajać, siekać, rąbać; ***~ off*** odciąć, odrąbać; ***~ through*** przeciąć, przerąbać; *s* cięcie, rąbanie; płat; zraz; kotlet
chop·per ['tʃɒpə] *s* tasak; *am. pot.* helikopter
chop·stick ['tʃɒpstɪk] *s* pałeczka (*do jedzenia*)
cho·ral ['kɔːrəl] *adj* chóralny
chord [kɔːd] *s* struna; cięciwa; akord
cho·rus ['kɔːrəs] *s* chór; ***in ~*** chórem; refren
chose, cho·sen *zob.* ***choose***
Christ [kraɪst] *s rel.* Chrystus
chris·ten ['krɪsn] *vt* chrzcić
Chris·tian ['krɪstʃən] *adj* chrześcijański; *s* chrześcijanin
Christ·mas ['krɪsməs] *s* Boże Narodzenie; ***~ Eve*** Wigilia; ***~ tree*** choinka; ***Merry ~*** Wesołych Świąt
chron·ic ['krɒnɪk] *adj* chroniczny
chron·i·cle ['krɒnɪkl] *s* kronika
chron·o·log·i·cal [ˌkrɒnə'lɒdʒɪkl] *adj* chronologiczny
chro·nol·o·gy [krə'nɒlədʒɪ] *s* chronologia
chrys·a·lis ['krɪsəlɪs] *s* poczwarka
chub·by ['tʃʌbɪ] *adj* pucołowaty
chuck 1. [tʃʌk] *vt* cisnąć, rzucić; ***~ out*** wyrzucić; *pot.* wylać
chuck 2. [tʃʌk] *vi* gdakać; zwoływać ptactwo domowe; cmokać (*na konia*); *s* maleństwo, kurczątko
chuck·le ['tʃʌkl] *s* chichot; *vi* chichotać
chum [tʃʌm] *s* serdeczny kolega; *pot.* kumpel; *vi* przyjaźnić się, być w zażyłych stosunkach
chunk [tʃʌŋk] *s* kawał (*np. chleba*); kloc, bryła
Chun·nel ['tʃʌnl] *s pot.* = ***Channel Tunnel*** (tunel pod Kanałem La Manche)
church [tʃɜːtʃ] *s* kościół
church·yard ['tʃɜːtʃjɑːd] *s* dziedziniec kościelny; cmentarz (*przy kościele*)
churl [tʃɜːl] *s* gbur, grubianin, sknera
churn [tʃɜːn] *s* maślnica; *vt vi* robić masło; wzburzyć (się)
ci·der ['saɪdə] *s* jabłecznik (*napój*)
ci·gar [sɪ'gɑː] *s* cygaro
cig·a·rette [ˌsɪgə'ret] *s* papieros
cig·a·rette case [ˌsɪgə'retkeɪs] *s* papierośnica
cig·a·rette hol·der [ˌsɪgə'ret-həʊldə] *s* cygarniczka
cin·der ['sɪndə] *s* (*zw. pl* ***~s***) popiół, żużel
Cin·der·el·la [ˌsɪndə'relə] *s* Kopciuszek
cin·e·ma ['sɪnəmə] *s* kino
cin·e·ma·goer ['sɪnəməˌgəʊə] *s pot.* kinoman
cin·na·mon ['sɪnəmən] *s* cynamon
ci·pher ['saɪfə] *s* cyfra; zero; szyfr; *vi* rachować; *vt* zaszyfrować
cir·cle ['sɜːkl] *s dosł. i przen.* koło; krąg, obwód; *teatr* ***upper ~*** balkon I piętra; ***vicious ~*** błędne

C

koło; *vt* okrążać, otaczać; *vi* krążyć
cir·cuit ['sɜːkɪt] *s* obwód, linia okrężna; obieg; objazd; ***short ~*** krótkie spięcie
cir·cu·i·tous [sɜː'kjuːɪtəs] *adj* okólny, okrężny
cir·cu·lar ['sɜːkjʊlə] *adj* kolisty; okólny; *s* okólnik
cir·cu·late ['sɜːkjʊleɪt] *vt* puszczać w obieg; *vi* krążyć; ***circulating medium*** płatniczy środek obiegowy
cir·cu·la·tion [ˌsɜːkjʊ'leɪʃn] *s* krążenie, obieg
cir·cum·fer·ence [sə'kʌmfərns] *s* obwód
cir·cum·nav·i·gate [ˌsɜːkəm'nævɪgeɪt] *vt* opłynąć morzem dookoła
cir·cum·scribe ['sɜːkəmskraɪb] *vt* opisać, określić; ograniczyć
cir·cum·spect ['sɜːkəmspekt] *adj* ostrożny, rozważny
cir·cum·spec·tion [ˌsɜːkəm'spekʃn] *s* ostrożność, rozwaga
cir·cum·stance ['sɜːkəmstəns] *s zw. pl* ***~s*** okoliczności, stosunki, położenie; ***under no ~s*** pod żadnym warunkiem
cir·cum·stan·tial [ˌsɜːkəm'stænʃl] *adj* szczegółowy; okolicznościowy; poszlakowy
cir·cus ['sɜːkəs] *s* cyrk; okrągły plac (*u zbiegu ulic*)
cis·tern ['sɪstən] *s* cysterna; spłuczka
cit·a·del ['sɪtədl] *s* cytadela
ci·ta·tion [saɪ'teɪʃn] *s* cytat
cite [saɪt] *vt* cytować; wzywać (*do sądu*)
cit·i·zen ['sɪtɪzn] *s* obywatel
cit·i·zen·ship ['sɪtɪznʃɪp] *s* obywatelstwo
cit·y ['sɪtɪ] *s* (wielkie) miasto; ***~ council*** rada miejska; ***the City*** City (*śródmieście Londynu będące centrum handlu i finansów*); ***~ hall*** *am.* ratusz
civ·ic ['sɪvɪk] *adj* obywatelski
civ·il ['sɪvl] *adj* cywilny, obywatelski; ***~ servant*** urzędnik państwowy; ***~ service*** służba <administracja> państwowa; ***~ war*** wojna domowa
ci·vil·ian [sə'vɪlɪən] *adj* cywilny; *s* cywil
ci·vil·i·ty [sə'vɪlətɪ] *s* uprzejmość
civ·il·i·za·tion [ˌsɪvəlaɪ'zeɪʃn] *s* cywilizacja
civ·il·ize ['sɪvəlaɪz] *vt* cywilizować
clack [klæk] *s* trzask, szczęk; *vi* trzaskać, szczękać
claim [kleɪm] *vt* żądać, zgłaszać pretensje (***sth*** do czegoś); twierdzić; *s* żądanie (***to sth*** czegoś), pretensja, roszczenie; twierdzenie; ***to lay ~*** zgłaszać pretensję (***to sth*** do czegoś)
claim·ant ['kleɪmənt] *s* pretendent
clair·voy·ance [kleə'vɔɪəns] *s* jasnowidztwo
clam·ber ['klæmbə] *vi* wspinać się, gramolić się
clam·my ['klæmɪ] *adj* lepki, wilgotny
clam·or·ous ['klæmərəs] *adj* krzykliwy, hałaśliwy
clam·our ['klæmə] *s* krzyk, hałas; *vi* krzyczeć, wrzeszczeć
clamp 1. [klæmp] *s* kleszcze; imadło; klamra; *vt* zaciskać, spajać
clamp 2. [klæmp] *s* ciężkie stąpanie; *vi* ciężko stąpać
clamp 3. [klæmp] *s* sterta, kupa
clan [klæn] *s* klan
clan·des·tine [klæn'destɪn] *adj* tajny, potajemny
clang [klæŋ] *s* dźwięk (*metalu*), szczęk; *vt vi* dźwięczeć, pobrzękiwać
clap [klæp] *vt vi* trzaskać; klaskać; klepać; *s* trzask; klepanie; klaskanie; grzmot; huk
clap·trap ['klæptræp] *s zbior. pot.* czcza gadanina, frazesy
claque [klæk] *s* klaka
clar·i·fy ['klærɪfaɪ] *vt vi* wyjaśnić

(się); oczyszczać (się), klarować (się)
clar·i·net [ˌklærɪ'net] *s muz.* klarnet
clar·i·on ['klærɪən] *s* trąbka; sygnał
clar·i·ty ['klærətɪ] *s* jasność, czystość, klarowność; przejrzystość (*np. stylu*)
clash [klæʃ] *s* trzask, brzęk; zderzenie, kolizja; niezgodność; konflikt; potyczka; *vt* trzasnąć, uderzyć; *vi* brzęknąć; zderzyć się, zetrzeć się; kolidować
clasp [klɑːsp] *vt* zamykać, spinać, zwierać; chwytać, obejmować; *s* objęcie, uścisk; zapinka, zatrzask, klamra
clasp knife ['klɑːspnaɪf] *s* nóż składany, scyzoryk
class [klɑːs] *s* klasa (*szkolna, społeczna itp.*); lekcja, kurs; *vt* klasyfikować
clas·sic ['klæsɪk] *adj* klasyczny; *s* klasyk
clas·si·cal ['klæsɪkl] *adj* = ***classic***
clas·si·cism ['klæsɪsɪzm] *s* klasycyzm
clas·si·fy ['klæsɪfaɪ] *vt* klasyfikować, sortować
class·mate ['klɑːsmeɪt] *s* kolega szkolny
class·room ['klɑːsrʊm] *s* klasa, sala szkolna
clat·ter ['klætə] *vt vi* stukać, brzęczeć; robić hałas; stukot, klekot, brzęk; gwar
clause [klɔːz] *s* klauzula, warunek; *gram.* zdanie (*zw.* podrzędne)
claw [klɔː] *s* pazur, szpon; łapa z pazurami; kleszcze (*np. raka*); *vt* drapać; chwytać w szpony
clay [kleɪ] *s* glina
clean [kliːn] *adj* czysty, wyraźny; gładki; całkowity; przyzwoity, lojalny; *vt* czyścić; ***~ up*** porządkować, sprzątać
clean·li·ness ['klenlɪnəs] *s* schludność; czystość
clean·ly 1. ['klenlɪ] *adj* schludny, dbający o czystość
clean·ly 2. ['kliːnlɪ] *adv* czysto
clean·ness ['kliːnnəs] *s* czystość
cleanse [klenz] *vt dosł. i przen.* oczyszczać
clear [klɪə] *adj* jasny, wyraźny; całkowity, pełny; czysty (*np. zysk, sumienie*); wolny (***of sth*** od czegoś); bystry, przenikliwy; ***all ~*** droga wolna; alarm odwołany; *adv* jasno, wyraźnie; całkiem; czysto; z dala; ***to get ~ off*** wyjść na czysto, uwolnić się, pozbyć się; ***to keep ~*** trzymać się z dala (***of sth*** od czegoś); ***to stand ~*** stać z dala, na uboczu; *vt* wyjaśniać, usprawiedliwiać, klarować; czyścić, sprzątać; zwalniać, opróżniać, opuszczać; trzebić (*las*); spłacać, rozliczać, wyrównywać (*długi, rachunki*); ***to ~ one's throat*** odchrząknąć; ***~ away*** usunąć; ***~ off*** wyprzedać; ***~ out*** uprzątnąć, wyrzucić; ***~ up*** wyjaśnić; sprzątnąć; *vi* wyjaśniać się; rozchmurzać się; *pot.* ***~ out*** <***off***>wynieść się; (*o pogodzie*) ***~ up*** przejaśniać się
clear·ance ['klɪərəns] *s* zwolnienie; oczyszczenie; wyprzedaż; rozliczenie, wyrównanie kont; odprawa celna
clear·ing ['klɪərɪŋ] *s* karczowisko; polana; *bank.* rozrachunek
clear-sight·ed [ˌklɪə'saɪtɪd] *adj* wnikliwy; pewny
cleav·age ['kliːvɪdʒ] *s* rozszczepienie; szczelina; rozłam
cleave 1.** [kliːv] *vt vi* (cleft*** [kleft] *lub* ***clove*** [kləʊv], ***cleft*** [kleft] *lub* ***cloven*** ['kləʊvn]) rozszczepiać (się), rozcinać, pękać
cleave 2. [kliːv] *vi* trzymać się (***to sb, sth*** kogoś, czegoś), być wiernym
clef [klef] *s muz.* klucz
cleft 1. *zob.* ***cleave 1.***
cleft 2. [kleft] *s* szczelina, rozpadlina

clem·en·cy ['klemənsɪ] *s* łagodność; łaska; łaskawość

clench [klentʃ] *vt* ścisnąć, zacisnąć, zewrzeć; zaklepać; *vi* zewrzeć się; zacisnąć się

cler·gy ['klɜːdʒɪ] *s* duchowieństwo, kler

cler·gy·man ['klɜːdʒɪmən] *s* (*pl* ***clergymen*** ['klɜːdʒɪmən]) duchowny

cler·i·cal ['klerɪkl] *adj* duchowny; klerykalny; urzędniczy; biurowy

clerk [klɑːk] *s* urzędnik; *am.* ekspedient; recepcjonista

clev·er ['klevə] *adj* sprytny; zdolny, utalentowany; zręczny

clev·er·ness ['klevənəs] *s* zręczność; zdolność; inteligencja

clew [kluː] *s* = ***clue***; *vt* zwijać w kłębek; *mors.* zwijać żagiel

cli·ché ['kliːʃeɪ] *s* banał, komunał; *druk.* klisza

click [klɪk] *s* szczęknięcie, trzask; *vt vi* szczęknąć, trzasnąć

cli·ent ['klaɪənt] *s* klient

cliff [klɪf] *s* stroma ściana skalna, urwisko

cli·mate ['klaɪmɪt] *s dosł. i przen.* klimat

cli·mat·ic [klaɪ'mætɪk] *adj* klimatyczny

cli·max ['klaɪmæks] *s* punkt kulminacyjny <szczytowy>

climb [klaɪm] *vi* wspinać się, piąć się; *vt* wchodzić (***the stairs*** po schodach); włazić (***a tree*** na drzewo); *s* wspinaczka; wzniesienie (*terenu*)

climb·er ['klaɪmə] *s* amator wspinaczki, alpinista; ***social ~*** *przen.* karierowicz

clinch [klɪntʃ] *vt* = ***clench***; *s* nit; zaczep

cling** [klɪŋ] *vi* (clung, clung*** [klʌŋ]) trzymać się kurczowo, chwytać się, czepiać się (***to sth*** czegoś)

clin·ic ['klɪnɪk] *s* klinika

clink [klɪŋk] *vt vi* dźwięczeć, dzwonić; *s* brzęk, dzwonienie

clink·er ['klɪŋkə] *s* klinkier

clip 1. [klɪp] *s* sprzączka; uchwyt; spinacz; klips; ***video ~*** wideoklip; *vt* spinać, przytwierdzać

clip 2. [klɪp] *vt* obcinać, strzyc; *s* strzyżenie, obcięcie

clip·pers ['klɪpəz] *s pl* nożyce; szczypce; maszynka do strzyżenia

clip·ping ['klɪpɪŋ] *s* strzyżenie; wycinek (*np. z prasy*)

clique [kliːk] *s* klika

cloak [kləʊk] *s* płaszcz, peleryna; *przen.* płaszczyk; *vt* okrywać płaszczem; *przen.* ukrywać pod płaszczykiem

cloak·room ['kləʊkrʊm] *s* garderoba, szatnia (*np. w teatrze*)

clock [klɒk] *s* zegar; *zob.* ***o'clock***; ***by the ~*** z zegarkiem w ręku

clock·wise ['klɒkwaɪz] *adv* zgodnie z ruchem wskazówek zegara

clock·work ['klɒkwɜːk] *s* mechanizm zegara

clod [klɒd] *s* grudka, bryła

clog [klɒg] *s* kłoda, kloc; *przen.* brzemię; przeszkoda; *pl* ***~s*** pęta; drewniaki; *vt* pękać; zawadzać; zatykać; *vi* zatykać się

clois·ter ['klɔɪstə] *s* klasztor; krużganek (kryty)

close 1. [kləʊs] *adj* zamknięty; bliski; ścisły; zwarty; duszny; (*o uwadze*) napięty; gruntowny, szczegółowy; *adv* blisko, tuż obok (***to sb, sth*** kogoś, czegoś); ściśle; dokładnie; ***~ by*** tuż obok, tuż tuż; ***~ on*** prawie; ***~ on 70 years*** prawie 70 lat; ***~ shave*** <***call***> *pot.* ogromne ryzyko (niebezpieczeństwa); *s* ogrodzony teren, dziedziniec

close 2. [kləʊz] *vt vi* zamykać (się); kończyć (się); zewrzeć (się); *s* koniec; zamknięcie; ***to bring to a ~*** doprowadzać do końca; ***to draw to a ~*** zbliżać się do końca

close·ly ['kləʊslɪ] *adv* z bliska; dokładnie; ściśle

close-up ['kləʊsʌp] *s* zbliżenie; zdjęcie z bliska

clo·sure ['kləʊʒə] *s* zamknięcie, zakończenie

clot [klɒt] *s* grudka; *med.* skrzep; *vi* krzepnąć

cloth [klɒθ] *s* (*pl* **~s** [klɒθs]) sukno, materiał; ścierka; obrus

clothe [kləʊð] *vt* ubierać, odziewać

clothes [kləʊðz] *s pl* ubranie, odzież, ubiór; ***in plain ~*** po cywilnemu

cloth·ing ['kləʊðɪŋ] *s* odzież

cloud [klaʊd] *s dosł. i przen.* chmura; obłok; *vt* zachmurzyć, zaciemnić; *vi* ***~ over*** <***up***>zachmurzyć się

cloud·y ['klaʊdɪ] *adj* chmurny, pochmurny

clout ['klaʊt] *s* cios; *s polit.* wpływy, władza

clove 1. [kləʊv] *s* goździk (korzenny); ząbek (czosnku)

clove 2. *zob.* ***cleave* 1.**

clov·en *zob.* ***cleave* 1.**

clo·ver ['kləʊvə] *s bot.* koniczyna

clown [klaʊn] *s* klown, błazen; gbur

cloy [klɔɪ] *vt* przesycić

club [klʌb] *s* maczuga, pałka; kij; koło, klub; (*w kartach*) trefl; *vt* bić pałką; *vi* łączyć się, zrzeszać się; ***~ together*** zrobić składkę

cluck [klʌk] *vi* gdakać; *s* gdakanie

clue [kluː] *s* klucz (*np. do zagadki*); wątek; trop; kłębek

clump [klʌmp] *s* grupa; kępa (*np. drzew*); masa, bryła; ciężki chód; *vi* zbijać się w masę <w bryłę>; ciężko stąpać

clum·sy ['klʌmzɪ] *adj* niezgrabny; nietaktowny

clung *zob.* ***cling***

clus·ter ['klʌstə] *s* grono, kiść; wiązka; gromadka; kępka

clutch [klʌtʃ] *s* chwyt, uścisk; szpon; *techn.* sprzęgło; *vt* pochwycić, ścisnąć w dłoni; *vi* chwytać się (***at sth*** czegoś)

clut·ter ['klʌtə] *s* zamieszanie, nieład; rozgardiasz; *vi* robić bałagan, zamieszanie; krzątać się (hałaśliwie); *vt* zawalać, zarzucać, zaśmiecać

coach [kəʊtʃ] *s* powóz, kareta; wagon osobowy (*kolejowy*); autokar; korepetytor; *sport.* trener; *vt* udzielać korepetycji, uczyć; *sport* trenować

coach·man ['kəʊtʃmən] *s* (*pl* ***coachmen*** ['kəʊtʃmən]) stangret

co·ag·u·late [kəʊ'ægjʊleɪt] *vi* krzepnąć, tężeć, ścinać się

coal [kəʊl] *s* węgiel

co·a·li·tion [ˌkəʊə'lɪʃn] *s* koalicja

coal mine ['kəʊlmaɪn], **coal pit** ['kəʊlpɪt] *s* kopalnia węgla

coarse [kɔːs] *adj* szorstki, gruby; prostacki, ordynarny, pospolity

coast [kəʊst] *s* wybrzeże; *vi* pływać, kursować wzdłuż wybrzeża

coast·al ['kəʊstl] *adj* przybrzeżny, nadbrzeżny

coat [kəʊt] *s* marynarka; żakiet; płaszcz, palto; mundur; warstwa, powłoka; skóra, sierść; ***~ of mail*** kolczuga; ***~ of arms*** herb; *vt* pokrywać, powlekać

coat·ing ['kəʊtɪŋ] *s* powłoka, warstwa

coax [kəʊks] *vt* skłonić pochlebstwem, namówić; przymilać, przypochlebiać się

cob·ble 1. ['kɒbl] *s* okrągły kamień, brukowiec; *pot.* koci łeb; *vt* brukować

cob·ble 2. ['kɒbl] *vt* łatać (*zw. obuwie*)

co·bra ['kəʊbrə] *s* kobra

cob·web ['kɒbweb] *s* pajęczyna

Coca-Co·la [ˌkəʊkə'kəʊlə] *s* coca-cola

co·caine [kəʊ'keɪn] *s* kokaina

cock [kɒk] *s* kogut; samiec (*ptaków*); kurek; *wulg.* kutas; *vt* podnieść, zadzierać (*np. głowę*)

cock·ney ['kɒknɪ] *s* londyńczyk (*z pospólstwa*); cockney (*gwara londyńska*)

cock·pit ['kɒkpɪt] *s* kabina pilota (*w samolocie*); arena
cock·roach ['kɒkrəʊtʃ] *s zool.* karaluch
cock·sure [ˌkɒk'ʃʊə] *adj* pewny siebie, zarozumiały
cock·tail ['kɒkteɪl] *s* koktajl
co·coa ['kəʊkəʊ] *s bot.* kakao
co·co·nut ['kəʊkənʌt] *s bot.* orzech kokosowy, kokos
co·coon [kə'ku:n] *s* kokon, oprzęd
cod [kɒd] *s zool.* dorsz
code [kəʊd] *s* kodeks; kod, szyfr; *vt* szyfrować
cod·fish ['kɒdˌfɪʃ] *s* = ***cod***
cod·i·fy ['kəʊdɪfaɪ] *vt* kodyfikować
cod-liv·er oil [ˌkɒdlɪvə'ɔɪl] *s* tran
co·ed·u·ca·tion [ˌkəʊedʒʊ'keɪʃn] *s* koedukacja
co·erce [kəʊ'ɜ:s] *vt* zmuszać, wymuszać, zniewalać
co·er·cion [kəʊ'ɜ:ʃn] *s* przymus, bezwzględne traktowanie, zmuszanie
co·er·cive [kəʊ'ɜ:sɪv] *adj* przymusowy, bezwzględny
co·e·val [kəʊ'i:vl] *adj* współczesny; będący w tym samym wieku; *s* rówieśnik
co·ex·ist·ence [ˌkəʊɪg'zɪstəns] *s* współistnienie
co·ex·ist·ent [ˌkəʊɪg'zɪstənt] *adj* współistniejący
cof·fee ['kɒfɪ] *s bot.* kawa
cof·fee house ['kɒfɪhaʊs] *s* kawiarnia
cof·fer ['kɒfə] *s* kufer, skrzynia, kaseta; *pl* ***the ~s*** skarbiec, fundusze
cof·fin ['kɒfɪn] *s* trumna
cog [kɒg] *s techn.* ząb, zębatka
co·gent ['kəʊdʒənt] *adj* przekonywający
co·gnac ['kɒnjæk] *s* koniak
cog·nate ['kɒgneɪt] *adj* pokrewny, bliski
cog·ni·tion [kɒg'nɪʃn] *s* rozeznanie; poznanie (*w filozofii*)
cog·ni·zance ['kɒgnɪzəns] *s* wiedza, wiadomość, świadomość; kompetencja; ***to take ~*** zaznajomić się (***of sth*** z czymś)
co·gni·zant ['kɒgnɪzənt] *adj* wiedzący, świadomy; kompetentny (***of sth*** w czymś)
cog·wheel ['kɒgwi:l] *s techn.* koło zębate
co·here [kəʊ'hɪə] *vi* (*o faktach, o argumentach*) zgadzać się ze sobą
co·her·ence [kəʊ'hɪərəns] *s* zwartość, spoistość; zgoda; łączność
co·he·sion [kəʊ'hi:ʒn] *s fiz.* kohezja; spoistość
coif·fure [kwɑ:'fjʊə] *s* fryzura
coil [kɔɪl] *vt vi* zwijać (się); *s* zwój; szpulka; spirala
coin [kɔɪn] *s* pieniądz, moneta; *vt* bić (*pieniądze*); kuć; *przen.* ukuć (*nowy wyraz*)
coin·age ['kɔɪnɪdʒ] *s* bicie monety; wybita moneta; system monetarny; wytwór, wymysł; wprowadzanie do języka nowych słów; nowy wyraz
co·in·cide [ˌkəʊɪn'saɪd] *vi* zbiegać się; pokrywać się
co·in·ci·dence [kəʊ'ɪnsɪdəns] *s* zbieżność; zbieg okoliczności
coke 1. [kəʊk] *s* koks; *vt* koksować
coke 2. [kəʊk] *s pot.* coca cola
col·an·der ['kʌləndə] *s* cedzak
cold [kəʊld] *adj* zimny, chłodny, oziębły; ***I am ~*** jest mi zimno; ***in ~ blood*** z zimną krwią; ***~ spot*** <***sore***> *pot.* opryszczka; *s* zimno, chłód; przeziębienie; (*także* ***~ in the head***) katar; ***to have a ~*** być przeziębionym
cold-blood·ed [ˌkəʊld'blʌdɪd] *adj* zimnokrwisty; *przen.* działający z zimną krwią, bezlitosny; popełniony na zimno, okrutny
cole·slaw ['kəʊlslɔ:] *s* surówka z kapusty
col·lab·o·rate [kə'læbəreɪt] *vi* współpracować; kolaborować

col·lab·o·ra·tion [kəˌlæbəˈreɪʃn] *s* współpraca; kolaboracja
col·lab·o·ra·tor [kəˈlæbəreɪtə] *s* współpracownik; *uj.* kolaborant
col·lapse [kəˈlæps] *vi* runąć, zwalić się; załamać się; opaść z sił; *s* omdlenie; załamanie nerwowe; zawalenie się, katastrofa
col·lar [ˈkɒlə] *s* kołnierz; naszyjnik; chomąto; obroża; *vt* chwycić za kołnierz; nałożyć chomąto, obrożę; złapać, zatrzymać
col·league [ˈkɒliːg] *s* kolega (z pracy), współpracownik
col·lect [kəˈlekt] *vt vi* zbierać (się), gromadzić (się); inkasować; podejmować; kolekcjonować; *vr* **~ *oneself*** opanować się, skupić się
col·lec·tion [kəˈlekʃn] *s* zbiór, zbiórka; inkaso; podjęcie, odbiór; pobór (*podatków*); kolekcja
col·lec·tive [kəˈlektɪv] *adj* zbiorowy
col·lec·tor [kəˈlektə] *s* poborca, inkasent; kolekcjoner
col·lege [ˈkɒlɪdʒ] *s* kolegium; uczelnia, szkoła wyższa; gimnazjum; szkoła średnia
col·le·gi·ate [kəˈliːdʒɪət] *adj* kolegialny; akademicki
col·lide [kəˈlaɪd] *vi* zderzyć się; kolidować
col·li·sion [kəˈlɪʒn] *s* kolizja, zderzenie
col·lo·qui·al [kəˈləʊkwɪəl] *adj* kolokwialny, potoczny
col·lo·quy [ˈkɒləkwɪ] *s* rozmowa
col·lu·sion [kəˈluːʒn] *s* konszachty, zmowa
co·lon [ˈkəʊlən] *s* dwukropek
colo·nel [ˈkɜːnl] *s* pułkownik
co·lo·ni·al [kəˈləʊnɪəl] *adj* kolonialny; *s* mieszkaniec kolonii
col·o·nist [ˈkɒlənɪst] *s* kolonista, osadnik
col·o·nize [ˈkɒlənaɪz] *vt* kolonizować
col·o·ny [ˈkɒlənɪ] *s* kolonia
co·los·sal [kəˈlɒsl] *adj* kolosalny, ogromny
col·our [ˈkʌlə] *s* barwa, kolor; farba, barwnik; zabarwienie, koloryt; rumieniec; *pl* **~s** chorągiew; barwy (*klubu, szkolne itp.*); **~ *bar*** dyskryminacja rasowa; ***water* ~** akwarela; ***to put false* ~s** przedstawiać w fałszywym świetle; ***to give* <*lend*> ~** koloryzować, nadawać pozór prawdopodobieństwa; ***to join* ~s** wstąpić do wojska; ***under* ~ *of*** pod pozorem; *vt vi* barwić (się); koloryzować; pozorować
col·our-blind [ˈkʌlə blaɪnd] *s* daltonista
col·oured [ˈkʌləd] *zob.* ***colour*** *v; adj* zabarwiony; barwny; **~ *man*** człowiek rasy kolorowej
colt 1. [kəʊlt] *s* źrebię; *pot.* młokos
colt 2. [kəʊlt] *s* kolt (*rewolwer*)
col·umn [ˈkɒləm] *s* kolumna, słup; szpalta, dział (*gazety*)
comb [kəʊm] *s* grzebień; *vt* czesać; *przen.* przeszukiwać
com·bat [ˈkɒmbæt] *s* bój, walka; *vt* zwalczać; *vi* walczyć
com·bat·ant [ˈkɒmbətənt] *adj* walczący; *s* kombatant
com·bi·na·tion [ˌkɒmbɪˈneɪʃn] *s* kombinacja; zrzeszenie, związek; *pl* **~s** kombinacja (damska); **~ *lock*** zamek szyfrowy
com·bine [kəmˈbaɪn] *vt vi* kombinować, wiązać; zrzeszać (się), łączyć (się); *chem.* wiązać (się); *s* [ˈkɒmbaɪn] kartel; kombajn
com·bus·ti·ble [kəmˈbʌstəbl] *adj* palny; *s* (*zw. pl* **~s**) materiał łatwopalny
com·bus·tion [kəmˈbʌstʃən] *s* spalanie; ***internal* ~ *engine*** silnik spalinowy
come** [kʌm] *vi* (came*** [keɪm], ***come*** [kʌm]) przyjść, przyjechać; przybyć; stawać się; nadchodzić, zbliżać się; wypadać, przypadać; pochodzić; wynosić; wychodzić; dojść do czegoś, w

C

końcu coś zrobić; ***it ~s to 10 pounds*** to wynosi 10 funtów; ***nothing will ~ of it, this will ~ to nothing*** nic z tego nie wyjdzie; ***to ~ to believe*** dojść do przekonania; ***~ about*** zdarzyć się, stać się; ***~ across sth*** natknąć się na coś; ***~ at sth*** osiągnąć coś; dostać się do czegoś; ***~ by sth*** przechodzić obok czegoś; nabyć, kupić coś; ***~ in*** wejść; ***~ into force*** nabrać mocy; ***~ into sight*** ukazać się; ***~ of*** wynikać; ***~ of age*** dojść do pełnoletności; ***~ off*** odejść; oderwać się; dojść do skutku; zdarzyć się; odbyć się; ***~ on*** nadchodzić; ***~ out*** wychodzić; ukazywać się w druku; wyjść na jaw; ***~ over*** przyjść, przybyć; ***~ up*** podchodzić; wspinać się; (*o roślinach*) wyrastać; natknąć się, natrafić na coś; doganiać (***with sb*** kogoś); ***~ up to sb's expectations*** odpowiadać czyimś oczekiwaniom; ***~ true*** spełnić się; sprawdzić się; ***~ up to the mark*** stanąć na wysokości zadania <na odpowiednim poziomie>; ***~ upon sb, sth*** natknąć się, wpaść na kogoś, na coś; ***life to ~*** życie przyszłe; ***to ~ to pass*** zdarzyć się; ***he came to be a wreck*** doszło do tego, że stał się wykolejeńcem; ***to ~ unbuttoned*** rozpiąć się; ***to ~ unlaced*** rozsznurować się; ***to ~ undone*** rozpruć się

co·me·di·an [kə'mi:dıən] *s* komediant; komik; autor komedii

com·e·dy ['kɒmədı] *s* komedia

come·ly ['kʌmlı] *adj* powabny; miły

com·er ['kʌmə] *s* przybysz

com·et ['kɒmıt] *s* kometa

com·fort ['kʌmfət] *s* komfort, wygoda; otucha, pociecha, ulga; *vt* pocieszać, dodawać otuchy, przynosić ulgę

com·fort·a·ble ['kʌmftəbl] *adj* wygodny; zadowolony, o dobrym samopoczuciu

com·ic ['kɒmık] *adj* komiczny; komediowy; ***~ opera*** operetka; *s pl* ***~s*** (*także am.* ***~ strip***) komiks, historyjka obrazkowa

com·i·cal ['kɒmıkl] *adj* komiczny, zabawny

com·ing ['kʌmıŋ] *zob.* **come**; *adj* przyszły, nadchodzący; dobrze zapowiadający się, obiecujący; *s* nadejście, przybycie; nastanie

com·ma ['kɒmə] *s* przecinek; ***inverted ~s*** cudzysłów

com·mand [kə'mɑ:nd] *vt* rozkazywać, komenderować, dowodzić; rozporządzać; panować, górować (***sb, sth*** nad kimś, nad czymś); wzbudzać; wymagać, domagać się (***sth*** czegoś); *s* komenda, dowództwo, rozkaz; panowanie (***of sth*** nad czymś), opanowanie; władanie; zlecenie; ***to be in ~ of sth*** mieć władzę nad czymś; ***to have a full ~ of English*** biegle władać językiem angielskim; ***at ~*** na rozkaz; do rozporządzenia

com·man·dant [ˌkɒmən'dænt] *s* komendant

com·mand·er [kə'mɑ:ndə] *s* komendant, dowódca; komandor (orderu)

com·mand·er-in-chief [kəˌmɑ:ndərın'tʃi:f] *s* głównodowodzący, wódz naczelny

com·mand·ment [kə'mɑ:ndmənt] *s* przykazanie (boskie)

com·man·do [kə'mɑ:ndəʊ] *s wojsk.* jednostka bojowa (szturmowo-desantowa); komandos (*żołnierz tej jednostki*)

com·mem·o·rate [kə'meməreıt] *vt* upamiętniać; czcić (*pamięć*); obchodzić (*rocznicę*)

com·mence [kə'mens] *vt vi* zaczynać (się)

com·mend [kə'mend] *vt* polecać, zalecać, powierzać

com·ment ['kɒment] *s* komentarz, uwaga; *vi* komentować (***on, upon sth*** coś), wypowiadać się

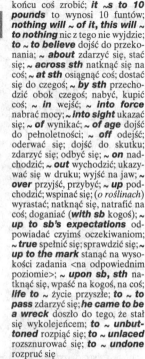

com·men·ta·ry ['kɒməntrɪ] *s* komentarz, przypisy
com·merce ['kɒmɜːs] *s* handel
com·mer·cial [kə'mɜːʃl] *adj* handlowy; reklamowy; **~ traveller** komiwojażer; *s* reklama telewizyjna <radiowa>
com·mis·sa·ri·at [ˌkɒmɪ'seərɪət] *s* intendentura; zaopatrzenie (*wojska*)
com·mis·sa·ry ['kɒmɪsərɪ] *s* delegat; komisarz; intendent
com·mis·sion [kə'mɪʃn] *s* zlecenie, rozkaz; pełnomocnictwo; delegacja; komisja; urząd; prowizja; patent oficerski; ***a person in ~*** osoba delegowana (z mandatem); ***to sell on ~*** sprzedawać komisowo (*na prowizję*); *vt* zlecić; upełnomocnić; delegować; mianować
com·mis·sion·er [kə'mɪʃnə] *s* pełnomocnik, mandatariusz; komisarz; członek komisji
com·mit [kə'mɪt] *vt* popełnić; powierzyć; przekazać, odesłać; zobowiązać; angażować; *vr* ***~ oneself*** angażować się, wdawać się (***to sth*** w coś)
com·mit·ment [kə'mɪtmənt] *s* popełnienie; przekazanie, odesłanie; zobowiązanie, zaangażowanie
com·mit·tee [kə'mɪtɪ] *s* komitet, komisja; ***to be on the ~*** zasiadać w komisji
com·mod·i·ty [kə'mɒdətɪ] *s* towar, artykuł
com·mo·dore ['kɒmədɔː] *s* komandor
com·mon ['kɒmən] *adj* wspólny; gminny; publiczny; codzienny, zwykły, pospolity; ogólny, powszechny; ***~ law*** prawo zwyczajowe; ***~ sense*** zdrowy rozsądek; ***~ denominator*** wspólny mianownik; ***Common Market*** Wspólny Rynek; *s* rzecz wspólna; ***in ~*** wspólnie; ***out of the ~*** niezwykły
com·mon·er ['kɒmənə] *s* szary obywatel, członek gminu; *bryt.* członek Izby Gmin
com·mon·place ['kɒmənpleɪs] *s* komunał; *adj* banalny, pospolity
com·mons ['kɒmənz] *s pl* lud, gmin; *bryt.* ***House of Commons*** Izba Gmin
com·mon·wealth ['kɒmənwelθ] *s* dobro publiczne; republika; wspólnota
com·mo·tion [kə'məʊʃn] *s* poruszenie, tumult; rozruchy
com·mu·nal ['kɒmjʊnl] *adj* gminny, komunalny
com·mune ['kɒmjuːn] *s* komuna, gmina
com·mu·ni·cate [kə'mjuːnɪkeɪt] *vt vi* komunikować (się)
com·mu·ni·ca·tion [kəˌmjuːnɪ'keɪʃn] *s* komunikacja, łączność; udzielanie informacji; kontakt
com·mun·ion [kə'mjuːnɪən] *s* wspólnota; łączność (duchowa); *rel.* komunia
com·mu·ni·qué [kə'mjuːnɪkeɪ] *s* komunikat
com·mu·nism ['kɒmjʊnɪzm] *s* komunizm
com·mu·nist ['kɒmjʊnɪst] *s* komunista; *adj* komunistyczny
com·mu·ni·ty [kə'mjuːnətɪ] *s* społeczność; wspólnota; gmina (*np. religijna*)
com·mute [kə'mjuːt] *vt vi* zamienić; *prawn.* złagodzić (karę); dojeżdżać do pracy (*środkami komunikacji publicznej*)
com·pact [kəm'pækt] *adj* zbity, gęsty, zwarty; ***~ disc, CD*** płyta kompaktowa; *vt* stłoczyć, zbić, zgęścić; *s* ['kɒmpækt] umowa; puderniczka
com·pan·ion [kəm'pænjən] *s* towarzysz; poradnik
com·pan·ion·ship [kəm'pænjənʃɪp] *s* towarzystwo, towarzyszenie
com·pa·ny ['kʌmpənɪ] *s* towarzystwo; kompania; *handl.* spółka; ***to keep sb ~*** dotrzymywać

C

komuś towarzystwa; ***to part ~ with sb*** zerwać z kimś stosunki
com·pa·ra·ble ['kɒmpərəbl] *adj* porównywalny; stosunkowy
com·par·a·tive [kəm'pærətɪv] *adj* porównawczy; *s gram.* stopień wyższy
com·pare [kəm'peə] *vt* porównywać, zestawiać; *vi* dorównywać (***with sb*** komuś), dać się porównać; *s w zwrocie*: ***beyond <without, past> ~*** bez porównania; niezrównanie
com·par·i·son [kəm'pærɪsn] *s* porównanie
com·part·ment [kəm'pɑːtmənt] *s* przedział; przegroda
com·pass ['kʌmpəs] *s* obręb, zasięg, zakres, granica; kompas; koło; *pl* ***~es*** cyrkiel; *vt* obejmować, otaczać; okrążać; osiągać
com·pas·sion [kəm'pæʃn] *s* współczucie, litość
com·pas·sion·ate [kəm'pæʃənət] *adj* współczujący, litościwy
com·pat·i·ble [kəm'pætəbl] *adj* dający się pogodzić, zgodny; *komp.* kompatybilny
com·pel [kəm'pel] *vt* zmuszać, wymuszać
com·pen·di·um [kəm'pendɪəm] *s* kompendium, skrót, streszczenie
com·pen·sate ['kɒmpənseɪt] *vt vi* kompensować, wynagradzać
com·pete [kəm'piːt] *vi* współzawodniczyć, konkurować; ubiegać się (***for sth*** o coś)
com·pe·tence ['kɒmpɪtəns] *s* kompetencja; zadowalająca sytuacja (materialna), zamożność
com·pe·ti·tion [ˌkɒmpə'tɪʃn] *s* konkurs; zawody; współzawodnictwo; *handl.* konkurencja; ***by open ~*** drogą konkursu
com·pet·i·tive [kəm'petətɪv] *adj* konkursowy; konkurencyjny
com·pet·i·tor [kəm'petɪtə] *s* konkurent; biorący udział w konkursie; współzawodnik
com·pile [kəm'paɪl] *vt* kompilować, zestawiać, opracowywać
com·pil·er [kəm'paɪlə] *s komp.* kompilator
com·pla·cence [kəm'pleɪsns], **com·pla·cen·cy** [kəm'pleɪsnsɪ] *s* zadowolenie; samozadowolenie
com·plain [kəm'pleɪn] *vi* skarżyć się, narzekać (***to sb about <of> sb, sth*** przed kimś na kogoś, na coś)
com·plaint [kəm'pleɪnt] *s* skarga, narzekanie; bolączka, dolegliwość; ***to lodge a ~*** złożyć reklamację
com·plai·sance [kəm'pleɪzəns] *s* uprzejmość, usłużność
com·ple·ment ['kɒmplɪmənt] *s* uzupełnienie; *gram.* dopełnienie; *vt* uzupełniać
com·ple·men·ta·ry [ˌkɒmplə'mentrɪ] *adj* uzupełniający
com·plete [kəm'pliːt] *adj* kompletny, zupełny; skończony; *vt* kompletować; kończyć; wypełniać
com·ple·tion [kəm'pliːʃn] *s* wypełnienie, uzupełnienie; zakończenie
com·plex ['kɒmpleks] *adj* skomplikowany, zawiły; złożony; *s* kompleks
com·plex·ion [kəm'plekʃn] *s* cera, płeć; wygląd
com·plex·i·ty [kəm'pleksətɪ] *s* złożoność, zawiłość; gmatwanina
com·pli·ance [kəm'plaɪəns] *s* zgoda, kompromisowość, zgodność; uległość; ***in ~ with your wishes*** zgodnie z pańskimi <waszymi> życzeniami
com·pli·cate ['kɒmplɪkeɪt] *vt* komplikować; wikłać, gmatwać
com·pli·ca·tion [ˌkɒmplɪ'keɪʃn] *s* komplikacja
com·plic·i·ty [kəm'plɪsətɪ] *s* współudział (w przestępstwie)
comp·li·ment ['kɒmplɪmənt] *s* komplement; ***to pay sb a ~*** powiedzieć komuś komplement; *pl* ***~s*** pozdrowienia, ukłony; ***to***

pay one's ~s przesyłać pozdrowienia, składać uszanowanie; *vt* ['kɒmplɪment] prawić komplementy; pozdrawiać; gratulować (***sb on, upon sth*** komuś czegoś)
com·ply [kəm'plaɪ] *vi* zgadzać się, stosować się (***with sth*** do czegoś); spełnić (***with a request*** prośbę)
com·po·nent [kəm'pəʊnənt] *adj* wchodzący w skład, składowy; *s* część składowa, składnik
com·pose [kəm'pəʊz] *vt* (*także druk.*) składać; stanowić; układać; łagodzić, uspokajać; tworzyć; komponować
com·posed [kəm'pəʊzd] *adj* opanowany, skupiony, poważny
com·pos·er [kəm'pəʊzə] *s* kompozytor
com·pos·ite ['kɒmpəzɪt] *adj* złożony; *s bot.* roślina złożona
com·po·si·tion [ˌkɒmpə'zɪʃn] *s* skład; układ; kompozycja; utwór; wypracowanie; mieszanina; usposobienie
com·pos·i·tor [kəm'pɒzɪtə] *s* zecer
com·post ['kɒmpɒst] *s* kompost
com·po·sure [kəm'pəʊʒə] *s* opanowanie, spokój
com·pote ['kɒmpəʊt] *s* kompot
com·pound 1. ['kɒmpaʊnd] *adj* złożony; mieszany; skomplikowany; *s* rzecz złożona, preparat; *gram.* wyraz złożony; *chem.* związek; *vt* [kəm'paʊnd] składać, mieszać, łączyć
com·pound 2. ['kɒmpaʊnd] *s* ogrodzony teren domu <fabryki *itp.*>
com·pre·hend [ˌkɒmprɪ'hend] *vt* obejmować; zawierać; pojmować, rozumieć
com·pre·hen·si·ble [ˌkɒmprɪ'hensəbl] *adj* zrozumiały; dający się objąć rozumem
com·pre·hen·sion [ˌkɒmprɪ'henʃn] *s* zrozumienie, pojmowanie; zasięg
com·pre·hen·sive [ˌkɒmprɪ'hensɪv] *adj* obszerny, wyczerpujący; pojemny; pojętny; wszechstronny; ***~ school*** szkoła ogólnokształcąca
com·press [kəm'pres] *vt* ściskać, zgęszczać; streszczać; *s* ['kɒmpres] kompres; *med.* tampon
com·pres·sion [kəm'preʃn] *s* ściśnięcie, zgęszczenie; sprężenie; zwięzłość
com·prise [kəm'praɪz] *vt* obejmować, zawierać
com·pro·mise ['kɒmprəmaɪz] *s* kompromis, ugoda; *vi vt* iść na ustępstwa (***on, upon sth*** w sprawie czegoś), kompromisowo załatwiać; kompromitować; narażać
com·pul·sion [kəm'pʌlʃn] *s* przymus
com·pul·so·ry [kəm'pʌlsərɪ] *adj* obowiązkowy
com·punc·tion [kəm'pʌŋkʃn] *s* skrupuły
com·pu·ta·tion [kɒmpjʊ'teɪʃn] *s* obliczenie
com·pute [kəm'pjuːt] *vt* obliczać
com·put·er [kəm'pjuːtə] *s* komputer
com·rade ['kɒmrɪd] *s* towarzysz, kolega
com·rade·ship ['kɒmrɪdʃɪp] *s* koleżeństwo; braterstwo
con [kɒn] *praep łac.* = ***contra*** przeciw; *s pl* ***~s*** głosy przeciw; *zob.* ***pro***
con·cave ['kɒŋkeɪv] *adj* wklęsły; *s* wklęsłość
con·ceal [kən'siːl] *vt* ukrywać, taić
con·ceal·ment [kən'siːlmənt] *s* ukrycie, zatajenie
con·cede [kən'siːd] *vi* ustąpić; *vt* przyznać, uznać; przyzwolić
con·ceit [kən'siːt] *s* próżność, zarozumiałość
con·ceit·ed [kən'siːtɪd] *adj* próżny, zarozumiały
con·ceiv·a·ble [kən'siːvəbl] *adj*

możliwy do pomyślenia <wyobrażenia, zrozumienia>

con·ceive [kən'siːv] *vt vi* począć dziecko, zajść w ciążę; pojąć; wpaść na pomysł; wyobrazić sobie; ująć (*w formę*)

con·cen·trate ['kɒnsntreɪt] *vt vi* koncentrować (się), skupiać (się); stężać

con·cen·tra·tion [ˌkɒnsn'treɪʃn] *s* koncentracja, skupienie (się); stężenie

con·cept ['kɒnsept] *s* pojęcie; myśl, pomysł

con·cep·tion [kən'sepʃn] *s* poczęcie (*dziecka*), zajście w ciążę; koncepcja; pojęcie

con·cep·tu·al·ize [kən'septʃʊəlaɪz] *vi vt* utworzyć pojęcie; wpaść na pomysł

con·cern [kən'sɜːn] *vt* dotyczyć; interesować, zajmować (się); niepokoić się, powodować się troską; ***to be ~ed*** troszczyć się, być zainteresowanym (***about sth*** czymś); mieć do czynienia (***with sth*** z czymś); ***I am not ~ed in it*** to mnie nie dotyczy, nie mam z tym nic wspólnego; ***as ~s*** co się tyczy; ***my life is ~ed*** chodzi o moje życie; *vr* ***~ oneself with*** <***in, about***> ***sb, sth*** interesować się kimś, czymś; troszczyć się o kogoś, o coś; *s* zainteresowanie; związek; udział; stosunek; znaczenie; niepokój, troska; sprawa; *handl.* koncern; ***it's no ~ of mine*** to nie moja sprawa

con·cern·ing [kən'sɜːnɪŋ] *praep* odnośnie do, co do, co się tyczy; w sprawie

con·cert ['kɒnsət] *s* koncert; zgoda, porozumienie; *vt* [kən'sɜːt] wspólnie planować, układać (*np. plan*)

con·ces·sion [kən'seʃn] *s* koncesja; ustępstwo; przyzwolenie

con·cil·i·ate [kən'sɪlɪeɪt] *vt* pojednać, pogodzić; zjednać sobie

con·cil·i·a·tion [kənˌsɪlɪ'eɪʃn] *s* pojednanie, pogodzenie

con·cil·i·a·to·ry [kən'sɪlɪətrɪ] *adj* pojednawczy

con·cise [kən'saɪs] *adj* zwięzły

con·clude [kən'kluːd] *vt vi* kończyć (się); zawierać; wnioskować; zdecydować

con·clu·sion [kən'kluːʒn] *s* zakończenie; zawarcie (*traktatu*); wniosek, wynik

con·clu·sive [kən'kluːsɪv] *adj* końcowy; przekonywający; decydujący; rozstrzygający

con·coct [kən'kɒkt] *vt* sporządzić, skombinować; wymyślić

con·cord ['kɒŋkɔːd] *s* zgoda, ugoda, jedność

con·cord·ance [kən'kɔːdns] *s* zgoda, harmonia

con·cor·dat [kɒn'kɔːdæt] *s* konkordat

con·course ['kɒŋkɔːs] *s* zbiegowisko, tłum; zbieg (*ulic itp.*); skupienie

con·crete 1. ['kɒŋkriːt] *s* beton; *adj* betonowy; konkretny

con·crete 2. ['kɒŋkriːt] *vi* zgęszczać (się), tworzyć masę, tężeć

con·cur [kən'kɜː] *vi* zbiegać się; zgadzać się; współdziałać

con·cur·rence [kən'kʌrəns] *s* zbieg (*okoliczności*), zbieżność; współdziałanie, zgoda

con·demn [kən'dem] *vt* potępiać; skazywać

con·dem·na·tion [ˌkɒndəm'neɪʃn] *s* potępienie; skazanie

con·den·sa·tion [ˌkɒnden'seɪʃn] *s* zgęszczenie, kondensacja; zwięzłość

con·dense [kən'dens] *vt vi* zgęszczać (się), kondensować (się); streścić

con·de·scend [ˌkɒndɪ'send] *vi* zniżyć się; raczyć, być łaskawym

con·di·ment ['kɒndɪmənt] *s* przyprawa

con·di·tion [kən'dɪʃn] *s* położenie; stan; warunek; *pl* ***~s*** otoczenie; warunki; ***on ~ that*** pod wa-

runkiem, że..., jeśli; *vt* warunkować; uzależniać; doprowadzać do odpowiedniego stanu; klimatyzować; *med.* **~ed reflex** odruch warunkowy
con·di·tion·al [kən'dɪʃnəl] *adj* warunkowy; zależny (**on sth** od czegoś); *gram.* warunkowy; *s gram.* tryb warunkowy
con·dole [kən'dəʊl] *vi* współczuć; składać wyrazy współczucia (**with sb on, upon sth** komuś z powodu czegoś)
con·do·lence [kən'dəʊləns] *s* współczucie, wyrazy współczucia
con·dom ['kɒndəm] *s* kondom, prezerwatywa
con·duce [kən'djuːs] *vi* doprowadzić; przyczynić się, sprzyjać
con·du·cive [kən'djuːsɪv] *adj* prowadzący; sprzyjający
con·duct [kən'dʌkt] *vt vi* prowadzić, kierować; dowodzić; dyrygować; *vr* **~ oneself** prowadzić się, zachowywać się; *s* ['kɒndʌkt] prowadzenie (się), sprawowanie; kierownictwo
con·duc·tor [kən'dʌktə] *s* konduktor; kierownik; dyrygent; (*także fiz.*) przewodnik
con·duit ['kɒndɪt] *s* przewód, kanał, rura; *elektr.* rura izolacyjna
cone [kəʊn] *s* stożek; szyszka
con·fab·u·late [kən'fæbjʊleɪt] *vi* gawędzić
con·fec·tion [kən'fekʃn] *s* słodkie danie
con·fec·tion·er [kən'fekʃnə] *s* cukiernik
con·fec·tion·e·ry [kən'fekʃnərɪ] *s* cukiernia; *zbior.* słodycze
con·fed·er·a·cy [kən'fedrəsɪ] *s* konfederacja; spisek
con·fed·er·ate [kən'fedərət] *adj* sprzymierzony; *s* sprzymierzeniec, konfederat; *vi* [kən'fedəreɪt] sprzymierzać się; spiskować
con·fer [kən'fɜː] *vt* nadawać (**sth on sb** coś komuś); *vi* konferować
con·fer·ence ['kɒnfrəns] *s* konferencja, narada; zjazd
con·fess [kən'fes] *vt vi* wyznawać; przyznawać się; spowiadać (się)
con·fes·sion [kən'feʃn] *s* wyznanie; przyznanie się; spowiedź
con·fes·sor [kən'fesə] *s* spowiednik; wyznawca
con·fi·dant [ˌkɒnfɪ'dænt] *s* powiernik
con·fide [kən'faɪd] *vi* dowierzać, ufać (**in sb** komuś); zwierzać się (**to sb** komuś); *vt* powierzać; zwierzać się (**sth** z czegoś)
con·fi·dence ['kɒnfɪdəns] *s* zaufanie; poufność; zwierzenie; pewność siebie; przeświadczenie
con·fi·dent ['kɒnfɪdənt] *adj* ufny; przekonany, pewny; pewny siebie; *s* powiernik
con·fi·den·tial [ˌkɒnfɪ'denʃl] *adj* poufny; zaufany
con·fine [kən'faɪn] *vt* ograniczać; zamykać (*w więzieniu*); **~d to bed** złożony chorobą; *s* ['kɒnfaɪn] (*zw. pl* **~s**) granica
con·fine·ment [kən'faɪnmənt] *s* ograniczenie; odosobnienie; zamknięcie (*w więzieniu*); poród; obłożna choroba
con·firm [kən'fɜːm] *vt* potwierdzać, zatwierdzać; wzmacniać, utwierdzać; *rel.* bierzmować; **~ed bachelor** zaprzysiężony kawaler
con·fir·ma·tion [ˌkɒnfə'meɪʃn] *s* potwierdzenie, zatwierdzenie; wzmocnienie; *rel.* konfirmacja, bierzmowanie
con·firmed [kən'fɜːmd] *zob.* **confirm**; *adj* zatwardziały, stały, uporczywy; nałogowy
con·fis·cate ['kɒnfɪskeɪt] *vt* konfiskować
con·fla·gra·tion [ˌkɒnflə'greɪʃn] *s* (wielki) pożar
con·flict ['kɒnflɪkt] *s* starcie, konflikt, kolizja; *vi* [kən'flɪkt] ścierać się, walczyć; nie zgadzać się, kolidować

C

con·form [kən'fɔːm] *vt vi* dostosować (się), upodobnić (się), uzgodnić

con·form·i·ty [kən'fɔːmətɪ] *s* dostosowanie, zgodność; ***in ~*** zgodnie

con·found [kən'faʊnd] *vt* pomieszać, poplątać; zaskoczyć; konfundować; burzyć, niszczyć; ***~ it!*** do licha <diabła>!

con·front [kən'frʌnt] *vt* stawać naprzeciw (twarzą w twarz); konfrontować; porównywać; stawać w obliczu; stawiać czoło; stanąć (***sb*** przed kimś); ***to be ~ed with*** <***by***> ***sb, sth*** stanąć przed kimś, czymś <wobec kogoś, czegoś>

con·fuse [kən'fjuːz] *vt* mieszać, plątać; zmieszać, zażenować

con·fu·sion [kən'fjuːʒn] *s* zamieszanie, chaos, nieporządek; zmieszanie, zażenowanie

con·fute [kən'fjuːt] *vt* zbijać (*argument*); przekonać kogoś, że się myli

con·geal [kən'dʒiːl] *vt* zamrozić, ściąć; *vi* zamarznąć; krzepnąć, ścinać się

con·ge·ni·al [kən'dʒiːnɪəl] *adj* pokrewny, bliski duchem, sympatyczny; odpowiedni

con·gen·i·tal [kən'dʒenɪtl] *adj* wrodzony, przyrodzony

con·ges·tion [kən'dʒestʃən] *s* skupienie, zatłoczenie; przeciążenie; przekrwienie

con·grat·u·late [kən'grætʃʊleɪt] *vt* gratulować (***sb on, upon sth*** komuś czegoś)

con·grat·u·la·tion [kənˌgrætʃʊ'leɪʃn] *s* (*zw. pl* ***~s***) gratulacje

con·gre·gate ['kɒŋgrɪgeɪt] *vt vi* gromadzić (się), skupiać (się)

con·gre·ga·tion [ˌkɒŋgrɪ'geɪʃn] *s* zgromadzenie, kongregacja; *zbior.* parafia

con·gress ['kɒŋgres] *s* kongres; *am.* ***Congress*** Kongres

Con·gress·man ['kɒŋgresmən] *s* (*pl* ***Congressmen*** ['kɒŋgresmən]) *am.* członek Kongresu

con·ic(al) ['kɒnɪk(l)] *adj* stożkowy, stożkowaty

coni·fer ['kɒnɪfə] *s bot.* drzewo iglaste

co·nif·er·ous [kəʊ'nɪfərəs] *adj bot.* (*o drzewie*) iglasty

con·jec·tur·al [kən'dʒektʃərl] *adj* przypuszczalny, domniemany

con·jec·ture [kən'dʒektʃə] *s* przypuszczenie, domniemanie, domysł; *vt vi* przypuszczać, domyślać się, stawiać hipotezę

con·ju·gal ['kɒndʒʊgl] *adj* małżeński

con·ju·gate ['kɒndʒʊgeɪt] *vt gram.* koniugować; *vi* zespalać się

con·ju·ga·tion [ˌkɒndʒʊ'geɪʃn] *s* zespolenie; *gram.* koniugacja

con·junc·tion [kən'dʒʌŋkʃn] *s* związek; *gram.* spójnik

con·junc·tive [kən'dʒʌŋktɪv] *adj* łączący; *gram.* spójnikowy

con·junc·ture [kən'dʒʌŋktʃə] *s* zbieg okoliczności; stan rzeczy, koniunktura

con·jure 1. [kən'dʒʊə] *vt* zaklinać, błagać

con·jure 2. ['kʌndʒə] *vt vi* uprawiać czarnoksięstwo, czarować; ***~ up*** wywoływać (*duchy*), wyczarować (*w wyobraźni*)

con·jur·er ['kʌndʒərə] *s* czarnoksiężnik, magik

con·nect [kə'nekt] *vt vi* łączyć (się), wiązać (się); stykać (się)

con·nect·ed [kə'nektɪd] *zob.* ***connect***; *adj* połączony, związany; pokrewny, powinowaty; ***well ~*** dobrze ustosunkowany

con·nec·tion, *bryt.* **con·nex·ion** [kə'nekʃn] *s* związek, koneksja; (*także elektr.*) kontakt; pokrewieństwo; znajomości; klientela; połączenie (*kolejowe itp.*); ***in this ~*** w związku z tym

con·ni·vance [kə'naɪvəns] *s* przyzwolenie; pobłażanie, tolerowanie

con·nive [kə'naɪv] *vi* przyzwalać,

patrzeć przez palce (***at sth*** na coś); brać cichy udział (***at sth*** w czymś)

con·nois·seur [ˌkɒnɪ'sɜː] *s* znawca, koneser

con·quer ['kɒŋkə] *vt* zdobyć, pokonać, zwyciężyć, podbić

con·quer·or ['kɒŋkərə] *s* zdobywca

con·quest ['kɒŋkwest] *s* zdobycie, podbój, zwycięstwo

con·science ['kɒnʃns] *s* sumienie

con·sci·en·tious [ˌkɒnʃɪ'enʃəs] *adj* sumienny

con·scious ['kɒnʃəs] *adj* świadomy; przytomny

con·scious·ness ['kɒnʃəsnəs] *s* świadomość; przytomność

con·script ['kɒnskrɪpt] *s* poborowy, rekrut; *adj* poborowy; *vt* [kən'skrɪpt] brać do wojska

con·scrip·tion [kən'skrɪpʃn] *s* pobór; obowiązek służby wojskowej

con·se·crate ['kɒnsɪkreɪt] *vt* poświęcać, konsekrować

con·sec·u·tive [kən'sekjʊtɪv] *adj* kolejny, następny z rzędu; *gram.* skutkowy

con·sent [kən'sent] *vi* zgadzać się (***to sth*** na coś); *s* zgoda; ***with one ~, by general ~*** jednomyślnie

con·se·quence ['kɒnsɪkwəns] *s* następstwo, wynik; konsekwencja; wniosek; znaczenie, doniosłość; ***to take the ~s*** ponosić konsekwencje

con·se·quent ['kɒnsɪkwənt] *adj* wynikający, będący następstwem (***on, upon sth*** czegoś); konsekwentny; późniejszy; *s* skutek, wynik, rezultat

con·se·quen·tial [ˌkɒnsɪ'kwenʃl] *adj* wynikający, logicznie uzasadniony; mający wysokie mniemanie o sobie

con·ser·va·tion [ˌkɒnsə'veɪʃn] *s* ochrona, konserwacja; rezerwat

con·serv·a·tive [kən'sɜːvətɪv] *adj* konserwatywny; *s* konserwatysta

con·ser·va·toire [kən'sɜːvətwɑː] *s* konserwatorium

con·serv·a·to·ry [kən'sɜːvətrɪ] *s* konserwatorium; cieplarnia

con·serve [kən'sɜːv] *vt* przechowywać, konserwować; *s pl* ***~s*** konserwy owocowe

con·sid·er [kən'sɪdə] *vt vi* rozpatrywać, rozważać, brać pod uwagę; poczytywać, uważać (***sb sth*** kogoś za coś); szanować, mieć wzgląd; ***all things ~ed*** wszystko zważywszy

con·sid·er·a·ble [kən'sɪdərəbl] *adj* znaczny

con·sid·er·ate [kən'sɪdərət] *adj* uważny, myślący; pełen względów, delikatny

con·sid·er·a·tion [kənˌsɪdə'reɪʃn] *s* rozważanie, rozwaga; wzgląd; uwaga; wynagrodzenie; uznanie, szacunek; znaczenie; ***in ~*** ze względu (***of sth*** na coś); ***to take into ~*** uwzględnić

con·sid·er·ing [kən'sɪdərɪŋ] *praep* zważywszy, z uwagi, ze względu (***sth*** na coś)

con·sign [kən'saɪn] *vt* przekazywać, powierzać, wydawać; przesyłać

con·sign·ment [kən'saɪnmənt] *s* powierzenie, przekazanie, wydanie; przesyłka, wysyłka; *handl.* przesyłka konsygnowana

con·sist [kən'sɪst] *vi* składać się, być złożonym (***of sth*** z czegoś); polegać (***in sth*** na czymś)

con·sis·ten·cy [kən'sɪstənsɪ], **con·sist·ence** [kən'sɪstəns] *s* gęstość, zwartość, konsystencja; zgodność; konsekwencja, stanowczość

con·sist·ent [kən'sɪstənt] *adj* zwarty; zgodny; konsekwentny

con·so·la·tion [ˌkɒnsə'leɪʃn] *s* pocieszenie

con·sole [kən'səʊl] *vt* pocieszać; *s* ['kɒnsəʊl] konsola

C

con·sol·i·date [kən'sɒlɪdeɪt] *vt vi* konsolidować, utwierdzać (się); jednoczyć (się)
con·so·nance ['kɒnsənəns] *s* harmonia, zgodność
con·so·nant ['kɒnsənənt] *adj* harmonijny, zgodny; *s gram.* spółgłoska
con·sort ['kɒnsɔːt] *s* współmałżonek; ***prince ~*** książę małżonek
con·spic·u·ous [kən'spɪkjʊəs] *adj* widoczny, okazały; wybitny
con·spir·a·cy [kən'spɪrəsɪ] *s* spisek, konspiracja
con·spire [kən'spaɪə] *vi vt* spiskować, sprzysięgać się; knuć
con·sta·ble ['kʌnstəbl] *s bryt.* policjant, posterunkowy
con·stan·cy ['kɒnstənsɪ] *s* stałość, trwałość, wytrwałość; wierność
con·stant ['kɒnstənt] *adj* stały, trwały, wytrwały; wierny
con·stel·la·tion [ˌkɒnstə'leɪʃn] *s* konstelacja, gwiazdozbiór
con·ster·na·tion [ˌkɒnstə'neɪʃn] *s* przerażenie
con·sti·pa·tion [ˌkɒnstɪ'peɪʃn] *s med.* obstrukcja; *pot.* zatwardzenie
con·stit·u·en·cy [kən'stɪtʃʊənsɪ] *s* wyborcy; okręg wyborczy; klientela, abonenci
con·stit·u·ent [kən'stɪtʃʊənt] *adj* składowy; ustawodawczy; *s* element, część składowa; wyborca
con·sti·tute ['kɒnstɪtjuːt] *vt* stanowić, tworzyć; ustanawiać, konstytuować; mianować; ***to be so ~d that*** ... mieć taką naturę, że...; ***to be weakly ~d*** mieć wątły organizm
con·sti·tu·tion [ˌkɒnstɪ'tjuːʃn] *s* konstytucja; skład; budowa (fizyczna); struktura psychiczna; ustanowienie
con·strain [kən'streɪn] *vt* zmuszać; krępować, ograniczać
con·straint [kən'streɪnt] *s* przemoc, przymus; skrępowanie, ograniczenie
con·strict [kən'strɪkt] *vt* ściągać, zwężać, zaciskać, dusić
con·struct [kən'strʌkt] *vt* konstruować, budować
con·struc·tion [kən'strʌkʃn] *s* konstrukcja, budowa; budowla; ***under ~*** w budowie
con·struc·tive [kən'strʌktɪv] *adj* konstruktywny, twórczy; konstrukcyjny
con·strue [kən'struː] *vt* objaśniać, interpretować; *gram.* robić rozbiór (zdania)
con·sul ['kɒnsl] *s* konsul
con·sul·ate ['kɒnsjʊlət] *s* konsulat
con·sult [kən'sʌlt] *vt* radzić się (***sb*** kogoś); brać pod uwagę, rozważać; ***to ~ a dictionary*** sięgać do słownika; *vi* naradzać się
con·sume [kən'sjuːm] *vt vi* spożywać; zużywać (się); niszczyć, trawić; marnować (się); spalać (się)
con·sum·er [kən'sjuːmə] *s* spożywca, konsument; ***~(s') goods*** towary konsumpcyjne
con·sum·er·ism [kən'sjuːmərɪzm] *s* konsumeryzm; nadmierna konsumpcja; obrona interesów klienta
con·sum·mate ['kɒnsəmeɪt] *vt* dokonywać, dopełniać; kończyć; *adj* [kən'sʌmət] doskonały; zupełny; skończony
con·sum·ma·tion [ˌkɒnsə'meɪʃn] *s* dokonanie, dopełnienie; uwieńczenie
con·sump·tion [kən'sʌmpʃn] *s* spożycie; zużycie
con·tact ['kɒntækt] *s* kontakt, styczność; ***to come into ~, to make ~*** kontaktować się; ***~ lenses*** szkła kontaktowe; *vt vi* zetknąć (się), kontaktować (się) (***sb*** z kimś)
con·ta·gion [kən'teɪdʒən] *s dosł. i przen.* zaraza, zakażenie

con·ta·gious [kən'teɪdʒəs] *adj* zakaźny, zaraźliwy
con·tain [kən'teɪn] *vt* zawierać; mieścić; powstrzymywać; *vr* **~ oneself** panować nad sobą
con·tain·er [kən'teɪnə] *s* zbiornik, pojemnik, kontener, skrzynia, bak
con·tam·i·nate [kən'tæmɪneɪt] *vt* zanieczyścić, splugawić, zakazić; wywrzeć zły wpływ
con·tem·plate ['kɒntəmpleɪt] *vt vi* oglądać; rozmyślać; mieć na myśli; zamierzać
con·tem·po·ra·ry [kən'tempərərɪ] *adj* współczesny; dzisiejszy; *s* współcześnie żyjący; rówieśnik
con·tempt [kən'tempt] *s* pogarda, lekceważenie; obraza
con·tempt·i·ble [kən'temptəbl] *adj* zasługujący na pogardę; podły
con·tempt·u·ous [kən'temptʃuəs] *adj* pogardliwy; gardzący
con·tend [kən'tend] *vi* spierać się; rywalizować; ubiegać się (**for sth** o coś), walczyć; twierdzić
con·tent 1. [kən'tent] *s* zadowolenie; *adj* zadowolony; *vt* zadowalać
con·tent 2. ['kɒntent] *s* zawartość; istota; (*zw. pl* **~s**) treść (*książki itp.*); **table of ~s** spis rzeczy
con·tent·ed [kən'tentɪd] *zob.* **content 1.**; *adj* zadowolony
con·ten·tion [kən'tenʃn] *s* spór, sprzeczka; walka, rywalizacja; twierdzenie, argument (w sporze)
con·tent·ment [kən'tentmənt] *s* zadowolenie
con·test [kən'test] *vt vi* spierać się, rywalizować; ubiegać się; kwestionować; *s* ['kɒntest] spór; rywalizacja; zawody, konkurs
con·text ['kɒntekst] *s* kontekst
con·ti·gu·i·ty [ˌkɒntɪ'gjuːətɪ] *s* przyleganie, bliskość
con·tig·u·ous [kən'tɪgjuəs] *adj* przyległy, sąsiedni
con·ti·nence ['kɒntɪnəns] *s* wstrzemięźliwość
con·ti·nent 1. ['kɒntɪnənt] *s* kontynent; **the Continent** *bryt.* Europa bez Wysp Brytyjskich
con·ti·nent 2. ['kɒntɪnənt] *adj* wstrzemięźliwy; wstrzymujący
con·tin·gen·cy [kən'tɪndʒənsɪ] *s* przypadkowość, ewentualność; nieprzewidziany wydatek
con·tin·gent [kən'tɪndʒənt] *adj* przypadkowy, ewentualny; warunkowy, uwarunkowany; *s* kontyngent; ewentualność, przypadek
con·tin·u·al [kən'tɪnjuəl] *adj* ciągły, powtarzający się, ustawiczny
con·tin·u·ance [kən'tɪnjuəns] *s* trwanie, ciągłość; dalszy ciąg
con·tin·u·a·tion [kənˌtɪnju'eɪʃn] *s* kontynuacja, ciąg dalszy
con·tin·ue [kən'tɪnjuː] *vt* kontynuować, dalej coś robić, prowadzić; **to be ~d** ciąg dalszy nastąpi; *vi* trwać nadal, ciągnąć się dalej, pozostawać w dalszym ciągu
con·tin·u·ous [kən'tɪnjuəs] *adj* dalej trwający, nieprzerwany, trwały, stały
con·tort [kən'tɔːt] *vt* skrzywić; zwichnąć
con·tour ['kɒntuə] *s* zarys, kontur; *geogr.* **~ line** poziomica
con·tra·band ['kɒntrəbænd] *s* kontrabanda, przemyt
con·tra·cep·tion [ˌkɒntrə'sepʃən] *s* antykoncepcja
con·tra·cep·tive [ˌkɒntrə'septɪv] *s* środek antykoncepcyjny; *adj* antykoncepcyjny
con·tract ['kɒntrækt] *s* umowa, kontrakt; *vt vi* [kən'trækt] kontraktować; zobowiązywać się; zawierać (*umowę, przyjaźń itp.*); ściągnąć (się), skurczyć (się); zaciągnąć (dług); nabawić się (*np. choroby*)
con·trac·tor [kən'træktə] *s* kontrahent; przedsiębiorca; dostawca

C

con·tra·dict [ˌkɒntrəˈdɪkt] *vt* zaprzeczać (***sth*** czemuś); być w sprzeczności (***sth*** z czymś); przeczyć (***sb*** komuś)
con·tra·dic·tion [ˌkɒntrəˈdɪkʃn] *s* zaprzeczenie; sprzeciw; sprzeczność
con·tra·dic·to·ry [ˌkɒntrəˈdɪktərɪ] *adj* przeczący, sprzeczny, przeciwstawny
con·tra·dis·tinc·tion [ˌkɒntrədɪˈstɪŋkʃn] *s* przeciwieństwo, odróżnienie (przez kontrast)
con·tra·ry [ˈkɒntrərɪ] *adj* sprzeczny, przeciwny; niepomyślny; *s* przeciwieństwo; ***on the ~*** przeciwnie, na odwrót; *adv* wbrew, przeciwnie, w przeciwieństwie
con·trast [ˈkɒntrɑːst] *s* kontrast; *vt vi* [kənˈtrɑːst] kontrastować, przeciwstawiać
con·trib·ute [kənˈtrɪbjuːt] *vt vi* wnieść udział <wkład>; dołożyć się; ***to ~ money etc. to sth*** przyczynić się finansowo *itp.* do czegoś; ***to ~ to a magazine*** współpracować z czasopismem, pisać (artykuły) do czasopisma
con·tri·bu·tion [ˌkɒntrɪˈbjuːʃn] *s* przyczynek, wkład, współudział; datek; współpraca (z pismem), artykuł w piśmie; kontrybucja, odszkodowanie wojenne
con·trite [ˈkɒntraɪt] *adj* skruszony
con·tri·tion [kənˈtrɪʃn] *s* skrucha
con·tri·vance [kənˈtraɪvəns] *s* pomysł, plan; pomysłowość; wynalazek; urządzenie
con·trive [kənˈtraɪv] *vt vi* wymyślić, obmyślać; zaplanować; wynaleźć; doprowadzić do *czegoś*, uskutecznić; zrobić *coś* pomyślnie, zdołać
con·trol [kənˈtrəʊl] *vt* kontrolować; regulować; rządzić, kierować, zarządzać, nadzorować; wstrzymywać; panować (***sth*** nad czymś); sterować; *s* nadzór, kontrola; władza, kierownictwo; kierowanie, sterowanie; regulowanie; panowanie; *pl* ***~s*** *techn.* przyrządy do sterowania; ***remote ~*** zdalne sterowanie; pilot (*np.* telewizyjny); *adj attr* sterujący, regulujący; kontrolny
con·tro·ver·sial [ˌkɒntrəˈvɜːʃl] *adj* sporny, polemiczny, kontrowersyjny
con·tro·ver·sy [ˈkɒntrəvɜːsɪ] *s* spór, polemika, kontrowersja
con·tu·me·ly [ˈkɒntjuːmlɪ] *s* obelżywe traktowanie, obelga
con·tu·sion [kənˈtjuːʒn] *s* kontuzja; stłuczenie
con·va·lesce [ˌkɒnvəˈles] *vi* przychodzić do zdrowia
con·va·les·cence [ˌkɒnvəˈlesns] *s* rekonwalescencja
con·vene [kənˈviːn] *vt vi* zwoływać, wzywać; zbierać (się)
con·ve·ni·ence [kənˈviːnɪəns] *s* wygoda; *pl* ***~s*** komfort; ***at your (earliest) ~*** kiedy <jak> ci będzie wygodnie; ***marriage of ~*** małżeństwo z rozsądku
con·ve·ni·ent [kənˈviːnɪənt] *adj* wygodny, dogodny
con·ven·tion [kənˈvenʃn] *s* umowa; zebranie; zwyczaj; konwencja; *pl* ***~s*** konwenanse
con·ven·tion·al [kənˈvenʃnəl] *adj* umowny, zwyczajowy; konwencjonalny; stereotypowy
con·verge [kənˈvɜːdʒ] *vi* zbiegać się (w jednym punkcie); *vt* skupiać
con·ver·sant [kənˈvɜːsnt] *adj* dobrze znający (***with sth*** coś), dobrze poinformowany (***with sth*** o czymś), biegły
con·ver·sa·tion [ˌkɒnvəˈseɪʃn] *s* rozmowa, konwersacja
con·verse 1. [kənˈvɜːs] *vi* rozmawiać
con·verse 2. [ˈkɒnvɜːs] *adj* odwrotny, odwrócony; *s* odwrócenie, odwrotność
con·ver·sion [kənˈvɜːʃn] *s* kon-

wersja; przemiana; nawrócenie; odwrócenie
con·vert [kən'vɜːt] *vt* zmieniać, przemienić; sprzeniewierzyć; nawracać; konwertować; *s* ['kɒnvɜːt] konwertyta, nawrócony
con·vex ['kɒnveks] *adj* wypukły
con·vey [kən'veɪ] *vt* przewozić, przesyłać, przekazywać; komunikować
con·vey·ance [kən'veɪəns] *s* przewóz, przenoszenie, przekazanie; doprowadzenie; komunikowanie; uzmysławianie; pojazd
con·vict [kən'vɪkt] *vt* przekonywać (***of sth*** o czymś); udowadniać (***sb of sth*** komuś coś); uznać sądownie winnym (***of sth*** czegoś); *s* ['kɒnvɪkt] skazaniec
con·vic·tion [kən'vɪkʃn] *s* przekonanie; zasądzenie, osądzenie, udowodnienie winy
con·vince [kən'vɪns] *vt* przekonać (***of sth*** o czymś)
con·viv·i·al [kən'vɪvɪəl] *adj* towarzyski, wesoły
con·vo·ca·tion [ˌkɒnvə'keɪʃn] *s* zwołanie; zebranie
con·voke [kən'vəʊk] *vt* zwoływać, zbierać
con·voy ['kɒnvɔɪ] *s* konwój, konwojowanie; *vt* konwojować
con·vulse [kən'vʌls] *vt* wstrząsać; przyprawiać o konwulsje
con·vul·sion [kən'vʌlʃn] *s* konwulsja; wstrząs
coo [kuː] *vt vi* gruchać; gaworzyć
cook [kʊk] *vt vi* gotować (się); *przen.* fałszować; *s* kucharz
cook·er ['kʊkə] *s* kuchenka (do gotowania)
cook·er·y ['kʊkərɪ] *s* sztuka kulinarna; ~ ***book*** książka kucharska
cool [kuːl] *adj* chłodny; oziębły; *s* chłód; *vt vi* chłodzić (się), studzić (się); ~ ***down*** ostygnąć; *przen.* ochłonąć
coo·lie, coo·ly ['kuːlɪ] *s* kulis
cool·ness ['kuːlnəs] *s* chłód; *przen.* zimna krew
coop [kuːp] *s* kojec
coop·er ['kuːpə] *s* bednarz
co·op·er·ate [kəʊ'ɒpəreɪt] *vi* współdziałać, współpracować
co·op·er·a·tion [kəʊˌɒpə'reɪʃn] *s* współdziałanie, kooperacja
co·op·er·a·tive [kəʊ'ɒprətɪv] *adj* współdziałający, chętny do współdziałania; spółdzielczy
co-opt [kəʊ'ɒpt] *vt* kooptować
co·or·di·nate [kəʊ'ɔːdəneɪt] *vt* koordynować; *adj* [kəʊ'ɔːdnət] równorzędny; *gram.* współrzędny
cop [kɒp] *s pot.* glina; gliniarz (policjant)
co-part·ner [kəʊ'pɑːtnə] *s* wspólnik, udziałowiec
cope [kəʊp] *vi* zmagać się, borykać się; radzić sobie, podołać
cop·i·er ['kɒpɪə] *s* (foto)kopiarka
co·pi·ous ['kəʊpɪəs] *adj* obfity; płodny
cop·per ['kɒpə] *s* miedź; miedziak
cop·pice ['kɒpɪs] *s* zarośla, lasek, zagajnik
co·pro·ces·sor [kəʊ'prəʊsesə] *s komp.* koprocesor, procesor pomocniczy
cop·u·late ['kɒpjʊleɪt] *vi* spółkować
cop·y ['kɒpɪ] *s* kopia; egzemplarz; rękopis, maszynopis; ***rough*** ~ brudnopis; ***fair*** <***clean***> ~ czystopis; *vt vi* kopiować, przepisywać; naśladować
cop·y·right ['kɒpɪraɪt] *s* prawo autorskie
cor·al ['kɒrəl] *s* koral
cord [kɔːd] *s* sznur, sznurek, lina; ***vocal*** ~ struna głosowa
cord·age ['kɔːdɪdʒ] *s* liny; *mors.* olinowanie
cord·ial ['kɔːdɪəl] *adj* serdeczny; *s* środek nasercowy
cor·di·al·i·ty [ˌkɔːdɪ'ælətɪ] *s* serdeczność
cor·du·roy ['kɔːdʒʊrɔɪ] *s* sztruks; *pl* ~***s*** spodnie sztruksowe

core [kɔː] *s* rdzeń, jądro; sedno; ogryzek (*owocu*); *przen.* serce, dusza
cork [kɔːk] *s* korek; *vt* korkować
cork·screw ['kɔːkskruː] *s* korkociąg
corn 1. [kɔːn] *s* ziarno, zboże; *am.* kukurydza; ***winter ~*** ozimina
corn 2. [kɔːn] *s* nagniotek, odcisk
cor·ner ['kɔːnə] *s* róg, węgieł; kąt; moment krytyczny; *mat.* wierzchołek; *adj attr* narożny; *vt* zapędzić w kąt, przyprzeć do muru
cor·ner·stone ['kɔːnəstəʊn] *s* kamień węgielny
corn·flakes ['kɔːnfleɪks] *s pl* płatki kukurydziane
corn·flow·er ['kɔːnflaʊə] *s bot.* chaber, bławatek
cor·nice ['kɔːnɪs] *s* gzyms
cor·ol·la·ry [kə'rɒlərɪ] *s* wniosek; wynik
cor·o·ner ['kɒrənə] *s* sędzia śledczy
cor·po·ral 1. ['kɔːprəl] *adj* cielesny, fizyczny
cor·po·ral 2. ['kɔːprəl] *s* kapral
cor·po·ra·tion [ˌkɔːpə'reɪʃn] *s* korporacja; *handl.* towarzystwo, spółka
cor·por·e·al [kɔː'pɔːrɪəl] *adj* cielesny, materialny
corps [kɔː] *s* (*pl* ***corps*** [kɔːz]) *wojsk.* korpus; zespół (*medyczny, badawczy, itp.*); ***Peace Corps*** Korpus Pokoju
corpse [kɔːps] *s* zwłoki, trup
cor·pu·lent ['kɔːpjʊlənt] *adj* korpulentny, otyły
cor·pus·cle ['kɔːpʌsl] *s biol.* ciałko (krwi)
cor·rect [kə'rekt] *adj* poprawny, prawidłowy; *vt* poprawiać, robić korektę; karać
cor·rec·tion [kə'rekʃn] *s* poprawka, poprawa; korekta; naprawa
cor·re·la·tion [ˌkɒrɪ'leɪʃn] *s* korelacja, współzależność
cor·re·spond [ˌkɒrɪ'spɒnd] *vi* odpowiadać, być odpowiednim, zgadzać się; korespondować
cor·re·spond·ence [ˌkɒrɪ'spɒndəns] *s* zgodność; korespondencja
cor·ri·dor ['kɒrɪdɔː] *s* korytarz
cor·ri·gi·ble ['kɒrɪdʒəbl] *adj* dający się poprawić
cor·rob·o·rate [kə'rɒbəreɪt] *vt* potwierdzić
cor·rob·o·ra·tion [kəˌrɒbə'reɪʃn] *s* potwierdzenie
cor·rode [kə'rəʊd] *vt* zżerać, nadgryzać; *vi* niszczeć (*na skutek korozji*)
cor·ro·sion [kə'rəʊʒn] *s* korozja
cor·rupt [kə'rʌpt] *adj* zepsuty, skorumpowany, sprzedajny; *vt vi* korumpować, psuć (się)
cor·rup·tion [kə'rʌpʃn] *s* zepsucie, korupcja; rozkład; sprzedajność
cor·set ['kɔːsɪt] *s* gorset
co·sine ['kəʊsaɪn] *s mat.* cosinus
cos·met·ic [kɒz'metɪk] *adj* kosmetyczny; *s* kosmetyk; *pl* ***~s*** kosmetyki, kosmetyka
cos·mic ['kɒzmɪk] *adj* kosmiczny
cos·mo·naut ['kɒzmənɔːt] *s* kosmonauta
cos·mo·pol·i·tan [ˌkɒzmə'pɒlɪtən] *adj* kosmopolityczny; *s* kosmopolita
cos·mo·pol·ite [kɒz'mɒpəlaɪt] *s* kosmopolita
cos·mo·pol·i·tism [ˌkɒzmə'pɒlɪtɪzm] *s* kosmopolityzm
cos·mos ['kɒzmɒs] *s* kosmos
cost** [kɒst] *vi* (cost, cost*** [kɒst]) kosztować; *s* koszt; ***at the ~*** za cenę; ***at all ~s*** za wszelką cenę; ***~s of living*** koszty utrzymania
cost·ly ['kɒstlɪ] *adj* kosztowny; wspaniały, doskonały
cos·tume ['kɒstjuːm] *s* kostium, strój
co·sy ['kəʊzɪ] *adj* przytulny, wygodny
cot 1. [kɒt] *s* lekkie łóżko (*polowe, dziecięce*); koja (*na statku*)

cot 2. [kɒt] *s* szopa, szałas; *poet.* chata
co·tan·gent [kəʊ'tændʒənt] *s mat.* cotangens, kotangens
co·te·rie ['kəʊtərɪ] *s* koteria
cot·tage ['kɒtɪdʒ] *s* domek, chata; **~ *piano*** *muz.* pianino; **~ *cheese*** ser biały
cot·tag·er ['kɒtɪdʒə] *s* właściciel <posiadacz> własnego domku; wieśniak
cot·ton ['kɒtn] *s* bawełna, wyrób bawełniany
cot·ton wool [ˌkɒtn'wʊl] *s* wata
couch [kaʊtʃ] *s* kanapa, tapczan; legowisko; *vi* leżeć w ukryciu, czaić się; *vt* wyrażać, formułować; **~ *potato*** *pot.* osoba bez przerwy wpatrzona w ekran TV
cough [kɒf] *s* kaszel; *vi* kaszleć; *vt* **~ *out*** <***up***> wykrztusić, wykaszleć
could *zob.* ***can* 1.**
coun·cil ['kaʊnsl] *s* rada (jako zespół); narada
coun·cil·lor ['kaʊnslə] *s* członek rady, radny
coun·sel ['kaʊnsl] *s* rada, porada; narada; radca, doradca, rzecznik, adwokat; *vt* radzić
coun·sel·lor ['kaʊnslə] *s* radca, adwokat
count 1. [kaʊnt] *vt vi* liczyć (się); uważać za; być uważanym za; **~ *on*** <***upon***> ***sb, sth*** liczyć na kogoś, coś; **~ *out*** odliczyć; nie brać w rachubę; (*w boksie*) wyliczyć, uznać za pokonanego; *s* rachunek, rachuba
count 2. [kaʊnt] *s* hrabia (*z kontynentu*)
count·a·ble ['kaʊntəbl] *adj* obliczalny, dający się policzyć
count·down ['kaʊntdaʊn] *s* odliczanie czasu (do zera)
coun·te·nance ['kaʊntɪnəns] *s* wyraz twarzy, twarz, fizjonomia; opanowanie; kontenans; zachęta, poparcie; ***to put out of*** **~** zdetonować, stropić; *vt* popierać, zachęcać
coun·ter 1. ['kaʊntə] *s* lada (sklepowa), kontuar; kantor; prowadzący rachunki; licznik (*np. w samochodzie*); liczman; żeton
coun·ter 2. ['kaʊntə] *adj* przeciwny, przeciwległy, przeciwstawny; *adv* przeciwnie, w przeciwnym kierunku; *vt vi* sprzeciwiać się, przeciwdziałać, krzyżować (*plany*); odparować (*cios*), kontrować
coun·ter·act [ˌkaʊntə'rækt] *vt* przeciwdziałać
coun·ter·at·tack ['kaʊntərəˌtæk] *s* kontratak
coun·ter·bal·ance ['kaʊntəˌbæləns] *s* przeciwwaga; *vt* [ˌkaʊntə'bæləns] równoważyć
coun·ter·feit ['kaʊntəfɪt] *s* podrobienie, fałszerstwo, imitacja; *adj* podrobiony, fałszywy; *vt* podrabiać, fałszować; udawać
coun·ter·mand [ˌkaʊntə'mɑːnd] *vt* odwołać (*np. zamówienie, rozkaz*); *s* odwołanie
coun·ter·pane ['kaʊntəpeɪn] *s* narzuta (*na łóżko*)
coun·ter·part ['kaʊntəpɑːt] *s* odpowiednik, pendant, kopia, duplikat
coun·ter·point ['kaʊntəpɔɪnt] *s muz.* kontrapunkt
coun·ter·poise ['kaʊntəpɔɪz] *s* przeciwwaga; równowaga; *vt* równoważyć, wyrównywać
coun·ter-rev·o·lu·tion [ˌkaʊntərevə'luːʃn] *s* kontrrewolucja
coun·ter-rev·o·lu·tion·a·ry [ˌkaʊntərevə'luːʃənərɪ] *adj* kontrrewolucyjny; *s* kontrrewolucjonista
coun·ter·weight ['kaʊntəweɪt] *s* przeciwwaga
count·ess ['kaʊntɪs] *s* hrabina
count·less ['kaʊntləs] *adj* niezliczony
coun·try ['kʌntrɪ] *s* kraj; ojczyzna; wieś; prowincja; teren; ***to go***

into the ~ wyjechać na wieś; ***to go to the ~*** *bryt.* przeprowadzić powszechne wybory

coun·try·man ['kʌntrɪmən] *s* (*pl* ***countrymen*** ['kʌntrɪmən]) wieśniak; rodak

coun·try·side ['kʌntrɪsaɪd] *s* okolica, krajobraz

coun·ty ['kaʊntɪ] *s* hrabstwo; *am.* okręg administracyjny; ***~ town*** stolica hrabstwa; *am.* główne miasto okręgu administracyjnego

coup [kuː] *s* wyczyn, mistrzowskie posunięcie; ***~ d'état*** [ˌkuːdeɪ'tɑː] zamach stanu

cou·ple ['kʌpl] *s* para (*np.* małżeńska); ***a ~ of*** parę, kilka; *vt vi* łączyć (się) parami, kojarzyć (się); *techn.* sprzęgać, sczepiać, spajać, lutować

coup·let ['kʌplət] *s* dwuwiersz

coup·ling ['kʌplɪŋ] *s techn.* złącze

cou·pon ['kuːpɒn] *s* kupon, odcinek, talon

cour·age ['kʌrɪdʒ] *s* odwaga, męstwo

cou·ra·geous [kə'reɪdʒəs] *adj* odważny, mężny

course [kɔːs] *s* kurs; bieg; ciąg; tok, przebieg; bieżnia, tor; danie (*na stole*); ***in the ~ of...*** w trakcie...; ***in due ~*** we właściwym czasie; ***of ~*** oczywiście; ***a matter of ~*** rzecz oczywista

court [kɔːt] *s* dwór; dziedziniec, plac; izba sądowa, sąd; pałac; sala, hala; *sport* boisko, kort; zaloty; *vt* zalecać się (***sb*** do kogoś); szukać (***sth*** czegoś); zabiegać (***sth*** o coś)

cour·te·ous ['kɜːtɪəs] *adj* grzeczny, uprzejmy

cour·te·sy ['kɜːtəsɪ] *s* grzeczność, uprzejmość

cour·ti·er ['kɔːtɪə] *s* dworzanin

court·ly ['kɔːtlɪ] *adj* dworski, wytworny

court-mar·tial [ˌkɔːt'mɑːʃl] *s* sąd wojenny <wojskowy>; *vt* postawić (kogoś) przed sądem wojennym <wojskowym>

court·ship ['kɔːtʃɪp] *s* zaloty

court·yard ['kɔːtjɑːd] *s* dziedziniec, podwórze

cous·in ['kʌzn] *s* kuzyn; ***first ~*** brat stryjeczny, siostra stryjeczna; brat cioteczny, siostra cioteczna; ***second ~*** dalszy krewny

cov·e·nant ['kʌvnənt] *s* umowa, przymierze, związek, pakt

cov·er ['kʌvə] *vt* pokrywać; przykryć, nakryć, okryć; ukryć, osłaniać; *s* pokrycie, przykrywka; okładka; narzuta; nakrycie; ochrona, osłona; *przen.* płaszczyk

cov·er·ing ['kʌvərɪŋ] *s* przykrycie; osłona

cov·er·let ['kʌvələt] *s* przykrycie, kołdra, kapa

cov·ert ['kʌvət] *adj* ukryty, potajemny; ukradkowy; *s* schronienie, legowisko

cov·et ['kʌvɪt] *vt* pożądać

cov·et·ous ['kʌvətəs] *adj* pożądliwy; zawistny

cow 1. [kaʊ] *s* krowa; samica (*różnych ssaków*)

cow 2. [kaʊ] *vt* straszyć

cow·ard ['kaʊəd] *s* tchórz

cow·ard·ice ['kaʊədɪs] *s* tchórzostwo

cow·ard·ly ['kaʊədlɪ] *adj* tchórzliwy

cow·boy ['kaʊbɔɪ] *s* pastuch; *am.* kowboj

cow·er ['kaʊə] *vi* przysiąść, przycupnąć

cox·comb ['kɒkskəʊm] *s* fircyk; pyszałek

cox·swain ['kɒksn] *s* sternik

coy [kɔɪ] *adj* nieśmiały, wstydliwy; zaciszny

co·zy ['kəʊzɪ] *adj* = ***cosy***

crab [kræb] *s zool.* krab; *astr.* ***Crab*** Rak (*znak zodiaku*)

crack [kræk] *vt vi* trzaskać, roztrzaskać; trzeszczeć; pękać; spowodować pęknięcie; łupać; *s* trzask; uderzenie; pęknięcie; szczelina, rysa; *adj attr pot.* wspaniały, pierwszorzędny; *wojsk.* szturmowy

cracked [krækt] *pp i adj* potrzaskany; *przen.* zwariowany

crack·er ['krækə] *s* petarda; (*zw. pl* **~s**) dziadek do orzechów; *pl* **~s** krakersy

crack·le ['krækl] *vi* skrzypieć, trzaskać; *s* trzaski; skrzypienie

cra·dle ['kreɪdl] *s* kołyska; *przen.* kolebka; *vt* kłaść do kołyski, kołysać; *przen.* wychowywać niemowlę

craft [krɑːft] *s* zręczność, biegłość; przebiegłość; rzemiosło; cech; (*pl* **~**) statek, samolot (*zw. zbior.* statki, samoloty)

crafts·man ['krɑːftsmən] *s* (*pl* ***craftsmen*** ['krɑːftsmən]) rzemieślnik

craft·y ['krɑːftɪ] *adj* sprytny, zręczny; przebiegły, podstępny

crag [kræg] *s* skała (urwista)

cram [kræm] *vt vi* przepełnić, tłoczyć (się), zapchać (się); *pot.* (*o uczeniu się*) kuć

cramp [kræmp] *s* kurcz; *techn.* klamra, imadło; *przen.* hamulec, ograniczenie; *vt* wywołać kurcz; zwierać; *przen.* krępować, ograniczać

crane [kreɪn] *s zool.* żuraw; *techn.* dźwig, żuraw

crank 1. [kræŋk] *s* korba

crank 2. [kræŋk] *s* dziwak; dziwactwo

crap [kræp] *s wulg.* gówno; świństwo

crape [kreɪp] *s* krepa

crash [kræʃ] *s* trzask, łomot; gwałtowny upadek; nagłe zderzenie, katastrofa, kraksa; krach, bankructwo; *vi* trzasnąć, huknąć; spaść z hukiem, rozbić się, ulec katastrofie; *vt* zgnieść, rozbić, zniszczyć; **~ *helmet*** kask ochronny

cra·ter ['kreɪtə] *s* krater, lej

crave [kreɪv] *vt vi* pragnąć, pożądać (***sth, for sth*** czegoś); usilnie prosić (***sth*** o coś)

cra·ven ['kreɪvn] *s* tchórz, nikczemnik; *adj* tchórzliwy, nikczemny

craw·fish ['krɔːfɪʃ] = ***crayfish***

crawl [krɔːl] *vi* pełzać, czołgać się; *s* pełzanie; pływanie kraulem

cray·fish ['kreɪfɪʃ] *s* rak; langusta

cray·on ['kreɪən] *s* kredka, pastel; *vt* malować kredką, pastelami; szkicować

craze [kreɪz] *vi* szaleć; *vt* doprowadzać do szału; *s* szaleństwo, szał

cra·zy ['kreɪzɪ] *adj* szalony, zwariowany

creak [kriːk] *vi* skrzypieć, trzeszczeć; *s* skrzypienie, trzeszczenie

cream [kriːm] *s* śmietana; krem; pasta; *przen.* śmietanka; *adj attr* kremowy; ***suntan* ~** krem do opalania; ***shaving* ~** krem do golenia; *vt* zbierać śmietankę

cream·y ['kriːmɪ] *adj* śmietankowy, kremowy

crease [kriːs] *s* fałda, zmarszczka; kant (spodni); *vt vi* marszczyć (się), miąć (się)

cre·ate [kriː'eɪt] *vt* tworzyć, stwarzać; kreować; wywołać

cre·a·tion [kriː'eɪʃn] *s* tworzenie, stworzenie; kreacja

cre·a·tive [kriː'eɪtɪv] *adj* twórczy

cre·a·tor [kriː'eɪtə] *s* twórca, stwórca

crea·ture ['kriːtʃə] *s* stworzenie, stwór; kreatura; twór

crèche [kreɪʃ] *s* żłobek (*dla dzieci*)

cre·dence ['kriːdəns] *s* wiara, zaufanie

cre·den·tials [krɪ'denʃlz] *s pl* listy uwierzytelniające

cred·i·ble ['kredəbl] *adj* wiarygodny

cred·it ['kredɪt] *s* kredyt; zaufanie; uznanie, pochwała; honor; zaszczyt; *am.* zaliczenie (*zajęcia uniwersyteckie wymagane do zaliczenia kursu*); **~ *card*** karta kre-

C

dytowa; *handl.* **letter of ~** akredytywa; *vt* kredytować; ufać; przypisywać (**sb with sth** komuś coś); *handl.* uznawać rachunek
cred·it·a·ble ['kredɪtəbl] *adj* zaszczytny, chlubny
cred·i·tor ['kredɪtə] *s* wierzyciel
cre·du·li·ty [krə'djuːlətɪ] *s* łatwowierność
cre·du·lous ['kredjʊləs] *adj* łatwowierny
creed [kriːd] *s* wiara; wyznanie wiary, credo
creek [kriːk] *s* zatoczka; *am.* rzeczka
***creep** [kriːp] *vi* (**crept, crept** [krept]) czołgać się, pełzać; wkradać się; (*o roślinach*) piąć (się); (*o skórze*) cierpnąć; **my flesh ~s** ciarki mnie przechodzą
creep·er ['kriːpə] *s bot.* pnącze; *pot.* lizus
creep·y ['kriːpɪ] *adj* pełzający; wywołujący <mający> ciarki
cre·ma·tion [krɪ'meɪʃn] *s* palenie zwłok, kremacja
crem·a·to·ri·um [ˌkremə'tɔːrɪəm] *s* (*pl* **crematoria** [ˌkremə'tɔːrɪə]) krematorium
crept *zob.* **creep**
cres·cent ['kresnt] *s* sierp księżyca, półksiężyc; *adj* rosnący; mający kształt półksiężyca
crest [krest] *s* grzebień (*np. koguta*), czub, grzywa; grzbiet (*fali, góry itp.*); herb
crev·ice ['krevɪs] *s* szczelina, rysa
crew 1. [kruː] *s* załoga, ekipa
crew 2. *zob.* **crow 2.**
crib 1. [krɪb] *s* żłób; łóżko dziecięce; *vt* zamknąć
crib 2. [krɪb] *s* plagiat; *pot.* ściągaczka; *vt vi pot.* ściągać (*zadanie domowe itp.*)
crick [krɪk] *s* bolesny skurcz; kurcz (*np. w karku*)
crick·et 1. ['krɪkɪt] *s* świerszcz
crick·et 2. ['krɪkɪt] *s sport* krykiet
crime [kraɪm] *s* zbrodnia
crim·i·nal ['krɪmənl] *adj* zbrodniczy, kryminalny; *s* zbrodniarz
crim·son ['krɪmzn] *s* karmazyn, purpura; *adj* karmazynowy; *vt vi* barwić (się) karmazynowo; *przen.* rumienić się
cringe [krɪndʒ] *vi* kulić się; nisko się kłaniać, płaszczyć się (**to sb** przed kimś); *s* uniżoność, płaszczenie się
crin·kle ['krɪŋkl] *s* fałda, zmarszczka; *vt vi* marszczyć (się), fałdować (się), zwijać (się)
crip·ple ['krɪpl] *s* kaleka, inwalida; *vt* przyprawiać o kalectwo; paraliżować; uszkadzać
cri·sis ['kraɪsɪs] *s* (*pl* **crises** ['kraɪsiːz]) kryzys
crisp [krɪsp], **crisp·y** ['krɪspɪ] *adj* kędzierzawy; kruchy; (*o powietrzu*) orzeźwiający; żywy, jędrny (*np. styl*); *vt vi* zwijać (się), skręcać (się); stawać się kruchym
cri·te·ri·on [kraɪ'tɪərɪən] *s* (*pl* **criteria** [kraɪ'tɪərɪə]) kryterium
crit·ic ['krɪtɪk] *s* krytyk; recenzent
crit·i·cal ['krɪtɪkl] *adj* krytyczny
crit·i·cism ['krɪtɪsɪzm] *s* krytyka; krytycyzm; recenzja, ocena
crit·i·cize ['krɪtɪsaɪz] *vt* krytykować; recenzować
cri·tique [krɪ'tiːk] *s* krytyka; recenzja
croak [krəʊk] *vi* (*o żabach*) rechotać; (*o wronach*) krakać; *pot.* zdechnąć, wykitować; *s* rechot, krakanie
cro·chet ['krəʊʃeɪ] *s* robota szydełkowa; *vt vi* szydełkować
crock·er·y ['krɒkərɪ] *s zbior.* naczynia (*gliniane, fajansowe itp.*)
croc·o·dile ['krɒkədaɪl] *s zool.* krokodyl
cro·ny ['krəʊnɪ] *s pot.* bliski przyjaciel, kompan
crook [krʊk] *s* hak; zagięcie; kij (pasterski); *pot.* oszust; **by hook or by ~** wszelkimi sposobami; *vt vi* skrzywić (się), zgiąć (się)
crook·ed 1. [krʊkt] *pp zob.* **crook** *v*

crook·ed 2. ['krʊkɪd] *adj* kręty, krzywy, zgięty; nieuczciwy, przewrotny

crop [krɒp] *s* urodzaj, zbiór, plon; masa, stos; krótko ostrzyżone włosy; *vt* ścinać, strzyc, skubać; zbierać (*plon*); uprawiać, siać, sadzić; *vi* obrodzić, dawać plon; **~ up** zjawić się nagle

cross [krɒs] *s dosł. i przen.* krzyż; skrzyżowanie; *adj* krzyżowy; poprzeczny; przecinający (się), krzyżujący (się); niepomyślny, przeciwny; zły, rozgniewany; ***to be ~*** gniewać się (***with sb*** na kogoś); *vt* krzyżować (*ręce, rasy, plany itd.*); przecinać; przejść (***sth*** przez coś); przejechać (***sth*** przez coś); przechodzić, przeprawić się na drugą stronę; przekreślić; udaremnić; ***~ off, out*** skreślić, wykreślić; *vr* ***~ oneself*** przeżegnać się; *vi* krzyżować się, przecinać się; rozmijać się

cross·bar ['krɒsbɑː] *s* poprzeczka

cross·breed ['krɒsbriːd] *vt* krzyżować (*gatunki, rasy*); *s* krzyżówka (*ras, gatunków*); mieszaniec

cross-coun·try [ˌkrɒs'kʌntrɪ] *adj attr i adv* na przełaj

cross-ex·am·i·na·tion ['krɒsɪgˌzæmɪ'neɪʃn] *s* badanie (*sądowe*) za pomocą krzyżowych pytań

cross-ex·am·ine [ˌkrɒsɪg'zæmɪn] *vt* badać za pomocą krzyżowych pytań

cross·ing ['krɒsɪŋ] *s* skrzyżowanie; przejście przez ulicę; przepłynięcie przez morze; przeprawa; ***border ~*** przejście graniczne

cross-ref·er·ence [ˌkrɒs'refrəns] *s* odsyłacz

cross·roads ['krɒsrəʊdz] *s pl* skrzyżowanie dróg, rozdroże; *dosł. i przen.* rozstaje

cross-sec·tion [ˌkrɒs'sekʃn] *s* przekrój

cross·word ['krɒswɜːd] *s* (*także* ***~ puzzle***) krzyżówka

crotch [krɒtʃ] *s anat.* krocze; rozwidlenie; drzewo rozwidlone

crotch·et ['krɒtʃɪt] *s* hak; kaprys; dziwactwo; *muz.* ćwierćnuta

crouch [kraʊtʃ] *vi* przysiąść, skulić się, kucnąć; *s* kucnięcie, skulenie się

crow 1. [krəʊ] *s* wrona, gawron

crow 2. [krəʊ] *vi* piać; triumfować (***over sb*** nad kimś)

crow·bar ['krəʊbɑː] *s* łom, drąg żelazny

crowd [kraʊd] *s* tłum, tłok; stos (*rzeczy*); *vt vi* tłoczyć (się), pchać (się), zapchać

crown [kraʊn] *s* korona; wieniec; szczyt; ciemię; *vt* koronować, wieńczyć

cru·cial ['kruːʃl] *adj* decydujący, krytyczny

cru·ci·ble ['kruːsəbl] *s* tygiel; *przen.* ciężka próba

cru·ci·fix ['kruːsɪfɪks] *s* krucyfiks

cru·ci·fy ['kruːsɪfaɪ] *vt* ukrzyżować

crude [kruːd] *adj* surowy, niedojrzały; nie obrobiony; nieokrzesany, szorstki, brutalny

cru·el ['kruːəl] *adj* okrutny

cru·el·ty ['kruːəltɪ] *s* okrucieństwo

cru·et ['kruːɪt] *s* pojemnik na przyprawy; buteleczka (*na ocet, oliwę itp.*)

cruise [kruːz] *vi* (*zw. o statku*) krążyć; *s* krążenie po morzu, podróż morska, rejs

cruis·er ['kruːzə] *s* krążownik

crumb [krʌm] *s* okruszyna; *przen.* odrobina; *vt* kruszyć

crum·ble ['krʌmbl] *vt vi* kruszyć (się), rozpadać się

crumb·y ['krʌmɪ] *adj* pulchny

crum·ple ['krʌmpl] *vt vi* miąć (się), marszczyć (się), gnieść (się)

crunch [krʌntʃ] *vt* gryźć, chrupać; *vi* chrzęścić, skrzypieć; *s* chrupanie; chrzest, skrzypienie

cru·sade [kruː'seɪd] *s hist.* wojna krzyżowa, krucjata (*także przen.*);

C

vi uczestniczyć w wyprawie krzyżowej

crush [krʌʃ] *vt vi* gnieść (się), miażdżyć; niszczyć; tłoczyć (się); *s* tłok, ścisk; kruszenie, miażdżenie

crust [krʌst] *s* skórka (*np. na chlebie*); skorupa; strup; osad; *vt vi* pokrywać (się) skorupą, zaskorupiać (się)

crus·ta·cean [krʌ'steɪʃn] *s* skorupiak

crutch [krʌtʃ] *s* kula (*dla kaleki*)

cry [kraɪ] *vi* krzyczeć; płakać; ***to ~ for the moon*** żądać gwiazdki z nieba; *s* krzyk; wołanie; hasło; płacz

cry·ba·by ['kraɪˌbeɪbɪ] *s pot.* beksa

crys·tal ['krɪstl] *s* kryształ; *adj* kryształowy; krystaliczny

crys·tal·lize ['krɪstəlaɪz] *vt vi* krystalizować (się)

cub [kʌb] *s* szczenię, młode (*u zwierząt*)

cube [kju:b] *s* sześcian; kostka (*lodu, cukru*); *vt mat.* podnosić do sześcianu

cu·bic ['kju:bɪk] *adj* sześcienny, kubiczny

cuck·oo ['kʊku:] *s* kukułka

cu·cum·ber ['kju:kʌmbə] *s* ogórek

cud·dle ['kʌdl] *vt vi* tulić (się)

cudg·el ['kʌdʒl] *s* pałka, maczuga; *vt* okładać pałką

cue 1. [kju:] *s* kij bilardowy

cue 2. [kju:] *s* napomknienie, wskazówka; *teatr* replika

cuff 1. [kʌf] *s* mankiet

cuff 2. [kʌf] *s* uderzenie dłonią <pięścią>; kułak; *vt* uderzyć pięścią <dłonią>

cu·li·na·ry ['kʌlɪnərɪ] *adj* kulinarny

cull [kʌl] *vt* zbierać, zrywać (*kwiaty itp.*); przebierać

cu·lottes [kju:'lɒts] *s pl* krótkie damskie spodnie (*szyte w formie spódnicy*)

cul·mi·nate ['kʌlmɪneɪt] *vi* osiągać szczyt

cul·pa·ble ['kʌlpəbl] *adj* winny; karygodny

cul·prit ['kʌlprɪt] *s* winowajca; podsądny

cult [kʌlt] *s* kult, cześć

cul·ti·vate ['kʌltɪveɪt] *vt dosł. i przen.* kultywować, uprawiać

cul·ti·vat·ed ['kʌltɪveɪtɪd] *zob.* ***cultivate***; *adj* kulturalny, wytworny, wyrobiony

cul·tur·al ['kʌltʃərəl] *adj* kulturalny

cul·ture ['kʌltʃə] *s* kultura; uprawa; hodowla

cul·tured ['kʌltʃəd] *adj* kulturalny, wykształcony

cum·ber ['kʌmbə] *vt* obciążać; zawadzać; krępować

cum·ber·some ['kʌmbəsəm] *adj* uciążliwy, nieporęczny

cum·in, cum·min ['kʌmɪn] *s* kmin(ek)

cu·mu·late ['kju:mjʊleɪt] *vt vi* gromadzić (się), kumulować (się)

cu·mu·la·tive ['kju:mjʊlətɪv] *adj* kumulacyjny, skumulowany, łączny

cun·ning ['kʌnɪŋ] *adj* podstępny, chytry; sprytny; zręczny; *s* chytrość; spryt; zręczność

cunt [kʌnt] *s wulg.* cipa, pizda

cup [kʌp] *s* filiżanka; kubek; kielich; (*także sport*) puchar

cup·board ['kʌbəd] *s* kredens; szafka

cup fi·nal ['kʌpˌfaɪnl] *s sport* finał(y) (*np. mistrzostw*)

cu·pid·i·ty [kju:'pɪdətɪ] *s* chciwość, zachłanność

cu·po·la ['kju:pələ] *s* kopuła

cur [kɜ:] *s* kundel; *przen.* łajdak

cu·rate ['kjʊərət] *s* wikary

cu·ra·tor [kjʊ'reɪtə] *s* opiekun; kustosz; kurator

curb(·stone) ['kɜ:b(stəʊn)] *s* = ***kerb(stone)***

curd [kɜ:d] *s* (*zw. pl* **~s**) twaróg; zsiadłe mleko

cur·dle ['kɜːdl] *vt vi* ścinać (się); (*o mleku*) zsiadać się; (*o krwi*) krzepnąć; *przen.* ścinać krew w żyłach
cure [kjʊə] *vt* leczyć; wędzić, konserwować; wulkanizować; *s* kuracja; lekarstwo; wyleczenie; konserwowanie; wulkanizacja
cur·few ['kɜːfjuː] *s* godzina policyjna; *hist.* dzwon wieczorny
cu·ri·os·i·ty [ˌkjʊərɪ'ɒsətɪ] *s* ciekawość, ciekawostka, osobliwość; unikat
cu·ri·ous ['kjʊərɪəs] *adj* ciekawy; osobliwy
curl [kɜːl] *s* zwój, skręt; lok, pukiel; *vt vi* kręcić (się), zwijać (się); fryzować; falować
curl·y ['kɜːlɪ] *adj* kędzierzawy, (*o włosach, o wodzie*) falujący
cur·rant ['kʌrənt] *s* porzeczka; rodzynek
cur·ren·cy ['kʌrənsɪ] *s* obieg; powszechne użycie (*wyrazów*); panowanie (*poglądów*); waluta
cur·rent ['kʌrənt] *adj* bieżący; obiegowy; powszechny; aktualny; *s* prąd; strumień; bieg; *elektr.* ***alternating ~ (AC)*** prąd zmienny; ***direct ~ (DC)*** prąd stały
cur·ric·u·lum [kə'rɪkjʊləm] *s* (*pl* ***curricula*** [kə'rɪkjʊlə]) program (nauki); ***~ vitae*** ['viːtaɪ] życiorys
curse [kɜːs] *s* przekleństwo; klątwa; *vt vi* przeklinać, kląć
cur·sor ['kɜːsə] *s komp.* kursor
cur·so·ry ['kɜːsərɪ] *adj* pobieżny, powierzchowny
curt [kɜːt] *adj* krótki, zwięzły; szorstki
cur·tail [kɜː'teɪl] *vt* skracać, obcinać, uszczuplać
cur·tain ['kɜːtn] *s* zasłona, firanka, kotara, kurtyna
curt·s(e)y ['kɜːtsɪ] *s* dyg
curve [kɜːv] *s* krzywa; wygięcie; zakręt; *vt vi* krzywić (się), zginać (się), zakręcać
cush·ion ['kʊʃn] *s* poduszka (*na kanapę*); podkładka, wyściółka
cus·tard ['kʌstəd] *s* krem (deserowy), rodzaj budyniu
cus·to·dy ['kʌstədɪ] *s* ochrona, opieka; areszt
cus·tom ['kʌstəm] *s* zwyczaj; nawyk; stałe kupowanie (w jednym sklepie); *pl* **~s** cło; *pl* ***Customs*** urząd celny
cus·tom·a·ry ['kʌstəmərɪ] *adj* zwyczajowy; zwyczajny
cus·tom·er ['kʌstəmə] *s* klient
cus·tom·ize ['kʌstəmaɪz] *vt* (*w zamówieniach*) uwzględniać życzenia klienta
cus·tom-house ['kʌstəmhaʊs] *s* urząd celny
cut** [kʌt] *vt* (cut, cut*** [kʌt]) krajać, ciąć, przecinać, ścinać; rąbać; skracać; obniżać, redukować (*ceny, płace itp.*); kosić, strzyc; ignorować; *vi* ciąć, dać się krajać; ***~ down*** obciąć, ściąć; ***~ in, into*** wtrącić się; wtargnąć; ***~ off*** odciąć, wyłączyć; przerwać; ***~ out*** wyciąć; opuścić; odrzucić; przestać (*palić, pić itp.*); ***~ up*** pokrajać, posiekać; ***to ~ open*** rozciąć; ***to ~ short*** przerwać; *pot.* ***to ~ and run*** szybko uciec, zwiać; *s* cięcie; krój; rana cięta, szrama; obcięcie, obniżenie (*ceny, płacy itp.*); odcięty kawałek (*np. mięsa*); ***short ~*** najkrótsza droga (na przełaj), skrót
cute [kjuːt] *adj* bystry, zdolny, sprytny; *am.* miły, pociągający
cut·let ['kʌtlət] *s* kotlet
cut·ter ['kʌtə] *s* przecinacz, przykrawacz; krojczy; kamieniarz; przyrząd do krajania; *mors.* kuter
cutthroat ['kʌtθrəʊt] *s* morderca, bandyta; *adj* bandycki; morderczy
cy·a·nide ['saɪənaɪd] *s* cyjanek
cy·ber·space ['saɪbəspeɪs] *s komp.* cyberprzestrzeń
cy·cle ['saɪkl] *s* cykl; rower; *vi* jeździć rowerem
cy·cling ['saɪklɪŋ] *s* kolarstwo

cy·clist ['saɪklɪst] *s* kolarz
cy·clone ['saɪkləʊn] *s* cyklon
cyl·in·der ['sɪlɪndə] *s* walec, wałek; *techn.* cylinder
cym·bal ['sɪmbl] *s muz.* czynel
cyn·ic ['sɪnɪk] *adj* cyniczny; *s* cynik
cyn·i·cal ['sɪnɪkl] *adj* cyniczny
cyn·i·cism ['sɪnɪsɪzm] *s* cynizm
cy·press ['saɪprəs] *s* cyprys
czar [zɑː] *s* car
Czech [tʃek] *adj* czeski; *s* Czech; język czeski

D

D

dab [dæb] *vt vi* lekko uderzać dłonią, dotknąć, przytknąć, musnąć, przyłożyć; *s* lekkie uderzenie, dotknięcie, muśnięcie
dab·ble ['dæbl] *vi* pluskać się; babrać się; interesować się powierzchownie (***in, at sth*** czymś); *vt* moczyć; chlapać
dad [dæd], **dad·dy** ['dædɪ] *s* tatuś; tata
daf·fo·dil ['dæfədɪl] *s bot.* żółty narcyz, żonkil
dag·ger ['dægə] *s* sztylet; *vt* zasztyletować
dai·ly ['deɪlɪ] *adj* dzienny, codzienny; *adv* dziennie, codziennie; *s* dziennik, gazeta
dain·ty ['deɪntɪ] *adj* wykwintny; delikatny; filigranowy; wybredny; *s* przysmak, frykas; *pl* ***dainties*** łakocie
dair·y ['deərɪ] *s* mleczarnia
dai·sy ['deɪzɪ] *s bot.* stokrotka
dal·ly ['dælɪ] *vi* próżnować, zabawiać się głupstwami; figlować, igrać
dam [dæm] *s* tama, grobla; *vt* zagrodzić, przegrodzić tamą
dam·age ['dæmɪdʒ] *s* szkoda, uszkodzenie; *pl* ***~s*** *prawn.* odszkodowanie; *vt* uszkodzić, popsuć; zaszkodzić (***sb*** komuś)
damn [dæm] *vt* potępiać, przeklinać; ganić; *wulg.* ***~ it!*** cholera!, psiakrew!; ***~ you!*** pocałuj mnie gdzieś!; niech cię szlag trafi!; ***I don't care a ~!*** gwiżdżę na to!
damned [dæmd] *pp i adj pot. uj.* przeklęty, cholerny; *adv pot. uj.* cholernie, wściekle, diabelnie
damp [dæmp] *adj* wilgotny, parny; *s* wilgoć; *przen.* przygnębienie; *vt* zwilżyć; stłumić; ***~ down*** przytłumić; zniechęcić
dance [dɑːns] *vt vi* tańczyć; *s* taniec; zabawa, bal
danc·er ['dɑːnsə] *s* tancerz
danc·ing ['dɑːnsɪŋ] *s* taniec; *adj attr* taneczny
dan·de·li·on ['dændɪlaɪən] *s bot.* mlecz
dan·druff ['dændrʌf] *s* łupież
dan·dy ['dændɪ] *s* elegant, strojniś
Dane [deɪn] *s* Duńczyk
dan·ger ['deɪndʒə] *s* niebezpieczeństwo
dan·ger·ous ['deɪndʒərəs] *adj* niebezpieczny
dan·gle ['dæŋgl] *vt vi* huśtać (się), dyndać; nadskakiwać (***about*** <***after, around***> ***sb*** komuś); nęcić (***sth before sb*** kogoś czymś)
Dan·ish ['deɪnɪʃ] *adj* duński; *s* język duński
dap·per ['dæpə] *adj* żywy, zwinny; elegancko ubrany; fertyczny
dap·ple ['dæpl] *adj* cętkowany, łaciaty; *vt* nakrapiać (*farbą*), cętkować
dare [deə] *vt vi* śmieć, odważyć się, stawiać czoło, odważnie podjąć się czegoś; wyzwać; ***I ~ say*** śmiem twierdzić, sądzę; ***I ~***

swear założę się; ***I ~ you to say it again!*** tylko spróbuj powiedzieć to jeszcze raz!
dare·dev·il ['deəˌdevl] *s* śmiałek; *adj attr* odważny do szaleństwa
dar·ing ['deərɪŋ] *adj* śmiały, odważny; *s* śmiałość, odwaga
dark [dɑːk] *adj* ciemny; ponury; ukryty; ***it is growing ~*** robi się ciemno; ***to keep sth ~*** trzymać coś w tajemnicy; *s* ciemność, zmrok
dark·en ['dɑːkən] *vi vt* ciemnieć, zaciemniać (się); zasępiać (się)
dark·ness ['dɑːknəs] *s* ciemność; ciemnota
dar·ling ['dɑːlɪŋ] *s* ukochany, ulubieniec; *pieszcz.* kochanie; *adj* drogi, kochany
darn [dɑːn] *vt* cerować; ***~ it!*** do licha z tym!
dart [dɑːt] *s* żądło; strzałka; nagły ruch, zryw; *vt vi* rzucić (się), cisnąć
darts [dɑːts] *s pl* rzutki (*zabawa sportowa*)
dash [dæʃ] *vt* rzucić, cisnąć; roztrzaskać; spryskać, ochlapać; zniweczyć; zmieszać (*coś z czymś*); wprawić w zakłopotanie, zmieszać (*kogoś*); *vi* uderzyć się; rzucić się; przebiec; ***~ off*** szybko nakreślić; ***~ out*** wykreślić; wybiec; *s* cios; atak, napaść; werwa; plusk; domieszka; barwna plamka; *druk.* myślnik; ***to make a ~*** rzucić się (***at sb, sth*** na kogoś, coś)
dash·board ['dæʃbɔːd] *s* tablica rozdzielcza (*w samochodzie*)
data *zob.* ***datum***
da·ta·base ['deɪtəˌbeɪs] *s komp.* baza danych
date 1. [deɪt] *s* data; *am.* spotkanie (umówione); *pot.* randka; ***to ~*** do tej pory, po dzień dzisiejszy; ***out of ~*** przestarzały, niemodny; ***up to ~*** nowoczesny, modny; *vt vi* datować (się)
date 2. [deɪt] *s bot.* daktyl
dat·er ['deɪtə] *s* datownik
da·tive ['deɪtɪv] *s gram.* celownik
da·tum ['deɪtəm] *s* (*pl* ***data*** ['deɪtə]) dany fakt <szczegół *itp.*>; *zw. pl* ***data*** dane
daub [dɔːb] *vt* mazać, bazgrać; oblepiać; pokrywać; *s* smar, plama; *pot.* bohomaz
daugh·ter ['dɔːtə] *s* córka
daugh·ter-in-law ['dɔːtərɪnlɔː] *s* synowa
daunt [dɔːnt] *vt* zastraszyć, nastraszyć; zrazić
daw·dle ['dɔːdl] *vi* mitrężyć, marnować czas, guzdrać się; *vt* ***~ away*** marnować (czas)
dawn [dɔːn] *s* świt; *vi* świtać
day [deɪ] *s* dzień; doba; ***~ off*** dzień wolny (od pracy); ***work by the ~*** praca na dniówki; ***by ~*** za dnia; ***~ by ~*** dzień w dzień; ***the ~ before yesterday*** przedwczoraj; ***the ~ after*** nazajutrz; ***the other ~*** kilka dni temu; ***this ~ week*** od dziś za tydzień
day·break ['deɪbreɪk] *s* brzask
day·dream ['deɪdriːm] *s* sen na jawie; *vi* śnić na jawie
day·light ['deɪlaɪt] *s* światło dzienne
day-nurs·er·y ['deɪˌnɜːsərɪ] *s* żłobek (*dla dzieci*)
day·time ['deɪtaɪm] *s* (biały) dzień
daze ['deɪz] *vt* oszałamiać, ogłupiać
daz·zle ['dæzl] *vt* oślepić (*blaskiem*), olśnić
dead [ded] *adj* zmarły; *dosł. i przen.* martwy; całkowity, bezwzględny, pewny; głuchy, obojętny (***to sth*** na coś); ***~ certainty*** zupełna pewność; ***~ hours*** głucha noc; ***~ loss*** kompletna strata; ***~ ringer*** sobowtór; ***to be ~*** nie funkcjonować; ***to come to a ~ stop*** nagle zatrzymać się; *adv* całkowicie, kompletnie; ***~ drunk*** kompletnie pijany; ***~ tired*** śmiertelnie zmęczony; *s* martwota; *w*

zwrotach: ***in the ~ of night*** w głęboką noc; ***in the ~ of winter*** w pełni zimy; *pl* ***the ~*** zmarli

dead·line ['dedlaɪn] *s* nieprzekraczalny <ostateczny> termin

dead·lock ['dedlɒk] *s* zastój, impas, martwy punkt

dead·ly ['dedlɪ] *adj* śmiertelny; *adv* śmiertelnie

deaf [def] *adj* głuchy; ***~ and dumb*** głuchoniemy; ***to turn a ~ ear*** nie słuchać (***to sb, sth*** kogoś, czegoś)

deaf·en ['defn] *vt* ogłuszać

deaf-mute [ˌdef'mjuːt] *s* głuchoniemy

deal** [diːl] *vt* (dealt, dealt*** [delt]) dzielić; rozdawać (dary, karty); (*także* ***~ out***) wydzielać; zadawać (cios); *vi* załatwiać (***with sth*** coś), mieć do czynienia, rozprawiać się (***with sb*** z kimś); handlować (***by*** <***with***> ***sb*** z kimś), traktować (***by*** <***with***> ***sb*** kogoś); zajmować się (***with sth*** czymś); dotyczyć (***with sth*** czegoś); *s* interes, sprawa; postępowanie; rozdanie kart; część; ***a good*** <***great***> ***~*** wielka ilość, dużo; *pot.* ***it's a ~!*** zgoda!; załatwione!

deal·er ['diːlə] *s* kupiec, handlarz; rozdający karty (w grze); ***plain ~*** człowiek szczery <prostolinijny>

dean [diːn] *s* dziekan

dear [dɪə] *adj* drogi (kosztowny); *adv* drogo; *int* ***~ me!, oh ~!*** mój Boże!, czyżby?, ojej!

dearth [dɜːθ] *s* niedostatek

death [deθ] *s* śmierć

death rate ['deθreɪt] *s* śmiertelność

de·bar [dɪ'bɑː] *vt* wykluczyć, odsunąć; zakazać

de·bark [dɪ'bɑːk] *vt* = ***disembark***

de·bar·ka·tion [ˌdiːbɑː'keɪʃn] *s* wyładowanie (*towaru*); wysadzenie na ląd; wylądowanie

de·base [dɪ'beɪs] *vt* obniżać (*wartość*); poniżać

de·bate [dɪ'beɪt] *vt vi* omawiać, obmyślać, debatować (***sth, on sth*** nad czymś); *s* debata, dyskusja

de·bauch [dɪ'bɔːtʃ] *vt* psuć, deprawować; *s* rozpusta

de·bauch·er·y [dɪ'bɔːtʃərɪ] *s* rozpusta, rozwiązłość

de·ben·ture [dɪ'bentʃə] *s bryt.* obligacja

de·bil·i·tate [dɪ'bɪlɪteɪt] *vt* podciąć siły, osłabić

de·bil·i·ty [dɪ'bɪlətɪ] *s* niemoc, osłabienie

deb·it ['debɪt] *s* strona rachunku „winien"; *vt* obciążyć (*rachunek*) kwotą

de·bris ['deɪbriː] *s zbior.* gruzy, rumowisko; szczątki

debt [det] *s* dług

debt·or ['detə] *s* dłużnik

de·bunk [ˌdiː'bʌnk] *adj pot.* odbrązawiać, demaskować

de·but ['deɪbjuː] *s* debiut

dec·ade ['dekeɪd] *s* dekada; dziesiątka

dec·a·dence ['dekədəns] *s* dekadencja, upadek

Dec·a·logue ['dekəlɒg] *s rel.* Dekalog

de·cant·er [dɪ'kæntə] *s* karafka

de·cay [dɪ'keɪ] *vi* gnić, rozpadać się, niszczeć; podupadać; *s* upadek, schyłek; gnicie, rozkład

de·cease [dɪ'siːs] *vi* umierać; *s* zgon

de·ceased [dɪ'siːst] *adj* zmarły; *s* nieboszczyk

de·ceit [dɪ'siːt] *s* fałsz, oszustwo

de·ceive [dɪ'siːv] *vt* zwodzić, oszukiwać

De·cem·ber [dɪ'sembə] *s* grudzień

de·cen·cy ['diːsnsɪ] *s* przyzwoitość

de·cent ['diːsnt] *adj dosł. i przen.* przyzwoity; ***a ~ income*** przyzwoity dochód

de·cep·tion [dɪ'sepʃn] *s* oszustwo, oszukaństwo; okłamanie
de·cep·tive [dɪ'septɪv] *adj* zwodniczy, oszukańczy
de·cide [dɪ'saɪd] *vt* rozstrzygać, decydować (***sth*** o czymś); *vi* postanawiać, decydować się (***on sth*** na coś)
de·cid·ed [dɪ'saɪdɪd] *pp i adj* zdecydowany; stanowczy; bezsporny
de·cid·u·ous [dɪ'sɪdʒʊəs] *adj* (*o drzewie*) liściasty
de·ci·mal ['desɪml] *adj* dziesiętny
de·ci·pher [dɪ'saɪfə] *vi* odcyfrować; rozwiązać (*zagadkę*)
de·ci·sion [dɪ'sɪʒn] *s* decyzja; zdecydowanie
de·ci·sive [dɪ'saɪsɪv] *adj* decydujący; stanowczy
deck [dek] *vt* pokrywać; zdobić; *s* pokład; piętro (*w tramwaju, autobusie*); deck (*gramofon <magnetofon> bez wzmacniacza*)
deck·chair ['dektʃeə] *s* leżak
de·claim [dɪ'kleɪm] *vt* deklamować
de·cla·ma·tion [ˌdeklə'meɪʃn] *s* deklamacja
dec·la·ra·tion [ˌdeklə'reɪʃn] *s* deklaracja; wypowiedzenie
de·clare [dɪ'kleə] *vt vi* oznajmiać, deklarować (się), oświadczać (się); wypowiadać (wojnę); zgłaszać (do oclenia)
de·clen·sion [dɪ'klenʃn] *s* odchylenie; upadek; *gram.* deklinacja
de·cline [dɪ'klaɪn] *vi* opaść, obniżać się; zmarnieć; chylić się ku upadkowi, podupadać; *vt* schylać; uchylać; odrzucać (*prośbę, wniosek*); *gram.* deklinować; *s* upadek; zanik; schyłek
de·cliv·i·ty [dɪ'klɪvətɪ] *s* pochyłość
de·com·pose [ˌdiːkəm'pəʊz] *vt vi* rozkładać (się)
dec·o·rate ['dekəreɪt] *vt* dekorować (*także kogoś* orderem); odnawiać (*pokój*)
de·co·ra·tor ['dekəreɪtə] *s* dekorator; malarz pokojowy
de·co·rous ['dekərəs] *adj* przyzwoity, odpowiedni, stosowny
de·coy [dɪ'kɔɪ] *vt* wabić; wciągać w pułapkę; *s* ['diːkɔɪ] przynęta; pułapka
de·crease [dɪ'kriːs] *vt vi* zmniejszać (się), obniżać (się), ubywać; *s* ['diːkriːs] ubytek, pomniejszenie
de·cree [dɪ'kriː] *s* dekret, rozporządzenie, wyrok, postanowienie; zarządzenie; *vt* postanawiać, dekretować, zarządzać; (*o losie*) zrządzić
de·crep·it [dɪ'krepɪt] *adj* rozpadający się; (*o człowieku*) zgrzybiały
de·cry [dɪ'kraɪ] *vt* popsuć opinię, oczernić
ded·i·cate ['dedɪkeɪt] *vt* dedykować, poświęcać
ded·i·ca·tion [ˌdedɪ'keɪʃn] *s* dedykacja; poświęcenie
de·duce [dɪ'djuːs] *vt* wyprowadzać; wnioskować
de·duct [dɪ'dʌkt] *vt* odliczać, odciągać, odejmować, potrącać
de·duc·tion [dɪ'dʌkʃn] *s* dedukcja; wniosek; odliczenie, potrącenie; rabat
deed [diːd] *s* dzieło, czyn, uczynek; akt (prawny), dokument; **~ *of donation*** akt darowizny; ***authenticated*** **~** akt notarialny
deem [diːm] *vt vi* uważać, sądzić
deep [diːp] *adj* głęboki; pochłonięty (***in sth*** czymś); *s* głębia; *adv* głęboko
deep·en ['diːpən] *vt vi* pogłębiać (się)
deer [dɪə] *s* jeleń, łania *itp.*; *zbior.* zwierzyna płowa
def·a·ma·tion [ˌdefə'meɪʃn] *s* zniesławienie
de·fame [dɪ'feɪm] *vt* zniesławiać
de·fault [dɪ'fɔːlt] *s* uchybienie (*np. obowiązkom*), zaniedbanie; brak; nieobecność; *prawn.* niestawiennictwo; ***by*** **~** z powodu nieobecności, zaocznie; *vi* zaniedbać;

uchybić; nie dotrzymać zobowiązania; nie stawić się w sądzie; *vt* skazać zaocznie; *adj komp.* domyślny

de·feat [dɪ'fiːt] *s* porażka; zniszczenie; *prawn.* anulowanie, kasacja; *vt* pokonać, pobić, zniszczyć; udaremnić; *prawn.* anulować, skasować

def·e·cate ['defəkeɪt] *vi* wypróżniać się

de·fect ['diːfekt] *s* brak, wada, defekt

de·fec·tive [dɪ'fektɪv] *adj* wadliwy

de·fence, *am.* **de·fense** [dɪ'fens] *s* obrona; *prawn.* strona pozwana; obrońca

de·fend [dɪ'fend] *vt* bronić

de·fend·ant [dɪ'fendənt] *s prawn.* pozwany

de·fense *s* = ***defence***

de·fen·sive [dɪ'fensɪv] *adj* obronny; *s* defensywa; ***on the ~*** w defensywie

de·fer 1. [dɪ'fɜː] *vt* odwlekać, odkładać

de·fer 2. [dɪ'fɜː] *vi* ustępować, ulegać (przez szacunek); mieć wzgląd (***to sth*** na coś)

def·er·ence ['defrəns] *s* szacunek, respekt; uleganie

de·fi·ance [dɪ'faɪəns] *s* wyzwanie; opór; ***in ~ of...*** na przekór..., wbrew...

de·fi·ant [dɪ'faɪənt] *adj* wyzywający; oporny

de·fi·cien·cy [dɪ'fɪʃnsɪ] *s* brak, niedostatek, niedobór; słabość

de·fi·cient [dɪ'fɪʃnt] *adj* niedostateczny, wykazujący brak <niedobór>

def·i·cit ['defəsɪt] *s* deficyt; niedobór

de·file 1. [dɪ'faɪl] *vt* zanieczyszczać; profanować

de·file 2. ['diːfaɪl] *s* wąwóz; przełęcz

de·fine [dɪ'faɪn] *vt* określać, definiować

def·i·nite ['defnɪt] *adj* określony; stanowczy; ***~ article*** *gram.* rodzajnik określony

de·fi·ni·tion [ˌdefə'nɪʃn] *s* definicja, określenie

de·fin·i·tive [dɪ'fɪnətɪv] *adj* definitywny, stanowczy

de·fla·tion [dɪ'fleɪʃn] *s* wypuszczenie powietrza; *fin.* deflacja

de·form [dɪ'fɔːm] *vt* zniekształcać; szpecić

de·form·i·ty [dɪ'fɔːmətɪ] *vt* zniekształcenie; kalectwo; brzydota

de·fraud [dɪ'frɔːd] *vt* oszukiwać; nieuczciwie pozbawić (***sb of sth*** kogoś czegoś)

de·fray [dɪ'freɪ] *vt* opłacać, pokrywać koszty

de·frost [ˌdiː'frɒst] *vt vi* odmrażać (się); rozmrażać (się)

deft [deft] *adj* zwinny, zgrabny, zręczny

de·funct [dɪ'fʌŋkt] *adj* zmarły; nie istniejący, zlikwidowany

de·fy [dɪ'faɪ] *vt* przeciwstawiać się, opierać się (***sb, sth*** komuś, czemuś); wyzywać; ***to ~ description*** nie dać się opisać; być nie do opisania

de·gen·er·a·cy [dɪ'dʒenərəsɪ] *s* zwyrodnienie, degeneracja

de·gen·er·ate [dɪ'dʒenərət] *adj* zwyrodniały; zdegenerowany; *s* zwyrodnialec; degenerat; *vi* [dɪ'dʒenəreɪt] wyrodnieć, degenerować się

de·gra·da·tion [ˌdegrə'deɪʃn] *s* degradacja; poniżenie, upodlenie

de·grade [dɪ'greɪd] *vt vi* degradować (się); poniżać (się), upadlać; nikczemnieć

de·gree [dɪ'griː] *s* stopień; ***by ~s*** stopniowo

de·hy·drate [ˌdiːhaɪ'dreɪt] *vt* odwadniać

deign [deɪn] *vi* raczyć (coś zrobić)

de·i·ty ['deɪətɪ] *s* bóstwo

de·ject [dɪ'dʒekt] *vt* zniechęcić, przygnębić

de·jec·tion [dɪ'dʒekʃn] *s* zniechęcenie, przygnębienie
de·lay [dɪ'leɪ] *vi* zwlekać; *vt* odkładać; wstrzymywać; *s* zwłoka
del·e·gate ['delɪgeɪt] *vt* delegować; zlecać, udzielać; *s* ['delɪgət] delegat
del·e·ga·tion [ˌdelɪ'geɪʃn] *s* delegacja; delegowanie
de·lib·er·ate [dɪ'lɪbəreɪt] *vi* rozmyślać, naradzać się (***on*** <***upon***> ***sth*** nad czymś); *vt* rozważać (***sth*** coś); *adj* [dɪ'lɪbrət] rozmyślny; rozważny
de·lib·er·a·tion [dɪˌlɪbə'reɪʃn] *s* rozważanie; narada; przezorność, rozwaga
del·i·ca·cy ['delɪkəsɪ] *s* delikatność; wrażliwość; delikates
del·i·cate ['delɪkət] *adj* delikatny, czuły, wątły
de·li·cious [dɪ'lɪʃəs] *adj* pyszny, wyborny; rozkoszny
de·light [dɪ'laɪt] *vt vi* zachwycać (się), rozkoszować się (***in sth*** czymś); ***to be ~ed*** być zachwyconym, mieć wielką przyjemność (***at*** <***with***> ***sth*** w czymś); *s* rozkosz, radość
de·light·ful [dɪ'laɪtfl] *adj* rozkoszny, czarujący
de·lin·e·ate [dɪ'lɪnɪeɪt] *vt* naszkicować, nakreślić
de·lin·quen·cy [dɪ'lɪŋkwənsɪ] *s* zaniedbanie obowiązku; przestępczość; wykroczenie; ***juvenile ~*** przestępczość wśród nieletnich
de·lin·quent [dɪ'lɪŋkwənt] *s* delikwent; winowajca; przestępca; *adj* winny zaniedbania obowiązków; przestępczy
de·lir·i·ous [dɪ'lɪrɪəs] *adj* majaczący
de·liv·er [dɪ'lɪvə] *vt* uwolnić, wybawić; przekazać, doręczyć, oddać, dostarczyć; wygłosić (*mowę*); wymierzyć (*cios*); wydać (*rozkaz, bitwę*); pomóc przy porodzie, odebrać (*dziecko*); ***to be ~ed of a child*** urodzić dziecko
de·liv·er·ance [dɪ'lɪvrəns] *s* uwolnienie, wyzwolenie, oswobodzenie
de·liv·er·y [dɪ'lɪvrɪ] *s* doręczenie, oddanie, wydanie, dostawa; wygłoszenie (*mowy*); poród
de·lude [dɪ'luːd] *vt* łudzić, zwodzić, oszukiwać
del·uge ['deljuːdʒ] *s dosł. i przen.* potop
de·lu·sion [dɪ'luːʒn] *s* złuda, złudzenie
dem·a·gog·ic [ˌdemə'gɒdʒɪk] *adj* demagogiczny
dem·a·gogue ['deməgɒg] *s* demagog
de·mand [dɪ'mɑːnd] *vt* żądać; wymagać; pytać; *s* żądanie; wymaganie; zapotrzebowanie, popyt (***for sth*** na coś)
de·mean·our [dɪ'miːnə] *s* zachowanie (się), postawa
de·men·tia [dɪ'menʃə] *s* demencja
dem·i·john ['demɪdʒɒn] *s* gąsior, butla
de·mil·i·ta·rize [ˌdiː'mɪlɪtəraɪz] *vt* demilitaryzować
de·moc·ra·cy [dɪ'mɒkrəsɪ] *s* demokracja
dem·o·crat·ic [ˌdemə'krætɪk] *adj* demokratyczny
de·mol·ish [dɪ'mɒlɪʃ] *vt* burzyć, demolować; obalać
dem·o·li·tion [ˌdemə'lɪʃn] *s* zburzenie, rozbiórka; obalenie
de·mon ['diːmən] *s* demon
dem·on·strate ['demənstreɪt] *vt vi* wykazywać, udowadniać; demonstrować
dem·on·stra·tion [ˌdemən'streɪʃn] *s* przeprowadzenie dowodu; demonstracja
de·mon·stra·tive [dɪ'mɒnstrətɪv] *adj* demonstracyjny; udowadniający; *gram.* wskazujący (*zaimek*)
de·mor·al·i·za·tion [dɪˌmɒrəlaɪ'zeɪʃn] *s* demoralizacja, zdeprawowanie

D

den [den] *s* pieczara, nora, jaskinia; *przen.* schronienie
de·na·ture [dɪ'neɪtʃə] *vt* denaturować, skażać
de·na·tured [dɪ'neɪtʃəd] *adj* skażony (*np. alkohol*)
de·ni·al [dɪ'naɪəl] *s* zaprzeczenie, odmowa
den·im ['denɪm] *s* teksas; *pl* **~s** *pot.* dżinsy
den·i·zen ['denɪzn] *s* mieszkaniec
de·nom·i·nate [dɪ'nɒmɪneɪt] *vt* nazwać; określić
de·nom·i·na·tion [dɪˌnɒmɪ'neɪʃn] *s* nazwa; określenie; *rel.* wyznanie; jednostka (wagi *itp.*)
de·note [dɪ'nəʊt] *vt* oznaczać
de·nounce [dɪ'naʊns] *vt* oskarżać; wypowiadać (*np. umowę*)
dense [dens] *adj* gęsty; spoisty; tępawy (*na umyśle*)
den·si·ty ['densətɪ] *s* gęstość; spoistość
dent [dent] *s* wgniecenie, wklęśnięcie; *vt* wgnieść
den·tal ['dentl] *adj* zębowy, dentystyczny; *gram.* (*o głosce*) zębowy
den·tist ['dentɪst] *s* dentysta
den·ture ['dentʃə] *s* sztuczna szczęka, proteza
de·nude [dɪ'njuːd] *vt* obnażyć, ogołocić
de·nun·ci·a·tion [dɪˌnʌnsɪ'eɪʃn] *s* oskarżenie; wypowiedzenie (*np. umowy*)
de·ny [dɪ'naɪ] *vt* zaprzeczyć; odmówić; wyprzeć się (***sb, sth*** kogoś, czegoś)
de·o·do·rant [diː'əʊdrənt] *s* dezodorant
de·part [dɪ'pɑːt] *vi* wyruszać, odjeżdżać; odstąpić (***from sth*** od czegoś); odbiegać (*od tematu itp.*)
de·part·ment [dɪ'pɑːtmənt] *s* departament; wydział, katedra; oddział; *am.* ministerstwo; **~ *store*** dom towarowy
de·par·ture [dɪ'pɑːtʃə] *s* odstępstwo; odejście, odjazd; ***point of ~*** punkt wyjścia
de·pend [dɪ'pend] *vi* zależeć (***on sb, sth*** od kogoś, czegoś); liczyć, polegać (***on sb, sth*** na kimś, czymś)
de·pend·ence [dɪ'pendəns] *s* zależność; zaufanie
de·pend·en·cy [dɪ'pendənsɪ] *s* zależność; podległe terytorium; przyległość
de·pend·ent [dɪ'pendənt] *adj* zależny (***on sb, sth*** od kogoś, czegoś), podlegający; *s* człowiek zależny od kogoś <będący na czyimś utrzymaniu>; służący
de·pict [dɪ'pɪkt] *vt* malować, opisywać
de·plor·a·ble [dɪ'plɔːrəbl] *adj* godny pożałowania
de·plore [dɪ'plɔː] *vt* opłakiwać; wyrazić żal
de·port [dɪ'pɔːt] *vt* deportować; *vr* **~ *oneself*** zachowywać się
de·pose [dɪ'pəʊz] *vt* usuwać, składać (z tronu, urzędu); *vi* składać zeznanie
de·pos·it [dɪ'pɒzɪt] *s* depozyt; zastaw, kaucja; osad; złoże; *vt* deponować; składać; *chem.* strącać
dep·o·si·tion [ˌdepə'zɪʃn] *s* zeznanie; złożenie (z tronu, urzędu)
de·pos·i·tor [dɪ'pɒzɪtə] *s* depozytor, deponent
de·pot ['depəʊ] *s* skład; *am. także* ['diːpəʊ] dworzec (*kolejowy, autobusowy*)
de·prave [dɪ'preɪv] *vt* deprawować
dep·re·cate ['deprəkeɪt] *vt* potępiać, dezaprobować, ganić; odżegnywać się (***sth*** od czegoś)
de·pre·ci·ate [dɪ'priːʃɪeɪt] *vt vi* deprecjonować (się), tracić na wartości
de·press [dɪ'pres] *vt* tłumić, hamować; gnębić, przygnębiać; obniżać; naciskać
de·pres·sion [dɪ'preʃn] *s* depre-

sja, przygnębienie; obniżenie; zastój, kryzys
dep·ri·va·tion [ˌdeprɪ'veɪʃn] *s* pozbawienie; złożenie (z urzędu)
de·prive [dɪ'praɪv] *vt* pozbawiać (***sb of sth*** kogoś czegoś); złożyć (z urzędu)
depth [depθ] *s* głębokość, głąb, głębia
dep·u·ta·tion [ˌdepjʊ'teɪʃn] *s* deputacja
dep·u·ty ['depjʊtɪ] *s* delegat; zastępca, wice
de·rail [dɪ'reɪl] *vt vi* wykoleić (się)
de·range [dɪ'reɪndʒ] *vt* wprowadzać nieład, psuć, dezorganizować; doprowadzać do obłędu
de·ranged [dɪ'reɪndʒd] *pp i adj* umysłowo chory
de·range·ment [dɪ'reɪndʒmənt] *s* nieporządek; rozstrój (*żołądka*); obłęd
der·e·lict ['derəlɪkt] *adj* opuszczony, bezpański; niedbały
de·ride [dɪ'raɪd] *vt* wyśmiewać, szydzić
de·ri·sion [dɪ'rɪʒn] *s* wyśmiewanie, wyszydzanie
de·ri·sive [dɪ'raɪsɪv] *adj* kpiący, szyderczy
der·i·va·tion [ˌderɪ'veɪʃn] *s* pochodzenie; *gram.* derywacja
de·rive [dɪ'raɪv] *vt* dobywać, czerpać, wyprowadzać; *vi* pochodzić
der·o·gate ['derəgeɪt] *vi* pomniejszać (***from sth*** coś), przynosić ujmę
de·rog·a·to·ry [dɪ'rɒgətrɪ] *adj* pomniejszający (***from sth*** coś), przynoszący ujmę
de·scend [dɪ'send] *vi* schodzić; spadać; wyprowadzać; pochodzić; wywodzić się; *vt* zejść (***a hill*** *etc.* z góry *itp.*)
de·scend·ant [dɪ'sendənt] *s* potomek
de·scent [dɪ'sent] *s* zejście, zstąpienie; stok; spadek; pochodzenie
de·scribe [dɪ'skraɪb] *vt* opisywać, określić
de·scrip·tion [dɪ'skrɪpʃn] *s* opis
de·scrip·tive [dɪ'skrɪptɪv] *adj* opisowy; **~ *geometry*** geometria wykreślna
des·e·crate ['desɪkreɪt] *vt* profanować, plugawić
des·ert 1. ['dezət] *s* pustynia; *adj attr* pustynny
de·sert 2. [dɪ'zɜːt] *vt* opuszczać; *vi* dezerterować
de·ser·tion [dɪ'zɜːʃn] *s* opuszczenie; dezercja
de·serve [dɪ'zɜːv] *vt vi* zasłużyć (*sobie, się*)
de·sign [dɪ'zaɪn] *s* plan; zamiar; projekt; wzór; szkic; *vt* planować, zamierzać; przeznaczać; projektować; szkicować; rysować
de·sig·nate ['dezɪgneɪt] *vt* desygnować, wyznaczać
de·sign·ed·ly [dɪ'zaɪnɪdlɪ] *adv* umyślnie, celowo
de·sign·er [dɪ'zaɪnə] *s* rysownik, kreślarz; projektant
de·sir·a·ble [dɪ'zaɪərəbl] *adj* pożądany; pociągający
de·sire [dɪ'zaɪə] *s* pragnienie, życzenie; żądza; *vt* pragnąć, życzyć sobie, pożądać
de·sir·ous [dɪ'zaɪərəs] *adj* pragnący; ***to be ~ of sth*** pragnąć czegoś
de·sist [dɪ'zɪst] *vi* zaniechać, zaprzestać (***from sth*** czegoś)
desk [desk] *s* pulpit; biurko; (*w szkole*) ławka; ***pay ~*** kasa
des·o·late ['desəleɪt] *vt* pustoszyć, niszczyć; trapić; *adj* ['desələt] opustoszały; samotny; niepocieszony, stroskany
des·o·la·tion [ˌdesə'leɪʃn] *s* spustoszenie; pustka; osamotnienie; strapienie
de·spair [dɪ'speə] *s* rozpacz; *vi* rozpaczać, tracić nadzieję (***of sth*** na coś)
des·patch [dɪ'spætʃ] *vt s* = ***dispatch***

D

des·pe·rate ['desprət] *adj* rozpaczliwy, beznadziejny; zdesperowany

des·per·a·tion [ˌdespə'reɪʃn] *s* rozpacz

des·pi·ca·ble [dɪ'spɪkəbl] *adj* godny pogardy, podły

de·spise [dɪ'spaɪz] *vt* pogardzać

de·spite [dɪ'spaɪt] *praep* mimo, wbrew

de·spond·ent [dɪ'spɒndənt] *adj* przygnębiony, zniechęcony

des·pot ['despɒt] *s* despota

des·sert [dɪ'zɜːt] *s* deser

des·ti·na·tion [ˌdestɪ'neɪʃn] *s* cel, przeznaczenie, miejsce przeznaczenia, adres

des·tine ['destɪn] *vt* przeznaczać

des·ti·ny ['destɪnɪ] *s* przeznaczenie

des·ti·tute ['destɪtjuːt] *adj* cierpiący na brak (*czegoś*); pozbawiony środków do życia; ogołocony

des·ti·tu·tion [ˌdestɪ'tjuːʃn] *s* nędza

de·stroy [dɪ'strɔɪ] *vt* niszczyć, burzyć

de·stroy·er [dɪ'strɔɪə] *s mors.* niszczyciel

de·struc·tion [dɪ'strʌkʃn] *s* zniszczenie, zburzenie; zabicie

de·struc·tive [dɪ'strʌktɪv] *adj* niszczycielski; destrukcyjny, zgubny

des·ul·to·ry ['desltərɪ] *adj* przypadkowy, bezładny, chaotyczny

de·tach [dɪ'tætʃ] *vt* oddzielać, odłączać, odrywać; odkomenderować

de·tach·ment [dɪ'tætʃmənt] *s* oddzielenie; odłączenie, oderwanie; oddział; odosobnienie; bezstronność; *wojsk.* ***on ~*** odkomenderowany

de·tail ['diːteɪl] *s* szczegół; ***in ~*** szczegółowo

de·tain [dɪ'teɪn] *vt* zatrzymywać; wstrzymywać; trzymać w areszcie

de·tect [dɪ'tekt] *vt* odkrywać; wykrywać

de·tec·tion [dɪ'tekʃn] *s* odkrycie; wykrycie

de·tec·tive [dɪ'tektɪv] *adj* wywiadowczy; detektywistyczny; *s* detektyw

de·ten·tion [dɪ'tenʃn] *s* zatrzymanie, wstrzymanie; areszt

de·ter [dɪ'tɜː] *vt* odstraszać, powstrzymywać (***from sth*** od czegoś)

de·ter·gent [dɪ'tɜːdʒənt] *s* detergent, proszek czyszczący <do prania>

de·te·ri·o·rate [dɪ'tɪərɪəreɪt] *vt vi* zepsuć (się), pogorszyć (się); deprecjonować; tracić na wartości; podupaść

de·ter·mi·nant [dɪ'tɜːmɪnənt] *s mat.* wyznacznik; *adj* decydujący, miarodajny

de·ter·mi·na·tion [dɪˌtɜːmɪ'neɪʃn] *s* określenie; postanowienie; zdecydowanie

de·ter·mine [dɪ'tɜːmɪn] *vt vi* określać, ograniczać; decydować (się); postanawiać (***on sth*** coś); rozstrzygać; skłaniać (się) (***to do sth*** do zrobienia czegoś); ***~d*** zdecydowany (***on sth*** na coś)

de·test [dɪ'test] *vt* nienawidzić <nie cierpieć> (***sb, sth*** kogoś, czegoś)

de·test·a·ble [dɪ'testəbl] *adj* nienawistny, wstrętny

de·throne [dɪ'θrəun] *vt* detronizować

det·o·nate ['detəneɪt] *vt* wywoływać detonację; *vi* eksplodować

det·o·na·tion [ˌdetə'neɪʃn] *s* detonacja

de·tour ['diːtuə] *s* objazd

de·tract [dɪ'trækt] *vt vi* odciągać; pomniejszać (***from sth*** coś); szkodzić (***from sb's reputation*** czyjejś reputacji)

det·ri·ment ['detrɪmənt] *s* szkoda; ***to the ~ of sb*** ze szkodą <z krzywdą> dla kogoś

det·ri·men·tal [ˌdetrɪ'mentl] *adj* szkodliwy
deuce 1. [djuːs] *s* diabeł, licho
deuce 2. [djuːs] *s* dwójka (*w kartach itp.*); *sport* (*w tenisie*) równowaga
de·val·u·a·tion [diːˌvæljʊ'eɪʃn] *s* dewaluacja
dev·as·tate ['devəsteɪt] *vt* pustoszyć, dewastować
de·vel·op [dɪ'veləp] *vt vi* rozwijać (się); rozrastać się; nabawić się (*choroby*); popaść (*w nałóg, zwyczaj*); *fot.* wywoływać
de·vel·op·ment [dɪ'veləpmənt] *s* rozwój; *fot.* wywoływanie
de·vi·ate ['diːvɪeɪt] *vi* zboczyć, odchylić się
de·vice [dɪ'vaɪs] *s* plan, pomysł; urządzenie, przyrząd; dewiza; herb
dev·il ['devl] *s* diabeł; ***~'s advocate*** adwokat diabła; ***the ~!*** do diabła!
de·vi·ous ['diːvɪəs] *adj* okrężny; *dosł. i przen.* kręty
de·vise [dɪ'vaɪz] *vt* wymyślić, wynaleźć
de·void [dɪ'vɔɪd] *adj* próżny, pozbawiony (***of sth*** czegoś)
de·volve [dɪ'vɒlv] *vt* przenosić, przekazać (*prawa, odpowiedzialność itp.*)
de·vote [dɪ'vəʊt] *vt* poświęcać, oddawać się (*czemuś*)
de·vot·ed [dɪ'vəʊtɪd] *pp i adj* poświęcony, poświęcający się, oddany
dev·o·tee [ˌdevə'tiː] *s* miłośnik, wielbiciel; osoba głęboko wierząca
de·vo·tion [dɪ'vəʊʃn] *s* poświęcenie, oddanie (się); religijność; *pl* ***~s*** modlitwy
de·vour [dɪ'vaʊə] *vt* pożerać
de·vout [dɪ'vaʊt] *adj* pobożny; szczery
dew [djuː] *s* rosa
dex·ter·i·ty [dek'sterətɪ] *s* zręczność
dex·ter·ous, dex·trous ['dekstrəs] *adj* zręczny
di·a·be·tes [ˌdaɪə'biːtiːz] *s* cukrzyca
di·a·bol·ic(al) [ˌdaɪə'bɒlɪk(l)] *adj* diabelski, diaboliczny
di·ag·nose ['daɪəgnəʊz] *vt* rozpoznać (chorobę)
di·ag·no·sis [ˌdaɪəg'nəʊsɪs] *s* (*pl* ***diagnoses*** [ˌdaɪəg'nəʊsiːz]) diagnoza
di·ag·o·nal [daɪ'ægənl] *adj* przekątny; *s* przekątna
di·a·gram ['daɪəgræm] *s* diagram, wykres
di·al [daɪəl] *s* tarcza; zegar słoneczny; *vt* nakręcać numer (*na tarczy telefonu*)
di·a·lect ['daɪəlekt] *s* dialekt
di·a·lec·tic·al [ˌdaɪə'lektɪkl] *adj* dialektyczny
di·a·lec·tics [ˌdaɪə'lektɪks] *s* dialektyka
di·a·logue ['daɪəlɒg] *s* dialog
di·am·e·ter [daɪ'æmɪtə] *s* średnica
di·a·mond ['daɪəmənd] *s* diament; karo (*w kartach*)
di·a·per ['daɪəpə] *s am.* pielucha
di·a·phragm ['daɪəfræm] *s* przegroda; *anat.* przepona; *fot. fiz.* przesłona
di·ar·rh(o)e·a [ˌdaɪə'rɪə] *s med.* biegunka
di·a·ry ['daɪərɪ] *s* dziennik, pamiętnik
dice *zob.* ***die 2.***
dic·tate [dɪk'teɪt] *vt vi* dyktować; narzucać; rozkazywać; *s* nakaz (*np. sumienia*)
dic·ta·tion [dɪk'teɪʃn] *s* dyktando; dyktat
dic·ta·tor [dɪk'teɪtə] *s* dyktator
dic·ta·tor·ship [dɪk'teɪtəʃɪp] *s* dyktatura
dic·tion ['dɪkʃn] *s* dykcja; wysławianie się
dic·tion·a·ry ['dɪkʃənərɪ] *s* słownik
did *zob.* ***do***

di·dac·tic [dɪ'dæktɪk] *adj* dydaktyczny
di·dac·tics [dɪ'dæktɪks] *s* dydaktyka
die 1. [daɪ] *vi* umierać; ~ ***away*** <***down***> zamierać, zanikać; ~ ***out*** wymierać, wygasać
die 2. [daɪ] *s* (*pl* ***dice*** [daɪs]) kość do gry; *techn.* (*pl* ***dies*** [daɪz]) sztanca, matryca
diet 1. ['daɪət] *s* dieta; *vr* ~ ***oneself*** być na diecie
diet 2. ['daɪət] *s* sejm, parlament; sesja
di·e·ta·ry ['daɪətrɪ] *adj* dietetyczny; *s* wyżywienie
di·e·tet·ic [ˌdaɪə'tetɪk] *adj* dietetyczny
dif·fer ['dɪfə] *vi* różnić się (***from sb, sth*** od kogoś, czegoś); być innego zdania, nie zgadzać się
dif·fer·ence ['dɪfrəns] *s* różnica; spór
dif·fer·ent ['dɪfrənt] *adj* różny, odmienny
dif·fer·en·ti·ate [ˌdɪfə'renʃɪeɪt] *vt vi* różnicować (się), różnić się; odróżniać; *mat.* różniczkować
dif·fi·cult ['dɪfɪkəlt] *adj* trudny
dif·fi·cul·ty ['dɪfɪkəltɪ] *s* trudność
dif·fi·dent ['dɪfɪdənt] *adj* nie dowierzający własnym umiejętnościom; bojaźliwy
dif·fuse [dɪ'fjuːz] *vt vi* rozlewać, rozsiewać; rozprzestrzeniać (się), rozpowszechniać (się); *fiz.* przenikać; rozpraszać (się); *adj* [dɪ'fjuːs] rozprzestrzeniony; rozlany; rozsiany; (*o stylu*) rozwlekły; *fiz.* rozproszony
dif·fu·sion [dɪ'fjuːʒn] *s* rozlanie; rozproszenie (się); rozpowszechnianie (się); rozwlekłość (stylu); *fiz.* dyfuzja
dig** [dɪg] *vt vi* (dug, dug*** [dʌg]) kopać, ryć, wryć się; wbić; grzebać (***for sth*** w poszukiwaniu czegoś); ciężko nad *czymś* pracować, przeprowadzać badania
di·gest 1. [daɪ'dʒest] *vt* trawić; *przen.* obmyślić; streścić; pojąć, porządkować, klasyfikować; *vi* być strawnym
di·gest 2. ['daɪdʒest] *s* zbiór; wybór; wyciąg; streszczenie; kompendium
di·gest·i·ble [daɪ'dʒestəbl] *adj* strawny
di·ges·tion [daɪ'dʒestʃn] *s* trawienie
di·ges·tive [daɪ'dʒestɪv] *adj anat.* trawienny; (*o potrawie itp.*) strawny
dig·it ['dɪdʒɪt] *s* cyfra; *anat.* palec
di·gi·tal ['dɪdʒɪtl] *adj* cyfrowy
dig·ni·fied ['dɪgnɪfaɪd] *adj* godny, pełen godności
dig·ni·ty ['dɪgnətɪ] *s* godność
di·gress [daɪ'gres] *vi* odbiegać (*od tematu*); zbaczać (*z drogi*)
di·gres·sion [daɪ'greʃn] *s* dygresja
dike [daɪk] *s* tama; przekop
dil·i·gence ['dɪlɪdʒəns] *s* pilność
dil·i·gent ['dɪlɪdʒənt] *adj* pilny
dill [dɪl] *s bot.* koper
di·lute [daɪ'ljuːt] *vt* rozcieńczać; *adj* rozcieńczony
di·lu·tion [daɪ'ljuːʃn] *s* rozcieńczenie; roztwór
dim [dɪm] *adj* przyćmiony; mętny; wyblakły; niejasny; matowy; *vt vi* przyćmiewać; zaciemniać (się), zamazać (się)
dime [daɪm] *s am.* moneta dziesięciocentowa
di·men·sion [dɪ'menʃn] *s* wymiar, rozmiar
di·min·ish [dɪ'mɪnɪʃ] *vt vi* zmniejszać (się), pomniejszać (się), obniżać (się)
dim·i·nu·tion [ˌdɪmɪ'njuːʃn] *s* zmniejszanie, pomniejszenie; redukcja; obniżka
di·min·u·tive [dɪ'mɪnjʊtɪv] *adj* zdrobniały; drobny; *s* zdrobnienie
din [dɪn] *s* łoskot, hałas; *vt* ogłuszać; *vi* hałasować
dine [daɪn] *vi* jeść obiad; ~ ***out*** jeść obiad poza domem

din·gy ['dɪndʒɪ] *adj* niechlujny, brudny; mętny; ciemny
din·ing room ['daɪnɪŋrʊm] *s* jadalnia
din·ner ['dɪnə] *s* obiad (główny posiłek dnia, *zw.* wieczorem)
din·ner jack·et ['dɪnə,dʒækɪt] *s* smoking
di·no·saur ['daɪnəsɔː] *s zool.* dinozaur; wielki gad; *przen.* bezużyteczny gigant
di·o·cese ['daɪəsɪs] *s* diecezja
dip [dɪp] *vt vi* zanurzać (się), zamoczyć (się); pochylać (się); opadać; *s* kąpiel, nurkowanie; zanurzenie; opadnięcie, pochylenie
di·plo·ma [dɪ'pləʊmə] *s* dyplom
di·plo·ma·cy [dɪ'pləʊməsɪ] *s* dyplomacja
dip·lo·mat ['dɪpləmæt] *s* dyplomata
dip·lo·mat·ic [,dɪplə'mætɪk] *adj* dyplomatyczny
dire ['daɪə] *adj* straszny, okropny
di·rect [dɪ'rekt] *adj* prosty, bezpośredni; *elektr.* ***~ current*** prąd stały; *gram.* ***~ object*** dopełnienie bliższe; ***~ speech*** mowa niezależna; *vt* kierować, zarządzać; wskazać; zlecić; adresować; *muz.* dyrygować
di·rec·tion [dɪ'rekʃn] *s* kierunek; kierownictwo; zarządzanie; adres; instrukcja, wskazówka
di·rect·ly [dɪ'rektlɪ] *adv* prosto, wprost; bezpośrednio; zaraz, wkrótce; *conj* skoro tylko
di·rec·tor [dɪ'rektə] *s* dyrektor, kierownik, zarządca; *muz.* dyrygent; reżyser
di·rec·to·ry [dɪ'rektrɪ] *s* książka adresowa <telefoniczna *itp.*>; *am.* zarząd, dyrekcja
dir·i·gi·ble ['dɪrɪdʒəbl] *adj* sterowny, ze sterem; *s* sterowiec
dirt [dɜːt] *s* brud; błoto
dirt-cheap [,dɜːt'tʃiːp] *adj pot.* śmiesznie tani
dirt·y ['dɜːtɪ] *adj* brudny; *przen.* podły, wstrętny
dis·a·bil·i·ty [,dɪsə'bɪlətɪ] *s* niezdolność, niemożność; inwalidztwo
dis·a·ble [dɪs'eɪbl] *vt* uczynić niezdolnym, pozbawić sił, obezwładnić; uszkodzić; *prawn.* ubezwłasnowolnić; ***the ~d*** inwalidzi; ***~d soldier*** inwalida wojenny
dis·ad·van·tage [,dɪsəd'vɑːntɪdʒ] *s* wada; niekorzyść; niekorzystne położenie; szkoda
dis·af·fect [,dɪsə'fekt] *vt* zrażać, odpychać
dis·af·fec·tion [,dɪsə'fekʃn] *s* niezadowolenie, niechęć
dis·a·gree [,dɪsə'griː] *vi* nie zgadzać się; nie odpowiadać; (*o potrawie itp.*) nie służyć
dis·a·gree·a·ble [,dɪsə'griːəbl] *adj* nieprzyjemny
dis·a·gree·ment [,dɪsə'griːmənt] *s* niezgoda; niezgodność
dis·al·low [,dɪsə'laʊ] *vt* nie pozwalać; nie aprobować
dis·ap·pear [,dɪsə'pɪə] *vi* znikać; zginąć
dis·ap·pear·ance [,dɪsə'pɪərns] *s* zniknięcie; zginięcie
dis·ap·point [,dɪsə'pɔɪnt] *vt* rozczarować, zawieść; ***to be ~ed*** zawieść się (***in sb, sth*** na kimś, na czymś); być rozczarowanym, doznać zawodu (***at sth*** w czymś)
dis·ap·point·ment [,dɪsə'pɔɪntmənt] *s* rozczarowanie, zawód
dis·ap·prov·al [,dɪsə'pruːvl] *s* dezaprobata
dis·ap·prove [,dɪsə'pruːv] *vt vi* dezaprobować, nie pochwalać
dis·arm [dɪs'ɑːm] *vt vi* rozbroić (się)
dis·ar·ma·ment [dɪs'ɑːməmənt] *s* rozbrojenie
dis·ar·range [,dɪsə'reɪndʒ] *vt* wprowadzać nieład, rozprzęgać
dis·ar·ray [,dɪsə'reɪ] *vt* wprowadzać zamieszanie, dezorganizować; *s* zamęt, nieład
di·sas·ter [dɪ'zɑːstə] *s* nieszczęście, klęska

D

D

di·sas·trous [dɪ'zɑːstrəs] *adj* nieszczęsny, zgubny
dis·a·vow [ˌdɪsə'vaʊ] *vt* wyrzec, wyprzeć się
dis·band [dɪs'bænd] *vt vi* rozpuścić, rozproszyć (się), rozejść się
dis·be·lief [ˌdɪsbɪ'liːf] *s* niewiara
dis·be·lieve [ˌdɪsbɪ'liːv] *vt vi* nie wierzyć, nie dowierzać
dis·bur·den [dɪs'bɜːdn] *vt* odciążyć, uwolnić od ciężaru
dis·burse [dɪs'bɜːs] *vt* wypłacić, wyłożyć (pieniądze)
disc [dɪsk] *s* = ***disk***; **~ *jockey*** prezenter (muzyczny)
dis·card [dɪ'skɑːd] *vt* odsunąć; odrzucić, zarzucić
dis·cern [dɪ'sɜːn] *vt* rozróżniać; spostrzegać
dis·cern·ment [dɪ'sɜːnmənt] *s* zdolność rozróżniania; bystrość (umysłu), wnikliwość
dis·charge [dɪs'tʃɑːdʒ] *vt vi* wyładowywać; wypuszczać; wydzielać; spełniać (*obowiązki*); zwalczać; spłacać; wystrzelić; odbarwić; *s* ['dɪstʃɑːdʒ] wyładowanie; zwolnienie; spełnienie (*obowiązku*); wydzielanie; wystrzał; spłata
dis·ci·ple [dɪ'saɪpl] *s* uczeń
dis·ci·pline ['dɪsəplɪn] *s* dyscyplina; kara; *vt* utrzymywać w karności, ćwiczyć; karać
dis·claim [dɪs'kleɪm] *vt* wypierać się; zrzekać się (***sth*** czegoś)
dis·close [dɪs'kləʊz] *vt* odsłaniać, odkrywać, ujawniać
dis·clo·sure [dɪs'kləʊʒə] *s* odsłonięcie, odkrycie, ujawnienie
dis·co ['dɪskəʊ] = ***discotheque***
dis·col·our [dɪs'kʌlə] *vt vi* odbarwić (się)
dis·com·fit [dɪs'kʌmfɪt] *vt* zmieszać; udaremnić; pobić
dis·com·fort [dɪs'kʌmfət] *s* niewygoda; złe samopoczucie; niepokój
dis·con·cert [ˌdɪskən'sɜːt] *vt* wyprowadzić z równowagi; zdenerwować, zmieszać; udaremnić
dis·con·nect [ˌdɪskə'nekt] *vt* rozłączyć, odłączyć
dis·con·nect·ed [ˌdɪskə'nektɪd] *pp i adj* pozbawiony związku, chaotyczny
dis·con·tent [ˌdɪskən'tent] *s* niezadowolenie; *adj* niezadowolony; *vt* budzić niezadowolenie (***sb*** w kimś)
dis·con·tin·ue [ˌdɪskən'tɪnjuː] *vt* przestać, przerwać; *vi* ustać, skończyć się
dis·cord ['dɪskɔːd] *s* niezgoda, dysharmonia; *muz.* dysonans
dis·co·theque ['dɪskətek] *s* dyskoteka
dis·count ['dɪskaʊnt] *s bank.* dyskonto; *handl.* zniżka; ***at a ~*** ze zniżką; *vt* [dɪs'kaʊnt] dyskontować; odrzucać, pomijać
dis·cour·age [dɪs'kʌrɪdʒ] *vt* zniechęcić (***sb from sth*** kogoś do czegoś)
dis·course ['dɪskɔːs] *s* mowa; rozprawa; rozmowa; *vt* [dɪ'skɔːs] rozprawiać, rozmawiać
dis·cov·er [dɪ'skʌvə] *vt* odkrywać
dis·cov·er·y [dɪ'skʌvərɪ] *s* odkrycie; wynalazek
dis·cred·it [dɪs'kredɪt] *s* zła sława; niedowierzanie, nieufność; *vt* dyskredytować; nie ufać, nie dawać wiary
dis·creet [dɪ'skriːt] *adj* dyskretny; roztropny
dis·crep·an·cy [dɪs'krepənsɪ] *s* rozbieżność, niezgodność
dis·cre·tion [dɪ'skreʃn] *s* dyskrecja, takt; oględność, rozsądek; własne uznanie, wolna wola; ***at sb's ~*** zależnie od czyjegoś uznania
dis·crim·i·nate [dɪ'skrɪmɪneɪt] *vt* rozróżniać; dyskryminować
dis·crim·i·nat·ing [dɪ'skrɪmɪneɪtɪŋ] *adj* bystry, spostrzegawczy; szczególny
dis·crim·i·na·tion [dɪˌskrɪmɪ'neɪʃn] *s* dyskryminacja; rozróż-

nienie, rozeznanie; roztropność; ***racial ~*** dyskryminacja rasowa
dis·cus ['dɪskəs] *s sport.* dysk
dis·cuss [dɪ'skʌs] *vt* dyskutować (***sth*** nad czymś), roztrząsać, omawiać
dis·cus·sion [dɪ'skʌʃn] *s* dyskusja, omówienie
dis·dain [dɪs'deɪn] *vt* pogardzać; *s* pogarda
dis·ease [dɪ'ziːz] *s* choroba; ***occupational ~*** choroba zawodowa
dis·em·bark [ˌdɪsɪm'bɑːk] *vt* wyładować, wysadzać na ląd; *vi* wysiadać ze statku
dis·en·chant [ˌdɪsɪn'tʃɑːnt] *vt* rozczarować; odczarować
dis·en·gage [ˌdɪsɪn'geɪdʒ] *vt vi* uwolnić (się), odłączyć (się), rozluźniać (się)
dis·en·tan·gle [ˌdɪsɪn'tæŋgl] *vt vi* rozwikłać (się), rozplątać (się)
dis·es·tab·lish [ˌdɪsɪ'stæblɪʃ] *vt* oddzielić (kościół od państwa)
dis·fa·vour [dɪs'feɪvə] *s* niełaska; *vt* nieprzychylnie traktować
dis·fig·ure [dɪs'fɪgə] *vt* zniekształcić, szpecić
dis·fran·chise [dɪs'fræntʃaɪz] *vt* pozbawić praw obywatelskich (*zw. prawa głosowania*)
dis·grace [dɪs'greɪs] *s* hańba; niełaska; *vt* okryć hańbą; pozbawić łaski
dis·guise [dɪs'gaɪz] *s* przebranie; udawanie, maska; ***under the ~ of...*** pod płaszczykiem...; *vt* przebierać; maskować
dis·gust [dɪs'gʌst] *s* wstręt; *vt* napełniać wstrętem; ***to be ~ed*** czuć wstręt (***with sth*** do czegoś)
dish [dɪʃ] *s* półmisek; danie; ***~ drainer*** suszarka do naczyń
dis·har·mo·ny [dɪs'hɑːmənɪ] *s dosł. i przen.* dysharmonia
dis·heart·en [dɪs'hɑːtn] *vt* zniechęcić, odebrać odwagę
dis·hon·est [dɪs'ɒnɪst] *adj* nieuczciwy
dis·hon·our [dɪs'ɒnə] *s* hańba; niehonorowanie (*np. czeku*); *vt* hańbić; nie honorować (*czeku*)
dis·hon·our·a·ble [dɪs'ɒnrəbl] *adj* bez honoru; haniebny
dish·wash·er ['dɪʃˌwɒʃə] *s* pomywacz; maszyna do mycia naczyń, zmywarka
dis·il·lu·sion [ˌdɪsɪ'luːʒn] *s* rozczarowanie; *vt* rozczarować
dis·in·cli·na·tion [ˌdɪsɪnklɪ'neɪʃn] *s* niechęć
dis·in·cline [ˌdɪsɪn'klaɪn] *vt* odstręczać; ***to be ~d*** nie mieć chęci, nie być skłonnym
dis·in·fect [ˌdɪsɪn'fekt] *vt* dezynfekować
dis·in·her·it [ˌdɪsɪn'herɪt] *vt* wydziedziczyć
dis·in·te·grate [dɪs'ɪntɪgreɪt] *vt vi* rozkładać (się), rozdrabniać, rozpadać się
dis·in·ter·est·ed [dɪs'ɪntrəstɪd] *adj* bezinteresowny, bezstronny
dis·join [dɪs'dʒɔɪn] *vt vi* rozłączyć (się)
dis·joint [dɪs'dʒɔɪnt] *vt* zwichnąć, wywichnąć; rozłączyć; zakłócić (rytm)
disk, disc [dɪsk] *s* tarcza (*np. słońca*); krążek; płyta (gramofonowa); *komp.* dysk; ***hard ~*** dysk twardy; ***floppy ~*** dysk miękki; ***compact ~*** płyta kompaktowa, kompakt
dis·kette [dɪs'ket] *s komp.* dyskietka, dysk miękki
dis·like [dɪs'laɪk] *vt* nie lubić; *s* niechęć, antypatia
dis·lo·cate ['dɪsləkeɪt] *vt* przesunąć, przemieścić; zwichnąć; zaburzyć
dis·lo·ca·tion [ˌdɪslə'keɪʃn] *s* przesunięcie, przemieszczenie; zaburzenie; zwichnięcie
dis·lodge [dɪs'lɒdʒ] *vt* usunąć; wysiedlić; wyprzeć (*nieprzyjaciela*)
dis·loy·al [dɪs'lɔɪəl] *adj* nielojalny, niewierny

D

dis·mal ['dɪzml] *adj* ponury, przygnębiający

dis·man·tle [dɪs'mæntl] *vt* ogołocić, pozbawić (*np. części*); zdemontować

dis·may [dɪs'meɪ] *vt* przerażać; konsternować; *s* przerażenie, konsternacja

dis·mem·ber [dɪs'membə] *vt* rozczłonkować, rozebrać na części

dis·miss [dɪs'mɪs] *vt* pozbyć się; odsunąć; zwolnić; porzucić

dis·mis·sal [dɪs'mɪsl] *s* odsunięcie; porzucenie; zwolnienie, odprawa, dymisja

dis·mount [dɪs'maʊnt] *vi* zsiadać z konia; *vt* demontować; wysadzać (*np. z siodła*)

dis·o·be·dient [ˌdɪsə'biːdɪənt] *adj* nieposłuszny

dis·o·bey [ˌdɪsə'beɪ] *vt* nie słuchać (***sb*** kogoś), naruszać (*przepisy*); *vi* sprzeciwiać się (*komuś, rozkazom*)

dis·or·der [dɪs'ɔːdə] *s* nieporządek; zamieszki; *med.* zaburzenie; *vt* wprowadzać nieporządek; rozstroić

dis·or·der·ly [dɪs'ɔːdəlɪ] *adj* nieporządny; zakłócający porządek (publiczny); niesforny; rozwiązły

dis·own [dɪs'əʊn] *vt* nie uznawać, wypierać się

dis·par·age [dɪ'spærɪdʒ] *vt* ujemnie wyrażać się (***sb, sth*** o kimś, czymś), dyskredytować, uwłaczać

dis·par·i·ty [dɪ'spærətɪ] *s* nierówność, różnica

dis·pas·sion·ate [dɪ'spæʃnət] *adj* beznamiętny; bezstronny, obiektywny

dis·patch [dɪ'spætʃ] *vt* wysłać; załatwić; *s* przesyłka, ekspedycja; załatwienie; pośpiech

dis·pel [dɪ'spel] *vt* rozpędzić, rozproszyć, rozwiać

dis·pen·sa·ry [dɪ'spensərɪ] *s* apteka; przychodnia

dis·pense [dɪ'spens] *vt* wydawać, rozdzielać; wymierzać (*sprawiedliwość*); zwalniać, udzielać dyspensy; (*o lekarstwach*) sporządzać i wydawać; *vi* obchodzić się (***with sth*** bez czegoś)

dis·perse [dɪ'spɜːs] *vt vi* rozpędzić; rozproszyć (się); rozsypać (się), rozsiać; rozbiec się

dis·per·sion [dɪ'spɜːʃn] *s* rozproszenie (się); rozejście się; *fiz.* rozszczepienie, dyspersja; rozrzut

dis·place [dɪs'pleɪs] *vt* przenieść, przesunąć, przełożyć, przestawić; usuwać, wypierać; zastępować; ***~d person*** wysiedleniec, uchodźca

dis·place·ment [dɪs'pleɪsmənt] *s* przemieszczenie, przesunięcie; zastąpienie, wyparcie; *mors.* wyporność

dis·play [dɪ'spleɪ] *vt* rozwinąć, ujawnić, wystawić na pokaz, pokazać; *s* pokaz, wystawa; manifestowanie, popis

dis·please [dɪs'pliːz] *vt* nie podobać się (***sb*** komuś), urazić, narazić się (***sb*** komuś)

dis·pleas·ure [dɪs'pleʒə] *s* niezadowolenie, gniew

dis·po·sal [dɪ'spəʊzl] *s* rozporządzanie (***of sth*** czymś); rozkład; pozbycie się; usunięcie; ***at sb's ~*** do czyjejś dyspozycji

dis·pose [dɪ'spəʊz] *vt vi* rozkładać; rozporządzać, dysponować (***sth <of sth>*** czymś); usuwać, pozbywać się (***of sth*** czegoś); rozprawić się (***of sb, sth*** z kimś, czymś); skłonić (***sb to sth*** kogoś do czegoś)

dis·po·si·tion [ˌdɪspə'zɪʃn] *s* rozmieszczenie, rozkład; dyspozycja; usposobienie, skłonność; zarządzenie

dis·pos·sess [ˌdɪspə'zes] *vt* wywłaszczyć

dis·pro·por·tion·ate [ˌdɪsprə'pɔːʃnət] *adj* nieproporcjonalny

dis·prove [dɪs'pruːv] *vt* zbijać, obalać (*twierdzenie, zarzuty*)

dis·pu·ta·ble [dɪ'spjuːtəbl] *adj* sporny

dis·pute [dɪ'spjuːt] *vt vi* rozprawiać, dyskutować (***sth* <*about, on sth*>** nad czymś); kwestionować; walczyć (***sth*** o coś); spierać się, kłócić się; *s* ['dɪspjuːt] spór, dysputa, dyskusja; kłótnia

dis·qual·i·fy [dɪs'kwɒlɪfaɪ] *vt* dyskwalifikować

dis·qui·et [dɪs'kwaɪət] *adj* niespokojny; *s* niepokój; *vt* niepokoić

dis·re·gard [ˌdɪsrɪ'gɑːd] *vt* lekceważyć, nie zważać (***sth*** na coś); *s* lekceważenie

dis·rep·u·ta·ble [dɪs'repjʊtəbl] *adj* haniebny, niecny; (*o człowieku*) mający złą opinię; (*o ubraniu itp.*) nędzny, zdarty, zniszczony

dis·re·pute [ˌdɪsrɪ'pjuːt] *s* zła reputacja, niesława

dis·rupt [dɪs'rʌpt] *vt* rozrywać, rozwalić

dis·sat·is·fac·tion [dɪˌsætɪs'fækʃn] *s* niezadowolenie

dis·sat·is·fy [dɪ'sætɪsfaɪ] *vt* wywołać niezadowolenie (***sb*** u kogoś)

dis·sem·ble [dɪ'sembl] *vt vi* ukrywać; udawać

dis·sem·i·nate [dɪ'semɪneɪt] *vt* rozsiewać

dis·sen·sion [dɪ'senʃn] *s* niezgoda

dis·sent [dɪ'sent] *vi* nie zgadzać się, mieć odmienne poglądy; *s* różnica zdań <poglądów>; herezja

dis·sent·er [dɪ'sentə] *s* dysydent, heretyk

dis·sim·i·lar [dɪ'sɪmɪlə] *adj* niepodobny

dis·sim·u·late [dɪ'sɪmjʊleɪt] *vt vi* maskować (się), ukrywać; udawać

dis·si·pate ['dɪsɪpeɪt] *vt vi* rozpraszać (się); marnować (się), trwonić

dis·so·ci·ate [dɪ'səʊʃɪeɪt] *vt* rozdzielać, rozłączać; *vr* ~ ***oneself*** zrywać związek

dis·sol·u·ble [dɪ'sɒljʊbl] *adj* rozpuszczalny; (*o związku itd.*) rozerwalny

dis·so·lute ['dɪsəljuːt] *adj* rozwiązły

dis·so·lu·tion [ˌdɪsə'luːʃn] *s* rozkład; rozwiązanie (*np. spółki*)

dis·solve [dɪ'zɒlv] *vt vi* rozpuszczać (się); rozkładać (się); rozwiązywać (się); zrywać; zanikać

dis·suade [dɪ'sweɪd] *vt* odradzać (***sb from sth*** komuś coś)

dis·taff ['dɪstɑːf] *s* kądziel; ***on the ~ side*** po kądzieli

dis·tance ['dɪstəns] *s* odległość; *dosł. i przen.* dystans; *vt* dystansować; oddalać

dis·tant ['dɪstənt] *adj* odległy

dis·taste [dɪs'teɪst] *s* niesmak, wstręt (***for sth*** do czegoś)

dis·tend [dɪ'stend] *vt vi* rozciągać (się); rozdymać (się)

dis·til [dɪ'stɪl] *vt vi* destylować (się); sączyć (się)

dis·tinct [dɪ'stɪŋkt] *adj* różny; wyraźny, dobitny

dis·tinc·tion [dɪ'stɪŋkʃn] *s* odróżnienie; różnica, wyróżnienie (się), odznaczenie

dis·tinc·tive [dɪ'stɪŋktɪv] *adj* odróżniający; wyraźny, znamienny

dis·tin·guish [dɪ'stɪŋgwɪʃ] *vt* odróżniać, rozróżniać, wyróżniać; *vr* ~ ***oneself*** odznaczać się

dis·tin·guished [dɪ'stɪŋgwɪʃt] *adj* wybitny, znakomity; dystyngowany

dis·tort [dɪ'stɔːt] *vt* przekręcać, zniekształcać

dis·tract [dɪ'strækt] *vt* odciągać, odrywać (uwagę), rozpraszać; oszałamiać

dis·tract·ed [dɪ'stræktɪd] *adj* roztargniony

dis·trac·tion [dɪ'strækʃn] *s* roztargnienie; rozrywka; rozterka

dis·tress [dɪ'stres] *s* nieszczęście,

niedola, strapienie; bieda; krytyczna sytuacja; *vt* unieszczęśliwiać; trapić

dis·trib·ute [dɪ'strɪbjuːt] *vt* rozdzielać, dystrybuować, rozprowadzać, rozmieszczać

dis·tri·bu·tion [ˌdɪstrɪ'bjuːʃn] *s* rozdział, rozkład, dystrybucja

dis·trib·u·tor [dɪ'strɪbjuːtə] *s* dystrybutor; *handl.* rozprowadzający; *elektr.* rozdzielacz

dis·trict ['dɪstrɪkt] *s* okręg, obwód; dzielnica; okolica

dis·trust [dɪs'trʌst] *vt* nie dowierzać; *s* nieufność

dis·turb [dɪ'stɜːb] *vt* niepokoić, przeszkadzać; zakłócać

dis·turb·ance [dɪ'stɜːbəns] *s* zaburzenie, zakłócenie; niepokój

dis·u·nite [ˌdɪsjʊ'naɪt] *vt vi* rozłączać (się), rozdzielać (się)

dis·use [dɪs'juːs] *s* nieużywanie; zarzucenie; odzwyczajenie; ***to fall*** <***come***> ***into ~*** wyjść z użycia; *vt* [dɪs'juz] zarzucić, zaprzestać (*używania*)

ditch [dɪtʃ] *s* rów, kanał

dit·ty ['dɪtɪ] *s* piosenka

di·va·gate ['daɪvəgeɪt] *vi* błąkać się; odbiegać od tematu

dive [daɪv] *vi* zanurzyć (się), pogrążyć (się); *pot.* dać nura; nurkować; *lotn.* pikować; *s* nurkowanie, skok do wody

div·er ['daɪvə] *s* nurek

di·verge [daɪ'vɜːdʒ] *vi* odbiegać, rozbiegać się

di·verse [daɪ'vɜːs] *adj* rozmaity; odmienny

di·ver·si·fy [daɪ'vɜːsɪfaɪ] *vt* urozmaicać

di·ver·sion [daɪ'vɜːʃn] *s* odchylenie, odwrócenie; objazd; rozrywka; *wojsk.* dywersja

di·ver·si·ty [daɪ'vɜːsətɪ] *s* rozmaitość; urozmaicenie

di·vert [daɪ'vɜːt] *vt* odchylać, odciągać; zmieniać kierunek; zabawiać; odwracać uwagę

di·vest [daɪ'vest] *vt* pozbawiać (***of sth*** czegoś)

di·vide [dɪ'vaɪd] *vt vi* dzielić (się); *s geogr.* dział wód

div·i·dend ['dɪvɪdend] *s fin.* dywidenda; *mat.* dzielna

div·i·na·tion [ˌdɪvɪ'neɪʃn] *s* wróżenie; wróżba

di·vine 1. [dɪ'vaɪn] *vt* przepowiadać; domyślać się, zgadywać; *vi* wróżyć

di·vine 2. [dɪ'vaɪn] *adj* boski; *s* duchowny

di·vin·i·ty [dɪ'vɪnətɪ] *s* bóstwo; boskość; teologia

di·vis·i·ble [dɪ'vɪzəbl] *adj* podzielny

di·vi·sion [dɪ'vɪʒn] *s* podział; dział; przegroda; niezgoda; *mat.* dzielenie; *wojsk.* dywizja; *polit.* głosowanie (w parlamencie)

di·vi·sor [dɪ'vaɪzə] *s mat.* dzielnik

di·vorce [dɪ'vɔːs] *s* rozwód; *vt* rozwieść się (***sb*** z kimś)

diz·zy ['dɪzɪ] *adj* zawrotny, oszałamiający; cierpiący na zawrót głowy

do** [duː] *vt vi* (did*** [dɪd], ***done*** [dʌn]; *3 pers sing praes* ***does*** [dʌz]) robić, czynić, sporządzać, wykonywać; skończyć; mieć się, czuć się; wystarczyć, ujść; *pot.* zwiedzać; odgrywać (*rolę*); nabierać, oszukiwać; pełnić (*obowiązek*); przynosić (*np. zaszczyt*); załatwić; przyznawać (*np. rację*); uporządkować; przebywać (*odległość*); ***do away*** usunąć, znieść (***with sth*** coś); ***do up*** zapakować; uporządkować; przyrządzić; wykończyć; ***do without sth*** obejść się bez czegoś; ***do with sth*** zadowolić się czymś; ***to be done for*** <***up***> być wykończonym, być zmordowanym; ***to be doing well*** prosperować, rozwijać się, cieszyć się powodzeniem; ***to be doing badly*** nie mieć powodzenia; ***how do you do?*** dzień dobry, miło mi poznać;

v aux tworzy formę pytającą i przeczącą w czasach Present Simple i Simple Past: ***do you like him?*** czy lubisz go?; ***I did not like him*** nie lubiłam go; *zastępuje orzeczenie*: ***you play better than he does*** grasz lepiej od niego; ***do you smoke? I do <I don't>*** czy palisz? tak, palę <nie, nie palę>; *w zdaniach pytających* ***you don't like her, do you?*** nie lubisz jej, prawda?; ***you like her, don't you?*** lubisz ją, nieprawdaż?; *oznacza emfazę*: ***I did go*** przecież <jednak> poszedłem; ***do come!*** bardzo proszę, przyjdź!

do·cile ['dəusaɪl] *adj* uległy, posłuszny; łagodny; pojętny

do·cil·i·ty [dəu'sɪlətɪ] *s* uległość, posłuszeństwo; pojętność

dock 1. [dɒk] *s* dok; *vt* umieścić w doku, dokować

dock 2. [dɒk] *s* ława oskarżonych

dock 3. [dɒk] *vt* obcinać; kasować; ***to ~ a horse <a dog>*** przycinać ogon koniowi <psu>

dock·er ['dɒkə] *s* robotnik portowy, doker

dock·yard ['dɒkjɑːd] *s* stocznia

doc·tor ['dɒktə] *s* doktor; ***to call in the ~*** wezwać lekarza

doc·tor·ate ['dɒktərɪt] *s* doktorat

doc·u·ment ['dɒkjumənt] *s* dokument

dodge [dɒdʒ] *vt vi* wymijać; używać wykrętów; wymykać się; *s* wykręt; sztuczka; unik

dodg·er ['dɒdʒə] *s* krętacz, spryciarz

does *zob.* ***do***

dog [dɒg] *s* pies; ***to go to the ~s*** *pot.* zejść na psy; ***let sleeping ~s lie*** nie wywołuj wilka z lasu; *vt* tropić, śledzić

dog-cheap ['dɒgtʃiːp] *adj i adv pot.* tani <tanio> jak barszcz

dog·ged ['dɒgɪd] *adj* uparty, zawzięty

dog·ma ['dɒgmə] *s* dogmat

dog·mat·ic [dɒg'mætɪk] *adj* dogmatyczny

do·ing ['duːɪŋ] *ppraes i s* sprawa, sprawka; czyn, trud; *pl* ***~s*** poczynania; *pl* ***~s*** *bryt. pot.* coś, wihajster (*rzecz, której nazwa umknęła komuś z pamięci*)

do-it-your·self [ˌduːɪtjɔː'self] *s* zrób to sam (*umiejętność wykonywania różnych napraw*)

dole [dəul] *s* część, cząstka; zasiłek (dla bezrobotnych), zapomoga; ***to be on the ~*** pobierać zasiłek; *vt* (*zw.* ***~ out***) wydzielać

doll [dɒl] *s* lalka

dol·lar ['dɒlə] *s* dolar

do·main [dəu'meɪn] *s* domena; posiadłość, majątek ziemski

dome [dəum] *s* kopuła; sklepienie

do·mes·tic [də'mestɪk] *adj* domowy; wewnętrzny; krajowy, rodzimy; *s* służący

do·mes·ti·cate [də'mestɪkeɪt] *vt* oswajać; cywilizować; przywiązywać do domu

dom·i·cile ['dɒmɪsaɪl] *s* miejsce zamieszkania

dom·i·nant ['dɒmɪnənt] *adj* panujący, dominujący

dom·i·nate ['dɒmɪneɪt] *vt vi* panować; górować (***sb, sth <over sb, sth>*** nad kimś, czymś)

dom·i·neer [ˌdɒmɪ'nɪə] *vi* tyranizować, okazywać swą władzę

do·min·ion [də'mɪnɪən] *s* władza; dominium

dom·i·no ['dɒmɪnəu] *s* domino; *pl* ***~es*** gra w domino

do·na·tion [dəu'neɪʃn] *s* dar

done *zob.* ***do***

don·key ['dɒŋkɪ] *s* osioł

do·nor ['dəunə] *s* dawca; ***blood ~*** dawca krwi

doom [duːm] *s* los, przeznaczenie; *vt lit.* skazać, osądzać

door [dɔː] *s* drzwi; ***within ~s*** w domu; ***out of ~s*** poza domem, na dworze; ***next ~*** tuż obok

door·keep·er ['dɔːˌkiːpə] *s* dozorca, portier

D

door·way ['dɔːweɪ] *s* brama, wejście
dope [dəʊp] *s* smar; lakier; narkotyk; *vt* narkotyzować; dawać środek podniecający
dor·mant ['dɔːmənt] *adj* śpiący; bezczynny; w stanie zawieszenia
dor·mi·to·ry ['dɔːmɪtrɪ] *s* sala sypialna; *am.* dom studencki
dose [dəʊs] *s* doza, dawka; *vt* dawkować
dot [dɒt] *s* kropka; *vt* stawiać kropkę; kropkować; usiać (***with sth*** czymś); ***to ~ the „i"*** stawiać kropkę nad „i"
do·tage ['dəʊtɪdʒ] *s* zdziecinnienie (starcze)
doub·le ['dʌbl] *adj* podwójny, dwojaki, dwoisty; *s* podwójna ilość; sobowtór; dublet; *sport* gra podwójna, debel; *vt* podwoić, złożyć we dwoje; *teatr* dublować; (*w kartach*) kontrować; *vi* podwoić (się); ***to ~ up*** zgiąć (się), złożyć (się); *adv* podwójnie; we dwoje (*jechać, spać itd.*); ***~ as long*** dwa razy taki długi
doub·le bass [ˌdʌbl'beɪs] *s muz.* kontrabas
doub·le-breast·ed [ˌdʌbl'brestɪd] *adj* dwurzędowy (*kostium, marynarka*)
doub·le-deal·er [ˌdʌbl'diːlə] *s* człowiek dwulicowy, krętacz
doub·le-deck·er [ˌdʌbl'dekə] *s* autobus piętrowy; kanapka (*złożona z trzech kawałków chleba i podwójnej ilości wędliny, sera i warzyw*)
doub·le-mean·ing [ˌdʌbl'miːnɪŋ] *adj* dwuznaczny; *s* dwuznacznik
doubt [daʊt] *s* wątpliwość; ***out of ~, without <beyond, no> ~*** bez wątpienia; *vt vi* wątpić (***sth*** w coś; ***of <about> sth*** o czymś)
doubt·ful ['daʊtfl] *adj* wątpliwy; niepewny, niezdecydowany; podejrzany
dough [dəʊ] *s* ciasto; *pot.* kasa, szmal (*pieniądze*)
dove [dʌv] *s* gołąb (*także jako symbol*)
dove·cot, dove·cote ['dʌvkɒt] *s* gołębnik
dow·a·ger ['daʊɪdʒə] *s* wdowa (*dziedzicząca tytuł lub dobra*)
dow·dy ['daʊdɪ] *adj* (*zw. o kobiecie*) o zaniedbanym wyglądzie, niemodnie ubrana
down 1. [daʊn] *adv* w dole, w dół, nisko; ***~ to*** aż po; ***to be ~*** być powalonym, leżeć; być na liście; opaść; zawziąć się (***on sb*** na kogoś); być przygnębionym; *praep* w dół, na dół; po, z, wzdłuż; *adj* w dół, na dół; skierowany w dół; ***~ train*** pociąg ze stolicy na prowincję; *vt pot.* rozłożyć, położyć (*przeciwnika*); zrzucić, strącić; ***to ~ tools*** zastrajkować
down 2. [daʊn] *s* pagórkowata, nie zalesiona okolica; wydma
down 3. [daʊn] *s* puch; meszek
down·cast ['daʊnkɑːst] *adj* przygnębiony
down·fall ['daʊnfɔːl] *s* upadek; zguba
down·hill [ˌdaʊn'hɪl] *adv* z góry na dół; *s* ['daʊnhɪl] pochyłość, spadek
down·pour ['daʊnpɔː] *s* ulewa
down·right ['daʊnraɪt] *adj* całkowity; szczery, otwarty; istny; oczywisty; *adv* całkowicie, w pełni; otwarcie; po prostu
down·stairs [ˌdaʊn'steəz] *adv* w dół, na dół, ze schodów; na dole; podeptany; *przen.* uciskany
down·town [ˌdaʊn'taʊn] *s am.* centrum (handlowe) miasta; *adv am.* do <w kierunku> centrum
down·trod·den ['daʊnˌtrɒdn] *adj* podeptany; *przen.* uciskany
down·ward ['daʊnwəd] *adv* ku dołowi, w dół; *adj attr* skierowany <poruszający się> w dół, na dół
down·wards = ***downward*** *adv*
dow·ry ['daʊərɪ] *s* posag; talent

doze [dəuz] *vi* drzemać; *s* drzemka
doz·en ['dʌzn] *s* tuzin; ***baker's ~*** trzynaście
drab [dræb] *adj* bury, brudnoszary; bezbarwny; monotonny, nudny; *s* bury kolor; bure sukno; monotonia, nuda
draft [drɑːft] *s* rysunek, szkic; projekt; *handl.* trata; ciągnięcie; *wojsk.* oddział wyborowy; *am.* pobór; ***beast of ~*** zwierzę pociągowe; *vt* szkicować; projektować; *wojsk.* odkomenderować
drafts·man ['drɑːftsmən] *s* (*pl* ***draftsmen*** ['drɑːftsmən]) rysownik, kreślarz
drag [dræg] *vt vi* wlec (się), ciągnąć (się)
drag·on ['drægən] *s* smok
drag·on·fly ['drægənflaɪ] *s zool.* ważka
drain [dreɪn] *vt* suszyć, drenować, odprowadzać wodę; *vi* (*także **~ away***) wyciekać; *s* dren, ściek, rów odwadniający; *med.* sączek
dra·ma ['drɑːmə] *s* dramat
dra·mat·ic [drə'mætɪk] *adj* dramatyczny
dram·a·tist ['dræmətɪst] *s* dramaturg
drank *zob.* ***drink***
drape [dreɪp] *vt vi* drapować (się); *s pl* ***~s*** *am.* firanki
dra·per·y ['dreɪpərɪ] *s zbior.* materiały tekstylne; handel tekstyliami; draperia
dras·tic ['dræstɪk] *adj* drastyczny; silnie działający, drakoński
draught [drɑːft] *s* przeciąg; ciąg; łyk; rysunek (= ***draft***); połów, zarzucenie sieci; *pl* ***~s*** warcaby
draughts·man 1. *zob.* ***draftsman***
draughts·man 2. ['drɑːftsmən] *s* pionek w warcabach
draw** [drɔː] *vt vi* (drew*** [druː], ***drawn*** [drɔːn]) ciągnąć, przyciągać, ściągać, nadciągać; otrzymywać; czerpać; pobierać; (*o ziołach, herbacie*) zaparzać, naciągać; rysować; ***to ~ a cheque*** wystawiać czek; ***~ away*** odbierać; odciągać; oddalać się; ***~ back*** cofać (się); ***~ forth*** wywoływać; ***~ in*** wciągać; ***~ near*** zbliżać się; ***~ off*** ściągać; wycofywać się; ***~ on*** naciągać; przyciągać; nadchodzić; ***~ out*** wyciągać, wydobywać; wydłużać (się); sporządzać (*np. plan*); ***~ round*** gromadzić się dookoła; ***~ up*** podciągnąć; zestawić; sformułować; ustawić (się) w szeregu; zatrzymać (się), stanąć
draw·back ['drɔːbæk] *s* przeszkoda; wada, ujemna strona; *handl.* cło zwrotne
draw·bridge ['drɔːbrɪdʒ] *s* most zwodzony
draw·er ['drɔːə] *s* rysownik; *handl.* trasant; ['drɔː] szuflada; ***chest of ~s*** komoda; *pl* ***~s*** [drɔːz] kalesony, majtki
draw·ing ['drɔːɪŋ] *s* rysunek; lekcja rysunków
draw·ing room ['drɔːɪŋrum] *s bryt.* salon
drawl [drɔːl] *vt vi* przeciągać, cedzić (słowa)
drawn *zob.* ***draw***
dread [dred] *s* strach; *adj* straszny; *vt* bać się
dread·ful ['dredfl] *adj* straszny
dread·nought ['drednɔːt] *s mors.* pancernik
dream** [driːm] *vt vi* (dreamt, dreamt*** [dremt] *lub* ***dreamed, dreamed*** [driːmd]) marzyć, śnić, widzieć we śnie; *s* sen, marzenie
dreamt *zob.* ***dream***
drear·y ['drɪərɪ] *adj* mroczny, ponury; nudny, nużący
dregs [dregz] *s pl* odpadki; fusy; *dosł. i przen.* męty, osad
drench [drentʃ] *vt* przemoczyć
dress [dres] *vt vi* ubierać (się); stroić, ozdabiać; przyrządzać; opatrzyć (*ranę*); zdobić; oporządzać; włożyć strój wieczorowy; ***~ up*** wystroić (się); ***~ down*** *pot.*

D

skrzyczeć; *s* ubranie, strój; ***evening ~*** smoking, suknia wieczorowa; ***full ~*** strój uroczysty; frak; ***~ coat*** frak

D

dress·ing ['dresıŋ] *s* ubieranie się, toaleta; przyprawa (*sos, farsz itp.*); oporządzenie; dekoracja; opatrunek; ***~ down*** *pot.* nagana, reprymenda

dress·ing case ['dresıŋkeıs] *s* neseser

dress·ing gown ['dresıŋgaʊn] *s* szlafrok

dress·ing sta·tion ['dresıŋ-ˌsteıʃn] *s* punkt opatrunkowy

dress·ing ta·ble ['dresıŋˌteıbl] *s* toaleta (*mebel*)

dress·ma·ker ['dresˌmeıkə] *s* krawiec damski

dress·y ['dresı] *adj* wystrojony; lubiący się stroić; szykowny

drew *zob.* ***draw***

drib·ble ['drıbl] *vi* kapać; ślinić się; *vi* odcedzić

drift [drıft] *s* prąd; *mors.* dryf; unoszenie się z prądem; zaspa; zawierucha; dążność; bieg (*wypadków*); tok (*myśli*); *vt vi* nieść; nawiać, nanieść; dążyć; *mors.* dryfować; unosić się bezwładnie; zmierzać

drill 1. [drıl] *s* świder; *wojsk.* musztra; *vt vi* świdrować; drylować, musztrować (się), ćwiczyć (się), odbywać ćwiczenie

drill 2. [drıl] *s* bruzda; siewnik; *vt* siać (rzędami)

drill 3. [drıl] *s* drelich

drink** [drıŋk] *vt vi* (drank*** [dræŋk], ***drunk*** [drʌŋk]) pić; ***~ up*** <***off***> wypić; *s* napój, picie, kieliszek alkoholu; ***soft ~*** napój bezalkoholowy; ***strong ~*** trunek; ***to have a ~*** napić się (*alkoholu*); ***to take to ~*** rozpić się; ***get drunk*** upić się

drip [drıp] *vi* kapać; ociekać; *s pot.* nudziarz

drive** [draıv] *vt vi* (drove*** [drəʊv], ***driven*** ['drıvn]) pędzić, jechać; popędzać, zagnać; wprawiać w ruch; wieźć; powozić, kierować; wbijać; doprowadzać; zmierzać (***at sth*** do czegoś); ***to ~ sb mad*** doprowadzać kogoś do szału; *przen.* ***to ~ sth home to sb*** przekonać, uzmysłowić coś komuś; ***~ in*** wpędzić; wbić; *s* jazda, przejażdżka; napęd; energia; nagonka; wjazd, dojazd; *am.* akcja, kampania; *komp.* ***disk ~*** napęd dyskowy

driv·el ['drıvl] *vi* ślinić się; pleść głupstwa; *s* ślina (*cieknąca z ust*); gadanie od rzeczy

drive-in movies ['draıvın-ˌmu:vız] *s* kino parkingowe (*w którym film ogląda się siedząc w samochodzie*)

driv·en *zob.* ***drive***

driv·er ['draıvə] *s* kierowca; woźnica; maszynista; poganiacz

driv·ing li·cence ['draıvıŋ-ˌlaısns] *s* prawo jazdy

driz·zle ['drızl] *vi* mżyć; *s* drobny deszcz, mżawka

droll [drəʊl] *adj* zabawny, dziwaczny

drone [drəʊn] *vt vi* buczeć, brzęczeć; mruczeć; *s* truteń; warkot, brzęczenie

droop [dru:p] *vi* opadać, obwisać, omdlewać

drop [drɒp] *vi* kapać; spaść, padać; opadać; cichnąć, słabnąć; ustać; ***to ~ into a habit*** popaść w nałóg; *vt* spuścić, opuścić; upuścić, zrzucić; zniżać; podrzucić, odwieźć (*kogoś, coś*); zaprzestać; ***to ~ asleep*** zasnąć; *pot.* ***~ in*** wpaść, odwiedzić (***on sb*** kogoś); ***~ off*** <***away***> opadać, zmniejszać się; zasnąć; zamierać; ***~ out*** zniknąć, wycofać się; usunąć; wypuścić; *s* kropla; obniżenie, spadek; zniżka (*cen*); *pl* ***~s*** cukierki, dropsy

drought [draʊt] *s* posucha, susza

drove *zob.* ***drive***

drown [draʊn] *vt* topić; *vi* tonąć

drowse [drauz] *vi* drzemać; *vt* usypiać; *s* drzemka
drow·sy ['drauzɪ] *adj* senny, ospały, usypiający
drub·bing ['drʌbɪŋ] *vt pot.* lanie, bicie
drudge [drʌdʒ] *vi* ciężko pracować, harować; *s przen.* wół roboczy
drudg·er·y ['drʌdʒərɪ] *s* ciężka, niewdzięczna praca, harówka
drug [drʌg] *s* lek, lekarstwo; narkotyk; *vt* narkotyzować
drug·gist ['drʌgɪst] *s* aptekarz
drug·store ['drʌgstɔː] *s am.* drogeria (*z działem sprzedaży lekarstw, kosmetyków, czasopism i napojów chłodzących*)
drum [drʌm] *s* bęben; werbel; **~ kit** sekcja perkusji; *vi* bębnić
drum·mer ['drʌmə] *s* dobosz
drunk 1. *zob.* ***drink***
drunk 2. [drʌŋk] *adj praed* pijany; *s* pijak
drunk·ard ['drʌŋkəd] *s* pijak
drunk·en ['drʌŋkən] *adj attr* pijany
dry [draɪ] *adj* suchy, uschnięty; oschły; (*o winie*) wytrawny; *vt* suszyć; wycierać; *vi* schnąć; **~ up** wysuszyć; wyschnąć
dry-clean·ing [ˌdraɪ'kliːnɪŋ] *s* pranie chemiczne
du·al ['djuːəl] *adj* dwoisty, podwójny; **~ carriageway** *bryt.* autostrada
dub 1. [dʌb] *vt* pasować na rycerza; nazywać (**sb sth** kogoś czymś); przezywać
dub 2. [dʌb] *vt kin.* dubbingować
du·bi·ous ['djuːbɪəs] *adj* wątpliwy, dwuznaczny; niepewny
duch·ess ['dʌtʃɪs] *s* księżna
duch·y ['dʌtʃɪ] *s* księstwo
duck 1. [dʌk] *s zool.* kaczka
duck 2. [dʌk] *vt vi* zanurzyć (się), dać nurka; zgiąć się, zrobić unik
duct [dʌkt] *s* kanał, przewód
dud [dʌd] *s* niewypał; *pl* **~s** ciuchy, łachy
due [djuː] *adj* należny; dłużny, zobowiązany; spowodowany (***to sth*** czymś)); spodziewany; odpowiedni; *handl.* płatny; *s* należność, opłata; *pl* **~s** składki członkowskie
du·el ['djuːəl] *s* pojedynek
dug *zob.* ***dig***
dug·out ['dʌgaut] *s wojsk.* ziemianka, schron
duke [djuːk] *s* książę
dul·ci·mer ['dʌlsɪmə] *s muz.* cymbały
dull [dʌl] *adj* mętny; nudny; tępy; matowy; posępny; stłumiony; *vt* stępić; stłumić; *vi* stępieć; zmatowieć
du·ly ['djuːlɪ] *adv* należycie, słusznie; w porę
dumb [dʌm] *adj* niemy; **~ show** pantomima; ***to strike sb ~*** wprawić kogoś w osłupienie
dumb·found [dʌm'faund] *vt* ogłuszyć, oszołomić; odebrać mowę
dum·my ['dʌmɪ] *s* manekin; statysta, figurant; imitacja, makieta; pozór; smoczek; *am. pot.* głupek; dziadek (*w brydżu*); *adj attr* podrobiony, udany, naśladujący
dump [dʌmp] *vt* zrzucać, zsypywać; wywalać; *handl.* zbywać (*towar na zasadzie dumpingu*); *s* stos; hałda; śmietnik
dum·ping ['dʌmpɪŋ] *s handl.* dumping
dump·y ['dʌmpɪ] *adj* przysadkowaty, pękaty
dunce [dʌns] *s* (*o uczniu*) osioł, nieuk
dune [djuːn] *s* wydma piaszczysta
dung [dʌŋ] *s* gnój, nawóz
dun·geon ['dʌndʒən] *s* wieża; loch, ciemnica
dupe [djuːp] *s* ofiara oszustwa; *pot.* frajer, naiwniaczek; *vt* oszukać, okpić
du·pli·cate ['djuːplɪkət] *adj* podwójny; *s* duplikat; *vt* ['djuːplɪkeɪt] kopiować, odbijać, powielać

du·pli·ca·tor ['dju:plɪkeɪtə] *s* powielacz

du·plic·i·ty [dju:'plɪsətɪ] *s* dwulicowość

du·ra·ble ['djʊərəbl] *adj* trwały; stały

du·ra·tion [djʊ'reɪʃn] *s* czas trwania

dur·ing ['djʊərɪŋ] *praep* podczas, przez, za

dusk [dʌsk] *s* zmierzch

dusk·y ['dʌskɪ] *adj* ciemny

dust [dʌst] *s* pył, kurz, proch; *vt* zakurzyć, posypać; czyścić z kurzu, ścierać; odkurzać (*np. meble*)

dust·bin ['dʌstbɪn] *s bryt.* kosz na śmieci; śmietniczka

dust·man ['dʌstmən] *s* (*pl* ***dustmen*** ['dʌstmən]) *bryt.* śmieciarz

dust·y ['dʌstɪ] *adj* zakurzony; nudny; niejasny, mglisty

Dutch [dʌtʃ] *adj* holenderski; *s* język holenderski

Dutch·man ['dʌtʃmən] *s* (*pl* ***Dutchmen*** ['dʌtʃmən]) Holender

du·ti·a·ble ['dju:tɪəbl] *adj* podlegający ocleniu

du·ti·ful ['dju:tɪfl] *adj* obowiązkowy, sumienny; pełen szacunku, uległy

du·ty ['dju:tɪ] *s* obowiązek, powinność; służba; należność podatkowa; cło; ***~-free*** wolny od opłaty celnej; ***off ~*** po służbie; ***on ~*** na służbie, na dyżurze

dwarf [dwɔ:f] *s* karzeł; *adj attr* karłowaty; *vt* powstrzymać wzrost; pomniejszyć

dwell** [dwel] *vi* (dwelt, dwelt*** [dwelt]) mieszkać; zatrzymywać się; rozwodzić się (***on sth*** nad czymś); kłaść nacisk

dwell·er ['dwelə] *s* mieszkaniec

dwell·ing ['dwelɪŋ] *s* mieszkanie

dwelt *zob.* ***dwell***

dwin·dle ['dwɪndl] *vi* zanikać, zmniejszać się

dye [daɪ] *s* barwa, farba; *vt vi* barwić (się), farbować (się)

dye·stuff ['daɪstʌf] *s* barwnik

dy·ing *zob.* ***die***

dyke = ***dike***

dy·nam·ic [daɪ'næmɪk] *adj* dynamiczny; *s pl* ***~s*** dynamika

dy·na·mite ['daɪnəmaɪt] *s* dynamit; *vt* wysadzać dynamitem

dy·nas·tic [dɪ'næstɪk] *adj* dynastyczny

dyn·as·ty ['dɪnəstɪ] *s* dynastia

E

each [i:tʃ] *adj pron* każdy; ***~ other*** nawzajem

ea·ger ['i:gə] *adj* żądny (***for <after> sth*** czegoś); skory, gorliwy; (*o pragnieniu itp.*) gorący; ***to be ~ to do sth*** bardzo pragnąć coś zrobić

ea·gle ['i:gl] *s* orzeł

ear [ɪə] *s* ucho; ***to be all ~s*** zamienić się w słuch

ear·ache ['ɪəreɪk] *s* ból ucha

earl [ɜ:l] *s* hrabia (w Anglii)

ear·ly ['ɜ:lɪ] *adj* wczesny; *adv* wcześnie

ear·mark ['ɪəmɑ:k] *s* (*u zwierząt domowych*) piętno, kolczyk; *przen.* znak (rozpoznawczy); *vt* znaczyć, znakować; *przen.* przeznaczać

earn [ɜ:n] *vt* zarabiać; zasługiwać; ***to ~ one's living by sth*** zarabiać czymś na życie

ear·nest ['ɜ:nɪst] *adj* poważny; szczery; gorliwy; *s* zadatek; ***in ~*** na serio, poważnie

earn·ing ['ɜːnɪŋ] *s* zarobek, dochód
ear·phones ['ɪəfəʊnz] *s* słuchawki
ear·ring ['ɪərɪŋ] *s* kolczyk
earth [ɜːθ] *s* ziemia; świat, kula ziemska; *elektr.* uziemienie; ***what on ~!*** cóż to znowu?; *vt vi* zakopać <zagrzebać> (się) w ziemi; okopać; *elektr.* uziemić
earth·en ['ɜːθn] *adj* ziemny; gliniany
earth·en·ware ['ɜːθnweə] *s zbior.* wyroby garncarskie
earth·ly ['ɜːθlɪ] *adj* ziemski
earth·quake ['ɜːθkweɪk] *s* trzęsienie ziemi; wstrząs
earth·work ['ɜːθwɜːk] *s* robota ziemna; nasyp
ease [iːz] *s* lekkość, swoboda; wygoda; ***at ~*** spokojnie, wygodnie; ***at ~!*** *wojsk.* spocznij!; ***ill at ~*** niedobrze, nieswojo; *vt* łagodzić; uspokajać; uwalniać; ***~ sb out*** powodować złożenie przez kogoś rezygnacji (*z pracy itp.*)
ea·sel ['iːzl] *s* sztaluga
eas·i·ness ['iːzɪnəs] *s* lekkość, wygoda, swoboda; beztroska
east [iːst] *s* wschód; *adj* wschodni; *adv* na wschód, na wschodzie
East·er ['iːstə] *s* Wielkanoc; ***~ egg*** pisanka
east·ern ['iːstən] *adj* wschodni
east·ward ['iːstwəd] *adj* wschodni, zwrócony ku wschodowi; *adv* (*także* ***~s***) ku wschodowi, na wschód
eas·y ['iːzɪ] *adj* łatwy; swobodny; wygodny; spokojny; ***~ of access*** łatwo dostępny; *adv* łatwo; lekko; swobodnie; ***take it ~*** nie przejmuj się
eas·y chair ['iːzɪtʃeə] *s* fotel
eat** [iːt] *vt vi* (ate*** [et], ***eaten*** ['iːtn]) jeść; ***~ up*** zjeść, pożreć, pochłonąć
eat·a·ble ['iːtəbl] *adj* jadalny; *s pl* ***~s*** artykuły spożywcze, prowiant
eat·en *zob.* ***eat***
eaves [iːvz] *s pl* okap
eaves·drop ['iːvzdrɒp] *vi* podsłuchiwać
ebb [eb] *s* odpływ (*morza*); ubytek (*np. sił*); *vi* (*o morzu*) odpływać; słabnąć, ubywać
eb·on·y ['ebənɪ] *s bot.* heban
ec·cen·tric [ɪk'sentrɪk] *adj* ekscentryczny, dziwaczny; *s* dziwak, ekscentryk
ec·cle·si·as·tic [ɪˌkliːzɪ'æstɪk] *adj* kościelny, duchowny; *s* osoba duchowna, duchowny
ech·o ['ekəʊ] *s* echo; *vt vi* odbijać się echem; powtarzać (***sb, sth*** za kimś, czymś)
e·clipse [ɪ'klɪps] *s* zaćmienie; przyciemnienie; *vt* zaćmiewać
e·col·o·gy [ɪ'kɒlədʒɪ] *s* ekologia
e·co·nom·ic [ˌiːkə'nɒmɪk] *adj* ekonomiczny
e·co·nom·i·cal [ˌiːkə'nɒmɪkl] *adj* ekonomiczny, oszczędny
e·co·nom·ics [ˌiːkə'nɒmɪks] *s* ekonomia, ekonomika
e·con·o·mist [ɪ'kɒnəmɪst] *s* ekonomista
e·con·o·mize [ɪ'kɒnəmaɪz] *vt vi* oszczędzać, oszczędnie gospodarować
e·con·o·my [ɪ'kɒnəmɪ] *s* ekonomia, gospodarka; organizacja; struktura; oszczędność
ec·sta·sy ['ekstəsɪ] *s* ekstaza, zachwyt
ec·stat·ic [ɪk'stætɪk] *adj* ekstatyczny, pełen zachwytu
e·cu·men·i·cal [ˌiːkjʊ'menɪkl] *adj* ekumeniczny
ed·dy ['edɪ] *s* wir; *vi* wirować
E·den ['iːdn] *s* raj
edge [edʒ] *s* brzeg, krawędź, kant; ostrze; *vt* ostrzyć, toczyć; obsadzać; obszywać; ***to ~ one's way*** przeciskać się; wśliznąć się
edg·ing ['edʒɪŋ] *s* brzeg, rąbek
ed·i·ble ['edəbl] *adj* jadalny
e·dict ['iːdɪkt] *s* edykt
ed·i·fice ['edɪfɪs] *s* gmach
ed·i·fy ['edɪfaɪ] *vt* oddziaływać

E

(*moralnie, budująco*), pouczać
ed·it ['edɪt] *vt* wydawać; redagować
e·di·tion [ɪ'dɪʃn] *s* wydanie; nakład
ed·i·tor ['edɪtə] *s* wydawca; redaktor; *komp.* edytor tekstu
ed·i·tor·i·al [ˌedɪ'tɔːrɪəl] *adj* wydawniczy; redakcyjny; *s* artykuł wstępny (od redakcji); ~ ***office*** <***staff***> redakcja
ed·u·cate ['edʒʊkeɪt] *vt* wychowywać; kształcić
ed·u·ca·tion [ˌedjʊ'keɪʃn] *s* wykształcenie, nauka; oświata; wychowanie; szkolenie
ed·u·ca·tion·al [ˌedjʊ'keɪʃnəl] *adj* wychowawczy, oświatowy, kształcący
eel [iːl] *s zool.* węgorz
ef·face [ɪ'feɪs] *vt* ścierać, zacierać, zmazywać; *przen.* przyćmiewać
ef·fect [ɪ'fekt] *s* wynik, skutek; efekt; oddziaływanie; *pl* **~s** dobytek, ruchomość; papiery wartościowe; ***in*** ~ rzeczywiście; ***to no*** ~ bezskutecznie; ***to give*** <***bring to, to carry into***> ~ dokonać, uskutecznić, wprowadzić w życie; ***to take*** ~ obowiązywać, wejść w życie; *vt* spowodować, wykonać, spełnić
ef·fec·tive [ɪ'fektɪv] *adj* efektywny; efektowny; *am.* mający moc prawną, obowiązujący
ef·fem·i·nate [ɪ'femɪnət] *adj* zniewieściały
ef·fer·vesce [ˌefə'ves] *vt* musować, pienić się; (*o człowieku*) tryskać (życiem)
ef·fi·ca·cious [ˌefɪ'keɪʃəs] *adj* skuteczny
ef·fi·ca·cy ['efɪkəsɪ] *s* skuteczność
ef·fi·cien·cy [ɪ'fɪʃnsɪ] *s* wydajność, sprawność; skuteczność
ef·fi·cient [ɪ'fɪʃnt] *adj* wydajny, sprawny; skuteczny
ef·fi·gy ['efɪdʒɪ] *s* podobizna, wizerunek
ef·fort ['efət] *s* wysiłek, próba
ef·front·er·y [ɪ'frʌntərɪ] *s* bezczelność
ef·fu·sion [ɪ'fjuːʒn] *s* wylew; wydzielanie; *pl* **~s** *przen.* wynurzenia
egg [eg] *s* jajko
egg·head ['eghed] *s uj.* jajogłowy (osoba bardzo wykształcona)
e·go ['egəʊ] *s* jaźń
e·go·ism ['egəʊɪzm] *s* egoizm
e·go·ist ['egəʊɪst] *s* egoista
e·go·tism ['egətɪzm] *s* egotyzm
E·gyp·tian [ɪ'dʒɪpʃn] *adj* egipski; *s* Egipcjanin
ei·der·down ['aɪdədaʊn] *s bryt.* kołdra puchowa
eight [eɪt] *num* osiem; *s* ósemka
eight·een [ˌeɪ'tiːn] *num* osiemnaście; *s* osiemnastka
eight·eenth [ˌeɪ'tiːnθ] *adj* osiemnasty
eighth [eɪtθ] *adj* ósmy
eight·i·eth ['eɪtɪəθ] *adj* osiemdziesiąty
eight·y ['eɪtɪ] *num* osiemdziesiąt; *s* osiemdziesiątka
ei·ther ['aɪðə], *am.* ['iːðə] *adj pron* jeden lub drugi, jeden z dwóch, każdy z dwóch; obaj, obie, oboje; którykolwiek z dwóch; *conj* ~ ***...or*** albo ..., albo; *z przeczeniem*: ani ..., ani; *adv z przeczeniem*: też (nie)
e·jac·u·late [ɪ'dʒækjʊleɪt] *vt* wytrysnąć; wykrzyknąć, wydać (*okrzyk*)
e·ject [ɪ'dʒekt] *vt* wyrzucić, wydzielić; usunąć, wydalić
e·jec·tion seat [ɪ'dʒekʃənˌsiːt] *s* katapulta (*w samolocie*)
eke [iːk] *vt* (*zw.* ~ ***out***) sztukować, nadrabiać, uzupełniać
e·lab·o·rate [ɪ'læbəreɪt] *vt* wypracować; *adj* [ɪ'læbərət] wypracowany; wymyślny, wyszukany
e·lapse [ɪ'læps] *vi* (*o czasie*) upływać, mijać
e·las·tic [ɪ'læstɪk] *adj* elastyczny; gumowy; *s* guma (*np. do pończoch*)
el·bow ['elbəʊ] *s* łokieć; *vt* po-

pychać, szturchać łokciem; ~ ***sb out*** wypychać kogoś
eld·er ['eldə] *adj* starszy (*z dwóch osób*)
el·der·ly ['eldəlɪ] *adj* podstarzały
eld·est ['eldɪst] *adj* najstarszy (w rodzinie)
e·lect [ɪ'lekt] *vt* wybierać; *adj* wybrany, nowo obrany
e·lec·tion [ɪ'lekʃn] *s* wybór, wybory; ***general*** ~ wybory powszechne
e·lec·tion·eer·ing [ɪˌlekʃə'nɪərɪŋ] *s* agitacja wyborcza
e·lec·tor [ɪ'lektə] *s* wyborca
e·lec·to·ral [ɪ'lektrəl] *adj* ~ ***system*** ordynacja wyborcza
e·lec·tor·ate [ɪ'lektrət] *s zbior.* wyborcy
e·lec·tric(**al**) [ɪ'lektrɪk(l)] *adj* elektryczny; ~ ***fire*** piecyk elektryczny
e·lec·tri·cian [ɪˌlek'trɪʃn] *s* elektrotechnik
e·lec·tric·i·ty [ɪˌlek'trɪsətɪ] *s* elektryczność
e·lec·tro·car·dio·gram = ***ECG*** *s* elektrokardiogram = EKG
e·lec·tro·cute [ɪ'lektrəkjuːt] *vt* uśmiercić na krześle elektrycznym; śmiertelnie porazić prądem
e·lec·trol·y·sis [ɪˌlek'trɒləsɪs] *s* elektroliza
el·ec·tron·ics [ɪˌlek'trɒnɪks] *s* elektronika
e·lec·tro·plate [ɪ'lektrəupleɪt] *vt* platerować, galwanizować; *s zbior.* platery
el·e·gance ['elɪgəns] *s* elegancja
el·e·gant ['elɪgənt] *adj* elegancki
el·e·gy ['elədʒɪ] *s* elegia
el·e·ment ['eləmənt] *s* element; żywioł; składnik; *chem.* pierwiastek
el·e·men·tal [ˌelə'mentl] *adj* żywiołowy; podstawowy
el·e·men·ta·ry [ˌelə'mentrɪ] *adj* elementarny; podstawowy
el·e·phant ['eləfənt] *s zool.* słoń
el·e·vate ['eləveɪt] *vt* podnieść, podwyższyć, dźwignąć; **~*d railway*** kolejka szynowa (*zawieszona nad ulicami*)
el·e·va·tion [ˌelə'veɪʃn] *s* podniesienie, wzniesienie, wysokość; dostojeństwo
el·e·va·tor ['eləveɪtə] *s* elewator; *am.* winda
e·lev·en [ɪ'levn] *num* jedenaście; *s* jedenastka
e·lev·enth [ɪ'levnθ] *adj* jedenasty
elf [elf] *s* (*pl* ***elves*** [elvz]) elf
e·lic·it [ɪ'lɪsɪt] *vt* ujawniać, wydobywać, wyciągać na światło dzienne; wywoływać
el·i·gi·ble ['elɪdʒəbl] *adj* wybieralny; godny wyboru, odpowiedni
e·lim·i·nate [ɪ'lɪmɪneɪt] *vt* eliminować, usuwać, wykluczać, znieść
e·lim·i·na·tion [ɪˌlɪmɪ'neɪʃn] *s* eliminacja, usunięcie, wykluczenie, zniesienie
elk [elk] *s zool.* łoś; *amer.* wapiti
elm [elm] *s bot.* wiąz
el·o·cu·tion [ˌelə'kjuːʃn] *s* wysławianie się, dykcja
e·lon·gate ['iːlɒŋgeɪt] *vt vi* wydłużyć (się)
el·o·quence ['eləkwəns] *s* elokwencja, krasomówstwo
else [els] *adv* prócz tego, ponadto, jeszcze (inny); ***or*** ~ bo inaczej; ***sb*** ~ ktoś inny; ***sth*** ~ coś innego
else·where [ˌels'weə] *adv* gdzie indziej
e·lu·ci·date [ɪ'luːsɪdeɪt] *vt* wyświetlić, wyjaśnić
e·lude [ɪ'luːd] *vt* wymijać, obejść (*np. prawo*); ujść (***sth*** czemuś)
e·lu·sive [ɪ'luːsɪv] *adj* nieuchwytny, wykrętny
elves *zob.* ***elf***
e·ma·ci·ate [ɪ'meɪʃɪeɪt] *vt* wyniszczyć (fizycznie), wycieńczyć
em·a·nate ['eməneɪt] *vi* emanować, promieniować; wyłaniać się; pochodzić (***from sth*** od czegoś)
e·man·ci·pate [ɪ'mænsɪpeɪt] *vt* emancypować, wyzwolić

e·mas·cu·late [ɪ'mæskjʊleɪt] *vt* wykastrować; zniewieściеć; wyjałowić; *adj* [ɪ'mæskjʊlət] zniewieściały; wyjałowiony

em·balm [ɪm'bɑːm] *vt* balsamować; nasycać aromatem

em·bank·ment [ɪm'bæŋkmənt] *s* wał, tama; nabrzeże, bulwar

em·bar·go [ɪm'bɑːgəʊ] *s* embargo, zakaz

em·bark [ɪm'bɑːk] *vt* ładować na statek; brać na pokład; *vi* wsiadać na statek; *przen.* przedsięwziąć (***on* <*upon*> *sth*** coś); wdać się (***in sth*** w coś)

em·bar·ka·tion [ˌembɑː'keɪʃn] *s* ładowanie <wsiadanie> na statek <pokład>, zaokrętowanie

em·bar·rass [ɪm'bærəs] *vt* wprawiać w zakłopotanie; sprawić kłopot; przeszkadzać; krępować

em·bas·sy ['embəsɪ] *s* ambasada; misja

em·bed [ɪm'bed] *vt* osadzić, wryć, wkopać, wbić; wyłożyć (*np. cementem*)

em·bel·lish [ɪm'belɪʃ] *vt* upiększyć

em·bers ['embəz] *s pl* żarzące się węgle; *przen.* zgliszcza

em·bez·zle [ɪm'bezl] *vt* sprzeniewierzyć

em·bit·ter [ɪm'bɪtə] *vt* rozgoryczyć; zatruć (życie); rozjątrzyć

em·blem ['embləm] *s* emblemat

em·bod·i·ment [ɪm'bɒdɪmənt] *s* ucieleśnienie, wcielenie

em·bod·y [ɪm'bɒdɪ] *vt* ucieleśniać; urzeczywistniać; wcielać; formułować, wyrażać (*w słowach, czynach*); zawierać

em·boss [ɪm'bɒs] *vt* wytłaczać; wykuwać; zdobić płaskorzeźbą

em·brace [ɪm'breɪs] *vt vi* obejmować (się), uścisnąć (się); ogarniać; zawierać; przyjmować (*np. światopogląd*); *s* uścisk, objęcie

em·broi·der [ɪm'brɔɪdə] *vt* haftować; *przen.* upiększać

em·broi·de·ry [ɪm'brɔɪdərɪ] *s* haft; *przen.* upiększenie

em·broil [ɪm'brɔɪl] *vt* powikłać; uwikłać

em·bry·o ['embrɪəʊ] *s* embrion

e·mend [ɪ'mend] *vt* poprawiać (*tekst*)

em·er·ald ['emərəld] *s* szmaragd

e·merge [ɪ'mɜːdʒ] *vi* wynurzać się, wyłaniać się, ukazywać się

e·mer·gence [ɪ'mɜːdʒəns] *s* pojawienie się, powstanie

e·mer·gen·cy [ɪ'mɜːdʒənsɪ] *s* (*także* ***a state of ~***) stan wyjątkowy; krytyczne położenie, gwałtowna potrzeba; ***~ exit*** wyjście zapasowe (*np. na wypadek pożaru*); ***in case of ~*** w nagłym wypadku

em·i·grant ['emɪgrənt] *s* emigrant

em·i·grate ['emɪgreɪt] *vi* emigrować

ém·i·gré ['emɪgreɪ] *s* emigrant polityczny

em·i·nence ['emɪnəns] *s* wysokie położenie, wzniesienie; eminencja; wybitność, znakomitość

em·i·nent ['emɪnənt] *adj* wybitny, znakomity, sławny

em·is·sa·ry ['emɪsrɪ] *s* emisariusz

e·mis·sion [ɪ'mɪʃn] *s* emisja; wydzielanie, wysyłanie

e·mit [ɪ'mɪt] *vt* emitować; wydzielać, wysyłać

e·mo·tion [ɪ'məʊʃn] *s* wzruszenie, uczucie

e·mo·tion·al [ɪ'məʊʃnəl] *adj* emocjonalny

em·per·or ['empərə] *s* cesarz, imperator

em·pha·sis ['emfəsɪs] *s* nacisk, uwydatnienie, emfaza

em·pha·size ['emfəsaɪz] *vt* podkreślać, kłaść nacisk

em·phat·ic [ɪm'fætɪk] *adj* emfatyczny; dobitny; wymówiony z naciskiem; kategoryczny; wymowny

em·pire ['empaɪə] *s* imperium, cesarstwo

em·ploy [ɪm'plɔɪ] *vt* zatrudniać; używać
em·ploy·ee [ˌemplɔɪ'iː] *s* pracownik
em·ploy·er [ɪm'plɔɪə] *s* pracodawca, szef
em·ploy·ment [ɪm'plɔɪmənt] *s* zajęcie, zatrudnienie; zastosowanie, użycie; **~ *agency*** biuro zatrudnienia
em·pow·er [ɪm'paʊə] *vt* dać władzę, upoważnić
em·press ['emprəs] *s* cesarzowa
emp·ty ['emptɪ] *adj* pusty, czczy, próżny; *vt vi* opróżnić (się)
em·u·late ['emjʊleɪt] *vt* rywalizować (***sb*** z kimś)
en·a·ble [ɪ'neɪbl] *vt* dać możność, umożliwić
en·act [ɪ'nækt] *vt* ustanowić (*dekret*)
en·act·ment [ɪ'næktmənt] *s* przeprowadzenie ustawy; zarządzenie, dekret
en·am·el [ɪ'næml] *s* emalia; lakier; *vt* emaliować; lakierować
en·camp [ɪn'kæmp] *vt* rozkładać obozem; *vi* rozłożyć się obozem, obozować
en·camp·ment [ɪn'kæmpmənt] *s* rozłożenie się obozem; obozowisko
en·chain [ɪn'tʃeɪn] *vt* zakuć w łańcuchy, uwiązać na łańcuchu; *przen.* ujarzmić
en·chant [ɪn'tʃɑːnt] *vt* oczarować; zaczarować
en·cir·cle [ɪn'sɜːkl] *vt* okrążyć, otoczyć
en·close [ɪn'kləʊz] *vt* ogrodzić, otoczyć; zawierać; załączyć
en·clo·sure [ɪn'kləʊʒə] *s* ogrodzenie, ogrodzone miejsce; załącznik
en·com·pass [ɪn'kʌmpəs] *vt* otaczać, obejmować; zawierać
en·core ['ɒŋkɔː] *int* bis!; *s* bis, bisowanie; *vt vi* bisować
en·coun·ter [ɪn'kaʊntə] *vt* natknąć się (***sb*** na kogoś); *s* spotkanie; starcie, potyczka
en·cour·age [ɪn'kʌrɪdʒ] *vt* zachęcać; popierać; dodawać odwagi
en·croach [ɪn'krəʊtʃ] *vi* wdzierać się, wkraczać (***on*** <***upon***> ***sth*** do czegoś); bezprawnie naruszać (***on*** <***upon***> ***sth*** coś)
en·crust [ɪn'krʌst] *vt* inkrustować; *vi* zaskorupić się
en·cum·ber [ɪn'kʌmbə] *vt* zawalić, zatłoczyć; obciążyć; utrudnić, zawadzać
en·cyc·li·cal [ɪn'sɪklɪkl] *s* encyklika
en·cy·clo·pae·di·a [ɪnˌsaɪklə'piːdɪə] *s* encyklopedia
end [end] *s* koniec; kres; cel; **~ *on*** rzędem; ***on* ~** pionowo, sztorcem; z rzędu; ***to no* ~** bezcelowo; ***to be at an* ~** być skończonym; ***to bring to an* ~** położyć kres; ***to serve an* ~** odpowiadać celowi; ***to this* ~** w tym celu; ***to the* ~ *that...*** w tym celu, aby...; *vt* kończyć; **~ *off*** <***up***> zakończyć; *vi* kończyć się (***in sth*** czymś)
en·dan·ger [ɪn'deɪndʒə] *vt* narażać na niebezpieczeństwo
en·dear [ɪn'dɪə] *vt* uczynić drogim (***to sb*** dla kogoś); zdobyć *czyjeś* serce
en·deav·our [ɪn'devə] *vi* usiłować, starać się; dążyć (***after sth*** do czegoś); *s* dążenie, staranie, zabiegi
end·ing ['endɪŋ] *s* zakończenie; *gram.* końcówka
end·less ['endləs] *adj* nie kończący się, ustawiczny
en·dorse [ɪn'dɔːs] *vt* potwierdzić, podpisać się (***sth*** pod czymś); zaaprobować; *handl.* indosować
en·dow [ɪn'daʊ] *vt* wyposażyć, zaopatrzyć (***with sth*** w coś); obdarzyć; ufundować
en·dow·ment [ɪn'daʊmənt] *s* wyposażenie, dotacja; *pl* **~*s*** zdolności
en·dur·ance [ɪn'djʊərəns] *s* wy-

E

trzymałość, cierpliwość; ***past*** <***beyond***> ~ nie do zniesienia

en·dure [ɪn'djʊə] *vt* znosić, cierpieć, wytrzymywać; *vi* przetrwać

en·dur·ing [ɪn'djʊərɪŋ] *adj* trwały; wytrzymały

en·e·ma ['enɪmə] *s* lewatywa

en·e·my ['enəmɪ] *s* wróg, przeciwnik

en·er·gy ['enədʒɪ] *s* energia

en·er·vate ['enəveɪt] *vt* osłabić; obezwładniać

en·fee·ble [ɪn'fiːbl] *vt* osłabić

en·fold [ɪn'fəʊld] *vt* otulić, zawinąć; objąć

en·force [ɪn'fɔːs] *vt* narzucić pod przymusem (***sth on sb*** coś komuś); ustawowo wprowadzić w życie

en·fran·chise [ɪn'fræntʃaɪz] *vt* obdarzyć prawami (*obywatelskimi, wyborczymi*); wyzwolić; uwłaszczyć

en·gage [ɪn'geɪdʒ] *vt vi* angażować (się); zobowiązywać (się); zajmować (się); najmować, przyjmować do pracy; *wojsk.* nawiązać walkę, atakować; ***to be ~d*** mieć zajęcie, pracować, krzątać się (***in sth*** koło czegoś); ***to become ~d*** zaręczyć się (***to sb*** z kimś)

en·gage·ment [ɪn'geɪdʒmənt] *s* zobowiązanie; obietnica; umowa; przyjęcie do pracy; najęcie, zatrudnienie; zaręczyny; *wojsk.* rozpoczęcie bitwy

en·gag·ing [ɪn'geɪdʒɪŋ] *adj* ujmujący, miły

en·gen·der [ɪn'dʒendə] *vt* rodzić; powodować

en·gine ['endʒɪn] *s* maszyna; lokomotywa; silnik

en·gine driv·er ['endʒɪn,draɪvə] *s* maszynista

en·gi·neer [,endʒɪ'nɪə] *s* mechanik; technik; inżynier; *wojsk.* saper; *am.* maszynista; *vt* budować (*drogi, mosty*), montować; planować, projektować; *pot.* kombinować

en·gi·neer·ing [,endʒɪ'nɪərɪŋ] *s* inżynieria; mechanika; technika; *pot. pl* **~s** kombinacje, machinacje

Eng·lish ['ɪŋglɪʃ] *adj* angielski; *s* język angielski; *pl* ***the ~*** Anglicy

Eng·lish·man ['ɪŋglɪʃmən] *s* (*pl* ***Englishmen*** ['ɪŋglɪʃmən]) Anglik

Eng·lish·wom·an ['ɪŋglɪʃ,wʊmən] *s* (*pl* ***Englishwomen*** ['ɪŋglɪʃ,wɪmɪn]) Angielka

en·grave [ɪn'greɪv] *vt* ryć, grawerować

en·grav·ing [ɪn'greɪvɪŋ] *s* grawerowanie; sztych

en·gross [ɪn'grəʊs] *vt handl.* zmonopolizować; wykupić hurtem; absorbować, wypełnić czas (*zw. w stronie biernej*)

en·gulf [ɪn'gʌlf] *vt* pochłonąć

en·hance [ɪn'hɑːns] *vt* powiększać, podwyższyć, uwydatnić

e·nig·ma [ɪ'nɪgmə] *s* zagadka

e·nig·mat·ic [,enɪg'mætɪk] *adj* zagadkowy

en·join [ɪn'dʒɔɪn] *vt* nakazać; gorąco polecać (***sth on sb*** coś komuś)

en·joy [ɪn'dʒɔɪ] *vt* znajdować przyjemność, zasmakować (***sth*** w czymś); mieć, cieszyć się (*np.* ***good health*** dobrym zdrowiem); korzystać (***sth*** z czegoś); *vr* ***~ oneself*** dobrze się bawić

en·joy·a·ble [ɪn'dʒɔɪəbl] *adj* przyjemny, rozkoszny

en·joy·ment [ɪn'dʒɔɪmənt] *s* przyjemność, uciecha; korzystanie (***of sth*** z czegoś)

en·large [ɪn'lɑːdʒ] *vt vi* powiększać (się); rozszerzać (się); rozwodzić się (***on*** <***upon***> ***sth*** nad czymś)

en·light·en [ɪn'laɪtn] *vt* oświecać, uświadamiać, objaśniać

En·light·en·ment [ɪn'laɪtnmənt] *s* Oświecenie (*epoka w XVIII w.*)

en·list [ɪn'lɪst] *vt* zwerbować;

zjednać sobie; *vi* zaciągać się do wojska
en·li·ven [ɪn'laɪvn] *vt* ożywiać
en·mi·ty ['enmətɪ] *s* wrogość
en·noble [ɪ'nəʊbl] *vt* uszlachetnić; nobilitować
e·nor·mi·ty [ɪ'nɔːmətɪ] *s* potworność; ogrom, ogromne rozmiary
e·nor·mous [ɪ'nɔːməs] *adj* ogromny
en·ough [ɪ'nʌf] *adv* dość, dosyć; ***be good ~ to ...*** bądź tak dobry i ...; ***to be stupid ~ to ...*** być na tyle głupim, aby...
en·quire, en·quir·y = ***inquire, inquiry***
en·rage [ɪn'reɪdʒ] *vt* doprowadzić do wściekłości
en·rich [ɪn'rɪtʃ] *vt* wzbogacić; ulepszyć; ozdobić
en·rol(l) [ɪn'rəʊl] *vt* zarejestrować; wciągnąć na listę członków; zwerbować; *vi* zapisać się (*np. na kurs*); zaciągnąć się (*np. do wojska*)
en·shrine [ɪn'ʃraɪn] *vt* zamknąć w sanktuarium; przechowywać pieczołowicie <ze czcią>
en·sign ['ensaɪn] *s* godło; oznaka, insygnia, odznaka; chorągiew; *mors.* bandera
en·slave [ɪn'sleɪv] *vt* zrobić niewolnikiem, ujarzmić
en·snare [ɪn'sneə] *vt dosł. i przen.* chwycić w sidła
en·sue [ɪn'sjuː] *vi* nastąpić, wyniknąć
en·sure [ɪn'ʃʊə] *vt* zapewnić; zabezpieczyć
en·tail [ɪn'teɪl] *vt* pociągnąć za sobą, powodować; wymagać (***sth on sb*** czegoś od kogoś)
en·tan·gle [ɪn'tæŋgl] *vt* uwikłać, zaplątać; usidlić
en·tente ['ɒntɒnt] *s polit.* porozumienie
en·ter ['entə] *vt vi* wchodzić, wkraczać, wjechać; wstępować (***sth*** <***into sth***> do czegoś, *np.* ***a school*** <***university***> do szkoły <na uniwersytet>); wpisywać (się); zgłaszać (się); przeniknąć; przystępować (***on*** <***upon***> ***sth*** do czegoś, *np.* ***upon one's duties*** do obowiązków); ***to ~ into a contract*** zawierać umowę; ***to ~ a protest*** zgłosić protest
en·ter·ic [en'terɪk] *adj* jelitowy, dojelitowy; *med.* ***~*** (***fever***) tyfus brzuszny
en·ter·prise ['entəpraɪz] *s* przedsięwzięcie, inicjatywa; *handl.* przedsiębiorstwo
en·ter·pris·ing ['entəpraɪzɪŋ] *adj* przedsiębiorczy
en·ter·tain [ˌentə'teɪn] *vt* zabawiać; przyjmować (*gości*); żywić (*uczucie, nadzieję*); podtrzymywać, utrzymywać (*np. korespondencję*); *vi* prowadzić życie towarzyskie
en·ter·tain·ment [ˌentə'teɪnmənt] *s* rozrywka; przedstawienie (*rozrywkowe*); przyjęcie, uczta
en·throne [ɪn'θrəʊn] *vt* osadzić na tronie
en·thu·si·asm [ɪn'θjuːzɪæzm] *s* entuzjazm
en·thu·si·as·tic [ɪnˌθjuːzɪ'æstɪk] *adj* zachwycony, entuzjastyczny, zapalony; ***to be ~*** zachwycać się (***about*** <***over***> ***sth*** czymś)
en·tice [ɪn'taɪs] *vt* uwodzić, nęcić, kusić
en·tice·ment [ɪn'taɪsmənt] *s* ponęta; urok; wabienie
en·tire [ɪn'taɪə] *adj* cały, całkowity
en·tire·ly [ɪn'taɪəlɪ] *adv* całkowicie, wyłącznie
en·ti·tle [ɪn'taɪtl] *vt* tytułować; upoważniać; mianować
en·ti·ty ['entətɪ] *s* jednostka, wyodrębniona całość; istnienie, byt; rzecz realnie istniejąca
en·trails ['entreɪlz] *s pl* wnętrzności
en·train [en'treɪn] *vt* ładować do pociągu (*zw.* wojsko); *vi* (*zw. o wojsku*) wsiadać do pociągu

en·trance 1. ['entrəns] *s* wejście, wjazd; wstęp, dostęp

en·trance 2. [ɪn'trɑːns] *vt* wprowadzać w trans; zachwycić

en·trap [ɪn'træp] *vt* schwytać w pułapkę, usidlić

en·treat [ɪn'triːt] *vt vi* błagać

en·treat·y [ɪn'triːtɪ] *s* błaganie

en·trench [ɪn'trentʃ] *vt wojsk.* okopać, umocnić okopami

en·tre·pre·neur [ˌɒntrəprə'nɜː] *s* przedsiębiorca

en·trust [ɪn'trʌst] *vt* powierzyć

en·try 1. ['entrɪ] *s* wstęp, wjazd, wejście

en·try 2. ['entrɪ] *s* hasło (*w słowniku*); notatka; pozycja (*w księdze, spisie*)

en·twine [ɪn'twaɪn] *vt* oplatać, owijać; splatać

e·nu·mer·ate [ɪ'njuːməreɪt] *vt* wyliczać

e·nun·ci·ate [ɪ'nʌnsɪeɪt] *vt* wypowiedzieć, oświadczyć, głosić; starannie wymawiać

en·ve·lop [ɪn'veləp] *vt* owinąć; objąć; *wojsk.* otoczyć

en·ve·lope ['envələʊp] *s* koperta; otoczka

en·vi·able ['envɪəbl] *adj* godny pozazdroszczenia

en·vi·ous ['envɪəs] *adj* zazdrosny, zawistny (***of sb, sth*** o kogoś, coś)

en·vi·ron [ɪn'vaɪərən] *vt* otaczać

en·vi·ron·ment [ɪn'vaɪrənmənt] *s* otoczenie, środowisko; ***protection of ~*** ochrona środowiska

en·vi·rons [ɪn'vaɪrənz] *s pl* okolice

en·vis·age [ɪn'vɪzɪdʒ] *vt* patrzeć w oczy, stać w obliczu (***sth*** czegoś); rozpatrywać

en·voy ['envɔɪ] *s* poseł pełnomocny; wysłannik (dyplomatyczny)

en·vy ['envɪ] *s* zazdrość, zawiść; przedmiot zazdrości; *vt* zazdrościć

en·wrap [ɪn'ræp] *vt* zawijać, owijać; *przen.* pogrążyć

e·phem·er·al [ɪ'femərəl] *adj* efemeryczny

ep·ic ['epɪk] *adj* epicki; *s* epos, poemat epicki; długa powieść; długi film przygodowy

ep·i·dem·ic [ˌepɪ'demɪk] *adj* epidemiczny; *s* epidemia

ep·i·lepsy ['epɪlepsɪ] *s med.* epilepsja

e·pis·co·pal [ɪ'pɪskəpl] *adj* episkopalny, biskupi

ep·i·sode ['epɪsəʊd] *s* epizod

e·pit·o·me [ɪ'pɪtəmɪ] *s* skrót; najlepszy <typowy> przykład

e·poch ['iːpɒk] *s* epoka

e·qual ['iːkwəl] *adj* równy; ***to be ~*** równać się; dorównywać; stać na wysokości zadania; *s* człowiek równy innemu; ***he has no ~s*** on nie ma sobie równych; ***to live as ~s*** żyć jak równy z równym; *vt* równać się; dorównywać (***sb*** komuś); ***not to be ~led*** nie do porównania, niezrównany

e·qual·i·ty [ɪ'kwɒlətɪ] *s* równość

e·qual·ize ['iːkwəlaɪz] *vt* wyrównywać

e·qua·nim·i·ty [ˌekwə'nɪmətɪ] *s* równowaga ducha

e·quate [ɪ'kweɪt] *vt* zrównać; utożsamiać

e·qua·tion [ɪ'kweɪʃn] *s* wyrównanie; *mat.* równanie

e·qua·tor [ɪ'kweɪtə] *s* równik

e·ques·tri·an [ɪ'kwestrɪən] *adj* konny; *s* jeździec

e·quil·i·brist [ɪ'kwɪlɪbrɪst] *s* ekwilibrysta

e·qui·lib·ri·um [ˌiːkwɪ'lɪbrɪəm] *s* równowaga

e·qui·nox ['iːkwɪnɒks] *s* zrównanie dnia z nocą

e·quip [ɪ'kwɪp] *vt* zaopatrzyć, wyposażyć (***with sth*** w coś)

eq·ui·ta·ble ['ekwɪtəbl] *adj* sprawiedliwy

eq·ui·ty ['ekwətɪ] *s* sprawiedliwość, słuszność

e·quiv·a·lent [ɪ'kwɪvələnt] *adj* równoważny, równowartościowy; *s* równoważnik, równowartość

e·quiv·o·cal [ɪ'kwɪvəkl] *adj* dwuznaczny; podejrzany

e·ra ['ɪərə] *s* era

e·rad·i·cate [ɪ'rædɪkeɪt] *vt* wykorzenić

e·rase [ɪ'reɪz] *vt* zeskrobać, zetrzeć (*gumą*); wymazać

e·ras·er [ɪ'reɪzə] *s* guma (*do wycierania*); nożyk (*do zeskrobywania*)

ere [eə] *praep lit.* przed; *adv* wcześniej; *conj* zanim; **~ long** wkrótce; **~ now** już przedtem

e·rect [ɪ'rekt] *adj* prosty, wyprostowany; *vt* wyprostować; wznieść, zbudować

e·rot·ic [ɪ'rɒtɪk] *adj* erotyczny; *s lit.* erotyk

err [ɜː] *vi* błądzić, mylić się

er·rand ['erənd] *s* sprawunek; zlecenie; **to run ~s** chodzić na posyłki

er·rant ['erənt] *adj* błądzący; błędny; wędrowny

er·ra·ta *zob.* **erratum**

er·rat·ic [ɪ'rætɪk] *adj* wędrujący; niepewny; kapryśny, nieobliczalny; *geol.* narzutowy

er·ra·tum [e'rɑːtəm] *s* (*pl* **errata** [e'rɑːtə]) błąd drukarski

er·ro·ne·ous [ɪ'rəʊnɪəs] *adj* mylny, błędny

er·ror ['erə] *s* omyłka, błąd

er·u·dite ['erʊdaɪt] *adj* (*o człowieku*) uczony, wykształcony; *s* erudyta

er·u·di·tion [ˌerʊ'dɪʃn] *s* erudycja

e·rup·tion [ɪ'rʌpʃn] *s* wybuch; *med.* wysypka

es·ca·la·tor ['eskəleɪtə] *s* schody ruchome

es·ca·pade [ˌeskə'peɪd] *s* eskapada

es·cape [ɪ'skeɪp] *vt vi* umknąć; ujść, uciec; uniknąć; ulatniać się; *s* ucieczka; wyciek; ujście; ratunek (*przed śmiercią, chorobą*), ocalenie; **to make one's ~** wymykać się, uciec; **to have a narrow ~** o włos uniknąć nieszczęścia

es·cort ['eskɔːt] *s* eskorta, straż; mężczyzna towarzyszący kobiecie; *vt* [ɪ'skɔːt] eskortować; towarzyszyć

es·cutch·eon [ɪ'skʌtʃən] *s* tarcza (z herbem); tabliczka, płytka (*np. na drzwiach z nazwiskiem*)

Es·ki·mo ['eskɪməʊ] *s* Eskimos; *adj* eskimoski

es·pe·cial [ɪ'speʃl] *adj* specjalny, osobliwy

es·pi·o·nage ['espɪənɑːʒ] *s* szpiegostwo

es·pouse [ɪ'spaʊz] *vt* poślubić; zostać orędownikiem (**sth** czegoś)

es·py [ɪ'spaɪ] *vt* spostrzec; wyśledzić

es·quire [ɪ'skwaɪə] *s bryt.* pan (*dawny szlachecki tytuł w Anglii, obecnie w adresach tytuł grzecznościowy; skr.* **Esq.**)

es·say ['eseɪ] *s* szkic; próba; esej; wypracowanie szkolne; *vi vt* [e'seɪ] próbować; poddawać próbie

es·sence ['esns] *s* istota, sedno; esencja, wyciąg

es·sen·tial [ɪ'senʃl] *adj* istotny, zasadniczy; niezbędny; *s pl* **~s** rzeczy niezbędne; zasady, podstawy

es·tab·lish [ɪ'stæblɪʃ] *vt* założyć; ustanowić, ustalić; *vr* **~ oneself** osiedlić się, urządzić się

es·tab·lish·ment [ɪ'stæblɪʃmənt] *s* urządzenie, założenie, ustanowienie; instytucja, zakład

es·tate [ɪ'steɪt] *s* stan; majątek, własność, posiadłość ziemska; **real ~** nieruchomość; **~ car** samochód kombi

es·teem [ɪ'stiːm] *vt* cenić, szanować; doceniać <uważać> (**sth** za coś); *s* szacunek

es·ti·mate ['estɪmeɪt] *vt* szacować; *s* ['estɪmət] szacunek, ocena

es·ti·ma·tion [ˌestɪ'meɪʃn] *s* ocena, oszacowanie; osąd, opinia

es·trange [ɪ'streɪndʒ] *vt* zrazić sobie, odsunąć od siebie, odstręczyć; *prawn.* odseparować
es·trange·ment [ɪ'streɪndʒmənt] *s* oddalenie się (*dwóch osób od siebie*), oziębienie stosunków; *prawn.* separacja
es·tu·a·ry ['estʃʊərɪ] *s* ujście (*wielkiej rzeki*)
etch [etʃ] *vt vi* ryć (*w metalu*), trawić (*metal*)
etch·ing ['etʃɪŋ] *s* grawerowanie; akwaforta
e·ter·nal [ɪ'tɜːnl] *adj* wieczny
e·ter·ni·ty [ɪ'tɜːnətɪ] *s* wieczność
e·ther ['iːθə] *s* eter
eth·i·c(al) ['eθɪk(l)] *adj* etyczny
eth·ics ['eθɪks] *s* etyka
et·y·mol·o·gy [ˌetɪ'mɒlədʒɪ] *s* etymologia
eu·gen·ic [juː'dʒenɪk] *adj* eugeniczny
eu·gen·ics [juː'dʒenɪks] *s* eugenika
eu·lo·gize ['juːlədʒaɪz] *vt* chwalić, sławić
eu·lo·gy ['juːlədʒɪ] *s* pochwalna mowa, pochwała
eu·nuch ['juːnək] *s* eunuch
Eu·ro·pe·an [ˌjʊərə'pɪən] *adj* europejski; *s* Europejczyk
eu·tha·na·si·a [ˌjuːθə'neɪzɪə] *s* eutanazja
e·vac·u·ate [ɪ'vækjʊeɪt] *vt* wypróżniać; ewakuować
e·vade [ɪ'veɪd] *vt* unikać; uchylać się (***sth*** od czegoś); obchodzić (*np. ustawę*)
e·val·u·ate [ɪ'væljʊeɪt] *vt* szacować
e·van·gel·ic(al) [ˌiːvæn'dʒelɪk(l)] *adj* ewangeliczny; ewangelicki; *s* ewangelik
e·vap·o·rate [ɪ'væpəreɪt] *vt* odparować; *vi* parować, ulatniać się
e·va·sion [ɪ'veɪʒn] *s* unikanie; uchylanie się (***of sth*** od czegoś); obchodzenie (*np. ustawy*), omijanie (*np. prawdy*); wykręt
eve [iːv] *s* wigilia; przeddzień; ***Christmas ~*** wigilia Bożego Narodzenia
e·ven 1. ['iːvn] *adj* równy, gładki; *vt* (*także* ***to ~ out***) wyrównywać, wygładzać; *adv* równo; właśnie; nawet
e·ven 2. ['iːvn] *s poet.* wieczór
eve·ning ['iːvnɪŋ] *s* wieczór; ***this ~*** dziś wieczór; ***in the ~*** wieczorem; ***on Sunday ~*** w niedzielę wieczór
e·vent [ɪ'vent] *s* zdarzenie, wydarzenie; wypadek; *sport* konkurencja; ***in the ~ of...*** w wypadku..., w razie...(czegoś)
e·ven·tu·al [ɪ'ventʃʊəl] *adj* ostateczny, końcowy
e·ven·tu·al·i·ty [ɪˌventʃʊ'ælɪtɪ] *s* możliwość, ewentualność (*zw. negatywna*)
e·ven·tu·al·ly [ɪ'ventʃʊəlɪ] *adv* ostatecznie, w końcu
ev·er ['evə] *adv* zawsze; kiedyś; kiedykolwiek; ***~ so much*** bardzo; ***~ so long*** wieki całe; ***for ~*** na zawsze; ***hardly ~*** bardzo rzadko; prawie nigdy; ***as ~ I can*** jak tylko mogę; ***what ~ do you mean?*** co u licha masz na myśli?
ev·er·green ['evəgriːn] *adj* wiecznie zielony; *s* wiecznie zielone drzewo <zielona roślina>
ev·er·last·ing [ˌevə'lɑːstɪŋ] *adj* wieczny, wiekuisty; stały
eve·ry ['evrɪ] *adj* każdy, wszelki; ***~ day*** codziennie; ***~ other*** co drugi; ***~ ten minutes*** co dziesięć minut
eve·ry·bod·y ['evrɪˌbɒdɪ] *pron* każdy, wszyscy
eve·ry·day ['evrɪdeɪ] *adj attr* codzienny; pospolity
eve·ry·one ['evrɪwʌn] *pron* każdy, wszyscy
eve·ry·thing ['evrɪθɪŋ] *pron* wszystko
eve·ry·way ['evrɪweɪ] *adv* na wszystkie sposoby; pod każdym względem
eve·ry·where ['evrɪweə] *adv* wszędzie

e·vict [ɪ'vɪkt] *vt* wyrzucać; wysiedlać, eksmitować
e·vic·tion [ɪ'vɪkʃn] *s* wysiedlenie, eksmisja
ev·i·dence ['evɪdəns] *s* oczywistość; dowód, materiał dowodowy; zeznanie; świadectwo; *vt vi* unaocznić; dowodzić; świadczyć
ev·i·dent ['evɪdənt] *adj* oczywisty, jawny
ev·i·den·tial [ˌevɪ'denʃl] *adj* dowodowy; świadczący (***of sth*** o czymś)
e·vil ['iːvl] *adj* zły; nieszczęsny; *s* zło
e·vince [ɪ'vɪns] *vt* przejawiać, ujawniać
e·vis·cer·ate [ɪ'vɪsəreɪt] *vt* patroszyć; *przen.* wyjałowić
e·voke [ɪ'vəʊk] *vt* wywoływać
e·vo·lu·tion [ˌiːvə'luːʃn] *s* ewolucja, rozwój
e·volve [ɪ'vɒlv] *vt vi* rozwijać (się); wydzielać (się), wypływać
ex·a·cer·bate [ɪg'zæsəbeɪt] *vt* rozjątrzyć; pogorszyć
ex·act [ɪg'zækt] *adj* ścisły, dokładny; *vt* egzekwować, wymagać, wymuszać
ex·ac·tion [ɪg'zækʃn] *s* wymaganie (nadmierne), wymuszanie; ściąganie (*np. podatków*)
ex·act·i·tude [ɪg'zæktɪtjuːd] *s* dokładność, ścisłość
ex·ag·ger·ate [ɪg'zædʒəreɪt] *vt vi* przesadzać
ex·alt [ɪg'zɔːlt] *vt* wywyższać, wynosić (ponad innych); wychwalać
ex·al·ta·tion [ˌegzɔːl'teɪʃn] *s* wywyższanie; zachwyt; egzaltacja
ex·am [ɪg'zæm] *s pot.* = ***examination***
ex·am·i·na·tion [ɪgˌzæmɪ'neɪʃn] *s* egzamin; badanie (*np. lekarskie*); przesłuchanie (*np. sądowe*); kontrola; ***to pass an ~*** zdać egzamin; ***to take <sit for> an ~*** przystępować do egzaminu, zdawać egzamin
ex·am·ine [ɪg'zæmɪn] *vt* egzaminować; badać; kontrolować; przesłuchiwać
ex·am·in·er [ɪg'zæmɪnə] *s* egzaminator; inspektor
ex·am·ple [ɪg'zɑːmpl] *s* przykład, wzór; ***for ~*** na przykład; ***to set an ~*** dać przykład; ***without ~*** bez precedensu
ex·as·per·ate [ɪg'zɑːspəreɪt] *vt* rozdrażniać, irytować
ex·ca·vate ['ekskəveɪt] *vt* wykopywać; prowadzić wykopaliska
ex·ca·va·tion [ˌekskə'veɪʃn] *s* wykopywanie; prace wykopaliskowe
ex·ca·va·tor ['ekskəveɪtə] *s* ekskawator, koparka
ex·ceed [ɪk'siːd] *vt* przewyższać, przekraczać
ex·ceed·ing [ɪk'siːdɪŋ] *adj* nadzwyczajny, niezmierny
ex·cel [ɪk'sel] *vt* przewyższać; *vi* wyróżniać się, wybijać się (***in <at> sth*** w czymś)
ex·cel·lence ['eksləns] *s* wspaniałość, doskonałość; wyższość
ex·cel·len·cy ['ekslənsɪ] *s* Ekscelencja
ex·cel·lent ['ekslənt] *adj* wspaniały, doskonały
ex·cept [ɪk'sept] *praep* wyjąwszy, poza, oprócz; ***~ for*** pomijając, abstrahując od; *vt* wyłączyć, wykluczyć; zastrzec; *vi* sprzeciwiać się, stawiać zarzuty (***against sth*** czemuś)
ex·cept·ing [ɪk'septɪŋ] *praep* wyjąwszy, oprócz
ex·cep·tion [ɪk'sepʃn] *s* wyjątek; zarzut, sprzeciw
ex·cep·tion·al [ɪk'sepʃnəl] *adj* wyjątkowy
ex·cess [ɪk'ses] *s* eksces, przekroczenie; nadwyżka; nadmiar, brak umiaru; ***in ~ of*** ponad, więcej niż; ***~ luggage <baggage>*** nadwyżka bagażu
ex·cess·ive [ɪk'sesɪv] *adj* nadmierny; nieumiarkowany

E

ex·change [ɪks'tʃeɪndʒ] *s* wymiana; giełda; kurs (*na giełdzie*); centrala telefoniczna; ***stock ~*** giełda; ***foreign ~*** waluta obca, dewizy; *zob.* ***bill***; *vt* wymieniać (***sth for sth*** coś na coś)

ex·cheq·uer [ɪks'tʃekə] *s* skarb państwa; *bryt.* ***the Exchequer*** ministerstwo finansów

ex·cise ['eksaɪz] *s* akcyza

ex·cit·a·ble [ɪk'saɪtəbl] *adj* pobudliwy

ex·cite [ɪk'saɪt] *vt* podniecać, pobudzać; wzniecać; ***to get ~d*** denerwować się

ex·cite·ment [ɪk'saɪtmənt] *s* podniecenie, zdenerwowanie

ex·claim [ɪk'skleɪm] *vt vi* zawołać, wykrzyknąć

ex·cla·ma·tion [ˌekskləˈmeɪʃn] *s* okrzyk; ***mark <point> of ~*** wykrzyknik

ex·clude [ɪk'skluːd] *vt* wykluczyć, wyłączyć

ex·clu·sion [ɪk'skluːʒn] *s* wykluczenie, wyłączenie

ex·clu·sive [ɪk'skluːsɪv] *adj* wyłączny; ekskluzywny; *am.* wyborowy; ***~ of*** wyłączając

ex·cre·ment ['ekskrɪmənt] *s* ekskrement, stolec, odchody

ex·cur·sion [ɪk'skɜːʃn] *s* wycieczka

ex·cuse [ɪk'skjuːs] *s* wymówka, usprawiedliwienie; *vt* [ɪk'skjuːz] wybaczać, usprawiedliwiać; uwalniać (***from sth*** od czegoś); ***~ me*** przepraszam

ex·e·cra·ble ['eksɪkrəbl] *adj* przeklęty, wstrętny

ex·e·cute ['eksɪkjuːt] *vt* wykonać; stracić (*skazańca*)

ex·e·cu·tion [ˌeksɪ'kjuːʃn] *s* wykonanie; spustoszenie; egzekucja

ex·e·cu·tion·er [ˌeksɪ'kjuːʃnə] *s* kat

ex·ec·u·tive [ɪg'zekjʊtɪv] *adj* wykonawczy; *s* egzekutywa; wykonawca; *am.* urzędnik (*na kierowniczym stanowisku*)

ex·ec·u·tor ['eksɪkjʊtə] *s* wykonawca; [ɪg'zekjʊtə] wykonawca testamentu

ex·em·pla·ry [ɪg'zemplərɪ] *adj* wzorowy; przykładowy

ex·em·pli·fy [ɪg'zemplɪfaɪ] *vt* ilustrować na przykładzie; być przykładem (***sth*** czegoś)

ex·empt [ɪg'zempt] *adj* wolny, zwolniony; *vt* zwolnić (***from sth*** od czegoś)

ex·emp·tion [ɪg'zempʃn] *s* zwolnienie (***from sth*** od czegoś)

ex·er·cise ['eksəsaɪz] *s* ćwiczenie; zadanie (*np. w podręczniku*); posługiwanie się, użycie; wykonywanie, pełnienie (*np. obowiązków*), praktykowanie; *vt vi* ćwiczyć; używać; wykonywać, pełnić, praktykować; wywierać (*np. wpływ*)

ex·er·cise book ['eksəsaɪzˌbʊk] *s* zeszyt (*do ćwiczeń szkolnych*)

ex·ert [ɪg'zɜːt] *vt* wytężać (*siły*); wywierać (*np. nacisk*); stosować; *vr* ***~ oneself*** wysilać się (***for sth*** nad czymś)

ex·er·tion [ɪg'zɜːʃn] *s* wysiłek, natężenie; stosowanie, użycie

ex·ha·la·tion [ˌekshə'leɪʃn] *s* wydychanie; parowanie; wyziew; wybuch (*gniewu*)

ex·hale [eks'heɪl] *vt vi* parować; wydychać; wydzielać (się); dać upust

ex·haust [ɪg'zɔːst] *vt* wyczerpać; wypróżnić; *s* wylot; wydech, wyziew; ***~ pipe*** rura wydechowa

ex·haus·tion [ɪg'zɔːstʃn] *s* wyczerpanie, opróżnienie

ex·haus·tive [ɪg'zɔːstɪv] *adj* wyczerpujący

ex·hib·it [ɪg'zɪbɪt] *vt* pokazywać, wystawiać, eksponować; przedkładać; *s* eksponat; wystawa, pokaz

ex·hi·bi·tion [ˌeksɪ'bɪʃn] *s* pokaz; wystawa

ex·hib·i·tor [ɪg'zɪbɪtə] *s* wystawca

ex·hil·a·rate [ɪg'zɪləreɪt] *vt* rozweselić, ożywiać
ex·hort [ɪg'zɔ:t] *vt* upominać; namawiać; popierać
ex·hor·ta·tion [ˌeksɔ:'teɪʃn] *s* upomnienie; namowa; *rel.* egzorta
ex·hu·ma·tion [ˌeksjʊ'meɪʃn] *s* ekshumacja
ex·hume [ɪg'zju:m] *vt* ekshumować
ex·i·gen·cy ['eksɪdʒənsɪ] *s* wymaganie; gwałtowna potrzeba, krytyczne położenie
ex·i·gent ['eksɪdʒənt] *adj* wymagający; naglący
ex·ig·u·ous [eg'zɪgjʊəs] *adj* nikły, znikomy
ex·ile ['egzaɪl] *s* wygnanie; emigrant, wygnaniec; *vt* skazać na wygnanie
ex·ist [ɪg'zɪst] *vi* istnieć, znajdować się; egzystować, żyć
ex·ist·ence [ɪg'zɪstəns] *s* istnienie, byt; ***to come into ~*** zacząć istnieć, powstać
ex·it ['eksɪt] *vi 3 pers sing łac.* (*o aktorze*) wychodzi; *s* wyjście; ujście
ex·on·er·ate [ɪg'zɒnəreɪt] *vt* usprawiedliwić, uniewinnić, uwolnić (*od winy, obowiązku*)
ex·or·bi·tant [ɪg'zɔ:bɪtənt] *adj* nadmierny, wygórowany
ex·ot·ic [ɪg'zɒtɪk] *adj* egzotyczny
ex·pand [ɪk'spænd] *vt vi* rozszerzać (się), rozprzestrzeniać (się); rozwijać (się)
ex·panse [ɪk'spæns] *s* przestrzeń, obszar
ex·pan·sion [ɪk'spænʃn] *s* ekspansja, rozszerzanie (się); rozwój; rozrost
ex·pan·sive [ɪk'spænsɪv] *adj* ekspansywny; rozszerzalny; obszerny
ex·pa·tri·ate [eks'pætrɪeɪt] *vt* wygnać z kraju
ex·pect [ɪk'spekt] *vt* oczekiwać, spodziewać się; przypuszczać, sądzić
ex·pec·ta·tion [ˌekspek'teɪʃn] *s* oczekiwanie, nadzieja; prawdopodobieństwo
ex·pe·di·ent [ɪk'spi:dɪənt] *adj* celowy, stosowny; korzystny; *s* środek, sposób, wybieg
ex·pe·di·tion [ˌekspɪ'dɪʃn] *s* wyprawa, ekspedycja; zręczność, szybkość (*w działaniu*)
ex·pe·di·tious [ˌekspɪ'dɪʃəs] *adj* sprawny, szybki (*w działaniu*)
ex·pel [ɪk'spel] *vt* wypędzić, wyrzucić
ex·pend [ɪk'spend] *vt* wydawać (*pieniądze*); zużywać; ***to ~ care*** dokładać starań
ex·pend·i·ture [ɪk'spendɪtʃə] *s* wydatkowanie, wydatek; zużycie
ex·pense [ɪk'spens] *s* koszt, wydatek; ***at the ~ of...*** kosztem...
ex·pen·sive [ɪk'spensɪv] *adj* drogi, kosztowny
ex·pe·ri·ence [ɪk'spɪərɪəns] *s* doświadczenie, przeżycie; *vt* doświadczać, przeżywać
ex·per·i·ment [ɪk'sperɪmənt] *s* doświadczenie, eksperyment; *vi* [ɪk'sperɪment] eksperymentować, robić doświadczenia
ex·pert ['ekspɜ:t] *s* ekspert, rzeczoznawca; *adj* biegły
ex·pi·ate ['ekspɪeɪt] *vt* pokutować (***sth*** za coś)
ex·pi·ra·tion [ˌekspɪ'reɪʃn] *s* upływ; wygaśnięcie (*np. terminu*); zgon
ex·pire [ɪk'spaɪə] *vi* wydychać; upływać; wygasać; umrzeć
ex·plain [ɪk'spleɪn] *vt* wyjaśniać, tłumaczyć
ex·pla·na·tion [ˌeksplə'neɪʃn] *s* wyjaśnienie, wytłumaczenie
ex·plan·a·tory [ɪk'splænətrɪ] *adj* wyjaśniający
ex·plic·it [ɪk'splɪsɪt] *adj* wyraźny, jasno postawiony, kategoryczny; szczery
ex·plode [ɪk'spləʊd] *vi* wybuchnąć, eksplodować; *vt* wysa-

dzać w powietrze; *przen.* obalać (*np. teorię*)
ex·ploit 1. [ɪk'splɔɪt] *vt* wyzyskiwać; eksploatować
ex·ploit 2. ['eksplɔɪt] *s* wyczyn; czyn bohaterski
ex·plo·ra·tion [ˌeksplə'reɪʃn] *s* badanie, eksploracja
ex·plore [ɪk'splɔː] *vt vi* badać, poszukiwać
ex·plor·er [ɪk'splɔːrə] *s* badacz, odkrywca
ex·plo·sion [ɪk'spləʊʒn] *s* wybuch
ex·plo·sive [ɪk'spləʊsɪv] *adj* wybuchowy; *s* materiał wybuchowy
ex·po·nent [ɪk'spəʊnənt] *s* wyraziciel; przedstawiciel; *mat.* wykładnik potęgowy
ex·port ['ekspɔːt] *s* wywóz; *vt* [ɪk'spɔːt] eksportować
ex·pose [ɪk'spəʊz] *vt* wystawiać; narażać; demaskować; *fot.* naświetlać
ex·po·si·tion [ˌekspə'zɪʃn] *s* wystawienie; *am.* wystawa; wykład, wyjaśnienie; *fot.* naświetlanie
ex·pos·tu·late [ɪk'spɒstʃʊleɪt] *vi* robić wyrzuty (***with sb*** komuś, ***about*** <***on***> ***sth*** z powodu czegoś)
ex·pos·tu·la·tion [ɪkˌspɒstʃʊ'leɪʃn] *s* robienie wyrzutów, wymówki
ex·po·sure [ɪk'spəʊʒə] *s* wystawienie, wystawa; odsłonięcie, zdemaskowanie; *fot.* czas naświetlania
ex·pound [ɪk'spaʊnd] *vt* wytłumaczyć, wyjaśnić
ex·press [ɪk'spres] *adj* wyraźny; specjalny; terminowy, szybki; pospieszny (*pociąg*); *s* specjalny posłaniec; pociąg pospieszny; list ekspresowy; *adv* pospiesznie, ekspresem; umyślnie, specjalnie; *vt* wyciskać; wyrażać; *vr* ***~ oneself*** wypowiedzieć się
ex·pres·sion [ɪk'spreʃn] *s* wyrażenie, wyraz; wyrażenie się; wyciskanie
ex·pres·sive [ɪk'spresɪv] *adj* wyrazisty; wyrażający (***of sth*** coś)
ex·pro·pri·ate [ɪks'prəʊprɪeɪt] *vt* wywłaszczać; zagarniać (*czyjąś własność*)
ex·pul·sion [ɪk'spʌlʃn] *s* wypędzenie, wydalenie
ex·punge [ɪk'spʌndʒ] *vt* wykreślić, skasować
ex·pur·gate ['ekspəgeɪt] *vt* oczyścić, okroić (*np. tekst książki*), przeprowadzić czystkę
ex·qui·site [ɪk'skwɪzɪt] *adj* wyborny; wytworny
ex·tant [ek'stænt] *adj* jeszcze istniejący, zachowany (*np. dokument, książka*)
ex·ta·sy *s* = ***ecstasy***
ex·tem·po·rize [ɪk'stempəraɪz] *vt vi* improwizować
ex·tend [ɪk'stend] *vt vi* rozciągać (się); rozszerzać (się); przedłużać (się); rozwijać (się); okazywać, wyrażać
ex·ten·sion [ɪk'stenʃn] *s* rozciągnięcie, rozszerzenie (się), przedłużenie (się); rozwinięcie, rozwój; dobudówka; ***university ~*** eksternistyczne kursy uniwersyteckie; ***~*** (***telephone***) (numer <telefon>) wewnętrzny; ***~ cord*** przedłużacz
ex·ten·sive [ɪk'stensɪv] *adj* rozległy, obszerny
ex·tent [ɪk'stent] *s* rozciągłość; rozmiar, zasięg; ***to some ~*** w pewnej mierze, do pewnego stopnia
ex·ten·u·ate [ɪk'stenjʊeɪt] *vt* pomniejszać, osłabiać, łagodzić
ex·te·ri·or [ɪk'stɪərɪə] *adj* zewnętrzny; *s* strona zewnętrzna; powierzchowność
ex·ter·mi·nate [ɪk'stɜːmɪneɪt] *vt* niszczyć, tępić
ex·ter·mi·na·tion [ɪkˌstɜːmɪ'neɪʃn] *s* zniszczenie, zagłada
ex·ter·nal [ɪk'stɜːnl] *adj* zewnętrzny; zagraniczny

ex·ter·ri·to·ri·al ['eks,terɪ'tɔ:rɪəl] *adj* eksterytorialny
ex·tinct [ɪk'stɪŋkt] *adj* wygasły, wymarły
ex·tinc·tion [ɪk'stɪŋkʃn] *s* wygaszenie; wygaśnięcie; wymarcie, zanik; wytępienie, skasowanie
ex·tin·guish [ɪk'stɪŋgwɪʃ] *vt* gasić; niszczyć; kasować; unicestwiać
ex·tin·guish·er [ɪk'stɪŋgwɪʃə] *s* gaśnica
ex·tir·pate ['ekstɜ:peɪt] *vt* wykorzenić, wytrzebić, wytępić
ex·tol [ɪk'stəʊl] *vt* wynosić (ponad), wychwalać
ex·tort [ɪk'stɔ:t] *vt* wymuszać; wydzierać
ex·tor·tion [ɪk'stɔ:ʃn] *s* wymuszenie
ex·tra 1. ['ekstrə] *adj* oddzielny, specjalny, dodatkowy, nadzwyczajny; *adv* ponad (*normę*); oddzielnie, specjalnie, dodatkowo; *s* dodatek, dopłata
ex·tra 2. ['ekstrə] *praef* poza
ex·tract [ɪk'strækt] *vt* wyciągać; wydobywać; *chem.* ekstrahować; *s* ['ekstrækt] wyciąg, ekstrakt; wyjątek (*z książki*)
ex·trac·tion [ɪk'strækʃn] *s* wyjęcie, wydobycie, wyciągnięcie; pochodzenie
ex·tra·di·tion [,ekstrə'dɪʃn] *s* ekstradycja
ex·tra·mur·al [,ekstrə'mjʊərəl] *adj* pozauniwersytecki; **~ studies** studia zaoczne
ex·tra·or·di·na·ry [ɪk'strɔ:dənərɪ] *adj* nadzwyczajny, niezwykły
ex·trav·a·gant [ɪk'strævəgənt] *adj* ekstrawagancki; przesadny; nadmierny; rozrzutny
ex·treme [ɪk'stri:m] *adj* krańcowy, skrajny, ostateczny; *s* kraniec; krańcowość, skrajność, ostateczność
ex·treme·ly [ɪk'stri:mlɪ] *adv* niezmiernie; nadzwyczajnie
ex·trem·ist [ɪk'stri:mɪst] *s* ekstremista
ex·trem·i·ty [ɪk'streməti] *s* koniec; skrajność; ostateczność; skrajna nędza; krytyczne położenie
ex·tri·cate ['ekstrɪkeɪt] *vt* wyplątać; *chem.* wyzwolić
ex·u·ber·ance [ɪg'zju:bərəns] *s* obfitość, bogactwo
ex·ult [ɪg'zʌlt] *vi* radować się, triumfować
ex·ult·ant [ɪg'zʌltənt] *adj* pełen radości, triumfujący
eye [aɪ] *s* oko; ucho igielne; oczko, otworek; ***to keep an ~*** pilnować (***on sb*** kogoś), mieć na oku; *vt* wpatrywać się (***sb, sth*** w kogoś, coś), mierzyć wzrokiem
eye·ball ['aɪbɔ:l] *s* gałka oczna
eye·brow ['aɪbraʊ] *s* brew
eye·glass ['aɪglɑ:s] *s* monokl; *techn.* okular; *pl* ***~es*** ['aɪglɑ:sɪz] okulary
eye·lid ['aɪlɪd] *s* powieka
eye·piece ['aɪpi:s] *s* *techn.* okular (*np. mikroskopu*)
eye·sore ['aɪsɔ:] *s* ohyda, obrzydliwość

F

fa·ble ['feɪbl] *s* bajka
fab·ric ['fæbrɪk] *s* wyrób; tkanina; struktura
fab·ri·cate ['fæbrɪkeɪt] *vt* fabrykować, wytwarzać; zmyślać
fab·u·lous ['fæbjʊləs] *adj* bajeczny, baśniowy; wspaniały
face [feɪs] *s* twarz; mina; wygląd;

powierzchnia; przednia strona; tarcza (*zegara*); *przen.* śmiałość, czelność; **~ value** wartość nominalna; **in the ~ of** wobec, w obliczu (czegoś); wbrew; **to pull a ~** robić grymas; wykrzywiać się; **to put on a ~** zrobić odpowiednią minę; **to set one's ~ against sth** przeciwstawiać się czemuś; **on the ~ of it** na pozór; *vt* obrócić się twarzą, spoglądać twarzą w twarz, znajdować się naprzeciw (**sb** kogoś); stawiać czoło (**sth** czemuś); **to be ~d with** natknąć się (*np.* **difficulties** na trudności); **to ~ the risk** być narażonym na ryzyko, liczyć się z ryzykiem; *vi* **~ up** stawiać czoło (**to sth** czemuś)

F

face·lift ['feɪslɪft] *s* operacja plastyczna usuwająca zmarszczki na twarzy

fa·ce·tious [fə'siːʃəs] *adj* zabawny, żartobliwy

fa·cil·i·tate [fə'sɪlɪteɪt] *vt* ułatwić

fa·cil·i·ty [fə'sɪlətɪ] *s* łatwość; zręczność; *pl* **facilities** korzyści, ułatwienia, udogodnienia

fac·sim·i·le [fæk'sɪməlɪ] *s* kopia, odpis; faks

fact [fækt] *s* fakt; **a matter of ~** rzecz naturalna, oczywisty fakt; **as a matter of <in point of> ~** w istocie rzeczy, ściśle mówiąc; **in ~** faktycznie

fac·tion ['fækʃn] *s* frakcja, odłam; klika

fac·tious ['fækʃəs] *adj* frakcyjny

fac·ti·tious [fæk'tɪʃəs] *adj* sztuczny, nieoryginalny

fac·tor ['fæktə] *s* czynnik; agent (handlowy); *mat.* mnożnik

fac·to·ry ['fæktrɪ] *s* fabryka

fac·tu·al ['fæktʃʊəl] *adj* faktyczny

fac·ul·ty ['fækltɪ] *s* talent, uzdolnienie; fakultet; *am.* grono profesorskie; wydział (*uczelni*)

fad [fæd] *s* fantazja, kaprys, chwilowa moda

fade [feɪd] *vi* blednąć, więdnąć, zanikać, blaknąć; **~ away** zanikać, marnieć

fae·ces ['fiːsiːz] *s pl am.* kał, stolec

fag [fæg] *s* ciężka praca; *pot.* harówka; kot (*w niektórych szkołach angielskich: uczeń zmuszany do posług starszym kolegom*); *am. pot.* pedał (*homoseksualista*); *vi* harować; usługiwać; *vt* używać do posług

fag end [ˌfæg'end] *s* ogryzek; niedopałek, pet

fag·got ['fægət] *s* wiązka, pęk (*chrustu itp.*)

fail [feɪl] *vi* nie zdołać; nie udać się; zaniedbać, nie uczynić; zawieść; brakować; zbankrutować; zepsuć się; zanikać, słabnąć, zamierać; **not to ~** nie omieszkać; **he ~ed to pass the examination** nie udało mu się zdać egzaminu; **he ~ed the examination** nie zdał egzaminu; **he never ~s to come in time** nie zdarza mu się nie przyjść na czas; *vt* zrobić zawód (**sb** komuś); **his memory ~s him** pamięć go zawodzi; *s w zwrocie:* **without ~** na pewno, niechybnie

fail·ing ['feɪlɪŋ] *s* brak, słabość, ułomność, wada; *praep* w braku; bez; **~ his assistance** bez jego pomocy

fail·ure ['feɪljə] *s* uchybienie, zaniedbanie; fiasko, niepowodzenie; niewypłacalność, bankructwo; wada, defekt, brak; bankrut życiowy; **to be a ~ as a writer** okazać się kiepskim pisarzem

faint [feɪnt] *adj* słaby; lekki, nikły; blady, niewyraźny; *s* omdlenie; *vi* (*także* **~ away**) mdleć, słabnąć

fair 1. [feə] *adj* jasny; blond; sprawiedliwy, prawy, uczciwy; odpowiedni, możliwy, dostateczny; czysty, bez skazy; (*o morzu*) spokojny; (*o stopniu*) dostateczny; **~ copy** czystopis; **~ play** uczciwa gra; uczciwe <honorowe> postępowanie; ~ ***sex*** płeć piękna; *adv* uczciwie, otwarcie; czysto; delikatnie; ***to bid*** ~ dobrze się zapowiadać; ***to write*** ~ przepisać na czysto

fair 2. [feə] *s* jarmark; targi (*międzynarodowe*); ***fun*** ~ wesołe miasteczko

fair·y ['feərɪ] *adj* czarodziejski, bajeczny; *s* czarodziejka, wieszczka

fair·y·land ['feərɪlænd] *s* kraina czarów

fair·y tale ['feərɪteɪl] *s* bajka

faith [feɪθ] *s* wiara; ufność; ***to keep*** ~ dotrzymywać słowa (***with sb*** komuś); ~ ***healing*** uzdrawianie poprzez wiarę i modlitwę

faith·ful ['feɪθfl] *adj* wierny; uczciwy, sumienny

faith·less ['feɪθləs] *adj* wiarołomny, niewierny

fake [feɪk] *s* fałszerstwo, oszustwo; *pot.* kant; *vt* fałszować, podrabiać

fal·con ['fɔːlkən] *s* sokół

fall** [fɔːl] *vi* (fell*** [fel], ***fallen*** ['fɔːlən]) padać; wpadać; opadać; upaść, runąć; podupaść, marnieć; przypadać, zdarzać się; ~ ***away*** odpadać; ~ ***back*** upaść do tyłu; *wojsk.* cofać się; uciekać się (***on*** <***upon***> ***sth*** do czegoś); ~ ***down*** upaść; zwalić się; ~ ***in*** zapaść się; natknąć się (***with sb*** na kogoś); zgodzić się (***with sth*** na coś); dostosować się (***with sth*** do czegoś); ~ ***off*** odpadać; ubywać, zanikać; ~ ***out*** wypadać; ~ ***through*** przepadać, kończyć się fiaskiem; ***to*** ~ ***asleep*** zasnąć; ***to*** ~ ***due*** zapadać; (*o terminie płatności*) przypadać; ***to*** ~ ***dumb*** oniemieć; ***to*** ~ ***ill*** zachorować; ***to*** ~ ***in love*** zakochać się (***with sb*** w kimś); ***to*** ~ ***short*** nie wystarczać, brakować; nie dopisać; nie osiągać (***of sth*** czegoś); zawieść (***of expectations*** nadzieje); *s* upadek; zwalenie się; opadanie; spadek; (*zw. pl* ~***s***) wodospad; *am.* jesień

fal·la·cy ['fæləsɪ] *s* złudzenie, złuda; błąd, błędne rozumowanie

fall·en *zob.* ***fall***; *adj* upadły; poległy; leżący

fal·low ['fæləʊ] *adj* ugorowy; *s* ugór

false [fɔːls] *adj* fałszywy; kłamliwy; zdradliwy; obłudny

false·hood ['fɔːlshʊd] *s* fałsz, kłamstwo, nieprawda; kłamliwość

fal·si·fy ['fɔːlsɪfaɪ] *vt* fałszować; zawodzić (*nadzieje itp.*)

fal·ter ['fɔːltə] *vi* chwiać się; drżeć; jąkać się, mamrotać

fame [feɪm] *s* sława; wieść

fa·mil·iar [fə'mɪlɪə] *adj* dobrze zaznajomiony, obeznany; dobrze znany; spoufalony

fa·mil·i·ar·i·ty [fəˌmɪlɪ'ærətɪ] *s* poufałość, zażyłość; znajomość, obeznanie

fa·mil·iar·ize [fə'mɪlɪəraɪz] *vt* zaznajamiać, popularyzować

fam·i·ly ['fæmlɪ] *s* rodzina; *adj attr* rodzinny; ***in a*** ~ ***way*** poufale; ***in the*** ~ ***way*** (*o kobiecie*) w ciąży

fam·ine ['fæmɪn] *s* głód; brak

fa·mous ['feɪməs] *adj* sławny

fan 1. [fæn] *s* wachlarz; wentylator; *vt* wachlować, owiewać; rozniecać

fan 2. [fæn] *s pot.* entuzjasta; *sport* kibic

fa·nat·ic(al) [fə'nætɪk(l)] *adj* fanatyczny; *s* fanatyk

fan·ci·ful ['fænsɪfl] *adj* fantastyczny; fantazyjny; dziwaczny; kapryśny

fan·cy ['fænsɪ] *s* fantazja, upodobanie, kaprys; ***to take a*** ~ upodobać sobie (***to sth*** coś); *adj attr* fantastyczny; fantazyjny, ekstrawagancki; ~ ***articles*** galanteria; ~ ***ball*** bal kostiumowy; ~ ***dress*** strój na bal kostiumowy; ~ ***work*** robótki ręczne (*np. haftowanie*); *vt* wyobrażać sobie, roić sobie; upodobać sobie

F

fang [fæŋ] *s* jadowity ząb (*węża*); kieł (*zw. psi*)
fan·tas·tic [fæn'tæstɪk] *adj* fantastyczny
fan·ta·sy ['fæntəsɪ] *s* fantazja, wyobraźnia; kaprys
far [fɑː] *adj* (*comp* ***farther*** ['fɑːðə] *lub* ***further*** ['fɜːðə], *sup* ***farthest*** ['fɑːðɪst] *lub* ***furthest*** ['fɜːðɪst]) daleki; *adv* daleko; ***~ from it*** bynajmniej; *pot.* gdzie tam!; ***as ~ as*** aż do; o ile; ***by ~*** o wiele, znacznie; ***in so ~ as*** o tyle, że; ***so*** <***thus***> ***~*** dotąd, dotychczas, na razie
farce [fɑːs] *s* farsa
fare [feə] *s* opłata za podróż; pasażer; jedzenie, wikt; ***bill of ~*** menu; *vi* podróżować; czuć się, mieć się; ***how do you ~?, how does it ~ with you?*** jak ci się powodzi?
fare·well [ˌfeə'wel] *s* pożegnanie; *int* żegnaj(cie)!; *adj attr* pożegnalny
far·fetched [ˌfɑː'fetʃt] *adj* naciągany, nieprawdopodobny
farm [fɑːm] *s* gospodarstwo wiejskie; *vt vi* uprawiać ziemię, prowadzić gospodarstwo rolne; dzierżawić (*ziemię*)
farm·er ['fɑːmə] *s* rolnik, farmer; dzierżawca
farm·hand ['fɑːmhænd] *s* robotnik rolny
farm·yard ['fɑːmjɑːd] *s* podwórko gospodarskie
far-off [ˌfɑːr'ɒf] *adj attr* odległy
far·sight·ed [ˌfɑː'saɪtɪd] *adj* dalekowzroczny
fart [fɑːt] *vi wulg.* pierdzieć
far·ther *zob.* ***far***
far·thest *zob.* ***far***
fas·ci·nate ['fæsɪneɪt] *vt* czarować, urzekać, fascynować
fas·ci·na·tion [ˌfæsɪ'neɪʃn] *s* oczarowanie, urzeczenie, fascynacja
fas·cism ['fæʃɪzm] *s* faszyzm
fas·cist ['fæʃɪst] *s* faszysta
fash·ion ['fæʃn] *s* moda; styl; wzór; zwyczaj; fason; ***after the ~ of*** na wzór; ***out of ~*** niemodny; *vt* kształtować, urabiać, modelować
fash·ion·a·ble ['fæʃnəbl] *adj* modny, wytworny
fast 1. [fɑːst] *adj* szybki; mocny, trwały; przymocowany; ***to make ~*** umocować; ***the watch is ~*** zegarek się spieszy; ***~ food*** jedzenie podawane w barach szybkiej obsługi; *adv* szybko; mocno, trwale; ***to be ~ asleep*** spać głębokim snem; ***to live ~*** żyć intensywnie <rozrywkowo>
fast 2. [fɑːst] *s* post; *vi* pościć
fast·en ['fɑːsn] *vt vi* przymocować (się); zamknąć (się); chwycić się (***on*** <***upon***> ***sth*** czegoś); spinać (się), wiązać (się)
fast·en·er ['fɑːsnə] *s* zszywka (do papieru); spinacz; zatrzask; klamra; suwak; zasuwa
fas·tid·i·ous [fə'stɪdɪəs] *adj* grymaśny, wybredny (***about sth*** w czymś)
fat [fæt] *adj* tłusty; gruby; tuczny; *s* sadło, tłuszcz; *vi* tyć; *vt* tuczyć
fa·tal ['feɪtl] *adj* śmiertelny; fatalny, zgubny; nieuchronny
fa·tal·i·ty [fə'tælɪtɪ] *s* śmiertelność; nagły śmiertelny wypadek, nieszczęście; zgubny wpływ
fate [feɪt] *s* fatum, przeznaczenie, los
fate·ful ['feɪtfl] *adj* fatalny, nieszczęsny; proroczy; nieuchronny
fa·ther ['fɑːðə] *s* ojciec
fa·ther-in-law ['fɑːðərɪnlɔː] *s* (*pl* ***~s-in-law*** ['fɑːðəzɪnlɔː]) teść
fa·ther·land ['fɑːðəlænd] *s* kraj ojczysty, ojczyzna
fa·ther·ly ['fɑːðəlɪ] *adj* ojcowski; *adv* po ojcowsku
fath·om ['fæðəm] *s* sążeń (*miara głębokości lub objętości*); *vt* mierzyć głębokość; *przen.* zgłębiać
fath·om·less ['fæðəmləs] *adj* niezmierzony, bezdenny

F

fa·tigue [fə'tiːg] *s* znużenie; trud; *vt* nużyć, męczyć
fat·ten ['fætn] *vt* tuczyć; użyźniać; *vi* tyć
fat·ty ['fætɪ] *adj chem.* tłuszczowy; oleisty, tłusty; *s* tłuścioch
fau·cet ['fɔːsɪt] *s am.* kran
fault [fɔːlt] *s* brak, wada; uchybienie; omyłka; wina; ***to find ~*** krytykować (***with sb, sth*** kogoś, coś)
fault·less ['fɔːltləs] *adj* bezbłędny, nienaganny, bez zarzutu
fault·y ['fɔːltɪ] *adj* wadliwy, błędny
fau·na ['fɔːnə] *s* fauna
fa·vour ['feɪvə] *s* łaska, łaskawość, przychylność; przysługa, uprzejmość; ***in ~ of...*** na korzyść..., na rzecz...; ***out of ~*** w niełasce; ***by ~*** przez grzeczność; *vt* sprzyjać, faworyzować; zaszczycać
fa·vour·a·ble ['feɪvrəbl] *adj* życzliwy, przychylny, sprzyjający
fa·vour·ite ['feɪvrɪt] *adj* ulubiony; *s* ulubieniec
fax [fæks] *vt* faksować; *s* faks
fear [fɪə] *s* strach, obawa; ***for ~ of...*** z obawy przed...; *vt* bać się, obawiać się
fear·ful ['fɪəfl] *adj* straszny; bojaźliwy
fea·si·ble ['fiːzəbl] *adj* wykonalny, możliwy
feast [fiːst] *s* uczta; uroczystość; *vi* ucztować; obchodzić uroczystość; *vt* gościć, częstować
feat [fiːt] *s* wyczyn, czyn (bohaterski)
feath·er ['feðə] *s* pióro (*ptasie*); *vt* pokrywać piórami, stroić w pióra; *vi* opierzyć się
feath·er·weight ['feðəweɪt] *s sport* waga piórkowa
fea·ture ['fiːtʃə] *s* rys, cecha, znamię; osobliwość, własność; ***~ film*** film długometrażowy; *vt* znamionować, cechować; uwydatniać; opisywać; grać jedną z głównych ról (*w filmie*)
Feb·ru·ar·y ['februərɪ] *s* luty
fed *zob.* ***feed***
fed·er·al ['fedrəl] *adj* związkowy, federalny
fed·er·ate ['fedrət] *adj* federacyjny; *vt vi* ['fedəreɪt] jednoczyć (się)
fed·er·a·tion [ˌfedə'reɪʃn] *s* federacja
fee [fiː] *s* zapłata; opłata; honorarium; wpisowe
fee·ble ['fiːbl] *adj* słaby
feed** [fiːd] *vt vi* (fed, fed*** [fed]) karmić (się), żywić (się); paść (się); zasilać; ***~ up*** tuczyć; ***to be fed up*** mieć dość (***with sth*** czegoś), mieć powyżej uszu; *s* pokarm, pasza; *techn.* zasilanie
feel** [fiːl] *vt vi* (felt, felt*** [felt]) czuć (się), odczuwać; dotykać, macać; dawać się odczuć; wydawać się, robić wrażenie; szukać po omacku (***for <after, about> sth*** czegoś); współczuć (***for sb*** komuś); ***to ~ like*** skłaniać się, mieć ochotę; wyglądać na coś; ***I don't ~ like dancing*** nie mam ochoty tańczyć; ***to ~ one's way*** iść po omacku; *s* czucie, odczucie, dotyk
feel·ing ['fiːlɪŋ] *s* czucie, dotyk; uczucie, wrażenie; emocja
feet *zob.* ***foot***
feign [feɪn] *vt* udawać
fe·lic·i·tate [fə'lɪsɪteɪt] *vt* gratulować (***sb on <upon> sth*** komuś czegoś)
fe·lic·i·ty [fə'lɪsətɪ] *s* błogość, szczęście; trafność (*zwrotu, wyrazu*); trafny zwrot <wyraz>
fell 1. *zob.* ***fall***
fell 2. [fel] *vt* wyrąbać (*drzewo*), powalić
fel·low ['feləʊ] *s* towarzysz, kolega; człowiek równy komuś <podobny do kogoś>; rzecz <*np.* skarpetka> do pary; członek (*towarzystwa naukowego, kolegium uniwersyteckiego*); *pot.* gość, typ, facet; ***~ citizen*** współobywatel; ***~***

creature bliźni; **~ *soldier*** towarzysz broni

fel·low·ship ['feləʊʃɪp] *s* towarzystwo, koleżeństwo; wspólnota, współudział; korporacja, bractwo; członkostwo (*towarzystwa naukowego itp.*); stypendium (*zw.* naukowe)

fel·on ['felən] *s* przestępca

felt 1. *zob.* ***feel***

felt 2. [felt] *s* wojłok; filc

fe·male ['fiːmeɪl] *adj* żeński, kobiecy, płci żeńskiej; *zool.* samiczy; *s* kobieta, niewiasta; *zool.* samica

fem·i·nine ['femənɪn] *adj gram.* żeński (*rodzaj, rym*); niewieści, kobiecy

fen [fen] *s* bagno, trzęsawisko

fence [fens] *s* ogrodzenie, płot; *sport* szermierka; *przen.* ***to sit on the ~*** zachować neutralność, nie angażować się; *vt* ogrodzić; *vi* fechtować się, uprawiać szermierkę

fend·er ['fendə] *s* zderzak; *am.* błotnik; krata przed kominkiem; zasłona

fen land ['fenlænd] *s* bagnista okolica

fer·ment ['fɜːmənt] *s* ferment; *vt* [fə'ment] poddawać fermentacji, wywoływać ferment; *vi* fermentować, burzyć się

fern [fɜːn] *s bot.* paproć

fe·ro·cious [fə'rəʊʃəs] *adj* srogi, dziki

fe·roc·i·ty [fə'rɒsətɪ] *s* srogość, dzikość

fer·ro·con·crete [ˌferəʊ'kɒŋkriːt] *s* żelazobeton

fer·ry ['ferɪ] *s* prom; *vt vi* przeprawiać (się) <przewozić> promem <łodzią>; *lotn.* dostawiać drogą powietrzną

fer·ry·boat ['ferɪbəʊt] *s* prom

fer·ry·man ['ferɪmən] *s* (*pl* ***ferrymen*** ['ferɪmən]) przewoźnik

fer·tile ['fɜːtaɪl] *adj* żyzny, płodny

fer·til·i·ty [fɜː'tɪlətɪ] *s* żyzność, płodność

fer·til·ize ['fɜːtɪlaɪz] *vt* użyźniać; nawozić; zapładniać

fer·til·iz·er ['fɜːtɪlaɪzə] *s* nawóz

fer·vent ['fɜːvənt] *adj* żarliwy, gorący

fer·vour ['fɜːvə] *s* żarliwość, namiętność

fes·ter ['festə] *vi* ropieć; gnić; jątrzyć się; *vt* powodować gnicie <ropienie>; *s* ropień

fes·ti·val ['festɪvl] *adj* świąteczny; *s* święto, uroczystość; festiwal

fes·tive ['festɪv] *adj* uroczysty; wesoły

fes·tiv·i·ty [fe'stɪvətɪ] *s* uroczystość; wesołość, zabawa

fetch [fetʃ] *vt* pójść po coś, przywieść; uzyskać (*kwotę*), osiągać (*cenę*)

fet·ish ['fetɪʃ] *s* fetysz

fet·ter ['fetə] *vt* skuć, spętać, związać; *s pl* **~s** pęta, kajdany, więzy

feud 1. [fjuːd] *s* waśń rodowa

feud 2. [fjuːd] *s* lenno

feu·dal ['fjuːdl] *adj* feudalny

feu·dal·ism ['fjuːdlɪzm] *s* feudalizm

fe·ver ['fiːvə] *s* gorączka; rozgorączkowanie

few [fjuː] *adj i pron* mało, niewiele; ***a ~*** nieco, kilku

fi·an·cé *m* [fɪ'ɒnseɪ] *s* narzeczony

fi·an·cée *f* [fɪ'ɒnseɪ] *s* narzeczona

fi·bre ['faɪbə] *s* włókno; natura, struktura

fi·brous ['faɪbrəs] *adj* włóknisty

fick·le ['fɪkl] *adj* zmienny; płochy

fic·tion ['fɪkʃn] *s* fikcja, wymysł; beletrystyka

fic·ti·tious [fɪk'tɪʃəs] *adj* fikcyjny, zmyślony

fid·dle ['fɪdl] *s pot.* skrzypki; *vt vi* grać na skrzypkach, rzępolić; **~ *away*** spędzać czas na niczym

fid·dler ['fɪdlə] *s* skrzypek, grajek

fid·dle·stick ['fɪdlstɪk] *s* smyczek; *pl* **~s** bzdury

fi·del·i·ty [fɪ'delətɪ] *s* wierność

fid·get ['fɪdʒɪt] *vt vi* denerwować

(się), wiercić się; *s* człowiek niespokojny, *pot.* wiercipięta; *pl* **~s** niespokojne ruchy, zdenerwowanie
field [fiːld] *s* pole; boisko; teren; domena
fiend [fiːnd] *s* diabeł; fanatyk
fierce [fɪəs] *adj* srogi; dziki; zagorzały; gwałtowny
fi·er·y ['faɪərɪ] *adj* ognisty, płomienny; porywczy
fif·teen [ˌfɪf'tiːn] *num* piętnaście; *s* piętnastka
fif·teenth [ˌfɪf'tiːnθ] *adj* piętnasty
fifth [fɪfθ] *adj* piąty
fif·ti·eth ['fɪftɪəθ] *adj* pięćdziesiąty
fif·ty ['fɪftɪ] *num* pięćdziesiąt; *s* pięćdziesiątka; **~-~** pół na pół
fig [fɪg] *s bot.* figa
fight** [faɪt] *vt vi* (fought, fought*** [fɔːt]) walczyć, zwalczać; **~ *back*** odeprzeć, zwalczyć; **~ *out*** rozstrzygnąć drogą walki; *s* walka, bitwa
fight·er ['faɪtə] *s* żołnierz; bojownik; *lotn.* myśliwiec
fig·ur·a·tive ['fɪgjʊrətɪv] *adj* obrazowy; przenośny; symboliczny
fig·ure ['fɪgə] *s* figura, kształt; wykres; obraz, rycina; posąg; postać; liczba, cyfra; **~ *skating*** łyżwiarstwo figurowe; *vt vi* tworzyć, kształtować, przedstawiać; figurować; obliczać, oceniać; **~ *out*** wypracować; wyliczyć; zrozumieć; **~ *up*** policzyć, zsumować
file 1. [faɪl] *s* kartoteka, akta; klasyfikator; rocznik (*pisma*); *komp.* plik; *vt* układać papiery; rejestrować; trzymać kartotekę
file 2. [faɪl] *s* pilnik; *vt* piłować
file 3. [faɪl] *s* rząd; ***in* ~** rzędem, gęsiego; *vi* iść w rzędzie
fil·ial ['fɪlɪəl] *adj* synowski
fil·i·gree ['fɪlɪgriː] *s* filigran; *adj attr* filigranowy
fill [fɪl] *vt vi* napełniać (się); spełniać, pełnić; wykonywać; **~ *in*** wypełniać; **~ *out*** zapełniać (się); wydymać (się), pęcznieć; **~ *up*** napełniać (się); *s* pełna ilość; ładunek, porcja; ***to eat one's* ~** najeść się do syta
fill·ing ['fɪlɪŋ] *s* materiał wypełniający; plomba; zapas (*np. benzyny*); ładunek; farsz
fill·ing sta·tion ['fɪlɪŋˌsteɪʃn] *s* stacja benzynowa
fil·lip ['fɪlɪp] *s* przytyczek; bodziec; *vt* dać przytyczka; pobudzić, przyspieszyć
film [fɪlm] *s* film; błona; powłoka; bielmo; ***crime-story* ~** film kryminalny; *vt vi* filmować; pokrywać (się) emulsją
fil·ter ['fɪltə] *s* filtr, sączek; *vt vi* filtrować, sączyć (się)
filth [fɪlθ] *s* brud, plugastwo; sprośność
filth·y ['fɪlθɪ] *adj* brudny, plugawy; sprośny
fil·trate ['fɪltreɪt] *vt vi* filtrować, sączyć (się); *s* przesącz
fi·nal ['faɪnl] *adj* końcowy, ostateczny; *s* finał; ***in* ~** w końcu
fi·nance ['faɪnæns] *s* (*także pl* **~s**) finanse; *vt* finansować
fi·nan·cial [faɪ'nænʃl] *adj* finansowy
fi·nan·cier [faɪ'nænsɪə] *s* finansista
find** [faɪnd] *vt* (found, found*** [faʊnd]) znajdować, odkrywać; natrafiać, zastać; konstatować, stwierdzać, orzekać; ***to* ~ *sb guilty*** uznać kogoś winnym; **~ *out*** dowiedzieć się, przekonać się; *s* odkrycie; rzecz znaleziona
find·ing ['faɪndɪŋ] *s* odkrycie; rzecz znaleziona; *pl* **~s** wyniki, wnioski, dane
fine 1. [faɪn] *adj* piękny; delikatny, wytworny; czysty, oczyszczony; precyzyjny; *pot.* świetny; *adv* pięknie, dobrze
fine 2. [faɪn] *s* grzywna, kara pieniężna; *vt* ukarać grzywną
fine·li·ner ['faɪnlaɪnə] *s* cienkopis

F

fi·nesse [fɪ'nes] *s* finezja; impas (*w brydżu*)

fin·ger ['fɪŋgə] *s* palec (*u ręki*); *vt* dotykać palcami, macać

fin·ger·print ['fɪŋgəprɪnt] *s* odcisk palca

fin·ish ['fɪnɪʃ] *vt vi* kończyć (się), przestać; ~ ***off*** wykończyć; ~ ***up*** dokończyć, doprowadzić do końca; *s* zakończenie, koniec; wykończenie; *sport* finisz; *techn.* apretura

fi·nite ['faɪnaɪt] *adj* ograniczony; *mat.* skończony; *gram.* określony

Finn [fɪn] *s* Fin

Fin·nish ['fɪnɪʃ] *adj* fiński; *s* język fiński

fir [fɜː] *s bot.* jodła; ~ ***branch*** jedlina

fire ['faɪə] *s* ogień, pożar, żar; zapał; ***to be on*** ~ płonąć; ***to catch*** <***take***> ~ zapalić się; ***to set on*** ~, ***to set*** ~ ***to*** podpalić; *vt vi* zapalić (się), płonąć; wybuchnąć; strzelać, dać ognia; wzniecić; *pot.* wyrzucić (*z posady*); ~ ***off*** wystrzelić; ~ ***up*** wybuchnąć (*gniewem*)

fire·arm ['faɪərɑːm] *s* (*zw. pl* ~***s***) broń palna

fire·brand ['faɪəbrænd] *s* głownia, zarzewie; podżegacz

fire bri·gade ['faɪəbrɪˌgeɪd] *s* straż pożarna

fire en·gine ['faɪərˌendʒɪn] *s* wóz straży pożarnej

fire ex·tin·guish·er ['faɪərɪkˌstɪŋgwɪʃə] *s* gaśnica

fire·man ['faɪəmən] *s* (*pl* ***firemen*** ['faɪəmən]) strażak; palacz

fire·place ['faɪəpleɪs] *s* kominek; palenisko

fire·proof ['faɪəpruːf] *adj* ogniotrwały

fire·side ['faɪəsaɪd] *s* miejsce przy kominku; *przen.* ognisko domowe

fire·work ['faɪəwɜːk] *s* fajerwerk; *pl* ~***s*** sztuczne ognie

firm 1. [fɜːm] *s* firma, przedsiębiorstwo

firm 2. [fɜːm] *adj* mocny, trwały; jędrny; energiczny; stały; stanowczy; *vt* umocnić, osadzić

fir·ma·ment ['fɜːməmənt] *s* firmament

first [fɜːst] *num adj* pierwszy; ~ ***floor*** bryt. pierwsze piętro; *am.* parter; ~ ***name*** imię chrzestne; ~ ***night*** premiera; ~ ***thing*** przede wszystkim, zaraz; *s* (*o człowieku, rzeczy*) pierwszy; ***at*** ~ najpierw, na początku; ***from*** ~ ***to last*** od początku do końca; *adv* najpierw, początkowo, po pierwsze; ~ ***of all*** przede wszystkim; ***in the*** ~ ***place*** najpierw

first·ly ['fɜːstlɪ] *adv* po pierwsze, najpierw

first-rate [ˌfɜːst'reɪt] *adj* pierwszorzędny, pierwszej kategorii

fish [fɪʃ] *s* (*pl* ~***es***, *zbior.* ~) ryba; *vt vi* łowić ryby; poławiać; *przen.* polować, czyhać (***for sth*** na coś); ***to*** ~ ***for compliments*** dopraszać się komplementów

fish·bone ['fɪʃbəun] *s* ość

fish·er ['fɪʃə], **fish·er·man** ['fɪʃəmən] *s* (*pl* ***fishermen*** ['fɪʃəmən]) rybak

fish·ing ['fɪʃɪŋ] *s* rybołówstwo; wędkarstwo; połów

fish·ing rod ['fɪʃɪŋrɒd] *s* wędka

fish·mon·ger ['fɪʃˌmʌŋgə] *s* handlarz rybami

fist [fɪst] *s* pięść

fit 1. [fɪt] *adj* odpowiedni, nadający się, zdatny (***for sth*** do czegoś); w dobrej formie; zdolny, gotów; ***to feel*** ~ czuć się na siłach; ***to keep*** ~ zachowywać dobrą kondycję; *vt* dostosować, dopasować; pasować, być dostosowanym; (*o ubraniu*) leżeć; być stosownym; zaopatrzyć, wyposażyć; ~***ting room*** przymierzalnia; *vi* nadawać się, mieć kwalifikacje (***into*** <***for***> ***sth*** do czegoś); ~ ***in*** wprawiać; pasować; uzgadniać; ~ ***on*** nakładać, przypasowy-

wać, przymierzać (*ubranie*); **~ out** zaopatrzyć, wyekwipować (**with sth** w coś); *s* dostosowanie, dopasowanie; krój (*ubrania*)
fit 2. [fɪt] *s* atak (*np. choroby*), przystęp (*np. złego humoru*)
fit·ful ['fɪtfl] *adj* spazmatyczny; kapryśny
fit-out ['fɪtaʊt] *s* wyposażenie, ekwipunek
fit·ness ['fɪtnɪs] *s* kondycja (fizyczna); stosowność, trafność; **~ room** siłownia
fit·ter ['fɪtə] *s* monter, mechanik
fit·ting ['fɪtɪŋ] *s* zmontowanie, zainstalowanie; wyposażenie, oprawa; *pl* **~s** instalacje; armatura; przybory, części składowe
five [faɪv] *num* pięć; **~ o'clock** (**tea**) podwieczorek; *s* piątka
fiv·er ['faɪvə] *s pot.* £5 *lub* $5
fix [fɪks] *vt* przymocować; wyznaczyć, ustalić; utkwić (*wzrok*); założyć (*np. siedzibę*); wbić; wpoić; naprawić, uporządkować; urządzić, przygotować; *am.* reperować, załatwić; *fot. techn.* utrwalić; *vi* skrzepnąć; zdecydować się (**on** <**upon**> **sth** na coś); **~ up** urządzić; wygładzić, uporządkować; *s* kłopot, położenie bez wyjścia
flab·by ['flæbɪ] *adj* zwiotczały; słaby
flag 1. [flæg] *s* flaga, bandera
flag 2. [flæg] *s* płyta chodnikowa; *vt* wykładać płytami
flag 3. [flæg] *vi* zwisać, opadać; słabnąć
flag·el·late ['flædʒɪleɪt] *vt* biczować
fla·grant ['fleɪgrənt] *adj* rażący, skandaliczny; (*zw. o przestępcy*) notoryczny
flag·ship ['flægʃɪp] *s* okręt admiralski
flag·staff ['flægstɑːf] *s* drzewce (*flagi*)
flail [fleɪl] *s* cep
flair [fleə] *s* spryt; dar (*robienia czegoś*)
flake [fleɪk] *s* płatek; łuska; *vt vi* łuszczyć (się); (*o śniegu itd.*) sypać płatkami
flame [fleɪm] *s* płomień; *vi* płonąć; **~ up** spłonąć rumieńcem
flank [flæŋk] *s* bok; skrzydło; *vt wojsk.* strzec flanki, oskrzydlać; znajdować się z boku (*czegoś*)
flan·nel ['flænl] *s* flanela
flap [flæp] *vi* trzepotać (skrzydłami); *vt* klapnąć, trzepnąć; *s* lekkie uderzenie, klaps; trzepot; klapa, klapka
flare [fleə] *vi* migotać, błyskać; *s* błysk, światło migające; sygnał świetlny; wybuch (*płomienia, gniewu*)
flash [flæʃ] *vi vt* błysnąć, błyszczeć, świecić; sygnalizować światłem; mignąć, przemknąć; nadawać (*np. przez radio*); *s* błysk, przebłysk (*np. talentu*)
flash·light ['flæʃlaɪt] *s* światło sygnalizacyjne; *am* latarka elektryczna; *fot.* flesz
flask [flɑːsk] *s* manierka; flaszka (*kieszonkowa*); butla; *chem.* kolba
flat [flæt] *adj* płaski; płytki; nudny, monotonny; stanowczy; *s* płaszczyzna; równina; nizina; mielizna; mieszkanie, apartament; *muz.* bemol; **the ~ of the hand** dłoń; **block of ~s** blok mieszkalny
flat·ten ['flætn] *vt vi* spłaszczyć (się), wyrównać
flat·ter ['flætə] *vt* pochlebiać
flat·ter·y ['flætərɪ] *s* pochlebstwo
flaunt [flɔːnt] *vt vi* wystawiać na pokaz; dumnie powiewać; paradować; pysznić się (**sth** czymś)
fla·vour ['fleɪvə] *s* zapach; posmak, smak; *vt* nadawać posmak, przyprawiać; *vi* mieć posmak, trącić (**of sth** czymś)
flaw [flɔː] *s* szczelina; rysa; skaza, wada; *vt vi* rozszczepiać (się), rysować się, pękać; uszkodzić

F

flax [flæks] *s bot.* len
flax·en ['flæksn] *adj* lniany; płowy, słomkowy (*kolor*)
flea [fliː] *s* pchła; **~ market** pchli targ
fleck [flek] *s* plamka, cętka; *vt* pokrywać plamkami, cętkować
fled *zob.* **flee**
fledged [fledʒd] *adj* opierzony; **newly ~** świeżo upieczony
fledg(e)·ling ['fledʒlɪŋ] *s* świeżo opierzony ptak; *przen.* żółtodziób
***flee** [fliː] *vi vt* (**fled, fled** [fled]) uciekać, omijać, unikać
fleece [fliːs] *s* runo; *vt* strzyc (*owcę*); *przen.* oskubać (kogoś), ograbić
fleet 1. [fliːt] *s* flota
fleet 2. [fliːt] *vi poet.* mknąć
Flem·ish ['flemɪʃ] *adj* flamandzki
flesh [fleʃ] *s* mięso, ciało
flesh·y ['fleʃɪ] *adj* mięsisty, tłusty
flew *zob.* **fly 2.**
flex·i·ble ['fleksəbl] *adj* elastyczny, giętki
flex·ion ['flekʃn] *s* zgięcie; *gram.* fleksja
flick·er ['flɪkə] *vi* migotać; drgać; *s* migotanie; drganie
fli·er ['flaɪə] *s* lotnik
flight 1. [flaɪt] *s* lot, przelot; wzlot; bieg; stado (*ptaków*); eskadra (*samolotów*); **~ of stairs** kondygnacja schodów
flight 2. [flaɪt] *s* ucieczka
flim·sy ['flɪmzɪ] *adj* cienki, słaby, kruchy; błahy
flinch [flɪntʃ] *vi* cofać się, uchylać się
***fling** [flɪŋ] *vt vi* (**flung, flung** [flʌŋ]) rzucać (się), ciskać, miotać; **to ~ open** gwałtownie otworzyć
flint [flɪnt] *s* krzemień; kamień (do zapalniczki)
flip·pant ['flɪpənt] *adj* niepoważny, swobodny, nonszalancki, lekceważący
flirt [flɜːt] *vi vt* flirtować; machać; przytyknąć; *s* flirciarz; flirciarka, kokietka
flir·ta·tion [flɜː'teɪʃn] *s* flirt
flit [flɪt] *vi* przelatywać, przemknąć; *pot.* przeprowadzać (się)
float [fləʊt] *vi* płynąć, bujać <unosić się> (*na wodzie, w powietrzu*); (*o pogłosce*) rozchodzić się; *vt* spławiać, nieść (*po wodzie*); puszczać w obieg; rozpisać (*pożyczkę*); wprowadzać (*w życie*); *s* coś unoszącego się na powierzchni wody (*pływak u wędki, tratwa itp.*)
float·a·tion *s* = **flotation**
flock 1. [flɒk] *s* kosmyk, kłak
flock 2. [flɒk] *s* stado; *przen.* tłum; *vi* gromadzić się tłumnie, tłoczyć się
floe [fləʊ] *s* pole lodowe, kra
flog [flɒg] *vt* chłostać, smagać
flood [flʌd] *s* powódź, potop, zalew; wylew; przypływ; *przen.* potok (*łez itp.*); *vt* zalać, zatopić; *vi* wezbrać, wylać
flood·light ['flʌdlaɪt] *s* snop światła, światło reflektorów; *vt* oświetlić reflektorami
floor [flɔː] *s* podłoga; piętro; **to take the ~** zabrać głos
flop·py ['flɒpɪ] *s komp. pot.* dyskietka; (*także* **~ disk**) dysk miękki
flo·ra ['flɔːrə] *s* flora
flor·id ['flɒrɪd] *adj* kwiecisty; ozdobny
flor·ist ['flɒrɪst] *s* sprzedawca kwiatów
flo·ta·tion [fləʊ'teɪʃn] *s* unoszenie się; spławianie; uruchomienie (*przedsiębiorstwa*)
flot·sam ['flɒtsəm] *s* szczątki (*z rozbitego statku pływające po morzu*); *zob.* **jetsam**
flounce 1. [flaʊns] *vi* miotać <rzucać> się; *s* miotanie się; żachnięcie
flounce 2. [flaʊns] *s* falbana
floun·der 1. ['flaʊndə] *vi* brnąć, potykać się
floun·der 2. ['flaʊndə] *s zool.* flądra (*ryba*)

flour ['flaʊə] *s* mąka
flour·ish ['flʌrɪʃ] *vi* kwitnąć; prosperować; być w rozkwicie; brzmieć; *vt* wymachiwać; zdobić (ornamentem); *s* fanfara; ozdoba
flow [fləʊ] *vi* płynąć, spływać, wypływać; (*o krwi*) krążyć; (*o włosach*) falować; *s* płynięcie, przepływ; prąd; przypływ (*morza*); potok
flow·er ['flaʊə] *s* kwiat; *vi* kwitnąć; *vt* zdobić kwiatami
flow·er·y ['flaʊərɪ] *adj* kwiecisty
flown *zob.* ***fly 2.***
flu [flu:] *s pot.* grypa
fluc·tu·ate ['flʌktʃʊeɪt] *vi* wahać się
flue [flu:] *s* komin
flu·en·cy ['flu:ənsɪ] *s* płynność, biegłość
flu·ent ['flu:ənt] *adj* płynny, biegły
fluff [flʌf] *s* puch, puch, meszek (*z materiału*)
fluff·y ['flʌfɪ] *adj* puszysty
flu·id ['flu:ɪd] *adj* płynny; *s* płyn
flu·o·res·cent [fluə'resənt] *adj* fluoryzujący; fluorescencyjny; ~ ***tube*** jarzeniówka
flur·ry ['flʌrɪ] *s* wichura; *am.* ulewa; podniecenie, poruszenie, nerwowy pośpiech; *vt* podniecić, poruszyć, zdenerwować
flush [flʌʃ] *vi vt* trysnąć; (*o krwi*) napłynąć do twarzy; zaczerwienić się, zarumienić się; rozpłomienić (się); spłukiwać, zalewać; *adj* wezbrany; opływający (***of sth*** w coś); obfity; równy, na tym samym poziomie; *s* strumień; napływ; wybuch; rozkwit; podniecenie; rumieniec
flus·ter ['flʌstə] *vt vi* denerwować (się), wzburzyć (się); *s* podniecenie, wzburzenie
flute [flu:t] *s muz.* flet
flut·ter ['flʌtə] *vt vi* trzepotać (się); machać; drgać; dygotać; niepokoić (się); *s* trzepot; drganie; niepokój, podniecenie
flux [flʌks] *s dosł. i przen.* potok, strumień; prąd, bieg wody; przypływ; ciągłe zmiany, płynność
fly 1. [flaɪ] *s zool.* mucha
fly 2.** [flaɪ] *vt vi* (flew*** [flu:], ***flown*** [fləʊn]) latać, lecieć, frunąć; pospieszyć; uciekać; powiewać; puszczać (*np. latawca*); ~ ***into a passion*** wpaść w pasję; ~ ***open*** nagle się otworzyć; **~*ing saucer*** latający spodek; *s* lot; klapa; rozporek
fly·er ['flaɪə] *s* lotnik
fly·ing boat ['flaɪɪŋbəʊt] *s* wodnopłatowiec, hydroplan
fly·pa·per ['flaɪ,peɪpə] *s* lep na muchy
foal [fəʊl] *s* źrebię
foam [fəʊm] *s* piana; *vi* pienić się
foam·y ['fəʊmɪ] *adj* pienisty, spieniony
fo·cus ['fəʊkəs] *s* (*pl* ***foci*** ['fəʊsaɪ] *lub* **~*es*** ['fəʊkəsɪz]) *fiz.* ognisko; siedlisko, centrum, skupienie; *vt vi* ogniskować (się), skupiać (się)
fod·der ['fɒdə] *s* pasza; *vt* karmić (*bydło*)
foe [fəʊ] *s lit.* wróg
fog [fɒg] *s* mgła; ~ ***lights*** światła przeciwmgielne; *vt* zamglić
fo·gey ['fəʊgɪ] *s* (*zw.* ***old*** ~) człowiek staroświecki
fog·gy ['fɒgɪ] *adj* mglisty
fog·horn ['fɒghɔ:n] *s* okrętowa syrena (*mgłowa*)
fo·gy *s* = ***fogey***
foi·ble ['fɔɪbl] *s* słabostka
foist [fɔɪst] *vt* podsunąć (skrycie), podrzucić
fold 1. [fəʊld] *s dosł. i przen.* owczarnia
fold 2. [fəʊld] *s* zagięcie, fałda, zakładka; *vt vi* składać (się), zaginać (się); zawijać; tulić
fold·er ['fəʊldə] *s* teczka; broszurka, ulotka (*np. reklamowa*), folder
fold·ing ['fəʊldɪŋ] *adj* składany, przystosowany do składania
fo·li·age ['fəʊlɪɪdʒ] *s* liście, listowie

folk [fəʊk] *s zbior.* ludzie; lud, naród; *adj attr* ludowy
folk·lore ['fəʊklɔː] *s* folklor
fol·low ['fɒləʊ] *vt vi* następować, iść (***sb*** za kimś); śledzić; wykonywać <uprawiać> (***a profession*** zawód); podążać (***a path*** ścieżką, ***sb's thought*** za czyjąś myślą); stosować się (***sth*** do czegoś); słuchać, rozumieć (***sb*** kogoś); **~ *in sb's footsteps*** iść w czyjeś ślady; **~ *out*** doprowadzić do końca; **~ *up*** uporczywie coś robić, nie ustawać (*w czymś*); ***as ~s*** jak następuje
fol·low·er ['fɒləʊə] *s* zwolennik; uczeń; członek świty
fol·low-up ['fɒləʊʌp] *s* uzupełnienie
fol·ly ['fɒlɪ] *s* szaleństwo
fo·ment [fə'ment] *vt* podżegać, podsycać; *med.* nagrzewać
fond [fɒnd] *adj* czuły; miły; zamiłowany; ***to be ~*** lubić (***of sb, sth*** kogoś, coś)
fon·dle ['fɒndl] *vt vi* pieścić (się)
fond·ness ['fɒndnəs] *s* czułość; zamiłowanie (***for sth*** do czegoś)
font [fɒnt] *s* chrzcielnica; *komp.* font, krój znaków
food [fuːd] *s* żywność, pokarm, wyżywienie, jedzenie; *pot.* ***junk ~*** niezdrowa <małowartościowa> żywność (*poddana procesom chemicznym*); ***rich ~*** jedzenie ciężko strawne
food·stuff ['fuːdstʌf] *s* artykuły spożywcze
fool [fuːl] *s* głupiec, wariat; *vi* błaznować, wygłupiać się; *vt* robić błazna (***sb*** z kogoś); okpić; wyłudzać (***sb out of sth*** coś od kogoś); ***to make a ~ of oneself*** <***sb***> robić z siebie <z kogoś> durnia
fool·ish ['fuːlɪʃ] *adj* głupi
fools·cap ['fuːlskæp] *s* papier podaniowy
foot [fʊt] *s* (*pl* ***feet*** [fiːt]) stopa; noga; spód, dół; stopa (*miara długości*); ***on ~*** piechotą, pieszo
foot·ball ['fʊtbɔːl] *s bryt.* piłka nożna, futbol; *am* futbol amerykański; ***~ pools*** totalizator piłkarski
foot·hold ['fʊthəʊld] *s* oparcie dla stóp; *przen.* mocna podstawa
foot·ing ['fʊtɪŋ] *s* oparcie dla stóp; ostoja, punkt oparcia; poziom; stopa (*wojenna, pokojowa*); wzajemny stosunek; ***on a friendly ~*** na przyjacielskiej stopie, w przyjaznych stosunkach
foot·man ['fʊtmən] *s* (*pl* ***footmen*** ['fʊtmən]) portier; lokaj
foot·mark ['fʊtmɑːk] *s* ślad (stopy)
foot·note ['fʊtnəʊt] *s* odnośnik
foot·path ['fʊtpɑːθ] *s* ścieżka; chodnik
foot·print ['fʊtprɪnt] *s* ślad (stopy)
foot·wear ['fʊtweə] *s* obuwie
for [fɔː, fə] *praep* dla, za; zamiast; jako; na; z powodu; przez; do; z; po; co do; mimo, wbrew; jak na; ***~ all that*** mimo wszystko; ***~ ever, ~ good*** na zawsze, na dobre; ***~ instance*** <***example***> na przykład; ***~ 5 miles*** na przestrzeni 5 mil; ***~ years*** przez całe lata; ***what ~?*** na co?, po co?; *conj* ponieważ, gdyż, bowiem; ***as ~...*** co do...
for·age ['fɒrɪdʒ] *s* pasza; furaż; furażowanie; *vt vi* furażować; grabić
for·bade *zob.* ***forbid***
forbear 1. ['fɔːbeə] *s* przodek, antenat; *także* ***forebear***
for·bear 2.** [fə'beə] (*formy zob.* ***bear 2.) *vt vi* znosić cierpliwie, pobłażać; powstrzymać się (***sth*** <***doing sth, from sth***> od czegoś)
for·bid** [fə'bɪd] *vt* (forbade*** [fə'beɪd], ***forbidden*** [fə'bɪdn]) zakazywać, zabraniać, nie pozwalać

for·bore, for·borne *zob.* ***forbear 2.***
force [fɔːs] *s* siła, moc, przemoc; ***by ~*** siłą, przemocą; *pl* ***~s*** siły zbrojne; *vt* forsować, brać siłą; zmuszać, wymuszać; narzucać
forced [fɔːst] *adj* przymusowy; wymuszony; forsowny
for·ci·ble ['fɔːsəbl] *adj* gwałtowny; przymusowy; mocny; przekonywający
ford [fɔːd] *s* bród; *vt* przejść w bród
fore [fɔː] *s* przód, przednia część; ***to the ~*** ku przodowi, na przedzie, na widoku; (*o pieniądzach*) pod ręką; *adj* przedni
fore·arm ['fɔːrɑːm] *s* przedramię
fore·bear = ***forbear* 1.**
fore·bode [fɔː'bəʊd] *vt* przewidywać, przeczuwać; zapowiadać, wróżyć
fore·cast** ['fɔːkɑːst] *vt* (forecast, forecast*** *lub* ***forecasted, forecasted*** ['fɔːkɑːstɪd]) przewidywać, zapowiadać; *s* przewidywanie, prognoza
fore·fa·ther ['fɔːˌfɑːðə] *s* przodek, antenat
fore·fin·ger ['fɔːˌfɪŋgə] *s* palec wskazujący
fore·go 1.** [fɔː'gəʊ] (*formy zob.* ***go) *vi* poprzedzać
fore·go 2. = **forgo**
fore·go·ing [fɔː'gəʊɪŋ] *adj* poprzedni, powyższy
fore·gone [fɔː'gɒn] *pp i adj* z góry powzięty, przesądzony; *adj attr* ['fɔːgɒn] ***a ~ conclusion*** wiadomy wniosek, nieunikniony wynik
fore·ground ['fɔːgraʊnd] *s* przedni plan
fore·hand ['fɔːhænd] *s sport* (*w tenisie*) forhend
fore·head ['fɒrɪd] *s* czoło
for·eign ['fɒrɪn] *adj* obcy, cudzoziemski, zagraniczny; ***Foreign Office*** *bryt.* ministerstwo spraw zagranicznych; ***Foreign Secretary*** *bryt.* minister spraw zagranicznych
for·eign·er ['fɒrɪnə] *s* obcokrajowiec, cudzoziemiec
fore·land ['fɔːlənd] *s* przylądek
fore·man ['fɔːmən] *s* (*pl* ***foremen*** ['fɔːmən]) nadzorca, brygadzista; *prawn.* starszy ławy przysięgłych
fore·most ['fɔːməʊst] *adj* przedni, najważniejszy, pierwszy, czołowy
fore·noon ['fɔːnuːn] *s* przedpołudnie
fore·run·ner ['fɔːrʌnə] *s* prekursor, zwiastun
fore·see** [fɔː'siː] (*formy zob.* ***see) *vt* przewidywać
fore·shad·ow [fɔː'ʃædəʊ] *vt* zapowiadać
fore·sight ['fɔːsaɪt] *s* przewidywanie; przezorność
for·est ['fɒrɪst] *s* las; *vt* zalesiać
fore·stall [fɔː'stɔːl] *vt* wyprzedzić, ubiec
for·est·er ['fɒrɪstə] *s* leśniczy
fore·tell** [fɔː'tel] (*formy zob.* ***tell) *vt* przepowiadać, wróżyć
for·ev·er [fə'revə] *adv* na zawsze, wciąż
fore·went *zob.* ***forego***
fore·word ['fɔːwɜːd] *s* wstęp, przedmowa
for·feit ['fɔːfɪt] *vt* stracić, zaprzepaścić; *s* grzywna; utrata przez konfiskatę, przepadek (*mienia*); zastaw, fant
for·feit·ure ['fɔːfɪtʃə] *s* utrata; grzywna; konfiskata
for·gave *zob.* ***forgive***
forge [fɔːdʒ] *s* kuźnia; piec hutniczy; *vt* kuć; fałszować, podrabiać; zmyślać
for·ger ['fɔːdʒə] *s* fałszerz
for·ger·y ['fɔːdʒərɪ] *s* fałszerstwo
for·get** [fə'get] (*formy zob.* ***get) *vt vi* zapominać; opuszczać, pomijać
for·get·ful [fə'getfl] *adj* zapominający, niepomny, nie zważający

F

(***of sth*** na coś); *pot.* zapominalski

for·get-me-not [fə'getmɪnɒt] *s bot.* niezapominajka

for·give** [fə'gɪv] (*formy zob.* ***give) *vt* przebaczać, odpuszczać, darować

for·go** [fɔː'gəʊ] (*formy zob.* ***go) *vt* zrzec się; powstrzymać się (***sth*** od czegoś); obejść się (***sth*** bez czegoś)

for·got *zob.* ***forget***

for·got·ten *zob.* ***forget***

fork [fɔːk] *s* widelec; widły; rozwidlenie; *vt* rozwidlać się

for·lorn [fə'lɔːn] *adj* opuszczony; stracony; beznadziejny; **~ *hope*** z góry stracona sprawa

form [fɔːm] *s* forma, kształt; formalność; formularz; ławka; klasa; *vt vi* formować (się), tworzyć (się); urabiać (*np. opinię*)

for·mal ['fɔːml] *adj* formalny; oficjalny; zewnętrzny

for·mal·i·ty [fɔː'mælətɪ] *s* formalność; etykieta, ceremonialność

for·mat ['fɔːmæt] *s* format; *vt komp.* formatować

for·ma·tion [fɔː'meɪʃn] *s* formowanie <kształtowanie, tworzenie, wytwarzanie> się; budowa, powstawanie; *wojsk. geol.* formacja

for·mer ['fɔːmə] *adj* poprzedni, pierwszy (z dwu); dawny, były

for·mi·da·ble ['fɔːmɪdəbl] *adj* straszny, groźny

for·mu·la ['fɔːmjʊlə] *s* (*pl* ***formulae*** ['fɔːmjʊliː] *lub* ***formulas*** ['fɔːmjʊləz]) formułka; przepis; *mat. chem.* wzór

for·mu·late ['fɔːmjʊleɪt] *vt* formułować

for·sake** [fə'seɪk] *vt* (forsook*** [fə'sʊk], ***forsaken*** [fə'seɪkn]) opuszczać, porzucać

forth [fɔːθ] *adv* naprzód; ***and so ~*** i tak dalej

forth·com·ing [ˌfɔːθ'kʌmɪŋ] *adj* zbliżający się, mający się ukazać

forth·right ['fɔːθraɪt] *adj* prosty; szczery; *adv* prosto, otwarcie; szczerze; natychmiast

forth·with [fɔːθ'wɪð] *adv* bezzwłocznie

for·ti·eth ['fɔːtɪəθ] *adj* czterdziesty

for·ti·fy ['fɔːtɪfaɪ] *vt* wzmacniać, pokrzepiać; popierać; fortyfikować

for·ti·tude ['fɔːtɪtjuːd] *s* męstwo, hart ducha

fort·night ['fɔːtnaɪt] *s bryt.* dwa tygodnie

fort·night·ly ['fɔːtˌnaɪtlɪ] *adj* dwutygodniowy; *adv* co dwa tygodnie; *s* dwutygodnik

for·tress ['fɔːtrəs] *s* forteca

for·tu·nate ['fɔːtʃənət] *adj* szczęśliwy, pomyślny

for·tune ['fɔːtʃən] *s* los, szczęście, przypadek; majątek; ***by ~*** przypadkowo

for·tune-tel·ler ['fɔːtʃənˌtelə] *s* wróżbita

for·ty ['fɔːtɪ] *num* czterdzieści; *s* czterdziestka; **~ *winks*** *pot.* krótka drzemka (*podczas dnia*)

for·ward ['fɔːwəd] *adj* przedni; skierowany do przodu; przedwczesny; wczesny; gotów, chętny; postępowy; pewny siebie, arogancki; *adv* (*także* **~*s***) naprzód, dalej; z góry; ***to come ~*** wystąpić; zgłosić się; *vt* przyspieszać; popierać; wysyłać, ekspediować; *s sport* napastnik

for·wards *zob.* ***forward*** *adv*

for·went *zob.* ***forgo***

fos·sil ['fɒsl] *adj* skamieniały; *s* skamieniałość

fos·ter ['fɒstə] *vt* pielęgnować; żywić (*np. nadzieję*); podniecać, podsycać

fos·ter broth·er ['fɒstəˌbrʌθə] *s* przybrany <mleczny> brat

fos·ter child ['fɒstətʃaɪld] *s* przybrane dziecko

fos·ter fath·er ['fɒstəˌfɑːðə] *s* wychowawca, opiekun

fos·ter moth·er ['fɒstəˌmʌðə] *s* mamka, piastunka

fought *zob.* ***fight***
foul [faʊl] *adj* zgniły; cuchnący; plugawy, wstrętny; sprośny; *sport* nieprzepisowy; nieuczciwy, niehonorowy; ~ ***copy*** brulion; ~ ***language*** język wulgarny; *s* nieuczciwe postępowanie; *sport* faul; *vt vi* brudzić (się), kalać; zatkać; zderzyć się
found 1. *zob.* ***find***
found 2. [faʊnd] *vt* zakładać; opierać (*np. na faktach*)
found 3. [faʊnd] *vt* odlewać, topić (*metal*)
foun·da·tion [faʊn'deɪʃn] *s* podstawa, fundament; założenie; fundacja
found·er 1. ['faʊndə] *s* założyciel
found·er 2. ['faʊndə] *s* giser, odlewnik
found·er 3. ['faʊndə] *vi* zatonąć; zawalić się, zapaść się; *vt* zatopić
found·ling ['faʊndlɪŋ] *s* podrzutek
found·ry ['faʊndrɪ] *s* odlewnia
fount [faʊnt] *s* źródło; zbiornik
foun·tain ['faʊntɪn] *s* fontanna; *przen.* źródło; zbiornik
foun·tain pen ['faʊntɪnpen] *s* pióro wieczne
four [fɔː] *num* cztery; *s* czwórka; ***on all ~s*** na czworakach
four·fold ['fɔːfəʊld] *adj* czterokrotny; *adv* czterokrotnie
four·teen [ˌfɔː'tiːn] *num* czternaście; *s* czternastka
four·teenth [ˌfɔː'tiːnθ] *adj* czternasty
fourth [fɔːθ] adj czwarty
fowl [faʊl] *s* ptak (*domowy, dziki*); *zbior.* drób, ptactwo
fox [fɒks] *s zool.* lis
frac·tion ['frækʃn] *s* ułamek; frakcja
frac·ture ['fræktʃə] *s* złamanie; *vt vi* złamać (się), pęknąć
frag·ile ['frædʒaɪl] *adj* kruchy, łamliwy; wątły
frag·ment ['frægmənt] *s* fragment
fra·grance ['freɪgrəns] *s* zapach
frail [freɪl] *adj* kruchy, łamliwy; wątły; przelotny
frame [freɪm] *s* rama, oprawa; struktura, szkielet, zrąb; system, porządek; ~ ***of mind*** nastrój; *vt* oprawiać w ramę; tworzyć, kształtować; konstruować; dostosowywać; ~ ***up*** *pot.* wrobić (*w coś*)
frame·work ['freɪmwɜːk] *s* praca ramowa; zrąb, struktura
fran·chise ['fræntʃaɪz] *s* prawo wyborcze; przywilej; *am.* koncesja
frank [fræŋk] *adj* otwarty, szczery
frank·fur·ter ['fræŋkfɜːtə] *s* mała wędzona kiełbaska wieprzowa
fran·tic ['fræntɪk] *adj* szalony, zapamiętały
fra·ter·nal [frə'tɜːnl] *adj* braterski, bratni
fra·ter·ni·ty [frə'tɜːnətɪ] *s* braterstwo; bractwo
frat·er·nize ['frætənaɪz] *vi* bratać się
fraud [frɔːd] *s* oszustwo; oszust
fraught [frɔːt] *adj* naładowany, pełny (*zw. czegoś niedobrego*)
fray [freɪ] *vt vi* strzępić (się)
freak [friːk] *s* kaprys, wybryk (*także* natury); fenomen; dziwak, ekscentryk
freck·le ['frekl] *s* pieg, plamka; *vt vi* pokryć (się) plamkami, piegami
free [friː] *adj* wolny; hojny; niezależny, swobodny; bezpłatny; *vt* uwolnić, wyzwolić
free·dom ['friːdəm] *s* wolność; swoboda; prawo (***of sth*** do czegoś); ***the ~ of a city*** honorowe obywatelstwo miasta
Free·fone, Free·phone ['friːfəʊn] *s bryt. rozmowa telefoniczna na koszt firmy reklamującej towar*
free·lance ['friːlɑːns] *adj* swobodny, niezależny; *s* osoba mająca wolny zawód
free·way ['friːweɪ] *s am.* autostrada

F

freeze** [fri:z] *vi* (froze*** [frəʊz], ***frozen*** ['frəʊzn]) marznąć, zamarzać; *vt* zamrażać
freez·er ['fri:zə] *s* chłodnia, zamrażalnia; zamrażarka
freez·ing-point ['fri:zɪŋpɔɪnt] *s* punkt zamarzania
freight [freɪt] *s* fracht; przewóz; ładunek; *vt* frachtować; ładować (*na statek*); obciążać; przewozić
F
freight-train ['freɪttreɪn] *s am.* pociąg towarowy
French [frentʃ] *adj* francuski; *s* język francuski; ***to take ~ leave*** wyjść po angielsku (*bez pożegnania, bez uprzedzenia*)
French·man ['frentʃmən] *s* (*pl* ***Frenchmen*** ['frentʃmən]) Francuz
fren·zy ['frenzɪ] *s* szaleństwo
fre·quen·cy ['fri:kwənsɪ] *s* częstość; częstotliwość
fre·quent ['fri:kwənt] *adj* częsty; *vt* [frɪ'kwent] uczęszczać; nawiedzać, odwiedzać, bywać
fresh [freʃ] *adj* świeży, nowy; rześki; ***~ water*** słodka woda; ***"~ paint"*** „świeżo malowane"; *adv* świeżo, niedawno
fret [fret] *vt vi* denerwować (się); gryźć (się), wgryzać się
fret·ful ['fretfl] *adj* drażliwy, nerwowy
fri·a·ble ['fraɪəbl] *adj* miałki, kruchy
fri·ar ['fraɪə] *s* mnich
fric·tion ['frɪkʃn] *s* tarcie, nacieranie
Fri·day ['fraɪdɪ] *s* piątek; ***Good ~*** Wielki Piątek
fried *zob.* ***fry*** **1.**
friend [frend] *s* przyjaciel, kolega; ***to make ~s with sb*** zaprzyjaźnić się z kimś
friend·ly ['frendlɪ] *adj* przyjazny, przychylny; ***~ society*** towarzystwo wzajemnej pomocy
friend·ship ['frendʃɪp] *s* przyjaźń
fright [fraɪt] *s* strach; ***to take ~*** przestraszyć się (***at sth*** czegoś)
fright·en ['fraɪtn] *vt* straszyć, nastraszyć; ***~ away*** <***off***> odstraszyć
fright·ful ['fraɪtfl] *adj* straszny
frig·id ['frɪdʒɪd] *adj* zimny, chłodny; *przen.* oziębły
frill [frɪl] *s* falbanka, kryza; *pot.* zbędny dodatek; *vt* zdobić kryzą; plisować
fringe [frɪndʒ] *s* frędzla; grzywka; rąbek, skraj; peryferie; ***~ benefit*** *dodatkowa korzyść wiążąca się z daną posadą, np. bezpłatne ubezpieczenie zdrowotne*; *vt* ozdabiać frędzlami; obrębiać; *vi* graniczyć (***upon sth*** z czymś)
frit·ter ['frɪtə] *vt* rozdrabniać, marnować (*np. czas na drobiazgi*)
fri·vol·i·ty [frɪ'vɒlətɪ] *s* lekkomyślność; błahość, błahostka
friv·o·lous ['frɪvələs] *s* frywolny; lekkomyślny; błahy
fro [frəʊ] *adv w zwrocie*: ***to and ~*** tam i z powrotem
frock [frɒk] *s* suknia, sukienka; habit
frog [frɒg] *s zool.* żaba
frog·man ['frɒgmən] *s* (*pl* ***frogmen*** ['frɒgmən]) płetwonurek
frol·ic ['frɒlɪk] *s* swawola, zabawa; figiel; *adj* (*także* ***~some***) swawolny, figlarny; *vi* swawolić, dokazywać
from [frɒm, frəm] *praep* od, z
front [frʌnt] *s* front, czoło, przód; ***in ~ of*** przed; ***to have the ~*** mieć czelność; *adj attr* frontowy, przedni, czołowy; *vi* stać frontem; *vt* stawiać czoło
fron·tier ['frʌntɪə] *s* granica
frost [frɒst] *s* mróz
frost·bite ['frɒstbaɪt] *s* odmrożenie
frost·y ['frɒstɪ] *adj* mroźny, lodowaty
froth [frɒθ] *s* piana; *vi* pienić się
frown [fraʊn] *vi* marszczyć brwi; krzywo patrzeć (***at*** <***on***> ***sb*** na kogoś); *s* spojrzenie z ukosa, wyraz niezadowolenia

froze *zob.* ***freeze***

fro·zen *zob.* ***freeze***

fru·gal ['fru:gl] *adj* oszczędny (***of sth*** w czymś); (*o jedzeniu*) skromny

fruit [fru:t] *s* owoc, płód; *zbior.* owoce

fruit·ful ['fru:tfl] *adj* owocny; płodny

frus·trate [frʌ'streɪt] *vt* zniweczyć; udaremnić; frustrować

fry 1. [fraɪ] *vt vi* smażyć (się)

fry 2. [fraɪ] *s zbior.* drobne rybki, narybek; *przen.* dzieciarnia

fry·ing pan ['fraɪɪŋpæn] *s* patelnia

fuck [fʌk] *vt wulg.* (*odbyć stosunek seksualny*) pierdolić, jebać; *s wulg.* pierdolenie; *int wulg.* kurwa!

fu·el ['fju:əl] *s* opał, paliwo

fu·gi·tive ['fju:dʒətɪv] *adj* zbiegły; przelotny; *s* zbieg

ful·crum ['fʌlkrəm] *s* (*pl* ***fulcra*** ['fʌlkrə]) punkt podparcia <obrotu, zawieszenia>

ful·fil [fʊl'fɪl] *vt* spełnić

full [fʊl] *adj* pełny; najedzony; obfity; kompletny; **~ *up*** przepełniony, pełny po brzegi; **~ *stop*** kropka; **~ *dress*** strój wieczorowy <uroczysty>; **~ *time*** (*pracować*) na pełnym etacie; *s* pełnia; ***in*** **~** w całości; ***to the*** **~** w całej pełni

fum·ble ['fʌmbl] *vi* szperać, grzebać, gmerać (***at*** <***in, with***> ***sth*** w czymś); *vt pot.* partaczyć

fume [fju:m] *s* dym (*gryzący*); wybuch (*gniewu*); vi dymić; złościć się

fun [fʌn] *s* wesołość, zabawa; ***to make*** **~** żartować <kpić> sobie (***of sb, sth*** z kogoś, czegoś)

func·tion ['fʌŋkʃn] *s* funkcja, czynność; *vi* funkcjonować, działać

func·tion·a·ry ['fʌŋkʃnərɪ] *s* funkcjonariusz

fund [fʌnd] *s* fundusz zapomogowy; zapas, zasób

fun·da·men·tal [ˌfʌndə'mentl] *adj* podstawowy; *s* podstawa, zasada

fu·ner·al ['fju:nrəl] *adj* pogrzebowy, żałobny; *s* pogrzeb

fun·gus ['fʌŋgəs] *s* (*pl* ***fungi*** ['fʌŋgi:]) grzyb

fu·nic·u·lar [fju:'nɪkjʊlə] *adj* (*o kolejce*) linowy

fun·nel ['fʌnl] *s* lejek; komin (*statku*)

fun·ny ['fʌnɪ] *adj* zabawny, wesoły, śmieszny; dziwny

fur [fɜ:] *s* futro, sierść

fu·ri·ous ['fjʊərɪəs] *adj* wściekły, szalony

fur·nace ['fɜ:nɪs] *s* piec (*do celów przemysłowych*); ***blast*** **~** piec hutniczy

fur·nish ['fɜ:nɪʃ] *vt* zaopatrywać (***with sth*** w coś); dostarczać; meblować

fur·ni·ture ['fɜ:nɪtʃə] *s zbior.* meble, wyposażenie; ***a piece of*** **~** mebel

fu·ro·re [fjʊ'rɔ:rɪ] *s* furora

fur·ri·er ['fʌrɪə] *s* kuśnierz

fur·row ['fʌrəʊ] *s* bruzda; zmarszczka; *vt* robić bruzdy; żłobić

fur·ther 1. *zob.* ***far***

fur·ther 2. ['fɜ:ðə] *vt* popierać

fur·ther·more [ˌfɜ:ðə'mɔ:] *adv* co więcej, ponadto

fur·thest ['fɜ:ðɪst] *zob.* far

fur·tive ['fɜ:tɪv] *adj* ukradkowy, potajemny

fu·ry ['fjʊərɪ] *s* szał, furia; siła (*burzy*)

fuse [fju:z] *vt vi* stopić (się), roztapiać (się), stapiać (się); *s* zapalnik, lont; *elektr.* bezpiecznik

fu·se·lage ['fju:zəlɑ:ʒ] *s lotn.* kadłub (*samolotu*)

fu·sion ['fju:ʒn] *s* fuzja, zlanie (się), stopienie (się)

fuss [fʌs] *s* hałas, rwetes; krzątanina; *vt vi* robić hałas, awanturować się; wiercić się; niepokoić (się); zabiegać (***over*** <***around***> ***sb, sth*** koło kogoś, czegoś)

fuss·y ['fʌsɪ] *adj* hałaśliwy, niespokojny; kapryśny; drobiazgowy
fust·y ['fʌstɪ] *adj* stęchły; zacofany; przestarzały
fu·tile ['fju:taɪl] *adj* daremny; błahy
fu·ture ['fju:tʃə] *adj* przyszły; *s* przyszłość; *gram.* czas przyszły; ***in the*** **~** w przyszłości; ***in*** **~** na przyszłość (*ostrzegając lub grożąc*)
fu·tur·is·tic [ˌfju:tʃə'rɪstɪk] *adj* futurystyczny; *pot.* udziwniony
fuze = ***fuse***
fuzz·y ['fʌzɪ] *adj* (*o włosach*) kędzierzawy; (*o obrazie, granicy*) niewyraźny, zamazany, nieostry

G

G

gab·ble ['gæbl] *vi* bełkotać, mamrotać; *s* bełkot
ga·ble ['geɪbl] *s* szczyt (*budynku*)
gad·fly ['gædflaɪ] *s* giez
gad·get ['gædʒɪt] *s pot.* urządzenie, przyrząd; interes, instrument
gag [gæg] *vt* kneblować usta; *s* knebel
gage 1. [geɪdʒ] *s* rękojmia; *vt* zastawiać; ręczyć (***sth*** czymś)
gage 2. = ***gauge***
gai·e·ty ['geɪətɪ] *s* wesołość
gai·ly ['geɪlɪ] *adv* wesoło
gain [geɪn] *s* zysk; zarobek; wzrost; korzyść; *vt vi* zyskać; zarobić; wyprzedzić; (*o zegarku*) spieszyć się; zdobyć; osiągnąć; ***to*** **~** ***ground*** *przen.* zyskać przewagę; **~** ***over*** przeciągnąć na swoją stronę; ***to*** **~** ***the upper hand*** wziąć górę
gain·ing ['geɪnɪŋ] *s* (*zw. pl* **~*s***) zysk, dochody
gain·say** [ˌgeɪn'seɪ] (*formy zob.* ***say) *vt* przeczyć, oponować
gait [geɪt] *s* chód
ga·la ['gɑ:lə] *s* gala; *adj attr* galowy
gal·ax·y ['gæləksɪ] *s* galaktyka
gale [geɪl] *s* wichura, sztorm
gall 1. [gɔ:l] *s* żółć; *przen.* gorycz
gall 2. [gɔ:l] *s* otarcie skóry, odparzenie; *vt* ocierać, odparzyć (*skórę*); drażnić
gal·lant ['gælənt] *adj* dzielny, rycerski; wspaniały; szarmancki, wytworny; *s* galant; elegant
gal·lant·ry ['gæləntrɪ] *s* dzielność, rycerskość; szarmanckie postępowanie, galanteria, wytworność
gal·ler·y ['gælərɪ] *s* galeria; korytarz, pasaż; ***art*** **~** galeria sztuki
gal·ley ['gælɪ] *s* galeria; *pl* **~*s*** (*także przen.*) galery, ciężkie roboty
gal·lon ['gælən] *s* galon (*bryt.* = *4,54 l; am.* = *3,78 l*)
gal·lop ['gæləp] *vi* galopować; *s* galop
gal·lows ['gæləuz] *s* szubienica
ga·loot [gə'lu:t] *s pot.* niedołęga, safanduła
ga·losh [gə'lɒʃ] *s* kalosz
gal·va·nize ['gælvənaɪz] *vt* galwanizować
gam·ble ['gæmbl] *vi* uprawiać hazard; ryzykować; *s* hazard; ryzyko
gam·bol ['gæmbl] *vi* podskakiwać, swawolić; *s* wesoły podskok; *pl* **~*s*** koziołki
game [geɪm] *s* gra; rozrywka, zabawa; *sport* rozgrywka, partia; zwierzyna, dziczyzna; *pl* **~*s*** zawody; ***Olympic Games*** Igrzyska Olimpijskie; ***none of your*** **~*s*** tylko bez żadnych sztuczek
gam·mon 1. ['gæmən] *s* szynka (wędzona)
gam·mon 2. ['gæmən] *s pot.* blaga, nabieranie, oszustwo; *vi vt* oszukiwać; bzdurzyć; udawać

gam·ut ['gæmət] *s muz. przen.* skala, zakres
gang [gæŋ] *s* grupa (*ludzi*), drużyna; ekipa; szajka, banda
gang·plank ['gæŋplænk] *s* pomost, kładka (*przejście na statek*)
gan·grene ['gæŋgriːn] *s* gangrena; *vt* gangrenować; *vi* ulegać gangrenie
gang·ster ['gæŋstə] *s* gangster
gang·way ['gæŋweɪ] *s* przejście (*między rzędami krzeseł itp.*); *mors.* schodnia; *int.* Proszę zrobić przejście!
gaol [dʒeɪl] *s* więzienie
gaol·er ['dʒeɪlə] *s* dozorca więzienny
gap [gæp] *s* luka, wyrwa, przerwa; odstęp; *przen.* przepaść
gape [geɪp] *vi* ziewać; gapić się, rozdziawiać usta; ziać, stać otworem; rozłazić się
ga·rage ['gærɑːʒ] *s* warsztat samochodowy; garaż; *vt* garażować
garb [gɑːb] *s lit.* odzież, strój (*służbowy*); *vt* odziewać, ubierać, stroić
gar·bage ['gɑːbɪdʒ] *s am. zbior.* odpadki, śmieci; bzdury, nonsens
gar·den ['gɑːdn] *s* ogród; *vi* pracować w ogrodzie
gar·den·er ['gɑːdnə] *s* ogrodnik
gar·den par·ty ['gɑːdn,pɑːtɪ] *s* przyjęcie na świeżym powietrzu
gar·gle ['gɑːgl] *vt vi* płukać gardło
gar·ish ['geərɪʃ] *adj* jaskrawy, krzykliwy
gar·land ['gɑːlənd] *s* girlanda; wieniec
gar·lic ['gɑːlɪk] *s zool.* czosnek
gar·ment ['gɑːmənt] *s* artykuł odzieżowy; *pl* **~s** odzież
gar·ner ['gɑːnə] *s* spichrz; zbiór; *vt* przechowywać, gromadzić
gar·nish ['gɑːnɪʃ] *vt* zdobić; garnirować; *s* ozdoba; przybranie
gar·ret ['gærət] *s* poddasze, mansarda, strych
gar·ri·son ['gærɪsn] *s wojsk.* garnizon
gar·ter ['gɑːtə] *s* podwiązka
gas [gæs] *s* gaz; *am. pot.* benzyna; *vt* zagazować, zatruć gazem
gas me·ter ['gæs,miːtə] *s* gazomierz
gas·o·line ['gæsəliːn] *s* gazolina; *am.* benzyna
gasp [gɑːsp] *vi* ciężko dyszeć, łapać oddech; stracić oddech; *s* ciężki oddech, dyszenie; łapanie tchu
gas range ['gæsreɪndʒ], **gas stove** ['gæsstəʊv] *s* kuchenka gazowa
gate [geɪt] *s* brama, wrota, furtka; zasuwa; tama
gate·way ['geɪtweɪ] *s* brama wejściowa, wjazd, furtka
gath·er ['gæðə] *vt vi* zbierać (się); wnioskować; (*o rzece*) wzbierać; (*o wrzodzie*) nabierać; narastać
gath·er·ing ['gæðərɪŋ] *s* zebranie; gromada; zbiór; *med.* ropień
gaud·y ['gɔːdɪ] *adj* (*o barwie*) jaskrawy; (*o stroju*) krzykliwy; pompatyczny; wystrojony, paradny
gauge [geɪdʒ] *s* przyrząd pomiarowy; miara; skala; rozmiar, wymiar; kaliber; szerokość toru; sprawdzian; *vt* mierzyć; szacować
gaunt [gɔːnt] *adj* chudy, nędzny; ponury
gaunt·let ['gɔːntlət] *s* rękawica
gauze [gɔːz] *s* gaza; siatka druciana; mgiełka
gave *zob.* ***give***
gawk [gɔːk] *s* ciemięga, gamoń; *vi* gapić się
gay [geɪ] *adj* wesoły, radosny; (*o barwie*) żywy; *s pot.* homo, pedał (*homoseksualista*)
gaze [geɪz] *vi* uporczywie patrzeć, gapić się (***at sth*** na coś); *s* spojrzenie, uporczywy wzrok
ga·zette [gə'zet] *s* dziennik urzędowy
gaz·et·teer [ˌgæzə'tɪə] *s* słownik <indeks> nazw geograficznych
gear [gɪə] *s* przekładnia; mechanizm; *mot.* bieg (*w aucie*); *zbior.*

G

narzędzia, przybory; uprząż; ***in ~*** włączony, w ruchu, na biegu; ***out of ~*** wyłączony, nie działający; popsuty; *vt vi* włączyć (się); zazębić (się); ***to change the ~*** zmienić bieg
gear·box ['gɪəbɒks] *s mot.* skrzynia biegów
gear·wheel ['gɪəwiːl] *s* koło zębate
geese *zob.* ***goose***
gem [dʒem] *s* klejnot
Gem·i·ni ['dʒemɪnaɪ] *s* Bliźnięta (*znak zodiaku*)

G

gen·der ['dʒendə] *s gram.* rodzaj
gen·e·al·o·gy [ˌdʒiːnɪ'ælədʒɪ] *s* genealogia
gen·e·ra *zob.* ***genus***
gen·er·al ['dʒenrəl] *adj* ogólny; powszechny; główny; ogólnikowy; ***in ~*** ogólnie; zwykle; *s* generał
gen·er·al·ize ['dʒenrəlaɪz] *vt* uogólniać; upowszechniać
gen·er·ate ['dʒenəreɪt] *vt* rodzić, wytwarzać; powodować
gen·er·a·tion [ˌdʒenə'reɪʃn] *s* pokolenie; wytwarzanie; powstawanie; ***~ gap*** luka pokoleniowa
gen·er·os·i·ty [ˌdʒenə'rɒsətɪ] *s* szlachetność; wielkoduszność; szczodrość
gen·er·ous ['dʒenrəs] *adj* szlachetny; wielkoduszny; hojny
ge·net·ics [dʒɪ'netɪks] *s* genetyka
ge·nial ['dʒiːnɪəl] *adj* radosny; miły; uprzejmy; towarzyski; (*o powietrzu*) łagodny
gen·i·tals ['dʒenɪtlz] *s pl anat.* genitalia
gen·i·tive ['dʒenɪtɪv] *s gram.* dopełniacz
ge·nius ['dʒiːnɪəs] *s* (*pl* ***~es*** ['dʒiːnɪəsɪz]) geniusz, człowiek genialny; (*tylko sing*) zdolność; talent; (*pl* ***genii*** ['dʒiːnɪaɪ]) duch, demon
gen·o·cide ['dʒenəsaɪd] *s* ludobójstwo
gen·til·i·ty [dʒen'tɪlətɪ] *s* „dobre" urodzenie; dobre maniery
gen·tle ['dʒentl] *adj* delikatny, łagodny; szlachetny; szlachecki
gen·tle·man ['dʒentlmən] *s* (*pl* ***gentlemen*** ['dʒentlmən]) dżentelmen; pan; mężczyzna; ***a ~'s agreement*** porozumienie oparte na zaufaniu
gen·tle·wom·an ['dʒentlˌwʊmən] *s* (*pl* ***gentlewomen*** ['dʒentlˌwɪmɪn]) dama, kobieta z towarzystwa
gen·try ['dʒentrɪ] *s* szlachta, ziemiaństwo
gents [dʒents] *s bryt.* dla panów (*toaleta dla mężczyzn*)
gen·u·ine ['dʒenjʊɪn] *adj* prawdziwy; oryginalny; autentyczny; szczery
ge·nus ['dʒiːnəs] *s* (*pl* ***genera*** ['dʒenərə]) (*zw. biol.*) rodzaj, klasa
ge·od·e·sy [dʒɪ'ɒdəsɪ] *s* geodezja
ge·o·graph·ic(al) [dʒɪə'græfɪk(l)] *adj* geograficzny
ge·og·ra·phy [dʒɪ'ɒgrəfɪ] *s* geografia
ge·o·log·ic(al) [ˌdʒɪə'lɒdʒɪk(l)] *adj* geologiczny
ge·ol·o·gy [dʒɪ'ɒlədʒɪ] *s* geologia
ge·o·met·ric(al) [ˌdʒɪə'metrɪk(l)] *adj* geometryczny
ge·om·e·try [dʒɪ'ɒmətrɪ] *s* geometria
ge·ri·at·rics [ˌdʒerɪ'ætrɪks] *s* geriatria
germ [dʒɜːm] *s* zarodek, zalążek; zarazek
Ger·man ['dʒɜːmən] *adj* niemiecki; *s* Niemiec; język niemiecki
ger·mi·nate ['dʒɜːmɪneɪt] *vi* kiełkować; *vt* powodować kiełkowanie
ger·on·tol·og·y [ˌdʒerɒn'tɒlədʒɪ] *s* gerontologia
ges·tic·u·late [dʒe'stɪkjʊleɪt] *vt* gestykulować
ges·ture ['dʒestʃə] *s* gest
get** [get] *vt vi* (got, got*** [gɒt]) dostać, otrzymać; nabyć, zdobyć, wziąć; przynieść, podać, dostar-

czyć; dostać się, dojść; stać się; wpływać, zmuszać, nakłaniać; ***I cannot ~ him to do his work*** nie mogę go zmusić do pracy; ***he got the engine to move*** puścił silnik w ruch; ***I got my hair cut*** ostrzygłem sobie włosy <byłem u fryzjera>; ***I got my work finished*** skończyłem pracę; uporałem się ze swoją pracą; ***he got his leg broken*** złamał sobie nogę; ***to ~ sth ready*** przygotować coś; ***I have got*** *pot.* = ***I have; have you got a watch?*** czy masz zegarek?; ***I have got to*** = ***I must; it has got to be done*** to musi być zrobione; *z bezokolicznikiem*: ***to ~ to know*** dowiedzieć się; ***to ~ to like*** polubić; *z imiesłowem biernym*: ***to ~ married*** ożenić się, wyjść za mąż; ***to ~ dressed*** ubrać się; *z rzeczownikiem*: ***to ~ rid*** uwolnić się, pozbyć się (***of sth*** czegoś); *z przymiotnikiem*: ***to ~ old*** zestarzeć się; ***to ~ ready*** przygotować się; ***it's ~ting late*** robi się późno; *z przyimkami i przysłówkami*: ***~ about*** chodzić, poruszać się (*z miejsca na miejsce*); (*o wiadomościach; także* ***~ abroad***) rozchodzić się; ***~ across*** przeprawiać się (na drugą stronę); znaleźć zrozumienie <oddźwięk> (***to sb*** u kogoś); ***~ ahead*** posuwać się naprzód, robić postępy; ***~ along*** posuwać (się), robić postępy; współżyć; dawać sobie radę; ***~ away*** usunąć (się), oddalić się, umknąć; ***~ back*** wracać; otrzymać z powrotem; ***~ down*** ściągać (na dół), opuszczać (się); schodzić; zabierać się (***to sth*** do czegoś); ***~ in*** wejść, wjechać, dostać się (do wnętrza); wnieść, wprowadzić, wcisnąć; zbierać, zwozić (*plony*); ***~ off*** schodzić, złazić; wysiadać; zdejmować; usuwać (się); wyruszyć; wysłać, wyprawić; wymknąć się; ***~ on*** nakładać; posuwać (się) naprzód; mieć powodzenie; robić postępy; współżyć; ***easy to ~ on with*** łatwy w pożyciu; ***~ out*** wydostać <wydobyć> (się); wyjść, wysiąść; wyprowadzić, wyciągnąć, wyrwać <wykręcić> (się); ***~ over*** przenieść; pokonać, przemóc; ukończyć, załatwić (***sth*** coś); przejść na drugą stronę; ***~ through*** przedostać się; przeprowadzić; skończyć, uporać się (***with sth*** z czymś); zdać (*egzamin*); połączyć się (*telefonicznie*); ***~ together*** zebrać (się), zejść się; ***~ under*** pokonać, opanować; ***~ up*** podnieść (się), wstać; doprowadzić do porządku, urządzić; ubrać; dojść, dotrzeć; wystawić (*sztukę w teatrze*)

get-to·geth·er ['getəˌgeðə] *s pot.* małe spotkanie <przyjęcie> towarzyskie

gew·gaw ['gjuːgɔː] *s* błyskotka

gey·ser ['giːzə] *s geol.* gejzer; piecyk (*gazowy do grzania wody*)

ghast·ly ['gɑːstlɪ] *adj* straszny, upiorny; *adv* strasznie, upiornie

gher·kin ['gɜːkɪn] *s* korniszon

ghet·to ['getəʊ] *s* getto

ghost [gəʊst] *s* duch, cień, widmo

gi·ant ['dʒaɪənt] *s* olbrzym; *adj attr* olbrzymi

gib·bet ['dʒɪbɪt] *s* szubienica; śmierć na szubienicy

gibe [dʒaɪb] *vi* kpić (***at sb*** z kogoś); *s* kpina

gid·di·ness ['gɪdɪnəs] *s* zawrót głowy; roztrzepanie; lekkomyślność

gid·dy ['gɪdɪ] *adj* zawrotny; oszołomiony; roztrzepany; lekkomyślny; ***to feel ~*** mieć zawrót głowy

gift [gɪft] *s* prezent, dar; uzdolnienie (***for sth*** do czegoś)

gift·ed ['gɪftɪd] *adj* utalentowany

gi·gan·tic [dʒaɪ'gæntɪk] *adj* olbrzymi

gig·gle ['gɪgl] *vi* chichotać; *s* chichot

gild 1. = ***guild***

gild 2. [gɪld] *vt* złocić, pozłacać

gilt [gɪlt] *s* pozłota; *adj* pozłacany

gim·mick ['gɪmɪk] *s pot.* sztuczka, trik

gin [dʒɪn] *s* dżin, jałowcówka

gin·ger ['dʒɪndʒə] *s* imbir

Gip·sy ['dʒɪpsɪ] *s* Cygan

gi·raffe [dʒɪ'rɑːf] *s* żyrafa

gird** [gɜːd] *vt* (girded, girded*** ['gɜːdɪd] *lub* ***girt, girt*** [gɜːt]) opasać, otoczyć

gir·dle ['gɜːdl] *s* pas; *vt* opasać

girl [gɜːl] *s* dziewczynka, dziewczyna; *pot.* kobieta; ***Girl Guide*** harcerka

girl·friend ['gɜːlfrend] *s* sympatia, dziewczyna (*z którą się chodzi*); *am.* koleżanka

girt [gɜːt] *zob.* ***gird***; *s* obwód; *vt* mierzyć obwód

gist [dʒɪst] *s* istota rzeczy, sens

give** [gɪv] *vt* (gave*** [geɪv], ***given*** ['gɪvn]) dawać; oddawać, poświęcać; *vi* ustąpić, poddać się; rozpaść się; *z rzeczownikami*: ***to ~ ground*** cofać się, ustępować; ***to ~ a guess*** zgadywać; ***to ~ a look*** spojrzeć; ***to ~ offence*** obrazić; ***to ~ pain*** sprawiać ból; ***to ~ rise*** dać początek; ***to ~ way*** ustąpić; *z przysłówkami*: ***~ away*** wydawać, zdradzać; oddawać, rozdawać; ***~ forth*** wydawać, wydzielać; ***~ in*** wręczać, podawać; poddać się, ustępować, ulegać; ***~ off*** wydzielać, wydawać; ***~ out*** wydawać, rozdawać; ogłaszać, rozgłaszać; (*o zapasie*) wyczerpywać się; ***~ over*** przekazać, przesłać; zaprzestać, zaniechać; ***~ up*** opuścić; zaniechać; zrezygnować; oddać (się)

giv·en *zob.* ***give***

gla·cial ['gleɪʃl] *adj* lodowy, lodowaty; *geol.* lodowcowy

gla·cier ['glæsɪə] *s* lodowiec

glad [glæd] *adj* rad; radosny, wesoły; ***I am ~ to see you*** cieszę się, że cię widzę

glad·den ['glædn] *vt* radować, weselić

glade [gleɪd] *s* przesieka, polana

glad·i·o·lus [ˌglædɪ'əʊləs] *s bot.* gladiolus, mieczyk

glam·our ['glæmə] *s* blask, urok, świetność

glance [glɑːns] *vi* spoglądać (***at sth*** na coś); *s* spojrzenie; ***to take <cast> a ~*** spojrzeć (***at sth*** na coś)

gland [glænd] *s* gruczoł

glare [gleə] *vi* błyszczeć, jasno świecić, razić; patrzeć (*z blaskiem w oczach, ze złością*); *s* blask; dzikie <piorunujące> spojrzenie; uporczywy wzrok

glass [glɑːs] *s* szkło; szklanka; przedmiot ze szkła; *pl* ***~es*** okulary; ***sun <tinted> ~es*** szkła przeciwsłoneczne <przydymione>

glass·ful ['glɑːsfʊl] *s* szklanka (*pełna czegoś*)

glass·house ['glɑːshaʊs] *s* cieplarnia; szklarnia

glass·works ['glɑːswɜːks] *s pl* huta szkła

glaze [gleɪz] *s* szkliwo; emalia; glazura; *vt vi* szklić (się); pokrywać (się) emalią <glazurą>; glazurować; ***~d frost*** gołoledź

gla·zier ['gleɪzɪə] *s* szklarz

gleam [gliːm] *vi* połyskiwać, migotać, błyszczeć; *s* błysk, promień, blask

glean [gliːn] *vt vi* zbierać (kłosy); *przen.* skrzętnie zbierać, starannie wybierać

glee [gliː] *s* radość, wesołość

glen [glen] *s* dolina (*górska*)

glib [glɪb] *adj* gładki; (*o mowie*) płynny

glide [glaɪd] *vi* ślizgać się, snuć; szybować; (*o czasie*) upływać; *s* ślizganie się; *lotn.* szybowanie, ślizg; *gram.* głoska przejściowa

glid·er ['glaɪdə] *s lotn.* szybowiec

glim·mer ['glɪmə] *vi* migotać; *s* migotanie, światełko

glimpse [glɪmps] *vi* ujrzeć w przelocie (***at*** <***on***> ***sth*** coś); *s* przelotne spojrzenie; ***to catch a ~*** ujrzeć w przelocie (***of sth*** coś)

glit·ter ['glɪtə] *vi* lśnić, błyszczeć, połyskiwać; *s* blask, połysk

gloat [gləut] *vi* napawać się, nasycać wzrok (***over*** <***on***> ***sth*** widokiem czegoś)

glob·al ['gləubl] *adj* ogólny, globalny; ogólnoświatowy

globe [gləub] *s* glob; kula (*ziemska*); globus; klosz

gloom [glu:m] *s* mrok; *przen.* smutek, przygnębienie; *vt vi* zaciemniać (się); *przen.* posępnieć

gloom·y ['glu:mɪ] *adj* mroczny; *przen.* posępny

glor·i·fy ['glɔ:rɪfaɪ] *vt* sławić, gloryfikować

glo·ri·ous ['glɔ:rɪəs] *adj* sławny, chlubny; wspaniały

glo·ry ['glɔ:rɪ] *s* chwała, chluba; wspaniałość; *vi* chlubić się (***in sth*** czymś)

gloss 1. [glɒs] *s* połysk; blichtr; *vt* nadawać połysk; *przen.* upiększać

gloss 2. [glɒs] *s* glosa, objaśnienie

glos·sa·ry ['glɒsərɪ] *s* glosariusz

gloss·y ['glɒsɪ] *adj* lśniący, połyskujący; gładki

glove [glʌv] *s* rękawiczka

glow [gləu] *vi* płonąć, żarzyć się; promieniować; *s* żar; jasność; żarliwość

glow-worm ['gləuwɜ:m] *s* robaczek świętojański

glue [glu:] *s* klej; *vt* kleić

glum [glʌm] *adj* ponury

glut [glʌt] *vt* nasycić, napełnić do syta; przesycić; *s* nasycenie, przesyt

glu·ti·nous ['glu:tɪnəs] *adj* kleisty

glut·ton ['glʌtn] *s* żarłok

glut·ton·y ['glʌtnɪ] *s* żarłoczność, obżarstwo

gnash [næʃ] *vt* zgrzytać

gnat [næt] *s* komar

gnaw [nɔ:] *vt vi* gryźć, ogryzać; wygryzać się

gnome [nəum] *s* gnom

go** [gəu] *vi* (went*** [went], ***gone*** [gɒn], *3 pers sing praes* ***goes*** [gəuz]) iść, pójść, chodzić, poruszać się, jechać; udać się; pójść sobie, przepaść, zniknąć; stać się; przeobrazić się; obchodzić się (***without sth*** bez czegoś); ***to let go*** puścić; ***let it go at that*** poprzestańmy na tym; ***to go to make*** stanowić, składać się (***sth*** na coś); *z przymiotnikami*: ***to go bad*** zepsuć się; ***to go Dutch*** (***treat***) płacić każdy za siebie (*w restauracji*); ***to go mad*** <***nuts***> zwariować; ***to go red*** poczerwienieć; ***to go wrong*** spotkać się z niepowodzeniem, nie udać się; zepsuć się; *z przysłówkami i przyimkami*: ***go about*** krążyć, chodzić tu i tam; przystąpić, zabierać się (***sth*** do czegoś); ***go after*** starać się, ubiegać się o coś; ***go ahead*** posuwać się naprzód; dalej coś robić; zaczynać; ***go along*** iść <posuwać się> naprzód; ***go asunder*** rozpaść się; ***go back*** wrócić; cofnąć (***on one's word*** swoje słowo); ***go down*** schodzić; opadać; zmniejszać się; (*o słońcu*) zachodzić; ***go in*** wchodzić; zabierać się (***for sth*** do czegoś); uprawiać, zajmować się (***for sth*** czymś); zasiadać (***for an exam*** do egzaminu); ***go off*** odejść; (*o broni*) wystrzelić; przeminąć; wypaść, (*o przedstawieniu, zawodach itp.*) udać się; ***go on*** posuwać się naprzód; kontynuować (***with sth*** coś, ***doing sth*** robienie czegoś); trwać; dziać się; zachowywać się; ***go out*** wyjechać, wyjść; kończyć się; niknąć, gasnąć; ***go over*** przejść na drugą stronę; przejrzeć, zbadać, powtórzyć (***sth*** coś); ***go through*** (*o uchwale itp.*) przejść; dobrnąć do końca (***with sth*** czegoś); ***go***

under ulec; zginąć; zatonąć; ***go up*** podejść; wejść na górę; podnieść się; ***to go up in flames*** spłonąć; ***that goes without saying*** to nie ulega kwestii <wątpliwości>; ***what's going on?*** co się dzieje?, o co chodzi?; ***as times go*** jak na obecne czasy; *s* ruch; werwa, życie; próba; posunięcie; ***to have a go*** spróbować (***at sth*** czegoś)

goad [gəud] *vt* kłuć; dawać bodźca, popędzać, pobudzać; *s* bodziec

G

goal [gəul] *s* cel; *sport* gol, bramka; ***to score a ~*** strzelić bramkę

goal·keep·er ['gəul,kiːpə] *s sport* bramkarz

goat [gəut] *s* koza, kozioł

go-be·tween ['gəubɪ,twiːn] *s* pośrednik

god [gɒd] *s* bóg, bóstwo; ***God*** Bóg

god·daugh·ter ['gɒd,dɔːtə] *s* chrześniaczka

god·dess ['gɒdɪs] *s* bogini

god·fath·er ['gɒd,fɑːðə] *s* ojciec chrzestny

god·moth·er ['gɒd,mʌðə] *s* matka chrzestna

god·send ['gɒdsend] *s pot.* niespodzianka, „dar niebios"

god·son ['gɒdsʌn] *s* chrześniak

goes *zob.* **go**

gog·gle ['gɒgl] *vi* wytrzeszczać oczy; *s pl* ***~s*** gogle

go-kart ['gəukɑːt] *s* gokart (*mały czterokołowy pojazd wyścigowy z silnikiem*)

gold [gəuld] *s* złoto; *attr* złoty

gold dig·ger ['gəuld,dɪgə] *s* poszukiwacz złota

gold·en ['gəuldn] *adj* złocisty; pozłacany

gold·field ['gəuldfiːld] *s* pole złotodajne, złoże złota

gold·mine ['gəuldmaɪn] *s* kopalnia złota

gold·smith ['gəuldsmɪθ] *s* złotnik

golf [gɒlf] *s* (*gra*) golf

gone *zob.* **go**

good [gud] *adj* dobry (*comp* ***better*** ['betə] lepszy, *sup* ***best*** [best] najlepszy); (*o dzieciach*) grzeczny; (*o dokumencie*) ważny; spory; właściwy; ***~ at sth*** biegły w czymś, zdolny do czegoś; ***to make ~*** naprawić; wyrównać; wynagrodzić; (*przy powitaniu*) ***~ morning, ~ afternoon*** dzień dobry; ***~ evening*** dobry wieczór; ***~ night*** dobranoc; ***be a good girl!*** bądź grzeczna!; *s* dobro; *pl* ***~s*** dobra, własność; towary; ***~s train*** pociąg towarowy; ***~s van*** wóz dostawczy; ***for ~*** na dobre, na zawsze; ***to be some ~*** na coś się przydać; ***to be no ~*** nie przydać się na nic; ***what's the ~ of it?*** na co się to przyda?

good·bye [,gud'baɪ] *int* do widzenia!

good-look·ing [,gud'lukɪŋ] *adj* przystojny

good-na·tured [,gud'neɪtʃəd] *adj* dobroduszny

good·ness ['gudnəs] *s* dobroć; ***~ gracious!, my ~!*** mój Boże!

goods *zob.* **good**

good·will [,gud'wɪl] *s* dobra wola; *handl.* majątek i reputacja firmy

goose [guːs] *s* (*pl* ***geese*** [giːs]) *zool.* gęś

goose·ber·ry ['guzbrɪ] *s bot.* agrest

gore [gɔː] *vt* bóść

gorge [gɔːdʒ] *s* czeluść, parów; gardło; *vt vi pot.* żarłocznie jeść

gor·geous ['gɔːdʒəs] *adj* wspaniały, okazały

gos·pel ['gɒspl] *s także* ***Gospel*** ewangelia; *także* Ewangelia

gos·sa·mer ['gɒsəmə] *s* babie lato, pajęczyna

gos·sip ['gɒsɪp] *s* plotka; plotkarstwo; plotkarz, plotkarka; *vi* plotkować

got *zob.* **get**

Goth·ic ['gɒθɪk] *adj* gotycki; gocki; *s* gotyk; pismo gotyckie; język gocki

got·ten ['gɒtn] *am. pp* od ***get***
gourd [gʊəd] *s bot.* tykwa
gout [gaʊt] *s med.* dna, podagra
gov·ern ['gʌvn] *vt vi* rządzić, sprawować rządy, panować (*także* nad sobą <uczuciami>)
gov·ern·ment ['gʌvnmənt] *s* rząd, władze; prowincja, gubernia
gov·er·nor ['gʌvnə] *s* gubernator; dyrektor naczelny; naczelnik; członek zarządu
gown [gaʊn] *s* suknia, toga
grab [græb] *vt* porywać, chwytać; grabić
grace [greɪs] *s* gracja, wdzięk; łaska, łaskawość; *vt* zdobić; zaszczycać
grace·ful ['greɪsfl] *adj* pełen wdzięku, powabny; łaskawy
gra·cious ['greɪʃəs] *adj* łaskawy; ***good ~!*** mój Boże!
grade [greɪd] *s* gatunek; ranga, szczebel służbowy; *am.* klasa (*w szkole podstawowej*); *am* stopień
grad·u·al ['grædʒʊəl] *adj* stopniowy
grad·u·ate ['grædʒʊeɪt] *vt* stopniować; oznaczać stopniami, znaczyć według skali; nadawać stopień naukowy; *vi* stopniowo przechodzić (*w coś*); otrzymać stopień naukowy; *s* ['grædʒʊət] absolwent wyższej uczelni (*z tytułem naukowym*)
grad·u·a·tion [ˌgrædʒʊ'eɪʃn] *s* stopniowanie; ukończenie studiów (z tytułem naukowym)
graf·fi·ti [græ'fiːtɪ] *s* graffiti (*napisy na murach, na ścianach toalet itp.*)
graft 1. [grɑːft] *vt* szczepić; *s bot.* szczep; *med.* przeszczep
graft 2. [grɑːft] *s* wymuszenie, nieuczciwy zysk, łapówka; *vi* nieuczciwie zdobywać pieniądze (*wymuszeniem, przekupstwem itp.*)
grain [greɪn] *s* ziarno; *zbior.* zboże
gram·mar ['græmə] *s* gramatyka; ***to speak bad ~*** mówić niegramatycznie
gram·mar school ['græməskuːl] *s bryt.* szkoła średnia
gram·o·phone ['græməfəʊn] *s* gramofon
gran·a·ry ['grænərɪ] *s* spichlerz
grand [grænd] *adj* wielki; wytworny, wspaniały; uroczysty; główny; ***~ piano*** fortepian
grand·child ['grænt∫aɪld] *s* wnuk, wnuczka
gran·deur ['grændʒə] *s* wielkość, majestatyczność
grand·fath·er ['grændˌfɑːðə] *s* dziadek
gran·di·ose ['grændɪəʊs] *adj* wspaniały, majestatyczny
grand·moth·er ['grænˌmʌðə] *s* babka
gran·ite ['grænɪt] *s* granit
grant [grɑːnt] *vt* użyczać; spełniać (*prośbę*); nadawać (*własność*); przyznawać (*rację*); ***to take for ~ed*** przyjąć za rzecz oczywistą, przesądzić; *s* akt łaski; darowizna; subwencja
gran·u·lar ['grænjʊlə] *adj* ziarnisty
gran·u·late ['grænjʊleɪt] *vt vi* granulować (się), nadawać <przybierać> postać ziarnistą
grape [greɪp] *s bot.* winogrono
grape·fruit ['greɪpfruːt] *s bot.* grejpfrut
graph [græf] *s* wykres
graph·ic ['græfɪk] *adj* graficzny
graph·ite ['græfaɪt] *s* grafit
grap·ple ['græpl] *vt* zahaczyć; *vi* chwycić; zmagać się; *s* chwyt; walka wręcz, zmaganie
grasp [grɑːsp] *vt* uchwycić, ścisnąć, mocno objąć; pojąć; zrozumieć; *vi* chwytać się (***at sth*** czegoś); *s* chwyt, uścisk; władza; pojmowanie, zasięg (*ręki*)
grasp·ing ['grɑːspɪŋ] *adj* chciwy, zachłanny
grass [grɑːs] *s* trawa; *pot.* marihuana; ***~ widow*** słomiana wdo-

wa; ~ ***widower*** słomiany wdowiec; (*w napisie*) ***keep off the ~*** nie deptać trawników

grass·hop·per ['grɑːsˌhɒpə] *s zool.* konik polny

grass snake ['grɑːssneɪk] *s zool.* zaskroniec

grate 1. [greɪt] *s* krata; ruszt, palenisko; *vt* zakratować

grate 2. [greɪt] *vt* skrobać, ucierać (*na tarce*); skrzypieć, zgrzytać

grate·ful ['greɪtfl] *adj* wdzięczny; miły

G

grat·i·fi·ca·tion [ˌgrætɪfɪ'keɪʃn] *s* wynagrodzenie; zadośćuczynienie; zadowolenie

grat·i·fy ['grætɪfaɪ] *vt* wynagrodzić; zadośćuczynić; zadowolić

grat·ing ['greɪtɪŋ] *ppraes i s* okratowanie

gra·tis ['greɪtɪs] *adv* darmo, bezpłatnie

grat·i·tude ['grætɪtjuːd] *s* wdzięczność

gra·tu·i·tous [grə'tjuːɪtəs] *adj* bezpłatny; dobrowolny; bezpodstawny

gra·tu·i·ty [grə'tjuːətɪ] *s* wynagrodzenie; napiwek

grave 1. [greɪv] *s* grób

grave 2. [greɪv] *adj* poważny; ważny

grav·el ['grævl] *s* żwir

grave·stone ['greɪvstəʊn] *s* płyta nagrobna; nagrobek

grave·yard ['greɪvjɑːd] *s* cmentarz

grav·i·ta·tion [ˌgrævɪ'teɪʃn] *s* ciążenie

grav·i·ty ['grævətɪ] *s* waga, powaga; *fiz.* ciężkość, ciężar (*gatunkowy*); przyciąganie ziemskie; ***specific ~*** ciężar właściwy; ***centre of ~*** środek ciężkości

gra·vy ['greɪvɪ] *s* sos z mięsa

gray = ***grey***

graze 1. [greɪz] *vt vi* paść (się)

graze 2. [greɪz] *vt* lekko dotknąć, musnąć; drasnąć

grease [griːs] *s* tłuszcz; smar; *vt* tłuścić; smarować

greas·y ['griːsɪ] *adj* tłusty; zatłuszczony; brudny; wstrętny

great [greɪt] *adj* wielki, duży; *pot.* wspaniały; ***~ in <on> sth*** zamiłowany w czymś; ***~ at sth*** uzdolniony do czegoś

greed [griːd] *s* chciwość, żądza (*władzy*)

greed·y ['griːdɪ] *adj* chciwy; żarłoczny

Greek [griːk] *adj* grecki; *s* Grek; język grecki

green [griːn] *adj* zielony; niedojrzały; *przen.* niedoświadczony; *s* zieleń, łąka; *pl* ***~s*** warzywa; *vt vi* zielenić się, pokrywać (się) zielenią

green·horn ['griːnhɔːn] *s pot.* żółtodziób, nowicjusz

green·house ['griːnhaʊs] *s* cieplarnia

greet [griːt] *vt* witać, kłaniać się, pozdrawiać

greet·ing ['griːtɪŋ] *ppraes i s* przywitanie, pozdrowienie

grem·lin ['gremlɪn] *s żart.* chochlik, gremlin (*złośliwy duszek psujący urządzenia*)

gre·nade [grɪ'neɪd] *s wojsk.* granat

grew *zob.* ***grow***

grey [greɪ] *adj* szary, siwy; *s* szary kolor

grey·hound ['greɪhaʊnd] *s zool.* chart

grid [grɪd] *s* ruszt; krata; *elektr. geogr.* siatka; sieć wysokiego napięcia

grief [griːf] *s* zmartwienie; żal; nieszczęście; ***to come to ~*** spotkać się z nieszczęściem <niepowodzeniem>, źle się skończyć

griev·ance ['griːvns] *s* skarga, powód do skargi, krzywda

grieve [griːv] *vt vi* martwić (się), sprawiać <odczuwać> przykrość

griev·ous ['griːvəs] *adj* krzywdzący; bolesny, przykry

grill [grɪl] *s* krata, ruszt; mięso z rusztu; bufet; *vt vi* smażyć (się) na ruszcie
grim [grɪm] *adj* ponury; srogi, nieubłagany
gri·mace [grɪ'meɪs] *s* grymas; *vi* robić grymasy
grime [graɪm] *s* brud; *vt* brudzić, brukać
grim·y ['graɪmɪ] *adj* brudny
grin [grɪn] *vi* szczerzyć zęby, uśmiechać się (szeroko); *s* (szeroki) uśmiech, szczerzenie zębów
grind** [graɪnd] *vt* (ground, ground*** [graʊnd]) mleć, ucierać, miażdżyć; ostrzyć; szlifować; toczyć; *vi* dać się zemleć; *pot.* wkuwać; harować
grind·stone ['graɪndstəʊn] *s* kamień szlifierski
grip [grɪp] *vt* chwycić (dłonią), ująć; ścisnąć; opanować; działać (***sb*** na kogoś); *s* chwyt; ujęcie; uścisk; *przen.* władza, szpony; opanowanie, oddziaływanie
grit [grɪt] *s* piasek, żwir; *przen.* stanowczość, wytrwałość
griz·zled ['grɪzld] *adj* posiwiały
griz·zly ['grɪzlɪ] *s zool.* grizzly
groan [grəʊn] *vi* jęczeć; *s* jęk
groats [grəʊts] *s pl* krupy, kasza
gro·cer ['grəʊsə] *s* właściciel sklepu spożywczego <kolonialnego>
gro·cer·y ['grəʊsərɪ] *s* sklep z towarami spożywczymi <kolonialnymi>
groom [gru:m] *s* stajenny; pan młody
groove [gru:v] *s* rowek, bruzda; wpust; *przen.* szablon, rutyna; *vt* żłobić
grope [grəʊp] *vt vi* szukać <iść> po omacku
gross [grəʊs] *adj* gruby; duży; ordynarny; całkowity; *handl.* brutto; *s* gros (= *12 tuzinów*); ***in <by> the ~*** hurtem, ogółem
gro·tesque [grəʊ'tesk] *adj* groteskowy; *s* groteska
ground 1. *zob.* ***grind***
ground 2. [graʊnd] *s* podstawa, podłoże; grunt, ziemia; dno (*morza*); tło; teren, plac; *pl* **~s** powód, podstawa; ***~ floor*** parter; *vt* gruntować; opierać; uczyć (*podstaw*); *elektr. am.* uziemić
group [gru:p] *s* grupa; *vt vi* grupować (się)
grove [grəʊv] *s* gaj, lasek
grov·el ['grɒvl] *vi* pełzać, płaszczyć się
grow** [grəʊ] *vi* (grew*** [gru:], ***grown*** [grəʊn]) rosnąć, wzrastać; stawać się; wzmagać się; *vt* hodować, sadzić; zapuszczać (*np. brodę*); ***to ~ old*** starzeć się; ***it is ~ing dark*** ściemnia się; ***~ up*** dorastać, dojrzewać
growl [graʊl] *vi* warczeć, mruczeć, burczeć; *s* warczenie, pomruk
grown-up ['grəʊnʌp] *adj* dorosły; *s* dorosły człowiek
growth [grəʊθ] *s* rośnięcie; wzrost; rozwój; hodowla; porost; narośl
grub [grʌb] *vt vi* ryć, grzebać; karczować; *s* robak, czerw
grudge [grʌdʒ] *s* złość, niechęć, uraza; ***to bear sb a ~*** czuć urazę do kogoś; *vt* czuć urazę, zazdrość; skąpić, żałować (***sb, sth*** komuś czegoś)
gru·el ['gru:əl] *s* kaszka, kleik
grue·some ['gru:səm] *adj* straszny, budzący zgrozę
grum·ble ['grʌmbl] *vt vi* szemrać, gderać, narzekać (***at sb, sth*** na kogoś, coś)
grum·bler ['grʌmblə] *s* gderacz, zrzęda
grunt [grʌnt] *vt vi* chrząkać; *s* chrząkanie
guar·an·tee [ˌgærən'ti:] *s* poręczyciel; gwarancja; *vt* gwarantować, ręczyć
guar·an·ty ['gærənti:] *s prawn.* = ***guarantee***
guard [gɑ:d] *s* straż, warta; baczność; stróż, wartownik, strażnik; ochrona, osłona; *bryt.* konduktor

(*na kolei*); *pl* **~s** gwardia; *vt* pilnować, osłaniać, ochraniać; *vi* strzec się; zabezpieczać się (***against sth*** przed czymś)
guard·i·an ['gɑːdɪən] *s* opiekun, stróż
gue·r(r)il·la [gə'rɪlə] *s* partyzantka; partyzant
guess [ges] *vt vi* zgadywać; przypuszczać, domyślać się, sądzić; *s* zgadywanie; przypuszczenie, domysł; ***to give <make> a ~*** zgadnąć; ***at a ~*** na chybił trafił, na oko
guest [gest] *s* gość
guid·ance ['gaɪdns] *s* kierownictwo; informacja
guide [gaɪd] *s* kierownik; (*także o książce*) przewodnik; poradnik; doradca; *vt* kierować, prowadzić
guild [gɪld] *s* gildia, cech
guile [gaɪl] *s* podstęp, oszustwo
guile·less ['gaɪlləs] *adj* otwarty, szczery
guil·lo·tine [ˌgɪlə'tiːn] *s* gilotyna
guilt·y ['gɪltɪ] *adj* winny; ***~ conscience*** nieczyste sumienie
gui·tar [gɪ'tɑː] *s* gitara; ***acoustic ~*** gitara akustyczna
gulf [gʌlf] *s* zatoka; otchłań; wir
gull [gʌl] *s* mewa
gul·let ['gʌlɪt] *s* przełyk; gardziel
gul·li·ble ['gʌləbl] *adj* naiwny, łatwowierny
gul·ly ['gʌlɪ] *s* ściek, kanał; żleb
gulp [gʌlp] *vt* chłeptać, łykać (*także łzy*); powstrzymywać (*łzy*); *s* łyk; ***at one ~*** jednym haustem
gum 1. [gʌm] *s* dziąsło
gum 2. [gʌm] *s* guma; klej roślinny; *vt* lepić, gumować
gun [gʌn] *s* działo; strzelba, karabin; rewolwer; strzelec
gun·boat ['gʌnbəʊt] *s wojsk.* kanonierka
gun·ner ['gʌnə] *s wojsk.* kanonier
gun·pow·der ['gʌnˌpaʊdə] *s* proch strzelniczy
gur·gle ['gɜːgl] *vi* bulgotać; *s* bulgotanie
gush [gʌʃ] *vi* wylewać, tryskać; *s* wylew, wytrysk
gust [gʌst] *s* poryw wiatru; gwałtowna ulewa; *przen.* wybuch uczucia
gut [gʌt] *s pl* **~s** *pot.* wnętrzności, jelita; *przen.* odwaga, energia
gut·ter ['gʌtə] *s* ściek, rynna
gut·ter·snipe ['gʌtəsnaɪp] *s pot.* dziecko ulicy
gut·tur·al ['gʌtərəl] *adj* gardłowy (*dźwięk*)
guy [gaɪ] *s am. pot.* facet, gość
gym [dʒɪm] = ***gymnasium***
gym·na·si·um [dʒɪm'neɪzɪəm] *s* sala gimnastyczna
gym·nas·tic [dʒɪm'næstɪk] *adj* gimnastyczny; *s pl* **~s** gimnastyka
gy·nae·col·o·gist [ˌgaɪnɪ'kɒlədʒɪst] *s* ginekolog
Gypsy ['dʒɪpsɪ] *s* = ***Gipsy***

H

hab·er·dash·er ['hæbədæʃə] *s bryt.* kupiec pasmanteryjny i galanteryjny
hab·it ['hæbɪt] *s* zwyczaj; nawyk, przyzwyczajenie; nałóg; budowa ciała; habit (*zakonny*); ***to be in the ~ of*** mieć zwyczaj <nałóg>; ***to fall <get> into the ~ of*** popaść w nawyk <nałóg>; ***to break*** (***off***) ***the ~*** odzwyczaić się
hab·i·ta·tion [ˌhæbɪ'teɪʃn] *s* mieszkanie, zamieszkiwanie; miejsce zamieszkania

ha·bit·u·al [hə'bɪtʃʊəl] *adj* zwykły, zwyczajny; nałogowy; notoryczny
hack 1. [hæk] *s* cięcie; *vt* ciosać, rąbać, siekać
hack 2. [hæk] *s* szkapa; *przen. pot.* wyrobnik; **~ writer** pismak; *vt komp pot.* włamać się (*do komputera*)
hack·er ['hækə] *s komp pot.* haker (*maniak komputerowy*)
hack·ney ['hæknɪ] *s koś wynajęty*; dorożka
hack·neyed ['hæknɪd] *pp i adj* oklepany, banalny, szablonowy
had *zob.* ***have***
had·n't ['hædnt] = ***had not***; *zob.* ***have***
haem·or·rhage ['hemərɪdʒ] *s* krwawienie, krwotok
haem·or·rhoids *bryt.* = ***hemorrhoids***
hag [hæg] *s* wiedźma; jędza
hag·gard ['hægəd] *adj* wynędzniały, wychudzony; (*o wzroku*) nieprzytomny
hail 1. [heɪl] *s* grad; *vi* (*o gradzie*) padać
hail 2. [heɪl] *vt* witać; wołać; obwołać; ***to ~ a taxi*** przywołać taksówkę; *vi* pochodzić, przybywać (*skądś*); *s* powitanie
hair [heə] *s* włos; *zbior.* włosy
hair·cut ['heəkʌt] *s* strzyżenie
hair·do ['heədu:] *s pot.* uczesanie (*damskie*); fryzura
hair·dress·er ['heə,dresə] *s* fryzjer (*damski*)
hair dry·er, hair drier ['heə,draɪə] *s* suszarka (do włosów)
hair·y ['heərɪ] *adj* włochaty, owłosiony
hale [heɪl] *adj* (*zw.* ***~ and hearty***) (*o starszych ludziach*) czerstwy, krzepki
half [hɑ:f] *s* (*pl* ***halves*** [hɑ:vz]) połowa; ***one and a ~*** półtora; ***to go halves*** dzielić się (*z kimś*) na pół; *adj* pół; ***~ a mile*** pół mili; *adv* na pół, po połowie
half·back ['hɑ:fbæk] *s sport* obrońca, pomocnik
half-broth·er ['hɑ:f,brʌðə] *s* przyrodni brat
half-heart·ed [,hɑ:f'hɑ:tɪd] *adj* niezdecydowany, bez zapału
half-sis·ter ['hɑ:f,sɪstə] *s* przyrodnia siostra
half-time [,hɑ:f'taɪm] *s* system pracy na pół etatu; *sport* przerwa (*w połowie gry*); ***~ worker*** półetatowy pracownik
half·way [,hɑ:f'weɪ] *adv* w połowie drogi; *adj attr* znajdujący się w połowie drogi; *przen.* połowiczny
hall [hɔ:l] *s* hall, hol; sala; hala; westybul; dwór, gmach
hall·mark ['hɔ:lmɑ:k] *s* stempel probierczy; *przen.* znamię
hal·lo! [hə'ləʊ] *int* halo!; cześć!; czołem!
hal·low ['hæləʊ] *vt* święcić, poświęcać
Hal·low·een [,hæləʊ'i:n] *s noc 31 października, w którym, wg tradycji, pojawiają się duchy zmarłych i w którym dzieci przebierają się za wiedźmy, duchy itd., robiąc lampy z dyni*
hal·lu·ci·na·tion [hə,lu:sɪ'neɪʃn] *s* halucynacja
ha·lo ['heɪləʊ] *s* aureola; obwódka
halt [hɔ:lt] *vt vi* zatrzymać (się); wahać się; *s* zatrzymanie się, postój; ***to come to a ~*** zatrzymać się
hal·ter ['hɔ:ltə] *s* stryczek; postronek
halves *zob.* ***half***
ham [hæm] *s* szynka
ham·burg·er ['hæmbɜ:gə] *s także* ***burger*** hamburger, mielony kotlet wołowy (*zw. podawany w przekrojonej bułce z dodatkiem warzyw i przypraw*)
ham·let ['hæmlət] *s* wioska
ham·mer ['hæmə] *s* młot, młotek; *vt* bić młotem, kuć, wbijać; *przen.*

H

zadać klęskę; *vi* walić <tłuc> (***at sth*** w coś)

ham·mock ['hæmək] *s* hamak

ham·per ['hæmpə] *vt* przeszkadzać, hamować, krępować

hand [hænd] *s* ręka, dłoń; pracownik; pismo; *pl* ***~s*** siły robocze, obsługa; załoga; ***~s off (sth)!*** ręce precz (od czegoś)!; ***~s up!*** ręce do góry!; ***legible ~*** czytelne pismo; ***at ~*** pod ręką; blisko; wkrótce; ***by ~*** ręcznie; ***in ~*** w posiadaniu; w robocie; pod kontrolą; ***on ~*** w ręku; w posiadaniu; ***on all ~s*** ze wszystkich stron; ***on the one*** <***other***> ***~*** z jednej <drugiej> strony; ***out of ~*** z miejsca, bezzwłocznie; poza kontrolą; ***to be a good ~ at sth*** umieć coś dobrze zrobić; ***to bear*** <***lend, give***> ***sb a ~*** przyjść komuś z pomocą; ***to get sth off one's ~s*** pozbyć się czegoś; uwolnić się od czegoś; ***to have a ~ in sth*** maczać palce w czymś; ***to live from ~ to mouth*** żyć z dnia na dzień; ***to shake ~s*** ściskać dłoń (*na powitanie*); *vt* (*także* ***~ in***) wręczyć; ***~ on*** podać dalej; ***~ out*** wydać, wypłacić; ***~ over*** przekazać, dostarczyć

hand·bag ['hændbæg] *s* torebka damska

hand·bill ['hændbɪl] *s* ulotka

hand·book ['hændbʊk] *s* podręcznik; poradnik

hand·cuff ['hændkʌf] *s zw. pl* ***~s*** kajdany; *vt* zakuć w kajdany

hand·ful ['hændfʊl] *s* garść (*pełna czegoś*); garstka (*np. osób*)

hand·i·cap ['hændɪkæp] *s* zawada, przeszkoda, obciążenie; *sport* przeszkoda; przewaga (*dla słabszego*); *vt sport* dodatkowo obciążać (*zawodnika*), (*obciążeniem*) wyrównywać szanse (*zawodników*); przeszkadzać, utrudniać (***sb*** komuś); upośledzać, stawiać w gorszym położeniu

hand·i·craft ['hændɪkrɑːft] *s* rękodzieło; rzemiosło

hand·i·work ['hændɪwɜːk] *s* robota (ręczna); robótka

hand·ker·chief ['hæŋkətʃɪf] *s* chustka (*także* na szyję); chusteczka (do nosa)

han·dle ['hændl] *vt* trzymać w ręku, dotykać ręką <palcami> (***sth*** czegoś); obracać, manipulować (***sth*** czymś); kierować (***sth*** czymś); mieć do czynienia, traktować, obchodzić się (***sb, sth*** z kimś, czymś); załatwiać (*np.* ***orders*** zamówienia); handlować (***sth*** czymś); *s* rączka, rękojeść, uchwyt, trzonek; klamka (*przy drzwiach*); ucho (*garnka itp.*)

han·dle·bar ['hændlbɑː] *s* kierownica (*roweru*)

hand·made [ˌhænd'meɪd] *adj* ręcznie zrobiony <wykonany>

hand·out ['hændaʊt] *s* datek, jałmużna; ulotka; informacja na kartce (*dla słuchaczy wykładu itd.*)

hand·rail ['hændreɪl] *s* poręcz

hand·some ['hænsəm] *adj* ładny, przystojny; hojny

hand·writ·ing ['hændˌraɪtɪŋ] *s* charakter pisma, pismo

hand·y ['hændɪ] *adj* będący pod ręką; podręczny; zręczny, sprytny; wygodny, poręczny; ***that will come in ~*** to się nam przyda

hang** [hæŋ] *vt* (hung, hung*** [hʌŋ]; *gdy mowa o egzekucji, samobójstwie*: ***hanged, hanged*** [hæŋd]) wieszać, zwieszać; *vi* wisieć, zwisać; zależeć (***on sb, sth*** od kogoś, czegoś); ***~ about*** <*am. także* ***around***> trzymać się w pobliżu; wałęsać się; *pot.* obijać się; ***~ back*** wahać się, ociągać się; ***~ on*** uporczywie trzymać się, czepiać się (***to sth*** czegoś); ***~ out*** zwisać na zewnątrz, wychylać się; ***~ together*** trzymać się razem; ***~ up*** powiesić, zawiesić, odwiesić (*słuchawkę*); wstrzymać (*np.*

plan); **~ *you!*** *pot.* niech cię licho porwie!

hang·er ['hæŋə] *s* wieszak, wieszadło

hang·er-on [ˌhæŋər'ɒn] *s* (*pl* **~*s-on***) pochlebca; fan

hang-glid·er ['hæŋˌglaɪdə] *s* lotnia

hang·ing ['hæŋɪŋ] *s* (*zw. pl* **~*s***) draperia, kotara

hang·man ['hæŋmən] *s* (*pl* ***hangmen*** ['hæŋmən]) kat

hang·over ['hæŋˌəʊvə] *s* przeżytek, pozostałość; *pot.* kac

hang-up ['hæŋʌp] *s pot.* zahamowanie (psychiczne); poczucie dyskomfortu

hank·er ['hæŋkə] *vi* pożądać <pragnąć> (***after*** <***for***> ***sth*** czegoś); tęsknić (***after*** <***for***> ***sth, sb*** za czymś, kimś, do czegoś, kogoś)

hap·haz·ard [ˌhæp'hæzəd] *s* czysty przypadek, los szczęścia; ***at*** <***by***> **~** na chybił trafił; *adj* przypadkowy; *adv* przypadkowo, na ślepo

hap·less ['hæpləs] *adj* nieszczęśliwy, nieszczęsny

hap·pen ['hæpn] *vi* zdarzyć się, trafić się, dziać się; **~ *to do sth*** przypadkowo coś zrobić; **~ *on*** <***upon***> ***sth*** natknąć się <natrafić> na coś

hap·pen·ing ['hæpnɪŋ] *s* wydarzenie; przedstawienie, happening

hap·pi·ness ['hæpɪnəs] *s* szczęście

hap·py ['hæpɪ] *adj* szczęśliwy; radosny; zadowolony; (*o pomyśle itp.*) trafny, udany; **~ *hour*** *pora, kiedy towar jest sprzedawany po niższych cenach*

ha·rangue [hə'ræŋ] *s* przemowa, tyrada, oracja; *vt vi* przemawiać (***sb*** do kogoś), wygłaszać tyradę <orację>

har·ass ['hærəs] *vt* niepokoić, dręczyć

har·ass·ment ['hærəsmənt] *s* dręczenie, prześladowanie; ***sexual*** **~** napastowanie seksualne

har·bin·ger ['hɑːbɪndʒə] *s* zwiastun; *vt* zwiastować

har·bour ['hɑːbə] *s dosł. i przen.* przystań; port; schronienie; *vi* zawijać (do portu); chronić się; *vt* przygarnąć, dać przytułek; być siedliskiem (*np. brudu*); żywić (*np. uczucie*)

hard [hɑːd] *adj* twardy; surowy, srogi; ostry; trudny, ciężki; silny, mocny; **~ *labour*** ciężkie roboty; **~ *worker*** człowiek ciężko pracujący; **~ *and fast*** bezwzględny, surowy; nienaruszalny; *adv* mocno, twardo; wytrwale, usilnie; ciężko, z trudem; intensywnie; nadmiernie <bez umiaru>; **~ *by*** <***upon***> tuż (obok); **~ *on*** <***after, behind***> śladem, tuż za; ***to be* ~ *up*** być bez pieniędzy; **~ *core*** centralna grupa, jądro (organizacji); **~ *disk*** *komp.* dysk twardy

hard-core [ˌhɑːd'kɔː] *adj* twardy; zatwardziały; (*o pornografii*) wyrazisty, bez osłonek

hard·en ['hɑːdn] *vt* hartować, wzmacniać; znieczulać; *techn.* utwardzać; *vi* twardnieć; hartować się; *pot.* (*o cenach*) stabilizować się, ustalać się

har·di·hood ['hɑːdɪhʊd] *s* odwaga; zuchwalstwo, bezczelność

hard·ly ['hɑːdlɪ] *adv* z trudem; ledwo; ***I can* ~ *say*** trudno mi powiedzieć; **~ *anybody*** mało kto; **~ *ever*** rzadko, prawie nigdy; ***I* ~ *know*** nie bardzo wiem

hard·ness ['hɑːdnəs] *s* twardość; wytrzymałość, odporność, trudność, surowość, ostrość

hard·ship ['hɑːdʃɪp] *s* męka, znój, trud; ciężkie doświadczenie; nędza, niedostatek

hard·ware ['hɑːdweə] *s zbior.* towary żelazne; *komp.* sprzęt komputerowy

har·dy ['hɑːdɪ] *adj* śmiały; wytrzymały

hare [heə] *s* zając

hark [hɑːk] *vi* uważnie słuchać; *int* słuchaj!, uwaga!

har·le·quin ['hɑːləkwɪn] *s* arlekin

harm [hɑːm] *s* szkoda, krzywda; skaleczenie; ***to do ~*** zaszkodzić; *vt* szkodzić, krzywdzić; skaleczyć

harm·ful ['hɑːmfl] *adj* szkodliwy

har·mo·ni·ous [hɑː'məʊnɪəs] *adj* harmonijny, zgodny; melodyjny

har·mo·ny ['hɑːmənɪ] *s* (*także muz.*) harmonia, zgodność

har·ness ['hɑːnɪs] *s* uprząż, zaprzęg; *vt* zaprzęgać

harp [hɑːp] *s* harfa; *vi* grać na harfie; uporczywie powtarzać jedno i to samo (***on sth*** na ten sam temat)

har·poon [ˌhɑː'puːn] *s* harpun; *vt* ugodzić harpunem

har·row ['hærəʊ] *s* brona; *vt* bronować; *przen.* dręczyć, ranić (*uczucia*)

har·ry ['hærɪ] *vt* pustoszyć, grabić; dręczyć

harsh [hɑːʃ] *adj* szorstki; opryskliwy, nieuprzejmy; przykry (*dla oka, ucha itp.*); (*o opinii, klimacie itd.*) surowy

har·vest ['hɑːvɪst] *s* żniwo; *dosł. i przen.* żniwo, plon; *vt* zbierać (*zboże, plon*); ***~ festival*** dożynki

has *zob.* ***have***

has-been ['hæzbiːn] *s adj pot.* były, ex (*np. premier, dyrektor*)

hash [hæʃ] *vt* siekać (*mięso*); *s* siekane mięso; *przen. pot.* bigos, galimatias

has·n't ['hæznt] = ***has not***; *zob.* ***have***

hasp [hɑːsp] *s* skobel, zasuwka; klamra

haste [heɪst] *s* pośpiech; ***to make ~*** śpieszyć się

has·ten ['heɪsn] *vt* przyspieszać; ponaglać; *vi* śpieszyć się

hast·y ['heɪstɪ] *adj* pospieszny; porywczy; nie przemyślany, pochopny

hat [hæt] *s* kapelusz

hatch 1. [hætʃ] *s mors.* luk; klapa; właz

hatch 2. [hætʃ] *vt vi* wysiadywać (*jaja*), wylęgać (*pisklęta*); *vi* wylęgać się; *s* wylęganie; wyląg

hatch·et ['hætʃɪt] *s* toporek; *am.* ***to bury the ~*** pogodzić się

hate [heɪt] *vt* nienawidzić; nie znosić; *s* nienawiść

hath [hæθ] = ***has***

ha·tred ['heɪtrɪd] *s* nienawiść

haugh·ty ['hɔːtɪ] *adj* wyniosły, pyszny

haul [hɔːl] *vt vi* ciągnąć; wlec; *mors.* holować; przewozić; *s* ciągnienie; holowanie; połów; przewóz

haunch [hɔːntʃ] *s* biodro

haunt [hɔːnt] *vt* nawiedzać; (*o duchach*) straszyć; odwiedzać, bywać (***a place*** w jakimś miejscu); (*o myślach*) prześladować; *s* miejsce częstych odwiedzin; kryjówka; spelunka

have** [hæv, həv] *vt* (had, had*** [hæd, həd], *3 pers sing praes* ***has*** [hæz]) mieć; miewać, posiadać; otrzymać, nabyć; kazać <dać> (coś zrobić); spowodować (zrobienie czegoś); kazać (***sb do sth*** komuś coś zrobić); twierdzić; życzyć sobie, chcieć; znosić, pozwalać na coś; *przed bezokolicznikiem z* ***to***: musieć; ***I ~ to go*** muszę iść; ***to ~ a good time*** dobrze się bawić; ***to ~ dinner*** jeść obiad; ***to ~ a bath*** wykąpać się; ***to ~ a drink*** napić się (alkoholu); ***to ~ a walk*** przejść się; ***do you ~ tea for breakfast?*** czy pijesz herbatę na śniadanie?; ***do you often ~ colds?*** czy często się zaziębiasz?; ***I must ~ my watch repaired*** muszę dać zegarek do naprawy; ***I had my watch stolen*** ukradziono mi zegarek; ***let me ~ it*** daj mi to; ***G.B. Shaw***

has it G.B. Shaw twierdzi; ***I would ~ you know*** chciałem, żebyś wiedział; ***I won't ~ such conduct*** nie zniosę takiego zachowania; ~ ***on*** mieć na sobie; mieć w planie; ~ ***out*** dać sobie usunąć (*np. ząb*); ~ ***up*** wprowadzić na górę; wezwać do sądu (*na przesłuchanie*)

ha·ven ['heɪvn] *s dosł. i przen.* przystań

have·n't ['hævnt] = ***have not***

hav·oc ['hævək] *s* spustoszenie; ***to play ~*** pustoszyć, szerzyć zniszczenie

hawk 1. [hɔːk] *s* jastrząb

hawk 2. [hɔːk] *vt* sprzedawać na ulicy (*lub* krążąc od domu do domu)

hawk 3. [hɔːk] *vi* chrząkać

hawk·er ['hɔːkə] *s* sprzedawca uliczny; domokrążca

haw·thorn ['hɔːθɔːn] *s bot.* głóg

hay [heɪ] *s* siano; ***to make ~*** kosić, grabić i suszyć siano; *przen.* robić bałagan; szerzyć zamieszanie (***of sth*** w czymś)

hay·stack ['heɪstæk] *s* stóg (siana)

haz·ard ['hæzəd] *s* hazard, ryzyko, niebezpieczeństwo; traf; *vt* ryzykować, narażać (się) na niebezpieczeństwo

haz·ard·ous ['hæzədəs] *adj* hazardowy, ryzykowny, niebezpieczny

haze [heɪz] *s* lekka mgła, mgiełka; *przen.* niepewność

ha·zel ['heɪzl] *s bot.* leszczyna; *adj attr* leszczynowy; ~ ***nut*** orzech laskowy

ha·zy ['heɪzɪ] *adj* zamglony, *dosł. i przen.* mglisty

H-bomb ['eɪtʃbɒm] *s* bomba wodorowa

he [hiː] *pron* on

head [hed] *s* głowa; główka (*np. szpilki, sałaty*); łeb (*zwierzęcy*); szef, kierownik, naczelnik; nagłówek; rubryka, dział, punkt, dziedzina; *prawn.* paragraf; szczyt, góra, górna część; przód, czoło (*listy, pochodu*); ***at the ~*** na czele; ***to bring to a ~*** doprowadzić do rozstrzygającego <kulminacyjnego> momentu; ~ ***over heels in love*** zakochany po uszy; ***to keep one's ~*** nie tracić głowy; ***to make ~ against sth*** stawiać czoło <opór> czemuś; ~***s or tails*** orzeł czy reszka; ~ ***start*** przewaga; *vt* prowadzić, przewodzić, stać <być, iść> na czele; *sport* (*w piłce nożnej*) uderzyć głową; nadawać kierunek; zatytułować (*np. rozdział*); stawiać czoło, sprzeciwiać się (***sth*** czemuś); *vi* zdążać, brać kurs (***for sth*** na coś), zmierzać (***for sth*** ku czemuś)

head·ache ['hedeɪk] *s* ból głowy; ***sick ~*** migrena

head·ing ['hedɪŋ] *s* nagłówek; dział; rubryka; *mors.* kurs

head·land ['hedlənd] *s* przylądek, cypel

head·light ['hedlaɪt] *s* przednie światło <reflektor> (*lokomotywy, samochodu itp.*)

head·line ['hedlaɪn] *s* nagłówek, tytuł (*w gazecie*); *pl* ~***s*** *radio* wiadomości w skrócie

head·long ['hedlɒŋ] *adj* gwałtowny, nagły; nierozważny; *adv* nagle, na łeb na szyję, na oślep; (*upaść itd.*) głową naprzód

head·man ['hedmən] *s* (*pl* ***headmen*** ['hedmən]) przewodnik; przywódca, wódz

head·mas·ter [ˌhed'mɑːstə] *s* dyrektor szkoły

head·phones ['hedfəʊnz] *s pl* słuchawki (*do radia itp.*)

head·quar·ters [ˌhed'kwɔːtəz] *s pl wojsk.* kwatera główna; dowództwo

heads·man ['hedzmən] *s* (*pl* ***headsmen*** ['hedzmən]) kat

head·way ['hedweɪ] *s* ruch naprzód; postęp

head·y ['hedı] *adj* gwałtowny; (*o trunku itp.*) oszałamiający

heal [hi:l] *vt vi* leczyć (się); goić (się); łagodzić

health [helθ] *s* zdrowie; ~ ***insurance*** ubezpieczenie na wypadek choroby; ~ ***resort*** uzdrowisko; ~ ***food*** zdrowa żywność

health·y ['helθı] *adj* zdrowy

heap [hi:p] *s* stos, kupa; *pot.* masa, mnóstwo; *vt* (*także* ~ ***up***) ułożyć <usypać> stos <kopiec> (***sth*** z czegoś); (*także* ~ ***up***) gromadzić; ładować

hear** [hıə] *vt vi* (heard, heard*** [hɜ:d]) słuchać, słyszeć; przesłuchać, przepytać; dowiedzieć się, otrzymać wiadomość

hear·er ['hıərə] *s* słuchacz

hear·ing ['hıərıŋ] *pp*r*aes i s* słuch; posłuchanie; słyszenie (*czegoś*); ***it was said in my*** ~ powiedziano to w mojej obecności; ~ ***aid*** aparat słuchowy

hear·say ['hıəseı] *s* wieść; pogłoska; ***from*** ~ ze słyszenia

hearse [hɜ:s] *s* karawan

heart [hɑ:t] *s* serce; *przen.* dusza; rdzeń; środek, sedno; *przen.* otucha, męstwo, odwaga; kier (*w kartach*); ~ ***to*** ~ szczerze; ***to have sth at*** ~ mieć coś na sercu; ***I cannot find it in my*** ~ nie mogę się na to zdobyć, nie mam odwagi; ***by*** ~ na pamięć; ~ ***attack*** <***condition***> zawał serca

heart·break·ing ['hɑ:tbreıkıŋ] *adj* rozdzierający serce

heart·brok·en ['hɑ:t͵brəʊkn] *adj* ze złamanym sercem, zgnębiony

heart·burn ['hɑ:tbɜ:n] *s* zgaga

heart·en ['hɑ:tn] *vt* (*także* ~ ***up***) dodać otuchy <serca, odwagi>; *vi* (*także* ~ ***up***) nabrać odwagi

hearth [hɑ:θ] *s* palenisko; kominek; *przen.* ognisko domowe

heart·sick ['hɑ:tsık] *adj* przygnębiony, przybity, strapiony

heart·y ['hɑ:tı] *adj* serdeczny, szczery; (*o posiłku*) solidny; krzepki; (*o glebie*) żyzny

heat [hi:t] *s* gorąco, żar, upał; *fiz.* ciepło; *przen.* zapał; ogień; pasja; ***at a*** ~ na raz, za jednym zamachem; ***trial*** <***preliminary***> ~***s*** *sport* zawody eliminacyjne; *vt vi* grzać <ogrzewać, rozgrzewać> (się); palić <rozpalić> (się)

heat·er ['hi:tə] *s* ogrzewacz, grzejnik, grzałka, piec, kaloryfer

heath [hi:θ] *s* wrzosowisko

hea·then ['hi:ðn] *adj* pogański; *s* (*pl* ***the*** ~) poganin

heath·er ['heðə] *s bot.* wrzos

heat·ing ['hi:tıŋ] *s* ogrzewanie

heave** [hi:v] *vt vi* (hove, hove*** [həʊv] *lub* ***heaved, heaved*** [hi:vd]) podnosić (się), dźwigać (się); (*o falach itp.*) unosić się i opadać; wydać (***a groan*** jęk); wydymać (się); *s* podniesienie <dźwignięcie> (się); nabrzmienie

heav·en ['hevn] *s* niebo, niebiosa; ***for*** ~***'s sake!*** na miłość boską!; ***good*** ~(***s***)***!*** wielkie nieba!

heav·i·ness ['hevınəs] *s* ciężkość; ociężałość

heav·y ['hevı] *adj* ciężki; ociężały; (*o ciosie itd.*) silny, mocny; (*o stracie itd.*) duży, wielki; (*o śnie*) głęboki; (*o posiłku*) obfity; (*o kobiecie*) ciężarna; (*o morzu*) wzburzony; (*o niebie*) zachmurzony; (*o deszczu*) rzęsisty; ***to lie*** <***hang***> ~ ciążyć; (*o czasie*) dłużyć się

heavy·weight ['hevıweıt] *s sport* waga ciężka; bokser ciężkiej wagi

He·brew ['hi:bru:] *adj* hebrajski; *s* Izraelita; język hebrajski

heck·le ['hekl] *vt* dręczyć <przerywać mówcy> (*pytaniami, okrzykami*)

hec·tic ['hektık] *adj* gorączkowy, rozgorączkowany; niszczący

he'd [hi:d] = ***he had; he would***

hedge [hedʒ] *s* żywopłot, ogrodzenie; *vt* ogradzać

hedge·hog ['hedʒhɒg] *s zool.* jeż

heed [hi:d] *vt* uważać <baczyć>

(***sb, sth*** na kogoś, coś); *s* uwaga; baczenie; ***to take ~*** zważać (***of sth*** na coś)
heed·ful ['hi:dfl] *adj* baczny, uważny, dbały
heed·less ['hi:dləs] *adj* nieuważny, niedbały, nieostrożny
heel [hi:l] *s* pięta; obcas; ***~ bar*** naprawa obuwia; ***to take to one's ~s*** uciec, *pot.* wziąć nogi za pas
heel·tap ['hi:ltæp] *s* flek
he·ge·mo·ny [hɪ'gemənɪ] *s* hegemonia
heif·er ['hefə] *s* jałówka
height [haɪt] *s* wysokość; wzrost (*człowieka*); szczyt; pełnia, punkt kulminacyjny; wzniesienie (*terenu*)
height·en ['haɪtn] *vt vi* podwyższyć (się), podnieść (się), wzmóc, powiększyć
hei·nous ['heɪnəs] *adj* (*o zbrodni itp.*) potworny, ohydny
heir [eə] *s* dziedzic, spadkobierca
heir·ess ['eəres] *s* dziedziczka
heir·loom ['eəlu:m] *s coś dziedziczonego w rodzinie*, scheda (*klejnot, talent itp.*)
held *zob.* ***hold***
hell [hel] *s* piekło; ***to give sb ~*** zrobić komuś piekło; *int* do diabła!
he'll [hi:l] = ***he will, he shall***
hel·lo [he'ləʊ] *int* halo!
helm [helm] *s dosł i przen.* ster
hel·met ['helmɪt] *s* hełm (*żołnierza, policjanta itp.*); kask
helms·man ['helmzmən] *s* (*pl* ***helmsmen*** ['helmzmən]) sternik
help [help] *s* pomoc; rada, ratunek; pomocnik; służący; ***to be of ~*** być pomocnym; ***to be past ~*** być w beznadziejnym stanie; ***there is no ~ for it*** na to nie ma rady; *vt* pomagać, wspierać, ratować; częstować (***to sth*** czymś); wstrzymać się; zapobiec; dać radę; ***~ yourself*** poczęstuj się (***to sth*** czymś); ***I can't ~ laughing*** nie mogę się powstrzymać od śmiechu; ***I can't ~ it*** nic na to nie poradzę; ***can I help you ?*** czym mogę służyć ?
help·ful ['helpfl] *adj* pomocny, użyteczny
help·ing ['helpɪŋ] *s* porcja, dokładka (*jedzenia*)
help·less ['helpləs] *adj* bez oparcia, bezradny
help·mate ['helpmeɪt] *s* towarzysz, partner; współmałżonek
hem [hem] *vt* rąbek, obwódka; *vt* obrębić, obszyć; ***~ in*** otoczyć, okrążyć
hem·i·sphere ['hemɪsfɪə] *s* półkula
hem·or·rhoids ['hemərɔɪdz] *s pl med.* hemoroidy
hemp [hemp] *s bot.* konopie
hen [hen] *s* kura; samica (*ptaków*)
hence [hens] *adv* a więc; stąd, odtąd
hence·forth [ˌhens'fɔ:θ], **hence·for·ward** [ˌhens'fɔ:wəd] *adv* odtąd, na przyszłość
hench·man ['hentʃmən] *s* (*pl* ***henchmen*** ['hentʃmən]) stronnik, ślepo oddany zwolennik
her [hɜ:, ɜ:] *adj* ją, jej
her·ald ['herəld] *s* herold; zwiastun; *vt* zwiastować
her·ald·ry ['herəldrɪ] *s* heraldyka
herb [hɜ:b] *s* zioło
herd [hɜ:d] *s* stado; motłoch; *vt vi* żyć w stadach, gromadzić (się)
herds·man ['hɜ:dzmən] *s* (*pl* ***herdsmen*** ['hɜ:dzmən]) pasterz, pastuch
here [hɪə] *adv* tu, tutaj; oto; ***from ~*** stąd; ***in ~*** tu (wewnątrz); ***near ~*** niedaleko stąd, tuż obok; ***up to ~*** dotąd; ***~ you are*** proszę bardzo
here·a·bout(s) [ˌhɪərə'baʊt(s)] *adv* w pobliżu, gdzieś tutaj
here·af·ter [ˌhɪər'ɑ:ftə] *adv* następnie, w przyszłości; poniżej
here·by [ˌhɪə'baɪ] *adv* przez to; przy tym; tym sposobem
he·red·i·ta·ry [hɪ'redɪtrɪ] *adj* dziedziczny

H

he·red·i·ty [hɪ'redətɪ] *s* dziedziczność

here·in [ˌhɪər'ɪn] *adv* w tym; tu (wewnątrz)

here·of [ˌhɪər'ɒv] *adv* tego, niniejszego (*np. dokumentu*)

here's [hɪəz] = ***here is; here has***

her·e·sy ['herəsɪ] *s* herezja

her·e·tic ['herətɪk] *s* heretyk

he·ret·i·cal [hɪ'retɪkl] *adj* heretycki

here·up·on [ˌhɪərə'pɒn] *adv* na to; co do tego; następnie

here·with [ˌhɪə'wɪð] *adv* niniejszym, z niniejszym

her·i·ta·ble ['herɪtəbl] *adj* dziedziczny

her·i·tage ['herɪtɪdʒ] *s* dziedzictwo, spadek

her·met·ic [hɜː'metɪk] *adj* hermetyczny

her·mit ['hɜːmɪt] *s* pustelnik

he·ro ['hɪərəʊ] *s* (*pl* **~es** ['hɪərəʊz]) bohater

he·ro·ic [hɪ'rəʊɪk] *adj* bohaterski, heroiczny

her·o·ine ['herəʊɪn] *s* bohaterka

her·o·ism ['herəʊɪzm] *s* bohaterstwo

her·on ['herən] *s zool.* czapla

her·ring ['herɪŋ] *s zool.* śledź

hers [hɜːz] *pron* jej

her·self [hə'self] *pron* ona sama; (ona) sobie <siebie, się>; ***by ~*** sama (jedna), samodzielnie

he's [hiːz] = ***he is; he has***

hes·i·tant ['hezɪtənt] *adj* niezdecydowany, niepewny

hes·i·tate ['hezɪteɪt] *vi* wahać się, być niezdecydowanym

hes·i·ta·tion [ˌhezɪ'teɪʃn] *s* wahanie, niezdecydowanie

hew** [hjuː] *vt* (hewed*** [hjuːd], ***hewn*** [hjuːn] *lub* ***hewed***) rąbać, ciosać; wyrąbać sobie (*np. ścieżkę*)

hew·er ['hjuːə] *s* drwal; kamieniarz; rębacz

hey·day ['heɪdeɪ] *s* punkt szczytowy; pełny rozkwit

hi·ber·nate ['haɪbəneɪt] *vi* zimować, znajdować się w śnie zimowym

hic·cup ['hɪkʌp] *s* czkawka; *vi też* ***hic·cough*** mieć czkawkę

hid, hid·den *zob.* ***hide 2.***

hide 1. [haɪd] *s* (*nie wyprawiona*) skóra

hide 2.** *vt vi* (hid*** [hɪd], ***hidden*** ['hɪdn]) ukrywać (się), chować (się)

hide-and-seek [ˌhaɪdənd'siːk] *s* zabawa w chowanego

hide·a·way ['haɪdəweɪ] *s pot.* kryjówka; miejsce relaksu, ucieczka od obowiązków

hid·e·ous ['hɪdɪəs] *adj* wstrętny, ohydny, odrażający

hi·er·arch·y ['haɪərɑːkɪ] *s* hierarchia

hi·er·o·glyph ['haɪərəglɪf] *s* hieroglif

high [haɪ] *adj* wysoki; wybitny; skrajny, szczytowy; górny; główny; wzniosły; (*o głosie*) cienki; (*o opinii*) pochlebny; (*o wietrze*) silny; (*o barwach*) żywy; ***~ affairs*** ważne sprawy; ***~ day*** jasny dzień; ***~ hand*** arbitralne postępowanie, wyniosłość; ***~ life*** życie wyższych sfer, wytworny świat; ***~ seas*** pełne morze; ***~ spirits*** radosny nastrój; ***~ tide*** przypływ; ***~ water*** najwyższy stan wody; ***~ words*** gwałtowne <ostre> słowa; ***to run ~*** (*o cenach*) iść w górę; (*o morzu, uczuciach*) być wzburzonym; ***~ school*** *am.* szkoła średnia; ***~ technology*** zaawansowana technologia

high·brow ['haɪbraʊ] *s* (*zw. pretensjonalny*) intelektualista

high-flown [ˌhaɪ'fləʊn] *adj* górnolotny

high hand·ed [ˌhaɪ'hændɪd] *adj* władczy, despotyczny, arbitralny

high·land·er ['haɪləndə] *s* góral szkocki

high·ly ['haɪlɪ] *adv* wysoko; wysoce, w wysokim stopniu; wielce, w dużej mierze; wyniośle

high·ness ['haınəs] *s* wysokość; ***Your Highness*** Wasza Wysokość

high·road ['haırəʊd] *s* gościniec, szosa

high·way ['haıweı] *s am* autostrada; szosa

high·way·man ['haıweımən] *s* (*pl* ***highwaymen*** ['haıweımən]) rozbójnik

hi·jack ['haıdʒæk] *vt* porwać <uprowadzić> samolot

hike [haık] *vi* odbywać pieszą wycieczkę <wędrówkę>; *s* piesza wycieczka, wędrówka

hik·er ['haıkə] *s* turysta (*pieszy*)

hi·la·ri·ous [hı'leərıəs] *adj* wesoły

hi·lar·i·ty [hı'lærətı] *s* wesołość

hill [hıl] *s* wzgórze, pagórek

hill side ['hılsaıd] *s* stok, zbocze

hill·y ['hılı] *adj* pagórkowaty

hilt [hılt] *s* rękojeść

him [hım] *pron* jemu, mu, jego, go; *pot.* on

him·self [hım'self] *pron* on sam, jego samego, (on) sobie <siebie, się>; ***by ~*** sam (jeden), samodzielnie

hind 1. [haınd] *s* łania

hind 2. [haınd] *adj* tylny

hin·der ['hındə] *vt* przeszkadzać; powstrzymywać (***sb from doing sth*** kogoś od zrobienia czegoś)

hin·drance ['hındrəns] *s* przeszkoda

hinge [hındʒ] *s* zawias(a); *przen.* punkt zaczepienia, oś (*problemu itp.*); *vt* umocować na zawiasach; *vi* obracać się (***on sth*** dookoła czegoś); *przen.* zależeć (***on sth*** od czegoś)

hint [hınt] *s* aluzja, przytyk, docinek; napomknienie, wzmianka; wskazówka, podpowiedź; *vt vi* napomknąć (***sth*** <***at sth***> o czymś), zrobić aluzję (***at sth*** do czegoś)

hip [hıp] *s anat.* biodro

hire ['haıə] *s* najem; opłata za najem; ***~ purchase*** *bryt.* kupno na raty; ***"for hire"*** „wolny" (*na taksówce*); *vt* najmować

hire·ling ['haıəlıŋ] *s* najemnik

his [hız] *adj i pron* jego

hiss [hıs] *vi* syczeć; *vt* wygwizdać; *s* syk; wygwizdanie

his·to·ri·an [hı'stɔːrıən] *s* historyk

his·tor·ic [hı'stɒrık] *adj* historyczny; dziejowy, doniosły

his·tor·i·cal [hı'stɒrıkl] *adj* historyczny

his·to·ry ['hıstrı] *s* historia, dzieje

hit** *vt vi* (hit, hit*** [hıt]) uderzyć (się); trafić; ugodzić (***at sth*** w coś); ***~ off*** uchwycić (*np. podobieństwo*); *s* uderzenie; celny strzał; traf; aluzja, przytyk; trafna uwaga; sukces, udana próba; przebój (muzyczny)

hitch [hıtʃ] *vt* szarpnąć, przyciągnąć; posunąć; przymocować, przyczepić; *vi* przyczepić <zaczepić> się; *s* nerwowy ruch; szarpnięcie; zaciśnięcie; zatrzymanie; zwłoka; przeszkoda; komplikacja

hitch·hike ['hıtʃhaık] *s* podróż autostopem; *vi* podróżować autostopem

hitch·hik·er ['hıtʃhaıkə] *s* autostopowicz

hith·er ['hıðə] *adv* tu, do tego miejsca, dotąd

hith·er·to [ˌhıðə'tuː] *adv* dotychczas, dotąd

hive [haıv] *s* ul; *przen.* mrowisko; *vt* umieszczać (*pszczoły*) w ulu; *przen.* gromadzić; *vi* wchodzić do ula; *przen.* żyć w gromadzie

hoar [hɔː] *adj* siwy

hoard [hɔːd] *s* zapas; skarb; *vt* gromadzić <zbierać> (*np. zapasy*), ciułać, odkładać (*pieniądze*)

hoard·ing ['hɔːdıŋ] *s* płot, parkan; tablica do naklejania afiszów

hoar·frost ['hɔːfrɒst] *s* szron

hoarse [hɔːs] *adj* ochrypły, chrapliwy

hoar·y ['hɔːrı] *adj* oszroniony; siwy; sędziwy

hoax [həuks] *s* mistyfikacja, oszustwo, *pot.* kawał; *vt* mistyfikować, *pot.* nabierać
hob·ble ['hɒbl] *vi* kuleć, utykać; *vt* pętać (*konia*); *s* utykanie, kuśtykanie; pęta (*dla konia*)
hob·by ['hɒbɪ] *s* ulubione zajęcie, rozrywka, konik, pasja, hobby
hob·nail ['hɒbneɪl] *s* ćwiek
hob·nailed ['hɒbneɪld] *adj* podbity ćwiekami
hock·ey ['hɒkɪ] *s* hokej; ***field*** <***ice***> ~ hokej na trawie <na lodzie>
hoe [həu] *s* motyka; graca; *vt vi* kopać motyką; gracować
H
hog [hɒg] *s* wieprz, świnia
hoist [hɔɪst] *vt* (*także* ~ ***up***) podnieść, podciągnąć w górę, wywiesić (*flagę*)
hold 1.** [həuld] *vt vi* (held, held*** [held]) trzymać (się); zawierać, mieścić; utrzymywać (się); odbywać (*np. zebranie*); obchodzić (np. święto); twierdzić, uważać (***sb guilty*** kogoś za winnego, ***sth to be good*** że coś jest dobre); obstawać (***to sth*** przy czymś); powstrzymać, hamować; ***to*** ~ ***good*** <***true***> utrzymywać się w mocy; ***to*** ~ ***one's ground*** trzymać się mocno, nie ustępować; ***to*** ~ ***one's own*** stać na swoim, nie poddawać się; ***to*** ~ ***true*** być nadal ważnym; ***to*** ~ ***one's tongue*** milczeć; *z przysłówkami:* ~ ***back*** powstrzymywać (się); taić; ociągać się; ~ ***in*** hamować (się); ~ ***off*** trzymać (się) z dala, powstrzymywać (się); ~ ***on*** trzymać (się) mocno, trwać (***to sth*** przy czymś); wytrzymywać; ~ ***out*** wyciągać; ofiarować, dawać; wytrzymywać; ~ ***over*** odkładać, odraczać; ~ ***up*** podtrzymywać; podnosić; zatrzymywać; hamować; wystawiać (*np.* ***to derision*** na pośmiewisko); *s* chwyt, uchwyt; trzymanie; wpływ (***over sb*** na kogoś); ***to get catch*** <***lay***> ~ znaleźć; pochwycić, opanować (***of sth*** coś); ***to keep*** ~ mocno trzymać (***of sth*** coś); ***to lose*** <***leave***> ***one's*** ~ stracić panowanie (***of sth*** nad czymś); *praep* bez, oprócz (*zamawiając posiłek, np.* ***cheeseburger*** ~ ***onions***)
hold 2. [həuld] *s mors.* ładownia (*statku*)
hold·all ['həuldɔːl] *s bryt.* pojemna torba podróżna
hold·er ['həuldə] *s* posiadacz; właściciel; dzierżawca; okaziciel; rączka, obsadka (*pióra*), oprawka; naczynie, zbiornik
hold·ing ['həuldɪŋ] *ppraes i s* władanie; posiadłość; dzierżawa; *handl.* portfel (*papierów wartościowych*)
hold-up ['həuldʌp] *s* zatrzymanie (*ruchu*); napad (*rabunkowy*)
hole [həul] *s* dziura, dół, otwór; nora, jama; *vt* dziurawić, wiercić, drążyć
hol·i·day ['hɒlədeɪ] *s* święto; dzień wolny od pracy; (*zw. pl* ~***s***) wakacje; urlop; ferie; ~ ***maker*** wczasowicz, turysta
Hol·i·ness ['həulɪnɪs] *s* Świątobliwość (*tytuł papieża*)
hol·low ['hɒləu] *s* dziura, puste miejsce; kotlina, dolina; *adj* pusty, wydrążony, wklęsły; (*o policzkach, oczach*) zapadnięty; (*o zębie*) dziurawy; *przen.* czczy; nieszczery, fałszywy; (*o dźwięku*) głuchy; *vt* wyżłobić; *adv pot.* całkowicie
holm [həum] *s* ostrów, kępa
hol·o·caust ['hɒləkɔːst] *s* holokaust, zagłada
hol·ster ['həulstə] *s* kabura, olstro
ho·ly ['həulɪ] *adj* święty, poświęcony; ~ ***orders*** święcenia
hom·age ['hɒmɪdʒ] *s* hołd; ***to pay*** ~ składać hołd
home [həum] *s* dom (*rodzinny*), ognisko domowe; mieszkanie; przytułek; kraj (*rodzinny*), ojczy-

zna; ***at ~*** w domu; w kraju; ***to make oneself at ~*** rozgościć się, nie krępować się; *adj* domowy, rodzinny; miejscowy; wewnętrzny, krajowy; ***Home Office*** *bryt.* ministerstwo spraw wewnętrznych; ***Home Secretary*** *bryt.* minister spraw wewnętrznych; ***Home Rule*** autonomia; *adv* do domu; do kraju; w domu; w kraju; ***to bring ~*** unaocznić, wyjaśnić

home·less ['həʊmləs] *adj* bezdomny

home·ly ['həʊmlɪ] *adj* przytulny, swojski; prosty, pospolity; (*np. o rysach twarzy*) niełądny

home-made [ˌhəʊm'meɪd] *adj* domowego <krajowego> wyrobu

home·sick ['həʊmsɪk] *adj* tęskniący za domem

home·spun ['həʊmspʌn] *adj* przędzony <tkany> ręcznie (*w domu*); prosty, domowy; *s* samodział

home·stead ['həʊmsted] *s* zabudowania gospodarskie; gospodarstwo rolne

home·ward(s) ['həʊmwəd(z)] *adv* ku domowi

home·work ['həʊmwɜːk] *s* praca domowa (*zw.* szkolna)

hom·i·cide ['hɒmɪsaɪd] *s* zabójca; zabójstwo

ho·mo·ge·ne·ous [ˌhəʊmə'dʒiːnɪəs] *adj* jednorodny, homogeniczny

hom·o·nym ['hɒmənɪm] *s* homonim

ho·mo·sex·u·al [ˌhəʊmə'sekʃʊəl] *s* homoseksualista

ho·mun·cule [hə'mʌŋkjuːl], **ho·mun·cu·lus** [hə'mʌŋkjʊləs] *s* człowieczek, karzeł

hon·est ['ɒnɪst] *adj* uczciwy; szczery; porządny

hon·es·ty ['ɒnɪstɪ] *s* uczciwość, prawość; szczerość

hon·ey ['hʌnɪ] *s* miód; (*zwracając się do kogoś*) kochanie

hon·ey·moon ['hʌnɪmuːn] *s* miesiąc miodowy; ***~ trip*** podróż poślubna

hon·our ['ɒnə] *s* honor, cześć; zaszczyt, odznaczenie; ***to pass the exam with ~s*** zdać egzamin z odznaczeniem; ***in ~ of*** na cześć; *vt* honorować; czcić; zaszczycać

hon·our·a·ble ['ɒnrəbl] *adj* szanowny, czcigodny; honorowy, zaszczytny; prawy

hood [hʊd] *s* kaptur; nakrycie, osłona, daszek; *am.* maska samochodu

hood·wink ['hʊdwɪŋk] *vt* zawiązać oczy; *przen.* zmylić

hoof [huːf] *s* (*pl* ***~s*** [huːfs] *lub* ***hooves*** [huːvz]) kopyto; ***cattle on the ~*** żywiec

hook [hʊk] *s* hak; haczyk; sierp; ostry zakręt; *geogr.* cypel; ***~ and eye*** konik i haftka; *vt vi* zahaczyć (się), zaczepić (się); zagiąć (się); złapać (*męża*), złowić (*rybę*)

hoop [huːp] *s* obręcz; *vt* otoczyć <ścisnąć> obręczą

hoot [huːt] *vi* huczeć, huknąć (***at sb*** na kogoś); (*o syrenie*) wyć; (*o klaksonie*) trąbić; wygwizdać (***at sb*** kogoś); *vt* wygwizdać (***an actor*** aktora); ***~ down*** zagłuszyć gwizdaniem

hoot·er ['huːtə] *s* syrena; klakson; gwizdek

hooves *zob.* ***hoof***

hop 1. [hɒp] *s* skok; *pot.* potańcówka; *vi* skakać, podskakiwać

hop 2. [hɒp] *s* (*także pl* ***~s***) chmiel; *vt vi* zbierać chmiel

hope [həʊp] *s* nadzieja; *vi* mieć <żywić> nadzieję; spodziewać się (***for sth*** czegoś); ***to ~ for the best*** być dobrej myśli

hope·ful ['həʊpfl] *adj* pełen nadziei, ufny; obiecujący

hope·less ['həʊpləs] *adj* beznadziejny; zrozpaczony

horde [hɔːd] *s* horda

ho·ri·zon [hə'raɪzn] *s* horyzont, widnokrąg

hor·i·zon·tal [ˌhɒrɪ'zɒntl] *adj* horyzontalny, poziomy

horn [hɔːn] *s* róg, rożek; klakson

horn·y ['hɔːnɪ] *adj* rogowy; rogowaty; *wulg.* seksualnie podniecony

hor·o·scope ['hɒrəskəʊp] *s* horoskop

hor·ri·ble ['hɒrəbl] *adj* straszny, okropny

hor·rid ['hɒrɪd] *adj* straszny, odrażający; *pot.* niemiły

hor·ri·fy ['hɒrəfaɪ] *vt* przerażać

hor·ror ['hɒrə] *s* odraza; przerażenie; okropność; ~ ***film*** <***movie***> horror (*film*)

H

hors d'oeu·vre [ˌɔː'dɜːv] *s* zakąska, przystawka

horse [hɔːs] *s* koń; *zbior.* konnica, jazda; ~ ***opera*** *żart.* western (*film*)

horse·back ['hɔːsbæk] *s* grzbiet koński; ***on*** ~ konno

horse·pow·er ['hɔːsˌpaʊə] *s* *techn.* koń mechaniczny (*miara mocy*)

horse·race ['hɔːsreɪs], **horse·rac·ing** ['hɔːsˌreɪsɪŋ] *s* wyścigi konne

horse·rad·ish ['hɔːsˌrædɪʃ] *s bot.* chrzan

horse·shoe ['hɔːʃʃuː] *s* podkowa

hor·ti·cul·ture ['hɔːtɪkʌltʃə] *s* ogrodnictwo

hose [həʊz] *s* wąż (*gumowy, do podlewania itp.*); *zbior.* trykoty; *vt* polewać z węża

ho·sier ['həʊzɪə] *s* handlarz wyrobami trykotarskimi, pończosznik

ho·sier·y ['həʊzɪərɪ] *s* *zbior.* trykotaże; pończochy i skarpetki

hos·pice ['hɒspɪs] *s* schronisko; przytułek; hospicjum

hos·pi·ta·ble [hɒ'spɪtəbl] *adj* gościnny

hos·pi·tal ['hɒspɪtl] *s* szpital

hos·pi·tal·i·ty [ˌhɒspɪ'tælətɪ] *s* gościnność

host 1. [həʊst] *s* orszak, zastęp; masa, mnóstwo; tłum (*np. przyjaciół*)

host 2. [həʊst] *s* gospodarz, pan domu; właściciel gospody

hos·tage ['hɒstɪdʒ] *s* zakładnik

hos·tel ['hɒstl] *s* dom akademicki; dom noclegowy

host·ess ['həʊstɪs] *s* gospodyni, pani domu

hos·tile ['hɒstaɪl] *adj* wrogi (***to sb, sth*** komuś, czemuś)

hos·til·i·ty [hɒ'stɪlətɪ] *s* wrogość; *pl* ***hostilities*** działania <kroki> wojenne

hot [hɒt] *adj* gorący, palący; świeżo upieczony; (*także o tropie*) świeży; (*także o anegdocie*) pieprzny; namiętny, pobudliwy; (*także o sporze*) zawzięty; ***a*** ~ ***temper*** gwałtowne usposobienie; ~ ***news*** najświeższe wiadomości; ~ ***dog*** kiełbaska w bułce na gorąco z przyprawami; ***to get*** ~ ***over sth*** roznamiętnić się czymś; ~ ***line*** gorąca linia (telefoniczna)

hot·bed ['hɒtbed] *s* inspekty

hotch·potch ['hɒtʃpɒtʃ] *s* mieszanina; *przen.* bigos, groch z kapustą

ho·tel [həʊ'tel] *s* hotel

hot·house ['hɒthaʊs] *s* cieplarnia, oranżeria

hound [haʊnd] *s* pies myśliwski; *vt* szczuć (*psami*), ścigać, tropić

hour ['aʊə] *s* godzina; ***office*** ~***s*** godziny urzędowe; ***small*** ~***s*** wczesne godziny po północy; ***after*** ~***s*** czas po godzinach pracy <urzędowania>; ***at the eleventh*** ~ w ostatniej chwili

hour·glass ['aʊəglɑːs] *s* zegar piaskowy, klepsydra

hour·ly ['aʊəlɪ] *adj* godzinny, cogodzinny; ciągły; *adv* co godzina; ciągle

house [haʊs] *s* (*pl* ***houses*** [haʊzɪz]) dom; gospodarstwo (*domowe*); izba (*w parlamencie*); dom handlowy, firma, zakład; dynastia; teatr, widownia; ***semi-detached*** ~ domek-bliźniak; ***to***

keep ~ prowadzić dom <gospodarstwo>; ~ ***warming*** przyjęcie (*z okazji wprowadzenia się do mieszkania*); *vt* [hauz] przyjąć do domu, gościć, umieścić pod dachem; dać mieszkanie; zaopatrzyć w mieszkania (***people*** ludzi); magazynować, przechowywać (***sth*** coś)

house·break·er ['haus,breɪkə] *s* włamywacz

house·hold ['haushəuld] *s zbior.* domownicy; gospodarstwo domowe; ~ ***goods*** artykuły gospodarstwa domowego

house·keep·er ['haus,kiːpə] *s* pani domu; gospodyni (*służąca*); kierownik działu gospodarczego

house·maid ['hausmeɪd] *s* pomoc domowa, pokojówka

house·wife ['hauswaɪf] *s* gospodyni

hove *zob.* ***heave***

hov·el ['hɒvl] *s* rudera; buda, szopa

hov·er ['hɒvə] *vi* unosić się <wisieć> w powietrzu; krążyć, kręcić się (***about sb, sth*** dokoła kogoś, czegoś); *przen.* wahać się

hov·er·craft ['hɒvəkrɑːft] *s* poduszkowiec

how [hau] *adv* jak, w jaki sposób; ~ ***much*** <***many***> ile; *przed przymiotnikiem*: jaki; ~ ***nice he is!*** jaki on miły!

how·ev·er [hau'evə] *adv* jakkolwiek, jakimkolwiek sposobem; jednakowoż, jednak, tym niemniej; natomiast; *conj* chociaż, choćby, żeby

howl [haul] *vi* wyć; *s* wycie, ryk

hub [hʌb] *s* piasta (*u koła*); *przen.* centrum, ośrodek

huck·ster ['hʌkstə] *s* handlarz, kramarz; *vi* kupczyć, targować się

hud·dle ['hʌdl] *vt vi* nagromadzić, zwalić na kupę; ~ ***together*** stłoczyć (się); ~ ***up*** zwinąć (się) w kłębek; *s* kupa, tłum; natłok

hue 1. [hjuː] *s* zabarwienie, odcień

hue 2. [hjuː] *s w zwrocie*: ~ ***and cry*** krzykliwa pogoń za ściganym człowiekiem <zwierzęciem>; *przen.* larum

hug [hʌg] *vt* tulić, ściskać, obejmować; trzymać się blisko (***sth*** czegoś); *s* objęcie, uścisk

huge [hjuːdʒ] *adj* olbrzymi, ogromny

hull 1. [hʌl] *s* kadłub, zrąb

hull 2. [hʌl] *s* łuska, łupina, strąk; *vt* łuszczyć, łuskać

hum [hʌm] *vt vi* brzęczeć, buczeć, warkotać; mruczeć; *s* brzęczenie, warkot, pomruk

hu·man ['hjuːmən] *adj* ludzki; ~ ***being*** człowiek; *s* istota ludzka; ~ ***rights*** prawa człowieka

hu·mane [hjuː'meɪn] *adj* humanitarny, ludzki; humanistyczny

hu·man·ism ['hjuːmənɪzm] *s* humanizm

hu·man·i·tar·i·an [hjuː,mænɪ'teərɪən] *adj* humanitarny, filantropijny; *s* filantrop

hu·man·i·ty [hjuː'mænətɪ] *s* ludzkość; humanitarność; *pl* ***the humanities*** humanistyka

hum·ble ['hʌmbl] *adj* pokorny; skromny; niskiego stanu; *vt* upokarzać, poniżać

hum·bug ['hʌmbʌg] *s* oszustwo, blaga

hum·drum ['hʌmdrʌm] *adj* jednostajny, banalny, nudny; *s* jednostajność, banalność; nudziarz, nieciekawy człowiek

hu·mid ['hjuːmɪd] *adj* wilgotny

hu·mid·i·ty [hjuː'mɪdətɪ] *s* wilgoć, wilgotność

hu·mil·i·ate [hjuː'mɪlɪeɪt] *vt* upokarzać, poniżać

hu·mil·i·ty [hjuː'mɪlətɪ] *s* pokora

hu·mor·ist ['hjuːmərɪst] *s* humorysta

hu·mor·ous ['hjuːmərəs] *adj* humorystyczny, zabawny, śmieszny

hu·mour ['hjuːmə] *s* humor; nastrój; ***out of*** ~ w złym nastroju

<humorze>; *vt* dogadzać, pobłażać, folgować

hump [hʌmp] *s* garb; *pot.* chandra; *vt* zgarbić; wygiąć (w łuk); *vr* **~ *oneself*** zgarbić się; wygiąć się w łuk

hump·back ['hʌmpbæk] *s* garb; garbus

hunch [hʌntʃ] *s* garb; pajda (*chleba itp.*)

hun·dred ['hʌndrəd] *num* sto; *s* setka

hun·dredth ['hʌndrədθ] *adj* setny; *s* jedna setna

hun·dred·weight ['hʌndrədweɪt] *s* cetnar

hung *zob.* ***hang***

Hun·ga·ri·an [hʌŋ'geərɪən] *adj* węgierski; *s* Węgier; język węgierski

hun·ger ['hʌŋgə] *s* głód (***for sth*** czegoś); **~ *strike*** strajk głodowy; *vi* głodować; pożądać (***after*** <***for***> ***sth*** czegoś)

hun·gry ['hʌŋgrɪ] *adj* głodny, wygłodzony; ***to be ~ for sth*** pragnąć <pożądać> czegoś

hunt [hʌnt] *vt vi* polować (***animals*** na zwierzynę); ścigać (***sb*** <***for sb***> kogoś); poszukiwać (***after*** <***for***> ***sb, sth*** kogoś, czegoś); **~ *down*** dopaść, pojmać (***sb*** kogoś); **~ *out*** wygnać; wyszukać; *s* polowanie; pościg; poszukiwanie

hunt·er ['hʌntə] *s* myśliwy

hunt·ing ['hʌntɪŋ] *s* polowanie, pościg; *attr* myśliwski

hur·dle ['hɜːdl] *s* płot, płotek; *sport pl* **~*s*** (*także* **~ *race***) bieg przez płotki

hurl [hɜːl] *vt* miotać; ciskać; *s* rzut

hur·ri·cane ['hʌrɪkən] *s* huragan

hur·ried ['hʌrɪd] *pp i adj* pospieszny

hur·ry ['hʌrɪ] *s* pośpiech; *vt vi* przyspieszać, ponaglić; (*także* **~ *up***) spieszyć się

hurt** [hɜːt] *vt vi* (hurt, hurt*** [hɜːt]) skaleczyć, zranić; zaszkodzić, uszkodzić; urazić, dotknąć; boleć; *s* skaleczenie, rana; ból; uszkodzenie, krzywda, szkoda, uraz (psychiczny)

hus·band ['hʌzbənd] *s* mąż, małżonek; *vt* oszczędnie gospodarować (***sth*** czymś)

hus·band·ry ['hʌzbəndrɪ] *s* gospodarka; uprawa roli

hush [hʌʃ] *vt vi* uciszyć; ucichnąć; **~ *up*** zataić, zatuszować; *s* cisza; *int* cicho! sza!

husk [hʌsk] *s* łuska, łupina; *vt* łuszczyć, łuskać

husk·y ['hʌskɪ] *adj* mocny, krzepki, czerstwy; (*o głosie*) ochrypły; *s* rasa psa

hus·tle ['hʌsl] *s* rwetes, krzątanina, bieganina, popychanie (się); *vt vi* tłoczyć (się), popychać (się), szturchać

hut [hʌt] *s* chata, szałas

hy·a·cinth ['haɪəsɪnθ] *s* hiacynt

hy·ae·na [haɪ'iːnə] *s* hiena

hy·brid ['haɪbrɪd] *s* hybryda, krzyżówka

hy·drau·lic [haɪ'drɔːlɪk] *adj* hydrauliczny

hy·dro·foil ['haɪdrəfɔɪl] *s* wodolot

hy·dro·gen ['haɪdrədʒən] *s chem.* wodór; **~ *bomb*** bomba wodorowa

hy·dro·plane ['haɪdrəpleɪn] *s lotn.* wodnopłat, hydroplan

hy·e·na = ***hyaena***

hy·giene ['haɪdʒiːn] *s* higiena

hy·gi·en·ic [ˌhaɪ'dʒiːnɪk] *adj* higieniczny

hymn [hɪm] *s* hymn

hy·per·bo·le [haɪ'pɜːbəlɪ] *s* hiperbola, przesada

hy·phen ['haɪfn] *s gram.* łącznik

hyp·no·sis [hɪp'nəʊsɪs] *s* hipnoza

hyp·not·ic [hɪp'nɒtɪk] *adj* hipnotyczny

hyp·no·tize ['hɪpnətaɪz] *vt* hipnotyzować

hy·poc·ri·sy [hɪ'pɒkrəsɪ] *s* hipokryzja, obłuda

hyp·o·crite ['hɪpəkrɪt] *s* hipokryta

hy·po·der·mic [ˌhaɪpə'dɜːmɪk] *adj* podskórny
hy·poth·e·sis [ˌhaɪ'pɒθəsɪs] *s* (*pl* ***hypotheses*** [haɪ'pɒθəsiːz]) hipoteza
hys·te·ri·a [hɪ'stɪərɪə] *s* histeria
hys·ter·ical [hɪ'sterɪkl] *adj* histeryczny
hys·ter·ics [hɪ'sterɪks] *s* napad histerii

I

I [aɪ] *pron* ja
ice [aɪs] *s* lód; = ***ice-cream; floating ~*** kra; ***to break the ~*** przełamać pierwsze lody
ice·berg ['aɪsbɜːg] *s* góra lodowa
ice·bound ['aɪsbaʊnd] *adj* skuty lodem; uwięziony w lodach
ice·break·er ['aɪsˌbreɪkə] *s* lodołamacz
ice cream [ˌaɪs'kriːm] *s* lody
i·ci·cle ['aɪsɪkl] *s* sopel
icon ['aɪkɒn] *s* ikona; *komp.* ikona, piktogram
i·cy ['aɪsɪ] *adj* lodowaty
I'd [aɪd] = ***I had; I should; I would***
i·de·a [aɪ'dɪə] *s* idea; pojęcie, myśl, pomysł; ***I don't get the ~*** nie rozumiem; ***I have the*** <***an***> ***~ that ...*** mam wrażenie <wydaje mi się>, że...
i·de·al·ism [aɪ'dɪəlɪzm] *s* idealizm
i·de·al·ize [aɪ'dɪəlaɪz] *vt* idealizować
i·den·ti·c(al) [aɪ'dentɪk(l)] *adj* identyczny
i·den·ti·fy [aɪ'dentɪfaɪ] *vt* utożsamiać, identyfikować; rozpoznać
i·den·ti·ty [aɪ'dentətɪ] *s* identyczność, tożsamość; ***~ card*** dowód osobisty, legitymacja
i·de·o·log·i·cal [ˌaɪdɪə'lɒdʒɪkl] *adj* ideologiczny
i·de·ol·o·gy [ˌaɪdɪ'ɒlədʒɪ] *s* ideologia
id·i·o·cy ['ɪdɪəsɪ] *s* idiotyzm; niedorozwój umysłowy
id·i·om ['ɪdɪəm] *s* idiom, wyrażenie idiomatyczne; narzecze; właściwość językowa, styl
id·i·o·mat·ic [ˌɪdɪə'mætɪk] *adj* idiomatyczny
id·i·ot ['ɪdɪət] *s* idiota
id·i·ot·ic [ˌɪdɪ'ɒtɪk] *adj* idiotyczny
i·dle ['aɪdl] *adj* leniwy; bezczynny; bez pracy; daremny; próżny; bezpodstawny; błahy, bezwartościowy; *vi* leniuchować, próżnować; *vt* (*także* ***~ away***) marnować
i·dler ['aɪdlə] *s* próżniak, leń, nieróbwałkoń
i·dol ['aɪdl] *s* bożyszcze, bożek
i·dol·a·try [aɪ'dɒlətrɪ] *s* bałwochwalstwo
i·dol·ize ['aɪdlaɪz] *vt* ubóstwiać, czcić bałwochwalczo
i·dyll ['ɪdɪl] *s* sielanka
if [ɪf] *conj* jeżeli, jeśli, o ile; gdyby, jeśli by; *w zdaniach pytających zależnych*: czy; ***I wonder if he is there*** ciekaw jestem, czy on tam jest; ***if I knew*** gdybym wiedział; ***if necessary*** w razie potrzeby; ***if not*** w przeciwnym wypadku <razie>; ***if so*** w takim razie <wypadku>; ***as if*** jak gdyby; ***if only...*** gdyby <żeby> tylko...
ig·ni·tion [ɪg'nɪʃn] *s* palenie się, zapalenie; zapłon; ***~ switch*** *mot.* wyłącznik zapłonu
ig·no·ble [ɪg'nəʊbl] *adj* podły, haniebny
ig·no·min·i·ous [ˌɪgnə'mɪnɪəs] *adj* haniebny, sromotny
ig·no·min·y ['ɪgnəmɪnɪ] *s* podłość, hańba

ig·no·ra·mus [ˌɪgnəˈreɪməs] *s* nieuk, ignorant

ig·no·rance [ˈɪgnərəns] *s* ignorancja; nieznajomość (***of sth*** czegoś)

ig·no·rant [ˈɪgnərənt] *adj* nie wiedzący (***of sth*** o czymś), nieświadomy (***of sth*** czegoś); niewykształcony, ciemny

ig·nore [ɪgˈnɔː] *vt* ignorować, nie zwracać uwagi, nie zważać

ill [ɪl] *adj* (*comp* ***worse*** [wɜːs], *sup* ***worst*** [wɜːst]) zły, niedobry, szkodliwy; *praed* chory (***with sth*** na coś); ***to fall <get, be taken> ~*** zachorować; *adv* źle; niedostatecznie, niewłaściwie; ledwo, z trudem; *s* zło

I'll [aɪl] = ***I will, I shall***

il·le·gal [ɪˈliːgl] *adj* bezprawny, nieprawny, nielegalny

il·leg·i·ble [ɪˈledʒəbl] *adj* nieczytelny

il·le·git·i·mate [ˌɪlɪˈdʒɪtɪmət] *adj* nieprawny; (*o dziecku*) nieślubny

ill-fat·ed [ˌɪlˈfeɪtɪd] *adj* nieszczęsny, nieszczęśliwy

il·lib·er·al [ɪˈlɪbrəl] *adj* nieliberalny; ograniczony (umysłowo); skąpy

il·lic·it [ɪˈlɪsɪt] *adj* nielegalny, zakazany

il·lit·er·a·cy [ɪˈlɪtrəsɪ] *s* analfabetyzm, nieuctwo

il·lit·er·ate [ɪˈlɪtrət] *adj* niepiśmienny; *s* analfabeta

ill·ness [ˈɪlnəs] *s* choroba

il·log·i·cal [ɪˈlɒdʒɪkl] *adj* nielogiczny

ill-tem·pered [ˌɪlˈtempəd] *adj* zły, rozdrażniony; o złym usposobieniu

ill-timed [ˌɪlˈtaɪmd] *adj* będący nie na czasie <nie w porę>; niefortunny

ill-treat [ˌɪlˈtriːt] *vt* źle traktować, maltretować

il·lu·mi·nate [ɪˈluːmɪneɪt] *vt* oświetlać, oświecać, rozjaśniać; iluminować

il·lu·mi·na·tion [ɪˌluːmɪˈneɪʃn] *s* oświetlenie; oświecenie, rozjaśnienie; iluminacja

il·lu·mine [ɪˈluːmɪn] = ***illuminate***

il·lu·sion [ɪˈluːʒn] *s* złudzenie, iluzja

il·lu·sive [ɪˈluːsɪv] *adj* złudny, zwodniczy

il·lu·so·ry [ɪˈluːsərɪ] *adj* iluzoryczny, nierzeczywisty

il·lus·trate [ˈɪləstreɪt] *vt* ilustrować; objaśniać

il·lus·tra·tion [ˌɪləˈstreɪʃn] *s* ilustracja

il·lus·tra·tive [ˈɪləstrətɪv] *adj* ilustrujący (***of sth*** coś)

il·lus·tri·ous [ɪˈlʌstrɪəs] *adj* wybitny, znamienity

I'm [aɪm] = ***I am***

im·age [ˈɪmɪdʒ] *s* obraz, podobizna, posąg; wyobrażenie

im·age·ry [ˈɪmɪdʒrɪ] *s* obrazowość (*opisu itp.*); *zbior.* obrazy, wizerunki

im·ag·i·na·ble [ɪˈmædʒnəbl] *adj* dający się wyobrazić, wyobrażalny

im·ag·i·nar·y [ɪˈmædʒnrɪ] *adj* urojony, wyimaginowany

im·ag·i·na·tion [ɪˌmædʒɪˈneɪʃn] *s* imaginacja, wyobraźnia

im·ag·i·na·tive [ɪˈmædʒnətɪv] *adj* obdarzony wyobraźnią, pomysłowy

im·ag·ine [ɪˈmædʒɪn] *vt* wyobrażać sobie; przypuszczać; mieć wrażenie

im·be·cile [ˈɪmbəsiːl] *adj* niedorozwinięty umysłowo; *s* imbecyl, idiota

im·bibe [ɪmˈbaɪb] *vt* wchłaniać, absorbować, wsysać, wdychać

im·bro·glio [ɪmˈbrəʊlɪəʊ] *s* powikłanie, zawikłana sytuacja

im·bue [ɪmˈbjuː] *vt* napawać; nasycać; wpajać

im·i·tate [ˈɪmɪteɪt] *vt* naśladować, imitować

im·i·ta·tion [ˌɪmɪˈteɪʃn] *s* imitacja, naśladownictwo

im·i·ta·tive ['ɪmɪtətɪv] *adj* naśladowczy, naśladujący (***of sth*** coś)
im·mac·u·late [ɪ'mækjulət] *adj* niepokalany, nieskazitelny; ***Immaculate Conception*** *rel.* Niepokalane Poczęcie
im·ma·te·ri·al [ˌɪmə'tɪərɪəl] *adj* niematerialny; nieistotny
im·ma·ture [ˌɪmə'tjʊə] *adj* niedojrzały, nierozwinięty
im·meas·ur·a·ble [ɪ'meʒrəbl] *adj* niezmierzony, niezmierny, bezgraniczny
im·me·di·ate [ɪ'miːdɪət] *adj* bezpośredni; najbliższy; natychmiastowy; bezzwłoczny; pilny
im·me·di·ate·ly [ɪ'miːdɪətlɪ] *adv* bezpośrednio; natychmiast; tuż obok
im·me·mo·ri·al [ˌɪmə'mɔːrɪəl] *adj* odwieczny; ***from time ~*** od niepamiętnych czasów
im·mense [ɪ'mens] *adj* ogromny, niezmierny
im·merse [ɪ'mɜːs] *vt* zanurzyć; pogrążyć
im·mi·grant ['ɪmɪgrənt] *s* imigrant; *adj* imigrujący
im·mi·grate ['ɪmɪgreɪt] *vi* imigrować
im·mi·gra·tion [ˌɪmɪ'greɪʃn] *s* imigracja; ***~ officer*** kontroler paszportów
im·mi·nence ['ɪmɪnəns] *s* bezpośrednia bliskość (w czasie), bezpośrednie zagrożenie
im·mi·nent ['ɪmɪnənt] *adj* zbliżający się, bezpośrednio zagrażający
im·mo·bile [ɪ'məʊbaɪl] *adj* nieruchomy, unieruchomiony
im·mo·bil·i·ty [ˌɪmə'bɪlətɪ] *s* nieruchomość, bezruch
im·mod·er·ate [ɪ'mɒdrət] *adj* nieumiarkowany, nadmierny
im·mod·est [ɪ'mɒdɪst] *adj* nieskromny, nieprzyzwoity
im·mor·al [ɪ'mɒrəl] *adj* niemoralny
im·mo·ral·i·ty [ˌɪmə'rælətɪ] *s* niemoralność
im·mor·tal [ɪ'mɔːtl] *adj* nieśmiertelny
im·mor·tal·i·ty [ˌɪmɔː'tælətɪ] *s* nieśmiertelność
im·mov·a·ble [ɪ'muːvəbl] *adj* nieruchomy, niewzruszony; *s pl* **~s** nieruchomości
im·mune [ɪ'mjuːn] *adj* odporny (***from*** <***against***> ***sth*** na coś); wolny (*np. od obowiązku*); ***~ system*** system immunologiczny
im·mu·ni·ty [ɪ'mjuːnətɪ] *s* odporność; immunitet, nietykalność; wolność (*np. od obowiązku*)
im·mu·nize ['ɪmjʊnaɪz] *vt* uodpornić, immunizować
im·mu·ta·ble [ɪ'mjuːtəbl] *adj* niezmienny, stały
imp [ɪmp] *s* diabełek, chochlik; (*o dziecku*) diablę
im·pact ['ɪmpækt] *s* uderzenie, zderzenie; wpływ, oddziaływanie, działanie
im·pair [ɪm'peə] *vt* uszkodzić; osłabić, nadwątlić
im·pal·pa·ble [ɪm'pælpəbl] *adj* niewyczuwalny; nieuchwytny, niepojęty
im·part [ɪm'pɑːt] *vt* użyczyć, udzielić; przekazać
im·par·tial [ɪm'pɑːʃl] *adj* bezstronny
im·par·ti·al·i·ty ['ɪmˌpɑːʃɪ'ælətɪ] *s* bezstronność
im·pass·a·ble [ɪm'pɑːsəbl] *adj* nieprzejezdny
im·passe [æm'pɑːs] *s* impas (*sytuacja nie do rozwiązania*)
im·pas·sioned [ɪm'pæʃnd] *adj* namiętny, roznamiętniony
im·pas·sive [ɪm'pæsɪv] *adj* beznamiętny; nieczuły
im·pa·tience [ɪm'peɪʃns] *s* niecierpliwość, zniecierpliwienie (***of sth*** czymś)
im·pa·tient [ɪm'peɪʃnt] *adj* niecierpliwy, zniecierpliwiony (***of sth*** czymś)
im·peach [ɪm'piːtʃ] *vt* kwestiono-

I

wać; podać w wątpliwość; oskarżyć

im·pec·ca·ble [ɪm'pekəbl] *adj* bezgrzeszny; nienaganny

im·pe·cu·ni·ous [ˌɪmpɪ'kjuːnɪəs] *adj* niezamożny, ubogi, bez pieniędzy

im·pede [ɪm'piːd] *vt* zatrzymywać; przeszkadzać, krępować

im·ped·i·ment [ɪm'pedɪmənt] *s* przeszkoda, zawada

im·pel [ɪm'pel] *vt* zmusić, skłonić; poruszyć, uruchomić

im·pend·ing [ɪm'pendɪŋ] *adj* bezpośrednio zagrażający; *dosł. i przen.* wiszący (***over sb*** nad kimś)

im·pen·e·tra·ble [ɪm'penɪtrəbl] *adj* nieprzenikliwy, nieprzepuszczalny; niezgłębiony; niedostępny

im·per·a·tive [ɪm'perətɪv] *adj* rozkazujący; naglący, niezbędny; władczy; *s gram.* tryb rozkazujący

im·per·cep·ti·ble [ˌɪmpə'septəbl] *adj* niedostrzegalny; nieuchwytny

im·per·fect [ɪm'pɜːfɪkt] *adj* niedoskonały; wadliwy; *gram.* (*także* ***imperfective***) niedokonany; *s gram.* czas przeszły niedokonany

im·per·fec·tion [ˌɪmpə'fekʃn] *s* niedoskonałość, wadliwość; wada

im·pe·ri·al [ɪm'pɪərɪəl] *adj* cesarski; majestatyczny, królewski

im·pe·ri·al·ism [ɪm'pɪərɪəlɪzm] *s* imperializm

im·per·il [ɪm'perəl] *vt* narażać na niebezpieczeństwo

im·pe·ri·ous [ɪm'pɪərɪəs] *adj* rozkazujący, władczy; naglący, nakazujący

im·per·ish·a·ble [ɪm'perɪʃəbl] *adj* wieczny, trwały, niezniszczalny

im·per·me·a·ble [ɪm'pɜːmɪəbl] *adj* nieprzenikniony, nieprzepuszczalny

im·per·son·al [ɪm'pɜːsnəl] *adj* nieosobowy, bezosobowy

im·per·so·nate [ɪm'pɜːsəneɪt] *vt* ucieleśniać, personifikować, uosabiać; odgrywać (*rolę*)

im·per·son·a·tion [ɪmˌpɜːsə'neɪʃn] *s* ucieleśnienie, uosobienie; odgrywanie (*roli*)

im·per·ti·nence [ɪm'pɜːtɪnəns] *s* impertynencja; niestosowność

im·per·ti·nent [ɪm'pɜːtɪnənt] *s* impertynencki; niestosowny, nie na miejscu

im·per·turb·a·ble [ˌɪmpə'tɜːbəbl] *adj* niewzruszony

im·per·vi·ous [ɪm'pɜːvɪəs] *adj* nieprzepuszczalny; nieczuły <głuchy> (***to sth*** na coś)

im·pet·u·os·i·ty [ɪmˌpetʃʊ'ɒsətɪ] *s* porywczość, impulsywność, popędliwość

im·pet·u·ous [ɪm'petʃʊəs] *adj* porywczy, impulsywny, popędliwy

im·pe·tus ['ɪmpɪtəs] *s* bodziec, pęd, impuls; rozpęd, impet

im·pinge [ɪm'pɪndʒ] *vt* uderzać (***on*** <***upon***> ***sb, sth*** w kogoś, w coś); kolidować; wkraczać

im·pi·ous ['ɪmpɪəs] *adj* bezbożny

im·pla·ca·ble [ɪm'plækəbl] *adj* nieubłagany, nieugięty

im·plant [ɪm'plɑːnt] *vt* sadzić; *przen.* wpajać, wszczepiać

im·ple·ment ['ɪmpləmənt] *s* narzędzie, sprzęt; *pl* **~s** przybory; *vt* ['ɪmpləment] wprowadzać w życie

im·pli·cate ['ɪmplɪkeɪt] *vt* wplątać, wciągnąć, uwikłać; włączać; zawierać; pociągać za sobą; implikować

im·pli·ca·tion [ˌɪmplɪ'keɪʃn] *s* włączenie; wplątanie, uwikłanie; sugestia, (ukryte) znaczenie, implikacja

im·plic·it [ɪm'plɪsɪt] *adj* dający się wywnioskować, domniemany; niezaprzeczalny, bezwzględny

im·plore [ɪm'plɔː] *vt* błagać

im·ply [ɪm'plaɪ] *vt* mieścić <kryć, zawierać> w sobie; oznaczać, implikować; dawać do zrozumienia; zakładać

im·po·lite [ˌɪmpə'laɪt] *adj* nieuprzejmy, niegrzeczny

im·pol·i·tic [ɪm'pɒlətɪk] *adj* niezręczny; nierozsądny

im·port [ɪm'pɔːt] *vi* importować; znaczyć, oznaczać; *s* ['ɪmpɔːt] import; znaczenie, treść; doniosłość

im·por·tance [ɪm'pɔːtns] *s* znaczenie, ważność

im·por·tant [ɪm'pɔːtnt] *adj* ważny, znaczny, doniosły

im·por·ta·tion [ˌɪmpɔː'teɪʃn] *s* importowanie, przywóz

im·por·tu·nate [ɪm'pɔːtʃʊnət] *s* natarczywy, natrętny; naglący

im·por·tune [ɪmpə'tjuːn] *vt* dokuczać, molestować; nudzić (***sb for sth*** kogoś o coś)

im·por·tu·ni·ty [ˌɪmpə'tjuːnətɪ] *s* natarczywość, natręctwo, naprzykrzanie się

im·pose [ɪm'pəʊz] *vt* nakładać, nakazywać, narzucać (***sth on sb*** coś komuś); *vt* oszukiwać, naciągać (***on*** <***upon***> ***sb*** kogoś)

im·pos·ing [im'pəʊzɪŋ] *ppraes i adj* imponujący, okazały

im·po·si·tion [ˌɪmpə'zɪʃn] *s* nałożenie, narzucenie; okpienie, naciąganie

im·pos·si·bil·i·ty [ɪmˌpɒsə'bɪlətɪ] *s* niemożliwość

im·pos·si·ble [ɪm'pɒsəbl] *adj* niemożliwy

im·pos·tor [ɪm'pɒstə] *s* oszust

im·pos·ture [ɪm'pɒstʃə] *s* oszustwo

im·po·tence ['ɪmpətəns] *s* niemoc, impotencja; nieudolność

im·po·tent ['ɪmpətənt] *adj* bezsilny; nieudolny; *s* impotent

im·pov·er·ish [ɪm'pɒvərɪʃ] *vt* doprowadzić do ubóstwa, zubożyć; wyniszczyć; osłabić

im·prac·ti·ca·ble [ɪm'præktɪkəbl] *adj* niewykonalny; (*o drodze, terenie*) nie do przebycia; krnąbrny

im·pre·ca·tion [ˌɪmprɪ'keɪʃn] *s* przekleństwo; przeklinanie, złorzeczenie

im·preg·na·ble [ɪm'pregnəbl] *adj* nie do zdobycia, niepokonany; niezachwiany, niewzruszony

im·preg·nate ['ɪmpregneɪt] *vt* impregnować; zaszczepić, wpoić, wdrożyć

im·press [ɪm'pres] *vt* pozostawić, odcisnąć, wycisnąć (*odbicie*); zrobić <wywrzeć> wrażenie (***sb*** na kimś); wryć <wbić> (w pamięć); wpoić, zasugerować; przymusowo wcielić do wojska; rekwirować; ***to be ~ed by...*** być pod wrażeniem...; *s* ['ɪmpres] odbicie, odcisk; piętno

im·pres·sion [ɪm'preʃn] *s* odbicie, odcisk; znak, piętno; wrażenie; *druk.* odbitka; nakład

im·pres·sive [ɪm'presɪv] *adj* robiący <wywołujący> wrażenie, uderzający, imponujący

im·print [ɪm'prɪnt] *vt* odbijać, wytłaczać, wyciskać, pozostawić odbitkę <odcisk>; wryć <wbić> (w pamięć); *s* ['ɪmprɪnt] odbicie, odcisk; piętno; nadruk (firmowy)

im·pris·on [ɪm'prɪzn] *vt* uwięzić

im·pris·on·ment [ɪm'prɪznmənt] *s* uwięzienie

im·prob·a·bil·i·ty [ɪmˌprɒbə'bɪlətɪ] *s* nieprawdopodobieństwo

im·prob·a·ble [ɪm'prɒbəbl] *adj* nieprawdopodobny

im·promp·tu [ɪm'prɒmptjuː] *adj* improwizowany; *adv* (*robić coś*) improwizując

im·prop·er [ɪm'prɒpə] *adj* niewłaściwy, nieodpowiedni; nieprzyzwoity

im·pro·pri·e·ty [ˌɪmprə'praɪətɪ] *s* niewłaściwość; nieprzyzwoitość

im·prove [ɪm'pruːv] *vt vi* poprawić <udoskonalić, ulepszyć> (się); ulepszyć, upiększyć (***on*** <***upon***> ***sth*** coś); podnieść (*wartość, jakość itd.*); zyskać na wartości <jakości *itd.*>

im·prove·ment [ɪm'pruːvmənt] *s* poprawa; ulepszenie, udoskonalenie; podniesienie wartości <jakości *itd.*>

im·prov·i·dent [ɪm'prɒvɪdənt] *adj* nieprzezorny, lekkomyślny

im·pro·vise ['ɪmprəvaɪz] *vt vi* improwizować

im·pru·dence [ɪm'pruːdəns] *s* nieopatrzność, nieroztropność

im·pu·dence ['ɪmpjʊdəns] *s* bezczelność, zuchwalstwo

im·pu·dent ['ɪmpjʊdənt] *adj* bezczelny, zuchwały

im·pugn [ɪm'pjuːn] *vt* kwestionować, zbijać (*twierdzenie*)

im·pulse ['ɪmpʌls] *s* impuls, bodziec, odruch; ***to act on ~*** działać spontanicznie; reagować odruchowo

im·pul·sive [ɪm'pʌlsɪv] *adj* impulsywny; (*o sile*) napędowy

im·pu·ni·ty [ɪm'pjuːnətɪ] *s* bezkarność

im·pure [ɪm'pjʊə] *adj* nieczysty; zanieczyszczony

im·pu·ri·ty [ɪm'pjʊərɪtɪ] *s* nieczystość; zanieczyszczenie

im·pu·ta·tion [ˌɪmpjʊ'teɪʃn] *s* przypisywanie (*np. winy*), zarzut

im·pute [ɪm'pjuːt] *vt* przypisywać (*np. winę*), zarzucać

in [ɪn] *praep określa miejsce*: w, we, wewnątrz, na, do; *czas*: w ciągu, w czasie, za; ***in a month*** za miesiąc; ***in a word*** jednym słowem; ***in fact*** faktycznie; ***in honour*** ku czci; ***in ink*** atramentem; ***in order that*** ażeby; ***in pairs*** parami; ***in short*** pokrótce <krótko mówiąc>; ***in so far as*** o tyle, o ile; ***in that*** w tym, że; o tyle, że; ***in the morning*** rano; ***written in my hand*** pisane moją ręką; ***in writing*** na piśmie <pisemnie>; *adv* w środku, wewnątrz, w domu; do środka, do wewnątrz <wnętrza>; ***to be in*** być wewnątrz <w domu>; ***the train*** <***bus*** *etc.*> ***is in*** pociąg <autobus *itp.*> przyjechał; ***to be in for sth*** stać przed czymś (spodziewanym), oczekiwać czegoś; ***to come in*** wejść; *s polit.* (*zw. pl*) ***the ins*** partia rządząca; ***the ins and outs*** wszystkie dane <szczegóły, tajniki> (*sprawy*)

in·a·bil·i·ty [ˌɪnə'bɪlətɪ] *s* niezdolność, niemożność

in·ac·ces·si·ble [ˌɪnæk'sesəbl] *adj* niedostępny, nieprzystępny

in·ac·cu·ra·cy [ɪn'ækjərəsɪ] *s* niedokładność

in·ac·cu·rate [ɪn'ækjərət] *adj* niedokładny

in·ac·tion [ɪn'ækʃn] *s* bezczynność

in·ac·tive [ɪn'æktɪv] *adj* bezczynny, bierny

in·ac·tiv·i·ty [ˌɪnæk'tɪvətɪ] *s* bezczynność, bierność

in·ad·e·qua·cy [ɪn'ædɪkwəsɪ] *s* nieodpowiedniość, niewystarczalność

in·ad·e·quate [ɪn'ædɪkwət] *adj* nieodpowiedni, niedostateczny

in·ad·mis·si·ble [ˌɪnəd'mɪsəbl] *adj* niedopuszczalny

in·ad·vert·ent [ˌɪnəd'vɜːtnt] *adj* niebaczny, nieuważny, niedbały

in·a·li·en·a·ble [ɪn'eɪlɪənəbl] *adj prawn.* niezbywalny, nieprzenośny

in·ane [ɪ'neɪn] *adj* próżny; głupi; bezmyślny

in·an·i·mate [ɪn'ænɪmət] *adj* nieożywiony, bezduszny, martwy

in·a·ni·tion [ˌɪnə'nɪʃn] *s* wyczerpanie, wycieńczenie (*zw.* z głodu)

in·an·i·ty [ɪ'nænətɪ] *s* próżność; głupota, bezmyślność

in·ap·pli·ca·ble [ˌɪnə'plɪkəbl] *adj* nie dający się zastosować, nieodpowiedni

in·ap·pro·pri·ate [ˌɪnə'prəʊprɪət] *adj* niestosowny, niewłaściwy

in·apt [ɪn'æpt] *adj* niezdolny, niezdatny; nieodpowiedni

in·ar·tic·u·late [ˌɪnɑː'tɪkjʊlət] *adj* niewyraźny; nieartykułowa-

ny; mówiący niewyraźnie
in·as·much [ˌɪnəz'mʌtʃ] *adv w połączeniu z* ***as***: ~ ***as*** o tyle, że; o tyle, o ile; jako, że; ponieważ; wobec tego, że
in·at·ten·tive [ˌɪnə'tentɪv] *adj* nieuważny, niebaczny
in·au·di·ble [ɪn'ɔːdəbl] *adj* niesłyszalny
in·au·gu·ral [ɪ'nɔːgjʊrəl] *adj* inauguracyjny, wstępny
in·au·gu·rate [ɪ'nɔːgjʊreɪt] *vt* inaugurować; wprowadzać, intronizować; rozpoczynać
in·au·gu·ra·tion [ɪˌnɔːgjʊ'reɪʃn] *s* inauguracja; wprowadzenie
in·born [ˌɪn'bɔːn] *adj* wrodzony
in·bred [ˌɪn'bred] *adj* wpojony
in·cal·cu·la·ble [ɪn'kælkjʊləbl] *adj* nieobliczalny; nie dający się przewidzieć
in·can·des·cent [ˌɪnkæn'desnt] *adj* żarzący się; ~ ***lamp*** żarówka
in·can·ta·tion [ˌɪnkæn'teɪʃn] *s* zaklęcie, formuła czarodziejska
in·ca·pa·ble [ɪn'keɪpəbl] *adj* niezdolny (***of sth*** do czegoś)
in·ca·pac·i·tate [ˌɪnkə'pæsəteɪt] *vt* uczynić niezdolnym (***from*** <***for***> ***sth*** do czegoś)
in·ca·pac·i·ty [ˌɪnkə'pæsətɪ] *s* niezdolność, nieudolność
in·car·nate [ɪn'kɑːnət] *adj* wcielony; *vi* ['ɪnkɑːneɪt] wcielić
in·car·na·tion [ˌɪnkɑː'neɪʃn] *s* wcielenie
in·cen·di·ar·y [ɪn'sendɪərɪ] *adj* zapalający; palny; podżegający; *s* podpalacz; podżegacz
in·cense 1. ['ɪnsens] *s* kadzidło; *przen.* pochlebstwo; *vt vi* okadzić; palić kadzidło
in·cense 2. [ɪn'sens] *vt* rozdrażnić, rozzłościć
in·cen·tive [ɪn'sentɪv] *adj* podniecający; *s* podnieta, bodziec
in·cep·tion [ɪn'sepʃn] *s* początek, zapoczątkowanie
in·cep·tive [ɪn'septɪv] *adj* początkowy
in·cer·ti·tude [ɪn'sɜːtɪtjuːd] *s* niepewność
in·ces·sant [ɪn'sesnt] *adj* nieprzerwany, nieustający
in·cest ['ɪnsest] *s* kazirodztwo
in·ces·tu·ous [ɪn'sestʃʊəs] *adj* kazirodczy
inch [ɪntʃ] *s* cal; ***by*** ~***es*** po trochu; ~ ***by*** ~ stopniowo
in·ci·dent ['ɪnsɪdənt] *adj* związany (***to sth*** z czymś), wynikający (***to sth*** z czegoś); *fiz.* padający (*np. promień*); *s* zajście, wypadek, incydent
in·ci·den·tal [ˌɪnsɪ'dentl] *adj* przypadkowy, przygodny, uboczny; związany (***to sth*** z czymś), wynikający (***to sth*** z czegoś)
in·cin·er·ate [ɪn'sɪnəreɪt] *vt* spalić na popiół
in·cip·i·ence [ɪn'sɪpɪəns] *s* początek, zaczątek
in·cip·i·ent [ɪn'sɪpɪənt] *adj* zaczynający się, początkowy
in·ci·sion [ɪn'sɪʒn] *s* wcięcie, nacięcie
in·ci·sive [ɪn'saɪsɪv] *adj* tnący, ostry; przenikliwy; cięty
in·ci·sor [ɪn'saɪzə] *s anat.* siekacz (*ząb*)
in·cite [ɪn'saɪt] *vt* pobudzać, podniecać; namawiać, podburzać
in·cite·ment [ɪn'saɪtmənt] *s* podnieta, bodziec; namowa, podburzanie
in·ci·vil·i·ty [ˌɪnsɪ'vɪlətɪ] *s* niegrzeczność
in·clem·en·cy [ɪn'klemənsɪ] *s* surowość, ostrość
in·cli·na·tion [ˌɪnklɪ'neɪʃn] *s* nachylenie; pochyłość; skłonność
in·cline [ɪn'klaɪn] *vt vi* nachylać (się), przychylać (się), skłaniać (się); *s* ['ɪnklaɪn] nachylenie, pochyłość, stok
in·close [ɪn'kləʊz] = ***enclose***
in·clude [ɪn'kluːd] *vt* włączać, zawierać
in·clu·sion [ɪn'kluːʒn] *s* włączenie

I

in·clu·sive [ɪn'klu:sɪv] *adj* zawierający w sobie; obejmujący; (*o sumie*) globalny; ***from ... to ... ~*** od ... do ... włącznie; ***~ of ...*** łącznie z ...; liczony włącznie (***sth*** z czymś)

in·co·her·ent [ˌɪnkəʊ'hɪərənt] *adj* nie powiązany, bez związku; chaotyczny, bezładny, niesystematyczny

in·com·bus·ti·ble [ˌɪnkəm'bʌstəbl] *adj* niepalny

in·come ['ɪnkʌm] *s* dochód

in·com·ing ['ɪnkʌmɪŋ] *adj* przybywający, nadchodzący; *s* nadejście, przybycie

in·com·men·su·rate [ˌɪnkə'menʃərət] *adj* niewspółmierny, nieproporcjonalny

in·com·pa·ra·ble [ɪn'kɒmpərəbl] *adj* nie do porównania (***to*** <***with***> ***sb, sth*** z kimś, czymś); niezrównany

in·com·pat·i·ble [ˌɪnkəm'pætəbl] *adj* niezgodny, sprzeczny

in·com·pe·tence, in·com·pe·ten·cy [ɪn'kɒmpɪtəns(ɪ)] *s* niekompetencja; nieudolność; niezdolność

in·com·plete [ˌɪnkəm'pli:t] *adj* niepełny, nie zakończony; niedoskonały

in·com·pre·hen·si·ble [ɪnˌkɒmprɪ'hensəbl] *adj* niezrozumiały

in·con·ceiv·a·ble [ˌɪnkən'si:vəbl] *adj* niepojęty

in·con·gru·i·ty [ˌɪnkɒŋ'gru:ətɪ] *s* brak związku; niezgodność; niestosowność, niewłaściwość

in·con·gru·ous [ɪn'kɒŋgruəs] *adj* nie mający związku; niezgodny; niestosowny, niewłaściwy; dziwaczny; bezsensowny

in·con·se·quent [ɪn'kɒnsɪkwənt] *adj* niekonsekwentny, nielogiczny

in·con·sid·er·a·ble [ˌɪnkən'sɪdrəbl] *adj* nieznaczny

in·con·sid·er·ate [ˌɪnkən'sɪdrət] *adj* nierozważny, lekkomyślny; nie okazujący względów <szacunku>; nieuprzejmy

in·con·sist·ence, in·con·sist·en·cy [ˌɪnkən'sɪstəns(ɪ)] *s* niekonsekwencja; niezgodność, sprzeczność

in·con·sist·ent [ˌɪnkən'sɪstənt] *adj* niekonsekwentny; niezgodny, sprzeczny

in·con·sol·a·ble [ˌɪnkən'səʊləbl] *adj* niepocieszony

in·con·spic·u·ous [ˌɪnkən'spɪkjʊəs] *adj* niepokaźny, nie rzucający się w oczy, niepozorny

in·con·stan·cy [ɪn'kɒnstənsɪ] *s* niestałość, zmienność

in·con·test·a·ble [ˌɪnkən'testəbl] *adj* niezaprzeczalny, bezsporny

in·con·ti·nence [ɪn'kɒntɪnəns] *s* niewstrzemięźliwość, niepowściągliwość

in·con·tro·vert·i·ble [ˌɪnkɒntrə'vɜ:təbl] *adj* niezbity, bezsporny

in·con·ven·i·ence [ˌɪnkən'vi:nɪəns] *s* niewygoda; kłopot; *vt* sprawiać kłopot, przeszkadzać (***sb*** komuś)

in·con·ven·i·ent [ˌɪnkən'vi:nɪənt] *adj* niewygodny; kłopotliwy, uciążliwy

in·cor·po·rate [ɪn'kɔ:pəreɪt] *vt* wcielić, włączyć; łączyć (w sobie); nadać samorząd; zarejestrować, zalegalizować; *vi* złączyć się, zjednoczyć się; *adj* [ɪn'kɔ:pərət] wcielony; zarejestrowany; zrzeszony; ***~ body*** korporacja, osoba prawna

in·cor·po·ra·tion [ɪnˌkɔ:pə'reɪʃn] *s* wcielenie; zrzeszenie; *handl.* rejestracja, zalegalizowanie; nadanie samorządu

in·cor·rect [ˌɪnkə'rekt] *adj* nieprawidłowy, błędny, mylny, wadliwy; niestosowny

in·cor·ri·gi·ble [ˌɪn'kɒrɪdʒəbl] *adj* niepoprawny

in·cor·rupt·i·ble [ˌɪnkə'rʌptəbl]

adj nie ulegający zepsuciu; nieprzekupny

in·crease [ɪn'kriːs] *vt* zwiększać, wzmagać; podnosić, podwyższać; *vt* wzrastać; zwiększać <wzmagać> się; *s* ['ɪnkriːs] wzrost, przyrost; powiększenie się; podwyżka; ***to be on the ~*** wzrastać

in·creas·ing·ly [ɪn'kriːsɪŋlɪ] *adv* coraz (to) więcej <bardziej>

in·cred·i·ble [ɪn'kredəbl] *adj* niewiarygodny, nieprawdopodobny

in·cre·du·li·ty [ˌɪnkrɪ'djuːlətɪ] *s* niedowierzanie, nieufność

in·cred·u·lous [ɪn'kredjʊləs] *adj* niedowierzający, nieufny

in·cre·ment ['ɪnkrəmənt] *s* wzrost, powiększenie się; (*także mat.*) przyrost; dochód

in·crim·i·nate [ɪn'krɪmɪneɪt] *vt* inkryminować, obwiniać

in·croach [ɪn'krəʊtʃ] = ***encroach***

in·crust [ɪn'krʌst] = ***encrust***

in·cu·ba·tion [ˌɪnkjʊ'beɪʃn] *s* inkubacja, wylęganie

in·cu·bus ['ɪnkjʊbəs] *s* (*pl* ***incubi*** ['ɪnkjʊbaɪ] *lub* ***~es***) inkubus, zmora, zły duch; *przen.* udręka, koszmar

in·cul·cate ['ɪnkʌlkeɪt] *vt* wpajać, wdrażać

in·cul·pate ['ɪnkʌlpeɪt] *vt* obwiniać, oskarżać

in·cum·bent [ɪn'kʌmbənt] *adj* ciążący (***on sb*** na kimś); obowiązujący (***on sb*** kogoś); ***it is ~ on me*** to jest moim obowiązkiem

in·cur [ɪn'kɜː] *vt* narazić się (***sth*** na coś); ściągać na siebie (*gniew itd.*); zaciągać (*dług*)

in·cur·a·ble [ɪn'kjʊərəbl] *adj* nieuleczalny

in·cur·sion [ɪn'kɜːʃn] *s* najazd, napad, wtargnięcie

in·debt·ed [ɪn'detɪd] *adj* zadłużony; zobowiązany

in·de·cent [ɪn'diːsnt] *adj* nieprzyzwoity

in·de·ci·sion [ˌɪndɪ'sɪʒn] *s* niezdecydowanie, chwiejność

in·de·ci·sive [ˌɪndɪ'saɪsɪv] *adj* niezdecydowany, chwiejny; nierozstrzygnięty, nie rozstrzygający

in·deed [ɪn'diːd] *adv* rzeczywiście, faktycznie, naprawdę; *dla podkreślenia*: ***I am very glad ~*** ogromnie się cieszę; ***yes, ~*** jeszcze jak!; ***no, ~*** bynajmniej!; żadną miarą!; *dla wyrażenia zdziwienia, oburzenia, ironii*: czyżby?; gdzież tam?!; nie ma mowy!

in·de·fat·i·ga·ble [ˌɪndɪ'fætɪgəbl] *adj* niezmordowany

in·de·fen·si·ble [ˌɪndɪ'fensəbl] *adj* nie dający się obronić

in·def·i·nite [ɪn'defɪnət] *adj* nieokreślony; niewyraźny, niejasny

in·del·i·ble [ɪn'deləbl] *adj* nie dający się zetrzeć <zmazać, zmyć>; niezatarty; (*o ołówku*) chemiczny

in·dem·ni·fy [ɪn'demnɪfaɪ] *vt* wynagrodzić, dać odszkodowanie (***sb for sth*** komuś za coś); zabezpieczyć (***sb from*** <***against***> ***sth*** kogoś przed czymś)

in·dem·ni·ty [ɪn'demnətɪ] *s* odszkodowanie; zabezpieczenie; wynagrodzenie, kompensata; *prawn.* zwolnienie (*od kary*)

in·dent 1. [ɪn'dent] *vt* nacinać, wycinać, wyrzynać (*w ząbki*); wcinać, karbować; *handl.* zamawiać (*towar*); *druk.* wcinać (*wiersz*); *s* ['ɪndent] wcięcie, nacięcie; karbowanie; *handl.* zamówienie

in·dent 2. [ɪn'dent] *vt* wgnieść, zrobić wgłębienie; wtłoczyć; *s* ['ɪndent] wgłębienie

in·den·ta·tion [ˌɪnden'teɪʃn] *s* nacięcie, wcięcie

in·den·tion [ɪn'denʃn] *s* wcięcie wiersza, akapit

in·den·ture [ɪn'dentʃə] *s* obustronna umowa (*pisemna*), kontrakt; dokument (handlowy);

vt zakontraktować, związać umową

in·de·pend·ence [ˌɪndɪ'pendəns] *s* niezależność, niepodległość; ***Independence Day*** Dzień Niepodległości (*święto narodowe USA, 4 lipca*)

in·de·pend·ent [ˌɪndɪ'pendənt] *adj* niezależny, niepodległy, niezawisły

in·de·scrib·a·ble [ˌɪndɪ'skraɪbəbl] *adj* nie do opisania

in·de·ter·mi·nate [ˌɪndɪ'tɜːmɪnət] *adj* nieokreślony, niewyraźny

in·de·ter·mi·na·tion ['ɪndɪˌtɜːmɪ'neɪʃn] *s* nieokreślony charakter; niezdecydowanie

in·dex ['ɪndeks] *s* (*pl* ***~es*** ['ɪndeksɪz] lub ***indices*** ['ɪndɪsiːz]) wskaźnik; wykaz, rejestr, indeks; *mat.* wykładnik potęgowy; *fiz.* współczynnik; ***~ finger*** palec wskazujący

in·dex·a·tion [ˌɪndek'seɪʃn] *s* indeksacja

In·di·an ['ɪndɪən] *adj* indyjski, hinduski; indiański; ***~ summer*** babie lato; ***in ~ file*** rzędem, gęsiego; *s* Indianin; Hindus

in·di·cate [ˌɪndɪkeɪt] *vt* wskazywać (***sth*** coś <na coś>), oznaczać; wykazywać; zalecać

in·di·ca·tion [ˌɪndɪ'keɪʃn] *s* wskazanie, wskazówka, oznaka

in·dic·a·tive [ɪn'dɪkətɪv] *adj* wskazujący (***of sth*** na coś); *s gram.* tryb oznajmujący

in·di·ca·tor ['ɪndɪkeɪtə] *s* informator; *techn.* wskazówka; *mot.* kierunkowskaz (*w samochodzie*)

in·dict [ɪn'daɪt] *vt* oskarżać

in·dict·ment [ɪn'daɪtmənt] *s* oskarżenie

in·dif·fer·ence [ɪn'dɪfrəns] *s* obojętność; błahość, marność

in·dif·fer·ent [ɪn'dɪfrənt] *adj* obojętny (***to sb, sth*** dla kogoś, na coś); błahy, marny

in·di·gence ['ɪndɪdʒəns] *s* ubóstwo

in·di·gent ['ɪndɪdʒənt] *adj* ubogi

in·di·gest·i·ble [ˌɪndɪ'dʒestəbl] *adj* niestrawny

in·di·ges·tion [ˌɪndɪ'dʒestʃən] *s* niestrawność

in·dig·nant [ɪn'dɪgnənt] *adj* oburzony (***with sb*** na kogoś, ***at sth*** na coś)

in·dig·na·tion [ˌɪndɪg'neɪʃn] *s* oburzenie (***with sb*** na kogoś, ***at sth*** na coś)

in·dig·ni·ty [ɪn'dɪgnətɪ] *s* obelga, zniewaga

in·di·rect [ˌɪndɪ'rekt] *adj* pośredni; nieuczciwy, wykrętny; okrężny; ***~ object*** *gram.* dopełnienie dalsze; ***~ speech*** *gram.* mowa zależna

in·dis·creet [ˌɪndɪ'skriːt] *adj* niedyskretny; nieroztropny; nieostrożny

in·dis·cre·tion [ˌɪndɪ'skreʃn] *s* niedyskrecja; nieroztropność, nieostrożność

in·dis·crim·i·nate [ˌɪndɪ'skrɪmɪnət] *adj* niewymagający, niewybredny; pomieszany, bezładny; (robiony) na oślep <bez wyboru>

in·dis·pen·sa·ble [ˌɪndɪ'spensəbl] *adj* niezbędny, konieczny, niezastąpiony

in·dis·pose [ˌɪndɪ'spəʊz] *vt* źle usposobić <zrazić> (***towards sb, sth*** do kogoś, czegoś); zniechęcić (***sb towards sth*** <***do sth***> do czegoś <do zrobienia czegoś>)

in·dis·posed [ˌɪndɪ'spəʊzd] *adj* niedysponowany, niezdrów; niechętny

in·dis·po·si·tion [ˌɪndɪspə'zɪʃn] *s* niedyspozycja; niechęć

in·dis·pu·ta·ble [ˌɪndɪ'spjuːtəbl] *adj* niewątpliwy, bezsporny

in·dis·so·lu·ble [ˌɪndɪ'sɒljʊbl] *adj* nierozpuszczalny; nierozerwalny

in·dis·tinct [ˌɪndɪ'stɪŋkt] *adj* niewyraźny, niejasny

in·dis·tin·guish·a·ble [ˌɪndɪ'stɪŋgwɪʃəbl] *adj* nie dający się

odróżnić, nieuchwytny (*np. dla oka*)
in·di·vid·u·al [ˌɪndɪ'vɪdʒʊəl] *adj* indywidualny; pojedynczy; poszczególny; *s* jednostka; indywiduum
in·di·vid·u·al·ism [ˌɪndɪ'vɪdʒʊəlɪzm] *s* indywidualizm
in·di·vid·u·al·i·ty ['ɪndɪˌvɪdʒʊ'ælətɪ] *s* indywidualność
in·di·vis·i·ble [ˌɪndɪ'vɪzəbl] *adj* niepodzielny
in·doc·ile [ɪn'dəʊsaɪl] *adj* nieuległy, nieposłuszny, niesforny; niepojęty
in·do·lence ['ɪndələns] *s* lenistwo, opieszałość
in·dom·i·ta·ble [ɪn'dɒmɪtəbl] *adj* nieposkromiony
In·do·ne·sian [ˌɪndəʊ'niːzɪən] *adj* indonezyjski; *s* Indonezyjczyk
in·door ['ɪndɔː] *adj* znajdujący się <robiony> w domu, domowy; **~ care** opieka <leczenie> w zakładzie <przytułku>
in·doors [ɪn'dɔːz] *adv* w <wewnątrz> domu; pod dachem; (*wchodzić*) do domu
in·dorse [ɪn'dɔːs] = ***endorse***
in·du·bi·ta·ble [ɪn'djuːbɪtəbl] *adj* niewątpliwy
in·duce [ɪn'djuːs] *vt* skłonić, namówić; wnioskować; wywołać, powodować; *elektr.* indukować
in·duce·ment [ɪn'djuːsmənt] *s* pobudka; powab
in·duc·tion [ɪn'dʌkʃn] *s* indukcja; wstęp; wprowadzenie (*na urząd*); *med.* wywołanie (*choroby*)
in·duc·tive [ɪn'dʌktɪv] *adj* indukcyjny
in·dulge [ɪn'dʌldʒ] *vt* pobłażać, dogadzać, folgować (***sb in sth*** komuś w czymś); *vi* oddawać się <ulegać, dawać upust> (***in sth*** czemuś), zażywać (***in sth*** czegoś); zaspokoić (***in sth*** coś)
in·dul·gence [ɪn'dʌldʒəns] *s* pobłażanie, folgowanie, uleganie; zaspokojenie; oddanie się (***in sth*** czemuś), dogadzanie sobie; *rel.* odpust
in·dul·gent [ɪn'dʌldʒənt] *adj* pobłażliwy, ulegający
in·dus·tri·al [ɪn'dʌstrɪəl] *adj* przemysłowy; *s* = ***industrialist***
in·dus·tri·al·ist [ɪn'dʌstrɪəlɪst] *s* przemysłowiec
in·dus·tri·al·i·za·tion [ɪnˌdʌstrɪəlaɪ'zeɪʃn] *s* industrializacja
in·dus·tri·al·ize [ɪn'dʌstrɪəlaɪz] *vt* uprzemysłowić
in·dus·tri·ous [ɪn'dʌstrɪəs] *adj* pracowity, skrzętny
in·dus·try ['ɪndəstrɪ] *s* przemysł; pracowitość, skrzętność
in·e·bri·ate [ɪ'niːbrɪət] *adj* oszołomiony alkoholem; *vt* [ɪ'nibrɪeɪt] upić, odurzyć
in·ed·i·ble [ɪn'edəbl] *adj* niejadalny
in·ef·fa·ble [ɪn'efəbl] *adj* niewypowiedziany, niewysłowiony
in·ef·fec·tive [ˌɪnɪ'fektɪv] *adj* bezskuteczny, daremny; nieefektywny
in·ef·fec·tu·al [ˌɪnɪ'fektʃʊəl] = ***ineffective***
in·ef·fi·ca·cious [ˌɪnefɪ'keɪʃəs] *adj* nie działający, nieskuteczny
in·ef·fi·cient [ˌɪnɪ'fɪʃnt] *adj* nieudolny; niewydajny, nieefektywny
in·el·i·gi·ble [ɪn'elɪdʒəbl] *adj* niewybieralny; nie do przyjęcia; nie nadający się, nieodpowiedni
in·ept [ɪ'nept] *adj* niedorzeczny, głupi; nie na miejscu; nietrafny
in·e·qual·i·ty [ˌɪnɪ'kwɒlətɪ] *s* nierówność
in·eq·ui·ty [ɪn'ekwətɪ] *s* niesprawiedliwość
in·ert [ɪ'nɜːt] *adj* bezwładny; bez ruchu; *chem.* obojętny
in·er·tia [ɪ'nɜːʃə] *s* bezwład, bezczynność, inercja; *fiz.* bezwładność
in·es·cap·a·ble [ˌɪnɪ'skeɪpəbl] *adj* nieunikniony
in·es·ti·ma·ble [ɪn'estɪməbl] *adj* nieoceniony

in·ev·i·ta·ble [ɪn'evɪtəbl] *adj* nieunikniony

in·ex·act [ˌɪnɪg'zækt] *adj* niedokładny, nieścisły

in·ex·act·i·tude [ˌɪnɪg'zæktɪtjuːd] *s* niedokładność, nieścisłość

in·ex·cus·a·ble [ˌɪnɪk'skjuːzəbl] *adj* niewybaczalny

in·ex·haust·i·ble [ˌɪnɪg'zɔːstəbl] *adj* niewyczerpany

in·ex·o·ra·ble [ɪn'eksərəbl] *adj* nieubłagany

in·ex·pen·sive [ˌɪnɪk'spensɪv] *adj* niedrogi

in·ex·pe·ri·enced [ˌɪnɪk'spɪərɪənst] *adj* niedoświadczony

in·ex·pert [ɪn'ekspɜːt] *adj* niewprawny

in·ex·pli·ca·ble [ˌɪnɪk'splɪkəbl] *adj* niewytłumaczalny, niewyjaśniony

in·ex·plic·it [ˌɪnɪk'splɪsɪt] *adj* niewyraźny, niejasny

in·ex·press·i·ble [ˌɪnɪk'spresəbl] *adj* niewypowiedziany, niewymowny, niewysłowiony

in·ex·pres·sive [ˌɪnɪk'spresɪv] *adj* pozbawiony wyrazu

in·ex·tri·ca·ble [ˌɪnɪk'strɪkəbl] *adj* nie dający się rozwikłać, bez wyjścia

in·fal·li·bil·i·ty [ɪnˌfælə'bɪlətɪ] *s* nieomylność; niezawodność

in·fal·li·ble [ɪn'fæləbl] *adj* nieomylny; niezawodny

in·fa·mous ['ɪnfəməs] *adj* mający złą sławę; nikczemny, haniebny

in·fa·my ['ɪnfəmɪ] *s* niesława; infamia; nikczemność; hańba

in·fan·cy ['ɪnfənsɪ] *s* dzieciństwo, niemowlęctwo; *prawn.* niepełnoletniość

in·fant ['ɪnfənt] *s* niemowlę; dziecko (*do lat 7*); *prawn.* niepełnoletni; **~ school** przedszkole

in·fan·tile ['ɪnfəntaɪl] *adj* infantylny; dziecięcy, niemowlęcy

in·fan·try ['ɪnfəntrɪ] *s wojsk.* piechota

in·fat·u·ate [ɪn'fætʃʊeɪt] *vt* pozbawić rozsądku, zawrócić głowę, zaślepić; rozkochać; **to be ~d** mieć zawróconą głowę, szaleć (**with sb, sth** za kimś, czymś); być zadurzonym (**with sb, sth** w kimś)

in·fat·u·a·tion [ɪnˌfætʃʊ'eɪʃn] *s* szaleńcza miłość; zaślepienie <odurzenie> (*kimś, czymś*)

in·fect [ɪn'fekt] *vt* zarazić; zakazić; zatruć

in·fec·tion [ɪn'fekʃn] *s* zaraza; zakażenie; zatruwanie

in·fec·tious [ɪn'fekʃəs] *adj* zaraźliwy, zakaźny

in·fec·tive [ɪn'fektɪv] = **infectious**

in·fer [ɪn'fɜː] *vt* wnioskować; zawierać <nasuwać> pojęcie (**sth** czegoś)

in·fer·ence ['ɪnfərəns] *s* wniosek, wywód

in·fe·ri·or [ɪn'fɪərɪə] *adj* niższy, gorszy (**to sb, sth** od kogoś, czegoś); *s* podwładny

in·fe·ri·or·i·ty [ˌɪnfɪərɪ'ɒrətɪ] *s* niższość, słabość; **~ complex** kompleks niższości

in·fer·nal [ɪn'fɜːnl] *adj* piekielny

in·fest [ɪn'fest] *vt* niepokoić, trapić; nawiedzać; (*o robactwie*) roić się (**sth** w czymś); **to be infested with...** roić się od...

in·fi·del ['ɪnfɪdl] *adj rel.* niewierny; *s rel.* niewierny

in·fi·del·i·ty [ˌɪnfɪ'delətɪ] *s* niewierność (*zw.* małżeńska); *rel.* niewiara

in·fil·trate ['ɪnfɪltreɪt] *vt vi* przesączać (się); nasycać; przenikać

in·fi·nite ['ɪnfɪnət] *adj* nieograniczony, bezkresny, bezmierny, nieskończony; niezliczony

in·fin·i·tes·i·mal [ˌɪnfɪnɪ'tesɪml] *adj* nieskończenie mały

in·fin·i·tive [ɪn'fɪnətɪv] *adj* nieokreślony; *s gram.* bezokolicznik

in·fin·i·ty [ɪn'fɪnətɪ] *s* (*także mat.*)

nieskończoność; bezkres, bezgraniczność
in·firm [ɪn'fɜːm] *adj* bezsilny, słaby, niedołężny
in·fir·ma·ry [ɪn'fɜːmərɪ] *s* szpital; izba chorych; lecznica
in·fir·mi·ty [ɪn'fɜːmətɪ] *s* niemoc, ułomność, niedołęstwo
in·flame [ɪn'fleɪm] *vt vi* rozpalić (się); podniecić (się), rozdrażnić (się); rozbudzić (***sb with sth*** coś w kimś)
in·flam·ma·ble [ɪn'flæməbl] *adj* zapalny, łatwo palny; *przen.* zapalczywy; *s* materiał łatwo palny
in·flam·ma·tion [ˌɪnflə'meɪʃn] *s med.* zapalenie
in·flam·ma·to·ry [ɪn'flæmətrɪ] *adj* zapalny, zapalający; *przen.* podżegający
in·flate [ɪn'fleɪt] *vt* wydymać, nadymać; napompować (*dętkę itp.*); podnosić (*np. ceny*)
in·fla·tion [ɪn'fleɪʃn] *s* nadymanie, napompowanie; *fin.* inflacja
in·flect [ɪn'flekt] *vt* zginać; *fiz.* załamywać; *gram.* odmieniać (*części mowy*); modulować (*głos*)
in·flec·tion [ɪn'flekʃn] *s* zgięcie; *fiz.* załamanie; *gram.* fleksja; modulacja (*głosu*)
in·flex·i·ble [ɪn'fleksəbl] *adj* nieugięty; sztywny
in·flex·ion [ɪn'flekʃn] = ***inflection***
in·flict [ɪn'flɪkt] *vt* zadać (*np. cios*); nałożyć (*np. karę*); narzucić (***sth on <upon> sb*** coś komuś)
in·flu·ence ['ɪnflʊəns] *s* wpływ; działanie, oddziaływanie; *vt* wpływać <działać, oddziaływać> (***sb, sth*** na kogoś, coś)
in·flu·en·tial [ˌɪnflʊ'enʃl] *adj* wpływowy
in·flux ['ɪnflʌks] *s* napływ, dopływ, przypływ; wlot
in·form [ɪn'fɔːm] *vt* informować, zawiadomić (***sb of sth*** kogoś o czymś); natchnąć <ożywić> (***sb with sth*** kogoś czymś); *vi* denuncjować (***against sb*** kogoś)
in·for·mal [ɪn'fɔːml] *adj* nieoficjalny, nieurzędowy, swobodny; nieformalny, nieprzepisowy
in·form·ant [ɪn'fɔːmənt] *s* informator; donosiciel
in·for·ma·tion [ˌɪnfə'meɪʃn] *s* informacja, wiadomość; doniesienie, denuncjacja; ***a piece of ~*** wiadomość; ***to get ~*** poinformować się
in·form·a·tive [ɪn'fɔːmətɪv] *adj* informacyjny; pouczający
in·fra·red [ˌɪnfrə'red] *adj* podczerwony
in·fra·struc·ture ['ɪnfrəˌstrʌktʃə] *s* infrastruktura
in·fre·quent [ɪn'friːkwənt] *adj* nieczęsty
in·fringe [ɪn'frɪndʒ] *vt* naruszyć, przekroczyć (*także vi* ~ ***on <upon> sth*** coś)
in·fu·ri·ate [ɪn'fjʊərɪeɪt] *vt* doprowadzać do szału, rozjuszyć
in·fuse [ɪn'fjuːz] *vt* natchnąć (***sb with sth*** kogoś czymś); wlać; zaparzyć (*np. herbatę*)
in·fu·sion [ɪn'fjuːʒn] *s* wlewanie; napar; nalewka; domieszka; natchnięcie <napełnienie> (***of sth into sb*** kogoś czymś)
in·gen·ious [ɪn'dʒiːnɪəs] *adj* pomysłowy, wynalazczy
in·ge·nu·i·ty [ˌɪndʒɪ'njuːətɪ] *s* pomysłowość, wynalazczość
in·gen·u·ous [ɪn'dʒenjʊəs] *adj* otwarty, szczery; niewinny, naiwny
in·got ['ɪŋgət] *s* sztaba (*kruszcu*)
in·grain [ɪn'greɪn] *vt* utrwalić, trwale ufarbować
in·grained [ɪn'greɪnd] *pp i adj* zakorzeniony, zatwardziały
in·gra·ti·ate [ɪn'greɪʃɪeɪt] *vr* ~ ***oneself*** zyskać sobie łaskę (***with sb*** czyjąś), ująć sobie (***with sb*** kogoś)
in·grat·i·tude [ɪn'grætɪtjuːd] *s* niewdzięczność

in·gre·di·ent [ɪn'griːdɪənt] *s* składnik

in·gress ['ɪngres] *s* ingres, wejście; prawo wstępu

in·hab·it [ɪn'hæbɪt] *vt* zamieszkiwać

in·hab·it·ant [ɪn'hæbɪtənt] *s* mieszkaniec

in·ha·la·tion [ˌɪnhə'leɪʃn] *s* inhalacja; wdychanie

in·hale [ɪn'heɪl] *vt* wdychać, wchłaniać, wciągać (*np. zapach*)

in·her·ent [ɪn'hɪərənt] *adj* tkwiący, wrodzony, nieodłączny (***in sth*** od czegoś); właściwy (***in sb, sth*** komuś, czemuś)

in·her·it [ɪn'herɪt] *vt vi* dziedziczyć, być spadkobiercą

in·her·it·ance [ɪn'herɪtəns] *s* dziedzictwo, spadek, spuścizna

in·hib·it [ɪn'hɪbɪt] *vt* powstrzymywać, hamować, zakazywać (***sb from doing sth*** komuś zrobienia czegoś)

in·hi·bi·tion [ˌɪnhɪ'bɪʃn] *s* zahamowanie, powstrzymanie; zakaz; hamulec (psychiczny)

in·hos·pi·ta·ble [ˌɪnhɒ'spɪtəbl] *adj* niegościnny

in·hu·man [ɪn'hjuːmən] *adj* nieludzki

in·hu·mane [ˌɪnhjuː'meɪn] *adj* niehumanitarny

in·im·i·cal [ɪ'nɪmɪkl] *adj* wrogi; szkodliwy

in·im·i·ta·ble [ɪ'nɪmɪtəbl] *adj* nie do naśladowania; niezrównany

in·iq·ui·tous [ɪ'nɪkwɪtəs] *adj* niesprawiedliwy; niegodziwy

in·iq·ui·ty [ɪ'nɪkwətɪ] *s* niesprawiedliwość; niegodziwość

in·i·tial [ɪ'nɪʃl] *adj* początkowy, wstępny; *s pl* **~s** inicjały; parafa; *vt* podpisywać inicjałami; parafować

in·i·ti·ate [ɪ'nɪʃɪeɪt] *vt* inicjować, zapoczątkować; wprowadzać <wtajemniczać, wdrażać> (***sb into sth*** kogoś w coś); *adj* [ɪ'nɪʃɪət] wtajemniczony; świeżo wprowadzony; *s* nowicjusz

in·i·ti·a·tion [ɪˌnɪʃɪ'eɪʃn] *s* zainicjowanie, zapoczątkowanie; wprowadzenie; wtajemniczenie

in·i·ti·a·tive [ɪ'nɪʃətɪv] *adj* początkowy, wstępny; *s* inicjatywa; przedsiębiorczość; ***on one's*** (***own***) **~** z czyjejś (własnej) inicjatywy

in·ject [ɪn'dʒekt] *vt* zastrzyknąć, wstrzykiwać

in·jec·tion [ɪn'dʒekʃn] *s* zastrzyk

in·ju·di·cious [ˌɪndʒuː'dɪʃəs] *adj* nierozsądny; nieoględny

in·junc·tion [ɪn'dʒʌŋkʃn] *s* *prawn.* nakaz, zalecenie

in·jure ['ɪndʒə] *vt* uszkodzić; skrzywdzić; skaleczyć, zranić; obrazić

in·ju·ri·ous [ɪn'dʒʊərɪəs] *adj* szkodliwy, krzywdzący; obraźliwy

in·ju·ry ['ɪndʒərɪ] *s* uszkodzenie; obraza; krzywda, szkoda

in·jus·tice [ɪn'dʒʌstɪs] *s* niesprawiedliwość

ink [ɪŋk] *s* atrament; farba drukarska; *vt* plamić, znaczyć atramentem; powlekać farbą drukarską

ink·ling ['ɪŋklɪŋ] *s* domysł, przeczucie, podejrzenie

ink pad ['ɪŋkpæd] *s* poduszka do stempli

in·laid [ɪn'leɪd] *adj* wyłożony (*czymś*), inkrustowany

in·land ['ɪnlənd] *adj attr* znajdujący się <położony> w głębi kraju (*z dala od morza*); wewnętrzny, krajowy; *s* wnętrze <głąb> kraju

in-laws ['ɪnlɔːz] *s pl* rodzina męża <żony>

in·let ['ɪnlet] *s* wstawka, wpustka; mała zatoka; wlot, wejście; otwór

in·mate ['ɪnmeɪt] *s* lokator, mieszkaniec; pensjonariusz; (*w więzieniu*) więzień; (*w szpitalu*) pacjent

in·most ['ɪnməʊst] *adj* ukryty <utajony> w głębi; najskrytszy

inn [ɪn] *s* gospoda, zajazd

in·nate [ɪ'neɪt] *adj* wrodzony, przyrodzony

in·ner ['ɪnə] *adj* wewnętrzny

in·ner·most ['ɪnəməʊst] = ***in-most***

inn·keep·er ['ɪnˌkiːpə] *s* właściciel gospody <zajazdu>

in·no·cence ['ɪnəsns] *s* niewinność; prostoduszność, naiwność; nieszkodliwość

in·no·cent ['ɪnəsnt] *adj* niewinny; prostoduszny, naiwny; nieszkodliwy; *s* niewiniątko; prostaczek; półgłówek

in·noc·u·ous [ɪ'nɒkjʊəs] *adj* nieszkodliwy

in·no·va·tion [ˌɪnə'veɪʃn] *s* innowacja

in·no·va·tor ['ɪnəveɪtə] *s* innowator

in·nu·en·do [ˌɪnjʊ'endəʊ] *s* insynuacja

in·nu·mer·a·ble [ɪ'njuːmrəbl] *adj* niezliczony

in·oc·u·late [ɪ'nɒkjʊleɪt] *vt* szczepić, zaszczepiać

in·oc·u·la·tion [ɪˌnɒkjʊ'leɪʃn] *s* szczepienie, zaszczepienie

in·o·dor·ous [ɪn'əʊdərəs] *adj* bezwonny

in·of·fen·sive [ˌɪnə'fensɪv] *adj* nieszkodliwy; nie drażniący

in·op·por·tune [ɪn'ɒpətjuːn] *adj* niewczesny, nieodpowiedni, nie na czasie

in·or·di·nate [ɪ'nɔːdɪnət] *adj* nie uporządkowany; nieumiarkowany; przesadny, nadmierny

in·or·gan·ic [ˌɪnɔː'gænɪk] *adj* nieorganiczny

in·quest ['ɪnkwest] *s* badanie, śledztwo

in·quire [ɪn'kwaɪə] *vi* pytać <informować> się (***about*** <***after, for***> ***sth*** o coś); dowiadywać się (***of sb*** od kogoś); badać, śledzić (***into sth*** coś); dochodzić, dociekać (***into sth*** czegoś); *vt* pytać (***sth*** o coś)

in·quir·er [ɪn'kwaɪərə] *s* śledczy, prowadzący dochodzenie; osoba zadająca pytania

in·quir·y [ɪn'kwaɪərɪ] *s* pytanie; badanie, śledztwo; zasięganie informacji; ***to make inquiries*** zasięgać informacji, dowiadywać się; ***personal ~*** ankieta personalna

in·qui·si·tion [ˌɪnkwɪ'zɪʃn] *s* badanie, śledztwo; *hist.* inkwizycja

in·quis·i·tive [ɪn'kwɪzətɪv] *adj* ciekawy, wścibski

in·road ['ɪnrəʊd] *s* najazd, napad

in·rush ['ɪnrʌʃ] *s* wdarcie się; napór

in·sane [ɪn'seɪn] *adj* umysłowo chory, obłąkany

in·san·i·ty [ɪn'sænətɪ] *s* obłęd, szaleństwo; choroba umysłowa

in·sa·tia·ble [ɪn'seɪʃəbl] *adj* nienasycony

in·scribe [ɪn'skraɪb] *vt* wpisać, zapisać; wyryć (*napis*); zadedykować (***sth to sb*** coś komuś)

in·scrip·tion [ɪn'skrɪpʃn] *s* napis; dedykacja

in·scru·ta·ble [ɪn'skruːtəbl] *adj* niezbadany, nieprzenikniony

in·sect ['ɪnsekt] *s* owad, insekt

in·sec·ti·cide [ɪn'sektɪsaɪd] *s* środek owadobójczy

in·se·cure [ˌɪnsɪ'kjʊə] *adj* niepewny

in·sen·sate [ɪn'senseɪt] *adj* nieczuły; nierozumny

in·sen·si·bil·i·ty [ɪnˌsensə'bɪlətɪ] *s* omdlenie, nieprzytomność; nieczułość <niewrażliwość> (***to sth*** na coś)

in·sen·si·ble [ɪn'sensəbl] *adj* nieprzytomny, bez zmysłów; niewrażliwy, nieczuły; niedostrzegalny

in·sen·si·tive [ɪn'sensətɪv] *adj* nieczuły, niewrażliwy (***to sth*** na coś)

in·sep·a·ra·ble [ɪn'seprəbl] *adj* nierozłączny, nieodłączny

in·sert [ɪn'sɜːt] *vt* wstawić, włożyć, wsunąć, wprowadzić; zamieścić

in·ser·tion [ɪn'sɜːʃn] *s* wstawka, wkładka; wstawienie, włożenie, wsunięcie; ogłoszenie (*w gazecie*); dopisek

in·set ['ɪnset] *s* wstawka, wkładka; *vt* [ˌɪn'set] wstawić, wkleić

in·side [ɪn'saɪd] *s* wnętrze; **~ out** wewnętrzną stroną na wierzch; na lewą stronę; *adj attr* wewnętrzny; *adv i praep* wewnątrz, do wnętrza

in·sid·i·ous [ɪn'sɪdɪəs] *adj* podstępny, zdradziecki, zdradliwy

in·sight ['ɪnsaɪt] *s* wgląd (***into sth*** w coś); intuicja

in·sig·ni·a [ɪn'sɪgnɪə] *s pl* insygnia

in·sig·nif·i·cant [ˌɪnsɪg'nɪfɪkənt] *adj* nic nie znaczący, nieistotny, mało ważny

in·sin·cere [ˌɪnsɪn'sɪə] *adj* nieszczery

in·sin·cer·i·ty [ˌɪnsɪn'serətɪ] *s* nieszczerość

in·sin·u·ate [ɪn'sɪnjʊeɪt] *vt* insynuować; *vr* **~ oneself** wkraść <wśliznąć> się

in·sin·u·a·tion [ɪnˌsɪnjʊ'eɪʃn] *s* insynuacja; wślizgnięcie się

in·sip·id [ɪn'sɪpɪd] *adj* bez smaku, mdły; tępy (umysłowo); bezbarwny

in·sist [ɪn'sɪst] *vi* nalegać, nastawać; upierać się, obstawać; kłaść nacisk; domagać się (***on*** <***upon***> ***sth*** czegoś)

in·sist·ence [ɪn'sɪstəns] *s* naleganie; uporczywość; domaganie się

in·sist·ent [ɪn'sɪstənt] *adj* uporczywy; naglący

in·so·lence ['ɪnsələns] *s* zuchwalstwo, bezczelność

in·sol·u·ble [ɪn'sɒljʊbl] *adj* nierozpuszczalny; nierozwiązalny

in·sol·ven·cy [ɪn'sɒlvənsɪ] *s* niewypłacalność

in·sol·vent [ɪn'sɒlvənt] *adj* niewypłacalny; *s* bankrut

in·som·ni·a [ɪn'sɒmnɪə] *s* bezsenność

in·so·much [ˌɪnsəʊ'mʌtʃ] *adv* o tyle, do tego stopnia

in·spect [ɪn'spekt] *vt* doglądać, dozorować; badać, kontrolować; wizytować

in·spec·tion [ɪn'spekʃn] *s* inspekcja, dozór; badanie, kontrola

in·spi·ra·tion [ˌɪnspə'reɪʃn] *s* natchnienie; wdech

in·spire [ɪn'spaɪə] *vt* natchnąć, pobudzić (***sb with sth*** kogoś do czegoś); wzbudzić (***sth*** coś, ***sb with sth*** coś w kimś); inspirować (***sb with sth*** kogoś czymś); wdychać

in·sta·bil·i·ty [ˌɪnstə'bɪlətɪ] *s* niestałość

in·stall [ɪn'stɔːl] *vt* wprowadzać na urząd; instalować, urządzać

in·stal·la·tion [ˌɪnstə'leɪʃn] *s* wprowadzenie na urząd; instalacja, urządzenie

in·stal(l)·ment [ɪn'stɔːlmənt] *s* rata; felieton; odcinek (*powieści*); zeszyt (*publikacji*); ***to buy*** <***sell***> ***by ~s*** kupować <sprzedawać> na raty

in·stance ['ɪnstəns] *s* wypadek; przykład; ***for ~*** na przykład

in·stant ['ɪnstənt] *adj* natychmiastowy, nagły, naglący; bieżący (*miesiąc*); *s* chwila

in·stan·ta·ne·ous [ˌɪnstən'teɪnɪəs] *adj* momentalny; natychmiastowy

in·stant·ly ['ɪnstəntlɪ] *adv* natychmiast

in·stead [ɪn'sted] *adv* na miejsce <zamiast> tego; *praep* **~ of** zamiast <w miejsce> (***sb, sth*** kogoś, czegoś)

in·sti·gate ['ɪnstɪgeɪt] *vt* podżegać, podjudzać; wywołać (*np. bunt*)

in·sti·ga·tion [ˌɪnstɪ'geɪʃn] *s* podżeganie, prowokacja, namowa

in·stil(l) [ɪn'stɪl] *vt* wsączać; wpajać (*np. zasady*)

in·stinct ['ɪnstɪŋkt] *s* instynkt; *adj* ożywiony <przepojony> (*czymś*)

in·stinc·tive [ɪn'stɪŋktɪv] *adj* instynktowny

in·sti·tute ['ɪnstɪtjuːt] *s* instytut; *vt* zakładać; urządzać; ustanawiać; zaprowadzać; wszczynać

in·sti·tu·tion [ˌɪnstɪ'tjuːʃn] *s* instytucja, zakład; związek, towarzystwo; ustanowienie, założenie; zwyczaj (powszechny)

in·struct [ɪn'strʌkt] *vt* instruować, informować; zlecać; uczyć (***in sth*** czegoś)

in·struc·tion [ɪn'strʌkʃn] *s* instrukcja; wskazówka; polecenie; nauka, szkolenie; ***religious ~*** nauka religii

in·struc·tive [ɪn'strʌktɪv] *adj* pouczający

in·struc·tor [ɪn'strʌktə] *s* instruktor, nauczyciel

in·stru·ment ['ɪnstrʊmənt] *s* instrument; przyrząd, aparat; *dosł. i przen.* narzędzie

in·stru·men·tal [ˌɪnstrʊ'mentl] *adj* służący za narzędzie; pomocny; ***to be ~ in sth*** doprowadzić <przyczynić się> do czegoś; *s gram.* narzędnik

in·sub·or·di·nate [ˌɪnsə'bɔːdɪnət] *adj* nieposłuszny, niekarny

in·sub·or·di·na·tion ['ɪnsəˌbɔːdɪ'neɪʃn] *s* niesubordynacja, niekarność, nieposłuszeństwo

in·suf·fer·a·ble [ɪn'sʌfrəbl] *adj* nieznośny

in·suf·fi·cien·cy [ˌɪnsə'fɪʃnsɪ] *s* niedostatek; *med.* niedomoga

in·suf·fi·cient [ˌɪnsə'fɪʃnt] *adj* niewystarczalny, niedostateczny

in·su·lar ['ɪnsjʊlə] *adj* wyspiarski; *przen.* mający ograniczony światopogląd

in·su·late ['ɪnsjʊleɪt] *vt* izolować

in·su·la·tion [ˌɪnsjʊ'leɪʃn] *s* izolacja

in·sult [ɪn'sʌlt] *vt* lżyć, znieważać, obrażać; *s* ['ɪnsʌlt] obraza, zniewaga

in·su·per·a·ble [ɪn'sjuːprəbl] *adj* niepokonany, niezwyciężony; nie do przezwyciężenia

in·sup·port·a·ble [ˌɪnsə'pɔːtəbl] *adj* nie do zniesienia

in·sur·ance [ɪn'ʃʊərəns] *s* ubezpieczenie

in·sure [ɪn'ʃʊə] *vt vi* ubezpieczać (się)

in·sur·gency [ɪn'sɜːdʒənsɪ] *s* powstanie, insurekcja

in·sur·gent [ɪn'sɜːdʒənt] *adj* powstańczy; *s* powstaniec

in·sur·mount·a·ble [ˌɪnsə'maʊntəbl] *adj* nie do pokonania, nieprzezwyciężony

in·sur·rec·tion [ˌɪnsə'rekʃn] *s* powstanie

in·sur·rec·tion·ist [ˌɪnsə'rekʃnɪst] *s* powstaniec

in·sus·cep·ti·ble [ˌɪnsə'septəbl] *adj* nieczuły (***to sth*** na coś); niepodatny <odporny> (***of sth*** na coś)

in·tact [ɪn'tækt] *adj* nietknięty, nienaruszony, dziewiczy

in·take ['ɪnteɪk] *s* wysysanie, pobieranie (*np. wody*); ilość spożyta <zużyta, pobrana>; wlot; napływ, dopływ

in·tan·gi·ble [ɪn'tændʒəbl] *adj* niedotykalny; nieuchwytny

in·te·ger ['ɪntɪdʒə] *s* całość; *mat.* liczba całkowita

in·te·gral ['ɪntɪgrəl] *adj* integralny; *s mat.* całka; całość

in·te·grate ['ɪntɪgreɪt] *vt* scalić, uzupełnić; *mat.* całkować

in·te·gra·tion [ˌɪntɪ'greɪʃn] *s* scalenie, integracja; *mat.* całkowanie

in·teg·ri·ty [ɪn'tegrətɪ] *s* integralność; rzetelność, prawość; ***a man of ~*** człowiek prawy

in·tel·lect ['ɪntəlekt] *s* intelekt, umysł

in·tel·lec·tu·al [ˌɪntə'lektʃʊəl] *adj* intelektualny, umysłowy; *s* intelektualista

in·tel·li·gence [ɪn'telɪdʒəns] *s* inteligencja; informacja; wywiad; ***~ service*** służba wywiadowcza

in·tel·li·gent [ɪn'telɪdʒənt] *adj* inteligentny

in·tel·li·gent·si·a [ɪnˌtelɪ'dʒentsɪə] *s zbior.* inteligencja, warstwy wykształcone

in·tel·li·gi·ble [ɪn'telɪdʒəbl] *adj* zrozumiały

in·tem·per·ance [ɪn'temprəns] *s* nieumiarkowanie, niepowściągliwość

in·tem·per·ate [ɪn'tempərət] *adj* nieumiarkowany, niepohamowany

in·tend [ɪn'tend] *vt* zamierzać, zamyślać; przeznaczać; mieć na myśli <na celu>; chcieć

in·tense [ɪn'tens] *adj* intensywny; napięty; silny; wytężony; (*o uczuciu*) żywy

in·ten·si·fi·ca·tion [ɪnˌtensɪfɪ'keɪʃn] *s* intensyfikacja, wzmacnianie, wzmaganie

in·ten·si·fy [ɪn'tensɪfaɪ] *vt vi* wzmocnić (się), napiąć, pogłębiać (się), wzmagać (się)

in·ten·si·ty [ɪn'tensətɪ] *s* intensywność

in·ten·sive [ɪn'tensɪv] *adj* wzmożony, intensywny

in·tent [ɪn'tent] *adj* uważny; zajęty, zaprzątnięty; zdecydowany, zawzięty (***on*** <***upon***> ***sth*** na coś); *s* zamiar, intencja, plan; ***to all ~s and purposes*** w istocie, faktycznie

in·ten·tion [ɪn'tenʃn] *s* zamiar, cel

in·ten·tion·al [ɪn'tenʃnəl] *adj* celowy, umyślny

in·ter [ɪn'tɜː] *vt* grzebać, chować (*zmarłego*)

in·ter·act [ˌɪntər'ækt] *vi* oddziaływać (na siebie) wzajemnie

in·ter·cede [ˌɪntə'siːd] *vi* interweniować, wstawiać się (***with sb for sb, sth*** u kogoś za kimś, czymś)

in·ter·cept [ˌɪntə'sept] *vt* przechwycić, przejąć; przerwać, zagrodzić; odciąć

in·ter·ces·sion [ˌɪntə'seʃn] *s* wstawiennictwo

in·ter·change [ˌɪntə'tʃeɪndʒ] *vt vi* wymieniać (między sobą); zamieniać (się) kolejno; *s* ['ɪntətʃeɪndʒ] wzajemna wymiana, kolejna zmiana

in·ter·course ['ɪntəkɔːs] *s* stosunek (seksualny); obcowanie; związek

in·ter·dict [ˌɪntə'dɪkt] *vt* zabronić, zakazać; *s* ['ɪntədɪkt] = ***interdiction***

in·ter·dic·tion [ˌɪntə'dɪkʃn] *s* zakaz; *hist.* interdykt

in·ter·est ['ɪntrəst] *s* interes, zysk, udział (*np. w zyskach*); dobro (*publiczne itd.*); *handl.* odsetki; zainteresowanie; ***rate of ~*** *handl.* stopa procentowa; ***to lend at ~*** pożyczać na procent; ***to take an ~*** interesować się (***in sth*** czymś); *vt* interesować; *vr* ***~ oneself*** interesować się (***in sth*** czymś)

in·ter·est·ing ['ɪntrəstɪŋ] *ppraes i adj* interesujący, zajmujący, ciekawy

in·ter·face ['ɪntəfeɪs] *s techn. komp.* interfejs, sprzężenie

in·ter·fere [ˌɪntə'fɪə] *vi* mieszać <wtrącać, wdawać> się (***with sth*** w coś); przeszkadzać <zawadzać> (***with sth*** czemuś), kolidować

in·ter·fer·ence [ˌɪntə'fɪərəns] *s* mieszanie <wtrącanie> się, ingerencja, wkraczanie; przeszkoda, kolizja

in·ter·im ['ɪntərɪm] *s* okres przejściowy; *adj* przejściowy

in·te·ri·or [ɪn'tɪərɪə] *adj* wewnętrzny; ***~ design*** architektura wnętrz; *s* wnętrze; środek <głąb> kraju

in·ter·jec·tion [ˌɪntə'dʒekʃn] *s* okrzyk; *gram.* wykrzyknik

in·ter·lace [ˌɪntə'leɪs] *vt vi* przeplatać (się)

in·ter·lock [ˌɪntə'lɒk] *vt vi* spleść (się), sprząc <złączyć> (się)

in·ter·loc·u·tor [ˌɪntə'lɒkjʊtə] *s* rozmówca

in·ter·lude ['ɪntəluːd] *s* (*także muz.*) interludium; przerwa

in·ter·mar·riage [ˌɪntəˈmærɪdʒ] *s* małżeństwo mieszane; małżeństwo w obrębie rodu <plemienia>

in·ter·me·di·ar·y [ˌɪntəˈmiːdɪərɪ] *adj* pośredni; pośredniczący; *s* pośrednik

in·ter·me·di·ate [ˌɪntəˈmiːdɪət] *adj* pośredni; *s* etap <produkt *itd.*> pośredni; stadium pośrednie

in·ter·ment [ɪnˈtɜːmənt] *s* pogrzeb

in·ter·mi·na·ble [ɪnˈtɜːmɪnəbl] *adj* nie kończący się

in·ter·min·gle [ˌɪntəˈmɪŋgl] *vt vi* mieszać (się), splatać (się)

in·ter·mis·sion [ˌɪntəˈmɪʃn] *s* przerwa, pauza

in·ter·mit·tent [ˌɪntəˈmɪtnt] *adj* przerywany, sporadyczny

in·tern 1. [ɪnˈtɜːn] *vt* internować

in·tern 2. [ˈɪntɜːn] *s am.* lekarz stażysta (*mieszkający na terenie kliniki*)

in·ter·nal [ɪnˈtɜːnl] *adj* wewnętrzny; krajowy, domowy

in·ter·na·tion·al [ˌɪntəˈnæʃnəl] *adj* międzynarodowy; *s sport* zawody międzynarodowe, mecz międzypaństwowy; ***the International*** Międzynarodówka

in·ter·na·tion·al·ism [ˌɪntəˈnæʃnəlɪzm] *s* internacjonalizm

in·ter·na·tion·al·ize [ˌɪntəˈnæʃnəlaɪz] *vt* umiędzynarodowić

in·ter·ne·cine [ˌɪntəˈniːsaɪn] *adj* morderczy; wyniszczający wzajemnie; bratobójczy

in·tern·ment [ɪnˈtɜːnmənt] *s* internowanie; **~ *camp*** obóz dla internowanych

in·ter·pel·late [ɪnˈtɜːpɪleɪt] *vt* interpelować

in·ter·play [ˈɪntəpleɪ] *s* obustronna gra; wzajemne oddziaływanie

in·ter·po·late [ɪnˈtɜːpəleɪt] *vt* wstawić (*do tekstu*); *mat.* interpolować

in·ter·pose [ˌɪntəˈpəʊz] *vt vi* wstawiać, wtrącać (się); użyć (*autorytetu itp.*); interweniować

in·ter·pret [ɪnˈtɜːprɪt] *vt* tłumaczyć, objaśniać; interpretować; *vi* tłumaczyć ustnie (*np. na odczycie*)

in·ter·pre·ta·tion [ɪnˌtɜːprɪˈteɪʃn] *s* tłumaczenie; objaśnienie, interpretacja

in·ter·pret·er [ɪnˈtɜːprɪtə] *s* tłumacz (ustny)

in·ter·ro·gate [ɪnˈterəgeɪt] *vt* pytać, indagować, przesłuchiwać

in·ter·ro·ga·tion [ɪnˌterəˈgeɪʃn] *s* pytanie, indagacja, przesłuchanie; *gram.* ***note of*** **~** pytajnik

in·ter·rog·a·tive [ˌɪntəˈrɒgətɪv] *adj* (*także gram.*) pytający

in·ter·rupt [ˌɪntəˈrʌpt] *vt* przerywać

in·ter·sect [ˌɪntəˈsekt] *vt* przecinać

in·ter·sperse [ˌɪntəˈspɜːs] *vt* rozsypać <rozrzucić> (między czymś), przemieszać; urozmaicić

in·ter·twine [ˌɪntəˈtwaɪn] *vt vi* przeplatać (się)

in·ter·val [ˈɪntəvl] *s* przerwa, odstęp; *muz.* interwał; ***at ~s*** z przerwami, tu i ówdzie

in·ter·vene [ˌɪntəˈviːn] *vi* interweniować; ingerować <wdawać się, wkraczać> (*w coś*); wydarzyć się; upłynąć

in·ter·ven·tion [ˌɪntəˈvenʃn] *s* interwencja, wkroczenie (*w coś*)

in·ter·view [ˈɪntəvjuː] *s* wywiad (*zw.* dziennikarski); *vt* przeprowadzić wywiad (***sb*** z kimś)

***in·ter·weave** [ˌɪntəˈwiːv] *vt vi* (*formy zob.* **weave**) tkać, przeplatać (się), przetykać

in·tes·tine [ɪnˈtestɪn] *adj* wewnętrzny; *s pl* **~s** wnętrzności, jelita

in·ti·ma·cy [ˈɪntɪməsɪ] *s* poufałość, intymność

in·ti·mate [ˈɪntɪmət] *adj* poufały, intymny, zażyły; gruntowny, dogłębny; *vt* [ˈɪntɪmeɪt] podać do wiadomości; dać do zrozumienia

in·ti·ma·tion [ˌɪntɪ'meɪʃn] *s* podanie do wiadomości; zasugerowanie; napomknięcie

in·tim·i·date [ɪn'tɪmɪdeɪt] *vt* zastraszyć, onieśmielić

in·tim·i·da·tion [ɪnˌtɪmɪ'deɪʃn] *s* zastraszenie, onieśmielenie

in·to ['ɪntʊ, 'ɪntə] *praep dla oznaczenia ruchu i kierunku*: w, do; ***far ~ the night*** do późna w nocy; *dla oznaczenia przemiany i podziału*: na, w; ***to turn ~ gold*** zmienić w złoto; ***to divide ~ groups*** dzielić na grupy

in·tol·er·a·ble [ɪn'tɒlərəbl] *adj* nieznośny

in·tol·er·ance [ɪn'tɒlərəns] *s* nietolerancja

in·tol·er·ant [ɪn'tɒlərənt] *adj* nietolerancyjny

in·to·na·tion [ˌɪntə'neɪʃn] *s* intonacja

in·tone [ɪn'təʊn] *vt* intonować

in·tox·i·cant [ɪn'tɒksɪkənt] *adj* odurzający, alkoholowy; *s* środek odurzający, napój alkoholowy

in·tox·i·cate [ɪn'tɒksɪkeɪt] *vt* odurzyć, upić

in·tox·i·ca·tion [ɪnˌtɒksɪ'keɪʃn] *s* odurzenie, upicie; *med.* zatrucie

in·trac·ta·ble [ɪn'træktəbl] *adj* krnąbrny; oporny, niepodatny

in·tran·si·gent [ɪn'trænsɪdʒənt] *adj* nieprzejednany; *s* człowiek nieprzejednany

in·tran·si·tive [ɪn'trænsɪtɪv] *adj gram.* nieprzechodni (*o czasowniku*)

in·tra·ve·nous [ˌɪntrə'viːnəs] *adj* dożylny

in·trench = ***entrench***

in·trep·id [ɪn'trepɪd] *adj* nieustraszony

in·tri·ca·cy ['ɪntrɪkəsɪ] *s* zawiłość, gmatwanina

in·tri·cate ['ɪntrɪkət] *adj* skomplikowany, zawiły

in·trigue [ɪn'triːg] *s* intryga; *vt vi* intrygować

in·trin·sic [ɪn'trɪnsɪk] *adj* wewnętrzny, głęboki; istotny, faktyczny

in·tro·duce [ˌɪntrə'djuːs] *vt* wprowadzić; przedstawić (***sb to sb*** kogoś komuś); przedłożyć (*np. wniosek*)

in·tro·duc·tion [ˌɪntrə'dʌkʃn] *s* wprowadzenie; przedstawienie; przedłożenie; wstęp, przedmowa; ***a letter of ~*** list polecający

in·tro·duc·to·ry [ˌɪntrə'dʌktrɪ] *adj* wstępny, wprowadzający; polegający

in·tro·spect [ˌɪntrə'spekt] *vi* obserwować samego siebie, oddawać się introspekcji

in·trude [ɪn'truːd] *vi* wtrącać się <wkraczać> (***into sth*** do czegoś); przeszkadzać, narzucać się (***on*** <***upon***> ***sb*** komuś); zakłócać (***on*** <***upon***> ***sth*** coś); *vt* narzucać (***sth on*** <***upon***> ***sb*** komuś coś)

in·trud·er [ɪn'truːdə] *s* intruz, natręt

in·tru·sion [ɪn'truːʒn] *s* bezprawne wkroczenie <wtargnięcie> (*w coś* <*gdzieś*>); narzucanie (się); wciśnięcie

in·tru·sive [ɪn'truːzɪv] *adj* narzucający się, natrętny; wtrącony

in·trust = ***entrust***

in·tu·i·tion [ˌɪntjʊ'ɪʃn] *s* intuicja

in·tu·i·tive [ɪn'tjuːɪtɪv] *adj* intuicyjny

in·un·date ['ɪnʌndeɪt] *vt* zalać, zatopić

in·un·da·tion [ˌɪnʌn'deɪʃn] *s* zalew, powódź

in·ure [ɪ'njʊə] *vt* przyzwyczaić, zaprawiać, hartować

in·vade [ɪn'veɪd] *vt* najechać, wtargnąć (***a country*** do kraju)

in·va·lid 1. ['ɪnvəliːd] *adj* chory, ułomny, niezdolny do pracy; *s* człowiek chory, kaleka, inwalida

in·va·lid 2. [ɪn'vælɪd] *adj* nieważny, nieprawomocny

in·val·i·date [ɪn'vælɪdeɪt] *vt* unieważnić

in·val·u·a·ble [ɪn'væljʊbl] *adj* bezcenny, nieoceniony

in·var·i·a·ble [ɪn'veərɪəbl] *adj* niezmienny

in·va·sion [ɪn'veɪʒn] *s* inwazja

in·vec·tive [ɪn'vektɪv] *s* inwektywa, obelga

in·veigh [ɪn'veɪ] *vi* gromić, kląć (***against sb, sth*** kogoś, coś)

in·vei·gle [ɪn'veɪgl] *vt* uwodzić; wabić

in·vent [ɪn'vent] *vt* wynajdować, wymyślić; zmyślić

in·ven·tion [ɪn'venʃn] *s* wynalazek; wymysł

in·ven·tive [ɪn'ventɪv] *adj* wynalazczy, pomysłowy

in·ven·tor [ɪn'ventə] *s* wynalazca

in·ven·to·ry ['ɪnvəntrɪ] *s* inwentarz; spis, wykaz

in·verse [ˌɪn'vɜːs] *adj* odwrotny; *s* odwrotność

in·ver·sion [ɪn'vɜːʃn] *s* odwrócenie, przestawienie; inwersja

in·vert [ɪn'vɜːt] *vt* odwrócić, przestawić; ***~ed commas*** cudzysłów

in·ver·te·brate [ɪn'vɜːtəbrət] *adj zool.* bezkręgowy; *przen.* bez kręgosłupa; *s zool.* bezkręgowiec

in·vest [ɪn'vest] *vt* inwestować, wkładać; wyposażyć, obdarzyć (***with sth*** czymś); nadać (***sb with sth*** komuś coś *np. przywilej, władzę*)

in·ves·ti·gate [ɪn'vestɪgeɪt] *vt* badać; dochodzić <dociekać> (***sth*** czegoś); prowadzić śledztwo

in·ves·ti·ga·tion [ɪnˌvestɪ'geɪʃn] *s* badanie, dociekanie, śledztwo

in·vest·ment [ɪn'vestmənt] *s* inwestycja, lokata

in·vet·er·ate [ɪn'vetərət] *adj* zastarzały; głęboko zakorzeniony; uporczywy; nałogowy

in·vid·i·ous [ɪn'vɪdɪəs] *adj* nienawistny, budzący zawiść

in·vig·i·late [ɪn'vɪdʒɪleɪt] *vt* nadzorować przy egzaminie <egzamin>

in·vig·o·rate [ɪn'vɪgəreɪt] *vt* wzmacniać, pokrzepiać, orzeźwić

in·vin·ci·ble [ɪn'vɪnsəbl] *adj* niezwyciężony

in·vi·o·la·ble [ɪn'vaɪələbl] *adj* nienaruszalny, nietykalny

in·vi·o·late [ɪn'vaɪələt] *adj* nienaruszony, nietknięty

in·vis·i·ble [ɪn'vɪzəbl] *adj* niewidzialny, niewidoczny

in·vi·ta·tion [ˌɪnvɪ'teɪʃn] *s* zaproszenie

in·vite [ɪn'vaɪt] *vt* zapraszać; zachęcać (***sth*** do czegoś); wywoływać, powodować

in·voice ['ɪnvɔɪs] *s handl.* faktura

in·voke [ɪn'vəʊk] *vt* wzywać, zaklinać

in·vol·un·tar·y [ɪn'vɒləntrɪ] *adj* mimowolny

in·volve [ɪn'vɒlv] *vt* obejmować; zwijać; wciągać, pociągać za sobą; wmieszać, wplątać; uwikłać; komplikować, gmatwać

in·volved [ɪn'vɒlvd] *pp i adj* zawiły; wplątany

in·vul·ner·a·ble [ɪn'vʌlnərəbl] *adj* nie do zranienia, niewrażliwy (*na ciosy itp.*); nienaruszalny

in·ward ['ɪnwəd] *adj* wewnętrzny; duchowy; skryty; skierowany do wewnątrz; *adv* (*także* ***~s***) do wnętrza, w głąb, w głębi; w duchu

i·o·dine ['aɪədiːn] *s chem.* jod; *pot.* jodyna (*zw.* ***tincture of ~***)

i·o·ta [aɪ'əʊtə] *s* (*litera*) jota; odrobina

I·ra·ni·an [ɪ'reɪnɪən] *adj* irański, perski; *s* Irańczyk, Pers

i·ras·ci·ble [ɪ'ræsəbl] *adj* drażliwy, skłonny do gniewu

I·rish ['aɪərɪʃ] *adj* irlandzki

I·rish·man ['aɪərɪʃmən] (*pl* ***Irishmen*** ['aɪərɪʃmən]) *s* Irlandczyk

irk·some ['ɜːksəm] *adj* nużący, przykry

i·ron ['aɪən] *s* żelazo; żelazko (do prasowania); *pl* ***~s*** kajdanki; ***cast ~*** żeliwo; *vt* okuć, podkuć; prasować (*np. bieliznę*); zakuć w kajdany

i·ron·clad ['aɪənklæd] *adj* opancerzony, pancerny; *s mors.* pancernik

i·ron found·ry ['aɪən,faʊndrɪ] *s* huta, odlewnia żelaza

i·ron·ic(al) [aɪ'rɒnɪk(l)] *adj* ironiczny

i·ron·mon·ger ['aɪən,mʌŋgə] *s* handlarz towarami żelaznymi

i·ron·work ['aɪənwɜːk] *s* konstrukcja żelazna; *zbior.* wyroby żelazne; *pl* **~s** huta

i·ro·ny ['aɪərənɪ] *s* ironia

ir·ra·di·ate [ɪ'reɪdɪeɪt] *vt* oświetlać; naświetlać (*promieniami*); wyjaśniać (*kwestię, sprawę itd.*); *vi* promieniować

ir·ra·tion·al [ɪ'ræʃnəl] *adj* irracjonalny; nierozumny

ir·rec·on·cil·a·ble [ɪ,rekən'saɪləbl] *adj* nieprzejednany; nie dający się pogodzić

ir·re·cov·er·a·ble [,ɪrɪ'kʌvrəbl] *adj* bezpowrotnie stracony, nie do odzyskania; nie do naprawienia

ir·ref·u·ta·ble [,ɪrɪ'fjuːtəbl] *adj* niezbity, nieodparty

ir·reg·u·lar [ɪ'regjʊlə] *adj* nieregularny, nieprawidłowy, nierówny; nieporządny; nielegalny

ir·reg·u·lar·i·ty [ɪ,regjʊ'lærətɪ] *s* nieregularność, nieprawidłowość, nierówność; nieporządek; naruszanie norm <przepisów *itd.*>

ir·rel·e·vant [ɪ'reləvənt] *adj* nie należący do rzeczy, nie odnoszący się do danej sprawy, nie mający związku z tematem

ir·re·li·gious [,ɪrɪ'lɪdʒəs] *adj* niewierzący, bezbożny

ir·re·me·di·a·ble [,ɪrɪ'miːdɪəbl] *adj* nie do naprawienia

ir·re·mov·a·ble [,ɪrɪ'muːvəbl] *adj* nieusuwalny, nie do usunięcia

ir·rep·a·ra·ble [ɪ'reprəbl] *adj* nie do naprawienia, niepowetowany

ir·re·press·i·ble [,ɪrɪ'presəbl] *adj* niepowstrzymany, nie do opanowania; nieodparty

ir·re·proach·a·ble [,ɪrɪ'prəʊtʃəbl] *adj* nienaganny

ir·re·sist·i·ble [,ɪrɪ'zɪstəbl] *adj* nieodparty

ir·res·o·lute [ɪ'rezəluːt] *adj* niezdecydowany

ir·re·spec·tive [,ɪrɪ'spektɪv] *adj* nie biorący pod uwagę; niezależny; *adv* niezależnie; **~ of** bez względu na, niezależnie od

ir·re·spon·si·ble [,ɪrɪ'spɒnsəbl] *adj* nieodpowiedzialny, lekkomyślny

ir·re·triev·a·ble [,ɪrɪ'triːvəbl] *adj* niepowetowany, bezpowrotny

ir·rev·er·ent [ɪ'revərənt] *adj* nie okazujący szacunku, lekceważący

ir·rev·o·ca·ble [ɪ'revəkəbl] *adj* nieodwołalny

ir·ri·gate ['ɪrɪgeɪt] *vt* nawadniać; *med.* przepłukiwać

ir·ri·ga·tion [,ɪrɪ'geɪʃn] *s* nawodnienie; *med.* przepłukiwanie, irygacja

ir·ri·ta·ble ['ɪrɪtəbl] *adj* skłonny do gniewu, drażliwy

ir·ri·tate ['ɪrɪteɪt] *vt* irytować, rozdrażniać

ir·ri·ta·tion [,ɪrɪ'teɪʃn] *s* irytacja, rozdrażnienie

is [ɪz] *zob.* **be**

is·land ['aɪlənd] *s* wyspa

is·land·er ['aɪləndə] *s* wyspiarz

isle [aɪl] *s* wyspa (*zw. w nazwie własnej*)

is·let ['aɪlət] *s* wysepka

isn't ['ɪznt] = ***is not***; *zob.* **be**

i·so·late ['aɪsəleɪt] *vt* izolować <odosobnić, wyodrębnić> (***from sth*** od czegoś)

i·so·la·tion [,aɪsə'leɪʃn] *s* izolacja, odosobnienie

i·sos·ce·les [aɪ'sɒsəliːz] *adj mat.* równoramienny (*trójkąt*)

i·so·tope ['aɪsətəʊp] *s fiz.* izotop

Is·rae·li [ɪz'reɪlɪ] *adj* izraelski; *s* Izraelczyk

is·sue ['ɪʃuː] *s* wyjście; ujście,

upływ; wynik, rezultat; potomstwo; kwestia, zagadnienie; emisja; przydział; nakład, wydanie; wydawanie; ***in the ~*** w końcu; ***matter at ~*** sprawa sporna; ***to bring to an ~*** doprowadzić do końca; ***to join <take> ~*** zacząć się spierać; *vt* wypuszczać; wydawać; emitować; *vi* wychodzić; uchodzić; wypadać; pochodzić; wynikać, wypływać
isth·mus ['ɪsməs] *s* przesmyk
it [ɪt] *pron* ono, to; (*gdy zastępuje rzeczowniki nieosobowe*) on, ona
I·tal·ian [ɪ'tælɪən] *adj* włoski; *s* Włoch; język włoski
i·tal·ics [ɪ'tælɪks] *s pl* kursywa, pismo pochyłe
itch [ɪtʃ] *vi* swędzić; *s* swędzenie; *med.* świerzb; *pot.* chętka
i·tem ['aɪtəm] *s* przedmiot; punkt; szczegół; pozycja (*w rachunku itd.*); *adv* podobnie, tak samo
i·tem·ize ['aɪtəmaɪz] *vt* wyszczególniać
it·er·ate ['ɪtəreɪt] *vt* powtarzać
i·tin·er·ant [aɪ'tɪnərənt] *adj* wędrowny
i·tin·er·ar·y [aɪ'tɪnərərɪ] *adj* wędrowny; *s* trasa <plan> podróży; przewodnik (*książka*); dziennik podróży
i·tin·er·ate [aɪ'tɪnəreɪt] *vi* wędrować
its [ɪts] *pron* (*w odniesieniu do zwierząt i rzeczy*) jego, jej, swój
it's [ɪts] = ***it is***; *zob.* ***be***
it·self [ɪt'self] *pron* samo, sobie, siebie, się; ***by ~*** samo (jedno)
I've [aɪv] = ***I have***
i·vo·ry ['aɪvrɪ] *s* kość słoniowa
i·vy ['aɪvɪ] *s bot.* bluszcz

J

jab·ber ['dʒæbə] *vt vi* trajkotać, paplać; *s* paplanie, trajkotanie
Jack, jack [dʒæk] *s zdrob. od* ***John*** Jaś; chłopak; (*także* ***jack tar***) (prosty) marynarz; służący; walet (*w kartach*); lewar, podnośnik; *mors.* bandera; ***Jack-of-all-trades*** majster do wszystkiego; złota rączka; ***Jack-in-office*** biurokrata; *pot.* ważniak; ***Union Jack*** Union Jack (*narodowa flaga brytyjska*); ***every man jack*** każdy bez wyjątku
jack·al ['dʒækɔːl] *s zool.* szakal
jack·ass ['dʒækæs] *s zool., przen.* osioł
jack·boot ['dʒækbuːt] *s* but wojskowy (*z wysoką cholewką*)
jack·daw ['dʒækdɔː] *s zool.* kawka
jack·et ['dʒækɪt] *s* marynarka, żakiet, kurtka, kaftan; obwoluta; teczka (*na akta*); skóra, łupina; okładzina, koszulka, osłona
jack-o'-lan·tern [ˌdʒækə'læntən] *s lampa z wydrążonej dyni, ustawiana przed domem w czasie Hallowe'en (zw. w USA)*; błędny ognik
jade [dʒeɪd] *s* szkapa; *vt vi* zmordować (się), zmęczyć (się)
jad·ed ['dʒeɪdɪd] *pp i adj* sterany
jag [dʒæg] *s* szczerba, wyrwa; cypel; ząb (*np. piły*); strzęp (*materiału, kartki itp.*); występ (skalny); *vt* karbować; szczerbić; wyrzynać; strzępić
jag·ged ['dʒægɪd] *pp i adj* szczerbaty; strzępiasty, ząbkowany
jag·uar ['dʒægjʊə] *s zool.* jaguar
jail [dʒeɪl] *s am.* więzienie
jail·er ['dʒeɪlə] *s am.* dozorca więzienny
jam 1. [dʒæm] *s* dżem, konfitura

jam 2. [dʒæm] *vt* zaciskać, wciskać; stłoczyć; zatykać, blokować; zagłuszać (*transmisję radiową*); ***to ~ the traffic*** zablokować ruch (uliczny); *vi* zaklinować się; zaciąć się; *s* ucisk, ścisk; zator; zacięcie się
jam·bo·ree [ˌdʒæmbəˈriː] *s* zlot harcerski; jamboree
jan·gle [ˈdʒæŋgl] *s* brzęk; klekot; *vt vi* brzęczeć, dzwonić, klekotać
jan·i·tor [ˈdʒænɪtə] *s* odźwierny, dozorca, portier
Jan·u·ar·y [ˈdʒænjʊərɪ] *s* styczeń
Jap·a·nese [ˌdʒæpəˈniːz] *adj* japoński; *s* Japończyk; język japoński
jar 1. [dʒɑː] *s* słój, słoik, dzban
jar 2. [dʒɑː] *vi* zgrzytać, brzęczeć; kłócić się; *vt* drażnić <razić> (*np. ucho*); szarpać <działać na> nerwy; wstrząsać; *s* zgrzyt; wstrząs; kłótnia
jas·mine [ˈdʒæzmɪn] *s bot.* jaśmin
jas·per [ˈdʒæspə] *s miner.* jaspis
jaun·dice [ˈdʒɔːndɪs] *s med.* żółtaczka; *przen.* zazdrość, zawiść
jaunt [dʒɔːnt] *vi* wybrać się na wycieczkę; *s* (krótka) wycieczka
jaun·ty [ˈdʒɔːntɪ] *adj* żwawy, wesoły, beztroski
jave·lin [ˈdʒævlɪn] *s sport* oszczep
jaw [dʒɔː] *s* szczęka
jaw·bone [ˈdʒɔːbəʊn] *s* kość szczękowa
jazz [dʒæz] *s* jazz; muzyka jazzowa
jeal·ous [ˈdʒeləs] *adj* zazdrosny (***of sb, sth*** o kogoś, coś), zawistny
jeal·ous·y [ˈdʒeləsɪ] *s* zazdrość, zawiść
jean [dʒiːn] *s* drelich; *pl* ***~s*** dżinsy
jeep [dʒiːp] *s wojsk.* jeep, łazik (*samochód wojskowy*)
jeer [dʒɪə] *vi* szydzić (***at sb, sth*** z kogoś, czegoś)
jel·ly [ˈdʒelɪ] *s* galareta, kisiel
jel·ly·fish [ˈdʒelɪfɪʃ] *s zool.* meduza
jeop·ard·ize [ˈdʒepədaɪz] *vt* narazić na niebezpieczeństwo, ryzykować (***sth*** coś, czymś)
jeop·ard·y [ˈdʒepədɪ] *s* niebezpieczeństwo, ryzyko
jerk [dʒɜːk] *vt* szarpnąć, targnąć; cisnąć, pchnąć; *vi* szarpać się, nagle poruszyć się; *wulg.* (*o mężczyźnie*) walić konia (*masturbować się*); *s* szarpnięcie, targnięcie, pchnięcie; skurcz, drgawka; *pot* kretyn
jerk·y [ˈdʒɜːkɪ] *adj* szarpiący, szarpany; konwulsyjny
jer·sey [ˈdʒɜːzɪ] *s* sweter, golf
jest [dʒest] *s* żart; pośmiewisko; ***in ~*** żartem; *vi* żartować (***about sb, sth*** z kogoś, czegoś)
jest·er [ˈdʒestə] *s* żartowniś; błazen
jet [dʒet] *s* struga, wytrysk; dysza; odrzutowiec; *adj attr* odrzutowy; ***~ lag*** uczucie zmęczenia (*wywołane długą podróżą lotniczą i zmianą strefy czasu*); *vt vi* tryskać
jet plane [ˈdʒetpleɪn] *s* odrzutowiec
jet-pro·pelled [ˈdʒetprəˌpeld] *adj* odrzutowy; ***~ plane*** odrzutowiec
jet·sam [ˈdʒetsəm] *s* części ładunku wyrzucane za burtę (*z powodu awarii*); *przen.* ***flotsam and ~*** nieudacznicy, rozbitki życiowe; rzeczy bez wartości
jet·ti·son [ˈdʒetɪsn] *s* zrzut poza burtę; *vt* wyrzucać za burtę
jet·ty [ˈdʒetɪ] *s* molo; falochron
Jew [dʒuː] *s* Żyd
jew·el [ˈdʒuːəl] *s* klejnot; *vt* zdobić klejnotami
jew·el·ler [ˈdʒuːələ] *s* jubiler
jew·el·ler·y [ˈdʒuːəlrɪ] *s* biżuteria; handel biżuterią
Jew·ess [ˈdʒuːes] *s* Żydówka
Jew·ish [ˈdʒuːɪʃ] *adj* żydowski
jib [dʒɪb] *vi* (*o koniu*) płoszyć się <stawać dęba>; *przen.* wzbraniać się (***at sth*** przed czymś)
jibe = ***gibe***

jif·fy ['dʒɪfɪ] *s pot.* chwilka
jig [dʒɪg] *s* skoczny taniec
jig·saw ['dʒɪgsɔː] *s* piła wyrzynarka; ~ ***puzzle*** układanka
jin·gle ['dʒɪŋgl] *vt vi* dźwięczeć, brzęczeć, pobrzękiwać; *s* dzwonienie, brzęk, dźwięczenie
jin·go·ism ['dʒɪŋgəʊɪzm] *s* szowinizm
job [dʒɒb] *s* robota, zajęcie, praca; sprawa; interes; ***by the*** ~ na akord; ***odd*** ~***s*** okazyjna <dorywcza> praca; ***out of a*** ~ bezrobotny; ***to make a good*** ~ ***of sth*** dobrze sobie z czymś poradzić; *vt vi* pracować na akord; pracować dorywczo; nadużywać władzy; uprawiać machinacje handlowe; wynajmować (*konia, wóz*)
job·ber ['dʒɒbə] *s* wyrobnik, robotnik akordowy; drobny spekulant (*handlowy, giełdowy*); aferzysta; pośrednik
job·less ['dʒɒbləs] *adj* bezrobotny
jock·ey ['dʒɒkɪ] *s* dżokej; *vt pot.* wrobić (*w coś*)
jo·cose [dʒə'kəʊs] *adj* zabawny, dowcipkujący, wesoły
joc·u·lar ['dʒɒkjʊlə] *adj* figlarny, wesoły
joc·und ['dʒɒkənd] *adj* wesoły, pogodny
jog [dʒɒg] *vt* potrącać, popychać; potrząsać; *vi* (*zw.* ~ ***on*** <***along***>) posuwać się <jechać> naprzód; *s* popchnięcie; szturchnięcie; wolny kłus; wolny bieg, trucht
jog·gle ['dʒɒgl] *vt* potrząsać; podrzucać; *vi* trząść się
join [dʒɔɪn] *vt vi* połączyć, przyłączyć (się) (***sb*** do kogoś); wstąpić (*np.* ***the party*** do partii); spoić; związać (się), zetknąć się; ***to*** ~ ***hands*** wziąć się za ręce; przystąpić do wspólnego dzieła; ~ ***up*** zaciągnąć się (do wojska)
join·er ['dʒɔɪnə] *s* stolarz
joint [dʒɔɪnt] *adj* łączny, wspólny; ~ ***company*** towarzystwo akcyjne; ~ ***stock*** kapitał akcyjny; *s* połączenie, spojenie; pieczeń, udziec; *anat.* staw; ***out of*** ~ zwichnięty; *pot* knajpa, melina; *vt* złożyć, zestawić, spoić; rozczłonkować
joint·ly ['dʒɔɪntlɪ] *adv* łącznie
joint-stock [ˌdʒɔɪnt'stɒk] *adj attr* ~ ***company*** spółka akcyjna
joke [dʒəʊk] *s* żart, dowcip; ***to crack a*** ~ *pot.* palnąć dowcip; *vi* żartować (***about*** <***at***> ***sb, sth*** z kogoś, czegoś)
jol·ly ['dʒɒlɪ] *adj* wesoły; podochocony; przyjemny; *pot.* nie lada; *adv pot.* bardzo, szalenie
jolt [dʒəʊlt] *vt* wstrząsać, podrzucać; *vi* (*o wozie*) jechać z turkotem, trząść się; *s* wstrząs, szarpnięcie, podrzucanie
jos·tle ['dʒɒsl] *vt vi* popychać, rozpychać (się), potrącać; *s* popchnięcie, potrącenie
jot [dʒɒt] *s* jota, odrobina; *vt* (*zw.* ~ ***down***) streścić w paru słowach, pospiesznie zapisać
jour·nal ['dʒɜːnl] *s* dziennik; żurnal
jour·nal·ese [ˌdʒɜːnə'liːz] *s* żargon dziennikarski; język prasy
jour·nal·ism ['dʒɜːnəlɪzm] *s* dziennikarstwo
jour·nal·ist ['dʒɜːnəlɪst] *s* dziennikarz
jour·ney ['dʒɜːnɪ] *s* podróż (*zw.* lądowa); *vi* podróżować
jour·ney·man ['dʒɜːnɪmən] *s* (*pl* ***journeymen*** ['dʒɜːnɪmən]) czeladnik; robotnik wykwalifikowany
jo·vi·al ['dʒəʊvɪəl] *adj* jowialny, wesoły
jowl [dʒaʊl] *s* szczęka; policzek
joy [dʒɔɪ] *s* radość, uciecha; *vt vi* radować (się)
joy·ful ['dʒɔɪfl] *adj* radosny
ju·bi·lant ['dʒuːbɪlənt] *adj* radujący się, rozradowany
ju·bi·late ['dʒuːbɪleɪt] *vi* radować się, triumfować

ju·bi·lee ['dʒuːbɪliː] *s* jubileusz

judge [dʒʌdʒ] *vt vi* sądzić, osądzać; uważać; *s* sędzia

judge·ment ['dʒʌdʒmənt] *s* sąd; wyrok; osąd; opinia, zdanie; rozsądek; ***to pass ~*** wyrokować, osądzać (***on*** <***upon***> ***sb, sth*** kogoś, coś)

ju·di·ca·ture ['dʒuːdɪkətʃə] *s* sądownictwo, wymiar sprawiedliwości

ju·di·cial [dʒuː'dɪʃl] *adj* sądowy, sędziowski; rozsądny, krytyczny

ju·di·cious [dʒuː'dɪʃəs] *adj* rozsądny, rozważny

ju·do ['dʒuːdəʊ] *s* judo

jug [dʒʌg] *s* dzban, garnek

jug·ful ['dʒʌgfʊl] *s* pełny dzban <garnek>

jug·gle ['dʒʌgl] *vi* żonglować; manipulować (***with sth*** czymś); *vt* zwodzić, mamić; wyłudzić (***sb out of sth*** coś od kogoś); *s* sztuczka, kuglarstwo, żonglerka

jug·gler ['dʒʌglə] *s* kuglarz, żongler; oszust

juice [dʒuːs] *s* sok; *przen.* treść, istota

juic·y ['dʒuːsɪ] *adj* soczysty

Ju·ly [dʒuː'laɪ] *s* lipiec

jum·ble ['dʒʌmbl] *s* mieszanina, bałagan; *przen.* groch z kapustą; ***~ sale*** *bryt. pot.* sprzedaż <wyprzedaż> rzeczy używanych; *vt vi* pomieszać (się), narobić bałaganu, wprowadzić zamęt

jump [dʒʌmp] *vi* skakać, podskakiwać; skoczyć <napaść> (***on*** <***upon***> ***sb*** na kogoś); ***to ~ to a conclusion*** wyciągnąć pochopny wniosek; *vt* przeskoczyć; wstrząsnąć; *s* skok, podskok; wstrząs; ***high*** <***long, pole***> ***~*** *sport* skok wzwyż <w dal, o tyczce>

jump·er 1. ['dʒʌmpə] *s* skoczek

jump·er 2. ['dʒʌmpə] *s* pulower; damski sweterek

junc·tion ['dʒʌŋkʃn] *s* połączenie; węzeł kolejowy; stacja węzłowa; skrzyżowanie

junc·ture ['dʒʌŋktʃə] *s* połączenie, spojenie; stan rzeczy <spraw>; krytyczna chwila; zbieg okoliczności; ***at this ~*** w tych okolicznościach

June [dʒuːn] *s* czerwiec

jun·gle ['dʒʌŋgl] *s* dżungla; ***~ fever*** malaria

ju·ni·or ['dʒuːnɪə] *adj* młodszy (wiekiem, stanowiskiem); *s* junior; młodszy student <uczeń>; podwładny

junk 1. [dʒʌŋk] *s zbior. pot.* rupiecie, złom; *przen.* nonsens; *vt pot.* przeznaczyć na złom, wyrzucić

junk 2. [dʒʌŋk] *s* dżonka

ju·ris·dic·tion [ˌdʒʊərɪs'dɪkʃn] *s* jurysdykcja

jury ['dʒʊərɪ] *s* sąd przysięgłych; jury

just [dʒʌst] *adj* sprawiedliwy; słuszny; właściwy; *adv* właśnie; w sam raz; po prostu; zaledwie

jus·tice ['dʒʌstɪs] *s* sprawiedliwość; (*w tytułach*) sędzia

jus·ti·fi·ca·tion [ˌdʒʌstɪfɪ'keɪʃn] *s* usprawiedliwienie

jus·ti·fy ['dʒʌstɪfaɪ] *vt* usprawiedliwić; uzasadnić

jut [dʒʌt] *vi* sterczeć, wystawać; *s* występ (*np. muru*)

jute [dʒuːt] *s bot.* juta

ju·ve·nile ['dʒuːvənaɪl] *adj* młodzieńczy, młodociany, małoletni; młodzieżowy; *s* młodzieniec; ***~ court*** sąd dla nieletnich

jux·ta·pose [ˌdʒʌkstə'pəʊz] *vt* ustawić obok siebie, zestawić

jux·ta·po·si·tion [ˌdʒʌkstəpə'zɪʃn] *s* ustawienie obok siebie, zestawienie

K

kan·ga·roo [ˌkæŋgəˈruː] *s zool.* kangur

ka·ra·te [kəˈrɑːtɪ] *s* karate

keel [kiːl] *s mors.* kil

keen [kiːn] *adj* ostry; tnący; przejmujący, przenikliwy; gorliwy, zapalony, gwałtownie pożądający (***on sth*** czegoś); bystry, żywy; *pot.* ***to be ~ on sb, sth*** przepadać za kimś, czymś

keep** [kiːp] *vt* (kept, kept*** [kept]) trzymać (się); utrzymywać; dotrzymywać; przechowywać; przestrzegać (*np. zasady*); prowadzić (*np. księgi*); obchodzić (*np. święto*); pilnować; hodować; powstrzymywać; zachowywać (*pozory, tajemnicę*); chronić (***sb from sth*** kogoś przed czymś); pozostawać (***the house, one's bed*** w domu, w łóżku); *z przymiotnikiem*: ***to ~ a door*** <***eyes***> ***open*** trzymać <mieć> drzwi <oczy> otwarte; *z imiesłowem*: ***to ~ sb waiting*** kazać komuś czekać; *vi* trzymać <mieć> się; ściśle stosować się (***at*** <***to***> ***sth*** do czegoś); pozostawać; zachowywać się; stale <wciąż> coś robić; uporczywie kontynuować (***at sth*** coś); ***to ~ clear*** trzymać się z dala (***of sth*** od czegoś); ***to ~ to the right*** <***left***> iść <jechać, płynąć> na prawo <lewo>; ***to ~ to one's bed*** pozostawać w łóżku; ***to ~ to the room*** <***the house***> nie wychodzić z pokoju <z domu>; ***to ~ cool*** zachowywać zimną krew; ***to ~ working*** <***studying***> ciągle pracować <uczyć się>; ***to ~ silent*** milczeć; ***to ~ smiling*** stale się uśmiechać, zachowywać pogodę ducha; *z przysłówkami*: ***~ away*** trzymać (się) z dala; nie dawać się zbliżyć; ***~ back*** powstrzymywać (się); nie ujawniać; nie zbliżać się; ***~ down*** trzymać w ryzach; tłumić; utrzymywać na niskim poziomie; ***~ off*** trzymać (się) na uboczu, nie dopuszczać; ***~ on*** kontynuować; ***he ~s on working*** on w dalszym ciągu pracuje; ***~ out*** trzymać (się) na zewnątrz, nie puszczać do środka; ***~ under = ~ down; ~ up*** podtrzymywać; trzymać do góry; utrzymywać (się); trzymać (się) na odpowiednim poziomie; nie tracić ducha; dotrzymywać kroku (***with sb*** komuś), nadążać; ***to ~ on the payroll*** dawać pracę, zatrudniać

keep·er [ˈkiːpə] *s* stróż, dozorca; opiekun; kustosz; prowadzący sklep <zakład *itp.*>

keep·ing [ˈkiːpɪŋ] *s* utrzymanie, opieka; przechowanie; ***to be in ~*** zgadzać się, harmonizować; ***to be out of ~*** nie zgadzać się, nie licować

keep·sake [ˈkiːpseɪk] *s* upominek, pamiątka

keg [keg] *s* beczułka

ken·nel [ˈkenl] *s* psia buda; psiarnia

kept *zob.* ***keep***

kerb, *am.* **curb** [kɜːb] *s* krawężnik

ker·chief [ˈkɜːtʃɪf] *s* chustka (na głowę)

ker·nel [ˈkɜːnl] *s* jądro <ziarno> (*owocu*); sedno (*sprawy*)

ker·o·sene, ker·o·sine [ˈkerəsiːn] *s* nafta

ket·tle [ˈketl] *s* kocioł; imbryk; ***to put the ~ on*** nastawić czajnik (*na herbatę*)

ket·tle·drum [ˈketldrʌm] *s muz.* kocioł

key [kiː] *s* klucz; klawisz; *arch.* klin; *muz.* klucz, tonacja; *vt* ***~ up*** nastroić (*instrumenty, kogoś do czegoś*)

key·board ['ki:bɔ:d] *s także komp.* klawiatura
key·hole ['ki:həʊl] *s* dziurka od klucza
key·note ['ki:nəʊt] *s muz.* tonika; *przen.* myśl przewodnia
key·pad ['ki:pæd] *s komp.* klawiatura numeryczna
khaki ['kɑ:kɪ] *s* tkanina o barwie ochronnej; mundur o barwie khaki; żołnierz w mundurze khaki; *adj* (*o kolorze*) khaki
kick [kɪk] *vt vi* kopać, wierzgać; *pot.* buntować się, opierać się (***against*** <***at***> ***sth*** czemuś); *pot.* **~ *away*** odpędzić; *pot.* **~ *out*** wypędzić; **~ *up*** podnieść <wznieść, narobić> (***a dust*** <***noise, fuss***> kurz <hałas, wrzawę>); ***to* ~ *the bucket*** *pot.* wyciągnąć nogi (*umrzeć*); *s* kopniak; uderzenie; skarga, protest
kick box·ing ['kɪk,bɒksɪŋ] *s* kickboxing
kick·off ['kɪkɒf] *s sport* pierwszy wykop (*początek gry w piłkę nożną*)
kid [kɪd] *s* koźlę; skóra koźla; *pot.* dziecko, smyk
kid·dy ['kɪdɪ] *s pot.* (*o dziecku*) mały, brzdąc
kid glove [,kɪd'glʌv] *s* rękawiczka z koźlej skóry
kid·nap ['kɪdnæp] *vt* porywać (*dziecko*), uprowadzić
kid·nap·per ['kɪdnæpə] *s* kidnaper
kid·ney ['kɪdnɪ] *s* nerka; *pot.* rodzaj, natura, pokrój (*człowieka*)
kill [kɪl] *vt* zabijać; kasować <wyrzucać> (*część tekstu*)
kiln [kɪln] *s* piec przemysłowy (*do suszenia, wypalania*)
kil·o·byte ['kɪləbaɪt] *s komp.* kilobajt
kil·o·gram(**me**) ['kɪləgræm] *s* kilogram
kil·o·me·tre ['kɪlə,mi:tə] *s* kilometr
kil·o·watt ['kɪləwɒt] *s* kilowat
kilt [kɪlt] *s* kilt (*męska spódnica szkocka*)
kin [kɪn] *s zbior.* krewni; ***next of* ~** najbliższy krewny; *adj* spokrewniony
kind 1. [kaɪnd] *s* rodzaj; gatunek; natura; jakość; ***a* ~ *of*** coś w rodzaju; ***nothing of the* ~** nic podobnego; ***what* ~ *of ...?*** jakiego rodzaju ...?, co za ...?; ***to pay in* ~** płacić w naturze <w towarze>
kind 2. [kaɪnd] *adj* miły, uprzejmy, łaskawy; ***very* ~ *of you*** bardzo uprzejmie z pańskiej <twojej> strony; *adv pot.* **~ *of*** poniekąd, do pewnego stopnia
kin·der·gar·ten ['kɪndə,gɑ:tn] *s* przedszkole
kin·dle ['kɪndl] *vt vi* rozpalić (się), rozżarzyć (się), rozniecić (się), podniecić
kind·ly ['kaɪndlɪ] *adj* dobry, dobrotliwy, uczynny, łaskawy, miły
kind·ness ['kaɪndnəs] *s* uprzejmość, dobroć; przysługa
kin·dred ['kɪndrəd] *s* pokrewieństwo; *zbior.* krewni; *adj attr* pokrewny
king [kɪŋ] *s* król
king·dom ['kɪŋdəm] *s* królestwo; ***the United Kingdom*** Zjednoczone Królestwo
kin·ship ['kɪnʃɪp] *s* pokrewieństwo
kins·man ['kɪnzmən] *s* (*pl* ***kinsmen*** ['kɪnzmən]) krewny
kins·wom·an ['kɪnz,wʊmən] *s* (*pl* ***kinswomen*** ['kɪnz,wɪmɪn]) krewna
kip·per ['kɪpə] *s* ryba wędzona (*zw.* śledź)
kirk, Kirk [kɜ:k] *s szkoc.* kościół
kiss [kɪs] *s* pocałunek; *vt vi* całować (się); ***to* ~ *sb goodbye*** pocałować kogoś na pożegnanie
kit [kɪt] *s* wyposażenie, ekwipunek; komplet narzędzi; plecak, worek <torba> (na rzeczy, narzędzia)

kit·bag ['kıtbæg] *s* torba podróżna, plecak
kitch·en ['kıtʃın] *s* kuchnia; ~ ***garden*** ogród warzywny
kite [kaıt] *s zool.* kania; latawiec; ***to fly a*** ~ puszczać latawca
kith [kıθ] *s w zwrocie*: ~ ***and kin*** *zbior.* przyjaciele i krewni
kit·ten ['kıtn] *s* kotek
kit·ty ['kıtı] = ***kitten***
knack [næk] *s* sztuka (*robienia czegoś*), spryt, zręczność
knag [næg] *s* sęk
knap·sack ['næpsæk] *s* plecak
knave [neıv] *s* nikczemnik, łajdak; walet (*w kartach*)
knav·er·y ['neıvərı] *s* nikczemność, łajdactwo
knav·ish ['neıvıʃ] *adj* nikczemny, łajdacki
knead [ni:d] *vt* miesić, ugniatać; mieszać
knee [ni:] *s* kolano
kneel** [ni:l] *vi* (knelt, knelt*** [nelt]) klękać, klęczeć
knell [nel] *s* podzwonne; *vi* dzwonić (*umarłemu*); *vt* dzwonić (***sth*** obwieszczając coś)
knelt *zob.* ***kneel***
knew *zob.* ***know***
knick·er·bock·ers ['nıkəbɒkəz] *s* spodnie spięte pod kolanami; pumpy
knick·ers ['nıkəz] *s pl bryt.* majtki; *amer. zob.* ***knickerbockers***
knife [naıf] *s* (*pl* ***knives*** [naıvz]) nóż
knight [naıt] *s* rycerz; szlachcic; kawaler orderu; koń (*w szachach*); *vt* nadać szlachectwo <tytuł, order>
knight·hood ['naıthʊd] *s* rycerstwo; tytuł szlachecki
knit** *vt* (knit, knit*** [nıt] *lub* ***knitted, knitted*** ['nıtıd]) dziać, robić na drutach; składać, wiązać, spajać, łączyć; ściągać (*brwi*)
knives *zob.* ***knife***
knob [nɒb] *s* gałka; guz; sęk; kawałek (*np. cukru*)
knock [nɒk] *vi* pukać, stukać (***at the door*** do drzwi); uderzyć się (***against sth*** o coś); *vt* uderzyć, walnąć; ~ ***about*** *pot.* rozbijać <wałęsać> się; ~ ***down*** powalić, zwalić z nóg; przejechać (*kogoś*); ~ ***off*** strącić; strzepnąć; potrącić (*sumę pieniężną*); skończyć (*pracę*); ~ ***out*** wybić, wytrząsnąć; pokonać; ~ ***over*** przewrócić; ~ ***together*** zbić (*np. deski*); skleić; uderzać o siebie; ~ ***up*** podbić ku górze; *pot.* zmajstrować; znużyć; zderzyć się (***against sb, sth*** z kimś, czymś); *s* stuk, uderzenie
knockout ['nɒkaʊt] *s sport* nokaut (*w boksie*)
knoll [nəʊl] *s* pagórek, kopa
knot [nɒt] *s* węzeł, pętla; sęk; guz, narośl; *przen.* powikłanie; *vt* robić węzeł; wiązać; *przen.* komplikować
knot·ty ['nɒtı] *adj* węzłowaty; *przen.* zawiły, kłopotliwy
know** [nəʊ] *vt vi* (knew*** [nju:], ***known*** [nəʊn]) znać; rozpoznać, poznać; wiedzieć, dowiedzieć się (***about*** <***of***> ***sb, sth*** o kimś, czymś); doświadczać, zaznać (*czegoś*); umieć, potrafić (*coś zrobić*); ***to get to*** ~ dowiedzieć się; ***as far as I*** ~ o ile wiem; ***to let sb*** ~ powiadomić kogoś; ***let me*** ~ daj mi znać
know-how ['nəʊhaʊ] *s techn.* praktyczna umiejętność wdrożenia technologii
know·ing ['nəʊıŋ] *ppraes i adj* rozumny, bystry; chytry, zręczny
know·ing·ly ['nəʊıŋlı] *adv* ze znajomością rzeczy; naumyślnie; chytrze, zręcznie
knowl·edge ['nɒlıdʒ] *s* wiedza, znajomość; wiadomość; świadomość; ***to my*** ~ o ile mi wiadomo; ***to come to sb's*** ~ dojść do czyjejś wiadomości
known *zob.* ***know***
knuck·le ['nʌkl] *s anat.* kostka

K

(*palca*); *vi* **~ down** <**under**> ulec, ustąpić
Kodak ['kəʊdæk] *s* Kodak; *vt* fotografować Kodakiem
kohl·ra·bi [ˌkəʊl'rɑːbɪ] *s bot.* kalarepa

L

lab [læb] = ***laboratory***
la·bel ['leɪbl] *s* napis, naklejka, etykieta; *vt* nakleić <zaopatrzyć w> etykietę <nalepkę, naklejkę>; *przen.* określić (mianem), nazwać
la·bi·al ['leɪbɪəl] *adj* wargowy
la·bor·a·to·ry [lə'bɒrətrɪ] *s* laboratorium, pracownia
la·bo·ri·ous [lə'bɔːrɪəs] *adj* pracowity; żmudny; wypracowany
la·bour ['leɪbə] *s* praca, trud; świat pracy; siła robocza; *med.* bóle porodowe, poród; ***Labour Party*** Partia Pracy (*w Anglii*); *vi* ciężko pracować, mozolić się (***at sth*** nad czymś), ponosić trudy; uginać się (***under sth*** pod ciężarem czegoś); cierpieć (***under sth*** z powodu czegoś); z trudem poruszać się; (*o kobiecie*) rodzić; *vt* starannie opracować, wypielęgnować; szczegółowo rozważać, dokładnie omawiać
la·bour·er ['leɪbərə] *s* robotnik (rolny); wyrobnik
lab·y·rinth ['læbərɪnθ] *s* labirynt
lace [leɪs] *s* sznurowadło; lamówka; koronka; *vt* sznurować; obszyć lamówką; ozdobić koronką
lac·er·ate ['læsəreɪt] *vt* szarpać, rwać, rozrywać, rozdrapywać; kaleczyć; *przen.* zranić (*uczucia*)
lack [læk] *s* brak, niedostatek; ***for ~...*** z braku...; *vt vi* brakować; odczuwać brak, nie posiadać, nie mieć; ***I ~ money*** brak mi pieniędzy
lack·ey ['lækɪ] *s uj.* lokaj
la·con·ic [lə'kɒnɪk] *adj* lakoniczny
lac·quer ['lækə] *s* lakier; *vt* lakierować
lac·tic ['læktɪk] *adj* mleczny
lad [læd] *s* chłopiec, chłopak
lad·der ['lædə] *s* drabina; spuszczone oczko (*w pończosze*); *przen.* drabina społeczna; *vi* (*o pończosze*) puszczać oczko
lad·en ['leɪdn] *pp i adj* obciążony, obarczony; pogrążony (w smutku)
la·dle ['leɪdl] *s* łyżka wazowa; *vt* rozlewać <czerpać>; łyżka
la·dy ['leɪdɪ] *s* dama, pani; tytuł szlachecki; ***lady's*** <***ladies'***> ***man*** kobieciarz; ***ladies*** (***room***) „dla pań", toaleta damska
la·dy·bird ['leɪdɪbɜːd] *s zool.* biedronka
lag [læg] *vi* zwlekać, opóźniać się, (*także* **~ *behind***) wlec się z tyłu, nie nadążać
lag·gard ['lægəd] *adj* powolny, ospały; *s* maruder, człowiek opieszały
laid *zob.* ***lay*** **1.**
lain *zob.* ***lie*** **1.**
lair [leə] *s* legowisko, nora, matecznik; *przen.* melina
lake [leɪk] *s* jezioro
lamb [læm] *s zool. i przen.* jagnię, baranek; baranina
lame [leɪm] *adj* chromy, ułomny; wadliwy; nieprzekonywający, mętny; **~ *duck*** pechowiec; bankrut życiowy <giełdowy>; *vt* uczynić kaleką, okaleczyć; popsuć, sparaliżować
la·ment [lə'ment] *s* skarga, lament; *vt vi* opłakiwać (***sb, sth***

<***over sb, sth***> kogoś, coś), lamentować
lam·en·ta·ble ['læməntəbl] *adj* opłakany, godny pożałowania
lamp [læmp] *s* lampa
lam·poon [læm'pu:n] *s* pamflet, paszkwil; *vt* napisać paszkwil (***sb, sth*** na kogoś, coś)
lamp·post ['læmppəust] *s* słup latarni, latarnia (uliczna)
lamp·shade ['læmpʃeɪd] *s* abażur
lance [lɑ:ns] *s* lanca, kopia
land [lænd] *s* ziemia, ląd; kraj; własność ziemska, rola; ***by ~*** drogą lądową; *vt* wysadzać <wyładowywać> na ląd; zdobyć (*nagrodę itp.*); *pot.* wpakować (*kogoś w kłopot itd.*); *vi* lądować; wysiadać, przybywać; trafić (*gdzieś*)
land·ed ['lændɪd] *pp i adj* ziemski; ***~ proprietor*** właściciel ziemski
land·hold·er ['lænd,həuldə] *s* właściciel gruntu, gospodarz
land·ing ['lændɪŋ] *s* lądowanie; zejście (*ze statku*) na ląd; podest, półpiętro; *wojsk.* desant
land·ing place ['lændɪŋpleɪs] *s* przystań
land·la·dy ['lænd,leɪdɪ] *s* gospodyni; właścicielka domu czynszowego <pensjonatu, hotelu, gospody>
land·lord ['lændlɔ:d] *s* gospodarz; właściciel domu czynszowego <pensjonatu, hotelu, gospody>
land·mark ['lændmɑ:k] *s* kamień graniczny; *przen.* znak orientacyjny; wydarzenie epokowe, punkt zwrotny
land·own·er ['lænd,əunə] *s* właściciel ziemski
land·scape ['lændskeɪp] *s* krajobraz, pejzaż
lane [leɪn] *s* droga polna; uliczka, zaułek; pas ruchu drogowego
lan·guage ['læŋgwɪdʒ] *s* język, mowa; styl; ***bad*** <***strong***> ***~*** język wulgarny; *komp.* ***machine ~*** język maszynowy
lan·guid ['læŋgwɪd] *adj* osłabiony, znużony; powolny; tęskny
lan·guish ['læŋgwɪʃ] *vi* więdnąć, słabnąć, marnieć; usychać z tęsknoty (***after*** <***for***> ***sb, sth*** za kimś, czymś)
lan·guor ['læŋgə] *s* osłabienie, znużenie, powolność; tęsknota
lank [læŋk] *adj* chudy; cienki i długi; mizerny; (*o włosach*) prosty
lan·tern ['læntən] *s* latarnia
lap 1. [læp] *s* poła; łono; *sport* okrążenie (*bieżni*); ***in*** <***on***> ***sb's ~*** na kolanach u kogoś; *vt* otoczyć; objąć; owinąć, otulić; nakładać (***over sth*** na coś); *sport* zdystansować
lap 2. [læp] *vt vi* mlaskać; chłeptać; chlupotać
lap·dog ['læpdɒg] *s* piesek pokojowy
la·pel [lə'pel] *s* klapa (*marynarki*)
lapse [læps] *s* upływ <odstęp> (*czasu*); błąd, omyłka; odstępstwo; uchybienie; obniżenie; *vi* opadać; wpadać <zapadać, popadać, wdawać się> (*w coś*); odstępować (*od wiary itp.*); mijać; upływać; mylić się; zaniedbywać (*coś*)
lap·top ['læptɒp] *adj i s komp.* podręczny, przenośny (*komputer*)
lar·ce·ny ['lɑ:sənɪ] *s* (drobna) kradzież
lard [lɑ:d] *s* smalec, słonina; *vt* szpikować
lard·er ['lɑ:də] *s* spiżarnia
large [lɑ:dʒ] *adj* duży, rozległy, obszerny; liczny; obfity; szeroki, swobodny; *s tylko z przyimkiem*: ***at ~*** na wolności; na szerokim świecie; w pełnym ujęciu; *adv w zwrocie*: ***by and ~*** w ogóle, ogólnie biorąc
large·ly ['lɑ:dʒlɪ] *adv* wielce, w dużej mierze, przeważnie
lark 1. [lɑ:k] *s zool.* skowronek
lark 2. [lɑ:k] *s pot.* figiel, żart; *vi pot.* figlować

la·ser ['leɪzə] *s* laser

lash 1. [læʃ] *s* bicz, bat; uderzenie biczem; kara chłosty; *vt vi* uderzyć biczem, chłostać <smagać> (*także biczem satyry*)

lash 2. [læʃ] = ***eyelash***

lass [læs] *s szkoc. i poet.* dziewczę, dziewczyna

las·si·tude ['læsɪtju:d] *s* znużenie

last 1. [lɑ:st] *s* kopyto (szewskie), prawidło

last 2. [lɑ:st] *vi* trwać, utrzymywać się; przetrwać; starczyć (*na pewien czas*)

last 3. [lɑ:st] *adj* ostatni; miniony, zeszły, ubiegły; ostateczny, końcowy; ***~ but one*** przedostatni; ***~ but not least*** rzecz nie mniej ważna; *s* ostatnia rzecz, ostatek, koniec; ***at ~*** na koniec, wreszcie; ***to breathe one's ~*** wyzionąć ducha; ***to the very ~*** do samego końca; *adv* po raz ostatni; ostatnio; ostatecznie

last·ing ['lɑ:stɪŋ] *ppraes i adj* trwały

latch [lætʃ] *s* klamka; zatrzask, zasuwka

latch·key ['lætʃki:] *s* klucz (*zw.* od zatrzasku)

late [leɪt] *adj* późny, spóźniony; niedawny, świeżo miniony; dawny, były; (*o zmarłym*) świętej pamięci; ***to be ~*** spóźnić się; ***of ~*** ostatnimi czasy; *adv* późno, do późna; ostatnio; przedtem, niegdyś

late·ly ['leɪtlɪ] *adv* ostatnio, niedawno temu

la·tent ['leɪtnt] *adj* ukryty, utajony

lat·er ['leɪtə] *adj* (*comp od **late***) późniejszy; *adv* później; ***~ on*** później, w dalszym ciągu, poniżej

lat·er·al ['lætrəl] *adj* boczny; ***~ thinking*** myślenie oboczne

lat·est ['leɪtəst] *adj* (*sup* od ***late***) najpóźniejszy; najnowszy

lath [lɑ:θ] *s* listwa; deszczułka

lathe [leɪð] *s* tokarka, tokarnia

lath·er ['lɑ:ðə] *s* piana mydlana; *vt vi* mydlić (się), pienić się

Lat·in ['lætɪn] *adj* łaciński; *s* łacina

lat·i·tude ['lætɪtju:d] *s geogr.* szerokość; *przen.* swoboda, tolerancja

lat·ter ['lætə] *adj* (ten) ostatni <drugi> (*z dwóch*); późniejszy, nowszy; końcowy

lat·tice ['lætɪs] *s* krata; *vt* okratować

laud·a·ble ['lɔ:dəbl] *adj* godny pochwały

laugh [lɑ:f] *vi* śmiać się (***at sth*** z czegoś); *s* śmiech; ***to break into a ~*** roześmiać się; ***to raise a ~*** wywołać wesołość

laugh·ing·stock ['lɑ:fɪŋstɒk] *s* pośmiewisko

laugh·ter ['lɑ:ftə] *s* śmiech; ***to cry with ~*** uśmiać się do łez

launch [lɔ:ntʃ] *vt* puszczać, spuszczać; zrzucać; ciskać, miotać; odpalić (*rakietę*); uruchamiać; lansować; wodować; wszczynać (*śledztwo*); *vi* zapędzić się, puścić się (*dokądś*); (*także **~ out***) wypłynąć na morze; zaangażować się (*w coś*); *s* wodowanie; łódź motorowa, szalupa

laun·dress ['lɔ:ndres] *s* praczka

laun·dry ['lɔ:ndrɪ] *s* pralnia; bielizna do prania <z pralni>

lau·re·ate ['lɔ:rɪət] *s* laureat

lau·rel ['lɒrəl] *s bot. i przen.* wawrzyn

lav [læv] = ***lavatory***

lav·a·to·ry ['lævətrɪ] *s bryt.* toaleta; ***public ~*** szalet

lav·en·der ['lævəndə] *s bot.* lawenda

lav·ish ['lævɪʃ] *adj* rozrzutny, hojny; suty, obfity; *vt* hojnie darzyć, szafować

law [lɔ:] *s* prawo; zasada, ustawa; system prawny; wiedza prawnicza; ***~ court*** sąd; ***to go to ~*** wnosić skargę sądową; ***a man of ~*** prawnik; ***~ and order*** prawo i porządek

law·ful ['lɔːfl] *adj* prawny, legalny; sprawiedliwy
law·less ['lɔːləs] *adj* bezprawny; samowolny
lawn [lɔːn] *s* trawnik, murawa
law·suit ['lɔːsuːt] *s* sprawa sądowa, proces
law·yer ['lɔːjə] *s* prawnik; adwokat
lax [læks] *adj* luźny; swobodny; rozwiązły; niedbały
lax·a·tive ['læksətɪv] *s med.* środek przeczyszczający
lay 1.** [leɪ] *vt* (laid, laid*** [leɪd]) kłaść, ułożyć, nałożyć; uciszyć, uspokoić; założyć się (*o coś*); przedłożyć, przedstawić (*np. prośbę*); ***to ~ bare*** obnażyć; ***to ~ claim*** zgłaszać roszczenie; ***to ~ open*** wyjawić; ***to ~ siege*** oblegać; ***to ~ stress*** <***emphasis***> kłaść nacisk; ***to ~ the table*** nakryć do stołu; ***to ~ waste*** spustoszyć; *z przyimkami*: ***~ aside*** <***away, by***> odłożyć; ***~ down*** składać; ustanawiać; ***~ in*** odkładać (na zapas), magazynować; ***~ on*** nakładać; powlekać; zakładać (*np. instalację*); ***~ out*** wykładać, wydawać; ułożyć; planować, zaprojektować; ***~ up*** zbierać, gromadzić; przechowywać; ***to be laid up*** być złożonym chorobą
lay 2. [leɪ] *adj* świecki, laicki
lay 3. [leɪ] *s poet.* pieśń
lay 4. *zob.* ***lie* 1.**
lay·er ['leɪə] *s* warstwa, pokład; instalator
lay·man ['leɪmən] *s* (*pl* ***laymen*** ['leɪmən]) człowiek świecki; laik, amator
layout ['leɪaʊt] *s* plan; układ (topograficzny)
la·zi·ness ['leɪzɪnəs] *s* lenistwo
la·zy ['leɪzɪ] *adj* leniwy
la·zy·bones ['leɪzɪbəʊnz] *s* leniuch
lead 1.** [liːd] *v* (led, led*** [led]) *vt* prowadzić, dowodzić, kierować; namówić, przekonać, nasunąć (*przypuszczenie*); wieść <pędzić> (*życie*); *vi* przewodzić; prowadzić (*np. do celu*); *s* kierownictwo, przewodnictwo; przykład; smycz; wyjście (*w kartach*); ***to take the ~*** stanąć na czele; objąć prowadzenie
lead 2. [led] *s* ołów; grafit (*w ołówku*)
lead·en ['ledn] *adj* ołowiany
lead·er ['liːdə] *s* kierownik, przywódca, lider; artykuł wstępny (*w gazecie*)
lead·er·ship ['liːdəʃɪp] *s* przywództwo
lead·ing ['liːdɪŋ] *ppraes i adj* kierowniczy, przewodzący, główny
leaf [liːf] *s* (*pl* ***leaves*** [liːvz]) liść; kartka
leaf·let ['liːflət] *s* listek; ulotka
league [liːg] *s* liga
leak [liːk] *vi* cieknąć, przeciekać, sączyć się; *s* wyciek, upływ; nieszczelność
leak·age ['liːkɪdʒ] *s* przeciekanie, upływ
leak·y ['liːkɪ] *adj* nieszczelny
lean 1. [liːn] *adj dosł. i przen.* chudy
lean 2.** [liːn] *vt vi* (leant, leant*** [lent] *lub* ***~ed, ~ed***) nachylać się, pochylać się, opierać (się); ***~ out*** wychylać się
leap** [liːp] *v* (leapt, leapt*** [lept] *lub* ***~ed, ~ed***) *vi* skakać; *vt* przeskoczyć; *s* skok, podskok; ***by ~s and bounds*** wielkimi krokami, szybko
leap year ['liːpˌjɪə] *s* rok przestępny
learn** [lɜːn] *vt vi* (learnt, learnt*** [lɜːnt] *lub* ***~ed, ~ed*** [lɜːnt]) uczyć się; dowiadywać się
learn·ed ['lɜːnɪd] *adj* uczony
learn·ing ['lɜːnɪŋ] *s* nauka, wiedza, erudycja
learnt *zob.* ***learn***
lease [liːs] *s* dzierżawa, najem; ***to take on ~*** wziąć w dzierżawę; *vt* dzierżawić, najmować

lease·hold ['li:shəuld] *s* dzierżawa; *adj* dzierżawny, wydzierżawiony
leash [li:ʃ] *s* smycz
least [li:st] *adj* (*sup od* ***little***) najmniejszy; **~ *common multiple*** najmniejsza wspólna wielokrotna; *adv* najmniej; *s* najmniejsza rzecz; ***at* ~** przynajmniej; ***not in the* ~** bynajmniej
leath·er ['leðə] *s* skóra (wyprawiona)
leave 1.** [li:v] *vt* (left, left*** [left]) zostawiać, opuszczać; ***to* ~ *sb alone*** dać komuś spokój; ***to* ~ *behind*** pozostawić za sobą, zapomnieć (*coś*) wziąć; **~ *off*** przerwać, zaniechać, zaprzestać; **~ *out*** opuścić; przeoczyć; zaniedbać; **~ *over*** odłożyć na później, pozostawić; *vi* odchodzić, odjeżdżać (***for a place*** dokądś)
leave 2. [li:v] *s* pozwolenie, pożegnanie; zwolnienie; urlop; ***to take French* ~** ulotnić się po angielsku, odejść bez pożegnania; ***to take* ~** pożegnać się (***of sb*** z kimś); **~ *without pay*** urlop bezpłatny
leav·en ['levn] *s* drożdże; zaczyn; *przen.* ferment; *vt* zakwasić
leaves *zob.* ***leaf***
lech·er ['letʃə] *s* rozpustnik, lubieżnik
lec·ture ['lektʃə] *s* odczyt, wykład; *vi* wygłaszać odczyt, wykładać (***on sth*** coś); *vt* odbywać <mieć> wykłady; robić wymówki, udzielić nagany
lec·tur·er ['lektʃərə] *s* prelegent, wykładowca
led *zob.* ***lead* 1.**
ledge [ledʒ] *s* występ (*np. muru*), gzyms, krawędź; listwa
ledg·er ['ledʒə] *s handl.* księga główna, rejestr
leech [li:tʃ] *s zool.* pijawka
leek [li:k] *s bot.* por
leer [lɪə] *vi* patrzeć z ukosa, łypać okiem (***at sb*** na kogoś)
lees [li:z] *s pl* fusy, osad, męty
lee·way ['li:weɪ] *s* luz, swoboda; *bryt.* zaległości
left 1. *zob.* ***leave* 1.**
left 2. [left] *adj* lewy; *adv* na lewo; *s* lewa strona; ***on the* ~** po lewej stronie
left·ist ['leftɪst] *s* lewicowiec; *adj* lewicowy
left·o·ver ['left,əuvə] *adj attr* pozostały; *s* pozostałość
leg [leg] *s anat.* noga, nóżka; ***to pull sb's* ~** żartować sobie z kogoś; odcinek (*podróży*); faza (*konkursu*)
leg·a·cy ['legəsɪ] *s* spadek, legat
le·gal ['li:gl] *adj* prawny; prawniczy; ustawowy; legalny
le·gal·ize ['li:gəlaɪz] *vt* legalizować
le·ga·tion [lɪ'geɪʃn] *s* poselstwo
leg·end ['ledʒənd] *s* legenda
leg·gings ['legɪŋz] *s pl* sztylpy; legginsy
leg·i·ble ['ledʒəbl] *adj* czytelny
le·gion ['li:dʒən] *s* legion, legia
le·gion·ary ['li:dʒənərɪ] *s* legionista
leg·is·la·tion [,ledʒɪ'sleɪʃn] *s* ustawodawstwo, prawodawstwo
leg·is·la·tive ['ledʒɪslətɪv] *adj* ustawodawczy, prawodawczy
leg·is·la·ture ['ledʒɪsleɪtʃə] *s* władza ustawodawcza
le·git·i·mate [lɪ'dʒɪtəmət] *adj* prawny; prawowity, ślubny; prawidłowy; *vt* [lɪ'dʒɪtɪmeɪt] legalizować; uzasadniać
lei·sure ['leʒə] *s* czas wolny od pracy; ***at* ~** bez pośpiechu; ***to be at* ~** mieć wolny czas, nie pracować
lei·sured ['leʒəd] *adj* nie pracujący, bezczynny
lei·sure·ly ['leʒəlɪ] *adj* powolny; mający wolny czas; *adv* powoli, bez pośpiechu
lem·on ['lemən] *s bot.* cytryna; *bryt. pot.* głupiec
lend** [lend] *vt* (lent, lent*** [lent])

pożyczać, użyczać; udzielać; nadawać, przydawać; ***to ~ an ear*** posłuchać; ***to ~ a hand*** przyjść z pomocą

lend·ing li·brar·y ['lendıŋ,laıbrərı] *s* wypożyczalnia książek

length [leŋθ] *s* długość; odległość; trwanie; ***at ~*** na koniec; szczegółowo, obszerniej; ***at arm's ~*** na dystans; ***at full ~*** na całą długość, w całej rozciągłości; ***at some ~*** dość szczegółowo, dość obszernie; ***to go to the ~ of ...*** posunąć się aż do ...

length·en ['leŋθən] *vt vi* przedłużyć (się), wydłużać (się), rozciągnąć (się)

length·ways ['leŋθweız] *adv* na długość, wzdłuż

length·wise ['leŋθwaız] = ***lengthways***

length·y ['leŋθı] *adj* przydługi, rozwlekły

le·ni·ent ['li:nıənt] *adj* łagodny, pobłażliwy

Leo ['li:əʊ] *s* Lew (*znak zodiaku*)

lens [lenz] *s* soczewka; *zob.* ***contact lenses***

lent 1. *zob.* ***lend***

Lent 2. [lent] *s rel.* Wielki Post

len·til ['lentl] *s bot.* soczewica

leop·ard ['lepəd] *s zool.* lampart

le·o·tard ['li:ətɑ:d] *s* kostium gimnastyczny (*zw. dla tancerzy*)

lep·er ['lepə] *s* trędowaty

lep·ro·sy ['leprəsı] *s med.* trąd

les·bi·an ['lezbıən] *adj* lesbijski; *s* lesbijka

lese-maj·es·ty [,li:z'mædʒəstı] *s prawn.* obraza majestatu

less [les] *adj* (*comp od* ***little***) mniejszy; *adv* mniej; ***none the ~*** tym niemniej, niemniej jednak; *s* coś mniejszego; ***the ~ the better*** im mniej, tym lepiej

les·see [le'si:] *s* dzierżawca

less·en ['lesn] *vt vi* zmniejszać (się), obniżać, osłabiać, maleć, ubywać

less·er ['lesə] *adj* mniejszy, pomniejszy; ***the ~ evil*** mniejsze zło

les·son ['lesn] *s* lekcja; nauczka; ***to do one's ~s*** odrabiać lekcje

lest [lest] *conj* ażeby nie

let** *vt* (let, let*** [let]) pozwalać; dopuszczać, puszczać; dawać; zostawiać; najmować; ***to ~ alone*** zostawić w spokoju, dać spokój; ***to ~ fall*** upuścić; ***to ~ go*** puścić, zwolnić; ***to ~ know*** dać znać, zawiadomić; ***to ~ oneself go*** pofolgować sobie, dać się ponieść; *z przyimkami:* ***~ down*** zawieść; spuścić; porzucić, pozostawić własnemu losowi; obniżyć; ***~ in*** wpuścić; ***~ off*** wypuścić; wystrzelić; wybaczyć; ***~ out*** wypuścić; wynająć; ***~ through*** przepuścić; *zob.* ***alone***; ***~ me see*** chwileczkę; niech się zastanowię

le·thar·gic [lə'θɑ:dʒık] *adj* letargiczny

leth·ar·gy ['leθədʒı] *s* letarg

let·ter ['letə] *s* litera; list; ***to the ~*** dosłownie; *pl* ***~s*** literatura piękna, beletrystyka; ***man of ~s*** literat, pisarz; *vt* oznaczyć literami

let·ter·box ['letəbɒks] *s* skrzynka na listy

let·tuce ['letıs] *s bot.* sałata ogrodowa

leu·kae·mi·a [lu:'ki:mıə] *s med.* białaczka

lev·el ['levl] *s* poziom, płaszczyzna; ***~ crossing*** przejazd kolejowy; ***on a ~ with ...*** na tym samym poziomie co...; *adj* poziomy; równy; zrównoważony; *vt* wyrównywać; spoziomować; kierować, nastawiać

lev·er ['li:və] *s* dźwignia; lewar

lev·i·ty ['levətı] *s* lekkość; lekkomyślność

lev·y ['levı] *s* ściąganie <nakładanie> (*podatków itp.*); pobór (*rekruta*), zaciąg; *vt* ściągać <nakładać> (*podatki itp.*); zaciągnąć (*rekruta*), werbować

lewd [lu:d] *adj* sprośny, lubieżny

lex·i·cal ['leksɪkl] *adj* leksykalny
lex·i·cog·ra·phy [ˌleksɪ'kɒgrəfɪ] *s* leksykografia
lex·i·con ['leksɪkən] *s* leksykon
li·a·bil·i·ty [ˌlaɪə'bɪlətɪ] *s* zobowiązanie, obowiązek; *prawn.* odpowiedzialność; *pl* ***liabilities*** *handl.* pasywa, obciążenie
li·a·ble ['laɪəbl] *adj* zobowiązany; odpowiedzialny; podlegający (***to sth*** czemuś); narażony (***to sth*** na coś); skłonny, podatny (***to sth*** na coś); ***the weather is ~ to change*** pogoda może się zmienić
li·ai·son [liː'eɪzn] *s* związek uczuciowy (*między kobietą i mężczyzną*); romans; *wojsk.* łączność; ***~ officer*** oficer łącznikowy
li·ar ['laɪə] *s* kłamca
li·bel ['laɪbl] *s* paszkwil, zniesławienie, potwarz; *vt* napisać paszkwil, zniesławić, rzucić potwarz
lib·er·al ['lɪbrəl] *adj* liberalny; swobodny; wyrozumiały; hojny; obfity; *s* liberał
lib·er·al·ism ['lɪbrəlɪzm] *s* liberalizm
lib·er·al·i·ty [ˌlɪbə'rælətɪ] *s* wielkoduszność, tolerancja, wyrozumiałość; szczodrość
lib·er·ate ['lɪbəreɪt] *vt* uwolnić, wyzwolić
lib·er·a·tion [ˌlɪbə'reɪʃn] *s* uwolnienie, wyzwolenie
lib·er·tine ['lɪbətiːn] *s* libertyn, wolnomyśliciel; rozpustnik
lib·er·ty ['lɪbətɪ] *s* wolność; ***to be at ~*** być wolnym; ***to set sb at ~*** uwolnić kogoś; ***to take the ~ of doing sth*** pozwolić sobie na zrobienie czegoś; ***to take liberties*** pozwalać sobie (***with sth*** na coś); nie krępować się
Libra ['liːbrə] *s* Waga (*znak zodiaku*)
li·bra·ri·an [laɪ'breərɪən] *s* bibliotekarz
li·brar·y ['laɪbrərɪ] *s* biblioteka; seria wydawnicza
lice *zob.* ***louse***
li·cence, *am.* **license** ['laɪsns] *s* licencja, koncesja; pozwolenie; ***driving*** <*am.* ***driver's***> ***licence*** ~ prawo jazdy
li·cense ['laɪnsns] *vt* udzielać koncesji, dawać licencję; zezwalać
li·cen·tious [laɪ'senʃəs] *adj* rozwiązły
li·chen ['laɪkən] *s med.* liszaj; *bot.* porost
lick [lɪk] *vt* lizać, oblizywać; *pot.* sprawić lanie, pobić; *przen.* ***to ~ into shape*** wykształcić, okrzesać (*kogoś*); *s* lizanie; odrobina; *pot.* uderzenie
lid [lɪd] *s* wieko, pokrywa; powieka
lie 1.** [laɪ] *vi* (lay*** [leɪ], ***lain*** [leɪn]) leżeć; być (***idle, under suspicion*** bezczynnym, podejrzanym); (*o widoku, dolinie itd.*) rozciągać się; rozpościerać się; (*o statku*) stać na kotwicy; ***it ~s*** to zależy (***with sb*** od kogoś); ***to ~ heavy*** ciążyć; ***~ down*** położyć się; ***~ over*** być w zawieszeniu, zostać odroczonym; ***~ up*** leżeć w łóżku, chorować
lie 2. [laɪ], ***lied, lied*** [laɪd] *vi* kłamać; okłamywać (***to sb*** kogoś); *s* kłamstwo; ***to tell ~s*** kłamać; ***to give the ~*** zarzucać kłamstwo, zadać kłam (***to sb*** komuś); ***~ detector*** wykrywacz kłamstw, wariometr
li·en [liːən] *s prawn.* prawo zastawu
lieu·ten·ant [lef'tenənt, *am.* luː'tenənt] *s* porucznik; zastępca; ***second ~*** podporucznik
life [laɪf] *s* (*pl* ***lives*** [laɪvz]) życie; ożywienie, werwa; żywot, życiorys; ***still ~*** martwa natura; ***Life Guards*** straż przyboczna (królewska); ***~ insurance*** ubezpieczenie na życie; ***true to ~*** wierny rzeczywistości, naturalny; ***for ~*** na całe życie, dożywotnio; ***~ jacket*** kamizelka ratunkowa

L

life belt ['laɪfbelt] *s* pas ratunkowy
life·boat ['laɪfbəʊt] *s* łódź ratunkowa
life·guard ['laɪfgɑːd] *s* ratownik (wodny)
life·long ['laɪflɒŋ] *adj* trwający całe życie
life sen·tence [ˌlaɪf'sentəns] *s* wyrok dożywotniego więzienia
life-size ['laɪfsaɪz] *adj* naturalnej wielkości
life·time ['laɪftaɪm] *s* (całe) życie; ***in sb's ~*** w przeciągu <za> czyjegoś życia
lift [lɪft] *vt vi* podnieść (się); ukraść, *pot.* ściągnąć; *s* podniesienie; winda; ***air ~*** most powietrzny; ***to give sb a ~*** podwieźć kogoś (autem *itp.*)
lift-off ['lɪftɒf] *s* odpalenie <start> rakiety
lig·a·ment ['lɪgəmənt] *s anat.* wiązadło
lig·a·ture ['lɪgətʃə] *s* związanie, podwiązanie, przewiązanie; *muz. druk.* ligatura
light 1. [laɪt] *adj* lekki; nie obciążony; mało ważny, błahy; lekkomyślny, beztroski; *adv* lekko
light 2.** [laɪt] *vt vi* (lit, lit*** [lɪt] *lub* ***~ed, ~ed*** ['laɪtɪd]) zaświecić, świecić, zapalić (się), oświetlać; rozjaśnić (się); ***~ up*** zaświecić; zapłonąć; rozjaśniać się; *s* światło, oświetlenie; światło dzienne; jasność; ogień; ***brake <passing, parking, tail> ~s*** światła stop <mijania, postojowe, tylne>; ***to bring to ~*** wydobyć na światło dzienne; ***to come to ~*** wyjść na jaw; *adj* jasny
light 3.** [laɪt] *vi* (lighted, lighted*** ['laɪtɪd] *lub* ***lit, lit*** [lɪt]) natknąć się <natrafić> (***upon sb, sth*** na kogoś, coś); zstąpić; (*o ptaku*) osiąść; (*o wzroku*) paść
light·en 1. ['laɪtn] *vt vi* oświetlać, rozjaśniać (się); błyskać się
light·en 2. ['laɪtn] *vt* ulżyć; uczynić lżejszym; odciążyć, złagodzić; *vi* pozbyć się ciężaru <ładunku>; stać się lżejszym
light·er 1. ['laɪtə] *s* zapalniczka
light·er 2. ['laɪtə] *s mors.* galar
light-heart·ed [ˌlaɪt'hɑːtɪd] *adj* wesoły, niefrasobliwy
light·house ['laɪthaʊs] *s* latarnia morska
light-mind·ed [ˌlaɪt'maɪndɪd] *adj* lekkomyślny
light·ning ['laɪtnɪŋ] *s* piorun, błyskawica
light·ning con·duc·tor ['laɪtnɪŋkənˌdʌktə], **light·ning rod** ['laɪtnɪŋrɒd] *s* piorunochron
light·weight ['laɪtweɪt] *s* człowiek bez znaczenia; *adj* (*o bokserze*) wagi lekkiej
like 1. [laɪk] *adj* podobny; ***in ~ manner*** podobnie; ***it is just ~ him*** to na niego wygląda, to do niego pasuje; ***it looks ~ rain*** będzie padać; ***I don't feel ~ working*** nie chce mi się pracować; *adv w zwrotach*: ***~ enough, very ~*** prawdopodobnie; *conj* podobnie, podobnie jak; ***to be ~...*** wyglądać jak ...; ***people ~ you*** ludzie tacy, jak wy; *s* rzecz podobna <taka sama>; coś podobnego; ***and the ~*** i tym podobne (rzeczy); ***what is she ~?*** jak ona wygląda?
like 2. [laɪk] *vt* lubić; ***~ better*** woleć; mieć upodobanie <przyjemność, zamiłowanie>; ***I ~ this*** lubię to; to mi się podoba; ***I would <should> ~ to go*** chciałbym pójść; ***I would ~ you to do this for me*** chciałbym, ażebyś to dla mnie zrobił
like·li·hood ['laɪklɪhʊd] *s* prawdopodobieństwo
like·ly ['laɪklɪ] *adj* możliwy <odpowiedni, nadający się> (*kandydat, plan itd.*); prawdopodobny; ***he is ~ to come*** on prawdopodobnie przyjdzie; *adv* prawdopodobnie, pewnie (*zw.* ***most ~,***

very ~); ***as ~ as not*** prawie na pewno

lik·en ['laɪkən] *vt* upodabniać; porównywać

like·ness ['laɪknəs] *s* podobieństwo; podobizna, portret; ***in the ~ of...*** na podobieństwo...

like·wise ['laɪkwaɪz] *adv* podobnie, również; ponadto

lik·ing ['laɪkɪŋ] *ppraes i s* upodobanie, gust; pociąg (***to*** <***for***> ***sb, sth*** do kogoś, czegoś)

li·lac ['laɪlək] *s bot.* bez; *adj* (*o kolorze*) lila

li·ly ['lɪlɪ] *s bot.* lilia; ***~ of the valley*** konwalia

limb [lɪm] *s anat.* kończyna; członek (*ciała*)

lime 1. [laɪm] *s* wapno

lime 2. [laɪm] *s bot.* lipa (*drzewo i kwiat*)

lime 3. [laɪm] *s bot.* limona (*drzewo i owoc*)

lime·light ['laɪmlaɪt] *s* światło wapienne; *przen.* ***in the ~*** na widoku (publicznym), w świetle reflektorów

lim·er·ick ['lɪmərɪk] *s* limeryk, fraszka

lime·stone ['laɪmstəʊn] *s* wapień

lim·it ['lɪmɪt] *s* granica; limit; ***within ~s*** w pewnych <rozsądnych> granicach; *vt* ograniczać; ***~ed liability***, *skr.* ***Ltd*** ograniczona odpowiedzialność (finansowa)

lim·i·ta·tion [ˌlɪmɪ'teɪʃn] *s* ograniczenie; zastrzeżenie; *prawn.* prekluzja

limp 1. [lɪmp] *adj* wiotki, słaby, bez energii

limp 2. [lɪmp] *vi* chromać, utykać na nogę, kuśtykać

lim·pid ['lɪmpɪd] *adj* przezroczysty, klarowny

lim·y ['laɪmɪ] *adj* wapnisty; kleisty

lin·den ['lɪndən] *s bot.* lipa

line 1. [laɪn] *s* linia; lina, sznur; szereg, rząd; *am. pot.* kolejka (*ludzi*); granica; kurs, kierunek; zajęcie, rodzaj zainteresowania; linia postępowania, wytyczna; wiersz, linia, linijka; dziedzina, specjalność; *handl.* branża; ***hold the ~*** proszę nie przerywać połączenia; *vt* liniować; kreślić; ustawiać w rząd <szpaler>; *vi* (*także* ***~ up***) stawać <ustawiać się> w rzędzie

line 2. [laɪn] *vt* wyścielić, wyłożyć; podszyć (podszewką)

lin·e·age ['lɪnɪɪdʒ] *s* rodowód, pochodzenie

lin·e·al ['lɪnɪəl] *adj* pochodzący w prostej linii

line·man ['laɪnmən] *s* (*pl* ***linemen*** ['laɪnmən]) dróżnik (*kolejowy*); monter (*linii telegraficznej* <*telefonicznej*>)

lin·en ['lɪnɪn] *s* płótno; *zbior.* bielizna

lin·er ['laɪnə] *s* liniowiec, statek żeglugi liniowej; samolot regularnej linii pasażerskiej

lines·man ['laɪnzmən] *s* (*pl* ***linesmen*** ['laɪnzmən]) *wojsk.* żołnierz liniowy; dróżnik (*kolejowy*); *sport* sędzia liniowy

lin·ger ['lɪŋgə] *vi* zwlekać, ociągać się; zasiedzieć się, przeciągać pobyt; (*także* ***~ on***) trwać, przeciągać się

lin·ge·rie ['lænʒərɪ] *s* bielizna damska

lin·gual ['lɪŋgwəl] *adj* językowy

lin·guist ['lɪŋgwɪst] *s* lingwista

lin·guis·tics [lɪŋ'gwɪstɪks] *s* językoznawstwo

lin·i·ment ['lɪnɪmənt] *s med.* płyn (*leczniczy*), maść

lin·ing ['laɪnɪŋ] *s* podszewka, podkład, podbicie; okładzina, obudowa

link [lɪŋk] *s* ogniwo; więź; *vt vi* łączyć (się), wiązać (się), przyłączyć (się)

lin·seed ['lɪnsiːd] *s* siemię lniane; ***~ oil*** olej lniany

lint [lɪnt] *s* płótno opatrunkowe; *am.* meszek (*z tkanin*), puszek

li·on ['laɪən] *s* lew

li·on·ize ['laɪənaɪz] *vt* traktować kogoś jako znakomitość

lip [lɪp] *s* warga; brzeg, skraj; *pl* **~s** usta

lip·stick ['lɪpstɪk] *s* kredka do ust, szminka

li·queur [lɪ'kjʊə] *s* likier

liq·uid ['lɪkwɪd] *adj* płynny; *s* płyn, ciecz

liq·ui·date ['lɪkwɪdeɪt] *vt vi* likwidować (się)

liq·uor ['lɪkə] *s* napój alkoholowy; *am.* alkohol (wysokoprocentowy)

lisp [lɪsp] *vi* seplenić; *s* seplenienie

list [lɪst] *s* lista, spis; *vt* umieszczać na liście, spisywać

lis·ten ['lɪsn] *vi* słuchać (***to sb, sth*** kogoś, czegoś), przysłuchiwać się (***to sb, sth*** komuś, czemuś), nadsłuchiwać (***for sth*** czegoś); ***~ in*** słuchać radia

lis·ten·er ['lɪsnə] *s* słuchacz; radiosłuchacz

list·less ['lɪstləs] *adj* obojętny, apatyczny

lit *zob.* ***light 2., 3.***

lit·er·a·cy ['lɪtrəsɪ] *s* umiejętność czytania i pisania

lit·er·al ['lɪtrəl] *adj* literalny, dosłowny; literowy

lit·er·ar·y ['lɪtrərɪ] *adj* literacki

lit·er·ate ['lɪtrət] *adj* (*o człowieku*) piśmienny

lit·er·a·ture ['lɪtrətʃə] *s* literatura, piśmiennictwo

lithe [laɪð] *adj* giętki, gibki

lit·i·gant ['lɪtɪgənt] *adj* procesujący się; *s* strona procesująca się

lit·i·gate ['lɪtɪgeɪt] *vi* procesować się; *vt* kwestionować

lit·i·ga·tion [ˌlɪtɪ'geɪʃn] *s* spór, sprawa sądowa

lit·mus ['lɪtməs] *s chem.* lakmus

li·tre, *am.* **liter** ['liːtə] *s* litr

lit·ter ['lɪtə] *s* śmiecie, odpadki; nieporządek; wyściółka; miot, młode; ***~ bin*** kosz na śmiecie; *vt* podścielać; zaśmiecać

lit·tle ['lɪtl] *adj* (*comp* ***less*** [les], *sup* ***least*** [liːst]) mały, drobny; krótki; mało, niewiele; ***~ bread*** mało <trochę> chleba; *adv* mało; ***he sees me very ~*** on mnie mało <rzadko> widuje; *s* mała ilość, mało, niewiele; ***a ~*** niewiele, trochę; ***~ by ~*** stopniowo, po trochu

live 1. [lɪv] *vi* żyć; mieszkać, przebywać; przetrwać; ***~ on*** żyć nadal, przetrwać; ***~ on sth*** <***sb***> żyć z czegoś <czyimś kosztem>; ***~ through*** <***over***> przeżyć (***war*** wojnę); ***to ~ to be*** <***see***> doczekać (się); ***to ~ up to sth*** żyć stosownie do czegoś <zgodnie z czymś>; ***long ~!*** niech żyje!; *vt* prowadzić <pędzić> (***a happy life*** szczęśliwe życie)

live 2. [laɪv] *adj attr* żywy; ***~ coal*** żarzące się węgle; *adv* (*nadawać*) na żywo

live·li·hood ['laɪvlɪhʊd] *s pl* środki utrzymania <do życia>

live·long ['lɪvlɒŋ] *adj* (*o dniu, roku itp.*) cały, długi

live·ly ['laɪvlɪ] *adj* żywy, ożywiony

liv·en ['laɪvn] *vt vi* (*także* ***~ up***) ożywiać (się)

liver ['lɪvə] *s* wątroba

liv·er·y ['lɪvərɪ] *s* liberia

live·stock ['laɪvstɒk] *s* żywy inwentarz

liv·id ['lɪvɪd] *adj* silny

liv·ing ['lɪvɪŋ] *ppraes i adj* żyjący, żywy; ***within ~ memory*** za ludzkiej pamięci; *s* życie, tryb życia; ***~ conditions*** warunki życia; ***~ standard*** stopa życiowa; utrzymanie; ***to make*** <***earn***> ***one's ~*** zarabiać na życie; ***~ wage*** płaca wystarczająca na utrzymanie

liz·ard ['lɪzəd] *s zool.* jaszczurka

lla·ma ['lɑːmə] *s zool.* lama

load [ləʊd] *s* ciężar, obciążenie, ładunek; *vt* ładować, obciążać; obsypać (*darami, pochwałami*); obrzucać (*obelgami*); *komp.* ładować (*np. do pamięci*)

loaf 1. [ləʊf] *s* (*pl* ***loaves*** [ləʊvz]) bochenek (*chleba*); głowa (*cukru*); główka (*sałaty itd.*)

loaf 2. [ləʊf] *vi* wałęsać się; *s* wałęsanie się, próżniactwo

loaf·er ['ləʊfə] *s* włóczęga, próżniak, nierób, obibok

loan [ləʊn] *s* pożyczka; zapożyczenie; *vt* pożyczyć (***sth to sb*** coś komuś)

loath [ləʊθ] *adj* niechętny; ***to be ~ to do sth*** z niechęcią coś robić; ***nothing ~*** chętnie

loathe [ləʊð] *vt* czuć wstręt <obrzydzenie> (***sb, sth*** do kogoś, czegoś)

loath·some ['ləʊðsəm] *adj* wstrętny, ohydny

loaves *zob.* ***loaf 1.***

lob·by ['lɒbɪ] *s* hall, holl; poczekalnia; kuluar (*w parlamencie*); grupa nacisku, lobby; *vt* nakłaniać posłów do zajęcia określonego stanowiska

lobe [ləʊb] *s* płat, płatek

lob·ster ['lɒbstə] *s zool.* homar

lo·cal ['ləʊkl] *adj* miejscowy; ***~ government*** samorząd

lo·cal·i·ty [ləʊ'kælətɪ] *s* miejscowość; położenie; rejon

lo·cal·ize ['ləʊkəlaɪz] *vt* lokalizować

lo·cate [ləʊ'keɪt] *vt* umieścić, ulokować; zlokalizować; osiedlić; *am.* ***to be ~d*** mieszkać

lo·ca·tion [ləʊ'keɪʃn] *s* zlokalizowanie, umiejscowienie; ulokowanie, umieszczenie; miejsce zamieszkania

lock 1. [lɒk] *s* zamek, zamknięcie; śluza; *vt vi* zamykać (się) na klucz; otaczać (*np. o górach*); *przen.* więzić; unieruchomić; zaciskać (się); zwierać (się); przechodzić <przeprowadzać> przez śluzę (***up, down*** w górę, w dół); ***~ in*** zamykać wewnątrz; ***~ out*** wykluczyć; nie puścić (*kogoś*) do wewnątrz, zastosować lokaut; ***~ up*** zamknąć (na klucz); uwięzić; trzymać pod kluczem

lock 2. [lɒk] *s* lok, kędzior

lock·er ['lɒkə] *s* kabina; szafka (*zw. z zamkiem szyfrowym*)

lockout ['lɒkaʊt] *s* lokaut

lock·smith ['lɒksmɪθ] *s* ślusarz

lock·up ['lɒkʌp] *s* zamknięcie na klucz (*zw.* bramy na noc); areszt, *pot.* koza

lo·co·mo·tion [ˌləʊkə'məʊʃn] *s techn.* lokomocja, ruch

lo·co·mo·tive [ˌləʊkə'məʊtɪv] *s* lokomotywa; *adj* ruchomy

lo·cust ['ləʊkəst] *s* szarańcza

lo·cu·tion [lə'kjuːʃn] *s* powiedzenie, zwrot

lodge [lɒdʒ] *vt* umieszczać, przyjmować pod dach, zakwaterować; deponować, dawać na przechowanie; wnosić (*np. protest, skargę*); składać (*np. oświadczenie*); wbić, wsadzić; *vi* mieszkać, znaleźć nocleg, ulokować się; *s* domek (*służbowy, myśliwski*); loża (*masońska*); stróżówka, portiernia; kryjówka, nora

lodg·er ['lɒdʒə] *s* lokator; ***to take*** (***in***) ***~s*** przyjmować lokatorów

lodg·ing ['lɒdʒɪŋ] *s* zakwaterowanie, pomieszczenie; *pl* ***~s*** wynajmowane mieszkanie (*umeblowane*)

loft [lɒft] *s* poddasze, strych

loft·i·ness ['lɒftɪnəs] *s* wysokość; wzniosłość; wyniosłość

lof·ty ['lɒftɪ] *adj* wysoki; wzniosły; wyniosły

log [lɒg] *s* kłoda, kloc; *mors.* log

log·book ['lɒgbʊk] *s mors.* dziennik okrętowy

log·ger·head ['lɒgəhed] *s* bałwan, tępak; *pot.* ***to be at ~s*** kłócić się, brać się za łby

log·ic ['lɒdʒɪk] *s* logika

lo·gis·tics [lə'dʒɪstɪks] *s* logistyka

lo·go ['ləʊgəʊ] *s* logo

log·roll·ing ['lɒgˌrəʊlɪŋ] *s* popieranie siebie nawzajem; kumoterstwo; *am.* wzajemna pomoc (finansowa *lub* polityczna)

loin [lɔɪn] *s, pl* **~s** lędźwie; (*także* **~ chop**) polędwica
loi·ter ['lɔɪtə] *vi* wałęsać się, włóczyć się
loi·ter·er ['lɔɪtərə] *s* włóczęga, łazik
loll [lɒl] *vi* (*także* **~ about** <**around**>) rozwalać się, przybierać niedbałą pozę; (*o psie*) wywieszać (**its tongue** język)
lone [ləʊn] *adj attr* samotny; odludny
lone·li·ness ['ləʊnlɪnəs] *s* samotność, osamotnienie
lone·ly ['ləʊnlɪ] *adj* samotny; odludny
lone·some ['ləʊnsəm] = **lonely**
long 1. [lɒŋ] *adj* długi; **~ waves** fale długie (*radiowe*); **he is ~ in doing that** on to długo robi; *adv* długo; dawno; **he won't be ~** on niedługo przyjdzie; **before ~** wkrótce; **so ~!** do widzenia!; **~ ago** <**since**> dawno temu; *s* długi <dłuższy> czas; **for ~** na długo; **it won't take ~** to nie potrwa długo
long 2. [lɒŋ] *vi* pragnąć, łaknąć (**for sth** czegoś); tęsknić (**after** <**for**> **sb, sth** za kimś, czymś), mieć wielką chęć
lon·gev·i·ty [lɒn'dʒevətɪ] *s* długowieczność
long·ing ['lɒŋɪŋ] *ppraes i s* chęć, pragnienie; tęsknota
lon·gi·tude ['lɒndʒɪtjuːd] *s* długość geograficzna
long-legged ['lɒŋlegd] *adj* długonogi
long-range ['lɒŋreɪndʒ] *adj attr* dalekosiężny; długofalowy
long·shore·man ['lɒŋʃɔːmən] *s* (*pl* **longshoremen** ['lɒŋʃɔːmən]) *am.* tragarz, robotnik portowy
long·sight·ed [ˌlɒŋ'saɪtɪd] *adj* dalekowzroczny
long-term ['lɒŋtɜːm] *adj attr* długofalowy, długoterminowy
long·ways ['lɒŋweɪz], **long·wise** ['lɒŋwaɪz] *adv* wzdłuż, na długość
loo [luː] *s bryt. pot.* w.c.; ubikacja
look [lʊk] *s* spojrzenie; wygląd; mina, wyraz (*twarzy*); **to have a ~ at sth** spojrzeć na coś; **to give sb a kind ~** spojrzeć na kogoś życzliwie; **good ~s** piękna twarz, uroda; *vi* patrzeć; wyglądać; **~ about** rozglądać się; **~ after** doglądać, pilnować (**sb, sth** kogoś, czegoś); **~ ahead** patrzeć przed siebie, przewidywać; **~ at** patrzeć (**sb, sth** na kogoś, coś); **~ for** szukać (**sb, sth** kogoś, czegoś); **~ forward** oczekiwać, wypatrywać (**to sth** czegoś); **~ in** wpaść (**on** <**upon**> **sb** do kogoś); oglądać (**at the TV** telewizję); **~ into** zaglądać (**a room** do pokoju *itd.*); badać (**sth** coś); **~ like** wyglądać jak (**sb, sth** ktoś, coś); **it ~s like rain** zanosi się na deszcz; **~ on** przypatrywać się (**sb, sth** komuś, czemuś); **~ on** <**upon**> patrzeć na (**sb, sth as ...** kogoś, coś jak na ...); uważać <mieć> (**sb, sth as ...** kogoś, coś za ...); **~ out** wyglądać; mieć się na baczności; wypatrywać (**for sb** kogoś); **~ round** rozglądać się; **~ through** przejrzeć (**a book** książkę); patrzeć przez (**a window** okno); przezierać; **his greed ~ed through his eyes** chciwość wyzierała mu z oczu; **~ to** pilnować (**sth** czegoś), uważać (**sth** na coś); **~ to it that ...** uważać, ażeby ...; **~ up** patrzeć w górę; sprawdzać, szukać (*czegoś w książce itp.*); **~ up to sb** traktować kogoś z szacunkiem; *vt* patrzeć, spojrzeć (**sb in the face** komuś w oczy); wyglądać (**sb, sth** na kogoś, coś)
look·er-on [ˌlʊkər'ɒn] *s* (*pl* **~s-on** [ˌlʊkəz'ɒn]) widz
look·out ['lʊkaʊt] *s* widok, perspektywa; czujność; **to be on the ~** pilnować, czatować
loom 1. [luːm] *s* warsztat tkacki

loom 2. [luːm] *vi* majaczyć, zarysować się (*np.* na horyzoncie); wyłaniać się; *przen.* zagrażać; ***to ~ large*** wywołać <budzić> niepokój

loop [luːp] *s* pętla; węzeł; *vt* robić pętlę <węzeł>; ***to ~ the ~*** (*o samolocie*) wykonać pętlę

loop·hole ['luːphəʊl] *s* otwór <strzelnica> w murze; *przen.* wykręt, furtka

loose [luːs] *adj* luźny, swobodny; niedbały; rozwiązły; ***at a ~ end*** bez zajęcia; ***to break ~*** zerwać <urwać, uwolnić> (się); ***to come ~*** rozluźnić się; ***to let ~*** puścić na wolność; *przen.* dać upust; *vt* rozluźnić, rozwiązać, puścić

loos·en ['luːsn] *vt vi* rozluźnić (się), popuścić, rozwiązać; działać rozwalniająco

loot [luːt] *vt vi* grabić; *s* grabież; łupy

lop 1. [lɒp] *vt* obcinać, obrzynać

lop 2. [lɒp] *vt* zwieszać, opuszczać; *vi* zwisać

lope [ləʊp] *s* skok, sus; *vi* biec susami

lo·qua·cious [ləʊ'kweɪʃəs] *adj* gadatliwy

lord [lɔːd] *s* lord; pan, dziedzic; ***Lord's Prayer*** Modlitwa Pańska

lord·ly ['lɔːdlɪ] *adj* wielkopański; wyniosły

lore [lɔː] *s* wiedza, tradycja

lor·ry ['lɒrɪ] *s* ciężarówka; platforma kolejowa

lose** [luːz] *vt* (lost, lost*** [lɒst]) stracić, zgubić; ***to ~ heart*** upaść na duchu; ***to ~ one's heart to sb*** oddać komuś serce, zakochać się w kimś; ***~ oneself, to ~ one's way*** zabłądzić, zabłąkać się; ***to ~ sight*** stracić z oczu (***of sth*** coś); ***to be <go> lost*** zaginąć; pójść na marne; ***to be lost to all sense of humour*** stracić wszelkie poczucie humoru; *vi* przyprawić o stratę; zmarnować (*okazję itp.*); przegrać (*mecz itp.*); (*o zegarku*) spóźniać się

loss [lɒs] *s* strata, zguba; utrata, ubytek; ***to be at a ~*** być w kłopocie, nie wiedzieć, co robić

lost *zob.* ***lose***

lot [lɒt] *s* los, dola; udział; część; partia (*towaru*); parcela, działka; wielka ilość; *pot.* banda, paczka; ***a ~ of people*** gromada ludzi; ***a ~ of money*** (*także pl* ***~s of money***) masa pieniędzy; ***a good <quite a> ~*** sporo; ***a ~ more*** znacznie więcej

lo·tion ['ləʊʃn] *s* płyn kosmetyczny <leczniczy>

lot·ter·y ['lɒtərɪ] *s* loteria

lo·tus ['ləʊtəs] *s bot.* lotos

loud [laʊd] *adj* głośny; *adv* głośno

loud·speak·er [ˌlaʊd'spiːkə] *s* głośnik; megafon

lounge [laʊndʒ] *vi* bezczynnie spędzać czas; wygodnie siedzieć <leżeć>; *s* pokój klubowy; duży pokój wypoczynkowy; holl hotelowy

lounge suit ['laʊndʒsuːt] *s* garnitur na co dzień

louse [laʊs] *s* (*pl* ***lice*** [laɪs]) *zool. i przen.* wesz

lous·y ['laʊzɪ] *adj* wszawy, zawszony; *pot.* wstrętny

lout [laʊt] *s* gbur, prostak

love [lʌv] *s* miłość; zamiłowanie; ukochany; ***to fall in ~*** zakochać się (***with sb*** w kimś); ***to make ~*** kochać się <*pot.* spać> (***to <with> sb*** z kimś); ***for ~*** bezinteresownie; dla zabawy <przyjemności>; ***in ~*** zakochany; *vt vi* kochać, lubić (bardzo); ***I would ~*** bardzo bym chciał (***to do this*** to zrobić)

lov·a·ble ['lʌvəbl] *adj* dający się lubić <kochać>; miły

love af·fair ['lʌvəˌfeə] *s* romans

love·ly ['lʌvlɪ] *adj* miły; uroczy

lov·er ['lʌvə] *s* kochanek; amator, wielbiciel

low 1. [ləʊ] *s* niski; nizinny; słaby;

skromny; marny; przygnębiony; (*o głosie*) cichy; pospolity, wulgarny; podły; *adv* nisko; cicho; podle, marnie

low 2. [ləʊ] *vi* ryczeć; *s* ryk

low·brow ['ləʊbraʊ] *s* osoba nie interesująca się literaturą, sztuką *itd.*

low·er 1. *adj comp od* ***low 1.***

low·er 2. ['ləʊə] *vt vi* zniżyć (się), opuścić (się); zmniejszyć (się); poniżyć

low-grade ['ləʊgreɪd] *adj attr* niskogatunkowy, niskoprocentowy

low·land ['ləʊlənd] *s* nizina

low·ly ['ləʊlɪ] *adj* korny, skromny; *adv* kornie; skromnie; nisko

loy·al ['lɔɪəl] *adj* lojalny

loy·al·ty ['lɔɪəltɪ] *s* lojalność

lu·bri·cant ['luːbrɪkənt] *s* smar; *adj* smarujący

lu·bri·cate ['luːbrɪkeɪt] *vt* smarować, oliwić

lu·cent ['luːsnt] *adj* lśniący; przezroczysty

lu·cid ['luːsɪd] *adj* jasny; lśniący; przezroczysty

lu·cid·i·ty [luː'sɪdətɪ] *s* jasność; blask; przezroczystość

luck [lʌk] *s* szczęście, traf; ***good ~*** szczęście; ***bad ~*** pech; *int* powodzenia!

luck·y ['lʌkɪ] *adj* szczęśliwy, pomyślny

lu·cra·tive ['luːkrətɪv] *adj* dochodowy, intratny

lu·di·crous ['luːdɪkrəs] *adj* śmieszny, niedorzeczny

lug [lʌg] *vt* ciągnąć, wlec, szarpać (***at sth*** czymś)

lug·gage ['lʌgɪdʒ] *s* bagaż; ***hand ~*** bagaż ręczny; ***to have one's ~ registered*** nadać bagaż

lu·gu·bri·ous [luː'guːbrɪəs] *adj* ponury, żałobny

luke·warm [ˌluːk'wɔːm] *adj* letni, ciepławy; *przen.* obojętny

lull [lʌl] *vt vi* usypiać; uśmierzać; uspokajać (się); *s* okres spokoju, chwila ciszy

lull·a·by ['lʌləbaɪ] *s* kołysanka

lum·ber ['lʌmbə] *s* drewno, budulec; *zbior.* stare meble; *pot.* graty, rupiecie

lum·ber room ['lʌmbərʊm] *s* *bryt.* rupieciarnia

lu·mi·nar·y ['luːmɪnərɪ] *s* ciało świetlne; luminarz

lu·mi·nous ['luːmɪnəs] *adj* świetlny, lśniący; jasny, zrozumiały

lump [lʌmp] *s* kawałek; bryła; *pot.* niedołęga, mazgaj; ***~ sugar*** cukier w kostkach; ***~ sum*** suma globalna, ryczałt; ***by <in> the ~*** hurtem; *vt* zwalać na stos <kupę>; scalić; *vi* zbić się

lu·na·cy ['luːnəsɪ] *s* szaleństwo, obłęd

lu·nar ['luːnə] *adj* księżycowy; *chem.* ***~ caustic*** lapis

lu·na·tic ['luːnətɪk] *adj* obłąkany, szalony; *s* obłąkaniec, wariat

lunch [lʌntʃ] *s* lunch, drugie śniadanie, lekki obiad; *vi* spożywać lunch

lunch·eon ['lʌntʃən] = ***lunch*** *s*

lung [lʌŋ] *s* płuco

lurch 1. [lɜːtʃ] *s w zwrocie*: ***to leave sb in the ~*** opuścić kogoś w ciężkiej sytuacji

lurch 2. [lɜːtʃ] *vi* przechylać <zachwiać> się; słaniać się; *s* przechylenie się; chwiejny chód

lure [lʊə] *vt* nęcić, wabić; *s* przynęta; pułapka; powab

lu·rid ['lʊərɪd] *adj* ponury, upiorny, niesamowity

lurk [lɜːk] *vi* czaić się, czyhać (***for sb*** na kogoś); *s* ukrycie; ***to be on the ~*** czaić się

lus·cious ['lʌʃəs] *adj* przesłodzony, ckliwy; soczysty

lust [lʌst] *vi* pożądać (***after <for> sth*** czegoś); *s* pożądanie, pożądliwość, lubieżność, żądza

lus·tre ['lʌstə] *s* blask, połysk; *przen.* świetność

lus·trous ['lʌstrəs] *adj* połyskujący, lśniący

lust·y ['lʌstɪ] *adj* tęgi; żwawy, pełen wigoru
lute [luːt] *s muz.* lutnia
lux·u·ri·ant [lʌg'zjʊərɪənt] *adj* obfity, bujny; (*o stylu*) kwiecisty
lux·u·ri·ous [lʌg'zjʊərɪəs] *adj* luksusowy, bogaty
lux·u·ry ['lʌkʃərɪ] *s* przepych, zbytek, luksus; obfitość; *adj attr* luksusowy
ly·ing ['laɪɪŋ] *ppraes i adj* kłamliwy
lynch [lɪntʃ] *vt* linczować; *s* lincz
lynx [lɪŋks] *s zool.* ryś
ly·oph·i·li·za·tion [laɪˌɒfəlaɪ'zeɪʃn] *s* liofilizacja
ly·oph·i·lize [laɪ'ɒfəlaɪz] *vt* liofilizować
lyre ['laɪə] *s muz.* lira
lyr·ic ['lɪrɪk] *adj* liryczny; *s* utwór liryczny; ***the ~s*** tekst (*piosenki*)
lyr·i·cal ['lɪrɪkl] *adj* liryczny
Ly·sol ['laɪsɒl] *s chem.* lizol

M

ma'am [mæm] *s bryt.* proszę pani, słucham panią (*zwracając się do królowej; am. zwracając się do kobiety*)
mace [meɪs] *s* maczuga; buława
mach·i·na·tion [ˌmækɪ'neɪʃn] *s* machinacja, intryga, knowanie
ma·chine [mə'ʃiːn] *s* maszyna; ***agricultural ~s*** maszyny rolnicze; *vt* wykonywać maszynowo; *adj attr* maszynowy; ***~ tool*** obrabiarka; ***game ~*** automat do gry; ***vending ~*** automat do sprzedaży (*np. napojów*)
ma·chine gun [mə'ʃiːngʌn] *s* karabin <pistolet> maszynowy
ma·chin·er·y [mə'ʃiːnrɪ] *s* maszyneria, mechanizm
ma·cho ['mætʃəʊ] *adj* szowinistycznie męski; brutalny
mack·er·el ['mækrəl] *s* makrela
mack·in·tosh, mac(k) ['mækɪntɒʃ] *s bryt.* płaszcz przeciwdeszczowy
ma·cra·mé [mə'krɑːmɪ] *s* makrama
mad [mæd] *adj* szalony, obłąkany; zwariowany (***after sth*** na punkcie czegoś); wściekły; ***to go ~*** zwariować; ***to drive ~*** doprowadzić do szaleństwa
mad·am ['mædəm] *s w zwrotach grzecznościowych*: (Szanowna) Pani!; słucham panią (*personel sklepu do klientki*)
mad·cap ['mædkæp] *adj* szalony, wariacki, zwariowany; *s* narwaniec, człowiek postrzelony
mad·den ['mædn] *vt* doprowadzić do szaleństwa; *vi* szaleć
made *zob.* ***make***
mad·ness ['mædnəs] *s* szaleństwo, obłęd, furia
maf·i·a, Maf·i·a ['mæfɪə] *s* mafia
mag·a·zine [ˌmægə'ziːn] *s* periodyk, czasopismo; skład; *wojsk.* skład broni
mag·got ['mægət] *s zool.* larwa; chimera; kaprys
ma·gi zob. ***magus***
mag·ic ['mædʒɪk] *adj* magiczny, czarodziejski; *s* magia, czary
ma·gi·cian [mə'dʒɪʃn] *s* czarodziej, magik, iluzjonista
mag·is·trate ['mædʒɪstreɪt] *s* sędzia pokoju
mag·na·nim·i·ty [ˌmægnə'nɪmətɪ] *s* wspaniałomyślność
mag·nate ['mægneɪt] *s* magnat
mag·ne·sia [mæg'niːʃə] *s* magnezja
mag·net ['mægnət] *s* magnes
mag·net·ic [mæg'netɪk] *adj* magnetyczny

mag·net·ize ['mægnətaɪz] *vt* magnetyzować
mag·nif·i·cence [mæg'nɪfɪsns] *s* wspaniałość; świetność
mag·nif·i·cent [mæg'nɪfɪsnt] *adj* wspaniały
mag·ni·fi·er ['mægnɪfaɪə] *s* wzmacniacz; szkło powiększające
mag·ni·fy ['mægnɪfaɪ] *vt* wzmacniać; powiększać; ***~ing glass*** szkło powiększające
mag·ni·tude ['mægnɪtjuːd] *s* ogrom, wielkość
mag·pie ['mægpaɪ] *s zool.* sroka; *przen.* gaduła
ma·gus ['meɪgəs] *s* (*pl* ***magi*** ['meɪdʒaɪ]) mag, mędrzec <król> ze Wschodu
ma·hog·a·ny [mə'hɒgənɪ] *s bot.* mahoń
maid [meɪd] *s lit.* dziewczyna; panna; służąca; ***~ of honour*** dama dworu
maid·en ['meɪdn] *s lit.* dziewica, panna; *adj* dziewiczy; panieński; ***~ name*** nazwisko panieńskie
maid·ser·v·ant ['meɪd,sɜːvənt] *s* pokojówka; pomoc domowa
mail 1. [meɪl] *s* poczta; *vt* wysyłać pocztą
mail 2. [meɪl] *s* pancerz; ***coat of ~*** kolczuga; ***~ed fist*** *przen.* zbrojna pięść
maim [meɪm] *vt* okaleczyć
main [meɪn] *adj* główny, przeważający, najważniejszy; *s* główna rura, główny przewód (*wodociągu, gazu*); *pl* ***~s*** kanalizacja; *elektr.* sieć, główna linia; *poet.* morze; ***in the ~*** głównie, przeważnie; ***with might and ~*** z całych sił
main·land ['meɪnlənd] *s* ląd stały
main·spring ['meɪnsprɪŋ] *s* główna sprężyna (*zegara*); *przen.* główny motyw (*działania*)
main·stay ['meɪnsteɪ] *s mors.* sztag grotmasztu; *przen.* ostoja
main·tain [meɪn'teɪn] *vt* podtrzymywać; utrzymywać; zachowywać; twierdzić
main·te·nance ['meɪntənəns] *s* utrzymanie; utrzymywanie; konserwacja; podtrzymywanie, podpora
maize [meɪz] *s bot.* kukurydza
ma·jes·tic [mə'dʒestɪk] *adj* majestatyczny
maj·es·ty ['mædʒəstɪ] *s* majestat; ***Your Majesty*** Wasza Królewska Mość
ma·jor ['meɪdʒə] *adj* większy, ważniejszy; główny; starszy; pełnoletni; *muz.* durowy, dur, majorowy; *s* człowiek pełnoletni; *wojsk.* major
ma·jor·i·ty [mə'dʒɒrətɪ] *s* większość; pełnoletność
make** [meɪk] *vt vi* (made, made*** [meɪd]) robić, tworzyć, produkować, sporządzać; szyć (*ubranie*), piec (*chleb itd.*); zrobić coś do jedzenia; narobić (*hałasu, kłopotu itd.*); ustalić, ustanowić; powodować, doprowadzać, kazać; posłać (***the bed*** łóżko); zawrzeć (***peace*** pokój); wygłaszać (***a speech*** mowę); okazać się (***a good soldier*** dobrym żołnierzem); wybierać się; udawać się, kierować się (***for a place*** dokądś); zrozumieć, wywnioskować; przerobić, przetworzyć (***sth in to sth*** coś na coś); *mat.* wynosić; ***to ~ acquainted*** zaznajomić; ***to ~ believe*** udawać, stwarzać pozory; wmawiać; ***to ~ friends*** zaprzyjaźnić się; ***to ~ good*** naprawić; ***to ~ hay*** przewracać siano; *przen.* wprowadzać zamieszanie (***of sth*** do czegoś); ***to ~ known*** podać do wiadomości; ***to ~ little*** lekceważyć (***of sth*** coś); ***to ~ merry*** zabawiać się, weselić się; ***to ~ much of sth*** wysoko coś cenić, przywiązywać wagę do czegoś; ***to ~ ready*** przygotowywać się; ***to ~ sure*** upewnić się; ***to ~ understood*** dać do zrozumie-

M

nia; ***to ~ oneself understood*** porozumieć się; ***I cannot ~ either head or tail of it*** w żaden sposób nie mogę tego pojąć; ***that ~s me think*** to mi daje do myślenia, to mnie zastanawia; ***what do you ~ the time?*** która może być godzina?; ***to ~ it*** uzgadniać, umawiać się (***5 o'clock*** na godzinę piątą); *pot.* ***I made it*** udało mi się; zdążyłem; *z przymiotnikami i przysłówkami*: ***~ away*** oddalić się, uciec; usunąć, skończyć z czymś; sprzeniewierzyć; zaprzepaścić (***with sth*** coś); ***~ off*** zwiać, uciec; ***~ out*** wystawić (*np. rachunek*), sporządzić (*np. spis*); zrozumieć, odgadnąć; odczytać; rozpoznać; ***~ over*** przenieść; przekazać (*np. własność*); ***~ up*** sporządzić; robić makijaż; odrobić, powetować (*komuś, sobie*) (***for sth*** coś); załagodzić, pogodzić; ***~ it up*** pogodzić się (***with sb*** z kimś); ***~ up one's mind*** postanowić; *s* wyrób; budowa, forma; fason, krój

M

make-be·lieve ['meɪkbɪˌliːv] *s* pozór, udawanie, symulowanie; *adj attr* pozorny, udany; zmyślony

mak·er ['meɪkə] *s* twórca; wytwórca, konstruktor; sprawca

make·shift ['meɪkʃɪft] *s* środek zastępczy; namiastka; *adj attr* tymczasowy, zastępczy, prowizoryczny

make-up ['meɪkʌp] *s* makijaż, charakteryzacja; struktura

mak·ing ['meɪkɪŋ] *ppraes i s* zrobienie, tworzenie; przetwarzanie, produkcja; skład; *pl* ***~s*** zarobek, dochody; składniki (*potrawy*); *pl* ***~s*** zadatki (*np.* ***of a writer*** na pisarza)

mal·ad·just·ment [ˌmælə'dʒʌstmənt] *s* złe przystosowanie, niedopasowanie

mal·ad·min·is·tra·tion [ˌmælədmɪnɪ'streɪʃn] *s* zły zarząd; zła gospodarka

mal·a·dy ['mælədɪ] *s* choroba

mal·con·tent ['mælkəntent] *s* malkontent; *adj* niezadowolony

male [meɪl] *adj* męski, płci męskiej; *zool.* samczy; *s* mężczyzna; *zool.* samiec

mal·e·dic·tion [ˌmælɪ'dɪkʃn] *s* przekleństwo

ma·lev·o·lence [mə'levələns] *s* zła wola, nieżyczliwość

mal·fea·sance [mæl'fiːzns] *s* *prawn.* wykroczenie (*zw.* służbowe)

mal·ice ['mælɪs] *s* złość, złośliwość, złe zamiary

ma·li·cious [mə'lɪʃəs] *adj* złośliwy

ma·lign [mə'laɪn] *adj* złośliwy; szkodliwy; *vt* oczernić (***sb*** kogoś)

ma·lig·nant [mə'lɪgnənt] *adj* złośliwy, jadowity

ma·lig·ni·ty [mə'lɪgnətɪ] *s* złośliwość, jadowitość

ma·lin·ger [mə'lɪŋgə] *vi* udawać chorego, symulować

mall [mɔːl] *s am.* wielkie centrum handlowe

mal·let ['mælɪt] *s* drewniany młotek

mal·nu·tri·tion [ˌmælnjuː'trɪʃn] *s* niedożywienie

mal·prac·tice [ˌmæl'præktɪs] *s* postępowanie niezgodne z prawem, nadużycie

malt [mɔːlt] *s* słód

mal·treat [ˌmæl'triːt] *vt* maltretować; źle traktować

mam·mal ['mæml] *s zool.* ssak

mam·moth ['mæməθ] *s* mamut

mam·my ['mæmɪ] *s zdrob.* mamusia, mateczka

man [mæn] *s* (*pl* ***men*** [men]) człowiek; mężczyzna; mąż; prosty żołnierz, szeregowiec; robotnik; ***~ of integrity*** człowiek prawy; (*w szachach*) pionek, figura; ***best ~*** drużba; ***~ in the street*** szary człowiek; ***to a ~*** do ostatniego człowieka, co do jednego, wszyscy; *vt* obsadzić (*np. załogą*);

men's room *am.* „dla panów", toaleta męska
man·a·cle ['mænəkl] *s* (*zw. pl* **~s**) kajdany
man·age ['mænɪdʒ] *vt* zarządzać, kierować, prowadzić; poskromić, utrzymywać w karności; zdołać (*coś zrobić*), dać sobie radę (***sth*** z czymś); posługiwać się (***sth*** czymś), obchodzić się (***sb, sth*** z kimś, czymś); *vi* poradzić sobie; gospodarować
man·age·ment ['mænɪdʒmənt] *s* zarząd; umiejętne postępowanie, kierowanie
man·ag·er ['mænɪdʒə] *s* dyrektor; kierownik; impresario
man·da·rin ['mændərɪn] *s* mandaryn
man·date ['mændeɪt] *s* mandat; *vt* [ˌmæn'deɪt] powierzyć zarząd (*terytorium*) na podstawie mandatu
man·do·lin [ˌmændə'lɪn] *s muz.* mandolina
mane [meɪn] *s* grzywa
man·ful ['mænfl] *adj* mężny, nieustraszony
man·ger ['meɪndʒə] *s* żłób
man·gle 1. ['mæŋgl] *s* magiel; *vt* maglować
man·gle 2. ['mæŋgl] *vt* krajać; kaleczyć; szarpać; zniekształcać
man·gy ['meɪndʒɪ] *adj* (*o zwierzętach*) parszywy; *przen.* plugawy, nędzny
man·hood ['mænhʊd] *s* męskość; wiek męski; męstwo; *zbior.* mężczyźni, ludność płci męskiej
ma·ni·a ['meɪnɪə] *s* mania
ma·ni·ac ['meɪnɪæk] *s* maniak
man·i·fest ['mænɪfest] *adj* oczywisty, jawny; *vt* ujawniać, manifestować
man·i·fes·to [ˌmænɪ'festəʊ] *s* (*pl* **~s**) manifest
man·i·fold ['mænɪfəʊld] *adj* różnorodny, wieloraki; *vt* powielać
ma·nip·u·late [mə'nɪpjʊleɪt] *vt* manipulować (***sth*** czymś); zręcznie urabiać (***sb*** kogoś); zręcznie pokierować (***sth*** czymś)
man·kind [mæn'kaɪnd] *s* ludzkość, rodzaj ludzki
man·like ['mænlaɪk] *adj* męski, właściwy mężczyźnie
man·ly ['mænlɪ] *adj* męski; mężny, dzielny
man·ner ['mænə] *s* sposób; rodzaj; zwyczaj, sposób bycia, maniera; ***in a ~*** poniekąd; do pewnego stopnia; *pl* **~s** obyczaje, maniery, zachowanie się
ma·noeu·vre [mə'nuːvə] *s* manewr, posunięcie; *vi* manewrować; *vt* manipulować
man-of-war [ˌmænəv'wɔː] *s* (*pl* ***men-of-war*** [ˌmenəv'wɔː]) okręt wojenny
man·or ['mænə] *s* dwór z majątkiem ziemskim
man·pow·er ['mænˌpaʊə] *s* ludzka siła robocza; rezerwy ludzkie (*np. dla armii*)
man·sion ['mænʃn] *s* pałac, dwór; (*zw. pl* **~s**) dom czynszowy
man·slaugh·ter ['mænˌslɔːtə] *s* zabójstwo
man·tel ['mæntl], **man·tel·piece** ['mæntlpiːs] *s* obramowanie kominka
man·tle ['mæntl] *s* płaszcz; okrycie, pokrycie; *vt vi* otulić płaszczem; okryć (się), pokryć (się)
man·trap ['mæntræp] *s* potrzask, zasadzka
man·u·al ['mænjʊəl] *adj* ręczny; (*o pracy*) fizyczny; *s* podręcznik
man·u·fac·ture [ˌmænjʊ'fæktʃə] *s* produkcja; *vt* produkować, wytwarzać
man·u·fac·tur·er [ˌmænjʊ'fæktʃərə] *s* producent, wytwórca
ma·nure [mə'njʊə] *s* nawóz (naturalny); *vt* nawozić
man·u·script ['mænjʊskrɪpt] *s* rękopis
man·y ['menɪ] *adj* (*comp* ***more*** [mɔː], *sup* ***most*** [məʊst]) dużo,

wiele, wielu, liczni; ~ ***a*** niejeden; ~ ***a time*** nieraz; ***a good*** ~ liczni, wielka ilość; ***as*** ~ tyle; ***as*** ~ ***as*** nie mniej niż; aż; ***how*** ~? ile?; *s pl* ***the*** ~ wielka ilość, masa, tłum

man·y-sid·ed [ˌmenɪ'saɪdɪd] *adj* wszechstronny; wielostronny

map [mæp] *s* mapa; *vt* sporządzać mapę (***sth*** czegoś), znaczyć na mapie; ~ ***out*** planować

ma·ple ['meɪpl] *s* klon

mar [mɑː] *vt* psuć, niszczyć

mar·a·thon ['mærəθn] *s sport* maraton

ma·raud [mə'rɔːd] *vi* włóczyć się w celach rabunkowych, grasować; *vt* rabować, łupić

ma·raud·er [mə'rɔːdə] *s* maruder

mar·ble ['mɑːbl] *s* marmur; kulka (do gier)

march 1. [mɑːtʃ] *s* marsz, pochód; ~ ***past*** defilada; *vi* maszerować; ~ ***past*** defilować; *vt* prowadzić

March 2. [mɑːtʃ] *s* marzec

mar·chion·ess [ˌmɑːʃə'nes] *s* markiza (żona markiza)

mare [meə] *s* klacz

mar·ga·rine [ˌmɑːdʒə'riːn] *s* margaryna

marge [mɑːdʒ] = ***margarine***

mar·gin ['mɑːdʒɪn] *s* margines; krawędź; luz, rezerwa

mar·gin·al ['mɑːdʒɪnl] *adj* marginesowy

mar·i·gold ['mærɪgəʊld] *s bot.* nagietek

mar·i·jua·na [ˌmærɪ'wɑːnə] *s bot.* marihuana

ma·rine [mə'riːn] *s* flota, marynarka (handlowa); marynarz (*na okręcie wojennym*); *am.* żołnierz piechoty morskiej; pejzaż morski; *adj* morski, dotyczący marynarki

mar·i·ner ['mærɪnə] *s* marynarz

mar·i·tal ['mærɪtl] *adj* małżeński

mar·i·time ['mærɪtaɪm] *adj* morski; nadmorski

mark 1. [mɑːk] *s* marka (*waluta*)

mark 2. [mɑːk] *s* znak, oznaka; ślad, piętno; oznakowanie; ocena (szkolna), nota; cel; wyróżnienie; ***book***~(***er***) zakładka do książki; (***text***) ~***er*** flamaster, mazak, marker; ***man of*** ~ wybitny człowiek; ***to be up to the*** ~ być na wysokości zadania; ***to miss the*** ~ chybić celu; ***wide of the*** ~ daleki od celu, nietrafny, od rzeczy; *vt* oznaczać, określać; oceniać; zwracać uwagę (***sth*** na coś); notować; wyznaczać; cechować; ~ ***off*** oddzielać, wydzielać; ~ ***out*** wyznaczać, wyróżniać; przeznaczać

marked [mɑːkt] *pp i adj* wybitny, wyraźny

mark·ed·ly ['mɑːkɪdlɪ] *adv* wybitnie, wyraźnie, dobitnie

mar·ket ['mɑːkɪt] *s* rynek, targ; zbyt; ~ ***garden*** przedsiębiorstwo ogrodnicze; *vi vt* znajdować zbyt, wystawiać na sprzedaż, sprzedawać

mar·ket·a·ble ['mɑːkɪtəbl] *adj* pokupny, sprzedażny

mar·ket·ing ['mɑːkɪtɪŋ] *s* marketing; reklama handlowa

marks·man ['mɑːksmən] *s* (*pl* ***marksmen*** ['mɑːksmən]) strzelec wyborowy

ma·roon 1. [mə'ruːn] *vt* wysadzić ze statku i pozostawić na odludnej wyspie, odosobnić; *vt* kręcić się; *pot.* pętać się

ma·roon 2. [mə'ruːn] *adj* kasztanowy; *s* kolor kasztanowy

mar·quee [mɑː'kiː] *s* markiza, daszek ogrodowy; duży namiot

mar·quis ['mɑːkwɪs] *s* markiz

mar·riage ['mærɪdʒ] *s* małżeństwo, ślub; ***civil*** <***church***> ~ ślub cywilny <kościelny>

mar·ried ['mærɪd] *pp i adj* żonaty; zamężna; małżeński

mar·row ['mærəʊ] *s* szpik, rdzeń; *przen.* istota rzeczy

mar·ry ['mærɪ] *vt* żenić się (***sb*** z kimś), wychodzić za mąż (***sb*** za kogoś), wydawać za mąż, żenić; kojarzyć

marsh [mɑːʃ] *s* bagno

mar·shal ['mɑːʃl] *s wojsk.* marszałek; mistrz ceremonii; *vt* formować (*szyki*); ustawiać, uporządkować; wprowadzić (uroczyście)

marsh·y ['mɑːʃɪ] *adj* bagnisty

mar·tial ['mɑːʃl] *adj* wojenny; wojowniczy, wojskowy; ***~ law*** stan wojenny

mar·tyr ['mɑːtə] *s* męczennik

mar·vel ['mɑːvl] *s* cud, cudo; fenomen; *vi* zdumiewać się (***at sb, sth*** kimś, czymś)

mar·vel·lous ['mɑːvələs] *adj* cudowny, zdumiewający

mas·cu·line ['mæskjʊlɪn] *adj* męski; *gram.* rodzaju męskiego; płci męskiej

mash [mæʃ] *s* papka, miazga; mieszanka pokarmowa; zacier; *vt* tłuc; gnieść; ***~ed potatoes*** kartofle purée

mask [mɑːsk] *s* maska; *przen.* pozór, pretekst; *vt vi* maskować (się)

ma·son ['meɪsn] *s* murarz, kamieniarz; mason; *vt* murować, budować (z kamienia)

ma·son·ry ['meɪsnrɪ] *s* murarska robota; obmurowanie; masoneria

masque [mɑːsk] *s* maska (*utwór sceniczny*)

mas·quer·ade [ˌmæskə'reɪd] *s* maskarada

mass 1. [mæs] *s* masa; *adj attr* masowy; *vt vi* masować, gromadzić (się)

mass 2. [mæs] *s* msza; ***high ~*** suma

mas·sa·cre ['mæsəkə] *s* masakra; *vt* masakrować

mas·sage ['mæsɑːʒ] *s* masaż; *vt* masować

mas·seur [mæ'sɜː] *s* masażysta

mas·seuse [mæ'sɜːz] *s* masażystka

mas·sive ['mæsɪv] *adj* masywny

mass·y ['mæsɪ] *adj* masywny, solidny, ciężki

mast [mɑːst] *s* maszt

mas·ter ['mɑːstə] *s* mistrz (*także w rzemiośle, sztuce*); majster; nauczyciel; pan, gospodarz, szef; magister (*tytuł naukowy*); (*także* ***~ mariner***) kapitan statku handlowego; *vt* panować, opanować; poskramiać; kierować

mas·ter·ful ['mɑːstəfl] *adj* władczy

mas·ter·hood ['mɑːstəhʊd] *s* mistrzostwo

mas·ter·ly ['mɑːstəlɪ] *adj* mistrzowski

mas·ter·mind ['mɑːstəmaɪnd] *s* mózg (przedsięwzięcia); *vt* obmyślić, zaplanować (*działania, przedsięwzięcie, itd.*)

mas·ter·piece ['mɑːstəpiːs] *s* arcydzieło

mas·ter·ship ['mɑːstəʃɪp] *s* mistrzostwo; władza, panowie, zwierzchnictwo; stanowisko nauczyciela

mas·ter·y ['mɑːstərɪ] *s* władza, władanie, panowanie; mistrzostwo

mas·ti·cate ['mæstɪkeɪt] *vt* żuć; miażdżyć

mas·tiff ['mæstɪf] *s* brytan

mas·tur·ba·tion [ˌmæstə'beɪʃn] *s* masturbacja

mat 1. [mæt] *s* mata, słomianka; *vt vi* spleść (się), splątać (się)

mat 2. [mæt] *adj* matowy

mat·a·dor ['mætədɔː] *s* matador

match 1. [mætʃ] *s* zapałka

match 2. [mætʃ] *s* odpowiedni dobór osób; rzecz <osoba> dobrana; małżonek, małżonka; para małżeńska, małżeństwo; *sport* zawody, mecz; ***to be a good ~*** dorównywać, dobrze pasować (***for sb, sth*** do kogoś, czegoś); ***to be more than a ~*** przewyższać, mieć przewagę (***for sb*** nad kimś); ***to find one's ~*** znaleźć równego sobie; ***to make a good ~*** dobrze się ożenić; *vt* dobierać rzeczy sobie odpowiadające, zestawiać, łączyć; kojarzyć (*małżeństwo*); dorównywać (***sb, sth*** komuś, czemuś); być dobrze dobranym; pasować (***sb, sth*** do kogoś, czegoś); ***tie and dress to ~*** krawat i ubranie dobrane (do koloru)

match·less ['mætʃləs] *adj* niezrównany, nieprześcigniony

mate 1. [meɪt] *s* (*w szachach*) mat; *vt* dać mata

mate 2. [meɪt] *s* towarzysz, kolega; małżonek; pomocnik; *mors.* niższy oficer, mat

ma·te·ri·al [mə'tɪərɪəl] *adj* materialny; cielesny; istotny, rzeczowy; ważny; *s* materiał; ***raw ~*** surowiec; *pl* ***~s*** przybory

ma·te·ri·al·ism [mə'tɪərɪəlɪzm] *s* materializm

ma·te·ri·al·is·tic [məˌtɪərɪə'lɪstɪk] *adj* materialistyczny

ma·te·ri·al·ize [mə'tɪərɪəlaɪz] *vt vi* zmaterializować (się), ucieleśnić (się), urzeczywistnić (się)

ma·ter·ni·ty [mə'tɜːnətɪ] *s* macierzyństwo; ***~ hospital*** szpital położniczy

math·e·mat·i·cal [ˌmæθə'mætɪkl] *adj* matematyczny

math·e·ma·ti·cian [ˌmæθəmə'tɪʃn] *s* matematyk

math·e·mat·ics [ˌmæθə'mætɪks] *s* matematyka

mat·i·née ['mætɪneɪ] *s* poranek (filmowy); popołudniowe przedstawienie

ma·tric [mə'trɪk] *s pot.* = ***matriculation***

ma·tric·u·late [mə'trɪkjʊleɪt] *vt vi* immatrykulować (się), zapisywać się na wyższą uczelnię; zostać studentem (*po zdaniu egzaminu wstępnego*)

ma·tric·u·la·tion [mə'trɪkjʊ'leɪʃn] *s* immatrykulacja

mat·ri·mo·ni·al [ˌmætrɪ'məʊnɪəl] *adj* matrymonialny, małżeński

mat·ri·mo·ny ['mætrɪmənɪ] *s* stan małżeński; małżeństwo, ślub; mariasz (*w kartach*)

ma·tron ['meɪtrən] *s* matrona; siostra przełożona (w szpitalu)

mat·ter ['mætə] *s* materia; substancja; istota; sprawa; rzecz; kwestia, temat; *med.* ropa; ***a ~ of course*** rzecz zrozumiała sama przez się; ***as a ~ of fact*** w istocie rzeczy; ***for that ~*** jeśli oto chodzi; ***in the ~ of*** co do, co się tyczy; ***it's no laughing ~*** to nie żarty; ***no ~*** mniejsza o to, to nie ma znaczenia; ***printed ~*** druk(i); ***reading ~*** lektura; ***to make much ~ of sth*** robić z czegoś wielką sprawę; ***what's the ~?*** o co chodzi?; ***what's the ~ with him?*** co się z nim dzieje?; *vi* mieć znaczenie; ***it does not ~*** to nie ma znaczenia; mniejsza o to

mat·ter-of-fact [ˌmætərəv'fækt] *adj attr* rzeczowy, realny, praktyczny, prozaiczny

mat·ting ['mætɪŋ] *s* materiał na maty, mata; rogoża

mat·tock ['mætək] *s* kilof

mat·tress ['mætrəs] *s* materac

ma·ture [mə'tʃʊə] *adj* dojrzały; *handl.* płatny; *vi* dojrzewać; *vt* przyspieszać dojrzewanie

ma·tu·ri·ty [mə'tʃʊərətɪ] *s* dojrzałość; *handl.* termin płatności

maud·lin ['mɔːdlɪn] *adj* ckliwy, rzewny

maul [mɔːl] *vt* tłuc; kaleczyć, zniekształcać; miażdżyć krytyką

mau·so·le·um [ˌmɔːsə'liːəm] *s* mauzoleum

mauve [məʊv] *adj* różowoliliowy; *s* kolor różowoliliowy

mawk·ish ['mɔːkɪʃ] *adj* ckliwy, sentymentalny

max·im ['mæksɪm] *s* maksyma

max·i·mum ['mæksɪməm] *s* (*pl* ***maxima*** ['mæksɪmə], ***~s***) maksimum; *adj attr* maksymalny

may 1. [meɪ] *v aux* (*p* ***might*** [maɪt]) ***I ~*** mogę, wolno mi; ***he ~***

be back soon może szybko wrócić; ***long ~ he live*** oby długo żył
May 2. [meɪ] *s* maj; ***May Day*** (*dzień*) 1 maja
may·be ['meɪbiː] *adv* być może
may·on·naise [ˌmeɪə'neɪz] *s* majonez
may·or [meə] *s* mer, burmistrz
maze [meɪz] *s* labirynt, gmatwanina; oszołomienie; wprowadzenie w błąd; *vt* sprowadzić na manowce, wprowadzić w błąd; oszołomić
me [miː, mɪ] *pron* mi, mnie; *pot.* ja; ***with ~*** ze mną; *pot.* ***it's me*** to ja
mead 1. [miːd] *s* miód (pitny)
mead 2. [miːd] *s poet.* łąka
mead·ow ['medəʊ] *s* łąka
mea·gre ['miːgə] *adj* chudy, cienki; *pot.* marny
meal 1. [miːl] *s* mąka (*nie pytlowana*)
meal 2. [miːl] *s* posiłek; jedzenie
mean 1. [miːn] *adj* podły, niski, nędzny, marny
mean 2. [miːn] *adj* średni, pośredni; *s* przeciętna, średnia; *pl* ***~s*** środki utrzymania, zasoby pieniężne; (*zw. pl* ***~s***, *w znacz. sing*) środek; ***by this ~s*** tym sposobem; ***by ~s of*** za pomocą; ***by no ~s*** w żaden sposób; ***a man of ~s*** człowiek zamożny; ***it's beyond his means*** to przekracza jego możliwości finansowe
mean 3.** [miːn] *vt vi* (meant***, ***meant*** [ment]) mieć na myśli; znaczyć, mieć znaczenie; mieć zamiar, zamierzać; przeznaczać (***sth for sb*** coś dla kogoś); ***to ~ business*** poważnie traktować sprawę; ***to ~ well*** mieć dobrą wolę, odnosić się życzliwie
me·an·der [mɪ'ændə] *s* kręta linia, zakręt; *vi* tworzyć zakręty, wić się
mean·ing ['miːnɪŋ] *s* znaczenie, sens, treść
meant *zob.* ***mean***
mean·time ['miːntaɪm] *adv* tymczasem; w międzyczasie; *s w zwrocie*: ***in the ~*** tymczasem; w międzyczasie
mean·while ['miːnwaɪl] = ***meantime***
mea·sles ['miːzlz] *s med.* odra
meas·ure ['meʒə] *s* miara; miarka; środek, sposób, zabieg; ***to take ~s*** przedsięwziąć kroki zaradcze; *lit.* metrum; *muz.* takt; stopień; ***to ~*** na miarę; ***in a ~*** do pewnego stopnia; ***in great ~*** w znacznym stopniu; ***out of ~*** nadmiernie; *mat.* ***the greatest common ~*** największy wspólny dzielnik; *vt* mierzyć, mieć wymiar; szacować; ***~ off*** odmierzać
meas·ure·ment ['meʒəmənt] *s* pomiar; miara, wymiar, rozmiar
meat [miːt] *s* mięso (*jadalne*)
me·chan·ic [mɪ'kænɪk] *s* mechanik; technik
me·chan·i·cal [mɪ'kænɪkl] *adj* mechaniczny; maszynowy
me·chan·ics [mɪ'kænɪks] *s* mechanika
mech·an·ism ['mekənɪzm] *s* mechanizm
med·al ['medl] *s* medal
med·dle ['medl] *vi* mieszać się; wtrącać się (***with sth*** do czegoś)
med·dle·some ['medlsəm] *adj* wścibski
me·di·ae·val [ˌmedɪ'iːvl] = ***medieval***
me·di·a, mass media ['miːdɪə] *s pl* środki (masowego) przekazu; *zob.* ***medium***
me·di·al ['miːdɪəl] *adj* środkowy; średni; pośredni
me·di·ate ['miːdɪeɪt] *vi vt* pośredniczyć; doprowadzić pośrednictwem (***sth*** do czegoś)
me·di·a·tor ['miːdɪeɪtə] *s* pośrednik, rozjemca
med·i·cal ['medɪkl] *adj* lekarski, medyczny
me·dic·a·ment [mə'dɪkəmənt] *s* lek, lekarstwo

med·i·cine ['medsn] *s* medycyna; lekarstwo
med·i·cine man ['medsnmæn] *s* (*pl* ***medicine men*** ['medsnmen]) znachor, czarownik
me·di·e·val [ˌmedɪ'iːvl] *adj* średniowieczny
me·di·o·cre [ˌmiːdɪ'əʊkə] *adj* przeciętny, mierny
me·di·oc·ri·ty [ˌmiːdɪ'ɒkrətɪ] *s* przeciętność, mierność
med·i·tate ['medɪteɪt] *vt vi* rozmyślać, rozważać; planować
med·i·ta·tive ['medɪtətɪv] *adj* oddany rozmyślaniom, medytacyjny, kontemplacyjny
Med·i·ter·ra·ne·an [ˌmedɪtə'reɪnɪən] *adj* śródziemny; śródziemnomorski
me·di·um ['miːdɪəm] *s* (*pl* ***media*** ['miːdɪə], **~s**) środek; sposób; ośrodek; środowisko; medium; ***through the ~ of*** za pomocą; *adj attr* środkowy, średni; ***~ waves*** fale średnie (*radiowe*); *zob.* ***media***
med·ley ['medlɪ] *s* mieszanina; rozmaitości; *muz.* potpourri; *adj* różnorodny; pstry

M

meek [miːk] *adj* łagodny; potulny
meet** [miːt] *vt vi* (met, met*** [met]) spotykać (się); zobaczyć się (***with sb*** z kimś); zbierać się; stykać się; odpowiadać (*gustom, wymaganiom*), zgadzać się; spełniać, zaspokajać; stawiać czoło, spojrzeć w oczy (*np. niebezpieczeństwu*); stosować się; *handl.* honorować (*np. weksel*); natknąć się, natrafić (***sb, sth*** na kogoś, coś); wyjść naprzeciw (komuś); *s* styk; spotkanie (*myśliwych itd.*)
meet·ing ['miːtɪŋ] *s* spotkanie, zejście się, zetknięcie się; zebranie, wiec, zbiórka
meg·a·byte ['megəbaɪt] *s komp.* megabajt
meg·a·phone ['megəfəʊn] *s* megafon
mel·an·chol·y ['melənkəlɪ] *s* melancholia; *adj* melancholijny
mel·io·rate ['miːlɪəreɪt] *vt vi* ulepszać (się), uszlachetniać (się)
mel·low ['meləʊ] *adj* dojrzały; soczysty; pełny; miękki; (*o człowieku*) pogodny; *vt* zmiękczyć, łagodzić; *vi* mięknąć, łagodnieć; (*np. o winie, owocu*) dojrzewać
me·lo·di·ous [mə'ləʊdɪəs] *adj* melodyjny
mel·o·dra·ma ['meləˌdrɑːmə] *s* melodramat
mel·o·dy ['melədɪ] *s* melodia
melt [melt] *vt* topić, roztapiać, przetapiać; rozpuszczać; *vi* topnieć, rozpuszczać się; *przen.* rozpływać się; *s* stop, wytop
melt·ing point ['meltɪŋpɔɪnt] *s* temperatura topnienia
mem·ber ['membə] *s* członek (*np. organizacji*); człon
mem·ber·ship ['membəʃɪp] *s* członkostwo
mem·brane ['membreɪn] *s* błona
mem·oir ['memwɑː] *s* rozprawa (naukowa); *pl* **~s** życiorys; pamiętnik; seria (wydawnicza)
mem·o·ra·ble ['memrəbl] *adj* pamiętny
mem·o·ran·dum [ˌmemə'rændəm] *s* memorandum; notatka
me·mo·ri·al [mə'mɔːrɪəl] *adj* pamięciowy; pamiątkowy; *s* petycja; pomnik; *pl* **~s** pamiętnik, kronika
mem·o·rize ['meməraɪz] *vt* zapamiętać, nauczyć się na pamięć
mem·o·ry ['memərɪ] *s* pamięć; wspomnienie; ***in ~ of...*** ku pamięci...
men *zob.* ***man***
men·ace ['menəs] *s* groźba; *vt vi* grozić, zagrażać
me·nag·er·ie [mə'nædʒərɪ] *s* menażeria
mend [mend] *vt vi* naprawiać, poprawiać (się); poprawa; naprawa; ***to ~ one's ways*** poprawić się (w zachowaniu)

men·da·cious [men'deɪʃəs] *adj* kłamliwy, zakłamany
men·dac·i·ty [men'dæsətɪ] *s* kłamliwość, zakłamanie
men·di·cant ['mendɪkənt] *adj* żebraczy, żebrzący; *s* żebrak; mnich żebrzący
me·ni·al ['miːnɪəl] *adj* służebny; **~ work** czarna robota; *s* służący, popychadło
men·in·gi·tis [ˌmenɪn'dʒaɪtɪs] *s med.* zapalenie opon mózgowych
men·stru·a·tion [ˌmenstrʊ'eɪʃn] *s* menstruacja
men·su·ra·tion [ˌmenʃə'reɪʃn] *s* pomiar
men·tal ['mentl] *adj* umysłowy; (*o szpitalu*) psychiatryczny; *s pot.* chory umysłowo
men·tal·i·ty [men'tælətɪ] *s* umysłowość, mentalność
men·tion ['menʃn] *s* wzmianka; *vt* wspominać, nadmieniać; ***don't ~ it!*** nie ma o czym mówić, nie ma za co (dziękować)
men·u ['menjuː] *s* menu (*karta potraw*)
mer·can·tile ['mɜːkəntaɪl] *adj* handlowy
mer·ce·nar·y ['mɜːsnərɪ] *adj* najemny; interesowny; *s* najemnik
mer·chan·dise ['mɜːtʃəndaɪz] *s zbior.* towar(y)
mer·chant ['mɜːtʃənt] *s* kupiec, handlowiec; *adj* kupiecki, handlowy; ***~ service*** marynarka handlowa
mer·chant·man ['mɜːtʃəntmən] *s* (*pl* ***merchantmen*** ['mɜːtʃəntmen]) *mors.* statek handlowy
mer·ci·ful ['mɜːsɪfl] *adj* litościwy, miłosierny
mer·ci·less ['mɜːsɪləs] *adj* bezlitosny
mer·cu·ry ['mɜːkjʊrɪ] *s* rtęć; *przen.* żywe srebro
mer·cy ['mɜːsɪ] *s* miłosierdzie, litość; łaska; ***at the ~ of*** na łasce (*czegoś*); ***~ killing*** eutanazja
mere [mɪə] *adj* czczy, zwykły, zwyczajny; ***~ words*** puste słowa; ***he is a ~ child*** on jest tylko dzieckiem
mere·ly ['mɪəlɪ] *adv* po prostu, jedynie; zaledwie
merge [mɜːdʒ] *vt vi* łączyć (się), zlewać (się), stapiać (się)
merg·er ['mɜːdʒə] *s* fuzja, połączenie (się)
me·rid·i·an [mə'rɪdɪən] *adj* południowy; *przen.* szczytowy; *s* południk; zenit; *przen.* szczyt
mer·it ['merɪt] *s* zasługa; zaleta; *vt* zasłużyć (***sth*** na coś)
mer·i·to·ri·ous [ˌmerɪ'tɔːrɪəs] *adj* zasłużony; chwalebny
mer·maid ['mɜːmeɪd] *s* syrena (*z baśni*)
mer·ri·ment ['merɪmənt] *s* wesołość, uciecha
mer·ry ['merɪ] *adj* wesoły; miły; ***to make ~*** weselić się
mer·ry-go-round ['merɪgəʊraʊnd] *s* karuzela
mesh [meʃ] *s* oko (w sieci); *pl* ***~es*** sieci; ***~ stockings*** pończochy siatkowe; *vt vi* (dać się) złapać w sieci; zazębiać (się)
mes·mer·ize ['mezməraɪz] *vt* oczarować, fascynować, zahipnotyzować
mess [mes] *s wojsk.* kasyno; *mors.* mesa; zamieszanie, nieporządek; *pot.* bałagan; kłopot; *vt vi* zabrudzić; *pot.* zabałaganić; zaprzepaścić (*sprawę*); spartaczyć (*coś*); żywić (*np. wojsko*); *vi* wspólnie jadać (w mieście)
mes·sage ['mesɪdʒ] *s* posłanie, orędzie; wiadomość, pismo; zlecenie
mes·sen·ger ['mesɪndʒə] *s* posłaniec; zwiastun
Mes·si·ah [mə'saɪə] *s* Mesjasz
mess·y ['mesɪ] *adj* nieporządny, brudny
mes·ti·zo [me'stiːzəʊ] *s* Metys
met *zob.* ***meet***
met·al ['metl] *s* metal

me·tal·lic [me'tælɪk] *adj* metaliczny
me·tal·lur·gy [me'tælədʒɪ] *s* metalurgia
met·a·mor·pho·sis [ˌmetə'mɔːfəsɪs] *s pl* ***metamorphoses*** [ˌmetə'mɔːfəsiːz] metamorfoza
met·a·phor ['metəfə] *s* metafora
met·a·phys·ics [ˌmetə'fɪzɪks] *s* metafizyka
mete [miːt] *vt* zmierzyć; (*także* ***~ out***) wymierzyć (*np. karę*)
me·te·or ['miːtɪə] *s* meteor
me·te·or·ol·o·gy [ˌmiːtɪə'rɒlədʒɪ] *s* meteorologia
me·ter ['miːtə] *s* licznik (*np. gazowy*); *am.* metr
meth·od ['meθəd] *s* metoda
me·thod·i·cal [mə'θɒdɪkl] *adj* metodyczny
Meth·od·ist ['meθədɪst] *s* metodysta
meth·yl·at·ed ['meθəleɪtɪd] *pp i adj* denaturowany, skażony
me·tic·u·lous [mɪ'tɪkjʊləs] *adj* drobiazgowy, skrupulatny
me·tre ['miːtə] *s bryt.* metr; metrum (*miara wiersza*)
met·ric ['metrɪk] *adj* metryczny
me·trop·o·lis [mə'trɒpəlɪs] *s* stolica, metropolia
met·ro·pol·i·tan [ˌmetrə'pɒlɪtən] *adj* stołeczny
met·tle ['metl] *s* charakter, temperament; odwaga; zapał
mew 1. [mjuː] *vi* miauczeć
mew 2. [mjuː] *s zool.* mewa
Mex·i·can ['meksɪkən] *adj* meksykański; *s* Meksykanin
mice [maɪs] *zob.* ***mouse***
mi·cro·com·put·er ['maɪkrəʊkəmˌpjuːtə] *s komp.* mikrokomputer
mi·cro·fiche ['maɪkrəʊfiːʃ] *s* mikrofisza
mi·cro·phone ['maɪkrəfəʊn] *s* mikrofon
mi·cro·pro·ces·sor ['maɪkrəʊˌprəʊsesə] *s komp.* mikroprocesor
mi·cro·scope ['maɪkrəskəʊp] *s* mikroskop
mid [mɪd] *adj* środkowy; ***in ~ summer*** w połowie lata; ***in ~ air*** w powietrzu
mid·day [ˌmɪd'deɪ] *s* południe
mid·dle ['mɪdl] *s* środek, połowa; *adj* środkowy, średni
mid·dle-aged [ˌmɪdl'eɪdʒd] *adj* w średnim wieku
mid·dle·man ['mɪdlmæn] *s* (*pl* ***middlemen*** ['mɪdlmen]) pośrednik
mid·dle·weight ['mɪdlweɪt] *s sport* waga średnia
mid·dling ['mɪdlɪŋ] *adj* średni, przeciętny; *adv* średnio, przeciętnie; *pot.* tak sobie, nieźle
midge [mɪdʒ] *s zool.* muszka
midg·et ['mɪdʒɪt] *s* karzełek; *przen.* maleństwo
mid·land ['mɪdlənd] *adj* środkowy, znajdujący się wewnątrz kraju, śródlądowy; *s* środkowa część kraju
mid·night ['mɪdnaɪt] *s* północ; ***at ~*** o północy; *adj attr* północny
mid·ship·man ['mɪdʃɪpmən] *s* (*pl* ***midshipmen*** ['mɪdʃɪpmən]) *mors. bryt.* podchorąży marynarki; *am.* kadet marynarki
midst [mɪdst] *s* środek; ***in the ~ of...*** w środku...; pośród...; wśród...; między, pomiędzy
mid·sum·mer [ˌmɪd'sʌmə] *s* środek lata; ***~ night*** noc świętojańska
mid·way [ˌmɪd'weɪ] *adv* w połowie drogi; *adj attr* leżący w połowie drogi
mid·wife ['mɪdwaɪf] *s* (*pl* ***midwives*** ['mɪdwaɪvz]) akuszerka
mid·win·ter [ˌmɪd'wɪntə] *s* środek zimy
might 1. *zob.* ***may 1.***
might 2. [maɪt] *s* potęga, moc
might·y ['maɪtɪ] *adj* potężny; *adv pot.* bardzo, wielce
mi·grant ['maɪgrənt] *adj* wędrowny, koczowniczy; *s* wędro-

wiec, tułacz, koczownik; emigrant
mi·grate [maɪ'greɪt] *vi* wędrować; przesiedlać się; emigrować
mi·gra·to·ry ['maɪgrətərɪ] = ***migrant*** *adj*
mike [maɪk] *s pot.* = ***microphone***
mil·age = ***mileage***
mild [maɪld] *adj* łagodny, delikatny
mil·dew ['mɪldju:] *s* pleśń
mile [maɪl] *s* mila
mile·age ['maɪlɪdʒ] *s* odległość w milach
mile·stone ['maɪlstəʊn] *s* kamień milowy
mi·lieu ['mi:ljɜ:] *s* środowisko, otoczenie
mil·i·tant ['mɪlɪtənt] *adj* bojowy, wojowniczy
mil·i·tar·y ['mɪlɪtrɪ] *adj* wojskowy; *s zbior* ***the ~*** wojskowi, wojsko; ***~ man*** wojskowy (= żołnierz)
mil·i·tate ['mɪlɪteɪt] *vi* walczyć (***against sb, sth*** z kimś, czymś)
milk [mɪlk] *s* mleko; ***~ shake*** koktajl mleczny; *vt vi* doić
milk·maid ['mɪlkmeɪd] *s* dojarka; mleczarka
milk·man ['mɪlkmən] *s* (*pl* ***milkmen*** ['mɪlkmən]) mleczarz
milk tooth ['mɪlktu:θ] *s* (*pl* ***milk teeth*** ['mɪlkti:θ]) ząb mleczny
milk·y ['mɪlkɪ] *adj* mleczny
mill [mɪl] *s* młyn; fabryka; walcownia; *vt* mleć; obrabiać; ubijać, ucierać; walcować; karbować
mil·len·ni·um [mɪ'lenɪəm] *s* tysiąclecie
mill·er ['mɪlə] *s* młynarz
mil·let ['mɪlɪt] *s* proso
mil·li·me·tre ['mɪlɪˌmi:tə] *s* milimetr
mil·li·ner ['mɪlɪnə] *s* modystka
mil·lion ['mɪljən] *s* milion
mil·lion·aire [ˌmɪljə'neə] *s* milioner
mill·stone ['mɪlstəʊn] *s* kamień młyński
mime [maɪm] *s* mim (*aktor i sztuka*); *vi* grać mimicznie
mim·e·o·graph ['mɪmɪəgrɑ:f] *s* powielacz; *vt* powielać
mim·ic ['mɪmɪk] *adj* mimiczny; naśladowczy; *s* mimik; naśladowca; *vt* (*p i pp* ***mimicked*** ['mɪmɪkt]) naśladować
mim·ic·ry ['mɪmɪkrɪ] *s* mimika; naśladownictwo; *bot.* mimetyzm
mince [mɪns] *vt* krajać (drobno), siekać, kruszyć; ***~ one's words*** mówić z afektacją; ***not to ~ one's words*** mówić bez ogródek; *s* siekanina
mince·meat ['mɪnsmi:t] *s* mieszane owoce i bakalie
minc·er ['mɪnsə] *s* maszynka do mięsa
mind [maɪnd] *s* umysł, rozum, świadomość; myśl(i); pamięć; zdanie, opinia; skłonność, ochota; decyzja; duch, psychika; ***absence of ~*** roztargnienie; ***presence of ~*** przytomność umysłu; ***peace of ~*** spokój ducha; ***state of ~*** stan ducha, nastrój; ***turn of ~*** mentalność; ***sound in ~*** zdrowy na umyśle; ***to be of unsound ~*** nie być przy zdrowych zmysłach; ***to be of sb's ~*** podzielać czyjeś zdanie; ***to bring to ~*** przypomnieć sobie; ***to change one's ~*** zmienić zdanie; ***to enter sb's ~*** przyjść komuś na myśl; ***to go out of ~*** wyjść z pamięci; ***to have sb in ~*** pamiętać o kimś; ***to have a good ~ to ...*** mieć (wielką) ochotę ...; ***to make up one's ~*** postanowić; ***to speak one's ~*** wypowiedzieć się, wygarnąć prawdę; ***to my ~*** moim zdaniem; *vt vi* uważać, baczyć, zwracać uwagę; starać się; pamiętać; brać sobie do serca, przejmować się (***sth*** czymś); sprzeciwić się, mieć coś przeciw (***sth*** czemuś); ***~ your business*** pilnuj swego nosa; ***do you ~ if I smoke?, do you ~ my smoking?*** czy masz coś przeciwko temu, żebym zapalił?, czy pozwo-

lisz, że zapalę?; ***I don't ~*** jest mi obojętne, nie przeszkadza mi; ***never ~*** mniejsza o to

mind·ful ['maındfl] *adj* uważający (***of sth*** na coś); troskliwy

mine 1. [maın] *pron* mój, moja, moje, moi

mine 2. [maın] *s* kopalnia; mina; *vt* kopać, wydobywać (*rudę itd.*); zaminować

min·er ['maınə] *s* górnik

min·er·al ['mınrəl] *s* minerał; *pl* ***~s*** wody mineralne; *adj* mineralny

min·er·al·o·gy [ˌmınə'rælədʒı] *s* mineralogia

mine·sweep·er ['maınˌswi:pə] *s* poławiacz min, *mors.* trałowiec

mine throw·er ['maınˌθrəʊə] *s* *wojsk.* moździerz

min·gle ['mıŋgl] *vt vi* mieszać (się); obracać się (w towarzystwie)

min·ia·ture ['mınətʃə] *s* miniatura

min·i·mal ['mınıml] *adj* minimalny

M

min·i·mize ['mınımaız] *vt* sprowadzić do minimum, pomniejszyć

min·i·mum ['mınıməm] *s* (*pl* ***minima*** ['mınımə]) minimum; *adj attr* minimalny

min·ing ['maınıŋ] *s* górnictwo; zaminowanie

min·i·skirt ['mınıskɜ:t] *s* minispódniczka

min·is·ter ['mınıstə] *s* minister; poseł; pastor; ***Prime Minister*** premier; *vi* służyć (***to sb*** komuś); przyczyniać się (***to sth*** do czegoś); dbać (***to sb's wants*** o czyjeś potrzeby); odprawiać nabożeństwo (*w kościele protestanckim*); *vt* udzielać (*np. pomocy*)

min·is·te·ri·al [ˌmını'stıərıəl] *adj* ministerialny; usłużny; pomocny; kościelny, duszpasterski

min·is·try ['mınıstrı] *s* ministerstwo; pomoc, usługa; stan duchowny, kler, obowiązki duszpasterskie

mink [mıŋk] *s zool.* norka; norki (*futro*)

mi·nor ['maınə] *adj* mniejszy; podrzędny, drugorzędny; młodszy (z rodzeństwa); *muz.* molowy, mol; *s* niepełnoletni

mi·nor·i·ty [maı'nɒrətı] *s* mniejszość (*np. narodowa*); niepełnoletniość

min·ster ['mınstə] *s* kościół klasztorny; katedra

min·strel ['mınstrəl] *s* minstrel, bard

min·strel·sy ['mınstrəlsı] *s* zbiór pieśni; *zbior.* minstrelowie; sztuka minstrelska

mint 1. [mınt] *s* mennica; *vt* bić monetę; *adj* czysty, nieużywany

mint 2. [mınt] *s bot.* mięta

mi·nus ['maınəs] *praep* minus, mniej

min·ute 1. ['mınıt] *s* minuta; notatka, zapisek; *pl* ***~s*** protokół; ***to take ~s*** protokołować; ***any ~*** lada chwila; ***wait a ~!*** zaraz, zaraz!

mi·nute 2. [maı'nju:t] *adj* drobny, nieznaczny; szczegółowy

mir·a·cle ['mırəkl] *s* cud; (*także* ***~ play***) misterium (*dramat średniowieczny*)

mi·rac·u·lous [mı'rækjuləs] *adj* cudowny

mire ['maıə] *s* błoto; *vt vi* pogrążyć (się) w błocie, ubłocić

mir·ror ['mırə] *s* lustro, zwierciadło; *vt* odzwierciedlać, odbijać obraz

mirth [mɜ:θ] *s* radość, wesołość

mis·ad·ven·ture [ˌmısəd'ventʃə] *s* nieszczęście, nieszczęśliwy wypadek, niepowodzenie

mis·al·li·ance [ˌmısə'laıəns] *s* mezalians

mis·an·thrope ['mısnθrəʊp] *s* mizantrop

mis·an·thro·py [mıs'ænθrəpı] *s* mizantropia

mis·ap·ply [ˌmɪsəˈplaɪ] *vt* źle zastosować
mis·ap·pre·hend [ˌmɪsæprɪˈhend] *vt* źle zrozumieć
mis·be·have [ˌmɪsbɪˈheɪv] *vi* (*także vr* ~ ***oneself***) źle prowadzić się
mis·cal·cu·late [ˌmɪsˈkælkjʊleɪt] *vt* źle obliczyć; *vi* przeliczyć się
mis·car·riage [mɪsˈkærɪdʒ] *s* niepowodzenie; zaginięcie (*np. listu*); poronienie; pomyłka
mis·car·ry [mɪsˈkærɪ] *vi* nie udać się; chybić; doznać niepowodzenia; (*o statku, liście*) nie dojść; poronić
mis·cel·la·ne·ous [ˌmɪsəˈleɪnɪəs] *adj* rozmaity; różnorodny
mis·cel·la·ny [mɪˈselənɪ] *s* zbieranina, zbiór rozmaitości
mis·chance [ˌmɪsˈtʃɑːns] *s* niepowodzenie, pech, nieszczęście
mis·chief [ˈmɪstʃɪf] *s* niegodziwość; szkoda; psota
mis·chie·vous [ˈmɪstʃɪvəs] *adj* złośliwy; szkodliwy; psotny
mis·con·cep·tion [ˌmɪskənˈsepʃn] *s* błędne pojęcie
mis·con·duct [ˌmɪsˈkɒndʌkt] *s* złe prowadzenie się; złe kierownictwo; *vt* [ˌmɪskənˈdʌkt] źle prowadzić; *vr* ~ ***oneself*** źle się prowadzić
mis·con·strue [ˌmɪskənˈstruː] *vt* mylnie objaśniać
mis·cre·ant [ˈmɪskrɪənt] *adj* nikczemny; *s* nikczemnik, łajdak
mi·ser [ˈmaɪzə] *s* skąpiec
mis·er·a·ble [ˈmɪzrəbl] *adj* godny litości, żałosny, nieszczęśliwy; nędzny, godny pogardy; przykry, wstrętny
mi·ser·ly [ˈmaɪzəlɪ] *adj* skąpy
mis·er·y [ˈmɪzərɪ] *s* nędza; nieszczęście; cierpienie
misfit [ˈmɪsfɪt] *s* źle dobrane ubranie, zły krój; *przen.* człowiek nie przystosowany (do otoczenia)
mis·for·tune [mɪsˈfɔːtʃən] *s* nieszczęście, zły los, pech
mis·giv·ing [mɪsˈgɪvɪŋ] *ppraes i s* niepokój; złe przeczucie
mis·gov·ern [ˌmɪsˈgʌvən] *vt* źle rządzić
mis·guide [mɪsˈgaɪd] *vt* fałszywie kierować, wprowadzać w błąd
mis·han·dle [ˌmɪsˈhændl] *vt* źle obchodzić się (***sb, sth*** z kimś, czymś)
mis·hap [ˈmɪshæp] *s* niepowodzenie, nieszczęście, nieszczęśliwy wypadek
mis·in·form [ˌmɪsɪnˈfɔːm] *vt* źle poinformować
***mis·lay** [mɪsˈleɪ] (*formy zob.* ***lay* 1.**) *vt* położyć nie na swoim miejscu, zapodziać
***mis·lead** [mɪsˈliːd] (*formy zob.* ***lead* 1.**) *vt* wprowadzić w błąd, zmylić
mis·man·age [ˌmɪsˈmænɪdʒ] *vt* źle zarządzać
mi·sog·y·nist [mɪˈsɒdʒənɪst] *s* wróg kobiet
mis·place [ˌmɪsˈpleɪs] *vt* źle umieścić, położyć nie na swoim miejscu
mis·print [ˈmɪsprɪnt] *s* błąd drukarski; *vt* [ˌmɪsˈprɪnt] błędnie wydrukować
mis·pro·nounce [ˌmɪsprəˈnaʊns] *vt* błędnie wymawiać
mis·rep·re·sent [ˌmɪsreprɪˈzent] *vt* fałszywie przedstawiać, przekręcać
mis·rule [ˌmɪsˈruːl] *s* złe rządy; *vt* źle rządzić
miss 1. [mɪs] *vt* chybić, nie trafić; opuścić, przepuścić; stracić (*okazję*); nie zastać (***sb*** kogoś); spóźnić się (***the bus*** na autobus); tęsknić (***sb*** za kimś); odczuwać brak; zawodzić; niedosłyszeć (***sth*** czegoś); *s* chybiony strzał; nieudany krok
miss 2. [mɪs] *s* (*przed imieniem* <*nazwiskiem*>) panna; panienka; (*w piśmie* ***Miss***)
mis·sha·pen [ˌmɪsˈʃeɪpən] *adj* zniekształcony, niekształtny

M

mis·sile ['mɪsaɪl] *s* pocisk
mis·sion ['mɪʃn] *s* misja, posłannictwo, zlecenie
mis·sion·a·ry ['mɪʃnərɪ] *s* misjonarz
mis·spell** [ˌmɪs'spel] (*formy zob.* ***spell 3.) *vt* napisać z błędem ortograficznym
mist [mɪst] *s* mgła, mgiełka; *vt vi* pokrywać (się) mgiełką, zamglić (się); zajść parą; mżyć
mis·take** [mɪ'steɪk] (*formy zob.* ***take) *vt* brać (***sb for sb else*** kogoś za kogoś, ***sth for sth else*** coś za coś innego); pomylić się (***sth*** co do czegoś); źle zrozumieć; *s* omyłka, błąd; ***by ~*** przez pomyłkę; ***to make a ~*** popełnić błąd
mis·tak·en [mɪ'steɪkən] *pp i adj* mylny, błędny; ***to be ~*** mylić się, być w błędzie
mis·ter ['mɪstə] *s* (*przed nazwiskiem*) pan; (*w piśmie skr.* = ***Mr***)
mis·tle·toe ['mɪsltəʊ] *s bot.* jemioła
mis·took *zob.* ***mistake***
mis·tress ['mɪstrəs] *s* pani, pani domu; nauczycielka, guwernantka; kochanka; (*w piśmie skr. przed nazwiskiem mężatki* = ***Mrs*** ['mɪsɪz]) Pani
mis·trust [ˌmɪs'trʌst] *s* niedowierzanie, nieufność; *vt* niedowierzać, nie ufać
mist·y ['mɪstɪ] *adj* mglisty
mis·un·der·stand** [ˌmɪsʌndə'stænd] (*formy zob.* ***understand) *vt* źle rozumieć
mis·un·der·stand·ing [ˌmɪsʌndə'stændɪŋ] *s* złe zrozumienie, nieporozumienie
mis·un·der·stood *zob.* ***misunderstand***
mis·use [ˌmɪs'ju:z] *vt* niewłaściwie używać; źle traktować; nadużywać; *s* [ˌmɪs'ju:s] niewłaściwe użycie, nadużycie
mite [maɪt] *s* drobna rzecz, kruszynka; grosz (wdowi)
mit·i·gate ['mɪtɪgeɪt] *vt* łagodzić, uspokajać
mi·tre ['maɪtə] *s* infuła
mitt [mɪt] = ***mitten***
mit·ten ['mɪtn] *s* rękawica (z jednym palcem); rękawiczka (bez palców), mitenka; *sport* rękawica bokserska
mix [mɪks] *vt vi* mieszać (się); preparować, przyrządzać (*np. napoje*); obcować (towarzysko); ***~ up*** zmieszać, pomieszać; wplątać, uwikłać; ***I got ~ed up*** wszystko mi się pomyliło
mix·er ['mɪksə] *s* barman; mikser; ***a good ~*** człowiek towarzyski
mix·ture ['mɪkstʃə] *s* mieszanina, mieszanka, mikstura
mix-up ['mɪksʌp] *s* pomieszanie, zamieszanie, gmatwanina
moan [məʊn] *vt vi* jęczeć, lamentować, opłakiwać (***sb*** kogoś); *s* jęk
moat [məʊt] *s* fosa
mob [mɒb] *s* tłum, pospólstwo; *vt* (*o tłumie*) rzucać się (***sb, sth*** na kogoś, coś); *vi* gromadzić się w tłumie
mo·bile ['məʊbaɪl] *adj* ruchomy; ruchliwy
mo·bil·i·ty [məʊ'bɪlətɪ] *s* ruchliwość
mo·bil·ize ['məʊbəlaɪz] *vt vi* mobilizować (się)
mo·cha ['mɒkə] *s* (*kawa*) mokka
mock [mɒk] *vt vi* szydzić, wyśmiewać, żartować sobie (***at sb, sth*** z kogoś, czegoś); *s* pośmiewisko, kpiny; *adj attr* podrobiony, udany, pozorny
mock·er·y ['mɒkərɪ] *s* szyderstwo; pośmiewisko
mock-he·ro·ic [ˌmɒkhə'rəʊɪk] *adj* heroikomiczny
mode [məʊd] *s* sposób; obyczaj; tryb (*życia, postępowania*); moda; *gram.* tryb
mod·el ['mɒdl] *s* model, wzór; modelka; *vt* modelować, kształto-

wać, kopiować; *vr* ~ ***oneself*** wzorować się (***on sb*** na kimś)
mo·dem ['məʊdem] *s komp.* modem
mod·er·ate ['mɒdəreɪt] *vt vi* poskramiać, hamować, powściągać, uspokajać (się); łagodzić; powstrzymywać (się); *adj* ['mɒdrət] umiarkowany, wstrzemięźliwy; przeciętny
mod·er·a·tion [ˌmɒdə'reɪʃn] *s* umiarkowanie
mod·ern ['mɒdn] *adj* nowoczesny, nowożytny
mod·est ['mɒdɪst] *adj* skromny
mod·es·ty ['mɒdɪstɪ] *s* skromność
mod·i·fy ['mɒdɪfaɪ] *vt* modyfikować, zmieniać
mod·u·late ['mɒdjʊleɪt] *vt* modulować
mod·ule ['mɒdjuːl] *s* moduł
moist [mɔɪst] *adj* wilgotny
mois·ten ['mɔɪsn] *vt* zwilżyć; *vi* wilgotnieć
mois·ture ['mɔɪstʃə] *s* wilgoć
mo·lar ['məʊlə] *adj* trzonowy (ząb); *s* ząb trzonowy
mo·las·ses [mə'læsɪz] *s pl* melasa
mold, molder = ***mould, moulder***
mole 1. [məʊl] *s zool.* kret
mole 2. [məʊl] *s* molo, grobla
mole 3. [məʊl] *s* pieprzyk (na skórze)
mol·e·cule ['mɒlɪkjuːl] *s fiz.* cząsteczka
mole·hill ['məʊlhɪl] *s* kretowisko
mo·lest [mə'lest] *vt* molestować, dokuczać
mol·li·fy ['mɒlɪfaɪ] *vt* miękczyć; łagodzić
molt *zob.* ***moult***
mol·ten ['məʊltən] *adj* stopiony
mo·ment ['məʊmənt] *s* moment, chwila; znaczenie, ważność; ***at the*** ~ w tej (właśnie) chwili; ***for the*** ~ na razie; ***in a*** ~ za chwilę, po chwili; ***to the*** ~ co do minuty; ***of great*** ~ bardzo ważny; ***just a*** ~***!*** chwileczkę!
mo·men·tar·y ['məʊməntrɪ] *adj* chwilowy
mo·men·tous [məʊ'mentəs] *adj* ważny, doniosły
mo·men·tum [məʊ'mentəm] *s* pęd, rozpęd; *fiz.* ilość ruchu
mon·arch ['mɒnək] *s* monarcha
mon·ar·chy ['mɒnəkɪ] *s* monarchia
mon·as·ter·y ['mɒnəstrɪ] *s* klasztor
Mon·day ['mʌndeɪ] *s* poniedziałek
mon·e·tar·y ['mʌnɪtrɪ] *adj* monetarny
mon·ey ['mʌnɪ] *s zbior.* pieniądze; ***ready*** ~ gotówka; ~ ***order*** przekaz pieniężny
mon·ey·box ['mʌnɪbɒks] *s* skarbonka
mon·ger ['mʌŋgə] *s* handlarz, przekupień
mon·grel ['mʌŋgrəl] *s* kundel; mieszaniec; *adj attr* (*o krwi, rasie*) mieszany
mon·i·tor ['mɒnɪtə] *s techn.* monitor; urządzenie kontrolne; *vi vt* nasłuchiwać, kontrolować, monitorować
mon·i·tor·ing ['mɒnɪtərɪŋ] *s* (*w radiu*) nasłuch; monitoring, monitorowanie
monk [mʌŋk] *s* mnich
mon·key ['mʌŋkɪ] *s zool.* małpa
mon·key·ish ['mʌŋkɪɪʃ] *adj* małpi
monk·ish ['mʌŋkɪʃ] *adj* mnisi
mon·o·chrome ['mɒnəkrəʊm] *adj* monochromatyczny; (*o TV*) czarno-biały; monotonny
mo·nog·a·my [mə'nɒgəmɪ] *s* monogamia
mon·o·logue ['mɒnəlɒg] *s* monolog
mo·nop·o·lize [mə'nɒpəlaɪz] *vt* monopolizować
mo·nop·o·ly [mə'nɒpəlɪ] *s* monopol
mo·not·o·nous [mə'nɒtənəs] *adj* monotonny

M

mon·ster ['mɒnstə] *s* potwór; *adj attr* potworny; monstrualny
mon·stros·i·ty [mɒn'strɒsətɪ] *s* potworność
mon·strous ['mɒnstrəs] *adj* potworny; monstrualny
mon·tage [mɒn'tɑːʒ] *s fot. kino* montaż
month [mʌnθ] *s* miesiąc
month·ly ['mʌnθlɪ] *adj* miesięczny; *adv* miesięcznie; co miesiąc; *s* miesięcznik
mon·u·ment ['mɒnjʊmənt] *s* pomnik
mood 1. [muːd] *s* nastrój, humor
mood 2. [muːd] *s gram.* tryb; *muz.* tonacja
mood·y ['muːdɪ] *adj* nie w humorze, markotny; o zmiennym usposobieniu
moon [muːn] *s* księżyc; ***full ~*** pełnia; ***new ~*** nów; ***once in a blue ~*** bardzo rzadko, raz od wielkiego święta; ***to cry for the ~*** żądać gwiazdki z nieba
moon·beam ['muːnbiːm] *s* promień księżyca
moon·light ['muːnlaɪt] *s* światło księżyca
moon·lit ['muːnlɪt] *adj* oświetlony światłem księżyca
moon·shine ['muːnʃaɪn] *s* światło księżyca; *przen.* rojenia; *pot.* bimber, samogon
moon·shin·er ['muːnʃaɪnə] *s pot. am.* bimbrownik; meliniarz
moor 1. [mʊə] *s* otwarty teren, błonie; wrzosowisko; torfowisko
moor 2. [mʊə] *vt mors.* cumować
Moor 3. [mʊə] *s* Maur
moor·ings ['mʊərɪŋz] *s pl mors.* cumy; miejsce cumowania
moor·land ['mʊələnd] *s* pustynna okolica (*zw. pokryta wrzosem, torfem itp.*)
moot [muːt] *vt* rozważać, poddać pod dyskusję (***sth*** coś); *s hist.* zgromadzenie, narada; *adj attr* sporny; ***~ point*** punkt sporny
mop 1. [mɒp] *s* zmywak na kiju (*do podłogi, okien itd.*); *vt* wycierać, zmywać
mop 2. [mɒp] *s w zwrocie*: ***~s and mows*** grymasy, miny; *vi w zwrocie*: ***~ and mow*** stroić miny, robić grymasy
mope [məʊp] *vi* być przygnębionym; *s* człowiek przygnębiony
mo·ped ['məʊped] *s* motorower
mor·al ['mɒrəl] *adj* moralny; *s* morał; *pl* ***~s*** moralność
mo·rale [mə'rɑːl] *s* morale, duch (*np. wojska*)
mor·al·ist ['mɒrəlɪst] *s* moralista
mo·ral·i·ty [mə'rælətɪ] *s* moralność; moralitet (*dramat*)
mor·al·ize ['mɒrəlaɪz] *vi* moralizować; *vt* umoralniać
mo·rass [mə'ræs] *s* bagno, trzęsawisko
mor·bid ['mɔːbɪd] *adj* chorobliwy; chorobowy
more [mɔː] *adj* (*comp od* **much, many**); *adv* więcej, bardziej; *s* więcej; ***~ and ~*** coraz więcej; ***~ or less*** mniej więcej; ***~ than*** ponad; ***never ~*** już nigdy; ***no ~*** już nie, więcej nie; dość; ***once ~*** jeszcze raz; ***so much the ~*** o tyle więcej; ***the ~*** tym bardziej; ***the ~ ... the ~*** im więcej ... tym więcej
more·o·ver [mɔːr'əʊvə] *adv* co więcej, prócz tego, ponadto
morn [mɔːn] *s poet.* = ***morning***
morn·ing ['mɔːnɪŋ] *s* rano, poranek; przedpołudnie; ***good ~!*** dzień dobry!; ***in the ~*** rano; ***this ~*** dziś rano; ***~ call*** wizyta przedpołudniowa; ***~ coat*** żakiet
mo·roc·co [mə'rɒkəʊ] *s* marokin (*safian*)
mo·rose [mə'rəʊs] *adj* ponury, markotny
mor·phol·o·gy [mɔː'fɒlədʒɪ] *s* morfologia
mor·row ['mɒrəʊ] *s lit.* następny dzień; ***on the ~*** nazajutrz
mor·sel ['mɔːsl] *s* kąsek
mor·tal ['mɔːtl] *adj* śmiertelny; *s* śmiertelnik

mor·tal·i·ty [mɔːˈtælətɪ] *s* śmiertelność
mor·tar [ˈmɔːtə] *s* moździerz; zaprawa murarska
mort·gage [ˈmɔːgɪdʒ] *s* zastaw; hipoteka; *vt* zastawić; obciążyć hipotecznie
mor·ti·fy [ˈmɔːtɪfaɪ] *vt* umartwiać, dręczyć, upokarzać; *vi* zamierać
mor·tu·ar·y [ˈmɔːtʃʊərɪ] *adj* pogrzebowy; *s* kostnica
mo·sa·ic [məʊˈzeɪɪk] *s* mozaika
Mos·lem [ˈmɒzləm] *adj* muzułmański; *s* muzułmanin
mosque [mɒsk] *s* meczet
mos·qui·to [məˈskiːtəʊ] *s* (*pl* **~es**) *zool.* komar; moskit
moss [mɒs] *s bot.* mech
most [məʊst] *adj* (*sup od* **much, many**) najwięcej, najbardziej; *adv* najbardziej, najwięcej; *s* największa ilość, przeważająca większość, maksimum; **at (the) ~** najwyżej, w najlepszym razie; **to make the ~ of sth** wykorzystać coś maksymalnie; najkorzystniej przedstawić; **for the ~ part** przeważnie, najczęściej
most·ly [ˈməʊstlɪ] *adv* najczęściej, przeważnie
mote [məʊt] *s* pyłek
mo·tel [məʊˈtel] *s* motel
moth [mɒθ] *s* mól; ćma
moth·er [ˈmʌðə] *s* matka; **~ country** ojczyzna; **~ of pearl** macica perłowa; **~ tongue** mowa ojczysta
moth·er·board [ˈmʌðəbɔːd] *s komp.* płyta główna
moth·er·hood [ˈmʌðəhʊd] *s* macierzyństwo
mother-in-law [ˈmʌðərɪnlɔː] *s* (*pl* **mothers-in-law** [ˈmʌðəzɪnlɔː]) teściowa, świekra
moth·er·ly [ˈmʌðəlɪ] *adj* macierzyński
mo·tif [məʊˈtiːf] *s* motyw
mo·tion [ˈməʊʃn] *s* ruch; chód (*silnika*); skinienie; gest; wniosek; **~ picture** film; **to carry a ~** przeprowadzić wniosek; **to put in ~** wprawić w ruch; *vt vi* dać znak (ręką), skinąć
mo·ti·vate [ˈməʊtɪveɪt] *vt* być bodźcem (**sb, sth** dla kogoś, czegoś); powodować; motywować
mo·tive [ˈməʊtɪv] *adj* napędowy; *s* motyw; bodziec
mot·ley [ˈmɒtlɪ] *s* pstrokacizna; rozmaitości; strój błazeński; *adj* pstry; rozmaity
mo·tor [ˈməʊtə] *s* motor; silnik; *adj* ruchowy, motoryczny; *vt vi* jechać samochodem
mo·tor·bi·cy·cle [ˈməʊtəˌbaɪsɪkl] *s* motocykl
mo·tor·bike [ˈməʊtəbaɪk] *s pot.* motocykl
mo·tor·boat [ˈməʊtəbəʊt] *s* łódź motorowa
mo·tor·bus [ˈməʊtəbʌs] *s* autobus
mo·tor·car [ˈməʊtəkɑː] *s* samochód
mo·tor·coach [ˈməʊtəkəʊtʃ] *s* autokar
mo·tor·cycle [ˈməʊtəˌsaɪkl] *s* motocykl
mo·tor·ist [ˈməʊtərɪst] *s* automobilista
mo·tor·man [ˈməʊtəmən] *s* (*pl* **motormen** [ˈməʊtəmən]) motorniczy
mo·tor scoot·er [ˈməʊtəˌskuːtə] *s* skuter
mo·tor·way [ˈməʊtəweɪ] *s bryt.* autostrada
mot·tle [ˈmɒtl] *vt* pstrzyć, cętkować, nakrapiać; *s* cętka, (barwna) plamka
mot·to [ˈmɒtəʊ] *s* (*pl* **~es, ~s**) motto
mould 1. [məʊld] *s* czarnoziem, ziemia (luźna)
mould 2. [məʊld] *s* pleśń; *vi* pleśnieć
mould 3. [məʊld] *s* forma, odlew; typ (człowieka); *vt* odlewać; kształtować

mould·er ['məʊldə] *vt* butwieć, rozpadać się
moult [məʊlt] *vi* linieć; *s* linienie
mound [maʊnd] *s* nasyp, kopiec
mount 1. [maʊnt] *s* góra, szczyt (*zw.* przed nazwą)
mount 2. [maʊnt] *vt vi* wznosić (się), podnosić (się); wsiadać, sadzać (na konia, rower *itp.*); wspinać się, wchodzić do góry (***a ladder, the stairs etc.*** po drabinie; schodach *itd.*); montować; ustawiać; oprawiać (*np. klejnot*); ***to ~ guard*** zaciągnąć wartę, stanąć na warcie; ***~ed troops*** oddziały konne
moun·tain ['maʊntɪn] *s* góra; ***~ chalet*** schronisko górskie
moun·tain·eer [ˌmaʊntɪ'nɪə] *s* góral; alpinista
moun·tain·eer·ing [ˌmaʊntɪ'nɪərɪŋ] *s sport* alpinistyka, wspinaczka wysokogórska
moun·tain·ous ['maʊntɪnəs] *adj* górzysty
moun·te·bank ['maʊntɪbæŋk] *s lit.* szarlatan
M
mourn [mɔːn] *vt* opłakiwać; *vi* być w żałobie; płakać (***for sb*** nad kimś)
mourn·ful ['mɔːnfl] *adj* żałobny
mourn·ing ['mɔːnɪŋ] *s* żałoba; *przen.* smutek; ***in deep ~*** w głębokiej żałobie
mouse [maʊs] *s* (*pl* ***mice*** [maɪs]) *zool.* mysz (*także komp.*)
mouse·trap ['maʊstræp] *s* pułapka na myszy
mous·tache [mə'stɑːʃ] *s* wąsy
mouth [maʊθ] *s anat.* usta; pysk; ujście (rzeki), wylot
mouth·ful ['maʊθfʊl] *s* kęs, łyk
mouth·piece ['maʊθpiːs] *s* ustnik (*np. instrumentu*); *uj.* tuba (*wyraziciel opinii*)
mov·a·ble ['muːvəbl] *adj* ruchomy; *s pl* ***~s*** ruchomości
move [muːv] *vt vi* ruszać (się), być w ruchu, posuwać (się); przeprowadzać (się); rozczulać, wzruszać; zachęcać, pobudzać; stawiać wniosek; ***~ in*** wnieść; wprowadzić (się); ***~ out*** wynieść; wyprowadzić (się); *s* posunięcie, ruch; przeprowadzka; ***to be on the ~*** być w ruchu
move·ment ['muːvmənt] *s* ruch; chód, bieg; *muz.* część utworu
mov·ie ['muːvɪ] *am.* film; ***~ theater*** kino
mov·ies ['muːvɪz] *s pl am.* kino; ***let's go to the ~*** chodźmy do kina
mow** [məʊ] *vt* (mowed*** [məʊd], ***mown*** [məʊn] *lub* ***mowed***) kosić
mow·er ['məʊə] *s* kosiarz; (*maszyna*) kosiarka
mown *zob.* ***mow***
much [mʌtʃ] *adj i adv* dużo, wiele; bardzo, wielce; ***~ the same*** mniej więcej taki sam; ***as ~*** tyleż; ***as ~ as*** tyle samo, co; ***so ~*** tyle; ***so ~ the better*** tym lepiej; ***he is not ~ of a poet*** on jest słabym poetą; ***how ~?*** ile?
muck [mʌk] *s* gnój, nawóz; błoto; *pot.* paskudztwo; szmira
mud [mʌd] *s* błoto, muł
mud·bath ['mʌdbɑːθ] *s* kąpiel borowinowa
mud·dle ['mʌdl] *vt* mącić, gmatwać, bałaganić; zamroczyć; *vi* ***~ on*** radzić sobie jakoś; ***~ through*** wybrnąć z ciężkiej sytuacji; *s* powikłanie; bałagan, nieład; trudne położenie
mud·dy ['mʌdɪ] *adj* błotnisty; mętny, brudny
mud·guard ['mʌdgɑːd] *s* błotnik
muff 1. [mʌf] *s* zarękawek, mufka
muff 2. [mʌf] *vt* fuszerować; *s* fuszerka; fuszer; mazgaj
muf·fin ['mʌfɪn] *s* bułeczka (*zw. na gorąco z masłem*)
muf·fle ['mʌfl] *vt* owijać, otulać; tłumić
muf·fler ['mʌflə] *s* szalik; tłumik; *sport* rękawica bokserska
mug 1. [mʌg] *s* kubek

mug 2. [mʌg] *s pot.* głupek; *bryt. pot.* gęba
mug 3. [mʌg] *vt pot.* napadać
mug·ging ['mʌgɪŋ] *s* napad rabunkowy
mug·ger ['mʌgə] łobuz, bandyta
mu·lat·to [mjuː'lætəʊ] *s* (*pl* **~es, ~s**) Mulat
mul·ber·ry ['mʌlbrɪ] *s bot.* morwa (*owoc i drzewo*)
mule [mjuːl] *s zool.* muł
mul·ti- ['mʌltɪ] *praef* wielo-
mul·ti·form ['mʌltɪfɔːm] *adj* wielokształtny
mul·ti·lat·er·al [ˌmʌltɪ'lætrəl] *adj* wielostronny
mul·ti·ple ['mʌltɪpl] *adj* wieloraki; wielokrotny; złożony; *s mat.* wielokrotna; ***least common ~*** najmniejsza wspólna wielokrotna
mul·ti·plex ['mʌltɪpleks] = ***multiple*** *adj*
mul·ti·pli·ca·tion [ˌmʌltɪplɪ'keɪʃn] *s* mnożenie (się); *mat.* ***~ table*** tabliczka mnożenia
mul·ti·pli·er ['mʌltɪplaɪə] *s mat.* mnożnik
mul·ti·ply ['mʌltɪplaɪ] *vt vi* mnożyć (się); rozmnażać się; ***~ 4 by 6*** pomnóż 4 przez 6
mul·ti·task·ing [ˌmʌltɪ'tɑːskɪŋ] *s komp.* wielozadaniowość
mul·ti·tude ['mʌltɪtjuːd] *s* mnóstwo; tłum
mum 1. [mʌm] *adj* niemy, cichy; ***to keep ~*** milczeć; *int* sza!
mum 2. [mʌm] *s bryt. pot.* mamusia
mum·ble ['mʌmbl] *vt vi* mruczeć, mamrotać, bełkotać
mum·my 1. ['mʌmɪ] *s pot.* mamusia
mum·my 2. ['mʌmɪ] *s* mumia
mumps [mʌmps] *s med.* świnka
munch [mʌntʃ] *vt vi* głośno żuć, chrupać
mun·dane [mʌn'deɪn] *adj* ziemski; światowy
mu·nic·i·pal [mjuː'nɪsɪpl] *adj* komunalny, miejski
mu·nic·i·pal·i·ty [mjuːˌnɪsɪ'pælətɪ] *s* gmina samorządowa, zarząd miejski
mu·nif·i·cence [mjuː'nɪfɪsns] *s* hojność, szczodrość
mu·ni·tion [mjuː'nɪʃn] *s* (*zw. pl* **~s**) sprzęt wojenny, amunicja
mu·ral ['mjʊərəl] *adj* ścienny; *s* malowidło ścienne
mur·der ['mɜːdə] *s* morderstwo; *vt* mordować
mur·der·er ['mɜːdərə] *s* morderca
murk·y ['mɜːkɪ] *adj* mroczny
mur·mur ['mɜːmə] *vt vi* szeptać, mruczeć; szemrać; szumieć; *s* szept, szmer, szum; pomruk, mruczenie
mus·cle ['mʌsl] *s* mięsień
mus·cle·man ['mʌslmæn] *s* (*pl* ***musclemen*** ['mʌslmen]) kulturysta; ochroniarz
mus·cu·lar ['mʌskjʊlə] *adj* muskularny; mięśniowy
muse 1. [mjuːz] *vi* rozmyślać (***on sth*** o czymś)
muse 2. [mjuːz] *s* muza
mu·se·um [mjuː'ziːəm] *s* muzeum
mush [mʌʃ] *s* kleik, papka
mush·room ['mʌʃrʊm] *s bot.* grzyb; ***of ~ growth*** rosnący jak grzyby po deszczu
mu·sic ['mjuːzɪk] *s* muzyka; *zbior.* nuty; ***chamber ~*** muzyka kameralna; ***pop***(***ular***) ***~*** muzyka popularna
mu·si·cal ['mjuːzɪkl] *adj* muzyczny; muzykalny; dźwięczny; *s* sztuka muzyczna
mu·sic hall ['mjuːzɪkhɔːl] *s* teatr rewiowy
mu·si·cian [mjuː'zɪʃn] *s* muzyk
musk [mʌsk] *s* piżmo
mus·lin ['mʌzlɪn] *s* muślin
must 1. [mʌst, məst] *v aux nieodm.* muszę, musisz *itd.*; ***I ~*** muszę; ***I ~ not*** nie wolno mi; *s* konieczność
must 2. [mʌst] *s* moszcz

M

mus·tard ['mʌstəd] *s bot.* gorczyca; musztarda
mus·ter ['mʌstə] *vt vi* gromadzić (się); zbierać (się); *wojsk.* robić przegląd; *s wojsk.* przegląd; apel; zgromadzenie
mus·ty ['mʌstɪ] *adj* zapleśniały, stęchły
mu·ta·ble ['mju:təbl] *adj* zmienny
mute [mju:t] *adj* niemy; *s* niemowa; *teatr* statysta
mu·ti·late ['mju:tɪleɪt] *vt* kaleczyć; okroić, zniekształcić (*tekst itp.*)
mu·ti·neer [ˌmju:tɪ'nɪə] *s* buntownik
mu·ti·ny ['mju:tɪnɪ] *s* bunt
mut·ter ['mʌtə] *vt vi* mruczeć, mamrotać; szemrać (***at sb, sth*** na kogoś, coś)
mut·ton ['mʌtn] *s* baranina
mu·tu·al ['mju:tʃʊəl] *adj* wzajemny; ***on ~ terms*** na warunkach wzajemności
muz·zle ['mʌzl] *s* pysk; kaganiec; *vt* nałożyć kaganiec
my [maɪ] *adj* mój, moja, moje, moi
my·ope ['maɪəʊp] *s* krótkowidz
my·o·pi·a [maɪ'əʊpɪə] *s* krótkowzroczność
myr·i·ad ['mɪrɪəd] *s* miriada
myr·tle ['mɜ:tl] *s bot.* mirt
my·self [maɪ'self] *pron* sam, ja sam; się; siebie, sobą, sobie; ***by ~*** ja sam, sam jeden
mys·te·ri·ous [mɪ'stɪərɪəs] *adj* tajemniczy
mys·ter·y ['mɪstrɪ] *s* tajemnica
mys·tic ['mɪstɪk] *adj* mistyczny; *s* mistyk
mys·ti·fy ['mɪstɪfaɪ] *vt* mistyfikować
myth [mɪθ] *s* mit
myth·o·log·i·cal [ˌmɪθə'lɒdʒɪkl] *adj* mitologiczny
my·thol·o·gy [mɪ'θɒlədʒɪ] *s* mitologia

N

N

nag [næg] *vt* dokuczać (*komuś*), dręczyć; *vi* gderać (***at sb*** na kogoś)
nai·ad ['naɪæd] *s* rusałka, najada
nail [neɪl] *s* paznokieć; pazur; gwóźdź; *vt* przybić gwoździem, podbić gwoździami, przygwoździć; *przen.* przykuć (*np. uwagę*); *pot.* przydybać; ***~ down*** przybić gwoździem; *przen.* trzymać (*kogoś*) za słowo
na·ive [naɪ'i:v] *adj* naiwny
na·i·ve·ty [naɪ'i:vətɪ] *s* naiwność
na·ked ['neɪkɪd] *adj* nagi, goły
name [neɪm] *s* imię, nazwisko, nazwa; ***family ~*** nazwisko; ***first ~*** imię; ***full ~*** imię i nazwisko; ***by ~*** na imię, po nazwisku; ***to call sb ~s*** obrzucać kogoś wyzwiskami; *vt* dawać imię, nazywać; wyznaczać, wymieniać
name day ['neɪmdeɪ] *s* imieniny
name·less ['neɪmləs] *adj* bezimienny; nieznany; niewysłowiony; *uj.* niesłychany
name·ly ['neɪmlɪ] *adv* mianowicie
name·sake ['neɪmseɪk] *s* imiennik
nap [næp] *s* drzemka; ***to take a ~*** zdrzemnąć się; *vi* drzemać
na·palm ['neɪpɑ:m] *s* napalm
nape [neɪp] *s* kark
nap·kin ['næpkɪn] *s* serwetka; pieluszka; *am.* ***sanitary ~*** podpaska higieniczna
nap·py ['næpɪ] *s* pielucha, pieluszka

nar·cot·ic [nɑːˈkɒtɪk] *adj* narkotyczny; *s* narkotyk
nar·co·tize [ˈnɑːkətaɪz] *vt* narkotyzować
nar·rate [nəˈreɪt] *vt* opowiadać
nar·ra·tion [nəˈreɪʃn] *s* opowiadanie
nar·ra·tive [ˈnærətɪv] *adj* narracyjny; *s* opowiadanie, opowieść
nar·row [ˈnærəʊ] *adj* wąski, ciasny, ścisły; ***to have a ~ escape*** ledwo umknąć; *vt vi* zwężać (się); ściągać (się)
nar·row-gauge [ˈnærəʊgeɪdʒ] *adj attr* wąskotorowy
nar·row-mind·ed [ˌnærəʊˈmaɪndɪd] *adj* (umysłowo) ograniczony
na·sal [ˈneɪzl] *adj* nosowy; *s gram.* głoska nosowa
nas·ty [ˈnɑːstɪ] *adj* wstrętny, przykry; groźny; złośliwy; plugawy; *pot.* świński
na·tal [ˈneɪtl] *adj* rodzinny; (*o dniu, miejscu*) urodzenia
na·ta·tion [nəˈteɪʃn] *s* pływanie
na·tion [ˈneɪʃn] *s* naród; państwo
na·tion·al [ˈnæʃnəl] *adj* narodowy; państwowy; ***~ service*** obowiązkowa służba wojskowa; ***~ anthem*** hymn narodowy; *s* poddany, obywatel państwa
na·tion·al·ism [ˈnæʃnəlɪzm] *s* nacjonalizm
na·tion·al·i·ty [ˌnæʃnˈælətɪ] *s* narodowość; przynależność państwowa, obywatelstwo
na·tion·al·i·za·tion [ˌnæʃnəlaɪˈzeɪʃn] *s* upaństwowienie, nacjonalizacja
na·tion·al·ize [ˈnæʃnəlaɪz] *vt* unarodowić; nacjonalizować, upaństwowić
na·tive [ˈneɪtɪv] *adj* rodzimy, rodzinny, ojczysty; wrodzony; krajowy, tubylczy; ***~ land*** ojczyzna; *s* tubylec, autochton; ***a ~ of Warsaw*** rodowity warszawianin
nat·u·ral [ˈnætʃrəl] *adj* naturalny; dziki, pierwotny; przyrodniczy; wrodzony; (*o dziecku*) nieślubny; ***~ history*** przyroda; ***~ science*** nauki przyrodnicze; ***~ selection*** dobór naturalny; *s muz.* nuta naturalna; kasownik
nat·u·ral·ism [ˈnætʃrəlɪzm] *s* naturalizm
nat·u·ral·ize [ˈnætʃrəlaɪz] *vt vi* naturalizować (się)
na·ture [ˈneɪtʃə] *s* natura, przyroda; istota; charakter; rodzaj; ***by ~*** z natury; ***preservation of ~*** ochrona przyrody
na·tur·is·m [ˈneɪtʃərɪzm] *s* naturyzm
naught [nɔːt] *s i pron* nic; zero
naugh·ty [ˈnɔːtɪ] *adj* (*o dziecku*) niegrzeczny; nieprzyzwoity
nau·sea [ˈnɔːzɪə] *s* nudności, mdłości; obrzydzenie
nau·se·ate [ˈnɔːzɪeɪt] *vt* przyprawiać o mdłości, budzić wstręt; czuć wstręt (***sth*** do czegoś); *vi* dostawać mdłości
nau·se·ous [ˈnɔːzɪəs] *adj* przyprawiający o mdłości, obrzydliwy
nau·ti·cal [ˈnɔːtɪkl] *adj* morski
na·val [ˈneɪvl] *adj* morski; dotyczący marynarki wojennej; okrętowy
nave 1. [neɪv] *s* nawa
nave 2. [neɪv] *s* piasta (*koła*)
na·vel [ˈneɪvl] *s anat.* pępek
nav·i·ga·ble [ˈnævɪgəbl] *adj* spławny, nadający się do żeglugi
nav·i·gate [ˈnævɪgeɪt] *vt vi* żeglować, kierować statkiem; pilotować
nav·i·ga·tion [ˌnævɪˈgeɪʃn] *s* żegluga, nawigacja
nav·vy [ˈnævɪ] *s* robotnik drogowy, wyrobnik
na·vy [ˈneɪvɪ] *s* marynarka wojenna; ***~ cut*** tytoń fajkowy (*drobno krajany*)
navy blue [ˌneɪvɪˈbluː] *adj* granatowy; *s* kolor granatowy
nay [neɪ] *adv* nie; nawet, co więcej; ***to say ~*** zaprzeczyć; *s* sprzeciw (*w głosowaniu*)

near [nɪə] *adj* bliski, blisko spokrewniony; trafny; dokładny; ***to have a ~ escape*** ledwo uciec, uniknąć o włos; *adv i praep* blisko, niedaleko, obok; ***~ by*** tuż obok; ***~ upon*** blisko; tuż przed czymś; prawie; ***to come ~*** zbliżyć się; *vt* zbliżać się (***sth*** do czegoś)
near·by ['nɪəbaɪ] *adj* bliski, sąsiedni
near·ly ['nɪəlɪ] *adv* blisko; prawie (że)
neat [niːt] *adj* czysty, schludny; gustowny; grzeczny; miły; staranny, porządny
neb·u·lous ['nebjʊləs] *adj* mglisty, zamglony
nec·es·sar·y ['nesəsrɪ] *adj* konieczny, niezbędny; ***if ~*** w razie potrzeby; *s* rzecz konieczna; *pl* ***necessaries of life*** artykuły pierwszej potrzeby; ***~ evil*** zło konieczne
ne·ces·si·tate [nɪ'sesɪteɪt] *vt* czynić koniecznym; wymagać
ne·ces·si·ty [nɪ'sesətɪ] *s* konieczność, potrzeba; bieda; ***of ~*** z konieczności; ***to be under the ~ of doing sth*** być zmuszonym coś zrobić

N

neck [nek] *s* szyja, kark; szyjka (*np. flaszki*); przesmyk; cieśnina; *vt vi am. pot.* obejmować (się) za szyję; pieścić się
neck·lace ['nekləs] *s* naszyjnik
neck·tie ['nektaɪ] *s* krawat
need [niːd] *s* potrzeba; ubóstwo, bieda; ***to have ~ of*** potrzebować *czegoś*; *vt* potrzebować, wymagać (*czegoś*); *vt* być w potrzebie; ***I ~ not*** nie muszę; ***if ~ be*** w razie potrzeby
need·ful ['niːdfl] *adj* potrzebny, konieczny
nee·dle ['niːdl] *s* igła; iglica
need·less ['niːdləs] *adj* niepotrzebny, zbędny; ***~ to say that...*** nie trzeba dodawać, że...
nee·dle·work ['niːdlwɜːk] *s* robótka (*szycie, haftowanie*)
need·n't [niːdnt] = ***need not***
need·y ['niːdɪ] *adj* będący w potrzebie
ne'er [neə] *poet.* = ***never***
ne·ga·tion [nɪ'geɪʃn] *s* przeczenie, negacja
neg·a·tive ['negətɪv] *adj* przeczący, negatywny; *mat.* ujemny; *s* zaprzeczenie; odmowa; *gram.* forma przecząca; *mat.* wartość ujemna; *fot.* negatyw; ***in the ~*** negatywnie, przecząco
neg·lect [nɪ'glekt] *vt* zaniedbywać, lekceważyć; nie zrobić (***sth*** czegoś); *s* zaniedbanie, lekceważenie, pominięcie
neg·li·gence ['neglɪdʒəns] *s* niedbalstwo, zaniedbanie
neg·li·gent ['neglɪdʒənt] *adj* niedbały, lekceważący; zaniedbany
neg·li·gi·ble ['neglɪdʒəbl] *adj* niegodny uwagi, mało znaczący
ne·go·ti·a·ble [nɪ'gəʊʃɪəbl] *adj handl.* do uzgodnienia; sprzedażny, możliwy do spieniężenia; *pot.* dający się pokonać; (*o drodze*) przejezdna
ne·go·ti·ate [nɪ'gəʊʃɪeɪt] *vt vi* załatwiać (*sprawy polityczne, handlowe*); prowadzić rokowania (***sth*** w sprawie czegoś); *handl.* puszczać w obieg (*np. weksel*); realizować, spieniężać, pokonywać
ne·go·ti·a·tion [nɪˌgəʊʃɪ'eɪʃn] *s* rokowania (*polityczne, handlowe*); pokonanie (*trudności*)
Ne·gress ['niːgrəs] *s zw. uj.* Murzynka
Ne·gro ['niːgrəʊ] *s zw. uj.* (*pl* ***~es***) Murzyn
neigh [neɪ] *vi* rżeć
neigh·bour ['neɪbə] *s* sąsiad; *vt vi* sąsiadować
neigh·bour·hood ['neɪbəhʊd] *s* sąsiedztwo; okolica
nei·ther ['naɪðə] *am.* ['niːðə] *pron* ani jeden, ani drugi, żaden z dwóch; *adv* ani; ***~ ... nor*** ani ...,

ani; ***he could ~ eat nor drink*** nie mógł jeść, ani pić; *conj* też nie; ***he doesn't like it, ~ do I*** on tego nie lubi, i ja też nie

ne·ol·o·gis·m [niː'ɒlədʒɪzm] *s* neologizm

ne·on ['niːɒn] *s fiz.* neon (*gaz*); ***~ sign*** neon (*reklama*); ***~ lamp*** lampa neonowa

neph·ew ['nevjuː] *s* siostrzeniec; bratanek

nerve [nɜːv] *s* nerw; *przen.* siła, energia; opanowanie; tupet; ***to get on sb's ~s*** działać komuś na nerwy; *vt* wzmocnić, dodać otuchy; *vr* ***~ oneself*** zebrać siły (***for sth*** do czegoś), wziąć się w garść

nerv·ous ['nɜːvəs] *adj* nerwowy; niespokojny; ***~ breakdown*** załamanie nerwowe

nest [nest] *s* gniazdo; *vi* wić gniazdo; gnieździć się

nes·tle ['nesl] *vt* przycisnąć, przytulić; *vi* gnieździć się; tulić się, wygodnie się usadowić

net 1. [net] *adj* (*o zysku itp.*) czysty; netto; *vt* zarobić na czysto

net 2. [net] *s dosł. i przen.* sieć, siatka; *sport* net; *vt* łowić siecią (*np. ryby*)

net·tle ['netl] *s* pokrzywa; *vt* parzyć pokrzywą; *przen.* drażnić, irytować, docinać

net·work ['netwɜːk] *s* sieć (*kolejowa, radiowa itp.*)

neu·ras·the·ni·a [ˌnjʊərəs'θiːnɪə] *s med.* neurastenia

neu·rol·o·gy [njʊə'rɒlədʒɪ] *s* neurologia

neu·ro·sis [njʊə'rəʊsɪs] *s* (*pl* ***neuroses*** [njʊə'rəʊsiːz]) *med.* nerwica

neu·ter ['njuːtə] *adj gram.* nijaki (*rodzaj*); nieprzechodni (*czasownik*); neutralny; ***to stand ~*** zachowywać neutralność

neu·tral ['njuːtrəl] *adj* neutralny; nieokreślony

neu·tral·i·ty [njuː'trælətɪ] *s* neutralność

neu·tral·ize ['njuːtrəlaɪz] *vt* neutralizować

neu·tron ['njuːtrɒn] *s fiz.* neutron

nev·er ['nevə] *adv* nigdy; bynajmniej

nev·er·more [ˌnevə'mɔː] *adv* już nigdy, nigdy więcej

nev·er·the·less [ˌnevəðə'les] *adv* mimo wszystko; (tym) niemniej

new [njuː] *adj* nowy; świeży; ***New Year's Eve*** Sylwester

new·com·er ['njuːˌkʌmə] *s* przybysz

news [njuːz] *s* wiadomość; nowina; kronika, aktualności

news·a·gent ['njuːzˌeɪdʒənt] *s* właściciel kiosku z czasopismami

news·boy ['njuːzbɔɪ] *s* gazeciarz

news·cast ['njuːzkɑːst] *s* dziennik radiowy; wiadomości

news·let·ter ['njuːzˌletə] *s* okólnik

news·pa·per ['njuːsˌpeɪpə] *s* gazeta

new·speak ['njuːspiːk] *s* nowomowa

news·reel ['njuːzriːl] *s* kronika filmowa

news ven·dor ['njuːzˌvendə] *s* sprzedawca gazet

news·y ['njuːzɪ] *adj pot.* pełen najświeższych wiadomości, plotkarski

next [nekst] *adj* najbliższy; następny; ***~ of kin*** najbliższy krewny; ***~ to nothing*** prawie nic; *adv* następnie, z kolei, zaraz potem; *praep* tuż obok; po (*kimś, czymś*); ***~ door*** obok; bliski, podobny

nib [nɪb] *s* kolec; koniuszek, ostrze, szpic; stalówka

nib·ble ['nɪbl] *vt vi* gryźć, obgryzać, nadgryzać (***sth*** coś)

nice [naɪs] *adj* ładny; miły, przyjemny; wrażliwy; delikatny, subtelny; wybredny; skrupulatny

nice-look·ing [ˌnaɪs'lʊkɪŋ] *adj* przystojny; ładny

ni·ce·ty ['naɪsətɪ] *s* delikatność, subtelność; precyzja, dokładność; ***to a ~*** możliwie najdokładniej; starannie, idealnie; *przen.* na ostatni guzik; *pl* ***niceties*** drobiazgi, subtelności
niche [nɪtʃ] *s* nisza
nick [nɪk] *s* nacięcie, wcięcie; odpowiednia chwila; ***in the ~ of time*** w samą porę; ***in the ~ of doing sth*** w momencie robienia czegoś; *vt* nacinać, karbować; trafić, zgadnąć; ***to ~ a train*** zdążyć w ostatniej chwili na pociąg; ***to ~ the time*** zdążyć w samą porę
nick·el ['nɪkl] *s chem.* nikiel; *am. pot.* pięciocentówka
nick·name ['nɪkneɪm] *s* przezwisko; przydomek; *vt* przezywać
niece [niːs] *s* siostrzenica; bratanica
nig·gard ['nɪgəd] *s* skąpiec, sknera; *adj* skąpy
nig·ger ['nɪgə] *s pog.* Murzyn
nigh [naɪ] *adj i adv poet.* = ***near***
night [naɪt] *s* noc; wieczór; ***by ~*** nocą, w nocy; ***at ~*** wieczorem; ***last ~*** ubiegłej nocy; wczoraj wieczorem; ***the ~ before last*** przedostatniej nocy; przedwczoraj wieczorem; ***first ~*** *teatr* premiera; ***~-blindness*** kurza ślepota
night·cap ['naɪtkæp] *s pot.* kieliszek na dobranoc
night·fall ['naɪtfɔːl] *s* zmierzch
night·in·gale ['naɪtɪŋgeɪl] *s zool.* słowik
night·ly ['naɪtlɪ] *adj* nocny, conocny; wieczorny; powtarzający się co wieczór; *adv* co noc; co wieczór
night·mare ['naɪtmeə] *s* koszmar (nocny)
night·time ['naɪttaɪm] *s* noc, pora nocna
ni·hil·ism ['naɪəlɪzm] *s* nihilizm
nil [nɪl] *s* nic; *sport* zero
nim·ble ['nɪmbl] *adj* zwinny, zgrabny; rączy; (*o umyśle*) bystry
nine [naɪn] *num* dziewięć; *s* dziewiątka
nine·pins ['naɪnpɪnz] *s pl* kręgle
nine·teen [ˌnaɪn'tiːn] *num* dziewiętnaście; *s* dziewiętnastka
nine·teenth [ˌnaɪn'tiːnθ] *adj* dziewiętnasty
nine·ti·eth ['naɪntɪəθ] *adj* dziewięćdziesiąty
nine·ty ['naɪntɪ] *num* dziewięćdziesiąt; *s* dziewięćdziesiątka
ninth [naɪnθ] *adj* dziewiąty
nip [nɪp] *vt* szczypnąć; ścisnąć; ucinać; zwarzyć (*roślinę*); ***~ sth in the bud*** zdusić coś w zarodku
nip·ple ['nɪpl] *s* sutek; smoczek
ni·tric ['naɪtrɪk] *adj* azotowy
ni·tro·gen ['naɪtrədʒən] *s chem.* azot
no [nəʊ] *adj* nie; żaden; ***~ doubt*** niewątpliwie; ***~ entrance*** wstęp wzbroniony; ***~ end*** bez końca; ***to ~ end*** bez celu; ***~ smoking*** palenie wzbronione; *adv* nie; *s* przecząca odpowiedź; odmowa; ***by ~ means*** w żaden sposób; absolutnie nie
no·bil·i·ty [nəʊ'bɪlətɪ] *s* szlachectwo; szlachetność; szlachta, arystokracja
no·ble ['nəʊbl] *adj* szlachetny; szlachecki; *s* = ***nobleman***
no·ble·man ['nəʊblmən] *s* (*pl* ***noblemen*** ['nəʊblmən]) szlachcic (wysokiego rodu), arystokrata
no·bod·y ['nəʊbədɪ] *pron* nikt; *s* nic nie znaczący człowiek, zero
noc·tur·nal [nɒk'tɜːnl] *adj* nocny
nod [nɒd] *vt* skinąć (***to sb*** na kogoś); ukłonić się, kiwnąć głową; drzemać; *vi* kiwnąć (***one's head*** głową); *s* skinienie, ukłon, kiwnięcie głową; drzemka
noise [nɔɪz] *s* hałas; odgłos; szum; ***make a ~*** hałasować
noi·some ['nɔɪsəm] *adj lit.* szkodliwy, niezdrowy; wstrętny; (*o zapachu*) niemiły
nois·y ['nɔɪzɪ] *adj* hałaśliwy

N

no·mad ['nəʊmæd] *s* koczownik; *adj* koczowniczy
no·mad·ic [nəʊ'mædɪk] *adj* koczowniczy
nom·i·nal ['nɒmɪnl] *adj* nominalny; imienny
nom·i·nate ['nɒmɪneɪt] *vt* mianować; wyznaczyć; wysunąć jako kandydata
nom·i·na·tion [ˌnɒmɪ'neɪʃn] *s* nominacja; wyznaczenie; wysunięcie kandydatury
nom·i·na·tive ['nɒmnətɪv] *s gram.* mianownik
non- [nɒn] *praef* nie-; bez-
non·age ['nəʊnɪdʒ] *s* niepełnoletniość
non-ag·gres·sion [ˌnɒnə'greʃn] *s* nieagresja; ~ ***pact*** pakt o nieagresji
non·cha·lant ['nɒnʃələnt] *adj* nonszalancki
non-com·ba·tant [ˌnɒn'kɒmbətənt] *adj* nie walczący; *s* żołnierz nieliniowy (*np. sanitariusz*)
non-com·mis·sioned [ˌnɒnkə'mɪʃnd] *adj* nie mający stopnia oficerskiego; ~ ***officer*** podoficer
non·con·form·ist [ˌnɒnkən'fɔːmɪst] *s* dysydent
non-co·op·er·a·tion [ˌnɒnkəʊɒpə'reɪʃn] *s* brak współdziałania, bierny opór
non·de·script ['nɒndɪskrɪpt] *adj* nie dający się opisać; dziwaczny; *s* osoba nieokreślonego wyglądu; człowiek bez określonego zajęcia; dziwak
none [nʌn] *pron* nikt, żaden, nic; ~ ***of this*** nic z tego; ~ ***of that!*** dość tego!; *adv* wcale nie; ***I feel ~ the better*** wcale nie czuję się lepiej; ~ ***the less*** tym niemniej
non·en·ti·ty [nɒ'nentətɪ] *s* nicość; fikcja; człowiek bez znaczenia, zero
none·such = ***nonsuch***
non·flam·ma·ble [ˌnɒn'flæməbl], **non·in·flam·ma·ble** *adj* niepalny
non-i·ron [ˌnɒn'aɪən] *adj* nie wymagający prasowania
non-par·ty [ˌnɒn'pɑːtɪ] *adj attr* bezpartyjny
non·plus [ˌnɒn'plʌs] *s* zakłopotanie; impas; *vt* zakłopotać; zapędzić w kozi róg
non-res·i·dent [ˌnɒn'rezɪdent] *adj* (*uczeń, lekarz itp.*) dojeżdżający, zamiejscowy
non·sense ['nɒnsəns] *s* niedorzeczność, nonsens; ***talk*** ~ mówić od rzeczy
non-smok·er [ˌnɒn'sməʊkə] *s* niepalący; wagon dla niepalących
non·stop [ˌnɒn'stɒp] *adj attr* bezpośredni, bez postoju, bez lądowania; nieprzerwany
non·such ['nʌnsʌtʃ] *s* unikat; osoba niezrównana
noo·dle ['nuːdl] *s* kluska, makaron
nook [nʊk] *s* kąt, zakątek; zakamarek
noon [nuːn] *s* południe (*pora dnia*)
noon·day ['nuːndeɪ] *s lit.* = ***noon***; *adj attr* południowy
noon·tide ['nuːntaɪd] = ***noonday***
noose [nuːs] *s* lasso, pętla; *przen.* sidła; *vt* złapać w pętlę; wiązać na pętlę; *przen.* usidlić
nor [nɔː] *adv* ani; także nie; ***he doesn't know her, ~ do I*** on jej nie zna, ani ja
norm [nɔːm] *s* norma
nor·mal ['nɔːml] *adj* normalny
north [nɔːθ] *s geogr.* północ; *adj* północny; *adv* na północ, w kierunku północnym; na północy
north·er·ly ['nɔːðəlɪ] *adj* północny
north·ward ['nɔːθwəd] *adj* (*o kierunku*) północny; *adv* (*także* **~s**) ku północy, na północ
north·west·er [ˌnɔːθ'westə] *s* wiatr północno-zachodni
Nor·we·gian [nɔː'wiːdʒən] *adj* norweski; *s* Norweg; język norweski

nose [nəʊz] *s* nos; *vt vi* czuć zapach (***sth*** czegoś), wąchać (***at sth*** coś); węszyć (***sth*** za czymś); **~ *down*** *lotn.* pikować; **~ *out*** wywęszyć

nose·dive ['nəʊzdaɪv] *vi* (*o samolocie*) pikować; spadać prosto w dół; *s lotn.* pikowanie; nurkowanie

nose·gay ['nəʊzgeɪ] *s* bukiecik (*zw. noszony na ubraniu*)

nos·tal·gia [nɒ'stældʒə] *s* nostalgia

nos·tril ['nɒstrɪl] *s* nozdrze

not [nɒt] *adv* nie; **~ *at all*** ani trochę, wcale nie; **~ *a word*** ani słowa

no·ta·bil·i·ty [ˌnəʊtə'bɪlətɪ] *s* (*o człowieku*) znakomitość; znaczenie, sława

no·ta·ble ['nəʊtəbl] *adj* godny uwagi; wybitny, sławny

no·ta·ry ['nəʊtərɪ] *s* notariusz

no·ta·tion [nəʊ'teɪʃn] *s* oznaczanie symbolami; system znaków

notch [nɒtʃ] *s* wcięcie, nacięcie; znak; *vt* nacinać, robić znaki

note [nəʊt] *s* notatka, uwaga; bilecik, list; nota (dyplomatyczna); uwaga; znaczenie, sława; banknot; rachunek; znak, piętno; nuta; ***to make a*** **~** zanotować (***of sth*** coś); ***to take*** **~*s*** notować, robić notatki; ***to take a*** **~** zwrócić uwagę (***of sth*** na coś); przyjąć do wiadomości (***of sth*** coś); *vt* (*także* **~ *down***) notować, zapisywać; robić adnotacje; zwracać uwagę (*na coś*)

note·book ['nəʊtbʊk] *s* notatnik, notes; zeszyt

not·ed ['nəʊtɪd] *pp i adj* znany, wybitny

note·pa·per ['nəʊtˌpeɪpə] *s* papier listowy

note·wor·thy ['nəʊtˌwɜːðɪ] *adj* godny uwagi, wybitny

noth·ing ['nʌθɪŋ] *s* nic; ***all to*** **~** wszystko na nic; ***for*** **~** bezpłatnie; bez powodu; na próżno; **~ *at all*** w ogóle nic; (*grzecznościowo*) proszę, nie ma za co; **~ *but ...*** nic (jak) tylko ...; nic oprócz ...; **~ *much*** nic ważnego; **~ *to speak of*** nie ma o czym mówić; nie warto wspominać; ***to say*** **~ *of*** nie mówiąc o; pomijając; a co dopiero; ***there's*** **~ *for it but...*** nie ma innej rady jak tylko ...; *adv* wcale nie; ***this will help you*** **~** to ci wcale nie pomoże; ***I'm*** **~ *the better for it*** wcale mi nie lepiej z tego powodu, nic na tym nie zyskuję; ***to have*** **~ *to do with...*** nie mieć nic wspólnego z...; **~ *doing*** *pot.* nic z tego, nie ma mowy

no·tice ['nəʊtɪs] *s* notatka, wiadomość, ogłoszenie; uwaga; spostrzeżenie; ostrzeżenie; wypowiedzenie; termin; **~ *board*** tablica ogłoszeń; ***at one month's*** **~** w terminie jednomiesięcznym; z jednomiesięcznym wypowiedzeniem; ***to bring sth to sb's*** **~** zwrócić komuś na coś uwagę, powiadomić kogoś o czymś; ***to come to sb's*** **~** dojść do czyjejś wiadomości; ***to come into*** **~** zwrócić na siebie uwagę, stać się znanym; ***to take*** **~** zwrócić uwagę, zauważyć (***of sth*** coś); *vt* zauważyć, spostrzec; wypowiedzieć (*posadę itd.*)

no·tice·a·ble ['nəʊtɪsəbl] *adj* widoczny, dostrzegalny; godny uwagi

no·tice·board ['nəʊtɪsbɔːd] *s* tablica ogłoszeń

no·ti·fi·ca·tion [ˌnəʊtɪfɪ'keɪʃn] *s* zawiadomienie (***of sth*** o czymś)

no·ti·fy ['nəʊtɪfaɪ] *vt* obwieścić (***sth to sb*** coś komuś), zawiadomić (***sb of sth*** kogoś o czymś)

no·tion ['nəʊʃn] *s* pojęcie, wyobrażenie; myśl, pogląd; zamiar; kaprys; ***to have a*** **~ *that...*** mieć wrażenie, że...

no·to·ri·e·ty [ˌnəʊtə'raɪətɪ] *s zw. uj.* sława, rozgłos

no·tor·i·ous [nəʊ'tɔːrɪəs] *adj* notoryczny; osławiony
not·with·stand·ing [ˌnɒtwɪθ'stændɪŋ] *praep* mimo, nie bacząc na; *adv* mimo to, niemniej jednak, jednakże
nought [nɔːt] = ***naught***
noun [naʊn] *s gram.* rzeczownik
nour·ish ['nʌrɪʃ] *vt* karmić, żywić (*także* uczucie); podtrzymywać
nour·ish·ment ['nʌrɪʃmənt] *s* pokarm; żywienie
nov·el ['nɒvl] *s* powieść; nowy, *adj* nieznany
nov·el·ist ['nɒvlɪst] *s* powieściopisarz
nov·el·ty ['nɒvltɪ] *s* nowość; oryginalność
No·vem·ber [nəʊ'vembə] *s* listopad
nov·ice ['nɒvɪs] *s* nowicjusz
now [naʊ] *adv* obecnie, teraz; **~ *and again*** od czasu do czasu; ***every* ~ *and again*** co chwilę; ***just* ~** dopiero co, przed chwilą; otóż, przecież, no; *s* chwila obecna; ***before* ~** już; przedtem; ***by* ~** już; od tego czasu; ***from* ~ *on*** odtąd; w przyszłości; ***till* ~** dotąd, dotychczas; *conj* **~ (*that*)** teraz gdy; skoro (już)
now·a·days ['naʊədeɪz] *adv* obecnie, w dzisiejszych czasach
no·where ['nəʊweə] *adv* nigdzie
nox·ious ['nɒkʃəs] *adj* szkodliwy, niezdrowy, trujący
noz·zle ['nɒzl] *s* dziobek (*np. imbryka*); wylot (*np. rury*)
nu·cle·ar ['njuːklɪə] *adj biol. fiz.* jądrowy, nuklearny; **~ *energy*** energia jądrowa; **~ *reactor*** reaktor atomowy; **~ *medicine*** medycyna nuklearna
nu·cle·us ['njuːklɪəs] *s biol. fiz.* jądro, zawiązek
nude [njuːd] *adj* nagi; *s* akt (*w malarstwie, rzeźbie*)
nudge [nʌdʒ] *vt* trącić łokciem (*dla zwrócenia czyjejś uwagi*); *s* trącanie łokciem
nug·get ['nʌgɪt] *s* bryłka (*np. złota*)
nui·sance ['njuːsns] *s* przykrość; dokuczliwość; osoba dokuczliwa; ***to be a* ~** zawadzać, dokuczać, dawać się we znaki; ***what a* ~ *that child is!*** jakie to dziecko jest nieznośne!
nuke [njuːk] *s am. pot.* pocisk jądrowy; głowica nuklearna; *vt pot* atakować bronią jądrową
null [nʌl] *adj* nie istniejący, niebyły; *prawn.* nieważny; *prawn.* **~ *and void*** nie mający prawnego znaczenia
nul·li·fy ['nʌlɪfaɪ] *vt* unieważnić
numb [nʌm] *adj* zdrętwiały, bez czucia
num·ber ['nʌmbə] *s* liczba; numer; *gram.* liczebnik; ***a* ~ *of*** dużo; ***in* ~*s*** w wielkich ilościach, gromadnie; ***without* ~** bez liku; *vt* liczyć; liczyć sobie; zaliczyć (***among*** do); numerować
num·ber·less ['nʌmbələs] *adj* niezliczony
nu·mer·al ['njuːmrəl] *s* cyfra; *gram.* liczebnik; *adj* liczbowy
nu·mer·a·tor ['njuːməreɪtə] *s mat.* licznik
nu·mer·ous ['njuːmərəs] *adj* liczny
nun [nʌn] *s* zakonnica
nun·ci·o ['nʌnsɪəʊ] *s* nuncjusz
nup·tial ['nʌpʃl] *adj* ślubny, małżeński
nurse [nɜːs] *s* pielęgniarka, pielęgniarz; niańka; *vt* pielęgnować; niańczyć, karmić; hodować; żywić (*uczucie*)
nurse·ling ['nɜːslɪŋ] *s* osesek
nurs·er·y ['nɜːsərɪ] *s* pokój dziecinny; szkółka drzew; (*także* ***day* ~**) żłobek; **~ *school*** przedszkole; **~ *rhyme*** wierszyk dziecięcy
nur·ture ['nɜːtʃə] *vt* karmić; wychowywać; kształcić; *s* opieka, wychowanie; kształcenie; pożywienie

N

nut [nʌt] *s* orzech
nut·crack·er ['nʌtˌkrækə] *s* dziadek do orzechów
nut·meg ['nʌtmeg] *s bot.* gałka muszkatołowa
nu·tri·ment ['njuːtrɪmənt] *s* pokarm, środek odżywczy
nu·tri·tion [njuː'trɪʃn] *s* odżywianie
nu·tri·tious [njuː'trɪʃəs] *adj* pożywny, odżywczy
nu·tri·tive ['njuːtrɪtɪv] *adj* odżywczy; *s* środek odżywczy
nut·shell ['nʌtʃel] *s* łupina orzecha; ***in a ~*** jak najkrócej, w paru słowach
ny·lon ['naɪlɒn] *s* nylon
nymph [nɪmf] *s* nimfa

O

O, o [əʊ] *num* zero
oak [əʊk] *s* (*także* ***~ tree***) dąb
oak·en ['əʊkən] *adj* dębowy
oak·um [əʊkəm] *s* pakuły
oar [ɔː] *s* wiosło; ***to pull a good ~*** dobrze wiosłować; *przen.* ***to put in one's ~*** wtrącać się w nie swoje sprawy; *vt vi* wiosłować
oars·man ['ɔːzmən] *s* (*pl* ***oarsmen*** ['ɔːzmən]) wioślarz
o·a·sis [əʊ'eɪsɪs] *s* (*pl* ***oases*** [əʊ'eɪsiːz]) oaza
oat [əʊt] *s* (*zw. pl* ***~s***) owies
oath [əʊθ] *s* przysięga; przekleństwo; ***to take an ~*** przysięgać
oat·meal ['əʊtmiːl] *s* owsianka
ob·du·rate ['ɒbdjʊrət] *adj* nieczuły; zatwardziały; uparty
o·be·di·ence [ə'biːdɪəns] *s* posłuszeństwo
o·be·di·ent [ə'biːdɪənt] *adj* posłuszny
o·bei·sance [əʊ'beɪsns] *s* głęboki ukłon, hołd; ***to make ~*** złożyć hołd
ob·e·lisk ['ɒbəlɪsk] *s* obelisk
o·bese [əʊ'biːs] *adj* otyły
o·bes·i·ty [əʊ'biːsətɪ] *s* otyłość
o·bey [əʊ'beɪ] *vt vi* słuchać, być posłusznym, przestrzegać (*praw itp.*)
o·bit·u·ar·y [ə'bɪtʃʊərɪ] *adj* pośmiertny, żałobny; *s* nekrolog; ***~ notice*** klepsydra
ob·ject 1. ['ɒbdʒɪkt] *s* przedmiot; rzecz; cel; *gram.* dopełnienie
ob·ject 2. [əb'dʒekt] *vt vi* zarzucać (*coś komuś*); protestować, oponować; sprzeciwiać się (***to sth*** czemuś)
ob·jec·tion [əb'dʒekʃn] *s* zarzut; sprzeciw; przeszkoda; trudność; ***I have no ~ to it*** nie mam nic przeciwko temu
ob·jec·tion·a·ble [əb'dʒekʃnəbl] *adj* budzący sprzeciw; niewłaściwy; niepożądany; naganny; wstrętny
ob·jec·tive [əb'dʒektɪv] *adj* obiektywny, bezstronny; przedmiotowy; *gram.* ***~ case*** biernik; *s* cel; obiektyw
ob·jec·tiv·ity [ˌɒbdʒek'tɪvətɪ] *s* obiektywność
ob·ject les·son ['ɒbdʒɪktˌlesn] *s* lekcja poglądowa, nauczka
ob·jec·tor [əb'dʒektə] *s* wnoszący sprzeciw, oponent; ***conscientious ~*** *człowiek uchylający się od służby wojskowej z powodu nakazów sumienia*
ob·li·ga·tion [ˌɒblɪ'geɪʃn] *s* zobowiązanie; obligacja; dług; ***to be under an ~*** być zobowiązanym; ***to undertake an ~*** zobowiązać się
ob·lig·a·to·ry [ə'blɪgətrɪ] *adj* obowiązujący, obowiązkowy, wiążący

o·blige [ə'blaɪdʒ] *vt* zobowiązywać; zmuszać; obowiązywać; mieć moc wiążącą; sprawić przyjemność, wyświadczyć grzeczność, usłużyć (***sb with sth*** komuś czymś)
o·blig·ing [ə'blaɪdʒɪŋ] *adj* uprzejmy
ob·lique [ə'bliːk] *adj* skośny, nachylony, pośredni; *przen.* wykrętny, nieszczery; *gram.* zależny
ob·liq·ui·ty [ə'blɪkwətɪ] *s* pochyłość, nachylenie; *przen.* nieszczerość, dwulicowość
ob·lit·er·ate [ə'blɪtəreɪt] *vt* zatrzeć, zetrzeć, wykreślić; zniszczyć
ob·liv·i·on [ə'blɪvɪən] *s* zapomnienie, niepamięć
ob·liv·i·ous [ə'blɪvɪəs] *adj* zapominający, niepomny; ***to be ~*** nie pamiętać (***of sth*** o czymś)
ob·long ['ɒblɒŋ] *adj* podłużny; prostokątny
ob·lo·quy ['ɒbləkwɪ] *s* zniesławienie, hańba
ob·nox·ious [əb'nɒkʃəs] *adj* wstrętny, odpychający, przykry
o·boe ['əʊbəʊ] *s muz.* obój
ob·scene [əb'siːn] *adj* nieprzyzwoity, obsceniczny
ob·scen·ity [əb'senətɪ] *s* niemoralność, sprośność
ob·scure [əb'skjʊə] *adj* ciemny; niezrozumiały; nieznany; niejasny; niewyraźny; *fiz* ***~ rays*** promienie niewidzialne; *vt* zaciemniać, przyćmiewać
ob·scu·ri·ty [əb'skjʊərətɪ] *s* ciemność; niezrozumiałość; zapomnienie; ***to live in ~*** żyć z dala od świata
ob·se·quies ['ɒbsɪkwɪz] *s pl* uroczystości żałobne, uroczysty pogrzeb
ob·se·qui·ous [əb'siːkwɪəs] *adj* służalczy, uległy
ob·serv·ance [əb'zɜːvəns] *s* przestrzeganie (*prawa, zwyczaju itp.*); obchodzenie (*świąt*); obrzęd, rytuał
ob·serv·ant [əb'zɜːvənt] *adj* przestrzegający, uważny, spostrzegawczy
ob·ser·va·tion [ˌɒbzə'veɪʃn] *s* obserwacja, spostrzeganie; spostrzegawczość; uwaga; spostrzeżenie
ob·serv·a·to·ry [əb'zɜːvətrɪ] *s* obserwatorium
ob·serve [əb'zɜːv] *s* obserwować; spostrzegać; zauważyć, zrobić uwagę; przestrzegać (*ustawy itd.*); zachowywać (*zwyczaj itp.*); obchodzić (*święta itp.*)
ob·serv·er [əb'zɜːvə] *s* obserwator; człowiek przestrzegający prawa <obyczaju *itp.*>
ob·sess [əb'ses] *vt* (*o myślach*) prześladować; (*o duchach*) nawiedzać, nie dawać spokoju (***sb*** komuś)
ob·ses·sion [əb'seʃn] *s* obsesja, opętanie; natręctwo (myślowe)
ob·so·lete ['ɒbsəliːt] *adj* przestarzały, nie będący (już) w użyciu
ob·sta·cle ['ɒbstəkl] *s* przeszkoda; ***~ race*** bieg z przeszkodami
ob·stet·rics [əb'stetrɪks] *s med.* położnictwo
ob·sti·na·cy ['ɒbstɪnəsɪ] *s* upór, zawziętość
ob·sti·nate ['ɒbstɪnət] *adj* uparty, zawzięty; uporczywy
ob·struct [əb'strʌkt] *vt* zagradzać; wywoływać zator; przeszkadzać; hamować; wstrzymywać; zatykać; zapychać; powodować zaparcie
ob·struc·tion [əb'strʌkʃn] *s* przeszkoda; zator; zatamowanie; obstrukcja, zaparcie; utrudnienie
ob·tain [əb'teɪn] *vt* otrzymać, uzyskać, osiągnąć; *vi* utrzymywać się, trwać; być w użyciu; panować
ob·tain·a·ble [əb'teɪnəbl] *adj* osiągalny, możliwy do nabycia
ob·trude [əb'truːd] *vt* narzucać (***sth on sb*** coś komuś); *vi* narzu-

cać się (***on sb*** komuś)
ob·tru·sion [əb'truːʒn] *s* narzucanie się (***on sb*** komuś); natręctwo
ob·tru·sive [əb'truːsɪv] *adj* narzucający się, natrętny
ob·tuse [əb'tjuːs] *adj* przytępiony; tępy, głupi; *mat.* (*o kącie*) rozwarty
ob·vi·ate ['ɒbvɪeɪt] *vt* zapobiec (***sth*** czemuś); ustrzec się; ominąć (*przeszkodę*)
ob·vi·ous ['ɒbvɪəs] *adj* oczywisty
oc·ca·sion [ə'keɪʒn] *s* okazja, sposobność, powód, przyczyna; ***on ~*** okazyjnie, przy sposobności; ***to rise to the ~*** stanąć na wysokości zadania; ***to take ~*** skorzystać ze sposobności; ***on this ~*** w tym wypadku; *vt* spowodować, wywołać, wzbudzić
oc·ca·sion·al [ə'keɪʒnəl] *adj* okolicznościowy; przypadkowy, nieregularny; rzadki
oc·ci·dent ['ɒksɪdənt] *s lit.* zachód
oc·cult [ɒ'kʌlt] *adj* tajemny; okultystyczny
oc·cult·ism ['ɒkʌltɪzm] *s* okultyzm
oc·cu·pant ['ɒkjʊpənt] *s* posiadacz; mieszkaniec, lokator, użytkownik; pasażer (*w pojeździe*); *polit.* okupant
oc·cu·pa·tion [ˌɒkjʊ'peɪʃn] *s* zajęcie; zawód; zajmowanie (*lokalu itd.*); *polit.* okupacja
oc·cu·pa·tion·al [ˌɒkjʊ'peɪʃnəl] *adj* (*o ryzyku, chorobie itp.*) zawodowy
oc·cu·py ['ɒkjʊpaɪ] *vt* zajmować; posiadać; *polit.* okupować
oc·cur [ə'kɜː] *vi* zdarzać się; trafiać się; występować; przychodzić na myśl; ***it ~s to me...*** przychodzi mi na myśl
oc·cur·rence [ə'kʌrəns] *s* wydarzenie, wypadek; występowanie
o·cean ['əʊʃn] *s* ocean
o'clock [ə'klɒk]: ***six ~*** szósta godzina; *zob.* ***clock***
Oc·to·ber [ɒk'təʊbə] *s* październik
oc·to·pus ['ɒktəpəs] *s* (*pl* ***~es, octopi*** ['ɒktəpaɪ]) *zool.* ośmiornica
oc·u·lar ['ɒkjʊlə] *adj* oczny; naoczny; *s* okular
oc·u·list ['ɒkjʊlɪst] *s* okulista
odd [ɒd] *adj* dziwny, dziwaczny; (*o liczbie*) nieparzysty; dodatkowy, ponad normę, z okładem; zbywający, przypadkowy; ***~ jobs*** drobne zajęcia; ***an ~ shoe*** (jeden) but nie do pary
odd·i·ty ['ɒdɪtɪ] *s* dziwactwo, osobliwość
odd·ments ['ɒdmənts] *s pl* odpadki, resztki
odds [ɒdz] *s pl* nierówność; nierówna ilość; nierówna szansa; przewaga; różnica; niezgoda; prawdopodobieństwo; możliwość; ***it is no ~*** to obojętne; ***it makes no ~*** to nie stanowi różnicy; ***what's the ~?*** jaka różnica?; czy to nie wszystko jedno?; ***to be at ~*** kłócić się, być w sprzeczności; ***~ and ends*** = ***oddments***
ode [əʊd] *s* oda
o·di·ous ['əʊdɪəs] *adj* wstrętny, nienawistny, ohydny
o·dour ['əʊdə] *s* zapach, woń; posmak; reputacja
o'er [ɔː] *poet.* = ***over***
of [ɒv, əv] *praep.* od, z, ze, na; *służy do tworzenia dopełniacza i przydawki*: ***the author of the book*** autor książki; ***a friend of mine*** mój przyjaciel; ***the city of London*** miasto Londyn; ***a man of tact*** człowiek taktowny; *określa miejsce lub pochodzenie*: ***a man of London*** człowiek z Londynu, londyńczyk; *czas*: ***of a nice day*** pewnego pięknego dnia; ***of late*** ostatnio; *przyczynę*: ***to die of typhus*** umrzeć na tyfus; *tworzywo*: ***made of wood*** zrobione z drewna; *zawartość*: ***a bottle of***

O

milk butelka mleka; *przynależność, podział, udział*: ***to be one of a party*** należeć do towarzystwa; ***one of us*** jeden z nas; *odległość*: ***within one mile of the school*** w obrębie jednej mili od szkoły; *stosunek*: ***regardless of his will*** bez względu na jego wolę; ***it is kind of you*** to uprzejmie z twojej strony; *wiek*: ***a man of forty*** człowiek czterdziestoletni; *po przymiotniku w stopniu najwyższym*: ***the best of all*** najlepszy ze wszystkich

off [ɒf] *praep* od, z, ze; od strony; spoza; z dala; na boku; w odległości; ***to take the picture ~ the wall*** zdjąć obraz ze ściany; ***to stand ~ the road*** stać w pewnej odległości od drogi; ***to take 10% ~ the price*** potrącić 10% z ceny; ***~ the mark*** nietrafny, chybiony (strzał); ***to be ~ duty*** nie być na służbie; *adv* precz, hen daleko, daleko od (*środka, celu, głównego tematu itd.*); ***hands ~!*** precz z rękami!; ***the button is ~*** guzik się urwał; ***the electricity is ~*** elektryczność jest wyłączona; ***I must be ~*** muszę odejść; ***you ought to keep ~*** powinieneś trzymać się na uboczu <z dala>; ***the dish is ~*** to danie jest skreślone z karty; ***~ and on, on and ~*** od czasu do czasu, z przerwami; *adj* dalszy, odległy, leżący obok; ***~ street*** boczna ulica; ***day ~*** dzień wolny od pracy; ***well ~*** zamożny; ***~-the-record*** poza protokołem, nie do protokołu (*o uwagach, opiniach, itd.*)

of·fal ['ɒfl] *s bryt. zbior* odpadki; mięso najniższego gatunku (*np. podroby*)

of·fence [ə'fens] *s* obraza; zaczepka; przestępstwo; przekroczenie; ***to take ~*** obrażać się (***at sth*** z powodu czegoś); ***to give ~*** obrazić (***to sb*** kogoś)

of·fend [ə'fend] *vt* obrazić, urazić; *vi* wykroczyć (***against sth*** przeciwko czemuś)

of·fend·er [ə'fendə] *s* obrażający, winowajca, popełniający wykroczenie, przestępca; ***first ~*** przestępca nie karany

of·fen·sive [ə'fensɪv] *adj* zaczepny, napastliwy; obraźliwy; odrażający; *s* ofensywa; ***to be on the ~*** być w ofensywie; ***to take ~*** przejść do ofensywy

of·fer ['ɒfə] *vt* ofiarować, oferować; przedkładać; proponować; okazywać gotowość; wystawiać na sprzedaż (***goods*** towary); ***to ~ resistance*** stawiać opór; *vi* wystąpić z propozycją; oświadczyć się; (*o okazji itp.*) trafić się; *s* propozycja, oferta (*także handlowa*); ***make an ~*** zaproponować, zaoferować

of·fer·ing ['ɒfərɪŋ] *ppraes i s rel.* ofiara; propozycja, oferta

off·hand [ˌɒf'hænd] *adv* szybko, z miejsca, bez przygotowania; bezceremonialnie; *adj attr* szybki; improwizowany, zrobiony od ręki, bezceremonialny

of·fice ['ɒfɪs] *s* urząd, biuro; ministerstwo; urzędowanie; służba, posada, obowiązek służbowy; nabożeństwo; przysługa; ***to be in ~*** piastować urząd, sprawować rządy; ***to be out of ~*** być w opozycji (*np. o partii*); ***to take ~*** objąć urząd; ***inquiry ~*** informacja; ***money exchange ~*** kantor wymiany walut

of·fi·cer ['ɒfɪsə] *s* oficer, urzędnik, funkcjonariusz

of·fi·cial [ə'fɪʃl] *adj* oficjalny, urzędowy; *s* urzędnik

of·fi·cial·ese [əˌfɪʃl'iːz] *s pot. uj.* język oficjalnych komunikatów <dokumentów, służbowych doniesień, *itd.*>

of·fi·ci·ate [ə'fɪʃɪeɪt] *vi* urzędować; pełnić obowiązki (*urzędowe, religijne itd.*)

of·fi·cious [ə'fɪʃəs] *adj* półurzę-

dowy, natrętny, narzucający się, nadgorliwy
off·li·cence ['ɒf,laɪsns] *s bryt.* koncesja (*na sprzedaż alkoholu na wynos*)
off·print ['ɒfprɪnt] *s* odbitka (*artykułu*)
off·set ['ɒfset] *s* odgałęzienie, odnoga, potomek; wynagrodzenie, wyrównanie (*straty, długu*); *druk* offset; *vt* wyrównać, zrównoważyć, wynagrodzić; drukować offsetem
off·shoot ['ɒfʃu:t] *s* odgałęzienie, odrośl; potomek z bocznej linii
off·spring ['ɒfsprɪŋ] *s* potomek
of·ten ['ɒfn] *adv* często
o·gle ['əʊgl] *vt* zerkać (***sb*** na kogoś); *vi* robić oko (***at sb*** do kogoś; *s* zerkanie
o·gre ['əʊgə] *s* ludożerca (*w bajkach*)
oil [ɔɪl] *s* oliwa, olej; farba olejna; nafta; ***to strike ~*** trafić na źródło nafty; *przen.* mieć szczęście; *przen.* ***to pour ~ to flame*** dolać oliwy do ognia; *vt* smarować, oliwić
oil·cloth ['ɔɪlklɒθ] *s* cerata
oil·col·our ['ɔɪl,kʌlə] *s* farba olejna
oil·field ['ɔɪlfi:ld] *s* pole naftowe
oil paint·ing ['ɔɪl,peɪntɪŋ] *s* malarstwo olejne; obraz olejny
oil·skin ['ɔɪlskɪn] = ***oilcloth*** *pl* ***~s*** ubranie nieprzemakalne
oil·y ['ɔɪlɪ] *adj* oleisty, natłuszczony; *przen.* gładki, pochlebczy, służalczy
oint·ment ['ɔɪntmənt] *s* maść
O.K., okay [,əʊ'keɪ] *adv pot.* OK, dobrze, w porządku; *int* OK!; dobrze!; *adj praed* (będący) w porządku; OK; *vi pot* zaaprobować
old [əʊld] *adj* stary; dawny; były; ***~ age*** starość; ***~ age pension*** renta starcza; ***~ hand*** stary praktyk; ***~ pupil*** były uczeń, absolwent; ***times of ~*** dawno minione czasy; ***~ people's home*** dom starców
old-fash·ioned [,əʊld'fæʃnd] *adj* staromodny; niemodny
ol·ive ['ɒlɪv] *s bot.* oliwka; (*także* ***~ tree***) drzewo oliwne; ***~ oil*** oliwa (jadalna)
olive branch ['ɒlɪvbrɑ:ntʃ] *s* gałązka oliwna
O·lym·pi·ad [ə'lɪmpɪæd] *s* olimpiada
O·lym·pic [ə'lɪmpɪk] *adj* olimpijski; ***the ~ Games*** (*także* ***the Olympics***) igrzyska olimpijskie
om·buds·man ['ɒmbʊdzmən] *s* (*pl* ***ombudsmen*** ['ɒmbʊdzmən]) rzecznik praw obywatelskich
o·men ['əʊmen] *s* zły znak, wróżba, omen
om·i·nous ['ɒmɪnəs] *adj* złowieszczy, fatalny
o·mis·sion [ə'mɪʃn] *s* opuszczenie, przeoczenie, zaniedbanie
o·mit [əʊ'mɪt] *adj* opuścić, pominąć, przeoczyć
om·nip·o·tent [ɒm'nɪpətənt] *adj* wszechmocny
om·nis·cient [ɒm'nɪʃnt] *adj* wszechwiedzący
on [ɒn] *praep* na, nad, u, przy, po, w; ***on foot*** piechotą; ***on horseback*** konno; ***on Monday*** w poniedziałek; ***on my arrival*** po moim przybyciu; ***on the house*** *pot.* na koszt firmy; ***on the rocks*** (*o alkoholu, zw. whisky*) z lodem; *adv* dalej, naprzód, na sobie; ***and so on*** i tak dalej; ***from now on*** od tej chwili (*na przyszłość*); ***read on*** czytaj dalej; ***with my overcoat on*** w palcie; ***the light is on*** światło jest zapalone; ***the play is on*** sztuka jest grana na scenie
once [wʌns] *adv* raz, jeden raz; kiedyś (*w przeszłości*); (*także* ***~ upon a time***) pewnego razu; niegdyś; ***~ again*** jeszcze raz; ***~ and again*** raz po raz; ***~ for all*** raz na zawsze; ***all at ~*** nagle; ***at ~***

O

naraz, od razu, zaraz, natychmiast; równocześnie; *conj* skoro, skoro już, skoro tylko; *s* raz; ***for this ~*** tylko tym razem

one [wʌn] *num adj* jeden, jedyny, niejaki, pewien; *pron* ktoś; ***no ~*** nikt; *w połączeniu z* ***the, this, that*** *oraz z przymiotnikami*: ten; ***this ~*** ten; ***the red ~*** ten czerwony; *pron impers* ***~ lives*** żyje się; ***~ never knows*** nigdy nie wiadomo; *pron zastępczy*: ***I don't want this book, give me another ~*** nie chcę tej książki, daj mi inną; ***~ for the road*** *s pot.* strzemienny (*kieliszek alkoholu*)

one-armed [ˌwʌn'ɑːmd] *adj* jednoręki; ***~ bandit*** *s pot.* jednoręki bandyta (*automat do gry hazardowej*)

one-eyed [ˌwʌn'aɪd] *adj* jednooki

one·self [wʌn'self] *pron* sam, sam jeden, bez pomocy; (samego) siebie, się, sobie, sobą

one-sid·ed [ˌwʌn'saɪdɪd] *adj* jednostronny

one·time ['wʌntaɪm] *adj* były, ówczesny

one-way ['wʌnweɪ] *adj* jednokierunkowy (*ruch uliczny, jezdnia*)

on·ion ['ʌnjən] *s bot.* cebula

on·look·er ['ɒnˌlʊkə] *s* widz

on·ly ['əʊnlɪ] *adj* jedyny; *adv* tylko, jedynie; dopiero; ***~ too...*** aż nadto... (*np. sprytny*)

on·rush ['ɒnrʌʃ] *s* napad; napór; poryw

on·set ['ɒnset] *s* najście; zryw; początek

on·ward ['ɒnwəd] *adj* idący naprzód; *adv* naprzód; dalej; ku przodowi

on·wards ['ɒnwədz] = ***onward*** *adv*

ooze [uːz] *s* muł, szlam; *vt* (*także **~ out***) przeciekać, sączyć się

o·paque [əʊ'peɪk] *adj* matowy, nieprzezroczysty

o·pen ['əʊpən] *adj* otwarty; odsłonięty; obnażony; publiczny; szczery; skłonny; ***~ air*** wolne powietrze; ***~ to doubt*** wątpliwy; ***to lay ~*** odsłonić, ujawnić; *vt vi* otwierać (się); objawiać; ujawniać; ogłaszać; rozpoczynać (się); *s* wolna przestrzeń; otwarte pole; świeże powietrze; ***~ society*** społeczeństwo otwarte

o·pen·er ['əʊpnə] *s* otwieracz (*puszek itp.*)

o·pen-heart·ed [ˌəʊpən'hɑːtɪd] *adj* szczery, serdeczny

o·pen·ing ['əʊpnɪŋ] *ppraes i s* otwór; otwarcie; początek; wolna przestrzeń; wakans, posada; okazja; szansa

o·pen-mind·ed [ˌəʊpən'maɪndɪd] *adj* mający szerokie poglądy; bez uprzedzeń; bezstronny

op·er·a ['ɒprə] *s* opera; ***light ~*** operetka

op·e·ra glass ['ɒprəglɑːs] *s* (*zw. pl **~es***) lornetka teatralna

op·er·ate ['ɒpəreɪt] *vt* działać; powodować działanie; oddziaływać; operować (***on sb*** kogoś); wprawiać w ruch, obsługiwać (*np. maszynę*); spekulować (na giełdzie)

op·er·at·ic [ˌɒpə'rætɪk] *adj* operowy

op·er·a·tion [ˌɒpə'reɪʃn] *s* operacja; działanie, eksploatacja

op·er·a·tive ['ɒprətɪv] *adj* czynny, skuteczny, działający; obowiązujący; praktyczny; techniczny; operacyjny; *s* robotnik obsługujący maszynę

op·er·a·tor ['ɒpəreɪtə] *s* robotnik obsługujący maszynę <aparat *itd.*>; telefonistka

op·er·et·ta [ˌɒpə'retə] *s* operetka

o·pin·ion [ə'pɪnjən] *s* opinia; zdanie, pogląd; ***in my ~*** moim zdaniem; ***public ~*** opinia publiczna; ***~ poll*** badanie opinii (publicznej)

o·pin·ion·at·ed [ə'pɪnjəneɪtɪd] *adj* zadufany, zbyt przywiązany do własnego zdania

op·por·tune ['ɒpətjuːn] *adj*

dogodny; pomyślny; odpowiedni
op·por·tun·ism [ˌɒpəˈtjuːnɪzm] *s* oportunizm
op·por·tu·ni·ty [ˌɒpəˈtjuːnətɪ] *s* sposobność; ***to take the ~*** skorzystać ze sposobności
op·pose [əˈpəʊz] *vt* przeciwstawiać się (***sb, sth*** komuś, czemuś); oponować; ***to be ~d*** sprzeciwiać się (***to sb, sth*** komuś, czemuś); stanowić przeciwieństwo (***to sb, sth*** kogoś, czegoś)
op·po·site [ˈɒpəzɪt] *adj* przeciwległy, przeciwny; (znajdujący się) naprzeciwko; *s* przeciwieństwo; *adv praep* naprzeciwko
op·po·si·tion [ˌɒpəˈzɪʃn] *s* opozycja, opór; przeciwstawienie
op·press [əˈpres] *vt* uciskać, gnębić; męczyć
op·pres·sion [əˈpreʃn] *s* ucisk; znużenie
op·press·ive [əˈpresɪv] *adj* uciskający, gnębiący; ciążący; męczący; (*o pogodzie*) duszny
op·pro·bri·um [əˈprəʊbrɪəm] *s* hańba, niesława
opt [ɒpt] *vt* optować
op·tic [ˈɒptɪk] *adj* optyczny
op·tics [ˈɒptɪks] *s* optyka
O
op·ti·mism [ˈɒptɪmɪzm] *s* optymizm
op·ti·mis·tic [ˌɒptɪˈmɪstɪk] *adj* optymistyczny
op·ti·mize [ˈɒptɪmaɪz] *vt* optymalizować
op·tion [ˈɒpʃn] *s* prawo wyboru, opcja, wybór
op·tion·al [ˈɒpʃnəl] *adj* dowolny, nadobowiązkowy, fakultatywny
op·u·lence [ˈɒpjʊləns] *s* zamożność, bogactwo, obfitość
or [ɔː] *conj* lub, albo; bo inaczej; czy; czyli
or·a·cle [ˈɒrəkl] *s* wyrocznia
o·ral [ˈɔːrəl] *adj* ustny; oralny; *med.* doustny
or·ange [ˈɒrɪndʒ] *s* pomarańcza; *adj attr* (*o kolorze*) pomarańczowy
o·rang·u·tan(g) [ɔːˌræŋuːˈtæŋ] *s* orangutan
o·ra·tion [ɔːˈreɪʃn] *s* mowa; uroczyste przemówienie
or·a·tor [ˈɒrətə] *s* mówca, orator
or·bit [ˈɔːbɪt] *s* orbita; *vi* orbitować
or·chard [ˈɔːtʃəd] *s* sad
or·ches·tra [ˈɔːkɪstrə] *s* orkiestra; *teatr.* parter
or·chid [ˈɔːkɪd] *s bot.* orchidea, storczyk
or·dain [ɔːˈdeɪn] *vt* zarządzić; mianować; (*o losie itd.*) zrządzić; *rel.* wyświęcić (*na księdza*)
or·deal [ɔːˈdiːl] *s* sąd Boży; próba (*życiowa, ognia*); ciężkie przeżycie
or·der [ˈɔːdə] *vt* rozkazywać; zarządzać; zamawiać; porządkować; ***~ away*** odprawić; ***~ out*** kazać wyjść (***sb*** komuś); *s* rozkaz; dekret; zarządzenie; porządek; zamówienie; cel, zamiar; order; *bank.* zlecenie; *biol. mat.* rząd; *pl* ***~s*** święcenia kapłańskie; ***in working ~*** zdatny do użytku, działający; ***out of ~*** nie w porządku, zepsuty; ***made to ~*** zrobiony na zamówienie; ***money ~*** przekaz pieniężny; ***in ~ to, in ~ that*** ażeby
or·der·ly [ˈɔːdəlɪ] *adj* porządny; systematyczny; spokojny; zdyscyplinowany; *wojsk.* służbowy; *s med.* pielęgniarz (*w szpitalu*); *wojsk.* ordynans
or·di·nal [ˈɔːdɪnl] *adj* porządkowy; *s gram.* liczebnik porządkowy
or·di·nance [ɔːˈdɪnəns] *s* zarządzenie: *rel.* obrzęd
or·di·na·ry [ˈɔːdnərɪ] *adj* zwyczajny; *s* rzecz zwyczajna; norma, przeciętność; ***in ~*** stały, etatowy
ord·nance [ˈɔːdnəns] *s zbior.* armaty, artyleria; intendentura (wojskowa); uzbrojenie (*broń i amunicja*)
ore [ɔː] *s geol.* ruda, kruszec

or·gan ['ɔːgən] *s* organ; *muz.* organy; ***mouth ~*** organki, harmonijka ustna; ***street ~*** katarynka
or·gan·ic [ɔː'gænɪk] *adj* organiczny
or·gan·ism ['ɔːgənɪzm] *s* organizm
or·gan·i·za·tion [ˌɔːgənaɪ'zeɪʃn] *s* organizacja
or·gan·ize ['ɔːgənaɪz] *vt* organizować
or·gas·m ['ɔːgæzm] *s* orgazm
or·gy ['ɔːdʒɪ] *s* orgia
o·ri·ent ['ɔːrɪənt] *s lit.* wschód; *am. vt* ['ɔːrɪent] = ***orientate***
o·ri·en·tal [ˌɔːrɪ'entl] *adj* orientalny, wschodni; *s* mieszkaniec Bliskiego Wschodu
o·ri·en·tate ['ɔːrɪənteɪt] *vt* orientować, nadawać kierunek; *vr ~ **oneself*** orientować się (*w terenie, według stron świata*)
o·ri·en·ta·tion [ˌɔːrɪən'teɪʃn] *s* orientacja
or·i·fice ['ɒrəfɪs] *s* otwór, ujście, wylot
or·i·gin ['ɒrədʒɪn] *s* pochodzenie, początek, geneza
o·rig·i·nal [ə'rɪdʒənl] *adj* oryginalny; początkowy, pierwotny; *s* oryginał
o·rig·i·nal·i·ty [əˌrɪdʒə'nælətɪ] *s* oryginalność
o·rig·i·nate [ə'rɪdʒɪneɪt] *vt* dawać początek, zapoczątkowywać, tworzyć; *vi* powstawać (***in sth*** z czegoś); pochodzić (***from sth*** od czegoś)
o·rig·i·na·tor [ə'rɪdʒɪneɪtə] *s* twórca, sprawca
or·na·ment ['ɔːnəmənt] *s* ornament, ozdoba; *vt* ['ɔːnəment] zdobić, upiększać
or·nate [ɔː'neɪt] *adj* zdobny; (*o stylu*) kwiecisty
or·phan ['ɔːfən] *s* sierota; *adj* sierocy, osierocony
or·phan·age ['ɔːfənɪdʒ] *s* sieroctwo; sierociniec
or·tho·dox ['ɔːθədɒks] *adj* ortodoksyjny; *rel.* prawosławny
or·thog·ra·phy [ɔː'θɒgrəfɪ] *s* ortografia
os·cil·late ['ɒsɪleɪt] *vi* oscylować; wahać się
os·su·ar·y ['ɒsjʊərɪ] *s* kostnica
os·ten·si·ble [ɒ'stensəbl] *adj* pozorny, rzekomy
os·ten·ta·tion [ˌɒsten'teɪʃn] *s* ostentacja
os·ten·ta·tious [ˌɒsten'teɪʃəs] *adj* ostentacyjny
os·trich ['ɒstrɪtʃ] *s zool.* struś
oth·er ['ʌðə] *adj pron* inny, drugi, jeszcze jeden; ***each ~*** jeden drugiego, nawzajem; ***every ~ day*** co drugi dzień; ***on the ~ hand*** z drugiej strony; ***the ~ day*** onegdaj
oth·er·wise ['ʌðəwaɪz] *adv* inaczej, w inny sposób; skądinąd, poza tym, z innych powodów; pod innym względem; w przeciwnym razie; bo inaczej
ot·ter ['ɒtə] *s zool.* wydra
ought [ɔːt] *v aux* powinienem, powinieneś *itd.*; ***it ~ to be done*** powinno się to zrobić
ounce [aʊns] *s* uncja (*jednostka ciężaru*)
our ['aʊə] *adj* nasz
ours ['aʊəz] *pron* nasz; ***this house is ~*** ten dom jest nasz
our·selves [ˌaʊə'selvz] *pron* sami, my sami; się, (samych) siebie, sobie, sobą
oust [aʊst] *vt* wyrzucić, usunąć, wyrugować
out [aʊt] *adv* na zewnątrz; hen; precz; poza domem, na dworze; ***~ with him!*** precz z nim; ***he is ~*** nie ma go; ***the ministers are ~*** ministrowie nie są u władzy; ***the fire is ~*** ogień zgasł; ***the week is ~*** tydzień minął; ***my patience is ~*** moja cierpliwość się wyczerpała; ***the book is ~*** książka wyszła drukiem; ***the secret is ~*** tajemnica wyszła na jaw; ***the flowers are ~*** kwiaty rozkwitły; *praep w połączeniu z **of*** poza;

O

bez; z, przez; ~ ***of curiosity*** z ciekawości; ~ ***of date*** przestarzały, niemodny; ~ ***of doors*** na świeżym powietrzu; ~ ***of doubt*** bez wątpienia; ~ ***of favour*** w niełasce; ~ ***of place*** nie na miejscu; ~ ***of reach*** poza zasięgiem; ~ ***of sight*** poza zasięgiem wzroku, niewidoczny; ~ ***of spite*** ze złości; ~ ***of work*** bez pracy, bezrobotny; *adj* zewnętrzny; *sport.* na wyjeździe, nie na własnym boisku; ***~-and-~*** całkowity, totalny; *s pl* ***~s*** nieobecni, ci, których już nie ma (*w urzędzie, grze itd.*); *vt pot* wyrzucić

out·bal·ance [aʊt'bæləns] *vt* przeważyć

out·bid** [aʊt'bɪd] *vt* (outbid, outbid*** *lub* ***outbidden*** [aʊt'bɪdn]) przelicytować

out·break ['aʊtbreɪk] *s* wybuch (*wojny, epidemii, gniewu*)

out·burst ['aʊtbɜːst] *s* wybuch (*także śmiechu, gniewu, itd.*)

out·cast ['aʊtkɑːst] *adj* wypędzony, odepchnięty; *s* wyrzutek, banita

out·caste ['aʊtkɑːst] *s człowiek wypędzony z kasty w Indiach*

O

out·come ['aʊtkʌm] *s* wynik

out·cry ['aʊtkraɪ] *s* okrzyk, krzyk; wrzask

out·dat·ed [ˌaʊt'deɪtɪd] *adj* przestarzały

***out·do** [ˌaʊt'duː] (*formy zob.* **do**) *vt* przewyższyć, prześcignąć

out·door ['aʊtdɔː] *adj attr* będący poza domem (*np. o sportach*); na świeżym powietrzu; (*o ubraniu*) wyjściowy

out·doors [ˌaʊt'dɔːz] *adv* na zewnątrz (domu), na świeżym powietrzu

out·er ['aʊtə] *adj* zewnętrzny; ***the ~ man*** zewnętrzny wygląd człowieka

out·er·most ['aʊtəməʊst] *adj* najdalej wysunięty, najbardziej zewnętrzny

out·fit ['aʊtfɪt] *s* wyposażenie, sprzęt, ekwipunek, komplet narzędzi

out·flow ['aʊtfləʊ] *s* odpływ (*np. wody*)

***out·go** [ˌaʊt'gəʊ] (*formy zob.* **go**) *vt* prześcignąć, wyprzedzić

out·go·ing ['aʊtˌgəʊɪŋ] *s* wyjście, odejście; *pl* ***~s*** wydatki; *adj* odchodzący; (*o rządzie itp.*), ustępujący

out·gone *zob.* ***outgo***

out·grow** [ˌaʊt'grəʊ] (*formy zob.* ***grow) *vt* przerastać (*kogoś*); wyrastać (*np. z ubrania*)

out·growth ['aʊtgrəʊθ] *s* wyrostek, narośl; wynik; następstwo

out·ing ['aʊtɪŋ] *s* wycieczka, wypad

out·land·ish [aʊt'lændɪʃ] *adj* cudzoziemski, obcy; odległy

out·last [ˌaʊt'lɑːst] *vt* trwać dłużej (***sth*** niż coś); przetrwać, przeżyć

out·law ['aʊtlɔː] *s* banita, człowiek wyjęty spod prawa; *vt* wyjąć spod prawa, zakazać

out·lay ['aʊtleɪ] *s* wydatek

out·let ['aʊtlet] *s* wylot, ujście

out·line ['aʊtlaɪn] *s* zarys, szkic; *vt* zarysować, naszkicować

out·live [ˌaʊt'lɪv] *vt* przeżyć, przetrwać

out·look ['aʊtlʊk] *s* widok; pogląd; obserwacja; punkt obserwacyjny; ***to be on the ~*** rozglądać się (***for sth*** za czymś), czatować

out·ly·ing ['aʊtˌlaɪɪŋ] *adj* leżący na uboczu, oddalony

out·most ['aʊtməʊst] *adj* = ***outermost***; *s w zwrocie*: ***at the ~*** najwyżej

out·number [ˌaʊt'nʌmbə] *vt* przewyższać liczebnie

out-of-date [ˌaʊtəv'deɪt] *adj* przestarzały, niemodny

out-of-doors [ˌaʊtəv'dɔːz] *adj* = ***outdoors***; *adv* = ***outdoors***

out-of-the-way [ˌaʊtəvðə'weɪ] *adj attr* leżący z dala od drogi,

odległy, oddalony; niezwykły, dziwny
out·pa·tient ['aʊtˌpeɪʃnt] *s* pacjent ambulatoryjny
out·post ['aʊtpəʊst] *s* posterunek (wysunięty), przednia placówka
out·pour [ˌaʊt'pɔː] *vt vi* wylewać się; *s* ['aʊtpɔː] wylew
out·put ['aʊtpʊt] *s* produkcja, wydajność; plon; *górn.* wydobycie
out·rage ['aʊtreɪdʒ] *s* obraza (ciężka), zniewaga; pogwałcenie; *vt* znieważyć; pogwałcić; zhańbić; urągać (*przyzwoitości itd.*)
out·ra·geous [aʊt'reɪdʒəs] *adj* obrażający, znieważający; skandaliczny, niesłychany
out·ran *zob.* ***outrun***
out·ride** [ˌaʊt'raɪd] (*formy zob.* ***ride) *vt* prześcignąć (w jeździe), wyprzedzić; (*o statku*) przetrzymać (*burzę*)
out·right ['aʊtraɪt] *adj* otwarty, szczery, uczciwy; całkowity, zupełny; *adv* [aʊt'raɪt] otwarcie, szczerze, wprost; całkowicie, w pełni; natychmiast, z miejsca
out·run** [ˌaʊt'rʌn] (*formy zob.* ***run) *vt* wyprzedzić w biegu, prześcignąć; wykroczyć (***sth*** poza coś)
out·set ['aʊtset] *s* początek
out·side [ˌaʊt'saɪd] *adv* zewnątrz, na zewnątrz; *praep* (*także* ~ ***of***) poza czymś; na zewnątrz (*czegoś*); *s* zewnętrzna strona; zewnętrzny wygląd; *adj attr* ['aʊtsaɪd] zewnętrzny; (*leżący, robiony*) poza domem
out·sid·er [ˌaʊt'saɪdə] *s* (człowiek) postronny, obcy; laik; outsider
out·size ['aʊtsaɪz] *adj* (*o rozmiarze*) nietypowy; (*o sklepie*) dla nietypowych
out·skirts ['aʊtskɜːts] *s pl* kraniec; peryferie; kresy
out·spo·ken [ˌaʊt'spəʊkən] *adj* szczery, otwarty; mówiący szczerze; powiedziany otwarcie
out·spread [ˌaʊt'spred] *adj* rozpostarty
out·stand·ing [ˌaʊt'stændɪŋ] *adj* wybitny; wystający; zaległy; nie załatwiony
out·stay [ˌaʊt'steɪ] *vt* pozostać dłużej (***sb*** niż ktoś), przetrzymać (***sb*** kogoś)
out·stretch [ˌaʊt'stretʃ] *vt* rozciągać, rozpościerać
out·strip [ˌaʊt'strɪp] *vt* prześcignąć, przewyższyć
out·vote [ˌaʊt'vəʊt] *vt* przegłosować
out·ward ['aʊtwəd] *adj* zewnętrzny, skierowany na zewnątrz; widoczny; powierzchowny; odjeżdżający (*zw.* za granicę); (*o podróży, bilecie zw. za granicę*) docelowy; *s* strona zewnętrzna; powierzchowność; *adv* = ***outwards***
out·wards ['aʊtwədz] *adv* po stronie zewnętrznej, na zewnątrz; poza granice (*kraju, miasta*)
out·weigh [ˌaʊt'weɪ] *vt* przeważyć; przewyższyć
out·went *zob.* ***outgo***
out·wit [ˌaʊt'wɪt] *vt* przechytrzyć, podstępnie podejść (***sb*** kogoś)
out·work ['aʊtwɜːk] *s* praca chałupnicza; *wojsk.* umocnienie zewnętrzne
out·worn [ˌaʊt'wɔːn] *adj* znoszony, przestarzały; znużony
o·val ['əʊvl] *adj* owalny; *s* owal
o·va·ry ['əʊvərɪ] *s anat.* jajnik
o·va·tion [əʊ'veɪʃn] *s* owacja
ov·en ['ʌvn] *s* piec; ***microwave*** ~ kuchenka mikrofalowa
o·ver 1. ['əʊvə] *praep* nad, ponad, powyżej; na, po, w; przez, poprzez; po drugiej stronie, za, poza, ***all*** ~ wszędzie, po całym (*pokoju itp.*); *adv* na drugą stronę, po drugiej stronie; po powierzchni; całkowicie; od początku do końca; więcej, zbytnio, z okładem; ponownie, jeszcze raz, znowu; ***all*** ~ wszędzie, po całym (*świecie,*

O

mieście itd.); od początku do końca; ***to be ~*** minąć; ***it is ~ with him*** on jest skończony; ***~ again*** raz jeszcze; ***~ and again*** co jakiś czas

o·ver 2. ['əʊvə] *praef* nad-, na-, prze-

o·ver·all [ˌəʊvər'ɔːl] *adj* ogólny, kompletny; *s pl* ***~s*** ['əʊvərɔːlz] kombinezon; kitel

o·ver·ate *zob.* ***overeat***

o·ver·awe [ˌəʊvər'ɔː] *vt* trwożyć, przejmować strachem

o·ver·bal·ance [ˌəʊvə'bæləns] *vt* przeważyć, przewrócić; *vi* stracić równowagę, przewrócić się; *s* przewaga

o·ver·bear** [ˌəʊvə'beə] (*formy zob.* ***bear 2.) *vt* przemóc, pokonać; ciemiężyć; przewyższyć; lekceważyć

o·ver·bear·ing [ˌəʊvə'beərɪŋ] *adj* dumny, wyniosły, butny; władczy; despotyczny

o·ver·board ['əʊvəbɔːd] *adv* za burtę; ***to throw ~*** *przen.* porzucić, poniechać

o·ver·bore *zob.* ***overbear***

o·ver·bur·den [ˌəʊvə'bɜːdn] *vt* przeciążyć

O

o·ver·came *zob.* ***overcome***

o·ver·cast** [ˌəʊvə'kɑːst] (*formy zob.* ***cast) *vt* pokryć; zasłonić; zaciemnić; przygnębić; *adj* pochmurny, posępny

o·ver·charge [ˌəʊvə'tʃɑːdʒ] *vt* przeładować, przeciążyć; żądać zbyt wysokiej ceny; *s* przeciążenie; nałożenie nadmiernej ceny

o·ver·coat ['əʊvəkəʊt] *s* palto, płaszcz

o·ver·come** [ˌəʊvə'kʌm] (*formy zob.* ***come) *vt* przemóc, opanować, pokonać, zwyciężyć

o·ver·crowd [ˌəʊvə'kraʊd] *vt* przepełnić (*ludźmi*), zatłoczyć

o·ver·do** [ˌəʊvə'duː] (*formy zob.* ***do) *vt* przebrać miarę; przekroczyć (*granice przyzwoitości itd.*), przesadzić (*w czymś*); przegotować, przesmażyć *itp.*; przeciążyć pracą

o·ver·draft ['əʊvədrɑːft] *s handl* przekroczenie konta; czek bez pokrycia

o·ver·draw** [ˌəʊvə'drɔː] (*formy zob.* ***draw) *vt* przekraczać wielkość depozytu (w banku)

over·dress [ˌəʊvə'dres] *vt vi* stroić (się); ubierać (się) zbyt strojnie

o·ver·due [ˌəʊvə'djuː] *adj* opóźniony; *handl.* (*o terminie*) przekroczony; (*o rachunku*) zaległy

o·ver·eat** [ˌəʊvər'iːt] (*formy zob.* ***eat) *vr* ***~ oneself*** przejeść się

o·ver·es·ti·mate [ˌəʊvər'estɪmeɪt] *vt* przecenić wartość (***sb, sth*** kogoś, czegoś); *s* [ˌəʊvər'estɪmət] zbyt wysokie oszacowanie

o·ver·flow [ˌəʊvə'fləʊ] *vt vi* przelewać się (***sth*** przez coś); przepełniać, zalewać; (*o rzece*) wylewać; obfitować (***with sth*** w coś); *s* ['əʊvəfləʊ] zalew, wylew; nadmiar

o·ver·grow** [ˌəʊvə'grəʊ] (*formy zob.* ***grow) *vt* porastać, zarastać, przerastać; *vi* szybko (nadmiernie) rosnąć

o·ver·growth ['əʊvəgrəʊθ] *s* pokrywa roślinna; zbyt szybki wzrost; rozrost, przerost

o·ver·hang** [ˌəʊvə'hæŋ] *vt vi* (overhung, overhung*** [ˌəʊvə'hʌŋ]) zwisać, wisieć, wystawać; zagrażać, wisieć nad głową

o·ver·haul [ˌəʊvə'hɔːl] *vt* gruntownie przeszukać, dokładnie zbadać; poddać kapitalnemu remontowi; *s* ['əʊvəhɔːl] gruntowny przegląd; ***general ~*** remont kapitalny

o·ver·head [ˌəʊvə'hed] *adv* nad głową, u góry; powyżej; *adj attr* ['əʊvəhed] znajdujący się u góry; górny; napowietrzny; *handl.* ***~ charges*** koszty ogólne

o·ver·hear** [ˌəʊvəˈhɪə] *vt vi* (*formy zob.* ***hear) podsłuchać

o·ver·hung *zob.* ***overhang***

o·ver·land [ˈəʊvəlænd] *adv* lądem; *adj attr* lądowy

o·ver·lap [ˌəʊvəˈlæp] *vt vi* zachodzić jedno na drugie (*np. o dachówkach*); (częściowo) pokrywać się

o·ver·load [ˌəʊvəˈləʊd] *vt* przeciążyć, przeładować; *s* [ˈəʊvələʊd] przeciążenie, przeładowanie

o·ver·look [ˌəʊvəˈlʊk] *vt* przeoczyć, pominąć; zamykać oczy (***sth*** na coś); wystawać, wznosić się (***sth*** ponad coś); (*o oknie*) wychodzić (***the street*** *etc.* na ulicę *itd.*); nadzorować

o·ver·night [ˌəʊvəˈnaɪt] *adv* przez noc, na noc; (od) poprzedniego wieczoru

o·ver·paid *zob.* ***overpay***

o·ver·pass [ˌəʊvəˈpɑːs] *vt* przejść, przejechać; przekroczyć; przezwyciężyć; pominąć; *s am.* wiadukt

o·ver·pay** [ˌəʊvəˈpeɪ] (*formy zob.* ***pay) *vt* przepłacić, nadpłacić

o·ver·pop·u·late [ˌəʊvəˈpɒpjuleɪt] *vt* przeludnić

o·ver·pow·er [ˌəʊvəˈpaʊə] *vt* przemóc, przekonać; przytłoczyć; zmóc (*kogoś czymś*)

o·ver·print [ˈəʊvəprɪnt] *s* nadruk, *vt* [ˌəʊvəˈprɪnt] nadrukować

o·ver·pro·duc·tion [ˌəʊvəprəˈdʌkʃn] *s* nadprodukcja

o·ver·ran *zob.* ***overrun***

o·ver·rate [ˌəʊvəˈreɪt] *vt* przecenić

o·ver·ride** [ˌəʊvəˈraɪd] (*formy zob.* ***ride) *vt* przejechać, podeptać; zajeździć (*konia*); *przen.* potraktować z góry; odrzucić (*propozycję*); przełamać (*np. opór*)

o·ver·rule [ˌəʊvəˈruːl] *vt* opanować; wziąć górę (***sb, sth*** nad kimś, nad czymś); *prawn.* unieważnić, odrzucić, odchylić; zlekceważyć

o·ver·run** [ˌəʊvəˈrʌn] (*formy zob.* ***run) *vt* najechać (*np. kraj*); pokonać, spustoszyć; przekroczyć granice (***sth*** czegoś); (*o wodzie*) zalewać (*okolicę itd.*)

o·ver·seas [ˌəʊvəˈsiːz] *adv* za morzem, za morze; *adj attr* zamorski; zagraniczny

o·ver·se·er [ˈəʊvəˌsɪə] *s* nadzorca

o·ver·shad·ow [ˌəʊvəˈʃædəʊ] *vt dosł. i przen.* rzucać cień (***sth*** na coś); przyciemnić; zaćmić

o·ver·shoe [ˈəʊvəʃuː] *s* kalosz (*nakładany na but*)

o·ver·sight [ˈəʊvəsaɪt] *s* przeoczenie; nadzór

o·ver·size(d) [ˌəʊvəˈsaɪz(d)] *adj* zbyt duży

o·ver·sleep** [ˌəʊvəˈsliːp] (*formy zob.* ***sleep) *vt* przespać; *vi* zaspać

o·ver·spread** [ˌəʊvəˈspred] (*formy zob.* ***spread) *vt* pokrywać

o·ver·state [ˌəʊvəˈsteɪt] *vt* przesadzić (***sth*** w czymś); powiedzieć zbyt dosadnie

o·ver·step [ˌəʊvəˈstep] *vt* przekroczyć

o·ver·stock [ˌəʊvəˈstɒk] *vt* przepełnić (*zapasami*), zapchać (*towarem*)

o·ver·strain [ˌəʊvəˈstreɪn] *vt* naciągnąć; *dosł. i przen.* przeciągnąć (*strunę*); przeciążyć (*pracą*); *s* [ˈəʊvəstreɪn] wyczerpanie (*nadmierną pracą*), przemęczenie

o·vert [ˈəʊvɜːt] *adj* otwarty, jawny

o·ver·take** [ˌəʊvəˈteɪk] (*formy zob.* ***take) *vt* dopędzić, dosięgnąć; (*zw. o samochodzie*) wyprzedzić; zaskoczyć

o·ver·tax [ˌəʊvəˈtæks] *vt* przeciążyć (podatkami); przecenić; *przen.* przeliczyć się (z siłami)

o·ver·throw** [ˌəʊvəˈθrəʊ] (*formy zob.* ***throw) *vt* przewrócić, obalić; pobić; zniweczyć; *s* [ˈəʊvəθrəʊ] obalenie, przewrót

o·ver·time ['əʊvətaɪm] *s* czas pracy nadprogramowej, godziny nadliczbowe; *adj attr* nadliczbowy; *adv* nadliczbowo, nadprogramowo
o·ver·took *zob.* ***overtake***
o·ver·ture ['əʊvətʃə] *s muz* uwertura; (*zw. pl* **~s**) rokowania wstępne; zabieganie o czyjeś względy
o·ver·turn [ˌəʊvə'tɜːn] *vt vi* przewrócić (się); obalić; *s* ['əʊvətɜːn] obalenie, przewrót
o·ver·weigh [ˌəʊvə'weɪ] *vt vi* przeważać, więcej ważyć
o·ver·weight ['əʊvəweɪt] *s* nadwyżka wagi
o·ver·whelm [ˌəʊvə'welm] *vt* zalać; zasypać; przygnieść; pognębić; *dosł. i przen.* przytłoczyć; zakłopotać (*hojnością itd.*); (*o uczuciach*) ogarniać
o·ver·work [ˌəʊvə'wɜːk] *vt* zmuszać do nadmiernej pracy, przeciążać pracą; *vi* przepracowywać się; *s* ['əʊvəwɜːk] przemęczenie, przepracowanie
o·ver·wrought [ˌəʊvə'rɔːt] *adj* przemęczony; wyczerpany nerwowo; (*o stylu*) mozolnie wypracowany
owe [əʊ] *vt* być winnym; zawdzięczać (***sth to sb*** coś komuś)
ow·ing [əʊɪŋ] *adj* należny; dłużny; wynikający (***to sth*** z czegoś); *praep.* ***~ to*** dzięki, na skutek, z powodu
owl [aʊl] *s* sowa
owl·ish ['aʊlɪʃ] *adj* sowi; (*o twarzy, wyglądzie*) poważny, uroczysty
own 1. [əʊn] *adj* własny; ***~ goal*** *bryt. sport* gol samobójczy; ***to be on one's ~*** być samodzielnym; ***to have sth for one's ~*** mieć coś na własność; ***to hold one's ~*** trzymać się, nie poddawać się; ***on one's ~*** na własną rękę
own 2. [əʊn] *vt vi* posiadać; wyznawać (winę); przyznawać (się); uznawać; ***~ up*** *pot.* przyznawać się
own·er ['əʊnə] *s* właściciel
own·er·ship ['əʊnəʃɪp] *s* posiadanie, własność
ox [ɒks] *s* (*pl* ***oxen*** ['ɒksn]) wół
ox·ide ['ɒksaɪd] *s chem.* tlenek
ox·i·dize ['ɒksɪdaɪz] *vt vi* utleniać się
Ox·o·ni·an [ɒk'səʊnɪən] *adj* oksfordzki; *s* Oksfordczyk
ox·tail ['ɒksteɪl] *s* ogon wołowy; ***~ soup*** zupa ogonowa
ox·y·gen ['ɒksɪdʒən] *s chem.* tlen
oy·ster ['ɔɪstə] *s* ostryga
oys·ter-knife ['ɔɪstənaɪf] *s* nóż do otwierania (muszli) ostryg
oz = ***ounce*** (*pl* ***ozs*** = ***ounces***)
o·zone ['əʊzəʊn] *s chem.* ozon; *pot.* świeże powietrze

P

pa [pɑː] *s* tatuś
pace [peɪs] *s* krok; chód; ***to keep ~ with sb*** dotrzymywać komuś kroku; *vt vi* kroczyć, stąpać
pa·cif·ic [pə'sɪfɪk] *adj* spokojny; pokojowy; *s* ***the Pacific Ocean***; Ocean Spokojny, Pacyfik
pac·i·fism ['pæsɪfɪzm] *s* pacyfizm
pac·i·fist ['pæsɪfɪst] *s* pacyfista
pac·i·fy ['pæsɪfaɪ] *vt* uspokajać; pacyfikować
pack [pæk] *s* pakiet; wiązka; pakunek; paczka; bela; *handl.* partia towaru; gromada; sfora (*psów*), stado; *pot.* banda; talia (*kart*); *vt vi* (*także* ***~ up***) pakować (się);

gromadzić (się); zbierać się w stado <sforę>; **~ in** zapakować; **~ off** odprawić, wyprawić (**sb** kogoś); zabrać się (*skądś*); **~ out** wypakować, wyładować; **~ up** spakować (się); *pot. przen.* przerwać pracę
pack·age ['pækɪdʒ] *s* paczka, pakunek; opakowanie; pakiet; **~ tour** wycieczka z programem (*np. z nauką obcego języka*)
pack-an·i·mal ['pæk,ænɪml] *s* zwierzę juczne
pack·et ['pækɪt] *s* pakiet, paczka, plik; (*także* **~ boat**) statek pocztowy
pack·ing ['pækɪŋ] *s* pakowanie; opakowanie; materiał do pakowania; uszczelka; *med.* tampon; zawijanie
pact [pækt] *s* pakt, umowa
pad 1. [pæd] *s* podkładka, podściółka; poduszka (*palca, łożyska maszyny, do pieczątek, do igieł*); blok (*papieru, rysunkowy*); *vt* wypychać, wyściełać; nabijać, obijać
pad 2. [pæd] *s* droga, ścieżka; wierzchowiec; *vi* chodzić pieszo, wędrować
pad·ding ['pædɪŋ] *s* wyściółka, podbicie; podszycie (*płaszcza*); obicie
pad·dle 1. ['pædl] *s* wiosło; *vt vi* wiosłować
pad·dle 2. ['pædl] *vi* brodzić, taplać się w wodzie
pad·dle-wheel ['pædlwi:l] *s mors.* łopatkowe koło napędowe (*statku*)
pad·dock ['pædək] *s* wybieg dla koni, wygon
pad·lock ['pædlɒk] *s* kłódka; *vt* zamykać na kłódkę
pae·di·a·tri·cian [,pi:dɪə'trɪʃn] *s med.* pediatra
pa·gan ['peɪgən] *adj* pogański; *s* poganin
page 1. [peɪdʒ] *s* stronica
page 2. [peɪdʒ] *s* paź
pag·eant ['pædʒənt] *s* pokaz, widowisko; parada, korowód
paid *zob.* **pay**
pail [peɪl] *s* wiadro
pain [peɪn] *s* ból; troska; przykrość; *pl* **~s** trud; bóle porodowe; **to take ~s to do sth** zadawać sobie trud, żeby coś zrobić; dokładać starań; **to give ~** zadawać ból; sprawiać przykrość; *vt vi* boleć, zadawać ból; gnębić, dręczyć, smucić; ***I am ~ed to learn it*** bardzo mi przykro, że się o tym dowiaduję
pain·ful ['peɪnfl] *adj* bolesny, przykry
pain·kill·er ['peɪn,kɪlə] *s med.* środek przeciwbólowy
pains·tak·ing ['peɪnz,teɪkɪŋ] *adj* pracowity, dbały, staranny
paint [peɪnt] *s* farba; szminka; *vt* malować; szminkować; opisywać (obrazowo); **wet ~** świeżo malowane
paint·er ['peɪntə] *s* (artysta) malarz
paint·ing ['peɪntɪŋ] *s* malarstwo; obraz, malowidło
pair [peə] *s* para; **in ~s** parami; *vt vi* łączyć (się) w pary, dobierać (się) do pary; (*o zwierzętach*) parzyć się; **~ off** rozbijać się na pary, odchodzić parami; pobrać się
pa·ja·mas [pə'dʒɑ:məz] *s am.* = ***pyjamas***
pal [pæl] *s pot.* kumpel, kompan; *vt* (*bryt. także* **~ up**) zaprzyjaźnić się (**with sb** z kimś)
pal·ace ['pælɪs] *s* pałac
pal·at·a·ble ['pælətəbl] *adj* smaczny, przyjemny
pal·a·tal ['pælətəl] *adj* podniebienny
pal·ate ['pælət] *s* podniebienie; gust
pa·lav·er [pə'lɑ:və] *s pot.* gadanina; *vi* paplać
pale 1. [peɪl] *s* pal; granica; zakres; **within the ~ of** w granicach (*czegoś*); *vt* (*także* **~ in**) ogrodzić, otoczyć

pale 2. [peɪl] *adj* blady; ***to turn ~*** zblednąć; *vi* blednąć; *vt* powodować bladość
pal·ette ['pælət] *s* paleta
pal·i·sade [ˌpælɪ'seɪd] *s* palisada; *vt* otoczyć palisadą
pall 1. [pɔːl] *s* całun; *vt* okryć całunem
pall 2. [pɔːl] *vi* sprzykrzyć się (**on *sb*** komuś)
pal·let ['pælɪt] *s* siennik; barłóg; paleta towarowa
pal·li·a·tive ['pælɪətɪv] *adj* uśmierzający, łagodzący; *s* środek łagodzący; półśrodek; wymówka, usprawiedliwienie
pal·lid ['pælɪd] *adj* blady
pal·lor ['pælə] *s* bladość
palm 1. [pɑːm] *s* palma; ***Palm Sunday*** Niedziela Palmowa
palm 2. [pɑːm] *s* dłoń
palm·is·try ['pɑːmɪstrɪ] *s* chiromancja
palm·y ['pɑːmɪ] *adj* palmowy; pomyślny
pal·pa·ble ['pælpəbl] *adj* namacalny, wyczuwalny dotykiem
pal·pi·tate ['pælpɪteɪt] *vi* (*o sercu*) bić, kołatać; drżeć
pal·pi·ta·tion [ˌpælpɪ'teɪʃn] *s* silne bicie serca, palpitacja; drżenie
pal·sy ['pɔːlzɪ] *s* paraliż; *vt* sparaliżować
pal·try ['pɔːltrɪ] *adj* nędzny, lichy
pam·per ['pæmpə] *vt* rozpieszczać, dogadzać
pam·phlet ['pæmflət] *s* broszura; pamflet
pam·phle·teer [ˌpæmflə'tɪə] *s* autor broszur; pamflecista
pan [pæn] *s* (*także* ***frying ~***) patelnia; (*także* ***sauce ~***) rondel
pan·cake ['pænkeɪk] *s* naleśnik
pan·cre·as ['pæŋkrɪəs] *s* *anat.* trzustka
pan·der ['pændə] *vi* stręczyć; *s* stręczyciel, rajfur
pane [peɪn] *s* szyba; (kwadratowa) płaszczyzna; kratka (*wzoru*)
pan·e·gyr·ic [ˌpænɪ'dʒɪrɪk] *s* panegiryk
pan·el ['pænl] *s* płyta; kaseton; wstawka (*w sukni*); poduszka (*u siodła*); urzędowy wykaz lekarzy; *prawn.* skład sędziów przysięgłych; komisja (*np. konkursowa*); ***control ~*** tablica rozdzielcza; ***~ discussion*** dyskusja z udziałem fachowców; płaszczyzna dekoracyjna służąca za tło; *vt* dekorować; pokrywać boazerią; wstawiać kasetony
pang [pæŋ] *s* ostry ból, spazm bólu; ***~s of conscience*** wyrzuty sumienia
pan·ic ['pænɪk] *vt vi* powodować panikę; panikować; *s* panika
pan·ic·ky ['pænɪkɪ] *adj pot.* paniczny; łatwo ulegający panice; alarmistyczny
pan·o·ra·ma [ˌpænə'rɑːmə] *s* panorama
pan·sy ['pænzɪ] *s bot.* bratek; *pot. uj.* pedał (*homoseksualista*)
pant [pænt] *vi* dyszeć, sapać; (*o sercu*) kołatać; (*o piersi*) falować; pożądać (***for*** czegoś); *s* dyszenie; sapanie; kołatanie (serca)
pan·ther ['pænθə] *s zool.* pantera
pan·ties ['pæntɪz] *s pl* majtki (damskie)
pan·to·mime ['pæntəmaɪm] *s* pantomima
pan·try ['pæntrɪ] *s* spiżarnia
pants [pænts] *s pl* majtki, spodenki; *am.* spodnie
pan·ty hose ['pæntɪhəʊz] *s am.* rajstopy
pa·pa [pə'pɑː] *s zdrob.* tatuś
pa·pa·cy ['peɪpəsɪ] *s* papiestwo
pa·pal ['peɪpl] *adj* papieski
pa·per ['peɪpə] *s* papier; gazeta, czasopismo; tapeta; praca pisemna; referat, rozprawa; *pl* ***~s*** papiery, dokumenty; *adj* papierowy; *vt* wyłożyć papierami; pakować w papier; tapetować
pa·per·back ['peɪpəbæk] *s*

P

książka w papierowej <miękkiej> okładce
pa·per·clip ['peɪpəklɪp] *s* spinacz do papieru
pa·per·weight ['peɪpəweɪt] *s* przycisk (do papieru)
pa·pist ['peɪpɪst] *s hist. uj.* papista
pap·ri·ka ['pæprɪkə] *s* papryka
par [pɑː] *s handl.* parytet; równość; ***at ~*** na równi; ***above ~*** powyżej parytetu; ***to be on a ~*** dorównywać (***with sb, sth*** komuś, czemuś)
par·a·ble ['pærəbl] *s* przypowieść
pa·rab·o·la [pə'ræbələ] *s* parabola
par·a·chute ['pærəʃuːt] *s* spadochron; *adj* spadochronowy; *vt* zrzucić na spadochronie; *vi* spadać na spadochronie
par·a·chut·ist ['pærəʃuːtɪst] *s* spadochroniarz
pa·rade [pə'reɪd] *s* parada; popis; pokaz; *wojsk* apel, przegląd; *vt* wystawiać na pokaz; *wojsk* robić przegląd; *vi* paradować
par·a·dise ['pærədaɪs] *s* raj
par·a·dox ['pærədɒks] *s* paradoks
par·af·fin ['pærəfɪn] *s* parafina; (*także* ***~ oil***) nafta
par·a·gon ['pærəgən] *s* wzór (*np. cnoty*)
par·a·graph ['pærəgrɑːf] *s* paragraf; ustęp (w książce); akapit
par·al·lel ['pærəlel] *adj* równoległy; analogiczny; ***~ bars*** *sport.* poręcze; *s* (linia) równoległa; odpowiednik; porównanie; *geogr.* równoleżnik
par·a·lyse ['pærəlaɪz] *vt* paraliżować
pa·ral·y·sis [pə'ræləsɪs] *s* paraliż
pa·ram·e·ter [pə'ræmɪtə] *s* parametr
par·a·mount ['pærəmaʊnt] *adj* najważniejszy, główny
par·a·mour ['pærəmʊə] *s lit.* kochanek, kochanka
par·a·phrase ['pærəfreɪz] *s* parafraza
par·a·site ['pærəsaɪt] *s* pasożyt
par·a·sit·ic [ˌpærə'sɪtɪk] *adj* pasożytniczy
par·a·sol ['pærəsɒl] *s* parasol (*od słońca, zw. rozpinany nad stołem*)
par·a·troops ['pærətruːps] *s pl* wojska spadochronowe
par·cel ['pɑːsl] *s* paczka; przesyłka; partia (*towaru*); *am.* parcela; *vt* paczkować; dzielić; (*także* ***~ out***) parcelować
parch [pɑːtʃ] *vt* suszyć, prażyć, palić (*kawę*); *vi* schnąć
parch·ment ['pɑːtʃmənt] *s* pergamin
par·don ['pɑːdn] *s* przebaczenie; ***I beg your ~*** przepraszam; słucham; *rel.* odpust; *vt* przebaczać; ***~ me*** przepraszam
par·don·a·ble ['pɑːdnəbl] *adj* wybaczalny
par·ent ['peərənt] *s* ojciec, matka; *pl* ***~s*** rodzice
par·ent·age ['peərəntɪdʒ] *s* pochodzenie, ród
pa·ren·tal [pə'rentl] *adj* rodzicielski
pa·ren·the·sis [pə'renθəsɪs] *s* nawias
par·ish ['pærɪʃ] *s* parafia; gmina; ***~ register*** księga metrykalna
Pa·ris·i·an [pə'rɪzɪən] *adj* paryski; *s* Paryżanin
par·i·ty ['pærətɪ] *s* równość; parytet
park [pɑːk] *s* park; parking, *także* ***car ~***; *wojsk.* park (*artyleryjski itd.*); *vt* parkować
park·ing ['pɑːkɪŋ] *s* parking, parkowanie; ***~ lot*** miejsce do parkowania; ***~ meter*** licznik parkingowy; ***No ~*** Zakaz postoju
par·lance ['pɑːləns] *s* mowa; język; styl (*wypowiedzi*)
par·ley ['pɑːlɪ] *s* narada; rokowania; *vi* paktować, pertraktować
par·lia·ment ['pɑːləmənt] *s* parlament
par·lia·men·tar·ian [ˌpɑːləmen'teərɪən] *s* parlamentarz; parla-

mentarzysta; *adj* parlamentarny

par·lia·men·ta·ry [ˌpɑːlə'mentərɪ] *adj* parlamentarny

par·lour ['pɑːlə] *s* salon, pokój przyjęć; ***beauty* ~** salon piękności

par·lour car ['pɑːləkɑː] *s am.* salonka (*w pociągu*)

par·lour maid ['pɑːləmeɪd] *s* pokojówka

pa·ro·chi·al [pə'rəʊkɪəl] *adj* parafialny; *przen.* ograniczony

pa·ro·dy ['pærədɪ] *s* parodia

pa·role [pə'rəʊl] *s* słowo honoru; *wojsk.* hasło; *vt* zwolnić z aresztu na słowo honoru

par·quet ['pɑːkeɪ] *s* parkiet

par·ri·cide ['pærɪsaɪd] *s* ojcobójstwo; ojcobójca

par·rot ['pærət] *s zool.* papuga; *vi* mówić jak papuga; *vt* powtarzać (coś) jak papuga

par·ry ['pærɪ] *vt* odparować, odpierać; *s* odparcie, odparowanie (*np. ciosu*)

parse [pɑːz] *vt gram.* zrobić rozbiór (***a sentence*** zdania)

par·si·mo·ny ['pɑːsɪmənɪ] *s* oszczędność; skąpstwo

pars·ley ['pɑːslɪ] *s bot.* pietruszka

pars·nip ['pɑːsnɪp] *s bot.* pasternak

par·son ['pɑːsn] *s* proboszcz, pastor

P

par·son·age ['pɑːsnɪdʒ] *s* probostwo, plebania

part [pɑːt] *s* część; udział, rola; strona; *pl* **~s** okolica, strony; zdolności, talent; ***for my* ~** z mojej strony, co do mnie; ***for the most* ~** przeważnie, w większej części; ***in great* ~** w znacznej mierze; ***in* ~** częściowo; ***to do one's* ~** zrobić swoje; ***to take* ~** brać udział, pomagać (***in sth*** w czymś); ***to take sth in good* ~** brać coś za dobrą monetę; ***this is not my* ~** to nie moja rzecz; *vt* dzielić, rozdzielać; rozrywać; ***to ~ company*** rozstawać się; *vi* rozdzielić się, rozłączyć się; rozejść się; rozstąpić się; rozstać się (***from sb*** z kimś, ***with sth*** z czymś)

par·take** [pɑː'teɪk] *vi* (partook*** [pɑː'tʊk], ***partaken*** [pɑː'teɪkən]) uczestniczyć (***in sth*** w czymś); spożywać (***of sth*** coś); mieć w sobie (***of sth*** coś); trącić (***of sth*** czymś); *vt* podzielać (*czyjś los itd.*)

par·tial ['pɑːʃl] *adj* częściowy; stronniczy; ***to be ~ to sth*** lubić coś, mieć słabość do czegoś

par·ti·al·i·ty [ˌpɑːʃɪ'ælətɪ] *s* stronniczość; upodobanie (***for sth*** do czegoś)

par·tic·i·pant [pɑː'tɪsɪpənt] *s* uczestnik

par·tic·i·pate [pɑː'tɪsɪpeɪt] *vi* uczestniczyć (***in sth*** w czymś); podzielać (***in sth*** coś)

par·ti·ci·ple ['pɑːtɪsɪpl] *s gram.* imiesłów

par·ti·cle ['pɑːtɪkl] *s* cząstka; *gram.* partykuła

par·tic·u·lar [pə'tɪkjʊlə] *adj* szczególny, specjalny, specyficzny; szczegółowy, dokładny; wybredny; grymaśny, wymagający (***about sth*** pod względem czegoś); nadzwyczajny, osobliwy; uważny, staranny; ***in* ~** w szczególności; *s* szczegół

par·tic·u·lar·i·ty [pəˌtɪkjʊ'lærətɪ] *s* osobliwość; szczegół; szczegółowość, dokładność; wybredność

part·ing ['pɑːtɪŋ] *ppraes i s* rozdział; przedział; *geogr.* dział wodny; rozstanie; pożegnanie, odejście

par·ti·san [ˌpɑːtɪ'zæn] *s* zwolennik; stronnik; partyzant

par·ti·tion [pɑː'tɪʃn] *s* podział; rozbiór (*państwa*); (oddzielona) część; przedział; przepierzenie; *vt* dzielić; ***~ off*** oddzielać, odgradzać

part·ner ['pɑːtnə] *s* partner; wspólnik, współuczestnik; *vt* być czyimś partnerem (*np. w tańcu*)

part·ner·ship ['pɑːtnəʃɪp] *s* współudział; współuczestnictwo; spółka

par·took *zob.* ***partake***

par·tridge ['pɑːtrɪdʒ] *s zool.* kuropatwa

part-time ['pɑːttaɪm] *adj attr zw. w połączeniach*: ***~ job <worker>*** praca <pracownik> w niepełnym wymiarze godzin; *adv* na niepełnym etacie

par·ty ['pɑːtɪ] *s* partia; ***conservative ~*** partia konserwatywna; ***rescue ~*** ekipa ratownicza; towarzystwo; grupa; zespół; przyjęcie towarzyskie, zabawa; strona (*np. w sądzie*); współuczestnik; ***to be a ~*** współuczestniczyć (***to sth*** w czymś)

pass [pɑːs] *vt vi* przechodzić (obok); mijać; przekraczać; przewyższać; spędzać (*czas*); przeżywać (***through sth*** coś); pominąć, przeoczyć, przepuścić, zaniedbać; *am.* pasować (*w kartach*); zdać (*egzamin*); zatwierdzić, przeprowadzić (*uchwałę*); (*o uchwale*) przejść; popadać dalej, posłać; (*także* ***~ on***) przekazać; wydać (*wyrok, opinię*); zdarzyć się; być uważanym, uchodzić (***for sth*** za coś; zachodzić, dziać się; ***~ away*** minąć, zniknąć; umrzeć; ***~ off*** mijać, przemijać; ***~ oneself of*** podawać się (***as sb, sth*** za kogoś, za coś); ***~ out*** wyjść; zemdleć; ***~ over*** przepuścić, pominąć, przejść (*np. na drugą stronę*); przeminąć; ***~ up*** przepuścić (*okazję*); *s* przejście; przepustka; paszport; złożenie (*egzaminu*); krytyczna sytuacja; przesmyk; przełęcz; *sport* podanie piłki; ***to bring to ~*** dokonać (***sth*** czegoś); ***to come to ~*** zdarzyć się; ***to let ~*** pomijać milczeniem

pass·a·ble ['pɑːsəbl] *adj* nadający się do przejścia; znośny; (*o stopniu*) dostateczny

pas·sage ['pæsɪdʒ] *s* przejście, przejazd, przeprawa; korytarz; ustęp (*w książce*); pasaż; ***birds of ~*** ptaki wędrowne

pas·sen·ger ['pæsndʒə] *s* pasażer

pas·ser-by [ˌpɑːsə'baɪ] *s* (*pl* ***~s-by*** [ˌpɑːsəz'baɪ]) przechodzień

pass·ing ['pɑːsɪŋ] *adj* przemijający, przelotny; rzucony mimochodem

pas·sion ['pæʃn] *s* namiętność (***for sth*** do czegoś); ***fly into a ~*** unieść się gniewem

pas·sion·ate ['pæʃənət] *adj* namiętny, zapalczywy; żarliwy

pas·sive ['pæsɪv] *adj* bierny; *gram.* ***~ voice*** strona bierna

Pass·o·ver ['pɑːsˌəʊvə] *s rel.* Pascha

pass·port ['pɑːspɔːt] *s* paszport; ***~ control*** kontrola paszportowa

pass·word ['pɑːswɜːd] *s* hasło

past [pɑːst] *adj* miniony, przeszły; ubiegły, ostatni (*tydzień itd.*); *s* przeszłość; *gram.* czas przeszły; *praep* za (*czymś*); obok; po; ***~ all belief*** nie do wiary; ***~ comparison*** nie do porównania; ***~ hope*** beznadziejny; ***ten ~ two*** dziesięć (minut) po drugiej; ***~ work*** niezdolny (już) do pracy; ***a man ~ forty*** mężczyzna po czterdziestce; *adv* obok, mimo; ***march ~*** defilować

paste [peɪst] *s* ciasto; klej; pasta; *vt* kleić, lepić; ***~ up*** naklejać; smarować pastą

paste·board ['peɪstbɔːd] *s* tektura, karton

pas·tel ['pæstl] *s* pastel (*kredka i obraz*)

pas·time ['pɑːstaɪm] *s* rozrywka

pas·tor ['pɑːstə] *s* pastor, duszpasterz

pas·to·ral ['pɑːstərəl] *adj* pasterski; *s* sielanka (*utwór*); *rel.* list pasterski

pas·try ['peɪstrɪ] *s* ciasto; *zbior.* wyroby cukiernicze

pas·tur·a·ble ['pɑːstʃərəbl] *adj* pastewny
pas·ture ['pɑːstʃə] *s* pastwisko; pasza; *vt vi* paść (się)
past·y 1. ['pæstɪ] *s bryt.* pasztecik (*zw. z mięsem*), pierożek
past·y 2. ['peɪstɪ] *adj* (*o wyglądzie, twarzy*) ziemisty, blady, niezdrowy
pat [pæt] *s* klepnięcie, klaps; krążek (*np. masła*); *vt* poklepywać; *vi* postukiwać; tupać; *adj pot.* szczęśliwy, trafny; *adv pot.* trafnie, w sam raz, akurat, w samą porę
patch [pætʃ] *s* łata, łatka; plaster; opatrunek na oku; skrawek; płat (*np. ziemi*); grządka; *vt* (*także* **~ up**) łatać, naprawiać
patch·work ['pætʃwɜːk] *s* łatanina; mieszanina (*kawałków, skrawków*); szachownica (*np. pól*); patchwork; strój zszywany z kawałków różnych tkanin
pat·ent ['peɪtnt] *s* patent; przywilej; *adj* patentowy, opatentowany; otwarty; jawny, oczywisty; **~ leather** skóra lakierowana; **~ letter** patent (*dokument*); *vt* opatentować
pa·ter·nal [pə'tɜːnl] *adj* ojcowski; (*o krewnym*) po ojcu
pa·ter·ni·ty [pə'tɜːnətɪ] *s* ojcostwo; pochodzenie
path [pɑːθ] *s* (*pl* **~s** [pɑːðz]) ścieżka, droga (*dla pieszych i przen.*); tor (*pocisku itd.*)
pa·thet·ic [pə'θetɪk] *adj* żałosny; rozpaczliwy, beznadziejny; wzruszający
pa·thol·o·gy [pə'θɒlədʒɪ] *s* patologia
pa·thos ['peɪθɒs] *s* patos
pa·tience ['peɪʃns] *s* cierpliwość; pasjans; **to play ~** stawiać pasjansa
pa·tient ['peɪʃnt] *s* pacjent; *adj* cierpliwy
pa·tri·ot ['pætrɪət] *s* patriota
pa·tri·ot·ic [ˌpætrɪ'ɒtɪk] *adj* patriotyczny
pa·trol [pə'trəʊl] *s* patrol; *vt vi* patrolować
pa·trol·man [pə'trəʊlmən] *s* (*pl* **patrolmen** [pə'trəʊlmən]) *am.* policjant
pa·tron ['peɪtrən] *s* patron, opiekun; stały klient
pat·ron·age ['pætrənɪdʒ] *s* patronat, opieka; protekcjonalność
pat·ron·ize ['pætrənaɪz] *vt* patronować; otaczać opieką; okazywać łaskę; traktować protekcjonalnie; być stałym klientem
pat·ter 1. ['pætə] *vt vi* (lekko) stukać, tupotać; *s* (lekkie) stukanie, tupot
pat·ter 2. ['pætə] *vt vi* klepać (*np. pacierz*); trajkotać; *s* żargon, gwara (środowiskowa); trajkotanie
pat·tern ['pætn] *s* wzór, próbka; szablon; wykrój; model, forma; *vt* ozdabiać wzorem; **to ~ sth after sth** wzorować się na czymś
pat·ty ['pætɪ] *s* pasztecik
pau·ci·ty ['pɔːsətɪ] *s* mała ilość; szczupłość
pau·per ['pɔːpə] *s* żebrak; ubogi (człowiek)
pau·per·ize ['pɔːpəraɪz] *vt* spauperyzować
pause [pɔːz] *s* pauza, przerwa; *vi* pauzować, robić przerwę, zatrzymywać się
pave [peɪv] *vt* brukować; *przen.* torować drogę; **to ~ the way for...** utorować drogę do...
pave·ment ['peɪvmənt] *s* chodnik, bruk, nawierzchnia
pa·vil·ion [pə'vɪljən] *s* duży namiot; pawilon
paw [pɔː] *s* łapa; *vt* uderzać łapą; *pot.* obłapiać; *vi* (*o koniu*) grzebać nogą
pawn 1. [pɔːn] *s dosł i przen.* pionek
pawn 2. [pɔːn] *s* zastaw, fant; *vt* dawać w zastaw
pawn·bro·ker ['pɔːnˌbrəʊkə] *s* właściciel lombardu
pawn·shop ['pɔːnʃɒp] *s* lombard

pay** [peɪ] *vt vi* (paid, paid*** [peɪd]) płacić, wynagradzać, opłacać (się); ***to ~ attention*** uważać (***to sth*** na coś); ***to ~*** (***sb***) ***a compliment*** powiedzieć (komuś) komplement; ***to ~ one's respects to sb*** złożyć komuś uszanowanie; ***to ~ a visit*** złożyć wizytę; ***to ~ one's way*** pokrywać koszty; *z przysłówkami*; ***~ back*** odpłacić, zwrócić pieniądze; ***~ down*** wypłacić gotówką; ***~ in*** wpłacić; ***~ off*** spłacić; ***~ out*** wypłacić; ***~ up*** spłacić całkowicie; *s* wypłata, zapłata; wynagrodzenie, płaca; ***to be in sb's ~*** być zatrudnionym u kogoś; być na czyimś żołdzie ***~ by cheque*** płacić czekiem; ***~ in cash*** płacić gotówką

pay·a·ble ['peɪəbl] *adj* płatny; opłacalny

pay·ing ['peɪɪŋ] *ppraes i adj* płacący; dochodowy; popłatny

pay·ment ['peɪmənt] *s* opłata, wynagrodzenie, wpłata; ***~ in advance*** przedpłata

pay·roll ['peɪrəul], **pay-sheet** ['peɪʃiːt] *s* lista płac

pea [piː] *s bot.* groch, ziarnko grochu

peace [piːs] *s* pokój; spokój; ***at ~*** w spokoju; na stopie pokojowej

peace·ful ['piːsfl] *adj* spokojny, pokojowy

peace·mak·er ['piːsˌmeɪkə] *s* pojednawca; arbiter

peach [piːtʃ] *s bot.* brzoskwinia (*owoc i drzewo*)

pea·cock ['piːkɒk] *s zool.* paw

peak [piːk] *s* szczyt góry; szpic; daszek (u czapki); *adj attr* szczytowy

peal [piːl] *s* melodia dzwonów, kurantów; huk; *vt vi* rozbrzmiewać; huczeć

pea·nut ['piːnʌt] *s bot.* orzech <orzeszek> ziemny

pear [peə] *s bot.* gruszka (*owoc i drzewo*)

pearl [pɜːl] *s* perła

peas·ant ['peznt] *s* chłop, wieśniak, rolnik

peas·ant·ry ['pezntrɪ] *s* chłopstwo

pease [piːz] *s* (*pl* ***pease***) groch

peat [piːt] *s* torf

peat·bog ['piːtbɒg] *s* torfowisko

peb·ble ['pebl] *s* kamyk; *geol.* otoczak

peck 1. [pek] *s* garniec (*miara*); *pot.* wielka ilość, masa

peck 2. [pek] *vt vi* dziobać (***sth, at sth*** coś); *s* dziobanie

pe·cul·iar [pɪ'kjuːlɪə] *adj* szczególny, specyficzny; osobliwy, dziwny; właściwy (***to sb, sth*** komuś, czemuś)

pe·cu·li·ar·i·ty [pɪˌkjuːlɪ'ærətɪ] *s* osobliwość; właściwość

pe·cu·ni·ar·y [pɪ'kjuːnjərɪ] *adj* pieniężny; finansowy

ped·a·gog·ic(al) [ˌpedə'gɒdʒɪk(l)] *adj* wychowawczy, pedagogiczny

ped·a·gog·ics [ˌpedə'gɒdʒɪks] *s* pedagogika

ped·a·gogue ['pedəgɒg] *s zw. uj.* wychowawca, belfer

ped·al ['pedl] *s* pedał; *vt* naciskać na pedał; *vi* pedałować (na rowerze)

ped·ant ['pednt] *s* pedant

pe·dan·tic [pɪ'dæntɪk] *adj* pedantyczny

ped·dle ['pedl] *vi* uprawiać handel domokrążny; *vt* kolportować (*towary, plotki*)

ped·dler *s* = ***pedlar***

ped·es·tal ['pedɪstl] *s* piedestał

pe·des·tri·an [pɪ'destrɪən] *adj* pieszy; *przen.* przyziemny, nudny; *s* pieszy, przechodzień, piechur; ***~ crossing*** przejście dla pieszych

pe·di·a·tri·cian [ˌpiːdɪə'trɪʃn] *s* pediatra

ped·i·gree ['pedɪgriː] *s* rodowód, pochodzenie

ped·lar ['pedlə] *s* domokrążca

pee [piː] *vi i s pot.* siusiać; siusianie

peel [piːl] *s* łupinka, skórka; *vt* obierać (*ziemniaki, owoce*); zdzierać (*korę, skórę*); *vi* (*także* **~ *off***) łuszczyć się; zrzucać skórę

peep 1. [piːp] *vi* zaglądać z ciekawości (***into sth*** do czegoś), zerkać (***at sb, sth*** na kogoś, coś); podglądać (***at sb, sth*** kogoś, coś); *s* ukradkowe spojrzenie; zerknięcie

peep 2. [piːp] *vi* ćwierkać; *s* ćwierkanie

peep·hole ['piːphəʊl] *s* okienko; wizjer (*w drzwiach*)

peer 1. [pɪə] *s* par, lord; (człowiek) równy drugiemu; ***to be sb's ~*** dorównywać komuś

peer 2. [pɪə] *vi* (badawczo) patrzeć (***at sb, sth*** na kogoś, coś); wyzierać; wyglądać

peer·less ['pɪələs] *adj* niezrównany; bezkonkurencyjny

pee·vish ['piːvɪʃ] *adj* skłonny do irytacji; drażliwy

peg [peg] *s* kołek, czop, szpunt; *vt* kołkować, przytwierdzać kołkami; *vi* **~ *away*** zawzięcie pracować

pel·i·can ['pelɪkən] *s zool.* pelikan

pell-mell [ˌpel'mel] *adv* chaotycznie, bezładnie; *adj* bezładny, chaotyczny; *s* chaos, bałagan

pelt 1. [pelt] *s* skóra (zwierzęca), skórka (na futro)

pelt 2. [pelt] *vt* obrzucić (*obelgami, kamieniami itd.*); *vi* gęsto padać, (*np. o gradzie*) bębnić; *s* grad (*np. kul*)

pel·vis ['pelvɪs] *s* (*pl* ***pelves*** ['pelviːz]) *anat.* miednica

pen 1. [pen] *s* zagroda (*dla bydła, drobiu itd.*), kojec; *vi* zamknąć w zagrodzie; uwięzić

pen 2. [pen] *s* pióro; *vt* pisać, kreślić, zapisywać; **~ *friend*** przyjaciel korespondencyjny (*zw. za granicą*)

pen·al ['piːnl] *adj prawn.* karalny

pe·nal·ize ['piːnəlaɪz] *vt prawn* karać sądownie

pen·al·ty ['penltɪ] *s prawn* kara sądowa, grzywna; ***under ~ of...*** pod karą...

pen·ance ['penəns] *s rel.* pokuta

pence *zob.* ***penny***

pen·cil ['pensl] *s* ołówek; *vt* szkicować, rysować

pen·dant ['pendənt] *s* wisząca ozdoba, wisiorek; para (***to sth*** do czegoś); odpowiednik (***to sth*** czegoś)

pend·ent ['pendənt] *adj* wiszący

pend·ing ['pendɪŋ] *adj* nadchodzący, nadciągający; nierozstrzygnięty; *praep* w oczekiwaniu na; do czasu

pen·du·lum ['pendjʊləm] *s* wahadło

pen·e·trate ['penɪtreɪt] *vt vi* przeniknąć, przebić; zanurzyć (się), wcisnąć się, wtargnąć

pen·e·tra·tion [ˌpenɪ'treɪʃn] *s* penetracja, przenikanie; przenikliwość

pen·i·cil·lin [ˌpenɪ'sɪlɪn] *s chem.* penicylina

pe·nin·su·la [pə'nɪnsjʊlə] *s* półwysep

pe·nis ['piːnɪs] *s anat.* penis, członek

pen·i·tent ['penɪtənt] *adj* skruszony; *s* pokutnik

pen·i·ten·tial [ˌpenɪ'tenʃl] *adj* pokutny

pen·i·ten·tia·ry [ˌpenɪ'tenʃərɪ] *adj* poprawczy; *prawn.* penitencjarny; *s* dom poprawczy; *am.* więzienie

pen·knife ['pennaɪf] *s* (*pl* ***penknives*** ['pennaɪvz]) scyzoryk

pen·man ['penmən] *s* (*pl* ***penmen*** ['penmən]) pisarz, autor

pen name ['penneɪm] *s* pseudonim (autora)

pen·ni·less ['penɪləs] *adj* bez grosza

pen·ny ['penɪ] *s* (*pl* ***pence*** [pens]) ***pens*** (*kwota*); (*pl* ***pennies*** ['penɪz]) moneta jednopen-

P

sowa; *przen.* grosz; ***a ~ for your thoughts*** o czym tak głęboko myślisz?, nad czym się zamyśliłeś?
pen·sion 1. ['penʃn] *s* emerytura; renta; *vt* przyznawać emeryturę, wypłacać rentę; ***~ off*** przenieść na emeryturę
pen·sion 2. ['penʃn] pensjonat
pen·sion·er ['penʃnə] *s* emeryt; rencista
pen·sive ['pensɪv] *adj* zadumany
pen·ta·gon ['pentəgən] *s* pięciokąt, pięciobok
pen·tath·lon [pen'tæθlɒn] *s sport* pięciobój
pent·house ['penthaʊs] *s* luksusowy apartament (*zw. na najwyższej kondygnacji budynku*); przybudówka, nadbudówka
pe·nul·ti·mate [pe'nʌltɪmət] *adj* przedostatni
pe·nu·ri·ous [pɪ'njʊərɪəs] *adj* biedny, ubogi; skąpy
pen·u·ry ['penjʊrɪ] *s* bieda; brak; skąpstwo
peo·ple ['piːpl] *s* naród, lud; *zbior.* osoby, ludzie, obywatele; ludność; członkowie rodziny; pracownicy (zakładu); *vt* zaludniać
pep [pep] *s pot.* wigor, werwa; *vt* dodać wigoru, ożywić
pep·per ['pepə] *s bot.* pieprz; *vi* pieprzyć
pep·per·mint ['pepəmɪnt] *s bot.* mięta pieprzowa; cukierek miętowy
per [pɜː] *praep łac.* przez, za pośrednictwem; ***~ day*** za dzień, na dzień, dziennie; ***~ post*** pocztą; ***~ cent*** od sta; ***5 ~ cent, 5 p.c.*** 5 procent
per·am·bu·late [pə'ræmbjʊleɪt] *vt* wędrować (***fields*** po polach); *vi* przechadzać się
per·am·bu·la·tor [pə'ræmbjʊleɪtə] *s* wózek dziecięcy; *zob.* ***pram***
per·ceive [pə'siːv] *vt* odczuć, zauważyć, spostrzec; postrzegać
per·cent·age [pə'sentɪdʒ] *s* procent, odsetek
per·cep·tib·le [pə'septəbl] *adj* dający się odczuć; dostrzegalny
per·cep·tion [pə'sepʃn] *s* percepcja
perch [pɜːtʃ] *s* żerdź; grzęda; *vi* siadać, usadowić się; *vt* sadzać, usadowić
per·co·late ['pɜːkəleɪt] *vt vi* przesączać (się); filtrować; przeciekać
per·cuss [pə'kʌs] *vt* wstrząsać; *med.* opukiwać
per·cus·sion [pə'kʌʃn] *s* wstrząs, uderzenie; *muz.* perkusja; *med.* opukiwanie
per·di·tion [pə'dɪʃn] *s* zatracenie; potępienie
per·emp·to·ry [pə'remptərɪ] *adj* stanowczy; apodyktyczny
per·en·ni·al [pə'renɪəl] *adj* wieczny; trwały; *s bot.* bylina
per·fect ['pɜːfɪkt] *adj* doskonały; skończony; zupełny; *gram.* dokonany; *s gram.* czas przeszły dokonany; *vt* [pə'fekt] doskonalić; kończyć, dokonać (*czegoś*)
per·fec·tion [pə'fekʃn] *s* doskonałość; dokonanie (*czegoś*)
per·fec·tive = ***perfect*** *gram.*
per·fid·i·ous [pə'fɪdɪəs] *adj* wiarołomny; przewrotny; perfidny
per·fi·dy ['pɜːfɪdɪ] *s* wiarołomność, przewrotność; perfidia
per·fo·rate ['pɜːfəreɪt] *vt* perforować, dziurkować
per·fo·ra·tion [ˌpɜːfə'reɪʃn] *s* dziurkowanie, perforacja, przekłucie
per·force [pə'fɔːs] *adv lit.* z konieczności
per·form [pə'fɔːm] *vt* dokonywać, wykonywać, spełniać; grać (*sztukę*); *vi* występować (na scenie)
per·form·ance [pə'fɔːməns] *s* dokonanie, wykonanie, spełnienie; wyczyn; wystawienie (*sztuki*), przedstawienie; odegranie (*roli*)

per·fume ['pɜːfjuːm] *s* perfumy; zapach; *vi* [pə'fjum] perfumować, rozsiewać zapach
per·func·to·ry [pə'fʌŋktərɪ] *adj* powierzchowny, niedbały
per·haps [pə'hæps] *adv* może, być może
per·il ['perɪl] *s* niebezpieczeństwo
per·il·ous ['perɪləs] *adj* niebezpieczny; ryzykowny
per·im·e·ter [pə'rɪmɪtə] *s* perymetr, obwód
pe·ri·od ['pɪərɪəd] *s* okres, cykl; *am. gram.* kropka; ***to put a ~*** postawić kropkę; położyć kres
pe·ri·od·i·cal [ˌpɪərɪ'ɒdɪkl] *adj* okresowy; *s* czasopismo, periodyk
per·ish ['perɪʃ] *vi* ginąć, niszczeć; *vt* niszczyć
per·ish·a·ble ['perɪʃəbl] *adj* (łatwo) psujący się; *s pl* ***~s*** łatwo psujące się towary
per·i·wig ['perɪwɪg] *s* peruka
per·jure ['pɜːdʒə] *vr* ***~ oneself*** krzywoprzysięgać
per·ju·ry ['pɜːdʒərɪ] *s* krzywoprzysięstwo
perk [pɜːk] *vt vi* ożywiać (się); (*także* ***~ up***) zadzierać nosa; nabierać animuszu; rozzuchwalić się
perk·y ['pɜːkɪ] *adj pot.* buńczuczny
perm [pɜːm] *s pot.* trwała ondulacja; *vt* trwale ondulować
per·ma·nent ['pɜːmənənt] *adj* stały; ciągły, trwały; ***~ wave*** trwała ondulacja
per·me·a·ble ['pɜːmɪəbl] *adj* przenikalny, przepuszczalny
per·me·ate ['pɜːmɪeɪt] *vt vi* przenikać, przesiąkać (***through sth*** przez coś)
per·mis·si·ble [pə'mɪsəbl] *adj* dozwolony, dopuszczalny
per·mis·sion [pə'mɪʃn] *s* pozwolenie
per·mit [pə'mɪt] *vt* pozwalać (***sth*** na coś); *vi* dopuszczać (***of sth*** coś); *s* ['pɜːmɪt] zezwolenie (pisemne); przepustka
per·ni·cious [pə'nɪʃəs] *adj* zgubny
per·pen·dic·u·lar [ˌpɜːpən'dɪkjʊlə] *adj* pionowy; *s* linia prostopadła; pion
per·pe·trate ['pɜːpɪtreɪt] *vt* popełnić (przestępstwo)
per·pe·tra·tor ['pɜːpɪtreɪtə] *s* sprawca, przestępca
per·pet·u·al [pə'petʃʊəl] *adj* wieczny; bezustanny
per·pet·u·ate [pə'petʃʊeɪt] *vt* unieśmiertelnić, uwiecznić
per·pe·tu·i·ty [ˌpɜːpɪ'tjuːətɪ] *s* wieczność; dożywotnia renta
per·plex [pə'pleks] *vt* zakłopotać, zmieszać
per·plex·i·ty [pə'pleksətɪ] *s* zakłopotanie; dylemat; zamieszanie
per·se·cute ['pɜːsɪkjuːt] *vt* prześladować
per·se·cu·tion [ˌpɜːsɪ'kjuːʃn] *s* prześladowanie
per·se·cu·tor ['pɜːsɪkjuːtə] *s* prześladowca
per·se·ver·ance [ˌpɜːsɪ'vɪərəns] *s* wytrwałość
per·se·vere [ˌpɜːsɪ'vɪə] *vi* trwać (***in sth*** przy czymś), uporczywie robić (***sth*** coś)
Per·sian ['pɜːʃn] *adj* perski; *s* Pers; język perski
per·sist [pə'sɪst] *vi* upierać się (***in sth*** przy czymś); wytrwać, utrzymywać się
per·sist·ence [pə'sɪstəns] *s* uporczywość, wytrwałość; trwałość
per·son ['pɜːsn] *s* osoba, osobnik; ***in ~*** osobiście
per·son·age ['pɜːsnɪdʒ] *s* osobistość; (wielka) figura; postać (*utworu itp.*)
per·son·al ['pɜːsnəl] *adj* osobisty, prywatny, własny; osobowy; ***~ stereo*** kieszonkowy aparat stereofoniczny; walkman; ***~ remark*** osobista przymówka

P

per·son·al·i·ty [ˌpɜːsəˈnælətɪ] *s* osobistość, indywidualność; prezencja
per·son·al·ty [ˈpɜːsnəltɪ] *s* osobiste mienie; *zbior.* ruchomości
per·son·ate [ˈpɜːsneɪt] *vt* przedstawiać; odgrywać rolę; uosabiać
per·son·i·fi·ca·tion [pəˌsɒnɪfɪˈkeɪʃn] *s* uosobienie, personifikacja
per·son·i·fy [pəˈsɒnɪfaɪ] *vt* uosabiać
per·son·nel [ˌpɜːsnˈel] *s* personel; ~ ***officer*** kierownik personalny
per·spec·tive [pəˈspektɪv] *s* perspektywa; *adj* perspektywiczny
per·spi·ca·cious [ˌpɜːspɪˈkeɪʃəs] *adj* bystry, przenikliwy
per·spi·cu·i·ty [ˌpɜːspɪˈkjuːətɪ] *s* jasność, zrozumiałość, wyrazistość
per·spic·u·ous [pəˈspɪkjuəs] *adj* jasny, wyraźny, zrozumiały
per·spi·ra·tion [ˌpɜːspɪˈreɪʃn] *s* pocenie się; pot(y)
per·spire [pəˈspaɪə] *vi* pocić się; *vt* wypacać
per·suade [pəˈsweɪd] *vt* przekonywać, namawiać (***sb into sth*** kogoś do czegoś); ***I was ~d that ...*** byłem przekonany, że
per·sua·sion [pəˈsweɪʒn] *s* przekonywanie, perswazja, namowa; przekonanie; *rel.* wyznanie
per·sua·sive [pəˈsweɪsɪv] *adj* przekonywający
pert [pɜːt] *adj* bezczelny, wyzywający
per·tain [pəˈteɪn] *vi* należeć (***to sth*** do czegoś); odnosić się (***to sb, sth*** do kogoś, czegoś); mieć związek (***to sth*** z czymś); być właściwym (***to sth*** czemuś)
per·ti·na·cious [ˌpɜːtɪˈneɪʃəs] *adj* uporczywy, uparty; wytrwały
per·ti·nac·i·ty [ˌpɜːtɪˈnæsətɪ] *s* uporczywość; wytrwałość
per·ti·nent [ˈpɜːtɪnənt] *adj* stosowny, trafny; związany z tematem, celowy
per·turb [pəˈtɜːb] *vt* niepokoić, zakłócać (porządek), wzburzyć
per·tur·ba·tion [ˌpɜːtəˈbeɪʃn] *s* niepokój, zakłócenie (porządku), zamieszanie, zamęt
pe·ru·sal [pəˈruːzl] *s* uważne czytanie, dokładne przeglądanie
pe·ruse [pəˈruːz] *vt* uważnie czytać, dokładnie przeglądać
per·vade [pəˈveɪd] *vt* przenikać, nurtować, ogarniać
per·va·sive [pəˈveɪsɪv] *adj* przenikający, ogarniający; dominujący
per·verse [pəˈvɜːs] *adj* przewrotny, perwersyjny
per·ver·sion [pəˈvɜːʃn] *s* przewrotność; zboczenie, perwersja
per·vert [pəˈvɜːt] *vt* psuć, deprawować, wypaczać; odciągać, odwodzić; *s* [ˈpɜːvɜːt] zboczeniec; odstępca
pes·si·mism [ˈpesɪmɪzm] *s* pesymizm
pest [pest] *s* zaraza, plaga; szkodnik (*chwast, insekt itd.*)
pes·ter [ˈpestə] *vt* dręczyć, dokuczać, dawać się we znaki
pes·ti·cide [ˈpestɪsaɪd] *s* pestycyd; środek chwastobójczy
pes·ti·lence [ˈpestɪləns] *s* zaraza, epidemia
pes·ti·lent [ˈpestɪlənt], **pes·ti·len·tial** [ˌpestɪˈlenʃl] *adj* zaraźliwy; szkodliwy, zabójczy
pes·tle [ˈpesl] *s* tłuczek (*do moździerza*)
pet [pet] *vt* pieścić; *s* (*także o zwierzęciu*) pieszczoch, ulubieniec; *adj attr* pieszczotliwy, ulubiony
pe·tal [ˈpetl] *s* płatek (*kwiatu*)
pe·ti·tion [pɪˈtɪʃn] *s* prośba, petycja, podanie; *vt* zwracać się z prośbą (*zw.* pisemną), wnosić petycję; *vi* błagać (***for sth*** o coś)
pe·ti·tion·er [pɪˈtɪʃnə] *s* petent
pet·ri·fy [ˈpetrɪfaɪ] *vt* petryfikować; *przen.* wprawić w osłupienie; *vi* skamienieć; *przen.* osłupieć

pet·rol ['petrəl] *s* benzyna (*mieszanka*); *adj* benzynowy **~ *station*** stacja benzynowa
pe·tro·le·um [pɪ'trəʊlɪəm] *s* ropa naftowa
pet·ti·coat ['petɪkəʊt] *s* halka
pet·tish ['petɪʃ] *adj* drażliwy, opryskliwy
pet·ty ['petɪ] *adj* drobny, mało znaczący
pet·u·lance ['petjʊləns] *s* drażliwość, rozdrażnienie
pew [pjuː] *s* ławka (*w kościele*)
pe·wit ['piːwɪt] *s zool.* czajka
pew·ter ['pjuːtə] *s* naczynie cynowe
pha·lanx ['fælæŋks] *s* (*pl* **~*es*** *lub* ***phalanges*** [fæ'lændʒɪz]) falanga
phan·tasm ['fæntæzm] *s* zjawa, przywidzenie, urojenie
phan·ta·sy ['fæntəsɪ] *s* = ***fantasy***
phan·tom ['fæntəm] *s* widmo, zjawa, fantom; złudzenie
Phar·i·see, phar·i·see ['færɪsiː] *s* faryzeusz, hipokryta
phar·ma·cy ['fɑːməsɪ] *s* apteka; farmacja
phase [feɪz] *s* faza
pheas·ant ['feznt] *s zool.* bażant
phe·nom·e·non [fɪ'nɒmɪnən] *s* (*pl* ***phenomena*** [fɪ'nɒmɪnə]) fenomen, zjawisko
P
phi·al ['faɪəl] *s* fiolka, flaszeczka
phi·lan·thro·pist [fɪ'lænθrəpɪst] *s* filantrop
phi·lat·e·list [fɪ'lætəlɪst] *s* filatelista
phi·la·te·ly [fɪ'lætəlɪ] *s* filatelistyka
phil·har·monic [ˌfɪlɑː'mɒnɪk] *adj* filharmoniczny (*o orkiestrze*); **~ *hall*** filharmonia (*siedziba*)
phil·is·tine ['fɪlɪstaɪn] *s* wróg (*sztuki, literatury*); filister
phil·o·log·i·cal [ˌfɪlə'lɒdʒɪkl] *adj* filologiczny
phi·lol·o·gist [fɪ'lɒlədʒɪst] *s* filolog
phi·lol·o·gy [fɪ'lɒlədʒɪ] *s* filologia
phi·los·o·pher [fɪ'lɒsəfə] *s* filozof
phil·o·soph·ic(·al) [ˌfɪlə'sɒfɪk(l)] *adj* filozoficzny
phi·los·o·phy [fɪ'lɒsəfɪ] *s* filozofia
phiz [fɪz] *s bryt.* gęba, facjata
phlegm [flem] *s* flegma
phleg·ma·tic [fleg'mætɪk] *adj* flegmatyczny
phone 1. [fəʊn] *s gram.* głoska
phone 2. [fəʊn] *s pot.* = ***telephone***; **~ *box*** budka telefoniczna; *vt vi* dzwonić, telefonować; **~-*in*** audycja radiowa (*podczas której słuchacze telefonują do studia*); **~-*tapping*** podsłuch telefoniczny
pho·net·ic [fə'netɪk] *adj* fonetyczny
pho·net·ics [fə'netɪks] *s* fonetyka
pho·ney ['fəʊnɪ] *adj pot.* fałszywy, udawany, sztuczny
phos·phate ['fɒsfeɪt] *s chem.* fosfat, fosforan; *min.* fosforyt
phos·pho·rus ['fɒsfərəs] *s chem.* fosfor
photo ['fəʊtəʊ] *s skrót.* = ***photograph*** *s*
pho·to·cop·y ['fəʊtəʊˌkɒpɪ] *s i vt* fotokopia; fotokopiować, robić odbitkę
pho·to·graph ['fəʊtəgrɑːf] *s* fotografia, zdjęcie; *vt* fotografować
pho·tog·ra·pher [fə'tɒgrəfə] *s* fotograf
pho·tog·ra·phy [fə'tɒgrəfɪ] *s* fotografia (*sztuka fotografowania*)
phrase [freɪz] *s* zwrot, fraza
phra·se·ol·o·gy [ˌfreɪzɪ'ɒlədʒɪ] *s gram.* frazeologia; pustosłowie
phthi·sis ['θaɪsɪs] *s med.* gruźlica
phys·ic ['fɪsɪk] *s żart.* lekarstwo, *zw.* środek przeczyszczający; *vt* leczyć (*lekarstwami*)
phys·i·cal ['fɪzɪkl] *adj* fizyczny
phy·si·cian [fɪ'zɪʃn] *s* lekarz
phys·i·cist ['fɪzɪsɪst] *s* fizyk
phys·ics ['fɪzɪks] *s* fizyka

phys·i·og·no·my [ˌfɪzɪ'ɒnəmɪ] *s* fizjonomia

phys·i·o·log·i·cal [ˌfɪzɪə'lɒdʒɪkl] *adj* fizjologiczny

phys·i·ol·o·gy [ˌfɪzɪ'ɒlədʒɪ] *s* fizjologia

phy·sique [fɪ'ziːk] *s* budowa ciała

pi·an·ist ['piːənɪst] *s* pianista

pi·an·o [pɪ'ænəʊ] *s* fortepian; ***upright* ~** pianino

pick [pɪk] *vt* wybierać, sortować; kopać (*motyką, kilofem*); przetykać; skubać; dłubać (*w zębach*); okradać; zbierać (*np. owoce*); ***to ~ sb's pocket*** wyciągnąć coś komuś z kieszeni; *vi* kraść; ***to ~ at one's food*** jeść małymi kęsami, dłubać w talerzu; ***to ~ at sb*** czepiać się kogoś; **~ *off*** zrywać, zdzierać; powystrzelać; **~ *out*** wybierać; wyrywać; wyśledzić; **~ *up*** podnosić; zbierać; zgarniać; nauczyć się (***sth*** czegoś); **~ *up a girl*** *pot.* poderwać dziewczynę; natrafić (***sth*** na coś); (*o taksówce, kierowcy*) zabrać (***sb*** kogoś); złapać (w radiu); **~ *up courage*** zebrać się na odwagę; **~ *up an acquaintance*** zawrzeć okolicznościową znajomość; **~ *up a quarrel*** wywołać kłótnię; *s* motyka, kilof; uderzenie motyką, kilofem; wybór, elita; *przen.* śmietanka; zbiór (*owoców itd.*)

pick·a·back ['pɪkəbæk] *adv* (*nieść*) na plecach; (*o dziecku*) na barana

pick·axe ['pɪkæks] *s* oskard, kilof, motyka

pick·et ['pɪkɪt] *s* kół, pal; pikieta; *vt vi* otaczać palami; obstawiać pikietami, pikietować

pick·le ['pɪkl] *s* marynata; *pl* **~s** marynowane jarzyny, pikle; *vt* marynować

pick-me-up ['pɪkmiːʌp] *s pot.* środek poprawiający samopoczucie (*np. kawa*)

pick·pock·et ['pɪkˌpɒkɪt] *s* złodziej kieszonkowy

pick-up ['pɪkʌp] *s* przygodna znajomość; adapter; *sport.* odbicie piłki; *am. mot.* mały samochód ciężarowy, pickup, pikap; *am. mot.* przyspieszenie (*w samochodzie*)

pic·nic ['pɪknɪk] *s* piknik; *vi* urządzać piknik

pic·to·ri·al [pɪk'tɔːrɪəl] *adj* malowniczy; malarski; ilustrowany; *s* pismo ilustrowane

pic·ture ['pɪktʃə] *s* obraz, rycina, rysunek; portret; **~ *postcard*** widokówka; zdjęcie; ***to take a ~*** zrobić zdjęcie; *bryt. pl* **~s** film, kino; *vt* wyobrażać, przedstawiać, malować

pic·tur·esque [ˌpɪktʃə'resk] *adj* malowniczy

pidg·in ['pɪdʒɪn] *s* (*także* **~ *English***) język złożony z elementów angielskich i chińskich; łamana angielszczyzna

pie 1. [paɪ] *s* sroka

pie 2. [paɪ] *s* pasztecik, pierożek; ciastko, placek; ***apple* ~** szarlotka (*podawana na ciepło*)

piece [piːs] *s* kawałek; część; sztuka; utwór (*sceniczny, muzyczny*); moneta; robota akordowa; ***in* ~s** w kawałkach; **~ *by* ~** po kawałku; ***to go to* ~s** rozlecieć się na kawałki, stracić panowanie nad sobą; ***to take to* ~s** rozebrać na części; *vt* sztukować; łatać; **~ *on*** nałożyć, dosztukować; **~ *out*** uzupełnić; zestawić; **~ *together*** złożyć w całość; **~ *up*** połatać

piece·meal ['piːsmiːl] *adj* częściowy, robiony częściami; *adv* częściami, po kawałku; na części

piece·work ['piːswɜːk] *s* praca akordowa

pier [pɪə] *s* molo, falochron

pierce [pɪəs] *vt* przebić, przeszyć, przekłuć; przeniknąć; wbić się

pi·e·ty ['paɪətɪ] *s* pobożność

pig [pɪg] *s* prosiak, świnia

pi·geon ['pɪdʒən] *s* gołąb

pi·geon·hole ['pɪdʒənhəʊl] *s*

przegródka, szufladka (*w biurku itd.*); wejście do gołębnika; *vt* umieszczać w przegródkach, segregować (*papiery itp.*); *przen.* odłożyć (*sprawę*) do szuflady
pig·gish ['pɪgɪʃ] *adj* świński, brudny; ordynarny; wstrętny
pig·head·ed [ˌpɪg'hedɪd] *adj pot.* głupawy; uparty
pig i·ron ['pɪgˌaɪən] *s* żeliwo, surówka (metalu)
pig·my = ***pygmy***
pig·sty ['pɪgstaɪ] *s* chlew
pig·tail ['pɪgteɪl] *s* warkocz; tytoń pleciony
pike 1. [paɪk] *s* pika, włócznia; kilof, ostrze
pike 2. [paɪk] *s zool.* szczupak
pile 1. [paɪl] *s* kupa, sterta, stos; *elektr.* bateria, stos; gmach; blok; *vt* rzucać na kupę; (*także* **~ *on***) gromadzić; piętrzyć
pile 2. [paɪl] *s* pal; *vt* wbijać pale
pile 3. [paɪl] *s* meszek (*na tkaninie*)
pil·fer ['pɪlfə] *vt* ukraść; *pot.* zwędzić
pil·grim ['pɪlgrɪm] *s* pielgrzym
pil·grim·age ['pɪlgrɪmɪdʒ] *s* pielgrzymka
pill [pɪl] *s* pigułka; pigułka antykoncepcyjna; ***be on the ~*** stosować antykoncepcję doustną
pil·lage ['pɪlɪdʒ] *s* grabież, rabunek; *vt* rabować, grabić
pil·lar ['pɪlə] *s* słup, filar
pil·lar box ['pɪləbɒks] *s bryt.* skrzynka pocztowa (*stojąca*)
pill box ['pɪlbɒks] *s* pudełko na pigułki; mała okrągła czapeczka; *wojsk.* schron betonowy
pil·lion ['pɪljən] *s* tylne siodełko (*motocykla*)
pil·lo·ry ['pɪlərɪ] *s* pręgierz; *vt* postawić pod pręgierzem
pil·low ['pɪləʊ] *s* poduszka
pil·low·case ['pɪləʊkeɪs] *s* poszewka
pi·lot ['paɪlət] *s* pilot; *vt* pilotować
pi·lot·age ['paɪlətɪdʒ] *s* pilotaż
pimp [pɪmp] *s pot.* sutener, stręczyciel
pim·ple ['pɪmpl] *s* pryszcz; krosta
pim·pled ['pɪmpld], **pim·ply** ['pɪmplɪ] *adj* pryszczaty
pin [pɪn] *s* szpilka; ***I don't care a ~!*** gwiżdżę na to!; *vt* przyszpilić, przymocować, przygwoździć
pin·a·fore ['pɪnəfɔː] *s* fartuszek (dziecinny)
pin·cers ['pɪnsəz] *s* szczypce, kleszcze, obcążki
pinch [pɪntʃ] *vt vi* szczypać; przycisnąć; (*o bucie*) uciskać, uwierać; *pot.* porwać; buchnąć; *s* uszczypnięcie, szczypanie; ucisk; nagły ból; szczypta
pine 1. [paɪn] *s bot.* sosna; *pot. bot.* ananas
pine 2. [paɪn] *vi* schnąć, marnieć; bardzo tęsknić (***after sb, sth*** za kimś, za czymś); ***~ away*** marnieć, ginąć
pine·ap·ple ['paɪnˌæpl] *s bot.* ananas
pin·ion ['pɪnjən] *s* koniec (ptasiego) skrzydła, lotka; kółko zębate; *vt* podciąć skrzydła; związać ręce; skrępować
pink 1. [pɪŋk] *s bot.* goździk; kolor różowy; *adj* różowy; *vt* zaróżowić
pink 2. [pɪŋk] *vt* przebijać, dziurkować; ząbkować
pin·na·cle ['pɪnəkl] *s* szczyt, wierzchołek; wieżyczka
pin·point ['pɪnpɔɪnt] *s* koniec szpilki; *vt* dokładnie określić, ustalić położenie; zbombardować
pint [paɪnt] *s* pół kwarty
pi·o·neer [ˌpaɪə'nɪə] *s* pionier; *vt vi* wykonywać pionierską pracę, torować drogę
pi·ous ['paɪəs] *adj* pobożny
pip [pɪp] *s* ziarnko owocu; gwiazdka (*oficerska*); oczko (*w grze*)
pipe [paɪp] *s* rura, rurka; przewód; fujarka; fajka; *pl.* ***~s**, także* ***bagpipes*** dudy, kobza; *vt vi* grać na fujarce, świstać, gwizdać;

świergotać; skanalizować (***a house*** dom)
pipe·line ['paɪplaɪn] *s* rurociąg
pip·er ['paɪpə] *s* grający na fujarce; kobziarz, dudarz
pip·ing ['paɪpɪŋ] *ppraes i s* instalacja rurowa; sieć wodociągowa; gra na fujarce; świst; świergot
pi·quant ['piːkənt] *adj* pikantny
pique [piːk] *vt* ubóść, dotknąć; obrazić; zaciekawić; *s* uraza; żal
pi·rate ['paɪrət] *s* pirat, korsarz; plagiator; *vt vi* rabować, uprawiać piractwo
Pis·ces ['paɪsiːz] *s* Ryby (*znak zodiaku*)
piss [pɪs] *vi wulg.* szczać, lać
pis·til ['pɪstɪl] *s bot.* słupek
pis·tol ['pɪstl] *s* pistolet
pis·ton ['pɪstn] *s techn.* tłok
pit [pɪt] *s* dół, jama; kopalnia, szyb; pułapka; *am.* miejsce transakcji giełdowych
pitch 1. [pɪtʃ] *s* smoła; *vt* smołować
pitch 2. [pɪtʃ] *vt* ustawiać, lokować; wystawiać (*towary*); rozbijać (*namiot*); *wojsk.* ustawiać w szyku bojowym; stroić instrument; nadziewać (*np. na widły*); *sport* rzucać (*oszczepem itp.*); *vi* rzucić się (***into sb*** na kogoś); opaść, zapaść się; *s* szczyt, wierzchołek; stopień, natężenie; wysokość tonu; poziom lotu; spadek, upadek; rzut; miejsce (*przekupnia, żebraka itd.*); stanowisko
pitch·er ['pɪtʃə] *s* dzban; *sport* (*w baseballu*) zawodnik rzucający piłkę; kamień brukowy
pitch·fork ['pɪtʃfɔːk] *s* widły
pit·e·ous ['pɪtɪəs] *adj* żałosny
pit·fall ['pɪtfɔːl] *s* pułapka
pith [pɪθ] *s* rdzeń, szpik; *przen.* wigor
pit·head ['pɪthed] *s* wejście do szybu, nadszybie
pith·y ['pɪθɪ] *adj* rdzeniowy; *przen.* pełen wigoru, jędrny; treściwy
pit·i·a·ble ['pɪtɪəbl] *adj* żałosny
pit·i·ful ['pɪtɪfl] *adj* litościwy, współczujący; żałosny, nędzny
pit·i·less ['pɪtɪləs] *adj* bezlitosny
pit·man ['pɪtmən] *s* (*pl* ***pitmen*** ['pɪtmən]) górnik
pit·tance ['pɪtns] *s* nędzne wynagrodzenie; nędzna porcja, ochłap
pit·y ['pɪtɪ] *s* litość, politowanie; szkoda; ***to take ~*** litować się (***on sb*** nad kimś); ***what a ~!*** jaka szkoda!; ***a thousand pities*** wielka szkoda; *vt* litować się (***sb*** nad kimś); żałować (***sb*** kogoś)
pi·vot ['pɪvət] *s* oś; czop (*osi*); *przen.* oś (*sprawy*)
pix·ie, pix·y ['pɪksɪ] *s* (złośliwy) chochlik
piz·za ['piːtsə] *s* pizza
plac·ard ['plækɑːd] *s* plakat, afisz; *vt* rozlepiać afisze, ogłaszać
pla·cate [plə'keɪt] *vt* łagodzić, zjednywać sobie
place [pleɪs] *s* miejsce; miejscowość; siedziba; lokal; ulica; plac; dom; posiadłość; lokal, zakład; posada; zawód; ***at my ~*** u mnie (w domu); ***to give ~*** ustąpić; ***to take ~*** odbyć się; ***to take the ~ of sb, sth*** zastąpić kogoś, coś; ***in ~*** na miejscu, stosowny; ***in ~ of*** zamiast; ***out of ~*** nie na miejscu, nieodpowiedni; ***in the first ~*** przede wszystkim; *vt* umieścić, pomieścić; kłaść, stawiać; określić miejsce, umiejscowić
plac·id ['plæsɪd] *adj* spokojny, łagodny
pla·gia·rize ['pleɪdʒəraɪz] *vt* popełniać plagiat
pla·gia·ry ['pleɪdʒərɪ] *s* plagiat; plagiator
plague [pleɪg] *s* zaraza, plaga; *vt* dotknąć plagą; *przen.* dręczyć
plaid [plæd] *s* pled (*zw.* w kratę)
plain [pleɪn] *adj* gładki, prosty; zrozumiały, jasny; wyraźny; otwarty, szczery; pospolity, zwyczajny; ***~ sailing*** *pot.* jak po maśle; ***~ dealing*** uczciwe postępowanie; ~

P

living prosty tryb życia; ***in ~ clothes*** w cywilnym ubraniu; ***~ clothes man*** policjant w cywilnym ubraniu; *pot.* tajniak
plain·tiff ['pleɪntɪf] *s prawn.* oskarżyciel, powód
plain·tive ['pleɪntɪv] *adj* żałosny
plait [plæt] *s* fałda; warkocz; plecionka; *vt* układać w fałdy; splatać
plan [plæn] *s* plan, projekt, zamiar; *vt* planować, zamierzać
plane 1. [pleɪn] *s* samolot; *vt* lecieć samolotem, szybować
plane 2. [pleɪn] *adj* płaski, równy; *s* płaszczyzna; poziom; hebel; *vt* gładzić, wyrównywać, heblować
plan·et ['plænɪt] *s* planeta
plank [plæŋk] *s* deska; (główny) punkt programu politycznego; *vt* obijać deskami, szalować
plant [plɑːnt] *s* roślina; instalacje, warsztaty, urządzenie fabryki; fabryka; *vt* sadzić, siać; wsadzać, wtykać; wszczepić, wpoić; osiedlać; umieszczać, ustawiać; założyć (*miasto itd.*)
plan·ta·tion [plæn'teɪʃn] *s* plantacja
plant·er ['plɑːntə] *s* plantator; maszyna do flancowania sadzonek
plaque [plɑːk] *s* plakietka; płyta pamiątkowa; osad nazębny
plas·ma ['plæzmə] *s* plazma (*krwi, gazowa*)
plas·ter ['plɑːstə] *s* gips; tynk; *med.* ***sticking ~*** plaster; *vt* gipsować; tynkować; przyłożyć plaster
plas·tic ['plæstɪk] *adj* plastyczny; plastykowy; *s* plastyk, tworzywo sztuczne; ***~ surgery*** operacja plastyczna; ***~ money*** *pot.* karta kredytowa
plate [pleɪt] *s* płyta; tafla; talerz; klisza; sztych; ***number ~*** *mot. bryt.* tablica rejestracyjna; *zbior.* naczynia metalowe, platery; *vt* platerować, pokryć metalem, opancerzyć
pla·teau ['plætəʊ] *s* płaskowzgórze; taca, patera
plat·form ['plætfɔːm] *s* platforma; peron; trybuna, estrada
plat·i·num ['plætɪnəm] *s* platyna
plat·i·tude ['plætɪtjuːd] *s* płytkość (*wypowiedzi itd.*); banał
pla·toon [plə'tuːn] *s wojsk.* pluton
plau·si·ble ['plɔːzəbl] *adj* możliwy do przyjęcia, prawdopodobny, pozornie uzasadniony
play [pleɪ] *vt vi* bawić się (***at sth*** w coś; ***with sth*** czymś); igrać, swawolić; grać (***at sth*** w coś); grać rolę; udawać; *sport* rozegrać (*mecz*); (*o świetle, kolorach*) mienić się; ***to ~ cards*** grać w karty; ***to ~ fair*** grać przepisowo; *przen.* postępować uczciwie; ***to ~ the violin*** grać na skrzypcach; ***to ~ tricks*** płatać figle; ***to ~ the fool*** udawać głupiego; ***~ away*** przegrać (*majątek itd.*); ***~ down*** lekceważyć, pomniejszać; nie doceniać; ***~ off*** symulować; *sport* grać do rozstrzygnięcia; dogrywka; żartować sobie (***sb*** z kogoś); ***~ out*** grać do końca; ***~ for time*** grać na czas; ***~ed out*** zgrany, zużyty, przebrzmiały; *s* gra, zabawa, rozrywka; figiel, żart; sztuka sceniczna; ***~ on words*** gra słów; *sport* gra sportowa
play·boy ['pleɪbɔɪ] *s pot.* playboy; bon vivant
play·er ['pleɪə] *s* gracz; aktor; muzyk; *sport* sportowiec
play·fel·low ['pleɪˌfeləʊ] *s* towarzysz zabaw dziecinnych
play·ful ['pleɪfl] *adj* figlarny, wesoły; żartobliwy
play·girl ['pleɪgɜːl] *s pot.* rozrywkowa dziewczyna
play·ground ['pleɪgraʊnd] *s* boisko
play·house ['pleɪhaʊs] *s* teatr
play·ing field ['pleɪɪŋfiːld] *s* boisko
play·mate ['pleɪmeɪt] = ***playfellow***

P

play-off ['pleɪɒf] *s sport* dogrywka

play·thing ['pleɪθɪŋ] *s* zabawka

play·wright ['pleɪraɪt] *s* dramaturg

plea [pliː] *s* usilna prośba; usprawiedliwienie; pretekst; *prawn.* obrona (*wygłaszana przez oskarżonego*)

plead [pliːd] *vt vi* ujmować się (***for sb's favour*** za kimś); błagać (***with sb for sth*** kogoś o coś); usprawiedliwiać się; powoływać się (***sth*** na coś); *prawn.* bronić (*w sądzie*), wygłaszać mowę obrończą; ***to ~ ignorance*** tłumaczyć się nieświadomością; ***to ~ guilty*** przyznać się do winy

plead·er ['pliːdə] *s prawn.* obrońca

pleas·ant ['pleznt] *adj* miły, przyjemny; figlarny

pleas·ant·ry ['plezntrɪ] *s* żartobliwość, figlarność; żart

please [pliːz] *vt vi* sprawiać przyjemność; uznać za stosowne; zadowolić, zaspokoić; *vr* ***~ oneself*** znajdować upodobanie; robić po swojemu; ***~ come in!*** proszę wejść; ***if you ~*** proszę bardzo; ***~ not to go out*** proszę nie wychodzić; ***to be ~d*** być zadowolonym (***with sth*** z czegoś); mieć przyjemność (***at sth*** w czymś); raczyć; ***I am ~d to say*** z przyjemnością stwierdzam; ***do as you ~*** rób, jak chcesz

pleas·ing ['pliːzɪŋ] *ppraes i adj* miły, ujmujący

pleas·ure ['pleʒə] *s* przyjemność; ***to take ~ doing sth*** mieć przyjemność w czymś; ***at ~*** do woli; ***at your ~*** według twojego upodobania; ***with ~*** z przyjemnością

pleas·ure boat ['pleʒəbəʊt] *s* łódź spacerowa

pleas·ure ground ['pleʒəgraʊnd] *s* park przeznaczony do zabaw

pleat [pliːt] *s* fałda, zakładka, plisa; *vt* układać w fałdy, plisować

ple·be·ian [plɪ'biːən] *adj* plebejski; *s* plebejusz

pleb·i·scite ['plebɪsɪt] *s* plebiscyt

pledge [pledʒ] *s* zastaw, gwarancja; ślubowanie; zobowiązanie; ***to take the ~*** ślubować wstrzemięźliwość (*od alkoholu*); *vt* dawać w zastaw, zastawiać; ślubować; zobowiązywać się pod słowem honoru (***sth*** do czegoś); ***to ~ one's word*** dawać słowo honoru; *vr* ***~ oneself*** zobowiązywać się pod słowem honoru

ple·na·ry ['pliːnərɪ] *adj* plenarny; całkowity

plen·i·po·ten·tia·ry [ˌplenɪpə'tenʃərɪ] *adj* pełnomocny; *s* pełnomocnik

plen·i·tude ['plenɪtjuːd] *s* pełnia (***of sth*** czegoś)

plen·ti·ful ['plentɪfl] *adj* obfity, liczny

plen·ty ['plentɪ] *s* obfitość, duża ilość; ***~ of*** dużo

pli·a·ble ['plaɪəbl] *adj* giętki, podatny, ustępliwy

pli·ant ['plaɪənt] = ***pliable***

pli·ers ['plaɪəz] *s pl* szczypce, kleszcze

plight 1. [plaɪt] *s* położenie (*zw.* trudne), sytuacja

plight 2. [plaɪt] *s* przyrzeczenie, ślubowanie; *vt* przyrzekać, ślubować; *vr* ***~ oneself*** ślubować wierność

plod [plɒd] *vi* wlec się z trudem; (*także* ***~ along***) ciężko pracować; harować (***at sth*** nad czymś); wkuwać (*lekcje itd.*)

plod·der ['plɒdə] *s* człowiek wytrwale pracujący

plot 1. [plɒt] *s* kawałek gruntu; działka

plot 2. [plɒt] *s* spisek, intryga; temat (*powieści, dramatu*); *vt vi* spiskować, intrygować, knuć

plot·ter ['plɒtə] *s* intrygant, spiskowiec

plough [plaʊ] *s* pług; *vt* orać; pruć (*fale, powietrze*); ***~ up*** *pot.*

przeorać (*np. stos dokumentów*)
plough·man ['plaʊmən] *s* (*pl* ***ploughmen*** ['plaʊmən]) oracz
plow, plow·man *am.* = ***plough, ploughman***
pluck [plʌk] *vt* skubać, rwać, szarpać, pociągać; wyrywać; *pot.* ścinać przy egzaminie; **~ *up one's courage*** zebrać się na odwagę; *vi* szarpać (***at sth*** coś); *s* odwaga; śmiałość
pluck·y ['plʌkɪ] *adj* odważny, śmiały
plug [plʌg] *s* szpunt, czop, wtyczka; sztyft; tampon; *mot.* świeca (*w silniku*); *dent.* plomba; *vt* szpuntować, zatykać; **~ *in*** wetknąć wtyczkę (do gniazdka)
plum [plʌm] *s* śliwka; rodzynek (*w cieście*)
plum·age ['plu:mɪdʒ] *s* upierzenie; *zbior.* pióra
plumb [plʌm] *s* kulka ołowiana (*pionu*); (*także* **~ *line***) pion; ***out of ~*** nie w pionie, nie prostopadle; *adj* pionowy; *adv* pionowo, prosto; *pot.* całkowicie, dokładnie; *vt* badać pion, sondować; *przen.* zgłębiać, przenikać
plumb·er ['plʌmə] *s* hydraulik
plume [plu:m] *s* pióro; pióropusz; *vt* zdobić w pióra; *vr* **~ *oneself*** pysznić się
plump 1. [plʌmp] *adj* pulchny, tłusty; *vt* tuczyć; *vi* nabierać ciała
plump 2. [plʌmp] *vt* cisnąć, rzucić; *vi* ciężko upaść; *s* ciężki upadek
plum pud·ding [ˌplʌm'pʊdɪŋ] *s* budyń z rodzynkami
plund·er ['plʌndə] *vt vi* plądrować, grabić; *s* grabież; łup
plunge [plʌndʒ] *vt vi* zanurzać (się) (***into sth*** w coś); nurkować, rzucać się, wpadać; wsadzać, wtykać; *s* zanurzenie (się), skok do wody, nurkowanie
plung·er ['plʌndʒə] *s* nurek
plu·ral ['plʊərəl] *adj gram.* mnogi; *s gram.* liczba mnoga
plu·ral·is·m ['plʊərəlɪzm] *s* pluralizm
plu·ral·i·ty [plʊə'rælətɪ] *s* wielość, mnogość; większość
plus [plʌs] *adv i praep* plus; i; *adj* dodatkowy, dodatni; *s* plus, znak dodawania
plus fours [ˌplʌs'fɔ:z] *s pl* pumpy
plush [plʌʃ] *s* plusz
ply 1. [plaɪ] *s* fałda; skłonność; warstwa; zwój; pasmo;
ply 2. [plaɪ] *vt vi* wykonywać, uprawiać (***sth*** coś); bez przerwy pracować; regularnie kursować; natarczywie częstować; zasypywać (*pytaniami, faktami itd.*)
ply·wood ['plaɪwʊd] *s* dykta, sklejka
pneu·mat·ic [nju:'mætɪk] *adj* pneumatyczny
pneu·mat·ics [nju:'mætɪks] *s* pneumatyka
pneu·mo·ni·a [nju:'məʊnɪə] *s med.* zapalenie płuc
poach 1. [pəʊtʃ] *vi* uprawiać kłusownictwo; (*o ziemi*) rozmiękać; *vt* rozdeptywać
poach 2. [pəʊtʃ] *vt* gotować (*jajko*) bez skorupy
poach·er ['pəʊtʃə] *s* kłusownik
pock·et ['pɒkɪt] *s* kieszeń; *vt* włożyć do kieszeni; przywłaszczyć; *adj attr* kieszonkowy; **~ *edition*** wydanie kieszonkowe
pock·et·book ['pɒkɪtbʊk] *s* notatnik; portfel
pock·et·knife ['pɒkɪtnaɪf] (*pl* ***pocketknives*** ['pɒkɪtnaɪvz]) *s* scyzoryk
pock·et mon·ey ['pɒkɪtˌmʌnɪ] *s* kieszonkowe
pock·marked ['pɒkmɑ:kt] *adj* dziobaty, ospowaty
pod [pɒd] *s* strączek; kokon
podg·y ['pɒdʒɪ] *adj* pękaty, przysadzisty
po·em ['pəʊɪm] *s* poemat, wiersz
po·et ['pəʊɪt] *s* poeta
po·et·ic(al) [pəʊ'etɪk(l)] *adj* poetycki, poetyczny

P

po·et·ry ['pəʊıtrı] *s* poezja

poign·ant ['pɔınjənt] *adj* przejmujący, chwytający za serce; dojmujący; ostry; cierpki; sarkastyczny

point [pɔınt] *s* punkt; cel; zamiar; istota rzeczy, sedno sprawy; sens; kwestia, sprawa; pozycja, szczegół; chwila, moment; ostry koniec, ostrze; stopień (*np. napięcia*); kreska (*na termometrze*); cecha charakterystyczna; ***~ of order*** wniosek formalny, kwestia porządkowa; ***~ of view*** punkt widzenia, teza; ***~ of honour*** punkt honoru; ***~ of exclamation*** *gram.* wykrzyknik; ***~ of interrogation*** *gram.* znak zapytania; ***full ~*** *gram.* kropka; ***to carry one's ~*** osiągnąć cel; ***in ~*** trafny, w sam raz; ***the case in ~*** odpowiedni wypadek; to, o co chodzi; ***in ~ of*** pod względem, odnośnie do; ***in ~ of fact*** faktycznie; ***to the ~*** do rzeczy; ***off the ~*** nie na temat; ***to make a ~ of sth*** uważać coś za rzecz konieczną; ***to be on the ~ of doing sth*** mieć właśnie coś zrobić; ***I see your ~*** rozumiem, o co ci chodzi; ***to make a ~*** uważać za rzecz zasadniczą; *vt* punktować; kropkować; ostrzyć; wskazywać; nastawiać, celować (*np.* ***the revolver at sb*** z rewolweru do kogoś); *vi* wskazywać (***at sb, sth*** na kogoś, coś); ukazywać (***to sth*** coś); zwracać uwagę (***at sth*** na coś); zmierzać (***at sth*** do czegoś); ***~ out*** wykazywać, uwydatniać, zaznaczać

point-blank [ˌpɔınt'blæŋk] *adv* bezpośrednio, wprost; kategorycznie

point du·ty ['pɔıntˌdjuːtı] *s* służba na posterunku

point·ed ['pɔıntıd] *pp i adj* zaostrzony; spiczasty; ostry; dosadny, dobitny; cięty, zjadliwy

point·er ['pɔıntə] *s* wskaźnik

poise [pɔız] *vt* ważyć, równoważyć, utrzymywać w równowadze; trzymać w powietrzu; *przen.* rozważać; *vi* wisieć w powietrzu; być zrównoważonym; *s* równowaga; spokój; zrównoważona postawa; postawa, sposób trzymania głowy; stan zawieszenia

poi·son ['pɔızn] *s* trucizna; *vt* truć

poi·son·ous ['pɔıznəs] *adj* trujący

poke [pəʊk] *vt* wtykać, wpychać, szturchać; grzebać (*np. w piecu*); ***to ~ fun*** żartować sobie (***at sb, sth*** z kogoś, czegoś); *vi* szperać, myszkować; szturchać, trącać (***at sb, sth*** kogoś, coś)

pok·er 1. ['pəʊkə] *s* pogrzebacz

pok·er 2. ['pəʊkə] *s* poker (*gra w karty*)

po·lar ['pəʊlə] *adj* polarny; *mat. geogr.* biegunowy

pole 1. [pəʊl] *s* biegun

pole 2. [pəʊl] *s* drąg, słup, tyczka, maszt; *sport* ***~ vault*** skok o tyczce

Pole [pəʊl] *s* Polak, Polka

pole·cat ['pəʊlkæt] *s zool* tchórz

po·lem·ic [pə'lemık] *adj* polemiczny; *s* polemista; polemika

po·lem·ics [pə'lemıks] *s* polemika

po·lice [pə'liːs] *s* policja; ***traffic ~*** policja drogowa; *zbior* policjanci; ***the military ~*** żandarmeria; *vt* utrzymywać porządek przy pomocy policji; patrolować

po·lice·man [pə'liːsmən] *s* (*pl* ***policemen*** ['pə'liːsmən]) policjant; *żart.* ***sleeping ~*** *mot. bryt.* próg zwalniający (*dla samochodów*)

po·lice sta·tion [pə'liːsˌsteıʃn] *s* posterunek policji

pol·i·cy 1. ['pɒləsı] *s* polityka (*jako sposób <kierunek> działania*); kurs, linia, taktyka

pol·i·cy 2. ['pɒləsı] *s* polisa (ubezpieczeniowa); ***to take out a ~*** ubezpieczyć się

po·li·o ['pəʊlıəʊ], **po·li·o·my·e·li·tis** [ˌpəʊlıəʊmaıə'laıtıs] *s med.*

paraliż dziecięcy, choroba Heine-Medina
pol·ish ['pɒlɪʃ] *s* połysk; politura; pasta; ogłada; *vt* politurować; nadawać połysk; czyścić (*np. buty*); nadać ogładę (***sb*** komuś)
Pol·ish ['pəʊlɪʃ] *adj* polski; *s* język polski
pol·ished ['pɒlɪʃt] *adj* wytworny, z ogładą
po·lite [pə'laɪt] *adj* grzeczny, uprzejmy
pol·i·tic ['pɒlətɪk] *adj* przezorny, rozsądny, zręczny; ***the body ~*** państwo (*jako organizm państwowy*)
po·lit·i·cal [pə'lɪtɪkl] *adj* polityczny; ***~ science*** nauki polityczne
pol·i·ti·cian [ˌpɒlə'tɪʃn] *s* polityk
pol·i·tick·ing ['pɒlɪtɪkɪŋ] *s uj.* politykierstwo
pol·i·tics ['pɒlɪtɪks] *s* polityka
pol·i·ty ['pɒlətɪ] *s* polityka administracyjna, forma rządzenia, ustrój
poll [pəʊl] *s* spis wyborców; głosowanie (wyborcze); obliczanie głosów; ankieta; *vt* obcinać rogi; przycinać (*np. drzewo*); oddawać (*głos*); liczyć (*głosy*); otrzymać (*głosy*); *vi* głosować
pol·lute [pə'lu:t] *vt* zanieczyszczać, skazić
pol·lu·tion [pə'lu:ʃn] *s* zanieczyszczenie, skażenie; polucja
pol·y·glot ['pɒlɪglɒt] *s* poliglota
pol·y·gon ['pɒlɪgən] *s* wielokąt
pol·y·graph ['pɒlɪgrɑ:f] *s* wariometr, wykrywacz kłamstw
pol·y·syl·lab·ic [ˌpɒlɪsɪ'læbɪk] *adj* wielozgłoskowy
pol·y·tech·nic [ˌpɒlɪ'teknɪk] *adj* politechniczny; *s* wyższa szkoła zawodowa, *zw.* techniczna
pom·e·gran·ate ['pɒmɪˌgrænət] *s bot.* granat (*owoc i drzewo*)
pom·i·cul·tu·re ['pɒmɪˌkʌltʃə] *s* sadownictwo
pomp [pɒmp] *s* pompa, wystawność, parada
pom·pous ['pɒmpəs] *adj* pompatyczny, nadęty; paradny, okazały
pond [pɒnd] *s* staw
pon·der ['pɒndə] *vt* rozważać; *vi* rozmyślać, zastanawiać się (***on sth*** nad czymś)
pon·der·a·bil·i·ty [ˌpɒndərə'bɪlətɪ] *s* ważkość
pon·der·ous ['pɒndərəs] *adj* ciężki; ważny
pon·iard ['pɒnjəd] *s* sztylet
pon·tiff ['pɒntɪf] *s* papież
pon·tif·i·cate [pɒn'tɪfɪkət] *s* pontyfikat
pon·toon 1. [pɒn'tu:n] *s* ponton
pon·toon 2. [pɒn'tu:n] *s bryt.* (*gra*) oko, 21
pon·y ['pəʊnɪ] *s zool.* kucyk
poo·dle ['pu:dl] *s* pudel
pool 1. [pu:l] *s* kałuża, sadzawka; basen (*pływacki*)
pool 2. [pu:l] *s* pula (w grze); wspólny fundusz; ***~s*** totalizator; *handl.* rodzaj kartelu; *vt* gromadzić wspólny kapitał; gospodarzyć wspólnym kapitałem
poor [pʊə] *adj* ubogi, lichy; nie mający znaczenia; nędzny; biedny, nieszczęśliwy
poor·ly ['pʊəlɪ] *adv* ubogo; licho; *adj* niezdrów, mizerny
pop 1. [pɒp] *vt* trzasnąć; rozerwać; wystrzelić; cisnąć; *vi* rozrywać się z trzaskiem, pęknąć; *pot.* ***~ in*** zajrzeć (***on sb*** do kogoś); ***~ off*** zwiać, uciec; *s* trzask, wystrzał; *adv pot.* z trzaskiem
pop 2. [pɒp] = *adj.* ***popular***; ***~ music*** muzyka pop; ***~ culture*** kultura masowa
pope [pəʊp] *s* papież
pop·ish ['pəʊpɪʃ] *adj uj.* papieski
pop·lar ['pɒplə] *s bot.* topola
pop·lin ['pɒplɪn] *s* popelina
pop·py ['pɒpɪ] *s bot.* mak
pop·u·lace ['pɒpjʊləs] *s* tłum, pospólstwo, lud
pop·u·lar ['pɒpjʊlə] *adj* ludowy; popularny; potoczny
pop·u·lar·i·ty [ˌpɒpjʊ'lærɪtɪ] *s* popularność

P

pop·u·lar·ize ['pɒpjʊləraɪz] *vt* popularyzować
pop·u·late ['pɒpjʊleɪt] *vt* zaludniać
pop·u·la·tion [ˌpɒpjʊ'leɪʃn] *s* zaludnienie, ludność
pop·u·lous ['pɒpjʊləs] *adj* ludny, gęsto zaludniony
porce·lain ['pɔːslɪn] *s* porcelana
porch [pɔːtʃ] *s* portyk, ganek; *am.* weranda
pore 1. [pɔː] *s anat.* por; otworek
pore 2. [pɔː] *vi* ślęczeć (***over sth*** nad czymś); zamyślać się (***upon sth*** nad czymś)
pork [pɔːk] *s* wieprzowina
por·nog·ra·phy [pɔː'nɒgrəfɪ] *s* (*także pot.* ***porn*(*o*)**) pornografia
po·ros·i·ty [pɔː'rɒsətɪ] *s* porowatość
po·rous ['pɔːrəs] *adj* porowaty
por·ridge ['pɒrɪdʒ] *s* owsianka
port 1. [pɔːt] *s mors.* port
port 2. [pɔːt] *s techn.* otwór, wlot; brama miejska; *mors.* otwór ładunkowy; (*także* **~ *hole***) iluminator; lewa burta
port 3. [pɔːt] *s* (*także* **~*wine***) portwajn (*rodzaj słodkiego wina*)
port·a·ble ['pɔːtəbl] *adj* przenośny
por·tal ['pɔːtl] *s arch.* portal
por·tend [pɔː'tend] *vt* zapowiadać; przepowiadać
por·tent ['pɔːtent] *s* zapowiedź, oznaka (*np. burzy*); omen
por·ten·tous [pɔː'tentəs] *adj* złowróżbny; nadzwyczajny, cudowny
por·ter 1. ['pɔːtə] *s* portier
por·ter 2. ['pɔːtə] *s* bagażowy
por·ter 3. ['pɔːtə] *s* porter (*gatunek piwa*)
port·fo·li·o [ˌpɔːt'fəʊlɪəʊ] *s* teka (*ministra*); aktówka; *handl.* portfel wekslowy
port·hole ['pɔːthəʊl] *s mors.* iluminator; *mors.* otwór strzelniczy
por·tion ['pɔːʃn] *s* porcja; udział, cząstka; partia (*czegoś*); *vt* dzielić (na porcje); (*także* **~ *out***) wydzielać
port·ly ['pɔːtlɪ] *adj* pełen godności; okazały; korpulentny
port·man·teau [pɔːt'mæntəʊ] *s* walizka dawnego typu
por·trait ['pɔːtrɪt] *s* portret
por·tray [pɔː'treɪ] *vt* portretować; przedstawiać; odtwarzać
por·tray·al [pɔː'treɪəl] *s* portret; portretowanie; opis, przedstawienie
Por·tu·guese [ˌpɔːtʃʊ'giːz] *adj* portugalski; *s* Portugalczyk
pose [pəʊz] *s* poza, postawa; *vi* pozować; *vt* stawiać (*pytanie*), wygłaszać (*opinię*)
pos·er ['pəʊzə] *s* łamigłówka, trudne pytanie
po·seur [pəʊ'zɜː] *s* pozer
po·si·tion [pə'zɪʃn] *s* pozycja, położenie; pozycja społeczna; możność; stan; stanowisko; ***to be in a* ~ *to do sth*** być w stanie coś zrobić; *vt* umieszczać, ustalać położenie
pos·i·tive ['pɒzətɪv] *adj* pozytywny, twierdzący; *am.* pewny, przekonany; dodatni; bezwzględny, stanowczy; *gram.* równy; *s fot* pozytyw
pos·sess [pə'zes] *vt* posiadać; ***to be* ~*ed of sth*** posiadać coś na własność; władać (***sth*** czymś); opętać
pos·sessed [pə'zest] *pp i adj* opanowany (*także* ***self-*~**); opętany (***by the devil*** przez diabła)
pos·ses·sion [pə'zeʃn] *s* posiadanie; władanie (***of sth*** czymś); posiadłość, posiadany przedmiot; panowanie nad sobą; ***to take* ~ *of sth*** objąć coś w posiadanie, zawładnąć czymś
pos·ses·sive [pə'zesɪv] *adj* dotyczący posiadania; (*o chęci*) posiadania; *gram.* dzierżawczy; **~ *case*** dopełniacz; *s gram* dopełniacz; zaimek dzierżawczy

P

pos·ses·sor [pə'zesə] *s* właściciel, posiadacz
pos·si·bil·i·ty [ˌpɒsə'bɪlətɪ] *s* możliwość, możność
pos·sible ['pɒsəbl] *adj* możliwy; ewentualny; ***as soon as ~*** jak najszybciej
post 1. [pəʊst] *s* słup; *vt* naklejać na słupie, rozlepiać afisze, ogłaszać się za pomocą afiszów, wywieszać (*afisz, kartkę itp.*)
post 2. [pəʊst] *s* poczta; ***by ~*** pocztą; ***by return of ~*** odwrotną pocztą; *vt* wysłać pocztą, wrzucić (*list*) do skrzynki pocztowej
post 3. [pəʊst] *s* posterunek; stanowisko, posada; *vt* umieścić na stanowisku, wyznaczyć (*zadania, obowiązki*)
post·age ['pəʊstɪdʒ] *s* opłata pocztowa
post·age stamp ['pəʊstɪdʒstæmp] *s* znaczek pocztowy
pos·tal ['pəʊstl] *adj* pocztowy; ***~ card*** pocztówka; ***~ code*** kod pocztowy
post·card ['pəʊstkɑːd] *s* kartka pocztowa; ***picture ~*** widokówka
post·er ['pəʊstə] *s* afisz
pos·te·ri·or [pɒ'stɪərɪə] *adj* późniejszy, następny; tylny; *s* tył, tylna część
pos·ter·i·ty [pɒ'sterətɪ] *s* potomność, potomkowie
post-free [ˌpəʊst'friː] *adj* wolny od opłaty pocztowej
post·grad·u·ate [ˌpəʊst'grædʒʊət] *adj* dotyczący studiów po uzyskaniu tytułu uniwersyteckiego; *s* student kontynuujący naukę po uzyskaniu tytułu uniwersyteckiego, doktorant
post·hu·mous ['pɒstjʊməs] *adj* pośmiertny
post·man ['pəʊstmən] *s* (*pl* ***postmen*** ['pəʊstmən]) listonosz
post·mark ['pəʊstmɑːk] *s* stempel pocztowy
post·mas·ter ['pəʊstˌmɑːstə] *s* naczelnik poczty
post-mor·tem [ˌpəʊst'mɔːtem] *adj attr* pośmiertny; ***~ examination*** obdukcja; *s* obdukcja
post of·fice ['pəʊstˌɒfɪs] *s* urząd pocztowy
post·paid [ˌpəʊst'peɪd] *adj* (*o przesyłce pocztowej*) opłacony
post·pone [pəʊst'pəʊn] *vt* odraczać, odwlekać; podporządkowywać (***sth to sth*** coś czemuś)
post·script ['pəʊsskrɪpt] *s* postscriptum
pos·tu·late ['pɒstjʊleɪt] *vt* domagać się; postulować; *s* postulat
pos·ture ['pɒstʃə] *s* położenie; postawa, poza
post-war ['pəʊstwɔː] *adj* powojenny
po·sy ['pəʊzɪ] *s lit.* bukiet, wiązanka
pot [pɒt] *s* garnek; dzban; wazon; doniczka; czajniczek (*do herbaty, kawy*); nocnik; *pot. sport* puchar; ***to make the ~ boil*** z trudem zarabiać na kawałek chleba; *vt* włożyć do garnka; przechowywać w garnku; sadzić w doniczce
po·ta·to [pə'teɪtəʊ] *s* (*pl* ***~es***) *bot.* kartofel, ziemniak
po·ta·to bee·tle [pə'teɪtəʊˌbiːtl] *s zool.* stonka ziemniaczana
pot·boil·er ['pɒtˌbɔɪlə] *s* chałtura (*mierna praca autorska pisana dla zarobku*)
po·tent ['pəʊtnt] *adj* silny, potężny; przekonywający; skuteczny
po·ten·tate ['pəʊtənteɪt] *s* potentat
po·ten·tial [pə'tenʃl] *adj* potencjalny
pot·hole ['pɒthəʊl] *s* wybój, dziura w jezdni; jaskinia
po·tion ['pəʊʃn] *s* napój (*zw.* leczniczy)
pot-lid ['pɒtlɪd] *s* pokrywka, przykrywka
pot·ter ['pɒtə] *s* garncarz
pot·ter·y ['pɒtərɪ] *s* garncarstwo; wyroby garncarskie; garncarnia

pouch [pautʃ] *s* woreczek; kapciuch (*na tytoń*); kieszeń; *wojsk.* ładownica; *vt* włożyć do woreczka; wydymać
pouf [puːf] *s* puf, miękki taboret
poul·tice ['pəultɪs] *s med.* gorący okład
poul·try ['pəultrɪ] *s* drób
pounce [pauns] *s* pazur, szpon; gwałtowny ruch (*ptaka drapieżnego*); *vt* chwycić w szpony; *vi* błyskawicznie spaść (***upon sth*** na coś)
pound 1. [paund] *s* funt; (*także* ~ ***sterling***) funt szterling
pound 2. [paund] *vt vi* tłuc (***sth*** coś; ***at sth*** w coś)
pound 3. [paund] *s* zagroda (*dla zwierząt, samochodów itp.*); *vt* zamknąć w zagrodzie
pour [pɔː] *vt* nalewać, rozlewać, lać; ~ ***in*** napływać; ~ ***out*** wylewać (się); *s* ulewa
pout [paut] *vt vi* wydymać wargi; *przen.* robić kwaśną minę
pov·er·ty ['pɒvətɪ] *s* ubóstwo
pow·der ['paudə] *s* proch; proszek; puder; ~ ***compact*** puderniczka; *vt* posypać proszkiem; sproszkować; pudrować
pow·er ['pauə] *s* potęga, moc, władza; możność, zdolność; mocarstwo; *elektr.* energia, siła; *mat.* potęga
pow·er·ful ['pauəfl] *adj* potężny, mocny; wpływowy
pow·er·house ['pauəhaus] = ***power station***; (*także*) *s przen.* osoba pełna energii
pow·er·less ['pauəlɪs] *adj* bezsilny
pow·er sta·tion ['pauəˌsteɪʃn] *s* elektrownia (*także* ***powerhouse***)
prac·ti·ca·ble ['præktɪkəbl] *adj* możliwy do przeprowadzenia, wykonalny; nadający się do użytku
prac·ti·cal ['præktɪkl] *adj* praktyczny; realny; faktyczny; ~ ***joke*** kawał, psikus
prac·ti·cal·ly ['præktɪklɪ] *adv* praktycznie; faktycznie, w istocie rzeczy, właściwie
prac·tice ['præktɪs] *s* praktyka, ćwiczenie; ***to be out of*** ~ wyjść z wprawy; ***to put in*** ~ zrealizować
prac·tise ['præktɪs] *vt* praktykować, ćwiczyć (się); uprawiać
prac·ti·tion·er [præk'tɪʃnə] *s* (*zw. o lekarzu*) praktyk; ***general*** ~ lekarz ogólny
prag·ma·tism ['prægmətɪzm] *s* pragmatyzm
prai·rie ['preərɪ] *s* preria
praise [preɪz] *vt* chwalić, sławić; *s* chwała, pochwała
praise·wor·thy ['preɪzˌwɜːðɪ] *adj* godny pochwały, chwalebny
pram [præm] *s pot.* = ***perambulator*** wózek dziecięcy
prance [prɑːns] *vi* (*o koniu*) stawać dęba; harcować; *pot.* (*o człowieku*) dumnie kroczyć; zadzierać nosa
prank 1. [præŋk] *s* psota, figiel, wybryk; ***to play ~s*** dokazywać; płatać figle (***on sb*** komuś)
prank 2. [præŋk] *vt* stroić, zdobić
prate [preɪt] *vt vi* paplać; *s* paplanina
prat·tle ['prætl] *vt vi* paplać, szczebiotać; *s* paplanina, szczebiot
pray [preɪ] *vt vi* prosić (***for sth*** o coś); ~! błagam!; proszę!
pray·er 1. [preə] *s* modlitwa, prośba; ~ ***book*** modlitewnik
pray·er 2. ['preɪə] *s* modlący się
pre- [priː] *praef łac.* przed-
preach [priːtʃ] *vi* wygłaszać kazanie; *vt* głosić, wygłaszać (*kazanie*)
preach·er ['priːtʃə] *s* kaznodzieja
pre·am·ble [prɪ'æmbl] *s* wstęp, wstępna uwaga
pre·car·i·ous [prɪ'keərɪəs] *adj* niepewny, wątpliwy; niebezpieczny
pre·cau·tion [prɪ'kɔːʃn] *s* ostrożność, środek ostrożności; ***to take ~s*** zastosować środki ostrożności

pre·cede [prɪ'siːd] *vt vi* poprzedzać (*w czasie*); iść przodem; mieć pierwszeństwo (***sb, sth*** przed kimś, przed czymś)
prec·e·d·ence ['presɪdəns] *s* pierwszeństwo
prec·e·dent 1. ['presɪdənt] *s* precedens
pre·ced·ent 2. [prɪ'siːdnt] *adj* poprzedzający, uprzedni
pre·ced·ing [prɪ'siːdɪŋ] *ppraes i adj* poprzedzający, poprzedni; powyższy
pre·cept ['priːsept] *s* reguła; nauka moralna, przykazanie; *prawn.* nakaz
pre·cep·tor [prɪ'septə] *s* nauczyciel, instruktor
pre·cinct ['priːsɪŋkt] *s bryt.* obręb, zakres, granica; *pl.* **~s** najbliższe otoczenie, okolice; *am.* okręg wyborczy
pre·cious ['preʃəs] *adj* drogocenny, wartościowy, cenny; (*o kamieniu itd.*) szlachetny; afektowany; ukochany; *pot.* skończony, kompletny (*np. dureń*); *adv pot.* bardzo, szalenie
prec·i·pice ['presəpɪs] *s* przepaść
pre·cip·i·tate [prə'sɪpɪteɪt] *vt* zrzucić, strącić; przyspieszyć; *chem.* strącić; *vi* spaść; osadzić się; *vr* **~ *oneself*** rzucić się (***on sb, sth*** na kogoś, coś); *adj* [prə'sɪpɪtət] spadzisty, gwałtowny, pośpieszny; nagły; *s* osad
pre·cip·i·ta·tion [prəˌsɪpɪ'teɪʃn] *s* zepchnięcie; zrzucenie; upadek; pośpiech, nagłość; *chem.* osad
pre·cip·i·tous [prə'sɪpɪtəs] *adj* przepastny; stromy, urwisty
pré·cis ['preɪsiː] *s* streszczenie
pre·cise [prɪ'saɪs] *adj* dokładny, ścisły; (*o człowieku*) skrupulatny; ***~ly!*** *int* właśnie!
pre·ci·sion [prɪ'sɪʒn] *s* precyzja
pre·clude [prɪ'kluːd] *vt* uniemożliwiać, zapobiegać
pre·clu·sion [prɪ'kluːʒn] *s* wykluczenie; zapobieżenie (***from sth*** czemuś)
pre·clu·sive [prɪ'kluːsɪv] *adj* uniemożliwiający, wykluczający
pre·co·cious [prɪ'kəʊʃəs] *adj* przedwcześnie rozwinięty; przedwczesny
pre·coc·i·ty [prɪ'kɒsətɪ] *s* przedwczesny rozwój
pre·con·ceive [ˌpriːkən'siːv] *vt* powziąć z góry (*sąd, opinię*), uprzedzić się (***sth*** do czegoś)
pre·con·cep·tion [ˌpriːkən'sepʃn] *s* z góry powzięty sąd; uprzedzenie
pre·cur·sor [prɪ'kɜːsə] *s* poprzednik, prekursor
pred·a·tor ['predətə] *s* drapieżnik
pred·a·to·ry ['predətərɪ] *adj* drapieżny, łupieżczy
pre·de·ces·sor ['priːdɪsesə] *s* poprzednik; przodek, antenat
pre·des·ti·nate [ˌpriː'destɪneɪt] *vt* predestynować
pre·des·ti·na·tion [priːˌdestɪ'neɪʃn] *s* predestynacja
pre·des·tine [ˌpriː'destɪn] = ***predestinate***
pre·dic·a·ment [prɪ'dɪkəmənt] *s* ciężkie położenie, kłopot
pred·i·cate ['predɪkeɪt] *vt* orzekać, twierdzić; *s* ['predɪkət] *gram.* orzeczenie
pre·dic·a·tive [prɪ'dɪkətɪv] *adj* orzekający; *gram.* orzecznikowy; *s gram.* orzecznik
pre·dict [prɪ'dɪkt] *vt* przepowiadać, prorokować
pre·di·lec·tion [ˌpriːdɪ'lekʃn] *s* szczególne upodobanie (***for sth*** do czegoś)
pre·dis·po·si·tion [ˌpriːdɪspə'zɪʃn] *s* skłonność (***to sth*** do czegoś)
pre·dom·i·nant [prɪ'dɒmɪnənt] *adj* dominujący, przeważający
pre·dom·i·nate [prɪ'dɒmɪneɪt] *vi* przeważać, dominować; przewyższać (***over sb, sth*** kogoś, coś)

P

pre·em·i·nent [ˌpriː'emɪnənt] *adj* górujący, wybitny
pre·fab ['priːfæb] *s pot. skr.* dom z prefabrykatów
pre·fab·ri·cate [ˌpriː'fæbrɪkeɪt] *vt* prefabrykować
pref·ace ['prefɪs] *s* przedmowa; *vt* poprzedzić przedmową
pre·fect ['priːfekt] *s* prefekt
pre·fer [prɪ'fɜː] *vt* woleć (***sb, sth to, rather than sb, sth*** kogoś, coś od kogoś, czegoś); wnosić, przedkładać (*np. skargę*); awansować
pref·er·a·ble ['prefərəbl] *adj* bardziej wskazany (***to sb, sth*** aniżeli ktoś, coś)
pref·er·ence ['prefərəns] *s* pierwszeństwo; preferencja, przedkładanie (***of sth to sth*** czegoś nad coś)
pre·fix [ˌpriː'fɪks] *vt* umieścić na wstępie, poprzedzić (***sth to sth*** coś czymś); *s* ['priːfɪks] *gram.* przedrostek
preg·nan·cy ['pregnənsɪ] *s* ciąża, brzemienność
preg·nant ['pregnənt] *adj* (*kobieta*) w ciąży, ciężarny; *przen.* brzemienny; pełen treści, ważki; sugestywny
pre·his·tor·ic [ˌpriːhɪ'stɒrɪk] *adj* prehistoryczny
prej·u·dice ['predʒʊdɪs] *s* uprzedzenie, złe nastawienie (***against sb, sth*** przeciw komuś, czemuś); przychylne nastawienie (***in favour of sb, sth*** do kogoś, czegoś); przesąd; szkoda, uszczerbek; ***to the ~ of sb*** ze szkodą dla kogoś; *vt* uprzedzić, z góry źle usposobić (***sb against sb, sth*** kogoś do kogoś, czegoś); przychylnie nastawić (***sb in favour of sb, sth*** kogoś do kogoś, czegoś); zaszkodzić, przynieść uszczerbek
prej·u·di·cial [ˌpredʒʊ'dɪʃl] *adj* szkodliwy (***to sb, sth*** dla kogoś, czegoś)
prel·ate ['prelət] *s* prałat, dostojnik kościelny
pre·lim·i·na·ry [prɪ'lɪmɪnərɪ] *adj* wstępny, przygotowawczy; *s* (*zw. pl* ***preliminaries***) preliminaria, wstępne kroki
prel·ude ['preljuːd] *s* wstęp; *muz.* preludium; *vt* zapowiadać; wprowadzić, poprzedzić wstępem; *vi* stanowić wstęp (***to sth*** do czegoś)
pre·ma·ture ['premətʃə] *adj* przedwczesny
pre·med·i·tate [ˌpriː'medɪteɪt] *vt* z góry obmyślić
pre·med·i·ta·tion [priːˌmedɪ'teɪʃn] *s* premedytacja
prem·i·er ['premɪə] *s* premier; *adj* pierwszy
prem·ise ['premɪs] *s filoz.* przesłanka, założenie; *pl* ***~s*** lokal, parcela z zabudowaniami; teren
pre·mi·um ['priːmɪəm] *s* premia; składka (ubezpieczeniowa)
pre·oc·cu·pa·tion [priːˌɒkjʊ'peɪʃn] *s* zaabsorbowanie, troska
pre·oc·cu·py [ˌpriː'ɒkjʊpaɪ] *vt* absorbować, pochłaniać uwagę
pre·paid [ˌpriː'peɪd] *adj* z góry opłacony
prep·a·ra·tion [ˌprepə'reɪʃn] *s* przygotowanie, sporządzenie
pre·par·a·to·ry [prɪ'pærətərɪ] *adj* przygotowawczy
pre·pare [prɪ'peə] *vt vi* przygotowywać (się); sporządzić
pre·pared [prɪ'peəd] *pp i adj* gotowy
pre·pon·der·ance [prɪ'pɒndərəns] *s* przewaga
pre·pon·der·ate [prɪ'pɒndəreɪt] *vi* przeważać (***over sb, sth*** nad kimś, czymś)
prep·o·si·tion [ˌprepə'zɪʃn] *s gram.* przyimek
pre·pos·sess [ˌpriːpə'zes] *vt* uprzedzać, usposabiać (*zw. przychylnie*), ujmować (*zachowaniem itp.*); natchnąć (***sb with sth*** kogoś czymś)

P

pre·pos·ter·ous [prɪ'pɒstərəs] *adj* absurdalny, niedorzeczny

pres·age ['presɪdʒ] *s* przepowiednia, zapowiedź; przeczucie; *vt* [*także* prɪ'seɪdʒ] przepowiadać, zapowiadać

pre·scribe [prɪ'skraɪb] *vt* przepisywać, zarządzać, zalecać; *prawn.* unieważnić z powodu przedawnienia

pre·scrip·tion [prɪ'skrɪpʃn] *s* recepta; przepis; ***make out a ~*** wystawić receptę; *prawn.* ***positive ~*** nabycie przez zasiedzenie; ***negative ~*** przedawnienie

pres·ence ['prezns] *s* obecność; prezencja, powierzchowność; ***~ of mind*** przytomność umysłu

pres·ent 1. ['preznt] *adj* obecny, teraźniejszy, niniejszy; ***the ~*** *s* teraźniejszość; *gram.* czas teraźniejszy; ***at ~*** teraz, obecnie; ***for the ~*** na razie; ***up to the ~*** dotychczas

pres·ent 2. ['preznt] *s* prezent; *vt* [prɪ'zent] robić prezent, podarować (***sb with sth*** komuś coś); prezentować, przedstawiać, przedkładać; ***~ compliments*** pozdrawiać, składać uszanowanie; *vr* ***~ oneself*** zgłosić się

pre·sent·a·ble [prɪ'zentəbl] *adj* (*o człowieku*) mający dobrą prezencję

P

pres·en·ta·tion [ˌprezn'teɪʃn] *s* przedstawienie; przedłożenie; podarowanie; ***~ copy*** egzemplarz autorski

pre·sen·ti·ment [prɪ'zentɪmənt] *s* przeczucie

pres·ent·ly ['prezntlɪ] *adv* wkrótce, zaraz; *am.* teraz, obecnie

pres·er·va·tion [ˌprezə'veɪʃn] *s* zachowywanie, przechowanie; ochrona; ***~ of environment*** ochrona środowiska

pre·serve [prɪ'zɜːv] *vt* zachowywać, przechowywać, zabezpieczać, ochraniać; konserwować (*owoce itp.*); *s* konserwa; rezerwat

pre·side [prɪ'zaɪd] *vi* przewodniczyć (***at the meeting*** na zebraniu)

pres·i·dent ['prezɪdənt] *s* prezydent; prezes, przewodniczący; rektor

press [pres] *vt vi* cisnąć (się), ściskać, uciskać, naciskać; nalegać; naglić; prasować; tłoczyć; wymuszać, narzucać; gnębić, ciążyć; ***~ in*** wciskać się, wdzierać się; ***~ on*** pędzić naprzód, popędzać; ***~ out*** wyciskać; ***~ through*** przeciskać się; ***to be ~ed for money*** mieć trudności z pieniędzmi; *s* nacisk; ścisk, tłok, napór, nawał; opresja; ciężkie położenie; prasa (*zespół dziennikarzy i fotoreporterów; także drukarska*); ***~ conference*** konferencja prasowa; ***in*** (***the***) ***~*** pod prasą, w druku; ***to go to ~*** iść do druku; ***a good ~*** dobra recenzja (*w prasie*)

press clip·ping ['presˌklɪpɪŋ], **press cut·ting** ['presˌkʌtɪŋ] *s* wycinek prasowy

press·ing ['presɪŋ] *ppraes i adj* naglący, pilny; natarczywy

press·man ['presmən] *s bryt.* (*pl* ***pressmen*** ['presmən]) *pot.* dziennikarz

pres·sure ['preʃə] *s* ciśnienie; nacisk; ucisk; presja; nawał (*spraw, pracy*); ***to put ~*** wywierać nacisk (***on sth*** na coś); ***~ cooker*** szybkowar

pres·tige [pre'stiːʒ] *s* prestiż

pre·sume [prɪ'zjuːm] *vt vi* przypuszczać, domyślać się, zakładać; pozwalać sobie, ośmielać się; wykorzystywać, nadużywać (***on sth*** czegoś); polegać (***on sth*** na czymś)

pre·sumed [prɪ'zjuːmd] *pp i adj* przypuszczalny, domniemany

pre·sump·tion [prɪ'zʌmpʃn] *s* przypuszczenie, domniemanie; zarozumiałość

pre·sump·tive [prɪ'zʌmptɪv] *adj* przypuszczalny

pre·sump·tu·ous [prɪ'zʌmp-

tʃʊəs] *adj* zarozumiały; pewny siebie
pre·sup·pose [ˌpriːsə'pəʊz] *vt* przyjmować z góry
pre·tence [prɪ'tens] *s* pretensja; roszczenie; udawanie; pretekst; pozory
pretend [prɪ'tend] *vt vi* pozorować, udawać; wysuwać jako pretekst; rościć pretensje, pretendować (***to sth*** do czegoś)
pre·tend·er [prɪ'tendə] *s* udający, symulant; pretendent
pre·ten·sion [prɪ'tenʃn] *s* pretensja, roszczenie; aspiracja; pretensjonalność
pre·ten·tious [prɪ'tenʃəs] *adj* pretensjonalny
pret·er·it(e) ['pretərɪt] *adj gram.* przeszły; *s gram.* czas przeszły
pre·text ['priːtekst] *s* pretekst
pret·ty ['prɪtɪ] *adj* ładny, śliczny; dobry; spory; *adv pot.* sporo, dość
pre·vail [prɪ'veɪl] *vi* przeważać; brać górę (***over sb*** nad kimś); skłonić (*kogoś*); wymóc (***on sb to do sth*** na kimś, aby coś zrobił); być powszechnie przyjętym, panować
prev·a·lent ['prevələnt] *adj* przeważający; powszechny, panujący
pre·vent [prɪ'vent] *vt* przeszkadzać (***sth*** czemuś; ***sb from doing sth*** komuś w robieniu czegoś); powstrzymywać; zapobiegać (***sth*** czemuś)
pre·ven·tion [prɪ'venʃn] *s* profilaktyka, zapobieganie; przeszkoda
pre·ven·tive [prɪ'ventɪv] *adj* zapobiegawczy; *s* środek zapobiegawczy
pre·vi·ous ['priːvɪəs] *adj* poprzedni, uprzedni; poprzedzający (***to sth*** coś); *adv w zwrocie* **~ *to sth*** przed czymś
pre-war ['priːwɔː] *adj* przedwojenny
prey [preɪ] *s* łup, ofiara; ***to fall ~*** paść ofiarą (***to sth*** czegoś); ***beast of ~*** drapieżnik; *vi* żerować (***on sth*** na kimś, na czymś) polować (***on sth*** na coś); *przen.* trawić, dręczyć (***on sb's mind*** kogoś)
price [praɪs] *s* cena; ***at the ~*** za cenę; *vt* ocenić, wycenić
price·less ['praɪsləs] *adj* bezcenny
price list ['praɪslɪst] *s* cennik
prick [prɪk] *s* ukłucie; ***~s of conscience*** wyrzuty sumienia; *vt* ukłuć, przekłuć, nakłuć; ***~ up one's ears*** nadstawiać uszu; *s wulg.* kutas; głupol
prick·le ['prɪkl] *s* kolec, cierń; *vt vi* kłuć; szczypać
pride [praɪd] *s* duma; ***to take ~*** szczycić się (***in sth*** czymś); *vr* ***~ oneself*** szczycić się (***on sth*** czymś)
priest [priːst] *s* kapłan, ksiądz, duchowny
prig [prɪg] *s* pedant; zarozumialec
prim [prɪm] *adj pot.* schludny; afektowany; wyszukany; pedantyczny
pri·ma·cy ['praɪməsɪ] *s* prymat
pri·ma·ry ['praɪmərɪ] *adj* początkowy, pierwotny; pierwszorzędny, zasadniczy, główny; ***~ school*** szkoła podstawowa
pri·mate ['praɪmɪt] *s* prymas
prime [praɪm] *adj* pierwszy, najważniejszy, główny; ***at ~ cost*** po kosztach własnych; ***Prime Minister*** premier; *s* początek, zaranie; *przen.* wiosna, rozkwit; ***in the ~ of life*** w kwiecie wieku
prim·er ['praɪmə] *s* elementarz, podręcznik dla początkujących
prim·i·tive ['prɪmɪtɪv] *adj* prymitywny; początkowy; pierwotny
prim·rose ['prɪmrəʊz] *s bot.* pierwiosnek
prince [prɪns] *s* książę
prin·cess [ˌprɪn'ses] *s* księżna, księżniczka
prin·ci·pal ['prɪnsəpl] *adj* główny;

P

s kierownik, szef, dyrektor; kapitał (*bez procentów*)
prin·ci·pal·i·ty [ˌprɪnsəˈpælətɪ] *s* księstwo
prin·ci·ple [ˈprɪnsəpl] *s* zasada; podstawa; ***in ~*** w zasadzie
print [prɪnt] *s* druki, druk; sztych; odbicie, ślad, odcisk; odbitka; perkal; (*o książce*) ***in ~*** wydrukowany; będący w sprzedaży; ***out of ~*** wyczerpany; *vt* drukować; wytłaczać, wycisnąć
print·er [ˈprɪntə] *s* drukarz; *komp.* drukarka; ***laser ~*** drukarka laserowa; ***ink-jet ~*** drukarka atramentowa
print·ing [ˈprɪntɪŋ] *s* drukowanie, druk; nakład
print·ing house [ˈprɪntɪŋhaʊs] *s* drukarnia
print·ing of·fice [ˈprɪntɪŋˌɒfɪs] = ***printing house***
pri·or [ˈpraɪə] *adj* poprzedni, wcześniejszy, uprzedni; ważniejszy (***to sb, sth*** od kogoś, czegoś); *adv w zwrocie*: ***~ to sth*** przed czymś; *s* przeor
pri·or·i·ty [praɪˈɒrətɪ] *s* pierwszeństwo, priorytet
prism [ˈprɪzm] *s fiz.* pryzmat; *mat.* graniastosłup
pris·on [ˈprɪzn] *s* więzienie
pris·on·er [ˈprɪznə] *s* więzień, jeniec; *wojsk.* ***~ of war*** jeniec wojenny; ***to take ~*** wziąć do niewoli
priv·a·cy [ˈprɪvəsɪ] *s* samotność, odosobnienie, izolacja; skrytość; utrzymywanie w tajemnicy
pri·vate [ˈpraɪvɪt] *adj* osobisty, własny, prywatny; tajny, poufny; ***"Private"*** „Wstęp wzbroniony"; ***in ~*** na osobności, prywatnie; ***keep sth ~*** trzymać coś w tajemnicy; odosobniony; *wojsk.* szeregowy; *s wojsk.* szeregowiec
pri·va·teer [ˌpraɪvəˈtɪə] *s mors.* statek korsarski; kaper, korsarz
pri·va·tion [praɪˈveɪʃn] *s* pozbawienie; niedostatek, brak
priv·i·lege [ˈprɪvɪlɪdʒ] *s* przywilej; nietykalność (*poselska*); *vt* uprzywilejować, nadać przywilej
priv·y [ˈprɪvɪ] *adj* tajny; wtajemniczony (***to sth*** w coś); *s* ustęp, ubikacja (*zw. na zewnątrz*)
prize 1. [praɪz] *s* nagroda, premia; wygrana (na loterii); *vt* wysoko cenić
prize 2. [praɪz] *s* łup wojenny (*zdobyty na morzu*); *pot.* gratka; ***to make a ~*** zdobyć (***of sth*** coś)
pro [prəʊ] *praep łac.* za, na, pro; *adv w zwrocie*; ***~ and con*** za i przeciw; *s w zwrocie* ***~s and cons*** (*fakty itd.*) za i przeciw; *s pot.* profesjonalista, zawodowiec
prob·a·bil·i·ty [ˌprɒbəˈbɪlətɪ] *s* prawdopodobieństwo; ***in all ~*** według wszelkiego prawdopodobieństwa
prob·a·ble [ˈprɒbəbl] *adj* prawdopodobny
pro·ba·tion [prəˈbeɪʃn] *s* staż; próba; nowicjat; *prawn.* warunkowe zwolnienie z więzienia i oddanie pod nadzór sądowy; ***on ~*** na stażu; pod nadzorem sądowym
pro·ba·tion·a·ry [prəˈbeɪʃnərɪ] *adj* (*o okresie*) próbny
pro·ba·tion·er [prəˈbeɪʃnə] *s* pracownik w okresie próby, praktykant, stażysta; nowicjusz; *prawn.* zwolniony więzień oddany pod nadzór sądowy
probe [prəʊb] *s* sonda; *vt* sondować; *przen.* badać; *vi* zagłębiać się (***into sth*** w coś)
pro·bi·ty [ˈprəʊbətɪ] *s* rzetelność
prob·lem [ˈprɒbləm] *s* problem
prob·lem·at·ic(·al) [ˌprɒbləˈmætɪk(l)] *adj* problematyczny
pro·ce·dure [prəˈsiːdʒə] *s* procedura, postępowanie
pro·ceed [prəˈsiːd] *vi* podążać, posuwać się naprzód; udać się (*dokądś*); kontynuować (***with sth*** coś); wynikać (***from sth*** z czegoś); przystąpić (***to sth*** do czegoś); z kolei zrobić (***to sth*** coś); toczyć się, ciągnąć się, prze-

P

biegać; wytoczyć proces (***against sb*** komuś)

pro·ceed·ing [prə'si:dɪŋ] *s* postępowanie; poczynanie; *pl* **~s** sprawozdanie (*z działalności*), protokoły, debaty (*obrady*); *prawn.* ***legal ~s*** postępowanie sądowe

pro·ceeds ['prəʊsi:dz] *s pl* dochód, zysk

pro·cess ['prəʊses] *s* przebieg, tok; proces; ***in the ~*** w toku; ***in the ~ of time*** z biegiem czasu; *vt* obrabiać, poddawać procesowi

pro·ces·sion [prə'seʃn] *s* procesja, pochód

pro·claim [prə'kleɪm] *vt* proklamować; zakazywać (***sth*** czegoś)

proc·la·ma·tion [ˌprɒklə'meɪʃn] *s* proklamacja; zakaz

pro·cliv·i·ty [prə'klɪvətɪ] *s* skłonność, inklinacja (***to sth*** do czegoś)

pro·cras·ti·nate [prə'kræstɪneɪt] *vt* odwlekać; *vi* ociągać się

pro·cre·ate ['prəʊkrɪeɪt] *vt* rodzić, wydawać na świat

pro·cure [prə'kjʊə] *vt* dostarczyć (***sth for sb*** coś komuś); sprawić (*sobie*), postarać się (***sth*** o coś); dostać; *vi* stręczyć (*do nierządu*)

pro·cur·er [prə'kjʊərə] *s* pośrednik; stręczyciel

prod [prɒd] *s* szturchnięcie; bodziec; *vt* szturchać; popędzać

prod·i·gal ['prɒdɪgl] *adj* rozrzutny, marnotrawny

pro·dig·ious [prə'dɪdʒəs] *adj* zdumiewający, cudowny; ogromny

prod·i·gy ['prɒdɪdʒɪ] *s* cudo, cud; cudowne dziecko; nadzwyczajny talent

pro·duce [prə'dju:s] *vt* produkować, wytwarzać; wydobywać; powodować; wywoływać; wydawać (*książkę, plony, potomstwo itd.*); przynieść (*np. zysk*), dawać (*rezultaty*); okazywać, przedkładać, przedstawiać (*np. dowody*); wystawiać (*sztukę*); *s* ['prɒdju:s] wynik; plon, zbiór; płody, produkty; produkcja, wydobycie

pro·duc·er [prə'dju:sə] *s* producent; *am.* dyrektor teatru

prod·uct ['prɒdʌkt] *s* produkt, wyrób; wynik; *mat.* iloczyn

pro·duc·tion [prə'dʌkʃn] *s* produkcja, wytwórczość; utwór (*literacki itp.*); wystawienie (*sztuki*)

pro·duc·tive [prə'dʌktɪv] *adj* produktywny; płodny, żyzny

pro·fane [prə'feɪn] *vt* profanować; *adj* bluźnierczy; pogański; nieczysty; pospolity; świecki

pro·fess [prə'fes] *vt* wyznawać (*wiarę*); oświadczać, twierdzić; uprawiać (*zawód*)

pro·fessed [prə'fest] *pp i adj* jawny; zawodowy; rzekomy

pro·fes·sion [prə'feʃn] *s* zawód, zajęcie; wyznanie wiary; oświadczenie; ***by ~*** z zawodu

pro·fes·sion·al [prə'feʃnəl] *adj* zawodowy, fachowy; *s* zawodowiec, fachowiec; ***to turn ~*** przejść na zawodowstwo

pro·fes·sor [prə'fesə] *s* profesor

prof·fer ['prɒfə] *vt* proponować (*swoje usługi*)

pro·fi·cien·cy [prə'fɪʃnsɪ] *s* biegłość, sprawność

pro·fi·cient [prə'fɪʃnt] *adj* biegły, sprawny

pro·file ['prəʊfaɪl] *s* profil

prof·it ['prɒfɪt] *s* korzyść, pożytek; dochód; ***to turn to ~*** wykorzystać; *vt* przynosić korzyść; *vi* korzystać (***by sth*** z czegoś); zyskać (***by sth*** na czymś)

prof·it·a·ble ['prɒfɪtəbl] *adj* korzystny, pożyteczny, zyskowny

prof·i·teer [ˌprɒfɪ'tɪə] *s* spekulant; *pot.* paskarz; *vi* spekulować

prof·li·gate ['prɒflɪgət] *adj* rozpustny; rozrzutny; *s* rozpustnik; rozrzutnik

pro·found [prə'faʊnd] *adj* (*o ukłonie, zainteresowaniu itp.*) głęboki; (*o wiedzy*) gruntowny

P

pro·fun·di·ty [prə'fʌndətɪ] *s* głębokość, głębia
pro·fuse [prə'fjuːs] *adj* hojny, rozrzutny; obfity
pro·fu·sion [prə'fjuːʒn] *s* hojność, rozrzutność; obfitość
pro·gen·itor [prəʊ'dʒenɪtə] *s* przodek, antenat
prog·e·ny ['prɒdʒɪnɪ] *s* potomstwo; *zbior.* potomkowie
prog·nos·tic [prɒg'nɒstɪk] *s* prognostyk, oznaka
pro·gram ['prəʊgræm] *s komp.* program (komputerowy); *vt* programować, układać program
pro·gramme ['prəʊgræm] *s* program (*rozrywkowy, rozbudowy itp.*); *vt* zaprogramować, zaplanować
pro·gram·mer ['prəʊgræmə] *s komp.* programista
pro·gress ['prəʊgres] *s* postęp; rozwój; bieg; ***to be in ~*** być w toku, trwać; *vi* [prə'gres] posuwać się naprzód; robić postępy
pro·gres·sion [prə'greʃn] *s* postęp, progresja
pro·gres·sive [prə'gresɪv] *adj* postępowy; progresywny; *gram.* ciągły
pro·hib·it [prə'hɪbɪt] *vt* zakazywać, wstrzymywać
pro·hi·bi·tion [ˌprəʊɪ'bɪʃn] *s* zakaz, prohibicja
pro·hib·i·tive [prə'hɪbətɪv] *adj* prohibicyjny; (*o cenach*) nieprzystępny
pro·ject ['prɒdʒekt] *s* projekt; *vt* [prə'dʒekt] projektować; rzucać; wyrzucać; rzutować; wyświetlać (*na ekranie*); *vi* wystawać, sterczeć
pro·jec·tile [prə'dʒektaɪl] *adj* dający się wyrzucić; *s* pocisk
pro·jec·tion [prə'dʒekʃn] *s* rzut, wyrzucenie; rzutowanie; wyświetlanie, projekcja; projektowanie, planowanie; występ, wystawanie; wyświetlony obraz
pro·jec·tion·ist [prə'dʒekʃnɪst] *s* operator kinowy (*wyświetlający film*)
pro·le·tar·i·at [ˌprəʊlɪ'teərɪət] *s* proletariat
pro·lif·ic [prə'lɪfɪk] *adj* płodny
pro·lix ['prəʊlɪks] *adj* rozwlekły
pro·logue, pro·log ['prəʊlɒg] *s* prolog
pro·long [prə'lɒŋ] *vt* przedłużać, prolongować
pro·longed [prə'lɒŋd] *pp i adj* długotrwały, przedłużający się
prom·e·nade [ˌprɒmə'nɑːd] *s* przechadzka; promenada; *vt vi* przechadzać się
prom·i·nent ['prɒmɪnənt] *adj* wystający; wybitny, sławny; widoczny
prom·is·cu·i·ty [ˌprɒmɪ'skjuːətɪ] *s* mieszanina, bezład; swoboda seksualna
pro·mis·cu·ous [prə'mɪskjʊəs] *adj* mieszany, różnorodny; swobodny, nie czyniący różnicy; pozamałżeński
prom·ise ['prɒmɪs] *s* obietnica; ***to keep a ~*** dotrzymać obietnicy; ***to show ~*** dobrze się zapowiadać; *vt vi* obiecywać (***sb sth*** komuś coś); zapowiadać (się)
prom·on·to·ry ['prɒməntrɪ] *s* przylądek
pro·mote [prə'məʊt] *vt* posuwać naprzód; popierać, sprzyjać, zachęcać; promować; dawać awans; ***to be ~d*** awansować
pro·mo·tion [prə'məʊʃn] *s* promocja, awans; poparcie
prompt [prɒmpt] *adj* szybki; gotowy, zdecydowany; natychmiastowy; *vt vi* pobudzić, dodać bodźca, nakłonić; podpowiadać; *teatr.* suflerować; *komp.* znak zachęty
prompt·er ['prɒmptə] *s teatr.* sufler
promp·ti·tude ['prɒmptɪtjuːd] *s* szybkość; gotowość (***of sth*** do czegoś)
prompt·ness ['prɒmptnəs] =

promptitude

prom·ul·gate ['prɒmlgeɪt] *vt* publicznie rozgłaszać; szerzyć (*poglądy itd.*)

prom·ul·ga·tion [ˌprɒml'geɪʃn] *s* ogłoszenie, opublikowanie; szerzenie (*poglądów itd.*)

prone [prəʊn] *adj* pochyły, pochylony, stromy; leżący twarzą na dół; skłonny (***to do sth*** do zrobienia czegoś)

prong [prɒŋ] *s* ząb (*np. widelca*); kolec, ostrze

pro·noun ['prəʊnaʊn] *s gram.* zaimek

pro·nounce [prə'naʊns] *vt* wymawiać; wypowiadać; oświadczać; *vi* wypowiadać się (***on sth*** w jakiejś sprawie; ***for sb, sth*** za kimś, za czymś; ***against sb, sth*** przeciw komuś, czemuś)

pro·nounced [prə'naʊnst] *pp i adj* wyraźnie zaznaczony; zdecydowany (*kolor itd.*)

pro·nounce·ment [prə'naʊnsmənt] *s* wypowiedź, oświadczenie

pro·nun·ci·a·tion [prəˌnʌnsɪ'eɪʃn] *s* wymowa

proof [pruːf] *s* dowód; badanie, próba; korekta; *adj* trwały, odporny

proof·read·er ['pruːfˌriːdə] *s* korektor

proof sheet ['pruːfʃiːt] *s* korekta

prop [prɒp] *s* podpórka; podpora; *vt* (*także* ***~ up***) podpierać, podtrzymywać

prop·a·gan·da [ˌprɒpə'gændə] *s* propaganda

prop·a·gate ['prɒpəgeɪt] *vt* mnożyć, krzewić; propagować

pro·pel [prə'pel] *vt* wprawiać w ruch, poruszać; napędzać; popędzać; pchnąć naprzód

pro·pel·ler [prə'pelə] *s lotn.* śmigło; *mors.* śruba okrętowa; siła napędowa

pro·pen·si·ty [prə'pensətɪ] *s* skłonność (***to sth*** do czegoś)

prop·er ['prɒpə] *adj* właściwy, odpowiedni, należyty, stosowny; (*o imieniu*) własny

prop·er·ty ['prɒpətɪ] *s* własność, posiadłość; własność, właściwość; *teatr. zbior.* rekwizyty; ***lost ~ office*** biuro rzeczy znalezionych

proph·e·cy ['prɒfəsɪ] *s* proroctwo

proph·e·sy ['prɒfəsaɪ] *vt vi* prorokować

proph·et ['prɒfɪt] *s* prorok

pro·phy·lac·tic [ˌprɒfɪ'læktɪk] *adj* profilaktyczny

pro·pin·qui·ty [prə'pɪŋkwətɪ] *s* bliskość; pokrewieństwo

pro·pi·ti·ate [prə'pɪʃɪeɪt] *vt* jednać sobie względy; przejednywać

pro·pi·tious [prə'pɪʃəs] *adj* pomyślny; sprzyjający; łaskawy

pro·po·nent [prə'pəʊnənt] *s* zwolennik; poplecznik

pro·por·tion [prə'pɔːʃn] *s* proporcja, udział; ***out of ~*** nieproporcjonalny; *vt* dostosować; proporcjonalnie rozdzielić

pro·por·tion·al [prə'pɔːʃnəl] *adj* proporcjonalny

pro·por·tion·ate [prə'pɔːʃnət] *adj* proporcjonalny

pro·pos·al [prə'pəʊzl] *s* propozycja; oświadczyny

pro·pose [prə'pəʊz] *vt* proponować; wysunąć (*wniosek, kandydaturę itp.*); zamierzać; zaplanować; *vi* oświadczyć się

prop·o·si·tion [ˌprɒpə'zɪʃn] *s* propozycja; wniosek; *mat.* twierdzenie

pro·pound [prə'paʊnd] *vt* przedkładać, proponować, zgłaszać

pro·prie·ta·ry [prə'praɪətrɪ] *adj* własnościowy; (*o prawie*) posiadania; posiadający

pro·pri·e·tor [prə'praɪətə] *s* posiadacz, właściciel

pro·pri·e·ty [prə'praɪətɪ] *s* słuszność, stosowność, właściwość, trafność; przyzwoitość, dobre wychowanie

pro·rogue [prə'rəʊg] *vt* odraczać (*sesję parlamentu*)
pro·sa·ic [prəʊ'zeɪɪk] *adj* prozaiczny
pro·scribe [prəʊ'skraɪb] *vt* wyjąć spod prawa; skazać na banicję
pro·scrip·tion [prəʊ'skrɪpʃn] *s* proskrypcja, wyjęcie spod prawa
prose [prəʊz] *s* proza; *vi* nudno mówić
pros·e·cute ['prɒsɪkjuːt] *vt* *prawn.* ścigać sądownie; prowadzić (*np. badania*); wykonywać (*np. pracę*); kontynuować; sprawować, pełnić (*np. obowiązki*)
pros·e·cu·tion [ˌprɒsɪ'kjuːʃn] *s* *prawn.* dochodzenie sądowe; wykonywanie (*np. pracy*); pełnienie obowiązków
pros·e·cu·tor ['prɒsɪkjuːtə] *s* *prawn.* oskarżyciel sądowy; ***public ~*** prokurator
pros·o·dy ['prɒsədɪ] *s* prozodia
pros·pect ['prɒspekt] *s* perspektywa; widok; nadzieja; działka złotonośna; *vt vi* [prə'spekt] przeszukiwać (*teren złotodajny itp.*), poszukiwać (***for gold*** złota, *nafty itd.*)
pro·spec·tive [prə'spektɪv] *adj* odnoszący się do przyszłości; przewidywany
pro·spec·tor [prə'spektə] *s* poszukiwacz (*złota, nafty itd.*)
pro·spec·tus [prə'spektəs] *s* prospekt
pros·per ['prɒspə] *vi* prosperować
pros·per·i·ty [prɒ'sperətɪ] *s* pomyślność; dobrobyt; dobra koniunktura
pros·per·ous ['prɒspərəs] *adj* cieszący się pomyślnością, kwitnący, pomyślny
pros·ti·tute ['prɒstɪtjuːt] *s* prostytutka; *vt* prostytuować; marnować (*np. zdolności*); *vr* ***~ oneself*** uprawiać prostytucję
pros·trate ['prɒstreɪt] *adj* leżący plackiem; *przen.* będący w prostracji, zgnębiony; *vt* [prɒ'streɪt] powalić na ziemię; *przen.* skrajnie wyczerpać, zgnębić, doprowadzić do prostracji
pro·tect [prə'tekt] *vt* chronić (***from sb, sth*** przed kimś, czymś)
pro·tec·tion [prə'tekʃn] *s* ochrona, obrona, zabezpieczenie (***against sth*** przed czymś); protekcja, opieka; system ochrony celnej
pro·tec·tion·ism [prə'tekʃnɪzm] *s* polityka ochrony celnej; *polit.* protekcjonizm
pro·tec·tive [prə'tektɪv] *adj* ochronny, zabezpieczający
pro·tec·tor [prə'tektə] *s* obrońca, opiekun; *techn.* osłona; ***lightning ~*** piorunochron
pro·tec·tor·ate [prə'tektərət] *s* protektorat
pro·tein ['prəʊtiːn] *s* białko, proteina
pro·test ['prəʊtest] *s* protest; uroczyste zapewnienie, oświadczenie; *vt vi* [prə'test] protestować; uroczyście zapewniać, oświadczać
Prot·es·tant ['prɒtɪstənt] *s* protestant; *adj* protestancki
prot·es·ta·tion [ˌprɒtɪ'steɪʃn] *s* protestowanie; uroczyste zapewnienie
pro·to·col ['prəʊtəkɒl] *s* protokół (dyplomatyczny)
pro·to·type ['prəʊtətaɪp] *s* prototyp
pro·tract [prə'trækt] *vt* przewlekać, przedłużać
pro·trac·tor [prə'træktə] *s* *mat.* kątomierz
pro·trude [prə'truːd] *vi* wystawać, sterczeć; *vt* wysuwać
pro·tru·sion [prə'truːʒn] *s* wysunięcie, wystawanie
proud [praʊd] *adj* dumny (***of sth*** z czegoś); wspaniały
prove [pruːv] *vt* udowadniać; badać; próbować; sprawdzać; *vi*

P

(*także* ~ ***oneself***) okazywać się
prov·erb ['prɒvɜːb] *s* przysłowie
pro·ver·bi·al [prə'vɜːbɪəl] *adj* przysłowiowy
pro·vide [prə'vaɪd] *vt vi* dostarczać (***sb with sth*** komuś coś); zaspokoić potrzeby, zaopatrywać; (*o ustawie*) postanawiać, zarządzać; przedsiębrać kroki (*w przewidywaniu czegoś*), zabezpieczyć się (***for sth*** na wypadek czegoś); *prawn.* postanawiać (***for sth*** coś)
pro·vid·ed [prə'vaɪdɪd] *pp i conj* o ile, pod warunkiem
prov·i·dence ['prɒvɪdəns] *s* przezorność; oszczędność; opatrzność
prov·i·dent ['prɒvɪdənt] *adj* przezorny; oszczędny
prov·i·den·tial [ˌprɒvɪ'denʃl] *adj* opatrznościowy
prov·ince ['prɒvɪns] *s* prowincja; zakres, dziedzina
pro·vin·cial [prə'vɪnʃl] *adj* prowincjonalny; rejonowy; *s* prowincjał
pro·vi·sion [prə'vɪʒn] *s* zaopatrzenie (***of sth*** w coś); zabezpieczenie (***for sth*** przed czymś); zastosowanie środków, podjęcie kroków; klauzula, zastrzeżenie; warunek; zarządzenie, postanowienie; *pl* **~s** zapasy żywności, prowianty; *vt* zaprowiantować
pro·vi·sion·al [prə'vɪʒnəl] *adj* tymczasowy, prowizoryczny
prov·o·ca·tion [ˌprɒvə'keɪʃn] *s* prowokacja; rozdrażnienie; powód
pro·voke [prə'vəʊk] *vt* prowokować, podburzać; wywoływać, powodować; rozdrażniać, irytować, złościć
prov·ost ['prɒvəst] *s* przełożony; rektor; (*w Szkocji*) burmistrz
prow [praʊ] *s mors.* dziób (*okrętu*)
prow·ess ['praʊɪs] *s* waleczność, męstwo
prowl [praʊl] *vi* grasować, polować (*na zdobycz*)
prowl·er ['praʊlə] *s* maruder
prox·im·i·ty [prɒk'sɪmətɪ] *s* bliskość (***of sth*** czegoś)
prox·y ['prɒksɪ] *s* zastępstwo; pełnomocnictwo; strona upełnomocniona; *handl.* prokura; ***by*** ~ na podstawie pełnomocnictw, w zastępstwie
prude [pruːd] *s* osoba pruderyjna, świętoszek
pru·dence ['pruːdns] *s* roztropność; ostrożność; rozwaga
pru·dent ['pruːdnt] *adj* roztropny; ostrożny; rozważny
pru·den·tial [pruː'denʃl] *adj* podyktowany roztropnością
prud·er·y ['pruːdərɪ] *s* pruderia
prudish ['pruːdɪʃ] *adj* pruderyjny
prune 1. [pruːn] *vt* czyścić drzewa (*obcinać gałęzie*); okrawać
prune 2. [pruːn] *s* suszona śliwka
Prus·sian ['prʌʃn] *s* Prusak; *adj* pruski
prus·sic ['prʌsɪk] *adj chem.* pruski (*kwas*)
pry [praɪ] *vi* podpatrywać; wścibiać nos (***into sth*** w coś); szperać
psalm [sɑːm] *s* psalm
Psal·ter ['sɔːltə] *s* psałterz
pseu·do- ['sjuːdəʊ] *praef* pseudo-; *adj* rzekomy
pseu·do·nym ['sjuːdənɪm] *s* pseudonim
psy·che ['saɪkɪ] *s* psyche, dusza; usposobienie; mentalność
psy·chi·a·try [saɪ'kaɪətrɪ] *s* psychiatria
psy·chic ['saɪkɪk] *adj* psychiczny, duchowy; *s* medium
psy·chic·al ['saɪkɪkl] *adj* psychiczny, duchowy
psy·cho·a·nal·y·sis [ˌsaɪkəʊə'næləsɪs] *s* psychoanaliza
psy·cho·log·i·c(al) [ˌsaɪkə'lɒdʒɪk(l)] *adj* psychologiczny
psy·chol·o·gy [saɪ'kɒlədʒɪ] *s* psychologia
psy·cho·sis [saɪ'kəʊsɪs] *s* psychoza
pub [pʌb] *s pot.* pub, piwiarnia, bar

pub·er·ty ['pju:bətɪ] *s* okres dojrzewania płciowego
pub·lic ['pʌblɪk] *adj* publiczny; ogólny, powszechny; jawny; obywatelski, społeczny; urzędowy; **~ debt** dług państwowy; **~ house** = **pub**; **~ school** *bryt.* prywatna szkoła średnia (*z internatem*); *am.* publiczna, bezpłatna szkoła średnia (*bez internatu*); **~ service** służba państwowa; *s* publiczność; **in ~** publicznie; **~ relations** stosunki między organizacją a jej społecznym otoczeniem
pub·li·ca·tion [ˌpʌblɪ'keɪʃn] *s* publikacja; ogłoszenie
pub·lic·i·ty [pʌb'lɪsətɪ] *s* reklama; rozgłos
pub·lish ['pʌblɪʃ] *vt* publikować, wydawać; ogłaszać; **~ing house** wydawnictwo, firma wydawnicza
pub·lish·er ['pʌblɪʃə] *s* wydawca
puck [pʌk] *s bryt.* chochlik; *sport* krążek hokejowy
pud·ding ['pʊdɪŋ] *s* pudding
pud·dle ['pʌdl] *s* kałuża; *pot.* bałagan; *vt vi* chlapać (się), babrać (się); *pot.* bałaganić
puff [pʌf] *vt vi* dmuchać; pykać; sapać; (*także* **~ up**) nadymać się; *s* podmuch, dmuchnięcie; kłąb (*dymu itd.*); bufa (*rękawa*); przesadna pochwała; puszek (do pudru)
puff·ball ['pʌfbɔ:l] *s bot.* purchawka
puf·fy ['pʌfɪ] *adj* porywisty; pękaty; nadęty; napuszony
pu·gil·ist ['pju:dʒɪlɪst] *s* pięściarz
pug·na·cious [pʌg'neɪʃəs] *adj* wojowniczy
pull [pʊl] *vt vi* ciągnąć, szarpać; wyrywać, zrywać; wiosłować; **to ~ a face** skrzywić się; **to pull sb's leg** żartować sobie z kogoś; **~ away** odciągnąć; **~ down** ściągnąć; rozebrać (*dom*); osłabić; **~ in** wciągnąć; powściągnąć (*np. konia*); zatrzymać się; ograniczyć (*wydatki*); **~ off** ściągnąć, zdjąć; zdobyć (*np. nagrodę*); przeprowadzić (*plan, przedsięwzięcie*), dokonać (*czegoś*); **~ out** wyciągnąć, wyrwać; odejść, wycofać się; **~ through** wyciągnąć (*kogoś*) z trudnego położenia; przebrnąć przez trudności; powracać powoli do zdrowia; **~ (oneself) together** zebrać siły; przyjść do siebie; opamiętać się; **~ up** podciągnąć; wyrwać z korzeniami; zatrzymać (się); dogonić (**with sb, sth** kogoś, coś); *s* pociągnięcie, szarpnięcie; przyciąganie, atrakcja; ciąg; uchwyt
pul·let ['pʊlɪt] *s* kurczę; pularda
pul·ley ['pʊlɪ] *s techn.* rolka (linowa); blok (*do podnoszenia*); koło transmisyjne
pull·o·ver ['pʊlˌəʊvə] *s* pulower
pul·lu·late ['pʌljʊleɪt] *vi* kiełkować; krzewić się; roić się; mnożyć się
pulp [pʌlp] *s* miękka masa; miazga; miękisz; papka
pul·pit ['pʊlpɪt] *s* ambona; *przen.* kaznodziejstwo; *zbior.* kaznodzieje
pul·sate [pʌl'seɪt] *vi* pulsować, tętnić
pulse [pʌls] *s* puls, tętno; **to feel sb's ~** badać komuś puls; *vi* pulsować
pul·ver·ize ['pʌlveraɪz] *vt vi* sproszkować (się); zetrzeć (się) na proch; *przen.* zniszczyć
puma ['pju:mə] *s zool.* puma
pump [pʌmp] *s* pompa; *vt* pompować; *przen.* wypytywać, wyciągać wiadomości
pump·kin ['pʌmpkɪn] *s bot.* dynia
pun [pʌn] *s* kalambur, gra słów; dwuznacznik; *vi* bawić się kalamburami
punch 1. [pʌntʃ] *vt* bić pięścią; poganiać (*bydło*); *s* uderzenie pięścią, kułak
punch 2. [pʌntʃ] *vt* dziurkować, przebijać; kasować (*np. bilet*); *s* dziurkacz, przebijak

punch 3. [pʌntʃ] *s* poncz
punc·tu·al ['pʌŋktʃuəl] *adj* punktualny
punc·tu·ate ['pʌŋktʃueɪt] *vt* stosować interpunkcję; podkreślać
punc·tu·a·tion [ˌpʌŋktʃu'eɪʃn] *s* interpunkcja
punc·ture ['pʌŋktʃə] *s* przekłucie, przebicie; ***to get a ~*** *pot.* złapać gumę; *vt* przekłuwać; *vi* przedziurawić się
pun·gent ['pʌndʒənt] *adj* kłujący; (*o smaku, zapachu*) ostry; pikantny; zgryźliwy
pun·ish ['pʌnɪʃ] *vt* karać
pun·ish·a·ble ['pʌnɪʃəbl] *adj* karalny
pun·ish·ment ['pʌnɪʃmənt] *s* kara
pu·ni·tive ['pju:nətɪv] *adj* karny; karzący
punt [pʌnt] *s* łódź płaskodenna
pup [pʌp] *s* szczenię
pu·pil 1. ['pju:pl] *s* uczeń
pu·pil 2. ['pju:pl] *s anat.* źrenica
pup·pet ['pʌpɪt] *s* kukiełka, marionetka
pup·py ['pʌpɪ] *s* szczenię; ***~ love*** szczenięca miłość
pur·chase ['pɜ:tʃəs] *s* kupno, nabytek; *vt* kupować, nabywać
pure [pjuə] *adj* czysty; nie sfałszowany, bez domieszek
pur·ga·tion [pɜ:'geɪʃn] *s* oczyszczenie (się); *med.* przeczyszczenie
pur·ga·tive ['pɜ:gətɪv] *adj* przeczyszczający; *lit.* oczyszczający; *s* środek przeczyszczający
pur·ga·to·ry ['pɜ:gətrɪ] *s* czyściec
purge [pɜ:dʒ] *vt* oczyszczać; *s* oczyszczanie; czystka
pu·ri·fy ['pjuərɪfaɪ] *vt vi* oczyszczać (się)
Pu·ri·tan ['pjuərɪtən] *adj* purytański; *s* purytanin
pu·ri·ty ['pjuərətɪ] *s* czystość
pur·loin [pɜ:'lɔɪn] *vt* ukraść
pur·ple ['pɜ:pl] *s* purpura; *vt* barwić na purpurowo
pur·port ['pɜ:pɔ:t] *s* treść, sens, znaczenie; doniosłość; *vt* [pɜ:'pɔ:t] świadczyć, znaczyć, oznaczać; wydawać się; ***to ~ to be*** wydawać się być, rzekomo być
pur·pose ['pɜ:pəs] *s* cel, plan, zamiar; wola, stanowczość; ***on ~*** umyślnie, celowo; ***to little ~*** z małą korzyścią, z niewielkim skutkiem; ***to no ~*** bezcelowo, na darmo; bezcelowy; ***with the ~ of*** celem, w celu; ***for all ~s*** uniwersalny; *vt* zamierzać, mieć na celu
purr [pɜ:] *vi* (*o kocie*) mruczeć, warkotać; *s* mruczenie; warkot
purse [pɜ:s] *s* portmonetka; *am.* portfel, damska torebka; *vt* włożyć do portfela; ściągnąć (*brwi*), zacisnąć (*usta*), zmarszczyć (*czoło*)
pur·su·ance [pə'sju:əns] *s* wykonywanie; pójście w ślady; ***in ~ of*** zgodnie z (*planem itp.*), stosownie do (*instrukcji itd.*)
pur·sue [pə'sju:] *vt* prześladować, ścigać; dążyć; uprawiać, wykonywać; kontynuować
pur·suit [pə'sju:t] *s* ściganie, pościg (***of sb, sth*** za kimś, za czymś); dążenie; *pl* ***~s*** interesy, sprawy, zajęcia
pur·vey [pə'veɪ] *vt* zaopatrzyć, dostarczyć; *vi* robić zapasy; być dostawcą (***for sb*** czyimś)
pur·vey·or [pə'veɪə] *s* dostawca
pus [pʌs] *s med.* ropa
push [puʃ] *vt vi* popychać; ***~ along*** pośpieszyć się; ***~ in*** wepchnąć; ***~ off*** odepchnąć; ***~ out*** wypchnąć; posuwać (się) naprzód; popędzić, nakłonić (***sb to sth*** kogoś do czegoś); popierać (***sb, sth*** kogoś, coś); *s* pchnięcie; posunięcie; wysiłek; poparcie; ***~-chair*** wózek spacerowy (*dla dziecka*)
puss [pus] *s pot.* kot
pus·sy ['pusɪ] *s* (*także* ***~ cat***) kotek
put** *vt vi* (put, put*** [put]) stawiać, kłaść, umieszczać; zadawać (*pyta-*

P

nia); wypowiadać, wyrażać; skazać (***to death*** na śmierć); nastawić (*zegarek*); zaprząc (***sb to work*** kogoś do pracy; ***a horse to the cart*** konia do wozu); poddać (***to the test*** próbie); ***to ~ right*** naprawić; ***to ~ a stop*** położyć kres, przerwać; *z przysłówkami i przyimkami*: ***~ away*** odłożyć; ***~ back*** odłożyć; powstrzymać; cofnąć (*zegarek*); ***~ by*** odkładać (*np. pieniądze*); uchylać się (***sth*** od czegoś); zbywać (***sb*** kogoś); ***~ down*** złożyć; stłumić (*np. powstanie*); ukrócić, poskromić; wysadzić (*np. pasażerów*); zapisać; zmniejszyć (*wydatki*); przypisywać (***sth to sb*** coś komuś); ***~ forth*** wytężać (*np. siły*); puszczać (*pąki*); wydać (*książkę*); ***~ forward*** wysuwać, przedkładać, przedstawiać; posuwać naprzód; ***~ in*** wkładać, wsuwać; wtrącać; wnosić (*np. skargę*); wprowadzać; ***~ in mind*** przypominać (***sb of sth*** komuś o czymś); ***~ in order*** doprowadzić do porządku; ***~ off*** odłożyć, zdjąć (*np. ubranie*); zbyć, odprawić; odroczyć; ***~ on*** nakładać, wdziewać; przybierać (*np. postać*); wystawiać (*sztukę*); ***~ out*** wysuwać (*np. rękę*); gasić; *sport* eliminować; wywiesić (*np. bieliznę*); wybić; wydać (*np. drukiem*); ***~ out of doors*** wyrzucić za drzwi; ***~ out of order*** wprowadzić nieład; ***~ over*** przeprowadzić; zapewnić uznanie (*np.* ***a film*** dla filmu); ***~ through*** przepchnąć (*np. sprawę*); połączyć telefonicznie (***to sb*** z kimś); ***~ together*** zmontować, zestawić; zebrać; zsumować; ***~ up*** podnieść, dźwignąć; ustawiać, instalować; wywieszać (*np. ogłoszenie*); odwiesić (*słuchawkę*); zaplanować, ukartować (podstępnie); schować, wetknąć (*np. do kieszeni*); zapakować; podnieść (*np. cenę*); wystawić (*np. towar na sprzedaż*); wysunąć (*kandydaturę*); wnieść (*prośbę*); dać nocleg (***sb*** komuś); zatrzymać się (***at a hotel*** w hotelu); pogodzić się (***with sb*** z kimś); ścierpieć (***with sth*** coś); zadowolić się (***with sth*** czymś); namawiać (***sb to sth*** kogoś do czegoś); *s* rzut

pu·ta·tive ['pju:tətɪv] *adj* domniemany

pu·tre·fac·tion [ˌpju:trɪ'fækʃn] *s* gnicie

pu·tre·fy ['pju:trɪfaɪ] *vi* psuć się, gnić; *vt* powodować gnicie

pu·trid ['pju:trɪd] *adj* zgniły, zepsuty

put·ty ['pʌtɪ] *s* kit

put-up ['pʊtʌp] *adj attr* zaplanowany, ukartowany (podstępnie)

puz·zle ['pʌzl] *s* zagadka; ***crossword ~*** krzyżówka (*do rozwiązania*); *vt* zaintrygować; wprawić w zakłopotanie

puz·zle·ment ['pʌzlmənt] *s* zaintrygowanie, zakłopotanie

pyg·my ['pɪgmɪ] *s* pigmej

py·ja·mas [pə'dʒɑ:məz] *s pl* piżama

pyr·a·mid ['pɪrəmɪd] *s* piramida; *mat.* ostrosłup

pyre ['paɪə] *s* stos (*zw.* pogrzebowy)

py·ro·tech·nics [ˌpaɪrəʊ'teknɪks] *s* pirotechnika

py·thon ['paɪθən] *s zool.* pyton

P

Q

quack 1. [kwæk] *s* znachor, szarlatan
quack 2. [kwæk] *vi* kwakać; *s* kwakanie
quad·ran·gle, quad ['kwɒdræŋgl] *s* dziedziniec; *mat.* czworokąt
quad·ri·lat·er·al [ˌkwɒdrɪ'lætrəl] *adj* czworoboczny; *s mat.* czworokąt
quad·ru·ped ['kwɒdruped] *s zool.* czworonóg; *adj* czworonożny
quad·ru·ple ['kwɒdrupl] *adj* poczwórny, czterokrotny
quaff [kwɒf] *vt vi* wychylać jednym haustem, pić wielkimi łykami
quag [kwæg] *s* bagno
quag·gy ['kwægɪ] *adj* bagnisty, grząski
quag·mire ['kwægmaɪə] *s* bagno, trzęsawisko
quail 1. [kweɪl] *vi* ociągać się; lękać się; cofać się (***before sth*** przed czymś)
quail 2. [kweɪl] *s* (*pl* ~) *zool.* przepiórka
quaint [kweɪnt] *adj* dziwny, dziwaczny
quake [kweɪk] *vi* trząść się, drżeć; *s* drżenie; *pot.* trzęsienie ziemi
Quak·er ['kweɪkə] *s* kwakier
qual·i·fi·ca·tion [ˌkwɒlɪfɪ'keɪʃn] *s* kwalifikacja; określenie; zastrzeżenie
qual·i·fy ['kwɒlɪfaɪ] *vt* kwalifikować; określać; warunkować; modyfikować; łagodzić; *vi* zdobyć kwalifikacje zawodowe; otrzymać dyplom
qual·i·ta·tive ['kwɒlɪtətɪv] *adj* jakościowy
qual·i·ty ['kwɒlətɪ] *s* jakość; gatunek; cecha, właściwość, zaleta; charakter
qualm [kwɑːm] *s* mdłości; skrupuł; niepewność, niepokój
quan·da·ry ['kwɒndərɪ] *s* ciężkie położenie, kłopot, dylemat
quan·ti·ta·tive ['kwɒntɪtətɪv] *adj* ilościowy
quan·ti·ty ['kwɒntətɪ] *s* ilość; iloczas; *pl* ***quantities*** masa, obfitość
quar·rel ['kwɒrəl] *s* kłótnia; *vi* kłócić się
quar·rel·some ['kwɒrəlsəm] *adj* kłótliwy
quar·ry 1. ['kwɒrɪ] *s* kamieniołom
quar·ry 2. ['kwɒrɪ] *s* zwierzyna (*upolowana*), łup
quart [kwɔːt] *s* kwarta
quar·ter ['kwɔːtə] *s* ćwierć, czwarta część; kwartał; strona świata; kwadra (*księżyca*); dzielnica, rewir; źródło (*informacji*); *am.* moneta 25-centowa; ***a ~ of an hour*** kwadrans; *pl* ***~s*** sfery; apartamenty; mieszkanie; *wojsk.* kwatery; ***at close ~s*** z bliska; (*o walce*) wręcz; ***to take up ~s*** zamieszkać; *vt* ćwiartować; *wojsk.* kwaterować, stacjonować
quar·ter·ly ['kwɔːtəlɪ] *adj* kwartalny; *adv* kwartalnie; *s* kwartalnik
quar·tet [kwɔː'tet] *s* kwartet
quartz [kwɔːts] *s miner.* kwarc
quash [kwɒʃ] *vt* zgnieść, stłumić; skasować, unieważnić
qua·si ['kweɪzaɪ] *adj, adv i praef* prawie, niemal; niby
quat·rain ['kwɒtreɪn] *s* czterowiersz
qua·ver ['kweɪvə] *vi* (*zw. o głosie*) drżeć, drgać; śpiewać trylem; *s* wibrujący głos; tremolo; *muz.* tryl; *muz.* ósemka
quay [kiː] *s* nabrzeże, keja
quea·sy ['kwiːzɪ] *adj* wrażliwy;

grymaśny; skłonny do mdłości; przyprawiający o mdłości
queen [kwiːn] *s* królowa; żona króla; dama (*w kartach*); ~ ***mother*** królowa matka (*panującego władcy*)
queer [kwɪə] *adj* dziwaczny; *pot.* stuknięty; nieswój; ***to feel*** ~ czuć się niedobrze; *pot.* pedał (*homoseksualista*);
quell [kwel] *vt* tłumić, dławić
quench [kwentʃ] *vt* gasić, tłumić; studzić (*np. zapał*)
quer·u·lous ['kwerələs] *adj* gderliwy, zrzędny
que·ry ['kwɪərɪ] *s* pytanie; znak zapytania; *vt vi* zapytywać; badać; stawiać znak zapytania
quest [kwest] *s* poszukiwanie; *vt vi* poszukiwać (***sth*** czegoś)
ques·tion ['kwestʃn] *s* pytanie; zastrzeżenie; kwestia; ***to ask a*** ~ zadać pytanie; ***to call in*** ~ zakwestionować; ***in*** ~ będący przedmiotem rozważań, to, o co chodzi; ***out of the*** ~ nie wchodzący w rachubę; ***beyond*** ~ niewątpliwie; *vt* zadawać pytania, pytać; indagować; badać; kwestionować
ques·tion·a·ble ['kwestʃənəbl] *adj* wątpliwy, sporny
ques·tion mark ['kwestʃnmaːk] *s* znak zapytania
ques·tion·naire [ˌkwestʃə'neə] *s* kwestionariusz
queue [kjuː] *s* szereg ludzi, kolejka (*w sklepie*); *vi* (*także* ~ ***up***) stać w kolejce
quib·ble ['kwɪbl] *s* drobne zastrzeżenie; wykręt, wybieg (*w rozmowie*); spierać się; *vi* mówić wykrętnie
quick [kwɪk] *adj* szybki, bystry; zwinny; (*o zmysłach*) zaostrzony; *adv* szybko, żwawo; zaraz; *s* żywe ciało; czuły punkt; *przen.* ***to sting to the*** ~ dotknąć do żywego
quick·en ['kwɪkən] *vt vi* przyspieszyć; ożywić się; wracać do życia
quick·lime ['kwɪklaɪm] *s* niegaszone wapno
quick·sand ['kwɪksænd] *s* lotne piaski
quick-tem·pered [ˌkwɪk'tempəd] *adj* nieopanowany, porywczy
quid [kwɪd] *s pot.* funt szterling
qui·es·cent [kwaɪ'esnt] *adj* spokojny, nieruchomy; bierny
qui·et ['kwaɪət] *adj* spokojny; cichy; *s* spokój; cisza; *vt* uspokajać; uciszać; *vi* (*zw.* ~ ***down***) uspokajać, uciszać się; ***keep*** ~ cicho się zachowywać; milczeć
qui·et·ism ['kwaɪətɪzm] *s filoz.* kwietyzm
qui·e·tude ['kwaɪətjuːd] *s* spokój
quill [kwɪl] *s* lotka; gęsie pióro (*do pisania*); kolec (*np. jeża*)
quilt [kwɪlt] *s* kołdra; *vt* pikować
qui·nine [kwɪ'niːn] *s* chinina
quin·tet [kwɪn'tet] *s muz.* kwintet
quin·tu·ple ['kwɪntjʊpl] *adj* pięciokrotny
quirk [kwɜːk] *s* zrządzenie (*losu*); dziwactwo
quit [kwɪt] *vt vi* opuszczać (*miejsce, posadę*); rezygnować; odejść, odjechać; *lit.* odpłacać; *adj* wolny (***of sth*** od czegoś); ***a note to*** ~ wypowiedzenie (*np. pracy*)
quite [kwaɪt] *adv* zupełnie, całkiem; całkowicie; wcale; ~ ***a treat*** istna biesiada; ***it's*** ~ ***the thing*** to jest właśnie to, o to chodzi; to ostatni krzyk mody; ~ ***so!*** zupełna racja!, właśnie!
quiv·er 1. ['kwɪvə] *vi* drżeć, drgać; *s* drżenie, drganie
quiv·er 2. ['kwɪvə] *s* kołczan
quiz [kwɪz] *vt* wypytywać (***sb*** kogoś); *am.* testować; *s* test; kwiz
quo·rum ['kwɔːrəm] *s* kworum
quo·ta ['kwəʊtə] *s* określony udział; kontyngent
quo·ta·tion [kwəʊ'teɪʃn] *s* cytat; cytowanie; *handl.* notowanie kursu (*na giełdzie*)

quo·ta·tion marks [kwəʊ'teɪʃn-mɑːks] *s pl* cudzysłów
quote [kwəʊt] *vt* cytować, powoływać się (***sth*** na coś); *handl.* notować kurs (*na giełdzie*)
quo·tient ['kwəʊʃnt] *s mat.* iloraz

R

R, r [ɑː]: ***the three Rs*** wykształcenie elementarne (***reading,*** (***w***)***riting,*** (***a***)***rithmetic***) czytanie, pisanie, arytmetyka
rab·bi ['ræbaɪ] *s* rabin
rab·bit ['ræbɪt] *s zool.* królik
rab·ble ['ræbl] *s* motłoch
rab·id ['ræbɪd] *adj* szalony; wściekły, rozwścieczony
ra·bies ['reɪbiːz] *s med.* wścieklizna
race 1. [reɪs] *s* rasa, ród
race 2. [reɪs] *s* bieg, gonitwa, wyścig; nurt; ***armament ~*** wyścig zbrojeń; ***to run a ~*** *sport* brać udział w biegu, biec; *pl* ***~s*** wyścigi konne; *vt vi* gonić (się); brać udział w wyścigach; iść w zawody; puszczać w zawody (*np. konia*); popędzać (*konia*)
race·course ['reɪskɔːs], *am.* **race·track** ['reɪstræk] *s* tor wyścigowy
ra·cial ['reɪʃl] *adj* rasowy
ra·cial·ism ['reɪʃlɪzm] *s* rasizm
rac·ing ['reɪsɪŋ] *s* wyścigi (konne), biegi, regaty, zawody; *adj attr* wyścigowy
rac·ism ['reɪsɪzm] *s* rasizm
rack 1. [ræk] *s* wieszak (*na palta*); stojak; półka (*np. w wagonie*)
rack 2. [ræk] *s* koło tortur; *vt* łamać kołem, torturować; ***to ~ one's brains for sth*** łamać sobie nad czymś głowę
rack 3. [ræk] *s* zniszczenie; ***to go to ~ and ruin*** ulec zniszczeniu; wykoleić się
rack·et 1. ['rækɪt] *s sport.* rakieta
rack·et 2. ['rækɪt] *s pot* hałas, huk, wrzawa; hulanka; *vi* hałasować; hulać
rack·et 3. ['rækɪt] *pot.* szantaż, wymuszanie
rack·et·eer [ˌrækɪ'tɪə] *s* szantażysta; *vi pot.* uprawiać szantaż
rac·y ['reɪsɪ] *adj* pełen życia; dosadny; pikantny; (bardzo) charakterystyczny; typowy
ra·dar ['reɪdɑː] *s* radar
ra·di·al ['reɪdɪəl] *adj* promieniowy
ra·di·ance ['reɪdɪəns] *s* promieniowanie; blask
ra·di·ant ['reɪdɪənt] *adj* promieniujący; promienny
ra·di·ate ['reɪdɪeɪt] *vt vi* promieniować; wysyłać (*promienie, światło, energię, ciepło*)
ra·di·a·tion [ˌreɪdɪ'eɪʃn] *s* promieniowanie; napromienienie
ra·di·a·tor ['reɪdɪeɪtə] *s* radiator; kaloryfer, grzejnik; *techn.* chłodnica
rad·i·cal ['rædɪkl] *adj* radykalny; *s* radykał; *mat.* pierwiastek
ra·di·o ['reɪdɪəʊ] *s* radio; *vt* nadawać przez radio
ra·di·o·ac·tive [ˌreɪdɪəʊ'æktɪv] *adj* promieniotwórczy, radioaktywny
ra·di·o·ac·ti·vi·ty [ˌreɪdɪəʊæk'tɪvətɪ] *s* promieniotwórczość, radioaktywność
ra·di·o·gram ['reɪdɪəʊgræm] *s* depesza radiowa; zdjęcie rentgenowskie
ra·di·o·graph ['reɪdɪəʊgrɑːf] *s* zdjęcie rentgenowskie; *vt* robić zdjęcia rentgenowskie

R

ra·di·ol·o·gy [ˌreɪdɪˈɒlədʒɪ] *s* radiologia, rentgenologia
rad·ish [ˈrædɪʃ] *s bot.* rzodkiewka
ra·di·um [ˈreɪdɪəm] *s chem.* rad
ra·di·us [ˈreɪdɪəs] *s* (*pl* ***radii*** [ˈreɪdɪaɪ]) promień (*okręgu*)
raf·fle [ˈræfl] *s* loteria (fantowa); *vt* sprzedawać na loterii; *vi* grać na loterii
raft [rɑːft] *s* tratwa; *vt* spławiać tratwą; *vi* przeprawiać się tratwą
rag [ræg] *s* szmata, gałgan
rag·a·muf·fin [ˈrægəˌmʌfɪn] *s* obdartus
rage [reɪdʒ] *s* wściekłość, gniew, pasja, furia; mania (***for sth*** do czegoś); ***all the ~*** najnowszy krzyk mody; *vi* szaleć; wściekać się (***at sb*** na kogoś)
rag·ged [ˈrægɪd] *adj* obszarpany, obdarty; poszarpany, nierówny, szorstki
rag·time [ˈrægtaɪm] *s* ragtime (*wczesna forma jazzu o rytmie synkopowanym*)
raid [reɪd] *s* najazd, napad; ***air ~*** nalot; obława; *vt* najeżdżać (*np. na kraj*), robić napad; urządzić obławę
rail 1. [reɪl] *s* balustrada, poręcz; listwa, szyna; sztacheta; kolej żelazna; ***by ~*** koleją; ***to get off the ~s*** wykoleić się; *vt* (*także* ***~ in***) ogrodzić; okratować; przewozić koleją; *vi* jechać koleją
rail 2. [reɪl] *vi* złorzeczyć, uskarżać się (***at sb, sth*** na kogoś, coś); szydzić (***at sb*** z kogoś); urągać (***at sb*** komuś)
rail·ing [ˈreɪlɪŋ] *ppraes i s* ogrodzenie; okratowanie; poręcz
rail·road [ˈreɪlrəʊd] *am.* = ***railway***
rail·way [ˈreɪlweɪ] *s* kolej żelazna
rain [reɪn] *s* deszcz; *vi* (*o deszczu*) padać; ***take a ~ check on sth*** *am. pot.* skorzystać z czegoś w późniejszym terminie; ***~ water*** deszczówka
rain·bow [ˈreɪnbəʊ] *s* tęcza
rain·coat [ˈreɪnkəʊt] *s* płaszcz przeciwdeszczowy
rain·fall [ˈreɪnfɔːl] *s* opad (*deszczu*); ulewa
rain·y [ˈreɪnɪ] *adj* deszczowy, dżdżysty; *przen.* ***~ day*** czarna godzina
raise [reɪz] *vt* podnosić, dźwignąć; podwyższać; wznosić (*budynek itd.*); budzić, wywoływać; ożywiać; poruszać (*sprawę*); ściągać (*podatki*); werbować; mobilizować; hodować, uprawiać; wychowywać (*dzieci*)
rai·sin [ˈreɪzn] *s* rodzynek
rake 1. [reɪk] *s* grabie; pogrzebacz; *vt vi* grabić, zgarniać; grzebać (się); szperać; ***~ out*** wygrzebać; ***~ up*** zgrzebywać, zgarniać; rozgrzebywać
rake 2. [reɪk] *s* łajdak, hulaka
ral·ly [ˈrælɪ] *s* zjazd, zlot, rajd; poprawa (*zdrowia itp.*); *vt vi* zbierać się, zbiegać się, gromadzić (się); zebrać siły (*np. po chorobie*); otrząsnąć się, przyjść do siebie
ram [ræm] *s* baran; taran; dźwig hydrauliczny; tłok; *vt* uderzać (*taranem*); ubijać, wbijać, tłuc, wtłaczać
RAM, random access memory [ˈrændəmˌæksesˈmemərɪ] *s komp.* pamięć operacyjna
ram·ble [ˈræmbl] *s* wędrówka, przechadzka; *vi* wałęsać (się); wędrować; (*np. o ścieżce*) wić się; zbaczać (*z tematu*); *pot* ględzić (od rzeczy)
ram·bler [ˈræmblə] *s* wędrowiec, włóczęga; pnącze, roślina pnąca
ram·i·fi·ca·tion [ˌræmɪfɪˈkeɪʃn] *s* rozgałęzienie
ram·i·fy [ˈræmɪfaɪ] *vt vi* rozgałęziać się
ram·mer [ˈræmə] *s* kafar; ubijak
ramp [ræmp] *s* pochyłość; nachylenie (*muru itd.*); pochyła droga, podjazd w górę; rampa; *vi* wznosić się pochyło; *pot.* wściekać się
ram·pant [ˈræmpənt] *adj* obficie

krzewiący się, bujny; szerzący się; nieokiełznany; gwałtowny
ram·part ['ræmpɑːt] *s* wał (obronny); szaniec; *przen.* obrona, osłona
ram·shack·le ['ræm,ʃækl] *adj* rozpadający się, rozklekotany, w ruinie
ran *zob.* ***run***
ranch [rɑːntʃ] *s am.* ranczo, gospodarstwo hodowlane; *vi* prowadzić gospodarstwo hodowlane
ranch·er ['rɑːntʃə] *s* właściciel rancza
ran·cid ['rænsɪd] *adj* zjełczały
ran·cor·ous ['ræŋkərəs] *adj* rozgoryczony; zawzięty, zajadły
ran·cour ['ræŋkə] *s* rozgoryczenie; uraza; złośliwość
ran·dom ['rændəm] *s w zwrocie:* ***at ~*** na chybił trafił; *adj* przypadkowy, pierwszy lepszy
ran·dy ['rændɪ] *adj pot.* podniecony (seksualnie)
rang *zob.* ***ring***
range [reɪndʒ] *s* szereg, rząd; zasięg, rozpiętość; zakres, sfera; teren (*badań itp.*); wędrówka; łańcuch (gór); piec kuchenny; strzelnica; *vt* szeregować, porządkować; ciągnąć się (***sth*** wzdłuż czegoś); przemierzać (*kraj itp.*); *vi* rozciągać się (***from sth to sth*** od czegoś do czegoś); wałęsać się, wędrować (***over*** po czymś, przez coś); (*o temperaturze, cenach*) wahać się; zaliczać się (***among the rebels*** do buntowników); (*o roślinach, zwierzętach*) spotykać się; sięgać; ***the prices ~d from 5 to 7 pounds*** ceny wahały się od pięciu do siedmiu funtów
rang·er ['reɪndʒə] *s* włóczęga, wędrowiec; strażnik lasu; żołnierz konny; *am.* komandos
rank 1. [ræŋk] *s* rząd; szereg; klasa, sfera; ranga, stopień, kategoria; ***the ~ and file, the ~s*** szeregowi żołnierze; *przen.* szara masa (*społeczeństwa*); ***to join the ~s*** wstąpić do wojska; *vt* ustawić w szeregu; zaszeregować; sklasyfikować; nadać rangę (***sb*** komuś); *vi* zajmować rangę; mieć stanowisko; liczyć się (***as sb*** jako ktoś)
rank 2. [ræŋk] *adj* bujny, wybujały; żywotny; (*o glebie*) zbyt żyzny; zgniły, cuchnący; istny, wierutny, skończony
ran·kle ['ræŋkl] *vi* jątrzyć (się), ropieć; *przen.* drażnić, dręczyć
ran·sack ['rænsæk] *vt* przewrócić do góry nogami, przetrząsnąć; plądrować
ran·som ['rænsəm] *s* okup; *vt* odkupić, wykupić
rant [rænt] *s* napuszona mowa, tyrada; *vt vi* mówić stylem napuszonym
rap [ræp] *vt* lekko uderzać; *vi* stukać (***at the door*** do drzwi); *s* lekkie uderzenie, kuksaniec; stukanie
ra·pa·cious [rə'peɪʃəs] *adj* drapieżny, zachłanny
rape 1. [reɪp] *vt* zgwałcić (*fizycznie*); pogwałcić (*np. prawa*); *s* gwałt, zgwałcenie; pogwałcenie (*np. praw*)
rape 2. [reɪp] *s bot.* rzepa
rap·id ['ræpɪd] *adj* szybki; wartki, rwący; *s* (*zw. pl* ***~s***) bystry nurt rzeki (*na progach*), katarakta
ra·pi·er ['reɪpɪə] *s* rapier
rap·ine ['ræpaɪn] *s* rabunek
rap·proche·ment [ræ'prɒʃmɒŋ] *s* pojednanie, przywrócenie dobrych stosunków (*zw.* między państwami)
rapt [ræpt] *adj* pochłonięty, zaabsorbowany; zachwycony, urzeczony
rap·ture ['ræptʃə] *s* zachwyt, upojenie
rare [reə] *adj* rzadki
rar·i·ty ['reərətɪ] *s* rzadkość, niezwykłość
ras·cal ['rɑːskl] *s* łotr, łobuz, łajdak
rash 1. [ræʃ] *adj* pospieszny,

nieroztropny, nie przemyślany
rash 2. [ræʃ] *s med.* wysypka, nalot
rasp [rɑːsp] *s* raszpla; zgrzyt; *vt* skrobać raszplą; drażnić; *vi* zgrzytać
rasp·ber·ry ['rɑːzbərɪ] *s bot.* malina
rat [ræt] *s zool.* szczur; *przen.* ***to smell a ~*** podejrzewać coś; ***~ race*** *pot.* pogoń za sukcesem
rate [reɪt] *s* stosunek (ilościowy), proporcja; ustalona cena, taryfa, taksa; norma; tempo; stawka; podatek (*samorządowy itd.*); kurs (*wymiany itd.*); stopa; wskaźnik; ocena, oszacowanie; ***at any ~*** w każdym razie, za każdą cenę; ***birth ~*** wskaźnik urodzeń; ***death ~*** śmiertelność; ***~ of exchange*** kurs walutowy; ***~ of interest*** stopa procentowa; ***~ of living*** stopa życiowa; ***first ~*** *adj* pierwszorzędny; *vt* szacować, taksować, oceniać; klasyfikować; opodatkować; *vi* być zaliczanym
rate·pay·er ['reɪt,peɪə] *s* płatnik podatku samorządowego
rath·er ['rɑːðə] *adv* raczej, dość; właściwie; poniekąd; oczywiście; ***I would ~ go*** wolałbym pójść
rat·i·fi·ca·tion [,rætɪfɪ'keɪʃn] *s* ratyfikacja
rat·i·fy ['rætɪfaɪ] *vt* ratyfikować
ra·ti·o ['reɪʃɪəʊ] *s* stosunek (*liczbowy, ilościowy*), proporcja
ra·tion ['ræʃn] *s* racja, przydział; *vt* racjonować, przydzielać
ra·tion·al ['ræʃnəl] *adj* racjonalny, rozumowy; rozumny; *mat.* wymierny; *s* stworzenie rozumne; *mat.* liczba wymierna
ra·tion·a·lism ['ræʃnəlɪzm] *s* racjonalizm
rat·tle ['rætl] *s* klekot, grzechot; brzęk, stukot, turkot; grzechotka; gaduła; *vt vi* klekotać, grzechotać; stukotać, turkotać; szczękać, brzęczeć; terkotać; rzęzić; paplać, trajkotać
rat·tle·snake ['rætlsneɪk] *s zool.* grzechotnik
rav·age ['rævɪdʒ] *vt* pustoszyć, plądrować; *s* spustoszenie, zniszczenie
rave [reɪv] *vi* szaleć; bredzić; zachwycać się (***about sb, sth*** kimś, czymś)
rav·el ['rævl] *vt vi* wikłać się; (*zw.* ***~ out***) strzępić; *s* powikłanie; plątanina; strzępy
ra·ven ['reɪvn] *s zool.* kruk
rav·en·ous ['rævnəs] *adj pot.* wygłodniały; zachłanny; (*o apetycie*) wilczy
ra·vine [rə'viːn] *s* wąwóz, parów
rav·ish ['rævɪʃ] *vt* zachwycić, oczarować; porwać; zgwałcić (*kobietę*)
raw [rɔː] *adj* surowy; niewykończony, niewyrobiony; (*o człowieku*) niedoświadczony; (*o ranie*) otwarty; ***~ material*** surowiec; *s* świeża rana; otarcie (*skóry*); żywe ciało; *przen.* czułe miejsce
ray [reɪ] *s* promień; *vt vi* (*także* ***~ forth***) promieniować
ray·on ['reɪɒn] *s* sztuczny jedwab
raze [reɪz] *vt* zetrzeć, wykreślić; zburzyć, zrównać z ziemią
ra·zor ['reɪzə] *s* brzytwa; ***~ blade*** żyletka; ***safety ~*** maszynka do golenia; ***electric ~*** elektryczna maszynka do golenia
re- [riː] *praef* ponownie, po raz drugi
reach [riːtʃ] *vt vi* sięgać; dosięgnąć, osiągnąć; dojść, dojechać, dogonić; rozciągać się; wyciągać rękę, sięgać (***for sth*** po coś); *s* zasięg, zakres; ***beyond ~*** poza zasięgiem; ***within ~*** w zasięgu; ***within easy ~*** łatwo osiągalny, dostępny
re·act [rɪ'ækt] *vi* reagować (***to sth*** na coś); oddziaływać (***upon sth*** na coś); przeciwdziałać (***against sth*** czemuś)
re·ac·tion [rɪ'ækʃn] *s* reakcja; oddziaływanie; przeciwdziałanie

re·ac·tion·a·ry [rɪ'ækʃnərɪ] *adj* reakcyjny; *s* reakcjonista
re·ac·tor [rɪ'æktə] *s* reaktor
***read 1.** [riːd] *vt vi* (**read, read** [red]) czytać; studiować; (*o tekście*) brzmieć; (*o ustawie*) głosić; przygotowywać się (**for an examination** do egzaminu); **this book ~s well** tę książkę dobrze się czyta; **~ over** przeczytać (od początku do końca); **~ up** zaznajomić się z tematem na podstawie lektury; *s pot.* [rid] lektura; **to have a ~** poczytać sobie
read 2. [red] *adj w zwrocie*: **well ~** oczytany
read·er ['riːdə] *s* czytelnik; lektor; wykładowca; korektor; wybór czytanek, wypisy
read·i·ly ['redɪlɪ] *adv* chętnie, z gotowością; z łatwością
read·i·ness ['redɪnəs] *s* gotowość; chęć; łatwość, obrotność; bystrość
read·ing ['riːdɪŋ] *ppraes i s* czytanie; oczytanie; lektura; **~ list** spis lektury; odczytywanie
read·ing book ['riːdɪŋbuk] *s* książka do czytania; wypisy
read·ing room ['riːdɪŋrum] *s* czytelnia
re·ad·just [ˌriːə'dʒʌst] *vt* ponownie uporządkować
read·y ['redɪ] *adj* gotowy; skłonny, chętny; łatwy; szybki; bystry; **~ money** gotówka; **to get ~** przygotować się; *vt* przygotowywać
ready-to-wear = **ready-made**
ready-made ['redɪmeɪd] *adj* (*o ubraniu*) gotowy, nie na miarę; *przen.* wygodny, poręczny
re·a·gent [riː'eɪdʒənt] *s chem.* odczynnik
re·al [rɪəl] *adj* rzeczywisty, istotny, prawdziwy; **~ estate** nieruchomość; *adv am.* naprawdę; bardzo
re·al·ism ['rɪəlɪzm] *s* realizm
re·a·lis·tic [rɪə'lɪstɪk] *adj* realistyczny; rozsądny
re·al·i·ty [rɪ'ælətɪ] *s* rzeczywistość; realność, prawdziwość
re·al·i·za·tion [ˌrɪəlaɪ'zeɪʃn] *s* realizacja; uświadomienie sobie, zrozumienie; *handl.* spieniężenie, upłynnienie (*kapitału*)
re·al·ize ['rɪəlaɪz] *vt* urzeczywistnić; uświadomić sobie, zrozumieć; *handl.* spieniężyć, upłynnić (*kapitał*); zrealizować (*np. czek*)
re·al·ly ['rɪəlɪ] *adv* naprawdę, rzeczywiście; istotnie
realm [relm] *s* królestwo; *przen.* dziedzina, sfera
re·al·tor ['rɪəltə] *s am.* pośrednik w handlu nieruchomościami
re·al·ty ['rɪəltɪ] *s* nieruchomość, własność gruntowa; realność
reap [riːp] *vt vi* zbierać (plon, żniwo); żąć, kosić
reap·er ['riːpə] *s* żniwiarz; żniwiarka (*maszyna*)
re·ap·pear [ˌriːə'pɪə] *vi* pojawić się <ukazać> ponownie
rear 1. [rɪə] *vt* hodować, uprawiać; wychowywać; budować; wznosić; *vi* (*o koniu*) stawać dęba
rear 2. [rɪə] *s* tył, tylna strona; *wojsk.* tyły; **in the ~** w tyle; *wojsk.* na tyłach; **~view mirror** *mot.* lusterko wsteczne
rear·guard ['rɪəgɑːd] *s wojsk.* tylna straż
re·arm [ˌriː'ɑːm] *vt vi* ponownie zbroić (się), dozbrajać (się)
re·ar·ma·ment [rɪ'ɑːməmənt] *s* ponowne zbrojenie, dozbrojenie
re·ar·range [ˌriːə'reɪndʒ] *vt* na nowo uporządkować, przegrupować, przestawić, przemienić
rear·ward ['rɪəwəd] *adj* zwrócony ku tyłowi, tylny, końcowy; wsteczny; *adv* (*także* **~s**) ku tyłowi, wstecz
rea·son ['riːzn] *s* rozum, intelekt; rozwaga; powód (**of sth** czegoś, **for sth** do czegoś); uzasadnienie; **by ~ of, for ~s of** z powodu; **to bring to ~** przywodzić do rozsądku; **to hear ~** słuchać głosu rozsądku, dać się przekonać; **it**

stands to ~ to jest zrozumiałe, nie można temu zaprzeczyć; ***out of ~*** nierozsądnie; *vt vi* rozumować, rozważać; uzasadniać; wnioskować; wyperswadować (***sb out of sth*** komuś coś); przekonać, namówić (***sb into sth*** kogoś do czegoś)

rea·son·a·ble ['riːznəbl] *adj* rozsądny; (*o cenach*) umiarkowany

re·as·sem·ble [ˌriːə'sembl] *vt vi* ponownie zebrać (się)

re·as·sume [ˌriːə'sjuːm] *vt* na nowo podjąć

re·as·sure [ˌriːə'ʃʊə] *vt* przywrócić zaufanie, rozproszyć obawy

re·bate [rɪ'beɪt] *vt* zmniejszyć; *handl.* potrącić; udzielić rabatu; *s* ['riːbeɪt] *handl.* rabat

reb·el ['rebl] *s* buntownik; *adj* buntowniczy; *vt* [rɪ'bel] buntować się

re·bel·lion [rɪ'beljən] *s* bunt, rebelia

re·bel·lious [rɪ'beljəs] *adj* buntowniczy, zbuntowany

re·bound [rɪ'baʊnd] *vi* odskakiwać, odbijać się

re·buff [rɪ'bʌf] *vt* odepchnąć, odtrącić; dać odprawę; odmówić; *s* odmowa; odepchnięcie, odprawa

re·build** [ˌriː'bɪld] (*formy zob.* ***build) *vt* odbudować, przebudować, odnowić

R

re·buke [rɪ'bjuːk] *s* wymówka, zarzut, nagana; *vt* robić wymówki, ganić, karcić

re·cal·ci·trant [rɪ'kælsɪtrənt] *adj* oporny, krnąbrny

re·call [rɪ'kɔːl] *vt* odwoływać (*np. ambasadora*); cofać (*np. obietnicę*); przypominać sobie; wskrzeszać (*wspomnienia*); kasować; *s* odwołanie; nakaz powrotu; ***past ~*** nieodwołalnie; nie podlegający zmianie

re·cant [rɪ'kænt] *vt* odwołać, cofnąć; wyprzeć się

re·ca·pit·u·late [ˌriːkə'pɪtʃʊleɪt] *vt* rekapitulować, podsumować; streścić

re·cast [ˌriː'kɑːst] *vt* przetopić metal; przekształcić, przerobić; *s* przeróbka

re·cede [rɪ'siːd] *vi* cofnąć się, odstąpić

re·ceipt [rɪ'siːt] *s* odbiór; potwierdzenie odbioru, pokwitowanie; recepta; *pl* ***~s*** przychód, wpływy; kwitować

re·ceive [rɪ'siːv] *vt* otrzymywać, odbierać; przyjmować; zawierać; doznawać; ***on receiving*** po otrzymaniu

re·ceived [rɪ'siːvd] *pp i adj* uznany; powszechnie przyjęty

re·ceiv·er [rɪ'siːvə] *s* odbiorca; poborca; odbiornik (radiowy); słuchawka (telefoniczna); paser

re·cent ['riːsnt] *adj* świeży, niedawny; nowoczesny

re·cent·ly ['riːsntlɪ] *adv* ostatnio, niedawno

re·cep·ta·cle [rɪ'septəkl] *s* naczynie, zbiornik

re·cep·tion [rɪ'sepʃn] *s* recepcja, przyjęcie; odbiór (radiowy); ***~ office*** recepcja, portiernia

re·cep·tive [rɪ'septɪv] *adj* podatny, chłonny; wrażliwy

re·cess [rɪ'ses] *s* odejście, ustąpienie; odwrót; ferie (*zw.* sądowe *lub* parlamentarne); zakątek, zakamarek; ustronie; wgłębienie; nisza; alkowa; *am.* wakacje; *vt* ustawić we wgłębieniu; *vi* zrobić wgłębienie; zaprzestać (*działalności*)

re·ces·sion [rɪ'seʃn] *s* recesja, cofnięcie się; *handl.* zastój

rec·i·pe ['resəpɪ] *s* przepis (*kulinarny*); *przen.* recepta (*np. na szczęście*)

re·cip·ro·cal [rɪ'sɪprəkl] *adj* wzajemny; *s mat.* odwrotność

re·cip·ro·cate [rɪ'sɪprəkeɪt] *vt vi* odwzajemniać (się); odpłacać (się) (***for sth*** za coś)

re·ci·proc·i·ty [ˌresɪ'prɒsətɪ] *s* wzajemność
re·cit·al [rɪ'saɪtl] *s* recytacja; wyłożenie (*faktów itp.*); *muz.* recital
rec·i·ta·tion [ˌresɪ'teɪʃn] *s* recytacja, deklamacja
re·cite [rɪ'saɪt] *vt* recytować, deklamować; wyliczać
reck·less ['rekləs] *adj* beztroski, lekkomyślny; niebaczny (***of danger*** na niebezpieczeństwo)
reck·on ['rekən] *vt vi* liczyć (się); być zdania, sądzić; zaliczać (***sb, sth among ...*** kogoś, coś do ...); ***~ in*** wliczyć, włączyć, uwzględnić; ***~ off*** odliczyć
reck·on·ing ['rekənɪŋ] *ppraes i s* rachunek, obliczenie, rozliczenie; kalkulacja, rachuba
re·claim [rɪ'kleɪm] *vt* zażądać zwrotu; wnieść reklamację; odzyskać; poprawiać; resocjalizować; reformować; meliorować (*grunt*), użyźniać (*pustkowie*); cywilizować
rec·la·ma·tion [ˌreklə'meɪʃn] *s* reklamacja; poprawienie, reforma; melioracja; wzięcie pod uprawę (*nieużytków*); cywilizowanie
re·cline [rɪ'klaɪn] *vt* złożyć (*głowę*); *vi* wyciągnąć się; spoczywać (pół)leżąc
re·cluse [rɪ'kluːs] *adj* samotny, odosobniony; *s* samotnik, pustelnik
rec·og·ni·tion [ˌrekəg'nɪʃn] *s* rozpoznanie; uznanie (*zasług itd.*)
rec·og·nize ['rekəgnaɪz] *vt* rozpoznać; uznać; przyznać się (***sb, sth*** do kogoś, czegoś)
re·coil [rɪ'kɔɪl] *vi* cofnąć się; odskoczyć, odbić się; wzdragać się (***from sth*** przed czymś)
rec·ol·lect [ˌrekə'lekt] *vt* przypominać sobie, wspominać
rec·ol·lec·tion [ˌrekə'lekʃn] *s* przypomnienie, pamięć, wspomnienie
re·com·mence [ˌriːkə'mens] *vt vi* zacząć (się) na nowo
rec·om·mend [ˌrekə'mend] *vt* polecić
rec·om·men·da·tion [ˌrekəmen'deɪʃn] *s* polecenie, rekomendacja; ***letter of ~*** list polecający; ***on the ~ of...*** z polecenia...; z zalecenia...
rec·om·pense ['rekəmpens] *vt* wynagradzać; kompensować (*np. stratę*); *s* wynagrodzenie; rekompensata
rec·on·cile ['rekənsaɪl] *vt* pojednać; pogodzić; uzgodnić; ***to become ~d*** pogodzić się (***with sb*** z kimś, ***to sth*** z czymś)
rec·on·cil·i·a·tion [ˌrekənsɪlɪ'eɪʃn] *s* pojednanie
re·con·nais·sance [rɪ'kɒnɪsns] *s* *wojsk.* rekonesans; *przen.* zorientowanie się w sytuacji
rec·on·noi·tre [ˌrekə'nɔɪtə] *vt vi* badać (*np. sytuację*); rozpoznawać (*teren*); *wojsk.* robić rekonesans
re·con·sid·er [ˌriːkən'sɪdə] *vt* na nowo rozważyć
re·con·struct [ˌriːkən'strʌkt] *vt* przebudować, odtworzyć, zrekonstruować
re·cord ['rekɔːd] *s* zarejestrowanie, zapisanie; spis, zapis, rejestr; akta (personalne); świadectwo; protokół; notatka, wzmianka; rekord (*np. sportowy*); płyta (gramofonowa); ***~ player*** gramofon; *pl* ***~s*** archiwa; zapiski; kroniki; ***on ~*** zanotowany, zapisany; ***off the ~*** *pot.* nieoficjalnie, poufnie; poza protokołem; ***to have a good ~*** być dobrze notowanym, mieć nieskazitelną przeszłość; ***to break the ~*** pobić rekord; *vt* [rɪ'kɔːd] notować; zapisywać, rejestrować; nagrywać (*na płycie*)
re·cord·ing [rɪ'kɔːdɪŋ] *s* nagranie
re·count 1. [rɪ'kaʊnt] *vt* opowiadać, relacjonować
re·count 2. ['riːkaʊnt] *s* przeliczenie (*zw. głosów*); *vt* [ˌriː'kaʊnt] przeliczyć

re·course [rɪ'kɔːs] *s* zwrócenie się (***to sth*** do czegoś); ***have ~*** uciekać się (***to sth*** do czegoś)
re·cov·er [rɪ'kʌvə] *vt* odzyskać; otrzymać zwrot; wynagrodzić sobie; ocucić; wyleczyć; *vi* przyjść do siebie, oprzytomnieć; wyzdrowieć; wrócić do normy
re·cov·e·ry [rɪ'kʌvərɪ] *s* odzyskanie; rekompensata, zwrot; powrót do zdrowia; poprawa; ***past ~*** w beznadziejnym stanie
rec·re·a·tion [ˌrekrɪ'eɪʃn] *s* odpoczynek (*po pracy*), rozrywka; przerwa (*między lekcjami*)
re·crim·i·na·tion [rɪˌkrɪmɪ'neɪʃn] *s* wzajemne oskarżanie się
re·cruit [rɪ'kruːt] *s* rekrut; nowicjusz; *vt vi* rekrutować
rec·tan·gle ['rektæŋgl] *s* prostokąt
rec·tan·gu·lar [rek'tæŋgjʊlə] *adj* prostokątny
rec·ti·fi·ca·tion [ˌrektɪfɪ'keɪʃn] *s* sprostowanie, poprawka; *chem.* rektyfikacja
rec·ti·fy ['rektɪfaɪ] *vt* prostować, poprawiać; *chem.* rektyfikować
rec·ti·tude ['rektɪtjuːd] *s* prostolinijność, uczciwość
rec·tor ['rektə] *s bryt.* rektor; dyrektor (*szkoły średniej*); proboszcz (*anglikański*)
rec·tum ['rektəm] *s med.* odbyt
re·cum·bent [rɪ'kʌmbənt] *adj* leżący, w pozycji leżącej
re·cu·pe·rate [rɪ'kjuːpəreɪt] *vt* przywracać siły, regenerować; *vi* odzyskiwać siły, wracać do zdrowia
re·cur [rɪ'kɜː] *vi* powtarzać się; powracać (*na myśl*)
re·cur·rence [rɪ'kʌrəns] *s* powtarzanie się; powrót (***to sth*** do czegoś)
re·cur·rent [rɪ'kʌrənt] *adj* powtarzający się, periodyczny; powrotny
red [red] *adj* czerwony; rudy; ryży; *przen.* krwawy; rewolucyjny, lewicowy; ***to see ~*** szaleć z gniewu; *s* czerwień; komunista; ***~ tape*** biurokracja; biurokratyzm
red·den ['redn] *vt vi* czerwienić (się)
red·dish ['redɪʃ] *adj* czerwonawy
re·deem [rɪ'diːm] *vt* wykupić; spłacić; odkupić, zbawić; uratować (*np. honor*); skompensować (*np. wady*); uwolnić; odpokutować
re·deem·a·ble [rɪ'diːməbl] *adj* odkupny, zwrotny
re·deem·er [rɪ'diːmə] *s* zbawca, zbawiciel (*też rel.*)
re·demp·tion [rɪ'dempʃn] *s* wykup, spłacenie; zbawienie; odpokutowanie
red-hand·ed [ˌred'hændɪd] *adj* mający ręce splamione krwią; ***to be caught ~*** być złapanym na gorącym uczynku
red-hot [ˌred'hɒt] *adj* rozpalony do czerwoności
red-let·ter [ˌred'letə] *adj attr* świąteczny, odświętny; pamiętny (*np. dzień*)
red-light dis·trict [ˌred'laɪtˌdɪstrɪkt] *s* dzielnica prostytucji
red·o·lent ['redələnt] *adj* wonny; pachnący (***of sth*** czymś)
re·doub·le [ˌriː'dʌbl] *vt vi* podwoić (się); rekontrować (*w kartach*)
re·doubt·a·ble [rɪ'daʊtəbl] *adj* straszny, groźny
re·dress [rɪ'dres] *vt* naprawić, wyrównać, wynagrodzić; przywrócić (*równowagę*); ulżyć; *s* naprawa, rekompensata
red·skin ['redskɪn] *s i adj* czerwonoskóry
re·duce [rɪ'djuːs] *vt* pomniejszać, redukować; obniżać (*np. cenę*); osłabiać; sprowadzać (***sth to an absurdity*** coś do absurdu); pokonać; ujarzmić; degradować
re·duc·tion [rɪ'dʌkʃn] *s* redukcja; zmniejszenie; obniżka (*np. cen*);

osłabienie; zdegradowanie; doprowadzenie, sprowadzenie (*kogoś do jakiegoś stanu*)
re·dun·dant [rɪ'dʌndənt] *adj* nadmierny, zbyteczny; rozwlekły
reed [riːd] *s bot.* trzcina; piszczałka
reef [riːf] *s* rafa
reek [riːk] *vi* dymić, kopcić; śmierdzieć; *s* dym; *zbior.* opary; fetor; smród
reel [riːl] *s* zataczanie się; wir; szpulka, cewka; rolka (*np. papieru, filmu*); *przen.* ***off the ~*** gładko, jednym tchem; *vt* (*także* ***~ in***) nawijać, motać; (*także* ***~ off***) odwijać, rozwijać; *vi* kręcić się, wirować; zataczać się; chwiać się
re-en·ter [ˌriː'entə] *vt vi* ponownie wejść, wrócić; ponownie wprowadzić
re-es·tab·lish [ˌriːɪ'stæblɪʃ] *vt* zrekonstruować, przywrócić
re·fer [rɪ'fɜː] *vt vi* odsyłać, kierować; odnosić (się); wiązać (się), nawiązywać; powoływać się; zwracać się, udawać się; ***to ~ to the dictionary*** zajrzeć do słownika
ref·er·ee [ˌrefə'riː] *s* arbiter; *sport.* sędzia; *vi* sędziować
ref·er·ence ['refrəns] *s* powołanie się (***to sth*** na coś); odesłanie (***to sth*** do czegoś); polecenie, referencja; adnotacja; wzmianka; sprawdzanie (*w słowniku, encyklopedii*); informacja; ***~ book, a book of ~*** książka podręczna (*słownik, encyklopedia, informator itp.*); ***with ~ to*** odnośnie do, co się tyczy
ref·e·ren·dum [ˌrefə'rendəm] *s* (*pl* ***referenda*** [ˌrefə'rendə], ***referendums***) referendum
re·fill [ˌriː'fɪl] *vt vi* ponownie napełnić (się); *s* ['riːfɪl] zapas (*do ołówka automatycznego, długopisu, latarki itp.*)
re·fine [rɪ'faɪn] *vt* oczyszczać, rafinować; uszlachetniać; nadawać kolor; *vi* oczyszczać się; wyszlachetnieć
re·fine·ment [rɪ'faɪnmənt] *s* oczyszczanie, rafinowanie; wyrafinowanie (*np. smaku*); wytworność
re·fin·er·y [rɪ'faɪnərɪ] *s* rafineria
re·flect [rɪ'flekt] *vt* odbijać (*np. fale*); odzwierciedlać; *vi* rozważać (***on sth*** coś); zastanawiać się (***on sth*** nad czymś); robić uwagi (***on sb, sth*** o kimś, o czymś), krytykować; czynić zarzuty
re·flec·tion [rɪ'flekʃn] *s* odbicie (*np. fal*); odzwierciedlenie; namysł, zastanowienie, refleksja; ***on ~*** po namyśle; krytyka (***on sb, sth*** kogoś, czegoś)
re·flec·tive [rɪ'flektɪv] *adj* odbijający (*np. fale*); myślący, refleksyjny *gram.* = ***reflexive***
re·flec·tor [rɪ'flektə] *s* reflektor
re·flex ['riːfleks] *s* odbicie (się); odruch, refleks; *adj* (*o świetle itp.*) odbity; odruchowy
re·flex·ive [rɪ'fleksɪv] *adj gram.* zwrotny
re·form [rɪ'fɔːm] *vt vi* reformować; poprawiać (się); *s* reforma; poprawa
ref·or·ma·tion [ˌrefə'meɪʃn] *s* nawrócenie; poprawa; *hist.* ***the Reformation*** Reformacja
re·form·er [rɪ'fɔːmə] *s* reformator
re·fract [rɪ'frækt] *vt fiz.* załamywać (*promienie*)
re·frac·to·ry [rɪ'fræktərɪ] *adj* oporny, uparty; *techn.* ogniotrwały
re·frain 1. [rɪ'freɪn] *vt* powstrzymywać, hamować; *vi* powstrzymywać się (***from sth*** od czegoś)
re·frain 2. [rɪ'freɪn] *s* refren
re·fresh [rɪ'freʃ] *vt* odświeżać; pokrzepiać, posilać
re·fresh·er [rɪ'freʃə] *s* środek odświeżający; odświeżenie; napój odświeżający; ***~ course*** kurs

odświeżający (zdobyte) wiadomości; powtórka
re·fresh·ment [rɪ'freʃmənt] *s* odświeżenie; pokrzepienie; wypoczynek; lekki posiłek, przekąska; **~ *room*** bufet
re·frig·er·ate [rɪ'frɪdʒəreɪt] *vt vi* chłodzić (się)
re·frig·er·a·tor [rɪ'frɪdʒəreɪtə] *s* chłodnia; lodówka
ref·uge ['refju:dʒ] *s* schronienie; azyl; przytułek; ***to take* ~** schronić się
ref·u·gee [ˌrefjʊ'dʒi:] *s* zbieg, uchodźca
re·fund [rɪ'fʌnd] *vt* zwracać pieniądze; *s* ['ri:fʌnd] zwrot (*pieniędzy*)
re·fu·sal [rɪ'fju:zl] *s* odmowa
re·fuse 1. [rɪ'fju:z] *vt vi* odmówić, odrzucić (*propozycję*), dać odpowiedź odmowną
ref·use 2. ['refju:s] *s zbior.* odpadki, nieczystości, śmieci; **~ *dump*** wysypisko śmieci
ref·u·ta·tion [ˌrefjʊ'teɪʃn] *s* zaprzeczenie, obalenie (*teorii*), odparcie (*zarzutów*)
re·fute [rɪ'fju:t] *vt* zaprzeczać, obalić (*teorię*), odeprzeć (*zarzuty*)
re·gain [rɪ'geɪn] *vt* odzyskać
re·gal ['ri:gl] *adj* królewski
re·gale [rɪ'geɪl] *vt* gościć, raczyć, wystawnie przyjmować; być rozkoszą (*dla oka, ucha itp.*); *vr* **~ *oneself*** uraczyć się (***with sth*** czymś); *vi* ucztować; delektować się (***on sth*** czymś)
re·ga·li·a [rɪ'geɪlɪə] *s pl* insygnia królewskie; regalia
re·gard [rɪ'gɑ:d] *s* wzgląd; spojrzenie; uwaga; szacunek; *pl* **~*s*** ukłony, pozdrowienia; ***in* ~** w odniesieniu (***to sth*** do czegoś); ***in this* ~** pod tym względem; *vt* oglądać, patrzeć; uważać (***sb, sth as ...*** kogoś, coś za ...); dotyczyć (***sb, sth*** kogoś, czegoś); brać pod uwagę; **~*ing, as* ~*s*** co się tyczy, co do, odnośnie do
re·gard·less [rɪ'gɑ:dləs] *adj* niestaranny; nieuważny; niedbały; nie liczący się (***of sth*** z czymś); *adv* bez względu, nie bacząc (***of sth*** na coś); nie licząc się (***of sth*** z czymś)
re·gen·er·ate [rɪ'dʒenəreɪt] *vt vi* regenerować (się), odnawiać (się), odradzać (się)
re·gent ['ri:dʒənt] *s* regent
reg·i·cide ['redʒɪsaɪd] *s* królobójstwo; królobójca
re·gime [reɪ'ʒi:m] *s* ustrój, reżim
reg·i·ment ['redʒɪmənt] *s* pułk; *przen.* zastęp; *vt* ['redʒɪment] organizować (*w pułki, grupy*); trzymać w dyscyplinie
re·gion ['ri:dʒn] *s* rejon, zakres; okolica; strefa
re·gion·al ['ri:dʒnəl] *adj* regionalny; rejonowy
reg·is·ter ['redʒɪstə] *s* rejestr; wykaz, spis; **~ *office*** urząd stanu cywilnego; *vt vi* rejestrować (się); meldować się; notować; (*o liście, bagażu*) nadawać jako polecony
reg·is·tra·tion [ˌredʒɪ'streɪʃn] *s* rejestracja, zapis, meldowanie; **~ *plate*** *mot.* tablica rejestracyjna (*samochodu*)
reg·is·try ['redʒɪstrɪ] *s* rejestracja (*także* **~ *office***) urząd stanu cywilnego; **~ *marriage*** ślub cywilny
re·gress ['ri:gres] *s* regres, cofanie się; *vt* [rɪ'gres] cofać się
re·gres·sion [rɪ'greʃn] *s* powrót, regresja, cofanie się
re·gret [rɪ'gret] *s* żal; *vt* żałować; boleć (***sth*** nad czymś), opłakiwać; ***we* ~ *to inform you that...*** z przykrością zawiadamiamy pana, że...
re·gret·ful [rɪ'gretfl] *adj* pełen żalu, rozżalony
re·gret·ta·ble [rɪ'gretəbl] *adj* godny pożałowania, opłakany, żałosny
reg·u·lar ['regjʊlə] *adj* regularny, prawidłowy; systematyczny, upo-

R

rządkowany; przepisowy; *pot.* istny, skończony

reg·u·lar·i·ty [ˌregjʊ'lærətɪ] *s* prawidłowość, regularność; systematyczność

reg·u·late ['regjʊleɪt] *vt* regulować; porządkować

reg·u·la·tion [ˌregjʊ'leɪʃn] *s* regulacja; przepis, zarządzenie

re·ha·bil·i·tate [ˌriːə'bɪlɪteɪt] *vt* rehabilitować; przywrócić do normalnego stany, uzdrowić

re·ha·bil·i·ta·tion [ˌriːəbɪlɪteɪʃn] *s* rehabilitacja; przywrócenie do normalnego stanu; wyzdrowienie

re·hears·al [rɪ'hɜːsl] *s* próba (*przedstawienia, występu*); powtórka; wyliczanie; ***dress ~*** próba generalna

re·hearse [rɪ'hɜːs] *vt* zrobić próbę (*teatralną*); powtarzać (*np. lekcje*); wyliczać

reign [reɪn] *vi* władać, panować; *s* panowanie, władza

re·im·burse [ˌriːɪm'bɜːs] *vt* zwrócić (*pieniądze*)

rein [reɪn] *s* wodza, *pl* cugle, lejce; ***to give ~s*** popuścić cugli; *przen.* puszczać wodze; *vt* trzymać (*konia*) za lejce; *przen.* trzymać na wodzy, kierować

re·in·car·na·tion [ˌriːɪnkɑː'neɪʃn] *s* reinkarnacja

rein·deer ['reɪndɪə] *s zool.* renifer

re·in·force [ˌriːɪn'fɔːs] *vt* wzmocnić, zasilić; poprzeć, podeprzeć; ***~d concrete*** żelazobeton, beton zbrojony

re·in·force·ment [ˌriːɪn'fɔːsmənt] *s* wzmocnienie, zasilenie; (*zw.* ***~s***) *wojsk.* posiłki; podpora; poparcie

re·in·state [ˌriːɪn'steɪt] *vt* przywracać (*np. na poprzednie stanowisko*)

re·in·sure [ˌriːɪn'ʃʊə] *vt vi* reasekurować (się), ponownie (się) zabezpieczyć

re·it·er·ate [riː'ɪtəreɪt] *vt* stale powtarzać

re·ject [rɪ'dʒekt] *vt* odrzucać

re·jec·tion [rɪ'dʒekʃn] *s* odrzucenie, odmowa

re·joice [rɪ'dʒɔɪs] *vi* radować się (***in sth*** czymś)

re·join 1. [rɪ'dʒɔɪn] *vi* odpowiadać, replikować

re·join 2. [ˌriː'dʒɔɪn] *vt* złożyć na nowo; połączyć się na nowo (***sb*** z kimś); powrócić (***sb*** do kogoś), na nowo nawiązać stosunki (***sb*** z kimś); *vi* połączyć się na nowo, zejść się ponownie

re·join·der [rɪ'dʒɔɪndə] *s* odpowiedź, replika

re·ju·ve·nate [rɪ'dʒuːvəneɪt] *vt* odmładzać; *vi* odmłodnieć

re·lapse [rɪ'læps] *s* nawrót (***into sth*** do czegoś); recydywa; *vi* ponownie popaść (***into silence etc.*** w milczenie *itd.*); powrócić (***into vice*** na drogę grzechu); ***~ into illness*** ponownie zachorować

re·late [rɪ'leɪt] *vt* opowiadać, relacjonować; wiązać, nawiązywać, łączyć; *vt* odnosić się (***to sb, sth*** do kogoś, czegoś), wiązać się (***to sb, sth*** z kimś, z czymś)

re·lat·ed [rɪ'leɪtɪd] *pp i adj* wiążący się (***to sth*** z czymś); spokrewniony (***to sb*** z kimś)

re·la·tion [rɪ'leɪʃn] *s* opowiadanie, relacja; związek, stosunek; pokrewieństwo, krewny

re·la·tion·ship [rɪ'leɪʃnʃɪp] *s* związek, pokrewieństwo

rel·a·tive ['relətɪv] *adj* względny, stosunkowy; dotyczący (***to sth*** czegoś); *s* krewny; *gram.* zaimek względny; *adv* odnośnie (***to sth*** do czegoś)

re·lax [rɪ'læks] *vt vi* osłabić; osłabnąć; rozluźnić (się), odprężyć się

re·lax·a·tion [ˌriːlæk'seɪʃn] *n* relaks; rozluźnienie

re·lay ['riːleɪ, rɪ'leɪ] *vt* zluzować; przekazywać; retransmitować; ['riːleɪ] *n* zluzowanie; zmiana; retransmisja; *elektr.* przekaźnik; *sport* ~ **race** bieg sztafetowy

re·lease [rɪ'liːs] *vt* zwolnić, wyzwolić; wypuścić (*drukiem, na wolność itd.*); *s* zwolnienie, wyzwolenie; wypuszczenie (*na wolność, na rynek itd.*)

rel·e·gate ['reləgeɪt] *vt* przenosić (*np.* na niższe stanowisko); relegować, wydalać; oddalać; przekazywać (dalej)

re·lent [rɪ'lent] *vi* łagodnieć, mięknąć, ustępować

rel·e·vant ['reləvənt] *adj* stosowny, na miejscu, trafny; dotyczący (**to sth** czegoś), związany (**to sth** z czymś)

re·li·a·bil·i·ty [rɪˌlaɪə'bɪlətɪ] *s* niezawodność, solidność, pewność

re·li·a·ble [rɪ'laɪəbl] *adj* godny zaufania; solidny, pewny, niezawodny

re·li·ance [rɪ'laɪəns] *s* zaufanie; **to have ~ in sb, sth** mieć zaufanie o kogoś, czegoś; polegać na kimś, na czymś

rel·ic ['relɪk] *s* relikwia; pozostałość; pamiątka

re·lief 1. [rɪ'liːf] *s* ulga; odciążenie; zapomoga; zmiana (*np. warty*); odsiecz

re·lief 2. [rɪ'liːf] *s* płaskorzeźba; uwypuklenie; **to bring into ~** uwypuklić, uwydatnić

re·lieve [rɪ'liːv] *vt* ulżyć; uśmierzyć (*np. ból*); pomóc; odciążyć, zmniejszyć; zastąpić; zluzować; uwolnić (**sb of sth** kogoś od czegoś)

re·li·gion [rɪ'lɪdʒən] *s* religia

re·li·gious [rɪ'lɪdʒəs] *adj* religijny; kościelny, zakonny

re·lin·quish [rɪ'lɪŋkwɪʃ] *vt* opuścić; porzucić, zaniechać; zrezygnować; odstąpić (**sth** od czegoś)

rel·ish ['relɪʃ] *s* smak, posmak; urok, powab; przyjemność; upodobanie (**for sth** do czegoś); przysmak; przyprawa; *vt* rozkoszować się (**sth** czymś); jeść ze smakiem; dodawać smaku; *vi* smakować, mieć posmak

re·luc·tance [rɪ'lʌktəns] *s* niechęć, opór

re·luc·tant [rɪ'lʌktənt] *adj* niechętny, oporny

re·ly [rɪ'laɪ] *vi* polegać (**on sb, sth** na kimś, na czymś)

re·main [rɪ'meɪn] *vi* pozostawać; *s pl* **~s** pozostałość; resztki; zwłoki; **it ~s to be seen** to się okaże

re·main·der [rɪ'meɪndə] *s* pozostałość, reszta

re·mand [rɪ'mɑːnd] *vt* odesłać do więzienia

re·mark [rɪ'mɑːk] *vt* zauważyć; zanotować; *vi* zrobić uwagę (**on sb, sth** o kimś, o czymś); *s* uwaga, spostrzeżenie; notatka

re·mark·a·ble [rɪ'mɑːkəbl] *adj* godny uwagi, niepospolity, wybitny

rem·e·dy ['remədɪ] *s* lekarstwo, środek; naprawa; *vt* naprawić, zaradzić

re·mem·ber [rɪ'membə] *vt* pamiętać; przypominać (sobie); wspominać; **~ me to your sister** przekaż siostrze pozdrowienia ode mnie

re·mem·brance [rɪ'membrəns] *s* pamiątka; pozdrowienia; ukłony; **in ~** na pamiątkę

re·mind [rɪ'maɪnd] *vt* przypominać (**sb of sth** komuś o czymś)

re·mind·er [rɪ'maɪndə] *s* pamiątka; przypomnienie; upomnienie

rem·i·nis·cence [ˌremɪ'nɪsns] *s* wspomnienie, reminiscencja

rem·i·nis·cent [ˌremɪ'nɪsnt] *adj* wspominający, pamiętający, przypominający (sobie); **to be ~** przypominać (**of sth** coś)

re·miss [rɪ'mɪs] *adj* opieszały; niedbały

re·mis·sion [rɪ'mɪʃn] *s* osłabienie, zmniejszenie, złagodzenie; prze-

baczenie (*grzechów itd.*); umorzenie (*długu*)
re·mit [rɪ'mɪt] *vt* osłabić, zmniejszyć, złagodzić; przebaczyć; odpuścić (*grzechy*); umorzyć (*dług*); przekazać (*sprawę, pieniądze itd.*); *vi* osłabnąć, zelżeć, złagodnieć, zmniejszyć się
re·mit·tance [rɪ'mɪtns] *s* przesyłka pieniężna, należność, wpłata, przekaz
rem·nant ['remnənt] *s* reszta, pozostałość
re·mon·strance [rɪ'mɒnstrəns] *s* wystąpienie protestacyjne, skarga publiczna; napomnienie
re·morse [rɪ'mɔːs] *s* wyrzut sumienia; skrucha
re·mote [rɪ'məʊt] *adj* odległy, daleki; obcy; **~ *control*** zdalne sterowanie
re·mov·al [rɪ'muːvl] *s* usunięcie; zdjęcie; zniesienie; przeprowadzka
re·move [rɪ'muːv] *vt vi* usunąć (się); oddalić (się); zdjąć; sprzątnąć; odwołać, zwolnić (*np. ze służby*); pozbyć się; przenieść (się); *s* oddalenie, odstęp; przejście do wyższej klasy, promocja
re·mu·ner·ate [rɪ'mjuːnəreɪt] *vt* wynagradzać
re·mu·ner·a·tion [rɪˌmjuːnə'reɪʃn] *s* wynagrodzenie
re·mu·ner·a·tive [rɪ'mjuːnərətɪv] *adj* dochodowy, opłacalny, korzystny
Re·nais·sance [rɪ'neɪsns] *s* Odrodzenie, Renesans
re·nas·cence [rɪ'næsns] *s* odrodzenie, powrót do życia; = ***Renaissance***
rend** [rend] *vt vi* (rent, rent*** [rent]) rozrywać (się); drzeć (się); rozszczepiać (się)
ren·der ['rendə] *vt* zrobić, sprawić, wyświadczyć; oddać, zwrócić, odpłacić; przedstawić, odtworzyć; przetłumaczyć (***into English*** na angielski); okazać (*pomoc itd.*); przedkładać, składać
ren·dez·vous ['rɒndɪvuː] *s* spotkanie (umówione); *pot.* randka
ren·e·gade ['renɪgeɪd] *s* renegat, odstępca; zdrajca
re·new [rɪ'njuː] *vt* odnowić; wznowić; odświeżyć; prolongować
re·new·al [rɪ'njuːəl] *s* odnowienie; wznowienie; odświeżenie; prolongata
re·nounce [rɪ'naʊns] *vt* zrzekać się (***sth*** czegoś); wypowiedzieć (*np. umowę*); odmówić uznania (*np. władzy*); wyprzeć się
ren·o·vate ['renəveɪt] *vt* odnawiać, naprawiać; remontować
ren·o·va·tion [ˌrenə'veɪʃn] *s* odnowienie; naprawa; remont
re·nown [rɪ'naʊn] *s* sława, rozgłos
re·nowned [rɪ'naʊnd] *adj* sławny, głośny
rent 1. *zob.* ***rend***
rent 2. [rent] *s* renta (dzierżawna), czynsz, dzierżawa; *vt* wynajmować, dzierżawić; ***be for ~*** być do wynajęcia (***at the price*** za cenę)
rent 3. [rent] *s* dziura, rozdarcie; szczelina; rozłam
rent·al ['rentl] *s* czynsz, komorne
re·nun·ci·a·tion [rɪˌnʌnsɪ'eɪʃn] *s* zrzeczenie się (***of sth*** czegoś); rezygnacja (***of sth*** z czegoś); wypowiedzenie (*umowy itp.*); wyparcie się
re·o·pen [ˌriː'əʊpən] *vt vi* ponownie otworzyć (się); wznowić (*np. działalność*)
re·or·gan·i·za·tion [riːˌɔːgənaɪ'zeɪʃn] *s* reorganizacja
re·or·gan·ize [ˌriː'ɔːgənaɪz] *vt vi* reorganizować się
re·pair 1. [rɪ'peə] *vt* naprawiać, reperować; wynagrodzić, rekompensować; *s* naprawa, reperacja, remont; ***in good ~*** w dobrym stanie; ***out of ~*** w złym stanie; ***under ~*** w reperacji

re·pair 2. [rɪ'peə] *vi* udawać się, iść
rep·a·ra·tion [ˌrepə'reɪʃn] *s* remont, naprawa; odszkodowanie; reparacja
rep·ar·tee [ˌrepɑː'tiː] *s* ostra odpowiedź; odcięcie się
re·par·ti·tion [ˌriːpɑː'tɪʃn] *s* repartycja; *vt* dokonać podziału
re·past [rɪ'pɑːst] *s* jedzenie, posiłek
re·pat·ri·ate [ˌriː'pætrɪeɪt] *vt* repatriować
re·pay [rɪ'peɪ] *vt vi* spłacić (pieniądze, dług); odpłacić się; dać odszkodowanie, wynagrodzić
re·pay·a·ble [rɪ'peɪəbl] *adj* zwrotny
re·peal [rɪ'piːl] *vt* odwołać, unieważnić, uchylić; *s* odwołanie, unieważnienie, uchylenie
re·peat [rɪ'piːt] *vt vi* powtarzać (się)
re·peat·ed [rɪ'piːtɪd] *pp i adj* stale powtarzający się
re·pel [rɪ'pel] *vt* odpychać, odrzucać, odpierać
re·pel·lent [rɪ'pelənt] *adj* odpychający, wstrętny; *s* płyn przeciwko komarom
re·pent [rɪ'pent] *vt* żałować (***sth*** czegoś); *vi* odczuwać żal (***of sth*** z powodu czegoś), okazywać skruchę
re·pent·ance [rɪ'pentəns] *s* żal, skrucha
R **re·pent·ant** [rɪ'pentənt] *adj* skruszony, żałujący
re·per·cus·sion [ˌriːpə'kʌʃn] *s* odbicie się, odgłos, echo; *przen.* następstwo; oddźwięk; reperkusja
re·per·cus·sive [ˌriːpə'kʌsɪv] *adj* *fiz.* rozbrzmiewający
rep·er·toire ['repətwɑː] *s* repertuar
rep·er·to·ry ['repətrɪ] *s* zbiór (*dokumentów, materiałów itp.*); *teatr.* repertuar; ~ ***theatre*** teatr stały
rep·e·ti·tion [ˌrepə'tɪʃn] *s* powtórzenie, kopia (*obrazu*); repetycja
re·pine [rɪ'paɪn] *vi* szemrać; narzekać (***at sb, sth*** na kogoś, coś)
re·place [rɪ'pleɪs] *vt* odłożyć na swoje miejsce; przywrócić (*kogoś na dawne stanowisko*); zastąpić (***sb, sth with sb, sth*** kogoś, coś kimś, czymś)
re·plen·ish [rɪ'plenɪʃ] *vt* napełnić ponownie; uzupełnić; zaopatrzyć
re·plete [rɪ'pliːt] *adj* wypełniony (***with sth*** czymś)
re·ple·tion [rɪ'pliːʃn] *s* wypełnienie; nasycenie; przesyt, nadmiar
re·ply [rɪ'plaɪ] *vi* odpowiadać (***to a question*** na pytanie); *s* odpowiedź
re·port [rɪ'pɔːt] *vt vi* zdawać sprawę, referować; donosić, informować; meldować (się), zgłaszać (się); *s* raport, sprawozdanie; doniesienie; protokół; komunikat; reputacja; świadectwo szkolne; pogłoska, plotka; detonacja; ***~ed speech*** *gram.* mowa zależna
re·port·age [ˌrepɔː'tɑːʒ] *s* reportaż
re·port·ed [rɪ'pɔːtɪd] *adj gram.* zależny; ~ ***speech*** mowa zależna
re·pose [rɪ'pəuz] *vt* opierać (*np. głowę na czymś*); *vi* odpoczywać; spoczywać; opierać się (***on sb, sth*** na kimś, czymś); *s* odpoczynek, wytchnienie
re·pos·i·to·ry [rɪ'pɒzɪtrɪ] *s* skład, przechowalnia, magazyn
rep·re·hend [ˌreprɪ'hend] *vt* ganić, robić wymówki
rep·re·sent [ˌreprɪ'zent] *vt* oznaczać; reprezentować; występować w (*czyimś*) imieniu; przedstawiać, wyobrażać; symbolizować
rep·re·sen·ta·tion [ˌreprɪzen'teɪʃn] *s* reprezentacja, przedstawicielstwo; przedstawienie, wyobrażenie
rep·re·sen·ta·tive [ˌreprɪ'zentətɪv] *adj* reprezentatywny; cha-

rakterystyczny; *s* reprezentant, przedstawiciel
re·press [rɪ'pres] *vt* tłumić; uciskać; poskramiać
re·pres·sion [rɪ'preʃn] *s* tłumienie; ucisk, represja; poskromienie
re·pres·sive [rɪ'presɪv] *adj* represyjny
re·prieve [rɪ'priːv] *vt* odroczyć wykonanie wyroku (***a convict*** skazańcowi); przynieść tymczasową ulgę (***sb*** komuś); udzielić zwłoki (*np.* ***a debtor*** dłużnikowi); *s* zwłoka (w terminie); odroczenie wyroku; ulga
rep·ri·mand ['reprɪmɑːnd] *vt* ganić, karcić; *s* nagana, besztanie, bura
re·print [ˌriː'prɪnt] *vt* przedrukowywać, wznowić (książkę); *s* ['riːprɪnt] przedruk, wznowienie
re·pris·al [rɪ'praɪzl] *s* represja, odwet
re·proach [rɪ'prəʊtʃ] *vt* wyrzucać (***sb with sth*** komuś coś); *s* zarzut, wyrzut
re·proach·ful [rɪ'prəʊtʃfl] *adj* pełen wyrzutu
rep·ro·bate ['reprəbeɪt] *adj* rozpustny; zatwardziały w grzechu; *s* rozpustnik, nikczemnik
re·pro·duce [ˌriːprə'djuːs] *vt* reprodukować, odtwarzać; rozmnażać
re·pro·duc·tion [ˌriːprə'dʌkʃn] *s* reprodukcja, odtworzenie; rozmnożenie (się)
re·pro·duc·tive [ˌriːprə'dʌktɪv] *adj* reprodukcyjny; rozrodczy
re·proof [rɪ'pruːf] *s* wyrzut, zarzut, nagana
re·prove [rɪ'pruːv] *vt* ganić, czynić wyrzuty
rep·tile ['reptaɪl] *adj* (*o gadzie*) pełzający; *s zool.* gad
re·pub·lic [rɪ'pʌblɪk] *s* republika
re·pub·li·can [rɪ'pʌblɪkən] *adj* republikański; *s* republikanin
re·pu·di·ate [rɪ'pjuːdɪeɪt] *vt* odrzucić; wyrzec się; odmówić zapłaty; rozwieść się (***sb*** z kimś); wyprzeć się; odmowa; rozwód (***of sb*** z kimś)
re·pug·nance [rɪ'pʌgnəns] *s* wstręt, odraza
re·pug·nant [rɪ'pʌgnənt] *adj* wstrętny, odrażający, odpychający
re·pulse [rɪ'pʌls] *vt* odpierać, odtrącać; *s* odparcie; odprawa; odmowa
re·pul·sion [rɪ'pʌlʃn] *s* wstręt; *fiz.* odpychanie
re·pul·sive [rɪ'pʌlsɪv] *adj* wstrętny; *fiz.* odpychający
rep·u·ta·ble ['repjʊtəbl] *adj* szanowany; cieszący się poważaniem
rep·u·ta·tion [ˌrepjʊ'teɪʃn] *s* reputacja
re·pute [rɪ'pjuːt] *vt* uważać (*kogoś za coś*); ***to be ~d*** mieć reputację, być uważanym (***an honest man*** za uczciwego człowieka); *s* sława, reputacja; ***of ~*** słynny
re·put·ed [rɪ'pjuːtɪd] *adj* słynny, powszechnie znany; rzekomy
re·quest [rɪ'kwest] *s* prośba; życzenie; popyt; ***~ stop*** przystanek na żądanie; ***on ~*** na życzenie; ***in great ~*** cieszący się wielkim popytem, pożądany; *vt* prosić (***sth*** o coś); ***as ~ed*** według życzenia; ***the public is ~ed to ...*** uprasza się publiczność o ...
re·quire [rɪ'kwaɪə] *vt* żądać, wymagać, potrzebować (***sth of sb*** czegoś od kogoś); ***if ~ed*** w razie potrzeby
re·quire·ment [rɪ'kwaɪəmənt] *s* wymaganie, żądanie; ***to meet the ~s*** spełniać wymagania
req·ui·site ['rekwɪzɪt] *adj* niezbędny, konieczny, wymagany; *s* rzecz niezbędna; rekwizyt
req·ui·si·tion [ˌrekwɪ'zɪʃn] *s* żądanie, zapotrzebowanie; rekwizycja; *vt* rekwirować
re·quit·al [rɪ'kwaɪtl] *s* zapłata, wynagrodzenie; odpłata, odwet

re·quite [rɪ'kwaɪt] *vt* wynagrodzić; odwzajemnić się (***sth with, for sth*** czymś za coś); odpłacić; **~ *like for like*** odpłacić się tym samym
res·cue ['reskjuː] *s* ratunek, ocalenie; *vt* ratować, ocalić
re·search [rɪ'sɜːtʃ] *s* badanie (***into sth*** czegoś); praca badawcza (***on sth*** nad czymś); **~ *work*** praca naukowa; *vi* prowadzić badania (***into sth*** nad czymś)
re·search·er [rɪ'sɜːtʃə] *s* badacz, naukowiec
re·sem·blance [rɪ'zembləns] *s* podobieństwo
re·sem·ble [rɪ'zembl] *vt* być podobnym (***sb, sth*** do kogoś, czegoś)
re·sent [rɪ'zent] *vt* czuć się urażonym (***sth*** z powodu czegoś), mieć za złe
re·sent·ful [rɪ'zentfl] *adj* urażony, rozżalony, dotknięty (***of sth*** czymś)
re·sent·ment [rɪ'zentmənt] *s* uraza, przykrość, rozżalenie
res·er·va·tion [ˌrezə'veɪʃn] *s* zastrzeżenie; ograniczenie; *am.* rezerwacja (*miejsca, pokoju itd.*); rezerwat (*np.* przyrody)
re·serve [rɪ'zɜːv] *vt* mieć w zapasie; rezerwować (*pokój, bilet itp.*); zastrzegać (sobie); *s* rezerwa; zapas; zastrzeżenie, ograniczenie; *am.* rezerwat; zarezerwowane miejsce; ***without* ~** bez zastrzeżeń
re·served [rɪ'zɜːvd] *adj* zastrzeżony, zarezerwowany; (*o człowieku*) zachowujący się z rezerwą; ostrożny
re·side [rɪ'zaɪd] *vi* rezydować; przebywać
res·i·dence ['rezɪdəns] *s* rezydencja; miejsce stałego pobytu
res·i·dent ['rezɪdənt] *adj* mieszkający, zamieszkały; *s* rezydent; stały mieszkaniec
res·i·den·tial [ˌrezɪ'denʃl] *adj* mieszkaniowy; **~ *area*** dzielnica mieszkaniowa
re·sid·u·al [rɪ'zɪdjʊəl] *adj* pozostały; *mat.* reszta
res·i·due ['rezɪdjuː] *s* pozostałość; *chem.* osad
re·sign [rɪ'zaɪn] *vt* rezygnować (***sth*** z czegoś); zrzekać się; ustąpić (***sth to sb*** coś komuś); *vr* **~ *oneself*** poddać się z rezygnacją, pogodzić się (***to sth*** z czymś)
res·i·gna·tion [ˌrezɪg'neɪʃn] *s* rezygnacja, dymisja; zrzeczenie się; pogodzenie się z losem; ***hand in one's* ~** podać się do dymisji
re·sil·i·ence [rɪ'zɪlɪəns] *s* elastyczność, sprężystość; zdolność odbijania
res·in ['rezɪn] *s* żywica
re·sist [rɪ'zɪst] *vt* opierać się (***sth*** czemuś), przeciwstawiać się
re·sist·ance [rɪ'zɪstəns] *s* opór, przeciwstawienie się; *elektr.* oporność, opornik; **~ *movement*** ruch oporu
res·o·lute ['rezəluːt] *adj* zdecydowany
res·o·lu·tion [ˌrezə'luːʃn] *s* rezolucja; postanowienie; zdecydowana postawa; rozwiązanie (*np. zadania*); rozłożenie, rozkład; *fiz. techn.* rozdzielczość
re·solve [rɪ'zɒlv] *vt vi* rozwiązać; rozpuścić (się); rozłożyć (się); postanowić (***on, upon sth*** coś), zdecydować się; *s* postanowienie, decyzja; stanowczość
re·solved [rɪ'zɒlvd] *adj* stanowczy, zdecydowany
res·o·nance ['rezənəns] *s* rezonans, odgłos
res·o·nant ['rezənənt] *adj* dźwięczny, brzmiący; akustyczny
re·sort [rɪ'zɔːt] *vi* uciekać się (***to sth*** do czegoś); *s* resort; kurort; ucieczka; zwrócenie się; ratunek; ***health* ~** uzdrowisko; ***summer* ~** letnisko; ***the last* ~** ostateczność;

R

without ~ bez uciekania się, bez stosowania
re·sound [rɪ'zaʊnd] *vi* dźwięczeć, rozbrzmiewać; odbijać się echem
re·source [rɪ'zɔːs] *s* środek zaradczy; źródło, zapas; pomysłowość; ***natural ~s*** bogactwa naturalne
re·source·ful [rɪ'zɔːsfl] *adj* pomysłowy; wynalazczy
re·spect [rɪ'spekt] *s* szacunek; wzgląd; odniesienie; *pl* ***~s*** pozdrowienia, ukłony; ***with ~*** w odniesieniu (***to sth*** do czegoś); ***in ~*** pod względem (***of sth*** czegoś); *vt* szanować; mieć wzgląd (***sth*** na coś); dotyczyć
re·spect·a·bil·i·ty [rɪˌspektə'bɪlətɪ] *s* ogólne poważanie, szacunek
re·spect·a·ble [rɪ'spektəbl] *adj* godny szacunku, szanowny; poważny, znaczny
re·spect·ful [rɪ'spektfl] *adj* pełen szacunku
re·spect·ing [rɪ'spektɪŋ] *praep* odnośnie do, co do
re·spec·tive [rɪ'spektɪv] *adj* odnośny
re·spec·tive·ly [rɪ'spektɪvlɪ] *adv* odpowiednio
res·pi·ra·tion [ˌrespə'reɪʃn] *s* oddychanie
res·pir·a·to·ry [rɪ'spɪrətərɪ] *adj* oddechowy
re·spire [rɪ'spaɪə] *vi* oddychać
res·pite ['respaɪt] *s* przerwa; odroczenie; zwłoka
re·splend·ent [rɪ'splendənt] *adj* lśniący
re·spond [rɪ'spɒnd] *vi* odpowiadać; reagować (***to sth*** na coś)
re·sponse [rɪ'spɒns] *s* odpowiedź; reakcja; *przen.* echo
re·spon·si·bil·i·ty [rɪˌspɒnsə'bɪlətɪ] *s* odpowiedzialność
re·spon·si·ble [rɪ'spɒnsəbl] *adj* odpowiedzialny
re·spon·sive [rɪ'spɒnsɪv] *adj* odpowiadający; reagujący, wrażliwy (***to sth*** na coś)
rest 1. [rest] *s* odpoczynek, spokój; podpora, podstawa; ***~ room*** *am.* toaleta; *muz.* pauza; ***to be at ~*** spoczywać; ***to have a ~*** wypocząć; ***to lay to ~*** złożyć do grobu; ***to retire to ~*** położyć się spać; ***to set to ~*** uspokoić; ***to set a question at ~*** załatwić sprawę; *vi* wypoczywać; leżeć; polegać; opierać się; wspierać się; *vr* ***to ~ oneself*** zażywać wypoczynku
rest 2. [rest] *s* reszta; ***for the ~*** co do reszty, poza tym; *vi* pozostawać, zależeć; ***this ~s with you*** to jest w twoich rękach; ***to ~ assured*** być pewnym
res·tau·rant ['restrɒnt] *s* restauracja
rest cure ['restkjʊə] *s* kuracja wypoczynkowa
rest·ful ['restfl] *adj* spokojny, uspokajający
rest·ing-place ['restɪŋpleɪs] *s* miejsce wypoczynku
res·ti·tu·tion [ˌrestɪ'tjuːʃn] *s* restytucja; zwrot; przywrócenie
rest·less ['restləs] *adj* niespokojny
res·to·ra·tion [ˌrestə'reɪʃn] *s* restauracja, odbudowa; przywrócenie
re·store [rɪ'stɔː] *vt* odrestaurowywać, odbudować; przywrócić (*do zdrowia, życia itp.*); odnowić, wznowić
re·strain [rɪ'streɪn] *vt* powstrzymywać, hamować
re·straint [rɪ'streɪnt] *s* zahamowanie; ograniczenie; powściągliwość; ***without ~*** swobodnie, bez skrępowania
re·strict [rɪ'strɪkt] *vt* ograniczać; zastrzegać
re·stric·tion [rɪ'strɪkʃn] *s* ograniczenie; zastrzeżenie
re·sult [rɪ'zʌlt] *vt* wynikać (***from sth*** z czegoś); kończyć się (***in sth*** czymś); *s* wynik, skutek; ***as a ~*** w

następstwie, na skutek; ***in the ~*** ostatecznie; *gram.* ~ ***clause*** zdanie skutkowe
re·sult·ant [rɪ'zʌltənt] *adj* wynikający; *fiz.* wypadkowy; *s fiz.* wypadkowa
re·sume [rɪ'zjuːm] *vt* odzyskać; podjąć na nowo
ré·su·mé ['rezjuːmeɪ] *s* streszczenie
re·sump·tion [rɪ'zʌmpʃn] *s* podjęcie na nowo, wznowienie
res·ur·rect [ˌrezə'rekt] *vt* wskrzesić; wznowić; *vt vi* powstać z martwych
res·ur·rec·tion [ˌrezə'rekʃn] *s* wskrzeszenie; *rel.* zmartwychwstanie
re·tail ['riːteɪl] *s* sprzedaż detaliczna; *adj attr* detaliczny; *adv* detalicznie; *vt* ['riːteɪl, rɪ'teɪl] sprzedawać detalicznie
re·tain [rɪ'teɪn] *vt* zatrzymywać; najmować, zatrudniać; zachowywać w pamięci
re·tain·er [rɪ'teɪnə] *s* zaliczka; *hist.* służący, lokaj (*w liberii*)
re·tal·i·ate [rɪ'tælɪeɪt] *vt vi* odpłacać (się), odwzajemniać (się)
re·tal·i·a·tion [rɪˌtælɪ'eɪʃn] *s* odpłata, odwet
re·tard [rɪ'tɑːd] *vt vi* opóźnić (się); *s* opóźnienie
re·ten·tion [rɪ'tenʃn] *s* zatrzymanie; wstrzymywanie
re·ten·tive [rɪ'tentɪv] *adj* (*o glebie*) nie przepuszczający; (*o pamięci*) trwały
ret·i·cence ['retɪsns] *s* powściągliwość w słowach
ret·i·cent ['retɪsnt] *adj* powściągliwy w słowach; milczący, skryty
ret·i·na ['retɪnə] *s* (*pl* ***retinae*** ['retɪniː]) siatkówka oka
ret·i·nue ['retɪnjuː] *s* orszak, świta
re·tire [rɪ'taɪə] *vt vi* odchodzić, wychodzić, cofać (się), usuwać się; iść na emeryturę; rezygnować ze stanowiska; podać się do dymisji; ***to ~ to rest*** iść spać, udać się na spoczynek
re·tired [rɪ'taɪəd] *adj* samotny, osamotniony; emerytowany; ~ ***pay*** emerytura
re·tire·ment [rɪ'taɪəmənt] *s* kryjówka; odwrót; cofanie się; emerytura; osamotnienie
re·tort [rɪ'tɔːt] *vt vi* ostro odpowiedzieć, odciąć się; odpłacić (się); odeprzeć; *s* ostra odpowiedź, odcięcie się
re·touch [ˌriː'tʌtʃ] *vt* retuszować; *s* ['riːtʌtʃ] retusz
re·trace [rɪ'treɪs] *vt* cofnąć się (***sth*** do czegoś); zawrócić; odtworzyć; przypomnieć sobie
re·tract [rɪ'trækt] *vt vi* ciągnąć z powrotem, wciągać; cofać (się); wycofać (się); odwołać
re·trac·tion [rɪ'trækʃn] *s* retrakcja, cofnięcie; odwołanie
re·treat [rɪ'triːt] *vi* cofać się; *s* kryjówka; odwrót; usunięcie się; *rel.* rekolekcje
re·trench [rɪ'trentʃ] *vt* obciąć, skrócić; zredukować; *wojsk.* okopać, oszańcować
re·trench·ment [rɪ'trentʃmənt] *s* obcięcie, skrócenie, redukcja; *wojsk.* szaniec
ret·ri·bu·tion [ˌretrɪ'bjuːʃn] *s* kara, odpłata; odwet
re·trieve [rɪ'triːv] *vt* odzyskać; naprawić; przywrócić; wynagrodzić
ret·ro·ac·tive [ˌretrəʊ'æktɪv] *adj prawn.* z mocą retroaktywną, działający wstecz
ret·ro·grade ['retrəgreɪd] *adj* (*o ruchu*) wsteczny; (*o polityce*) reakcyjny
ret·ro·spect ['retrəspekt] *s* spojrzenie wstecz, retrospekcja
re·turn [rɪ'tɜːn] *vt vi* wracać; zwracać, oddawać; odpowiadać; wybrać (*posła*); przynosić (*dochody*); odpłacić (się); *s* powrót; zwrot; dochód; wynik

R

(*głosowania*); *pl* **~s** wpływy (*kasowe*); ***by ~ of post*** odwrotną pocztą; ***in ~*** w zamian (***for sth*** za coś); ***many happy ~s of the day*** wszystkiego najlepszego; *adj attr* powrotny; ***~ ticket*** bilet powrotny

re·veal [rɪ'viːl] *vt* odsłonić, odkryć, objawić, ujawnić

rev·el ['revl] *s* uczta, zabawa; *vi* ucztować, zabawiać się, hulać; rozkoszować się (***in sth*** czymś)

rev·e·la·tion [ˌrevə'leɪʃn] *s* wyjawienie, ujawnienie; rewelacja, odkrycie; *rel.* objawienie

rev·el·ler ['revlə] *s* biesiadnik, hulaka

rev·el·ry ['revlrɪ] *s* uczta (*hałaśliwa*), hulanka

re·venge [rɪ'vendʒ] *vt* mścić; ***to be ~d*** mścić się; *vr* ***to ~ oneself*** mścić się (***on sb*** na kimś); *s* zemsta; ***to take one's ~*** zemścić się

re·venge·ful [rɪ'vendʒfl] *adj* mściwy

rev·e·nue ['revənjuː] *s* dochód (*państwa*); ***~ office*** urząd skarbowy

re·ver·ber·ate [rɪ'vɜːbəreɪt] *vt vi* odbijać (światło); rozlegać się, (*o głosie*) brzmieć echem; promieniować, odbijać się

re·vere [rɪ'vɪə] *vt* szanować, czcić

rev·er·ence ['revərəns] *s* szacunek; *vi* czcić

rev·er·end ['revərənd] *adj* czcigodny; (*o duchownym*) ***the Reverend*** Wielebny

rev·er·ent ['revərənt] *adj* pełen szacunku

rev·er·en·tial [ˌrevə'renʃl] *adj* pełen szacunku

rev·er·ie ['revərɪ] *s* marzenie; zaduma

re·ver·sal [rɪ'vɜːsl] *s* odwrócenie, zwrot

re·verse [rɪ'vɜːs] *vt* odwrócić (*przedmiot, kierunek itd.*), przewrócić na drugą stronę; cofać; przemieścić; *s* odwrotna strona; przeciwieństwo; odwrotny kierunek; porażka, niepowodzenie; *adj* odwrotny, przeciwny; ***~ charges*** telefoniczna rozmowa „R"

re·ver·si·ble [rɪ'vɜːsəbl] *adj* odwracalny; odwołalny

re·vert [rɪ'vɜːt] *vt vi* odwracać, zawracać, powracać

re·view [rɪ'vjuː] *s* inspekcja, rewia; czasopismo, przegląd wydarzeń; recenzja; *vt* przeglądać; odbywać rewię; rewidować; recenzować

re·view·er [rɪ'vjuːə] *s* recenzent, krytyk

re·vile [rɪ'vaɪl] *vt vi* lżyć, wymyślać (***sb, against sb*** komuś)

re·vise [rɪ'vaɪz] *vt* rewidować, przeglądać, poprawiać

re·vi·sion [rɪ'vɪʒn] *s* rewizja, przegląd

re·viv·al [rɪ'vaɪvl] *s* odżycie, powrót do życia; wznowienie (*np. sztuki w teatrze*); odrodzenie, ożywienie, odnowienie

re·vive [rɪ'vaɪv] *vt* ożywiać, przywracać do życia; odnawiać; *vi* odżyć, odrodzić się, ożywić się

rev·o·ca·tion [ˌrevə'keɪʃn] *s* odwołanie, unieważnienie

re·voke [rɪ'vəʊk] *vt* odwołać; skasować; unieważnić

re·volt [rɪ'vəʊlt] *s* rewolta, bunt; ***to rise in ~*** zbuntować się; *vt vi* buntować (się); czuć odrazę (***at sth*** z powodu czegoś); budzić odrazę

rev·o·lu·tion [ˌrevə'luːʃn] *s* rewolucja; obracanie się, pełny obrót (*ziemi, koła itd.*)

rev·o·lu·tion·a·ry [ˌrevə'luːʃənərɪ] *adj* rewolucyjny; *s* rewolucjonista

rev·o·lu·tion·i·ze [ˌrevə'luːʃənaɪz] *vt* rewolucjonizować

re·volve [rɪ'vɒlv] *vt vi* obracać (się), krążyć

re·volv·er [rɪ'vɒlvə] *s* rewolwer

re·vue [rɪ'vjuː] *s teatr.* teatr, rewia

re·vul·sion [rɪ'vʌlʃn] *s* zwrot (*w*

opinii, reakcji); obrzydzenie, zaszokowanie
re·ward [rɪ'wɔːd] *s* nagroda; *vt* nagradzać
re·write [ˌriː'raɪt] *vt* przepisać; przerobić (*tekst*)
rhet·o·ric ['retərɪk] *s* retoryka
rhe·tor·i·cal [rɪ'tɒrɪkl] *adj* retoryczny
rheu·mat·ic [ruː'mætɪk] *adj* reumatyczny
rheu·ma·tism ['ruːmətɪzm] *s* reumatyzm
rhi·no ['raɪnəʊ] *s zool. pot.* nosorożec
rhi·no·ce·ros [raɪ'nɒsərəs] *s zool.* nosorożec
rhomb [rɒm], **rhom·bus** ['rɒmbəs] *s mat.* romb
rhyme [raɪm] *s* rym; wiersz; ***nursery ~s*** wierszyki dla dzieci; ***neither ~ nor reason*** bez sensu; *vt vi* rymować
rhythm ['rɪðm] *s* rytm
rib [rɪb] *s* żebro
rib·ald ['rɪbld] *adj* sprośny, ordynarny; *s* człowiek sprośny
rib·bon ['rɪbən] *s* wstążka, tasiemka; taśma
rice [raɪs] *s bot.* ryż
rich [rɪtʃ] *adj* bogaty; obfity
rich·es ['rɪtʃɪz] *s pl* bogactwo
rick [rɪk] *s* stóg; sterta (*np. siana*)
rick·ets ['rɪkɪts] *s med.* krzywica
rick·e·ty ['rɪkətɪ] *adj* słaby, rachityczny; rozwalający się; pokrzywiony, rozklekotany

R

ric·o·chet ['rɪkəʃeɪ] *s* rykoszet
rid** *vt* (rid, rid*** [rɪd]) uwolnić, oczyścić (***of sth*** z czegoś); ***to get ~*** uwolnić się, pozbyć się (***of sth*** czegoś)
rid·dance ['rɪdns] *s* uwolnienie, pozbycie się
rid·den *zob.* ***ride***
rid·dle 1. ['rɪdl] *s* zagadka
rid·dle 2. ['rɪdl] *s* sito (*duże*); *vt* przesiewać; podziurawić (*jak sito*)
ride** [raɪd] *vt vi* (rode*** [rəʊd], ***ridden*** ['rɪdn]) jeździć (*na koniu, rowerem, samochodem itp.*); przejeżdżać (*np.* ***the street*** ulicą); ***~ a race*** brać udział w wyścigach konnych; ***~ down*** *vi* zjechać w dół, *vt* stratować; *przen.* źle potraktować; ***~ over*** *vi* wygrać na wyścigach, *vt przen.* zlekceważyć; *s* jazda, przejażdżka
rid·er ['raɪdə] *s* jeździec; (*w pojeździe*) pasażer
ridge [rɪdʒ] *s* grzbiet; krawędź, brzeg; skiba
rid·i·cule ['rɪdɪkjuːl] *s* śmieszność; pośmiewisko; szyderstwo, kpiny; *vt* wyśmiewać, ośmieszać
ri·dic·u·lous [rɪ'dɪkjʊləs] *adj* śmieszny; absurdalny
rife [raɪf] *adj praed* (*o czymś złym*) powszechny; pełny, obfity, znajdujący się w wielkiej ilości; ***to grow ~*** wzmagać się
riff·raff ['rɪfræf] *s* motłoch, hołota
ri·fle 1. ['raɪfl] *vt* ograbić, zrabować, obrabować
ri·fle 2. ['raɪfl] *s* karabin; *wojsk. pl* ***~s*** strzelcy, pułk strzelecki
ri·fle·man ['raɪflmən] *s* (*pl* ***riflemen*** ['raɪflmən])strzelec
rift [rɪft] *s* szczelina; *vt vi* rozszczepić (się); rozłupać (się)
rig [rɪg] *s mors.* takielunek; *przen.* nastrój, powierzchowność; *vt mors.* otaklować; *przen.* ***to ~ sb out*** (***with sth***) wyekwipować, zaopatrzyć kogoś (*w coś*); *pot.* stroić
right 1. [raɪt] *adj* (*o stronie*) prawy; ***on the ~ side*** po prawej stronie; *adv* na prawo; prawa strona; ***to the ~*** na prawo
right 2. [raɪt] *adj* prawidłowy, słuszny, właściwy; ***~ angle*** kąt prosty; ***to be*** (***in the***) ***~*** mieć rację; ***to get ~*** doprowadzić do normalnego stanu; ***all ~*** wszystko w porządku; *int* dobrze!, zgoda!; *adv* słusznie, prawidłowo; *am.* ***~ away*** w tej chwili, natychmiast; ***~ out*** wprost, całkowicie; ***~ of way***

pierwszeństwo przejazdu; ***it serves you ~!*** dobrze ci tak!; ***by ~*** prawnie; z tytułu (***of sth*** czegoś); *vt* nadać prawidłowe położenie; przywrócić do pionu
right-an·gled ['raɪtˌæŋgld] *adj* prostokątny; *mat.* ***~ triangle*** trójkąt prostokątny
right·eous ['raɪtʃəs] *adj* sprawiedliwy, prawy
right·full ['raɪtfl] *dj* legalny, słuszny, sprawiedliwy
right-mind·ed [ˌraɪt'maɪndɪd] *adj* zrównoważony; *pot.* zdrowy na umyśle
rig·id ['rɪdʒɪd] *adj* sztywny; (*o człowieku*) nieugięty; bezwzględny
rig·ma·role ['rɪgmərəʊl] *s* bzdury; *pot.* koszałki opałki
rig·or·ous ['rɪgərəs] *adj* rygorystyczny, surowy
rig·our ['rɪgə] *s* rygor, surowość
rill [rɪl] *s poet.* strumyczek, struga
rim [rɪm] *s* obwódka; obręcz; brzeg; oprawa (*np. okularów*); *vt* otoczyć obręczą; oprawić
rime 1. [raɪm] *s* szron
rime 2. [raɪm] *s* = ***rhyme***
rind [raɪnd] *s* skórka; kora; łupina
ring 1. [rɪŋ] *s* pierścień; krąg, koło; arena; *handl. i sport.* ring; klika; szajka; *vt* tworzyć koło; obrączkować; ***~ in*** okrążyć
ring 2.** [rɪŋ] *vt vi* (rang*** [ræŋ], ***rung*** [rʌŋ]) dzwonić, dźwięczeć; ***~ up*** telefonować (***sb*** do kogoś); ***~ off*** kończyć rozmowę (telefoniczną); *s* dźwięk, brzmienie dzwonka, dzwonienie, dzwonek (*telefonu*); ***give sb a ~*** zadzwonić do kogoś
ring fin·ger ['rɪŋˌfɪŋgə] *s* palec serdeczny
ring·leader ['rɪŋˌli:də] *s* prowodyr
ring·let ['rɪŋlət] *s* mały pierścionek, kółeczko
rink [rɪŋk] *s* ślizgawka, lodowisko; tor do jazdy na wrotkach

rinse [rɪns] *vt* (*także* ***~ out***) płukać, przemywać; ***~ down*** popijać (*przy jedzeniu*)
ri·ot ['raɪət] *s* bunt, rozprzężenie; ***to run ~*** *przen.* brykać, szaleć; *vi* wszczynać rozruchy; szaleć; hulać
ri·ot·ous ['raɪətəs] *adj* burzliwy; buntowniczy, niesforny
rip [rɪp] *vt vi* rwać, rozrywać, trzaskać, pękać; ***to ~ open*** rozpruć, rozerwać (*np. kopertę*); ***~ off*** odpruć, oderwać; *pot.* rąbnąć, buchnąć (*ukraść*); naciąć (*na pieniądze*); ***~ up*** spruć, rozgrzebać
ripe [raɪp] *adj* dojrzały; ***to grow ~*** dojrzeć
rip·en ['raɪpən] *vi* dojrzewać; *vt* przyspieszać dojrzewanie
rip·ple ['rɪpl] *s* zmarszczka (*na powierzchni wody*), mała fala; plusk, szmer; *vi* (*o powierzchni wody*) marszczyć się; pluskać, szemrać
rise** [raɪz] *vi* (rose*** [rəʊz], ***risen*** ['rɪzn]) wstawać, podnosić się; powstawać; wzrastać; ***to ~ (up) in arm*** chwytać za broń; ***to ~ to the occasion*** stanąć na wysokości zadania; ***the House of Commons rose*** *bryt.* Izba Gmin zakończyła obrady; *s* wzrost; podniesienie się; wzniesienie; wschód (*słońca*); ***to give ~*** dać początek, zapoczątkować; dać powód
ris·ing ['raɪzɪŋ] *s* powstanie; podniesienie się; wzrost; rozwój; zamknięcie
risk [rɪsk] *s* ryzyko; ***to run the ~ of*** ryzykować; *vt* ryzykować; ***at one's ~*** na własne ryzyko
risk·y ['rɪskɪ] *adj* ryzykowny
ris·qué ['rɪskeɪ] *adj* ryzykowny, na granicy przyzwoitości (*o dowcipie, opowiadaniu, itp.*)
rite [raɪt] *s* obrzęd
rit·u·al ['rɪtʃʊəl] *adj* rytualny; *s* rytuał, obrządek
ri·val ['raɪvl] *s* rywal; *adj attr* rywalizujący, konkurencyjny; *vt* rywa-

lizować, iść w zawody; równać się (***sb*** z kimś)

ri·val·ry ['raɪvlrɪ] *s* rywalizacja

riv·er ['rɪvə] *s* rzeka

riv·er ba·sin ['rɪvəˌbeɪsn] *s* dorzecze

riv·er bed ['rɪvəbed] *s* koryto rzeki

riv·er·side ['rɪvəsaɪd] *s* brzeg rzeki

riv·et ['rɪvɪt] *s techn.* nit; *vt* nitować; wzmocnić; przykuć

riv·u·let ['rɪvjʊlət] *s* rzeczka, strumień

road [rəʊd] *s* droga, jezdnia; podróż; *pl mors.* ***~s*** reda; ***by ~*** drogą lądową; ***on the ~*** w drodze, w podróży; ***take the ~*** wyruszyć w drogę; ***no through ~*** ulica bez przejazdu

road hog ['rəʊdhɒg] *s* pirat drogowy

road·side ['rəʊdsaɪd] *s* pobocze (*drogi*); *attr* przydrożny (*np. zajazd*)

road·stead ['rəʊdsted] *s mors.* reda

road·way ['rəʊdweɪ] *s* szosa, jezdnia

roam [rəʊm] *vt vi* wędrować, wałęsać się; *s* wędrówka

roar [rɔː] *vi* huczeć, ryczeć, grzmieć; *s* huk, ryk, grzmot

roast [rəʊst] *vt vi* piec, smażyć (się); *s* pieczeń; *adj* pieczony, smażony; ***~ beef*** rostbef; ***~ mutton*** pieczeń barania; ***~ veal*** pieczeń cielęca

rob [rɒb] *vt* okradać, obrabować (***sb of sth*** kogoś z czegoś); *vi* rabować

rob·ber ['rɒbə] *s* rozbójnik, rabuś

rob·ber·y ['rɒbərɪ] *s* rozbój, grabież; ***armed ~*** napad z bronią w ręku

robe [rəʊb] *s* suknia; toga; *vt* ubierać w suknię <togę>

rob·in ['rɒbɪn] *s zool.* rudzik

ro·bot ['rəʊbɒt] *s* robot

ro·bust [rəʊ'bʌst] *adj* krzepki, mocny

rock 1. [rɒk] *s* skała; kamień; twardy cukierek; ***on the ~s*** z lodem (*np. whisky*)

rock 2. [rɒk] *vt vi* kołysać (się)

rock·et ['rɒkɪt] *s* rakieta (*pocisk, ogień sztuczny*)

rock·ing chair ['rɒkɪŋtʃeə] *s* krzesło na biegunach, bujak

rock salt ['rɒksɔːlt] *s* sól kamienna

rock·y ['rɒkɪ] *adj* skalisty

rod [rɒd] *s* rózga, pręt; ***fishing ~*** wędka

rode *zob.* ***ride***

ro·dent ['rəʊdnt] *s zool.* gryzoń

roe 1. [rəʊ] *s zool.* sarna

roe 2. [rəʊ] *s* iskra; ***soft ~*** mlecz rybi

rogue [rəʊg] *s* łajdak, szelma

rogu·ish ['rəʊgɪʃ] *adj* łajdacki, szelmowski

role [rəʊl] *s* rola

roll 1. [rəʊl] *s* zwój; zawiniątko; walec; rolka; bułka (*okrągła*); spis, lista; ***to call the ~*** odczytać listę (obecności)

roll 2. [rəʊl] *vt vi* obracać (się); toczyć (się); falować, kołysać (się); rolować; skręcać, zwijać; ***~ down*** stoczyć się; ***~ over*** przewalić (się); ***~ up*** zwinąć; zakasać (*rękawy*)

roll call ['rəʊlkɔːl] *s* odczytanie nazwisk; *wojsk.* apel

roll·er ['rəʊlə] *s* walec; wałek; duża fala, bałwan (*morski*); ***~ coaster*** kolejka (*w wesołym miasteczku, jeżdżąca po stromych stokach i ostrych zakrętach*)

roll·er skate ['rəʊləskeɪt] *vi* jeździć na wrotkach; *s pl* ***~s*** wrotki

rol·lick ['rɒlɪk] *vi* hałaśliwie się bawić; swawolić; *s* hałaśliwa zabawa; swawola

roll·ing mill ['rəʊlɪŋmɪl] *s* walcownia

roll·ing pin ['rəʊlɪŋpɪn] *s* wałek do ciasta

roll·ing stock ['rəulıŋstɒk] *s* tabor kolejowy
ROM, read-only memory ['ri:d-ˌəunlı'memərı] *s komp.* pamięć stała
Ro·man ['rəumən] *adj* rzymski; **~ *Catholic*** rzymsko-katolicki; *s* Rzymianin
ro·mance [rəu'mæns] *s* romans; romanca; romantyka; romantyczność; ***Romance languages*** języki romańskie; *adj attr* romański, romanistyczny
ro·man·tic [rəu'mæntık] *adj* romantyczny
ro·man·ti·cism [rəu'mæntısızm] *s* romantyzm (*także* okres literacki)
romp [rɒmp] *s* hałaśliwa zabawa, wybryki, swawola; sowizdrzał; *vi* bawić się hałaśliwie, brykać, swawolić
rood [ru:d] *s* krzyż; krucyfiks
roof [ru:f] *s* dach; *lotn.* pułap
rook 1. [rʊk] *s zool.* gawron; oszust, szuler; *vt* oszukiwać
rook 2. [rʊk] *s* wieża (*w szachach*)
rook·ie ['rʊkı] *s am. pot* żółtodziób
room [ru:m, rʊm] *s* pokój, izba; miejsce, przestrzeń; zakres możliwości; ***to make ~*** ustąpić miejsca, zrobić miejsce; *vi* mieszkać; najmować mieszkanie; *vt* dawać mieszkanie, przyjąć pod dach
room·mate ['ru:mmeıt] *s* współlokator
room·y ['ru:mı] *adj* przestronny
roost [ru:st] *s* grzęda, żerdź (*dla kur*); *vi* siedzieć na grzędzie
roost·er ['ru:stə] *s zool.* kogut
root [ru:t] *s* korzeń, podstawa; sedno; *mat.* pierwiastek; *gram.* rdzeń, źródłosłów; ***~ and branch*** z korzeniem, gruntownie, całkowicie; ***to get at the ~ of the matter*** dotrzeć do sedna sprawy; ***to strike ~*** zapuścić korzenie; *vt* głęboko sadzić, przytwierdzić do ziemi; *vi* zakorzenić się; *vt* ***~ out*** wykorzenić, wyrwać z korzeniami
rope [rəup] *s* lina, sznur; *vt* przywiązywać, ciągnąć po linie
rope danc·er ['rəupˌdɑ:nsə] *s* linoskoczek, tancerz na linie
rope lad·der ['rəupˌlædə] *s* drabina sznurowa
rope mak·er ['rəupˌmeıkə] *s* powroźnik
ro·sa·ry ['rəuzərı] *s* różaniec; rozarium
rose 1. [rəuz] *zob.* ***rise***
rose 2. [rəuz] *s bot.* róża; kolor róży; rozeta; ***a bed of ~s*** przyjemności życia; *hist.* ***the Wars of the Roses*** wojna Dwu Róż; *adj attr* różowy, różany; *vt* barwić na różowo
rose·ma·ry ['rəuzmərı] *s bot.* rozmaryn
ros·in ['rɒzın] *s* żywica; kalafonia
ros·y ['rəuzı] *adj* różowy, różany
rot [rɒt] *vi* gnić; *vt* powodować gnicie; *s* gnicie, zgnilizna
ro·ta·ry ['rəutərı] *adj* obrotowy
ro·tate [rəu'teıt] *vt vi* obracać (się), wirować; zmieniać (się) kolejno
ro·ta·tion [rəu'teıʃn] *s* obrót, obieg; kolejność; rotacja; płodozmian; ***by ~*** po kolei, na przemian
rot·ten ['rɒtn] *adj* zgniły, cuchnący, zepsuty
ro·tund [rəu'tʌnd] *adj* okrągły; (*o człowieku*) pękaty; (*o stylu*) napuszony
rouge [ru:ʒ] *s* czerwona szminka, róż; *vt* szminkować
rough [rʌf] *adj* szorstki, nierówny; (*o morzu*) wzburzony; zrobiony z grubsza, grubo ciosany; brutalny; gruboskórny; surowy, nie obrobiony; ***~ copy*** brulion; ***~ sketch*** szkic; *vt* grubo ciosać; z grubsza opracowywać; szorstko traktować; ***to ~ it*** pędzić życie pełne trudów i niewygód
rough·cast ['rʌfkɑ:st] *s* tynk; *vt* otynkować

rough·en ['rʌfn] *vt vi* stawać się szorstkim, gruboskórnym
***rough-hew** ['rʌfhjuː] *vt* (*formy zob.* **hew**) ociosać z grubsza
rou·lette [ruː'let] *s* ruletka
round [raʊnd] *adj* okrągły, zaokrąglony; (*o podróży*) okrężny; otwarty, szczery, uczciwy; należyty; dosadny; *s* krąg; cykl; obieg; (*przy częstowaniu*) kolejka; kolejność; bieg (*życia itp.*); przechadzka; objazd; obchód służbowy; inspekcja; *muz.* kanon; *sport* runda; *adv* naokoło, kołem; **~ about** dookoła, naokoło; **all ~** ogółem, całkowicie, w całości; *praep* wokół, dokoła; **~ the corner** za rogiem; *vt vi* zaokrąglić (się); okrążać; **~ off** zaokrąglić, wykończyć; zakończyć; **~ up** spędzić (*np. bydło*); zrobić obławę
round·a·bout ['raʊndəbaʊt] *adj attr* okólny, okrężny; rozwlekły; *s* okrężna droga; karuzela; (*w ruchu ulicznym*) rondo
round-up ['raʊndʌp] *s* spędzenie (*bydła*); obława, łapanka; *am.* przegląd (*wiadomości itp.*)
rouse [raʊz] *vi* wstrząsnąć, pobudzić, podniecić; podburzyć; obudzić; *s wojsk.* pobudka
rout 1. [raʊt] *s* raut; wesołe towarzystwo
rout 2. [raʊt] *vt* rozgromić; *s* rozgromienie; rozsypka, bezładny odwrót
route [ruːt] *s* droga, trasa, marszruta; *wojsk.* **column of ~** kolumna marszowa
rou·tine [ruː'tiːn] *s* rutyna; **the ~ procedure** normalna procedura, normalne postępowanie
rove [rəʊv] *vt vi* wędrować, błąkać się
rov·er ['rəʊvə] *s* wędrowiec, włóczęga; pirat; starszy harcerz
row 1. [rəʊ] *s* rząd, szereg
row 2. [rəʊ] *vt vi* wiosłować; **to ~ a race** brać udział w zawodach wioślarskich; *s* wiosłowanie, przejażdżka łodzią
row 3. [raʊ] *s pot.* hałas, awantura, zamieszanie; **to kick up a ~** narobić hałasu, wywołać awanturę; *vi pot.* hałasować, kłócić się; *vt* skrzyczeć, zbesztać
row·dy ['raʊdɪ] *adj* hałaśliwy; awanturniczy; *s* awanturnik
row·er ['rəʊə] *s* wioślarz
row·lock ['rɒlək] *s sport* dulka
roy·al ['rɔɪəl] *adj* królewski; wspaniały
roy·al·ty ['rɔɪəltɪ] *s* królewskość; osoba królewska; władza królewska; opłata na rzecz króla; honorarium (*autorskie*), tantiemy autorskie; *pl* **royalties** rodzina królewska
rub [rʌb] *vt vi* trzeć, ocierać się; wycierać, czyścić; **~ down** wycierać, zeskrobywać; **~ in** wcierać; **~ off** wycierać; **~ on** przedzierać się, przebijać się; **~ out** wykreślać, ścierać; usuwać z drogi; **~ up** polerować; *s* tarcie, nacieranie, masaż; pociągnięcie (*np. szczotką*); cios; przeszkoda
rub·ber ['rʌbə] *s* guma; **~ (sheath)** *pot.* prezerwatywa, kondom; rober (*w brydżu*); *pl* **~s** kalosze
rub·bish ['rʌbɪʃ] *s* śmiecie, graty; tandeta; **to talk ~** pleść bzdury
rub·ble ['rʌbl] *s* tłuczeń, gruz
ru·by ['ruːbɪ] *s* rubin; kolor rubinowy
ruck·sack ['rʌksæk] *s* plecak
rud·der ['rʌdə] *s* ster (*statku, samolotu*)
rud·dy ['rʌdɪ] *adj* rumiany; rudy; (*o cerze*) świeży
rude [ruːd] *adj* gruboskórny, ordynarny; nie ociosany, prymitywny; szorstki; **to be ~** być niegrzecznym (**to sb** dla kogoś)
ru·di·ment ['ruːdɪmənt] *s* szczątek; *pl* **~s** podstawy, podstawowe wiadomości
ru·di·ment·al [ˌruːdɪ'məntl],

R

ru·di·men·ta·ry [ˌruːdɪˈmentrɪ] *adj* szczątkowy; podstawowy, zasadniczy
rue [ruː] *vt* żałować; *s* żal, smutek
rue·ful [ˈruːfl] *adj* żałosny, smutny; pełen skruchy
ruff [rʌf] *s* kreza
ruf·fi·an [ˈrʌfɪən] *s* awanturnik; brutal
ruf·fle [ˈrʌfl] *vt vi* marszczyć (się), mierzwić, wichrzyć (się); rozdrażnić, wzburzyć (się), zamącić
rug [rʌg] *s* dywanik, kilim; kocyk
rug·by [ˈrʌgbɪ] *s sport* (*także* **~ *football***) rugby
rug·ged [ˈrʌgɪd] *adj* chropowaty, nierówny; (*o charakterze*) szorstki, surowy
ruin [ˈruːɪn] *s* ruina; ***bring to ~*** doprowadzić do ruiny; *vt* rujnować
ru·in·ous [ˈruːɪnəs] *adj* zrujnowany, leżący w gruzach; zgubny
rule [ruːl] *s* prawidło, reguła, zasada; rząd(y); przepis; linia, linijka; *prawn.* zarządzenie, orzeczenie; ***as a ~*** zasadniczo; ***by ~*** według zasady, przepisowo; ***to make it a ~*** przyjąć za zasadę; ***~s and regulations*** regulamin; *vt vi* rządzić, panować, kierować; *prawn.* orzekać, stanowić; liniować; **~ *out*** wykluczyć, wykreślić; **~ *off*** oddzielić linią
rul·er [ˈruːlə] *s* rządca, władca; linijka, liniał
rul·ing [ˈruːlɪŋ] *s prawn.* zarządzenie, orzeczenie
rum [rʌm] *s* rum
rum·ble [ˈrʌmbl] *s* grzmot, huk; *vi* grzmieć, huczeć
ru·mi·nant [ˈruːmɪnənt] *s zool.* przeżuwacz; *adj* przeżuwający
ru·mi·nate [ˈruːmɪneɪt] *vt vi* przeżuwać; *przen.* przemyśliwać (***over sth*** o czymś, nad czymś)
rum·mage [ˈrʌmɪdʒ] *vt vi* przeszukiwać, szperać; *s* szperanie; **~ *sale*** *am. pot.* sprzedaz rzeczy używanych
ru·mour [ˈruːmə] *s* pogłoska; *vt* puszczać pogłoskę (***sth*** o czymś); ***it is ~ed*** krążą wieści
rum·ple [ˈrʌmpl] *vt* miąć; mierzwić
rump steak [ˌrʌmpˈsteɪk] *s* rumsztyk
run** [rʌn] *v* (ran*** [ræn], ***run*** [rʌn]) *vi* biec; (*o pojazdach*) jechać, kursować; (*o płynie*) ciec; (*o zdaniu*) brzmieć; funkcjonować; być w ruchu; upływać; trwać; (*o rozmowie*) toczyć się; *vt* prowadzić (*np. interes*); kierować (*np. maszyną*); przebiegać (*np. pole, ulicę*); skłonić do biegu (*np. konia*); uruchomić; pędzić, wpędzać; przesuwać; wbijać; **~ *up against sb*** natknąć się na kogoś; ***to ~ dry*** wyschnąć, wyczerpać się; ***to ~ errands*** biegać na posyłki; ***to ~ for sth*** ubiegać się o coś; ***to ~ high*** podnosić się; ożywiać się; ***to ~ short*** kończyć się, wyczerpywać się; ***to ~ wild*** dziczeć; **~ *down*** upływać; przemóc; wyczerpać; **~ *in*** *mot.* dotrzeć (*samochód*); **~ *out*** wybiec; upływać, kończyć się; niszczeć; być na wyczerpaniu; wyczerpać się; **~ *over*** przebiec na drugą stronę; przejechać; powierzchownie przeglądnąć; **~ *through*** przebiegać, przeszukiwać, badać (*np. przekłuciem*), przenikać; *s* bieg; rozbieg, rozpęd; przejażdżka, przejazd; trasa, tor; zjazd (*dla narciarzy*); nieprzerwana seria, ciąg; (*o urzędowaniu itp.*) okres; typ; pokrój; norma; *handl.* run; ***in the long ~*** na dalszą metę; ostatecznie, w końcu; ***in the short ~*** na krótszą metę; ***had a long ~*** (*o sztuce*) długo szła; (*o filmie*) długo był wyświetlany; ***a ~ of bad luck*** seria nieszczęść; ***the ~ of events*** bieg wypadków; ***at a ~*** biegiem
run·a·way [ˈrʌnəweɪ] *adj attr* zbiegły; *s* zbieg, uciekinier
rung 1. *zob.* ***ring***

rung 2. [rʌŋ] *s* szczebel
run·ner ['rʌnə] *s* biegacz; goniec; przemytnik; koń wyścigowy
run·ning ['rʌnɪŋ] *adj* kolejny; bieżący; ciągły; płynny; **~ *in*** (*o samochodzie*) nie dotarty; ***six months*** **~** sześć miesięcy z rzędu
run·way ['rʌnweɪ] *s sport* bieżnia; *lotn.* pas startowy
rup·ture ['rʌptʃə] *s* zerwanie; *med.* przepuklina; pęknięcie; *vt vi* zrywać, przerywać się
ru·ral ['rʊərəl] *adj* wiejski; rolny
ruse [ruːz] *s* podstęp, przebiegłość
rush 1. [rʌʃ] *vi* pędzić; mknąć; gwałtownie pchać się; rzucić się; nagle upaść; *vt* popędzać, gwałtownie przyspieszać; **~ *to a conclusion*** pochopnie wyciągnąć wniosek; *s* pęd, napływ, tłok; ***gold*** **~** gorączka złota; **~ *hours*** godziny szczytu (*w tramwajach itp.*); ***to be in a*** **~** bardzo się spieszyć
rush 2. [rʌʃ] *s* sitowie
rusk [rʌsk] *s bryt.* sucharek
rus·set ['rʌsɪt] *s* brunatny samodział; *adj* brunatny, rdzawy
Rus·sian ['rʌʃn] *adj* rosyjski; *s* Rosjanin; język rosyjski
rust [rʌst] *s* rdza; *vi* rdzewieć
rus·tic ['rʌstɪk] *adj* wiejski; nieokrzesany, prosty
rus·ti·cate ['rʌstɪkeɪt] *vt bryt.* relegować (*z uniwersytetu*)
rus·tle ['rʌsl] *vi* szeleścić; *s* szelest
rust·less ['rʌstləs] *adj* nierdzewny
rus·ty ['rʌstɪ] *adj* zardzewiały; rdzawy; znoszony, zniszczony; (*o człowieku*) zaniedbany
rut 1. [rʌt] *s* koleina, wyżłobienie; *przen.* rutyna, nawyki
rut 2. [rʌt] *s* ruja; *vi* być w okresie rui, parzyć się
ruth [ruːθ] *s* litość
ruth·less ['ruːθləs] *adj* bezlitosny
rye [raɪ] *s bot.* żyto

S

Sab·bath ['sæbəθ] *s rel.* szabat; szabas
sa·ble 1. ['seɪbl] *s zool.* soból
sa·ble 2. ['seɪbl] *s poet.* czarny kolor, czerń
sab·o·tage ['sæbətɑːʒ] *s* sabotaż; *vt vi* sabotować
sa·bre ['seɪbə] *s* szabla
sac·cha·rine ['sækəriːn] *s* sacharyna
sack 1. [sæk] *s* worek; *pot.* zwolnienie z pracy; płaszcz (*szeroki, luźny*); *pot.* ***give the*** **~** wyrzucić z pracy; *vt* włożyć do worka; *pot.* wyrzucić z pracy
sack 2. [sæk] *s* grabież; łupy; *vt* grabić; splądrować (*miasto*)
sack·cloth ['sækklɒθ] *s* materiał na worki
sac·ra·ment ['sækrəmənt] *s* sakrament
sa·cred ['seɪkrəd] *adj* święty, poświęcony
sac·ri·fice ['sækrɪfaɪs] *s* poświęcenie; ofiara; *vt* poświęcać; ofiarować
sac·ri·fi·cial [ˌsækrɪ'fɪʃl] *adj* ofiarny, ofiarniczy
sac·ri·lege ['sækrɪlɪdʒ] *s* świętokradztwo
sad [sæd] *adj* smutny; przygnębiony; żałosny; (*o barwie*) ciemny, ponury
sad·den ['sædn] *vt vi* smucić (się)
sad·dle ['sædl] *s* siodło; siodełko; comber (*barani*); *vt* siodłać; obciążać

sad·dler ['sædlə] *s* siodlarz, rymarz
sa·fa·ri [sə'fɑːrɪ] *s* safari
safe [seɪf] *adj* pewny, bezpieczny; ***~ and sound*** zdrowo, bez szwanku; *s* bezpieczny schowek, kasa ogniotrwała, sejf; ***~ conduct*** list żelazny; ***to be on the ~ side*** dla pewności, na wszelki wypadek
safe·guard ['seɪfgɑːd] *s* ochrona; gwarancja; *vt* chronić, zabezpieczać
safe·keep·ing [ˌseɪf'kiːpɪŋ] *s* bezpieczne przechowanie
safe·ty ['seɪftɪ] *s* bezpieczeństwo; ***~ first*** bezpieczeństwo przede wszystkim
safe·ty belt ['seɪftɪbelt] *s* pas bezpieczeństwa
safe·ty hel·met ['seɪftɪˌhelmɪt] *s* kask ochronny
safe·ty lamp ['seɪftɪlæmp] *s* lampa z zabezpieczeniem (*zw. górnicza*)
safe·ty pin ['seɪftɪpɪn] *s* agrafka
safe·ty razor ['seɪftɪˌreɪzə] *s* maszynka do golenia
safe·ty valve ['seɪftɪvælv] *s* klapa bezpieczeństwa
sag [sæg] *vi* opadać, zwisać; *s* opadanie; wygięcie
sa·ga·cious [sə'geɪʃəs] *adj* rozumny, bystry
sa·gac·i·ty [sə'gæsətɪ] *s* bystrość, przenikliwość; roztropność, mądrość
sage [seɪdʒ] *adj* mądry; *s* mędrzec
sa·go ['seɪgəʊ] *s* sago
Sa·git·tar·i·us [ˌsædʒɪ'teərɪəs] *s* Strzelec (*znak zodiaku*)
said *zob.* ***say***
sail [seɪl] *s* żagiel; skrzydło wiatraka; przejażdżka żaglówką, podróż morska; ***to have a ~*** odbywać przejażdżkę morską; ***to set ~*** wyruszyć w podróż morską; *vt vi* żeglować, podróżować morzem
sail·board ['seɪlbɔːd] *s* deska z żaglem (*używana w windsurfingu*)
sail·cloth ['seɪlklɒθ] *s* płótno żaglowe
sail·ing boat ['seɪlɪŋbəʊt] *s* żaglówka
sail·or ['seɪlə] *s* żeglarz, marynarz
saint [seɪnt] *adj* święty; *skr.* ***St.*** [snt]; *s* święty
sake [seɪk] *s w wyrażeniach*: ***for the ~ of sb*** dla kogoś; ***for my ~*** dla mnie, ze względu na mnie; ***for Heaven's <God's> ~***! nieba!, na Boga!; na miłość Boską!
sal·ad ['sæləd] *s* sałata, sałatka (*np. jarzynowa, owocowa*)
sal·a·ry ['sælərɪ] *s* uposażenie, pensja, płaca
sale [seɪl] *s* sprzedaż, zbyt; ***on ~*** na sprzedaż, do sprzedania; ***clearance ~*** wyprzedaż posezonowa
sale·able ['seɪləbl] *adj* pokupny
sales·man ['seɪlzmən] *s* (*pl* ***salesmen*** ['seɪlzmən]) *am* sprzedawca, ekspedient; komiwojażer
sa·li·ent ['seɪlɪənt] *adj* wystający; wybitny, wydatny; *s* występ
sa·line ['seɪlaɪn] *adj* słony; *s chem.* salina
sa·li·va [sə'laɪvə] *s* ślina
sal·low 1. ['sæləʊ] *adj* blady, ziemisty
sal·low 2. ['sæləʊ] *s bot.* łoza
sal·ly ['sælɪ] *s* wypad, wyskok; błyskotliwa myśl, dowcipny pomysł; *vi* robić wypad, wyruszyć (*na wycieczkę, spacer itd.*)
salm·on ['sæmən] *s zool.* łosoś
sa·loon [sə'luːn] *s bryt.* bar 1. klasy; *am.* knajpa; zakład (*z apartamentem*); salonka
salt [sɔːlt] *s* sól; *adj* słony; *vt* solić
salt cel·lar ['sɔːltˌselə] *s* solniczka; *także* ***~-shaker***
salt·pe·tre [ˌsɔːlt'piːtə] *s chem.* saletra
salty ['sɔːltɪ] *adj* słony
sa·lu·bri·ous [sə'luːbrɪəs] *adj* zdrowy, zdrowotny
sal·u·tar·y ['sæljʊtrɪ] *adj* zbawienny, dobroczynny

sal·u·ta·tion [ˌsælju'teɪʃn] *s* pozdrowienie, powitanie
sa·lute [sə'luːt] *s* ukłon, powitanie; salut; *vt* kłaniać się, witać; salutować
sal·vage ['sælvɪdʒ] *s* ratowanie (*tonącego statku, płonącego mienia*); uratowane mienie; *vt* ratować
sal·va·tion [sæl'veɪʃn] *s* zbawienie; ***Salvation Army*** Armia Zbawienia
salve 1. [sælv] *s* maść (lecznicza), balsam; *vt* smarować maścią, łagodzić (*np. ból*)
salve 2. [sælv] *vt* ratować
sal·ver ['sælvə] *s* tacka
same [seɪm] *adj, pron i adv* sam; równy; wyżej wspomniany; jednolity; ***all the ~*** wszystko jedno; ***much the ~*** prawie jedno i to samo, prawie taki sam; ***the very ~*** zupełnie ten sam
same·ness ['seɪmnəs] *s* identyczność; monotonia
sam·ple ['sɑːmpl] *s* wzór, próbka
san·a·to·ri·um [ˌsænə'tɔːrɪəm] *s* (*pl* ***sanatoria*** [ˌsænə'tɔːrɪə]) sanatorium
sanc·ti·fy ['sæŋktɪfaɪ] *vt* święcić, uświęcać
sanc·tion ['sæŋkʃn] *s* sankcja; *vt* sankcjonować
sanc·tu·a·ry ['sæŋktʃʊərɪ] *s* sanktuarium; azyl
sand [sænd] *s* piasek; *vt* posypać piaskiem
san·dal ['sændl] *s* sandał
sand·glass ['sændglɑːs] *s* zegar piaskowy, klepsydra
sand·pa·per ['sændˌpeɪpə] *s* papier ścierny
sand·stone ['sændstəʊn] *s* piaskowiec (*skała*)
sand·wich ['sænwɪdʒ] *s* sandwicz, kanapka
sand·y ['sændɪ] *adj* piaszczysty, piaskowy
sane [seɪn] *adj* zdrowy na umyśle, rozumny; rozsądny
sang *zob.* ***sing***
san·gui·nar·y ['sæŋgwɪnərɪ] *adj* krwawy
san·guine ['sæŋgwɪn] *adj* pełnokrwisty, sangwiniczny; (*o cerze*) rumiany; pewny, pełen nadziei
san·i·tar·y ['sænɪtrɪ] *adj* sanitarny, higieniczny; ***~ towel*** podpaska higieniczna
san·i·ty ['sænətɪ] *s* zdrowie (psychiczne); zdrowy rozsądek
sank *zob.* ***sink***
San·ta Claus ['sæntəklɔːz] *s* św. Mikołaj
sap 1. [sæp] *s wojsk.* okop, podkop; *vt vi dosł. i przen.* podkopywać; podminowywać
sap 2. [sæp] *s* sok (*roślin*); *przen.* żywotność, werwa; *vt* pozbawiać soku; *przen.* wycieńczać
sap 3. [sæp] *vi pot.* kuć, wkuwać; *s pot.* kujon; tuman
sap·ling ['sæplɪŋ] *s* drzewko, młode drzewo; *przen.* młodzik
sap·per ['sæpə] *s wojsk.* saper
sap·phire ['sæfaɪə] *s* szafir
sap·py ['sæpɪ] *adj* soczysty; *przen.* pełen energii
sar·cas·tic [sɑː'kæstɪk] *adj* sarkastyczny
sar·dine [sɑː'diːn] *s* sardynka
sar·don·ic [sɑː'dɒnɪk] *adj* sardoniczny
sash 1. [sæʃ] *s* rama okna zasuwanego (*pionowo*)
sash 2. [sæʃ] *s* szarfa; pas
sash win·dow ['sæʃˌwɪndəʊ] *s* okno zasuwane (*pionowo*)
sat *zob.* ***sit***
satch·el ['sætʃl] *s* tornister (szkolny)
sate [seɪt] *vt* nasycić, zaspokoić
sat·el·lite ['sætəlaɪt] *s* satelita
sa·ti·ate ['seɪʃɪeɪt] *vt* nasycić, zaspokoić
sat·in ['sætɪn] *s* atłas; satyna; *adj attr* atłasowy; satynowy
sat·ire ['sætaɪə] *s* satyra
sa·tir·i·cal [sə'tɪrɪkl] *vt* satyryczny

S

sat·i·rize ['sætəraɪz] *vt* satyryzować
sat·is·fac·tion [ˌsætɪs'fækʃn] *s* satysfakcja; zaspokojenie; zadośćuczynienie, wynagrodzenie
sat·is·fac·to·ry [ˌsætɪs'fæktrɪ] *adj* zadowalający, dostateczny
sat·is·fy ['sætɪsfaɪ] *vt* zadowolić, dać satysfakcję; zaspokoić; wyrównać (*dług*); przekonać
sat·u·rate ['sætʃəreɪt] *vt* nasycić (***with sth*** czymś)
Sat·ur·day ['sætədeɪ] *s* sobota
sauce [sɔːs] *s* sos; *pot.* bezczelność, tupet; *vt* przyprawić sosem; *pot.* bezczelnie potraktować
sauce·pan ['sɔːspən] *s* rondel
sau·cer ['sɔːsə] *s* spodek
sau·cy ['sɔːsɪ] *adj* impertynencki; *pot.* szykowny, zgrabny; pikantny (*np. dowcip, pocztówka*)
sau·er·kraut ['saʊəkraʊt] *s* kiszona kapusta
saun·ter ['sɔːntə] *vi* chodzić powoli, powłóczyć nogami; *s* przechadzka
saus·age ['sɒsɪdʒ] *s* kiełbasa
sav·age ['sævɪdʒ] *adj* dziki; *s* dzikus
save [seɪv] *vt* ratować, chronić; zbawiać; oszczędzać; zachować, odłożyć; *komp.* zapisywać (*na dysk*); *vi* robić oszczędności (*także* **~ *up***); *praep* wyjąwszy, oprócz; ***all ~ him*** wszyscy oprócz niego
sav·ing ['seɪvɪŋ] *adj* zbawczy; oszczędny; *prawn.* zastrzegający; *s* ratunek; oszczędność, oszczędzanie; *praep* oprócz, wyjąwszy; ***~ grace*** jedyna zaleta
sav·ings bank ['seɪvɪŋzbæŋk] *s* kasa oszczędności
sav·iour ['seɪvjə] *s* zbawca, zbawiciel
sa·vour ['seɪvə] *s* smak, posmak; *vi* mieć smak (***of sth*** czegoś); pachnąć, zalatywać (***of sth*** czymś)
sa·vour·y ['seɪvərɪ] *adj* smakowity; wonny
saw 1.** [sɔː] *vt vi* (sawed*** [sɔːd], ***sawed*** *lub* ***sawn*** [sɔːn]) piłować, przecinać; *s* piła
saw 2. *zob.* ***see***
saw·dust ['sɔːdʌst] *s* trociny
saw·mill ['sɔːmɪl] *s* tartak
sawn *zob.* ***saw 1.***
saw·yer ['sɔːjə] *s* tracz
Sax·on ['sæksn] *adj* saksoński
sax·o·phone ['sæksəfəʊn] *s muz.* saksofon
say** [seɪ] *vt vi* (said*** [sed], ***said*** [sed]) mówić, powiedzieć (***to sb*** komuś); przypuszczać; wygłaszać; ***I ~!*** słuchaj! halo!; (*ze zdziwieniem*) no wiesz!; ***I should ~*** rzekłbym, myślę, przypuszczam; dajmy na to, przypuśćmy; ***~ over again*** powtórzyć; ***so to ~*** że tak powiem; ***that is to ~*** to znaczy; *s* powiedzenie, zdanie, głos; ***it is my ~ now*** teraz ja mam głos; ***they ~*** mówi się, podobno
say·ing ['seɪɪŋ] *s* powiedzenie; ***as the ~ goes*** jak to się mówi; ***that goes without ~*** to się rozumie samo przez się; nie ma co o tym mówić; ***there is no ~*** trudno powiedzieć
scab [skæb] *s* strup; świerzb; *pot.* łamistrajk
scab·bard ['skæbəd] *s* pochwa (*miecza itp.*)
scaf·fold ['skæfəʊld] *s* estrada; szafot; rusztowanie; *vt* otoczyć rusztowaniem, podeprzeć
scaf·fold·ing ['skæfəʊldɪŋ] *s* rusztowanie
scald 1. [skɔːld] *vt* sparzyć; wyparzyć; *s* oparzenie
scald 2. [skɔːld] *s* skald (*pieśniarz nordycki*)
scale 1. [skeɪl] *s* łuska, łupina; *vt vi* łuszczyć (się); skrobać, oczyszczać z łusek
scale 2. [skeɪl] *s* szala (*wagi*); *przen.* ***to tip <turn> the ~*** przeważyć; *pl* ***~s*** (*także* ***pair of ~s***) waga; *vt* ważyć

scale 3. [skeɪl] *s* skala; gama; stopniowanie; *vt* wspinać się (***a mountain*** na górę); rysować według skali

scalp [skælp] *s* skalp; *vt* skalpować

scamp [skæmp] *s pot.* (*o dziecku*) łobuziak, wisus

scamp·er ['skæmpə] *vi* (*zw. o zwierzętach*) pierzchać, uciekać w popłochu; *przen.* przelecieć galopem; *s* szybka ucieczka, gonitwa; pobieżne przeczytanie, przejrzenie

scan [skæn] *vt* dokładnie badać, oglądać, pilnie się przyglądać; skandować; *fiz. komp. med.* skanować, używać skanera

scan·dal ['skændl] *s* skandal; oszustwo, obmowa; zgorszenie

scan·dal·ize ['skændəlaɪz] *vt* gorszyć; obmawiać; zniesławiać

scan·dal·mon·ger ['skændl,mʌŋgə] *s* plotkarz, oszczerca

scan·dal·ous ['skændələs] *adj* skandaliczny; oszczerczy; gorszący

scan·ner ['skænə] *s komp. med.* skaner

scant [skænt] *adj* skąpy, niedostateczny, ograniczony; *vt* skąpić

scant·y ['skæntɪ] *adj* ledwo wystarczający, skąpy, ograniczony

scape·goat ['skeɪpgəʊt] *s przen.* kozioł ofiarny

scar [skɑː] *s* blizna; *vt* kiereszować, kaleczyć; *vi* (*także* ~ ***over***) zabliźniać się

S

scarce [skeəs] *adj* skąpy, niedostateczny; rzadki

scarce·ly ['skeəslɪ] *adv* ledwo, zaledwie

scar·ci·ty ['skeəsətɪ] *s* niedobór, brak

scare [skeə] *vt* straszyć; ***to be ~d*** bać się; ~ ***away*** <***off***> odstraszyć, wypłoszyć; *s* strach; panika

scare·crow ['skeəkrəʊ] *s* strach na wróble

scarf [skɑːf] *s* (*pl* ***scarves*** [skɑːvz]) szarfa, szal

scar·let ['skɑːlət] *s* szkarłat; *adj attr* szkarłatny; *med.* ~ ***fever*** szkarlatyna

scarp [skɑːp] *s* skarpa

scat·ter ['skætə] *vt vi* rozsypać (się), rozproszyć (się)

scav·en·ger ['skævɪndʒə] *s* padlinożerca; osoba przeszukująca śmietniki

sce·na·ri·o [sɪ'nɑːrɪəʊ] *s* scenariusz, *też przen.*

scene [siːn] *s* scena; widownia; widok, obraz; *pl* ***~s*** kulisy; ***behind the ~s*** *dosł. i przen.* za kulisami

scene paint·er ['siːn,peɪntə] *s* dekorator teatralny

scen·er·y ['siːnərɪ] *s* sceneria, krajobraz; dekoracja teatralna

scent [sent] *vt* wąchać, węszyć, wietrzyć; perfumować; *s* węch; zapach; perfumy; trop

scep·tic ['skeptɪk] *adj* sceptyczny; *s* sceptyk

scep·ti·cal ['skeptɪkl] = ***sceptic*** *adj*

scep·ti·cism ['skeptɪsɪzm] *s* sceptycyzm

scep·tre ['septə] *s* berło

sched·ule ['ʃedjuːl] *s* spis, lista, tabela, plan; rozkład jazdy; ***on*** ~ na czas, według rozkładu, punktualnie; *vt* wpisać na listę, umieścić w planie, zanotować

scheme [skiːm] *s* schemat, zarys, plan; spisek; *vt* planować; knuć

schism ['skɪzəm] *s* schizma

schis·mat·ic [skɪz'mætɪk] *s* schizmatyk; *adj* schizmatycki

schiz·o·phre·ni·a [,skɪtsəʊ'friːnɪə] *s* schizofrenia

schol·ar ['skɒlə] *s* uczeń; uczony; stypendysta

schol·ar·ship ['skɒləʃɪp] *s* wiedza, erudycja; stypendium

scho·las·tic [skə'læstɪk] *adj* nauczycielski, szkolny; scholastyczny

school [skuːl] *s* szkoła; ***grammar***

~ szkoła podstawowa; *am.* szkoła średnia; nauka (*w szkole*); *vt* szkolić
school board ['sku:lbɔ:d] *s* rada szkolna
school·boy ['sku:lbɔɪ] *s* uczeń
school·fel·low ['sku:lˌfeləʊ] *s* kolega szkolny
school·girl ['sku:lgɜ:l] *s* uczennica
school·mas·ter ['sku:lˌmɑ:stə] *s* nauczyciel
school·mate ['sku:lmeɪt] *s* kolega szkolny
school·mis·tress ['sku:lˌmɪstrəs] *s* nauczycielka
school·room ['sku:lru:m] *s* sala szkolna, klasa
schoo·ner ['sku:nə] *s mors.* szkuner
sci·at·i·ca [saɪ'ætɪkə] *s med.* ischias
sci·ence ['saɪəns] *s* wiedza, nauka; ***natural*** ~ nauki przyrodnicze; ~ ***fiction*** literatura fantastycznonaukowa; ***computer*** ~ informatyka
sci·en·tif·ic [ˌsaɪən'tɪfɪk] *adj* naukowy
sci·en·tist ['saɪəntɪst] *s* naukowiec
scin·til·late ['sɪntɪleɪt] *vi* iskrzyć się
sci·on ['saɪən] *s* latorośl; *bot.* pęd
scis·sors ['sɪzəz] *s pl* nożyce
scle·ro·sis [sklɪ'rəʊsɪs] *s med.* skleroza
scoff [skɒf] *s* szyderstwo; *vi* szydzić (***at sth*** z czegoś)
scoff·er ['skɒfə] *s* kpiarz, szyderca
scold [skəʊld] *vt vi* łajać, złorzeczyć (***sb, sth, at sb, sth*** komuś, czemuś); gderać; *s* zrzęda, jędza, sekutnica
scoop [sku:p] *s* chochla, szufelka, czerpak; *vt* czerpać, wygarniać
scoot·er ['sku:tə] (*także* ***motor-~***) skuter; hulajnoga; ślizgacz (*np. na wodzie*)
scope [skəʊp] *s* cel; zakres; pole działania; ***to be within the*** ~ wchodzić w zakres; ***to be beyond one's*** ~ przechodzić czyjeś możliwości
scorch [skɔ:tʃ] *vt vi* przypiekać, spalać (się), prażyć (się); *s* oparzenie
score [skɔ:] *s* nacięcie; rysa; znak; rachunek; dwudziestka; ***~s of people*** dziesiątki ludzi; *sport* ilość zdobytych punktów; *muz.* partytura; ***three*** ~ sześćdziesiąt; ***to keep*** (***the***) ~ notować wyniki w grze; ***on that*** ~ pod tym względem; ***on what ~?*** z jakiej racji?; *vt* nacinać; liczyć; *sport* liczyć punkty (*w grze*); zdobywać (*punkty*); osiągać; notować; ~ ***out*** wykreślić; ~ ***under*** podkreślić
scorn [skɔ:n] *s* pogarda, lekceważenie; *vt* pogardzać, lekceważyć
scorn·ful ['skɔ:nfl] *adj* lekceważący, pogardliwy
Scor·pi·o ['skɔ:pɪəʊ] *s* Skorpion (*znak zodiaku*)
scor·pi·on ['skɔ:pɪən] *s zool.* skorpion
Scot [skɒt] *s* Szkot; *pl* ***the Scots*** Szkoci
Scotch 1. [skɒtʃ] *adj* szkocki (*w odniesieniu do przedmiotów*)
scotch 2. [skɒtʃ] *s* nacięcie; *vt* naciąć; *przen.* udaremnić, położyć kres; ~ ***tape*** taśma klejąca
scot-free [ˌskɒt'fri:] *adj* cały, bez szwanku, nietknięty; ***to get off*** ~ wyjść cało (*z jakiejś sytuacji*); ujść bezkarnie
Scots [skɒts] *adj* szkocki
Scots·man ['skɒtsmən] *s* (*pl* ***Scotsmen*** ['skɒtsmən]) Szkot
Scotswoman ['skɒtsˌwʊmən] *s* (*pl* ***Scotswomen*** ['skɒtsˌwɪmɪn]) Szkotka
Scot·tish ['skɒtɪʃ] *adj* szkocki
scoun·drel ['skaʊndrəl] *s* łajdak
scour 1. ['skaʊə] *vt* czyścić, szorować; *s* czyszczenie, szorowanie

scour 2. ['skauə] *vt vi* biegać (*w poszukiwaniu czegoś*); przeszukać; grasować
scourge [skɜːdʒ] *s* bicz; kara; plaga; *vt* biczować; karać, nękać
scout [skaut] *s* harcerz; zwiadowca; zwiady; *lotn.* samolot wywiadowczy; *vi* robić rekonesans
scowl [skaul] *vt* patrzeć wilkiem; *s* groźne spojrzenie
scram·ble ['skræmbl] *vi* wspinać się, gramolić się (na czworakach); usilnie zabiegać (***for sth*** o coś); nawzajem sobie wydzierać (***for sth*** coś); *vt* bezładnie rzucać; bełtać; ***~d eggs*** jajecznica; *s* gramolenie się; ubieganie się; dobijanie się (***for sth*** o coś)
scrap [skræp] *s* kawałek, ułamek; świstek; wycinek; złom, szmelc; *pl* ***~s*** resztki, odpadki; *vt* wyrzucić, przeznaczyć na szmelc, wybrakować
scrap·book ['skræpbuk] *s* album (*wycinków, obrazków itp.*)
scrape [skreɪp] *vt vi* skrobać, drapać; szurać, ocierać (się); zgrzytać; ***to ~ a living*** jako tako zarabiać na życie; ***~ away*** <***off, out***> wyskrobać, wykreślić; ***~ through*** z trudem przedostać się; ***~ up together*** z trudem nagromadzić, uciułać (*pieniądze*); *s* skrobanie, szuranie; trudne położenie, tarapaty
scrap·er ['skreɪpə] *s* drapacz; skrobak; zgarniak; sknera; ***shoe ~*** wycieraczka do butów
scrap·heap ['skræphiːp] *s* stos szmelcu
scrap iron ['skræpˌaɪən] *s* złom żelazny
scratch [skrætʃ] *vt* drapać, skrobać; bazgrać (*piórem*); skreślić (*także* ***~ off*** <***out***>); *s* skrobanie, draśnięcie; *sport* linia startu; ***to come to ~*** stanąć na linii startu; ***start from ~*** zaczynać od zera
scrawl [skrɔːl] *vt vi* bazgrać, gryzmolić; *s* bazgranina
scream [skriːm] *vi* piszczeć, wrzeszczeć, wyć; *vt* powiedzieć krzykliwym tonem; *s* pisk, wrzask, wycie
screech [skriːtʃ] *vi* skrzeczeć, piszczeć; *vt* powiedzieć wrzaskliwym głosem; *s* wrzask, pisk
screen [skriːn] *s* osłona, zasłona; parawan; ekran; *techn.* sito; *fot.* przesłona; *vt* osłaniać, chronić; maskować; wyświetlać (na ekranie); filmować; przesiewać; ***~ off*** odgrodzić (*np. parawanem*)
screen·play ['skriːnpleɪ] *s* scenariusz (filmowy)
screw [skruː] *s* śruba; zwitek papieru; *pot.* sknera; *vt* śrubować; przyciskać, naciskać, ugniatać; wykręcać, skręcać; ***~ down*** przyśrubować; ***~ out*** odśrubować; wycisnąć, wydobyć; ***~ up*** zaśrubować; zwijać (*np. papier*); *wulg.* spieprzyć, spartolić; rozbić (*psychicznie*); *pot.* śrubować w górę (*np. ceny*); *wulg.* pieprzyć
screw·driv·er ['skruːˌdraɪvə] *s* śrubokręt
scrib·ble ['skrɪbl] *vt vi* gryzmolić, bazgrać; *s* bazgranina; szmira
scribe [skraɪb] *s* skryba, pisarz (*niższy urzędnik*)
scrim·mage ['skrɪmɪdʒ] *s* bijatyka, bójka
scrimp [skrɪmp] *vt vi* skąpić
script [skrɪpt] *s* pismo odręczne; scenariusz filmowy; tekst audycji radiowej <sztuki teatralnej>
scrip·tur·al ['skrɪptʃərəl] *adj* biblijny
scrip·ture ['skrɪptʃə] *s* (*także* ***the Holy Scripture***) Pismo święte, Biblia
scroll [skrəul] *s* zwój papieru; spirala; *arch.* woluta; *vt vi* zwijać (się); ozdabiać wolutą
scro·tum ['skrəutəm] *s* *anat.* moszna
scrub 1. [skrʌb] *s* krzak (karłowaty); zarośla; wiecheć

S

scrub 2. [skrʌb] *vt* szorować, ścierać
scru·ple ['skruːpl] *s* skrupuł; drobnostka; *vi* mieć skrupuły, wahać się
scru·pu·lous ['skruːpjələs] *adj* drobiazgowy, skrupulatny, sumienny
scru·ti·nize ['skruːtɪnaɪz] *vt* dokładnie badać
scru·ti·ny ['skruːtɪnɪ] *s* badanie, dokładne sprawdzenie
scud [skʌd] *vi* biec, mknąć; *s* bieg, ucieczka
scuf·fle ['skʌfl] *s* bójka; *vi* bić się, szamotać się
scull [skʌl] *s* krótkie wiosło; mała łódka; *vi* wiosłować
scul·ler·y ['skʌlərɪ] *s* zmywalnia (naczyń)
sculp·tor ['skʌlptə] *s* rzeźbiarz
sculp·ture ['skʌlptʃə] *s* rzeźba; rzeźbiarstwo; *vt* rzeźbić
scum [skʌm] *s* piana; *dosł. i przen.* szumowiny, męty; *vt* zbierać pianę; *vt* pienić się
scur·ril·ous ['skʌrələs] *adj* ordynarny, nieprzyzwoity, sprośny
scur·ry ['skʌrɪ] *vi* biegać, pędzić; *s* bezładna ucieczka
scur·vy ['skɜːvɪ] *s med.* szkorbut; *adj* nikczemny, podły
scutch·eon ['skʌtʃn] *s* tarcza (z herbem); tabliczka, płytka (*np. na drzwiach z nazwiskiem*)
scut·tle 1. ['skʌtl] *s* kosz, wiadro na węgiel
scut·tle 2. ['skʌtl] *s mors.* właz, otwór (zamykany klapą); *techn.* wlot
scut·tle 3. ['skʌtl] *vi* umykać; *s* ucieczka
scythe [saɪð] *s* kosa; *vt* kosić
sea [siː] *s* morze; ocean; ***at ~*** na morzu; *przen.* w kłopocie, zdezorientowany; ***by ~*** morzem; ***on the high ~s*** na pełnym morzu; ***to follow the ~*** być marynarzem; ***to go to ~*** wypłynąć na morze; obrać zawód marynarza; ***to put to ~*** odpłynąć, zacząć rejs
sea·board ['siːbɔːd] *s* brzeg morski
sea·borne ['siːbɔːn] *adj* (*o towarze*) przewożony morzem, zamorski
sea·coast ['siːkəʊst] *s* brzeg morski
sea dog ['siːdɒg] *s przen.* wilk morski
sea·far·ing ['siːˌfeərɪŋ] *s* żegluga morska; *adj* podróżujący morzem; żeglarski
sea·food ['siːfuːd] *s* owoce morza, frutti di mare
sea·go·ing ['siːˌgəʊɪŋ] *adj* (*o statku*) służący do żeglugi morskiej
sea·gull ['siːgʌl] *s zool.* mewa
seal 1. [siːl] *s zool.* foka
seal 2. [siːl] *s* pieczęć, stempel; opieczętowanie; plomba; ***under ~ of secrecy*** w tajemnicy; *vt* pieczętować, stemplować; lakować, plombować, zatykać
seal·ing wax ['siːlɪŋwæks] *s* lak (do pieczęci)
seam [siːm] *s* szew; *geol.* żyła minerału, złoże; *vt* zszywać
sea·man ['siːmən] *s* (*pl* ***seamen*** ['siːmən]) *mors.* żeglarz, marynarz
sea mew ['siːmjuː] *s zool.* mewa
seam·less ['siːmləs] *adj* bez szwu, bezszwowy
seam·stress ['semstrəs] *s* szwaczka
seam·y ['siːmɪ] *adj* pokryty szwami; ***~ side*** odwrotna strona (*ubrania*); *przen.* druga strona medalu
sea·plane ['siːpleɪn] *s* hydroplan, wodnopłat
sea·port ['siːpɔːt] *s* port morski
sear [sɪə] *adj* suchy, zwiędły; *vt* wysuszyć, wypalić; zwarzyć (*np. liście*)
search [sɜːtʃ] *vt vi* szukać, przeszukiwać; badać; poszukiwać (***after, for sth*** czegoś); rewidować; dociekać (***into sth*** czegoś);

s szukanie, przeszukiwanie; badanie; rewizja; ***in ~*** w poszukiwaniu (***of sth*** czegoś); ***to make ~*** poszukiwać (***after, for sth*** czegoś)
search·ing ['sɜːtʃɪŋ] *adj* badawczy; dokładny
search·light ['sɜːtʃlaɪt] *s* reflektor
search war·rant ['sɜtʃ,wɒrənt] *s* nakaz rewizji
sea rov·er ['siː,rəʊvə] *s* pirat; statek piracki
sea·shore ['siːʃɔː] *s* brzeg morski
sea·sick ['siːsɪk] *adj* cierpiący na chorobę morską
sea·side ['siːsaɪd] *s* wybrzeże morskie; ***at the ~*** nad morzem
sea·son ['siːzn] *s* pora (roku), sezon; ***in ~*** w porę; *vt* przyzwyczajać, hartować; przyprawiać; powodować dojrzewanie; suszyć (*np. drewno*); *vi* dojrzewać; przyzwyczajać się; ***~ ticket*** bilet okresowy
sea·son·a·ble ['siːznəbl] *adj* będący na czasie, trafny, stosowny
sea·son·al ['siːznəl] *adj* sezonowy
seat [siːt] *s* siedzenie, miejsce siedzące; krzesło; siedziba; ***to keep one's ~*** siedzieć na miejscu; ***to take a ~*** usiąść; *vt* posadzić, usadowić; ***to be ~ed*** usiąść, siedzieć; *vr* ***~ oneself*** usiąść; ***~ belt*** pas bezpieczeństwa
sea·ward ['siːwəd] *adj* skierowany ku morzu; *adv* (*także* ***~s***) w stronę morza
sea·weed ['siːwiːd] *s bot.* wodorost
sea·wor·thy ['siː,wɜːðɪ] *adj* (*o statku*) nadający się do żeglugi
se·cede [sɪ'siːd] *vi* odstąpić, oderwać się
se·ces·sion [sɪ'seʃn] *s* odstępstwo, secesja
se·clude [sɪ'kluːd] *vt* oddzielić, odosobnić
se·clu·sion [sɪ'kluːʒn] *s* oddzielenie, odosobnienie
sec·ond ['sekənd] *adj* drugi, następny; uboczny, drugorzędny; ***every ~ day*** co drugi dzień; ***~ best*** drugiej jakości; ***~ floor*** drugie piętro, *am.* pierwsze piętro (*nad parterem*); ***on ~ thoughts*** po rozważeniu sprawy; ***~ to none*** nikomu nie ustępujący; *s* sekunda; drugi zwycięzca; druga nagroda; sekundant; *vt* sekundować, wtórować, popierać
sec·on·dar·y ['sekəndrɪ] *adj* drugorzędny, pochodny; (*o szkole*) średni
sec·ond-hand [,sekənd'hænd] *adj attr* pochodzący z drugiej ręki, używany
sec·ond·ly ['sekəndlɪ] *adv* po drugie
sec·ond-rate ['sekəndreɪt] *adj attr* drugorzędny; marny, kiepski
se·cre·cy ['siːkrəsɪ] *s* tajemnica; dyskrecja
se·cret ['siːkrət] *s* sekret; *adj* tajny; ***~ service*** wywiad
sec·re·tar·iat [,sekrə'teərɪæt] *s* sekretariat
sec·re·tar·y ['sekrətrɪ] *s* sekretarz, sekretarka; minister, sekretarz (*np.* stanu)
se·crete [sɪ'kriːt] *vt* ukrywać; *biol.* wydzielać
se·cre·tion [sɪ'kriːʃn] *s* wydzieliny; *biol.* wydzielina
se·cre·tive ['siːkrətɪv] *adj* skryty, milczący; [sɪ'kriːtɪv] *biol.* wydzielający
sect [sekt] *s* sekta
sec·tar·i·an [sek'teərɪən] *adj* sekciarski; *s* sekciarz
sec·tion ['sekʃn] *s* sekcja; przekrój; cięcie; rozdział; oddział; odcinek; część; paragraf; ***cross ~*** przekrój poprzeczny; *vt* przecinać, rozkładać na części
sec·tion·al ['sekʃnəl] *adj* sekcyjny; klasowy
sec·tor ['sektə] *s* sektor, odcinek; gałąź (*np. przemysłu*)
sec·u·lar ['sekjʊlə] *adj* stuletni; wieczny; świecki

S

se·cure [sɪ'kjʊə] *adj* bezpieczny; pewny; solidny; *vt* zabezpieczyć, zapewnić; upewnić się; zapewnić sobie; osiągnąć

se·cu·ri·ty [sɪ'kjʊərətɪ] *s* bezpieczeństwo; pewność; gwarancja, kaucja; solidność; *pl* ***securities*** papiery wartościowe; ***Security Council*** Rada Bezpieczeństwa

se·date [sɪ'deɪt] *adj* opanowany, spokojny, ustatkowany

sed·a·tive ['sedətɪv] *adj* uspokajający; *s* środek uspokajający

sed·en·tar·y ['sedntrɪ] *adj* (*o trybie życia*) siedzący; *zool.* osiadły

sed·i·ment ['sedɪmənt] *s* osad

se·di·tion [sɪ'dɪʃn] *s* bunt

se·di·tious [sɪ'dɪʃəs] *adj* buntowniczy

se·duce [sɪ'dju:s] *vt* uwodzić

se·duc·tion [sɪ'dʌkʃn] *s* uwiedzenie; powab

se·duc·tive [sɪ'dʌktɪv] *adj* uwodzicielski

sed·u·lous ['sedjʊləs] *adj* skrzętny, pilny

see 1.** [si:] *vt vi* (saw*** [sɔ:], ***seen*** [si:n]) widzieć, zobaczyć, oglądać; pojmować; doświadczać; uważać; odwiedzać; odprowadzać; ***I ~*** rozumiem; ***to ~ a thing done*** dopilnować, żeby coś zostało zrobione; ***to ~ about sth*** postarać się o coś; ***to ~ after sth*** doglądać czegoś; ***to ~ to sth*** pilnować czegoś; ***~ off*** odprowadzić; ***to ~ out*** odprowadzić do drzwi; ***~ through*** przeprowadzić; doczekać się; doprowadzić do końca; przejrzeć; ***~ you tomorrow*** do jutra

see 2. [si:] *s* biskupstwo; ***the Holy See*** Stolica Apostolska

seed [si:d] *s* nasienie; *vt vi* siać, rozsiewać się; obsiewać; drylować

seed·ling ['si:dlɪŋ] *s bot.* sadzonka

seed·y ['si:dɪ] *adj* (*o roślinie*) z nasieniem; *pot.* marny, zużyty; niedysponowany; ***to feel ~*** czuć się niedobrze

seek** [si:k] *vt* (sought, sought*** [sɔ:t]) szukać; potrzebować; pożądać; *vi* ubiegać się, dążyć (***after, for sth*** do czegoś); przeszukać (***through the pockets*** kieszenie)

seem [si:m] *vi* wydawać się; wyglądać; mieć wrażenie; ***it ~s to me*** wydaje mi się; ***he ~s to be ill*** wygląda na chorego

seem·ly ['si:mlɪ] *adj* przyzwoity, odpowiedni

seen *zob.* ***see***

seer [sɪə] *s* jasnowidz

see·saw ['si:sɔ:] *s* huśtawka (*z deski*); *vt vi* huśtać (się)

seethe [si:ð] *vi* wrzeć, kipieć; *vt* gotować

seg·ment ['segmənt] *s* segment, odcinek (*np. koła*), człon; *vt vi* dzielić (się) na człony, rozczłonkowywać

seg·re·gate ['segrɪgeɪt] *vt vi* segregować, oddzielać (się)

seg·re·ga·tion [ˌsegrɪ'geɪʃn] *s* segregacja, oddzielenie

seize [si:z] *vt* chwycić, złapać; zająć; opanować, pojąć; *vi* zawładnąć, skwapliwie chwycić się (***on, upon, sth*** czegoś); ***to ~ the opportunity*** wykorzystać okazję

sei·zure ['si:ʒə] *s* konfiskata; porwanie; aresztowanie; atak (*choroby*)

sel·dom ['seldəm] *adv* rzadko

se·lect [sɪ'lekt] *vt* wybierać, dobierać; *adj* wybrany, doborowy

se·lec·tion [sɪ'lekʃn] *s* wybór, dobór

se·lec·tive [sɪ'lektɪv] *adj* selekcyjny

self [self] *s* (*pl* ***selves*** [selvz]) jaźń, osobowość, własna osoba; ***my better ~*** lepsza część mojej natury; *pron* sam, sobie

self-ac·cu·sa·tion [ˌselfækjʊ'zeɪʃn] *s* samooskarżenie

self-ad·ver·tise·ment [ˌselfəd'vɜ:tɪsmənt] *s* autoreklama

S

self-com·mand [ˌselfkəˈmɑːnd] *s* panowanie nad sobą
self-com·pla·cen·cy [ˌselfkəmˈpleɪsnsɪ] *s* zadowolenie z samego siebie
self-con·ceit [ˌselfkənˈsiːt] *s* zarozumiałość
self-con·scious [ˌselfˈkɒnʃəs] *adj* nieśmiały, zakłopotany
self-con·trol [ˌselfkənˈtrəʊl] *s* panowanie nad sobą, opanowanie
self-de·fence [ˌselfdɪˈfens] *s* samoobrona
self-de·ni·al [ˌselfdɪˈnaɪəl] *s* samozaparcie
self-de·ter·mi·na·tion [ˌselfdɪˌtɜːmɪˈneɪʃn] *s* samookreślenie
self-dis·ci·pline [ˌselfˈdɪsəplɪn] *s* dyscyplina wewnętrzna
self-ed·u·cat·ed [ˌselfˈedjʊkeɪtɪd] *adj* ~ ***man*** samouk
self-em·ployed [ˌselfɪmˈplɔɪd] *adj* zatrudniony we własnym przedsiębiorstwie
self-es·teem [ˌselfɪˈstiːm] *s* poczucie własnej godności, ambicja
self-ev·i·dent [ˌselfˈevɪdənt] *s* oczywisty
self-ig·ni·tion [ˌselfɪgˈnɪʃn] *s techn.* samozapłon
self-gov·ern·ment [ˌselfˈgʌvnmənt] *s* samorząd
self·ish [ˈselfɪʃ] *adj* egoistyczny, samolubny
self-made [ˌselfˈmeɪd] *adj* zawdzięczający wszystko samemu sobie
self-por·trait [ˌselfˈpɔːtrət] *s* autoportret
self-pos·sessed [ˌselfpəˈzest] *adj* opanowany, panujący nad sobą
self-pres·er·va·tion [ˌselfprezəˈveɪʃn] *s* instynkt samozachowawczy, samoobrona
self-re·li·ant [ˌselfrɪˈlaɪənt] *adj* polegający na samym sobie
self-re·spect [ˌselfrɪˈspekt] *s* poczucie własnej godności
self-sac·ri·fice [ˌselfˈsækrɪfaɪs] *s* poświęcenie
self·same [ˈselfseɪm] *adj* ten sam, identyczny
self-seek·er [ˌselfˈsiːkə] *s* egoista, samolub
self-seek·ing [ˌselfˈsiːkɪŋ] *adj* samolubny, egoistyczny
self-ser·vice [ˌselfˈsɜːvɪs] *s* samoobsługa; ~ ***shop*** sklep samoobsługowy
self-styled [ˈselfstaɪld] *adj* samozwańczy
self-suf·fi·cien·cy [ˌselfsəˈfɪʃnsɪ] *s* samowystarczalność
self-suf·fi·cient [ˌselfsəˈfɪʃnt] *adj* samowystarczalny
self-will [ˌselfˈwɪl] *s* narzucanie własnej woli, upór
self-willed [ˌselfˈwɪld] *adj* uparty; nieusłuchany
sell** [sel] *v* (sold*** [səʊld], ***sold*** [səʊld]) *vt* sprzedawać; *vi* iść, mieć zbyt; ~ ***out*** <***off***> wyprzedawać
sell·er [ˈselə] *s* sprzedawca
selves *zob.* ***self***
se·man·tics [sɪˈmæntɪks] *s* semantyka
sem·a·phore [ˈseməfɔː] *s kolej.* semafor
sem·blance [ˈsembləns] *s* wygląd; pozór
semi- [ˈsemɪ] *praef* pół-
sem·i·cir·cle [ˈsemɪˌsɜːkl] *s* półkole
sem·i·co·lon [ˌsemɪˈkəʊlən] *s gram.* średnik
sem·i·fi·nal [ˌsemɪˈfaɪnl] *s sport* półfinał
sem·i·nar [ˈsemɪnɑː] *s* seminarium (*na uniwersytecie*)
sem·i·na·ry [ˈsemɪnərɪ] *s* seminarium duchowne
sem·i·nude [ˌsemɪˈnjuːd] *adj* półnagi
sem·i-of·fi·cial [ˌsemɪəˈfɪʃl] *adj* półurzędowy
sem·i·ot·ics [ˌsemɪˈɒtɪks] *s* semiotyka

Sem·ite ['siːmaɪt] *s* Semita
Se·mit·ic [sɪ'mɪtɪk] *adj* semicki
sem·o·li·na [ˌsemə'liːnə] *s* kasza manna, grysik
sen·ate ['senət] *s* senat
sen·a·tor ['senətə] *s* senator
***send** [send] *vt* (**sent, sent** [sent]) posyłać; sprawiać, zrządzić; **to ~ flying** zmusić do ucieczki; rozpędzić, rozproszyć; **to ~ mad** doprowadzić do szaleństwa; **to ~ word** posłać wiadomość; **~ away** odsyłać; **~ forth** wydawać, wydzielać; wydobywać na światło dzienne; wypuszczać; **~ in** wpuścić; nadesłać; złożyć; **~ off** odsyłać; **~ on** posłać dalej; przeadresować (*np. list*); **~ out** wysyłać; wyrzucać; **~ up** podnieść, podrzucić (do góry), wypuścić (w górę); zgłosić; podać (*np. do stołu*); *vi* posyłać (**for sb** po kogoś)
se·nile ['siːnaɪl] *adj* starczy
se·ni·or ['siːnɪə] *adj* starszy (*rangą, studiami*); **~ forms** wyższe klasy (*w szkole*); *s* senior, człowiek starszy; **my ~ by ten years** starszy ode mnie o dziesięć lat
se·ni·or·i·ty [ˌsiːnɪ'ɒrətɪ] *s* starszeństwo
sen·sa·tion [sen'seɪʃn] *s* uczucie, wrażenie; sensacja
sense [sens] *s* uczucie, poczucie; zmysł; świadomość; rozsądek; znaczenie, sens; **common ~** zdrowy rozsądek; **in a ~** w pewnym sensie; **a man in his ~s** człowiek przy zdrowych zmysłach; **a man of ~** człowiek rozsądny; **to come to one's ~s** odzyskać przytomność; opamiętać się; **to make ~** mieć sens; **to talk ~** mówić do rzeczy; *vt* odczuwać, wyczuwać, rozeznać; *am.* rozumieć
sense·less ['sensləs] *adj* bezmyślny, niedorzeczny; nieprzytomny; nieczuły
sen·si·bil·i·ty [ˌsensə'bɪlətɪ] *s* wrażliwość, uczuciowość
sen·si·ble ['sensəbl] *adj* dający się uchwycić zmysłami; świadomy; wrażliwy; rozsądny; znaczny, poważny; **to become ~** uzmysławiać sobie (**of sth** coś)
sen·si·tive ['sensətɪv] *adj* zmysłowy; uczuciowy, czuły, wrażliwy; łatwo obrażający się; *bot.* **~ plant** mimoza
sen·si·tize ['sensətaɪz] *vt med.* uczulać; *fot.* uczulać na światło
sen·sor ['sensə] *n techn.* czujnik
sen·su·al ['senʃuəl] *adj* zmysłowy; cielesny
sen·su·al·i·ty [ˌsenʃʊ'ælətɪ] *s* zmysłowość
sen·su·ous ['senʃʊəs] *adj* zmysłowy, czuciowy; delikatny
sent *zob.* **send**
sen·tence ['sentəns] *s* sentencja, wyrok; *gram.* zdanie; **to pass a ~** wydać wyrok; **to serve a ~** odbywać karę sądową; *vt* osądzić, skazać
sen·ti·ment ['sentɪmənt] *s* sentyment, uczucie, odczucie; zdanie; opinia
sen·ti·men·tal [ˌsentɪ'mentl] *adj* sentymentalny
sen·ti·nel ['sentɪnl] *s* placówka, posterunek; wartownik; **to stand ~** stać na warcie
sen·try ['sentrɪ] *s* placówka, posterunek
sep·a·ra·ble ['seprəbl] *adj* rozdzielny, rozłączny
sep·a·rate ['sepəreɪt] *vt vi* oddzielić (się), rozłączyć (się); *adj* ['seprət] oddzielny
sep·a·ra·tion [ˌsepə'reɪʃn] *s* separacja, rozłączenie; **~ allowance** dodatek (do pensji) za rozłąkę; *prawn.* **judicial <legal> ~** separacja (*małżonków*)
Sep·tem·ber [sep'tembə] *s* wrzesień
sep·tic ['septɪk] *adj* sceptyczny

S

se·pul·chral [sɪ'pʌlkrəl] *adj* grobowy, ponury
sep·ul·chre ['seplkə] *s bryt. lit. rel.* grób
se·quel ['siːkwəl] *s* następstwo, ciąg dalszy
se·quence ['siːkwəns] *s* następstwo, kolejność; ***in ~*** kolejno; ***~ of tenses*** *gram.* następstwo czasów
se·ques·ter [sɪ'kwestə] *vt* oddzielić, odosobnić; konfiskować
sere [sɪə] *adj* = ***sear***
ser·e·nade [ˌserə'neɪd] *s* serenada; *vt vi* śpiewać serenadę
se·rene [sɪ'riːn] *adj* pogodny, jasny; spokojny
se·ren·i·ty [sɪ'renətɪ] *s* pogoda, spokój
serf [sɜːf] *s* niewolnik; *hist.* chłop pańszczyźniany
serf·dom ['sɜːfdəm] *s* niewolnictwo; *hist.* poddaństwo, pańszczyzna
ser·geant ['sɑːdʒnt] *s wojsk.* sierżant
se·ri·al ['sɪərɪəl] *adj* seryjny, kolejny; szeregowy; *s* serial; powieść drukowana w odcinkach (*w gazecie*); periodyk
se·ries ['sɪəriːz] *s* (*pl ~*) seria, szereg; ***in ~*** seryjnie; *elektr.* szeregowo
se·ri·ous ['sɪərɪəs] *adj* poważny
ser·jeant *s* = ***sergeant***
ser·mon ['sɜːmən] *s* kazanie
ser·mon·ize ['sɜːmənaɪz] *vi* wygłaszać kazanie; *vt* napominać, strofować
ser·pent ['sɜːpənt] *s* wąż
ser·pen·tine ['sɜːpəntaɪn] *adj* wężowy; wężowaty, wijący się; *s* serpentyna (*droga*)
ser·ried ['serɪd] *adj* stłoczony, zwarty
se·rum ['sɪərəm] *s* surowica
ser·vant ['sɜːvənt] *s* służący, sługa; ***civil <public> ~*** urzędnik państwowy
serve [sɜːv] *vt vi* służyć, obsługiwać; podawać (*przy stole*); wyrządzić; odpowiadać (*celowi*); odbywać (*karę, służbę, praktykę itp.*); traktować; *sport* serwować; ***it ~s you right*** dobrze ci tak, masz za to; ***to ~ one's time*** odbyć kadencję; ***to ~ time*** odsiedzieć karę; ***~ out*** rozdzielić; odpłacić się; *s sport* serwis, serw
ser·vice ['sɜːvɪs] *s* służba, obsługa; pomoc; przysługa; nabożeństwo; (*zastawa*) serwis; *sport* serwis; ***civil ~*** służba państwowa; ***train ~*** komunikacja kolejowa; ***public ~s*** instytucje użyteczności publicznej; ***social ~s*** świadczenia społeczne; ***~ area*** (*radio*) zasięg odbioru; ***~ station*** stacja benzynowa; sklep usługowy; ***to be of ~*** przydać się; ***to do one's ~*** odbywać służbę; ***to do <render> ~*** oddać przysługę
ser·vi·ette [ˌsɜːvɪ'et] *s* serwetka (*w zastawie stołowej*)
ser·vile ['sɜːvaɪl] *adj* niewolniczy; służalczy
ses·sion ['seʃn] *s* posiedzenie; sesja; okres posiedzeń; *am.* (*także w Szkocji*) rok akademicki; *am.* ***summer ~*** letni kurs uniwersytecki; ***to be in ~*** obradować
set** [set] *vt vi* (set, set*** [set]) stawiać, kłaść, ustawiać; ***to ~ the table*** nakrywać do stołu; montować; wzmacniać; kierować; nastawiać; nakłaniać; zapędzać (*np.* ***to work do*** roboty); podjudzać; (*o słońcu*) zachodzić; zanikać, kończyć się; opadać; regulować (*np. zegarek*); (*o pogodzie*) ustalić się; (*o organizmie*) rozwinąć się; (*o cieczy*) krzepnąć; nastroić (*fortepian*); zadać (*pytanie*); zabierać się (***about, to sth*** do czegoś); skłaniać się (***towards, to*** ku czemuś); ***to ~ an example*** dać przykład; ***to ~ the fashion*** ustanowić modę, ***to ~ fire*** podłożyć ogień, podpalić (***to sth*** coś); ***to ~ on fire*** podpalić (***sth*** coś); ***to ~***

free uwolnić; ***to ~ in motion*** uruchomić; ***to ~ at rest*** uspokoić; ***to ~ sail*** odpłynąć; ***to ~ sb a task*** dać komuś zadanie; *z ppraes* wprawić w ruch, spowodować; ***to ~ flying*** wypuścić w powietrze; ***to ~ going*** nadać bieg; ***to ~ thinking*** dać do myślenia; *z przysłówkami*: ***~ about*** rozpowszechnić; ***~ apart*** oddzielić, odsunąć; ***~ aside*** odłożyć na bok; zignorować; *prawn.* anulować; ***~ back*** cofnąć; ***~ by*** odłożyć na bok; ***~ down*** położyć, złożyć; wyłożyć na piśmie; przypisać; zsadzić, wysadzić; ustalić (*np. regułę*); ***~ forth*** wyłożyć, wykazać; uwydatnić; przedstawić (*np. projekt*); wyruszyć; ***~ forward*** posunąć się naprzód; wyruszyć; podsunąć, wysunąć; ***~ in*** wprawić; nastać, nastąpić; ***~ off*** wyruszyć w drogę; oddzielić, odłożyć, usunąć; uwydatnić; wyodrębnić; wyrównać; ***~ on*** podjudzać; rozpoczynać; napadać; wyruszać w dalszą drogę; ***~ out*** rozpoczynać, przedsiębrać; wykładać, przedstawiać, wystawiać; zdobić; wyruszać; ***~ up*** ustawiać, nastawiać, instalować, montować; założyć; podnieść; ustanowić; urządzić (życiowo); zaopatrzyć; osiedlić się; ***~ up for sth*** podawać się za coś; ***~ up in business*** założyć przedsiębiorstwo; ***to be ~ up*** być dobrze zaopatrzonym; ***~ to*** zabrać się do czegoś; zacząć (*walczyć, kłócić się*); *s* seria, asortyment, komplet, kolekcja, wybór; serwis (*stołowy*); zaprząg; gatunek; grupa; zachód (*słońca*); postawa, budowa ciała; układ; kierunek; próba; *sport* set; (***radio***) ~ aparat radiowy; *adj* uporządkowany, ustalony, zdecydowany; nieruchomy; (*o ciele ludzkim*) zbudowany; ***to be hard ~*** być w ciężkim położeniu; ***of ~ purpose*** z mocnym postanowieniem

set·back ['setbæk] *s* cofnięcie się; niepowodzenie

set-off ['setɒf] *s* kontrast; przeciwwaga; wyrównanie; dekoracja, tło (*ozdobne*); *handl.* kompensata

set-out ['setaʊt] *s* początek; wyjazd

set·square ['setskweə] *s* ekierka

set·tee [se'tiː] *s* sofa

set·ting ['setɪŋ] *s* oprawa, obramowanie; układ, ustawienie; tło, otoczenie; inscenizacja; ilustracja; ilustracja muzyczna

set·tle ['setl] *vt vi* posadzić, osadzić, ułożyć; (*także* ***~ down***) osiąść, osiedlić się; ustalić (się); rozstrzygnąć; uporządkować, uregulować; uspokoić; ustanowić; zdecydować (się); *vr* ***~ oneself*** osiąść, dostosować się; zabrać się, zasiąść (***to sth*** do czegoś); ustatkować się; ***~ up*** uregulować (*zobowiązania*)

set·tled ['setld] *adj* stały, ustalony; ***~ weather*** ustabilizowana pogoda; ***a man of ~ convictions*** człowiek o stałych przekonaniach; (*na rachunku*) ~ zapłacono

set·tle·ment ['setlmənt] *s* ustalenie, załatwienie, rozstrzygnięcie; układ; uspokojenie; wyrównanie, rozliczenie; osiadanie; osiedlenie się; osiedle, osada; założenie (*interesu*)

set·tler ['setlə] *s* osadnik, osiedleniec

sev·en ['sevn] *num* siedem; *s* siódemka

sev·en·teen [ˌsevn'tiːn] *num* siedemnaście; *s* siedemnastka

sev·en·teenth [ˌsevn'tiːnθ] *adj* siedemnasty; *s* siedemnasta część

sev·enth ['sevnθ] *adj* siódmy; *s* siódma część

sev·en·ti·eth ['sevntɪəθ] *adj* siedemdziesiąty; *s* siedemdziesiąta część

sev·en·ty ['sevntɪ] *num* siedemdziesiąt; *s* siedemdziesiątka

sev·er ['sevə] *vt vi* oddzielić (się), oderwać (się); *przen.* rozstać się; zerwać

sev·er·al ['sevrəl] *adj* oddzielny; różny; poszczególny; podzielny; liczny; *pron* kilka, kilkanaście

sev·er·al·ly ['sevrəlɪ] *adv* poszczególnie; różnie; indywidualnie; ***jointly and ~*** zbiorowo i indywidualnie

sev·er·ance ['sevrəns] *s* oddzielenie, oderwanie; zerwanie

se·vere [sə'vɪə] *adj* surowy, bezwzględny, srogi; ostry; poważny; obowiązujący

se·ver·i·ty [sə'verətɪ] *s* bezwzględność, surowość, srogość; ciężki stan

sew** [səʊ] *vt vi* (sewed*** [səʊd], ***sewn*** [səʊn]) szyć; ***~ on*** naszywać, przyszywać; ***~ up*** zszywać, łatać

sew·age ['suːɪdʒ] *s* woda ściekowa, nieczystości; ***~ system*** kanalizacja

sew·er ['suːə] *s* ściek, rynsztok; *vt* kanalizować

sew·er·age ['suːərɪdʒ] *s* kanalizacja; wody ściekowe

sew·ing ma·chine ['səʊɪŋməʃiːn] *s* maszyna do szycia

sewn *zob.* ***sew***

sex [seks] *s* płeć

sex ap·peal *zob.* ***appeal***

sex·ploi·ta·tion [ˌseksplɔɪ'teɪʃn] *s pot.* wykorzystywanie seksu dla celów komercyjnych

sex·ton ['sekstn] *s* zakrystian

sex·u·al ['sekʃʊəl] *adj* płciowy; ***~ intercourse*** stosunek płciowy

S

sex·y ['seksɪ] *adj* zmysłowy, pociągający, seksowny

shab·by ['ʃæbɪ] *adj* lichy, zniszczony, stargany, nędznie ubrany; nędzny, podły

shack [ʃæk] *s* chata, rudera

shack·le ['ʃækl] *s* ogniwo łańcuchowe; sprzęgło, klamra; *pl* ***~s*** (*także przen.*) kajdany; *vt* skuć, spętać

shade [ʃeɪd] *s* cień, mrok; odcień; abażur; parasolka; *am.* roleta, stora; ***a ~*** coś niecoś, odrobinę; *vt vi* zaciemnić; cieniować; zasłaniać; stopniowo zmieniać (odcień); (*także* ***~ off*** <***away***>) tuszować, łagodzić

shad·ow ['ʃædəʊ] *s* cień (*odbicie kształtu*); mrok; ułuda; zjawa, widmo; *vt* zacieniać; śledzić

shad·ow·y ['ʃædəʊɪ] *adj* cienisty; ciemny, niejasny

shad·y ['ʃeɪdɪ] *adj* cienisty; ciemny; mętny, dwuznaczny; podejrzany

shaft [ʃɑːft] *s* trzon, łodyga; drzewce; dyszel; promień; błyskawica; ostrze; strzała; *górn.* szyb

shag [ʃæg] *s* zmierzwione włosy; kudły; włochaty materiał; gatunek tytoniu

shag·gy ['ʃægɪ] *adj* włochaty, kudłaty; ***~-dog story*** zabawne opowiadanie bez znaczącej puenty

shake** [ʃeɪk] *vt vi* (shook*** [ʃʊk], ***shaken*** ['ʃeɪkən]) trząść (się), potrząsnąć, wstrząsnąć; drżeć, chwiać się; ***to ~ hands*** podawać sobie ręce; ***~ down*** strząsnąć; ***~ off*** odrzucić, zrzucić, pozbyć się; ***~ out*** wytrząsnąć, wyrzucić, wysypać; ***~ up*** potrząsnąć, rozruszać; *s* potrząsanie, trzęsienie, drżenie; ***milk ~*** koktajl mleczny; *pl* ***~s*** dreszcze

shake·up ['ʃeɪkʌp] *s* wstrząs, poruszenie; przetasowanie, reorganizacja

shak·y ['ʃeɪkɪ] *adj* drżący; chwiejny, niepewny

shall [ʃæl, ʃl] *v aux zw. bryt., służy do tworzenia fut*: ***I ~ be there*** będę tam; ***you ~ not see him*** nie zobaczysz go, masz go nie widzieć; powinien; ***~ he wait?*** czy ma czekać?

shal·low ['ʃæləʊ] *adj* płytki; *przen.* niepoważny, powierzchowny; *s* płycizna, mielizna

sham [ʃæm] *vt vi* udawać, symulować, pozorować; *s* udawanie, symulowanie, fikcja; *adj* udawany, fałszywy, rzekomy, pozorny
sham·ble ['ʃæmbl] *vi* powłóczyć nogami; *s* niezgrabny chód
shame [ʃeɪm] *s* wstyd; *vt* zawstydzić; wymóc (***sb into sth*** coś na kimś); odwieść (***out of sth*** od czegoś); ~ ***on you!*** wstydź się!, jak ci nie wstyd!
shame·faced [ˌʃeɪm'feɪst] *adj* wstydliwy, nieśmiały
shame·ful ['ʃeɪmfl] *adj* haniebny, sromotny
shame·less ['ʃeɪmləs] *adj* bezwstydny
sham·poo [ʃæm'puː] *s* szampon; *vt* myć szamponem
sham·rock ['ʃæmrɒk] *s bot.* biała trójlistna koniczyna (*symbol narodowy Irlandii*)
shank [ʃæŋk] *s anat.* goleń
shan't [ʃɑːnt] = ***shall not***
shan·ty ['ʃæntɪ] *s* buda, szałas; ~***town*** osiedle ruder <slumsów>
shape [ʃeɪp] *s* kształt, wygląd; obraz, rysunek; ***in*** (***the***) ~ ***of*** w postaci; ***out of*** ~ zniekształcony; ***in good*** (***poor***) ~ w dobrej (złej) formie; *vt vi* kształtować (się); tworzyć; wyobrażać sobie
shape·ly ['ʃeɪplɪ] *adj* ładnie zbudowany, kształtny, zgrabny
share [ʃeə] *vt vi* dzielić, podzielać; uczestniczyć; ~ ***out*** rozdzielać; *s* część; udział; działka; przyczynek; *handl.* akcja; ***to go*** ~***s*** podzielić się (***in sth*** czymś); uczestniczyć; ***to have a*** ~ przyczynić się (***in sth*** do czegoś); ***to hold*** ~***s*** *handl.* być akcjonariuszem; ***to take*** ~ brać udział
share·bro·ker ['ʃeəˌbrəʊkə] *s* makler
share·hold·er ['ʃeəˌhəʊldə] *s* akcjonariusz
shark [ʃɑːk] *s zool.* rekin; *przen.* oszust, lichwiarz; *vt* oszukiwać
sharp [ʃɑːp] *adj* ostry, spiczasty; przenikliwy, bystry; przebiegły; *adv* bystro; punktualnie; *s muz.* krzyżyk
sharp·en ['ʃɑːpən] *vt vi* ostrzyć (się)
shat·ter ['ʃætə] *vt* roztrzaskać, rozbić; *vi* rozlecieć się; *s zw. pl* ~***s*** odłamki, strzępy
shave [ʃeɪv] *vt vi* golić (się); strugać; *s* golenie; ***to have a*** ~ ogolić się; ***close*** <***near***> ~ sytuacja o włos od niebezpieczeństwa
shav·en ['ʃeɪvn] *adj* (*także* ***clean*** ~) wygolony
shav·ing ['ʃeɪvɪŋ] *s* golenie; struganie; *pl* ~***s*** wióry, odpadki; ~ ***cream*** krem do golenia; ~ ***foam*** krem do golenia (*w aerozolu*)
shawl [ʃɔːl] *s* szal
she [ʃiː] *pron* ona
sheaf [ʃiːf] *s* (*pl* ***sheaves*** [ʃiːvz]) snop, wiązka
shear** [ʃɪə] *vt* (sheared*** [ʃɪəd], ***shorn*** [ʃɔːn]) strzyc; *przen.* ogołacać, pozbawiać; *s* strzyżenie
shears [ʃɪəz] *s pl* nożyce (*np. krawieckie, ogrodnicze*)
sheath [ʃiːθ] *s* (*pl* ***sheaths*** [ʃiːðz]) pochwa, futerał; kondom
sheathe [ʃiːð] *vt* wkładać do pochwy
sheath·ing ['ʃiːðɪŋ] *s* ochronne pokrycie, powłoka
sheave [ʃiːv] *vt* wiązać w snopy
sheaves *zob.* ***sheaf***
she'd [ʃiːd] *skr.* = ***she had, she would***
shed 1.** *vt* (shed, shed*** [ʃed]) ronić, gubić, zrzucać; wylewać, przelewać; rozsiewać
shed 2. [ʃed] *s* szopa; zajezdnia
sheep [ʃiːp] *s* (*pl* ~) owca, baran
sheep·hook ['ʃiːphʊk] *s* kij pasterski
sheep·ish ['ʃiːpɪʃ] *adj* bojaźliwy; zakłopotany; zbaraniały; nieśmiały
sheep·skin ['ʃiːpskɪn] *s* owcza skóra; ~ ***coat*** kożuch

sheep·walk ['ʃi:pwɔ:k] *s* pastwisko dla owiec
sheer [ʃɪə] *adj* zwyczajny; czysty; istny; prosty; pionowy; ~ ***nonsense*** istny nonsens; ***by ~ force*** po prostu siłą; *adv* całkowicie; wprost; pionowo
sheet [ʃi:t] *s* prześcieradło; arkusz; kartka (*papieru*); powierzchnia, tafla, płyta; *mors.* szot; *vt* nakryć prześcieradłem
sheet iron ['ʃi:t,aɪən] *s* blacha
shelf [ʃelf] *s* (*pl* ***shelves*** [ʃelvz]) półka; wystająca skała, rafa; listwa
shell [ʃel] *s* skorupa, łupina, muszla; nabój armatni; *vt vi* wyłuskiwać; *wojsk.* ostrzelać
she'll [ʃi:l] *skr.* = ***she will***
shel·ter ['ʃeltə] *s* schronienie, schron, przytułek; *vt vi* chronić (się), osłaniać; udzielić przytułku; znaleźć przytułek
shelve [ʃelv] *vt* położyć na półce; odłożyć, odstawić; oddalić, zwolnić (*np. ze służby*)
shelves *zob.* ***shelf***
shep·herd ['ʃepəd] *s* pastuch; *przen. i lit.* pasterz; *vt vi* strzec; paść owce
sher·ry ['ʃerɪ] *s* sherry (*gatunek wina*)
she's [ʃi:z] = ***she is, she has***
shield [ʃi:ld] *s* tarcza, osłona; *vt* ochraniać, osłaniać
shift [ʃɪft] *vt vi* przesuwać (się), przestawiać (się); zmieniać miejsce pobytu, przenosić się; zmieniać (*np. ubranie*); *s* zmiana; przesunięcie; sposób, środek, zabieg, szychta, ***to make*** (***a***) ~ uporać się, dać sobie radę; ***to work in ~s*** pracować na zmiany; ~ ***stick*** *am.* drążek zmiany biegów
shift·y ['ʃɪftɪ] *adj* przebiegły, przemyślny
shil·ling ['ʃɪlɪŋ] *s bryt.* szyling (*do 1971, moneta o wartości 12 pensów*)
shim·mer ['ʃɪmə] *vi* migotać; *s* migotanie
shin [ʃɪn] *s* goleń; *vt* ~ ***up*** wspinać się, wdrapywać się (***the tree*** na drzewo)
shine** [ʃaɪn] *v* (shone, shone*** [ʃɒn]) *vi* świecić, jaśnieć; *vt* nadawać blask, czyścić do połysku; *s* blask, połysk
shin·gle 1. ['ʃɪŋgl] *s* gont; *am.* tabliczka; krótko strzyżone włosy; *vt* kryć gontami; krótko strzyc włosy
shin·gle 2. ['ʃɪŋgl] *s* kamyk; *zw. zbior.* kamyki, żwir
shin·gles ['ʃɪŋglz] *s med.* półpasiec
shin·y ['ʃaɪnɪ] *adj* błyszczący
ship [ʃɪp] *s mors.* statek; okręt; *vt* przewozić okrętem; ładować na okręt; *vi* zaokrętować się
ship·board ['ʃɪpbɔ:d] *s mors.* pokład; ***on*** ~ na statku
ship·build·ing ['ʃɪp,bɪldɪŋ] *s* budownictwo okrętowe
ship car·riage ['ʃɪp,kærɪdʒ] *s mors.* transport okrętowy
ship·mas·ter ['ʃɪp,mɑ:stə] *s mors.* kapitan statku (*handlowego*)
ship·ment ['ʃɪpmənt] *s mors.* załadowanie na okręt, przewóz okrętem
ship·own·er ['ʃɪp,əʊnə] *s mors.* armator
ship·ping ['ʃɪpɪŋ] *s mors.* żegluga; transport okrętem; załadowanie na okręt; marynarka (handlowa)
ship·shape ['ʃɪpʃeɪp] *adj i adv* we wzorowym porządku; ***to put*** ~ doprowadzić do wzorowego stanu
ship·wreck ['ʃɪprek] *s* rozbicie okrętu; *przen.* katastrofa, klęska; *vt* spowodować rozbicie okrętu; *przen.* rozbić, zniweczyć; ***to be ~ed*** (*o okręcie*) ulec rozbiciu, rozbić się; *przen.* ulec zniszczeniu
ship·yard ['ʃɪpjɑ:d] *s mors.* stocznia

shirt [ʃɜːt] *s* koszula męska
shirt·sleeves ['ʃɜːtsliːvz] *s pl* rękawy koszuli; ***in one's ~*** bez marynarki, w samej koszuli
shit [ʃɪt] *s wulg.* gówno; ***the ~s*** *s wulg.* sraczka; *vi vt wulg.* srać, zasrać, obsrać; (***holy***) ***~!*** *int wulg.* kurwa!, psiamać!
shiv·er 1. ['ʃɪvə] *vi* trząść się, drżeć; *s* drżenie, dreszcz
shiv·er 2. ['ʃɪvə] *s* kawałek, ułamek; *vt vi* rozbić (się) na kawałki
shoal 1. [ʃəʊl] *s* ławica (*ryb*); *przen.* tłum, gromada, masa
shoal 2. [ʃəʊl] *s* mielizna; *adj* płytki; *vi* stawać się płytkim
shock 1. [ʃɒk] *s* gwałtowne uderzenie, cios; wstrząs, szok; *wojsk.* ***~ troops*** oddziały szturmowe; *vt* gwałtownie uderzyć, zadać cios; gwałtownie wstrząsnąć; urazić; zgorszyć
shock 2. [ʃɒk] *s* bróg, kopka
shock ab·sorb·er ['ʃɒkəbˌsɔːbə] *s* amortyzator
shock·proof ['ʃɒkpruːf] *adj* odporny na wstrząsy
shod *zob.* ***shoe*** *vt*
shod·dy ['ʃɒdɪ] *adj* tandetny; ***~ goods*** buble, tandeta
shoe** [ʃuː] *s* but, pantofel; podkowa; okucie; ***canvas ~s tenisówki; *vt* (***shod, shod*** [ʃɒd]) obuć; okuć (*konia*); obić żelazem
shoe·black ['ʃuːblæk] *s* czyścibut, pucybut
shoe·horn ['ʃuːhɔːn] *s* łyżka do butów
shoe·lace ['ʃuːleɪs] *s* sznurowadło
shoe·mak·er ['ʃuːˌmeɪkə] *s* szewc
shone *zob.* ***shine***
shook *zob.* ***shake***
shoot** [ʃuːt] *vt vi* (shot, shot*** [ʃɒt]) strzelać (***at sb*** do kogoś); zastrzelić, rozstrzelać; ciskać, miotać; fotografować, (*o filmie*) nakręcać; wystawać; wypędzać, wyrzucać (*także* ***~ out***); wyskoczyć; wpaść; wypuszczać (*pączki*); (*o bólu*) rwać; mknąć, przemykać; ***to ~ dead*** zastrzelić; ***to ~ past*** szybko przelecieć (*koło czegoś*); ***~ down*** zestrzelić; gwałtownie spadać; ***~ forth*** kiełkować; rozciągać się; ***~ off*** wystrzelić, odstrzelić; pomknąć; ***~ out*** wystawać, sterczeć; wypaść, wylecieć; wyrzucić; (*o pączkach*) wypuścić; wystrzelać; ***~ up*** strzelać w górę; szybko rosnąć; podnosić się, podskoczyć; *przen.* ***~ Niagara*** ryzykować życie; *s* strzelanie; polowanie; wodotrysk; kiełek, pęd; ostry ból
shoot·er ['ʃuːtə] *s* strzelec; broń palna, rewolwer
shoot·ing star [ˌʃuːtɪŋ'stɑː] *s* spadająca gwiazda
shop [ʃɒp] *s* sklep; warsztat; interes; zakład; *przen.* profesja, zawód, sprawy zawodowe; *vi* robić zakupy; ***to go ~ping*** chodzić po zakupy
shop as·sis·tant ['ʃɒpəˌsɪstənt] *s* ekspedient (*sklepowy*)
shop·keep·er ['ʃɒpˌkiːpə] *s* drobny kupiec, sklepikarz
shop·ping cen·tre ['ʃɒpɪŋˌsentə], *am.* **shop·ping mall** ['ʃɒpɪŋmɔːl] *s* centrum handlowe
shop win·dow [ˌʃɒp'wɪndəʊ] *s* okno wystawowe, wystawa
shore [ʃɔː] *s* brzeg (*morza, jeziora*), wybrzeże
shorn *zob.* ***shear***
short [ʃɔːt] *adj* krótki; niski, mały; niedostateczny, szczupły, będący na wyczerpaniu; ***~ circuit*** krótkie spięcie; ***~ cut*** skrót, najkrótsza droga, droga na przełaj; ***~ story*** nowela; ***~ weight*** niepełna waga; ***~ of breath*** zadyszany; ***little ~ of a miracle*** prawie cud; ***to be ~ of sth*** odczuwać brak czegoś; pozostawać w tyle za czymś; nie być na poziomie czegoś; ***to come ~*** chybić, nie osiągnąć (***of sth*** cze-

goś); ***to fall ~*** zawieść, nie dopisać (***of sth*** pod względem czegoś); ***to get*** <***become, grow***> ***~*** ulegać skróceniu, stawać się krótszym, zbliżać się do końca; ***to make ~ work of sth*** szybko załatwić się z czymś; ***to run ~*** wyczerpywać się, kończyć się (*np. o zapasach*); odczuwać brak, mieć już niewiele (***of sth*** czegoś); ***to stop ~*** nagle zatrzymać (się), nagle przerwać; ***at ~ range*** z bliska, na krótką metę; *s* skrócenie, skrót; *kino* (*także* ***~ subject***) film krótkometrażowy; ***~ list*** *bryt.* lista najbardziej odpowiednich kandydatów na stanowisko; *pl* ***~s*** krótkie spodnie, szorty; ***in ~*** pokrótce, krótko mówiąc

short·age [ˈʃɔːtɪdʒ] *s* niedostateczna ilość, niedobór, brak; ***cash ~*** manko kasowe

short cir·cuit [ˌʃɔːtˈsɜːkɪt] *s elektr.* krótkie spięcie; *vt* wywołać krótkie spięcie

short·com·ing [ˈʃɔːtˌkʌmɪŋ] *s* brak, wada, uchybienie

short·en [ˈʃɔːtn] *vt vi* skracać (się), zmniejszać (się)

short·hand [ˈʃɔːthænd] *s* stenografia

short-lived [ˌʃɔːtˈlɪvd] *adj* krótkotrwały

short·ly [ˈʃɔːtlɪ] *adv* pokrótce; wkrótce

short-sight·ed [ˌʃɔːtˈsaɪtɪd] *adj* krótkowzroczny

shot 1. [ʃɒt] *zob.* ***shoot***; *adj* lśniący, mieniący się

shot 2. [ʃɒt] *s* strzał; strzelec; pocisk, kula; *fot. kino* zdjęcie migawkowe; *pot.* zastrzyk, dawka; ***big ~*** gruba ryba; ***to make a good ~*** trafić, *przen.* zgadnąć; ***~ in the dark*** strzał na ślepo (*zgadywanie*); ***the ~ put*** *sport* pchnięcie kulą

should [ʃʊd] *p od* ***shall***; *oznacza warunek*: ***I ~ go*** poszedłbym; *powinność*: ***you ~ work*** powinieneś pracować; *przypuszczenie*: ***I ~ say so*** chyba tak

shoul·der [ˈʃəʊldə] *s* ramię, bark; ***to give*** <***show, turn***> ***the cold ~*** traktować ozięble; ***~ to ~*** ramię w ramię; *vt* wziąć na ramię; popychać; potrącać ramionami; *przen.* (*także* ***~ up***) brać na swoje barki

shouldn't [ˈʃʊdnt] *skr.* = ***should not***

shout [ʃaʊt] *vi* krzyczeć (***at sb*** na kogoś); *s* krzyk, wołanie; okrzyk

shove [ʃʌv] *vt vi* posuwać (się), popychać (się); *pot.* wpakować, wsadzić; ***~ down*** zepchnąć; ***~ off*** odepchnąć; odbić (*np. od brzegu*); *s* posunięcie (się), pchnięcie

shov·el [ˈʃʌvl] *s* szufla, łopata; *vt* szuflować

show** [ʃəʊ] *vt vi* (showed*** [ʃəʊd], ***shown*** [ʃəʊn]) pokazywać (się), wykazywać, okazywać; ukazać się, zjawić się; prowadzić, pokazywać drogę, oprowadzać (***round the town*** po mieście); ***~ down*** sprowadzić na dół; wyłożyć karty na stół; ***~ in*** wprowadzić; ***~ off*** wystawić na pokaz; popisywać się (***sth*** czymś), paradować; ***~ out*** wyprowadzić; ***~ up*** zdemaskować, obnażyć; uwydatniać (się); zjawiać się; *vr* ***~ oneself*** pokazywać się publicznie; *s* widok; wystawa; pokaz; parada; widowisko; *teatr kino* przedstawienie; seans; ***~ business*** przemysł rozrywkowy, show-biznes

show·case [ˈʃəʊkeɪs] *s* gablotka

show·down [ˈʃəʊdaʊn] *s* wyłożenie kart na stół; *przen.* gra w otwarte karty

show·er [ˈʃaʊə] *s* przelotny deszcz; prysznic, tusz; *przen.* powódź (*np. listów*); *vi* (*o deszczu*) padać, lać; *vt* zalewać strumieniem

show·er·y [ˈʃaʊərɪ] *adj* ulewny

show·girl [ˈʃəʊgɜːl] *s* piosenkarka (*w rewii, klubie nocnym, itd.*)

show·man ['ʃəumən] *s* (*pl* ***showmen*** ['ʃəumən]) showman; osoba powszechnie lubiana, przyciągająca publiczność; producent masowej rozrywki
shown *zob.* ***show***
show·room ['ʃəuruːm] *s* lokal <salon> wystawowy
show win·dow ['ʃəuˌwɪndəu] *s* okno wystawowe
show·y ['ʃəuɪ] *adj* okazały, paradny, ostentacyjny
shrank *zob.* ***shrink***
shrap·nel ['ʃræpnəl] *s* szrapnel
shred [ʃred] *s* strzęp; skrawek; odrobina; *vt* strzępić, ciąć na strzępy
shrew [ʃruː] *s* sekutnica, jędza
shrewd [ʃruːd] *adj* bystry, przenikliwy; chytry; ostry; dotkliwy
shrew·ish ['ʃruːɪʃ] *adj* swarliwy, złośliwy
shriek [ʃriːk] *vt vi* krzyczeć, piszczeć, wykrzykiwać; *s* krzyk, pisk, przeraźliwy gwizd
shrill [ʃrɪl] *adj* przeraźliwy, przenikliwy
shrimp [ʃrɪmp] *s* krewetka
shrine [ʃraɪn] *s* sanktuarium; relikwiarz
shrink** [ʃrɪŋk] *vt vi* (shrank*** [ʃræŋk], ***shrunk*** [ʃrʌŋk]) ściągać (się), kurczyć (się), dekatyzować; marszczyć się; cofać się; zanikać; wzdragać się (***from sth*** przed czymś); *s* ściągnięcie; zmarszczka; skurcz
shrink·age ['ʃrɪŋkɪdʒ] *s* skurczenie, ściągnięcie; ubytek, zanik
shriv·el ['ʃrɪvl] *vt vi* ściągać (się), marszczyć (się)
shriv·en *zob.* ***shrive***
shroud [ʃraud] *s* całun; *przen.* okrycie, osłona; *vt* owijać całunem, *przen.* okrywać
shrove *zob.* ***shrive***
Shrove Tues·day [ˌʃrəuv'tjuːzdɪ] *s* tłusty wtorek (*w Polsce – czwartek*); ostatki
shrub [ʃrʌb] *s* krzak
shrub·ber·y ['ʃrʌbərɪ] *s* zarośla, krzaki; część ogrodu formowana krzewami
shrug [ʃrʌg] *vt vi* wzruszać ramionami; *s* wzruszenie ramionami
shrunk·en ['ʃrʌŋkən] *adj* skurczony; *pp od* ***shrink***
shud·der ['ʃʌdə] *vi* drżeć, wzdrygać się
shuf·fle ['ʃʌfl] *vt vi* szurać, powłóczyć (*nogami*); suwać; tasować (*karty*), mieszać; kręcić, wykręcać się; **~ *off*** strząsnąć z siebie; odejść powłócząc nogami; **~ *out*** wykręcić się; *s* szuranie nogami; włóczenie; posunięcie; wykręt; chwyt; tasowanie
shun [ʃʌn] *vt* unikać
shunt [ʃʌnt] *vt vi* przetaczać (*wagony*); przesunąć na bok; odłożyć (*do szuflady*)
shut** *vt vi* (shut, shut*** [ʃʌt]) zamykać (się); **~ *in*** zamknąć (w środku), otoczyć; **~ *off*** odgrodzić; wyłączyć (*np. prąd*); **~ *out*** wykluczyć; zostawić na zewnątrz; przesłonić (*widok*); **~ *up*** zamykać (dokładnie); więzić; *pot.* zamykać usta; *pot.* **~ *up!*** cicho bądź!, zamknij się!
shut·ter ['ʃʌtə] *s* pokrywa; okiennica; zasłona; okienko (*np. w kasie*); *fot.* migawka
shut·tle ['ʃʌtl] *s* czółenko (*tkackie*); ***space*** **~** prom kosmiczny; **~ *service*** transport wahadłowy
shy 1. [ʃaɪ] *adj* bojaźliwy, nieśmiały; ostrożny; ***to be ~ of sth*** unikać czegoś; ***to fight ~*** unikać, wystrzegać się (***of sth*** czegoś); *vi* bać się (***at sth*** czegoś), płoszyć się
shy 2. [ʃaɪ] *vt vi pot.* cisnąć, rzucić; *s* rzut
sick [sɪk] *adj* czujący się niedobrze, mający mdłości; *attr* chory (***of sth*** na coś); ***to be ~*** uprzykrzyć sobie, mieć powyżej uszu (***of sth*** czegoś); tęsknić (***for sth*** za czymś); ***to feel to be ~*** mieć

mdłości; ~ ***headache*** ciężki ból głowy; ~ ***allowance*** zasiłek chorobowy

sick·en ['sɪkən] *vt* przyprawiać o mdłości, napełniać obrzydzeniem; *vi* chorować; słabnąć; marnieć; zrażać się (***of sth*** do czegoś); czuć obrzydzenie (***at sth*** do czegoś)

sick·le ['sɪkl] *s* sierp

sick leave ['sɪkli:v] *s* urlop chorobowy

sick list ['sɪklɪst] *s* lista chorych

sick·ly ['sɪklɪ] *adj* chorowity; (*o powietrzu, okolicy*) niezdrowy; powodujący mdłości

sick·ness ['sɪknəs] *s* choroba; niedomaganie, złe samopoczucie; mdłości

side [saɪd] *s* strona, bok; brzeg; ~ ***by*** ~ jeden przy drugim, w jednym rzędzie; ***by the*** ~ po stronie (***of sth*** czegoś); *sport* ***off*** ~ na pozycji spalonej; ***on my*** ~ po mojej stronie, z mojej strony; ***on all*** ~***s*** ze wszystkich stron; ***on this*** ~ ***of the barricade*** po tej stronie barykady; ***on the safe*** ~ bezpiecznie; ***to change*** ~***s*** przejść do przeciwnej grupy; ***to take*** ~***s*** stanąć po stronie (***with sb*** kogoś); *vi* stać po stronie (***with sb*** kogoś); ~ ***effect*** efekt uboczny

side arms ['saɪdɑ:mz] *s* broń boczna (*szabla, bagnet itp.*)

side·board ['saɪdbɔ:d] *s* kredens

side·boards ['saɪdbɔ:dz] *s pl bryt.* bokobrody

side·car ['saɪdkɑ:] *s* przyczepa motocyklowa

side glance ['saɪdglɑ:ns] *s* spojrzenie z ukosa

side is·sue ['saɪd,ɪʃu:] *s* sprawa uboczna

side·light ['saɪdlaɪt] *s* światło boczne

side·long ['saɪdlɒŋ] *adj* boczny, skośny; *adv* bokiem, na ukos

side·track ['saɪdtræk] *s* boczny tor; *vt* przesunąć na boczny tor; *pot.* zmienić temat rozmowy

side·view ['saɪdvju:] *s* widok z boku

side·walk ['saɪdwɔ:k] *s am.* chodnik

side·ward(s) ['saɪdwəd(z)], **side·ways** ['saɪdweɪz] *adv* bokiem; na bok

side-whis·kers ['saɪd,wɪskəz] *s pl* bokobrody

side·wise ['saɪdwaɪz] = ***sidewards***

sid·ing ['saɪdɪŋ] *s* bocznica

siege [si:dʒ] *s* oblężenie; ***to lay*** ~ przystąpić do oblężenia (***to a town*** miasta); ***to raise the*** ~ zaprzestać oblężenia

sieve [sɪv] *s* sito; *vt* przesiewać

sift [sɪft] *vt* przesiewać; *przen.* selekcjonować; dokładnie badać

sigh [saɪ] *vi* wzdychać; tęsknić (***after, for sth*** do czegoś); *s* westchnienie

sight [saɪt] *s* widok; wzrok; *pot.* wielka ilość, masa; ***at first*** ~ na pierwszy rzut oka; ***at*** ~ natychmiast, bez przygotowania; *handl.* za okazaniem; ***by*** ~ z widzenia; ***in*** <***within***> ~ w polu widzenia; ***out of*** ~ poza zasięgiem wzroku; ***to catch*** ~ zobaczyć (***of sth*** coś); spostrzec; ***to come into*** ~ ukazać się; ***to keep out of*** ~ ukrywać (się), chować (się); ***to lose*** ~ stracić z oczu (***of sth*** coś); ***to see*** ~***s*** oglądać osobliwości (miasta); *vt* zobaczyć, obserwować; celować (*z broni palnej*)

sight·ly ['saɪtlɪ] *adj* przyjemny dla oka, ujmujący; widoczny

sight·see·ing ['saɪt,si:ɪŋ] *s* zwiedzanie (*np. miasta*)

sight·seer ['saɪt,si:ə] *s* turysta, zwiedzający

sign [saɪn] *s* znak, objaw, symbol; szyld; skinienie; ***by*** ~***s*** na migi; ***in*** ~ na znak; ~ ***language*** język migowy; *vt vi* znaczyć, znakować, dawać znak; podpisywać; ~ ***away*** przepisać (*własność, prawa*); ~ ***up***

zapisać się (***for sth*** na coś)
sig·nal ['sɪgnəl] *s* sygnał; *vt vi* dawać sygnały, sygnalizować; *adj* znakomity, wybitny
sig·nal·ize ['sɪgnəlaɪz] *vt* wyróżniać, uświetniać
signa·to·ry ['sɪgnətrɪ] *adj* podpisujący (*np. umowę*); *s* sygnatariusz
sig·na·ture ['sɪgnətʃə] *s* sygnatura, podpis; ***~ tune*** *radio* melodia rozpoczynająca program; *muz.* oznaczenie tonacji
sign·board ['saɪnbɔːd] *s* szyld, wywieszka
sig·nif·i·cance [sɪg'nɪfɪkəns] *s* znaczenie, doniosłość
sig·nif·i·cant [sɪg'nɪfɪkənt] *adj* mający znaczenie, doniosły, ważny
sig·nif·i·ca·tion [ˌsɪgnɪfɪ'keɪʃn] *s* znaczenie, sens
sig·ni·fy ['sɪgnɪfaɪ] *vt* znaczyć, oznaczać; *vi* znaczyć, mieć znaczenie, dawać do zrozumienia
sign·post ['saɪnpəʊst] *s* drogowskaz
si·lence ['saɪləns] *s* milczenie, cisza; ***in ~*** milcząco; ***to keep ~*** zachować ciszę; ***to pass over in ~*** pominąć milczeniem; przemilczeć; ***to put to ~*** zmusić do milczenia; *vt* skłonić do milczenia; uspokoić, uciszyć; ***~!*** proszę o spokój!; cisza!
si·lenc·er ['saɪlənsə] *s mot.* tłumik
si·lent ['saɪlənt] *adj* milczący, cichy
sil·hou·ette [ˌsɪluː'et] *s* sylweta
sil·i·ca ['sɪlɪkə] *s chem.* krzemionka
sil·i·con ['sɪlɪkən] *s chem.* krzem
silk [sɪlk] *s* jedwab
silk·en ['sɪlkən], **silk·y** ['sɪlkɪ] *adj* jedwabisty; delikatny, miękki
sill [sɪl] *s* próg; parapet
sil·ly ['sɪlɪ] *adj* głupi, niedorzeczny; ***the ~ season*** sezon ogórkowy (*w prasie*)
si·lo ['saɪləʊ] *s techn.* silos
silt [sɪlt] *s* osad, muł; *vt vi* zamulić (się)
sil·ver ['sɪlvə] *s* srebro; *adj attr* srebrny, srebrzysty; *vt vi* srebrzyć (się)
sil·ver plate [ˌsɪlvə'pleɪt] *s zbior.* srebro stołowe
sil·ver·smith ['sɪlvəsmɪθ] *s* wytwórca artykułów srebrnych
sim·i·lar ['sɪmɪlə] *adj* podobny
sim·i·lar·i·ty [ˌsɪmɪ'lærətɪ] *s* podobieństwo
sim·i·le ['sɪmɪlɪ] *s* porównanie
si·mil·i·tude [sɪ'mɪlɪtjuːd] *s* podobieństwo
sim·mer ['sɪmə] *vi* gotować się; *przen.* być podnieconym; *vt* gotować na wolnym ogniu
sim·per ['sɪmpə] *vi* uśmiechać się sztucznie; *s* wymuszony uśmiech
sim·ple ['sɪmpl] *adj* prosty; naturalny; naiwny
sim·ple·ton ['sɪmpltən] *s* prostak, głuptas
sim·plic·i·ty [sɪm'plɪsətɪ] *s* prostota; naiwność
sim·pli·fy ['sɪmplɪfaɪ] *vt* upraszczać, ułatwiać
sim·ply ['sɪmplɪ] *adv* prosto; po prostu
sim·u·late ['sɪmjʊleɪt] *vt* symulować; naśladować
si·mul·ta·ne·ous [ˌsɪml'teɪnɪəs] *adj* równoczesny
sin [sɪn] *s* grzech; *vi* grzeszyć
since [sɪns] *adv* (*także* ***ever ~***) od tamtego czasu; ... temu; ***long ~*** dawno temu; ***many years ~*** wiele lat temu; *praep* od (*określonego czasu*); ***~ Sunday*** od niedzieli; ***~ when?*** od kiedy?; *conj* odkąd; ponieważ, skoro; ***~ I last saw you*** odkąd cię widziałem
sin·cere [sɪn'sɪə] *adj* szczery
sin·cer·i·ty [sɪn'serətɪ] *s* szczerość
sine [saɪn] *s mat.* sinus
sin·ew ['sɪnjuː] *s* ścięgno; *przen.* tężyzna, energia

sin·ew·y ['sɪnjuːɪ] *adj* muskularny, silny
sin·ful ['sɪnfl] *adj* grzeszny
sing** [sɪŋ] *vt vi* (sang*** [sæŋ], ***sung*** [sʌŋ]) śpiewać
singe ['sɪndʒ] *vt vi* (*p praes* ***singeing*** ['sɪndʒɪŋ]) przypalić (się), przypiec (się); opalić (się)
sing·er ['sɪŋə] *s* śpiewak
sin·gle ['sɪŋgl] *adj* pojedynczy; sam jeden; oddzielny; jedyny w swym rodzaju; nieżonaty; niezamężna; ***single-breasted*** jednorzędowy (*kostium, marynarka*); *s* bilet w jedną stronę; *sport* gra pojedyncza; *vt* ~ ***out*** wyróżnić, wydzielić
sin·gle·ness ['sɪŋglnəs] *s* jedność; prostota, szczerość; stan bezżenny
sing·song ['sɪŋsɒŋ] *s* zaśpiew; *bryt.* wieczór pieśni
sin·gu·lar ['sɪŋgjulə] *adj* pojedynczy; szczególny, niezwykły, dziwny; *s gram.* liczba pojedyncza
sin·gu·lar·i·ty [ˌsɪŋgjʊ'lærətɪ] *s* niezwykłość, osobliwość
sin·is·ter ['sɪnɪstə] *adj* złowieszczy, ponury; groźny
sink** [sɪŋk] *vt vi* (sank*** [sæŋk], ***sunk*** [sʌŋk]) zanurzyć (się); topić (się), tonąć; opadać; pogrążać (się); zanikać, słabnąć; *handl. i prawn.* umarzać; *s* zlew; ściek
sink·ing fund ['sɪŋkɪŋfʌnd] *s* fundusz amortyzacyjny
sin·ner ['sɪnə] *s* grzesznik
sin·u·os·i·ty [ˌsɪnjʊ'ɒsətɪ] *s* zakręt; linia falista
sin·u·ous ['sɪnjʊəs] *adj* kręty, wijący się
si·nus ['saɪnəs] *s anat.* zatoka (*w głowie*)
sip [sɪp] *vt* wolno pić, sączyć (*np. kawę*); *s* łyczek
si·phon ['saɪfən] *s* syfon
sir [sɜː] *s* (*bez imienia i nazwiska*) pan; proszę pana!; (*przed imieniem lub imieniem z nazwiskiem; tytuł szlachecki*) sir; *np.* ***Sir Winston Churchill; yes, Sir*** tak, proszę pana!; (*w listach*) (***Dear***) ***Sir,*** Szanowny Panie!
si·ren ['saɪərən] *s* syrena
sis·kin ['sɪskɪn] *s zool* czyżyk
sis·ter ['sɪstə] *s* siostra
sis·ter-in-law ['sɪstərɪnlɔː] *s* szwagierka, bratowa
sit** [sɪt] *vi* (sat***, ***sat*** [sæt]) siedzieć; zasiadać; (*o ubraniu*) leżeć; mieć sesję, obradować; studiować (***under sb*** pod czyimś kierunkiem); pozować (***to a painter for one's portrait*** malarzowi do portretu); ***to ~ for an examination*** zasiadać do egzaminu; ***to ~ in judgment*** wyrokować; ***to ~ on a committee*** zasiadać w komitecie; ~ ***down*** siadać, usiąść; ~ ***out*** siedzieć na zewnątrz; wysiedzieć do końca; ~ ***through*** siedzieć przez cały czas, przesiedzieć; ~ ***up*** siedzieć prosto; podnieść się (*w łóżku*); nie spać, czuwać; przesiadywać do późna
sit-down ['sɪtdaʊn] *adj attr:* ~ ***strike*** strajk okupacyjny
site [saɪt] *s* położenie; miejscowość, działka, parcela; miejsce
sit·ting ['sɪtɪŋ] *s* siedzenie; posiedzenie; ***at one ~*** za jednym zamachem
sit·ting room ['sɪtɪŋrʊm] *s* bawialnia, salonik
sit·u·ate ['sɪtʃʊeɪt] *vt* umieszczać
sit·u·at·ed ['sɪtʃʊeɪtɪd] *adj* położony, sytuowany; ***badly ~*** (znajdujący się) w ciężkiej sytuacji
sit·u·a·tion [ˌsɪtʃʊ'eɪʃn] *s* sytuacja, położenie; stanowisko
six [sɪks] *num* sześć; *s* szóstka; ***at ~es and sevens*** w zupełnym zamieszaniu
six·teen [ˌsɪk'stiːn] *num* szesnaście; szesnastka
six·teenth [ˌsɪk'stiːnθ] *adj* szesnasty
sixth ['sɪksθ] *adj* szósty

six·ti·eth ['sɪkstɪəθ] *adj* sześćdziesiąty
six·ty ['sɪkstɪ] *num* sześćdziesiąt
siz·a·ble ['saɪzəbl] *adj* wielki, pokaźnych rozmiarów
size 1. [saɪz] *s* rozmiar, wielkość; format; wymiar; *vt* szacować według rozmiaru
size 2. [saɪz] *s* klej; *vt* kleić
skate [skeɪt] *vi* ślizgać się <jeździć> (na łyżwach); *s* łyżwa; (*także* ***roller-~***) wrotka; **~board** deskorolka
skat·ing ground ['skeɪtɪŋgraʊnd], **skat·ing rink** ['skeɪtɪŋrɪŋk] *s* lodowisko; tor łyżwiarski
skein [skeɪn] *s* motek, pasmo (*przędzy*); *przen* plątanina
skel·e·ton ['skelɪtən] *s dosł. i przen.* szkielet, kościotrup; zarys; ***~ key*** wytrych
sketch [sketʃ] *s* rysunek, szkic; skecz; *vt* kreślić, szkicować
sketch·book ['sketʃbʊk] *s* szkicownik
sketch·er ['sketʃə] *s* kreślarz
sketch·y ['sketʃɪ] *adj* zrobiony w zarysie, szkicowy, pobieżny
ski [skiː] *s* narta; *vi* jeździć na nartach; ***~ jump*** skoki narciarskie; ***~ pole*** kijek narciarski; ***~ lift*** wyciąg narciarski
skid [skɪd] *s* podpórka; klocek hamulcowy; pochylnia; ześlizg; poślizg; *lotn.* płoza; *vt* hamować; *vi* poślizgnąć się; (*o samochodzie*) zarzucić, wpaść w poślizg
ski·er ['skiːə] *s* narciarz
ski·ing ['skiːɪŋ] *s* narciarstwo
skil·ful ['skɪlfl] *adj* zręczny; ***to be ~ at sth*** dobrze coś umieć
skill [skɪl] *s* zręczność, sprawność, umiejętność
skilled [skɪld] *adj* wprawny; (*o pracy*) fachowy; (*o robotniku*) wykwalifikowany
skim [skɪm] *vt* zbierać (*śmietanę*); szumować; *vi* lekko dotykać powierzchni; przerzucać (*książkę*)
skim milk [ˌskɪm'mɪlk] *s* mleko odtłuszczone
skin [skɪn] *s* skóra (*na ciele*), skórka (*rośliny*); ***~ flick*** *pot.* (film) porno, pornos; *vt* zdjąć skórę, obedrzeć ze skóry
skin·ny ['skɪnɪ] *adj* chudy
skip [skɪp] *vt vi* skakać, przeskakiwać; opuszczać, pomijać; *s* skok
skip·per ['skɪpə] *s mors.* kapitan statku handlowego
skip·ping rope ['skɪpɪŋrəʊp] *s* skakanka
skir·mish ['skɜːmɪʃ] *s* potyczka
skirt [skɜːt] *s* spódnica; poła
skit·tle ['skɪtl] *s* (*także* ***~-pin***) kręgiel; *pl* ***~s ~-pins*** gra w kręgle
skive (**off**) [ˌskaɪv('ɒf)] *v bryt. pot.* obijać się w pracy, pracować po łebkach
skulk [skʌlk] *vi* czaić się, kryć się
skull [skʌl] *s* czaszka
skunk [skʌŋk] *s zool.* skunks; skunksy (*futro*)
sky [skaɪ] *s* niebo; ***under the open ~*** pod gołym niebem
sky·lark ['skaɪlɑːk] *s* skowronek; *vi* psocić, swawolić
sky·light ['skaɪlaɪt] *s* okno w suficie, świetlik
sky·line ['skaɪlaɪn] *s* linia horyzontu; sylweta (*np. miasta*) na tle nieba
sky·scrap·er ['skaɪˌskreɪpə] *s* drapacz chmur, wieżowiec
sky·wards ['skaɪwədz] *adv* ku niebu, wzwyż
sky·way ['skaɪweɪ] *s* droga powietrzna
slab [slæb] *s* płyta
slack [slæk] *adj* wiotki, słaby; ospały, leniwy; *s* zastój, bezczynność; miał węglowy; *pl* ***~s*** spodnie; ***the ~ season*** martwy sezon
slack·en ['slækən] *vt vi* słabnąć, maleć; popuszczać, rozluźniać; zwalniać (*tempo*)
slain *zob.* ***slay***
slake [sleɪk] *vt* gasić, lasować (*wapno*); gasić (*pragnienie*); opaść, osłabnąć

slam [slæm] *vt vi* trzaskać (*np. drzwiami*), zatrzaskiwać (się), gwałtownie zamykać; *s* trzaśnięcie, trzask; (*w kartach*) szlem
slan·der ['slɑːndə] *s* potwarz; *vt* rzucać oszczerstwa
slan·der·er ['slɑːndərə] *s* oszczerca
slan·der·ous ['slɑːndərəs] *adj* oszczerczy
slang [slæŋ] *s* slang, żargon
slant [slɑːnt] *vi* skośnie padać, być nachylonym; *vt* nadawać skośny kierunek, nachylać; *adj* skośny, nachylony; *s* skośny kierunek, skos, nachylenie
slap [slæp] *vt* klepać, uderzać dłonią; **~ *down*** położyć z trzaskiem; *s* klaps, uderzenie dłonią; *przen.* **~ *in the face*** policzek
slap·dash ['slæpdæʃ] *adv* niedbale, byle jak; *adj attr* niedbały, byle jaki; *s* fuszerka, robota na kolanie; *vt* robić coś na kolanie, fuszerować
slash [slæʃ] *vt* ciąć, smagać, kaleczyć; *s* cięcie, szrama
slash·ing ['slæʃɪŋ] *adj* cięty, zjadliwy; okrutny
slat [slæt] *s* deszczułka, listewka
slate 1. [sleɪt] *vt pot.* besztać, ganić
slate 2. [sleɪt] *s* łupek; dachówka z łupku; *vt* pokrywać łupkiem
slaugh·ter ['slɔːtə] *s* rzeź; ubój; masakra, masowy mord; *vt* zarzynać; mordować
slaugh·ter·house ['slɔːtəhaʊs] *s* rzeźnia
Slav [slɑːv] *s* Słowianin; *adj* słowiański
slave [sleɪv] *s* niewolnik; *vi* pracować niewolniczo, harować ponad siły; *vt* zmuszać do pracy niewolniczej
slave driv·er ['sleɪvˌdraɪvə] *s* nadzorca niewolników
slav·er 1. ['sleɪvə] *s* handlarz niewolnikami
slav·er 2. ['slævə] *vi* ślinić się; *vt* poślinić; *s* ślina
slav·e·ry ['sleɪvərɪ] *s* niewolnictwo
Slav·ic ['slɑːvɪk] *adj* słowiański
slav·ish ['sleɪvɪʃ] *adj* niewolniczy
Sla·von·ic [slə'vɒnɪk] *adj* słowiański; *s* język słowiański
slay** [sleɪ] *vt* (slew*** [sluː], ***slain*** [sleɪn]) zabijać
sled [sled] *s* sanie, sanki; *vi* jechać saniami; saneczkować się; *vt* przewozić saniami
sledge 1. [sledʒ] = ***sled***
sledge 2. [sledʒ], **sledge·ham·mer** ['sledʒˌhæmə] *s* młot kowalski
sleek [sliːk] *adj* gładki; *vt* gładzić; łagodzić
sleep** [sliːp] *vi* (slept, slept*** [slept]) spać; **~ *around*** *pot.* puszczać się (*sypiać z wieloma partnerami*); ***to ~ like a log*** *pot.* spać jak suseł; *s* sen
sleep·er ['sliːpə] *s* człowiek śpiący; wagon sypialny; miejsce sypialne; podkład (*kolejowy*)
sleep·ing bag ['sliːpɪŋbæg] *s* śpiwór
sleep·ing car ['sliːpɪŋkɑː] *s* wagon sypialny
sleep·less ['sliːpləs] *adj* bezsenny
sleep·walk·er ['sliːpˌwɔːkə] *s* lunatyk
sleep·y ['sliːpɪ] *adj* senny, śpiący; ospały
sleep·y·head ['sliːpɪhed] *s* śpioch
sleet [sliːt] *s* deszcz ze śniegiem; *v imp* ***it ~s*** pada deszcz ze śniegiem
sleeve [sliːv] *s* rękaw; *przen.* ***to laugh up one's ~*** śmiać się ukradkiem
sleigh [sleɪ] *s* sanie, sanki; *vi* jechać saniami; saneczkować się
slen·der ['slendə] *adj* wysmukły, szczupły; cienki
slept *zob.* ***sleep***
sleuth [sluːθ] *s* *żart.* detektyw, szpicel

S

slew *zob.* ***slay***
slice [slaɪs] *s* kromka, płat, płatek (*np. szynki*); *vt* cienko krajać
slick [slɪk] *adj* gładki, zręczny, układny; *adv* gładko; wprost; od razu; całkowicie
slide** [slaɪd] *v* (slid, slid*** [slɪd]) *vi* poślizgnąć się, ślizgać się, sunąć; *vt* posuwać, zsuwać; *s* poślizgnięcie się; zjeżdżalnia; tor saneczkowy; szkiełko w mikroskopie; *fot.* slajd
slide rule ['slaɪdruːl] *s mat.* suwak logarytmiczny
slight [slaɪt] *adj* nieznaczny, drobny, niegodny uwagi; cienki, szczupły; *s* lekceważenie; *vt* lekceważyć, pogardliwie traktować
slight·ness ['slaɪtnəs] *s* słabość, delikatność; małe znaczenie
slim [slɪm] *adj* cienki; smukły; nieistotny, mało znaczący; ***~ming diet*** dieta odchudzająca
slime [slaɪm] *s* muł; *vt* zamulić
slim·y ['slaɪmɪ] *adj* mulisty, grząski; *przen.* płaszczący się, służalczy
sling** [slɪŋ] *vt* (slung*** [slʌŋ], ***slung***) rzucać, miotać; zawiesić (*np. na ramieniu*), zarzucić (*na ramię*); *s* cios, rzut; proca; rzemień; temblak
slink** [slɪŋk] *vi* (slunk*** [slʌŋk], ***slunk***) skradać się, przekradać się
slip [slɪp] *vi* poślizgnąć się; wślizgnąć się, niepostrzeżenie wpaść; przemówić się, zrobić przypadkowy błąd; *vt* niepostrzeżenie wsunąć, ukradkiem włożyć; ***to let ~*** spuścić, wypuścić (*z rąk*); ***to ~ one's notice*** ujść czyjejś uwagi; ***~ in*** wkraść się; ***~ off*** ześlizgnąć się; ujść; zrzucić (*z siebie ubranie*); ***~ out*** wymknąć się, wyrwać się; ***~ over*** wciągnąć, naciągnąć (*np. koszulę przez głowę*); *s* poślizgnięcie się; wykolejenie; błąd, omyłka; świstek (*papieru*), kartka; pasek; wałek; ***a ~ of the tongue*** lapsus, przejęzyczenie się; ***~ped disc*** *med.* wysunięcie się dysku
slip·per ['slɪpə] *s* pantofel (*domowy*), bambosz
slip·per·y ['slɪpərɪ] *adj* śliski; chwiejny, niestały; nierzetelny
slip·shod ['slɪpʃɒd] *adj* niedbały, nieporządny
slit** *vt* (slit, slit*** [slɪt]) rozszczepić (podłużnie), rozłupać, rozpłatać, rozpruć; *vi* rozedrzeć się, pęknąć; *s* szczelina, szpara
slob·ber ['slɒbə] *vt vi* ślinić (się); roztkliwiać się; partaczyć; *s* ślina (*na ustach*); rozczulenie się
slo·gan ['sləʊgən] *s* slogan, hasło
slop 1. [slɒp] *vt vi* rozlać (się), przelać (się), przelewać się (*przez wierzch*), zalać; *s* rozlana ciecz, mokra plama; *pl* ***~s*** pomyje
slop 2. [slɒp] *s* (*zw pl* ***~s***) luźna odzież, tania konfekcja
slope [sləʊp] *s* pochyłość, nachylenie; zbocze; *vt vi* nachylać (się), opadać pochyło, być pochylonym
sloped [sləʊpt] *adj* pochyły, spadzisty
slop·py ['slɒpɪ] *adj* błotnisty; niechlujny, zaniedbany
slot [slɒt] *s* szczelina, szpara, otwór
sloth [sləʊθ] *s* lenistwo, ospałość; *zool.* leniwiec
slot ma·chine ['slɒtməˌʃiːn] *s* automat (*sprzedający bilety, papierosy itp.*)
slouch [slaʊtʃ] *vt* opuścić (*np. rondo kapelusza*); niedbale zwiesić (*np. głowę*); *vi* zwisać; chodzić ociężale; *s* zaniedbana powierzchowność; ociężały chód; przygarbienie; *pot.* niedołęga
slough 1. [slaʊ] *s* bagno, trzęsawisko
slough 2. [slʌf] *s* zrzucona skóra (*węża*); *vt* zrzucać (*skórę*); *vi* linieć
slov·en ['slʌvn] *s* brudas

slov·en·ly ['slʌvnlɪ] *adj* niechlujny, niedbały
slow [sləʊ] *adj* wolny, powolny; spóźniony, spóźniający się; ***to be ~*** ociągać się, zwlekać; (*o zegarku*) późnić się; *vt vi* (*zw.* ***~ down up, off*** zwalniać, zmniejszać szybkość; *adv* wolno, powoli
slow-worm ['sləʊwɜːm] *s zool.* padalec
sludge [slʌdʒ] *s* gęste błoto, muł
slug·gard ['slʌgəd] *s* próżniak
slug·gish ['slʌgɪʃ] *adj* leniwy, ociężały; ciężko myślący
sluice [sluːs] *s* śluza; *vt* puszczać przez śluzę, zalewać
slum [slʌm] *s* (*zw. pl* ***~s***) dzielnica ruder
slum·ber ['slʌmbə] *vi* drzemać; *s* drzemka
slump [slʌmp] *s* gwałtowny spadek cen, krach; *vi* (*o cenach*) gwałtownie spaść
slung *zob.* ***sling***
slunk *zob.* ***slink***
slur [slɜː] *vt* zacierać, tuszować; oczerniać; niewyraźnie wymawiać; *muz.* grać legato; *s* plama; nagana; oszczerstwo; *muz.* legato
slush [slʌʃ] *s* śnieg z błotem, chlapa
slush·y ['slʌʃɪ] *adj* błotnisty, grząski
slut [slʌt] *s uj.* dziwka; niechlujna kobieta, flejtuch
sly [slaɪ] *adj* skryty; chytry, sprytny; ***on the ~*** *pot.* cichaczem, po cichu
smack 1. [smæk] *s* przedsmak; posmak; *vi* mieć posmak, trącić (***of sth*** czymś)
smack 2. [smæk] *vt* trzaskać (*z bicza*); mlaskać, cmokać; chlastać; *s* trzaśnięcie; cmoknięcie; trzepnięcie
small [smɔːl] *adj* mały, drobny; bardzo młody; nieważny; małostkowy; ***~ change*** drobne (*pieniądze*); ***the ~ hours*** wczesne godziny poranne; ***~ talk*** rozmowa o niczym; ***~ arms*** broń krótka
small·pox ['smɔːlpɒks] *s med.* ospa
smart [smɑːt] *vi* boleć; cierpieć, czuć ból; *s* ostry ból; *adj* bolesny, dotkliwy; ostry, bystry; sprytny; elegancki, modny
smash [smæʃ] *vt vi* rozbić (się), potłuc, pogruchotać; zniszczyć; *sport* ściąć (*piłkę tenisową*); *s* gwałtowne uderzenie, rozbicie, zniszczenie; *sport* smecz
smat·ter·ing ['smætərɪŋ] *s* powierzchowna wiedza
smear [smɪə] *vt* smarować, mazać; *s* plama
smell** [smel] *v* (smelt, smelt*** [smelt]) *vi* pachnieć (***of sth*** czymś); *vt* wąchać, węszyć, wietrzyć; czuć zapach (***sth*** czegoś); *s* zapach; węch, powonienie
smell·y ['smelɪ] *adj pot.* śmierdzący
smelt 1. *zob.* ***smell***
smelt 2. [smelt] *vt* topić, wytapiać (*metal*)
smile [smaɪl] *s* uśmiech; *vi* uśmiechać się (***on, upon sb*** do kogoś, ***at sth*** do czegoś); *vt* wyrazić uśmiechem; ***~ away*** rozproszyć uśmiechem
smirch [smɜːtʃ] *vt* plamić, brudzić; *s* brudne miejsce, plama
smirk [smɜːk] *vi* uśmiechać się nieszczerze; *s* uśmiech nieszczery
smite** [smaɪt] *vt* (smote*** [sməʊt], ***smitten*** ['smɪtn]) *lit.* uderzać, walić, porazić; ***~ off*** odtrącić, strącić; ściąć (*głowę*); ***to be smitten*** doznać wstrząsu, przejąć się (***with sth*** czymś)
smith [smɪθ] *s* kowal; *vt* kuć
smith·er·eens [ˌsmɪðə'riːnz] *s pl pot.* kawałeczki, drzazgi, strzępy
smith·y ['smɪðɪ] *s* kuźnia
smit·ten *zob.* ***smite***
smock [smɒk] *s* chałat, kitel; ubranie ochronne
smog [smɒg] *s* smog, mgła zmieszana z dymem

smoke [sməʊk] *s* dym; kopeć; palenie (*papierosa*); ***to have a ~*** zapalić papierosa; *vt vi* dymić, kopcić; palić (tytoń); wędzić
smoke·house ['sməʊkhaʊs] *s* wędzarnia
smok·er ['sməʊkə] *s* palacz (*tytoniu*); *kolej.* przedział dla palących
smoke·screen ['sməʊkskriːn] *s* zasłona dymna
smoke·stack ['sməʊkstæk] *s* komin (*fabryczny, lokomotywy*)
smok·ing room ['sməʊkɪŋrʊm] *s* palarnia
smok·y ['sməʊkɪ] *adj* dymiący, dymny
smooth [smuːð] *adj* gładki, równy; *vt* (*także* ***smoothe***) gładzić, wyrównywać
smote *zob.* ***smite***
smoth·er ['smʌðə] *vt vi* dusić (się), dławić (się); tłumić; *s* dławiący dym; chmura dymu; *przen.* ***from the smoke into the ~*** z deszczu pod rynnę
smoul·der ['sməʊldə] *vi* tlić się; *s* tlący się ogień
smudge [smʌdʒ] *vt* plamić, brudzić; *s* plama, brudne miejsce
smug [smʌg] *adj* dufny, zadowolony z siebie, próżny
smug·gle ['smʌgl] *vt* przemycać; *vi* uprawiać przemyt
smug·gler ['smʌglə] *s* przemytnik
smut [smʌt] *s* sadza; brud, plama; *pot.* sprośność; *vt* zanieczyścić sadzą
smut·ty ['smʌtɪ] *adj* zabrudzony sadzą
snack [snæk] *s* zakąska, przekąska; ***~ bar*** bar, bufet; ***to have a ~*** przegryźć, przekąsić
snaf·fle ['snæfl] *s* uzda; *vt* nałożyć uzdę; *pot.* porwać, zwędzić
snag [snæg] *s* pieniek; przeszkoda, zapora
snail [sneɪl] *s zool.* ślimak
snake [sneɪk] *s zool.* wąż
snap [snæp] *vt vi* chwycić, porwać; trzasnąć, uderzyć; zatrzasnąć się; *fot.* zrobić migawkowe zdjęcie; rozerwać (się), rozłupać (się); ugryźć; ***~ off*** odgryźć; nagle oderwać; przerwać; *s* trzaśnięcie; porwanie; zatrzask; *fot.* zdjęcie migawkowe; *adj* nagły, niespodziewany; zaskakujący
snap fas·ten·er ['snæpˌfɑːsnə] *s* zatrzask (*do ubrania*)
snap lock ['snæplɒk] *s* zatrzask (*do drzwi*)
snap·py ['snæpɪ] *adj* zgryźliwy, zjadliwy; żywy, energiczny
snap roll ['snæprəʊl] *s lotn.* beczka
snap·shot ['snæpʃɒt] *s fot.* zdjęcie
snare [sneə] *s* pułapka, sidła; *vt* złapać w sidła, usidlić
snarl 1. [snɑːl] *vi* warczeć; *s* warczenie
snarl 2. [snɑːl] *s* węzeł; plątanina; *vt* zaplątać, zagmatwać
snatch [snætʃ] *vt* porwać, urwać; *vi* chwytać się (***at sth*** czegoś); *s* szybki chwyt; kęs; urywek; ***by ~es*** dorywczo, urywkami
sneak [sniːk] *vi* wkradać się; *pot.* skarżyć (***on sb*** na kogoś); *s* nikczemnik; *pot.* donosiciel, skarżypyta
sneer [snɪə] *vi* szyderczo się śmiać (***at sb, sth*** z kogoś, czegoś); *s* szyderczy uśmiech
sneer·ing·ly ['snɪərɪŋlɪ] *adv* szyderczo
sneeze [sniːz] *vi* kichać; *s* kichnięcie
snick·er ['snɪkə] = ***snigger***
sniff [snɪf] *vt* wąchać, węszyć; *vi* pociągać nosem
snif·fle ['snɪfl] *v* = ***snuffle***
snif·fy ['snɪfɪ] *adj pot.* pogardliwy; śmierdzący
snig·ger ['snɪgə] *vi* chichotać; *s* chichot
snip [snɪp] *vt* ciąć nożycami; *s* cięcie; skrawek; *pot* okazja
snipe 1. [snaɪp] *s* (*pl ~*) *zool.* bekas

S

snipe 2. [snaɪp] *vi* strzelać z ukrycia (***at sb, sth*** do kogoś, czegoś)
snip·er ['snaɪpə] *s* strzelec wyborowy, snajper
sniv·el ['snɪvl] *vi* pociągać nosem; biadolić; pochlipywać; *s* pochlipywanie
snob [snɒb] *s* snob
snob·ber·y ['snɒbərɪ] *s* snobizm
snooze [snu:z] *s pot.* drzemka; *vi pot.* drzemać; zdrzemnąć się
snore [snɔ:] *vi* chrapać; *s* chrapanie
snort [snɔ:t] *vi* parskać, sapać
snout [snaʊt] *s* pysk; *techn.* wlot, dysza
snow [snəʊ] *s* śnieg; *vi* (*o śniegu*) padać; *vt* przysypać śniegiem
snow·ball ['snəʊbɔ:l] *s* kula śniegowa; ***to play at ~s*** bawić się w śnieżki
snow·board ['snəʊbɔ:d] *s* snowboard (*deska-narta do zjeżdżania po śniegu*)
snow·drop ['snəʊdrɒp] *s bot.* śnieżyczka; przebiśnieg
snow·flake ['snəʊfleɪk] *s* płatek śniegu
snow·man ['snəʊmæn] *s* (*pl* ***snowmen*** ['snəʊmen]) bałwan śniegowy
snow·slide ['snəʊslaɪd] *s* lawina śnieżna
snow·storm ['snəʊstɔ:m] *s* burza śnieżna; zadymka
snow·y ['snəʊɪ] *adj* śnieżny, śnieżysty
snub [snʌb] *vt* zrobić afront; *pot.* dać po nosie; *s* ofuknięcie; afront
snub nose ['snʌbnəʊz] *s* perkaty nos
snuff [snʌf] *vt vi* pociągać nosem, wąchać; zażywać tabaki; *s* tabaka, szczypta tabaki
snuff box ['snʌfbɒks] *s* tabakier(k)a
snuf·fle ['snʌfl] *vi* ciężko oddychać (*przez nos*), sapać; mówić przez nos
snug [snʌg] *adj* miły, wygodny; przytulny; (*o ubraniu*) przylegający; *vt vi* tulić (się), wygodnie ułożyć (się)
so [səʊ] *adv* tak, w ten sposób; ***so as to*** ażeby, żeby; ***so far*** dotąd, na razie; ***so far as*** o ile; ***so long as*** jak długo; o ile; ***so much for that*** dość tego; ***so much more*** tym więcej; ***so much the better*** o tyle lepiej; ***not so much*** <***many***> nie tak dużo <wiele>; ani nawet; ***he would not so much as talk to me*** on nawet mówić ze mną nie chciał; *zastępuje wyrażoną poprzednio myśl*: ***he is honest but his partner is not so*** on jest uczciwy, ale jego wspólnik nie jest (*uczciwy*); ***or so*** mniej więcej; ***5 pounds or so*** mniej więcej 5 funtów; ***so so*** tak sobie; ***so and so*** taki a taki, ten a ten; ***so to say*** że tak powiem; ***so long!*** tymczasem!; do widzenia!; ***just quite so!*** tak właśnie!, racja!; *conj* więc, a więc; ***she asked me to go, so I went*** prosiła żebym poszedł, więc poszedłem
soak [səʊk] *vt* zmoczyć, zamoczyć, przemoczyć, namoczyć; *vi* zamoknąć, nasiąknąć wilgocią; *pot.* chlać; ***to get a nice ~ing*** przemoknąć do nitki
soap [səʊp] *s* mydło; ***~ opera*** *pot.* (telewizyjny *lub* radiowy) serial (*o problemach życia codziennego jednej rodziny*); *vt vi* namydlić, mydlić (się)
soap·y ['səʊpɪ] *adj* mydlany
soar [sɔ:] *vi* unosić się, wzbijać się, ulatać
sob [sɒb] *vi* łkać, szlochać; *s* szloch
so·ber ['səʊbə] *adj* trzeźwy; trzeźwo myślący, rozumny; ***as ~ as a judge*** zupełnie trzeźwy; śmiertelnie poważny; *vt* otrzeźwić; *vi* wytrzeźwieć; ***~ down*** opamiętać się
so·bri·e·ty [sə'braɪətɪ] *s* trzeźwość, rozsądek

S

so-called ['səʊkɔ:ld] *adj* tak zwany
soc·cer ['sɒkə] *s bryt. sport* piłka nożna
so·cia·ble ['səʊʃəbl] *adj* towarzyski; przyjacielski, miły
so·cial ['səʊʃl] *adj* socjalny, społeczny, towarzyski; **~ *welfare worker*** społecznik, działacz społeczny; **~ *security*** ubezpieczenie społeczne; **~ *climber*** karierowicz
so·cial·ism ['səʊʃlɪzm] *s* socjalizm
so·cial·ist ['səʊʃlɪst] *adj* socjalistyczny; *s* socjalista
so·cial·ize ['səʊʃlaɪz] *vt* prowadzić życie towarzyskie; uspołeczniać
so·ci·e·ty [sə'saɪətɪ] *s* społeczeństwo, towarzystwo
so·ci·o·log·i·cal [ˌsəʊʃɪə'lɒdʒɪkl] *adj* socjologiczny
so·ci·ol·o·gist [ˌsəʊʃɪ'ɒlədʒɪst] *s* socjolog
so·ci·ol·o·gy [ˌsəʊʃɪ'ɒlədʒɪ] *s* socjologia
sock [sɒk] *s* skarpetka; *przen.* ***to pull up one's ~s*** wziąć się w garść
sock·et ['sɒkɪt] *s* wgłębienie, jama; *techn.* gniazdko; oprawka
sod [sɒd] *s lit.* darnina, gruda darniny
so·da ['səʊdə] *s* soda; **~ *water*** woda sodowa
so·di·um ['səʊdɪəm] *s chem.* sód
so·fa ['səʊfə] *s* sofa
soft [sɒft] *adj* miękki, łagodny, przyjemny, delikatny; cichy; **~ *drink*** napój bezalkoholowy
soft-boiled [ˌsɒft'bɔɪld] *adj* (*o jajku*) ugotowany na miękko
soft·en ['sɒfn] *vt* zmiękczyć, złagodzić; *vi* mięknąć, łagodnieć
soft·ware ['sɒftweə] *s komp.* oprogramowanie, program
sog·gy ['sɒgɪ] *adj* rozmokły, mokry
soil 1. [sɔɪl] *s* gleba, ziemia
soil 2. [sɔɪl] *vt vi* plamić (się), brudzić (się); *s* plama, brud
so·journ ['sɒdʒən] *s* pobyt; *vi* przebywać
so·lace ['sɒlɪs] *vt* pocieszać; *s* pocieszenie, pociecha
so·lar ['səʊlə] *adj* słoneczny
sold *zob.* ***sell***
sol·der ['sɒldə] *vt* lutować, spawać; *s* lut
sol·der·ing i·ron ['sɒldərɪŋˌaɪən] *s* kolba lutownicza
sol·dier ['səʊldʒə] *s* żołnierz; *vi* służyć w wojsku, być żołnierzem
sole 1. [səʊl] *s* podeszwa, zelówka; *vt* zelować
sole 2. [səʊl] *adj* jedyny, wyłączny
sole 3. [səʊl] *s zool.* sola (*ryba*)
so·le·cism ['sɒlɪsɪzm] *s* błąd językowy
sol·emn ['sɒləm] *adj* uroczysty
so·lem·ni·ty [sə'lemnətɪ] *s* uroczystość
sol·em·nize ['sɒləmnaɪz] *vt* święcić, uroczyście obchodzić
so·lic·it [sə'lɪsɪt] *vt* ubiegać się (***sth*** o coś), usilnie prosić (***sb for sth, sth from sb*** kogoś o coś)
so·lic·i·ta·tion [səˌlɪsɪ'teɪʃn] *s* molestowanie, nagabywanie, starania, zabiegi
so·lic·i·tor [sə'lɪsɪtə] *s* adwokat (*występujący w niższych instancjach*); *am. handl.* akwizytor; *bryt.* ***Solicitor General*** zastępca rzecznika Korony (*najwyższy radca prawny*)
so·lic·i·tous [sə'lɪsɪtəs] *adj* troskliwy; zatroskany (***about, for sth*** o coś); chcący, pragnący (***of sth*** czegoś)
so·lic·i·tude [sə'lɪsɪtju:d] *s* troska, troskliwość
sol·id ['sɒlɪd] *adj* solidny; masywny; stały, trwały; poważny; pewny; *mat.* trójwymiarowy; **~ *geometry*** stereometria; *s* ciało stałe; *mat.* bryła
sol·i·dar·i·ty [ˌsɒlɪ'dærətɪ] *s* solidarność

so·lid·i·ty [sə'lɪdətɪ] *s* solidność, masywność, trwałość
so·lil·o·quy [sə'lɪləkwɪ] *s* monolog
sol·i·tar·y ['sɒlɪtrɪ] *adj* samotny; *s* samotnik
sol·i·tude ['sɒlɪtjuːd] *s* samotność
sol·stice ['sɒlstɪs] *s* przesilenie dnia z nocą
sol·u·ble ['sɒljʊbl] *adj* rozpuszczalny
so·lu·tion [sə'luːʃn] *s* rozwiązanie (*np. problemu*); rozpuszczenie; *chem.* roztwór
solve [sɒlv] *vt* rozwiązać
sol·ven·cy ['sɒlvənsɪ] *s handl.* wypłacalność
sol·vent ['sɒlvənt] *adj chem.* rozpuszczający; *handl.* wypłacalny; *s chem.* rozpuszczalnik
som·bre ['sɒmbə] *adj* ciemny; ponury
some [sʌm] *adj pron* pewien, jakiś, niejaki; trochę, nieco, kilka; część; *adv* około, mniej więcej
some·bod·y ['sʌmbədɪ] *pron* ktoś
some·way ['sʌmweɪ] *adv* jakoś
some·one ['sʌmwʌn] *pron* ktoś
som·er·sault ['sʌməsɔːlt] *s* koziołek; ***to turn a ~*** przekoziołkować, wywrócić koziołka
some·thing ['sʌmθɪŋ] *pron* coś; *adv* trochę, nieco; (*także **~ like***) mniej więcej
some·time ['sʌmtaɪm] *adv* niegdyś, kiedyś; *adj attr* były
some·times ['sʌmtaɪmz] *adv* czasem, niekiedy
some·way ['sʌmweɪ] *adv* jakoś
some·what ['sʌmwɒt] *adv* nieco, poniekąd
some·where ['sʌmweə] *adv* gdzieś; ***~ else*** gdzieś indziej
son [sʌn] *s* syn
song [sɒŋ] *s* śpiew; pieśń
song·ster ['sɒŋstə] *s* śpiewak
son-in-law ['sʌnɪnlɔː] *s* zięć
son-of-a-bitch [ˌsʌnəvə'bɪtʃ] (*pl **sons-of-bitches*** [ˌsʌnzəv'bɪtʃɪz]) *s wulg.* skurwysyn, sukinsyn
son·net ['sɒnɪt] *s* sonet
son·ny ['sʌnɪ] *s* synek
so·no·rous ['sɒnərəs] *adj* dźwięczny, donośny
soon [suːn] *adv* wkrótce; wcześnie; szybko; ***as ~ as*** skoro tylko; ***as ~ as possible*** możliwie najwcześniej; ***as ~*** chętnie; ***I would just as ~ ...*** chętnie bym...; ***~er*** chętniej; ***I would ~er ...*** chętniej bym ...; ***no ~er than*** natychmiast potem jak, ledwo
soot [sʊt] *s* sadza; *vt* zabrudzić sadzą
soothe [suːð] *vt* łagodzić, koić; pochlebiać
sop [sɒp] *s* maczanka; *przen.* łapówka; *vt* maczać, rozmoczyć; *vi* być przemoczonym; ***~ up*** zbierać płyn (*np. gąbką*)
so·phis·ti·cate [sə'fɪstɪkeɪt] *vi* używać sofizmatów; *vt* przekręcać (*np. tekst*); fałszować
so·phis·ti·cat·ed [sə'fɪstɪkeɪtɪd] *adj* wyszukany, wymyślny, przemądrzały, wyrafinowany
soph·ist·ry ['sɒfɪstrɪ] *s* sofistyka
soph·o·more ['sɒfəmɔː] *s am.* student drugiego roku studiów
sop·o·rif·ic [ˌsɒpə'rɪfɪk] *adj* nasenny; *s* środek nasenny
sorb [sɔːb] *s bot.* jarzębina
sor·cer·er ['sɔːsərə] *s* czarodziej, czarnoksiężnik
sor·cer·y ['sɔːsərɪ] *s* czarnoksięstwo
sor·did ['sɔːdɪd] *adj* brudny; podły
sor·dino [sɔː'diːnəʊ] *s muz.* tłumik, sordino
sore [sɔː] *adj* bolesny, wrażliwy; rozdrażniony, zmartwiony; drażliwy; ***he has a ~ throat*** boli go gardło; *s* bolesne miejsce, otarcie, rana; *przen.* bolesne wspomnienie
sor·rel ['sɒrəl] *s bot.* szczaw
sor·row ['sɒrəʊ] *s* smutek; *vi* smucić się (***at for, over sth*** czymś)

S

sor·row·ful ['sɒrəʊfl] *adj* smutny; żałosny

sor·ry ['sɒrɪ] *adj* smutny; zmartwiony; ***to be ~*** żałować (***for sb, sth*** kogoś, czegoś); ***to be ~*** martwić się (***about sth*** czymś); (***I am***) ~ przykro mi, przepraszam; ***I am ~ for you*** żal mi ciebie; ***I am ~ to tell you that ...*** z przykrością muszę ci powiedzieć że...

sort [sɔːt] *s* rodzaj, jakość, gatunek; ***in a ~*** w pewnej mierze, w pewnym sensie; ***nothing of the ~*** nic podobnego; ***of all ~s*** wszelkiego rodzaju; ***out of ~s*** w złym nastroju; *pot.* ***~ of*** coś w tym rodzaju, jakiś tam; ***what ~ of ...?*** jaki to ...?; ***he is the right ~*** to jest odpowiedni człowiek; *vt* sortować; *vi* zgadzać się; być stosowanym (***with sth*** do czegoś)

sor·tie ['sɔːtiː] *s wojsk.* wypad; *lotn.* lot bojowy

so-so ['səʊsəʊ] *adj* taki sobie; *adv* tak sobie, jako tako

sot [sɒt] *s* pijaczyna; *vi* pić nałogowo

sot·tish ['sɒtɪʃ] *adj* ogłupiony alkoholem, głupi

sought *zob.* ***seek***

soul [səʊl] *s* dusza; ***poor ~*** biedaczysko; ***All Souls' Day*** Zaduszki; ***heart and ~*** całą duszą; ***in my ~ of ~s*** w głębi duszy; ***to keep body and ~ together*** żyć jako tako, wegetować

sound 1. [saʊnd] *adj* zdrowy; cały; tęgi; rozsądny; solidny; słuszny; *adv* zdrowo; mocno; ***to be ~ asleep*** spać twardo

sound 2. [saʊnd] *s* dźwięk; *vt vi* dźwięczeć, wydawać dźwięki, brzmieć, dzwonić, wydzwaniać; głośno ogłaszać; dawać sygnał (***sth*** do czegoś); zagrać (***the horn*** na rogu)

sound 3. [saʊnd] *s geogr.* cieśnina

sound 4. [saʊnd] *s med. mors.* sonda; *vt* sondować

sound-head·ed [ˌsaʊnd'hedɪd] *adj* rozsądny

soup [suːp] *s* zupa; ***clear ~*** rosół

sour ['saʊə] *adj* kwaśny; zgorzkniały; cierpki; ***~ milk*** zsiadłe mleko; *vt* kwasić; rozgoryczać; psuć humor; *vi* kwaśnieć

source [sɔːs] *s dosł. i przen.* źródło; pochodzenie

sour·dine [sʊə'diːn] *s muz.* tłumik, sordino

souse [saʊs] *s* peklowane mięso, marynata; zanurzenie; *vt* peklować; zanurzać, moczyć; *vt* zanurzać się, moknąć; *pot.* upijać się

south [saʊθ] *s geogr.* południe; *adj* południowy; *adv* na południe

south·er·ly ['sʌðəlɪ] *adj* zwrócony ku południowi, południowy

south·ern ['sʌðən] *adj* południowy

south·ward ['saʊθwəd] *adj* zwrócony ku południowi; *adv* = ***southwards***

south·wards ['saʊθwədz] *adv* ku południowi

sou·ve·nir [ˌsuːvə'nɪə] *s* pamiątka

sov·er·eign ['sɒvrɪn] *s* suweren; monarcha; *adj* suwerenny, zwierzchni, najwyższy

sov·er·eign·ty ['sɒvrəntɪ] *s* suwerenność

sow 1.** [səʊ] (sowed*** [səʊd], ***sown*** [səʊn] *lub* ***sowed***) *vt* siać, zasiewać

sow 2. [saʊ] *s zool.* locha, maciora

sow·er ['səʊə] *s* siewca

sow·ing-ma·chine ['səʊɪŋməˌʃiːn] *s* siewnik

sox [sɒks] *s am. pl handl.* skarpety, skarpetki

spa [spɑː] *s* zdrojowisko, miejscowość uzdrowiskowa (*ze zdrojem*)

space [speɪs] *s* przestrzeń, obszar; okres czasu; *druk.* spacja, odstęp; (***outer***) ~ przestrzeń kosmiczna; *vt* rozstawiać; *druk.* (*także* ***~ out***) spacjować; ***~d out*** *pot.* rozkojarzony

space·ship ['speɪsʃɪp], **space·craft** ['speɪskrɑːft] *s* (*pl* ***spacecraft*** *lub* ***spacecrafts***) statek kosmiczny
space shut·tle ['speɪsˌʃʌtl] *s* wahadłowiec, prom kosmiczny
spa·cious ['speɪʃəs] *adj* obszerny
spade [speɪd] *s* łopata; pik (*w kartach*); ***to call a ~ a ~*** nazwać rzecz po imieniu; *vt* kopać łopatą
span [spæn] *s* piędź; rozpiętość; przęsło; okres; zasięg; zaprzęg; *vt vi* sięgać, pokrywać, obejmować; rozciągać się; łączyć brzegi (*mostem*); mierzyć (*odległość*)
span·gle ['spæŋgl] *s* błyskotka; *vt* pokryć błyskotkami
Span·iard ['spænjəd] *s* Hiszpan
span·iel ['spænjəl] *s zool.* spaniel
Span·ish ['spænɪʃ] *adj* hiszpański; *s* język hiszpański
spank [spæŋk] *s* uderzenie dłonią, klaps; *vt* dać klapsa, popędzać
span·ner ['spænə] *s techn.* klucz do nakrętek
spar 1. [spɑː] *s mors.* drąg, część omasztowania
spar 2. [spɑː] *vi* kłócić się, bić się; *sport* boksować się, ćwiczyć boks; *s* kłótnia; *sport* mecz sparingowy
spare [speə] *vt* oszczędzić, zaoszczędzić, skąpić; mieć na zbyciu; móc obejść się; odstąpić; użyczyć; łagodnie traktować; ***enough and to ~*** w nadmiarze; aż zanadto; ***I have some bread to ~*** mam trochę chleba; ***I have no time to ~*** nie mam ani chwili wolnego czasu; *vi* oszczędnie żyć, robić oszczędności; *adj* szczupły, skąpy; zbywający; zapasowy; ***~ cash*** wolna gotówka; ***~ parts*** części zapasowe; ***~ time*** wolny czas; *s* część zapasowa
spar·ing ['speərɪŋ] *adj* oszczędny; wstrzemięźliwy
spark [spɑːk] *s* iskra; odrobina; *przen.* żywość, witalność; *vt* krzesać iskry; *vi* iskrzyć (się)
spark·ing plug ['spɑːkɪŋplʌg] *s techn.* świeca (*iskrowa*)
spar·kle ['spɑːkl] *vi* iskrzyć się; *s* iskrzenie się, migotanie
spark·ling ['spɑːklɪŋ] *adj* (*o winie*) musujący
spark plug ['spɑːkplʌg] *s* = ***sparking plug***
spar·ring ['spɑːrɪŋ] *s sport* sparing
spar·row ['spærəʊ] *s zool.* wróbel
sparse [spɑːs] *adj* rzadki; rzadko rosnący; rozsypany, rozsiany
spasm ['spæzm] *s* spazm, skurcz
spas·mod·ic [spæz'mɒdɪk] *adj* spazmatyczny
spat 1. *zob.* ***spit***
spat 2. [spæt] *s* (*zw pl* ***~s***) getry *pl*
spate [speɪt] *s* zalew, powódź, ulewa
spa·tial ['speɪʃl] *adj* przestrzenny
spat·ter ['spætə] *vt vi* bryzgać, chlapać
spawn [spɔːn] *s* ikra; *pog.* nasienie; *vt vi* składać ikrę; *przen.* mnożyć się; *lit.* płodzić, zrodzić
speak** [spiːk] *vt vi* (spoke*** [spəʊk], ***spoken*** ['spəʊkən]) mówić (***about of sb, sth*** o kimś, o czymś); rozmawiać; przemawiać; świadczyć, dowodzić; ***~ for*** *sb* wstawić się za kimś; ***~ out*** głośno powiedzieć; otwarcie wypowiedzieć się; ***~ up*** głośno powiedzieć; ***~ one's mind*** powiedzieć, co się ma na myśli; ***nothing to ~ of*** nic ważnego, nic godnego wzmianki
speak·er ['spiːkə] *s* mówiący, mówca; głośnik (*radiowy*); ***Speaker*** przewodniczący Izby Gmin <*am.* Reprezentantów>
speak·ing ['spiːkɪŋ] *p praes adj* mówiący; wiele mówiący, pełen znaczenia; ***a ~ likeness*** uderzające podobieństwo; ***to be on ~ terms with sb*** znać się z kimś na tyle, aby z nim rozmawiać
spear [spɪə] *s* dzida, włócznia;

harpun; ~ ***gun*** harpun (*używany pod wodą*); *vt* przebić dzidą; złowić harpunem
spear·head ['spɪəhed] *s* ostrze włóczni; *wojsk.* czołówka
spe·cial ['speʃl] *adj* specjalny; szczególny, osobliwy; nadzwyczajny; ~ ***delivery*** ekspres (*przesyłka*)
spe·cial·ist ['speʃlɪst] *s* specjalista
spe·ci·al·i·ty [ˌspeʃɪ'ælətɪ], *także am.* ***specialty*** ['speʃltɪ] *s* specjalność; szczególny wypadek
spe·cial·ize ['speʃlaɪz] *vt vi* specjalizować (się); przeznaczyć
spe·cies ['spiːʃiːz] *s* (*pl* ~) rodzaj; *biol.* gatunek; ***the origin of*** ~ pochodzenie gatunków
spe·cif·ic [spə'sɪfɪk] *adj* swoisty; ściśle określony; charakterystyczny; gatunkowy
spec·i·fi·ca·tion [ˌspesɪfɪ'keɪʃn] *s* specyfikacja, wyszczególnienie; dokładny opis
spec·i·fy ['spesɪfaɪ] *vt* specyfikować, wyszczególniać; dokładnie określać, precyzować
spec·i·men ['spesɪmən] *s* wzór, okaz; próbka; *pot.* dziwak; ***unique*** ~ unikat
spe·cious ['spiːʃəs] *adj* łudzący, pozornie prawdziwy, na pozór słuszny
speck 1. [spek] *s* plamka; kruszynka, odrobina; *vt* pstrzyć, pokrywać plamkami
speck 2. [spek] *s am.* słonina; tłuszcz (wielorybi)
speck·le ['spekl] *s* plamka; *vt* znaczyć plamkami, pstrzyć
spec·ta·cle ['spektəkl] *s dosł. i przen.* widowisko; niezwykły widok; *pl* ~***s*** (*także* ***a pair of*** ~***s***) okulary
spec·ta·tor [spek'teɪtə] *s* widz
spec·tral ['spektrəl] *adj* widmowy; *fiz.* spektralny
spec·tre ['spektə] *s* widmo, zjawa
spec·trum ['spektrəm] *s* (*pl* ***spectra*** ['spektrə]) *s fiz.* widmo
spec·u·late ['spekjʊleɪt] *vi* spekulować (***in sth*** czymś); rozważać (***on, upon sth*** coś)
spec·u·la·tion [ˌspekjʊ'leɪʃn] *s* rozważanie; spekulacja
spec·u·la·tive ['spekjʊlətɪv] *adj* teoretyczny; badawczy; spekulacyjny
spec·u·la·tor ['spekjʊleɪtə] *s* spekulant
sped *zob.* ***speed***
speech [spiːtʃ] *s* mowa; przemówienie; ***to deliver*** <***make***> ***a*** ~ wygłosić mowę; ***parts of*** ~ *gram.* części mowy
speech·less ['spiːtʃləs] *adj* milczący
speed** [spiːd] *vi* (sped, sped*** [sped], *przyspieszać:* ***speeded, speeded***) spieszyć się, pospieszać; *vt* żegnać, życzyć powodzenia; ~ ***up*** przyspieszać; *s* pośpiech, szybkość; ~ ***limit*** szybkość dozwolona (*na drogach*); ***at full*** ~ z pełną szybkością; ~ ***breaker*** *mot.* próg zwalniający (*dla samochodów*)
speed·om·e·ter [spɪ'dɒmɪtə] *s* szybkościomierz
speed·y ['spiːdɪ] *adj* pospieszny, szybki
spell 1. [spel] *s* urok, czar
spell 2. [spel] *s* okres czasu; krótki okres; ***a cold*** ~ okres zimna; *vt* zastąpić (*w pracy*); ***to take*** ~***s at the wheel*** prowadzić (*samochód*) na zmianę
spell 3.** [spel] *vt* (spelt*** [spelt] *lub* ***spelled, spelt*** [spelt] *lub* ***spelled***) sylabizować, literować, podawać (*pisownię*) litera po literze; *przen.* znaczyć, oznaczać
spell·bound ['spelbaʊnd] *adj* oczarowany, urzeczony
spell·ing ['spelɪŋ] *s* pisownia; ortografia
spelt *zob.* ***spell 3.***
spend** [spend] *vt* (spent, spent*** [spent]) wydawać (*pieniądze*),

trwonić; wyczerpywać; spędzać (*czas*)
spend·thrift ['spendθrɪft] *s* rozrzutnik, marnotrawca
spent *zob.* ***spend***
sperm [spɜːm] *s* sperma
sphere [sfɪə] *s* (*także astr.*) kula; sfera, zakres
spher·i·cal ['sferɪkl] *adj* sferyczny, kulisty
spice [spaɪs] *s zbior.* korzenie; przyprawa; pikanteria; *vt* przyprawiać (*przyprawami korzennymi*)
spick [spɪk] *adj tylko w zwrocie:* **~ *and span*** nowiuteńki, czyściutki
spic·y ['spaɪsɪ] *adj* pieprzny; pikantny
spi·der ['spaɪdə] *s zool.* pająk
spike [spaɪk] *s* długi gwóźdź, żelazny kolec; *vt* przymocować gwoździami
spill** [spɪl] *vt* (spilt*** [spɪlt] *lub* ***spilled, spilt*** [spɪlt] *lub* ***spilled***) *vi* rozlewać (się), rozsypywać (się), wysypywać (się)
spin** [spɪn] *vt vi* (spun, spun*** [spʌn]) prząść; kręcić (się), wiercić (się), wprawiać w ruch obrotowy, wirować; *lotn.* opadać korkociągiem; **~ *along*** toczyć się; mknąć; **~ *out*** rozciągać; spędzać (*czas*); *s* kręcenie się, ruch obrotowy; *lotn.* korkociąg
spin·ach ['spɪnɪdʒ] *s* szpinak
spi·nal ['spaɪnl] *adj* krzyżowy, pacierzowy; **~ *column*** kręgosłup
spin·dle ['spɪndl] *s* wrzeciono
spine [spaɪn] *s anat* kręgosłup; grzbiet (*np. książki*)
spin·ner ['spɪnə] *s* przędzarz, prządka
spin·ster ['spɪnstə] *s* stara panna
spin·y ['spaɪnɪ] *adj* kolczasty
spi·ral ['spaɪrəl] *adj* spiralny; *s* spirala
spire ['spaɪə] *s* wieża spiczasta, iglica
spir·it ['spɪrɪt] *s* duch; charakter; męstwo; zapał, energia; ***public* ~** duch obywatelski; spirytus; *pl* **~*s*** nastrój; napoje alkoholowe; ***animal* ~*s*** zapał, radość życia; ***in high* <*low*> ~*s*** w doskonałym nastroju; *vt* dodać otuchy
spir·it·ed ['spɪrɪtɪd] *adj* pełen polotu, ożywiony
spir·i·tu·al ['spɪrɪtʃʊəl] *adj* duchowy; duchowny; *s* (*także* ***Negro* ~**) spiritual (*religijna pieśń Murzynów amerykańskich*)
spir·i·tu·al·ism ['spɪrɪtʃʊlɪzm] *s* spirytyzm; spirytualizm
spit 1. [spɪt] *s* rożen; *geogr.* cypel
spit 2.** [spɪt] *vt vi* (spat*** [spæt] *lub* ***spit, spat*** [spæt] *lub* ***spit***) pluć; *pot.* **~ *it out!*** mów!, gadaj!; *s* plucie, plwocina
spite [spaɪt] *s* złość, gniew; ***in* ~ *of sth*** pomimo czegoś; na złość czemuś; *vt* gniewać, drażnić, robić na złość
spite·ful ['spaɪtfl] *adj* złośliwy, pełen złości
spit·fire ['spɪtˌfaɪə] *s* człowiek porywczy, raptus
spit·tle ['spɪtl] *s* plwocina
spit·toon [spɪ'tuːn] *s* spluwaczka
spiv [spɪv] *s pot. uj.* niebieski ptak, spekulant (*na czarnym rynku*)
splash [splæʃ] *vt vi* bryzgać, pluskać (się), chlapać (się); *s* bryzganie, plusk; szum, sensacja; ***to make a* ~** wzbudzić sensację
spleen [spliːn] *s anat.* śledziona; *przen.* zły humor, chandra; zgryźliwość
splen·did ['splendɪd] *adj* wspaniały, doskonały
splen·dour ['splendə] *adj* wspaniałość, splendor
splice [splaɪs] *vt* splatać, łączyć; *pot.* kojarzyć (*pary*)
splint [splɪnt] *s* drzazga; łyko, deszczułka; *med.* szyna
splin·ter ['splɪntə] *s* drzazga, odłamek; *vt vi* rozszczepić (się), rozłupać (się)
split** [splɪt] *vt vi* (split, split*** [splɪt]) rozszczepić (się),

S

rozłupać (się), rozerwać (się), rozbić (się), przepołowić; **~ hairs** *pot.* rozdzielać włos na czworo; **~ open** rozewrzeć (się); pęknąć; *s* rozłam, rozbicie; *pl* **~s** szpagat (*w tańcu, gimnastyce akrobatycznej*)

splut·ter ['splʌtə] *s* = **sputter**

***spoil** [spɔɪl] *v* (**spoilt** [spɔɪlt] *lub* **spoiled, spoilt** [spɔɪlt] *lub* **spoiled**) *vt* psuć, niszczyć, unicestwiać; psuć (*dziecko itp.*); rabować; *vi* psuć się, niszczeć; *s* (*zw. pl* **~s**) łupy wojenne, trofea; zdobycz

spoil·age ['spɔɪlɪdʒ] *s zbior.* odpadki; makulatura

spoilt *zob.* **spoil**

spoke 1. *zob.* **speak**

spoke 2. [spəʊk] *s* szprycha; szczebel; drąg (*do hamowania*)

spo·ken *zob.* **speak**

spokes·per·son ['spəʊks,pɜː-sn], **spokesman** ['spəʊksmən] (*pl* **spokesmen** ['spəʊksmən]), **spokeswoman** ['spəʊks-,wʊmən] (*pl* **spokeswomen** ['spəʊks,wɪmɪn]) *s* rzecznik

spo·li·ate ['spəʊlɪeɪt] *vt* rabować

sponge [spʌndʒ] *s* gąbka; pasożyt, darmozjad; *vt* myć gąbką; wchłaniać; *vi* pasożytować (**on sb** na kimś), wyłudzać (**on sb for sth** coś od kogoś)

spon·sor ['spɒnsə] *s* sponsor, fundator; poręczyciel

spon·ta·ne·ous [spɒn'teɪnɪəs] *adj* spontaniczny, samorzutny; **~ combustion** samozapalenie się

spool [spuːl] *s* szpulka; *vt* nawijać

spoon [spuːn] *s* łyżka; *vt* czerpać łyżką; **born with a silver ~ in one's mouth** *pot.* w czepku urodzony

spoon·ful ['spuːnfʊl] *s* zawartość łyki, pełna łyżka (*czegoś*)

spo·rad·ic [spə'rædɪk] *adj* sporadyczny

sport [spɔːt] *s* sport; żart; *pot.* porządny chłop; *pl* **~s** zawody lekkoatletyczne; **athletic ~s** lekkoatletyka; **in <for> ~** w żarcie, dla żartu; **to make ~** żartować sobie, zabawiać się (**of sb, sth** kimś, czymś); *vt* wystawiać na pokaz, popisywać się (**sth** czymś); *vi* uprawiać sport; bawić się, żartować (**with sb, sth** z kogoś, czegoś)

sport·ive ['spɔːtɪv] *adj* wesoły, zabawny; sportowy

sports·man ['spɔːtsmən] (*pl* **sportsmen** ['spɔːtsmən]) *s* sportowiec

spot [spɒt] *s* miejsce; plama; kropka; krosta; *handl.* **~ cash** zapłata gotówką; **on the ~** na miejscu; od razu; *attr* natychmiastowy, na miejscu; **~ check** kontrola wyrywkowa; *vt* nakrapiać, pstrzyć; plamić; rozpoznać, wykryć; plamić się

spot·less ['spɒtləs] *adj* nieskazitelny, nienaganny

spot·light ['spɒtlaɪt] *s teatr* światło reflektorów; **to be in the ~** być w centrum zainteresowania opinii publicznej

spot·ted ['spɒtɪd] *adj* nakrapiany, pstry; poplamiony

spouse [spaʊs] *s* małżonek, małżonka

spout [spaʊt] *vt vi* trysnąć, wyrzucić z siebie; wypowiedzieć; *s* dziobek (*np. imbryka*); kurek; otwór wylotowy; strumień (*np. wody*)

sprain [spreɪn] *vt* zwichnąć; *s* zwichnięcie

sprang *zob.* **spring**

sprat [spræt] *s zool.* szprot, szprotka

sprawl [sprɔːl] *vi* wyciągać się, rozwalać się, leżeć jak długi; rozprzestrzeniać się, rozrastać się; *s* rozwalanie się

spray 1. [spreɪ] *s* gałązka

spray 2. [spreɪ] *s* pył wodny; rozpylacz; *vt vi* rozpylać (się), opryskiwać

***spread** [spred] *vt vi* (**spread,**

spread [spred]) rozpościerać (się), rozprzestrzeniać (się); rozkładać (się), rozwijać (się); rozpowszechniać (się); powlekać; rozlewać (się); *s* rozprzestrzenienie, przestrzeń; rozłożenie; rozłożystość; rozpiętość; rozstęp; rozpowszechnienie; *pot.* uczta

spread·sheet ['spredʃiːt] *s komp.* arkusz kalkulacyjny

spree [spriː] *s* wesoła zabawa, hulanka; *vi* bawić się, hulać

sprig [sprɪg] *s* gałązka; latorośl

spright·ly ['spraɪtlɪ] *adj* żywy, wesoły

spring 1.** [sprɪŋ] *v* (sprang*** [spræŋ], ***sprung*** [sprʌŋ]) *vi* skakać, podskakiwać; tryskać, buchać; wyrastać; pochodzić; pękać, rozpadać się; *vt* spowodować pęknięcie, rozbić; płoszyć; zaskoczyć; wysadzić w powietrze; **~ *up*** podskakiwać; wyrastać; wypływać; ukazywać się

spring 2. [sprɪŋ] *s* skok

spring 3. [sprɪŋ] wiosna

spring 4. [sprɪŋ] źródło

spring 5. [sprɪŋ] sprężyna; elastyczność; pęknięcie; *pl* **~s** resory, resorowanie

spring·board ['sprɪŋbɔːd] *s* trampolina; *przen.* odskocznia

sprin·kle ['sprɪŋkl] *vt vi* pryskać, spryskiwać; *s* kropienie, spryskiwanie; szczypta; drobny deszcz

sprin·kling ['sprɪŋklɪŋ] *s* drobna ilość, szczypta

sprint [sprɪnt] *s sport* sprint; *vi* sprintować

S

sprint·er ['sprɪntə] *s* sprinter

sprite [spraɪt] *s* chochlik

sprout [spraʊt] *s* kiełek, pęd; *vt* kiełkować, puszczać pędy

spruce 1. [spruːs] *adj* schludny; elegancki

spruce 2. [spruːs] *s bot.* świerk

sprung *zob.* ***spring***

spry [spraɪ] *adj* żywy, żwawy

spun *zob.* ***spin***

spur [spɜː] *s* ostroga; odnoga (*górska*); *przen.* podnieta; *vt* spinać ostrogami; *przen.* popędzać, podniecać

spu·ri·ous ['spjʊərɪəs] *adj* fałszywy; nieautentyczny, podrobiony

spurn [spɜːn] *vt* odepchnąć, odtrącić; pogardliwie traktować; *s* odepchnięcie, odtrącenie; pogardliwe traktowanie

spurt [spɜːt] *vt vi* tryskać; *s* wytrysk; zryw

sput·ter ['spʌtə] *vi* bryzgać śliną (*przy mówieniu*); *vt* mówić bełkocąc

spy [spaɪ] *s* szpieg; *vi* szpiegować (***on, upon sb*** kogoś); dokładnie badać (***into sth*** coś); *vt* dostrzegać

spy·glass ['spaɪglɑːs] *s* luneta, mały teleskop (*w dawnych czasach*)

squab·ble ['skwɒbl] *s* sprzeczka; *vi* sprzeczać się

squad [skwɒd] *s wojsk.* oddział; grupa, brygada (*robocza*); ***firing* ~** pluton egzekucyjny

squad·ron ['skwɒdrən] *s wojsk.* szwadron; *lotn. mors.* eskadra

squal·id ['skwɒlɪd] *adj* brudny; nędzny

squall 1. [skwɔːl] *s mors.* szkwał

squall 2. [skwɔːl] *s* wrzask; *vt vi* wrzeszczeć, wykrzykiwać

squal·or ['skwɒlə] *s* brud; nędza

squan·der ['skwɒndə] *vt* trwonić, marnować

squan·der·er ['skwɒndərə] *s* marnotrawca

square [skweə] *s* kwadrat; czworobok; (*kwadratowy*) plac, skwer; bok budynków; *mat.* druga potęga liczby; *adj* kwadratowy; czworokątny; szczery, uczciwy; załatwiony, uporządkowany; solidny; jasno postawiony; kompletny; **~ *deal*** uczciwe postępowanie; *mat.* **~ *root*** pierwiastek; *vt* nadać kształt kwadratu; wyrównać (rachunek); uzgodnić; dostosować; *mat.* podnieść do kwadratu;

rozprostować (ramiona); *vi* pasować; zgadzać się; **~ up** rozliczyć się; przybrać postawę bojową (**to sb** wobec kogoś); *adv* pod kątem prostym; rzetelnie, uczciwie; wprost, w sam środek

squash [skwɒʃ] *vt vi* gnieść (się), wyciskać; *s* zgnieciona masa; **lemon ~** napój z (wyciśniętej) cytryny; *sport* squash (*gra sportowa*)

squat [skwɒt] *vi* kucać, przykucnąć; nielegalnie się osiedlić; *s* przysiad

squat·ter ['skwɒtə] *s* nielegalny osadnik; dziki lokator

squaw [skwɔːː] *s* squaw (*Indianka, zw. zamężna*)

squeak [skwiːk] *vi* piszczeć; *s* pisk

squeal [skwiːl] *vi* skomleć, kwiczeć; *s* skomlenie, kwiczenie

squeam·ish ['skwiːmɪʃ] *adj* drażliwy, wrażliwy; grymaśny

squeeze [skwiːz] *vt vi* cisnąć (się), ściskać, pchać się; **~ out** wycisnąć; **~ through** przeciskać (się); **~ up** ścisnąć; *s* ścisk; uścisk; odcisk

squib [skwɪb] *s* fajerwerk; *przen.* paszkwil, satyra polityczna

squint [skwɪnt] *s* zez; *adj* zezowaty; *vi* patrzeć zezem

squire ['skwaɪə] *s hist.* obywatel ziemski, ziemianin

squir·rel ['skwɪrəl] *s zool.* wiewiórka

squirt [skwɜːt] *vi* tryskać; *vt* strzykać; *s* wytrysk; strzykawka; sikawka; *pot.* zarozumialec

stab [stæb] *vt* pchnąć sztyletem, zasztyletować; *vi* (*o bólu*) rwać; *s* pchnięcie sztyletem; *pot.* próba

sta·bil·i·ty [stə'bɪlətɪ] *s* stałość, trwałość

sta·bi·lize ['steɪbəlaɪz] *vt* stabilizować

sta·ble 1. ['steɪbl] *adj* stały, trwały

sta·ble 2. ['steɪbl] *s* stajnia; stadnina

stack [stæk] *s* stóg, sterta; komin (okrętowy *lub* fabryczny)

sta·di·um ['steɪdɪəm] *s* (*pl* **stadiums, stadia** ['steɪdɪə]) *sport* stadion

staff [stɑːf] *s* (*pl* **staves** [steɪvz] *lub* **~s** [stɑːfs]) kij, drąg, drzewce (*flagi*); *muz.* pięciolinia; (*pl* **staffs**) sztab, personel; grono profesorskie, kadra naukowa

stag [stæg] *s zool.* jeleń; *bryt. pot.* spekulant giełdowy; *am.* samotny mężczyzna

stage [steɪdʒ] *s* scena, estrada; rusztowanie; stadium, etap, okres; **~ manager** reżyser; *vt* wystawiać na scenie; **~ fright** trema

stage·coach ['steɪdʒkəʊtʃ] *s* dyliżans

stag·ger ['stægə] *vi* chwiać się; zataczać się; wahać się; *vi* oszołomić; *s* chwiejny chód; wahanie; *pl* **~s** zawrót głowy

stag·nant ['stægnənt] *adj* stojący w miejscu; (będący) w zastoju, martwy

stag·na·tion [stæg'neɪʃn] *s* zastój

stag·y ['steɪdʒɪ] *adj* teatralny; afektowany

staid [steɪd] *adj* zrównoważony, stateczny

stain [steɪn] *s* plama; zabarwienie; **~ remover** wywabiacz plam; *vt* plamić; zabarwiać; **~ed glass** witraż

stain·less ['steɪnləs] *adj* nie splamiony; nienaganny; (*o stali*) nierdzewny

stair [steə] *s* stopień (*schodów*); *pl* **~s** schody

stair·case ['steəkeɪs] *s* klatka schodowa

stake [steɪk] *s* pal, słup; stawka, ryzyko; wkład, udział; stos całopalny; **to be at ~** wchodzić w grę; **life is at ~** tu chodzi o życie; *vt* wzmacniać palami; ryzykować; zakładać się (**sth** o coś; przywiązać do pala; wbić na pal

S

sta·lac·tite ['stæləktaɪt] *s miner.* stalaktyt
sta·lag·mite ['stæləgmaɪt] *s miner.* stalagmit
stale [steɪl] *adj* suchy; (*o chlebie*) czerstwy, nieświeży; pozbawiony smaku; zużyty; stary; *vi* zużyć się, zestarzeć się
stale·mate ['steɪlmeɪt] *s* pat (*w szachach*); *przen.* martwy punkt
stalk 1. [stɔːk] *s* łodyga, szypułka, źdźbło
stalk 2. [stɔːk] *vi* kroczyć (z dumą); *przen.* (*o epidemii itp.*) panować; *vt* podkradać się, podchodzić (***the game*** do zwierzyny); *s* wyniosły chód
stall [stɔːl] *s* stragan, buda, stoisko, kiosk; przegroda w stajni; *pl* ***~s*** *teatr* miejsca na parterze
stal·lion ['stæljən] *s zool.* ogier
stal·wart ['stɔːlwət] *adj* mocny, silny; wierny, lojalny
sta·men ['steɪmən] *s bot.* pręcik
stam·i·na ['stæmɪnə] *s zbior.* siły życiowe, energia, wytrzymałość
stam·mer ['stæmə] *vi* jąkać się; *vt* (*także* ***~ out***) wyjąkać; *s* jąkanie się
stam·mer·er ['stæmərə] *s* jąkała
stamp [stæmp] *vt vi* stemplować, pieczętować; nalepić znaczek pocztowy; *przen.* wbić (w pamięć); deptać, tupać; ***~ out*** zgnieść, zmiażdżyć; *przen.* zniszczyć; *s* stempel, pieczęć; znaczek pocztowy; tupanie, deptanie, tętent; *przen.* piętno, cecha
stamp album ['stæmpˌælbəm] *s* album na znaczki pocztowe, klaser
stamp col·lec·tor ['stæmpkəlektə] *s* filatelista
stam·pede [stæm'piːd] *s* paniczna ucieczka, popłoch; *vi* pędzić w popłochu; *vt* siać popłoch
stanch [staːntʃ], **staunch** [stɔːntʃ] *vt* tamować, zatrzymywać (*krew*)
stan·chion ['staːntʃn] *s* podpora; *vt* podpierać
stand** [stænd] *vi* (stood, stood*** [stʊd]) stać; stawiać się; pozostawać; znajdować się (*w pewnej sytuacji*); *vt* stawiać; wytrzymywać, znosić; podtrzymywać; ***to ~ to sth*** trzymać się czegoś, dotrzymywać czegoś; trwać przy czymś; ***it ~s to reason*** to się rozumie samo przez się, to jest oczywiste; ***to ~ firm*** trzymać się, nie odstępować (od swego zdania); ***to ~ corrected*** przyznawać się do błędu; ***to ~ good*** być w mocy, obowiązywać; ***to ~ prepared*** być gotowym; ***to ~ for sth*** popierać coś; zastępować coś; występować w obronie czegoś; ***to ~ for Parliament*** kandydować do parlamentu; ***~ on sth*** nalegać na coś, polegać na czymś; ***~ back*** cofać się, być cofniętym; ***~ forth*** <***forward***> występować, wystawać; ***to ~ out*** wystawać, występować; opierać się (***against sth*** czemuś); kontrastować (***against sth*** z czymś); odznaczać się, wyróżniać się; ***~ over*** ulec zwłoce, zalegać; ***~ up*** powstać, podnieść się; opierać się, stawiać czoło (***to sb, sth*** komuś, czemuś); *s* miejsce, stanowisko; stoisko; podstawa, podstawka; stojak; pulpit (*do nut*); trybuna; zastój, przerwa; postój; okres pobytu; opór; ***to bring to a ~*** zatrzymać, unieruchomić; ***to come to a ~*** zatrzymać się; ***to make a ~*** trzymać się; stawiać opór (***against sb, sth*** komuś, czemuś); stanąć w obronie (***for sth*** czegoś); ***to take a ~*** zająć stanowisko
stand·ard ['stændəd] *s* sztandar, flaga; norma, przeciętna miara; poziom; gatunek; wzór; standard; ***~ of living*** stopa życiowa; ***~ time*** urzędowy czas miejscowy; ***up to (the) ~*** zgodnie z wzorem; na odpowiednim poziomie
stand·ard·ize ['stændədaɪz] *vt* normalizować, ujednolicać

S

stand·ing ['stændıŋ] *s* stanie; miejsce; stanowisko; trwanie; *adj* stojący; trwający; obowiązujący; **~ corn** zboże na pniu; **~ orders** regulamin

stand·point ['stændpɔınt] *s* punkt widzenia, stanowisko

stand·still ['stændstıl] *s* zastój; martwy punkt

stand-up ['stændʌp] *attr* stojący, na stojąco

stank *zob.* **stink**

stan·za ['stænzə] *s* zwrotka

sta·ple 1. ['steıpl] *s* skład towarów; magazyn; podstawowy towar; główny temat; *attr* główny

sta·ple 2. ['steıpl] *s* hak; klamra; *vt* spinać klamrą

star [stɑ:] *s* gwiazda; **shooting ~** spadająca gwiazda; **~ wars** wojny gwiezdne; **the Stars and Stripes** flaga St. Zjednoczonych; *vt* zdobić gwiazdami; *vi teatr film* występować w głównej roli

star·board ['stɑ:bəd] *s mors.* sterburta, prawa burta

starch [stɑ:tʃ] *s* krochmal; *vt* krochmalić

stare [steə] *vt vi* uporczywie patrzeć, wytrzeszczać oczy (**at sb, sth** na kogoś, coś); *s* uporczywy wzrok

stark [stɑ:k] *adj* całkowity; istny; *poet.* sztywny; *adv* całkowicie; **~ naked** zupełnie goły

star·light ['stɑ:laıt] *s* światło gwiazd

star·ling ['stɑ:lıŋ] *s zool.* szpak

star·ry ['stɑ:rı] *adj* gwiaździsty

star-span·gled ['stɑ:ˌspæŋgld] *adj* usiany gwiazdami; **The Star-Spangled Banner** *flaga USA; hymn narodowy USA*

start [stɑ:t] *vi* wyruszyć, wystartować; wybierać się (**on a journey** w drogę); wzdrygać się; zrywać się; płoszyć się; skoczyć, podskoczyć; zacząć; podjąć się (**on sth** czegoś); *vt* wprowadzić w ruch; poruszyć; ustanowić; rozpocząć; przerazić; spłoszyć; założyć (*np. przedsiębiorstwo*); spowodować, wywołać (*np. pożar*); **~ back** nagle cofnąć się; wyruszyć w drogę powrotną; **~ off** wyruszyć, odjechać; zacząć się (**with sth** od czegoś); **~ out** wystąpić, ukazać się; odjechać; **~ up** podskoczyć, zerwać się; wszcząć; **to ~ with** na początek; po pierwsze; *s* start; podskok; odjazd; wstrząs; początek; pierwszeństwo; zryw; **at the ~** na początku; **to get the ~** wyprzedzać (**of sb** kogoś); **to make a new <fresh> ~** rozpocząć na nowo; **~ing-point** punkt wyjścia

start·er ['stɑ:tə] *s mot.* rozrusznik

star·tle ['stɑ:tl] *vt vi* przerazić (się); zaskoczyć; wstrząsnąć

star·va·tion [stɑ:'veıʃn] *s* głodowanie, głód

starve [stɑ:v] *vi* głodować, umierać z głodu; *vt* głodzić; tęsknić, przepadać (**for sth** za czymś)

starve·ling ['stɑ:vlıŋ] *s* głodomór

state [steıt] *s* stan; stanowisko; położenie; państwo; uroczystość, pompa; **in ~** uroczyście, ceremonialnie; z całym ceremoniałem; **the United States** Stany Zjednoczone; *am.* **Secretary of State** minister spraw zagranicznych; *vt* stwierdzać; oświadczać; przedstawiać (*np. sprawę*); *attr* państwowy; stanowy; urzędowy; paradny; *am.* **State Department** ministerstwo spraw zagranicznych

S

state·craft ['steıtkrɑ:ft] *s* umiejętność rządzenia państwem

state·ly ['steıtlı] *adj* okazały, wspaniały; wzniosły, pełen godności

state·ment ['steıtmənt] *s* stwierdzenie; oświadczenie; zeznanie; **~ of account** wyciąg z konta

states·man ['steıtsmən] *s* (*pl*

statesmen ['steɪtsmən]) mąż stanu
states·man·ship ['steɪtsmənʃɪp] *s* umiejętność kierowania sprawami państwa, działalność męża stanu
stat·ic ['stætɪk] *adj* statyczny
stat·ics ['stætɪks] *s* statyka
sta·tion ['steɪʃn] *s* stacja; miejsce, położenie; posterunek; stan; urząd; ***police*** **~** komisariat; ***broadcasting*** **~** radiostacja, rozgłośnia; *vt* umieścić, osadzić; rozlokować
sta·tion·ar·y ['steɪʃnərɪ] *adj* stacjonarny, nieruchomy; niezmienny; stały
sta·tion·er ['steɪʃnə] *s* właściciel sklepu z artykułami piśmiennymi
sta·tion·er·y ['steɪʃnərɪ] *s zbior.* artykuły piśmienne; papier listowy
sta·tion mas·ter ['steɪʃnˌmɑːstə] *s* zawiadowca stacji
sta·tis·tic [stə'tɪstɪk], **sta·tis·ti·cal** [stə'tɪstɪkl] *adj* statystyczny
stat·is·ti·cian [ˌstætɪ'stɪʃn] *s* statystyk
sta·tis·tics [stə'tɪstɪks] *s* statystyka; dane statystyczne
stat·u·ar·y ['stætʃʊərɪ] *adj* rzeźbiarski; *s* rzeźbiarstwo posągowe; rzeźba, zbiór rzeźb; rzeźbiarz
stat·ue ['stætʃuː] *s* statua
stat·ure ['stætʃə] *s* postawa, wzrost
sta·tus ['steɪtəs] *s* stan (*prawny itp.*); położenie; stanowisko
stat·ute ['stætʃuːt] *s* ustawa; statut; **~** ***law*** ustawy parlamentarne
staunch 1. *zob.* ***stanch***
staunch 2. [stɔːntʃ] *adj* mocny, niewzruszony; lojalny, pewny, wierny
stave 1. [steɪv] *s* kij; klepka; *muz.* takt; zwrotka
stave 2.** [steɪv] *vt* (staved***, ***staved*** [steɪvd] *lub* ***stove***, ***stove*** [stəʊv]) (*także* **~** ***in***) wgniatać; robić dziurę; **~** ***off*** zapobiegać (*np. niebezpieczeństwu*)
staves *zob.* ***staff***
stay [steɪ] *vi* zatrzymać się, przebywać, pozostawać, mieszkać; ***to*** **~** ***with sb*** gościć u kogoś; **~*ing power*** wytrzymałość; **~** ***away*** trzymać się z dala, nie zjawiać się; **~** ***in*** pozostawać w domu; **~** ***out*** pozostawać poza domem; **~** ***up*** nie siadać, nie kłaść się spać; *s* przebywanie, pobyt; postój; wstrzymanie; *pl* **~*s*** gorset
stay-at-home ['steɪəthəʊm] *s pot.* domator
stay-in ['steɪɪn] *attr* **~** ***strike*** strajk okupacyjny
stead [sted] *s lit.* miejsce; korzyść; ***in my*** **~** na moim miejscu; ***to stand in good*** **~** wyjść na korzyść
stead·fast ['stedfɑːst] *adj* trwały, solidny, niezachwiany
stead·y ['stedɪ] *adj* mocny, silny; niezachwiany, stały; zrównoważony; spokojny; *vt* utwierdzić, wzmocnić; uspokoić; doprowadzić do równowagi; *vi* okrzepnąć; ustalić się; dojść do równowagi; *adv* spokojnie; *pot.* (*o chłopcu, dziewczynie*) ***to go*** **~** chodzić ze sobą
steak [steɪk] *s* kawałek mięsa; stek
steal** [stiːl] *vt* (stole*** [stəʊl], ***stolen*** ['stəʊlən]) kraść; *vi* skradać się; **~** ***away*** wymknąć się; **~** ***in*** wkraść się; **~** ***out*** wyśliznąć się
stealth [stelθ] *s w zwrocie:* ***in*** <***by***> **~** ukradkiem
stealth·y ['stelθɪ] *adj* tajemny, skryty
steam [stiːm] *s* para (wodna); *vt* parować, gotować na parze; *vi* wytwarzać parę; (*o pociągu, parowcu*) jechać
steam·boat ['stiːmbəʊt] *s* parowiec
steam boil·er ['stiːmˌbɔɪlə] *s* siła parowa

steam·ship ['stiːmʃɪp] *s* = ***steamboat***
steed [stiːd] *s lit.* rumak
steel [stiːl] *s* stal; *vt* hartować
steel·works ['stiːlwɜːks] *s* stalownia
steep 1. [stiːp] *adj* stromy; *pot.* (*o wymaganiach*) wygórowany
steep 2. [stiːp] *vt* zanurzyć, zamoczyć, zmiękczyć
stee·ple ['stiːpl] *s* iglica; wieża strzelista
stee·ple·chase ['stiːpltʃeɪs] *s sport* wyścigi (*konne*) z przeszkodami, bieg z przeszkodami
steer [stɪə] *vt vi* sterować; dążyć (***for sth*** w stronę czegoś); ***to ~ clear*** unikać (***of sth*** czegoś)
steer·age ['stɪərɪdʒ] *s* sterowanie; przedział najtańszej klasy na statku
steer·ing wheel ['stɪərɪŋwiːl] *s* koło sterowe; kierownica
steers·man ['stɪəzmən] *s* (*pl* ***steersmen*** ['stɪəzmən]) sternik
stem 1. [stem] *s* trzon; pień, łodyga; *gram.* temat
stem 2. [stem] *vt* tamować, wstrzymywać; wybudować tamę (***a river*** na rzece)
stench [stentʃ] *s* smród
sten·cil ['stensl] *s* szablon, matryca; *vt* malować szablonem; matrycować
ste·nog·ra·pher [stə'nɒgrəfə] *s* stenograf
sten·o·graph·ic [ˌstenə'græfɪk] *adj* stenograficzny
step [step] *s* krok; stopień; próg; ***flight of ~s*** kondygnacja schodów; ***~ by ~*** krok za krokiem; stopniowo; ***to keep ~*** dotrzymywać kroku (***with sb*** komuś); ***to take ~s*** przedsięwziąć kroki; *vi* kroczyć; deptać; ***~ back*** cofnąć się; ***~ down*** schodzić na dół; ***~ forth*** <***forward***> wystąpić; ***~ in*** wchodzić
step·daugh·ter ['stepˌdɔːtə] *s* pasierbica
step·fa·ther ['stepˌfɑːðə] *s* ojczym
step·moth·er ['stepˌmʌðə] *s* macocha
step·ping-stone ['stepɪŋstəʊn] *s przen.* środek wiodący do celu, odskocznia
step·son ['stepsʌn] *s* pasierb
ster·e·o·metry [ˌsterɪ'ɒmɪtrɪ] *s* stereometria
ster·e·o ['sterɪəʊ] *s, adj* (zestaw) stereo;
ster·e·o·phon·ic [ˌsterɪə'fɒnɪk] *adj* stereofoniczny; ***~ set*** zestaw stereo
ster·e·o·type ['sterɪətaɪp] *s* stereotyp
ster·ile ['steraɪl] *adj* bezpłodny
ster·i·lize ['sterəlaɪz] *vt* sterylizować
ster·ling ['stɜːlɪŋ] *s* (funt) szterling; *adj przen.* prawdziwy; solidny; nieskazitelny
stern 1. [stɜːn] *adj* surowy, groźny
stern 2. [stɜːn] *s mors.* rufa; tył
steth·o·scope ['steθəskəʊp] *s med.* stetoskop (*słuchawki lekarskie*)
stew [stjuː] *vt* dusić (*potrawę*); *vi* dusić się; *s* duszona potrawa mięsna, gulasz
stew·ard ['stjuːəd] *s* zarządca, gospodarz; steward
stew·ard·ess [ˌstjuːə'des] *s* stewardesa
stick** [stɪk] *vt* (stuck, stuck*** [stʌk]) wetknąć, wepchnąć; przebić; przymocować; przykleić; *vi* tkwić; przyczepić się (***to sth*** czegoś); trzymać się; trwać (***to sth*** przy czymś); ***~ to it!*** *pot.* nie zrażaj się!; ***~ around*** *pot.* kręcić się w pobliżu; ***to get stuck*** utkwić, zaciąć się (*np. o maszynie*); ***~ out*** wysunąć; wystawać; ***~ up*** podnieść do góry; sterczeć; *s* laska, pałka, kij; ***walking ~*** laska; baton; sztyft (*dezodorantu*); *pot.* nudziarz, człowiek nadęty

S

stick·y ['stɪkɪ] *adj* lepki, kleisty
stiff [stɪf] *adj* sztywny; uparty; (*o egzaminie*) trudny; silny, mocny (*wiatr, trunek itd.*); *s pot.* trup
stiff·en ['stɪfn] *vt* usztywnić; utwierdzić w uporze; utrudnić (*np. egzamin*); *vi* zesztywnieć; uprzeć się
sti·fle ['staɪfl] *vt vi* dusić (się); dławić (się), tłumić
stig·ma ['stɪgmə] (*pl* ***stigmata*** [stɪg'mɑːtə]) *s* piętno, stygmat
stig·ma·tize ['stɪgmətaɪz] *vt* piętnować
still 1. [stɪl] *adj* cichy, spokojny; **~ *life*** martwa natura; *s* cisza, spokój; fotografia; *vt vi* uciszyć (się), uspokoić (się); *adv* ciągle, jeszcze, stale, nadal; mimo wszystko, przecież
still 2. [stɪl] *vt* destylować; *s* aparat destylacyjny
still·born ['stɪlbɔːn] *adj* martwo urodzony
stilt [stɪlt] *s* szczudło
stilt·ed ['stɪltɪd] *adj* nienaturalny, afektowany
stim·u·lant ['stɪmjʊlənt] *adj* podniecający; *s* środek podniecający; bodziec
stim·u·late ['stɪmjʊleɪt] *vt* podniecać; zachęcać, pobudzać
sting** [stɪŋ] *v* (stung, stung*** [stʌŋ]) *vt* użądlić, kłuć; sparzyć (*pokrzywą*); podniecać; przypiekać; *vi* piec, boleć
stin·gi·ness ['stɪndʒɪnəs] *s* sknerstwo
stin·gy ['stɪndʒɪ] *adj* skąpy
stink** [stɪŋk] *vi* (stunk*** [stʌŋk] *lub* ***stank*** [stænk], ***stunk*** [stʌŋk]) śmierdzieć (***of sth*** czymś); *s* smród
stint [stɪnt] *vt* ograniczyć; skąpić (***sb of sth*** komuś czegoś); *s* ograniczenie; wyznaczona ilość pracy, norma
sti·pend ['staɪpend] *s* pensja (*zw.* duchownego); stypendium
stip·u·late ['stɪpjʊleɪt] *vt vi* żądać; ustalać warunki, zastrzegać sobie (***for sth*** coś)
stip·u·la·tion [ˌstɪpjʊ'leɪʃn] *s* uzgodnienie warunków, warunek (*układu*), zastrzeżenie
stir [stɜː] *vt vi* ruszać (się); wzruszać (się); wprawiać w ruch; podniecać; pomieszać; krzątać się; *s* poruszenie; podniecenie; krzątanina
stir·rup ['stɪrəp] *s* strzemię
stitch [stɪtʃ] *s* ścieg; oczko (*np. w pończosze*); kłucie (w boku), kolka; *vt vi* robić ścieg; szyć
stock [stɒk] *s* trzon, pień; ród; zapas, zasób; inwentarz; (*także* ***live ~***) żywy inwentarz; majątek; *handl.* kapitał zakładowy, akcja, obligacja; *teatr* repertuar; ***rolling ~*** tabor kolejowy; ***~ exchange*** giełda; *teatr* ***~ piece*** sztuka repertuarowa; ***~ tale*** ciągle powtarzana historyjka; ***to take ~*** inwentaryzować, robić remanent (***of sth*** czegoś); ***in ~*** w zapasie; ***out of ~*** wyprzedany; *vt* robić zapas, zaopatrzyć; trzymać na składzie; osadzać (*narzędzie itp.*); *handl.* prowadzić sprzedaż
stock·ade [stɒ'keɪd] *s* palisada; *vt* otoczyć palisadą
stock·bro·ker ['stɒkˌbrəʊkə] *s* makler giełdowy
stock ex·change ['stɒkɪksˌtʃeɪndʒ] *s* giełda
stock·holder ['stɒkˌhəʊldə] *s am.* = ***shareholder***
stock·ing ['stɒkɪŋ] *s* pończocha
stock-in-trade [ˌstɒkɪn'treɪd] *s* zapas towarów w sklepie
stock·tak·ing ['stɒkˌteɪkɪŋ] *s* inwentaryzacja, remanent
stock·y ['stɒkɪ] *adj* krępy
stock·yard ['stɒkjɑːd] *s* zagroda dla bydła (*na targu, w rzeźni*)
sto·ic ['stəʊɪk] *s* stoik
sto·i·cal ['stəʊɪkl] *adj* stoicki
stoke [stəʊk] *vt* palić (*w lokomotywie, piecu hutniczym*)

stoke·hold ['stəukhəuld] *s mors.* kotłownia (*na statku*)
stole 1. [stəul] *s rel.* stuła
stole 2. *zob.* ***steal***
sto·len *zob.* ***steal***
stol·id ['stɒlɪd] *adj* obojętny; flegmatyczny; bierny
stom·ach ['stʌmək] *s anat.* żołądek; *pot.* brzuch; chętka; *vt* jeść z apetytem; znosić, ścierpieć
stom·ach·ache ['stʌməkeɪk] *s* ból brzucha
stone [stəun] *s* kamień; ziarnko (*owocu*), pestka; *bryt.* miara ciężaru; *vt* ukamienować; drylować (*owoce*)
stone·ma·son ['stəun,meɪsn] *s* kamieniarz
stone·ware ['stəunweə] *s zbior.* naczynia kamionkowe
ston·y ['stəunɪ] *adj* kamienisty; kamienny
stood *zob.* ***stand***
stool [stu:l] *s* stołek; *med.* stolec
stool·pi·geon ['stu:l,pɪdʒən] *s pot.* kapuś, donosiciel
stoop [stu:p] *vt vi* schylić (się), zgiąć (się), być przygarbionym; poniżyć (się); raczyć; *s* pochylenie; przygarbienie
stop [stɒp] *vt* zatkać, zatrzymać, zahamować; zaprzestać, skończyć; napełnić, zaplombować; powstrzymać; *vi* zatrzymać się, stanąć; przestać, skończyć (się), ustać; ***~ short*** urwać, nagle przerwać; *s* zatrzymanie (się); postój; przystanek; przerwa; koniec; zatyczka; *gram.* głoska zwarta; *gram.* ***full ~*** kropka; ***to come to a ~*** stanąć; ustać; ***to put a ~*** położyć kres
stop·light ['stɒplaɪt] *s* światło stopu; sygnał zatrzymania
stop·o·ver ['stɒp,əuvə] *s* przystanek, postój, międzylądowanie (*w czasie podróży samolotem*)
stop·page ['stɒpɪdʒ] *s* zatrzymanie; wstrzymanie (*np. pracy*); zawieszenie (*np. terminu płatności*); zastój
stop·per ['stɒpə] *s* szpunt, korek
stop-press ['stɒppres] *attr* ***~ news*** wiadomości (z ostatniej chwili)
stor·age ['stɔ:rɪdʒ] *s* magazynowanie, gromadzenie, zapas; ***cold ~*** przechowywanie w chłodni; chłodnia
store [stɔ:] *s* zapas; skład; magazyn; *am.* sklep; *pl* ***~s*** dom towarowy; ***to set ~*** przykładać wagę, przywiązywać znaczenie (***by sth*** do czegoś); ***to have sth in ~ for sb*** mieć coś przygotowane dla kogoś; *vt* zaopatrywać, ekwipować; (*także* ***~ up***) magazynować, przechowywać, gromadzić (*np. zapasy*)
store·house ['stɔ:haus] *s* magazyn
store·keep·er ['stɔ:,ki:pə] *s* magazynier; *am.* kupiec
sto·rey, sto·ry ['stɔ:rɪ] *s* piętro
stork [stɔ:k] *s* bocian
storm [stɔ:m] *s* burza; *mors.* sztorm; szturm; *vi* krzyczeć, złościć się; ***it ~s*** burza szaleje; *vt* szturmować
storm·y ['stɔ:mɪ] *adj* burzliwy, gwałtowny; zapowiadający burzę
sto·ry 1. ['stɔ:rɪ] *s* historia; opowiadanie, opowieść; fabuła; ***short ~*** nowela; ***the ~ goes that ...*** mówią, że ...; podobno ...
sto·ry 2. *zob.* ***storey***
stout [staut] *adj* mocny, mocno zbudowany; tęgi; otyły; solidny; stanowczy; *s* mocny porter
stove [stəuv] *s* piec
stow [stəu] *vt* umieścić; zapakować; (*także* ***~ away***) schować; usunąć; *vi* ukryć się; jechać bez biletu (*zw.* na statku)
stow·age ['stəuɪdʒ] *s mors.* pakownia; pakowanie; ładunek ułożony; opłaty za ładunek
stow·a·way ['stəuəweɪ] *s* pasażer na gapę (*na statku*)

strad·dle ['strædl] *vt vi* stać z rozkraczonymi nogami; siedzieć okrakiem
strag·gle ['strægl] *vi* rozejść się; rozproszyć się, być rozproszonym
strag·gler ['stræglə] *s* włóczęga, maruder
straight [streɪt] *adj* prosty, sztywny; prostolinijny; uporządkowany; pewny; rzetelny; ***to put ~*** uporządkować, poprawić, wyrównać; *adv* prosto; ***~ away*** natychmiast; z miejsca; ***~ out*** wprost, bez wahania
straight·en ['streɪtn] *vt vi* wyprostować (się); uporządkować; wyrównać
straight·for·ward [ˌstreɪt'fɔːwəd] *adj* prosty; prostolinijny, szczery
strain 1. [streɪn] *vt* napinać, wytężać, forsować; przesadzać; przekraczać; cedzić, filtrować; *vi* wysilać się, wytężać się; usilnie dążyć (***after sth*** do czegoś); *s* napięcie, natężenie; wysiłek; (*zw. pl* ***~s***) *poet.* melodia, ton
strain 2. [streɪn] *s* ród, rasa, pochodzenie
strait [streɪt] *adj* wąski, ciasny; ***~ jacket*** kaftan bezpieczeństwa; *s* (*zw. pl* ***~s***) cieśnina; ciężkie położenie, kłopoty
strand 1. [strænd] *s* brzeg, plaża; *vt* osadzić na brzegu; osiąść na brzegu
strand 2. [strænd] *s* skręcona nitka (*przędzy, sznura*); splot (*włosów*), warkocz
S
strange [streɪndʒ] *adj* dziwny, niezwykły; obcy; ***to feel ~*** czuć się nieswojo; ***~ to say*** ... dziwne, że ...
strang·er ['streɪndʒə] *s* obcy człowiek; nieznajomy, przybysz; człowiek nie obeznany (***to sth*** z czymś)
stran·gle ['stræŋgl] *vt* dusić, dławić
stran·gu·late ['stræŋgjʊleɪt] *vt* dusić; *med.* podwiązywać (*np. żyłę*)
strap [stræp] *s* rzemień; uchwyt (*np. w tramwaju*); *vt* opasać rzemieniem, przewiązać; sprawić lanie
stra·ta *zob.* ***stratum***
strat·a·gem ['strætədʒəm] *s* podstępny plan, fortel
stra·te·gic [strə'tiːdʒɪk] *adj* strategiczny
strat·e·gy ['strætədʒɪ] *s* strategia
strat·o·sphere ['strætəsfɪə] *s* stratosfera
stra·tum ['strɑːtəm] *s* (*pl* ***strata*** ['strɑːtə]) *geol.* warstwa; *przen.* grupa społeczna
straw [strɔː] *s* słoma; *przen.* ***I don't care a ~*** nic mnie to nie obchodzi, nie dbam o to; ***it isn't worth a ~*** to nie ma żadnej wartości
straw·ber·ry ['strɔːbərɪ] *s bot.* truskawka; (*także* ***wild ~***) poziomka
stray [streɪ] *vi* błąkać się, błądzić; odłączyć się (*od grupy*); zejść z właściwej drogi; *adj attr* zabłąkany; przypadkowy; *s* przybłęda; *pl* ***~s*** zakłócenia atmosferyczne
streak [striːk] *s* pasmo; smuga; rys; ***like a ~ of lightning*** błyskawicznie, z szybkością błyskawicy
stream [striːm] *s* strumień; prąd; ***a ~ of people*** masa ludzi; tłum; ***to go with the ~*** iść z prądem czasu; *lit.* ***~ of consciousness*** strumień świadomości; ***down ~*** z prądem; ***up ~*** pod prąd; *vi* uciec, płynąć, spływać
stream·let ['striːmlət] *s* strumyk
stream·line ['striːmlaɪn] *s* linia opływowa
street [striːt] *s* ulica; ***the man in the ~*** szary człowiek
street·car ['striːtkɑː] *s am.* tramwaj
street·walk·er ['striːtˌwɔːkə] *s* ulicznica, prostytutka
strength [streŋθ] *s* siła, moc

strength·en ['streŋθn] *vt vi* wzmocnić (się)
stren·u·ous ['strenjʊəs] *adj* gorliwy; usilny; wymagający wysiłku
stress [stres] *s* nacisk, przycisk; presja, ciśnienie; *gram.* akcent; *vt* naciskać; podkreślać; *gram.* akcentować
stretch [stretʃ] *vt vi* wyciągać (się), rozciągać (się), naciągać (się); *s* rozpostarcie; napięcie; rozpiętość; elastyczność; przeciąg czasu; jednolita przestrzeń; ***at a ~*** jednym ciągiem
stretch·er ['stretʃə] *s* nosze; rama do napinania
strew** [stru:] *vt* (strewed*** [stru:d], ***strewn*** [stru:n] *lub* ***strewed*** [stru:d]) sypać, rozsypywać
strick·en ['strɪkən] *adj* trafiony, dotknięty; ***~ in years*** w podeszłym wieku
strict [strɪkt] *adj* ścisły, dokładny
stric·ture ['strɪktʃə] *s med.* zwężenie, skurcz; (*zw. pl* ***~s***) ostra krytyka
stride** ['straɪd] *vt vi* (strode*** [strəʊd], ***stridden*** ['strɪdn]) kroczyć; przekroczyć; siedzieć okrakiem (***sth*** na czymś); *s* krok; rozkrok; ***to take sth in one's ~*** zrobić coś bez wysiłku
stri·dent ['straɪdnt] *adj* (*o dźwięku*) zgrzytający, piskliwy
strife [straɪf] *s* walka, spór
strike** [straɪk] *vt vi* (struck, struck*** [strʌk]) uderzyć, ugodzić; strajkować; (*o zegarze*) bić; krzesać (*ogień*); zapalać (*zapałkę*); zadać (*cios*); wybijać (*np. monetę*); kończyć, zamykać (*np. bilans*); natknąć się (***sth*** na coś); skreślić (*np.* ***off a list*** z listy); ***to ~ a bargain*** ubić interes; ***to ~ blind*** oślepić; ***to ~ dead*** uśmiercić; ***to ~ root*** zapuścić korzenie; ***to ~ the tent*** zwinąć namiot; ***~ down*** powalić; zbić; ***~ off*** odciąć; odejść; potrącić (*np. procent*); skreślić; ***~ out*** wykreślić; szybko ruszyć (***for sth*** ku czemuś); ***~ up*** zawrzeć (*znajomość*); zacząć grać; *s* strajk; trafienie; ***to be on ~*** strajkować
strike·break·er ['straɪk,breɪkə] *s* łamistrajk
strik·er ['straɪkə] *s* strajkujący
string** [strɪŋ] *v* (strung, strung*** [strʌŋ]) *vt* naciągać, napinać; nawlekać; zaopatrzyć w struny; wiązać sznurem; *vi* napinać się; (*np. o kleju*) ciągnąć się; ***~ up*** powiesić (*człowieka*); napinać; *s* sznur, szpagat; struna; cięciwa; *muz.* ***~ instruments*** instrumenty smyczkowe
stringed [strɪŋgd] *adj* zaopatrzony w struny; smyczkowy
strin·gent ['strɪndʒənt] *adj* ścisły; surowy; ograniczony (*np. brakiem pieniędzy*); ciasny (*rynek*)
strip 1. [strɪp] *s* pasek, skrawek
strip 2. [strɪp] *vt* zdejmować, zrywać; obdzierać (***sb of sth*** kogoś z czegoś); obnażać; *vi* rozebrać się, obnażyć się
strip car·toon [,strɪpkɑ:'tu:n] *s bryt.* komiks
stripe [straɪp] *s* pasek, kreska, smuga
striped [straɪpt] *adj* pasiasty, w pasy, prążkowany
strip·ling ['strɪplɪŋ] *s* wyrostek, młokos
strip·per ['strɪpə] *s* striptizerka
strip·tease ['strɪpti:z] *s* striptease
strive** [straɪv] *vi* (strove*** [strəʊv], ***striv·en*** ['strɪvn]) dążyć (***for after sth*** do czegoś); walczyć, zmagać się (***with <against> sb, sth*** z kimś, czymś)
strode *zob.* ***stride***
stroke 1. [strəʊk] *vt* głaskać, gładzić; *s* głaskanie
stroke 2. [strəʊk] *s* uderzenie, cios; pociągnięcie; kreska; nagły pomysł, przebłysk; atak (*choro-*

S

by); *sport* styl (*pływania*); ruch (*ramion, wiosła itp.*); ***at one ~*** za jednym zamachem

stroll [strəʊl] *vi* wędrować, przechadzać się; *s* przechadzka

strong [strɒŋ] *adj* silny, mocny, energiczny; ***~ drink*** napój alkoholowy; ***~ language*** przekleństwa

strong·box ['strɒŋbɒks] *s* sejf

strong·hold ['strɒŋhəʊld] *s* forteca

strop [strɒp] *s* pasek do ostrzenia brzytwy; *vt* ostrzyć na pasku

strove *zob.* ***strive***

struck *zob.* ***strike***

struc·tur·al ['strʌktʃrəl] *adj* strukturalny; budowlany

struc·ture ['strʌktʃə] *s* struktura; budowa

strug·gle ['strʌgl] *s* walka; *vi* walczyć; zmagać się; usiłować; ***~ in*** z wysiłkiem wtargnąć do wnętrza; ***~ through*** z wysiłkiem przedostać się

strum [strʌm] *vt vi* rzępolić, brzdąkać

strung *zob.* ***string; adj ~ up*** znajdujący się w napięciu nerwowym

strut [strʌt] *vi* dumnie kroczyć, chodzić z nadętą miną

stub [stʌb] *s* pień; niedopałek (*papierosa*); pieniek (*zęba*); kikut; odcinek (*czeku, biletu*); *vt* (*także* ***~ out*** <***up***> trzebić, karczować; trącić (***against sth*** o coś)

stub·ble ['stʌbl] *s* ściernisko; szczecina; broda nie golona

stub·born ['stʌbən] *adj* uparty

stuc·co ['stʌkəʊ] *s* sztukateria

stuck *zob.* ***stick***

stud 1. [stʌd] *s* stadnina

stud 2. [stʌd] *s* gwóźdź z płaską główką, ćwiek; mały krążek; spinka; *vt* nabić gwoździami; ***reflector ~s*** światła odblaskowe wzdłuż drogi

stu·dent ['stju:dnt] *s* student; człowiek studiujący; uczony

stud·ied ['stʌdɪd] *adj* oczytany; przemyślany; wyrafinowany; udawany

stu·dio ['stju:dɪəʊ] *s* atelier, studio

stu·di·ous ['stju:dɪəs] *adj* pilny, pracowity, oddany studiom; przemyślany

stud·y ['stʌdɪ] *s* studium; badanie; dążenie, staranie; pracownia, gabinet; *vt* studiować, badać; *vi* odbywać studia; przygotowywać się (***for an exam*** do egzaminu); starać się

stuff [stʌf] *s* materiał, tworzywo, tkanina; istota, rzecz; *pl* ***food ~s*** artykuły żywnościowe; ***green ~*** warzywa; *vt* napychać, wypychać; nabijać; faszerować

stuff·ing ['stʌfɪŋ] *s* nabicie; wypchanie; nadzienie, farsz

stuff·y ['stʌfɪ] *adj* duszny; nudny; *am. pot.* zły, skwaszony

stul·ti·fy ['stʌltɪfaɪ] *vt* ogłupiać; udaremnić

stum·ble ['stʌmbl] *vi* potykać się; *przen.* robić błędy; zacinać się (*mówiąc*); natknąć się; *s* potknięcie; błąd

stum·bling block ['stʌmblɪŋblɒk] *s* zapora, przeszkoda, trudność

stump [stʌmp] *s* pniak; niedopałek (*papierosa*); pieniek (*zęba*); kikut; ***~ orator*** okolicznościowy mówca; agitator polityczny; *vt* zapędzić w kozi róg; szerzyć agitację; *vi* iść sztywnym krokiem

stump·y ['stʌmpɪ] *adj* krępy

stun [stʌn] *vt* ogłuszyć (*uderzeniem*); zaszokować; zdumieć

stung *zob.* ***sting***

stunt 1. [stʌnt] *s pot.* pokaz, popis; wyczyn; ***~ man*** kaskader, ***~ woman*** kaskaderka; *vi* dokonać czegoś sensacyjnego; popisać się (*np. akrobatyką lotniczą*)

stunt 2. [stʌnt] *vt* hamować (*w rozwoju*); *s* zahamowanie (*w rozwoju*)

stunt·ed ['stʌntɪd] *adj* karłowaty

stu·pe·fac·tion [ˌstjuːpɪ'fækʃn] *s* osłupienie; oszołomienie, otępienie
stu·pe·fy ['stjuːpɪfaɪ] *vt* oszołomić, otępić; wprawić w osłupienie
stu·pen·dous [stjuː'pendəs] *adj* zdumiewający
stu·pid ['stjuːpɪd] *adj* głupi
stu·pid·i·ty [stjuː'pɪdətɪ] *s* głupota; głupstwo; nonsens
stu·por ['stjuːpə] *s* osłupienie; odrętwienie
stur·dy ['stɜːdɪ] *adj* mocny, krzepki; nieugięty
stur·geon ['stɜːdʒən] *s zool.* jesiotr
stut·ter ['stʌtə] *vi* jąkać się
sty 1. [staɪ] *s* chlew
sty(e) 2. [staɪ] *s med.* jęczmień (*na oku*)
style [staɪl] *s* styl; moda; sposób tytułowania; szyk; wzór; sztyft; rylec; *vt* nazywać, tytułować
styl·ish ['staɪlɪʃ] *adj* stylowy, modny
suave [swɑːv] *adj* przyjemny, uprzejmy
sub- [sʌb] *praef* pod-
sub·al·tern ['sʌbltən] *s bryt. wojsk.* oficer poniżej kapitana
sub·com·mit·tee ['sʌbkəˌmɪtɪ] *s* podkomisja, podkomitet
sub·con·scious [sʌb'kɒnʃəs] *adj* podświadomy
sub·cu·tane·ous [ˌsʌbkjuː'teɪnɪəs] *adj* podskórny
sub·di·vi·sion ['sʌbdɪˌvɪʒn] *s* poddział
sub·due [səb'djuː] *vt* pokonać, ujarzmić, przytłumić
sub·ject ['sʌbdʒɪkt] *s* podmiot (*także gram.*); temat; poddany; przedmiot (*np. nauki*); *adj* podległy; podlegający; narażony (***to sth*** na coś); skłonny (***to sth*** do czegoś); *adv* z zastrzeżeniem, pod warunkiem (***to sth*** czegoś); *vt* [səb'dʒekt] podporządkować; ujarzmić; poddać; narazić (***to sth*** na coś); **~ *matter*** tematyka, zakres tematyczny
sub·jec·tion [səb'dʒekʃn] *s* podporządkowanie (się); ujarzmienie; uzależnienie
sub·jec·tive [səb'dʒektɪv] *adj* subiektywny; *gram.* **~ *case*** mianownik
sub·ject mat·ter ['sʌbdʒɪktˌmætə] *s* temat; treść; tematyka
sub·join [sʌb'dʒɔɪn] *vt* dołączyć, załączyć
sub·ju·gate ['sʌbdʒʊgeɪt] *vt* ujarzmić
sub·junc·tive [səb'dʒʌŋktɪv] *adj gram.* łączący; *s gram.* tryb łączący
sub·lime [sə'blaɪm] *adj* wzniosły; wspaniały; najwyższy
sub·ma·rine ['sʌbməriːn] *adj* podwodny; *s* łódź podwodna
sub·merge [səb'mɜːdʒ] *vt vi* zatopić, zanurzyć (się)
sub·mis·sion [səb'mɪʃn] *s* podporządkowanie; uległość, posłuszeństwo
sub·mis·sive [səb'mɪsɪv] *adj* uległy, posłuszny
sub·mit [səb'mɪt] *vt* poddawać pod rozwagę; pozostawiać do decyzji; przedkładać, proponować; *vi* podporządkować się, ulegać
sub·or·di·nate [sə'bɔːdnət] *adj* podporządkowany, podwładny; *gram.* **~ *clause*** zdanie podrzędne; *s* podwładny; *vt* [sə'bɔːdɪneɪt] podporządkować, uzależnić
sub·or·di·na·tion [səˌbɔːdɪ'neɪʃn] *s* podporządkowanie; uległość, posłuszeństwo, subordynacja
sub·scribe [səb'skraɪb] *vt* podpisać; dopisać; pisemnie złożyć, zaofiarować (*np. sumę pieniężną*); *vi* podpisać się (***to sth*** pod czymś); popierać (***to sth*** coś); prenumerować (***for*** <***to***> ***sth*** coś)
sub·scrib·er [səb'skraɪbə] *s* subskrybent; abonent

S

sub·scrip·tion [səb'skrɪpʃn] *s* podpis; abonament; subskrypcja; składka członkowska
sub·se·quent ['sʌbsɪkwənt] *adj* następny, późniejszy; **~ *to sth*** wynikający z czegoś
sub·ser·vi·ent [səb'sɜːvɪənt] *adj* służalczy; pomocny, przyczyniający się
sub·side [səb'saɪd] *vi* opadać; zapadać się; uspokajać się
sub·sid·i·ar·y [səb'sɪdɪərɪ] *adj* pomocniczy; dodatkowy; *s* pomocnik
sub·si·dy ['sʌbsɪdɪ] *s* subwencja
sub·sist [səb'sɪst] *vi* istnieć, żyć (***by sth*** z czegoś, dzięki czemuś); żywić się (***on sth*** czymś); utrzymywać się (*w mocy, w zwyczaju itp.*)
sub·sist·ence [səb'sɪstəns] *s* istnienie; życie; utrzymywanie się; utrzymanie
sub·stance ['sʌbstəns] *s* substancja; istota, treść, znaczenie; trwałość; posiadłość, majątek; ***in ~*** w istocie
sub·stan·tial [səb'stænʃl] *adj* istotny; rzeczywisty; konkretny; solidny
sub·stan·tive [səb'stæntɪv] *adj* rzeczywisty, konkretny; *s* ['sʌbstəntɪv] *gram.* rzeczownik
sub·sti·tute ['sʌbstɪtjuːt] *s* zastępca; substytut, namiastka; *vt* podstawić, użyć zastępczo (***sth for sth*** czegoś zamiast czegoś), zastąpić
sub·sti·tu·tion [ˌsʌbstɪ'tjuːʃn] *s* substytucja; podstawienie; zastępowanie
sub·ter·fuge ['sʌbtəfjuːdʒ] *s* podstęp
sub·ter·ra·ne·an [ˌsʌbtə'reɪnɪən] *adj* podziemny
sub·ti·tle ['sʌbˌtaɪtl] *s* podtytuł
sub·tle ['sʌtl] *adj* subtelny; misterny
sub·tract [səb'trækt] *vt mat.* odejmować
sub·trac·tion [səb'trækʃn] *s mat.* odejmowanie
sub·trop·i·cal [ˌsʌb'trɒpɪkl] *adj* podzwrotnikowy
sub·urb ['sʌbɜːb] *s* przedmieście; *pl* **~s** peryferie
sub·ur·ban [sə'bɜːbən] *adj* podmiejski
sub·ven·tion [səb'venʃn] *s* subwencja
sub·ver·sion [səb'vɜːʃn] *s* przewrót, akcja wywrotowa
sub·ver·sive [səb'vɜːsɪv] *adj* wywrotowy
sub·vert [səb'vɜːt] *vt* przewrócić, obalić
sub·way ['sʌbweɪ] *s* przejście podziemne; *am.* kolej podziemna, metro
suc·ceed [sək'siːd] *vi* mieć powodzenie, z powodzeniem coś robić; odziedziczyć (***to an estate*** posiadłość); ***I ~ed in finishing my work*** udało mi się skończyć pracę; *vt* nastąpić (***sb, sth*** po kimś, po czymś)
suc·cess [sək'ses] *s* powodzenie; pomyślność; sukces; człowiek, który ma powodzenie (*w życiu*)
suc·cess·ful [sək'sesfl] *adj* mający powodzenie, udany, pomyślny; ***I was ~ in doing that*** udało mi się to zrobić
suc·ces·sion [sək'seʃn] *s* następstwo, kolejność; seria; sukcesja, dziedziczenie; ***in ~*** kolejno; ***in quick ~*** raz za razem, szybko po sobie
suc·ces·sive [sək'sesɪv] *adj* kolejny
suc·ces·sor [sək'sesə] *s* następca (***to sb*** czyjś); sukcesor, dziedzic
suc·cinct [sək'sɪŋkt] *adj* krótki, zwięzły
suc·cour ['sʌkə] *adj* pomoc; *vt* wspomagać, przyjść z pomocą
suc·cu·lent ['sʌkjʊlənt] *adj* soczysty
suc·cumb [sə'kʌm] *vi* ulec, poddać się (***to sth*** czemuś); umrzeć

S

such [sʌtʃ] *adj pron* taki; ***no, some, any, every, another, many, all*** *poprzedzają* ***such****; rodzajnik* ***a*** *następuje po* ***such****, np.*: ***no ~ thing*** nic takiego; ***~ a thing*** coś takiego; ***~ a nice day*** taki piękny dzień; ***~ as*** taki, jak...; ***~ that*** ... taki, że ...
such·like ['sʌtʃlaɪk] *adj* podobny (*do tego*), tego rodzaju
suck [sʌk] *vt* ssać, wysysać; *przen.* czerpać (*np. korzyść*); *s* ssanie
suck·er ['sʌkə] *s* osesek; *zool.* ssak; ssawka; *techn.* tłok ssący; *bot.* odrost, kiełek; *pot.* maniak; naiwniak; *am pot.* lizak
suck·le ['sʌkl] *vt* karmić piersią
suck·ling ['sʌklɪŋ] *s* osesek
suc·tion ['sʌkʃn] *s* ssanie
suc·tion pump ['sʌkʃnpʌmp] *s* pompa ssąca
sud·den ['sʌdn] *adj* nagły; *s tylko w zwrocie*: ***all of a ~*** nagle
suds [sʌdz] *s pl* mydliny
sue [suː] *vt* ścigać sądownie, procesować się (***sb*** z kimś, ***for sth*** o coś); *vi* błagać (***for sth*** o coś); prosić (*kobietę o rękę*); wnosić skargę (***to a court*** do sądu)
suede [sweɪd] *s* zamsz
su·et ['suːɪt] *s* łój
suf·fer ['sʌfə] *vi* cierpieć (***from sth*** na coś, ***for sth*** za coś); chorować; cierpieć (***sth*** z powodu czegoś); ***~ hunger*** cierpieć głód; *vt* znosić, tolerować; ponosić (*np. karę*); pozwalać (***sth*** na coś)
suf·fer·a·ble ['sʌfrəbl] *adj* znośny, dopuszczalny
suf·fer·ance ['sʌfrəns] *s* tolerowanie; cierpliwość, wytrzymałość; ***to be on ~*** być tolerowanym; ***beyond ~*** nie do wytrzymania
suf·fer·er ['sʌfrə] *s* człowiek cierpiący; ponoszący szkodę (***from sth*** z powodu czegoś)
suf·fer·ing ['sʌfrɪŋ] *s* cierpienie
suf·fice [sə'faɪs] *vt vi* wystarczać; zadowalać; ***~ it to say*** wystarczy powiedzieć
suf·fi·cien·cy [sə'fɪʃnsɪ] *s* dostateczna ilość; wystarczające środki do życia
suf·fi·cient [sə'fɪʃnt] *adj* wystarczający, dostateczny
suf·fix ['sʌfɪks] *s gram.* przyrostek
suf·fo·cate ['sʌfəkeɪt] *vt vi* dusić (się)
suf·frage ['sʌfrɪdʒ] *s* prawo głosowania; głosowanie; głos
suf·fuse [sə'fjuːz] *vt* zalać (*np. łzami*); pokryć (*np. farbą*)
sug·ar ['ʃʊgə] *s* cukier; *am. pot.* kochanie, kochany, kochana; *vt* cukrzyć, słodzić
sug·ar ba·sin ['ʃʊgəˌbeɪsn] *s* cukiernica
sug·ar beet ['ʃʊgəbiːt] *s bot.* burak cukrowy
sug·ar cane ['ʃʊgəkeɪn] *s bot.* trzcina cukrowa
sug·ar loaf ['ʃʊgələʊf] *s* głowa cukru
sug·gest [sə'dʒest] *vt* sugerować, podsuwać myśl, dawać do zrozumienia; proponować
sug·ges·tion [sə'dʒestʃn] *s* sugestia; propozycja
sug·ges·tive [sə'dʒestɪv] *adj* sugestywny, nasuwający myśl (***of sth*** o czymś); wiele mówiący; dwuznaczny
su·i·cide ['suːɪsaɪd] *s* samobójca; samobójstwo
suit [suːt] *s* sprawa sądowa, proces; seria; garnitur, ubranie; kostium (*damski*); zestaw, komplet; kolor (*w kartach*); ***to follow ~*** (*w kartach*) dodać do koloru; *przen.* pójść w ślady; *vt vi* odpowiadać, nadawać się, pasować (***sth*** do czegoś); dostosowywać; być do twarzy; zadowolić, dogodzić; ***~ yourself*** rób, jak uważasz; ***this dress ~s you*** do twarzy ci w tej sukni
suit·a·ble ['suːtəbl] *adj* odpowiedni, stosowny; należyty
suit·case ['suːtkeɪs] *s* walizka
suite [swiːt] *s* świta, orszak; seria;

muz. suita; ~ ***of rooms*** amfilada (*pokojów*), apartamenty
suit·or ['su:tə] *s* zalotnik, konkurent; petent; *prawn.* powód (*strona w sądzie*)
sulk [sʌlk] *vi* dąsać się; *s pl* ~***s*** dąsy, fochy
sulk·y ['sʌlkɪ] *adj* nadąsany
sul·len ['sʌlən] *adj* ponury
sul·ly ['sʌlɪ] *vt* kalać, plamić; zaciemniać
sul·phate ['sʌlfeɪt] *s chem.* siarczan
sul·phur ['sʌlfə] *s chem.* siarka
sul·phu·ric [sʌl'fjʊərɪk] *adj chem.* siarkowy
sul·phur·ous ['sʌlfərəs] *adj chem.* siarkawy
sul·tan ['sʌltən] *s* sułtan
sul·tan·a [sʌl'tɑ:nə] *s* sułtanka; rodzynek
sul·try ['sʌltrɪ] *adj* duszny, parny
sum [sʌm] *s* suma, wynik; treść, sedno; zadanie arytmetyczne; *pl* ~***s*** rachunki, matematyka (*w szkole*); ***in*** ~***s*** krótko mówiąc; *vt* sumować; ~ ***up*** dodawać; podsumowywać, streszczać
sum·ma·rize ['sʌməraɪz] *vt* streścić, zreasumować
sum·ma·ry ['sʌmərɪ] *adj* krótki; pobieżny; *prawn.* sumaryczny; *s* streszczenie, zwięzłe ujęcie
sum·mer ['sʌmə] *s* lato; ***Indian*** ~ babie lato; ~ ***school*** kurs wakacyjny; ~***time*** lato; *vi* spędzać lato
sum·mer·y ['sʌmərɪ] *adj* letni
sum·mit ['sʌmɪt] *s* (*także przen.*) szczyt; ~ ***conference*** konferencja na szczycie
sum·mon ['sʌmən] *vt* wezwać, zawezwać; zwołać; zebrać; ~ ***up*** powołać; zebrać się, zdobyć się (***sth*** na coś)
sum·mons ['sʌmənz] *s* wezwanie, nakaz; *vt* wezwać (*do sądu*)
sump·tu·ous ['sʌmptʃʊəs] *adj* pełen przepychu, wspaniały, wystawny
sun [sʌn] *s* słońce; ***in the*** ~ na słońcu; *vt* wystawiać na słońce; ~ ***signs*** znaki zodiaku; *vi* wygrzewać się na słońcu
sun·beam ['sʌnbi:m] *s* promień słońca
sun·burn ['sʌnbɜ:n] *s* opalenizna
sun·burnt ['sʌnbɜ:nt] *adj* opalony, ogorzały
sun·dae ['sʌndeɪ] *s* lody (*z owocami, czekoladą, orzechami i śmietaną*)
Sun·day ['sʌndeɪ] *s* niedziela; *attr* niedzielny; *pot.* ~ ***best*** odświętne ubranie; ~ ***driver*** kierowca niedzielny
sun·dial ['sʌndaɪəl] *s* zegar słoneczny
sun·dry ['sʌndrɪ] *adj* różny, rozmaity; ***all and*** ~ wszyscy bez wyjątku; *s pl* ***sundries*** rozmaitości
sun·flow·er ['sʌn,flaʊə] *s bot.* słonecznik
sung *zob.* ***sing***
sunk *zob.* ***sink***
sunk·en ['sʌŋkən] *pp od* ***sink***; *adj* zanurzony, zatopiony; zapadnięty, zapadły; leżący poniżej poziomu
sun·light ['sʌnlaɪt] *s* światło słoneczne
sun·ny ['sʌnɪ] *adj* słoneczny; (*o usposobieniu*) pogodny, wesoły
sun·ray ['sʌnreɪ] *s* promień słońca
sun·rise ['sʌnraɪz] *s* wschód słońca; ***at*** ~ o świcie
sun·roof ['sʌnru:f] *s mot.* odsuwany dach samochodu, *pot.* szyberdach
sun·set ['sʌnset] *s* zachód słońca; ***at*** ~ o zachodzie słońca
sun·shade ['sʌnʃeɪd] *s* parasolka (*od słońca*); markiza
sun·shine ['sʌnʃaɪn] *s* światło słoneczne; słoneczna pogoda
sun·stroke ['sʌnstrəʊk] *s* udar słoneczny
sup [sʌp] *vi* jeść kolację
su·per 1. ['su:pə] *adj pot.* wspa-

niały, pierwszorzędny; super; *s pot. teatr* statysta

su·per- 2. ['suːpə] *praef* nad-; prze-, *np.*: ***superman*** nadczłowiek; superman; ***to superheat*** przegrzewać

su·per·a·bound [ˌsuːpərə'baʊnd] *vi* być w nadmiarze

su·per·a·bun·dant [ˌsuːpərə'bʌndənt] *adj* będący w nadmiarze

su·per·an·nu·ate [ˌsuːper'ænjʊeɪt] *vt* zarzucić (*coś przestarzałego*); przenieść w stan spoczynku; usunąć (*ucznia ze szkoły*)

su·per·an·nu·at·ed [ˌsuːpər'ænjʊeɪtɪd] *adj* emerytowany; przestarzały, zużyty

su·perb [suː'pɜːb] *adj* wspaniały

su·per·cil·i·ous [ˌsuːpə'sɪlɪəs] *adj* zarozumiały, wyniosły

su·per·e·roga·to·ry [ˌsuːpəre'rɒgətrɪ] *adj* zbyteczny, nadobowiązkowy

su·per·fi·cial [ˌsuːpə'fɪʃl] *adj* dotyczący powierzchni; (*o uczuciach, wiedzy*) powierzchowny

su·per·fi·ci·es [ˌsuːpə'fɪʃiːz] *s* powierzchnia

su·per·flu·i·ty [ˌsuːpə'fluːətɪ] *s* zbędność; nadmiar; zbędna rzecz

su·per·flu·ous [suː'pɜːfluəs] *adj* zbędny; nadmierny

su·per·hu·man [ˌsuːpə'hjuːmən] *adj* nadludzki

su·per·in·tend·ent [ˌsuːpərɪn'tendənt] *s* nadzorca; inspektor; kierownik

su·pe·ri·or [suː'pɪərɪə] *adj* wyższy; przeważający; starszy rangą; wyniosły; zwierzchni; przedni; ***to be ~*** przewyższać; wznosić się (***to sb, sth*** ponad kogoś, coś); *s* zwierzchnik, przełożony; człowiek górujący; ***he has no ~ in*** ... nikt go nie przewyższa pod względem...

su·pe·ri·or·i·ty [suːˌpɪərɪ'ɒrətɪ] *s* wyższość; starszeństwo; przewaga

su·per·la·tive [suː'pɜːlətɪv] *adj* nieprześcigniony, najlepszy; *gram.* (*o stopniu*) najwyższy; *s gram.* stopień najwyższy; *przen.* wyraz najwyższego uznania, superlatyw

su·per·mar·ket ['suːpəˌmɑːkɪt] *s* dom towarowy

su·per·nat·u·ral [ˌsuːpə'nætʃrəl] *adj* nadprzyrodzony

su·per·nu·mer·a·ry [ˌsuːpə'njuːmərərɪ] *adj* nadliczbowy; zbędny; nieetatowy; rzecz zbędna; *teatr* statysta; pracownik nieetatowy

su·per·scribe [ˌsuːpə'skraɪb] *vt* napisać u góry, umieścić napis; adresować

su·per·scrip·tion [ˌsuːpə'skrɪpʃn] *s* napis; adres

su·per·sede [ˌsuːpə'siːd] *vt* wyprzeć, usunąć, zastąpić

su·per·son·ic [ˌsuːpə'sɒnɪk] *s fiz.* ultradźwiękowy

su·per·sti·tion [ˌsuːpə'stɪʃn] *s* przesąd, zabobon

su·per·sti·tious [ˌsuːpə'stɪʃəs] *adj* przesądny, zabobonny

su·per·struc·ture ['suːpəˌstrʌktʃə] *s* nadbudowa

su·per·vene [ˌsuːpə'viːn] *vi* niespodziewanie nadejść, nastąpić

su·per·vise ['suːpəvaɪz] *vi* dozorować, kontrolować

super·vi·sion [ˌsuːpə'vɪʒn] *s* dozór, nadzór, kontrola

su·per·vi·sor ['suːpəvaɪzə] *s* nadzorca, kontroler; kierownik

sup·per ['sʌpə] *s* kolacja

sup·plant [sə'plɑːnt] *vt* wyprzeć, zająć miejsce

sup·ple ['sʌpl] *adj* giętki, uległy

sup·ple·ment ['sʌplɪmənt] *s* uzupełnienie, dodatek; *vt* [ˌsʌplɪ'ment] uzupełnić, zaopatrzyć w suplement

sup·ple·men·ta·ry [ˌsʌplɪ'mentrɪ] *adj* uzupełniający

sup·pli·cate ['sʌplɪkeɪt] *vt* błagać (***sb for sth*** kogoś o coś)

sup·plier [sə'plaɪə] *s* dostawca

sup·ply [sə'plaɪ] *vt* dostarczyć (***sb with sth*** komuś, czegoś), dostawić; zaopatrzyć (***sb with sth*** kogoś w coś); uzupełnić; ~ ***the demand*** zaspokoić popyt; *s* podaż; zaopatrzenie; *pl* ***supplies*** kredyty (*zw.* państwowe); zasiłki; *handl.* artykuły; *wojsk.* zaopatrzenie; posiłki; ***food*** ~ aprowizacja; ***short*** ~ niedostateczne zaopatrzenie, niedobór; ~ ***and demand*** podaż i popyt

sup·port [sə'pɔːt] *vt* podpierać; popierać, pomagać, utrzymywać; podtrzymywać; znosić, cierpieć; *s* podpora; poparcie, pomoc; utrzymanie; ***in*** ~ na poparcie (***of sth*** czegoś); *wojsk.* w rezerwie

sup·pose [sə'pəʊz] *vt vi* przypuszczać, zakładać; ***he is ~ed to be***... przypuszcza się, że on jest ...; przypuśćmy, dajmy na to; ***I*** ~ ***so*** myślę, że tak, chyba tak *conj* = ***supposing***; a jeśli; ~ ***he misses the plain*** a jeśli on się spóźni na samolot?

sup·pos·ing [sə'pəʊzɪŋ] *conj* o ile, jeśli

sup·po·si·tion [ˌsʌpə'zɪʃn] *s* przypuszczenie; ***on the*** ~ ***that...*** przypuszczając, że...

sup·po·si·to·ry [sə'pɒzɪtrɪ] *s* *med.* czopek

sup·press [sə'pres] *vt* stłumić; znieść; zakazać; powstrzymać; ukryć, zataić

sup·pres·sion [sə'preʃn] *s* stłumienie; zniesienie; zakaz; powstrzymanie; ukrycie, zatajenie

sup·pu·rate ['sʌpjʊreɪt] *vi med.* ropieć, jątrzyć się

su·prem·a·cy [suː'preməsɪ] *s* supremacja, zwierzchnictwo

su·preme [suː'priːm] *adj* najwyższy; ostateczny

sur·charge ['sɜːtʃɑːdʒ] *vt* dodatkowo obciążyć, przeciążyć; zażądać zbyt wysokiej ceny; *s* przeciążenie; nadwaga; dopłata; *filat.* nadruk

surd [sɜːd] *adj mat.* niewymierny; *s mat.* liczba niewymierna

sure [ʃɔː] *adj* pewny, niezawodny; ***be*** ~ ***to come*** przyjdź koniecznie; ***he is*** ~ ***to do it*** on na pewno to zrobi; ***for*** ~ na pewno tak, oczywiście; ***to make*** ~ upewnić się; *adv* na pewno; ~ ***enough*** z pewnością

sure·ly ['ʃɔːlɪ] *adv* pewnie, niezawodnie

surf [sɜːf] *s* fale rozbijające się o brzeg; piana na falach; *vi* pływać na desce

sur·face ['sɜːfɪs] *s* powierzchnia; wygląd zewnętrzny

sur·feit ['sɜːfɪt] *s* przesyt; nadmiar; *vt* przesycić

surf·ing ['sɜːfɪŋ] *s* surfing (*jazda na desce wodnej*)

surge [sɜːdʒ] *vi* wzbierać; wznosić się; (*o falach*) podnosić się; *s* wysoka fala; przypływ

sur·geon ['sɜːdʒn] *s med.* chirurg; lekarz wojskowy

sur·ger·y ['sɜːdʒərɪ] *s med.* chirurgia; zabieg chirurgiczny; pokój przyjęć pacjentów, gabinet

sur·gi·cal ['sɜːdʒɪkl] *adj* chirurgiczny

sur·ly ['sɜːlɪ] *adj* ponury, nieprzyjazny; gburowaty

sur·mise ['sɜːmaɪz] *s* przypuszczenie; podejrzenie; *vt* [sɜː'maɪz] przypuszczać, podejrzewać

sur·mount [sə'maʊnt] *vt* wznosić się (***sth*** ponad coś); opanować, przezwyciężyć

sur·name ['sɜːneɪm] *s* nazwisko; przydomek

sur·pass [sə'pɑːs] *vt* przewyższać, przekraczać (*oczekiwania itd.*)

sur·plus ['sɜːpləs] *s* nadwyżka, dodatek; *adj attr* dodatkowy; ~ ***value*** wartość dodatkowa

sur·prise [sə'praɪz] *s* zaskoczenie; niespodzianka; zdziwienie; ***to give sb a*** ~ sprawić komuś niespodziankę; ***to take sb by*** ~

S

zaskoczyć kogoś; ***by ~*** niespodziewanie; *vt* zaskoczyć; zdziwić
sur·ren·der [sə'rendə] *vt* poddać, wydawać; przekazać; zrzec się, zrezygnować (***sth*** z czegoś); *vi* poddać się, ulec, oddać się; *s* poddanie się; kapitulacja; oddanie (się); rezygnacja; wykup (*np. polisy*)
sur·rep·ti·tious [ˌsʌrəp'tɪʃəs] *adj* skryty, tajny
sur·round [sə'raʊnd] *vt* otaczać
sur·round·ings [sə'raʊndɪŋz] *s pl* otoczenie; okolica
sur·veil·lance [sə'veɪləns] *s* nadzór (*zw.* policyjny)
sur·vey ['sɜːveɪ] *s* przegląd, inspekcja; ***periodical ~*** przegląd okresowy; pomiar (*terenu*); mapa (*terenowa*); *vt* [sə'veɪ] przeglądać, dokładnie badać; lustrować; mierzyć (*grunty*), dokonywać pomiarów
sur·vey·or [sə'veɪə] *s* nadzorca; inspektor; geodeta, mierniczy
sur·viv·al [sə'vaɪvl] *s* przeżycie, przetrwanie, utrzymanie się przy życiu, pozostałość, resztka; przeżytek; *biol.* ***the ~ of the fittest*** ewolucja drogą doboru naturalnego
sur·vive [sə'vaɪv] *vt vi* przeżyć, przetrwać, utrzymać się przy życiu
sus·cep·ti·bil·i·ty [səˌseptə'bɪlətɪ] *adj* podatność (***to sth*** na coś), wrażliwość
sus·cep·ti·ble [sə'septəbl] *adj* wrażliwy, podatny (***to sth*** na coś); nadający się, dopuszczający możliwość (***of sth*** czegoś)
sus·pect [sə'spekt] *vt vi* podejrzewać (***sb of sth*** kogoś o coś); obawiać się; *s* ['sʌspekt] człowiek podejrzany; *adj* podejrzany
sus·pend [sə'spend] *vt* zawiesić, wstrzymać
sus·pend·ers [sə'spendəz] *s pl* podwiązki; *am.* szelki
sus·pense [sə'spens] *s* stan zawieszenia; niepewność
sus·pen·sion [sə'spenʃn] *s* zawieszenie; wstrzymanie; zwłoka; ***~ bridge*** most wiszący
sus·pi·cion [sə'spɪʃn] *s* podejrzenie
sus·pi·cious [sə'spɪʃəs] *adj* podejrzliwy; podejrzany
sus·tain [sə'steɪn] *vt* podtrzymywać; utrzymywać; przetrzymywać; znosić; ponosić
sus·te·nance ['sʌstɪnəns] *s* utrzymanie, wyżywienie; *zbior.* środki utrzymania
swad·dle ['swɒdl] *vt* owijać, przewijać (*niemowlę*)
swag·ger ['swægə] *vi* przechwalać się, zadzierać nosa; *s* chełpliwość, zarozumiałość
swal·low 1. ['swɒləʊ] *s zool.* jaskółka; *sport* ***~ dive*** skok do wody jaskółką
swal·low 2. ['swɒləʊ] *vt* połykać; pochłaniać; *s* łyk
swam *zob.* ***swim***
swamp [swɒmp] *s* bagno, trzęsawisko; *vt* zanurzyć, pogrążyć; zasypać
swamp·y ['swɒmpɪ] *adj* bagnisty
swan [swɒn] *s zool.* łabędź
swap [swɒp] *vt pot.* wymieniać, przehandlować (***sth for sth*** coś za coś); *s* wymiana
sward [swɔːd] *s* darń
swarm [swɔːm] *s* rój; *vi* roić się
swarth·y ['swɔːðɪ] *adj* śniady
swash·buck·ler ['swɒʃˌbʌklə] *s* zawadiaka
swathe [sweɪð] *vi* owijać, bandażować; *s* bandaż
sway [sweɪ] *vt vi* kołysać (się); przechylać (się); wahać się; mieć władzę, panować, przeważać; *s* kołysanie, przerzucanie się; władza, panowanie
swear** [sweə] *v* (swore*** [swɔː], ***sworn*** [swɔːn]) *vi* przysięgać (***by sth*** na coś); kląć (***at sb, sth*** na kogoś, na coś); *vt* zaprzysięgać; ***to ~ an oath*** złożyć przysięgę; ***~ in*** zaprzysięgać; ***~ off*** odwołać, wy-

rzec się pod przysięgą; **~ words** przekleństwa
swear·ing ['sweərɪŋ] *s* przysięga, zaprzysiężenie; przekleństwo, przeklinanie
sweat [swet] *s pot.* pocenie się; trud; ***in the ~ of one's brow*** w pocie czoła; *vi* pocić się; trudzić się, ciężko pracować; *vt* wywoływać poty; wydzielać; zmuszać do pracy w pocie czoła, wyzyskiwać
sweat·er ['swetə] *s* sweter
Swede [swiːd] *s* Szwed
Swed·ish ['swiːdɪʃ] *adj* szwedzki; *s* język szwedzki
sweep** [swiːp] *vt* (swept, swept*** [swept]) zamiatać, wymiatać, zmiatać; przesuwać, przeciągać; *vi* wędrować, przebiegać, mknąć; *s* zamiatanie; rozmach, zamaszysty ruch; rozległość; ***to make a clean ~*** (***of sth***) pozbyć się (czegoś) za jednym zamachem
sweep·er ['swiːpə] *s* zamiatacz; zamiatarka (mechaniczna)
sweep·ing ['swiːpɪŋ] *adj* zamaszysty; gwałtowny, radykalny; rozległy; stanowczy
sweep·stake ['swiːpsteɪk] *s* (*także pl* **~s**) totalizator (*zw. na wyścigach konnych*)
sweet [swiːt] *adj* słodki; delikatny; miły, ujmujący; melodyjny; łagodny; ***it's ~ of you*** to miło z twojej strony; *pot.* ***to be ~ on sb*** kochać się w kimś; *s* cukierek; legumina, deser; kochana osoba; *pl* **~s** słodycze; rozkosze; **~ *tooth*** *pot.* pociąg do słodyczy; **~ *nothings*** czułostki
sweet·en ['swiːtn] *vt* słodzić; *vi* stać się słodkim
sweet·ener ['swiːtnə] *s* słodzik; coś na osłodę (*w formie zachęty*)
sweet·heart ['swiːthaːt] *s* kochana osoba, kochanie
sweet shop ['swiːtʃɒp] *s* sklep ze słodyczami
swell** [swel] *v* (swelled*** [sweld], ***swollen*** ['swəʊlən] *lub* ***swelled*** [sweld]) *vi* puchnąć, nabrzmiewać; wzbierać; wzmagać się; *vt* nadymać; powiększać; wzmagać; *s* nabrzmienie, obrzęk; wzniesienie; wzmaganie się; *pot.* elegant; *przen.* gruba ryba; mistrz (***at sth*** w czymś); *adj pot.* elegancki, modny; ważny, nadzwyczajny; **~ *society*** lepsze towarzystwo, wyższa sfera
swell·ing ['swelɪŋ] *s* nabrzmienie, obrzęk, opuchlina; wypukłość; *adj* nadęty; (*o stylu*) napuszony
swel·ter ['sweltə] *vi* omdlewać od upału; *s* upał, skwar
swept *zob.* ***sweep***
swerve [swɜːv] *vt vi* odchylić (się), zboczyć; *s* odchylenie
swift [swɪft] *adj* szybki, prędki; *adv* szybko, prędko
swim** [swɪm] *v* (swam*** [swæm], ***swum*** [swʌm]) *vi* pływać, płynąć; kręcić się (w głowie); *vt* przepłynąć; *s* pływanie; zawrót głowy
swim·ming bath ['swɪmɪŋbaːθ] *s* (*pl* ***swimming baths*** ['swɪmɪŋbaːðz]) pływalnia
swim·ming match ['swɪmɪŋmætʃ] *s* zawody pływackie
swim·ming pool ['swɪmɪŋpuːl] *s* basen pływacki, pływalnia
swin·dle ['swɪndl] *vt* oszukiwać, wyłudzać (***sb of sth*** od kogoś coś); *s* oszustwo
swin·dler ['swɪndlə] *s* oszust
swine [swaɪn] *s* (*zool. pl* ***swine***, *przen. pl* ***swines***) świnia
swing** [swɪŋ] *vt vi* (swung, swung*** [swʌŋ]) kołysać (się), huśtać (się); zakręcać; wymachiwać; *s* kołysanie; rozmach; ruch wahadłowy; huśtawka; rytm (*wiersza, muzyki itd.*); ***in full ~*** w pełnym toku
swing door [ˌswɪŋ'dɔː] *s* drzwi wahadłowe
swin·ish ['swaɪnɪʃ] *adj* świński
swirl [swɜːl] *s* wir; zwój; *vi* wirować

S

swish 1. [swɪʃ] *s* świst, szmer; *vi* świszczeć; *vt pot.* chłostać
swish 2. [swɪʃ] *adj pot.* elegancki, modny
Swiss [swɪs] *adj* szwajcarski; *s* Szwajcar
switch [swɪtʃ] *s* wyłącznik; pręt; zwrotnica; *vt* bić prętem; trzaskać (*np. z bata*); *elektr.* przełączyć; skierować (*np. pociąg*); **~ *off*** wyłączyć (*światło, prąd itp.*); **~ *on*** włączyć (*światło*); połączyć (telefonicznie); **~ *over*** przełączyć
switch·board ['swɪtʃbɔːd] *s* tablica rozdzielcza
switch·man ['swɪtʃmən] *s* (*pl* ***switchmen*** ['swɪtʃmən]) *am.* zwrotniczy
swol·len *zob.* ***swell***
swoon [swuːn] *s* omdlenie; *vi* (*także* **~ *away***) zemdleć
swoop [swuːp] *vi* rzucać się (z góry); (*o ptakach drapieżnych*) nagle spaść; *lotn.* pikować
swop [swɒp] = ***swap***
sword [sɔːd] *s* miecz, szabla, szpada; (*o pochodzeniu*) ***on the ~ side*** po mieczu
swore *zob.* ***swear***
sworn *zob.* ***swear***
swum *zob.* ***swim***
swung *zob.* ***swing***
syc·o·phant ['sɪkəfənt] *s* służalczy pochlebca
syl·lab·ic [sɪ'læbɪk] *adj* sylabowy, zgłoskowy
syl·la·ble ['sɪləbl] *s* zgłoska, sylaba
syl·la·bus ['sɪləbəs] *s* (*pl* ***syllabi*** ['sɪləbaɪ] *lub* ***~es***) kompendium, konspekt; program studiów, spis wykładów
sym·bol ['sɪmbl] *s* symbol
sym·bol·ic(·al) [sɪm'bɒlɪk(l)] *adj* symboliczny
sym·met·ric [sɪ'metrɪk] *adj* symetryczny
sym·me·try ['sɪmətrɪ] *s* symetria
sym·pa·thet·ic [ˌsɪmpə'θetɪk] *adj* współczujący, pełen sympatii, życzliwy; pełen zrozumienia (*dla drugich*); *med.* współczulny; (*o atramencie*) sympatyczny, niewidoczny; (*o działaniu*) solidarny
sym·pa·thize ['sɪmpəθaɪz] *vi* współczuć, wyrażać współczucie; sympatyzować; wzajemnie się rozumieć
sym·pa·thy ['sɪmpəθɪ] *s* współczucie, sympatia; wzajemne zrozumienie; ***letter of ~*** list kondolencyjny; ***in ~*** na znak współczucia; harmonijnie, solidarnie
sym·pho·ny ['sɪmfənɪ] *s muz.* symfonia; *adj attr.* symfoniczny
sym·po·si·um [sɪm'pəʊzɪəm] *s* sympozjum; sesja, konferencja
symp·tom ['sɪmptəm] *s* symptom, objaw
symp·to·mat·ic [ˌsɪmptə'mætɪk] *adj* symptomatyczny
syn·a·gogue ['sɪnəgɒg] *s* synagoga
syn·chro·nize ['sɪŋkrənaɪz] *vt* synchronizować; *vi* zbiegać się w czasie, przebiegać równocześnie
syn·co·pe ['sɪŋkəpɪ] *s gram. muz.* synkopa
syn·di·cate ['sɪndɪkət] *s* syndykat
syn·od ['sɪnəd] *s* synod
syn·o·nym ['sɪnənɪm] *s* synonim
syn·on·y·mous [sɪ'nɒnɪməs] *adj* synonimiczny
syn·op·sis [sɪ'nɒpsɪs] *s* (*pl* ***synopses*** [sɪ'nɒpsiːz]) zwięzły przegląd, zarys, zestawienie; *film* skrót scenariusza
syn·tac·tic(·al) [sɪn'tæktɪk(l)] *adj gram.* składniowy
syn·tax ['sɪntæks] *s gram.* składnia
syn·the·sis ['sɪnθəsɪs] *s* (*pl* ***syntheses*** ['sɪnθəsiːz]) synteza
syn·thet·ic [sɪn'θetɪk] *adj* syntetyczny
sy·phon ['saɪfn] = ***siphon***
syr·inge [sɪ'rɪndʒ] *s med.* strzykawka; *vt* wstrzykiwać,

przepłukać strzykawką
syr·up ['sɪrəp] *s* syrop
sys·tem ['sɪstəm] *s* system; metoda; organizm (człowieka); ustrój; *komp.* ***operating ~*** system operacyjny
sys·tem·at·ic [ˌsɪstə'mætɪk] *adj* systematyczny

T

tab [tæb] *s* pętelka, wieszak (*np. płaszcza*); język (buta); etykietka
table ['teɪbl] *s* stół; tablica, tabela; płyta; ***at ~*** przy stole; *mat.* ***multiplication ~*** tabliczka mnożenia; ***~ of contents*** spis rzeczy; ***~ tennis*** *sport* tenis stołowy; *vt* kłaść na stół; układać w tabelę, tabularyzować; poddawać pod dyskusję
table·cloth ['teɪblklɒθ] *s* obrus
table·land ['teɪbllænd] *s* płaskowzgórze
tab·let ['tæblət] *s* tabliczka; tabletka, pastylka
ta·boo [tə'buː] *s* tabu; świętość nietykalna; *adj* zakazany, nietykalny; *vt* objąć nakazem nietykalności, zakazać
tac·it ['tæsɪt] *adj* milczący, cichy
tac·i·turn ['tæsɪtɜːn] *adj* milczący, małomówny
tack [tæk] *s* sztyft; pinezka; gwóźdź tapicerski; *pl* ***~s*** fastryga; *przen.* linia postępowania, taktyka; *vt* przytwierdzić (*pinezką*), przymocować; fastrygować; *vt* lawirować
tack·le ['tækl] *vt* borykać się (***sb, sth*** z kimś, czymś); uporać się; zatrzymać; zebrać się, przystąpić (***sth*** do czegoś); przymocować; *vi pot.* energicznie wziąć się (***to sth*** do czegoś); *s mors.* takielunek; sprzęt (*zw. rybacki*); *sport* złapanie i przytrzymanie przeciwnika
tack·ling ['tæklɪŋ] *s* sprzęt (*zw.* rybacki); *mors.* takielunek
tact [tækt] *s* takt
tact·ful ['tæktfl] *adj* taktowny
tac·ti·cal ['tæktɪkl] *adj* taktyczny; zręczny
tac·tics ['tæktɪks] *s* taktyka
tact·less ['tæktləs] *adj* nietaktowny
tad·pole ['tædpəʊl] *s zool.* kijanka
tag [tæg] *s* uchwyt; ucho (*buta*); pętelka; przyczepka; przyczepiona kartka, nalepka, etykieta; dodatek (*np. do przemówienia, tekstu itp.*), końcówka; okolicznościowy frazes; gra w berka; *vt* oznaczyć etykietą; dołączyć, doczepić (*coś* na końcu); śledzić, chodzić za kimś; *vi pot.* deptać po piętach (***after, behind sb*** komuś)
tail [teɪl] *s* ogon; warkocz (długi); tył; orszak; *vt* sztukować; *vi* natrętnie włóczyć się (***after sb*** za kimś)
tail·back ['teɪlbæk] *s* długi sznur pojazdów wolno poruszających się po autostradzie
tail·coat [ˌteɪl'kəʊt] *s* frak
tai·lor ['teɪlə] *s* krawiec
tai·lor·ing ['teɪlərɪŋ] *s* krawiectwo
taint [teɪnt] *s* plama, skaza; ***hereditary ~*** dziedziczne obciążenie; *vt* splamić, skazić; *vi* ulec skażeniu, zepsuć się
take** [teɪk] *vt* (took*** [tʊk], ***taken*** ['teɪkən]) brać, przyjmować; powziąć; spożywać (*pokarm*), zażywać (*lekarstwo*); uważać, wychodzić z założenia; wsiadać (*do pociągu, tramwaju*); zdejmować, robić zdjęcie (fotograficzne);

pochwycić, zająć; zarazić się, dostać (*kataru, gorączki itd.*); obrać (*kurs, drogę*); ***to ~ account*** wziąć pod uwagę, uwzględnić (***of sth*** coś); ***to ~ advantage*** wykorzystać (***of sth*** coś); ***to ~ sb's advice*** zasięgnąć czyjejś rady; ***to ~ the air*** zaczerpnąć powietrza, odetchnąć; ***to ~ care*** troszczyć się (***of sth*** o coś); ***to ~ the chair*** objąć przewodnictwo; ***to ~ courage*** nabrać odwagi; ***to ~ one's degree*** otrzymać tytuł naukowy; ***to ~ effect*** nabrać mocy, wejść w życie; ***to ~ an examination*** zdawać egzamin; ***to ~ a fancy*** znaleźć upodobanie, polubić (***to sth*** coś); ***to ~ fright*** przestraszyć się (***at, of sth*** czegoś); ***to ~ a glance*** spojrzeć (***at sth*** na coś); ***to ~ heart*** nabrać ducha; ***to ~ hold*** pochwycić (***of sth*** coś); ***to be ~n ill*** zachorować; ***to ~ interest*** interesować się (***in sth*** czymś); ***~ it easy*** nie przejmuj się, nie wysilaj się; ***to ~ liberties*** pozwalać sobie, nie krępować się (***with sb, sth*** kimś, czymś); ***to ~ notes*** <***a note***> notować (***of sth*** coś); ***to ~ notice*** zauważyć (***of sth*** coś); ***to ~ an oath*** przysiąc; ***to ~ offence*** obrazić się (***at sth*** o coś); ***to ~ the offensive*** przejść do ofensywy; ***to ~ orders*** przyjąć święcenia kapłańskie; ***to ~ part*** brać udział; ***to ~ a picture*** <***a photograph***> zrobić zdjęcie; ***to ~ pity*** litować się (***on sb*** nad kimś); ***to ~ place*** odbywać się; ***to ~ pleasure*** znajdować przyjemność; ***to ~ possession*** brać w posiadanie (***of sth*** coś); ***to ~ pride*** szczycić się (***in sth*** czymś); ***to ~ prisoner*** wziąć do niewoli; ***to ~ root*** zapuścić korzenie; ***to ~ a seat*** usiąść; ***to ~ sides*** opowiedzieć się (***with sb*** po czyjejś stronie); ***to ~ steps*** przedsięwziąć kroki, zastosować środki; ***to ~ stock*** inwentaryzować; *przen.* zaopatrywać; badać (***of sth*** coś); ***it ~s time*** na to trzeba trochę czasu; ***it took me two hours to do this*** to zajęło mi dwie godziny czasu; ***to ~ trouble*** zadawać sobie trud, robić sobie kłopot; *z przysłówkami i przyimkami*: ***~ aback*** zaskoczyć, przerazić; ***~ after*** kształtować się według, upodabniać się do; ***~ away*** zabrać, uprowadzić; ***~ down*** zdjąć, zerwać; poniżyć; zapisać; zdemontować, rozebrać (*np. maszynę*); ***~ for*** uważać za; ***to ~ for granted*** uważać ze rzecz oczywistą, przesądzać; ***~ in*** wziąć do środka, włączyć; objąć; wciągnąć; przyjmować do domu, wprowadzać, brać do siebie; abonować (*gazetę*); naciągać, oszukiwać; ***to ~ into account*** brać pod uwagę; ***to ~ into one's head*** ubzdurać sobie; ***~ off*** zdjąć; zabrać; odjąć; usunąć; naśladować; wyruszyć; odprowadzić; odbić się (*od ziemi, wody*); *lotn.* startować; ***~ on*** przybrać; przyjąć; wziąć na siebie; podjąć się; ***~ out*** wyjąć; wyprowadzić; wywabić; wyciągnąć, wydostać; ***~ over*** przejąć; przewieźć; następować z kolei, luzować (***from sb*** kogoś); ***~ to*** zabrać się do; oddać się (*np. nałogowi*), poświęcić się czemuś; ustosunkować się; ***to ~ to the stage*** poświęcić się sztuce scenicznej; ***~ up*** podnieść; wziąć na siebie, podjąć (się); zająć się (***sth*** czymś); wchłaniać; przyjąć (*np. zakład*); zająć (*miejsce, czas*); zaprzątać (*np. umysł*); obcować, zadawać się; zadowalać się (***with sth*** czymś); ***~ five*** *pot.* zrobić krótką przerwę

taken *zob.* ***take***

take·a·way ['teɪkəˌweɪ] (*am.* ***takeout*** ['teɪkaʊt], ***carryout*** ['kærɪaʊt]) *s* danie na wynos; restauracja sprzedająca posiłki na wynos, garmażerka

T

take-off ['teɪkɒf] *s* naśladownictwo; parodia; *lotn.* start; *sport* odbicie się, odskok
take·out ['teɪkaʊt] = ***takeaway***
tak·ing ['teɪkɪŋ] *s* wzięcie, pobieranie; *pl* **~s** dochód, wpływy kasowe; *adj* pociągający; (*o chorobie*) zaraźliwy
talc [tælk], **tal·cum** ['tælkəm] *s* talk
tale [teɪl] *s* opowiadanie, powiastka; bajka; ***fairy ~s*** bajki; ***to tell ~s*** plotkować; skarżyć
tal·ent ['tælənt] *s* talent, uzdolnienie
tal·ent·ed ['tæləntɪd] *adj* utalentowany, zdolny
tal·is·man ['tælɪzmən] *s* talizman
talk [tɔːk] *vt vi* mówić, rozmawiać, gadać; ***to ~ big*** chwalić się; ***~ down*** nie dać przyjść do słowa (***sb*** komuś); ***~ into sth*** namówić do czegoś; ***~ over*** omówić; ***~ round*** omówić wyczerpująco, wyczerpać temat; przekonać; ***to ~ sense*** mówić do rzeczy; ***to ~ nonsense*** pleść bzdury; ***to ~ shop*** mówić o interesach; *s* rozmowa, gadanie, pogadanka; prelekcja; pogłoska; ***small ~*** rozmowa o niczym; ***~ show*** dyskusja radiowa lub telewizyjna z udziałem znanych osób
talk·a·tive ['tɔːkətɪv] *adj* gadatliwy
talk·er ['tɔːkə] *s* gawędziarz; gaduła
tall [tɔːl] *adj* wysoki, wysokiego wzrostu; *pot.* nieprawdopodobny; niesłychany; przesadny; ***~ talk*** przechwałki; ***to talk ~*** przechwalać się
tal·low ['tæləʊ] *s* łój, tłuszcz
tal·ly ['tælɪ] *s* wykaz, rachunek; karb; znak; kartka *vt* oznaczać; liczyć; zestawiać; *vi* zgadzać się, odpowiadać sobie
tal·on ['tælən] *s* szpon
tame [teɪm] *adj* oswojony; łagodny; uległy; *vi* oswoić; poskromić
tame·less ['teɪmləs] *adj* nieokiełznany, dziki
tam·er ['teɪmə] *s* poskramiacz
tam·per ['tæmpə] *vi* wtrącać się (***with sth*** do czegoś); dobierać się; manipulować
tam·pon ['tæmpɒn] *s* tampon; *vt* tamponować
tan [tæn] *s* opalenizna; garbnik; kolor żółtobrązowy; *vt* garbować; brązowić; opalać (się)
tan·dem ['tændəm] *s* tandem
tang 1. [tæŋ] *s* posmak; ostry zapach
tang 2. [tæŋ] *s* brzęk, dźwięk; *vi* brzęczeć, dźwięczeć
tan·gent ['tændʒənt] *adj* styczny; *s mat.* styczna
tan·gi·ble ['tændʒəbl] *adj* dotykalny, namacalny
tan·gle ['tæŋgl] *vt vi* gmatwać (się), wikłać (się); *s* gmatwanina, plątanina
tank [tæŋk] *s* basen, cysterna; *wojsk.* czołg; *vt* gromadzić w basenie; tankować
tank·ard ['tæŋkəd] *s* kufel, dzban (*z pokrywą*)
tan·ner ['tænə] *s* garbarz
tan·ner·y ['tænərɪ] *s* garbarnia
tan·ta·lize ['tæntəlaɪz] *vt* dręczyć, kusić
tan·ta·mount ['tæntəmaʊnt] *adj* równoznaczny (***to sth*** z czymś), równowartościowy
tap 1. [tæp] *s* kran; kurek; zawór; napój z beczki; *vt* otwierać (*beczkę*), puszczać płyn (*kurkiem*), czerpać (*ze źródła*); napocząć; podsłuchiwać rozmowę telefoniczną
tap 2. [tæp] *vt vi* pukać, lekko stukać (***at the door*** do drzwi); podkuć (*obcas*); *s* pukanie, lekkie uderzenie; podkucie (*obcasa*), flek
tape [teɪp] *s* wstążka, taśma; *przen.* ***red ~*** biurokracja; *vt* związać taśmą; ***~ deck*** deck (*magnetofon bez wzmacniacza*);

adhesive ~ przylepiec; ***magnetic*** ~ taśma magnetofonowa
ta·per ['teɪpə] *s* cienka świeczka; słabe światło; stożek; *vi* kończyć się ostro, zwężać się ku końcowi
tape re·cord·er ['teɪprɪˌkɔːdə] *s* magnetofon
tape re·cord·ing ['teɪprɪˌkɔːdɪŋ] *s* nagrywanie na taśmę
tap·es·try ['tæpɪstrɪ] *s* dekoracyjne obicie, gobelin
tape·worm ['teɪpwɜːm] *s med.* tasiemiec
ta·pir ['teɪpə] *s zool.* tapir
tar [tɑː] *s* smoła; *pot.* (*także* ***Jack*** ~) marynarz; *vt* smarować smołą
tar·dy ['tɑːdɪ] *adj* powolny, ociężały
tare [teə] *s* tara, waga opakowania
tar·get ['tɑːgɪt] *s* tarcza, cel
tar·iff ['tærɪf] *s* taryfa, system ceł
tar·nish ['tɑːnɪʃ] *vt* przyciemnić, zrobić matowym; *vi* ściemnieć, zmatowieć; *s* utrata połysku, zmatowienie
tar·pau·lin [tɑː'pɔːlɪn] *s* płótno żaglowe, brezent
tar·ry ['tærɪ] *vi* zwlekać, ociągać się
tart 1. [tɑːt] *s* ciastko z owocami
tart 2. [tɑːt] *adj* uszczypliwy, cierpki
tar·tan ['tɑːtn] *s* materiał w szkocką kratę, tartan
Tar·tar ['tɑːtə] *s* Tatar
task [tɑːsk] *s* zadanie, praca, zajęcie; ***to set sb a*** ~ dać komuś zadanie; ***to take to*** ~ zrobić wymówkę (***sb*** komuś); *vt* dać pracę do wykonania, obarczyć pracą; zmuszać do wysiłku, męczyć
tas·sel ['tæsl] *s* pęk ozdobnych frędzli, chwast, frędzka; zakładka (*w książce*)
taste [teɪst] *s* smak; zamiłowanie; *vt vi* próbować (*smak*); smakować; mieć smak (***of sth*** czegoś); zaznawać, czuć smak; ***in good*** ~ w dobrym guście
taste·ful ['teɪstfl] *adj* gustowny
taste·less ['teɪstləs] *adj* niesmaczny; niegustowny
tast·y ['teɪstɪ] *adj* smaczny
Ta·tar ['tɑːtə] *s* Tatar; *adj* tatarski
tat·ter ['tætə] *s* (*zw. pl* ~***s***) szmata, łachman
tat·tered ['tætəd] *adj* obdarty, obszarpany
tat·too 1. [tæ'tuː] *s wojsk.* capstrzyk
tat·too 2. [tæ'tuː] *s* tatuaż; *vt* tatuować
taught *zob.* ***teach***
taunt [tɔːnt] *s* złośliwa uwaga, urąganie; *vt* docinać, urągać (***sb with sth*** komuś za coś)
Tau·rus ['tɔːrəs] *s* Byk (*znak zodiaku*)
taut [tɔːt] *adj* napięty, mocno naciągnięty
taut·en ['tɔːtn] *vt* napinać
tau·tol·o·gy [tɔː'tɒlədʒɪ] *s* tautologia
tav·ern ['tævn] *s* tawerna, karczma
taw·dry ['tɔːdrɪ] *adj* niegustowny; (*o ubiorze*) krzykliwy
tax [tæks] *s* podatek (*państwowy*); cło; ciężar; *vt* szacować; obciążać (*podatkiem, cłem itp.*); obarczać ciężarem, przemęczać; obciążać winą; wystawiać na próbę
tax·a·tion [tæk'seɪʃn] *s* opodatkowanie
tax col·lec·tor ['tækskəˌlektə] *s* poborca podatkowy; ~***'s office*** urząd skarbowy
tax·i ['tæksɪ] *s* taksówka; *vi* (*o samolocie*) kołować
tax·i·cab ['tæksɪkæb] *s* taksówka
tax·pay·er ['tæksˌpeɪə] *s* podatnik
tea [tiː] *s* herbata; herbatka (*przyjęcie*); podwieczorek
teach** [tiːtʃ] *vt* (taught, taught*** [tɔːt]) uczyć (***sb sth*** kogoś czegoś)
teach·er ['tiːtʃə] *s* nauczyciel

T

tea·cup ['ti:kʌp] *s* filiżanka do herbaty
tea·ket·tle ['ti:ˌketl] *s* czajnik
team [ti:m] *s* zaprzęg; zespół, drużyna; *vt* zaprzęgać; *vi* **~ up** zjednoczyć się (*do wspólnej pracy*), pracować zespołowo; **~ spirit** duch zespołowy
team·work ['ti:mwɜ:k] *s* praca zespołowa
tea par·ty ['ti:ˌpɑ:tɪ] *s bryt.* spotkanie towarzyskie przy herbacie, herbatka
tea·pot ['ti:pɒt] *s* imbryk, czajniczek
tear 1. [tɪə] *s* łza; **~ gas** gaz łzawiący
***tear 2.** [teə] *vt, vi* (**tore** [tɔ:], **torn** [tɔ:n]) rwać (się), szarpać, targać, drzeć (się); **~ along** umykać; **~ away** oderwać; zmykać; **~ in** wpaść; **~ off** oderwać, zerwać; **~ open** rozerwać; **~ out** wyrwać; **~ up** porwać, potargać; wyrwać; rozkopać; *s* rozdarcie, pęknięcie
tear·ful ['tɪəfl] *adj* zalany łzami
tea·room ['ti:rʊm] *s* herbaciarnia, cukiernia
tease [ti:z] *vt* drażnić, docinać (**sb** komuś)
teas·er ['ti:zə] *s* kpiarz; człowiek dokuczający; *pot.* trudne zadanie, trudne pytanie
tea·spoon ['ti:spu:n] *s* łyżeczka do herbaty
teat [ti:t] *s anat.* sutka, brodawka sutkowa
tech·ni·cal ['teknɪkl] *adj* techniczny
tech·nics ['teknɪks] *s* technika, nauki techniczne
tech·nique [tek'ni:k] *s* technika, sprawność, sposób wykonywania
tech·nol·o·gy [tek'nɒlədʒɪ] *s* technologia; technika
ted·dy bear ['tedɪbeə] *s* miś (*zabawka*)
te·di·ous ['ti:dɪəs] *adj* nudny, męczący
te·di·um ['ti:dɪəm] *s* nuda, nudy
teem [ti:m] *vi* lać (*o deszczu*); roić się (**with sth** od czegoś), obfitować
teen·ag·er ['ti:nˌeɪdʒə] *s* nastolatek
teens [ti:nz] *s pl* wiek od 13 do 19 lat; **she is in her ~** ona jeszcze nie ma 20 lat; **to be in one's ~** mieć naście lat
teeth *zob.* **tooth**
tee·to·tal·ler [ˌti:'təʊtlə] *s* abstynent
tel·e·cast ['telɪkɑ:st] *vi* = **televise**
tel·e·con·fe·rence [ˌtelɪ'kɒnfrəns] *s* telekonferencja
tel·e·gram ['telɪgræm] *s* telegram
tel·e·graph ['telɪgrɑ:f] *s* telegraf; *vt vi* telegrafować
tel·e·mar·ket·ing ['telɪˌmɑ:kɪtɪŋ] *s* telemarketing (*zachęcanie do kupna przez telefon*)
tel·e·news ['telɪnju:z] *s* telegazeta
te·lep·a·thy [tɪ'lepəθɪ] *s* telepatia
tel·e·phone ['teləfəʊn] *s* telefon; **cellular ~** telefon komórkowy; **cordless ~** telefon bezprzewodowy; **~ box** budka telefoniczna; **~ directory** książka telefoniczna; **by ~** telefonicznie; *vt* (**sb** do kogoś) telefonować; **to be on the ~** mieć telefon w domu
tel·e·pho·to [ˌtelɪ'fəʊtəʊ] *s* fotografia zdalna; **~ lens** teleobiektyw
tel·e·print·er ['telɪˌprɪntə] *s* dalekopis
tel·e·scope ['telɪskəʊp] *s* teleskop
tel·e·shop·ping ['telɪˌʃɒpɪŋ] *s* zakupy „przez telefon"
tel·e·text ['telɪtekst] *s* teletekst, telegazeta
tel·e·van·ge·list [ˌtelɪ'vændʒəlɪst] *s* pastor głoszący religię w telewizji
tel·e·view·er ['telɪˌvju:ə] *s* telewidz

T

tel·e·vise ['telıvaız] *vt* nadawać w telewizji
tel·e·vi·sion ['telı͵vıʒn] *s* telewizja; ~ ***set*** telewizor, aparat telewizyjny
tel·ex ['teləks] *s* dalekopis, teleks
tell** [tel] *vt vi* (told, told*** [təʊld]) mówić, powiadać, powiedzieć, opowiadać; poznawać, odróżniać; wywierać wpływ, robić wrażenie; kazać (***sb to do sth*** komuś coś zrobić); mieć znaczenie; liczyć; ***all told*** wszystkiego razem; ~ ***over*** opowiedzieć na nowo; przeliczyć; ~ ***off*** robić wymówki, udzielić nagany; ~ ***the difference*** odróżnić; ***for all I can*** ~ o ile mi wiadomo
tell·er ['telə] *s* narrator; kasjer (*w banku*)
tell·ing ['telıŋ] *adj* znaczący, wpływowy; skuteczny; *s* mówienie, opowiadanie; nakaz; ***~-off*** nagana, wymówka
tell·tale ['telteıl] *s* plotkarz; wskaźnik; *attr* plotkarski; zdradzający; ostrzegawczy; kontrolny
tell·y ['telı] *s pot.* telewizja
te·mer·i·ty [tı'merətı] *s* śmiałość, zuchwalstwo
tem·per ['tempə] *s* usposobienie, natura, nastrój, humor; irytacja; opanowanie; stopień twardości (*stali*); zaprawa (*murarska*), domieszka; ***to get into a*** ~ wpaść w złość; ***to lose one's*** ~ stracić panowanie nad sobą, rozgniewać się; ***out of*** ~ w gniewie, w stanie irytacji; *vt vi* temperować, łagodzić (się), hamować (się); urabiać (*np. glinę*); *techn.* hartować (się)
tem·per·a·ment ['temprəmənt] *s* temperament, usposobienie
tem·per·a·men·tal [͵temprə'mentl] *adj* z temperamentem; wrodzony; pobudliwy, wybuchowy
tem·per·ance ['temprəns] *s* umiarkowanie, wstrzemięźliwość, trzeźwość
tem·per·ate ['temprət] *adj* umiarkowany, trzeźwy
tem·per·a·ture ['temprətʃə] *s* temperatura; ***to take one's*** ~ zmierzyć komuś gorączkę
tem·pest ['tempıst] *s* burza
tem·ple 1. ['templ] *s* świątynia
tem·ple 2. ['templ] *s anat.* skroń
tem·po ['tempəʊ] *s* tempo
tem·po·ral ['temprəl] *adj* czasowy; doczesny; świecki
tem·po·rar·y ['temprərı] *adj* tymczasowy, przejściowy
tempt [tempt] *vt* kusić, wabić; ***to be ~ed*** być skłonnym, mieć ochotę (***to do sth*** coś zrobić)
temp·ta·tion [temp'teıʃn] *s* pokusa, kuszenie
ten [ten] *num* dziesięć; *s* dziesiątka
ten·a·ble ['tenəbl] *adj* dający się utrzymać; (*o urzędzie*) piastowany
te·na·cious [tı'neıʃəs] *adj* trwały, wytrzymały, uporczywy
te·nac·i·ty [tı'næsətı] *s* trwałość, wytrzymałość, uporczywość
ten·an·cy ['tenənsı] *s* dzierżawa
ten·ant ['tenənt] *s* dzierżawca; lokator; *vt* dzierżawić
tend 1. [tend] *vi* zmierzać, dążyć; skłaniać się
tend 2. [tend] *vt* pilnować, strzec; pielęgnować (*chorego*)
tend·en·cy ['tendənsı] *s* tendencja, kierunek, skłonność
ten·der 1. ['tendə] *adj* delikatny, łagodny, czuły; młodociany
ten·der 2. ['tendə] *vt* podawać, wręczać, przekazywać, oferować, przedkładać; *s* oferta; ***legal*** ~ środek płatniczy
ten·der 3. ['tendə] *s kolej. mors.* tender; dozorca (*np. maszyny*)
ten·don ['tendən] *s anat.* ścięgno
ten·e·ment ['tenəmənt] *s* parcela dzierżawna; mieszkanie czynszowe; dom czynszowy
ten·e·ment house ['tenəmənthaʊs] *s* dom czynszowy, kamienica

ten·et ['tenɪt] *s* zasada; dogmat
ten·fold ['tenfəʊld] *adj* dziesięciokrotny; *adv* dziesięciokrotnie
ten·ner ['tenə] *s bryt. pot.* dziesiątka (*banknot dziesięciofuntowy*)
ten·nis ['tenɪs] *s sport* tenis
ten·or ['tenə] *s* treść, istota; brzmienie; przebieg; *muz.* tenor
tense 1. [tens] *s gram.* czas
tense 2. [tens] *adj* napięty
ten·sion ['tenʃn] *s* napięcie, naprężenie
tent [tent] *s* namiot; *vt* nakryć namiotem; *vi* obozować pod namiotem
ten·ta·cle ['tentəkl] *s zool.* macka
ten·ta·tive ['tentətɪv] *adj* próbny; *s* próba; propozycja
ten·ta·tive·ly ['tentətɪvlɪ] *adv* próbnie, tytułem próby
tenth [tenθ] *adj* dziesiąty; *s* dziesiąta część
ten·u·ous ['tenjʊəs] *adj* cienki, delikatny, nieznaczny
ten·ure ['tenjə] *s* posiadanie, tytuł własności; okres posiadania; stały etat na uczelni (*bez konieczności okresowego odnawiania kontraktu*)
tep·id ['tepɪd] *adj* letni, ciepławy
term [tɜːm] *s* termin; semestr (*akademicki*); **~ *of office*** kadencja (*sądowa, urzędowa itp.*); termin, wyraz fachowy; (*zw. pl* **~*s***) stosunek; warunek; ***to be on good ~s*** być w dobrych stosunkach; ***to be on speaking ~s with sb*** znać się z kimś powierzchownie, ograniczać znajomość do okolicznościowej rozmowy; ***to come to ~s*** dojść do porozumienia; ***in ~s of money*** przeliczywszy na pieniądze; *vt* określać, nazywać
ter·mi·nal ['tɜːmɪnl] *adj* końcowy; *s* kres, koniec; stacja końcowa; terminal, dworzec lotniczy; *gram.* końcówka
ter·mi·nate ['tɜːmɪneɪt] *vt vi* kończyć (się), zakończyć (się)
ter·mi·nol·o·gy [ˌtɜːmɪ'nɒlədʒɪ] *s* terminologia
ter·mi·nus ['tɜːmɪnəs] *s* (*pl* ***termini*** ['tɜːmɪnaɪ]) stacja końcowa
ter·race ['terəs] *s* taras
ter·res·tri·al [tə'restrɪəl] *s* ziemski; lądowy
ter·ri·ble ['terəbl] *adj* straszny, okropny
ter·rif·ic [tə'rɪfɪk] *adj* straszliwy, budzący strach; *pot.* cudowny, wspaniały
ter·ri·fy ['terəfaɪ] *vt* napędzić strachu, przerazić
ter·ri·to·ri·al [ˌterɪ'tɔːrɪəl] *adj* terytorialny
ter·ri·to·ry ['terɪtrɪ] *s* terytorium
ter·ror ['terə] *s* terror, groza, przerażenie
ter·ror·ize ['terəraɪz] *vt* terroryzować
terse [tɜːs] *adj* zwięzły
ter·ti·ar·y ['tɜːʃərɪ] *adj* trzeciorzędny
test [test] *s* próba, test, sprawdzian, egzamin; *vt* próbować, poddawać próbie, badać (***for sth*** na coś); ***to stand the ~*** wytrzymać próbę
tes·ta·ment ['testəmənt] *s* testament
tes·ti·cle ['testɪkl] *s anat.* jądro
tes·ti·fy ['testɪfaɪ] *vt vi* świadczyć (***to sth*** o czymś); deklarować (się); stwierdzać
tes·tily ['testɪlɪ] *adv* w rozdrażnieniu, z gniewem
tes·ti·mo·ni·al [ˌtestɪ'məʊnɪəl] *s* zaświadczenie, świadectwo
tes·ti·mo·ny ['testɪmənɪ] *s* świadectwo, dowód; zeznanie
test-tube ['testtjuːb] *s chem.* probówka; **~ *baby*** dziecko z probówki
tes·ty ['testɪ] *adj* łatwy do rozdrażnienia, gniewny
teth·er ['teðə] *s* łańcuch, postronek; *przen.* ***to be at the end of***

one's ~ być u kresu wytrzymałości; *vt* przywiązać (*np. kozę, krowę*), spętać
text [tekst] *s* tekst; ***~ editor*** *komp.* edytor tekstu
text·book ['tekstbʊk] *s* wypisy, podręcznik
text mark·er ['tekst,mɑːkə] *s* flamaster
tex·tile ['tekstaɪl] *adj* tekstylny; *s* wyrób tekstylny
tex·ture ['tekstʃə] *s* faktura; struktura
than [ðən] *conj* niż, aniżeli
thank [θæŋk] *vt* dziękować; *s* (*zw. pl* ***~s***) dzięki, podziękowanie; ***~ God!*** dzięki Bogu ! *praep* ***~s to*** ... dzięki ..., zawdzięczając ...; ***~ you*** dziękuję Panu
thank·ful ['θæŋkfl] *adj* wdzięczny
thank·less ['θæŋkləs] *adj* niewdzięczny
thanks·giv·ing [θæŋks'gɪvɪŋ] *s* dziękczynienie; ***Thanksgiving Day*** *am.* święto Dziękczynienia (*przypadające w czwarty czwartek listopada*)
that [ðæt] *pron* (*pl* ***those*** [ðəʊz]) ów, tamten; który, którzy; *conj* [ðət] że; ażeby; ***now ~ ...*** skoro...
thatch [θætʃ] *s* strzecha; *vt* kryć strzechą
thaw [θɔː] *vi* tajać, topnieć; *vt* topić, roztapiać; *s* odwilż
the [ðə, *przed samogłoską, w pozycji akcentowanej*: ðɪ] *przedimek określony*: ***what was ~ result?*** jaki był wynik?; ***~ best way*** najlepszy sposób; *w funkcji zaimka wskazującego*: ***call ~ man*** zawołaj tego człowieka; *adv przed przymiotnikiem lub przysłówkiem w comp*: ***all ~ better*** tym lepiej; ***~ shorter ~ days ~ longer ~ nights*** im krótsze dni, tym dłuższe noce; ***~ more he gets, ~ more he wants*** im więcej ma, tym więcej chce mieć
the·a·tre ['θɪətə] *s* teatr; ***~ in the round*** teatr ze sceną w środku widowni
the·at·ri·cal [θɪ'ætrɪkl] *adj* teatralny; *s pl* ***~s*** przedstawienie teatralne (*zw.* amatorskie)
theft [θeft] *s* kradzież
their [ðeə] *adj* ich
theirs [ðeəz] *pron* ich
them *pron* [ðem, ðəm, əm] im, ich, je
theme [θiːm] temat, przedmiot; wypracowanie szkolne; ***~ song*** *muz. film radio* melodia przewodnia; *am.* sygnał stacji radiowej
them·selves [ðəm'selvz] *pron* oni sami, ich samych, się, sobie, siebie
then [ðen] *adv* wtedy; następnie; zresztą; *conj* a więc, zatem; ***but ~*** ale przecież; ***by ~*** już przedtem; ***now ~*** otóż; *adj attr* ówczesny
thence [ðens] *adv* dlatego, skutkiem tego; stamtąd, stąd
the·o·lo·gian [,θiːə'ləʊdʒn] *s* teolog
the·olo·gy [θɪ'ɒlədʒɪ] *s* teologia
the·o·rem ['θɪərəm] *s* teoremat; *mat.* twierdzenie
the·o·ret·i·cal [θɪə'retɪkl] *adj* teoretyczny
the·o·ry ['θɪərɪ] *s* teoria; przypuszczenie
ther·a·peu·tic [,θerə'pjuːtɪk] *adj* terapeutyczny; *s* ***~s*** terapeutyka
ther·a·py ['θerəpɪ] *s* terapia
there [ðeə, ðə] *adv* tam; ***~ is, ~ are*** jest, są; istnieje, istnieją; ***from ~*** stamtąd; ***over ~*** tam, po drugiej stronie; *int* no!, otóż to!; ***~ now!*** otóż to!; *s* to miejsce; ta miejscowość; ***near ~*** w pobliżu tego miejsca
there·a·bout(s) ['ðeərəbaʊt(s)] *adv* gdzieś tam, w tamtych okolicach; (*po wymienieniu liczby itp.*) coś koło tego, mniej więcej
there·af·ter [ðeər'ɑːftə] *adv* następnie, później; według tego

there·by [ˌðeəˈbaɪ] *adv* przez to, przy tym; skutkiem tego
there·fore [ˈðeəfɔː] *adv* dlatego (też)
there·of [ˌðeərˈɒv] *adv* tego, z tego, o tym
ther·mal [ˈθɜːml] *adj* cieplny
ther·mic [ˈθɜːmɪk] *adj* termiczny
ther·mom·e·ter [θəˈmɒmɪtə] *s* termometr
ther·mos [ˈθɜːmɒs] *s* (*także* ~ ***flask***) termos
ther·mo·stat [ˈθɜːməstæt] *s* termostat
ther·mo·stat·ics [ˌθɜːməˈstætɪks] *s* termostatyka
the·sau·rus [θɪˈsɔːrəs] *s* (*pl* ***thesauri*** [θɪˈsɔːraɪ], **~es**) skarbiec; słownik wyrazów bliskoznacznych, tezaurus; leksykon; zbiór (*wyrazów, wyrażeń, cytatów itp.*)
these *zob.* ***this***
the·sis [ˈθiːsɪs] *s* (*pl* ***theses*** [ˈθiːsiːz]) teza; rozprawa, praca pisemna
they [ðeɪ] *pron* oni, one
they'd [ðeɪd] = ***they had; they should; they would***
they'll [ðeɪl] = ***they shall; they will***
they're [ðeə] = ***they are***
they've [ðeɪv] = ***they have***
thick [θɪk] *adj* gruby, tłusty; gęsty; głupi, tępy; *s* gruba część czegoś; ***in the ~ of a forest*** w gąszczu leśnym; *przen.* ***in the ~ of the fight*** w wirze walki
thick·en [ˈθɪkən] *vi* grubieć; gęstnieć; *vt* zagęszczać
thick·et [ˈθɪkɪt] *s* gąszcz, gęstwina
thick·ness [ˈθɪknəs] *s* grubość; gęstość
thick·set [ˌθɪkˈset] *adj* gęsto sadzony; (*o człowieku*) przysadzisty
thick-skinned [ˌθɪkˈskɪnd] *adj* *przen.* gruboskórny
thief [θiːf] *s* (*pl* ***thieves*** [θiːvz]) złodziej
thieve [θiːv] *vt vi* kraść
thieves *zob.* ***thief***
thigh [θaɪ] *s anat.* udo
thill [θɪl] *s* dyszel
thim·ble [ˈθɪmbl] *s* naparstek; *techn.* tulejka
thin [θɪn] *adj* cienki; szczupły; słaby; rzadki, rzadko rosnący; *vt* rozcieńczyć; rozrzedzić; pomniejszyć; zwęzić; *vi* (*także* ***~ away, ~ down***) zeszczupleć, zmniejszyć się, zrzednąć
thing [θɪŋ] *s* rzecz, sprawa, przedmiot; istota; ***as ~s are*** w obecnej sytuacji; ***poor*** (***little***) ***~!*** biedactwo!; ***all ~s English*** wszystko to, co angielskie; ***how are ~s*** (***going***)***?*** co słychać?; ***I don't feel quite the ~*** nie czuję się dobrze, marnie się czuję; ***that's the ~*** o to chodzi, w tym rzecz; ***for one ~*** po pierwsze
think** [θɪŋk] *vi* (thought, thought*** [θɔːt]) myśleć (***about, of sth*** o czymś), sądzić, uważać; zamierzać; ***to ~ much*** wysoko cenić, być dobrego zdania (***of sb, sth*** o kimś, czymś); ***to ~ little*** nie cenić wysoko, mieć niepochlebne zdanie (***of sb, sth*** o kimś, czymś); *vt* mieć na myśli; uważać; ***to ~ no harm*** nie mieć na myśli nic złego; ***to ~ sb silly*** uważać kogoś za głupca; ***~ out*** przemyśleć do końca; ***~ over*** obmyślić; rozważyć; ***~ through*** przemyśleć; ***~ up*** wymyślić; *pot.* wykombinować; ***~ tank*** *s* zespół ekspertów
think·er [ˈθɪŋkə] *s* myśliciel
think·ing [ˈθɪŋkɪŋ] *s* myślenie; zdanie, opinia
thin·ness [ˈθɪnnəs] *s* cienkość; szczupłość, chudość; rzadkość
third [θɜːd] *adj* trzeci; ***~ degree*** trzeci stopień przesłuchania (*w sądzie, na policji*); *s* trzecia część; *techn.* trzeci bieg
third·ly [ˈθɜːdlɪ] *adv* po trzecie
third-rate [ˌθɜːdˈreɪt] *adj* trzeciorzędny
thirst [θɜːst] *s* pragnienie; *vi*

pragnąć (***after, for sth*** czegoś)
thirst·y ['θɜːstɪ] *adj* spragniony, pragnący
thir·teen [ˌθɜː'tiːn] *num* trzynaście; *s* trzynastka
thir·teenth [ˌθɜː'tiːnθ] *adj* trzynasty; *s* trzynasta część
thir·ti·eth ['θɜːtɪəθ] *adj* trzydziesty; *s* trzydziesta część
thir·ty ['θɜːtɪ] *num* trzydzieści; *s* trzydziestka; ***the thirties*** lata trzydzieste
this [ðɪs] *pron* (*pl* ***these*** [ðiːz]) ten, ta, to; ***~ morning*** <***evening***> dziś rano <wieczór>; ***~ way*** tędy
this·tle ['θɪsl] *s bot.* oset
thith·er ['ðɪðə] *adv* tam, w ową stronę, do tamtego miejsca
tho' [ðəʊ] = ***though***
thong [θɒŋ] *s* rzemień, kańczug
thorn [θɔːn] *s* cierń, kolec
thorn·y ['θɔːnɪ] *adj* ciernisty, kolący
thor·ough ['θʌrə] *adj* całkowity, gruntowny
thor·ough·bred ['θʌrɔbred] *adj* rasowy; *s* koń czystej krwi, zwierzę rasowe
thor·ough·fare ['θʌrəfeə] *s* przejazd, wolna droga; arteria komunikacyjna; ***no ~*** przejazd wzbroniony
thor·ough·go·ing ['θʌrəˌgəʊɪŋ] *adj* stanowczy, bezkompromisowy; gruntowny
thor·ough·ly ['θʌrəlɪ] *adv* gruntownie
those *zob.* ***that***
though [ðəʊ] *conj* chociaż; ***as ~*** jak gdyby; *adv* jednak, przecież
thought 1. *zob.* ***think***
thought 2. [θɔːt] *s* myśl; namysł; pomysł; zamiar; ***on second ~s*** po rozważeniu, po namyśle; ***he had no ~ of*** ... nie miał wcale zamiaru ...
thought·ful ['θɔːtfl] *adj* myślący, głęboki, rozważny
thought·less ['θɔːtləs] *adj* bezmyślny, lekkomyślny, nierozważny
thou·sand ['θaʊznd] *num* tysiąc; ***a ~ and one*** mnóstwo, bez liku
thou·sandth ['θaʊznθ] *adj* tysięczny; *s* tysięczna część
thral·dom ['θrɔːldəm] *s* niewolnictwo, niewola
thrall [θrɔːl] *s* niewolnik (***of sb*** czyjś; ***to sth*** czegoś)
thrash [θræʃ] *vt* młócić; chłostać, bić; ***~ out*** debatować; dokładnie przedyskutować
thrash·ing ['θræʃɪŋ] młócenie; lanie, chłosta; ***to give sb a good ~*** sprawić komuś solidne lanie
thread [θred] *s* nić, nitka; wątek (*opowiadania, rozmowy itp.*); *vt* nizać, nawlekać; przesuwać się, przeciskać się (***sth*** przez coś); ***hang by a ~*** *pot.* wisieć na włosku
thread·bare ['θredbeə] *adj* wytarty, przeświecający
threat [θret] *s* groźba
threat·en ['θretn] *vt* grozić; *vi* zagrażać, zapowiadać się groźnie
three [θriː] *num* trzy; *s* trójka
three-cor·ner·ed [ˌθriː'kɔːnəd] *adj* trójkątny
three·fold ['θriːfəuld] *adj* trzykrotny; *adv* trzykrotnie
thresh [θreʃ] = ***thrash***
thresh·old ['θreʃhəuld] *s* próg; *przen.* przedsionek, próg, początek
threw *zob.* ***throw***
thrift [θrɪft] *s* oszczędność, gospodarność
thrift·y ['θrɪftɪ] *adj* oszczędny, gospodarny
thrill [θrɪl] *s* dreszcz, drżenie; *vt* przejmować dreszczem, mocno wzruszać; *vi* drżeć, dygotać
thrill·er ['θrɪlə] *s* sensacyjny film; przejmująca sztuka, dreszczowiec
thrive** [θraɪv] *vi* (thrived*** [θraɪvd] *lub* ***throve*** [θrəʊv], ***thrived*** [θraɪvd]) pięknie się rozwijać, prosperować, kwitnąć

thro' [θru:] = ***through***
throat [θrəʊt] *s* gardło; gardziel; ***sore ~*** ból gardła; ***to clear one's ~*** odchrząknąć
throb [θrɒb] *vi* (*o sercu, pulsie*) bić, drgać, tętnić; *s* bicie (*serca, pulsu*); drganie, dreszcz
throe [θrəʊ] *s* gwałtowny ból; *pl* ***~s*** bóle porodowe; (*także* ***~s of death***) agonia
throne [θrəʊn] *s* tron; ***to come to the ~*** wstąpić na tron
throng [θrɒŋ] *s* tłum, tłok; *vt vi* tłoczyć (się), tłumnie gromadzić (się)
thros·tle ['θrɒsl] *s zool.* drozd
throt·tle ['θrɒtl] *s* gardziel; *techn.* przepustnica; *vt* dusić, dławić, tłumić
through [θru:] *praep* przez, poprzez; z powodu, dzięki; *adv* na wskroś, dokładnie, na wylot, od początku do końca; ***~ and ~*** całkowicie, najzupełniej; ***to be ~*** skończyć (***with sb, sth*** z kimś, czymś); ***to get ~*** przebyć; doprowadzić do końca, skończyć; połączyć się telefonicznie; *adj* bezpośredni, tranzytowy; ***a ~ train to*** ... pociąg bezpośredni do ...
through·out [θru:'aʊt] *praep* przez, poprzez; ***~ his life*** przez całe jego życie; ***~ the year*** przez cały rok; *adv* wszędzie; od początku do końca; pod każdym względem
throve *zob.* ***thrive***
throw** [θrəʊ] *vt* (threw*** [θru:], ***thrown*** [θrəʊn]) rzucać, zrzucać, narzucać; ***to ~ a glance*** rzucić okiem (***at sb*** na kogoś); ***~ away*** odrzucać, wyrzucać; ***~ down*** porzucić, zrzucić, obalić; ***~ in*** wrzucić, wtrącić, dorzucić; ***to ~ in one's lot with sb*** podzielić czyjś los; związać się; ***~ off*** zrzucić; pozbyć się (***sth*** czegoś); ***~ on*** narzucić, nałożyć; ***~ open*** rozewrzeć, szeroko otworzyć; udostępnić; ***~ out*** wyrzucić, wypędzić; wydać; ***~ over*** porzucić, zarzucić; przewrócić; ***~ up*** podrzucić, rzucić w górę; zwymiotować; podwyższyć; porzucić, zrezygnować; *s* rzut; obalenie
throw-out ['θrəʊaʊt] *s* rzecz odrzucona; odsiew; odpadki
thru [θru:] *am.* = ***through***
thrum [θrʌm] *vt vi* bębnić, rzępolić; *s* bębnienie, rzępolenie
thrush [θrʌʃ] *s zool.* drozd
thrust** [θrʌst] *v* (thrust, thrust*** [θrʌst]) *vt* pchnąć, wbić; wtrącić; przebić; *vi* ***~ past*** przepychać się obok; *s* pchnięcie; *wojsk.* atak, wypad
thud [θʌd] *s* głuche stuknięcie, głuchy łomot; *vi* ciężko zwalić się, głucho stuknąć
thug [θʌg] *s* zbój, bandyta, przestępca
thumb [θʌm] *s* kciuk; ***rule of ~*** praktyczna zasada; ***~s up!*** brawo!; ***Tom Thumb*** Tomcio Paluch; *vt* przewracać kartki (*książki*), wertować; brzdąkać
thump [θʌmp] *vi* głucho stukać, grzmocić (*np. pięścią*); *s* głuche stukanie, ciężkie uderzenie
thun·der ['θʌndə] *s* grzmot; *vi* grzmieć; *vt* ciskać (*np. groźbę*)
thun·der·bolt ['θʌndəbəult] *s* piorun, grom
thun·der·clap ['θʌndəklæp] *s* trzask piorunu; *przen.* piorunująca wiadomość
thun·der·ous ['θʌndərəs] *adj* grzmiący
thun·der·storm ['θʌndəstɔ:m] *s* burza z piorunami
thun·der·struck ['θʌndəstrʌk] *adj* rażony piorunem; oszołomiony
Thurs·day ['θɜ:zdeɪ] *s* czwartek; ***Maundy Thursday*** *rel.* Wielki Czwartek
thus [ðʌs] *adv* tak, w ten sposób; ***~ far*** dotąd, dotychczas; do tego stopnia; ***~ much*** tyle

T

thwart [θwɔːt] *vt* krzyżować, udaremniać
thy·roid ['θaɪrɔɪd], *także* **~ gland** [~glænd] *s anat.* tarczyca
tick 1. [tɪk] *vt vi* (*o zegarze*) tykać; robić znak kontrolny; odfajkować, odhaczyć; *s* tykanie; znak kontrolny; chwilka
tick 2. [tɪk] *s pot.* kredyt; **on ~** na kredyt
tick·et ['tɪkɪt] *s* bilet; **return ~** bilet powrotny; karta wstępu; etykieta, znaczek; licencja (*np. pilota*); *am. polit.* lista kandydatów; mandat drogowy
tick·le ['tɪkl] *vt* łaskotać; zabawiać; *vi* swędzić; *s* łaskotanie
tick·lish ['tɪklɪʃ] *adj* łaskotliwy; drażliwy
tid·bit = **titbit**
tid·dly·winks ['tɪdlɪwɪŋks] *s* (*gra w*) pchełki
tide [taɪd] *s* przypływ i odpływ morza; prąd, bieg; *przen.* fala; pora, czas; **high ~** przypływ; **low ~** odpływ; *vi* płynąć z prądem; **~ over** przepłynąć; *przen.* przezwyciężyć (*np. trudności*)
ti·dy ['taɪdɪ] *adj* czysty, schludny, porządny; *vt* (*także* **~ up**) doprowadzić do porządku, oczyścić
tie [taɪ] *s* więź, węzeł; krawat; sznurowadło; *sport* remis; *vt* (*p praes* **tying**) wiązać, łączyć; krępować; zobowiązywać (**sb to sth** kogoś do czegoś)
tier [tɪə] *s* rząd; piętro; kondygnacja; *teatr* rząd krzeseł
ti·ger ['taɪgə] *s zool.* tygrys
tight [taɪt] *adj* napięty; obcisły, ciasny; szczelny; niewystarczający, skąpy; *pot.* pijany, wstawiony; **to be in a ~ corner** być przyciśniętym do muru; **to sit ~** *przen.* obstawać przy swoim; *s pl* **~s** trykoty; rajstopy; *adv* ciasno, szczelnie
tight·en ['taɪtn] *vt vi* ściągnąć (się), ścieśnić (się); napiąć; zacisnąć
tight-fist·ed [ˌtaɪt'fɪstɪd] *adj* skąpy
ti·gress ['taɪgrəs] *s zool.* tygrysica
tike [taɪk] = **tyke**
tile [taɪl] *s* dachówka; kafel; płyta; *vt* kryć dachówką, wykładać (*kaflami itp.*)
till 1. [tɪl] *praep* do, aż do; *conj* aż, dopóki nie
till 2. [tɪl] *s* kasa sklepowa
till 3. [tɪl] *vt* uprawiać (*ziemię*), orać
till·age ['tɪlɪdʒ] *s* uprawa ziemi
till·er 1. ['tɪlə] *s* rolnik
till·er 2. ['tɪlə] *s mors.* rączka steru, sterownica
tilt 1. [tɪlt] *vt vi* przechylać (się); rzucić się, atakować (*np. lancą*); *przen.* napadać (**at sb** na kogoś); *s* nachylenie, przechył, napaść
tilt 2. [tɪlt] *s* nakrycie, osłona (*z brezentu*)
tim·ber ['tɪmbə] *s* drewno, budulec; belka; *am.* las
time [taɪm] *s* czas, pora; termin; raz; tempo; takt; okres kary więziennej; okres służby wojskowej; **a long ~ ago** dawno temu; **at a ~** naraz; **at ~s** czasami; (**at**) **any ~** kiedykolwiek; **at one ~** swego czasu, niegdyś; **at the same ~** równocześnie; pomimo tego; **behind one's ~** spóźniony; **behind the ~s** konserwatywny, zacofany; **for the ~ being** na razie, chwilowo; **in due ~** we właściwym czasie, w porę; **in ~** na czas; w takt, do taktu; **in no ~** wkrótce, zaraz, natychmiast; **many a ~** niejednokrotnie; **many ~s** wielokrotnie, często; **most of the ~** przeważnie; najczęściej; **on ~** punktualnie; **once upon a ~** pewnego razu; dawno temu; **out of ~** nie w porę, nie na czasie; **some ~ or other** kiedyś tam (*w przyszłości*), przy sposobności; **~ after ~** raz za razem; **~ and again** od czasu do czasu; **~ is up** czas upłynął; **to do**

~ odsiadywać karę więzienia; ***to gain ~*** zyskać na czasie; (*o zegarze*) spieszyć się; ***to have a good ~*** dobrze się bawić; używać sobie; ***to keep ~*** tańczyć do taktu; ***to serve one's ~*** odbywać (*służbę, wyrok, praktykę itp.*); ***to take one's ~*** nie spieszyć się; ***what ~ is it?, what is the ~?*** która godzina?; *vt* wyznaczać według czasu, dostosować do czasu; określać czas, regulować; zrobić w odpowiedniej chwili; *vi* dostosowywać się, dotrzymywać kroku (***with sb, sth*** komuś, czemuś); *adj praed* czasowy; terminowy

time bomb ['taɪmbɒm] *s* bomba zegarowa

time·ly ['taɪmlɪ] *adj* będący na czasie, aktualny; dogodny

ti·mer ['taɪmə] *s* stoper; regulator czasu

time·serv·er ['taɪm,sɜːvə] *s* oportunista

time·serv·ing ['taɪm,sɜːvɪŋ] *adj* oportunistyczny; *s* oportunizm

time·ta·ble ['taɪm,teɪbl] *s* rozkład zajęć; rozkład jazdy

time·work ['taɪmwɜːk] *s* praca dniówkowa

time-worn ['taɪmwɔːn] *adj* zużyty, sfatygowany; przestarzały; starodawny

tim·id ['tɪmɪd] *adj* bojaźliwy, nieśmiały

ti·mid·i·ty [tɪ'mɪdətɪ] *s* bojaźliwość

tim·ing ['taɪmɪŋ] *s* wybór właściwego czasu

tim·or·ous ['tɪmərəs] *adj* lękliwy

tin [tɪn] *s* cyna, blacha; naczynie blaszane; *bryt.* puszka konserwowa, konserwa; *vt* pobielać; konserwować w puszkach, pakować do puszek

T

tinc·ture ['tɪŋktʃə] *s* nalewka; domieszka; odcień, zabarwienie

ting [tɪŋ] *vt vi* dzwonić, dźwięczeć; *s* dźwięczenie, dzwonienie

tinge [tɪndʒ] *s* lekki odcień, zabarwienie; *vt* zabarwiać, nadawać odcień

tin·gle ['tɪŋgl] *vt* świerzbieć, swędzić; powodować ciarki; *s* swędzenie; ciarki

tink·er ['tɪŋkə] *s* naprawiacz kotłów; druciarz

tin·kle ['tɪŋkl] *vi* dzwonić; *s* dzwonienie

tinned [tɪnd] *pp zob.* ***tin***; *adj bryt.* konserwowy; **~ *food*** artykuły żywnościowe w konserwach

tin opener ['tɪn,əʊpnə] *s bryt.* klucz do konserw

tin·plate ['tɪnpleɪt] *s* blacha cynowa

tin·sel ['tɪnsl] *s zbior.* błyskotki; świecidełka; *przen.* fałszywy blask, blichtr

tint [tɪnt] *s* zabarwienie, odcień; *vt* lekko barwić, cieniować

tin·ware ['tɪnweə] *s zbior.* wyroby cynowe

ti·ny ['taɪnɪ] *adj* drobny, bardzo mały

tip 1. [tɪp] *s* koniuszek; szpic (*np. buta*); skuwka; ***on the ~ of one's tongue*** na końcu języka; *vt* pokryć koniuszek; obić, okuć

tip 2. [tɪp] *vt vi* dotknąć; przechylić (się); skinąć, dać znak; poczęstować; dać napiwek; *s* przechylenie, nachylenie; lekkie dotknięcie; znak, aluzja, wskazówka; napiwek

tip-cart ['tɪpkɑːt] *s* samochód wywrotka

tip·sy ['tɪpsɪ] *adj* pijany, wstawiony

tip·toe ['tɪptəʊ] *adv* (*zw.* ***on ~***) na czubkach palców; *vi* chodzić na czubkach palców

tip·top [,tɪp'tɒp] *s pot.* szczyt doskonałości; *adj* doskonały, pierwszorzędny

ti·rade [taɪ'reɪd] *s* tyrada

tire 1. ['taɪə] *vt vi* męczyć (się); ***to be ~d of sth*** mieć czegoś dosyć; ***to be <get> ~d*** zmęczyć się (***of sth*** czymś); mieć czegoś dość;

uprzykrzyć sobie (***of sth*** coś); **~ *out*** krańcowo wyczerpać
tire 2. ['taɪə] *zob.* ***tyre***
tire·less ['taɪələs] *adj* niezmordowany
tire·some ['taɪəsəm] *adj* męczący; nudny
'tis [tɪz] = ***it is***
tis·sue ['tɪʃuː] *s* tkanina (delikatna); *biol.* tkanka
tis·sue pa·per ['tɪʃuː,peɪpə] *s* bibułka
tit [tɪt] *s w zwrocie*: **~ *for tat*** pięknym za nadobne, wet za wet
tit·bit ['tɪtbɪt] *s bryt.* smakołyk; *przen.* interesująca plotka; *am.* ***tidbit***
tithe ['taɪð] *s* dziesięcina
ti·tle ['taɪtl] *s* tytuł
ti·tled ['taɪtld] *adj* utytułowany
tit·ter ['tɪtə] *vi* chichotać; *s* chichot
tit·u·lar ['tɪtjʊlə] *adj* tytularny
to [tʊ, tə] *praep* (*kierunek*) do, ku; (*granica przestrzeni lub czasu*) aż, do, po; (*zgodność*) ku, według; ***to a man*** do ostatniego człowieka; ***to my mind*** moim zdaniem, według mnie; ***to perfection*** doskonale; ***to this day*** po dzień dzisiejszy; ***to the right*** (*w kierunku*) na prawo; (*porównanie*) od, niż: ***inferior to me*** niższy (*np. służbowo*) ode mnie; (*stosunek*) dla, na, wobec: ***he has been very good to me*** był dla mnie bardzo dobry; ***ten to one*** dziesięć do jednego; za dziesięć minut pierwsza; (*wynik*) ku: ***to my surprise*** ku memu zdziwieniu; *cel*: ***man eats to live*** człowiek je, ażeby żyć; *tłumaczy się celownikiem*: ***give it to me, not to him*** daj to mnie, nie jemu; *kwalifikator bezokolicznika*: ***to see*** widzieć; *zastępuje bezokolicznik*: ***he was to have come but forgot to*** miał przyjść, ale zapomniał (przyjść); *adv* [tuː] *w wyrażeniach*: ***to and fro*** tu i tam; ***the door is to*** drzwi są zamknięte
toad [təʊd] *s zool.* ropucha
toad·y ['təʊdɪ] *s* pochlebca, lizus; *vt* płaszczyć się (***sb*** przed kimś), wkradać się w łaski (***sb*** czyjeś)
toast [təʊst] *s* grzanka, tost; toast; *vt* przypiekać; wznosić toast (***sb*** na czyjąś cześć)
to·bac·co [tə'bækəʊ] *s bot.* tytoń
to·bac·co·nist's shop [tə'bækənɪsts,ʃɒp] *s* sklep tytoniowy
to·bog·gan [tə'bɒgən] *s sport* sanki; *vi* jeździć na sankach
to·bog·gan-shoot [tə'bɒgənʃuːt], **to·bog·gan-slide** [tə'bɒgənslaɪd] *s sport* tor saneczkowy
to·day [tə'deɪ] *adv* dziś; *s* dzień dzisiejszy
tod·dle ['tɒdl] *vi* chodzić chwiejnym krokiem; *s* chwiejny krok
tod·dy ['tɒdɪ] *s* grog (*mieszanka wody z whisky, brandy lub rumem*)
to-do [tə'duː] (*pl* ***to-dos***) *s. pot* hałas, zamieszanie, krzątanina
toe [təʊ] *s* palec u nogi; ***from top to ~*** od stóp do głów; *vt w zwrocie*: ***to ~ the line*** *sport* stanąć na starcie; *przen.* podporządkować się ogółowi, być solidarnym
tof·fee ['tɒfɪ] *s* toffi, karmelek
to·geth·er [tə'geðə] *adv* razem; na raz; ***for weeks ~*** całymi tygodniami; ***to get ~*** zbierać (się)
toil [tɔɪl] *s* trud; *vi* trudzić się, ciężko pracować; (*także* **~ *along***) wlec się z trudem
toil·er ['tɔɪlə] *s* ciężko pracujący człowiek
toil·et ['tɔɪlət] *s* toaleta; **~ *paper*** papier toaletowy
to·ken ['təʊkən] *s* znak; pamiątka; bon; żeton; ***in token of...*** w dowód...
told *zob.* ***tell***
tol·er·a·ble ['tɒlərəbl] *adj* znośny, możliwy

tol·er·ance ['tɒlərəns] *s* tolerancja, pobłażliwość
tol·er·ate ['tɒləreɪt] *vt* tolerować, znosić
toll 1. [təʊl] *s* myto, opłata; *przen.* **~ *of lives*** żniwo śmierci; **~*-free call*** *am.* bezpłatna rozmowa telefoniczna
toll 2. [təʊl] *vt vi* dzwonić (przeciągle); *s* głos dzwonu (*zw. pogrzebowego*)
toll·bar ['təʊlbɑː] *s* rogatka
tom·a·hawk ['tɒməhɔːk] *s* indiański topór bojowy, tomahawk
to·ma·to [tə'mɑːtəʊ] *s* pomidor
tomb [tuːm] *s* grobowiec; grób
tom·boy ['tɒmbɔɪ] *s* (*dziewczyna*) urwis
tomb·stone ['tuːmstəʊn] *s* kamień nagrobny
tom·fool·e·ry [ˌtɒm'fuːlərɪ] *s* głupota; błazeństwo
Tom·my gun ['tɒmɪgʌn] *s bryt. pot.* ręczny karabin maszynowy
to·mor·row [tə'mɒrəʊ] *adv* jutro; *s* dzień jutrzejszy; ***the day after* ~** pojutrze
ton [tʌn] *s* tona; *zw. pl* **~*s*** *pot.* mnóstwo, niezliczona ilość
tone [təʊn] *s* ton, dźwięk; *gram.* akcent toniczny; *vt* stroić, nastrajać; tonować; harmonizować; **~ *down*** tonować, łagodzić; tonować się, łagodnieć; **~ *up*** podnieść, wzmocnić; wzmagać się, potężnieć
tongs [tɒŋz] *s pl* szczypce, obcęgi
tongue [tʌŋ] *s* język, mowa; sposób mówienia; serce (*dzwonu*); ***mother* ~** język ojczysty; ***to find one's* ~ *again*** odzyskać mowę; ***to have lost one's* ~** zapomnieć języka w gębie; ***to hold one's* ~** trzymać język za zębami
ton·ic ['tɒnɪk] *adj* wzmacniający, toniczny; *gram.* tonalny, akcentowany; *s* tonik; środek wzmacniający
to·night [tə'naɪt] *adv* dziś w nocy; *s* dzisiejsza noc, dzisiejszy wieczór; **~*'s paper*** dzisiejsza gazeta wieczorna
ton·sil ['tɒnsl] *s anat.* migdał
ton·sil·li·tis [ˌtɒnsə'laɪtɪs] *s med.* zapalenie migdałów
too [tuː] *adv* także, prócz tego, w dodatku; doprawdy; wielce, bardzo, aż nadto; ***all* ~** aż nadto; ***none* ~ *good*** niezbyt dobry, nieszczególny; ***I'm only* ~ *glad*** cała przyjemność po mojej stronie; ***that's* ~ *bad!*** fatalnie!
took *zob.* ***take***
tool [tuːl] *s* narzędzie
toot [tuːt] *s* dźwięk (*rogu, klaksonu itp.*), sygnał; *vt vi* dąć w róg, buczeć
tooth [tuːθ] *s* (*pl* ***teeth*** [tiːθ]) ząb; ***in the teeth of sth*** wbrew czemuś, nie zważając na coś; **~ *and nail*** energicznie, zawzięcie
tooth·ache ['tuːθeɪk] *s* ból zębów
tooth·brush ['tuːθbrʌʃ] *s* szczoteczka do zębów
tooth·paste ['tuːθpeɪst] *s* pasta do zębów
tooth·pick ['tuːθpɪk] *s* wykałaczka
top 1. [tɒp] *s* szczyt, najwyższy punkt; wierzch, powierzchnia, górna część; głowa (*stołu*); *mors.* kosz, bocianie gniazdo; pierwsze miejsce w klasie; *adj attr* górny, szczytowy; *vt vi* pokrywać od góry; wznosić się; przewyższać; **~ *off*** zakończyć; **~ *up*** dopełnić
top 2. [tɒp] *s* bąk (*zabawka*); ***to sleep like a* ~** spać jak suseł
top hat [ˌtɒp'hæt] *s* cylinder
to·pi, to·pee ['təʊpiː] *s* hełm tropikalny
top·ic ['tɒpɪk] *s* przedmiot, temat
top·i·cal ['tɒpɪkl] *adj* miejscowy; dotyczący tematu, aktualny
top·less ['tɒpləs] *adj adv* (*o kobiecie*) z odsłoniętymi piersiami, topless
top·most ['tɒpməʊst] *adj* najwyższy
to·pog·ra·phy [tə'pɒgrəfɪ] *adj* topografia

top·ping ['tɒpɪŋ] *adj bryt. pot.* świetny, kapitalny; *s* powierzchnia (*placka, itp.*)
top·ple ['tɒpl] *vt* (*także* ~ ***down*** <***over***> powalić; *vi* zwalić się
top·sy-tur·vy [ˌtɒpsɪ'tɜːvɪ] *adv* do góry nogami; *adj* przewrócony do góry nogami
torch [tɔːtʃ] *s* pochodnia; latarka elektryczna
tore *zob.* ***tear 2.***
tor·ment ['tɔːment] *s* męka, tortury, *vt* [tɔː'ment] męczyć, dręczyć
torn *zob.* ***tear 2.***
tor·na·do [tɔː'neɪdəʊ] *s* tornado
tor·pe·do [tɔː'piːdəʊ] *s* torpeda; *vt* torpedować
tor·pe·do boat [tɔː'piːdəʊbəʊt] *s wojsk.* kuter torpedowy
tor·pid ['tɔːpɪd] *adj* zesztywniały, zdrętwiały
tor·por ['tɔːpə], **tor·pid·i·ty** [tɔː'pɪdətɪ] *s* zesztywnienie, odrętwienie
tor·rent ['tɒrənt] *s* potok (rwący); ulewa
tor·ren·tial [tə'renʃl] *adj* wartki; ulewny
tor·rid ['tɒrɪd] *adj* wypalony (słońcem); skwarny, upalny; ostry; gwałtowny
tor·sion ['tɔːʃn] *adj* skręt, skręcenie; *mat.* torsje
tor·toise ['tɔːtəs] *s zool.* żółw
tor·toise·shell ['tɔːtəsʃel] *s* szylkret
tor·tu·ous ['tɔːtʃʊəs] *adj* kręty, wijący się
tor·ture ['tɔːtʃə] *adj* tortury, męczarnia; *vt* torturować, dręczyć; przekręcać (*np. słowa*)
To·ry ['tɔːrɪ] *s bryt. hist. polit.* torys
toss [tɒs] *vt* rzucać w górę, podrzucać, potrząsać; niepokoić; *vi* przewracać się, wiercić się; (*o morzu, drzewie*) kołysać się; ~ ***off*** wypić duszkiem; załatwić od ręki; *s* rzucanie, rzut; potrząsanie
to·tal ['təʊtl] *adj* całkowity, totalny; *s* suma globalna, ogólny wynik; *vt vi* sumować; wynosić w całości
to·tal·i·tar·i·an [təʊˌtælɪ'teərɪən] *adj* totalitarny
to·tal·i·ty [təʊ'tælətɪ] *s* całość, ogół
to·tal·i·za·tor ['təʊtəlaɪzeɪtə], *pot.* **tote** [təʊt] *s* totalizator
tot·ter ['tɒtə] *vi* chwiać się, iść na niepewnych nogach
touch [tʌtʃ] *vt vi* dotknąć; poruszyć, wspomnieć (***on, upon sth*** coś); wzruszyć; (*także* ~ ***off***) zarysować, naszkicować; dorównać; natknąć się; ***to ~ to the quick*** dotknąć do żywego; ~ ***down*** (*o samolocie*) lądować; ~ ***up*** poprawić (*np. obraz*), wyretuszować; ***to ~ wood*** odpukiwać w niemalowane drewno; *s* dotyk, dotknięcie; kontakt; lekki atak (*choroby*); pociągnięcie (*np. pędzlem*); posmak; powierzchowna próba; ***to get in ~*** skontaktować się; ***to keep in ~*** utrzymywać kontakt; ***finishing ~*** ostatnie pociągnięcie
touch·ing ['tʌtʃɪŋ] *adj* wzruszający; *praep* odnośnie do, co się tyczy
touch·stone ['tʌtʃstəʊn] *s* kamień probierczy; *przen.* standard, kryterium
touch·y ['tʌtʃɪ] *adj* drażliwy
tough [tʌf] *adj* twardy, oporny, trudny; (*o mięsie*) łykowaty, żylasty; tęgi, mocny, wytrzymały
tour [tʊə] *s* podróż (*zw.* okrężna), objazd; wycieczka; ***on ~*** w podróży; ***to make a ~ of the world*** objechać świat; *vt vi* objeżdżać, zwiedzać
tour·ism ['tʊərɪzm] *s* turystyka
tour·ist ['tʊərɪst] *s* turysta; ~ ***agency*** biuro turystyczne
tour·na·ment ['tʊənəmənt] *s* zawody, rozgrywki; *hist.* turniej
tou·sle ['taʊzl] *s* targać, mierzwić
tout [taʊt] *vt* kaptować, nachodzić

(***for sb*** kogoś); czynić starania (***for sth*** o coś)

tow [təʊ] *vt* holować, ciągnąć na linie, wlec za sobą; *s* holowanie; holowany statek; lina do holowania; ***to have in ~*** holować; ***to take in ~*** wziąć na hol

to·ward(s) [tə'wɔːd(z)] *praep* ku, w kierunku; w stosunku do; (*o czasie*) pod, około; na; ***~ expenses*** na wydatki

tow·el ['taʊəl] *s* ręcznik (*z materiału, papieru itd.*); ***sanitary ~*** *bryt.* podpaska higieniczna

tow·er ['taʊə] *s* wieża; baszta; ***the Tower (of London)*** Tower of London (średniowieczna twierdza w Londynie); *vi* wznosić się; piętrzyć się; ***~ block*** wieżowiec

town [taʊn] *s* miasto; ***out of ~*** na prowincji, (*wyjechać itd.*) z miasta, za miasto, na wieś; ***~ hall*** ratusz

town·let ['taʊnlət] *s* miasteczko

towns·folk ['taʊnzfəʊk] *s zbior.* mieszkańcy miasta, mieszczanie

towns·people ['taʊnz,piːpl] = ***townsfolk***

tox·ic ['tɒksɪk] *adj* trujący

toy [tɔɪ] *s* zabawka; *vi* bawić się; igrać

trace 1. [treɪs] *s* ślad; *vt* śledzić; iść śladem; zrekonstruować; szkicować, kreślić; ***~ back*** wywodzić (***sth to sth*** coś od czegoś); ***~ over*** kalkować

trace 2. [treɪs] *s* postronek; *pl* ***~s*** uprząż

trac·er ['treɪsə] *s* traser; kreślarz; (*także* ***~ bullet*** <***shell***>) pocisk smugowy

track [træk] *s* ślad, trop; ścieżka, szlak, trakt; tor (*kolejowy, wyścigowy*); ***the beaten ~*** wydeptana droga; utarty szlak; ***to leave*** <***come off***> ***the ~*** wykoleić się; ***to lose ~*** zgubić się (***of sth*** w czymś); stracić kontakt (***of sb, sth*** z kimś, czymś); *vt* śledzić; znaczyć śladami; ***~ down*** <***out***> wyśledzić

trac·ta·ble ['træktəbl] *adj* uległy, podatny

trac·tion ['trækʃn] *adj* trakcja

trac·tor ['træktə] *s* traktor, ciągnik

trade [treɪd] *s* rzemiosło; handel; przemysł (*budowlany, hotelowy itd.*); branża, zawód, zawodowe zajęcie; ***home ~*** handel wewnętrzny; ***~ mark*** ochronny znak fabryczny; ***~ union*** związek zawodowy; *vi* handlować (***in sth*** czymś; ***with sb*** z kimś)

trad·er ['treɪdə] *s* handlowiec, statek handlowy

trades·man ['treɪdzmən] *s* (*pl* ***tradesmen*** ['treɪdzmən]) kupiec

trade wind ['treɪdwɪnd] *s* pasat

tra·di·tion [trə'dɪʃn] *s* tradycja

tra·di·tion·al [trə'dɪʃnəl] *adj* tradycyjny

traf·fic ['træfɪk] *s* komunikacja; ruch uliczny; transport; handel; ***~ (control) lights*** światła regulujące ruch uliczny; ***~ rules*** przepisy drogowe; ***drug ~*** handel narkotykami; *vi* handlować (***in sth*** czymś); ***~ police*** policja drogowa; ***hold up the ~*** wstrzymać ruch

tra·ge·di·an [trə'dʒiːdɪən] *s* autor tragedii; aktor tragiczny

trag·e·dy ['trædʒədɪ] *s* tragedia

tra·gic ['trædʒɪk] *adj* tragiczny

trail [treɪl] *s* szlak, ślad, trop; wlokący się ogon, smuga (*np. dymu*); *vt* wlec za sobą; tropić; deptać; *vi* wlec się

trail·er ['treɪlə] *s* tropiciel; *am.* przyczepa mieszkalna (*do samochodu itd.*)

train [treɪn] *s* pociąg; ***commuting ~*** pociąg podmiejski; ***fast ~*** pociąg pośpieszny; ***to catch one's ~*** zdążyć na pociąg; wlokący się ogon, tren; sznur (*ludzi, wozów*); orszak; *vt vi* tre-

nować, uczyć (się), tresować; kształcić, zaprawiać (***for sth*** do czegoś)
train·er ['treɪnə] *s* trener, instruktor
train·ing ['treɪnɪŋ] *s* trening, ćwiczenia, tresura
trait [treɪt] *s* rys (*np. charakteru*)
trai·tor ['treɪtə] *s* zdrajca
trai·tor·ous ['treɪtərəs] *adj* zdradziecki
tram [træm] *s* tramwaj
tram·car ['træmkɑː] *s* wóz tramwajowy
tram·mel ['træml] *s* (długa) sieć; pętla (*dla konia*); przeszkoda; (*także pl* **~s**) więzy; *vt* łapać, pętać, plątać, przeszkadzać
tramp [træmp] *vt vi* włóczyć się; deptać, ciężko stąpać; *s* włóczęga, kloszard, łazik; wędrówka; ciężkie stąpanie
tram·ple ['træmpl] *vt* deptać, tratować
tram·way ['træmweɪ] *s* tramwaj
trance [trɑːns] *s* trans
tran·quil ['træŋkwɪl] *adj* spokojny
tran·quil·li·ty [træŋ'kwɪlətɪ] *s* spokój
trans·act [træn'zækt] *vt* przeprowadzić, doprowadzić do skutku; *vi* układać się, pertraktować
trans·ac·tion [træn'zækʃn] *s* transakcja
tran·scribe [træn'skraɪb] *vt* transkrybować; przepisywać; *radio* nagrywać na taśmę
tran·scrip·tion [træn'skrɪpʃn] *s* transkrypcja; przepisywanie; *radio* nagranie na taśmie
trans·fer [træns'fɜː] *vt vi* przenosić (się); przekazywać; przewozić; *am.* przesiadać się; *handl.* cedować; *s* ['trænsfɜː] przeniesienie; przewóz; przekazanie; przelew; *handl.* cesja
trans·fig·ure [træns'fɪgə] *vt* przekształcać
trans·fix [træns'fɪks] *vt* przebić, przeszyć, przekłuć; unieruchomić, sparaliżować
trans·form [træns'fɔːm] *vt* przekształcać
trans·form·ation [ˌtrænsfə'meɪʃən] *s* przekształcenie, transformacja; przemiana
trans·form·er [træns'fɔːmə] *s* *elektr.* transformator
trans·fuse [træns'fjuːz] *vt* przelewać, przetaczać; przepoić
trans·fu·sion [træns'fjuːʒn] *s* transfuzja
trans·gress [trænz'gres] *vt vi* przekroczyć, naruszyć (*np. ustawę*); popełnić przekroczenie
trans·gres·sion [trænz'greʃn] *s* przekroczenie
tran·ship *zob.* ***transship***
tran·sient ['trænzɪənt] *adj* przemijający, przejściowy
tran·sis·tor [træn'zɪstə] *s* tranzystor
tran·sit ['trænsɪt] *s* tranzyt; przejazd
tran·si·tion [træn'zɪʃn] *s* przejście; okres przejściowy
tran·si·tion·al [træn'zɪʃnəl] *adj* przejściowy
tran·si·tive ['trænsətɪv] *adj* *gram.* przechodni
tran·si·to·ry ['trænsɪtrɪ] *adj* przejściowy, efemeryczny, przemijający
trans·late [træns'leɪt] *vt* tłumaczyć (***into English*** na angielski)
trans·la·tion [træns'leɪʃn] *s* tłumaczenie
trans·la·tor [træns'leɪtə] *s* tłumacz
trans·lit·er·ate [træns'lɪtəreɪt] *vt* transliterować
trans·mis·sion [trænz'mɪʃn] *vt* transmisja
trans·mit [trænz'mɪt] *vt* przekazywać, doręczać; przenosić; transmitować
trans·mit·ter [trænz'mɪtə] *s* aparat transmitujący, przekaźnik; nadajnik

trans·par·en·cy [træns'pærənsı] *s* przezroczystość
trans·par·ent [træns'pærənt] *adj* przezroczysty
tran·spi·ra·tion [ˌtrænspı'reıʃn] *s* parowanie; pocenie się
tran·spire [træn'spaıə] *vt vi* wydzielać (się); parować; pocić się; wydychać; *przen.* wychodzić na jaw, okazywać się; zdarzać się
trans·plant [træns'plɑːnt] *vt* przesadzać, przenosić, przeszczepiać
trans·plan·ta·tion [ˌtrænsplɑːn'teıʃn] *s med.* przeszczep, transplantacja
trans·port [træn'spɔːt] *vt* transportować, przewozić, przenosić; porwać, zachwycić, unieść; *hist.* zesłać (*zbrodniarza*); *s* ['trænspɔːt] transport, przewóz, przeniesienie; zachwyt, poryw, uniesienie
trans·por·ta·tion [ˌtrænspɔː'teıʃn] *s am.* transport, przewóz, przeniesienie; zesłanie
trans·pose [træns'pəʊz] *vt* przestawiać; *muz.* transponować
trans·ship [træns'ʃıp] *vt* przeładowywać
trans·ver·sal [trænz'vɜːsl] *adj* poprzeczny; *s* linia poprzeczna
trans·verse [trænz'vɜːs] *adj* poprzeczny
trap [træp] *s* pułapka, potrzask, zasadzka; *przen.* podstęp; *vt* łapać w potrzask, zastawiać pułapkę
trap·door [ˌtræp'dɔː] *s* zapadnia, klapa
tra·peze [trə'piːz] *s* trapez (*w gimnastyce*)
tra·pe·zi·um [trə'piːzıəm] *s mat.* trapez
trap·e·zoid ['træpızɔıd] *s mat.* trapezoid
trap·per ['træpə] *s* traper
trash [træʃ] *s* tandeta; szmira; bzdury; *am.* śmieci; *am.* hołota
trav·el ['trævl] *vi* podróżować, jeździć, jechać; *s* podróż; *~ **agency*** biuro podróży
trav·el·ler, *am.* **trav·el·er** ['trævələ] *s* podróżny; podróżnik; komiwojażer; ***~'s cheque*** czek podróżny
trav·erse ['trævɜːs] *s* trawers, poprzeczka; *vt* [trə'vɜːs] przecinać w poprzek, przejeżdżać; krzyżować (*plany*); dokładnie badać
trav·es·ty ['trævəstı] *s* trawestacja; *vt* trawestować
trawl [trɔːl] *s* niewód; *vt* łowić niewodem
trawl·er ['trɔːlə] *s mors.* trawler
tray [treı] *s* taca
treach·er·ous ['tretʃərəs] *adj* zdradziecki
treach·er·y ['tretʃərı] *s* zdrada
trea·cle ['triːkl] *s* melasa, syrop
tread** [tred] *vt vi* (trod*** [trɒd], ***trodden*** ['trɒdn] *lub* ***trod*** [trɒd]) stąpać, kroczyć (***on sth*** po czymś); deptać (***on the grass*** trawę); ***~ out*** zadeptać, zgnieść; *s* chód, kroki
tread·mill ['tredmıl] *s* kierat; *przen.* monotonna praca, kierat
trea·son ['triːzn] *s* zdrada; ***high ~*** zdrada stanu
trea·son·able ['triːznəbl] *adj* zdradziecki
treas·ure ['treʒə] *s* skarb; *vt* wysoko szacować; (*zw.* ***~ up***) chować jak skarb; *fin.* tezauryzować
treas·ur·er ['treʒərə] *s* skarbnik
treas·ure trove ['treʒətrəʊv] *s prawn.* znaleziony skarb
treas·ur·y ['treʒərı] *s* skarbiec; ***the Treasury*** skarb państwa; *am.* ministerstwo skarbu
treat [triːt] *vt* traktować, uważać (***as sth*** za coś); rozpatrywać; leczyć (***sb for sth*** kogoś na coś); poddawać działaniu; fundować, częstować (***sb to sth*** kogoś czymś); gościć, przyjmować; *vi* prowadzić pertraktacje (***with sb for sth*** z kimś w sprawie czegoś); rozprawiać (***of sth*** o czymś); *s* przyjemność, rozkosz; poczęstunek

trea·tise ['tri:tɪz] *s* traktat, rozprawa naukowa

treat·ment ['tri:tmənt] *s* traktowanie, obchodzenie się; leczenie; ***under ~*** w trakcie leczenia

trea·ty ['tri:tɪ] *s* traktat, umowa

tre·ble ['trebl] *adj* potrójny; *muz.* sopranowy; *vt vi* potroić (się)

tree [tri:] *s* drzewo

tre·foil ['trefɔɪl] *s bot.* koniczyna

trel·lis ['trelɪs] *s* krata drewniana (*dla pnączy*); altanka (*z kraty*)

trem·ble ['trembl] *vi* drżeć; *s* drżenie

tre·men·dous [trɪ'mendəs] *adj* ogromny, kolosalny; *pot.* wspaniały

trem·or ['tremə] *s* drżenie; trzęsienie

trem·u·lous ['tremjʊləs] *adj* drżący

trench [trentʃ] *s* rów; *wojsk.* okop; ***~ coat*** trencz; *vi* kopać rowy; wkraczać, wdzierać się (***on sth*** w coś); graniczyć (***on sth*** z czymś); *vt* przekopywać, przecinać rowem

trend [trend] *s* skłonność, kierunek, tendencja; *vi* skłaniać się; dążyć (***towards to sth*** ku czemuś); objawiać tendencję

trep·i·da·tion [ˌtrepɪ'deɪʃn] *s* drżenie (*z obawy*)

tres·pass ['trespəs] *vi* popełnić przekroczenie, naruszyć (***on*** <***upon***> ***the law*** prawo); zgrzeszyć (***against sth*** przeciwko czemuś); wkroczyć (*na zakazany teren*); nadużyć (***on*** <***upon***> ***sth*** czegoś); *s* przekroczenie; grzech; wina

tres·pass·er ['trespəsə] *s* winny przekroczenia; winowajca; nieprawnie wkraczający na zakazany teren

tri·al ['traɪəl] *s* próba, doświadczenie; badanie; przesłuchanie; rozprawa sądowa; *sport* rozgrywka eliminacyjna; ***~ and error method*** metoda prób i błędów; ***on ~*** na próbę; ***to put to ~*** poddać próbie

tri·an·gle ['traɪæŋgl] *s* trójkąt

tri·an·gu·lar [traɪ'æŋgjʊlə] *adj* trójkątny

trib·al ['traɪbl] *adj* plemienny

tribe [traɪb] *s* plemię, szczep

trib·u·la·tion [ˌtrɪbjʊ'leɪʃn] *s* udręka, wielkie zmartwienie

tri·bu·nal [traɪ'bju:nl] *s* trybunał

trib·une ['trɪbju:n] *s* trybuna; *hist.* trybun

trib·u·tar·y ['trɪbjʊtərɪ] *adj* zobowiązany do płacenia należności (*czynszu, podatku*); pomocniczy, wspomagający; poddany; hołdowniczy; (*o rzece*) wpadający; *s* płatnik; hołdownik; dopływ (*rzeki*)

trib·ute ['trɪbju:t] *s* przyczynek; danina, podatek, należność; uznanie, hołd; ***to pay ~*** płacić daninę; wyrażać uznanie, składać hołd

trick [trɪk] *s* figiel, sztuczka, chwyt; przyzwyczajenie; ***a dirty ~*** świństwo; *uj.* nawyk; spryt; lewa (*w kartach*); ***to play a ~*** spłatać figla (***on sb*** komuś); ***to play ~s*** pokazywać sztuczki; *vt* podejść, oszukać, zwieść; *vi* figlować

trick·er·y ['trɪkərɪ] *s* nabieranie, oszustwo

trick·le ['trɪkl] *vi* kapać, sączyć się; *vt* przesączać

trick·ster ['trɪkstə] *s* oszust, naciągacz

tri·col·our ['trɪkələ] *s* trójbarwny; *s* flaga trójbarwna

tri·cy·cle ['traɪsɪkl] *s* rower na trzech kółkach

tried [traɪd] *pp zob.* ***try***; *adj* wypróbowany, wierny

tri·fle ['traɪfl] *s* drobnostka, bagatela; *vi* żartować sobie; swawolić; postępować niepoważnie; *vt* (*zw.* ***~ away***) marnować, trwonić

tri·fling ['traɪflɪŋ] *adj* mało znaczący, drobny, błahy

trig·ger ['trɪgə] *s* cyngiel, spust

T

trill [trɪl] *s* trel; *vi* wywodzić trele; *vt* wymawiać z wibracją
tril·lion ['trɪljən] *num* trylion
tril·o·gy ['trɪlədʒɪ] *s* trylogia
trim [trɪm] *adj* schludny, utrzymany w porządku, prawidłowy; *vt* czyścić, porządkować; wygładzać, wyrównywać; przycinać; przybierać; *s* stan, kondycja; porządek
trim·ming ['trɪmɪŋ] *s* uporządkowanie; wykończenie; przycięcie; (*zw. pl* **~s**) przyprawa, dodatek (*do potrawy*); obszywka; dodatkowa ozdoba
trin·i·ty ['trɪnətɪ] *s* trójca, trójka
trin·ket ['trɪŋkɪt] *s* błyskotka, ozdóbka
trip [trɪp] *s* lekki chód; (*krótka*) podróż, wycieczka, przejażdżka; ***business ~*** wyjazd służbowy; potknięcie; *vi* iść drobnym, szybkim krokiem; potknąć się; pomylić się; odbyć krótką podróż; (*także* **~ *up***) podstawić nogę
tripe [traɪp] *s* wnętrzności wołowe; flaki (*potrawa*); *pot.* bzdura; lichota; szmira
trip·le ['trɪpl] *adj* potrójny; *vt vi* potroić (się)
trip·let ['trɪplət] *s* zespół trzech jednakowych rzeczy; *pl* **~s** trojaczki
tri·pod ['traɪpɒd] *s* trójnóg; *fot.* statyw
trip·ping ['trɪpɪŋ] *adj* lekki, zwinny
trite [traɪt] *adj* oklepany, banalny
tri·umph ['traɪəmf] *s* triumf; *vi* triumfować
tri·um·phant [traɪ'ʌmfənt] *adj* triumfujący
triv·et ['trɪvɪt] *s* trójnożna podstawka metalowa
triv·i·al ['trɪvɪəl] *adj* nieważny, błahy; pospolity, banalny
trod, trod·den *zob.* ***tread***
trol·ley ['trɒlɪ] *s* drezyna; wózek (*sklepowy*); barek na kółkach; ***shopping ~*** wózek na zakupy
trol·ley·bus ['trɒlɪbʌs] *s* trolejbus
trom·bone [trɒm'bəʊn] *s muz.* puzon
troop [tru:p] *s* grupa, gromadka; oddział wojskowy; *teatr* trupa; *pl* **~s** wojsko; *vi* iść grupą, gromadzić się; ***~ing the colour*** parada wojskowa
troop·er ['tru:pə] *s* kawalerzysta; *am.* policjant konny
tro·phy ['trəʊfɪ] *s* łup wojenny, trofeum; *sport* nagroda, pamiątka honorowa
trop·ic ['trɒpɪk] *s* zwrotnik; ***~ of Cancer*** zwrotnik Raka; ***~ of Capricorn*** zwrotnik Koziorożca
trop·i·cal ['trɒpɪkl] *adj* tropikalny, podzwrotnikowy
trot [trɒt] *s* kłus; *am. pot.* bryk; *przen.* ***to keep on the ~*** popędzać, utrzymywać w ruchu; *vi* kłusować; *vt także* **~ *out*** puszczać kłusem; popisywać się (***sth*** czymś)
troth [trəʊθ] *s* wierność; słowo honoru; ***to plight one's ~*** ręczyć słowem honoru
trou·ble ['trʌbl] *s* niepokój, kłopot, troska, trud; zakłócenie; dolegliwość; ***to ask for ~*** szukać kłopotu, narażać się na kłopoty; ***to get into ~*** popaść w tarapaty; ***to take the ~ to...*** zadać sobie trud, aby...; *vt vi* niepokoić (się), dręczyć (się); przeszkadzać; fatygować (się); martwić (się); mącić
trou·ble·some ['trʌblsəm] *adj* niepokojący, kłopotliwy, uciążliwy
trough [trɒf] *s* koryto
troupe [tru:p] *s teatr* trupa
trou·sers ['traʊzəz] *s pl* spodnie
trout [traʊt] *s zool.* pstrąg
trow·el [traʊəl] *s* kielnia, łopata
tru·an·cy ['tru:ənsɪ] *s* absencja; wagary
tru·ant ['tru:ənt] *s* opuszczający pracę; uczeń na wagarach; ***to play ~*** chodzić na wagary
truce [tru:s] *s* rozejm
truck 1. [trʌk] *s* wózek ciężarowy,

wózek ręczny; lora, platforma; *am.* samochód ciężarowy; *vt* przewozić wózkiem; ładować na wózek
truck 2. [trʌk] *s* wymiana; handel wymienny; wynagrodzenie w naturze; drobne artykuły codziennego użytku; *am.* jarzyny; *vt vi* wymieniać; prowadzić handel wymienny
truc·u·lent ['trʌkjʊlənt] *adj* srogi, dziki, gwałtowny
trudge [trʌdʒ] *vi* wlec się, iść z trudem; *s* uciążliwy marsz
true [tru:] *adj* prawdziwy; wierny; rzetelny; zgodny (*np. z rzeczywistością*); ***to come ~*** sprawdzić się; spełnić się; (***it's***) ***~!, quite ~!*** słusznie!, racja!
true-blue [ˌtru:'blu:] *adj bryt.* lojalny, oddany (*komuś*)
tru·ly ['tru:lɪ] *adv* prawdziwie, wiernie; szczerze; rzeczywiście; ***yours ~*** z poważaniem (*w zakończeniach listów*)
trump [trʌmp] *s* atut; *vt* przebić atutem; ***~ up*** zmyślić, sfingować
trump·er·y ['trʌmpərɪ] *s zbior.* tandeta, bezwartościowe błyskotki; bzdury; paplanina; *adj* tandetny
trum·pet ['trʌmpɪt] *s* trąbka; trąba; dźwięk trąby; ***to blow the ~*** grać na trąbce; *przen.* ***to blow one's own ~*** chwalić się; *vt vi* trąbić
trun·cate [trʌŋ'keɪt] *vt* obciąć, okaleczyć
trun·cheon ['trʌntʃn] *s* pałka (*policjanta*); buława; *vt* bić pałką
trun·dle ['trʌndl] *s* rolka; wózek na rolkach; *vt vi* toczyć (się)
trunk [trʌŋk] *s* pień; tułów; kadłub; trąba (*słonia*); *am. mot.* bagażnik; skrzynka; (*także* ***~-line***) (telefoniczna) linia międzymiastowa; ***bathing ~s*** kąpielówki
trunk call ['trʌŋkkɔ:l] *s bryt.* (*telefoniczna*) rozmowa międzymiastowa
trunk line ['trʌŋklaɪn] *s* (*telefoniczna*) linia międzymiastowa; magistrala kolejowa
trunk road ['trʌŋkrəʊd] *s* główna droga
truss [trʌs] *s* wiązka; pęk; *med.* pas przepuklinowy; *vt vi* wiązać; pakować (się)
trust [trʌst] *s* zaufanie, wiara; trust; *vi* ufać, wierzyć (***sb*** komuś); pokładać ufność (***in sb*** w kimś); polegać (***to sb, sth*** na kimś, czymś); *vt* powierzyć (***sb with sth, sth to sb*** coś komuś)
trus·tee [ˌtrʌ'sti:] *s* powiernik; kurator; członek zarządu
trust·ful ['trʌstfl] *adj* ufny
trust·wor·thy ['trʌstˌwɜ:ðɪ] *adj* godny zaufania, pewny
trust·y ['trʌstɪ] *adj żart.* niezawodny; wierny
truth [tru:θ] *s* prawda, prawdziwość; wierność; rzetelność; ***to tell the ~*** powiedzieć prawdę
truth·ful ['tru:θfl] *adj* prawdziwy; prawdomówny
try [traɪ] *vt* próbować; doświadczać; sądzić (***sb*** kogoś, ***for sth*** za coś); badać; *vi* starać się (***for sth*** o coś); usiłować; ***~ on*** przymierzać; ***~ out*** wypróbować; *s* próba; usiłowanie; ***to have a ~*** spróbować
try·ing ['traɪɪŋ] *adj* męczący; przykry
tsar, tsarina *zob.* ***tzar, tzarina***
tub [tʌb] *s* wanna; kadź; (*także* ***wash-~***) balia
tuba ['tju:bə] *s muz.* tuba
tube [tju:b] *s* rura; dętka (*roweru, opony*); tubka; przewód; *pot.* (*w Londynie*) kolej podziemna, metro
tu·ber·cu·lar [tju:'bɜ:kjʊlə] *adj* gruźliczy
tu·ber·cu·lo·sis [tju:ˌbɜ:kjʊ'ləʊsɪs] *s* gruźlica
tuck [tʌk] *s* fałda, zakładka; *zbior. pot.* łakocie; *vt* składać w fałdy, podwijać; wtykać, chować; ~

away schować; ~ ***in*** wpychać; zbierać; owijać; ~ ***up*** podwijać, zakasywać
Tues·day ['tju:zdɪ] *s* wtorek
tuft [tʌft] *s* kiść, pęk
tug [tʌg] *vt vi* ciągnąć; holować; szarpać; wysilać się; *s* pociągnięcie; zmaganie; holownik; ***~-of-war*** (zabawa w) przeciąganie liny
tug·boat ['tʌgbəut] *s mors.* holownik
tu·i·tion [tju:'ɪʃn] *s* szkolenie, nauka; ~ ***fee*** czesne (*opłata za naukę*)
tu·lip ['tju:lɪp] *s bot.* tulipan
tum·ble ['tʌmbl] *vt vi* przewrócić (się), wywrócić (się); upaść; potoczyć się; *s* upadek; nieład
tum·bler ['tʌmblə] *s* akrobata; kuglarz; szklanka, kubek
tu·me·fy ['tju:mɪfaɪ] *vi* obrzęknąć; *vt* powodować obrzęk
tu·mid ['tju:mɪd] *adj* nabrzmiały
tu·mour ['tju:mə] *s med.* guz, tumor, nowotwór
tu·mult ['tju:mʌlt] *s* tumult, hałas; zamęt
tu·mu·lus ['tju:mjʊləs] *s* (*pl* ***tumuli*** ['tju:mjʊlaɪ]) kurhan, kopiec
tu·na ['tju:nə] *s zool.* tuńczyk
tune [tju:n] *s* ton; melodia, pieśń; harmonia; *vt vi* harmonizować; stroić; ~ ***in*** nastawić radio (***to a wave*** na daną falę); ~ ***up*** nastroić się; zacząć grać, zaintonować; ***out of*** ~ (*o instrumencie*) rozstrojony; (*o dźwięku*) fałszywy
tune·ful ['tju:nfl] *adj* melodyjny
tu·nic ['tju:nɪk] *s* tunika; bluza (*wojskowa*)
tun·ing fork ['tju:nɪŋfɔ:k] *s muz.* kamerton
tun·nel ['tʌnl] *s* tunel; przewód, rura
tun·ny ['tʌnɪ] *s* = ***tuna***
tur·ban ['tɜ:bən] *s* turban
tur·bid ['tɜ:bɪd] *adj* mętny
tur·bine ['tɜ:baɪn] *s* turbina
tur·bu·lent ['tɜ:bjʊlənt] *adj* burzliwy; buntowniczy
tu·reen [tjʊ'ri:n] *s* waza (*na zupę*)
turf [tɜ:f] *s* murawa, darń; torf; ***the*** ~ tor wyścigowy; wyścigi konne
tur·gid ['tɜ:dʒɪd] *adj* nabrzmiały; *przen.* (*o stylu*) napuszony
Turk [tɜ:k] *s* Turek
tur·key ['tɜ:kɪ] *s zool.* indyk
Turk·ish ['tɜ:kɪʃ] *adj* turecki; *s* język turecki
tur·moil ['tɜ:mɔɪl] *s* zamieszanie, wrzawa
turn [tɜ:n] *vt vi* obracać (się), przewracać (się), zwracać (się); zmieniać (się), przeistaczać (się); stawać się; tłumaczyć; nicować; ***to ~ the corner*** skręcić na rogu (*ulicy*), minąć zakręt; *przen.* przeżyć kryzys; ***to ~ loose*** wypuścić na wolność; ***to ~ a deaf ear*** puszczać mimo uszu, nie słuchać; ***to ~ one's coat*** zmienić przekonania, przejść do przeciwnej partii; ***to ~ pale*** zblednąć; ***to ~ soldier*** zostać żołnierzem, wstąpić do wojska; *przen. z przysłówkami:* ~ ***aside*** odbić (*np. cios*); odchylić się; ~ ***away*** uchylić; usunąć, wypędzić; odstąpić; ~ ***back*** odwrócić (się); powrócić; ~ ***down*** zagiąć; obalić; odrzucić; przyciszyć (*np. radio*); ~ ***in*** zawinąć, założyć do środka; wejść, wstąpić; pójść spać; ~ ***off*** wyłączyć, zakręcić (*np. kran*); odwrócić (się); odkręcić (się); usunąć (się), odsunąć (się); poniechać; ***to ~ off the light*** zgasić światło; ~ ***on*** włączyć; nakręcić; nastawić; ***to ~ on the light*** zapalić światło, zaświecić; ~ ***out*** wywrócić; wyrzucić, wypędzić; wyprodukować; wytrącić; zostać wytrąconym; wystąpić, ukazać się; okazać się; ***to ~ out well*** wyjść na dobre, dobrze się skończyć; ~ ***over*** przewracać; przekazywać; przejść na drugą stronę; przemyśleć; ~ ***round*** obrócić

T

(się); przekręcić (się); kręcić (się); *przen.* zmienić przekonania; **~ up** wywracać ku górze; podnosić (się); dziać się, stawać się; zdarzać się; odkrywać (*np. zakopany skarb*); pojawić się; zrobić głośniej; *s* obrót, zwrot, skręt; skłonność; kierunek; uzdolnienie; właściwość; kształt; kolejność, kolej; turnus; wyczyn, uczynek; cel, korzyść; *pot.* kawał; ***~ of mind*** mentalność; ***to give ~ for ~*** odpłacić pięknym za nadobne; ***to take a ~*** wyjść na przechadzkę; skręcić; ***to take a ~ of work*** popracować jakiś czas; ***it is my ~*** teraz na mnie kolej; ***does it serve your ~?*** czy to ci się na coś przyda?; ***at every ~*** przy każdej sposobności; ***in ~, by ~s*** po kolei

turn·a·bout ['tɜːnəbaʊt] *s* zwrot, obrót

turn·coat ['tɜːnkəʊt] *s* renegat, przeniewierca

turn·er ['tɜːnə] *s* tokarz

turn·ing ['tɜːnɪŋ] *s* zakręt, zwrot; ***to take a ~*** skręcić

turn·ing point ['tɜːnɪŋpɔɪnt] *s* punkt zwrotny, przesilenie

tur·nip ['tɜːnɪp] *s bot.* rzepa

turn·key ['tɜːnkiː] *s* dozorca więzienny, klucznik

turn·out ['tɜːnaʊt] *s* zgromadzenie, publiczność; mundur (*zw.* wojskowy); strajk; zaprzęg; rozjazd (kolejowy); stawienie się; ekwipunek; produkcja, wydajność

turn·o·ver ['tɜːnˌəʊvə] *s handl.* obrót; zwrot (*w stanowisku, poglądach*); kapotaż

turn·pike ['tɜːnpaɪk] *s* rogatka, szlaban; *am.* ***~ highway*** płatna autostrada

turn-up ['tɜːnʌp] *s* mankiet u spodni; *przen.* bijatyka

tur·pen·tine ['tɜːpəntaɪn] *s* terpentyna

tur·pi·tude ['tɜːpɪtjuːd] *s* nikczemność

tur·quoise ['tɜːkwɔɪz] *s* turkus

tur·ret ['tʌrət] *s* wieżyczka

tur·tle ['tɜːtl] *s zool.* żółw (*wodny, zw. morski*)

tur·tle·dove ['tɜːtldʌv] *s zool.* turkawka

tusk [tʌsk] *s* kieł (*słonia*)

tu·te·lage ['tjuːtəlɪdʒ] *s* kuratela

tu·tor ['tjuːtə] *s* korepetytor; wychowawca; tutor (*pracownik naukowy kierujący pracą studentów*)

tu·to·ri·al [tjuː'tɔːrɪəl] *s* zajęcia uniwersyteckie; *komp.* program uczący, wdrażający

tux·e·do [tʌk'siːdəʊ] *s am.* smoking

twad·dle ['twɒdl] *vi* paplać, gadać; *s* paplanie

twain [tweɪn] *num poet. dial.* dwa

twang [twæŋ] *vt vi* brzdąkać; brzęczeć; mówić przez nos; *s* brzdęk; wymowa nosowa

'twas [twəz] = ***it was***

tweed [twiːd] *s* tweed

twee·dle ['twiːdl] *vi* brzdąkać

'tween [twiːn] *praep poet.* = ***between***

tweez·ers ['twiːzəz] *s pl* szczypczyki, pincetka

twelfth [twelfθ] *adj* dwunasty

Twelfth Night [ˌtwelfθ'naɪt] *s* wigilia święta Trzech Króli

twelve [twelv] *num* dwanaście; *s* dwunastka

twelve·month ['twelvmʌnθ] *s* rok; ***this day ~*** od dziś za rok; od roku

twen·ti·eth ['twentɪəθ] *adj* dwudziesty

twen·ty ['twentɪ] *num* dwadzieścia

'twere [twɜː, twə] *poet.* = ***it were***

twice [twaɪs] *adv* dwa razy

twid·dle ['twɪdl] *vt* kręcić, przebierać (*palcami*)

twig [twɪg] *s* gałązka; różdżka; *anat.* żyłka

twi·light ['twaɪlaɪt] *s* brzask, zmierzch, półmrok

'twill [twɪl] = ***it will***
twin [twɪn] *s* bliźniak; *attr* bliźniaczy
twine [twaɪn] *s* sznur, szpagat; zwój; *vt vi* zwijać (się), splatać (się)
twinge [twɪndʒ] *vi* rwać, kłuć, silnie boleć; *s* rwanie, kłucie, silny ból; **~ *of conscience*** wyrzuty sumienia
twin·kle ['twɪŋkl] *vi* migotać; *s* migotanie; ***in the twinkling of an eye*** w okamgnieniu
twirl [twɜːl] *vt vi* wiercić (się), szybko kręcić (się); *s* wirowanie, kręcenie (się)
twist [twɪst] *s* skręt, zakręt, skręcenie; splot; zwitek; skłonność, nastawienie; (*taniec*) twist; *vt vi* kręcić (się), wić (się), wikłać (się), splatać (się); wykręcać; przekręcać; **~ *off*** odkręcić; **~ *up*** skręcić, zwinąć
twitch [twɪtʃ] *vt vi* szarpać, rwać; nerwowo drgać; wykrzywiać (się); *s* szarpnięcie; drgawka
twit·ter ['twɪtə] *vi* ćwierkać, świergotać; *s* świergot
'twixt [twɪkst] *poet.* = ***betwixt***
two [tuː] *num* dwa; *s* dwójka; ***~ and ~, by ~s, in ~s*** dwójkami, parami; ***one or ~*** parę, kilka
two·fold ['tuːfəʊld] *adj* podwójny
two-piece ['tuːpiːs] *s* zestaw dwuczęściowy (*np. kostium*); *adj attr* dwuczęściowy
ty·coon [taɪ'kuːn] *s pot.* magnat (*przemysłowy, itp.*)
ty·ing ['taɪɪŋ] *p praes od* ***tie*** *vt*
type [taɪp] *s* typ; wzór; czcionka, *zbior.* czcionki; druk; ***bold ~*** tłuste czcionki, tłusty druk; ***to be in ~*** być złożonym; ***to appear in ~*** ukazać się w druku; *vt* pisać na maszynie
type·script ['taɪpskrɪpt] *s* maszynopis
type·writ·er ['taɪpˌraɪtə] *s* maszyna do pisania
type·writ·ten ['taɪpˌrɪtn] *adj* napisany na maszynie
ty·phoid ['taɪfɔɪd] *adj med.* tyfoidalny; **~ *fever*** tyfus, dur brzuszny
ty·phoon [taɪ'fuːn] *s* tajfun
ty·phus ['taɪfəs] *s med.* tyfus plamisty
typ·i·cal ['tɪpɪkl] *adj* typowy (***of sth*** dla czegoś)
typ·i·fy ['tɪpɪfaɪ] *vt* stanowić typ, być wzorem
typ·ist ['taɪpɪst] *s* maszynistka, osoba pisząca na maszynie
ty·pog·ra·phy [taɪ'pɒgrəfɪ] *s* typografia; szata graficzna
ty·ran·ni·cal [tɪ'rænɪkl] *adj* tyrański
tyr·an·nize ['tɪrənaɪz] *vi* być tyranem; *vt* tyranizować
tyr·an·ny ['tɪrənɪ] *s* tyrania
ty·rant ['taɪrənt] *s* tyran
tyre [taɪə] *s* obręcz (*koła*); opona; *także am.* ***tire*** guma (*rowerowa*); *vt* nałożyć obręcz
tzar [zɑː] *s* car
tza·ri·na [zɑː'riːnə] *s* caryca

U

u·biq·ui·tous [juː'bɪkwɪtəs] *adj* wszędzie obecny; (*o człowieku*) wszędobylski
ud·der ['ʌdə] *s* wymię
ug·li·ness ['ʌglɪnəs] *s* brzydota
ug·ly ['ʌglɪ] *adj* brzydki; **~ *duckling*** brzydkie kaczątko
U·krain·i·an [juː'kreɪnɪən] *adj* ukraiński; *s* język ukraiński; Ukrainiec, Ukrainka

ul·cer ['ʌlsə] *s med.* wrzód
ul·cer·ate ['ʌlsəreɪt] *vt* spowodować owrzodzenie; rozjątrzyć; *vi* owrzodzieć
ul·te·ri·or [ʌl'tɪərɪə] *adj* ukryty; dalszy
ul·ti·mate ['ʌltɪmət] *adj* ostateczny; podstawowy
ul·ti·ma·tum [ˌʌltɪ'meɪtəm] *s* ultimatum
ul·tra 1. ['ʌltrə] *adj* krańcowy
ul·tra- 2. ['ʌltrə] *praef* ponad-, poza-
um·brage ['ʌmbrɪdʒ] *s* uraza; obraza; ***to take ~ at sth*** obrazić się o coś
um·brel·la [ʌm'brelə] *s* parasol, parasolka
um·pire ['ʌmpaɪə] *s* arbiter; *sport* sędzia; *vt vi* sędziować, rozstrzygać
ump·teen [ˌʌmp'tiːn] *num* kilkanaście, wiele (razy)
un- [ʌn] *praef* nie-, od-, roz-
un·a·bat·ed [ˌʌnə'beɪtɪd] *adj* nie zmniejszony, nie słabnący
un·a·ble [ʌn'eɪbl] *adj* niezdolny; ***to be ~*** nie móc
un·a·bridged [ˌʌnə'brɪdʒd] *adj* nie skrócony
un·ac·cept·a·ble [ˌʌnək'septəbl] *adj* nie do przyjęcia
un·ac·count·a·ble [ˌʌnə'kaʊntəbl] *adj* niewytłumaczalny; nieodpowiedzialny
un·af·fect·ed [ˌʌnə'fektɪd] *adj* niewymuszony, niekłamany; niewzruszony
un·al·loyed [ˌʌnə'lɔɪd] *adj* nie zmieszany, czysty; bez domieszki
un·al·ter·a·ble [ʌn'ɔːltərəbl] *adj* niezmienny
u·na·nim·i·ty [ˌjuːnə'nɪmətɪ] *s* jednomyślność
u·nan·i·mous [juː'nænɪməs] *adj* jednomyślny
un·an·swer·a·ble [ʌn'ɑːnsrəbl] *adj* wykluczający odpowiedź; bezsporny
un·ap·peas·a·ble [ˌʌnə'piːzəbl] *adj* nienasycony; nie zaspokojony; nieubłagany
un·ap·proach·a·ble [ˌʌnə'prəʊtʃəbl] *adj* niedostępny; niedościgniony
un·as·sail·a·ble [ˌʌnə'seɪləbl] *adj* nie do zdobycia; nienaruszalny; bezsporny
un·as·sum·ing [ˌʌnə'sjuːmɪŋ] *adj* bezpretensjonalny, skromny
un·at·tain·a·ble [ˌʌnə'teɪnəbl] *adj* nieosiągalny
un·a·vail·ing [ˌʌnə'veɪlɪŋ] *adj* bezużyteczny; bezskuteczny
un·a·void·a·ble [ˌʌnə'vɔɪdəbl] *adj* nieunikniony
un·a·ware [ˌʌnə'weə] *adj* nieświadomy, nie wiedzący (***of sth*** o czymś)
un·a·wares [ˌʌnə'weəz] *adv* nieświadomie; niespodziewanie
un·bal·ance [ˌʌn'bæləns] *vt* wytrącić z równowagi; *s* brak równowagi
un·bar [ˌʌn'bɑː] *vt* odryglować, otworzyć
un·bear·a·ble [ʌn'beərəbl] *adj* nieznośny, nie do wytrzymania
un·be·com·ing [ˌʌnbɪ'kʌmɪŋ] *adj* nie na miejscu, nielicujący, niestosowny; ***it is ~ of you to...*** nie wypada ci...
un·be·liev·a·ble [ˌʌnbɪ'liːvəbl] *adj* niewiarygodny, nie do wiary
un·be·liev·er [ˌʌnbɪ'liːvə] *s* człowiek niewierzący, ateista
un·bend** [ˌʌn'bend] (*formy zob.* ***bend) *vt vi* odgiąć (się), odprężyć (się); wyprostować (się)
un·bend·ing [ˌʌn'bendɪŋ] *adj* nieugięty
un·bent *zob.* ***unbend***
un·bi·assed [ˌʌn'baɪəst] *adj* bezstronny, nieuprzedzony
un·bid·den [ˌʌn'bɪdn] *adj* nieproszony; spontaniczny
un·bind** [ˌʌn'baɪnd] (*formy zob.* ***bind) *vt* rozwiązać, odwiązać; zwolnić (*z więzów*), rozkuć

un·blem·ished [ʌn'blemɪʃt] *adj* nieskazitelny
un·born [ˌʌn'bɔːn] *adj* nie urodzony; (*o pokoleniu*) przyszły
un·bos·om [ˌʌn'bʊzəm] *vt vi* wywnętrzyć (się), wynurzyć (się)
un·bound [ˌʌn'baʊnd] *pp zob.* ***unbind***; *adj* (*o książce*) nie oprawiony
un·bound·ed [ʌn'baʊndɪd] *adj* nieograniczony, bezgraniczny
un·bred [ʌn'bred] *adj* bez wychowania
un·bri·dled [ʌn'braɪdld] *adj* nieokiełznany; wyuzdany, rozwydrzony
un·bro·ken [ʌn'brəʊkən] *adj* nie złamany, niezłomny; nieprzerwany
un·bur·den [ˌʌn'bɜːdn] *vt* zdjąć ciężar (***sb, sth*** z kogoś, czegoś); odciążyć
un·but·ton [ˌʌn'bʌtn] *vt* rozpiąć
un·called [ʌn'kɔːld] *adj* nie wołany; **~ *for*** niepożądany; nie na miejscu; nie sprowokowany; bezpodstawny
un·can·ny [ʌn'kænɪ] *adj* niesamowity
un·cer·tain [ʌn'sɜːtn] *adj* niepewny, wątpliwy
un·chain [ˌʌn'tʃeɪn] *vt* uwolnić z więzów, rozkuć, rozpętać; spuścić z łańcucha
un·chart·ed [ˌʌn'tʃɑːtɪd] *adj* nie oznaczony na mapie; nie zbadany
un·checked [ˌʌn'tʃekt] *adj* niepowstrzymany, nieposkromiony; nie kontrolowany
un·civ·il [ʌn'sɪvl] *adj* nieuprzejmy; niekulturalny
un·claimed [ʌn'kleɪmd] *adj* nie żądany; nie poszukiwany; (*o przedmiocie itp.*) do którego nikt nie rości pretensji
un·clasp [ˌʌn'klɑːsp] *vt* rozewrzeć; uwolnić z uścisku; otworzyć (*np. scyzoryk*)
un·cle ['ʌŋkl] *s* wuj; stryj
un·close [ˌʌn'kləʊz] *vt vi* otworzyć (się); ujawnić (*tajemnicę itp.*)
un·cloud [ʌn'klaʊd] *vt* rozproszyć chmury; *przen.* rozchmurzyć (*twarz*)
un·cocked [ʌn'kɒkt] *adj* (*o strzelbie*) ze spuszczonym kurkiem
un·coil [ˌʌn'kɔɪl] *vt vi* odwinąć (się), rozwinąć (się)
un·com·fort·a·ble [ʌn'kʌmftəbl] *adj* niewygodny, nieprzytulny; nieprzyjemny; czujący się niedobrze
un·com·mit·ted [ˌʌnkə'mɪtɪd] *adj* niezaangażowany
un·com·mon [ʌn'kɒmən] *adj* niezwykły
un·com·pro·mis·ing [ʌn'kɒmprəmaɪzɪŋ] *adj* bezkompromisowy
un·con·cern [ˌʌnkən'sɜːn] *s* obojętność, beztroska
un·con·cerned [ˌʌnkən'sɜːnd] *adj* obojętny, beztroski, nie zainteresowany
un·con·di·tion·al [ˌʌnkən'dɪʃnəl] *adj* bezwarunkowy
un·con·quer·a·ble [ʌn'kɒŋkərəbl] *adj* niepokonany
un·con·scious [ʌn'kɒnʃəs] *adj* nieświadomy; nieprzytomny
un·con·sid·ered [ˌʌnkən'sɪdəd] *adj* nierozważny; niedostrzeżony
un·con·trol·la·ble [ˌʌnkən'trəʊləbl] *adj* nie do opanowania, niepohamowany
un·cork [ˌʌn'kɔːk] *vt* odkorkować
un·count·a·ble [ˌʌn'kaʊntəbl] *adj* niezliczony, nie dający się policzyć; *gram.* niepoliczalny
un·coup·le [ˌʌn'kʌpl] *vt* rozłączyć, odpiąć; spuścić ze smyczy (*psa*)
un·couth [ʌn'kuːθ] *adj* nieokrzesany; niezgrabny; dziwny
un·cov·er [ʌn'kʌvə] *vt vi* odsłonić (się), odkryć (się); zdjąć (*pokrywę, kapelusz*)
unc·tion ['ʌŋkʃn] *s rel.* namaszczenie; balsam, ukojenie

unc·tu·ous ['ʌŋktjʊəs] *adj* fałszywy, obłudny; napuszony
un·daunt·ed [ʌn'dɔːntɪd] *adj* nieustraszony
un·de·ceive [ˌʌndɪ'siːv] *vt* wyprowadzić z błędu
un·de·cid·ed [ˌʌndɪ'saɪdɪd] *adj* niezdecydowany
un·de·liv·ered [ˌʌndɪ'lɪvəd] *adj* nie uwolniony; nie dostarczony, nie doręczony
un·de·mon·stra·tive [ˌʌndɪ'mɒnstrətɪv] *adj* pełen rezerwy, opanowany
un·de·ni·a·ble [ˌʌndɪ'naɪəbl] *adj* niezaprzeczalny
un·der 1. ['ʌndə] *praep* pod, poniżej; według (*np. umowy*); w trakcie (*np. naprawy*); *adv* poniżej, u dołu; *adj* poniższy, dolny
un·der- 2. ['ʌndə] *praef* pod-
un·der·brush ['ʌndəbrʌʃ] *s* zarośla; podszycie (*lasu*)
un·der·car·riage ['ʌndəˌkærɪdʒ] *s* podwozie (*np. samochodu*)
un·der·clothes ['ʌndəkləʊðz] *s pl*, **un·der·cloth·ing** ['ʌndəˌkləʊðɪŋ] *s* bielizna
un·der·cov·er [ˌʌndə'kʌvə] *adj* tajny, skryty, niejawny
un·der·cur·rent ['ʌndəˌkʌrənt] *s* prąd podwodny; *przen.* nurt
un·der·de·vel·oped [ˌʌndədɪ'veləpt] *adj* niedostatecznie rozwinięty; gospodarczo zacofany
un·der·done [ˌʌndə'dʌn] *adj* (*o mięsie*) nie dosmażony
un·der·es·ti·mate [ˌʌndər'estɪmeɪt] *vt* nie doceniać
un·der·fed [ˌʌndə'fed] *adj* niedożywiony
un·der·foot [ˌʌndə'fʊt] *adv* pod nogami, u dołu
un·der·go** [ˌʌndə'gəʊ] (*formy zob.* ***go) *vt* poddać się, doświadczyć, doznać; być poddanym próbie; przechodzić; (*o egzaminie*) składać
un·der·grad·u·ate [ˌʌndə'grædʒʊət] *s* student
un·der·ground [ˌʌndə'graʊnd] *adv* pod ziemią; ***the ~ movement*** podziemny ruch oporu; *s* ['ʌndəgraʊnd] podziemie; kolej podziemna; metro; *adj* podziemny
un·der·growth ['ʌndəgrəʊθ] *s* niepełny wzrost, niedorozwój; podszycie (*lasu*)
un·der·hand [ˌʌndə'hænd] *adj* potajemny, skryty, zakulisowy, podstępny; *adv* potajemnie, skrycie
un·der·laid *zob.* ***underlay 2.***
un·der·lain *zob.* ***underlie***
un·der·lay 1. *zob.* ***underlie***
un·der·lay 2.** [ˌʌndə'leɪ] (*formy zob.* ***lay 1.) *vt* podkładać
un·der·lie** [ˌʌndə'laɪ] (*formy zob.* ***lie 1.) *vt* leżeć (***sth*** pod czymś); leżeć u podstaw (***sth*** czegoś); znajdować się poniżej (***sth*** czegoś)
un·der·line [ˌʌndə'laɪn] *vt* podkreślać; *s* ['ʌndəlaɪn] podkreślenie; podpis
un·der·ly·ing *p praes od* ***underlie***; *adj* podstawowy; ukryty
un·der·mine [ˌʌndə'maɪn] *vt* podkopać (*fundament, zaufanie itd.*)
un·der·most ['ʌndəməʊst] *adj* najniższy, znajdujący się u samego dołu
un·der·neath [ˌʌndə'niːθ] *praep* pod; *adv* poniżej, u dołu
un·der·paid *zob.* ***underpay***
un·der·pay** [ˌʌndə'peɪ] (*formy zob.* ***pay) *vt* niedostatecznie opłacać, źle wynagradzać
un·der·plot ['ʌndəplɒt] *s lit.* wątek uboczny
un·der·rate [ˌʌndə'reɪt] *vt* nie doceniać
un·der·score [ˌʌndə'skɔː] *vt* podkreślać
un·der·sec·re·tar·y [ˌʌndə'sekrətrɪ] *s* podsekretarz (stanu), wiceminister
***un·der·sell** [ˌʌndə'sel] (*formy*

zob. ***sell***) *vt* sprzedawać poniżej ceny
un·der·sign [ˌʌndə'saɪn] *vt* podpisać
un·der·sized [ˌʌndə'saɪzd] *adj* wzrostu poniżej normy, drobny
un·der·sold *zob.* ***undersell***
un·der·stand** [ˌʌndə'stænd] *vt vi* (understood, understood*** [ˌʌndə'stʊd]) rozumieć; słyszeć, dowiadywać się; znać się (***sth*** na czymś); ***to make oneself understood*** porozumieć się; ***it is understood*** zakłada się; rozumie się samo przez się
un·der·stand·ing [ˌʌndə'stændɪŋ] *s* rozum; rozumienie; porozumienie; założenie; wyrozumiałość; *adj* rozumny; wyrozumiały
un·der·state·ment [ˌʌndə'steɪtmənt] *s* niedomówienie
un·der·stood *zob.* ***understand***
un·der·stud·y ['ʌndəˌstʌdɪ] *s* *teatr* aktor dublujący rolę
un·der·take** [ˌʌndə'teɪk] *vt vi* (undertook*** [ˌʌndə'tʊk], ***undertaken*** [ˌʌndə'teɪkən]) brać na siebie, zobowiązywać się, podejmować się
un·der·tak·er ['ʌndəteɪkə] *s* właściciel zakładu pogrzebowego
un·der·tak·ing [ˌʌndə'teɪkɪŋ] *s* przedsięwzięcie; przedsiębiorstwo; zobowiązanie
un·der·tone ['ʌndətəʊn] *s* przytłumiony ton, półgłos
un·der·took *zob.* ***undertake***
un·der·val·ue [ˌʌndə'vælju:] *vt* nie doceniać, nisko cenić
un·der·wear ['ʌndəweə] *s* bielizna
un·der·went *zob.* ***undergo***
un·der·world ['ʌndəwɜ:ld] *s* świat zmarłych, zaświaty; podziemie (*przestępcze*)
U
un·der·write** [ˌʌndə'raɪt] (*formy zob.* ***write) *vt* podpisywać; podpisywać polisę, ubezpieczać
un·der·writ·er ['ʌndəraɪtə] *s* agent ubezpieczeniowy
un·der·writ·ten *zob.* ***underwrite***
un·der·wrote *zob.* ***underwrite***
un·de·sir·a·ble [ˌʌndɪ'zaɪərəbl] *adj* niepożądany; *s* człowiek niepożądany
un·did *zob.* ***undo***
un·dig·ni·fied [ʌn'dɪgnɪfaɪd] *adj* niegodny; bez godności
un·di·vid·ed [ˌʌndɪ'vaɪdɪd] *adj* niepodzielny, całkowity
un·do** [ʌn'du:] (*formy zob.* ***do) *vt* rozewrzeć, otworzyć; rozpuścić; rozpiąć; zniweczyć; skasować
un·doubt·ed [ʌn'daʊtɪd] *adj* niewątpliwy
un·dreamed [ʌn'dri:md], **undreamt** [ʌn'dremt] *adj* (*zw.* ***~-of***) niesłychany, nieprawdopodobny, nie do pomyślenia
un·dress [ʌn'dres] *vt vi* rozbierać (się); zdejmować opatrunek; *s żart.* negliż
un·due [ˌʌn'dju:] *adj* nie należący; niesłuszny; niewłaściwy; nadmierny
un·du·late ['ʌndjʊleɪt] *vi* falować; być falistym; *vt* powodować falowanie, nadawać wygląd falisty
un·du·la·tion [ˌʌndjʊ'leɪʃn] *s* falowanie
un·dy·ing [ʌn'daɪɪŋ] *adj* nieśmiertelny
un·earth [ʌn'ɜ:θ] *vt* odkopać, odgrzebać; wydobyć na światło dzienne
un·earth·ly [ʌn'ɜ:θlɪ] *adj* nieziemski; niesamowity
un·eas·y [ʌn'i:zɪ] *adj* niewygodny; przykry; niespokojny; nieswój
un·em·ployed [ˌʌnɪm'plɔɪd] *adj* bezrobotny; nie wykorzystany
un·em·ploy·ment [ˌʌnɪm'plɔɪmənt] *s* bezrobocie
un·end·ing [ʌn'endɪŋ] *adj* nie kończący się, wieczny
un·e·qual [ʌn'i:kwəl] *adj* nierówny; niewyrównany

un·e·quiv·o·cal [ˌʌnɪˈkwɪvəkl] *adj* niedwuznaczny
un·err·ing [ʌnˈɜːrɪŋ] *adj* nieomylny
un·es·sen·tial [ˌʌnɪˈsenʃl] *adj* nieistotny
un·e·ven [ʌnˈiːvn] *adj* nierówny; nieparzysty
un·ex·am·pled [ˌʌnɪgˈzɑːmpld] *adj* bezprzykładny
un·ex·cep·tion·a·ble [ˌʌnɪkˈsepʃnəbl] *adj* nienaganny, bez zarzutu
un·fail·ing [ʌnˈfeɪlɪŋ] *adj* niezawodny
un·fair [ˌʌnˈfeə] *adj* nieuczciwy; niesprawiedliwy; (*o grze*) nieprzepisowy
un·faith·ful [ʌnˈfeɪθfl] *adj* niewierny (***to sb*** komuś)
un·fa·mil·i·ar [ˌʌnfəˈmɪlɪə] *adj* nie zaznajomiony, nie przyzwyczajony; obcy, nieznany
un·fashion·able [ʌnˈfæʃnəbl] *adj* niemodny
un·fas·ten [ʌnˈfɑːsn] *vt* rozluźnić; rozpiąć, otworzyć
un·fath·omed [ʌnˈfæðəmd] *adj* niezgłębiony, niezbadany
un·fa·vour·a·ble [ʌnˈfeɪvrəbl] *adj* nieprzychylny, niepomyślny
un·feas·i·ble [ʌnˈfiːzəbl] *adj* niewykonalny
un·feel·ing [ʌnˈfiːlɪŋ] *adj* nieczuły, bez serca
un·fet·ter [ˌʌnˈfetə] *vt* uwolnić z więzów, rozpętać
un·fit [ʌnˈfɪt] *adj* nieodpowiedni, nie nadający się; niezdolny (***for sth*** do czegoś)
un·flap·pa·ble [ʌnˈflæpəbl] *adj pot.* niewzruszony; nieporuszony, stoicki
un·flinch·ing [ʌnˈflɪntʃɪŋ] *adj* niezachwiany
un·fold [ʌnˈfəʊld] *vt* rozwijać, rozchylać, odsłaniać; ujawniać
un·for·get·ta·ble [ˌʌnfəˈgetəbl] *adj* niezapomniany
un·for·giv·able [ˌʌnfəˈgɪvəbl] *adj* niewybaczalny
un·for·tu·nate [ʌnˈfɔːtʃnət] *adj* niefortunny, nieszczęśliwy
un·found·ed [ʌnˈfaʊndɪd] *adj* bezpodstawny
un·fre·quent·ed [ˌʌnfrɪˈkwentɪd] *adj* nie odwiedzany, samotny
un·fruit·ful [ʌnˈfruːtfl] *adj* bezpłodny, daremny; bezowocny
un·furl [ˌʌnˈfɜːl] *vt* rozwijać, rozpościerać
un·gain·ly [ʌnˈgeɪnlɪ] *adj* niezgrabny
un·gov·ern·a·ble [ʌnˈgʌvnəbl] *adj* niesforny, nie do opanowania
un·grate·ful [ʌnˈgreɪtfl] *adj* niewdzięczny
un·grudg·ing [ʌnˈgrʌdʒɪŋ] *adj* hojny, szczodry
un·guard·ed [ʌnˈgɑːdɪd] *adj* nie strzeżony; niebaczny; nierozważny
un·hand·y [ʌnˈhændɪ] *adj* niezgrabny; nieporęczny; niezdarny
un·hap·py [ʌnˈhæpɪ] *adj* nieszczęśliwy; niepomyślny, nieudany
un·harmed [ʌnˈhɑːmd] *adj* nie uszkodzony, nietknięty, bez szwanku
un·health·y [ʌnˈhelθɪ] *adj* niezdrowy
un·heard [ʌnˈhɜːd] *adj* nie słyszany; **~ *of*** niesłychany, niebywały
un·heed·ing [ʌnˈhiːdɪŋ] *adj* nieuważny, niebaczny (***of sth*** na coś)
un·hes·i·tat·ing [ʌnˈhezɪteɪtɪŋ] *adj* nie wahający się, stanowczy
un·hinge [ʌnˈhɪndʒ] *vt* wysadzić z zawiasów, wyważyć; wytrącić z równowagi
uni- [ˈjuːnɪ] *praef* jedno-
u·ni·cel·lu·lar [ˌjuːnɪˈseljʊlə] *adj biol.* jednokomórkowy
u·ni·corn [ˈjuːnɪkɔːn] *s* (*mityczny*) jednorożec
u·ni·form [ˈjuːnɪfɔːm] *adj* jednolity; *s* mundur
u·ni·form·i·ty [ˌjuːnɪˈfɔːmətɪ] *s* jednolitość

u·ni·fy ['ju:nɪfaɪ] *vt* jednoczyć, ujednolicać
u·ni·lat·er·al [ˌju:nɪ'lætrəl] *adj* jednostronny
un·im·por·tant [ˌʌnɪm'pɔ:tnt] *adj* mało ważny
un·in·vit·ing [ˌʌnɪn'vaɪtɪŋ] *adj* nie zachęcający, nie ujmujący
un·ion ['ju:njən] *s* unia, związek, zjednoczenie; ***the Union Jack*** narodowa flaga brytyjska; ***trade ~*** związek zawodowy
un·ion·ist ['ju:njənɪst] *s* członek związku zawodowego
u·nique [ju:'ni:k] *adj* jedyny (w swoim rodzaju); *s* unikat
u·ni·sex ['ju:nɪseks] *adj* uniseks, dla obojga płci (*o modzie, itd.*)
u·ni·son ['ju:nɪsn] *s* zgodne brzmienie, zgoda
u·nit ['ju:nɪt] *s* jednostka; *techn.* zespół
u·nite [ju:'naɪt] *vt vi* jednoczyć (się), łączyć (się)
u·ni·ty ['ju:nətɪ] *s* jedność
u·ni·ver·sal [ˌju:nɪ'vɜ:sl] *adj* uniwersalny, powszechny
u·ni·verse ['ju:nɪvɜ:s] *s* wszechświat
u·ni·ver·si·ty [ˌju:nɪ'vɜ:sətɪ] *s* uniwersytet
un·just [ˌʌn'dʒʌst] *adj* niesprawiedliwy, niesłuszny
un·jus·ti·fi·a·ble [ʌn'dʒʌstɪfaɪəbl] *adj* nieuzasadniony
un·kempt [ˌʌn'kempt] *adj* nieuczesany; zaniedbany, niechlujny
un·kind [ˌʌn'kaɪnd] *adj* nieuprzejmy; nieżyczliwy
un·lace [ˌʌn'leɪs] *vt* rozsznurować
un·learn** [ˌʌn'lɜ:n] (*formy zob.* ***learn) *vt* oduczyć się
un·leash [ʌn'li:ʃ] *vt* spuścić (*psa*) ze smyczy; *przen.* rozpętać
un·less [ən'les] *conj* jeśli nie, chyba, że
un·let·tered [ˌʌn'letəd] *adj* niewykształcony; analfabeta
un·like [ˌʌn'laɪk] *adj* niepodobny; *praep* niepodobnie, nie tak, jak
un·like·ly [ʌn'laɪklɪ] *adj* nieprawdopodobny; ***he is ~ to come*** on prawdopodobnie nie przyjdzie
un·load [ʌn'ləʊd] *vt* rozładować, wyładować
un·lock [ʌn'lɒk] *vt* otworzyć (*zamek*)
un·loose [ʌn'lu:s], **un·loos·en** [ʌn'lu:sn] *vt* rozluźnić (się), rozwiązać (się)
un·luck·y [ʌn'lʌkɪ] *adj* nieszczęśliwy, niefortunny
un·mask [ˌʌn'mɑ:sk] *vt* demaskować
un·matched [ʌn'mætʃt] *adj* niezrównany
un·meant [ˌʌn'ment] *adj* mimowolny, nie zamierzony
un·mis·tak·a·ble [ˌʌnmɪ'steɪkəbl] *adj* niewątpliwy, oczywisty
un·moved [ʌn'mu:vd] *adj* niewzruszony
un·named [ˌʌn'neɪmd] *adj* nie nazwany, bezimienny
un·nat·u·ral [ʌn'nætʃrəl] *adj* nienaturalny
un·nec·es·sary [ʌn'nesəsrɪ] *adj* niepotrzebny, zbyteczny
un·nerve [ˌʌn'nɜ:v] *vt* zniechęcić, odebrać odwagę
un·no·ticed [ʌn'nəʊtɪst] *adj* nie zauważony; zlekceważony
un·ob·jec·tion·a·ble [ˌʌnəb'dʒekʃnəbl] *adj* nienaganny, bez zarzutu
un·of·fend·ing [ˌʌnə'fendɪŋ] *adj* nieszkodliwy, niewinny
un·pack [ˌʌn'pæk] *vt vi* rozpakować (się)
un·paid [ˌʌn'peɪd] *adj* nie zapłacony; nieodpłatny
un·pal·at·a·ble [ʌn'pælətəbl] *adj* niesmaczny; nieprzyjemny
un·par·al·leled [ʌn'pærəleld] *adj* niezrównany; bezprzykładny
un·par·don·a·ble [ʌn'pɑ:dnəbl] *adj* niewybaczalny
un·pleas·ant [ʌn'pleznt] *adj* nieprzyjemny
un·prec·e·dent·ed [ʌn'presɪ-

dentɪd] *adj* bez precedensu
un·prej·u·diced [ʌn'predʒədɪst] *adj* nieuprzedzony, bezstronny
un·pre·ten·tious [ˌʌnprɪ'tenʃəs] *adj* bezpretensjonalny
un·pro·duc·tive [ˌʌnprə'dʌktɪv] *adj* nieproduktywny
un·prof·it·a·ble [ʌn'prɒfɪtəbl] *adj* niekorzystny
un·qual·i·fied [ʌn'kwɒlɪfaɪd] *adj* nie mający kwalifikacji; bezwzględny; nieograniczony
un·ques·tion·a·ble [ʌn'kwestʃənəbl] *adj* nie ulegający wątpliwości, bezsporny
un·quote [ˌʌn'kwəʊt] *vt* skończyć cytat
un·rav·el [ʌn'rævl] *vt vi* rozpleść; rozpruć (się); rozplątać (się)
un·read [ˌʌn'red] *adj* nie przeczytany; nieoczytany, niewykształcony
un·rea·son·a·ble [ʌn'riːznəbl] *adj* nierozsądny; niedorzeczny; (*o cenie*) wygórowany, nadmierny
un·re·mit·ting [ˌʌnrɪ'mɪtɪŋ] *adj* nie słabnący; nieustanny
un·re·served [ˌʌnrɪ'zɜːvd] *adj* nie zastrzeżony; nieograniczony; bezwzględny; otwarty, szczery
un·rest [ʌn'rest] *s* niepokój; wzburzenie
un·rid·dle [ʌn'rɪdl] *vt* rozwiązać zagadkę, wyjaśnić
un·ri·valled [ʌn'raɪvld] *adj* niezrównany, bezkonkurencyjny
un·roll [ʌn'rəʊl] *vt vi* rozwinąć (się), odsłonić (się)
un·ru·ly [ʌn'ruːlɪ] *adj* niesforny
un·safe [ʌn'seɪf] *adj* niebezpieczny, niepewny
un·said [ʌn'sed] *adj* nie powiedziany
un·scru·pu·lous [ʌn'skruːpjʊləs] *adj* nie mający skrupułów, bez skrupułów
un·seal [ˌʌn'siːl] *vt* odpieczętować
un·sea·son·a·ble [ʌn'siːznəbl] *adj* nie będący na czasie, niewczesny; niestosowny
un·seem·ly [ʌn'siːmlɪ] *adj* niestosowny, nieprzyzwoity
un·seen [ˌʌn'siːn] *adj* nie widziany; nie oglądany; *s* tłumaczenie tekstu (*bez przygotowania*)
un·set·tle [ʌn'setl] *vt* zdezorganizować, zakłócić, zachwiać
un·set·tled [ˌʌn'setld] *adj* zakłócony; niespokojny; niepewny; bezdomny; nie załatwiony
un·shak·en [ʌn'ʃeɪkn] *adj* niewzruszony
un·sight·ly [ʌn'saɪtlɪ] *adj* brzydki
un·skilled [ˌʌn'skɪld] *adj* nie mający wprawy; niewykwalifikowany (*robotnik*)
un·so·phis·ti·cat·ed [ˌʌnsə'fɪstɪkeɪtɪd] *adj* naturalny, prostolinijny, szczery; nieskomplikowany, prosty
un·sound [ˌʌn'saʊnd] *adj* niezdrowy; zepsuty; wadliwy; niepewny
un·spar·ing [ʌn'speərɪŋ] *adj* nie szczędzący; bezlitosny (***of sb*** dla kogoś)
un·speak·a·ble [ʌn'spiːkəbl] *adj* niewypowiedziany
un·stead·y [ʌn'stedɪ] *adj* nietrwały, chwiejny, niepewny
un·stick** [ˌʌn'stɪk] (*formy zob.* ***stick) *vt* odkleić, rozkleić
un·stitch [ˌʌn'stɪtʃ] *vt* rozpruć
un·stuck *zob.* ***unstick***
un·suc·cess·ful [ˌʌnsək'sesfl] *adj* nie mający powodzenia; nieudany, niepomyślny
un·suit·a·ble [ʌn'suːtəbl] *adj* nieodpowiedni, nie nadający się
un·sur·passed [ˌʌnsə'pɑːst] *adj* nieprześcigniony
un·ten·a·ble [ʌn'tenəbl] *adj* (*o teorii, pozycji itp.*) nie do utrzymania
un·think·a·ble [ʌn'θɪŋkəbl] *adj* nie do pomyślenia
un·thought [ʌn'θɔːt] *adj* nie pomyślany; ***~ of*** przechodzący wszelkie wyobrażenie, nieoczekiwany, nieprzewidziany

un·ti·dy [ʌn'taɪdɪ] *adj* nieporządny; niechlujny
un·tie [ˌʌn'taɪ] *vt vi* rozwiązać (się), odwiązać (się)
un·til [ən'tɪl] = ***till***
un·time·ly [ʌn'taɪmlɪ] *adj* nie na czasie, nie w porę, niewczesny; przedwczesny
un·tir·ing [ʌn'taɪərɪŋ] *adj* niezmordowany
un·to ['ʌntʊ] *praep* = ***to***
un·told [ˌʌn'təʊld] *adj* niewypowiedziany, niesłychany; niepoliczony
un·to·ward [ˌʌntə'wɔːd] *adj* niepomyślny, niefortunny; niewczesny, niestosowny; oporny
un·true [ʌn'truː] *adj* niezgodny z prawdą
un·truth [ʌn'truːθ] *s* nieprawda
un·truth·ful [ʌn'truːθfl] *adj* nieprawdziwy, kłamliwy
un·u·su·al [ʌn'juːʒʊəl] *adj* niezwykły
un·ut·ter·a·ble [ʌn'ʌtərəbl] *adj* niewypowiedziany; nie do wymówienia
un·veil [ˌʌn'veɪl] *vt* odsłonić; wyjawić (*np. tajemnicę*)
un·voiced [ˌʌn'vɔɪst] *adj* nie wypowiedziany; *gram.* bezdźwięczny
un·wel·come [ʌn'welkəm] *adj* niepożądany, niemile widziany
un·well [ʌn'wel] *adj praed* niezdrowy
un·wield·y [ʌn'wiːldɪ] *adj* nieporadny; nieporęczny
un·will·ing [ʌn'wɪlɪŋ] *adj* niechętny
un·wise [ˌʌn'waɪz] *adj* niemądry
un·wit·ting [ʌn'wɪtɪŋ] *adj* nieświadomy (***of sth*** czegoś)
un·wom·an·ly [ʌn'wʊmənlɪ] *adj* niekobiecy
un·wont·ed [ʌn'wəʊntɪd] *adj* nieprzywykły; niezwykły
un·world·ly [ʌn'wɜːldlɪ] *adj* nie z tego świata, nieziemski
un·wor·thy [ʌn'wɜːðɪ] *adj* niegodny, niewart
un·wrap [ˌʌn'ræp] *vt* rozwinąć, rozpakować
un·yield·ing [ʌn'jiːldɪŋ] *adj* nieustępliwy
up [ʌp] *adv* w górze, w górę; do góry; w pozycji stojącej; ***up and down*** w górę i w dół; ze zmiennym szczęściem; ***up there*** tam, w górze; ***up to*** aż do, do samego (*szczytu itp.*), po (*np. kolana*); do (*czasów, okresu itp.*); ***up to date*** na czasie, w modzie; ***it's up to you*** to zależy od ciebie; ***this side up*** tą stroną do góry; ***up with sth*** na równi z czymś, na równym poziomie z czymś; ***to be up*** być na nogach; być w stanie wzburzenia; ***to be up against sth*** mieć trudności z czymś; ***to be up for sth*** sprostać czemuś; zajmować się czymś; być skłonnym do czegoś; ***to be up for an examination*** zdawać egzamin; ***there is sth up*** coś się dzieje; ***what's up?*** co się dzieje?; ***what are you up to?*** do czego zmierzasz?; ***the road is up*** droga zamknięta; roboty drogowe; ***up*** (***with you***)***!*** wstawaj!; ***up with...!*** niech żyje ...!; *po niektórych czasownikach oznacza zakończenie czynności, np.*: ***to burn up*** spalić doszczętnie; ***to eat up*** zjeść; ***our time is up*** nasz czas upłynął; *praep* w górę (*po czymś*) ***up the stairs*** w górę po schodach; ***up the river*** w górę rzeki; ***up the stream*** przeciw prądowi; *adj* idący w górę; ***up train*** pociąg w kierunku stolicy; *s pl* ***ups and downs*** wzniesienia i spadki, góry i doliny; *przen.* wzloty i upadki, powodzenia i klęski; ***up yours!*** *wulg.* pocałuj mnie w dupę!
up·braid [ʌp'breɪd] *vt* ganić, robić wyrzuty
up·bring·ing ['ʌpˌbrɪŋɪŋ] *s* wychowanie
up·date [ˌʌp'deɪt] *vt* uaktualnić; uzupełnić; dostarczyć (*komuś*)

U

najnowszych danych; *s* ['ʌpdeɪt] uzupełnienie, uaktualnienie
up·front [ˌʌp'frʌnt] *adj* otwarty, szczery, bezpośredni
up·heav·al [ʌp'hiːvl] *s* wstrząs; *polit.* przewrót
up·held *zob.* ***uphold***
up·hill [ˌʌp'hɪl] *adv* w górę; *adj* ['ʌphɪl] prowadzący w górę, stromy; *przen.* żmudny
up·hold** [ʌp'həʊld] (*formy zob.* ***hold) *vt* podtrzymywać; popierać
up·hol·ster [ʌp'həʊlstə] *vt* wyściełać (*meble*), tapetować (*pokój*), zdobić (*np. firankami*)
up·hol·ster·er [ʌp'həʊlstərə] *s* tapicer
up·hol·ster·y [ʌp'həʊlstərɪ] *s* tapicerstwo
up·keep ['ʌpkiːp] *s* utrzymanie, koszty utrzymania
up·land ['ʌplənd] *s* wyżyna; okolice górskie; ***the ~s*** okolice górskie; podhale
up·lift [ʌp'lɪft] *vt* podnieść; *s* ['ʌplɪft] wzniesienie, podniesienie
up·on [ə'pɒn] = ***on***
up·per ['ʌpə] *adj* górny, wyższy; ***~ hand*** przewaga (***of sb*** nad kimś)
up·per·most ['ʌpəməʊst] *adj* najwyższy, górujący; *adv* na (samej) górze, na górę
up·raised [ʌp'reɪzd] *adj* wzniesiony, uniesiony
up·right ['ʌpraɪt] *adj praed* prosty, wyprostowany, pionowy; *przen.* prostolinijny, rzetelny; ***~ piano*** pianino; *s* pion; *adv* prosto, pionowo
up·rise** [ʌp'raɪz] (*formy zob.* ***rise) *vt* powstać, podnieść się; *s* ['ʌpraɪz] podniesienie się; wschód; awans
up·ris·ing ['ʌpˌraɪzɪŋ] *s* podniesienie się; *polit.* powstanie
up·roar ['ʌprɔː] *s* hałas, zamieszanie, rozruchy
up·root [ʌp'ruːt] *vt* wyrwać z korzeniem, wykorzenić
up·set** [ʌp'set] *vt vi* (upset, upset*** [ʌp'set]) przewrócić (się); dezorganizować (się); wyprowadzić z równowagi; zdenerwować; udaremnić; *s* ['ʌpset] przewrócenie; dezorganizacja; nieporządek; niepokój; rozstrój (żołądka); *adj* [ʌp'set] przewrócony; zaniepokojony; zdenerwowany; ***to become*** <***get***> **~** zdenerwować się
up·shot ['ʌpʃɒt] *s* wynik, rezultat
up·side ['ʌpsaɪd] *s* górna strona; ***~ down*** do góry nogami
up·stairs [ˌʌp'steəz] *adv* w górę (po schodach); na górze; na piętrze
up·start ['ʌpstɑːt] *s* parweniusz
up·stream [ˌʌp'striːm] *adv* pod prąd
up-to-date [ˌʌptə'deɪt] *adj* nowoczesny, modny, aktualny
up·turn [ˌʌp'tɜːn] *vt* przewrócić; *s* ['ʌptɜːn] przewrót
up·ward ['ʌpwəd] *adj* zwrócony ku górze; *adv* = ***upwards***
up·wards ['ʌpwədz] *adv* w górę, ku górze; ***~ of*** ponad, powyżej
u·ra·ni·um [jʊ'reɪnɪəm] *s chem.* uran
ur·ban ['ɜːbən] *adj* miejski
ur·bane [ɜː'beɪn] *adj* wytworny, grzeczny, uprzejmy
ur·ban·i·ty [ɜː'bænətɪ] *s* ogłada, wytworność, uprzejmość
ur·chin ['ɜːtʃɪn] *s* urwis
urge [ɜːdʒ] *vt* nalegać, przynaglać, popędzać; mocno podkreślać; *s* popęd, bodziec
ur·gen·cy ['ɜːdʒənsɪ] *s* naleganie; nagła potrzeba, nagląca konieczność, nagłość
ur·gent ['ɜːdʒənt] *adj* nagły, naglący; natarczywy
u·ri·nate ['jʊərɪneɪt] *vt* oddawać mocz
u·rine ['jʊərɪn] *s* mocz
urn [ɜːn] *s* urna; dzbanek (*na herbatę itp.*)
us [ʌs, əs] *pron* nam, nas

us·age ['ju:sɪdʒ] *s* zwyczaj; sposób używania; stosowanie (*np. wyrazu*); traktowanie

use [ju:z] *vt* używać, stosować; traktować; **~ up** zużyć, wyczerpać; zniszczyć; *s* [jus] użytek, zastosowanie, używalność, użyteczność; zwyczaj; ***to be of ~*** być pożytecznym, przydać się; ***to have no ~ for a thing*** nie potrzebować czegoś; ***it's no ~ going there*** nie ma sensu tam chodzić; ***what's the ~ (of) doing it?*** na co się to przyda?; ***in ~*** w użyciu; ***out of ~*** nie używany, wycofany z użycia, przestarzały

used [ju:zd] *adj* używany; **~ up** zużyty, wyczerpany, skończony

used to ['ju:stə] *v aux czasownik oznacza powtarzanie się czynności w przeszłości, np.* ***I used to play tennis*** miałem zwyczaj <zwykłem> grać w tenisa; ***be <get> used to...*** być przyzwyczajonym <przyzwyczaić się> do...; ***I am used to washing in cold water*** jestem przyzwyczajony do kąpieli w zimnej wodzie

use·ful ['ju:sfl] *adj* pożyteczny

use·less ['ju:sləs] *adj* bezużyteczny

user-friend·ly [,ju:zə'frendlɪ] *adj komp.* łatwy w obsłudze

ush·er ['ʌʃə] *s* odźwierny, woźny sądowy; bileter; *uj.* belfer; *vt* (*zw.* **~ in**) wprowadzać, inicjować

u·su·al ['ju:ʒʊəl] *adj* zwyczajny, zwykły

u·su·rer ['ju:ʒərə] *s* lichwiarz

u·surp [ju:'zɜ:p] *vt* uzurpować; przywłaszczać sobie

u·su·ry ['ju:ʒərɪ] *s* lichwa

u·ten·sil [ju:'tensl] *s* naczynie; narzędzie; *pl* **~s** naczynia, przybory, utensylia

u·te·rus ['ju:tərəs] *s anat.* macica

u·til·i·tar·i·an [,ju:tɪlɪ'teərɪən] *adj* utylitarny

u·til·i·ty [ju:'tɪlətɪ] *s* użyteczność; (*także* **public ~**) zakład użyteczności publicznej; *komp.* program narzędziowy

u·til·i·za·tion [,ju:tɪlaɪ'zeɪʃn] *s* użytkowanie; utylizacja

u·ti·lize ['ju:tɪlaɪz] *vt* użytkować

ut·most ['ʌtməʊst] *adj* krańcowy, najdalszy; najwyższego stopnia; *s* kraniec; ostateczna możliwość; najwyższy stopień; ***I'll do my ~*** uczynię, co w mej mocy

u·to·pi·a [ju:'təʊpɪə] *s* utopia

ut·ter 1. ['ʌtə] *adj* krańcowy; całkowity

ut·ter 2. ['ʌtə] *vt* wydawać (*np. okrzyk*), wyrażać, wypowiadać; puszczać w obieg

ut·ter·ance ['ʌtrəns] *s* wypowiedzenie, wypowiedź; wyrażenie (*np. uczuć*), wyraz; wymowa

ut·ter·most ['ʌtəməʊst] = ***utmost***

U-turn ['ju:tɜ:n] *s* skręt o 180 stopni; całkowite odwrócenie sytuacji; *mot.* zawrócenie

V

va·can·cy ['veɪkənsɪ] *s* próżnia, pustka, bezmyślność; wolny etat; wolny pokój

va·cant ['veɪkənt] *adj* próżny, wolny, wakujący; bezmyślny

va·cate [və'keɪt] *vt* opróżnić, zwolnić, opuścić

va·ca·tion [və'keɪʃn] *s am.* wakacje

vac·ci·nate ['væksɪneɪt] *vt. med.*

szczepić
vac·ci·na·tion [ˌvæksɪˈneɪʃn] *s med.* szczepienie
vac·cine [ˈvæksiːn] *s med.* szczepionka
vac·il·late [ˈvæsəleɪt] *vi* chwiać się, wahać się
vac·il·la·tion [ˌvæsəˈleɪʃn] *s* chwianie się, wahanie się
vac·u·um [ˈvækjʊəm] *s* próżnia; **~ bottle** termos; **~ cleaner** odkurzacz
vag·a·bond [ˈvægəbɒnd] *adj* włóczęgowski, wędrowny; *s* włóczęga
va·gar·y [ˈveɪgərɪ] *s* grymas, kaprys
va·grant [ˈveɪgrənt] *adj* włóczęgowski, wędrowny; *s* włóczęga
va·gi·na [vəˈdʒaɪnə] s *anat.* pochwa
vague [veɪg] *adj* nieokreślony, niejasny, mglisty
vain [veɪn] *adj* próżny; daremny; **in ~** na próżno
vale [veɪl] *s poet.* dolina
val·en·tine [ˈvæləntaɪn] *s* walentynka (*kartka z życzeniami, często anonimowa, wysyłana na dzień św. Walentego, 14 lutego*)
val·et [ˈvælɪt] *s* służący; *vt* usługiwać
val·iant [ˈvælɪənt] *adj* dzielny
val·id [ˈvælɪd] *adj* ważny; mający prawne podstawy
va·lid·i·ty [vəˈlɪdətɪ] *s* ważność; moc prawna
val·ley [ˈvælɪ] *s* dolina
val·or·ous [ˈvælərəs] *adj* waleczny
val·our [ˈvælə] *s* waleczność
val·u·a·ble [ˈvæljʊəbl] *adj* cenny, wartościowy; *s pl* **~s** kosztowności
val·ue [ˈvæljuː] *s* wartość, cena; **of little ~** małowartościowy; **of no ~** bezwartościowy; *vt* cenić, szacować; **~ judgment** sąd wartościujący (*oparty bardziej na opinii niż na faktach*)
valve [vælv] s *techn.* zawór; klapa, wentyl; *elektr.* lampa elektronowa; *anat.* zastawka
vamp [væmp] *s* wamp, uwodzicielka; *vt* uwodzić
vam·pire [ˈvæmpaɪə] *s* wampir
van 1. [væn] *s* wóz ciężarowy (*kryty*); *kolej.* wagon (służbowy); ***luggage* ~** wagon bagażowy
van 2. [væn] s *wojsk.* straż przednia; *przen.* awangarda
van·dal [ˈvændl] *s* wandal
vane [veɪn] *s* chorągiewka (na dachu)
van·guard [ˈvængɑːd] *s wojsk.* awangarda
va·nil·la [vəˈnɪlə] *s* wanilia
van·ish [ˈvænɪʃ] *vi* znikać
van·i·ty [ˈvænətɪ] *s* próżność, marność; **~ bag** kosmetyczka
van·quish [ˈvæŋkwɪʃ] *vt* zwyciężyć
van·tage [ˈvɑːntɪdʒ] *s* korzystna pozycja; *sport* przewaga
van·tage ground [ˈvɑːntɪdʒgraʊnd] *s* korzystna pozycja (*zw.* obserwacyjna)
vap·id [ˈvæpɪd] *adj* zwietrzały; mdły; jałowy; bezduszny
va·por·ize [ˈveɪpəraɪz] *vt* (wy)parować; *vt* odparowywać
va·pour [ˈveɪpə] *s* para; mgła; *vi* parować; *przen.* przechwalać się
var·i·a·ble [ˈveərɪəbl] *adj* zmienny; s *mat.* zmienna; *mors.* wiatr zmienny
var·i·ance [ˈveərɪəns] *s* niezgodność, sprzeczność; zmienność; **to be at ~** nie zgadzać się, być w sprzeczności
var·i·ant [ˈveərɪənt] *s* odmiana, wariant
var·i·a·tion [ˌveərɪˈeɪʃn] *s* zmiana, zmienność; odchylenie
var·i·cose vein [ˌværɪkəʊsˈveɪn] *s med.* żylak
var·ied [ˈveərɪd] *adj* różnorodny
var·ie·gate [ˈveərɪgeɪt] *vt* urozmaicać; rozmaicie barwić, pstrzyć
va·ri·e·ty [vəˈraɪətɪ] *s* rozmaitość; wybór; bogactwo (*np. towarów*);

odmiana (*np. rośliny*); ***a ~ of books*** rozmaite książki
var·i·ous ['veərɪəs] *adj* różny, rozmaity; ***at ~ times*** kilkakrotnie
var·nish ['vɑːnɪʃ] *s* lakier, politura; werniks; *vt* lakierować, politurować
var·si·ty ['vɑːsətɪ] *attr adj pot.* uniwersytecki (*zw. o drużynie sportowej*)
var·y ['veərɪ] *vt vi* zmieniać (się), urozmaicać, różnić się
vase [vɑːz] *s* waza, wazon
vas·e·line ['væsəliːn] *s* wazelina
vast [vɑːst] *adj* obszerny, rozległy
vast·ly ['vɑːstlɪ] *adv* wybitnie, niezmiernie
vat [væt] *s* kadź
vault 1. [vɔːlt] *s* sklepienie, podziemie, piwnica; krypta
vault 2. [vɔːlt] *vi* skoczyć; *vt* przeskoczyć
've [v] = ***have***
veal [viːl] *s* cielęcina
veer [vɪə] *vi* skręcać, zmieniać kierunek; *przen.* zmieniać przekonania
veg·e·ta·ble ['vedʒtəbl] *adj* roślinny; *s* roślina; jarzyna
veg·e·tar·i·an [ˌvedʒɪ'teərɪən] *adj* wegetariański; *s* wegetarianin
veg·e·tate ['vedʒɪteɪt] *vi* wegetować; rosnąć
veg·e·ta·tion [ˌvedʒɪ'teɪʃn] *s* wegetacja; roślinność; *med.* narośl
veg·e·ta·tive ['vedʒɪtətɪv] *adj* wegetacyjny; roślinny
ve·he·ment ['viːəmənt] *adj* gwałtowny
ve·hi·cle ['viːɪkl] *s* wóz, pojazd, środek lokomocji; *przen.* narzędzie, środek; *med.* nosiciel (*choroby*)
veil [veɪl] *s* welon; zasłona; *przen.* maska; ***to take the ~*** wstąpić do klasztoru (żeńskiego); *vt* zasłaniać; *przen.* ukrywać, maskować
vein [veɪn] *s* żyła; warstwa; *przen.* wena, nastrój
ve·loc·i·ty [və'lɒsətɪ] *s* szybkość, prędkość
ve·lum ['viːləm] *s* (*pl* ***vela*** ['viːlə]) *biol.* błona; *anat.* podniebienie miękkie
vel·vet ['velvɪt] *s* welwet, aksamit
ve·nal ['viːnl] *adj* sprzedajny
vend·ing ma·chine ['vendɪŋməˌʃiːn] automat do sprzedaży (*np. papierosów*)
ven·dor ['vendə] *s* sprzedawca
ve·neer [və'nɪə] *s* fornir; *vt* fornirować; *przen.* nadawać polor
ven·er·able ['venrəbl] *adj* czcigodny
ven·er·ation [ˌvenə'reɪʃn] *s* cześć, szacunek
ve·ne·re·al [və'nɪərɪəl] *adj med.* weneryczny
venge·ance ['vendʒəns] *s* zemsta
ve·ni·al ['viːnɪəl] *adj* przebaczalny; *rel.* powszedni (*grzech*)
ven·i·son ['venɪsn] *s zbior.* dziczyzna
ven·om ['venəm] *s* jad
ven·om·ous ['venəməs] *adj* jadowity
vent [vent] *s* otwór; wentyl, wylot; ***to give ~*** dać folgę (***to sth*** czemuś); *vt* wiercić otwór; wypuszczać, dawać upust
vent-hole ['venthəul] *s* lufcik, wywietrznik
ven·ti·late ['ventɪleɪt] *vt* wentylować; *przen.* roztrząsać
ven·ti·la·tion [ˌventɪ'leɪʃn] *s* wentylacja
ven·ture ['ventʃə] *s* ryzykowny krok, ryzyko; impreza (handlowa), przedsięwzięcie; ***at a ~*** na chybił trafił, na los szczęścia; *vt vi* ryzykować, odważyć się (***sth, on sth*** na coś)
ve·ra·cious [və'reɪʃəs] *adj* prawdomówny; zgodny z prawdą
ve·rac·i·ty [və'ræsətɪ] *s* prawdomówność; zgodność z prawdą
ve·ran·da(h) [və'rændə] *s* weranda
verb [vɜːb] *s gram.* czasownik

ver·bal ['vɜːbl] *adj* słowny; dosłowny; ustny; *gram.* czasownikowy; ~ ***noun*** rzeczownik odsłowny
ver·ba·tim [vɜː'beɪtɪm] *adv* dosłownie; *adj* dosłowny
ver·bos·i·ty [vɜː'bɒsətɪ] *s* wielomówność, rozwlekłość
ver·dict ['vɜːdɪkt] *s prawn.* werdykt
ver·di·gris ['vɜːdɪgrɪs] *s* grynszpan
ver·dure ['vɜːdʒə] *s lit.* zieleń
verge 1. [vɜːdʒ] *s* kraniec, krawędź; pręt; berło
verge 2. [vɜːdʒ] *vi* chylić się, zbliżać się (***to, towards sth*** ku czemuś); graniczyć (***on, upon sth*** z czymś)
ver·i·fy ['verɪfaɪ] *vt* sprawdzić, potwierdzić
ver·i·ta·ble ['verɪtəbl] *adj* prawdziwy, istny
ver·i·ty ['verətɪ] *s* prawda, prawdziwość
ver·mil·ion [və'mɪljən] *s* cynober; *vt* malować na kolor cynobrowy
ver·min ['vɜːmɪn] s *zbior.* robactwo, szkodniki; hołota, szumowiny
ver·nac·u·lar [və'nækjʊlə] *adj* rodzimy, miejscowy, tubylczy; *s* język rodzimy, mowa ojczysta
ver·sa·tile ['vɜːsətaɪl] *adj* (*o umyśle*) bystry; wszechstronny
ver·sa·til·i·ty [ˌvɜːsə'tɪlətɪ] *s* bystrość (umysłu); wszechstronność
verse [vɜːs] *s* wiersz; poezja; zwrotka
versed [vɜːst] *adj* obeznany (***in sth*** z czymś), biegły
ver·si·fy ['vɜːsɪfaɪ] *vt vi* układać wierszem; pisać wiersze
ver·sion ['vɜːʃn] *s* wersja; przekład
ver·sus ['vɜːsəs] *praep łac.* przeciw, kontra
ver·te·bra ['vɜːtɪbrə] *s* (*pl* ***vertebrae*** ['vɜːtɪbriː]) *anat.* kręg
ver·ti·bral ['vɜːtɪbrəl] *adj* kręgowy
ver·tex ['vɜːteks] *s* (*pl* ***vertices*** ['vɜːtɪsiːz]) szczyt; *mat.* wierzchołek
ver·ti·cal ['vɜːtɪkl] *adj* pionowy; szczytowy; *mat.* wierzchołkowy
ver·y ['verɪ] *adv* bardzo; prawdziwie; bezpośrednio, zaraz; ***on the ~ next day*** zaraz następnego dnia; *adj* istotny, prawdziwy, tenże sam; ***to the ~ end*** do samego końca; ***the ~ thought of it*** już sama myśl o tym
ves·i·cle ['vesɪkl] *s anat.* pęcherzyk
ves·pers ['vespəz] *s pl* nieszpory
ves·sel ['vesl] *s* naczynie; statek
vest 1. [vest] *s* kamizelka
vest 2. [vest] *vt* nadawać, przekazywać (***sb with sth*** komuś coś)
vest·ed ['vestɪd] *adj* prawnie nabyty, ustalony; *handl.* inwestowany
ves·tige ['vestɪdʒ] *s* ślad
vest·ment ['vestmənt] *s* strój (*oficjalny, uroczysty*)
ves·try ['vestrɪ] *s* zakrystia; rada parafialna
vet 1. [vet] *s bryt. pot.* weterynarz; *vt* badać (*zwierzę*)
vet 2. [vet] *s am. pot.* weteran
vet·er·an ['vetərən] *s* weteran; *adj* wysłużony; zahartowany w boju
vet·er·i·nar·y ['vetrənərɪ] *adj* weterynaryjny; ~ ***surgeon*** *s* weterynarz; *także* ***vet***
ve·to ['viːtəʊ] *s* weto; *vt* zakładać weto (***sth*** przeciw czemuś)
vex [veks] *vt* dręczyć
vex·a·tion [vek'seɪʃn] *s* udręka; strapienie; przykrość
via ['vaɪə] *praep łac.* przez (*daną miejscowość*)
vi·a·ble ['vaɪəbl] *adj* wykonalny; zdolny do życia
vi·a·duct ['vaɪədʌkt] *s* wiadukt
vi·al ['vaɪəl] *s* fiolka, flaszeczka
vi·brant ['vaɪbrənt] *adj* wibrujący, drgający

vi·brate [vaɪ'breɪt] *vi* wibrować, drgać
vi·bra·tion [vaɪ'breɪʃn] *s* wibracja, drganie
vic·ar ['vɪkə] *s rel.* proboszcz (*anglikański*); wikary (*rzymskokatolicki*)
vice 1. [vaɪs] *s* wada; nałóg; występek
vice 2. [vaɪs] *s techn.* imadło
vice 3. [vaɪs] *praef* wice-
vice·roy ['vaɪsrɔɪ] *s* wicekról
vi·ce ver·sa [ˌvaɪs(ɪ)'vɜːsə] *adv łac.* na odwrót, vice versa
vi·cin·i·ty [vɪ'sɪnətɪ] *s* sąsiedztwo, najbliższa okolica
vi·cious ['vɪʃəs] *adj* występny; wadliwy, błędny; **~ circle** błędne koło
vi·cis·si·tude [vɪ'sɪsɪtjuːd] *s* zmienność, nietrwałość
vic·tim ['vɪktɪm] *s* ofiara
vic·tim·ize ['vɪktɪmaɪz] *vt* składać w ofierze, gnębić; oszukiwać
vic·tor ['vɪktə] *s* zwycięzca
vic·to·ri·ous [vɪk'tɔːrɪəs] *adj* zwycięski
vic·to·ry ['vɪktrɪ] *s* zwycięstwo
vic·tuals ['vɪtlz] *s pl* wiktuały
vi·de·li·cet, viz. [vɪ'diːlɪset] *adv łac.* mianowicie; to znaczy
vid·e·o ['vɪdɪəʊ] *s* wideofilm; **~ tape recorder** magnetowid; **~ cassette** = **videotape**; *vt* nagrywać
vid·e·o cam·e·ra ['vɪdɪəʊˌkæmərə] *s* wideokamera
vid·e·o·disc ['vɪdɪəʊdɪsk] *s* wideopłyta
vid·e·o·tape ['vɪdɪəʊteɪp] *s vt* wideokaseta; nagrywać na wideokasetę; *także* **video cassette**
vie [vaɪ] *vi* współzawodniczyć (**for sth** o coś)
view [vjuː] *s* widok; pole widzenia; pogląd; **to be in ~** być widocznym; **to have in ~** mieć na oku; **the end in ~** powzięty zamiar, zamierzony cel; **point of ~** punkt widzenia; **on ~** wystawiony; **private ~** prapremiera, wernisaż (*wystawy*); **in my ~** moim zdaniem; **in ~ of sth** biorąc coś pod uwagę, wobec czegoś; **with a ~ to...** w zamiarze ...; *vt* oglądać, rozpatrywać
view·er ['vjuːə] *s* widz
view·point ['vjuːpɔɪnt] *s* punkt widzenia; zapatrywanie (**of sth** na coś)
vig·il ['vɪdʒɪl] *s* czuwanie, wigilia
vig·i·lance ['vɪdʒɪləns] *s* czujność
vig·or·ous ['vɪgərəs] *adj* pełen wigoru, energiczny
vig·our ['vɪgə] *s* wigor, siła, energia
vile [vaɪl] *adj* podły; *pot.* wstrętny
vil·i·fy ['vɪlɪfaɪ] *vt* oczernić; upodlić
vil·la ['vɪlə] *s* willa
vil·lage ['vɪlɪdʒ] *s* wieś
vil·lag·er ['vɪlɪdʒə] *s* wieśniak; prostak
vil·lain ['vɪlən] *s* łajdak, nikczemnik
vil·lain·y ['vɪlənɪ] *s* łajdactwo, nikczemność
vin·di·cate ['vɪndɪkeɪt] *vt* brać w obronę; oczyszczać z zarzutu, usprawiedliwiać; dochodzić
vin·dic·tive [vɪn'dɪktɪv] *adj* mściwy
vine [vaɪn] *s* winna latorośl
vin·e·gar ['vɪnɪgə] *s* ocet
vine·yard ['vɪnjəd] *s* winnica
vin·tage ['vɪntɪdʒ] *s* winobranie
vint·ner ['vɪntnə] *s* winiarz
vi·o·late ['vaɪəleɪt] *vt* naruszyć; pogwałcić
vi·ola [vɪ'əʊlə] s *muz.* altówka
vi·o·la·tion [ˌvaɪə'leɪʃn] *s* naruszenie, pogwałcenie
vi·o·lence ['vaɪələns] *s* gwałt; gwałtowność; naruszenie; **by ~** gwałtem
vi·o·let ['vaɪələt] *s bot.* fiołek; *adj* fioletowy
vi·o·lin [ˌvaɪə'lɪn] *s muz.* skrzypce
vi·per ['vaɪpə] *s zool.* żmija

vir·gin ['vɜːdʒɪn] *s* dziewica; *attr* dziewiczy
Vir·go ['vɜːgəʊ] *s* Panna (*znak zodiaku*)
vir·ile ['vɪraɪl] *adj* męski
vir·tu·al ['vɜːtʃʊəl] *adj* faktyczny, właściwy; potencjalny
vir·tue ['vɜːtʃuː] *s* cnota; zaleta; wartość; skuteczność; ***by ~ of*** na mocy
vir·tu·os·i·ty [ˌvɜːtʃʊ'ɒsətɪ] *s* wirtuozostwo; zamiłowanie do sztuk pięknych
vir·tu·ous ['vɜːtʃʊəs] *adj* cnotliwy, moralny
vir·u·lent ['vɪrʊlənt] *adj* jadowity; zjadliwy
vi·rus ['vaɪrəs] *s med. komp.* wirus; *przen.* trucizna (*moralna*)
vi·sa ['viːzə] *s* wiza; ***entry ~*** wiza wjazdowa; *vt* wizować
vis·age ['vɪzɪdʒ] *s* oblicze
vis·cer·a ['vɪsərə] *s pl anat.* wnętrzności
vis·cos·i·ty [vɪ'skɒsətɪ] *s* lepkość
vis·count ['vaɪkaʊnt] *s bryt.* wicehrabia
vis·i·bil·i·ty [ˌvɪzə'bɪlətɪ] *s* widzialność; widoczność
vis·i·ble ['vɪzəbl] *adj* widzialny; widoczny
vi·sion ['vɪʒn] *s* widzenie, wzrok; wizja
vi·sion·ar·y ['vɪʒnərɪ] *adj* wizjonerski; *s* wizjoner
vis·it ['vɪzɪt] *s* wizyta; pobyt; wizytacja; ***to be on a ~*** być z wizytą; ***to pay a ~*** złożyć wizytę; *vt* odwiedzać, zwiedzać; nawiedzać, doświadczać; ***~ing card*** wizytówka
vis·it·a·tion [ˌvɪzɪ'teɪʃn] *s* odwiedziny, wizytacja; nawiedzenie, dopust
vis·i·tor ['vɪzɪtə] *s* gość
vi·sor ['vaɪzə] *s hist.* przyłbica; daszek (*czapki*)
vis·ta ['vɪstə] *s* widok, perspektywa
vis·u·al ['vɪʒʊəl] *adj* wzrokowy
vis·u·al·ize ['vɪʒʊəlaɪz] *vt* unaoczniać, uzmysłowić sobie
vi·tal ['vaɪtl] *adj* życiowy, żywotny; istotny, niezbędny
vi·tal·i·ty [vaɪ'tælətɪ] *s* żywotność
vit·a·min ['vɪtəmɪn] *s chem., med.* witamina
vi·ti·ate ['vɪʃɪeɪt] *vt* zepsuć, skazić; unieważnić
vit·re·ous ['vɪtrɪəs] *adj* szklany, szklisty
vi·tu·per·ate [vɪ'tjuːpəreɪt] *vt* lżyć, pomstować (***sb*** na kogoś)
vi·va·cious [vɪ'veɪʃəs] *adj* żywy, pełen życia
vi·vac·i·ty [vɪ'væsətɪ] *s* żywość
viv·id ['vɪvɪd] *adj* żywy
viv·i·sect ['vɪvɪsekt] *vt* dokonywać wiwisekcji
vix·en ['vɪksn] *s* jędza; *zool.* lisica
vo·cab·u·lar·y [və'kæbjʊlərɪ] *s* słowniczek; słownictwo, zasób słów
vo·cal ['vəʊkl] *adj* wokalny, głosowy; *gram.* samogłoskowy
vo·ca·tion [vəʊ'keɪʃn] *s* powołanie; zawód
vo·cif·er·ate [və'sɪfəreɪt] *vt vi* krzyczeć, wrzeszczeć
vodka ['vɒdkə] *s* wódka
vogue [vəʊg] *s* popularność; moda; ***to be the ~*** być w modzie; ***to have a great ~*** cieszyć się dużą popularnością
voice [vɔɪs] *s* głos; *gram.* strona; *vt* głosić, wypowiadać
voiced [vɔɪst] *adj gram.* dźwięczny
voice·less ['vɔɪsləs] *adj* niemy; *gram.* bezdźwięczny
void [vɔɪd] *adj* pusty, próżny; bezwartościowy; *prawn.* nieważny; pozbawiony (***of sth*** czegoś); *s* próżnia, pustka; *vt* opróżniać; *prawn.* unieważnić
vol·a·tile ['vɒlətaɪl] *adj chem.* lotny; przelotny, zmienny
vol·can·ic [vɒl'kænɪk] *adj* wulkaniczny
vol·ca·no [vɒl'keɪnəʊ] *s* wulkan

vo·li·tion [və'lɪʃn] *s* wola
vol·ley ['vɒlɪ] *s* salwa; *przen.* potok (*np. słów, przekleństw*); *sport* wolej
vol·ley·ball ['vɒlɪbɔːl] *s sport* siatkówka
vol·tage ['vəʊltɪdʒ] *s elektr.* napięcie
vol·u·ble ['vɒljʊbl] *adj* (*o mowie*) płynny, pełen sławy
vol·u·me ['vɒljuːm] *s* tom; objętość; zwój; siła (*głosu, dźwięku itd.*)
vo·lu·mi·nous [və'luːmɪnəs] *adj* wielkich rozmiarów; obszerny
vol·un·tar·y ['vɒləntrɪ] *adj* dobrowolny
vol·un·teer [ˌvɒlən'tɪə] *s* ochotnik; *attr* ochotniczy; *vt* ochotniczo podjąć się (***sth*** czegoś); *vi* zgłosić się na ochotnika
vo·lup·tu·ar·y [və'lʌptʃʊərɪ] *s* lubieżnik
vo·lup·tu·ous [və'lʌptʃʊəs] *adj* lubieżny
vom·it ['vɒmɪt] *vt vi* wymiotować, zwracać; *s* wymioty
vo·ra·cious [və'reɪʃəs] *adj* żarłoczny
vor·tex ['vɔːteks] *s* (*pl* ***vortices*** ['vɔːtɪsiːz])wir
vote [vəʊt] *s* głosowanie; głos; wotum; ***~ of confidence*** wotum zaufania; *vt* uchwalać; *vi* głosować (***for sb, sth*** za kimś, czymś; ***against sb, sth*** przeciwko komuś, czemuś)
vot·er ['vəʊtə] *s* głosujący, wyborca
vouch [vaʊtʃ] *vt vi* ręczyć, gwarantować
vouch·er ['vaʊtʃə] *s* poświadczenie, kwit, bon
vow [vaʊ] *s* ślub, ślubowanie; ***to take a ~*** ślubować; ***to take ~s*** złożyć śluby zakonne; *vt* ślubować; *vi* składać śluby
vow·el ['vaʊəl] *s gram.* samogłoska
voy·age ['vɔɪɪdʒ] *s* podróż (*zw.* morska); ***to go on a ~*** wyruszyć w podróż
vul·can·ize ['vʌlkənaɪz] *vt* wulkanizować
vul·gar ['vʌlgə] *adj* wulgarny; pospolity
vul·gar·i·ty [vʌl'gærətɪ] *s* wulgarność
vul·gar·ize ['vʌlgəraɪz] *vt* wulgaryzować
vul·ner·a·ble ['vʌlnərəbl] *adj* podatny na zranienie, narażony na ciosy; wrażliwy; (*w brydżu*) po partii
vul·ture ['vʌltʃə] *s zool.* sęp

W

wab·ble = ***wobble***
wad [wɒd] *s* wałek, (miękka) zatyczka, podkład (*z miękkiego materiału*); *vt* wypychać, upychać, nabijać; podkładać, watować
wad·ding ['wɒdɪŋ] *s* wata (*do upychania*); watolina, podkład
wad·dle ['wɒdl] *vi* chodzić kołysząc się
wade [weɪd] *vt vi* brnąć, brodzić
wa·fer ['weɪfə] *s* wafel; opłatek
waft [wɑːft, wɒft] *vi* unosić się, bujać, sunąć (*po wodzie, w powietrzu*); *vt* nieść, posuwać; *s* powiew, podmuch; śmignięcie
wag 1. [wæg] *s* filut, żartowniś
wag 2. [wæg] *vt vi* kiwać (się), ruszać (się), machać; (*o psie*) merdać; *s* poruszenie, kiwnięcie
wage [weɪdʒ] *s* (*zw. pl* ***~s***) zarobek, płaca (*zw.* tygodniowa); ***living ~*** minimum środków utrzy-

mania; *vt* prowadzić (*wojnę*)
wa·ger ['weɪdʒə] *s* zakład; ***to lay a ~*** założyć się; *vt vi* zakładać się
wag·on, wag·gon ['wægən] *s* wóz, platforma
waif [weɪf] *s* mienie bezpańskie; *zbior.* porzucone rzeczy; porzucone dziecko; zabłąkane zwierzę; ***~s and strays*** bezdomne dzieci
wail [weɪl] *s* żałosny płacz, lament; *vi* żałośnie płakać, zawodzić; *vt* opłakiwać
wain·scot ['weɪnskət] *s* boazeria; *vt* okładać boazerią
waist [weɪst] *s* kibić, talia, pas
waist·coat ['weɪskəʊt] *s* kamizelka
wait [weɪt] *vi* czekać (***for sb*** na kogoś); usługiwać (***on, upon sb*** komuś); czyhać (***for sb*** na kogoś); *s* czekanie; zasadzka; *pl* ***the ~s*** kolędnicy; ***~ing game*** gra na przeczekanie; ***~ing list*** lista oczekujących
wait·er ['weɪtə] *s* kelner
wait·ing room ['weɪtɪŋrʊm] *s* poczekalnia
wait·ress ['weɪtrəs] *s* kelnerka
waive [weɪv] *vt* zaniechać, zrezygnować
waiv·er ['weɪvə] *s* zrzeczenie się (*praw, przywilejów itd.*)
wake 1.** [weɪk] *vt vi* (woke*** [wəʊk] *lub* ***waked*** [weɪkt], ***woken*** ['wəʊkən] *lub* ***waked*** [weɪkt]) budzić (się); (*także* ***~ up***) czuwać, nie spać
wake 2. [weɪk] *s mors.* kilwater; *przen.* ślad; ***to follow in sb's ~*** iść czyimś śladem; ***in the ~ of sth*** w ślad za czymś
wake·ful ['weɪkfl] *adj* czuwający, czujny
wak·en ['weɪkən] *vt vi* budzić (się); ożywiać (się)
walk [wɔːk] *vi* chodzić, kroczyć, przechadzać się; *vt* przechodzić, chodzić (po *czymś*); ***~ away*** odchodzić; *pot.* ***~ away with sth*** porwać, ukraść coś; ***~ out*** wychodzić; *am.* strajkować; *sport* ***~ over*** wygrać walkowerem; *s* spacer; chód; ***go for a ~*** iść na spacer; ***~ of life*** zawód, zajęcie
walk·ie-talk·ie [ˌwɔːkɪ'tɔːkɪ] *s* przenośna radiostacja nadawczo-odbiorcza
Walk·man ['wɔːkmən] *s* walkman, przenośny odtwarzacz kasetowy
walk·out ['wɔːkaʊt] *s am.* strajk; zbiorowe wyjście (*na znak protestu*)
walk·o·ver ['wɔːkˌəʊvə] *s sport* walkower; *pot.* łatwe zwycięstwo
wall [wɔːl] *s* ściana, mur; *vt* otoczyć murem; (*także* ***~ up***) zamurować
wal·let ['wɒlɪt] *s* portfel
wal·low ['wɒləʊ] *vi* tarzać się
wall·pa·per ['wɔːlˌpeɪpə] *s* tapeta
wal·nut ['wɔːlnʌt] *s bot.* orzech włoski
wal·rus ['wɔːlrəs] *s zool.* mors
waltz [wɔːls] *s* walc; *vi* tańczyć walca
wan [wɒn] *adj lit.* blady, mizerny
wand [wɒnd] *s* różdżka
wan·der ['wɒndə] *vi* wędrować; ***~ away*** odbiegać; *s* wędrówka
wan·der·er ['wɒndərə] *s* wędrowiec
wan·der·ing ['wɒndərɪŋ] *s* wędrówka; *pl* ***~s*** majaki; *adj* wędrowny; wędrujący; tułaczy
wane [weɪn] *vi* zanikać, ubywać; marnieć
want [wɒnt] *vt vi* chcieć; potrzebować; odczuwać brak; brakować; *s* potrzeba; brak
want ad ['wɒntæd] *s pot.* drobne ogłoszenie (*w gazecie*)
want·ing ['wɒntɪŋ] *adj* brakujący; pozbawiony (***in sth*** czegoś); ***to be ~*** brakować; ***she is ~ in intelligence*** brak jej rozumu
wan·ton ['wɒntən] *adj* swawolny, wesoły; nieokiełznany; złośliwy
war [wɔː] *s* wojna; ***at ~*** w stanie

wojny; ***to make ~*** walczyć; prowadzić wojnę; ***~ criminal*** przestępca wojenny; *vi* walczyć; ***~ crime*** zbrodnia wojenna
war·ble ['wɔːbl] *s* szczebiot; *vi* szczebiotać
ward [wɔːd] *s* straż, nadzór, opieka; podopieczny, wychowanek; cela więzienna; sala szpitalna; dzielnica; *vt* opiekować się; umieścić (*np. w sali szpitalnej*); ***~ off*** odbić, odparować (*cios*); uchylić (*niebezpieczeństwo*)
ward·en ['wɔːdn] *s* stróż; opiekun; przełożony; kustosz
ward·er ['wɔːdə] *s bryt.* strażnik więzienny
ward·robe ['wɔːdrəʊb] *s* szafa (*na ubranie*)
ward·ship ['wɔːdʃɪp] *s* kuratela
ware [weə] *s* towar, wyrób
ware·house ['weəhaʊs] *s* magazyn; dom towarowy; *vt* magazynować
war·fare ['wɔːfeə] *s* prowadzenie wojny, wojna
war·i·ness ['weərɪnəs] *s* ostrożność
war·like ['wɔːlaɪk] *adj* wojowniczy, wojenny
warm [wɔːm] *adj* ciepły; gorliwy; ożywiony; *vt vi* grzać, nagrzewać (się); ***~ up*** rozgrzać, podgrzać (się); ożywić (się)
war·mong·er ['wɔːˌmʌŋgə] *s* podżegacz wojenny
warmth [wɔːmθ] *s* ciepło; gorliwość, zapał
warn [wɔːn] *vt* ostrzegać, przypominać; uprzedzać (***sb of sth*** kogoś o czymś)
warn·ing ['wɔːnɪŋ] *s* ostrzeżenie; uprzedzenie; wypowiedzenie (*posady*)
warp [wɔːp] *vt vi* paczyć (się), wykrzywiać (się), zniekształcać (się); *mors.* holować; *s* wypaczenie, osnowa (tkacka); *mors.* lina holownicza
war·rant ['wɒrənt] *s* pełnomocnictwo; rękojmia; zabezpieczenie; nakaz sądowy; *vt* gwarantować; uzasadnić; usprawiedliwić
war·ran·ty ['wɒrəntɪ] *s* gwarancja (techniczna)
war·ri·or ['wɒrɪə] *s* wojak, żołnierz
war·ship ['wɔːʃɪp] *s* okręt wojenny
wart [wɔːt] *s* brodawka
war·y ['weərɪ] *adj* ostrożny, czujny
was [wɒz, wəz] *p sing od* **to be**
wash [wɒʃ] *vt vi* myć (się); prać; oblewać; ***~ away*** zmyć; ***~ down*** spłukać; ***~ off*** zmyć; dać się zmyć; ***~ out*** wymyć, wypłukać; skasować; zejść (*w praniu*); zalać; zatuszować; ***~ up*** wymyć, zmywać (*naczynia*); (*o morzu*) wyrzucić na brzeg; *s* mycie (się), pranie; płyn do płukania; pomyje; namuł
wash·a·ble ['wɒʃəbl] *adj* nadający się do prania
wash·basin ['wɒʃˌbeɪsn] *s* miednica; umywalka
wash·bowl ['wɒʃbəʊl] *s am.* = ***washbasin***
wash·er ['wɒʃə] *s* pomywacz; płuczka; *techn.* uszczelka; *am.* pralka
wash·er·wom·an ['wɒʃəˌwʊmən] *s* (*pl* ***washerwomen*** ['wɒʃəˌwɪmɪn]) praczka
wash·ing ['wɒʃɪŋ] *s* mycie, pranie; bielizna do prania; ***~ machine*** pralka
wash·out ['wɒʃaʊt] *s* podmycie terenu; *pot.* pech, klapa; pechowiec
wash·stand ['wɒʃstænd] *s* umywalka
wash·tub ['wɒʃtʌb] *s* balia
wasn't ['wɒznt] = ***was not***
wasp [wɒsp] *s zool.* osa
wast·age ['weɪstɪdʒ] *s* marnotrawstwo; *zbior.* straty; wybrakowany towar; *zbior.* odpadki
waste [weɪst] *adj* pusty, pustynny; jałowy; zużyty; niepotrzebny; ***~ land*** teren nieuprawny; nieużyt-

ki; ~ ***paper*** makulatura; ~ ***paper basket*** kosz na śmiecie; ~ ***products*** odpadki; ***to go*** ~ marnować się, niszczeć; ***to lie*** ~ leżeć odłogiem; ***to lay*** ~ pustoszyć; *s* marnowanie, marnotrawstwo; nieużytek; strata; ubytek; pustynia, pustkowie; *zbior.* odpadki; *vt* pustoszyć; marnować, niszczyć; *vi* niszczeć, psuć się; ubywać; ~ ***away*** marnieć, zanikać, niszczeć

waste·ful ['weɪstfl] *adj* marnotrawny

watch [wɒtʃ] *s* czuwanie; straż; zegarek; ***to be on the*** ~ wypatrywać, oczekiwać (***for sth*** czegoś), czatować; ***to keep*** ~ być na straży; pilnować (***on, over sth*** czegoś); *vi* czuwać; wyglądać (***for sth*** czegoś); czatować (***for sth*** na coś); pilnować (***over sth*** czegoś); *vt* uważać; obserwować, oglądać; śledzić

watch·ful ['wɒtʃfl] *adj* czujny, uważny

watch·mak·er ['wɒtʃˌmeɪkə] *s* zegarmistrz

watch·man ['wɒtʃmən] *s* (*pl* ***watchmen*** ['wɒtʃmən]) stróż

watch·tow·er ['wɒtʃˌtaʊə] *s* strażnica

watch·word ['wɒtʃwɜːd] *s wojsk.* hasło; slogan

wa·ter ['wɔːtə] *s* woda; ślina; *pl* ~***s*** fale; wody lecznicze; ***high*** ~ przypływ; ***low*** ~ odpływ; ***by*** ~ drogą wodną; ***to get into hot*** ~ popaść w tarapaty; ***in deep*** ~***s*** w opałach; ***still*** ~***s run deep*** cicha woda brzegi rwie; *vt* polać, nawodnić; poić (*zwierzę itp.*); ***to pass*** ~ oddać mocz; ~ ***skiing*** narciarstwo wodne; *vi* ciec, ślinić się; łzawić

wa·ter clos·et ['wɔːtəˌklɒzɪt] *s* klozet

wa·ter·col·our ['wɔːtəˌkʌlə] *s* akwarela

wa·ter·fall ['wɔːtəfɔːl] *s* wodospad

wa·ter glass ['wɔːtəglɑːs] *s* klepsydra wodna

wa·ter·ing can ['wɔːtərɪŋkæn] *s* konewka

wa·ter li·ly ['wɔːtəˌlɪlɪ] *s bot.* grzybień, lilia wodna

wa·ter·man ['wɔːtəmən] *s* (*pl* ***watermen*** ['wɔːtəmən]) przewoźnik; wioślarz

wa·ter·mark ['wɔːtəmɑːk] *s* znak wodny; wodowskaz

wa·ter·mel·on ['wɔːtəˌmelən] *s bot.* arbuz

wa·ter·proof ['wɔːtəpruːf] *adj* wodoszczelny, nieprzemakalny

wa·ter·shed ['wɔːtəʃed] *s* dział wód

wa·ter·side ['wɔːtəsaɪd] *s* brzeg

wa·ter sup·ply ['wɔːtəsəˌplaɪ] *s* sieć wodociągowa, zaopatrzenie w wodę

wa·ter·tight ['wɔːtətaɪt] *adj* wodoszczelny

wa·ter tow·er ['wɔːtəˌtaʊə] *s* wieża ciśnień

wa·ter·way ['wɔːtəweɪ] *s* droga wodna

wa·ter·works ['wɔːtəwɜːks] *s* zakład wodociągowy; wodociągi

wa·ter·y ['wɔːtərɪ] *adj* wodnisty

wat·tle ['wɒtl] *s* pręt; plecionka z prętów; *bot.* akacja australijska

wave [weɪv] *s* fala; falistość; machnięcie ręką, skinienie; *vi* falować; machać, skinąć (***to sb*** na kogoś); *vt* witać, żegnać (***one's hand*** machnięciem ręki), powiewać (***one's handkerchief*** chusteczką)

wave·band ['weɪvbænd] *s* (*w radiu*) zakres fal

wa·ver ['weɪvə] *vi* chwiać się, wahać się

wav·y ['weɪvɪ] *adj* falisty

wax 1. [wæks] *vi* (*o księżycu*) przybywać

wax 2. [wæks] *s* wosk; *vt* woskować

way [weɪ] *s* droga; kierunek; sposób; właściwość, zwyczaj, sposób postępowania; ***~ in*** wejście; ***~ out*** wyjście; ***by ~ of London*** przez Londyn; ***by ~ of*** za pomocą; zamiast; w charakterze; w celu; w formie; ***by the ~*** à propos, nawiasem mówiąc; ***any ~*** w jakikolwiek sposób; w każdym razie; ***this ~*** tędy; w ten sposób; ***that ~*** tamtędy; ***to clear the ~*** usuwać przeszkody; ***to have one's ~*** postawić na swoim; ***let him have his ~*** niech robi, co chce; ***to keep out of the ~*** trzymać się na uboczu; ***to make ~*** ustąpić; ***to make one's ~*** odbywać drogę; ***to stand in the ~*** przeszkadzać, zawadzać; ***over the ~*** po drugiej stronie drogi; ***some ~ or other*** tym czy innym sposobem; ***under ~*** w trakcie, w przygotowaniu

way·far·er ['weɪˌfeərə] *s* wędrowiec, podróżnik

way·lay [weɪ'leɪ] *vt* (*formy zob.* ***lay***) czaić się, napaść z zasadzki (***sb*** na kogoś)

way·side ['weɪsaɪd] *s* brzeg drogi; *adj attr* przydrożny

way·ward ['weɪwəd] *adj* przewrotny; kapryśny; krnąbrny

way·worn ['weɪwɔːn] *adj* znużony podróżą

we [wiː, wɪ] *pron pl* my

weak [wiːk] *adj* słaby, wątły

weak·en ['wiːkən] *vt* osłabić; *vi* osłabnąć

weak·ling ['wiːklɪŋ] *s* cherlak, chuchro

weak·ly ['wiːklɪ] *adj* słabowity

weak·ness ['wiːknəs] *s* słabość

weal [wiːl] = ***wale***

wealth [welθ] *s* bogactwo

wealth·y ['welθɪ] *adj* bogaty

wean [wiːn] *vt* odłączyć od piersi (*dziecko*); odsunąć, odzwyczaić (***from sth*** od czegoś)

weap·on ['wepən] *s* broń; ***nuclear ~*** broń nuklearna

W

wear** [weə] *vt vi* (wore*** [wɔː], ***worn*** [wɔːn]) nosić (*na sobie, np. odzież, ozdobę*), nosić się; znosić (się); zużyć (się); wyczerpać, zmęczyć; (*o czasie*) upływać; ***~ away*** zużyć (się), znosić (się), zniszczyć (się), wyczerpać (się); skończyć (się); ***~ down*** zedrzeć, zniszczyć; *s* noszenie; odzież, strój; trwałość (*materiału*); zużycie; ***~ and tear*** zużycie, zniszczenie

wea·ri·ness ['wɪərɪnəs] *s* zmęczenie; nuda

wea·ri·some ['wɪərɪsəm] *adj* męczący; nudny

wea·ry ['wɪərɪ] *adj* zmęczony; męczący, nużący; *vt vi* męczyć (się), nużyć (się)

wea·sel ['wiːzl] *s zool.* łasica

weath·er ['weðə] *s* pogoda; *vt* wystawiać na działanie atmosferyczne; przetrwać, wytrzymać (*burzę*); *przen.* stawić czoło; *vi* wietrzeć; ***~ forecast*** prognoza pogody

weath·er-beat·en ['weðəˌbiːtn] *adj* zahartowany; (*o cerze*) ogorzały

weath·er·cock ['weðəkɒk] *s* chorągiewka (*na dachu, wieży itp.*), kurek

weath·er fore·cast ['weðəˌfɔːkɑːst] *s* prognoza pogody

weath·er glass ['weðəglɑːs] *s* barometr

weath·er sta·tion ['weðəˌsteɪʃn] *s* stacja meteorologiczna

weave** [wiːv] *vt* (wove*** [wəʊv], ***woven*** ['wəʊvn]) tkać; *przen.* snuć, układać wątek; knuć (*spisek*)

weav·er ['wiːvə] *s* tkacz

web [web] *s* tkanina; pajęczyna; tkanka; płetwa

wed [wed] *vt* poślubić; połączyć, skojarzyć; *vi* ożenić się, wyjść za mąż

we'd [wiːd] = ***we had, we should, we would***

wed·ding ['wedɪŋ] *s* ślub, wesele; ***~ ring*** obrączka ślubna

wedge [wedʒ] *s* klin; *vt* zaklinować; rozbić klinem
wed·lock ['wedlɒk] *s* stan małżeński; małżeństwo
Wednes·day ['wenzdeɪ] *s* środa
weed [wi:d] *s* chwast; *pot.* tytoń, papieros; *vt* (*także* **~ out**) plewić, oczyszczać z chwastów
weeds [wi:dz] *s pl* (*zw.* **widow's ~**) wdowia żałoba
week [wi:k] *s* tydzień; **by the ~** tygodniowo
week·day ['wi:kdeɪ] *s* dzień powszedni
week·end [ˌwi:k'end] *s* koniec tygodnia, weekend
week·ly ['wi:klɪ] *adj* tygodniowy; *adv* tygodniowo; *s* tygodnik
***weep** [wi:p] *v* (**wept, wept** [wept]) *vi* płakać; *vt* opłakiwać
weft [weft] *s* wątek (*tkaniny*)
weigh [weɪ] *vt vi* ważyć; **~ down** przeważać, przygniatać; **~ out** rozważać; *mors.* **~ anchor** podnieść kotwicę
weight [weɪt] *s* (*także przen.*) waga; znaczenie, doniosłość; ciężar; odważnik; **to lose ~** chudnąć; **to put on ~** tyć; *vt* obciążać; **~ lifting** podnoszenie ciężarów
weight·y ['weɪtɪ] *adj* ciężki; ważny, ważki; przekonywający
weir [wɪə] *s* grobla, tama
weird [wɪəd] *adj* fatalny; niesamowity, tajemniczy, dziwny; *s lit.* fatum; niesamowite zdarzenie; czary
wel·come ['welkəm] *adj* mile widziany; **to make ~** gościnnie przywitać; **you are ~ to do as you please** rób, co ci się żywnie podoba; **to be ~ to do sth** mieć swobodę w zrobieniu czegoś, móc korzystać z upoważnienia; **you are ~** *am.* bardzo proszę; nie ma za co (dziękować); *s* przywitanie, gościnne przyjęcie; **to bid ~** serdecznie witać; *vt* powitać, gościnnie przyjąć; *int* witaj!, witajcie!
weld [weld] *vt vi* spawać (się); *s* spawanie; spoina
wel·fare ['welfeə] *s* dobrobyt, powodzenie; **~ work** dobroczynność; praca społeczna; **social ~** opieka społeczna; **~ state** państwo z rozbudowanym systemem opieki społecznej
well 1. [wel] *adv* (*comp* **better**, *sup* **best**) dobrze; odpowiednio; chętnie; **as ~** równie dobrze, również; **as ~ as** zarówno jak; **~ read** oczytany; **~ done!** brawo!, doskonale!; **~ done** (*zw. o mięsie*) wysmażone; wypieczone; *adj praed* zdrowy; pomyślny; w porządku; **to be ~** być zdrowym; mieć się dobrze; **to be ~ off** żyć dostatnio, być zamożnym; **to get ~** wyzdrowieć; **~ up in sth** dobrze z czymś obeznany, coś dobrze opanowane; *int* no, no!; nareszcie!; a więc, otóż; **~ then?** a więc?
well 2. [wel] *s* studnia, źródło; szyb; *vi* (*zw.* **~ up, ~ out**) tryskać, buchać
we'll [wi:l] = **we shall, we will**
well-ad·vised [ˌweləd'vaɪzd] *adj* rozsądny, roztropny
well-bal·anced [ˌwel'bælənst] *adj* zrównoważony
well-be·haved [ˌwelbɪ'heɪvd] *adj* dobrze wychowany, układny
well-be·ing [ˌwel'bi:ɪŋ] *s* powodzenie, pomyślność; dobre samopoczucie
well-bred [ˌwel'bred] *adj* dobrze wychowany
well-nigh [ˌwel'naɪ] *adv poet.* nieomal, prawie
well-off [ˌwel'ɒf] *adj* dobrze sytuowany, zamożny; *s pl* **the ~s** zamożni
well-to-do [ˌweltə'du:] *adj pot.* zamożny; **be ~** mieć szczęście
well-worn [ˌwel'wɔ:n] *adj* znoszony; oklepany
Welsh [welʃ] *adj* walijski; *s* język walijski
Welsh·man ['welʃmən] *s* (*pl*

Welshmen ['welʃmən]) Walijczyk
wel·ter ['weltə] *vi* przewalać się, tarzać się; *s* zamieszanie, chaos
wench [wentʃ] *s pot.* dziewka (*zw. wiejska*)
went [went] *zob.* ***go***
wept [wept] *zob.* ***weep***
were [wɜː] *zob.* ***be***
we're [wɪə] = ***we are***
weren't [wɜːnt] = ***were not***
west [west] *s* zachód; *adj* zachodni; *adv* na zachód
west·er·ly ['westəlɪ] *adj* (*o kierunku*) zachodni; (*o wietrze*) z zachodu; *adv* na zachód
west·ern ['westən] *adj* zachodni; *s* człowiek z zachodu; film z życia Dzikiego Zachodu, western
west·ward ['westwəd] *adj* (*o kierunku*) zachodni, zwrócony ku zachodowi; *adv* ku zachodowi
west·wards ['westwədz] *adv* ku zachodowi, na zachód
wet [wet] *adj* mokry; dżdżysty; *am.* używający alkoholu; *s* wilgoć; dżdżysta pogoda; *vt* moczyć, zwilżać
we've [wiːv] = ***we have***
whack [wæk] *vt* grzmotnąć; *s* głośne uderzenie; *pot.* próba; udział, cząstka
whale [weɪl] *s zool.* wieloryb; *vi* polować na wieloryby
whale·bone ['weɪlbəʊn] *s* fiszbin
whal·er ['weɪlə] *s* łowca wielorybów; statek do połowu wielorybów
wharf [wɔːf] *s* (*pl* ***~s*** *lub* ***wharves*** [wɔːvz]) przystań, nadbrzeże
what [wɒt] *adj* co; jaki; ile; to co, ten, co za; ***~ for?*** po co?; ***~ are these apples?*** ile kosztują te jabłka?; ***~ is he like?*** jak on wygląda?, jaki on jest?; ***~ if ...*** cóż, że ..., co z tego, że ...; ***~'s up?*** co się dzieje?; ***~ use is it?*** na co się to przyda?
what·ev·er [wɒt'evə] *adj* cokolwiek, jakikolwiek; ***not any ~*** w ogóle żaden; ***I'll tell you ~*** coś ci powiem; ***not anything ~*** w ogóle nic
what's [wɒts] = ***what is***
what·so·ev·er [ˌwɒtsəʊ'evə] = ***whatever***
wheat [wiːt] *s bot.* pszenica
whee·dle ['wiːdl] *vt* przypochlebiać się, wdzięczyć się; skłonić
wheel [wiːl] *s* koło; kierownica; ***spare ~*** koło zapasowe; *mors.* ster; *vt vi* toczyć (się), kręcić (się); wozić (*np. na taczkach*)
wheel·bar·row ['wiːlˌbærəʊ] *s* taczka
wheel·chair ['wiːltʃeə] *s* wózek inwalidzki
wheeze [wiːz] *vi* sapać; *s* sapanie
whelp [welp] *s* szczenię; *vi* oszczenić się
when [wen] *adv* kiedy; *pron* gdy, kiedy; ***since ~*** odkąd; ***till ~*** dokąd, do czasu, gdy
whence [wens] *adv* skąd; *pron* skąd, z którego (*także* ***from ~***); w następstwie czego
where [weə] *adv conj pron* gdzie, dokąd; ***from ~*** skąd
where·a·bouts [ˌweərə'bauts] *adv* gdzie mniej więcej; *s* ['weərəbauts] miejsce pobytu
where·as [weər'æz] *conj* podczas gdy
where·by [weə'baɪ] *adv conj* przez co; *rel.* za pomocą (*czego, którego*)
where·fore ['weəfɔː] *adv* dlaczego, dlaczego to; dlatego
wher·ev·er [weər'evə] *adv* gdziekolwiek, dokądkolwiek
where·with [weə'wɪð] = ***with what, with which***
whet [wet] *vt* ostrzyc; podniecać, pobudzać
wheth·er ['weðə] *conj* czy
whet·stone ['wetstəʊn] *s* kamień do ostrzenia
whey [weɪ] *s* serwatka
which [wɪtʃ] *pron* który; co
which·ev·er [wɪtʃ'evə], **which-**

W

so·ev·er [ˌwɪtʃsəʊ'evə] *pron* którykolwiek
whiff [wɪf] *s* podmuch, dmuchnięcie; kłąb dymu; *vt vi* pykać
Whig [wɪg] *s bryt. hist. polit.* wig
while [waɪl] *s* chwila; ***for a ~*** na chwilę; chwilowo; ***for the ~*** tymczasem; na razie; ***it's worth ~*** warto, opłaci się; *conj* podczas gdy, gdy; *vt **~ away*** spędzać beztrosko (***the time*** czas)
whilst [waɪlst] *conj* (podczas) gdy
whim [wɪm] *s* grymas, zachcianka
whim·per ['wɪmpə] *vi* kwilić, skomleć; *s* kwilenie, skomlenie
whim·si·cal ['wɪmzɪkl] *adj* kapryśny; dziwaczny
whim·sy ['wɪmzɪ] *s* kaprys; urojenie
whine [waɪn] *vi* jęczeć, skomleć; jęk, skomlenie
whin·ny ['wɪnɪ] *vi* rżeć; *s* rżenie
whip [wɪp] *s* bicz; woźnica; *vt* biczować, bić batem; ubijać; *vi* szybko umknąć
whir [wɜː] *vi* warkotać; *s* warkot
whirl [wɜːl] *s* wir; *vt vi* wirować, krążyć, kręcić się
whirl·pool ['wɜːlpuːl] *s* wir (*wodny*)
whirl·wind ['wɜːlwɪnd] *s* trąba powietrzna
whirr [wɜː] = ***whir***
whisk [wɪsk] *s* kosmyk; miotełka; trzepaczka; machnięcie; śmignięcie; *vt* zmiatać; machać; śmigać; *vi* zniknąć, umknąć
whisk·ers ['wɪskəz] *s pl* bokobrody, baczki; wąsy (*u zwierząt*)
whis·ky, *am.* **whis·key** ['wɪskɪ] *s* whisky
whis·per ['wɪspə] *vt vi* szeptać; *s* szept
whis·tle ['wɪsl] *s* gwizd, świst; gwizdek; *vt vi* gwizdać, świstać
whit [wɪt] *s* odrobina; ***no ~*** ani krzty, wcale
white [waɪt] *adj* biały; *s* biel, biały kolor; biały człowiek; białko; *vt* bielić
whit·en ['waɪtn] *vt* bielić; *vi* bieleć
white·wash ['waɪtwɒʃ] *s* wapno do bielenia; wybielanie; *vt* bielić, wybielać
whith·er ['wɪðə] *adv pron* dokąd
whit·ing ['waɪtɪŋ] *s* bielidło
whit·tle ['wɪtl] *vt* strugać; *przen.* stopniowo zmniejszać
whiz(z) [wɪz] *vi* świszczeć; świst
who [huː] *pron* kto; *przypadek dzierżawczy* **whose** [huːz]; *przypadek dopełnienia* **whom** [huːm] kto, który, którzy
who·dun·it [ˌhuː'dʌnɪt] *s pot.* kryminał, powieść kryminalna; film kryminalny
who·ev·er [huː'evə] *pron* ktokolwiek
whole [həʊl] *adj* cały; *mat.* całkowity; *s* całość; ***as a ~*** w całości; ***on the ~*** na ogół
whole·sale ['həʊlseɪl] *s* hurt, sprzedaż hurtowa; *adj* hurtowy; *adv* hurtem
whole·some ['həʊlsəm] *adj* (*o klimacie itp.*) zdrowy
who'll [huːl] = ***who will***
whol·ly ['həʊllɪ] *adv* całkowicie
whom *zob.* ***who***
whoop·ing-cough ['huːpɪŋkɒf] *s med.* koklusz
whore ['hɔː] *s wulg.* kurwa, dziwka
whose *zob.* ***who***
why [waɪ] *adv* dlaczego; *int* przecież!, jak to!, oczywiście!; ***that is ~*** dlatego też
wick [wɪk] *s* knot
wick·ed ['wɪkɪd] *adj* zły, niegodziwy
wick·er ['wɪkə] *s* łozina; wyrób koszykarski
wick·et ['wɪkɪt] *s* furtka; okienko (kasowe); *sport* bramka (*w krykiecie*)
wide [waɪd] *adj* szeroki, obszerny; daleki (***of sth*** od czegoś); *adv* szeroko; daleko
wide-awake [ˌwaɪdə'weɪk] *adj* czujny, uważny

wid·en ['waɪdn] *vt vi* rozszerzyć (się)
wide·spread ['waɪdspred] *adj* rozpowszechniony
wid·ow ['wɪdəʊ] *s* wdowa; ***grass ~*** słomiana wdowa
wid·ow·er ['wɪdəʊə] *s* wdowiec
width [wɪdθ] *s* szerokość
wield [wi:ld] *vt* dzierżyć, władać
wife [waɪf] *s* (*pl* ***wives*** [waɪvz]) żona
wig [wɪg] *s* peruka
wig·wam ['wɪgwæm] *s* wigwam, szałas (*indiański*)
wild [waɪld] *adj* dziki; szalony; pustynny; fantastyczny; *pot.* zły, rozgniewany; *s* dzika okolica; pustynia; ***~life*** przyroda w stanie naturalnym
wil·der·ness ['wɪldənəs] *s* dzika przestrzeń; puszcza
wild·fire ['waɪld,faɪə] *s przen.* (*o wiadomości itp.*) ***to spread like ~*** szerzyć się lotem błyskawicy
wile [waɪl] *s* podstęp, fortel; *vt* podstępnie zwabić, zwieść
wil·ful ['wɪlfl] *adj* umyślny; samowolny, uparty
will [wɪl] *s* wola; testament; zapał; *v aux* (*służy do tworzenia czasu przyszłego*); ***he ~ do it*** on to zrobi; *vt* chcieć; (*wyraża prośbę*): ***~ you sit down*** proszę usiąść
will·ing ['wɪlɪŋ] *adj* chętny
will-o'-the-wisp [,wɪləðə'wɪsp] *s* błędny ognik
wil·low ['wɪləʊ] *s bot.* wierzba
wil·low·y ['wɪləʊɪ] *adj* porosły wierzbami; giętki
wil·ly-nil·ly [,wɪlɪ'nɪlɪ] *adv pot.* chcąc nie chcąc
wil·y ['waɪlɪ] *adj* chytry
win** [wɪn] *vt vi* (won, won*** [wʌn]) zyskać; wygrać; zwyciężyć; zdobyć; ***~ over*** pozyskać sobie (*kogoś*); ***to ~ the day*** odnieść zwycięstwo
wince [wɪns] *vi* drgnąć, skrzywić się (*z bólu*); *s* drgnięcie
winch [wɪntʃ] *s* dźwig; korba

wind 1. [wɪnd] *s* wiatr; dech; ***to get ~*** zwęszyć (***of sth*** coś); *vt* węszyć; *vt* [waɪnd] dąć (***the horn*** w róg)
wind 2.** [waɪnd] *vt vi* (wound, wound*** [waʊnd]) wić (się), kręcić (się), nawijać, nakręcać; ***~ off*** odwijać (się); ***~ up*** nawinąć, nakręcić; zlikwidować; skończyć (*gdzieś, jako*)
wind·cheat·er ['wɪnd,tʃi:tə] *am.* **wind·break·er** ['wɪnd,breɪkə] *s* wiatrówka
wind·fall ['wɪndfɔ:l] *s* spad owocowy; niespodziewane szczęście, gratka
wind in·stru·ment ['wɪnd,ɪnstrəmənt] *s muz.* instrument dęty
wind·lass ['wɪndləs] *s* kołowrót, wyciąg
wind·mill ['wɪndmɪl] *s* wiatrak
win·dow ['wɪndəʊ] *s* okno
win·dow dres·sing ['wɪndəʊ,dresɪŋ] *s* urządzenie wystawy sklepowej; *przen.* gra pozorów, poza, obłuda
win·dow·pane ['wɪndəʊpeɪn] *s* szyba okienna
win·dow-shop·ping ['wɪndəʊ,ʃɒpɪŋ] *s* oglądanie wystaw sklepowych
wind·screen ['wɪndskri:n] *s mot.* szyba przednia; ***~ wiper*** wycieraczka
wind·surf·ing ['wɪnd,sɜ:fɪŋ] *s* żeglowanie na desce
wind·y ['wɪndɪ] *adj* wietrzny
wine [waɪn] *s* wino
wing [wɪŋ] *s* skrzydło; *lotn.* dywizjon; *teatr pl* ***~s*** kulisy; *vt* uskrzydlić; *vi* lecieć; ***~ the air*** (*o ptaku*) unosić się w powietrzu
wink [wɪŋk] *vt vi* mrugać; patrzeć przez palce (***at sth*** na coś); *s* mrugnięcie
win·ner ['wɪnə] *s* wygrywający, zwycięzca
win·ning ['wɪnɪŋ] *adj* zwycięski, wygrywający; ujmujący; *s* wygrana

win·now ['wɪnəʊ] *vt* wiać (*ziarno, zboże*); przesiewać; przebierać
win·ter ['wɪntə] *s* zima; *vi* zimować
win·try ['wɪntrɪ] *adj* zimowy; *przen.* chłodny, nieprzyjazny
wipe [waɪp] *vt* (*także* ~ ***off***) ścierać, wycierać
wire ['waɪə] *s* drut; *am. pot.* depesza; ***to pull the ~s*** wpłynąć na bieg sprawy, poruszyć wszystkie sprężyny; *vt am.* depeszować; ~ ***tapping*** podsłuch telefoniczny
wir·y ['waɪərɪ] *adj* druciany; muskularny, żylasty
wis·dom ['wɪzdəm] *s* mądrość
wise 1. [waɪz] *adj* mądry; *lit. poet.* ~ ***man*** czarodziej; ~ ***woman*** czarownica; ~ ***guy*** mądrala, mędrek; ***to be ~*** dowiedzieć się (***to sth*** o czymś); zmądrzeć, mądrze postąpić
wise 2. [waɪz] *s* sposób
wise·crack ['waɪzkræk] *s* dowcip; dowcipna uwaga
wish [wɪʃ] *vt vi* życzyć (*sobie*), pragnąć, czekać z utęsknieniem (***for sth*** na coś); *s* życzenie; ochota
wish·ful ['wɪʃfl] *adj* pragnący; ~ ***thinking*** pobożne życzenia; myślenie życzeniowe
wisp [wɪsp] *s* wiązka, kosmyk
wist·ful ['wɪstfl] *adj* zadumany; tęskny
wit [wɪt] *s* rozum; dowcip; dowcipniś; człowiek inteligentny; *pl* ***~s*** zdrowy rozum, zdolności; ***to be at one's ~s' end*** nie wiedzieć, co robić; ***to have slow ~s*** być tępym
witch [wɪtʃ] *s* czarownica, wiedźma
witch·craft ['wɪtʃkrɑːft] *s* czary; czarnoksięstwo
with [wɪð] *praep* (razem) z, przy, u, za pomocą
with·draw** [wɪð'drɔː] *vt vi* (*formy zob.* ***draw) cofać (się); odchodzić; odwoływać; odsuwać; zabierać
with·draw·al [wɪð'drɔːəl] *s* wycofanie (się); odwołanie; zabranie
with·er ['wɪðə] *vi* usychać, zamierać, zanikać; *vt* wysuszać, powodować zanik
with·hold** [wɪð'həʊld] *vt* (*formy zob.* ***hold) wstrzymać; odmówić; wycofać
with·in [wɪð'ɪn] *praep* wewnątrz; w obrębie; w zasięgu; w granicach (*czasu, przestrzeni*); *adv* wewnątrz, w środku; w domu
with·out [wɪð'aʊt] *praep* bez; na zewnątrz; *adv* na zewnątrz; na dworze
with·stand** [wɪð'stænd] *vi vt* (*formy zob.* ***stand) opierać się, oponować; wytrzymywać
wit·ness ['wɪtnəs] *s* świadectwo; świadek; zeznanie; ***to bear ~*** świadczyć (***to sth*** o czymś); *vt* poświadczać; być świadkiem (***sth*** czegoś); potwierdzać
wit·ti·cism ['wɪtɪsɪzm] *s* dowcip, bystra uwaga
wit·ty ['wɪtɪ] *adj* dowcipny
wives *zob.* ***wife***
wiz·ard ['wɪzəd] *s* czarodziej
wob·ble ['wɒbl] *vi* chwiać się, kiwać się
woe [wəʊ] *s poet.* nieszczęście, niedola; ~ ***to ...!*** biada ...!
woke, woken *zob.* ***wake***
wolf [wʊlf] *s* (*pl* ***wolves*** [wʊlvz]) wilk; ***to cry ~*** podnieść fałszywy alarm
wolf-cub ['wʊlfkʌb] *s zool.* wilczę; (*w harcerstwie*) zuch
wolves *zob.* ***wolf***
wom·an ['wʊmən] *s* (*pl* ***women*** ['wɪmɪn]) kobieta; ***women's liberation movement*** = ***women's lib*** ruch na rzecz wyzwolenia kobiet
wom·an·hood ['wʊmənhʊd] *s* kobiecość; *zbior.* kobiety
wom·an·ish ['wʊmənɪʃ] *adj* kobiecy; zniewieściały
wom·an·izer ['wʊmənaɪzə] *s pot.* kobieciarz

wom·an·kind ['wumənkaınd] *s zbior.* kobiety, ród kobiecy
wom·an·ly ['wumənlı] *adj* kobiecy
womb [wu:m] *s anat.* macica; (*także przen.*) łono
wom·en *zob.* ***woman***
wom·en·folk ['wımınfəuk] *s zbior. pot.* kobiety
won *zob.* ***win***
won·der [wʌndə] *s* cud; dziwo; zdziwienie; ***no ~*** nic dziwnego; *vt* dziwić się (***at sth*** czemuś); być ciekawym, chcieć wiedzieć; ***I ~ where he is*** ciekaw jestem, gdzie on jest
won·der·ful ['wʌndəfl] *adj* cudowny; zadziwiający
wont [wəunt] *s* przyzwyczajenie, zwyczaj; *adj praed* przyzwyczajony, mający zwyczaj; ***to be ~*** mieć zwyczaj; *vi* mieć zwyczaj
won't [wəunt] = ***will not***
wont·ed ['wəuntıd] *adj* zwyczajny, zwykły
woo [wu:] *vi* zalecać się, umizgiwać się (***sb*** do kogoś); *przen.* ubiegać się (***sth*** o coś)
wood [wud] *s* drzewo, drewno; (*także* ***~s***) las; *vt* zalesiać; ***~wind instruments*** instrumenty drewniane
wood·cut ['wudkʌt] *s* drzeworyt
wood·cut·ter ['wud,kʌtə] *s* drwal; drzeworytnik
wood·en ['wudn] *adj* drewniany; *przen.* głupi, tępy
wood en·grav·er ['wudın,greıvə] *s* drzeworytnik
wood·land ['wudlənd] *s* lesista okolica
wood·man ['wudmən] *s* (*pl* ***woodmen*** ['wudmən]) gajowy; drwal
wood·peck·er ['wud,pekə] *s zool.* dzięcioł
wood pulp ['wudpʌlp] *s* miazga drzewna; masa papiernicza
wood·work ['wudwɜ:k] *s* wyroby z drewna
wood·y ['wudı] *adj* lesisty; drzewny
woof [wu:f] = ***weft***
wool [wul] *s* wełna; ***to lose one's ~*** rozzłościć się; ***much cry and little ~*** dużo hałasu o nic
wool·len ['wulən] *adj* wełniany
wool·ly ['wulı] *adj* wełnisty; *przen.* mętny, mglisty
wool·sack ['wulsæk] *s* worek z wełną; poduszka z wełny
word [wɜ:d] *s* wyraz, słowo; wiadomość; rozkaz; hasło; ***a play upon ~s*** gra słów; ***to keep one's ~*** dotrzymywać słowa; ***upon my ~!*** słowo daję!; ***by ~ of mouth*** ustnie; ***to have a ~ with sb*** zamienić z kimś parę słów; *vt* ująć w słowa, wyrazić; ***~ processor*** *komp.* edytor tekstu
word·ing ['wɜ:dıŋ] *s* słowne ujęcie, sformułowanie
word·y ['wɜ:dı] *adj* wielosłowny, rozwlekły
wore *zob.* ***wear***
work [wɜ:k] *s* praca; dzieło, utwór; uczynek; ***~station*** *komp.* stacja robocza; ***at ~*** czynny; przy pracy; ***out of ~*** nieczynny; bezrobotny; ***to make short ~*** szybko uporać się (***of sth*** z czymś); ***to set to ~*** zabrać się do roboty; zaprząc do roboty; *pl* ***~s*** fabryka, warsztat; zakłady (*przemysłowe*); mechanizm; *wojsk.* fortyfikacja; *vt vi* pracować, odpracowywać; odrabiać; działać; manipulować; wprawiać w ruch; zmuszać do pracy, eksploatować; ***~ off*** oderwać się; pozbyć się; ***~ out*** wypracować; wyjść, okazać się; rozwiązać (*np. zadanie*); zrealizować; ***~ over*** przerobić, obrobić; ***~ up*** wypracować; podnosić (się); podniecić
work·a·ble ['wɜ:kəbl] *adj* nadający się do obróbki; wykonalny
work·a·hol·ic [,wɜ:kə'hɒlık] *s pot.* pracuś, pracoholik
work·day ['wɜ:kdeı] *s* dzień powszedni

W

work·er ['wɜːkə] *s* pracownik, robotnik
work·house ['wɜːkhaʊs] *s* dom dla ubogich, przytułek
work·ing ['wɜːkɪŋ] *adj* pracujący; czynny; ***the ~ class*** klasa pracująca; świat pracy; ***in ~ order*** w stanie używalności; ***~ capital*** kapitał obrotowy; ***~ costs*** koszty eksploatacji; ***~ knowledge of English*** praktyczna znajomość angielskiego; *s* działanie; obróbka; eksploatacja
work·man ['wɜːkmən] *s* (*pl* ***workmen*** ['wɜːkmən]) robotnik, pracownik (fizyczny)
work·man·ship ['wɜːkmənʃɪp] *s* sztuka, umiejętność, zręczność; wykonanie wyrób (fachowy)
work·people ['wɜːkˌpiːpl] *s pl* pracownicy, świat pracy
work·shop ['wɜːkʃɒp] *s* warsztat
work·wom·an ['wɜːkˌwʊmən] *s* (*pl* ***workwomen*** ['wɜːkˌwɪmɪn]) pracownica (fizyczna)
world [wɜːld] *s* świat; ziemia, kula ziemska; sfery (*naukowe itp.*); mnóstwo; ***the next ~, the ~ to come*** tamten świat; ***to go out of this ~*** zejść z tego świata; ***a ~ of trouble*** cała masa kłopotu; ***not for all the ~*** za nic w świecie
world·ly ['wɜːldlɪ] *adj* światowy; świecki; ziemski
worm [wɜːm] *s* robak; dżdżownica; *vt* ***to ~ one's way*** przekradać się; *vr* ***~ oneself*** wkręcić się
worm gear ['wɜːmˌgɪə] *s techn.* przekładnia ślimakowa
worm wheel ['wɜːmwiːl] *s techn.* koło ślimakowe
worm·wood ['wɜːmwʊd] *s bot.* piołun
worm·y ['wɜːmɪ] *adj* robaczywy
worn *zob.* ***wear***
wor·ry ['wʌrɪ] *vt vi* martwić (się), niepokoić (się), dręczyć (się); *s* zmartwienie, troska, niepokój
worse [wɜːs] *adj* (*comp od* ***bad, ill***) gorszy; bardziej chory; ***to be ~*** czuć się gorzej; *adv* gorzej; *s* gorsza rzecz, coś gorszego
wors·en ['wɜːsn] *vt vi* pogorszyć (się)
wor·ship ['wɜːʃɪp] *s* kult, oddawanie czci, nabożeństwo; *vt* czcić, wielbić; *vi* być na nabożeństwie
worst [wɜːst] *adj* (*sup od* ***bad, ill***) najgorszy; *adv* najgorzej; ***at the ~*** w najgorszym razie; *vt* pokonać
worth [wɜːθ] *adj* wart, zasługujący; ***it is ~ reading*** warto to przeczytać; ***it isn't ~ while*** nie warto; to niewarte zachodu; *s* wartość
wor·thy ['wɜːðɪ] *adj* godny, zasługujący (***of sth*** na coś); *s* człowiek godny, wybitna jednostka
would [wʊd] *p i conditional od* ***will***
would-be ['wʊdbiː] *attr* rzekomy; niedoszły
wound 1. *zob.* ***wind 2.***
wound 2. [wuːnd] *s* rana; *vt* ranić
wove, wov·en *zob.* ***weave***
wrack [ræk] = ***wreck***; ***to go to ~ and ruin*** ulec zagładzie; wykoleić się
wran·gle ['ræŋgl] *s* kłótnia, spór; *vi* spierać się
wrap [ræp] *vt* (*także* ***~ up***) owijać, pakować; *s* szal, chusta
wrap·per ['ræpə] *s* opakowanie
wrath [wrɒθ] *s lit.* gniew
wreath [riːθ] *s* (*pl* ***~s*** [riːðz]) wieniec, girlanda; kłąb (*np. dymu*)
wreathe [riːð] *vt* pleść, zwijać; *vi* kłębić się
wreck [rek] *s* rozbicie (*statku*); szczątki, wrak; rozbitek; *vt vi* rozbić (się), zniszczyć
wreck·age ['rekɪdʒ] *s* rozbicie; szczątki rozbitego okrętu
wrench [rentʃ] *s* skręt; zwichnięcie; szarpnięcie; *techn.* klucz (*nakrętkowy*); *vt* skręcić; zwichnąć; szarpnąć; ***~ out*** wyrwać

wrest [rest] *vt* wyrwać (***sth from sb*** coś komuś)
wres·tle ['resl] *vt* wyrwać, wydzierać; *vi* borykać się, zmagać się (*w zapasach*)
wres·tler ['reslə] *s sport* zapaśnik
wres·tling ['reslɪŋ] *s sport* zapaśnictwo; ***all-in ~*** wolna amerykanka (*walka zapaśnicza, w której nie ma ograniczeń co do sposobu jej prowadzenia*)
wretch [retʃ] *s* nieszczęśnik; łajdak, nikczemnik
wretch·ed ['retʃɪd] *adj* nieszczęśliwy, godny pożałowania; nędzny; lichy
wrig·gle ['rɪgl] *vt vi* wywijać (się), skręcać (się), wyginać (się)
wring** [rɪŋ] *vt* (wrung, wrung*** [rʌŋ]) wyciskać, wyżymać; wymuszać; skręcać; ***to ~ one's hands*** załamywać ręce
wring·er ['rɪŋə] *s* wyżymaczka
wrin·kle ['rɪŋkl] *s* zmarszczka, fałd; *vt vi* marszczyć (się)
wrist [rɪst] *s* przegub
wrist·band ['rɪstbænd] *s* mankiet
wrist·watch ['rɪstwɒtʃ] *s* zegarek na rękę
write** [raɪt] *vt vi* (wrote*** [rəʊt], ***written*** ['rɪtn]) pisać, wypisywać; ***to ~ a good hand*** mieć ładny charakter pisma; ***~ back*** odpisać; ***~ down*** zapisać; ***~ out*** napisać w całości, przepisać, wypisać; ***~ over*** przepisać; ***~ up*** doprowadzić do dnia bieżącego (*np. pamiętnik*); chwalić, napisać pochwałę
writ·er ['raɪtə] *s* pisarz
writhe [raɪð] *vt vi* wić (się), skręcać (się)
writ·ing ['raɪtɪŋ] *s* pismo; utwór; dokument
writ·ten *zob.* ***write***
wrong [rɒŋ] *adj* niesłuszny; niewłaściwy; fałszywy; niesprawiedliwy; nieodpowiedni, nie w porządku, niedobry; ***~ side*** lewa strona (*materiału*); ***to be*** (***in the***) ***~*** nie mieć racji; ***to go ~*** chybić; popsuć się; ***sth is ~*** coś nie w porządku; *adv* niesłusznie, źle, nie w porządku; *s* krzywda, niesprawiedliwość; zło; błąd; wina; wykroczenie; ***to do sb ~*** wyrządzić komuś krzywdę; ***to do ~*** źle postępować; *vt* krzywdzić, szkodzić, być niesprawiedliwym
wrong·do·er ['rɒŋˌduːə] *s* winowajca, grzesznik
wrong·ful ['rɒŋfl] *adj* niesprawiedliwy, szkodliwy, krzywdzący
wrote *zob.* ***write***
wrought [rɔːt] *adj* obrobiony; (*o metalu*) kuty
wrung *zob.* ***wring***
wry [raɪ] *adj* krzywy, skręcony; ***to make a ~ face*** skrzywić się, zrobić kwaśną minę

X

xen·o·pho·bi·a [ˌzenə'fəʊbɪə] *s* ksenofobia
xe·rox ['zɪərɒks] *vt i s* kserować; kserograf
Xmas ['eksməs, 'krɪsməs] = ***Christmas*** (*skrót w piśmie*)
X-ray ['eksreɪ] *vt* prześwietlać (*promieniami Roentgena*); *adj* ['eksreɪ] rentgenowski; *s pl* ***~s*** ['eksreɪz] promienie rentgenowskie; ***~ examination*** prześwietlenie
xy·log·ra·phy [zaɪ'lɒgrəfɪ] *s* drzeworytnictwo
xy·lo·phone ['zaɪləfəʊn] *s* ksylofon

Y

yacht [jɒt] *s* jacht; *vi* pływać jachtem
Yan·kee ['jæŋkɪ], *pot.* **Yank** ['jæŋk] *s* Jankes
yard 1. [jɑːd] *s* jard, *mors.* reja
yard 2. [jɑːd] *s* dziedziniec; podwórko; ogródek
yarn [jɑːn] *s* przędza
yawl [jɔːl] *s* jolka (*łódź żaglowa*)
yawn [jɔːn] *vi* ziewać; zionąć; *s* ziewanie
yea [jeɪ] = **yes**; *s* głos za wnioskiem (*w głosowaniu*)
year [jɪə] *s* rok; **~ by ~** rok za rokiem; **~ in ~ out** jak rok długi, rokrocznie; **to grow in ~s** starzeć się
year·book ['jɪəbʊk] *s* rocznik (*np. statystyczny*)
year·ly ['jɪəlɪ] *adj* roczny, coroczny; *adj* corocznie; raz na rok
yearn [jɜːn] *vi* tęsknić (**for sb, sth** za kimś, za czymś)
yearn·ing ['jɜːnɪŋ] *s* tęsknota
yeast [jiːst] *s* drożdże
yell [jel] *vt vi* wyć (**with pain** z bólu); wykrzykiwać; *s* wycie
yel·low ['jeləʊ] *adj* żółty; *przen.* tchórzliwy; zazdrosny; *s* żółta barwa; żółtko; *vt* barwić na żółto; *vi* żółknąć; **Yellow Pages** żółte strony (*książka teleadresowa w zakresie handlu i instytucji*)
yel·low·ish ['jeləʊɪʃ] *adj* żółtawy
yelp [jelp] *vi* skomleć; *s* skomlenie
yeo·man ['jəʊmən] *s* (*pl* **yeomen** ['jəʊmən]) *bryt.* chłop, rolnik; *hist.* drobny właściciel ziemski; **Yeoman of the Guard** żołnierz królewskiej straży przybocznej
yes [jes] *adv* tak
yes·ter·day ['jestədɪ] *adv* wczoraj; *s* dzień wczorajszy; **the day before ~** przedwczoraj
yet [jet] *adv* jeszcze; (*w pytaniach*) już; przecież, jednak; **as ~** jak dotąd, na razie; **not ~** jeszcze nie
yew [juː] *s bot.* cis
yield [jiːld] *vt* wytwarzać, wydawać; dostarczać; dać (*wynik, itd.*); przyznawać; oddawać; *vi* ulegać, poddawać się, ustępować; *s* produkcja; wynik; wydajność; plon
yoke [jəʊk] *s* jarzmo; *przen.* władza; *vt* ujarzmiać; zaprzęgnąć
yo·kel ['jəʊkl] *s uj.* chłopek, kmiotek; prostak
yolk [jəʊk] *s* żółtko
yon·der ['jɒndə] *adv lit.* tam, po tamtej stronie; *pron adj* tamten
you [juː, jʊ] *pron* ty, wy, pan, pani, państwo; *tłumaczy się bezosobowo, np.:* **~ can never tell** nigdy nie wiadomo
you'd [juːd] = **you had, you would**
you'll [juːl] = **you will**
young [jʌŋ] *adj* młody, młodzieńczy; niedoświadczony; *s zbior.* (*o zwierzętach*) młode, potomstwo; **the ~** *pl* młodzież
young·ster ['jʌŋstə] *s* chłopak, młodzik
your [jɔː, jʊə] *adj* twój, wasz, pański *itd.*
you're [jɔː, jʊə] = **you are**
yours [jɔːz, jʊəz] *pron* twój, wasz, pański *itd.*; **~ truly** szczerze oddany (*w zakończeniu listu*)
your·self [jɔː'self] *pron* ty sam, pan sam *itd.*; siebie, sobie, się; *pl* **yourselves** [jɔː'selvz] wy sami, państwo sami *itd.*; siebie, sobie, się
youth [juːθ] *s* młodość; **the ~** młodzież; młody człowiek; (*pl* **~s** [juːðz]) młodzi; **~ hostel** schronisko młodzieżowe
youth·ful ['juːθfl] *adj* młodzieńczy
you've [juːv] = **you have**

yup·pie, yup·py ['jʌpɪ] *s* = ***young urban professional*** yuppie (*młody, ciężko pracujący człowiek, który dużo zarabia i prowadzi ostentacyjnie wystawny tryb życia*)

Z

zeal [zi:l] *s* gorliwość
zeal·ot ['zelət] *s* gorliwiec
zeal·ous ['zeləs] *adj* gorliwy
ze·bra ['zebrə] *s zool.* zebra; **~ *crossing*** przejście dla pieszych
ze·nith ['zenɪθ] *s* zenit
zeph·yr ['zefə] *s* zefir
ze·ro ['zɪərəʊ] *s* zero; *fiz.* ***absolute ~*** zero bezwzględne; *wojsk.* **~ *hour*** godzina rozpoczęcia działania
zest [zest] *s* przyprawa, aromat; pikanteria; chęć, zapał
zig·zag ['zɪgzæg] *s* zygzak
zinc [zɪŋk] *s chem.* cynk
zip [zɪp] *s* suwak, zamek błyskawiczny; świszczący dźwięk (*np. pocisku*); **~ *code*** *am.* kod pocztowy
zip fas·ten·er ['zɪp,fɑ:snə], **zip·per** ['zɪpə], **zip** [zɪp] *s* zamek błyskawiczny
zith·er ['zɪðə] *s muz.* cytra
zlo·ty ['zlɒtɪ] *s* (*pl* **~s**) złoty (*waluta polska*)
zo·di·ac ['zəʊdɪæk] *s astr.* zodiak; ***the signs of the ~*** znaki zodiaku
zom·bie ['zɒmbɪ] *s* zombie, żywy trup (*wg wierzeń niektórych szczepów karaibskich i afrykańskich*); *ktoś powolny w ruchach, w mowie*
zone [zəʊn] *s* pas, strefa
zoo [zu:] *s* ogród zoologiczny
zo·o·log·i·cal [,zəʊə'lɒdʒɪkl] *adj* zoologiczny; **~ *garden*** ogród zoologiczny
zo·ol·o·gy [zəʊ'ɒlədʒɪ] *s* zoologia
zoom [zu:m] *vi* przemknąć z hukiem; wzrosnąć; **~ *lens*** *s* teleobiektyw

LIST OF IRREGULAR VERBS
CZASOWNIKI NIEREGULARNE*

* Czasowników modalnych (modal verbs) o jednej tylko formie, jak np. *ought*, lub dwóch formach, jak np. *can*, *could*, należy szukać w odpowiednich miejscach słownika.

Bezokolicznik **Infinitive**	**Czas przeszły** **Simple Past Tense**	**Imiesłów czasu przeszłego** **Past Participle**
abide [ə'baɪd]	abode [ə'bəʊd]	abode [ə'bəʊd]
arise [ə'raɪz]	arose [ə'rəʊz]	arisen [ə'rɪzn]
awake [ə'weɪk]	awoke [ə'wəʊk]	awoken [ə'wəʊkən]
be [biː]	was [wɒz, wəz] *pl* were [wɜː, wə]	been [biːn]
bear [beə]	bore [bɔː]	borne [bɔːn] born [bɔːn]
beat [biːt]	beat [biːt]	beaten ['biːtn]
become [bɪ'kʌm]	became [bɪ'keɪm]	become [bɪ'kʌm]
befall [bɪ'fɔːl]	*formy zob.* fall	
beget [bɪ'get]	begot [bɪ'gɒt]	begotten [bɪ'gɒtn]
begin [bɪ'gɪn]	began [bɪ'gæn]	begun [bɪ'gʌn]
behold [bɪ'həʊld]	beheld [bɪ'held]	beheld
bend [bend]	bent [bent]	bent [bent]
beseech [bɪ'siːtʃ]	besought [bɪ'sɔːt] beseeched [bɪ'siːtʃt]	besought [bɪ'sɔːt] beseeched [bɪ'siːtʃt]
beset [bɪ'set]	beset [bɪ'set]	beset [bɪ'set]
bet [bet]	bet [bet]	bet [bet]
bid [bɪd]	bade [bæd, beɪd] bid [bɪd]	bidden ['bɪdn] bid [bɪd]
bind [baɪnd]	bound [baʊnd]	bound [baʊnd]
bite [baɪt]	bit [bɪt]	bitten ['bɪtn]
bleed [bliːd]	bled [bled]	bled [bled]
blow [bləʊ]	blew [bluː]	blown [bləʊn]
break [breɪk]	broke [brəʊk]	broken ['brəʊkən]
breed [briːd]	bred [bred]	bred [bred]
bring [brɪŋ]	brought [brɔːt]	brought [brɔːt]
broadcast ['brɔːdkɑːst]	broadcast ['brɔːkɑːst] broadcasted	broadcast ['brɔːdkɑːst] broadcasted
build [bɪld]	built [bɪlt]	built [bɪlt]
burn [bɜːn]	burnt [bɜːnt] burned [bɜːnd]	burnt [bɜːnt] burned [bɜːnd]
bust [bʌst]	bust [bʌst] busted	bust [bʌst] busted
burst [bɜːst]	burst [bɜːst]	burst [bɜːst]
buy [baɪ]	bought [bɔːt]	bought [bɔːt]
cast [kɑːst]	cast [kɑːst]	cast [kɑːst]
catch [kætʃ]	caught [kɔːt]	caught [kɔːt]

chide [tʃaɪd]	chided	chided
	chid [tʃɪd]	chidden ['tʃɪdn]
choose [tʃuːz]	chose [tʃəʊz]	chosen ['tʃəʊzn]
cleave [kliːv]	cleft [kleft]	cleft [kleft]
	clove [kləʊv]	cloven ['kləʊvn]
cling [klɪŋ]	clung [klʌŋ]	clung [klʌŋ]
come [kʌm]	came [keɪm]	come [kʌm]
cost [kɒst]	cost [kɒst]	cost [kɒst]
creep [kriːp]	crept [krept]	crept [krept]
cut [kʌt]	cut [kʌt]	cut [kʌt]
deal [diːl]	dealt [delt]	dealt [delt]
dig [dɪg]	dug [dʌg]	dug [dʌg]
do [duː]	did [dɪd]	done [dʌn]
draw [drɔː]	drew [druː]	drawn [drɔːn]
dream [driːm]	dreamt [dremt]	dreamt [dremt]
	dreamed [driːmd]	dreamed [driːmd]
drink [drɪŋk]	drank [dræŋk]	drunk [drʌŋk]
drive [draɪv]	drove [drəʊv]	driven ['drɪvn]
dwell [dwel]	dwelt [dwelt]	dwelt [dwelt]
	dwelled [dweld]	dwelled [dweld]
eat [iːt]	ate [et, *am.* eɪt]	eaten ['iːtn]
fall [fɔːl]	fell [fel]	fallen ['fɔːlən]
feed [fiːd]	fed [fed]	fed [fed]
feel [fiːl]	felt [felt]	felt [felt]
fight [faɪt]	fought [fɔːt]	fought [fɔːt]
find [faɪnd]	found [faʊnd]	found [faʊnd]
flee [fliː]	fled [fled]	fled [fled]
fling [flɪŋ]	flung [flʌŋ]	flung [flʌŋ]
fly [flaɪ]	flew [fluː]	flown [fləʊn]
forbear [fɔː'beə]	*formy zob.* bear 2.	
forbid [fə'bɪd]	forbade [fə'beɪd]	forbidden [fə'bɪdn]
forecast ['fɔːkɑːst]	forecast ['fɔːkɑːst]	forecast ['fɔːkɑːst]
	forecasted	forecasted
foresee [fɔː'siː]	foresaw [fɔː'sɔː]	foreseen [fɔː'siːn]
foretell [fɔː'tel]	foretold [fɔː'təʊld]	foretold [fɔː'təʊld]
forget [fə'get]	forgot [fə'gɒt]	forgotten [fə'gɒtn]
forgive [fə'gɪv]	forgave [fə'geɪv]	forgiven [fə'gɪvn]
forgo [fə'gəʊ]	*formy zob.* go	
forsake [fə'seɪk]	forsook [fə'sʊk]	forsaken [fə'seɪkən]
freeze [friːz]	froze [frəʊz]	frozen ['frəʊzn]
gainsay [ˌgeɪn'seɪ]	*formy zob.* say	
get [get]	got [gɒt]	got [gɒt]
		am. gotten ['gɒtn]
gird [gɜːd]	girded ['gɜːdɪd]	girded ['gɜːdɪd]
	girt [gɜːt]	girt [gɜːt]
give [gɪv]	gave [geɪv]	given ['gɪvn]
go [gəʊ]	went [went]	gone [gɒn]
grind [graɪnd]	ground [graʊnd]	ground [graʊnd]
grow [grəʊ]	grew [gruː]	grown [grəʊn]
hang [hæŋ]	hung [hʌŋ]	hung [hʌŋ]

	hanged [hæŋd]	hanged [hæŋd]
have [hæv]	had [hæd]	had [hæd]
hear [hɪə]	heard [hɜːd]	heard [hɜːd]
hide [haɪd]	hid [hɪd]	hidden ['hɪdn]
heave [hiːv]	hove [həʊv] heaved	hove [həʊv] heaved
hew [hjuː]	hewed [hjuːd]	hewn [hjuːn] hewed
hit [hɪt]	hit [hɪt]	hit [hɪt]
hold [həʊld]	held [held]	held [held]
hurt [hɜːt]	hurt [hɜːt]	hurt [hɜːt]
interweave [ˌɪntə'wiːv]	*formy zob.* weave	
keep [kiːp]	kept [kept]	kept [kept]
kneel [niːl]	knelt [nelt]	knelt [nelt]
knit [nɪt]	knit [nɪt] knitted ['nɪtɪd]	knit [nɪt] knitted ['nɪtɪd]
know [nəʊ]	knew [njuː]	known [nəʊn]
lay [leɪ]	laid [leɪd]	laid [leɪd]
lead [liːd]	led [led]	led [led]
lean [liːn]	leant [lent] leaned [liːnd]	leant [lent] leaned [liːnd]
leap [liːp]	leapt [lept] leaped [liːpt, lept]	leapt [lept] leaped [liːpt, lept]
learn [lɜːn]	learnt [lɜːnt] learned [lɜːnd]	learnt [lɜːnt] learned [lɜːnd]
leave [liːv]	left [left]	left [left]
lend [lend]	lent [lent]	lent [lent]
let [let]	let [let]	let [let]
lie [laɪ]	lay [leɪ]	lain [leɪn]
light [laɪt]	lit [lɪt] lighted ['laɪtɪd]	lit [lɪt] lighted ['laɪtɪd]
lose [luːz]	lost [lɒst]	lost [lɒst]
make [meɪk]	made [meɪd]	made [meɪd]
mean [miːn]	meant [ment]	meant [ment]
meet [miːt]	met [met]	met [met]
mislay [mɪs'leɪ]	*formy zob.* lay 1.	
mislead [mɪs'liːd]	misled [mɪs'led]	misled [mɪs'led]
misspell [ˌmɪs'spel]	*formy zob.* spell 3.	
mistake [mɪ'steɪk]	mistook [mɪ'stʊk]	mistaken [mɪ'steɪkən]
misunderstand [ˌmɪsʌndə'stænd]	misunderstood [ˌmɪsʌndə'stʊd]	misunderstood [ˌmɪsʌndə'stʊd]
mow [məʊ]	mowed [məʊd]	mown [məʊn], *am.* mowed [məʊd]
outbid [ˌaʊt'bɪd]	outbid	outbid outbidden [ˌaʊt'bɪdn]
outdo [ˌaʊt'duː]	outdid [ˌaʊt'dɪd]	outdone [ˌaʊt'dʌn]
outgo [ˌaʊt'gəʊ]	*formy zob.* go	
outgrow [ˌaʊt'grəʊ]	*formy zob.* grow	
outride [ˌaʊt'raɪd]	*formy zob.* ride	

outrun [ˌaʊt'rʌn]	*formy zob.* run	
overbear [ˌəʊvə'beə]	*formy zob.* bear	
overcast [ˌəʊvə'kɑːst]	*formy zob.* cast	
overcome [ˌəʊvə'kʌm]	overcame [ˌəʊvə'keɪm]	overcome [ˌəʊvə'kʌm]
overdo [ˌəʊvə'duː]	overdid [ˌəʊvə'dɪd]	overdone [ˌəʊvə'dʌn]
overdraw [ˌəʊvə'drɔː]	*formy zob.* draw	
overeat [ˌəʊvər'iːt]	*formy zob.* eat	
overgrow [ˌəʊvə'grəʊ]	*formy zob.* grow	
overhang [ˌəʊvə'hæŋ]	*formy zob.* hang	
overhear [ˌəʊvə'hɪə]	overheard [ˌəʊvə'hɜːd]	overheard [ˌəʊvə'hɜːd]
overpay [ˌəʊvə'peɪ]	*formy zob.* pay	
override [ˌəʊvə'raɪd]	*formy zob.* ride	
overrun [ˌəʊvə'rʌn]	*formy zob.* run	
oversleep [ˌəʊvə'sliːp]	*formy zob.* sleep	
overspread [ˌəʊvə'spred]	*formy zob.* spread	
overtake [ˌəʊvə'teɪk]	*formy zob.* take	
overthrow [ˌəʊvə'θrəʊ]	*formy zob.* throw	
pratake [pɑː'teɪk]	partook [pɑː'tʊk]	partaken [pɑː'təɪkən]
pay [peɪ]	paid [peɪd]	paid [peɪd]
put [pʊt]	put [pʊt]	put [pʊt]
read [riːd]	read [red]	read [red]
rid [rɪd]	rid [rɪd] ridded ['rɪdɪd]	rid [rɪd] ridded ['rɪdɪd]
ride [raɪd]	rode [rəʊd]	ridden ['rɪdn]
ring [rɪŋ]	rang [ræŋ]	rung [rʌŋ]
rise [raɪz]	rose [rəʊz]	risen ['rɪzn]
rough-hew [ˌrʌf'hjuː]	*formy zob.* hew	
run [rʌn]	ran [ræn]	run [rʌn]
saw [sɔː]	sawed [sɔːd]	sawn [sɔːn] *am.* sawed [sɔːd]
say [seɪ]	said [sed]	said [sed]
see [siː]	saw [sɔː]	seen [siːn]
seek [siːk]	sought [sɔːt]	sought [sɔːt]
sell [sel]	sold [səʊld]	sold [səʊld]
send [send]	sent [sent]	sent [sent]
set [set]	set [set]	set [set]
sew [səʊ]	sewed [səʊd]	sewn [səʊn] *am.* sewed [səʊd]
shake [ʃeɪk]	shook [ʃʊk]	shaken ['ʃeɪkən]
shear [ʃɪə]	sheared [ʃɪəd]	shorn [ʃɔːn]
shed [ʃed]	shed [ʃed]	shed [ʃed]
shine [ʃaɪn]	shone [ʃɒn]	shone [ʃɒn]
shoe [ʃuː]	shod [ʃɒd]	shod [ʃɒd]
shoot [ʃuːt]	shot [ʃɒt]	shot [ʃɒt]
show [ʃəʊ]	showed [ʃəʊd]	shown [ʃəʊn] showed [ʃəʊd]

shrink [ʃrɪŋk]	shrank [ʃræŋk]	shrunk [ʃrʌŋk]
shut [ʃʌt]	shut [ʃʌt]	shut [ʃʌt]
sing [sɪŋ]	sang [sæŋ]	sung [sʌŋ]
sink [sɪŋk]	sank [sæŋk]	sunk [sʌŋk]
sit [sɪt]	sat [sæt]	sat [sæt]
slay [sleɪ]	slew [sluː]	slain [sleɪn]
sleep [sliːp]	slept [slept]	slept [slept]
slide [slaɪd]	slid [slɪd]	slid [slɪd]
sling [slɪŋ]	slung [slʌŋ]	slung [slʌŋ]
slink [slɪŋk]	slunk [slʌŋk]	slunk [slʌŋk]
slit [slɪt]	slit [slɪt]	slit [slɪt]
smell [smel]	smelt [smelt] smelled [smeld]	smelt [smelt] smelled [smeld]
smite [smaɪt]	smote [sməʊt]	smitten ['smɪtn]
sow [səʊ]	sowed [səʊd]	sown [səʊn] sowed [səʊd]
speak [spiːk]	spoke [spəʊk]	spoken ['spəʊkən]
speed [spiːd]	sped [sped] speeded ['spiːdɪd]	sped [sped] speeded ['spiːdɪd]
spell [spel]	spelt [spelt] spelled [speld]	spelt [spelt] spelled [speld]
spend [spend]	spent [spent]	spent [spend]
spill [spɪl]	spilt [spɪlt] *am.* spilled [spɪld]	spilt [spɪlt] *am.* spilled [spɪld]
spin [spɪn]	span [spæn] spun [spʌn]	spun [spʌn]
spit [spɪt]	spat [spæt] spit [spɪt]	spat [spæt] spit [spɪt]
split [splɪt]	split [splɪt]	split [splɪt]
spoil [spɔɪl]	spoilt [spɔɪlt] spoiled [spɔɪld]	spoilt [spɔɪlt] spoiled [spɔɪld]
spread [spred]	spread [spred]	spread [spred]
spring [sprɪŋ]	sprang [spræŋ] *am.* sprung [sprʌŋ]	sprung [sprʌŋ]
stand [stænd]	stood [stʊd]	stood [stʊd]
stave [steɪv]	staved stove [stəʊv]	staved stove [stəʊv]
stick [stɪk]	stuck [stʌk]	stuck [stʌk]
sting [stɪŋ]	stung [stʌŋ]	stung [stʌŋ]
stink [stɪŋk]	stank [stæŋk] *am.* stunk [stʌŋk]	stunk [stʌŋk]
strew [struː]	strewed [struːd]	strewn [struːn] strewed [struːd]
stride [straɪd]	strode [strəʊd]	stridden ['strɪdn]
strike [straɪk]	struck [strʌk]	struck [strʌk]
string [strɪŋ]	strung [strʌŋ]	strung [strʌŋ]
strive [straɪv]	strove [strəʊv]	striven ['strɪvn]
swear [sweə]	swore [swɔː]	sworn [swɔːn]
sweep [swiːp]	swept [swept]	swept [swept]
swell [swel]	swelled [sweld]	swollen ['swəʊlən]

swim [swɪm]	swam [swæm]	swum [swʌm]
swing [swɪŋ]	swung [swʌŋ]	swung [swʌŋ]
take [teɪk]	took [tʊk]	taken ['teɪkən]
teach [tiːtʃ]	taught [tɔːt]	taught [tɔːt]
tear [teə]	tore [tɔː]	torn [tɔːn]
tell [tel]	told [təʊld]	told [təʊld]
think [θɪŋk]	thought [θɔːt]	thought [θɔːt]
thrive [θraɪv]	throve [θrəʊv] thrived [θraɪvd]	thriven ['θrɪvn] thrived [θraɪvd]
throw [θrəʊ]	threw [θruː]	thrown [θrəʊn]
thrust [θrʌst]	thrust [θrʌst]	thrust [θrʌst]
tread [tred]	trod [trɒd] *am.* treaded	trodden ['trɒdn] trod [trɒd]
unbend [ˌʌn'bend]	*formy zob.* bend	
unbind [ˌʌn'baɪnd]	*formy zob.* bind	
undergo [ˌʌndə'gəʊ]	*formy zob.* go	
underlay [ˌʌndə'leɪ]	*formy zob.* lay 1.	
underlie [ˌʌndə'laɪ]	*formy zob.* lie 1.	
underpay [ˌʌndə'peɪ]	*formy zob.* pay	
undersell [ˌʌndə'sel]	*formy zob.* sell	
understand [ˌʌndə'stænd]	understood [ˌʌndə'stʊd]	understood [ˌʌndə'stʊd]
undertake [ˌʌndə'teɪk]	undertook [ˌʌndə'tʊk]	undertaken [ˌʌndə'teɪkən]
underwrite [ˌʌndə'raɪt]	*formy zob.* write	
undo [ʌn'duː]	*formy zob.* do	
unlearn [ˌʌn'lɜːn]	*formy zob.* learn	
unstick [ˌʌn'stɪk]	*formy zob.* stick	
uphold [ʌp'həʊld]	*formy zob.* hold	
uprise [ʌp'raɪz]	*formy zob.* rise	
upset [ˌʌp'set]	upset [ˌʌp'set]	upset [ˌʌp'set]
wake [weɪk]	woke [wəʊk] waked [weɪkt]	woken ['wəʊkən] waked [weɪkt]
wear [weə]	wore [wɔː]	worn [wɔːn]
weave [wiːv]	wove [wəʊv]	woven ['wəʊvn]
weep [wiːp]	wept [wept]	wept [wept]
win [wɪn]	won [wʌn]	won [wʌn]
wind [waɪnd]	wound [waʊnd]	wound [waʊnd]
withdraw [wɪð'drɔː]	withdrew [wɪð'druː]	withdrawn [wɪð'drɔːn]
withhold [wɪð'həʊld]	withheld [wɪð'held]	withheld [wɪð'held]
withstand [wɪð'stænd]	withstood [wɪð'stʊd]	withstood [wɪð'stʊd]
wring [rɪŋ]	wrung [rʌŋ]	wrung [rʌŋ]
write [raɪt]	wrote [rəʊt]	written ['rɪtn]

GEOGRAPHICAL NAMES
NAZWY GEOGRAFICZNE*

* Uwaga: skróty *Ils i Mts* odpowiadają wyrazom *Islands i Mountains.*

Afghanistan [æf'gænɪstæn] Afganistan
Africa ['æfrɪkə] Afryka
Albania [æl'beɪnɪə] Albania
Algeria [æl'dʒɪərɪə] Algieria (*kraj*)
Alps [ælps] Alpy
America [ə'merɪkə] Ameryka
Andes ['ændi:z] Andy
Antarctic [ænt'ɑ:ktɪk], Antarktyda
Apennines ['æpənaɪnz] Apeniny
Arctic ['ɑ:ktɪk] Arktyka
Argentina [ˌɑ:dʒən'ti:nə] Argentyna
Asia ['eɪʃə] Azja
Athens ['æθnz] Ateny
Australia [ɒ'streɪlɪə] Australia
Austria ['ɒstrɪə] Austria
Baltic ['bɔ:ltɪk] Bałtyk
Baltic Sea [ˌbɔ:ltɪk'si:] Morze Bałtyckie
Beijing [ˌbeɪ'dʒɪŋ] Pekin
Belgium ['beldʒəm] Belgia
Berlin [bɜ:'lɪn] Berlin
Bosnia ['bɒznɪə] Bośnia
Brazil [brə'zɪl] Brazylia (*państwo*)
Britain = **Great Britain**
Brussels ['brʌslz] Bruksela
Bucharest [ˌbu:kə'rest] Bukareszt
Budapest [ˌbju:də'pest] Budapeszt
Bulgaria [bʌl'geərɪə] Bułgaria
Byelorussia [bɪˌeləʊ'rʌʃə] Białoruś
Cambodia [kæm'bəʊdɪə] Kambodża
Cambridge ['keɪmbrɪdʒ] Cambridge
Canada ['kænədə] Kanada
Canberra ['kænbərə] Canberra
Carpathians [kɑ:'peɪθɪənz] Karpaty
Chicago [ʃɪ'kɑ:gəʊ] Chicago
Chile ['tʃɪlɪ] Chile
China ['tʃaɪnə] Chiny
Colorado [ˌkɒlə'rɑ:dəʊ] Kolorado
Copenhagen [ˌkəʊpən'heɪgən] Kopenhaga
Cracow ['krækaʊ] Kraków
Croatia [krəʊ'eɪʃə] Chorwacja
Cyprus ['saɪprəs] Cypr
Czech Republic [ˌtʃekrɪ'pʌblɪk] Republika Czeska
Danube ['dænju:b] Dunaj
Delhi ['delɪ] Delhi
Denmark ['denmɑ:k] Dania
Dublin ['dʌblɪn] Dublin
Edinburgh ['edɪnbrə] Edynburg
Egypt ['i:dʒɪpt] Egipt
England ['ɪŋglənd] Anglia
Estonia [e'stəʊnɪə] Estonia
Europe ['jʊərəp] Europa
Finland ['fɪnlənd] Finlandia
France [frɑ:ns] Francja
Geneva [dʒə'ni:və] Genewa
Germany ['dʒɜ:mənɪ] Niemcy
Great Britain [ˌgreɪt'brɪtn] Wielka Brytania
Greece [gri:s] Grecja
Greenwich ['grenɪtʃ] Greenwich
Hague, the [heɪg] Haga
Hebrides ['hebrədi:z] Hebrydy
Helsinki [hel'sɪŋkɪ] Helsinki
Holland ['hɒlənd] Holandia
Houston ['hju:stən] Houston
Hungary ['hʌŋgərɪ] Węgry
Iceland ['aɪslənd] Islandia
India ['ɪndɪə] Indie (*państwo*); Półwysep Indyjski
Indonesia [ˌɪndəʊ'ni:zɪə] Indonezja
Iran [ɪ'rɑ:n] Iran
Iraq [ɪ'rɑ:k] Irak
Ireland ['aɪələnd] Irlandia
Israel ['ɪzreɪl] Izrael
Italy ['ɪtəlɪ] Włochy
Japan [dʒə'pæn] Japonia
Kiev ['ki:ef] Kijów

Laos ['laʊs] Laos
Latvia ['lætvɪə] Łotwa
Lebanon ['lebənən] Liban
Leicester ['lestə] Leicester
Libya ['lɪbɪə] Libia
Lisbon ['lɪzbən] Lizbona
Lithuania [ˌlɪθjuː'eɪnɪə] Litwa
London ['lʌndən] Londyn
Los Angeles [lɒs'ændʒəliːz] Los Angeles
Luxembourg ['lʌksəmbɜːg] Luksemburg
Macedonia [ˌmæsɪ'dəʊnɪə] Macedonia
Malaysia [mə'leɪzɪə] Malezja
Mediterranean Sea [ˌmedɪtəreɪnɪən'siː] Morze Śródziemne
Melbourne ['melbən] Melbourne
Mexico ['meksɪkəʊ] Meksyk
Mississippi [ˌmɪsɪ'sɪpɪ] Missisipi
Moldavia [mɒl'deɪvɪə] Mołdawia
Montreal [ˌmɒntrɪ'ɔːl] Montreal
Morocco [mə'rɒkəʊ] Maroko
Moscow ['mɒskəʊ] Moskwa
Netherlands, the ['neðələndz] Niderlandy, Holandia
New Zealand [ˌnjuː'ziːlənd] Nowa Zelandia
Nigeria [naɪ'dʒɪərɪə] Nigeria
North Sea [ˌnɔːθ'siː] Morze Północne
Norway ['nɔːweɪ] Norwegia
Oxford ['ɒksfəd] Oksford, Oxford
Pakistan [ˌpɑːkɪ'stɑːn] Pakistan
Paris ['pærɪs] Paryż
Peking [ˌpiː'kɪŋ] Pekin
Persian Gulf [ˌpɜːʃn'gʌlf] Zatoka Perska
Peru [pə'ruː] Peru
Philippines ['fɪlɪpiːnz] Filipiny
Plymouth ['plɪməθ] Plymouth
Poland ['pəʊlənd] Polska
Portugal ['pɔːtʃʊgl] Portugalia
Prague [prɑːg] Praga
Quebec [kwɪ'bek] Quebec
Rockies ['rɒkɪz], **Rocky Mts** [ˌrɒkɪ'maʊntɪnz] Góry Skaliste
Romania [ruː'meɪnɪə] Rumunia
Rome [rəʊm] Rzym
Rumania [ruː'meɪnɪə] Rumunia
Russia ['rʌʃə] Rosja
Saudi Arabia [ˌsaʊdɪə'reɪbɪə] Arabia Saudyjska
Scandinavia [ˌskændɪ'neɪvɪə] Skandynawia
Scotland ['skɒtlənd] Szkocja
Serbia ['sɜːbɪə] Serbia
Seoul [səʊl] Seul
Sicily ['sɪsəlɪ] Sycylia
Singapore [ˌsɪŋə'pɔː] Singapur
Slovakia [sləʊ'vækɪə] Słowacja
Slovenia [sləʊ'viːnɪə] Słowenia
Spain [speɪn] Hiszpania
Stockholm ['stɒkhəʊm] Sztokholm
Sweden ['swiːdn] Szwecja
Switzerland ['swɪtsələnd] Szwajcaria
Sydney ['sɪdnɪ] Sydney
Syria ['sɪrɪə] Syria
Taiwan [ˌtaɪ'wɑːn] Tajwan
Thailand ['taɪlænd] Tajlandia
Thames [temz] Tamiza
Tibet [tɪ'bet] Tybet
Tokyo ['təʊkɪəʊ] Tokio
Tunisia [tjuː'nɪzɪə] Tunezja (*kraj*)
Turkey ['tɜːkɪ] Turcja
Ukraine [juː'kreɪn] Ukraina
United Kingdom of Great Britain and Northern Ireland [juːˌnaɪtɪdˌkɪŋdəməvˌgreɪt'brɪtnəndˌnɔːðn'aɪələnd] Zjednoczone Królestwo Wielkiej Brytanii i Północnej Irlandii
United States of America [juːˌnaɪtɪdˌsteɪtsəvə'merɪkə] Stany Zjednoczone Ameryki Północnej
Venezuela [ˌvenə'zweɪlə] Wenezuela
Vilnius ['vɪlnɪəs] Wilno
Vienna [vɪ'enə] Wiedeń
Vistula ['vɪstjʊlə] Wisła
Volga ['vɒlgə] Wołga
Wales [weɪlz] Walia
Warsaw ['wɔːsɔː] Warszawa
Washington ['wɒʃɪŋtən] Waszyngton
Yugoslavia [ˌjuːgəʊ'slɑːvɪə] Jugosławia

LIST OF COMMON ABBREVIATIONS

SPIS NAJCZĘŚCIEJ UŻYWANYCH SKRÓTÓW

a/c; A/c, A/C ***account/current*** *bank.* rachunek bieżący; ***alternating current*** *elektr.* prąd zmienny; ***for account*** na rachunek

AC ***ante Christum*** *łac.* ***before Christ*** przed narodzeniem Chrystusa, p.n.e.

aft. ***afternoon*** popołudnie

AIDS ***Acquired Immune Deficiency Syndrome*** – AIDS

alc. ***alcohol*** alkohol

am ***ante meridiem*** *łac.* ***before noon*** przed południem

Am. ***America*** Ameryka; ***American*** amerykański

arr. ***arrives*** przyjeżdża (*w rozkładzie jazdy pociągów itp.*)

ASCII ***American Standard Code for Information Interchange*** *komp.* kod ASCII

Asst ***assistant*** asystent

attn ***attention*** do rąk

Av., Ave ***Avenue*** aleja, ulica

b. ***born*** urodzony

BA ***Bachelor of Arts*** bakałarz nauk humanistycznych; ***British Airways*** Brytyjskie Linie Lotnicze

b&b ***bed and breakfast*** pokój ze śniadaniem

BC ***before Christ*** przed Chrystusem; p.n.e.; ***British Council*** Brytyjska Rada Wymiany Kulturalnej

bldg, Bldg ***building*** budynek

BLitt ***Bachelor of Letters*** bakałarz literatury

blvd, Blvd ***boulevard*** bulwar

BR ***British Rail*** Brytyjskie Koleje Państwowe

Brit. ***Britain*** Wielka Brytania; ***British*** brytyjski

Bros ***Brothers*** bracia (*w nazwach firm*)

BSc ***Bachelor of Science*** bakałarz nauk matematyczno-przyrodniczych

c, c. ***cent; central; circa*** cent; centralny; około

CAD ***computer-aided design*** projektowanie wspomagane komputerowo

CD ***compact disc*** płyta kompaktowa; ***Corps Diplomatique*** *fr.* korpus dyplomatyczny

cf ***confer*** (***compare***) zobacz, porównaj

c.h., C.H. ***central heating*** centralne ogrzewanie

ch., chap. ***chapter*** rozdział

CIA ***Central Intelligence Agency*** Centralna Agencja Wywiadowcza (*w USA*)

CIS ***Commonwealth of Independent States*** Wspólnota Państw Niepodległych

cm ***centimetre*** centymetr

Co. ***Company*** kompania; towarzystwo, spółka

c/o ***care of*** z listami do ... (*w adresie*)

Co-op. ***Co-operative Society*** spółdzielnia, towarzystwo spółdzielcze

CV ***curriculum vitae*** życiorys (*zawodowy*)

cwt ***hundredweight*** cetnar (*waga*)

d. ***died; date; daughter; degree*** zmarł; data; córka; stopień

d/c, D/C ***direct current*** *elektr.* prąd stały

D.C. ***District of Columbia*** Dystrykt Kolumbii (*okręg stołeczny Waszyngtonu, stolicy St. Zjedn.*)

dep. ***departs*** odjeżdża (*w rozkładzie jazdy pociągów itp.*)

dept. ***department*** wydział, dział, oddział; *uniw.* katedra
doz. ***dozen*** tuzin
DPhil ***Doctor of Philosophy*** doktor filozofii
Dr ***Doctor*** doktor

E ***East; England; English*** wschód, wschodni okręg pocztowy w Londynie; Anglia; angielski
eg, e.g. ***exempli gratia*** *łac.* ***for example*** na przykład
enc(l). ***enclosed; enclosure*** w załączeniu; załącznik
Eng., Engl. ***England*** Anglia; ***English*** angielski
Esq. ***Esquire*** Wielmożny Pan (*tytuł w adresie, po nazwisku*)
etc, etc. ***et cetera*** *łac.* ***and so on*** i tak dalej
EU ***European Union*** Unia Europejska
exc. ***except*** z wyjątkiem
ext. ***extension*** (*telephone*) telefon wewnętrzny

F ***Fahrenheit*** w skali Fahrenheita
FBI ***Federal Bureau of Investigation*** *am.* Federalne Biuro Śledcze (*kontrwywiad USA*)
Fr ***Father*** ksiądz
Fr. ***French*** francuski
furn. ***furnished*** umeblowany

g = ***gram(me)*** gram
gal, gall ***gallon*** galon
GB ***Great Britain*** Wielka Brytania
gent(s) ***gentlemen*** panowie, dla panów
GMT ***Greenwich Mean Time*** średni czas zachodnioeuropejski (Greenwich)
Gov., Govt. ***Government*** rząd
GP ***general practitioner*** lekarz ogólny
GPO ***General Post Office*** *bryt.* Główny Urząd Pocztowy

h. ***hour(s)*** godzina, godziny
hf ***half*** połowa
Hi-Fi, hi-fi ***high fidelity*** wysoka wierność (*odtwarzania*)
H.M.S. ***His <Her> Majesty's Ship*** okręt Jego <Jej> Królewskiej Mości
hosp. ***hospital*** szpital; szpitalny
HP, h.p. ***horse power*** *techn.* koń mechaniczny
HQ ***Headquarters*** Kwatera Główna
HRH ***His <Her> Royal Highness*** Jego <Jej> Królewska Wysokość

ID ***identification*** (***document***) dokument tożsamości;
i.e. ***id est*** *łac.* ***that is*** to jest
in. ***inch*** cal
Inc. ***incorporated*** zarejestrowany; *am.* (~ ***company***) spółka o osobowości prawnej
incl. ***including*** włącznie
inst. ***instant*** (*of the current month*) bieżącego miesiąca
IOU ***I owe you*** rewers, *dosł.* jestem ci winien
IQ ***Intelligence Quotient*** iloraz inteligencji
IRA ***Irish Republican Army*** Irlandzka Armia Republikańska

jun., Jr, jr ***junior*** junior

kg ***kilogram*** kilogram
km ***kilometre*** kilometr
kw, kW ***kilowatt*** kilowat

l ***litre*** litr
LA ***Los Angeles*** Los Angeles
£ ***libra*** *łac.* ***pound sterling*** funt szterling (*pieniądz*)
lb ***libra*** *łac.* ***pound*** funt (*waga*)
l.h. ***left hand*** lewy, lewostronny
Lon., Lond. ***London*** Londyn
Ltd ***Limited*** (***Company***) spółka (z ograniczoną odpowiedzialnością)

m, m. ***metre*** metr; ***mile*** mila
MA ***Master of Arts*** magister nauk humanistycznych
max. ***maximum*** maksimum
MC ***Member of Congress*** *am.* Członek Kongresu
MD ***Medicinae Doctor*** *łac.* = ***Doctor of Medicine*** doktor medycyny
Messrs ***Messieurs*** Panowie (*w nazwach firm*)
mg ***milligram*(s)** miligram(y)
mins ***minutes*** minuty
mod cons ***modern conveniences*** udogodnienia (*w mieszkaniu*)
MP ***Member of Parliament*** poseł do Parlamentu, członek Parlamentu; ***Military Police*** policja wojskowa, żandarmeria
mph ***miles per hour*** mil na godzinę
Mr ***Mister*** pan (*przed nazwiskiem*)
Mrs ['mɪsɪz] (*hist.* ***Mistress***) pani (*przed nazwiskiem*)
Ms [mɪz] ***Miss, Mrs*** panna, pani
Mt ***Mount*** góra

N ***North*** północ; północny okręg pocztowy w Londynie
NATO ***North Atlantic Treaty Organization*** Organizacja Paktu Północnoatlantyckiego
NE ***North-East*** północny wschód; ***New England*** Nowa Anglia
NHS ***National Health Service*** Służba zdrowia
No., no. ***number*** liczba
NW ***North-West*** północny zachód; ***north-western*** północnozachodni okręg pocztowy w Londynie

oz, ozs ***ounce, ounces*** uncja, uncje

p. ***page; pint*** strona; pinta, kwarta (*miara*)
PC ***personal computer*** komputer osobisty
p.c. ***percent*** procent
pcs ***pieces*** sztuki
PhD ***Philosophiae Doctor*** *łac.* = ***Doctor of Philosophy*** doktor filozofii; doktorat
pm ***post meridiem*** *łac.* po południu, po godz. 12 w południe, do północy
PO ***Post Office*** urząd pocztowy; ***postal order*** przekaz pocztowy
POB ***post-office box*** skrzynka pocztowa
POW ***Prisoner of War*** jeniec wojenny
pp. ***pages*** stronice
PR ***Public Relations*** (*osoba powołana do kontaktów firmy ze społecznym otoczeniem*)
prof., Prof. ***professor*** profesor
prox. ***proximo*** *łac.* = ***next month*** następnego miesiąca
p.s. ***per second*** na sekundę
pt ***pint*** pinta, kwarta (*miara*)
P.T.O. ***please turn over*** proszę odwrócić, verte

RAM ***Random Access Memory*** *komp.* pamięć operacyjna
rd, Rd ***road*** droga, ulica
Rev., Revd ***Reverend*** Wielebny
r.h. ***right hand*** prawy, prawostronny
ROM ***Read-Only Memory*** *komp.* pamięć stała
R.S.V.P. ***repondez s'il vous plaît*** *fr.* (please reply) proszę o odpowiedź (*na zaproszenie*)

s. ***second; singular; son*** sekunda; pojedynczy; syn
S ***South*** południe
SE ***South-East*** południowy wschód; ***south-eastern*** południowo-wschodni okręg pocztowy w Londynie
Sen., sen. ***senior, Senator*** senior, Senator
Soc. ***society*** towarzystwo
SOS ***save our souls*** *umowny*

sygnał wezwania pomocy, SOS
Sq. ***square*** plac, kwadrat
Sr ***Senior*** senior
St. Ex. ***Stock Exchange*** Giełda
St ***Saint*** święty; ***street*** ulica
stg ***sterling*** szterling
suppl. ***supplement*** dodatek, uzupełnienie
SW ***South-West*** południowy zachód; ***south-western*** południowo-zachodni okręg pocztowy w Londynie

t ***ton*** tona
TB ***tuberculosis*** gruźlica
tbs. ***tablespoon(ful)*** łyżka stołowa (*też zawartość łyżki*)
tel. ***telegram; telegraph; telephone*** telegram; telegraf; telefon
TM ***trademark*** znak towarowy
TV ***television*** telewizja

UEFA ***Union of European Football Associations*** Unia Europejskich Związków Piłki Nożnej
UFO ***Unidentified Flying Object*** Niezidentyfikowany Obiekt Latający
UHF ***ultra-high frequency*** fale ultrakrótkie (UKF)
UK ***United Kingdom (of Great Britain and Northern Ireland)*** Zjednoczone Królestwo (Wielkiej Brytanii i Irlandii Północnej)
ult. ***ultimo*** łac. = ***last month*** ostatniego miesiąca
UN ***United Nations*** Narody Zjednoczone
U.S.(A.), US(A) ***United States of America*** Stany Zjednoczone Ameryki

v. ***versus*** łac. = ***against*** przeciw; ***verse; volt; volume*** wiersz; wolt; tom
VAT ***value-added tax*** Vat (*podatek od wartości dodanej*)
VCR ***video cassette recorder*** magnetowid kasetowy
vet ***veterinary surgeon*** weterynarz
VIP ***very important person*** bardzo ważna osobistość
viz ***videlicet*** łac. = ***namely*** mianowicie
vol., vols ***volume, volumes*** tom, tomy
vv, v.v. ***vice versa*** [ˌvaɪsɪˈvɜːsə] *łac.* na odwrót

W ***West*** zachód; zachodni okręg pocztowy w Londynie
WASP ***White Anglo-Saxon Protestant*** *am. biały osadnik wyznania protestanckiego, pochodzący z północnej Europy*
wt ***weight*** ciężar, waga

Xmas ***Christmas*** Boże Narodzenie

y., yd ***yard*** jard
YHA ***Youth Hostels Association*** Stowarzyszenie Schronisk Młodzieżowych
YMCA ***Young Men's Christian Association*** Chrześcijańskie Stowarzyszenie Młodzieży Męskiej
yr ***year*** rok; ***your*** wasz
yrs ***years*** lata; ***yours*** wasz

WEIGHTS AND MEASURES

MIARY I WAGI

I. British Brytyjskie

a) **Measures of length and surface** Miary długości i powierzchni

1 mile [maɪl] = 1 760 yards [jɑːdz]	1 609,3 m
1 yard [jɑːd] = 3 feet [fiːt]	91,44 cm
1 foot [fʊt] = 12 inches ['ɪntʃɪz]	30,48 cm
1 inch [ɪntʃ] = 2,54 cm	
1 square [skweə] mile = 640 acres ['eɪkəz]	258,99 ha
1 acre ['eɪkə] = 4 840 square yards	0,40 ha
1 square yard = 9 square feet	0,836 m^2
1 square foot = 144 square inches	929 cm^2
1 square inch = 6,45 cm^2	

b) **Measures of capacity** Miary pojemności

1 quarter ['kwɔːtə] = 8 bushels ['bʊʃlz]	290,941 l
1 bushel ['bʊʃl] = 8 gallons ['gælənz]	36,368 l
1 gallon ['gælən] = 4 quarts [kwɔːts]	4,546 l
1 quart [kwɔːt] = 2 pints [paɪnts]	1,136 l
1 pint [paɪnt] = 0,568 l	

c) **Weights** (**avoirdupois** [ˌævədə'pɔɪz]) Wagi (handlowe, tzw. avoirdupois)

1 ton [tʌn] = 20 hundredweight ['hʌndrədweɪt]	1016,047 kg
1 hundredweight ['hʌndrədweɪt] = 112 pounds [paʊndz]	50,802 kg
1 pound [paʊnd] = 16 ounces ['aʊnsɪz]	453,59 g
1 ounce [aʊns] = 28,35 g	

II. American Amerykańskie (USA)

a) **Measures of length and surface, as British** Miary długości i powierzchni jak brytyjskie

b) **Measures of capacity** Miary pojemności

1 bushel ['bʊʃl] = 8 gallons ['gælənz]	35,238 l
1 gallon ['gælən] = 4 quarts [kwɔːts]	3,785 l
1 quart [kwɔːt] = 2 pints [paɪnts]	0,946 l
1 pint [paɪnt] = 0,473 l	

c) **Weights** (**avoirdupois**) Wagi (handlowe, tzw. avoirdupois)

1 ton [tʌn] = 20 hundredweight ['hʌndrədweɪt]	907,185 kg
1 hundredweight ['hʌndrədweɪt] = 112 pounds [paʊndz]	50,802 kg
1 pound [paʊnd] = 16 ounces ['aʊnsɪz]	453,59 g
1 ounce [aʊns] = 28,35 g	

Part Two

Polish-English

GUIDE TO THE USE OF THE DICTIONARY

WSKAZÓWKI DLA UŻYTKOWNIKA

1. Headwords

1. Hasła

The headwords are printed in bold in strictly alphabetical order. They are labelled by relevant abbreviations indicating the grammatical categories to which they belong. Other symbols denote particular branches of learning or special or specialist uses.

Wyrazy hasłowe podano pismem półgrubym w ścisłym porządku alfabetycznym. Opatrzono je odpowiednimi skrótami sygnalizującymi ich przynależność do poszczególnych części mowy oraz do specjalnych dziedzin życia.

Homonyms are given as separate entries and marked with successive numerals, e.g.:

Homonimy podano jako osobne hasła oznaczone kolejnymi cyframi, np.:

muł 1. *m* slime, ooze
muł 2. *m zool.* mule

If a Polish headword contains various English meanings or denotes different grammatical categories, the individual lexical units on the Polish side are separated by means of a semicolon and, besides, they are provided with a relevant grammatical label, e.g.:

Jeżeli poszczególne wyrazy hasłowe zawierają odpowiedniki o różnych znaczeniach, albo pełnią różne funkcje gramatyczne, oddzielono je średnikiem oraz odpowiednim kwalifikatorem gramatycznym, np.:

palący *p praes i adj* burning; (*tytoń*) smoking; *s m* smoker; ...

If an entry, or a part of it, or an explanatory note, contains the abbreviation *zob.*, the reader is referred to another entry, or to some information found elsewhere in the dictionary.

Jeżeli wyraz hasłowy opatrzony jest skrótem *zob.* oznacza to, że hasła tego wraz z odpowiednikami lub innej informacji należy szukać w artykule hasłowym, do którego wyraz ten odesłano.

Nouns

Hasła rzeczownikowe

Some Polish nouns of feminine gender have been omitted since their masculine and feminine equivalents are identical in English, e.g.: **nauczyciel** 'teacher', **nauczycielka** 'teacher', **Niemiec** 'German', **Niemka**, 'German'.

Ze względu na rozmiary słownika pominięto pewną ilość rzeczowników żeńskich, które w języku angielskim mają formę identyczną z odpowiednimi rzeczownikami męskimi, np.: **nauczyciel** 'teacher,' **nauczycielka** 'teacher', **Niemiec** 'German', **Niemka** 'German'.

Most verbal nouns have been left out, too, e.g.:

pisanie = writing, which is derived from the infinitive
pisać = to write.

Nie uwzględniono większości rzeczowników odsłownych, np. **pisanie**, gdyż znajomość bezokoliczników angielskich wystarcza do utworzenia właściwych form rzeczownikowych.

Adjectives

Hasła przymiotnikowe

Polish adjectives which correspond to English nouns used attributively are not included, e.g.: the noun **kamień** = 'a/the stone' is also used as an adjective: **kamienny** = stone. However, if there are two variant adjectival forms, both of them are given as equivalents of the Polish headwords, but used in a different meaning, e.g.:

Ponieważ w języku angielskim zasadniczo nie ma różnicy pomiędzy przymiotnikiem a rzeczownikiem użytym przydawkowo, np. **kamień** *m* = the stone i **kamienny** *adj* = stone, haseł przymiotnikowych nie zamieszczamy. Uwzględniono jednak te formy oboczne, które różnią się pod względem znaczenia, np.:

złoty 1. *adj* gold; *przen.* golden; **~ wiek** golden age
złoty 2. *m* (*jednostka monetarna*) zloty

Verbs

Hasła czasownikowe

Sometimes the user can have serious difficulties with verbal aspects in Polish as compared with those in English, e.g.:

siadać, **siedzieć** and **usiąść** 'to sit', 'to be sitting', and 'to sit down'; **myć się** and **umyć się** 'to wash' and 'to have a wash', etc. Such verbs may be translated by a variety of forms.

Różnice w tworzeniu postaci dokonanej i niedokonanej czasownika w języku polskim i angielskim mogą nastręczać wiele trudności. Na przykład angielski odpowiednik czasownik w postaci niedokonanej **siadać** 'to sit', zmienia postać na dokonaną przez dodanie przysłówka down: **siąść** 'to sit down'. Stosuje się także formę opisową: **umyć się** 'to have a wash *itp.*'. Polską formę niedokonaną można też oddać przez angielską formę gramatyczną, np. *continuous aspect.*

Most verbs, with regard to their aspects, are neutral: **pisać** to write, **napisać** to write.

W większości wypadków angielskie postacie czasownikowe są neutralne: **pisać** to write, **napisać** to write.

As a rule, in the present dictionary the verbs should be looked up in their imperfect form.

Czasowników należy szukać pod ich formą podstawową zasadniczo w niedokonanej.

2. Equivalents

2. Odpowiedniki

The English equivalents of the Polish headwords and their expressions are given in light type. Their synonyms, if any, are separated by commas, while those more distant in meaning are separated by semicolons. When synonyms are provided to illustrate the meaning and usage of a word, they are placed in round brackets, e.g.:

Angielskie odpowiedniki wyrazów, wyrażeń i zwrotów podano pismem jasnym. Odpowiedniki bliskoznaczne oddzielono przecinkami; odpowiedniki dalsze średnikami. W wypadkach koniecznych przed angielskimi odpowiednikami umieszczono w nawiasach okrągłych objaśnienia, zaznaczone kursywą, dotyczące zakresu, znaczenia i użycia wyrazu, np.:

chować *vt* (*ukrywać*) hide, conceal; (*przechowywać*) keep; (*wkładać, np. do szuflady*) put (up); (*grzebać zwłoki*) bury; (*hodować*) breed, rear; (*wychowywać*) bring up, educate; ...

ABBREVIATIONS

SKRÓTY

adj	przymiotnik	adjective
adv	przysłówek	adverb
am.	amerykański	American
anat.	anatomia	anatomy
arch.	architektura	architecture
astr.	astronomia	astronomy
attr	przydawka, przydawkowy	attribute, attributive
bank.	bankowość	banking
biol.	biologia	biology
bot.	botanika	botany
bryt.	brytyjski	British
chem.	chemia	chemistry
comp	stopień wyższy	comparative (degree)
conj	spójnik	conjunction
dent.	dentystyka	dentistry
dial.	dialekt	dialect
dod.	znaczenie dodatnie	positive (meaning)
dosł.	dosłowny, dosłownie	literal, literally
druk.	drukarstwo	printing
dziec.	dziecięce	children's language
elektr.	elektryczność	electricity
ekon.	ekonomia, ekonomika	economy, economics
etc.	i tym podobne, itp.	and so on
f	(rodzaj) żeński	feminine (gender)
farm.	farmaceutyka	pharmacy
filat.	filatelistyka	philately
film	film	film

filoz.	filozofia	philosophy
fin.	finansowość	finances
fiz.	fizyka	physics
fot.	fotografia	photography
fut	czas przyszły	future tense
genit	dopełniacz	genitive
geogr.	geografia	geography
geol.	geologia	geology
górn.	górnictwo	mining
gram.	gramatyka	grammar
handl.	handlowe, trade	commerce
hist.	historia	history
imp	forma nieosobowa	impersonal form
imper	rozkaźnik	imperative
inf	bezokolicznik	infinitive
itp.	i tym podobne	and so on
int	wykrzyknik	interjection
interrog	pytający	interrogative
itd.	i tak dalej	etc., and so on
itp.	i tym podobne	etc., and so on
kin.	kinematografia	cinematography
kolej.	kolejnictwo	railway system
komp.	komputery	computers
lit.	literatura, wyraz literacki	literature, literary use
lotn.	lotnictwo	aviation
łac.	wyraz łaciński	Latin word
m	(rodzaj) męski	masculine (gender)
mal.	malarstwo	painting
mat.	matematyka	mathematics
med.	medycyna	medicine
miner.	mineralogia	mineralogy
mors.	morski	marine (term)
mot.	motoryzacja	motoring
muz.	muzyka	music
n	(rodzaj) nijaki	neuter (gender)
neg.	forma przecząca	negative form
nieodm.	wyraz nieodmienny	indeclinable (unconjugated) word
np.	na przykład	for example
num	liczebnik	numeral
p	czas przeszły	past tense, preterite
part.	partykuła	particle
pers.	osoba	person
pieszcz.	pieszczotliwy	term of endearment
pl	liczba mnoga	plural
poet.	wyraz poetycki	poetic use
polit.	polityka	politics, policy
por.	porównaj	compare
pot.	wyraz potoczny	colloquialism
pp	imiesłów czasu przeszłego	past participle

ppraes	imiesłów czasu teraźniejszego	present participle
praed	orzecznik, orzecznikowy	predicative
praef	przedrostek	prefix
praep	przyimek	preposition
praes	czas teraźniejszy	present tense
prawn.	termin prawniczy	law term
pron	zaimek	pronoun
przen.	przenośnie	figuratively
przysł.	przysłowie	proverb
reg.	regularny	regular
rel.	religia	religion
rów.	również	also
s	rzeczownik	substantive, noun
sl.	slang, gwara miejska	slang
sb, sb's	ktoś, kogoś, komuś	somebody, somebody's
sing	liczba pojedyncza	singular
skr.	skrót	abbreviation
s pl	rzeczownik w liczbie mnogiej	plural noun
sport	sport, sportowy	sport, sports
sth	coś	something
suf	przyrostek	suffix
sup	stopień najwyższy	superlative (degree)
szk.	szkolny	school word
teatr	teatr	theatre
techn.	technika	technology
uj.	ujemny	pejorative
uż.	używany	used
v	czasownik	verb
v aux	czasownik posiłkowy	auxiliary verb
vi	czasownik nieprzechodni	intransitive verb
v imp	czasownik nieosobowy	impersonal verb
vr	czasownik zwrotny	reflexive verb
vt	czasownik przechodni	transitive verb
wojsk.	wojskowy	military
wulg.	wulgarny	vulgar, obscene
wyj.	wyjątek	exception
zam.	zamiast	instead of
zbior.	rzeczownik zbiorowy	collective noun
zdrob.	wyraz zdrobniały	diminutive
znacz.	znaczenie	meaning
zob.	zobacz	see
zool.	zoologia	zoology
zw.	zwykle	usually
żart.	żartobliwy	humorous (usage)

EXPLANATORY SIGNS

ZNAKI OBJAŚNIAJĄCE

[ ] Square brackets contain the pronunciation of some Polish words (e.g. **marznąć** [r·z]) and of loan words.
W nawiasach kwadratowych zaznaczono wymowę niektórych wyrazów polskich, np. **marznąć** [r·z] oraz wymowę wyrazów pochodzenia obcego.

( ) Round brackets provide explanatory information, irregular forms of the headwords, or words and letters which can be omitted.
W nawiasach okrągłych umieszczono objaśnienia, nieregularne formy wyrazu hasłowego, wyrazy i litery, które mogą być opuszczone.

< > Angular brackets enclose words and parts of expressions which are interchangeable.
W nawiasach trójkątnych umieszczono wymienne wyrazy lub człony związków frazeologicznych.

~ The tilde replaces the headword, or as much of it as has been cut off by a vertical bar.
Tylda zastępuje w zwrotach hasło lub tę jego część, która jest odcięta pionową kreską.

| The vertical bar separates that part of the headword which has been replaced in phrases by the tilde.
Kreska pionowa oddziela część hasła zastąpioną w zwrotach tyldą.

1., 2. Numerals show the sequence of the headwords with the same spelling, but differing in etymology and meaning.
Cyfry po hasłach wskazują na odrębność znaczenia i pochodzenia wyrazów o tej samej pisowni, podanych jako osobne hasła.

; The semicolon is used to denote distinct meanings of two or more equivalents of the headword and to separate particular items of grammatical information.
Średnik oddziela odpowiedniki o całkowicie różnym znaczeniu, związki frazeologiczne oraz objaśnienia gramatyczne.

, The comma is used to separate equivalents close in meaning.
Przecinek oddziela odpowiedniki bliskie pod względem znaczeniowym.

THE POLISH ALPHABET

ALFABET POLSKI

The order of the letters in the Polish alphabet is as follows:

a	d	h	ł	ó	t	ź
ą	e	i	m	p	u	ż
b	ę	j	n	r	w	
c	f	k	ń	s	y	
ć	g	l	o	ś	z	

A

A, a *pierwsza litera alfabetu*; ***od a do z*** from beginning to end; ***gdy się powiedziało a, trzeba powiedzieć i b*** in for a penny, in for a pound; *conj* and; but; *int* ah!
abażur *m* lampshade
abdykacja *f* abdication (***z czegoś*** of sth)
abdykować *vi* abdicate (***z czegoś*** sth)
abecadło *n* A.B.C., ABC, alphabet
aberracja *f* aberration
Abisyńczyk *m* Abyssinian
abisyński *adj* Abyssinian
abnegacja *f* abnegation; self-denial
abonament *m* subscription (***czegoś, na coś*** to sth); (*teatralny, tramwajowy*) season-ticket
abonent *m* subscriber (***czegoś*** to sth)
abonować *vt* subscribe (***coś*** to sth)
aborcja *f* abortion
absencja *f* absence; ~ ***chorobowa*** sick leave
absolucja *f* absolution (***czegoś*** of sth; ***od czegoś*** from sth)
absolut *m* absolute
absolutny *adj* absolute, complete
absolutorium *n* absolution, release; school-leaving <university-leaving> certificate
absolutyzm *m* absolutism
absolwent *m* graduate, alumnus
absorbować *vt* absorb
absorpcja *f* absorption
absorpcyjny *adj* absorptive
abstrah|ować *vi* abstract; (*pomijać*) take no account (***od czegoś*** of sth); ***~ując od tego, że ...*** without counting that ...
abstrakcja *f* abstraction
abstrakcyjny *adj* abstract
abstynencja *f* abstinence, temperance; ~ ***całkowita*** (***od alkoholu***) teetotalism
abstynent *m* abstainer, teetotaller
absurd *m* absurdity; ***sprowadzić do ~u*** reduce to absurdity
absurdalność *f* absurdity
absurdalny *adj* absurd
aby *conj* that, in order that; (*przed bezokolicznikiem*) to, in order to; ~ ***wrócić wcześniej*** (in order) to come back soon; ~ ***nie*** lest; in order not to; ***~m mógł*** so that I may
aceton *m chem.* acetone
acetylen *m chem.* acetylene
ach! *int* ah!, oh!
achromatyczny *adj fiz.* achromatic
aczkolwiek *conj* though, although
adamaszek *m* damask
adaptacja *f* adaptation
adapter *m techn.* pick-up; *pot.* record player
adaptować *vt* adapt
adekwatny *adj* adequate, suitable
adept *m* student; adherent
adiunkt *m* (*uniwersytecki*) *bryt.* reader; *am.* assistant professor
adiutant *m wojsk.* adjutant; (*generała*) aide-de-camp
administracja *f* administration, management
administracyjny *adj* administrative
administrator *m* administrator, manager
administrować *vi* administer, manage (***czymś*** sth)

admiralicja *f mors.* admiralty
admirał *m mors.* admiral
adnotacja *f* annotation
adopcja *f* adoption
adoptować *vt* adopt
adoracja *f* adoration
adorować *vt* adore
adres *m* address; ***pod ~em*** to <at> the address; ***~ tymczasowy*** temporary address; ***~ zwrotny*** (*na przesyłce*) if not delivered, please return to ... (the sender); ***~ stały*** permanent address
adresat *m* addressee
adresować *vt* address
adwent *m* advent
adwokacki *adj* lawyer's, barrister's, solicitor's
adwokat *m* lawyer, barrister; (*niższy*) solicitor; *przen.* advocate
adwokatura *f* legal profession, bar
aerobik *m* aerobics
aerodynamiczny *adj* aerodynamic
aerodynamika [-'na-] *f* aerodynamics
aeroklub *m* flying club
aerometr *m* aerometer
aeronautyka [-'nau-] *f* aeronautics
aerostatyczny *adj* aerostatic
aerostatyka [-'sta-] *f* aerostatics
aerozol *m* aerosol
afek|t *m* affection, emotion; ***działać w ~cie*** act in severe mental strain
afektacja *f* affectation
afektowany *adj* affected; pretentious
afera *f* affair; bad job, shady transaction, dirty business, scandal
aferzysta *m* swindler, bad jobber
Afgańczyk *m* Afghan
afgański *adj* Afghan
afisz *m* poster, bill
afiszować się *vr* make a show (***z czymś*** of sth), show off
aforyzm *m* aphorism
afront *m* affront, insult; ***zrobić komuś ~*** affront sb
Afrykanin *m* African
afrykański *adj* African
agat *m miner.* agate
agencja *f* agency; ***~ prasowa*** news agency; ***~ ubezpieczeniowa*** insurance agency
agenda *f* branch of business; (*terminarz*) agenda
agent *m* agent; (*giełdowy*) (stock) broker; (*podróżujący*) commercial traveller; ***~ obcego wywiadu*** spy; ***~ ubezpieczeniowy*** insurance agent
agentura *f* agency; ***~ wywiadu*** intelligence agency
agitacja *f* agitation; (*wyborcza*) canvassing, campaign
agitator *m* agitator; (*wyborczy*) canvasser
agitować *vi* agitate; (*w wyborach*) canvass, campaign
aglomeracja *f* agglomeration
agnostycyzm *m* agnosticism
agnostyk *m* agnostic
agonia *f* agony of death; death-agony
agrafka *f* safety-pin, clasp
agrarn|y *adj* agrarian; ***reforma ~a*** land reform
agresja *f* aggression
agresor *m* aggressor
agrest *m bot.* gooseberry
agresywny *adj* aggressive
agronom *m* agronomist
agronomia *f* agronomy
agronomiczny *adj* agronomic
agrotechnika *f* agricultural science
ajencja, ajent *zob.* ***agencja, agent***
akacja *f bot.* acacia
akademia *f* (*uczelnia*) academy; (*uroczyste zebranie*) session of celebration; solemnity, commemorative meeting
akademicki *adj* academic(al); ***dom ~*** student's hostel
akademik *m* (*członek akademii*)

academician; (*student*) (university) student; *pot.* (*dom akademicki*) hostel
akapit *m* paragraph, section
akcelerator *m* accelerator
akcent *m* accent, stress
akcentować *vt* accent, accentuate, stress; emphasize
akcentowanie *n* accentuation
akcept *m handl.* acceptance, accepted draft
akceptacja *f* acceptance
akceptować *vt* accept
akces *m* access; accession
akcesoria *s pl* accessories *pl*
akcj|a *f* action; *handl.* share; *am.* stock; ***~a ratunkowa*** rescue action; ***~a powieści, sztuki*** plot, action; ***~a wyborcza*** election campaign; ***prowadzić ~ę*** carry on a campaign; ***wszcząć ~ę*** launch a campaign
akcjonariusz *m handl.* shareholder; *am.* stockholder
akcyjn|y *adj handl.* ***bank ~y*** joint-stock bank; ***kapitał ~y*** joint stock; ***spółka ~a*** joint-stock company
akcyza *f* excise tax <duty>; (*miejska*) toll
aklamacj|a *f* acclamation; ***uchwalić przez ~ę*** carry by acclamation
aklimatyzacja *f* acclimatization
aklimatyzować *vt* acclimatize; ***~ się*** *vr* become acclimatized; *vt vi am.* acclimate
akomodacja *f* accommodation, adjustment
akomodować *vt* accommodate, adjust
akompaniamen|t *m* accompaniment; ***przy ~cie*** accompanied (***czegoś*** by sth)
akompaniator *m* accompanist
akompaniować *vt* accompany (***komuś*** sb)
akonto *adv handl.* payment on account
akord *m muz.* chord, harmony; ***praca na ~*** piece-work, job-work; ***pracować na ~*** do piece-work, work by the job
akordeon *m muz.* accordion
akordow|y *adj muz.* accordant; ***praca ~a*** piece-work, job-work; ***robotnik ~y*** piece-worker, jobber
akr *m* acre
akredytować *vt* accredit (***przy rządzie*** to a government)
akredytywa *f fin.* letter of credit
akrobata *m* acrobat
akrobatyczny *adj* acrobatic
akrobatyka *f sport* acrobatics
aksamit *m* velvet
aksjomat *m* axiom
aksjomatyczny *adj* axiomatic
akt *m* act, deed; (*w malarstwie, rzeźbie*) nude; ***~ kupna*** purchase deed; ***~ oskarżenia*** bill of indictment; ***~ zgonu*** death certificate; ***~ notarialny*** authenticated deed; *pl* ***~a*** files; deeds, records
aktor *m* actor
aktorka *f* actress
aktorski *adj* histrionic; ***zespół ~*** troupe, company of actors; (*objazdowy*) touring company
aktorstwo *n* stage-playing, acting, staging
aktówka *f* briefcase
aktualnoś|ć *f* reality, present-day interest; *pl* ***~ci dnia*** current events
aktualny *adj* current, topical
aktyw *m* active body, action group
aktywa *s pl* holdings, assets
aktywizować *vt* activate
aktywność *f* activity
aktywny *adj* active
akumulacja *f* accumulation; ***~ pierwotna*** primary <primitive> accumulation
akumulator *m elektr.* accumulator, (storage) battery
akumulować *vt* accumulate; ***~ się*** *vr* accumulate
akupunktura *f* acupuncture
akurat *adv* just, exactly, precisely

akustyczny *adj* acoustic
akustyka [-'ku-] *f* acoustic
akuszerka *f med.* midwife
akuszerstwo *n med.* obstetrics, midwifery
akwaforta *f* etching
akwarela *f* watercolour
akwarium *n* aquarium
akwatinta *f* aquatint
akwedukt *m* aqueduct
akwizycja *f* (*nabywanie*) acquisition; (*zjednywanie klienteli*) solicitation
akwizytor *m* solicitor; (*ubezpieczeniowy*) insurance agent
alabaster *m* alabaster
alarm *m* alarm; (*zw. lotn.*) alert; ***uderzyć na ~*** sound the alarm
alarmować *vt* alarm
alarmowy *adj* alarm *attr*; ***dzwonek ~*** alarm-bell
Albańczyk *m* Albanian
albański *adj* Albanian
albatros *m zool.* albatross
albinos *m* albino
albo *conj* or; **~, ... ~ ...** either ... or ...; ***~ ten, ~ tamten*** either of them <of the two>; ***~ tędy, ~ tamtędy*** either this way or that; either way; ***~ też*** or else
albowiem *conj* for, because
album *m* album; ***~ do znaczków pocztowych*** stamp-album
alchemia *f* alchemy
alchemik *m* alchemist
ale *conj* but; however, yet; *int* ***~!*** there now!
alegoria *f* allegory
alegoryczny *adj* allegoric(al)
aleja *f* avenue, alley
alergia *f med.* allergy
aleź *conj* but; ***~ tak!*** why yes!; why of course!
alfabet *m* alphabet; ***według ~u*** in alphabetical order
alfabetyczny *adj* alphabetical
algebra *f* algebra
algebraiczny *adj* algebraic(al)
algorytm *m mat.* algorithm
aliancki *adj* allied
alians *m* alliance
aliant *m* ally
alibi *n nieodm.* alibi; ***udowodnić <wykazać> swoje ~*** establish <prove> one's alibi
alienacja *f* alienation
alienować *vt* alienate
aligator *m zool.* alligator
alimenty *s pl* alimony
alkalia *s pl chem.* alkali(e)s
alkaliczny *adj chem.* alkaline
alkohol *m* alcohol; ***~ skażony*** denatured alcohol
alkoholik *m* alcoholic
alkoholizm *m* alcoholism
alkoholowy *adj* alcoholic
alkomat *m* Breathalyzer
alkowa *f* alcove
almanach *f* almanac
aloes *m bot.* aloe
alpejski *adj* alpine; *bot.* ***fiołek ~*** cyclamen
alpinista *m* alpinist
alt *m muz.* alto
altana *f* bower, summerhouse
alternatywa *f* alternative
alternatywny *adj* alternative
altówka *f muz.* viola
altruista *m* altruist
altruistyczny *adj* altruistic
altruizm *m* altruism
aluminium *n bryt.* aluminium, *am.* aluminum
aluwialny *adj* alluvial
aluwium *n* alluvium
aluzj|a *f* allusion, hint; ***robić ~ę*** allude (***do czegoś*** to sth), hint (***do czegoś*** at sth)
Alzatczyk *m* Alsatian
ałun *m chem.* alum
amalgamat *m* amalgam
amant *m* lover
amarant *m* (*też bot.*) amaranth
amator *m* amateur, lover, fan
amatorski *adj* amateurish, amateur; ***teatr ~*** amateur theatricals
amatorstwo *n* amateurism
amazonka *f* Amazon; (*ubiór*) (woman's) riding-habit
ambasada *f* embassy

ambasador *m* ambassador (***w Polsce*** to Poland)

ambicja *f* ambition, aspiration; pride

ambitny *adj* ambitious

ambona *f* pulpit

ambrozja *f* ambrosia

ambulans *m* ambulance

ambulatorium *n med.* out-patients' surgery <department>, dispensary (for out-patients), infirmary

ambulatoryjny *adj*, *med.* ***pacjent ~*** out-patient

ameba *f zool.* am(o)eba

amen *nieodm.* amen; *pot.* ***na ~*** completely, most surely; ***pewne jak ~ w pacierzu*** as sure as fate, dead sure

Amerykanin *m* American

amerykanizm *m* Americanism

amerykański *adj* American

ametyst *m miner.* amethyst

amfibia *f zool.* amphibian; *wojsk.* amphibious tank <vehicle>

amfiteatr *m* amphitheatre

amfora *f* amphora

amnestia *f* amnesty

amnestionować *vt* amnesty

amnezja *f med.* amnesia

amoniak *m chem.* ammonia

Amor *m* Cupid; *przen.* love-affair

amortyzacja *f handl. prawn.* amortization, sinking; *techn.* shock-absorption; depreciation

amortyzacyjny *adj* sinking

amortyzator *m techn.* shock-absorber

amortyzować *vt handl. prawn.* amortize, sink; *techn.* absorb shocks

amper *m elektr.* ampere

amplituda *f fiz.* amplitude

ampułka *f* ampoule

amputacja *f* amputation

amputować *vt* amputate

amulet *m* amulet

amunicja *f* ammunition, munition

anachroniczny *adj* anachronistic

anachronizm *m* anachronism

analfabeta *m* illiterate

analfabetyzm *m* illiteracy

analityczny *adj* analytical

analiza *f* analysis

analizować *vt* analyze

analogi|a *f* analogy; (*odpowiednik*) analogue; ***przez ~ę*** by (way of) analogy; ***przeprowadzić ~ę*** analogize (***czegoś*** sth)

analogiczny *adj* analogous

analogowy *adj* analogue

ananas *m bot.* pineapple

anarchia *f* anarchy

anarchiczny *adj* anarchic(al)

anarchista *m* anarchist

anatom *m* anatomist

anatomia *f* anatomy

anatomiczny *adj* anatomical

anchois *n* anchovy paste

andrut *m* wafer cake

anegdota *f* anecdote

anegdotyczny *adj* anecdotal

aneks *m* annex

aneksja *f* annexation

anektować *vt* annex

anemia *f med.* an(a)emia

anemiczny *adj med.* an(a)emic

angażować *vt* engage; ***~ się*** *vr* engage (***do czegoś*** for sth, ***w coś*** in sth), be engaged (***w czymś*** in sth), commit oneself (***w coś*** to sth)

angażowanie *n* engagement; ***~ się*** commitment

Angielka *f* Englishwoman

angielsk|i *adj* English; ***mówić po ~u*** speak English; ***ulotnić się po ~u*** take French leave

angielszczyzna *f* English

angina *f med.* angina

Anglik *m* Englishman

anglikanin *m* Anglican

anglikański *adj* Anglican; ***kościół ~*** Church of England

anglista *m* student <professor> of English studies

anglistyka *f* English studies; English philology

Anglosas *m* Anglo-Saxon

anglosaski *adj* Anglo-Saxon
ani *conj* not even, not a, neither; **~ *nawet*** not even; **~ *razu*** not even once; **~ *to,* ~ *tamto*** neither this nor that; **~ *więcej,* ~ *mniej*** neither more nor less; **~ *żywej duszy*** not a living soul; **~ *jeden człowiek nie widział*** not a man saw; **~ *mi się śni*** never in my life
anielski *adj* angelic(al)
anilana *f* aniline
animozja *f* animosity
anioł *m rel. i przen.* angel
aniżeli *conj* than
ankieta *f* questionnaire; public opinion poll; **~ *personalna*** personal inquiry form
anoda *f elektr.* anode
anomalia *f* anomaly
anonim *m* anonym; (*list*) anonymous letter
anonimowy *adj* anonymous
anons *m* announcement
anonsować *vt* announce
anormalność *f* anomaly, abnormality
anormalny *adj* abnormal
antagonista *m* antagonist
antagonistyczny *adj* antagonistic
antagonizm *m* antagonism
antarktyczny *adj* Antarctic
antena *f* (*zewnętrzna*) aerial; **~ *pokojowa*** indoor antenna; **~ *kierunkowa*** beam aerial; **~ *satelitarna*** dish aerial
antenat *m* ancestor
antologia *f* anthology
antracen *m chem.* anthracene
antracyt *m chem.* anthracite
antrakt *m* interval
antresola *f* entresol
antropolog *m* anthropologist
antropologia *f* anthropology
antropologiczny *adj* anthropological
antybiotyk *m* antibiotic
antyczny *adj* antique
antydatować *vt* antedate
antyk *m* antique, old curiosity, antiquity
antykoncepcja *f* contraception
antykoncepcyjny *adj* contraceptive; ***środek*** **~** contraceptive
antykwa *f druk.* roman (type)
antykwariat *m* old curiosity shop; (*książkowy*) second-hand bookshop
antykwariusz *m* antiquary; (*handlujący książkami*) second-hand bookseller
antykwarski *adj* antiquarian
antykwaryczny *adj* antiquarian
antylopa *f zool.* antelope
antymon *m chem.* antimony
antypatia *f* antipathy
antypatyczny *adj* repugnant
antysemicki *adj* anti-Semitic
antysemita *m* anti-Semite
antysemityzm *m* anti-Semitism
antyseptyczny *adj* antiseptic
antyteza *f* antithesis
anulować *vt* annul, cancel
anulowanie *n* annulment
a nuż *conj* and if
anyż *m bot.* anise
aorta *f anat.* aorta
apanaż *m* ap(p)anage
aparat *m* apparatus; appliance; **~ *fotograficzny*** camera; **~ *nadawczy*** broadcasting apparatus; **~ *odbiorczy*** receiver; **~ *radiowy*** radio set
aparatura *f* apparatus; equipment; outfit
apartament *m* apartment, suite of rooms
apaszka *f* scarf
apatia *f* apathy
apatyczny *adj* apathetic
apel *m* appeal; (*odczytywanie obecności*) roll-call, call-over; ***stanąć do ~u*** turn out for roll-call
apelacj|a *f* appeal; ***wnieść ~ę*** appeal (***do kogoś*** to sb)
apelacyjny *adj* appealing; ***sąd*** **~** court of appeal
apelować *vi* appeal (***do kogoś***

to sb, ***w sprawie czegoś*** for sth)
apetyczny *adj* appetizing, tempting
apetyt *m* appetite
aplauz *m* applause; ***przyjąć z ~em*** applaud; ***spotkać się z ~em*** meet with applause
aplikacja *f* application; (*staż*) probation, practice
aplikant *m* probationer, apprentice
aplikować *vt* apply; *vi* (*odbywać staż*) practise, undergo training
apodyktyczny *adj* peremptory
apokalipsa *f* apocalypse; the Book of Revelation
apolityczny *adj* non-political
apologia *f* apology
apopleksja *f med.* apoplexy
apoplektyczny *adj med.* apoplectic
apostolski *adj* apostolic; ***Stolica Apostolska*** Holy See
apostolstwo *n* apostolate
apostoł *m rel.* apostle; *przen.* advocate
apostrof *m* apostrophe
apostrofa *f* apostrophe
apoteoza *f* apotheosis
aprioryczny *adj* a priori
aprobat|a *f* approval; sanction; ***spotkać się z ~ą*** approve (***kogoś, czegoś*** of sb, sth)
aprobować *vt* approve (***coś*** sth, of sth)
aprowizacja *f* provisioning, food supply
apteczka *f* first-aid kit
apteka *f* chemist's (shop); *am.* drugstore, druggist's (shop), pharmacy; (*w szpitalu*) dispensary
aptekarstwo *n* pharmacy
aptekarz *m* chemist, *am.* druggist
Arab *m* Arab
arabski *adj* Arabian, Arabic; ***język ~*** Arabic; ***koń ~*** Arab horse
arak *m* arrack
aranżer *m* organizer; *muz.* arranger
aranżować *vt* organize, *także muz.* arrange
arbiter *m* arbiter
arbitralność *f* arbitrariness
arbitralny *adj* arbitrary
arbitraż *m* arbitration
arbuz *m bot.* watermelon
archaiczny *adj* archaic
archaizm *m* archaism
archanioł *m rel.* archangel
archeolog *m* arch(a)eologist
archeologia *f* arch(a)eology
archeologiczny *adj* arch(a)eological
archipelag *m* archipelago
architekt *m* architect
architektoniczny *adj* architectonic, architectural
architektura *f* architecture; ***~ wnętrz*** interior decoration
archiwalny *adj* archival
archiwista *m* archivist
archiwum *n* archive(s)
arcy- *praef* arch-
arcybiskup *m* archbishop
arcydzieło *n* masterpiece
arcykapłan *m* high priest
aren|a *f także przen.* arena, ring; ***~a polityczna*** arena of politics; *przen.* ***wkraczać na ~ę*** come into prominence
areszt *m* arrest; (*więzienie*) prison; ***położyć ~*** seize (***na coś*** sth)
aresztant *m* prisoner
aresztować *vt* arrest, imprison
aresztowani|e *n* arrest, imprisonment; ***nakaz ~a*** writ of arrest
Argentyńczyk *m* Argentine
argentyński *adj* Argentine, Argentinian
argument *m* argument; ***wysuwać, przytaczać ~y*** put forward arguments (***na coś*** for sth)
argumentacja *f* argumentation
argumentować *vi* argue
aria *f muz.* aria, air
arianin *m* Arian
ariański *adj* Arian

arka *f* ark
arkada *f* arcade
arkana *s pl* arcana
arktyczny *adj* Arctic
arkusz *m* sheet (of paper)
arlekin *m* harlequin
armata *f wojsk.* gun, cannon
armatni *adj* gun; *wojsk.* ***ogień ~*** gun-fire; *przen.* ***mięso ~e*** cannon fodder
armator *m mors.* shipowner
armatura *f* fitting; *elektr.* armature
Armeńczyk *m* Armenian
armeński *adj* Armenian
armia *f* army; ***Armia Zbawienia*** Salvation Army
arogancja *f* arrogance
arogancki *adj* arrogant, insolent
arogant *m* arrogant fellow
aromat *m* aroma, flavour
aromatyczny *adj* aromatic, fragrant
arras *m* arras, tapestry
arsen *m chem.* arsenic
arsenał *m* arsenal
arszenik *m chem.* arsenic trioxide, *pot.* arsenic
arteria *f anat.* artery
artezyjski *adj* artesian
artretyczny *adj med.* arthritic
artretyzm *m med.* arthritis
artykulacja *f* articulation
artykuł *m* article; commodity; ***~ wstępny*** (*do gazety*) leader, editorial; ***~y spożywcze*** foodstuffs, food articles; ***~y codziennego użytku*** articles of daily use; ***~y konsumpcyjne*** consumer goods
artyleria *f wojsk.* artillery; ***~ przeciwlotnicza*** anti-aircraft
artylerzysta *m* artillerist, gunner
artysta *m* artist
artystyczn|y *adj* artistic; ***rzemiosło ~e*** artistic handicraft
artyzm *m* artistry
Aryjczyk *m* Aryan
aryjski *adj* Aryan
arystokracja *f* aristocracy
arystokrata *m* aristocrat
arystokratyczny *adj* aristocratic
arytmetyczny *adj* arithmetical
arytmetyka *f* arithmetic
arytmometr *m* arithmometer, calculator
as *m także przen.* ace; ***największy as*** the ace of aces
asceta *m* ascetic
ascetyczny *adj* ascetic(al)
ascetyzm *m* asceticism
asekuracja *f* insurance; assurance
asekurować *vt* insure; ***~ się*** *vr* insure (oneself); secure, protect, safeguard
aseptyczny *adj* aseptic
aseptyka *f* asepsis
asfalt *m* asphalt
asocjacja *f* association
asortyment *m* assortment, choice
aspekt *m* aspect; ***rozważyć coś we wszystkich ~ach*** consider a thing in all its bearings
aspiracja *f* aspiration, ambition
aspirować *vi* aspire (***do czegoś*** to, after sth)
aspiryna *f med.* aspirin
aster *m bot.* aster
astma *f med.* asthma
astmatyczny *adj med.* asthmatic
astmatyk *m med.* asthmatic
astrofizyka *f* astrophysics
astrologia *f* astrology
astrologiczny *adj* astrological
astronauta *m* astronaut
astronautyka [-'nau-] *f* astronautics
astronom *m* astronomer
astronomia *f* astronomy
astronomiczny *adj także przen.* astronomic(al)
asygnata *f* assignation, allocation
asygnować *vt* assign; allocate
asymetria *f* asymmetry
asymilacja *f* assimilation
asymilacyjny *adj* assimilative
asymilować *vt* assimilate; ***~ się*** *vr* assimilate, become assimilated

asy|sta *f* attendance, escort, assistance; ***w ~ście*** attended by (***kogoś*** sb)

asystent *m* assistant

asystować *vi* assist (***komuś*** sb, ***przy czymś*** at sth)

atak *m* attack; (*choroby*) fit; *sport* (*w piłce nożnej*) the forwards; *med.* ***~ serca*** heart attack

atakować *vt* attack; assault, assail

atawizm *m* atavism

ateista *m* atheist

ateistyczny *adj* atheistic

ateizm *m* atheism

atlantycki *adj* Atlantic

atlas *m* atlas; ***~ samochodowy*** road atlas

atleta *m* athlete; (*w zapasach*) wrestler; (*w cyrku*) strong man

atletyczny *adj* athletic

atletyka *f sport zw.* ***lekka ~*** athletics

atłas *m* satin

atmosfera *f* atmosphere

atmosferyczny *adj* atmospheric(al)

atol *m geogr.* atoll

atom *m* atom

atomow|y *adj* atomic; *wojsk.* ***bomba ~a*** atomic bomb, A-bomb; ***broń ~a*** nuclear weapon; *chem.* ***ciężar ~y*** atomic weight; ***stos ~y*** atomic pile

atrakcja *f* attraction

atrakcyjny *adj* attractive

atrament *m* ink

atrofia *f med.* atrophy

atrybut *m* attribute

atut *m* trump

atutować *vt* trump

audiencj|a *f* audience; ***przyjąć na ~i*** receive in audience, give an audience to

audycja *f* broadcast (service), programme; ***~ muzyczna*** concert

audytorium *n* (*sala*) auditorium; (*słuchacze*) audience; listeners

aukcja *f* auction

aula *f* hall

aura *f* aura; weather

aureola *f* halo, aureole

auspicj|e *pl* auspices; ***pod ~ami ...*** under the auspices of ...

Australijczyk *m* Australian

australijski *adj* Australian

austriacki *adj* Austrian

Austriak *m* Austrian

aut *m sport* out

autentyczność *f* authenticity

autentyczny *adj* authentic

autentyk *m* original; authentic <genuine> object

auto *n mot.* car, auto(mobile); ***~ serwis*** car service, service station

autobiografia *f* autobiography

autobiograficzny *adj* autobiographical

autobus *m* bus; coach; (*bryt. piętrowy*) double-decker; (*przegubowy*) articulated bus; ***jechać ~em*** go by bus

autochton *m* native; aboriginal, autochthon

autochtoniczny *adj* autochthonous

autograf *m* autograph

autokar *m* (motor-)coach

autokracja *f* autocracy

automat *m* automatic device <machine>; (*do sprzedaży itp.*) vending machine; ***~ rozrywkowy*** slot-machine, fruit machine; ***~ telefoniczny*** public telephone; booth; ***~ do gry*** game machine; (*pistolet*) machine-gun

automatyczny *adj* automatic

automatyzacja *f* automation

automobilista *m* motorist

autonomia *f* autonomy, self-government; (*miejska*) local government

autonomiczny *adj* autonomous, self-governing

autoportret *m* self-portrait

autopsja *f* autopsy

autor *m* author, writer

autorka *f* author, authoress

autorstwo *n* authorship

autorytatywny *adj* authoritative
autorytet *m* authority
autoryzacja *f* authorization
autoryzować *vt* authorize
autostop *m* hitch-hike, hitch-hiking; ***podróżować ~em*** hitch-hike
autostopowicz *m* hitch-hiker
autostrada *f bryt.* motorway, dual carriageway; *am.* freeway, highway
awangarda *f* vanguard
awans *m* promotion, advancement; (*zaliczka*) advance; ***dać ~*** promote (***komuś*** sb); ***dostać ~*** be promoted; ***~ społeczny*** social advancement
awansować *vt* promote; *vi* be promoted (***na wyższe stanowisko*** to a higher rank)
awantur|a *f* brawl, row; ***zrobić ~ę*** make a scene; *pot.* kick up a row
awanturniczy *adj* rowdy
awanturnik *m* brawler, rowdy fellow
awanturować się *vr* brawl, make a row
awaria *f* damage, breakdown
awaryjn|y *adj* damage (*report etc.*); ***wyjście ~e*** emergency exit
awersja *f* aversion
awionetka *f* light sports airplane
awitaminoza *f* vitamin deficiency, avitaminosis
awizo *n* advice; notice; note
awizować *vt* advise
awokado *n bot.* avocado (pear)
azalia *f bot.* azalea
azbest *m chem.* asbestos
azbestowy *adj* asbestos, asbestine
Azjata *m* Asiatic
azjatycki *adj* Asiatic
azot *m chem.* nitrogen
azotan *m chem.* nitrate
azotawy *adj chem.* nitrous
azotowy *adj chem.* nitrogenous, nitric
azyl *m* asylum, refuge, sanctuary; ***prawo ~u*** right of sanctuary; ***skorzystać z prawa ~u*** take refuge; ***szukać ~u*** seek refuge; ***udzielić komuś ~u*** grant asylum
azymut *m mat. geogr.* azimuth
aż *conj* till, until; *part. z praep* a) (*o czasie*) ***aż do, aż po*** till, until; as late as; ***aż do 1965r.*** till 1965; ***aż dotąd*** <***do tej chwili***> till now, up to now; b) (*o przestrzeni*) ***aż do*** as far as; ***aż do Warszawy*** as far as Warsaw; ***aż dotąd*** <***do tego miejsca***> up to here; c) (*o ilości*) as much as, as many as; ***aż tysiąc książek*** as many as one thousand books; ***aż za dużo*** only too much
ażeby *conj zob.* ***aby***
ażurow|y *adj* open-work, pierced; ***~a robota*** open work

B

ba! *int* really!, indeed!, well!
baba *f pot. uj.* old woman; (*wieśniaczka*) country woman
babka *f* grandmother; *pot.* old woman; (*ciasto*) brioche
babrać się *vr* puddle, dabble
babski *adj uj.* old woman's; ***~e gadanie*** old wives' tale
bachor *m pot.* brat
bacznoś|ć *f* attention; (*ostrożność*) caution; ***mieć się na ~ci*** stand on one's guard, look out; ***stanąć na ~ć*** come to attention

baczny *adj* attentive (***na coś*** to sth); (*ostrożny*) cautious
bać się *vr* be afraid (***kogoś, czegoś*** of sb, of sth); fear (***kogoś, czegoś*** sb, sth, ***o kogoś, o coś*** for sb, for sth); be scared; be worried about; (*bardzo się bać*) dread; ***nie bój się!*** never fear!
badacz *m* investigator, explorer, research worker, scholar
badać *vt* investigate, explore, study, do research work; (*chorego, świadka itp.*) examine
badanie *n* investigation, exploration, research, study, test; (*chorego, świadka itp.*) examination
badawcz|y *adj* searching, scrutinizing; ***praca ~a*** research work; ***zakład ~y*** research institution
badminton *m sport.* badminton
badyl *m* stalk
bagatela *f* trifle; bagatelle (*także muz.*)
bagatelizować *vt* slight, belittle, disregard; ***~ sobie*** make nothing (***coś*** of sth)
bagaż *m* luggage, *am.* baggage; ***~ ręczny*** hand luggage; ***oddać na ~*** register <deposit> one's luggage; ***przechowalnia ~u*** left-luggage office; *am.* baggage room; ***nadwyżka ~u*** excess luggage
bagażnik *m* (luggage-) container; (*w samochodzie*) boot; (*rowerowy*) carrier; (*na dachu*) roof-rack
bagażowy *adj*, ***wagon*** (***wóz***) ***~*** luggage-van; *s m* porter
bagnet *m wojsk.* bayonet
bagnisty *adj* marshy, swampy, boggy
bagno *n* marsh, swamp, bog
bajeczny *adj* fabulous
bajka *f* fable, fairy-tale
bajoro *n* puddle
bajt *m komp.* byte
bak *m mot.* tank
bakalie *s pl* sweetmeats, dainties
bakcyl *m* bacillus, germ
baki *s pl* sidewhiskers; *am.* sideburns
bakier *m*, ***na ~*** *adv* crossways, slant-wise, awry; ***w kapeluszu na ~*** with one's hat cocked; *przen.* ***być z kimś na ~*** be cross with sb
bakteria *f* bacterium, bacillus
bakteriobójczy *adj* bactericidal
bakteriolog *m* bacteriologist
bakteriologia *f* bacteriology
bakteriologiczny *adj* bacteriological
bal 1. *m* (*zabawa*) ball; ***~ kostiumowy*** fancy-dress ball <party>; ***~ maskowy*** masked ball
bal 2. *m* (*belka*) beam, log
balast *m* ballast; ***obciążyć ~em*** ballast
baldachim *m* canopy
baleron *m* ham in bladder
balet *m* ballet
baletmistrz *m* ballet-master
baletnica *f* ballerina, ballet dancer
balia *f* wash-tub
balistyczny *adj* ballistic
balistyka *f* ballistics
balkon *m* balkony; *teatr* upper circle
ballada *f* ballad
balon *m* balloon; (*sterowy*) dirigible (balloon); (*wywiadowczy*) blimp; ***~ na uwięzi*** captive balloon; ***zrobić z kogoś ~a*** make a fool of sb
balotować *vi* ballot
balsam *m* balsam, balm
balsamiczny *adj* balsamic
balsamować *vt* embalm
balustrada *f* balustrade, railing
bałagan *m pot.* mess, muddle; ***narobić ~u*** make a mess (***w czymś*** of sth)
bałkański *adj* Balcan
bałtycki *adj* Baltic
bałwan *m* (*fala*) billow; (*głupiec*) blockhead; (*ze śniegu*) snowman
bałwochwalca *m* idolater
bałwochwalczy *adj* idolatrous

bałwochwalstwo *n* idolatry
bambus *m bot.* bamboo
banalność *f* banality
banalny *adj* hackneyed, banal, commonplace, trite
banał *m* banality
banan *m bot.* banana
banda *f* (*grupa*) gang, band; *sport* (*krawędź*) border, railing, barrier
bandaż *m med.* bandage
bandażować *vt* bandage, dress
bander|a *f* flag, banner; ***podnieść*** <***opuścić***> ***~ę*** hoist <haul down> a flag
banderola *f* paper band; excise band; banderole
bandycki *adj* bandit's; ***napad ~*** robbery with assault, mugging
bandyta *m* bandit, robber, mugger
bandytyzm *m* banditry
banicj|a *f* banishment; ***skazać na ~ę*** banish, outlaw
banita *m* outlaw
bank *m* bank; ***~ emisyjny*** issuing bank, bank of issue; ***~ handlowy*** commercial bank
bankier *f* banker
bankiet *m* banquet
banknot *m fin.* (bank-)note; *am.* bill
bankowiec *m* banker, bank employee
bankowość *f fin.* banking
bankructwo *n fin.* bankruptcy; insolvency; ***ogłosić czyjeś ~*** adjudge sb bankrupt
bankrut *m fin.* bankrupt
bankrutować *vi fin.* go bankrupt, fail
bańk|a *f* (*naczynie*) can; *med.* cupping glass, cup; (*powietrzna, mydlana itp.*) bubble; (*kula*) ball, globe; ***puszczać ~i*** blow bubbles; *med.* ***stawiać ~i*** cup (***komuś*** sb)
bar 1. *m* bar; ***~ kawowy*** coffee bar; ***~ samoobsługowy*** snack-bar; *am.* cafeteria
bar 2. *m chem.* barium
barak *m* barrack
baran *m zool.* ram; *przen.* ***wziąć na ~a*** take pick-a-back; ***Baran*** (*znak zodiaku*) Aries
baranek *m zool.* lamb
baranina *f* mutton, lamb
barbarzyńca *m* barbarian
barbarzyński *adj* barbarian, barbarous
barbarzyństwo *n* barbarity
barchan *m* fustian
barczysty *adj* broad-shouldered
barć *f* wild beehive
bardziej *adv* more, better; ***tym ~*** all the more; ***coraz ~*** more and more
bardzo *adv* very; (*z czasownikiem*) much, greatly; ***najbardziej*** most, best; ***nie ~*** not quite, hardly; ***~ chętnie*** with pleasure
bariera *f* bar, barrier
bark *m anat.* shoulder
barka *f* barge
barkarola *f muz.* barcarole
barkowy *adj anat.* scapular, shoulder-(*joint etc.*)
barłóg *m* pallet
barman *m* barman; *am.* bartender
barmanka *f* barmaid
barok *m* baroque
barometr *m* barometer
barometryczny *adj* barometric(al); ***niż ~*** depression; low pressure; ***wyż ~*** high pressure
baron *m* baron
baronowa *f* baroness
barszcz *m* borsch, beetroot soup
bartnik *m* wild-bee keeper
barwa *f* colour, hue, tint; (*farba*) dye; ***~ ochronna*** protective colouring
barwić *vt* colour, dye, tint
barwnik *m* colouring matter, dye; pigment (of skin)
barwny *adj* coloured, colourful
barykada *f* barricade
barykadować *vt* barricade
baryłka *f* barrel
baryton *m* baritone
bas *m* bass; bass-singer

basen *m* basin; tank; **~ *pływacki*** <***kąpielowy***> swimming pool
basista *m* (*grający*) bass-player
basta! *int* enough!, that'll do!
bastion *m wojsk.* bastion
baszta *f* turret
baśniowy *adj* fabulous, fairy
baśń *f* fable, fabulous tale
bat *m* whip; ***dać*** <***dostać***> ***~y*** give <get> a whipping <a licking, a thrashing>; ***trzaskać ~em*** crack the whip
batalion *m* battalion
batalista *m* battle-painter
bateria *f* battery
batut|a *f* baton; ***pod ~ą*** conducted by; under the direction of
batyst *m* cambric, batiste
bawełn|a *f bot.* cotton; *przen.* ***owijać w ~ę*** beat about the bush
bawić *vt* amuse, entertain; **~ *się*** *vr* amuse oneself, enjoy oneself; play (***w coś*** at sth); ***dobrze się ~*** have a good time; ***~ się z kimś jak kot z myszką*** play cat and mouse with sb; *vi* (*przebywać*) stay
bawół *m zool.* buffalo
baza *f* basis, base; **~ *lotnicza*** <***morska***> air <naval> base; **~ *danych*** *komp.* database
bazalt *m* basalt
bazar *m* bazaar, market place
bazgrać *vt* scrawl, scribble
bazgranina *f* scrawl, scribble
bazia *f bot.* catkin
bazować *vi* base, rely (***na czymś*** on, upon sth)
bazylika *f rel.* basilica
bażant *m zool.* pheasant
bąbel *m* bubble; *med.* blister
bądź *imp od* ***być*** be; ***~ co ~*** at any rate; ***~ ... ~ ...*** either...or...
bąk *m zool.* (*owad*) bumble-bee; (*zabawka*) (humming) top; *pot.* (*dziecko*) tot; *pot.* ***puścić ~a*** let one; ***zbijać ~i*** idle time away
bąkać *vt vi* mumble, mutter
beatyfikować *vt rel.* beatify
beczeć *vt* bleat; *pot.* (*o człowieku*) blubber, whimper
becz|ka *f* cask, barrel, keg; *lotn.* barrel-roll; ***piwo z ~ki*** beer on draught <*am.* draft>; ***~ka wina*** caskful of wine; ***siedzieć na ~ce prochu*** sit on a powder keg
beczkować *vt* barrel
beczułka *f* keg
bednarstwo *n* cooperage, coopery
befsztyk *m* beefsteak
bekas *m zool.* snipe
bekon *m* bacon
beksa *m f pot.* blubberer; cry-baby
bela *f* log; (*materiału*) bale; **~ *papieru*** ten reams of paper; ***pijany jak ~*** dead drunk
beletrystyka *f* fiction, belles-lettres
Belg *m* Belgian
belgijski *adj* Belgian
belka *f* beam; *pot. wojsk.* (*naszywka*) bar; **~ *stropowa*** tie beam
bełkot *m* (*o mowie*) gabble; mumble
bełkotać *vi vt* (*o mowie*) gabble; mumble
bełtać *vt* stir
bemol *m muz.* flat
bengalski *adj* Bengal(i)
benzen *m chem.* benzene, benzol
benzyna *f* (*czysta*) benzine; (*paliwo*) petrol, *am.* gasoline, gas; **~ *bezołowiowa*** lead-free <unleaded> petrol
benzynow|y *adj* benzine; petrol, *am.* gasoline; ***stacja ~a*** filling-station; *am.* gas station
berek *m* (*zabawa*) tag
beret *m* beret
berło *n* sceptre; ***dzierżyć ~*** hold the sceptre
bernardyn *m* Bernardine; (*pies*) St. Bernard's dog
bessa *f handl.* slump
bestia *f* beast
bestialski *adj* bestial
bestialstwo *n* bestiality

bestseller *m* best-seller
besztać *vt* scold, rebuke, run down
beton *m* concrete; ~ ***zbrojony*** reinforced concrete
betonować *vt* concrete
bez 1. *m bot.* lilac; (*dziki*) elder
bez 2. *praep* without; ~ ***butów*** <***kapelusza***> with no shoes <hat> on; ~ ***deszczu, słońca*** rainless, sunless; ~ ***grosza*** penniless; ~ ***ogródek*** without mincing words; ~ ***wątpienia*** doubtless; ~ ***względu na coś*** regardless of sth; ~ ***przerwy*** unceasingly, incessantly
beza *f* meringue
bezalkoholowy *adj* non-alcoholic; (*o napoju*) soft
bezapelacyjny *adj* unappealable, beyond appeal; final
bezbarwny *adj* colourless
bezbłędny *adj* faultless
bezbolesny *adj* painless
bezbożnik *m* atheist
bezbożny *adj* atheistic, impious
bezbronność *f* defencelessness
bezbronny *adj* defenceless
bezbrzeżny *adj* boundless, limitless
bezcelowość *f* aimlessness, uselessness
bezcelowy *adj* aimless, useless, to no purpose
bezcen, za ~ *adv* dirt-cheap; *pot.* for a mere song
bezcenny *adj* priceless, invaluable
bezceremonialnie *adv* in a free and easy way; unceremoniously; off-hand
bezceremonialność *f* free and easy way; unceremoniousness; bluntness
bezceremonialny *adj* free and easy, unceremonious; off-hand; downright; blunt
bezchmurny *adj* cloudless
bezcielesny *adj* incorporeal, fleshless, immaterial
bezczelność *f* insolence, impertinence, *pot.* cheek
bezczelny *adj* insolent, impudent, impertinent, *pot.* cheeky, outrageous
bezcześcić *vt* desecrate, profane
bezczynność *f* inactivity, inaction, idleness
bezczynny *adj* inactive, idle
bezdenny *adj* bottomless, fathomless, abysmal
bezdeszczowy *adj* rainless
bezdomny *adj* homeless
bezdroż|e *n* impassable way, unbeaten track; *przen.* ***zejść na ~a*** go astray
bezdrzewny *adj* treeless, woodless; ***papier*** ~ rag paper
bezduszny *adj* soulless, lifeless, dull
bezdymny *adj* smokeless
bezdzietny *adj* childless
bezdźwięczny *adj* soundless, hollow; *gram.* unvoiced, surd
bezecny *adj* villainous, infamous
bezgorączkowy *adj* feverless
bezgotówkowy *adj* non-cash, by (bank) transfer
bezgraniczny *adj* boundless, infinite
bezgrzeszny *adj* sinless, impeccable
bezimienność *f* namelessness, anonymousness
bezimienny *adj* nameless, anonymous
bezinteresowność *f* disinterestedness
bezinteresowny *adj* disinterested
bezkarnie *adv* with impunity; ***ujść*** ~ go unpunished; *pot.* get off scot-free, get away with it
bezkarność *f* impunity
bezkarny *adj* unpunished
bezkompromisowy *adj* uncompromising
bezkonkurencyjny *adj* unrivalled
bezkresny *adj* boundless

bezkrólewie *n* interregnum
bezkrwawy *adj* bloodless
bezkrwisty *adj* an(a)emic
bezkrytyczny *adj* uncritical, indiscriminate
bezksiężycowy *adj* moonless
bezkształtność *f* shapelessness
bezkształtny *adj* shapeless
bez liku *adv* no end (***czegoś*** of sth)
bezlitosny *adj* merciless, ruthless
bezludn|y *adj* desolate, uninhabited; ***~a wyspa*** desert island
bezludzie *n* wilderness, waste
bezład *m* confusion, disorder, chaos
bezładny *adj* confused, disorderly; (*np. o mowie*) disconnected, incoherent
bez mała *adv* nearly, almost, all but
bezmiar *m* immensity, infinity
bezmierny *adj* immense, infinite, immeasurable
bezmięsny *adj* fleshless; (*postny*) meatless
bezmyślność *f* thoughtlessness, carelessness
bezmyślny *adj* thoughtless, careless
beznadziejnie *adv* hopelessly, beyond hope
beznadziejność *f* hopelessness
beznadziejny *adj* hopeless, desperate; pathetic
beznamiętny *adj* dispassionate
beznogi *adj* legless, footless
bezokolicznik *m gram.* infinitive
bezosobowy *adj* impersonal
bezowocny *adj* fruitless, unproductive, ineffectual
bezpańsk|i *adj* ownerless, masterless, unclaimed; ***~i pies*** stray dog; ***ziemia ~a*** no man's land
bezpartyjny *adj* non-party *attr*; independent
bezpieczeństw|o *n* safety, security; ***klapa ~a*** safety-valve; ***środki ~a*** measures of precaution, precautionary measures; ***hamulec ~a*** emergency brake; ***Rada Bezpieczeństwa*** Security Council; ***~o przede wszystkim*** safety first
bezpiecznik *m* safety-cock, safety-tap; *elektr.* fuse
bezpieczny *adj* safe, secure
bezpłatnie *adv* gratuitously, gratis, free (of charge)
bezpłatny *adj* gratuitous, free (*ticket, instruction etc.*)
bezpłciowość *f* sexlessness
bezpłciowy *adj* sexless; *biol.* asexual
bezpłodność *f* barrenness, sterility, infertility
bezpłodny *adj* barren, sterile, infertile
bezpodstawność *f* groundlessness, baselessness
bezpodstawny *adj* groundless, baseless
bezpostaciowy *adj* amorphous
bezpośredni *adj* direct, immediate; (*o człowieku*) straightforward; ***pociąg ~*** through train
bezpośrednio *adv* directly, immediately
bezpośredniość *f* directness, immediateness
bezpotomnie *adv* without issue <progeny>
bezpotomny *adj* heirless, issueless
bezpowrotnie *adv* irretrievably, beyond retrieve
bezpowrotny *adj* irretrievable, irredeemable, irreparable, of no return
bezprawie *n* lawlessness; illegal action
bezprawny *adj* lawless, unlawful, illegal
bezpretensjonalny *adj* unpretentious, unassuming
bezprocentowy *adj* without interest
bezprzedmiotowy *adj* insubstantial, matterless, purposeless
bezprzykładny *adj* unexampled, unprecedented

bezradność *f* helplessness, perplexity
bezradny *adj* helpless, perplexed
bezręki *adj* handless, armless
bezrobocie *n* unemployment
bezrobotn|y *adj* unemployed, out of work; *pl* **~i** the unemployed
bezruch *m* immobility, standstill; ***w ~u*** at a standstill
bezsenność *f* sleeplessness, insomnia
bezsenny *adj* sleepless
bezsens *m* nonsense, absurdity
bezsensowny *adj* absurd
bezsilnikowy *adj* engineless
bezsilność *f* impotence
bezsilny *adj* powerless, helpless; impotent
bezskutecznie *adv* to no avail, in vain
bezskuteczność *f* ineffectiveness
bezskuteczny *adj* ineffective, unavailing
bezspornie *adv* undeniably, beyond dispute
bezsporność *f* incontestability
bezsporny, bezsprzeczny *adj* incontestable, undisputed
bezterminowo *adv* without time limit
bezterminowy *adj* termless
beztreściowy *adj* void of substance, empty
beztroska *f* unconcern
beztroski *adj* unconcerned, careless, carefree
bezustannie *adv* incessantly, continuously, without intermission
bezustanny *adj* incessant, continuous
bezużyteczność *f* uselessness
bezużyteczny *adj* useless, (of) no use
bezwartościowy *adj* worthless
bezwarunkowo *adv* unconditionally; absolutely
bezwarunkowy *adj* unconditional; absolute
bezwiednie *adv* unknowingly; involuntarily
bezwiedny *adj* unknowing, unconscious; involuntary
bezwład *m* inertia; *med.* paralysis
bezwładnoś|ć *f* inertness, inertia; *fiz.* **siła ~ci** force of inertia
bezwładny *adj* inert; (*np. o inwalidzie*) disabled
bezwłasnowolny *adj* (*prawnie*) legally incapable, disabled
bezwodny *adj* waterless; *chem.* anhydrous
bezwolny *adj* involuntary; passive; undecided
bezwonny *adj* inodorous
bezwstyd *m* impudence, shamelessness
bezwstydny *adj* impudent, shameless
bezwyznaniowy *adj* irreligious; (*o szkole*) undenominational
bezwzględność *f* absoluteness; peremptoriness; ruthlessness
bezwzględn|y *adj* absolute; peremptory; rigorous; ruthless; ***wartość ~a*** *mat.* absolute value
bezzałogowy *adj* unmanned
bezzębny *adj* toothless
bezzwłocznie *adv* immediately, instantly, without delay
bezzwłoczny *adj* immediate, instant
bezzwrotny *adj* unrepayable, unredeemable
bezżenny *adj i s m* celibate, unmarried
beż *m* beige
beżowy *adj* beige
bęben *m muz.* drum
bębenek *m muz.* side drum, tambourine; *anat.* tympanum, eardrum
bębnić *vi* drum; tattoo; tap
bęcwał *m* dolt, dullard
bękart *m* bastard
biada! *int* woe!
biadać *vi* wail, groan and moan; deplore (***nad czymś*** sth)
białaczka *f med.* leuk(a)emia

białawy *adj* whitish
białko *n* (*oka, jajka*) white; *chem.* albumen; protein
Białorusin *m* Byelorussian
białoruski *adj* Byelorussian
białość *f* whiteness
białowłosy *adj* white-haired
biał|y *adj* white; ***~a broń*** cold steel; ***w ~y dzień*** in broad daylight; ***~y wiersz*** blank verse; ***czarno na ~ym*** black and white
biblia *f* Bible
biblijny *adj* biblical
bibliofil *m* bibliophile
bibliograf *m* bibliographer
bibliografia *f* bibliography
biblioteka *f* library; (*szafa*) bookcase
bibliotekarz *m* librarian
bibuła *f* blotting-paper; *pot.* (*prasa nielegalna*) underground press
bibułka *f* tissue-paper
bicz *m* whip; ***~ Boży*** scourge; ***trzaskać z ~a*** crack the whip
biczować *vt* lash, whip, flagellate
biczowanie *n* flagellation
bić *vt vi* beat, strike; ***~ brawo*** applaud (***komuś*** sb); ***~ czołem*** prostrate oneself; ***~ w dzwony*** ring the bells, toll; ***~ kogoś po twarzy*** slap sb's face; ***~ pieniądze*** mint coins; coin (money); ***~ rekordy*** break records; ***biją pioruny*** lightning bolts strike; ***to bije w oczy*** it strikes the eye; ***~ się*** *vr* fight; (*na pięści*) box; ***~ się w piersi*** beat one's breast; ***~ się z myślami*** be in two minds
bidet *m* bidet
biec *zob.* ***biegać***
bied|a *f* poverty, misery; want, need; (*zły los*) adversity, distress; (*kłopot*) embarrassment; ***klepać ~ę*** *pot.* bite on the bit; ***narobić sobie ~y*** get into a mess
biedactwo *n* poor devil <soul, thing>
biedak *m* poor man, pauper
biedny *adj* poor, miserable; *s m* poor man
biedota *f zbior.* (*biedacy*) poor people, the poor, the destitute
biedronka *f zool.* ladybird
biedzić się *vr* take pains (***nad czymś*** with, over sth), toil (***nad czymś*** at, on sth)
bieg *m* run, race; (*życia, czasu, rzeki*) course; *techn.* gear; ***pierwszy ~*** first gear; ***najwyższy ~*** top gear; ***skrzynia ~ów*** *mot.* gearbox; *sport* ***krótki ~*** sprint; ***~ sztafetowy*** relay-race; ***~ z przeszkodami*** steeple-chase (race); ***zostawić sprawy własnemu ~owi*** let things drift; ***w pełnym ~u*** at full speed; ***z ~iem lat*** in the course of years; *mot.* ***zmienić ~*** change the gear
biegacz *m* runner, racer
biegać *vi* run (***za czymś*** after sth); ***~ na posyłki*** run errands
biegle *adv* fluently
biegłość *f* (*w mowie*) fluency, proficiency; (*zręczność*) skill, dexterity; (*wprawa*) routine
biegły *adj* proficient, skilful, skilled, expert (***w czymś*** in sth); *s m* expert
biegnąć *zob.* ***biegać***
biegun *m fiz. geogr.* pole; (*np. kołyski*) rocker; ***koń na ~ach*** rocking-horse; ***krzesło na ~ach*** rocking-chair
biegunka *f med.* diarrh(o)ea; ***krwawa ~*** dysentery
biegunowo *adv* diametrically
biegunowy *adj* polar
biel *f* white; ***~ cynkowa*** zinc white; ***~ do malowania ścian*** whitewash
bielić *vt* whiten; (*naczynia metalowe*) tin; (*ściany*) whitewash; (*bieliznę*) bleach
bielizna *f* linen, underclothes; ***~ pościelowa*** bed-linen; ***~ damska*** lingerie; ***~ osobista*** underwear
bielmo *n med.* leukoma, film; ***~ na oku*** web eye
biernie *adv* passively

biernik *m gram.* accusative (case)
bierność *f* passivity
bierny *adj* passive; **~ *stan*** (***rachunków***) liabilities
bierzmowanie *n rel.* Confirmation
biesiada *f* feast
biesiadować *vi* feast, banquet
bieżący *adj* running, current; (*o bieżącym miesiącu - w liście*) instant; ***dług* ~** floating debt; ***rachunek* ~** current account
bieżnia *f sport* running track; (*na torze wyścigowym*) race-course
bigamia *f* bigamy
bigamista *m* bigamist
bigos *m* sauerkraut stew with meat; *przen.* mess, jumble; ***narobić ~u*** make a mess (***z czymś*** of sth)
bijatyka *f* scrimmage, scuffle
bikini *n* bikini
bila *f* billiard ball
bilans *m* balance; **~ *handlowy*** balance of trade; **~ *płatniczy*** balance of accounts; ***sporządzić* ~** make up the balance, balance; ***zestawić* ~** strike the balance
bilansow|y *adj*, ***zestawienie ~e*** balance sheet
bilard *m* billiards
bilet *m* ticket; (*wizytowy*) visiting <call> card; **~ *ulgowy*** reduced ticket; **~ *w jedną stronę*** single <one way> ticket; **~ *powrotny*** return ticket; **~ *z miejscówką*** reserved-seat ticket; **~ *okresowy*** season ticket
bileter *m* ticket-collector; (*w kinie itp.*) usher
bilion *m* billion
bilon *m* coins; small change
bimber *m* moon(shine), rotgut
binarny *adj komp.* binary
biochemia *f* biochemistry
biodro *n anat.* hip, *zw. zool.* haunch
biograf *m* biographer
biografia *f* biography
biograficzny *adj* biographic(al)
biolog *m* biologist
biologia *f* biology
biologiczny *adj* biologic(al)
bioterapeuta *m* biotherapist
biret *m* (*księży*) biretta
bis *int i s m* encore
biskup *m rel.* bishop
biskupstwo *n* bishopric
bisować *vt vi* encore
biszkopt *m* sponge-cake
bit *m komp.* bit
bitny *adj* warlike, brave
bitw|a *f* battle; ***pole ~y*** battlefield
biuletyn *m* bulletin; report
biurko *n* writing-table, desk
biuro *n* office; **~ *informacyjne*** information office; **~ *podróży*** travel agency <bureau>; **~ *maklerskie*** brokerage firm <house, office>
biurokracja *f*, **biurokratyzm** *m* bureaucracy, *przen.* red tape
biurokrata *m* bureaucrat, *przen.* person fond of red tape
biust *m* breast (*piersi*); bust
biustonosz *m* brassiere; *pot.* bra
biwak *m* bivouac
biwakować *vi* bivouac
bizantyjski *adj* Byzantine
bizmut *m* bismuth
bizon *m zool.* bison
biżuteria *f* jewellery
blacha *f* (*biała*) (tin) plate, iron-plate; (*ciemna*) sheet iron; (*kuchenna*) (kitchen-)range
blacharnia *f* sheet-iron works
blacharz *m* tinsmith
bladoczerwony *adj* pale-red, pink
bladoróżowy *adj* pale-pink
bladość *f* paleness
blady *adj* pale, pallid
blaknąć *vi* discolour, fade
blankiet *m* (blank) form
blanko *n*, ***czek in* ~** *handl.* blank cheque
blask *m* brilliance, brightness, splendour; (*np. słońca*) glare
blaszany *adj* tin, tinplate

blaszka *f* metal plate; *bot.* lamina, blade
blat *m* sheet, plate; ~ ***stołu*** table top
blednąć *vi* grow pale; (*o barwach*) fade
blef *m* bluff
blichtr *m* tinsel, false show
bliski *adj* near, close; (*zbliżający się np. o nieszczęściu*) imminent; ~ ***śmierci*** on the point <on the verge> of death; ~ ***znajomy*** close <intimate> acquaintance; ***pozostawać w ~ch stosunkach*** be in close <intimate> relations; ***~e podobieństwo*** close resemblance
blisko *adv* near(ly), close(ly); ~ ***spokrewniony*** closely related; ~ ***dwa miesiące*** nearly two months; ***być ~ czegoś*** be quite close to sth; ***daleko i ~*** far and near; *praep* ~ ***rzeki*** near the river; ~ ***siebie*** close to each other
bliskoznaczny *adj* synonymous
blizna *f* scar
bliźni *m* fellow creature, neighbour
bliźniaczy *adj* twin
bliźniak *m* twin; ***Bliźnięta*** (*znak zodiaku*) Gemini
bliżej *adv* nearer, closer; more nearly, <closely>
bliższy *adj* nearer, closer
bloczek *m* pad, (small) notebook; *filat.* miniature-sheet
blok *m* block; *techn.* pulley; ~ ***kasowy*** cash-block; ~ ***mieszkalny*** block of flats; ~ ***rysunkowy*** drawing-block
blokada *f* blockade; closure
blokować *vt* block; obstruct
blond *adj nieodm.* fair(-haired), blond
blondyn *m* blond (man); fair-haired man
blondynka *f* blond woman, blonde; fair-haired woman
blotka *f* (*w kartach*) low card
bluszcz *m bot.* ivy
bluza *f* sweatshirt; *wojsk.* tunic
bluzgać *vi* spout, squirt
bluzka *f* blouse
bluźnić *vi* blaspheme
bluźnierca *m* blasphemer
bluźnierstwo *n* blasphemy
błagać *vt* beg, implore, beseech, entreat
błagalny *adj* imploring, beseeching
błaganie *n* imploration; entreaty
błahostka *f* trifle
błahy *adj* trifling, futile
błam *m* fur-lining
bławatek *m bot.* cornflower
błazen *m* fool, buffoon, clown
błazeńsk|i *adj* clownish; ***czapka ~a*** fool's cap
błazeństwo *n* foolery, buffoonery
błaznować *vi* play the fool, fool around
błąd *m* mistake, error, fault, defect, blunder; ~ ***drukarski*** misprint
błądzić *vi* err, blunder; be mistaken; (*wędrować*) wander, rove, roam, ramble
błąkać się *vr* stray, roam
błędn|y *adj* faulty, incorrect, erroneous; ***~e koło*** vicious circle; ***~y rycerz*** knight errant; ***~e oczy*** wild look; ***~y ognik*** will-o'-the-wisp; ***na ~ej drodze*** on the wrong track
błękit *m* sky-blue, azure
błękitnooki *adj* blue-eyed
błękitny *adj* sky-blue
błogi *adj* blissful, happy
błogosławić *vt* bless
błogosławieństwo *n* blessing, benediction
błogostan *m* blissfulness
błona *f* membrane; *fot.* film
błonica *f med.* diphtheria
błonie *n* pasturage; (*wiejskie*) village green
błotnik *m* mudguard, wing, *am.* fender
błotnisty *adj* muddy, swampy

błoto *n* mud, muck, dirt
błysk *m* glitter, flash; (*rażący*) glare
błyska|ć *vt* flash, glitter; **~ się** *vr* it lightens
błyskawica *f* (flash of) lightning
błyskawicznie *adv* like lightning, in no time at all; *pot.* like a streak
błyskawiczn|y *adj* swift, rapid; ***wojna ~a*** blitz; ***zamek ~y*** zip fastener, zipper
błyskotliwość *f* brightness; *uj.* gaudiness
błyskotliwy *adj* bright; flashy; *uj.* gaudy
błysnąć *vi* flash
błyszczący *adj* brilliant, shining
błyszczeć *vi* shine, glitter, sparkle
bo *conj* because, for, as, since
boazeria *f* wainscot(ting)
bobslej *m sport.* bobsleigh, bobsled
bochen(ek) *m* loaf
bocian *m zool.* stork
boczek *m* flank, side; (*wędlina*) bacon
bocznica *f* siding (track)
boczn|y *adj* lateral, side *attr*; ***~e światło*** side-light; ***~a ulica*** by-street, off street
boczyć się *vr pot.* be sulky (***na kogoś*** with sb)
boćwina *f* red-beet leaves; (*zupa*) red-beet soup
bodaj *part.* may...; ***~ by tak było*** may it be so
bodziec *m* stimulus, incentive, goad; ***dodać bodźca*** stimulate (***komuś*** sb)
bogacić *vt* enrich; **~ się** *vr* enrich oneself, grow rich
bogactw|o *n* wealth, riches; ***~a naturalne*** natural resources
bogacz *m* rich man
bogaty *adj* rich, wealthy
bogini *f* goddess
boginka *f* nymph
bogobojny *adj* godly, pious
bohater *m* hero
bohaterka *f* heroine
bohaterski *adj* heroic
bohaterstwo *n* heroism
bohomaz *m* daub
boisko *n sport* sports field, playground; (*piłkarskie*) football field <pitch>; (*szkolne*) close
boja *f* buoy; ***~ świetlna*** beacon-buoy
bojaźliwość *f* shyness, timidity
bojaźliwy *adj* shy, timid
bojaźń *f* awe, fear
bojer *m sport* iceboat
bojkot *m* boycott
bojkotować *vt* boycott
bojler *m* boiler
bojownik *m* fighter; champion; ***~ o pokój*** peace-fighter
bojow|y *adj* pugnacious, combative; ***gotowość ~a*** alert; ***okrzyk ~y*** battle-cry; ***szyk ~y*** battle-array; ***siły ~e*** striking force
bojówka *f* fighting group, armed gang
bok *m* side, flank; ***~iem*** sidelong; ***patrzeć ~iem*** look askance (***na kogoś*** at sb); ***pod ~iem*** near by, at hand; ***żarty na ~*** joking apart; *przen.* ***to mi ~iem wychodzi*** I'm fed up with it; ***zrywać ~i ze śmiechu*** split one's sides with laughing; ***wziąwszy się pod ~i*** with arms akimbo; ***robić ~ami*** be on one's last legs; ***przy czyimś ~u*** at sb's side; ***na ~u*** aside, apart; ***uwaga na ~u*** side note; ***zarobić coś na ~u*** earn sth on the side; ***kłucie w ~u*** stitch in the side; ***stać na ~u*** stand aloof; ***z ~u*** from the side; ***widok z ~u*** side-view; ***uderzenie z ~u*** side-blow, by-blow
bokobrody *s pl* sideboards, side whiskers; *am.* sideburns
boks *m sport* (*pięściarstwo*) boxing
bokser *m sport* boxer
boksować *vt sport* box; **~ się** *vr* box

bolący *adj* painful, aching
bolączka *f* pain; grief, worry
bol|eć *vi* ache, hurt; (*żałować*) regret, grieve; **~i mnie głowa** <**ząb**> I have a headache <a toothache>; **~i mnie palec** my finger hurts, I have a sore finger; **~i mnie gardło** I have a sore throat; **co cię ~i?** what ails <hurts> you?; **~eję nad jego śmiercią** I mourn over his death
bolesny *adj* painful, sore; (*moralnie*) grievous
boleś|ć *f* (*moralna*) grief; *pl* **~ci** pains
bomba *f* bomb; (*czekoladowa*) ball; (*kufel*) pint; (*sensacja*) startling piece of news, sensation; **~ atomowa** atomic bomb, A-bomb; **~ wodorowa** hydrogen bomb, H-bomb; **~ zegarowa** time bomb; **wpaść jak ~** rush in, burst in; **~ pękła** it has come off
bombardować *vt* bomb, bombard
bombardowanie *n* bombing, bombardment
bombastyczny *adj* bombastic
bombonierka *f* box of chocolates
bombowiec *m wojsk. lotn.* bomber
bon *m* bill, bond, ticket, coupon; *fin.* **~ skarbowy** treasury bond
bonifikata *f* reduction
bonifikować *vt* compensate (**komuś coś** sb for sth)
bordo *n i adj nieodm.* (*kolor*) crimson-dark red; (*wino*) Bordeaux
borny *adj, chem.* **kwas ~** boric acid
borówka *f bot.* bilberry, whortleberry
borsuk *m zool.* badger
borykać się *vr* wrestle, grapple, struggle, cope with
bosak *m* boat-hook; fire-hook
bosk|i *adj* divine, godlike; **oddawać cześć ~ą** worship; **na litość ~ą!** for goodness sake!; **rany ~ie!** good heavens!
boskość *f* divinity
bosman *m mors.* boatswain
boso, na bosaka *adv* barefoot
bosy *adj* barefooted
botaniczny *adj* botanical
botanika *f* botany
bowiem *conj* for, since, because
bożek *m* idol, god
boży *adj* divine; **Boże Ciało** Corpus Christi; **Boże Narodzenie** Christmas
bożyszcze *n* idol
bób *m bot.* (broad) beans
bóbr *m zool.* beaver; **płakać jak ~** melt into tears
Bóg *m* God; **mój Boże!** good God <Lord>!, dear me!; **dzięki** <**chwała**> **Bogu!** thank God!; **nie daj Boże!** God forbid!; **szczęść Boże!** God speed you!
bój *m* fight, battle; **prowadzić ~** fight, battle
bójka *f* scrimmage, scuffle, brawl
ból *m* pain, ache; **~ głowy** headache; **~ gardła** sore throat; **~ zębów** toothache
bór *m lit.* forest, woods
bóstwo *n* deity
bóść *vt* gore
bractwo *n* (con)fraternity
brać *vt* take; **~ do wojska** enlist; **~ górę** get the upper hand (**nad kimś, czymś** of sb, sth); **~ na serio** take seriously; **~ na siebie obowiązek** take on duty; **~ pod uwagę** take into consideration; **~ ślub** get married (**z kimś** to sb); **~ udział** take part; **~ w rachubę** take into account; **~ coś za dobrą monetę** take sth in; **~ za złe** take amiss; **bierze mnie chęć** I feel like, I have a mind; **bierze mróz** it begins to freeze; **~ kogoś** <**coś**> **szturmem** take sb <sth> by storm; *vr* **~ się do dzieła** set about one's work
brak *m* lack, deficiency, absence, shortage, want; (*wada*) fault,

shortcoming; (*o towarze*) defective <shoddy> article; **~ mi pieniędzy** I lack money; **cierpieć na ~ czegoś** lack sth; suffer from the lack of sth; **nie ~ mu odwagi** he abounds in courage; **z ~u czasu** for lack of time; **zaspokoić ~** supply a want

brakarz *m* sorter

brakorób *m* bungler, botcher

brakować 1. *vt* (*sprawdzać jakość*) reject, sort out

brak|ować 2. *vi* be wanting, be missing, be short of, be deficient; want, miss; **~uje wielu książek** many books are missing; **~uje pieniędzy** money is lacking; **~uje mi pieniędzy** I lack money; **~uje mi ciebie** I miss you; **~uje mi słów** words fail me; **~uje mi siły** power fails me; **nic mi nie ~uje** nothing is the matter with me

brama *f* gate; **~ wjazdowa** gateway

bramk|a *f sport* goal; **zdobyć ~ę** score a goal

bramkarz *m sport* goalkeeper

bransoletka *f* bracelet

branża *f* line (of business); branch; craft

brat *m* brother; (*zakonny*) brother, friar; **~ cioteczny** first cousin; **~ przyrodni** stepbrother; **być za pan ~** be on easy terms (**z kimś** with sb)

bratać się *vr* fraternize

bratanek *m* nephew

bratanica *f* niece

bratanie się *vr* fraternization

bratek *m bot.* pansy

braterski *adj* brotherly, fraternal

braterstwo *n* brotherhood, fraternity

bratni *adj* = **braterski**

bratowa *f* sister-in-law

brawo *int* bravo; applause; **bić ~** applaud (**komuś** sb)

brawura *f* gallantry, bravery, bravado; *muz.* bravura

Brazylijczyk *m* Brazilian

brazylijski *adj* Brazilian

brąz *m* bronze; (*kolor*) brown

brązowy *adj* bronze; (*o kolorze*) brown

bredni|a *f* (*zw. pl* **~e**) bosh; rubbish; *wulg.* bullshit

bredzić *vi* rave, talk nonsense

brelok *m* trinket

brew *f anat.* brow

brewerie *s pl* uproar, row; **wyprawiać ~** make a row

brewiarz *m rel.* breviary

brezent *m* canvas, tarpaulin

brnąć *vi* flounder, wade; **~ w długi** incur debts over head and ears

broczyć *vi* (*ociekać*) **~ krwią** bleed, drip with blood

brod|a *f anat.* chin; (*zarost*) beard; **zapuścić ~ę** grow a beard

brodaty *adj* bearded

brodawka *f* wart; (*sutkowa*) *anat.* nipple

brodzić *vi* wade, flounder

broić *vi* be up to mischief, skylark, romp

brokat *m* brocade

brom *m chem.* bromide

brona *f* harrow

bronchit *m med.* bronchitis

bronić *vt* defend (**przed kimś, czymś** against <from> sb, sth); (*pokoju, kraju*) guard, protect; (*poglądów, honoru itp.*) assert; (*orędować*) advocate (**czegoś** sth); **~ czyjejś sprawy** plead sb's cause; **~ się** *vr* defend oneself

bronować *vt* harrow

broń *f* weapon, arms; service (*branch of army*); **~ biała** cold steel; **~ palna** fire-arms; **~ krótka** small arms; **~ boczna** side-arms; **pod bronią** in arms; **chwycić za ~** take up arms; **zawieszenie broni** armistice

broszka *f* brooch

broszura *f* pamphlet; (*prospekt, ulotka*) leaflet; booklet

browar *m* brewery
bród *m* ford; **przechodzić w ~** ford
bródka *f* little beard; **kozia ~** goatee
brud *m* dirt; filth; grime; *pl* **~y** (*brudna bielizna*) dirty linen; laundry
brudas *m* sloven
brudnopis *m* rough copy
brudny *adj* dirty, filthy
brudzić *vt* soil, make dirty; **~ sobie twarz, ręce** soil one's face, hands; **~ się** *vr* get soiled, become dirty
bruk *m* pavement, paved road; *przen.* **szlifować ~i** loaf about; **wyrzucić na ~** turn out adrift <into the street>
brukać *vt* soil, make dirty
brukiew *f bot.* (Swedish) turnip
brukować *vt* pave, cobble
brukowiec *m* paving-stone, cobble; (*gazeta*) gutter paper, rag
brukow|y *adj* paving; **prasa ~a** yellow <gutter> press
brukselka *f bot.* Brussels sprouts
brulion *m* notebook
brunatny *adj* brown; **węgiel ~** brown coal
brunet *m* dark-haired man
brunetka *f* brunette; *am.* brunet
brusznica *f bot.* cranberry
brutal *m* brute
brutalność *f* brutality; (*w grze*) roughness
brutalny *adj* brutal; (*o grze*) rough
brutto *adv* (in) gross; **cena ~** gross price; **waga ~** gross weight
bruzda *f* furrow
bruździć *vi pot.* obstruct, muddle
brydż *m sport* bridge
brydżysta *m sport* bridge-player
brygada *f* brigade
brygadier *m* brigadier
brygadzista *m* foreman
bryk *m pot.* crib; *am.* pony
brykać *vi* (*o koniu*) rear, kick; (*swawolić*) frolic, gambol, jump about
brykiet *m* briquette; *zbior.* **~y** patent fuel
brylant *m* brilliant, diamond
bryła *f* block, lump; (*ziemi*) clod; *mat.* solid
bryłka *f* lump, clot
bryłkowaty *adj* cloddy, clotty
bryłowaty *adj* lumpy, massive
bryndza *f* ewe's cheese
brytan *m* mastiff
brytfanna *f* baking-pan, frying--pan
Brytyjczyk *m* British subject; *am.* Britisher
brytyjski *adj* British
bryza *f* breeze
bryzgać *vi l'* splash (**wodą** water)
brzask *m* dawn, daybreak; **z ~iem** at daybreak
brzdąc *m* tot, toddler
brzdąkać *vi* strum, twang
brzdęk *int* twang!
brzeg *m* bank, riverside; (*morza, jeziora*) shore, coast; seaside, seashore; (*plaża*) beach; (*przepaści*) brink; (*krawędź*) edge; (*stronicy*) margin; (*sukni, lasu*) skirt; (*kapelusza, kubka itp.*) brim; **na ~, na ~u** ashore
brzemienność *f* pregnancy
brzemienny *adj* pregnant; **~ w skutki** eventful
brzemię *n* burden, *lit.* burthen
brzezina *f* birch wood
brzęcz|eć *vi* ring; (*o metalu*) tinkle, clink, chink; (*o pieniądzach*) jingle; (*o owadach*) buzz, hum; (*o talerzach*) clatter; **~ąca moneta** hard cash
brzęczyk *m* buzzer
brzęk *m* ring, clink, jingle; buzz
brzmi|eć *vi* (re)sound, ring; (*o tekście, ustawie itp.*) purport; **tekst ~ jak następuje** the text runs as follows; **to ~ dziwnie** this rings <sounds> strange
brzmienie *n* sound; (*tekstu, umowy itp.*) purport, tenor, wording

brzoskwinia *f bot.* peach; peach-tree
brzoza *f bot.* birch
brzuch *m med.* abdomen; *pot.* belly, paunch
brzuchaty *adj* big-bellied
brzuchomówca *m* ventriloquist
brzuszny *adj* abdominal; *med.* ***dur ~*** enteric <typhoid> (fever)
brzydactwo *n* ugliness; ugly thing <person>
brzydal *m* ugly man
brzydk|i *adj* ugly; ***~a pogoda*** nasty weather; ***~ie kaczątko*** ugly duckling
brzydnąć *vi* become ugly
brzydota *f* ugliness
brzydzić się *vr* abhor, loathe (***czymś*** sth), have an aversion (***czymś*** to sth)
brzytw|a *f* razor; *przysł.* ***tonący ~y się chwyta*** a drowning man catches at a straw
bubel *m* shoddy article <commodity>
buchać *vi* (*o płynach*) gush; (*o dymie, ogniu*) belch; *pot.* (*kraść*) pinch, lift, filch; ***~ płomieniem*** blaze forth
buczeć *vi* buzz, drone
buczyna *f* beech wood, beech-grove
buda *f* shed, shack; (*jarmarczna*) booth; ***psia ~*** kennel
buddyzm *m* Buddhism
budka *f* shelter, cabin; (*np. strażnika*) box; ***~ telefoniczna*** telephone <call> box; *am.* telephone booth
budow|a *f* construction, structure; building; ***biuro ~y*** building office; ***plac ~y*** building site; ***~a ciała*** structure of the body, build; ***~a zdania*** sentence structure; ***w ~ie*** under construction
budować *vi* build, construct; (*moralnie oddziaływać*) edify; *przen.* ***~ zamki na lodzie*** build castles in the air
budowla *f* building, edifice; construction
budowlan|y *adj* building, architectural; ***przedsiębiorca ~y*** builder, building contractor; ***przedsiębiorstwo ~e*** building enterprise
budownictwo *n* architecture; ***~ mieszkaniowe*** residential building
budowniczy *m* builder
budulec *m* timber; *am.* lumber
budynek *m* building
budyń *m* pudding
budzić *vt* wake (up), waken, awake, awaken, rouse, call; (*uczucie*) prompt; (*sympatię, podejrzenia*) arouse; (*zaufanie*) inspire; ***~ się*** *vr* wake (up), awake, start up
budzik *m* alarm-clock; ***nastawić ~ na siódmą*** (***godzinę***) set the alarm-clock for seven (o'clock)
budżet *m* budget
budżetowy *adj* budgetary; ***rok ~*** fiscal year
bufet *m* (*dania dla gości*) buffet; (*mebel*) sideboard, cupboard; (*w restauracji*) bar; (*w teatrze, szkole itp.*) refreshment room
bufetowa *f* barmaid
bufetowy *m* barman; *am.* bartender
bufon *m* buffoon
bufonada *f* buffoonery
bufor *m* buffer
bujać *vi* (*unosić się*) float, hover, soar; (*wałęsać się*) roam; (*kiełkować*) sprout, shoot; *vt* (*huśtać*) rock, swing; *pot.* (*nabierać*) take in, hoax
bujak *m* rocking chair
bujda *f pot.* hoax
bujny *adj* exuberant, abundant, luxuriant; (*o włosach*) bushy; (*o fantazji, pomyśle*) fertile
buk *m bot.* beech
bukiecik *m* posy, nosegay
bukiet *m* bouquet; bunch (of flowers)

bukmacher *m* bookmaker; *pot.* bookie
buksować *vi* (*o kołach*) surge
bukszpan *m bot.* box (tree), boxwood
buldog *m zool.* bulldog
bulgot *m* bubble, gurgle
bulgotać *vi* bubble, gurgle
bulić *vi vt pot.* fork out, cough up
bulion *m* bouillon, broth, clear soup
bulla *f* bull
bulwa *f bot.* bulb, tuber
bulwar *m* boulevard, avenue; (*nad rzeką*) embankment
buława *f* mace, truncheon; (*marszałkowska*) baton
Bułgar *m* Bulgarian
bułgarski *adj* Bulgarian
bułka *f* roll; ***~ tarta*** (bread) crumbs; ***słodka ~*** bun
bumelant *m* loafer, shirk(er), absentee; *am. pot.* bum
bumerang *m* boomerang
bunkier *m wojsk.* pill-box
bunt *m* rebellion, revolt, riot, sedition, mutiny; ***podnieść ~*** rise in revolt
buntować *vt* stir (up), rouse to revolt; ***~ się*** *vr* revolt, rebel
buntowniczy *adj* rebellious, riotous, seditious
buntownik *m* rebel, mutineer
buńczuczny *adj* cocky, perky
bur|a *f pot.* reprimand, scolding; ***dać ~ę*** reprimand (***komuś*** sb); scold, *pot.* give it hot; ***dostać ~ę*** get a scold; *pot.* get it hot
burak *m bot.* beet (root); ***~ cukrowy*** sugar beet; ***~ ćwikłowy*** red beet
burczeć *vi* rumble; (*gderać*) grumble (***na kogoś*** at sb)
burda *f* brawl
burdel *m wulg.* brothel
burgund *m* (*wino*) Burgundy
burmistrz *m* mayor
bursztyn *m* amber
burt|a *f mors.* (ship's) side, (ship) board; ***lewa ~a*** port side; ***prawa ~a*** starboard side; ***wyrzucić za ~ę*** throw overboard
bury *adj* dark-grey, grizzly
burza *f* storm, gale, tempest, thunderstorm; *przen.* ***~ w szklance wody*** a storm in a tea-cup
burzliwy *adj* stormy, rough, tempestuous, turbulent
burzyciel *m* destroyer
burzycielski *adj* destructive
burzyć *vt* destroy, demolish; (*rozebrać, np. dom, maszynę*) pull down; (*podburzać*) stir up, raise; ***~ się*** *vr* rebel, rise in revolt
burżuazja *f* bourgeoisie
burżuazyjny *adj* bourgeois
busola *f* compass
buszować *vi* rummage
but *m* shoe; (*z cholewką*) boot; ***głupi jak ~*** as dull as ditchwater <dishwater>
buta *f* haughtiness, insolence
butelka *f* bottle
butelkować *vt* bottle
butik *m* boutique
butla *f* demijohn, (*opleciona*) carboy
butny *adj* haughty, overbearing, insolent
butonierka *f* buttonhole
butwieć *vi* rot, moulder
buzi|a *f pot.* face; ***dać komuś ~*** give sb a kiss
buziak *m pot.* kiss
by *zob.* ***aby***; *part. warunkowa*: ***on by to zrobił*** he would do it
byczek *m zool.* bull calf
być *vi, v aux* be; ***~ dobrej myśli*** be of good cheer; ***~ może*** perhaps, maybe; ***niech będzie, co chce*** come what may; ***niech i tak będzie*** let it be so; ***~ u siebie*** be at home; ***co z nim będzie?*** what will become of him?
bydlę *n* beast, brute
bydło *n zool.* cattle
byk *m zool.* bull; (*gafa*) bloomer, howler; ***walka ~ów*** bullfight; ***wziąć ~a za rogi*** take the bull

by the horns; ***palnąć <strzelić> ~a*** make a bloomer; ***jak czerwona płachta na ~a*** like a red rag to a bull; ***Byk*** (*znak zodiaku*) Taurus

byle *adv* ***~ co*** anything; ***~ kto*** anybody; ***~ gdzie*** anywhere; ***~ jaki*** any, any...whatever; ***to nie ~ jaki uczeń*** he is no mean pupil; ***nie ~ jak*** in no mean fashion

bylina *f bot.* perennial

były *adj* former, past, old, ex-, late, has-been; ***~ prezydent*** ex-president, the late president

bynajmniej *adv* not at all, by no means, not in the least; (*z oburzeniem*) I should say <think> not

bystrość *f* (*szybkość*) rapidity, quickness; (*bystrość umysłu*) keenness, shrewdness

bystry *adj* (*szybki*) rapid, quick; (*umysłowo*) smart, keen, keen-witted, cute; (*o wzroku*) sharp, keen

byt *m* existence; (*w filozofii, polityce*) entity; ***walka o ~*** struggle for existence <life>; ***mieć zapewniony ~*** have one's existence <living> secured

bytność *f* sojourn, stay

bytow|y *adj* existential; ***warunki ~e*** living conditions

bywa|ć *vi* frequent (***w pewnym miejscu*** some place); to be <to go> often...; call frequently (***u kogoś*** on sb); (*zdarzać się*) happen; ***~j zdrów!*** farewell!; ***tak ~*** so it happens

bywalec *m* frequenter, habitué

bywały *adj* experienced

bzdur|a *f* nonsense, bosh, silly talk, rubbish; *wulg.* bullshit, balls; ***pleść ~y*** talk nonsense

bzdurny *adj* nonsensical

bzik *m pot.* eccentricity, craze; (*wariat*) freak, crank, loony; ***mieć ~a*** be crazy; *przen.* have a screw loose, have a bee in one's bonnet

bzykać *vi* buzz, hiss

C

cacko *n* knick-knack, trinket

cal *m* inch

calówka *f* folding rule

całka *f mat.* integral

całkiem *adv* quite, entirely, completely

całkować *vt mat.* integrate

całkowicie *adv* altogether, throughout, entirely, completely

całkowit|y *adj* entire, total, complete; ***liczba ~a*** integer

całkowy *adj mat.* integral; ***rachunek ~*** integral calculus

cało *adv* safely, unharmed; ***wyjść ~*** get off safe and sound

całodobowy *adj* round-the-clock

całodzienny *adj* full day's, daylong

całokształt *m* totality, the whole

całonocny *adj* full night's, nightlong

całopalenie *n* holocaust

całoroczny *adj* full year's

całoś|ć *f* totality, entirety, whole, bulk, (complete) body; ***w ~ci*** on the whole

całować *vt* kiss; ***~ kogoś na pożegnanie*** kiss sb good-bye; ***~ się*** *vr* kiss each other

całun *m* shroud

całus *m* kiss

cał|y *adj* whole, all, entire; (*zdrów*) safe; ***~y rok*** all the year (round); ***~a Europa*** all <the whole of> Europe; ***przez ~y dzień*** all day long; ***~ymi go-***

dzinami for hours and hours; ***zdrów i ~y*** safe and sound
capstrzyk *m* tattoo
car *m* tsar, tzar, czar
carowa *f* tsarina, tzarina, czarina
ceb|er *m* tub; *przen.* ***leje jak z ~ra*** it rains cats and dogs
cebula *f bot.* onion
cebulka *f bot.* onion; (*np. kwiatowa, włosowa*) bulb
cech *m* guild, corporation
cecha *f* feature, character, quality; stamp, seal, mark; (*stempel probierczy*) hallmark
cechować *vt* characterize, brand; (*znaczyć*) mark, stamp
cedować *vt* cede (***coś na kogoś*** sth to sb), transfer
cedr *m bot.* cedar
ceduła *f* schedule, list; ***~ giełdowa*** list of quotations, stock-list
cedzak *m* colander, cullender
cedzić *vt* filter; *przen.* ***~ słówka*** drawl one's words
cegielnia *f* brick-yard, brick-field
cegiełka *f* (little) brick; (*składka*) share
ceglasty *adj* brick-coloured
cegła *f* brick
cekin *m* sequin
cel *m* aim, purpose, end, object, goal; (*tarcza strzelnicza i przen.*) target; (*środek tarczy*) bull's eye; ***brać na ~*** take aim (***coś*** at sth); ***mieć na ~u*** have in view; ***osiągnąć swój ~*** gain one's end; ***trafić do ~u*** hit the mark; ***chybić ~u*** miss the mark; ***~em*** for the purpose (***czegoś*** of sth); ***w ~u*** for the purpose of, with this end in view; ***w tym ~u*** to this end; ***strzelanie do ~u*** target practice; ***~ podróży*** destination; ***~ pośmiewiska*** laughing-stock
cela *f* cell
celebracja *f* celebration
celebrować *vt* celebrate
celibat *m* celibacy
celnik *m* customs officer
celność *f* accuracy (of aiming), precision; (*dobre strzelanie*) marksmanship
celny 1. *adj* (*trafny*) accurate, accurately-aimed
celn|y 2. *adj* customs, relating to customs; ***deklaracja ~a*** customhouse declaration; ***opłata ~a*** (customs) duty; ***rewizja ~a*** customs inspection; ***urząd ~y*** custom-house; ***odprawa ~a*** customs clearance
celofan *m* cellophane
celować *vi* aim, take aim (***do czegoś*** at sth); (*z karabinu*) level one's gun (***do czegoś*** at sth); (*przodować*) excel (***w czymś*** in sth)
celownik *m gram.* dative
celowo *adv* on purpose, intentionally
celowość *f* suitableness, purposefulness, expediency
celowy *adj* suitable, purposeful, expedient
Celsjusz, *x* ***stopni ~a*** *x* degrees Celsius <centigrade>
Celt *m* Celt, Kelt
celtycki *adj* Celtic, Keltic
celujący *adj* excellent, perfect
celuloza *f* cellulose
cement *m* cement
cementować *vt* cement
cen|a *f* price, value; ***~a detaliczna*** retail price; ***~a stała*** fixed price; ***~a zniżona*** reduced price; ***po tej ~ie*** at that price; ***za wszelką ~ę*** at any price
cenić *vt* (*wyceniać*) price, value; (*wysoko sobie cenić*) appreciate, prize
cennik *m* price-list
cenny *adj* valuable, precious
cent *m* cent
centrala *f* head-office, headquarters; (*techniczna*) central station; (*telefoniczna*) exchange; ***~ międzynarodowa*** international exchange; ***~ miejscowa*** local exchange; switchboard

centralizacja *f* centralization
centralizować *vt* centralize
centralny *adj* central
centrum *n sing nieodm.* centre, *am.* center; **~ *handlowe miasta*** city <town> centre; *am.* downtown
centymetr *m* centimetre
cenzor *m* censor
cenzura *f* (*urząd*) censorship; (*krytyka*) censure; (*szkolna*) school report
cenzurować *vt* (*przeprowadzać cenzurę*) censor; (*ganić*) censure
cenzus *m* (*spis*) census; ***~ naukowy*** degree of education; ***~ majątkowy*** property requirement
cep *m* flail
cera 1. *f* (*twarzy*) complexion
cera 2. *f* (*cerowane miejsce*) darn, darning
ceramiczny *adj* ceramic
ceramika *f* ceramics, pottery
cerata *f* oilcloth
ceregiele *s pl* fuss, ceremony; ***robić ~*** stand on <upon> ceremony (***z kimś*** with sb), make a fuss (***z kimś, czymś*** of sb, sth)
ceremonia *f* ceremony
ceremonialny *adj* ceremonial, ceremonious
ceremoniał *m* ceremonial
cerkiew *f* Orthodox church
cerować *vt* darn
cesarski *adj* imperial; ***~e cięcie*** *med.* Caesarean section
cesarstwo *n* empire
cesarz *m* emperor
cesarzowa *f* empress
cesja *f prawn.* cession
cewka *f* reel, bobbin; *techn.* spool; *elektr.* coil; *anat.* duct; ***~ moczowa*** urethra
Cezar *m* Caesar
cętka *f* speckle, spot
cętkowany *adj* spotted
chaber *m bot.* cornflower
chałtura *f pot.* pot-boiler, hackwork
chałupa *f* hut, cabin
chałupnictwo *n* outwork, domestic work
chałupnik *m* outworker
chałwa *f* halva(h)
cham *m* cad, boor
chamski *adj* caddish, boorish
chamstwo *n* caddishness, boorishness
chan *m* khan
chandr|a *f* spleen, doldrums, blues; ***mieć ~ę*** have <get> the blues
chaos *m* chaos
chaotyczny *adj* chaotic
charakte|r *m* integrity; character; (*rola, funkcja*) capacity; ***~r pisma*** handwriting; ***człowiek z ~rem*** man of integrity <character>; ***brak ~ru*** lack of principle, want of backbone; ***czarny ~r*** villain; ***w ~rze dyrektora*** in the capacity of director
charakterystyczny *adj* characteristic (***dla kogoś, czegoś*** of sb, sth)
charakterystyka *f* (description of the) character
charakteryzacja *f* characterization; *teatr* make-up
charakteryzować *vt* characterize; *teatr* make up (***na kogoś*** for sb); ***~ się*** *vr* make up
charczeć *vi* rattle in one's throat, rattle
charkot *m* rattle
chart *m zool.* greyhound
charytatywny *adj* charitable, charity *attr*
chaszcze *s pl* brushwood, thicket
chata *f* hut, cabin
chcąc|y *adj* willing; *przysł.* ***dla ~ego nie ma nic trudnego*** where there's a will there's a way
chcieć *vt vi* want, be willing, intend, desire, wish; ***chce mi się*** I want, I have (half) a mind (***czegoś*** to do sth); ***chce mi się spać*** I feel sleepy; I feel as if I could sleep, I have (half) a mind

to go to sleep; ***chce mi się pić*** I am thirsty; ***chciałbym*** I should like; ***chcę, żeby wrócił*** I want him to come back; ***chcąc nie chcąc*** *pot.* willy-nilly; ***on sam nie wie, czego chce*** he does not know his own mind

chciwość *f* greed, covetousness

chciwy *adj* greedy, covetous

chełpić się *vr* boast (***czymś*** of sth), pride oneself (***czymś*** on sth)

chełpliwy *adj* boastful

chemia *f* chemistry

chemiczny *adj* chemical; ***związek ~*** chemical compound

chemik *m* chemist

cherlak *m pot.* weakling

cherubin *m* cherub

chę|ć *f* (*wola*) will, willingness; (*życzenie*) desire, wish, inclination; (*zamiar*) intention; ***dobre ~ci*** good intentions; ***mieć ~ć*** have a mind; ***~ć mnie bierze*** I feel like, I have a mind <a wish>; ***z miłą ~cią*** with pleasure; gladly

chętk|a *f* fancy, desire; *pot.* itch; ***nabrać ~i*** take a fancy (***do czegoś*** for, to sth); ***mam ~ę*** I itch (***na coś*** for sth)

chętnie *adv* willingly, readily

chętny *adj* willing, ready; ***~ do nauki*** eager to learn

chichot *m* chuckle, giggle

chichotać *vi* chuckle, giggle

Chilijczyk *m* Chilean

chilijski *adj* Chilean

chimera *f* (*w mitologii*) chimera; (*przywidzenie*) phantom, fancy; (*kaprys*) caprice, whim

chimeryczny *adj* chimerical; capricious, whimsical, fanciful

chinina *f med.* quinine

Chińczyk *m* Chinese

chiński *adj* Chinese

chiromancja *f* chiromancy, palmistry

chirurg *m med.* surgeon

chirurgia *f med.* surgery

chirurgiczny *adj* surgical

chlać *vi vt pot.* booze (up), tank up, soak up

chlapa *f pot.* foul <nasty> weather

chlapać *vi* splash

chlasnąć *vt* whack, flap, slap

chleb *m* bread; ***~ z masłem*** bread and butter; ***~ razowy*** brown bread; ***~ powszedni*** daily bread; ***zarabiać na ~*** earn one's daily bread <one's living>

chlebak *m* haversack

chlew *m* sty, pigsty

chlor *m chem.* chlorine

chloran *m chem.* chlorate

chlorek *m chem.* chloride

chlorofil *m bot.* chlorophyll

chloroform *m chem., med.* chloroform

chlorować *vt* chlorinate

chlorowy *adj* chloric

chlub|a *f* glory, pride; ***to mu przynosi ~ę*** this does him credit

chlubić się *vr* boast (***czymś*** of sth), glory (***czymś*** in sth)

chlubny *adj* glorious; (*o opinii*) honourable, excellent

chlupać *vi* splash; gurgle

chlustać *vi* spout, splash

chłeptać *vt* lap up

chłodnia *f* refrigerator

chłodnica *f* radiator; cooler

chłodnieć *vi* cool (down), become cool

chłodnik *m* cold borsch <soup>

chłodno *adv* cool; ***jest ~*** it is cool; ***jest mi ~*** I am <feel> cool

chłodny *adj* cool; (*oschły*) reserved

chłodzić *vt* chill, cool; (*zamrażać*) refrigerate; ***~ się*** *vr* cool (down), become cool

chłonąć *vt* absorb, suck in

chłonność *f* absorbency, power of absorption

chłonny *adj* absorbent, absorptive

chłop *m* peasant; *pot.* fellow, chap

chłopak, chłopiec *m* boy, youth, lad; ***~ na posyłki*** errand boy

C

chłopięctwo *n* boyhood
chłopięcy *adj* boyish; boy's, boys'
chłopski *adj* peasant, rustic
chłopstwo *n* peasantry
chłosta *f* flogging, lashing
chłostać *vt* flog, lash
chłód *m* cool, coolness, cold
chłystek *m* greenhorn
chmara *f* (*wielka ilość*) swarm; (*ludzi*) crowd
chmiel *m bot.* hop; (*artykuł przemysłowy*) hops *pl*
chmur|a *f* cloud; *przysł.* **z wielkiej ~y mały deszcz** much cry and little wool
chmurny *adj* cloudy; *przen.* gloomy
chmurzyć *vt*, **~ czoło** frown, knit the brow; **~ się** *vr* become cloudy, cloud up
chochla *f* ladle
chochlik *m* gremlin sprite, imp, brownie; **~ drukarski** misprint
chochoł *m* straw-cover
cho|ciaż, cho|ć *conj* though, although, as; *adv* even so; at least; **~ć trochę** even so little; **~ć pięć pensów** five pence at least
choćby *conj* even if; *adv* at the very last; **~ jeden fakt** a single fact; **~ nie wiem jak** (**się starał**) no matter how (hard he tried)
chodak *m* clog
chodliwy *adj pot.* saleable, marketable, in demand
chodnik *m* pavement, footpath; *am.* sidewalk; (*dywan*) carpet, rug
chodzić *vi* walk, go; (*w kartach*) lead; (*o pociągach*) run; **~ do szkoły** go to school; **~ na wykłady** attend lectures; **~ koło czegoś** busy oneself with sth <about sth>; **~ w czymś** (*np.* **w mundurze**) wear sth (*e.g.* uniform); **~ za kimś** follow sb; **o co chodzi?** what is the matter?; **chodzi o twoje życie** your life is at stake; **o ile o mnie chodzi** as far as I am concerned
choinka *f* Christmas tree
choler|a *f med.* cholera; (*przekleństwo*) damn it!; *pot.* **idź do ~y!** go to hell!
cholerny *adj pot.* bloody, damned
choleryczny *adj* choleric
cholesterol *m* cholesterol
cholewa *f* bootleg; **buty z ~mi** top boots
chomąto *n* horse-collar
chomik *m zool.* hamster
chorągiew *f* banner, flag; (*kościelna*) gonfalon
chorągiewka *f* pennon; (*na dachu*) weathercock
chorąży *m* standard-bearer; *wojsk.* ensign
choreografia *f* choreography
chorob|a *f* illness, ailment; (*trwała*) disease; **~a morska** seasickness; **~a umysłowa** mental disease <deficiency>; insanity; **~a zakaźna** infectious disease; **historia ~y** case history; **złożony ~ą** bedridden
chorobliwość *f* morbidity
chorobliwy *adj* morbid, sickly
chorobowy *adj* morbid; **urlop ~** sick leave; **zasiłek ~** sick benefit
chorować *vi* be ill (**na coś** with sth), suffer (**na coś** from sth), be afflicted (**na coś** with sth)
chorowity *adj* sickly
chorwacki *adj* Croatian
Chorwat *m* Croat
chory *adj* ill (**na coś** with sth), sick, unwell; **ciężko ~** seriously ill; **izba ~ch** sick-ward; **lista ~ch** sick-list
chować *vt* (*ukrywać*) hide, conceal; (*przechowywać*) keep; (*wkładać, np. do szuflady*) put (up); (*grzebać zwłoki*) bury; (*hodować*) breed, rear; (*wychowywać*) bring up, educate; **~ do kieszeni** pocket; **~ się** *vr* hide (**przed kimś** from sb), conceal oneself (**przed kimś** from sb); (*rosnąć, dobrze się trzymać*) grow, thrive

chowan|y *pp od* ***chować***; *s m* ***bawić się w ~ego*** play (at) hide-and-seek
chód *m* gait, walk; (*o koniu*) pace; (*o maszynie*) action, going, working order; ***na chodzie*** in action, in working order; *pot.* ***mieć chody*** have connexions
chór *m* chorus; (*zespół śpiewaczy i chór kościelny*) choir; ***~em*** in chorus
chóralny *adj* choral
chów *m* rearing, breeding
chrabąszcz *m zool.* chafer, beetle
chrapać *vi* snore
chrapliwy *adj* raucous, hoarse
chrobotać *vi* grate
chrom *m* chrome; *chem.* chromium
chromatyczny *adj* chromatic
chromowy *adj* chromic
chromy *adj* limping, lame
chronicznie *adv* chronically
chroniczny *adj* chronic
chronić *vt* protect, preserve, shelter (***przed czymś*** from sth), guard (***przed czymś*** against sth); ***~ się*** *vr* protect oneself, guard (oneself); (*chować się*) shelter, take shelter; (*szukać bezpiecznego miejsca*) take refuge
chronologia *f* chronology
chronologiczny *adj* chronological
chronometr *m* chronometer
chropawy *adj* rough, harsh, coarse
chropowaty *adj* rough, rugged
chrupać *vt* crunch
chrupki *adj* crisp
chrust *m* faggots *pl*, brushwood; (*ciasto*) fritter
chrypieć *vi* speak in a hoarse voice
chrypka *f* hoarseness, hoarse voice
chrypliwy *adj* hoarse, husky
chrystianizm *m* Christianity
Chrystus *m rel.* Christ
chryzantema *f bot.* chrysanthemum
chrzan *m* horseradish
chrząkać *vi* hawk; (*ironicznie lub znacząco*) hem; (*o świni*) grunt
chrząstka *f anat.* cartilage
chrząszcz *m zool.* beetle, chafer
chrzciciel *m rel.* Baptist
chrzcić *vt rel.* baptize, christen; ***~ się*** *vr* be <become> christened
chrzcielnica *f rel.* font
chrzciny *s pl rel.* baptism, christening-party
chrzest *m rel.* baptism, christening
chrzestn|y *adj rel.* baptismal; ***ojciec ~y*** godfather; ***matka ~a*** godmother; ***rodzice ~i*** godparents
chrześcijanin *m rel.* Christian
chrześcijański *adj* Christian
chrześcijaństwo *n rel.* (*religia*) Christianity, Christianism; (*ogół chrześcijan*) Christendom
chrześniaczka *f rel.* goddaughter
chrześniak *m rel.* godson
chrzęst *m* rattle, rattling, clank
chrzęścić *vi* rattle, clank
chuchać *vi* puff, blow
chuchro *n* weakling
chuć *f* lust
chuderlawy *adj* weakly, sickly, meagre
chudnąć *vi* become lean, lose flesh
chudy *adj* thin, lean, meagre
chuligan *m* hooligan, rowdy
chusta *f* wrap, shawl; ***zbladł jak ~*** he grew pale as death
chustka *f* kerchief; ***~ do nosa*** handkerchief
chwalebny *adj* glorious, praiseworthy
chwalić *vt* praise, extol; ***~ się*** *vr* boast (***czymś*** of sth)
chwała *f* glory; praise
chwast *m* (*ziele*) weed; (*frędzla*) tassel
chwiać *vt* shake, sway; ***~ się*** *vr*

C

shake, sway, totter, reel, rock; (*wahać się*) hesitate; (*o cenach*) fluctuate
chwiejność *f* shakiness, tottering position; unsteadiness; hesitation, indecision; (*cen*) fluctuation
chwiejny *adj* shaky, tottering; unsteady; hesitating
chwil|a *f* moment, instant, while; ***co ~a*** every moment, every now and again; ***do tej ~i*** up to this moment, until now; ***lada ~a, każdej ~i*** any moment <minute>; ***na ~ę*** for a moment; ***do tej ~i*** from this time onward, from now on; ***przed ~ą*** a while ago; ***przez ~ę*** for a while; ***w danej ~i*** at the given moment; ***w jednej ~i*** at once; ***w ostatniej ~i*** at the last moment; ***w wolnych ~ach*** at one's leisure, in leisure hours; ***nie mieć wolnej ~i*** not to have a moment to spare; ***za ~ę*** in a moment; ***z ~ą*** on, upon; ***z ~ą jego przybycia*** on his arrival; ***zaczekaj ~ę!*** wait <just> a moment <a second>!; half a mo(ment)!; let me see!
chwilowy *adj* momentary, temporary
chwyt *m* grip, grasp, seizure; (*sposób, zabieg*) catch, trick; (*w zapasach*) grapple, catch; ***mocny ~*** firm grasp
chwytać *vt* catch, seize; (*mocno*) grasp, grip; catch <get> hold (***coś*** of sth); ***~ za broń*** take up arms; ***~ za serce*** go to sb's heart; ***~ się*** *vr* catch (***czegoś*** at sth), seize (***czegoś*** on, upon sth); ***~ się za głowę*** clutch one's head
chyba *part. i adv* probably, maybe; ***~ tak*** I think so; ***~ tego nie zrobił*** he can scarcely have done it; *conj* ***~ że*** unless
chybi|ć *vi* miss, fail, miscarry; ***na ~ł trafił*** at random, at a venture
chybiony *adj* abortive; ***~ cios*** <***krok***> miss
chylić *vt* incline, bow; ***~ czoło*** do reverence (***przed kimś*** to sb); bow (***przed czymś*** to sth); ***~ się*** *vr* incline; (*ku upadkowi*) decline; verge (***ku starości*** towards old age)
chyłkiem *adv* furtively, sneakingly
chytrość *f* cunning, slyness, astuteness
chytry *adj* cunning, sly, astute, crafty
chyży *adj* swift, brisk
ci *pron. zob.* ***ten***
ciałko *n* little body; *biol.* corpuscle; ***białe ~ krwi*** leukocyte; ***czerwone ~ krwi*** erythrocyte
ciało *n* (*korpus*) body; (*żywe mięso*) flesh; *przen.* (*grono*) staff; ***jędrne ~*** firm flesh; ***budowa ciała*** physique; *fiz.* ***~ stałe*** solid; *astr.* ***~ niebieskie*** celestial body
ciamajda *m* ninny, slouch
ciarki *pl* creeps; ***przechodzą mnie ~*** my flesh creeps, it makes my flesh creep
ciasno *adv* tightly, closely; ***~ nam w tym pokoju*** we are cramped in this room
ciasnota *f* narrowness, tightness; *przen.* ***~ umysłowa*** narrow-mindedness
ciasny *adj* narrow, tight; (*o mieszkaniu*) cramped; (*o butach*) tight; (*o umyśle*) narrow; ***o ~ch poglądach*** narrow-minded
ciastko *n* cake, (*owocowe, z kremem*) tart
ciasto *n* cake; (*surowe*) dough; pastry
ciąć *vt* cut (***na kawałki*** into pieces); (*posiekać, porozcinać*) cut up
ciąg *m* draught, (*pociągnięcie*) draw; (*bieg*) course; (*wędrówka ptaków*) flight (of birds); *mat.* sequence; ***~ dalszy*** continuation; ***~ dalszy*** (*poprzedniego tekstu*) continued; ***~ dalszy nastąpi*** to be continued; ***jednym ~iem*** at a stretch; ***w ~u roku*** in (the)

course of the year; ***w dalszym ~u coś robić*** continue to do sth
ciągle *adv* continually; (*nieprzerwanie*) continuously
ciągłość *f* continuity
ciągły *adj* (*nieprzerwany*) continuous, continual
ciągnąć *vt* draw; pull; (*wlec*) drag, haul; (*pociągać, nęcić*) attract; (*korzyści*) derive; ***~ dalej*** continue, carry <go> on; ***~ się*** *vr* (*rozciągać się*) extend, stretch; (*w czasie*) continue, last, drag on
ciągnienie *n* (*loterii*) drawing
ciągnik *m* tractor
ciąż|a *f* pregnancy; ***zajść w ~ę*** become pregnant; ***być w ~y*** be pregnant; ***zapobieganie ~y*** contraception; ***środki zapobiegania ~y*** contraceptives
ciążenie *n* inclination; *fiz.* gravitation
ciąż|yć *vi* weigh, lie heavy, press heavily; (*skłaniać się*) incline, lean (***do czegoś*** to sth); *fiz.* gravitate; ***na domu ~ą długi*** the house is encumbered with debts; ***~y na mnie obowiązek*** it is incumbent on me; ***~y na nim zarzut*** ... he is charged with...
cichaczem *adv* furtively, stealthily
cichnąć *vi* calm down, become still
cicho *adv* in a low voice, softly, quietly; ***bądź ~!*** silence!; *pot.* hush!; ***~ mówić*** speak in a low voice; ***~ siedzieć <stać>*** sit <stand> still
cich|y *adj* still, silent, quiet; ***~a zgoda*** tacit consent; ***~y wspólnik*** sleeping partner; *przysł.* ***~a woda brzegi rwie*** still waters run deep
ciebie (**cię**) *pron zob.* ***ty***
ciec *vi* flow, stream; (*kapać*) drip; (*przeciekać*) leak
ciecz *f* liquid, fluid
ciekawostka *f* curiosity, curious detail; bit of gossip
ciekawoś|ć *f* curiosity; ***z ~ci*** out of curiosity
ciekawy *adj* curious, inquisitive; (*interesujący*) interesting, curious; ***jestem ~*** I wonder
ciekły *adj* liquid, fluid
cieknąć *zob.* ***ciec***
cielesny *adj* carnal, bodily, corporeal; (*o karze*) corporal
cielę *n* calf; *pot.* (*głuptas*) fool, simpleton
cielęcina *f* veal
cielęc|y *adj* calf, calf's; ***pieczeń ~a*** roast veal; ***skóra ~a*** calf skin
cielisty *adj* flesh-coloured
ciemię *n* crown (of the head); *anat.* top, vertex; *przen.* ***on jest nie w ~ bity*** he is nobody's fool, he is no fool
ciemiężca *m* oppressor
ciemiężyć *vt* oppress
ciemnia *f* darkroom
ciemnieć *vi* darken, grow dark
ciemno *adv* dark; ***jest ~*** it is dark; ***robi się ~*** it's getting dark
ciemnobłękitny *adj* dark-blue
ciemnoskóry *adj* dark-skinned, swarthy; *s m pot.* black
ciemność *f* darkness, dark
ciemnota *f* obscurity; ignorance
ciemnowłosy *adj* dark-haired
ciemny *adj* dark; obscure; (*o chlebie*) brown; *przen.* ***~ typ*** shady person
cieniować *vt* shade off
cienisty *adj* shady, shadowy
cienk|i *adj* thin, slender; (*o tkaninie*) fine
cienko *adv*, ***~ śpiewać*** sing small
cienkopis *m* fine liner
cienkość *f* thinness, fineness
cie|ń *m* shade; (*odbicie człowieka, drzewa itp.*) shadow; ***chodzić za kimś jak ~ń*** shadow sb; ***pozostawać w ~niu*** keep in the background
cieplarnia *f* hothouse; greenhouse
ciepln|y *adj* thermic, thermal; ***energia ~a*** thermal <head> energy

C

ciepło *n* warmth, heat; *fiz.* **~ ustalone** latent heat; **trzymać w cieple** keep warm; *adv* warmly; **jest ~** it is warm; **jest mi ~** I am warm; **ubierać się ~** dress warmly
ciepłota *f* temperature
ciepłownia *f* heating plant
ciepły *adj* warm
ciernisty *adj* thorny
cierń *m* thorn
cierpi|eć *vt vi* suffer (**coś** sth, **na coś, z powodu czegoś** from sth); (*znosić*) bear; **~eć głód** starve; **~eć na ból zębów** have a toothache; **nie ~ę tego** I cannot bear <stand> it
cierpienie *n* suffering, pain; (*dolegliwość*) ailment
cierpki *adj* tart, acrid, harsh; **~e słowa** harsh words
cierpkość *f* tartness, acridity; harshness
cierpliwość *f* patience; **straciłem ~** I'm out of patience (**do niego** with him)
cierpliwy *adj* patient
cierpnąć *vi* grow numb, become torpid
ciesielstwo *n* carpentry
cieszyć *vt* gladden, delight, give pleasure; **~ się** *vr* be glad (**czymś** of sth), rejoice (**czymś** at sth), be pleased; **~ się dobrym zdrowiem** enjoy good health
cieśla *m* carpenter
cieśnina *f* strait (*zw. pl* straits)
cietrzew *m zool.* black-cock
cię *pron zob.* **ty**
cięcie *n* cut, cutting; *med.* **cesarskie ~** Caesarean section
cięciwa *f* (*łuku*) string; *mat.* chord
cięt|y *pp* cut; *adj* (*ostry, bystry*) smart, quick-witted; (*zgryźliwy*) pungent, caustic; **~y dowcip** ready wit; **~e pióro** ready pen
ciężar *m* burden, load, weight; **~ właściwy** <**gatunkowy**> specific gravity; **~ własny** dead load; *lotn.* **~ całkowity** all-up weight; **być ~em** encumber (**dla kogoś** sb), be a burden (**dla kogoś** to sb)
ciężarny *adj* pregnant
ciężarowy *adj*, **wóz ~** goods van; **samochód ~** lorry *am.* truck
ciężarówka *f* lorry; *am.* truck
ciężki *adj* heavy, weighty; (*o pracy, sytuacji*) hard; (*o chorobie*) serious; (*o ranie*) dangerous; (*trudny*) difficult; **~e roboty** hard labour; (*o bokserze*) **~ej wagi** heavy-weight
ciężko *adv* heavily; hard; with difficulty; **~ pracować** work hard; **~ strawne potrawy** food hard to digest, indigestible, rich food; **~ mi na sercu** I have a heavy heart; **~ mu idzie w życiu** it goes hard with him; **~ mu idzie praca** he finds it hard to work; **~ myślący** slow of wit; **~ ranny** badly wounded <injured>
ciężkoś|ć *f* heaviness, weight; **siła ~ci** gravity; **środek ~ci** centre of gravity
cios *m* blow, stroke; **zadać ~** strike <deal> a blow; **~ (zadany) w serce** *przen.* a blow to the heart
ciosać *vt* hew
cioteczn|y *adj*, **brat ~y, siostra ~a** first cousin
ciotka *f* aunt
cipa *f wulg.* cunt, twat, slit
cis *m bot.* yew
ciskać *vt* hurl, fling, chuck, throw; **~ się** *vr* fret and fume
cisnąć *vt* press; (*o bucie*) pinch; **~ się** *vr* press, crowd; *zob.* **ciskać**
cisz|a *f* stillness, calm, peace, quiet; **głęboka ~a** dead silence; **proszę o ~ę!** silence, please!; *mors.* **strefa ~y** (**morskiej**) doldrums *pl*
ciśnieni|e *n* pressure; **~e krwi** blood pressure; **spadek ~a** pressure drop

ciśnieniomierz *m* pressure-gauge
ciuciubabka *f* blind man's buff
ciułać *vt* scrape together, economize
ciupaga *f* hatchet; (*kij alpinistyczny*) alpenstock
ckliwość *f* mawkishness, nausea
ckliwy *adj* mawkish, nauseating
clić *vt* lay duty (***coś*** on, upon sth)
cło *n* duty, customs, customs-duty; tariff; ***opłacanie cła*** clearance; ***wolny od cła*** duty-free; ***podlegający cłu*** dutiable
cmentarz *m* cemetery, burial-ground, graveyard; (*przy kościele*) churchyard
cmokać *vi* smack; ***~ językiem*** smack one's tongue
cnota *f* virtue
cnotliwość *adj* virtuousness
cnotliwy *adj* virtuous
co *pron* what; *przypadki zależne* ***czego*** what; ***czemu*** what; why; ***czym*** what; ***co do*** as regards; ***co do mnie*** as for me; ***co miesiąc*** every month; ***dopiero co*** just now; ***co za pożytek z tego?*** what's the use of it?, what use is it?; ***co za widok!*** what a sight!; ***co z tego?*** what of that?; ***co mu jest?*** what's the matter with him?
codziennie *adv* every day, daily
codzienny *adj* everyday, daily; (*powszedni*) commonplace
cofać *vt* retire, withdraw; (*odwoływać*) repeal, recall, retract; (*zegarek*) put back; ***~ słowo*** go back on one's word; ***~ się*** *vr* draw back, withdraw, retreat, retire
cofnięcie (się) *n* withdrawal, retraction
cokolwiek *pron* anything; whatever; (*nieco*) some, something; ***~ bądź*** no matter what; ***~ on zrobi*** whatever he may do; ***~ się stanie*** whatever may happen
cokół *m* base
comber *m* saddle (of venison)
coraz *adv*, ***~ lepiej*** better and better; ***~ więcej*** more and more
corocznie *adv* every year, yearly, annually
coroczny *adj* yearly, annual
cosinus *m mat.* cosine
coś *pron* something, anything; ***~ w tym rodzaju*** something like that; ***~ niecoś*** a little, something, somewhat
cotangens *m mat.* cotangent
córka *f* daughter
cóż *pron* what; ***~ to?*** what is it?; ***no i ~?*** what now?; ***więc ~ z tego?*** well, what of it?; ***~ z tego, że*** what if
cuchnąć *vi* stink (***czymś*** of sth), smell nasty
cucić *vt* bring back to consciousness, try to revive
cud *m* miracle, wonder, prodigy; ***dokazywać ~ów*** work wonders; ***~em*** by a miracle, miraculously
cudaczny *adj* queer, odd, freaky
cudny *adj* wonderful
cudo *n* wonder, marvel, prodigy
cudotwórca *m* miracle worker
cudown|y *adj* prodigious, miraculous; (*niezwykle piękny, dobry*) wonderful, marvellous; ***~y obraz*** miraculous icon <image> ***~e dziecko*** prodigy
cudzołożyć *vi* commit adultery
cudzołóstwo *n* adultery
cudzoziemiec *m* foreigner, alien
cudzoziemski *adj* foreign, alien
cudzy *adj* somebody else's; other's, another's, others'; alien; strange
cudzysłów *m* inverted commas *pl*, quotation marks *pl*
cugl|e *s pl* reins; ***popuścić ~i*** give reins
cukier *m* sugar; ***~ kryształowy*** crystal sugar; ***~ miałki*** caster sugar; ***~ w kostkach*** lump sugar
cukierek *m* sweet, sweetmeat; *pl* sweets; *am.* candy
cukiernia *f* confectioner's (shop), confectionery

C

cukiernica *f* sugar-bowl
cukiernik *m* confectioner
cukrownia *f* sugar-works
cukrownictwo *n* sugar industry
cukrzyca *f med.* diabetes
cumować *vt mors.* moor
cumy *s pl mors.* moorings, mooring-ropes
cwał *m* full gallop
cwałować *vi* ride at full gallop
cwany *adj pot.* crafty, cunning
cybernetyka *f* cybernetics
cyberprzestrzeń *f komp.* cyberspace
cycek *s m wulg.* tit, boob
cyfra *f* cipher, digit
cyfrowy *adj* digital
Cygan *m* gipsy, gypsy
cyganeria *f* Bohemia
cygański *adj* gipsy; Bohemian
cygarniczka *f* cigarette holder
cygaro *n* cigar
cyjanek *m chem.* cyanide
cykl *m* cycle
cykliczny *adj* cyclic
cyklon *m* cyclone
cykoria *f bot.* chicory
cykuta *f bot.* (water) hemlock
cylinder *m* (*walec*) cylinder; (*kapelusz*) top hat
cymbał *m pot.* (*dureń*) duffer, blockhead; *muz. pl* **~y** dulcimer
cyna *f chem.* tin
cynamon *m* cinnamon
cynfolia *f* tinfoil
cyniczny *adj* cynical
cynik *m* cynic
cynizm *m* cynicism
cynk *m* zinc
cynkować *vt* zinc, coat with tin
cypel *m* jut, point; (*przylądek*) promontory; (*wierzchołek*) peak
cyprys *m bot.* cypress
cyrk *m* circus
cyrkiel *m* (a pair of) compasses *pl*
cyrkowiec *m* circus performer
cyrkulacja *f* circulation
cyrkulacyjny *adj* circulatory
cysterna *f* cistern, tank; ***statek*** <***samochód***> **~** tanker
cytadela *f wojsk.* citadel
cytat *m* quotation
cytować *vt* quote, cite
cytra *f muz.* zither
cytryna *f bot.* lemon
cywil *m* civilian
cywilizacja *f* civilization
cywilizować *vt* civilize
cywiln|y *adj* civil; civilian; ***stan ~y*** marital status; ***urząd stanu ~ego*** registry office; ***po ~emu*** in plain clothes
cyzelować *vt* chase, chisel; *przen.* smooth
czad *m* coal smoke; *chem.* carbon monoxide
czaić się *vr* lurk
czajka *f zool.* pe(e)wit, lapwing
czajnik *m* tea-kettle; (*do zaparzania herbaty*) teapot
czambuł *m*, ***w ~*** *adv* altogether, in the bulk, wholesale
czapka *f* cap
czapla *f zool.* heron
czar *m* charm, spell; *pl* **~y** witchcraft, sorcery, magic
czara *f* bowl
czarci *adj* diabolical, devilish, devil's
czarno *adv* blackly; ***ubierać się na ~*** dress in black; ***malować na ~*** paint black; ***~ na białym*** down in black and white
czarnoksięsk|i *adj* magic; ***różdżka ~a*** sorcerer's wand
czarnoksiężnik *m* sorcerer
czarnooki *adj* black-eyed
czarnowłosy *adj* black-haired
czarnoziem *m* humus, chernozem
czarn|y *adj* black; *przen.* ***~y rynek*** black market; ***na ~ą godzinę*** for a rainy day
czarodziej *m* sorcerer, wizard
czarodziejka *f* sorceress, fairy
czarodziejski *adj* magic(al)
czarować *vt* charm
czarownica *f* witch, harridan
czarownik *m* sorcerer, wizard

C

czarowny *adj* charming, enchanting
czart *m* devil, fiend
czarter *m* charter plane
czarujący *adj* charming, fascinating
czas *m* time; *gram.* tense; **~ przeszły** preterite, past; **~ przyszły** future; **~ teraźniejszy** present; **~ miejscowy** <**lokalny**> local time; **wolny ~** leisure <spare> time; **do ~u aż** till, until; **na ~** in (good) time; **na ~ie** timely, well-timed; **nie na ~ie** untimely, ill-timed; **na jakiś ~** for a time; **od ~u do ~u** from time to time; **od ~u jak...** since...; **od jakiegoś ~u** for some time now; **od owego ~u** ever since; **po pewnym ~ie** after a while; **przez cały ten ~** all the time; **w sam ~** just in time; **z ~em** in the course of time; **za ~ów** at the time; **za moich ~ów** at my time; **~ dostępu do dysku** *komp.* access time
czasem *adv* sometimes, at times
czasochłonny *adj* time-consuming
czasopismo *n* periodical, magazine
czasownik *m gram.* verb
czasowy *adj* temporal; temporary
czaszka *f anat.* skull
czatować *vi* lurk (**na kogoś** for sb), lie in wait (**na kogoś** for sb)
czat|y *s pl* lying in wait, look-out; **być na ~ach** be on the look-out; keep (a good) watch
cząsteczka *f* particle; *chem. fiz.* molecule
cząstka *f* particle, small part; share
cząstkowy *adj* partial, fractional
czciciel *m* adorer, worshipper
czcić *vt* adore, worship; (*np. rocznicę*) celebrate; (*pamięć*) commemorate; (*szanować*) respect
czcigodny *adj* venerable, honourable
czcionk|a *f* letter, type; *pl* **~i** letters, *zbior.* type
czczo, na czczo *adv* on <with> an empty stomach; **jestem na czczo** I have not had my breakfast
czczość *f* emptiness of the stomach; (*daremność*) vanity, futility
czczy *adj* (*pusty*) empty; (*daremny*) vain, futile
Czech *m* Czech
czek *m* cheque; *am.* check; **~iem** by cheque; **wystawić ~** draw <make out> a cheque; **honorować ~** accept a cheque; **zrealizować ~** cash a cheque; **~ podróżny** traveller's cheque
czekać *vi* wait (**na kogoś** for sb), expect (**na kogoś** sb); **kazać ~ na siebie** keep sb waiting
czekan *m* ice-axe
czekolad|a, czekolad|ka *f* chocolate (bar); **pudełko ~ek** box of chocolates
czekow|y *adj*, **książka ~a** chequebook; **rachunek ~y** cheque account; *am.* checking account; **obrót ~y** cheque system, transactions in cheques
czelność *f* insolence, impudence
czeluść *f* chasm, abyss, gulf
czemu *adv* why
czep|ek *m* bonnet, cap; *przen.* **urodzić się w ~ku** be born with a silver spoon in one's mouth
czepiać się *vr* cling, hang on (**czegoś** to sth), catch (**czegoś** at sth); (*szykanować, zaczepiać*) pick (**kogoś** at sb)
czereśnia *f bot.* (sweet) cherry; (*drzewo*) cherry-tree
czernić *vt* blacken, black; paint black
czernieć *vi* blacken, become black
czerń *f* blackness, black (colour)
czerpać *vt* draw; (*wygarniać*) scoop; (*korzyść, przyjemność*) derive
czerpak *m* scoop, ladle

C

czerstwieć *vi* (*o chlebie*) become stale; (*krzepnąć*) become ruddy, grow vigorous
czerstwość *f* staleness, vigour
czerstwy *adj* (*o chlebie*) stale; (*krzepki*) hale, ruddy; ***mieć ~ wygląd*** look hale
czerwiec *m* June
czerwienić się *vr* redden, become red; (*na twarzy*) blush
czerwienieć *vi* redden, turn red
czerwień *f* red (colour), redness
czerwonka *f med.* dysentery
czerwony *adj* red
czesać *vt* comb; (*len*) hackle; (*wełnę*) card; **~ się** *vr* to comb one's hair
czeski *adj* Czech
czesne *n* school-fees *pl*, tuition fee
cześć *f* honour, reverence; (*pozdrowienie*) hallo!, hullo!; *bryt. pot.* (*żegnając się z kimś*) cheerio!; ***oddawać ~*** do honour; *rel.* worship; pay reverence; ***ku czci, na ~*** in honour (***kogoś*** of sb)
często *adv* often, frequently
częstokół *m* palisade
częstokroć *adv* frequently, repeatedly
częstokrotny *adj* frequent, repeated
częstotliwość *f* frequency
częstotliwy *adj* frequent; reiterative; *gram.* frequentative
częstować *vt* treat (***kogoś czymś*** sb to sth); **~ się** *vr* treat oneself (***czymś*** to sth); help oneself (***czymś*** to sth)
częsty *adj* frequent
częściowo *adv* partly, in part
częściow|y *adj* partial, part *attr*; ***~y etat*** part-time job; ***~a spłata*** part-payment
częś|ć *f* part, portion; (*udział*) share; ***~ć składowa*** component (part); ***~ć zamienna*** spare (part); ***lwia ~ć*** lion's share; *pl* ***pięć ~ci świata*** five continents; ***po ~ci*** partly; ***po największej ~ci*** for the most part, mostly; *gram.* ***~ci mowy*** parts of speech
czkawka *f* hiccup
człon *m* member, element, unit
członek *m* member; (*kończyna*) limb; (*męski*) penis
członkini *f* woman member
członkostwo *n* membership
człowieczek *m* little fellow, homunculus
człowieczeństwo *n* humanity; human nature
człowieczy *adj* human
człowiek *m* (*pl* ***ludzie***) man (*pl* people), human being; ***szary ~*** the man in the street
czmychać *vi pot.* scamper off, bolt
czołg *m wojsk.* tank
czołgać się *vr* crawl, creep
czoł|o *n* forehead; (*pochodu, oddziału*) head; ***marszczyć ~o*** frown; ***stawić ~o*** face, brave; ***wysunąć się na ~o*** come to the front; ***na czele*** at the head; ***stanąć na czele*** take the lead; ***w pocie ~a*** in the sweat of the brow
czołobitny *m* servile
czołowy *adj* frontal; (*przodujący*) leading, chief
czołówka *f* forefront, leaders; *wojsk.* spearhead; (*w filmie*) film credits
czop *m* tap, plug, peg
czopek *m* stopper; *techn.* spigot; *med.* suppository
czopować *vt* stop up, plug; tampon
czosnek *m bot.* garlic
czółenko *n* small boat; (*tkackie*) shuttle
czółno *n* boat, canoe
czterdziestka *f* forty
czterdziestoletni *adj* (*o wieku*) forty years old; (*o okresie czasu*) forty years'
czterdziesty *num* fortieth
czterdzieści *num* forty
czternasty *num* fourteenth

czternaście *num* fourteen
czterokrotny *adj* fourfold
czteroletni *adj attr* (*o wieku*) four-year old; (*o okresie czasu*) four years'
cztery *num* four
czterysta *num* four hundred
czub *m* tuft; (*hełmu, koguta*) crest; *pot.* ***mieć w ~ie*** be tipsy
czubaty *adj* tufted, crested, brimful
czubić się *vr* bicker, squabble
czuci|e *n* feeling; ***paść bez ~a*** fall senseless
czuć *vt* feel; smell; ***~ do kogoś urazę*** bear sb a grudge; ***~ czosnkiem*** it smells of garlic; ***~ się*** *vr* feel; ***~ się dobrze*** feel well <all right>; ***~ się jak nowo narodzony*** feel like a new person; ***~ się szczęśliwym*** feel happy
czujka *f wojsk.* vedette
czujność *f* vigilance, watchfulness; ***zmylić*** (***czyjąś***) ***~*** put (sb) off guard
czujny *adj* vigilant, watchful
czule *adv* tenderly, affectionately
czułość *f* tenderness, sensitiveness
czuły *adj* tender, affectionate; sensitive (***na coś*** to sth)
czupryna *f* crop of hair
czupurny *adj* pugnacious
czuwać *vi* watch (***nad kimś, czymś*** over sb, sth); keep vigilance; (*nie spać*) wake, sit up (***przy chorym*** by a sick person)
czuwanie *n* watch, wake
czwartek *m* Thursday; ***Wielki Czwartek*** Maundy Thursday
czwart|y *num* fourth; ***jedna ~a*** one fourth; ***wpół do ~ej*** half past three; ***o ~ej*** at four
czworak *m*, ***na ~ach*** on all fours
czworo *num* four (*children etc.*)
czworobok *m* quadrilateral
czworokąt *m* quadrangle, quad
czworonożny *adj* quadruped(al)
czworonóg *m* quadruped
czwórka *f* four
czy *conj w zdaniach pytających podrzędnych*: if, whether; *w zdaniach pytających głównych nie tłumaczy się*: ***~ wierzysz w to?*** do you believe that?; ***~ ... ~*** whether ... or; ***~ tu ~ tam*** whether here or there; ***~ chcesz tego ~ nie?*** do you want it or not?
czyhać *vi* lurk, lie in wait (***na kogoś*** for sb)
czyj *pron* whose; *zob.* **kto**
czyja *pron* whose; *zob.* **kto**
czyje *pron* whose; *zob.* **kto**
czyjś *pron* somebody's, anybody's
czyli *conj* or, that is...
czyn *m* deed, act, action, feat; ***~ bohaterski*** heroic deed, exploit; ***wprowadzić w ~*** carry into effect; ***człowiek ~u*** man of action
czynić *vt* do, act
czynieni|e *n* doing, acting; ***mieć z kimś do ~a*** have to do with sb
czynnik *m* factor, agent; ***~ miarodajny*** competent authority
czynność *f* activity, function, action; operation
czynn|y *adj* active; (*pełniący obowiązki*) acting; (*o maszynie, automacie*) in operation; ***sklep jest ~y*** the shop is open; *gram.* ***strona ~a*** active voice
czynsz *m* rent
czynszowy *adj*, ***dom ~*** tenement-house
czyrak *m med.* boil, furuncle
czystka *f* purge
czysto *adv* cleanly, purely, neatly; ***dochód na ~*** net profit; ***mówić ~ po polsku*** speak good Polish; ***przepisać na ~*** make a fair copy (***coś*** of sth); ***wyjść na ~*** get off clear
czystopis *m* fair copy
czystość *f* purity, cleanness, tidiness; (*moralna*) chastity
czyst|y *adj* clean, pure, neat; (*schludny*) tidy; (*moralnie*) chaste; *handl.* net; *filat.* mint; ***~a angielszczyzna*** perfect En-

glish; **~a prawda** plain truth; **~e sumienie** clear conscience; **~y arkusz** blank sheet; **~y dochód** net profit
czyszczenie *n* cleaning; *med.* purgation; (*biegunka*) diarrh(o)ea
czyścibut *m* shoeblack
czyścić *vt* clean; purify; *przen. i med.* purge; (*rafinować*) refine; (*chemicznie*) dry-clean
czyściec *m* purgatory
czytać *vt vi* read (**coś** sth, **o czymś** of, about sth); **~ po angielsku** read English
czytani|e *n* reading; **książka do ~a** reading-book; **nauka ~a** instruction in reading
czytanka *f* piece for reading, piece of reading-matter; (*podręcznik*) reader
czytelnia *f* reading-room
czytelnik *m* reader
czytelny *adj* legible; readable
czyżyk *m zool.* siskin

Ć

ćma *f zool.* moth
ćmi|ć *vt* (*przyciemniać*) obscure, darken; *vi* (*dymić*) reek, smoke; **~ mi się w oczach** my head swims
ćwiartka *f* quarter, one fourth (part); (*mięsa*) joint
ćwiartować *vt* quarter
ćwiczenie n exercise, drill; (*na fortepianie, skrzypcach itp.*) practising; (*trening*) training; (*na wyższej uczelni*) class
ćwiczyć *vt vi* exercise, drill, instruct; (*na fortepianie, skrzypcach itp.*) practise; (*trenować*) train; (*bić*) flog, lash
ćwierć *f* quarter, one fourth (part)
ćwierkać *vi* twitter, chirp
ćwikła *f* beetroot salad (with horse-radish)

D

dach *m* roof; (*odsuwany w samochodzie*) sun-roof; **bez ~u nad głową** without shelter; **mieć ~ nad głową** have a shelter
dachówka *f* tile
dać *vt* give; **~ do zrozumienia** give to understand; **~ komuś spokój** let <leave> sb alone; **~ komuś w twarz** slap sb's face; **~ możność** enable (**komuś** sb); **~ wiarę** give credit; **~ za wygraną** give up; **~ znać** let know, inform; **daj mi znać o sobie** let me hear from you; **dano mi znać** word came to me; **~ żyć** let live; **~ przykład** set an example; **~ ognia** fire; **~ ognia do papierosa** give a light; **dajmy na to** suppose
daktyl *m bot.* date; (*miara wiersza*) dactyl
daktyloskopia *f* finger-printing
dal *f* distance, remoteness; **w ~i** far away, in the distance; **z ~a** from afar; **z ~a od** off, away from; **trzymać się z ~a** keep off
dalece *adv* greatly, by far; **tak ~,**

że... so far <so much> that...; to such an extent that...
dalej *adv* farther, further; ***i tak ~*** and so on; ***robić coś ~*** keep on doing sth
daleki *adj* far, far-off, distant, remote
daleko *adv* far (off), a long way off; ***tak ~, że*** so far as; ***~ idący*** far-reaching
dalekobieżny *adj* long-distance *attr*
dalekonośny *adj* long-range *attr*
dalekopis *m bryt.* teleprinter, *am.* teletype writer; (*tekst*) telex
dalekowidz *m* long-sighted <*am.* far-sighted> person; *med.* presbyope, hyperope
dalekowzroczność *f* long-sightedness; *am.* far-sightedness; *med.* presbyopia, hyperopia
dalekowzroczny *adj* long-sighted; *am.* far-sighted
dalia *f bot.* dahlia
dalszy *adj comp* farther, further; (*następny*) next, following
daltonizm *m* daltonism, colour-blindness
dama *f* lady; dame; (*w kartach*) queen; ***~ serca*** lady-love
damski *adj* ladies'
dan|e *s pl* data *pl*, evidence; (*możliwości, kwalifikacje*) makings, chance; ***bliższe ~e*** description; ***~e osobiste*** personal data <details>; ***mieć wszelkie ~e*** have every chance; ***baza ~ych*** *komp.* database
danie *n* dish, course; ***~ na zamówienie*** dish à la carte; ***pierwsze*** <***drugie***> ***~*** first <second> course
danina *f* tribute
dansing *m* dance, dancing-party; dancing-hall
dany *adj i pp* given; ***w ~ch warunkach*** under the given conditions
dar *m* gift, present; (*umiejętność*) flair; ***w darze*** as a gift
daremnie *adv* in vain
darmo *adv* (*także* ***za ~***) (for) free, for nothing, gratuitously
darmozjad *m* sponger
darnina *f* turf; *poet.* sod
darować *vt* give; present (***komuś coś*** sb with sth); (*przebaczyć*) pardon, forgive; ***~ komuś dług*** remit sb's debt; ***~ komuś winę*** <***grzechy***> absolve sb from guilt <sins>; ***~ komuś życie*** spare sb's life
darowizn|a *f* donation, gift; ***akt ~y*** deed of donation
darzyć *vt* present (***kogoś czymś*** sb with sth); (*względami*) favour; ***~ kogoś zaufaniem*** put one's trust in sb
daszek *m* little roof; (*osłona*) screen; (*u czapki*) peak
dat|a *f* date; ***świeżej ~y*** of recent date
datować *vt*, ***~ się*** *vr* date
datownik *m* date-stamp, *filat.* postmark
dawać *zob.* ***dać***
dawca *m* giver, donor; ***~ krwi*** blood donor
dawka *f* dose
dawkować *vt* dose
dawniej *adv* formerly, in former times
dawno *adv* long ago, in times past; ***jak ~ tu jesteś?*** how long have you been here?; ***od dawna*** for a long time
dawny *adj* old, old-time *attr*; (*poprzedni*) former; ***za ~ch dni*** in the old days
dąb *m bot.* oak; ***stawać dęba*** (*o koniu*) rear; jib; *przen.* ***włosy stają mu dęba*** his hair stands on end
dąć *vi* blow; ***~ w róg*** blow a horn
dąsać się *vr* sulk (***na kogoś*** with sb), be in the sulks
dążenie *n* aspiration, endeavour, pursuit
dążność *f* tendency
dążyć *vi* aspire (***do czegoś*** to

sth, after sth), strive (***do czegoś*** after sth), aim (***do czegoś*** at sth); (*podążać*) make one's way, proceed

dba|ć *vi* care (***o coś*** for sth), take care (***o coś*** of sth), be concerned (***o coś*** for, about sth), look (***o coś*** after sth); ***nie ~m o to*** I don't care about it
dbałość *f* care, solicitude (***o coś*** for sth)
dbały *adj* careful (***o coś*** of sth), solicitous (***o coś*** for, about sth)
debata *f* debate
debatować *vi* debate (***nad czymś*** sth, on sth)
debet *m handl.* debit
debit *m* the right to sell (periodicals)
debiut *m* début
debiutant *m*, ***debiutantka*** *f* beginner, novice
debiutować *vi* make one's début
decentralizacja *f* decentralization
decentralizować *vt* decentralize
dech *m* breath; ***bez tchu*** out of breath; ***co tchu*** as fast as possible, in all haste; ***wypić jednym tchem*** drink at one gulp; ***zaczerpnąć tchu*** draw one's breath
decybel *m* decibel
decydować *vi* determine, decide (***o czymś*** sth); ***~ na korzyść kogoś, czegoś*** decide in favour of sb, sth; ***~ się*** *vr* decide (***na coś*** on sth), make up one's mind
decydujący *adj* decisive; ***~ moment*** decisive moment
decyzj|a *f* decision; ***powziąć ~ę*** come to <arrive at> a decision
dedykacja *f* dedication
dedykować *vt* dedicate
defekt *m* defect; *techn.* trouble, failure
defensyw|a *f* defensive; ***w ~ie*** on the defensive
deficyt *m* deficit
defilad|a *f* march-past, parade; ***przyjmować ~ę*** review the troops
defilować *vi* march past (***przed kimś*** sb)
definicja *f* definition
definiować *vt* define
definitywny *adj* decisive, final
deformować *vt* deform, disfigure
defraudacja *f* embezzlement
defraudant *m* embezzler
degeneracja *f* degeneration
degenerować się *vr* degenerate
degradacja *f* degradation
degradować *vt* degrade
dekada *f* decade
dekadencja *f* decadence
dekagram *m* decagram(me)
Dekalog *m rel.* Decalogue, Ten Commandments
dekatyzować *vt* shrink
deklamacja *f* declamation, recitation
deklamować *vt* recite, declaim
deklaracja *f* declaration
deklarować *vt* declare
deklinacja *f gram.* declension
deklinować *vt gram.* decline
dekolt *m* low neck, décolletage
dekompletować *vt* render incomplete
dekoracja *f* decoration; *teatr.* scenery; (*wystawy sklepowej*) window dressing
dekoracyjny *adj* decorative
dekorator *m* decorator; *teatr.* scene-painter
dekorować *vt* decorate
dekować się *vr pot.* shirk
dekret *m* decree
dekretować *vt* decree
delegacja *f* delegation; (*z pełnomocnictwem*) commission; *pot.* (*wyjazd służbowy*) business trip
delegat *m* delegate
delegować *vt* delegate, depute
delektować się *vr* relish (***czymś*** sth), delight (***czymś*** in sth)
delfin *m zool.* dolphin
delicje *s pl* delicacies, dainties

delikatesy *s pl* dainties; (*sklep*) delicatessen
delikatność *f* delicacy, subtlety
delikatny *adj* delicate, subtle
delikwent *m* delinquent
demagog *m* demagogue
demagogia *f* demagogy
demarkacyjn|y *adj*: ***linia ~a*** line of demarcation
demaskować *vt* unmask, show up, expose
demencja *f* dementia
dementować *vt* deny
demobilizacja *f* demobilization
demobilizować *vt* demobilize
demograficzny *adj* demographic; ***wyż ~*** demographic bulge
demokracja *f* democracy
demokrata *m* democrat
demokratyczny *adj* democratic
demokratyzować *vt* democratize
demolować *vt* demolish
demon *m* demon
demoniczny *adj* demonic
demonstracja *f* demonstration
demonstracyjny *adj* demonstrative
demonstrować *vt* demonstrate
demontować *vt* dismantle, dismount
demoralizacja *f* demoralization
demoralizować *vt* demoralize; ***~ się*** *vr* become demoralized
denat *m* defunct
denaturat *m* methylated spirit(s)
denerwować *vt* get on sb's nerves, irritate, excite; ***~ się*** *vr* be nervous, get anxious <excited>, become flustered (***czymś*** about sth)
dentysta *m* dentist
dentystyczny *adj* dental, dentist's
denuncjacja *f* information (***kogoś*** against sb)
denuncjator *m* informer
denuncjować *vt* inform (***kogoś*** against sb)
departament *m* department
depesza *f* telegram, cable, wire; ***~ radiowa*** radiogram
depeszować *vi* telegraph, cable, wire
deponować *vt prawn. fin.* deposit
deportacja *f* deportation
deportować *vt* deport
depozyt *m* deposit; ***do ~u*** on deposit
deprawacja *f* depravation
deprawować *vt* deprave
deprecjacja *f* depreciation
deprecjonować *vt* depreciate; ***~ się*** *vt* become depreciated
depresja *f* depression, dejection, low spirits
deprymować *vt* depress
deptać *vt vi* trample, tread (***coś*** sth, ***po czymś*** upon sth); ***nie ~ trawy!*** keep off the grass!
deptak *m* promenade
derka *f* rug, blanket
dermatolog *m med.* dermatologist
dermatologia *f med.* dermatology
desant *m* descent; *wojsk.* landing, landing-operation
desantowy *adj wojsk.* landing; ***oddział ~*** landing party
deseń *m* design, pattern; (*szablon*) stencil
deser *m* dessert
desk|a *f* board, plank; *pot.* ***od ~i do ~i*** from cover to cover, from beginning to end; ***do grobowej ~i*** till death itself; ***~a z żaglem*** sailboard; aquaplane; ***ostatnia ~a ratunku*** one's last resort
deskorolka *f* skateboard
despota *m* despot
despotyczny *adj* despotic
despotyzm *m* despotism
destrukcja *f* destruction
destrukcyjny *adj* destructive
destylacja *f* distillation
destylarnia *f* distillery
destylować *vt* distil
desygnować *vt* designate

desygnat *m* referent, designation
deszcz *m* rain; ***pada ~*** it rains; *przen.* ***z ~u pod rynnę*** out of the frying-pan into the fire; ***kwaśny ~*** acid rain; ***drobny ~*** drizzle
deszczówka *f* rainwater
deszczułka *f* lath
detal *m* detail; *handl.* retail
detalicznie *adv handl.* by <at> retail; ***sprzedawać ~*** sell by retail
detaliczny *adj* retail *attr*; ***handel ~*** retail trade; ***kupiec ~*** retailer
detektyw *m* detective
detektywistyczny *adj* detective
detergent *m* detergent
determinować *vt* determine
detonacja *f* detonation
detonować *vt* abash, disconcert; *vi* (*eksplodować*) detonate; ***~ się*** *vr* lose countenance
detronizacja *f* dethronement
detronizować *vt* dethrone
dewaluacja *f* devaluation, depreciation
dewaluować *vt* devaluate; ***~ się*** *vr* become devaluated
dewiz|a *f* device, motto; *pl* ***~y*** *fin.* foreign currency
dewocja *f* devotion, piety
dewotka *f* devotee, bigot
dezaktualizować się *vr* become stale
dezercja *f* desertion
dezerter *m* deserter
dezerterować *vi* desert
dezodorant *m* deodorant
dezorganizacja *f* disorganization
dezorganizować *vt* disorganize
dezorientacja *f* disorientation, confusion
dezorientować *vt* disorientate, confuse; ***~ się*** *vr* become confused, lose one's way
dezynfekcja *f* disinfection; (*gazowa*) fumigation
dezynfekować *vt* disinfect
dezynsekcja *f* treatment with insecticide
dębina *f* oak wood
dętk|a *f* tube; ***przebić ~ę*** get a puncture
dęt|y *adj* blown; hollow; *muz.* ***instrument ~y*** wind-instrument; ***orkiestra ~a*** brass band
diabelski *adj* diabolical, devilish
diab|eł *m* devil, fiend; ***do ~ła!*** the devil!; ***idź do ~ła!*** go to hell!
diagnostyka *f* diagnosis
diagnoz|a *f* diagnosis; ***postawić ~ę*** to diagnose, to make a diagnosis
diagram *m* diagram
dialekt *m* dialect
dialektyczny *adj* dialectical
dialektyka *f* dialectic(s)
dialog *m* dialogue
diament *m* diamond
diametralny *adj* diametrical
diatermia *f* diathermy
diecezja *f* diocese
diecezjalny *adj* diocesan
die|ta *f* diet; ***ścisła ~ta*** strict diet; ***być na ~cie*** be on a diet; (*pieniężna*) *zw. pl* ***~ty*** expanse <travelling> allowance
dietetyczny *adj* dietetic
dinozaur *m* dinosaur
dla *praep* for, in favour of, for the sake of; ***uprzejmy*** <***dobry***> ***~ kogoś*** kind <good> to sb
dlaczego *adv* why, what for
dlatego *adv* therefore, for that reason, that's why; ***~ że*** *conj* because, for
dławić *vt* strangle, suffocate, choke; *techn.* throttle; ***~ się*** *vr* suffocate
dławik *m techn.* throttle
dło|ń *f* palm; ***jasne jak na ~ni*** as clear as daylight
dłubać *vt vi* dig, bore; (*w zębach*) pick
dług *m* debt; ***wpaść w ~i*** incur debts; ***zaciągnąć ~*** contract a debt; ***spłacić ~*** pay off a debt
długi *adj* long; ***upadł jak ~*** he fell down flat
długo *adv* long, for a long time;

jak ~ as long as; ***jak ~?*** how long?
długodystansowiec *m sport* long-distance runner
długofalowy *adj* long-wave *attr*; *przen.* long-range *attr*
długoletni *adj* long-time *attr*, of long standing
długonogi *adj* long-legged
długopis *m* ball(-point) pen
długoś|ć *f* length; *geogr.* longitude; ***mieć x metrów ~ci*** be *x* metres long
długoterminowy *adj* long-term *attr*
długotrwały *adj* lasting, durable
długowieczność *f* longevity
długowieczny *adj* longevous, longeval; long-lived
dłuto *n* chisel
dłużnik *m* debtor
dłużny *adj* owing; ***jestem mu ~*** I owe him
dłużyć się *vr* (*o czasie*) pass slowly
dmuchać *vi* blow, puff
dmuchawa *f* blower, blast machine
dmuchawiec *m* blow-ball
dna *f med.* gout
dnieć *vi* dawn
dniówk|a *f* day work, day's work; ***pracować na ~ę*** work by the day
dno *n* bottom; ***do dna!*** (*wypić do końca*) *pot.* bottoms up!
do *praep* to, into; (*o czasie*) till, until; ***aż do granicy*** as far as the frontier; ***co do mnie*** as for me; ***do piątku*** till <until> Friday; ***raz do roku*** once a year; ***idę do apteki*** I am going to the chemist's; ***idę do przyjaciela*** I am going to see my friend; ***iść do domu*** go home; ***przybyć do Londynu*** arrive in London; ***wejść do pokoju*** enter the room; ***wsadzić do więzienia*** put into prison; ***do zobaczenia do jutra*** see you tomorrow
dob|a *f* day (and night), twenty-four hours; ***całą ~ę*** the clock round; ***w dzisiejszej ~ie*** at present time; ***~a hotelowa*** hotel night; ***czynny całą ~ę*** open 24 hours
dobiegać *vi* approach, be coming near
dobierać *vt* select, choose; assort (***coś do czegoś*** sth with sth); ***być dobranym*** match (***do czegoś*** sth); ***~ się*** *vr* try to get (***do czegoś*** at sth); tamper; ***dobrali się*** they are well matched
dobijać *vt* deal (***kogoś*** sb) a death-blow; ***~ targu*** strike a bargain; *vi* ***~ do lądu*** reach land; ***~ się*** *vr* try to enter; (*osiągnąć*) contend, scramble (***czegoś*** for sth); ***~ się do drzwi*** batter (at/on) the door
dobitny *adj* distinct, emphatic
doborowy *adj* choice, select
dobosz *m* drummer
dobór *m* selection, assortment; *biol.* ***~ naturalny*** natural selection
dobrać *zob.* ***dobierać***
dobranoc *int* good night!
dobrnąć *vi* wade through (***do czegoś*** to sth)
dobr|o *n* good; ***~o społeczne*** public welfare; *handl.* ***na moje ~o*** to my credit; ***dla mojego ~a*** for my good; *pl* ***~a*** fortune, riches; (*ziemskie*) landed property; ***~a ruchome*** movable <personal> property, personalty
dobrobyt *m* well-being, prosperity, welfare
dobroczynność *f* beneficence, charity
dobroczynn|y *adj* beneficent, charitable; ***cele ~e*** charities
dobroczyńca *m* benefactor
dobroć *f* goodness
dobroduszność *f* kind-heartedness, good-nature
dobroduszny *adj* kind-hearted, good-natured
dobrodziej *m* benefactor
dobrodziejstwo *n* benefaction,

D

boon; *prawn.* benefit (of the law)
dobrotliwy *adj* kind-hearted, good-natured
dobrowolnie *adv* of one's own free will, voluntarily
dobrowoln|y *adj* voluntary; free-will *attr;* ***umowa ~a*** amicable agreement
dobr|y *adj* good, kind; ***nie wyjdzie z tego nic ~ego*** no good will come of it; ***to jest warte ~e 10 tysięcy*** it is well worth 10 thousand; ***to wyjdzie na ~e*** this will come to good, this will take a good turn; ***to mu nie wyjdzie na ~e*** it will turn out badly for him; ***w tej sprawie jedno jest ~e*** there is one good part in this; ***życzyć wszystkiego ~ego*** give one's best wishes; ***a to ~e!*** I like that!; ***co ~ego?*** what is the best news?; ***przez ~e dwie godziny*** for good two hours
dobrze *adv* well, all right; ***czuję się ~*** I'm (feeling) well; ***~ czy źle*** right or wrong; ***to ci ~ zrobi*** this will do you good; ***~ ci tak!*** it serves <has served> you right!
dobudować *vt* build an annex, build on
dobudówka *f* annex
dobytek *m sing* property, goods (and chattels); (*inwentarz*) cattle
doceniać *vt* (duly) appreciate
dochodowy *adj* profitable, payable; ***podatek ~*** income tax
dochodzenie *n* investigation, research, inquiry
dochodzi|ć *vi* approach, get near, reach; come about; (*badać*) investigate (***czegoś*** sth), inquire (***czegoś*** into sth), claim; (*ścigać sądownie*) prosecute; ***~ trzecia godzina*** it is getting on to three o'clock; ***on ~ siedemdziesiątki*** he is getting on for seventy, he is close on seventy; ***rachunek ~ do stu funtów*** the bill amounts to £ 100; ***jak do tego doszło?*** how did it come about?; ***~ć do skutku*** come into effect; ***~ć do władzy*** come to power
dochować *vt* preserve; (*tajemnicy, wiary*) keep; ***~ się*** *vr* (*dzieci*) manage to bring up; (*inwentarza*) manage to rear <breed>
dochód *m* income, profit, proceeds *pl;* ***~ państwowy*** revenue
dociągać *vt vi* draw (***do czegoś*** as far as sth); reach; tighten; ***~ do końca*** reach the end
dociekać *vt* investigate (***czegoś*** sth), inquire (***czegoś*** into sth)
dociekanie *n* investigation, inquiry
dociekliwy *adj* inquisitive
docierać *vi* reach (***dokądś*** a place), advance (***dokądś*** to a place); get (***do czegoś*** at sth); reach (***do czegoś*** sth); *vt* (*silnik, samochód*) run in; *am.* break in
docinać *vi* taunt, sting (***komuś*** sb)
docinek *m* taunt
doczeka|ć się *vr* live to see; ***nie ~sz się go*** no use waiting for him; ***~ć się późnej starości*** live to an old age; ***nie mogę się ~ć ...*** I can hardly wait to ...
doczepiać *vt* attach, append
doczesny *adj* temporal, earthly
dodać *zob.* ***dodawać***
dodatek *m* addition; appendix, supplement; *pl* ***dodatki*** accessories; (*krawieckie itp.*) materials, furnishings; ***~ do pensji, wynagrodzenia*** benefits, extra pay; ***~ drożyźniany*** cost-of-living bonus; ***~ mieszkaniowy*** residence allowance; ***~ nadzwyczajny*** (*do gazety*) special edition; ***~ rodzinny*** family bonus <allowance>; ***na ~*** in addition; besides
dodatkowo *adj* additionally, in addition, extra
dodatkowy *adj* additional, supplementary, extra
dodatni *adj* positive, advantageous; *fin.* (*o bilansie*) favourable, active; ***strona ~a*** good side

dodawać *vt* add; (*sumować*) add up, sum up; **~ ducha** cheer up; **~ odwagi** encourage; **~ gazu** step on the gas; **nie trzeba ~, że...** needless to add <say> that...
dodawanie *n* addition
dogadać się *vr* come to an understanding; (*w obcym języku*) make oneself understood
dogadza|ć *vi* gratify, satisfy; pamper; indulge; **~ć sobie** indulge oneself, do oneself well; **to mi ~** this suits me, this is convenient to me
doglądać *vi* look (**kogoś, czegoś** after sb, sth), watch (**kogoś, czegoś** over sb, sth); (*pielęgnować chorego*) tend, nurse; (*pilnować trzody*) tend
dogmat *m* dogma
dogmatyczny *adj* dogmatic
dogmatyka *f* dogmatics
dogmatyzm *m* dogmatism
dogodnie *adv* conveniently; **jak ci będzie ~** at your convenience
dogodność *f* convenience
dogodny *adj* convenient; **na ~ch warunkach** on easy terms
dogodzić *zob.* **dogadzać**
dogonić *vt* catch up (**kogoś** with sb), overtake
dogorywać *vi* be in death-agony, be dying away, be breathing one's last
dogrywka *f sport* play-off
dogrzewa|ć *vi* warm additionally; scorch; **słońce ~** the sun is scorching
doić *vt* milk
dojazd *m* approach, access; (*przed domem*) drive; (*dojeżdżanie*) regular travel
dojechać *vi* arrive (**dokądś** at <in> a place), reach (**dokądś** a place); (*konno, na motorze*) come riding (**dokądś** to a place)
dojeżdżać *vi* travel regularly; (*do pracy*) commute; *zob.* **dojechać**
dojeżdżający *adj i m* non-resident; (*do pracy*) commuting
dojmujący *adj* painful, penetrating; (*o bólu*) acute
dojn|y *adj*: **~a krowa** *też przen.* milch cow
dojrzałoś|ć *f* maturity; **egzamin ~ci** *bryt.* examination for the General Certificate of Secondary Education
dojrzały *adj* ripe, mature
dojrzeć 1. *zob.* **dojrzewać**
dojrzeć 2. *vt* (*zobaczyć*) catch sight (**kogoś, coś** of sb, sth); *lit.* behold
dojrzewać *vi* ripen, grow ripe, mature; (*osiągnąć dojrzałość*) grow up, reach the age of manhood <womanhood>
dojście *n* access, approach; (*do władzy*) accession
dojść *vi* arrive (**dokądś** at <in> a place), reach (**dokądś** a place); **~ do skutku** come off <about>; **~ do sławy** win fame; **~ do władzy** take <seize> power; **~ do wniosku** arrive at <to> a conclusion; **~ w czymś do doskonałości** bring sth to perfection; **doszedłem do przekonania** I came to believe; **doszło do porozumienia** an understanding has been established, an agreement has been reached; **jak do tego doszło?** how did this come about?; *zob.* **dochodzić**
dok *m mors.* dock
dokazać *vi* achieve, perform; **~ cudu** work a miracle; **~ swego** accomplish one's design, have one's way
dokazywać *vi* (*swawolić*) skylark, romp; *zob.* **dokazać**
dokąd *adv* where (to); **~ bądź** anywhere, wherever
doker *m* docker, stevedore
dokładać *vt* add, throw in; **~ do interesu** have a losing business; **~ wszelkich starań** do one's best
dokładka *f* (*porcja*) second helping

D

D

dokładnie *adv* exactly, precisely
dokładność *f* exactness, exactitude, precision
dokładn|y *adj* exact, precise; **~e badanie** close examination
dokoła *adv praep* round (about), around
dokonać *vt* achieve, accomplish, bring about; **~ żywota** end one's days; **~ się** *vr* take place <effect>, come off <about>
dokonanie *n* achievement
dokonany *adj* (*o fakcie*) accomplished; *gram.* perfect
dokończenie *n* conclusion, end(ing)
dokończyć *vt* finish up, conclude
dokształca|ć *vt* complete sb's education; **szkoła ~jąca** continuation school; **~ć się** *vr* complete one's education
doktor *m* doctor; **~ filozofii** Ph.D.; **~ medycyny** physician, M.D.; **wezwać ~a** send for <call in> the doctor
doktorat *m* doctorate, Ph.D. degree; **zrobić ~** receive the doctor's degree
doktorsk|i *adj* doctor's, doctoral; **rozprawa** <**praca**> **~a** doctoral thesis <dissertation>
doktoryzować się *vr* take one's doctor's degree
doktryna *f* doctrine
dokuczać *vi* vex, harass, annoy
dokuczliwy *adj* vexing, annoying, grievous
dokument *m* document; record; **~ urzędowo poświadczony** legalized deed
dokumentalny, dokumentarny *adj* documentary
dokumentować *vt* document
dol|a *f* lot, destiny; **w ~i i niedoli** through thick and thin
dolatywać *vi* come flying, reach
dolega|ć *vi* pain, ail; **co ci ~?** what's the matter with you?, what ails you?; **~ mi artretyzm** I am troubled with arthritis; **nic mi nie ~** nothing is the matter with me
dolegliwość *f* suffering, pain, ailment
dolewać *vt* pour out some more; **~ sobie herbaty** help oneself to more tea
doliczy|ć *vt* add; throw in, include (in a sum); **~ć się** *vr*, **~łem się tylko pięciu** I could count five only; **nie mogłem się ~ć** I could not make up the sum
dolina *f* valley; *lit.* dale
dolny *adj* lower
dołączyć *vt* annex, attach, enclose; **~ się** *vr* join (**do kogoś** sb)
dołek *m* pit, hole; (*na twarzy*) dimple
dołożyć *zob.* **dokładać**
dom *m* house; home; **do ~u** home; **poza ~em** abroad, away from home; out, out of doors; **w ~u** at home; **prowadzić ~** run the house; **czuć się jak u siebie w ~u** feel at home; **~ starców** old people's home; **~ towarowy** department store; general store; **nie ma jak w ~u** there's no place like home
domagać się *vr* demand, claim
domator *m* stay-at-home
domek *m* little house; **~ jednorodzinny** detached house; cottage, bungalow; (*bliźniak*) semidetached house
domena *f* domain
domieszać *vt* admix
domieszka *f* admixture
dominium *n sing nieodm.* dominion
domino *n* domino; (*gra*) dominoes *pl*
dominować *vi* prevail, predominate (**nad kimś, czymś** over sb, sth)
dominujący *adj* predominant
domniemany *adj* alleged; conjectural
domofon *m* house-entry system, Entryphone

domokrążca *m* pedlar, hawker
domostwo *n* homestead
domownik *m* housemate
domow|y *adj* domestic, home <house, indoor> *attr*; home-made *attr*; ***gospodarstwo ~e*** housekeeping; ***wojna ~a*** civil war
domysł *m* conjecture, presumption
domyślać się *vr* conjecture, surmise; guess
domyślny *adj* quick to understand, quick-witted
doniczka *f* flower-pot
doniesienie *n* (*wiadomość*) report, communication; (*denuncjacja*) denunciation; *handl.* (*komunikat*) advice
donieść *vt* communicate, report, announce; denounce (***na kogoś*** sb), inform (***na kogoś*** against sb); *handl.* advise; ***donoszą nam, że ...*** we are informed that ...
doniosłość *f* importance, significance
doniosły *adj* important, significant
donosiciel *m* denunciator, denouncer, informer
donosić *zob.* ***donieść***
donośność *f* (*głosu*) sonority; (*strzału*) range
donośny *adj* (*o głosie*) sonorous; (*o strzale*) of long range
dookoła *zob.* ***dokoła***
dopadać *vi* get (***czegoś*** at sth), reach (***czegoś*** sth)
dopalać *vt* burn the rest, finish burning; ***~ się*** *vr* be burning out
dopasować *vt* fit, adapt, adjust; ***~ się*** *vr* adapt oneself, conform oneself
dopasowanie *n* adjustment, adaptation
dopełniacz *m gram.* genitive (case)
dopełniać *vi* complete, fill up; fulfil; ***~ zobowiązań*** meet one's obligations; ***~ ślubu*** keep one's vow
dopełniający *adj* complementary, supplementary
dopełnienie *n* completion; fulfilment; *gram.* object; ***~ bliższe*** <***dalsze***> direct <indirect> object
dopędzić *vt* catch up (***kogoś*** with sb), overtake
dopiąć *vt* buckle up, button up; (*osiągnąć*) attain, achieve; ***~ swego*** have one's will, gain one's end
dopiero *adv* only; not until; ***~ co*** only just, just now; ***~ wtedy*** not till then; ***a co ~*** let alone
dopiln|ować *vi* see (***czegoś*** to sth); ***~uj, żeby to było zrobione*** see that it is done
dopingować *vt* spur on, incite, stimulate
dopis|ać *vt* write in addition, add in writing; *vi* (*sprzyjać*) favour, be favourable; ***pogoda ~uje*** the weather is fine; ***szczęście mu ~ało*** he met with success; he was successful <lucky>; ***zdrowie mi ~uje*** I'm well; ***pamięć mi nie ~uje*** my memory fails me; ***szczęście mi nie ~ało*** I have failed, I'm down on my luck
dopisek *m* postscript, footnote
dopłacać *vt* pay extra; meet extra charges
dopłata *f* additional payment, extra charge, surcharge; (*do biletu*) excess fare; *filat.* postage due
dopłynąć *vi* reach (swimming, sailing, floating *etc.*)
dopływ *m* (*rzeki*) tributary, affluent; (*ludzi, pieniędzy*) influx, inflow; (*krwi*) afflux; (*towarów, prądu*) supply
dopływać *vi* flow in; *zob.* ***dopłynąć***
dopomagać *vi* help, aid, assist
dopominać się *vr* claim (***o coś*** sth, ***u kogoś*** from sb)
dopóki *conj* as long as; ***dopóty ~*** as long as, till
doprowadzać *vt* conduct, con-

duce, lead, bring; ~ ***do doskonałości*** bring to perfection; ~ ***do nędzy*** reduce to misery; ~ ***do końca*** bring to an end; ~ ***do rozpaczy*** drive into despair; ~ ***do skutku*** carry into effect; ~ ***do porządku*** put in order; ~ ***do szału*** drive (sb) mad

dopuszczać *vt vi* admit; permit; ~ ***się*** *vr* commit (***czegoś*** sth)

dopuszczalny *adj* admissible; permissible

dopuszczenie *n* admission; admittance

dopytywać się *vr* inquire, make inquiries (***o kogoś, coś*** after <for, about> sb, sth)

dorabiać *vt vi pot.* work on the side, make (money) on the side; ~ ***muzykę do słów*** set the words to music; ~ ***się*** *vr pot.* make one's way; grow more prosperous

doradca *m* adviser, consultant; (*rządowy*) aide

doradczy *adj* advisory, consultative

doradzać *vi* advise (***komuś*** sb)

dorastać *vi* grow up; rise (***do zadania, sytuacji*** to the task, situation)

doraźnie *adv* immediately, on the spot; for the time being

doraźny *adj* immediate; extemporary; (*o postępowaniu sądowym*) summary

doręczać *vt* hand, deliver

doręczenie *n* delivery

dorob|ek *m* possessions, acquisition, property; (*np. naukowy, pisarski*) output, attainments *pl*, production; ***być na ~ku*** make one's way

dorobkiewicz *m* upstart, parvenu

doroczny *adj* annual, yearly

dorodny *adj* handsome

dorosły *adj m* adult, grown-up

dorożka *f* horse-driven cab

dorożkarz *m* cabman

dorównywać *vi* equal (***komuś*** to sb)

dorsz *m zool.* cod

dorywczo *adv* occasionally, irregularly, by fits and starts

dorywcz|y *adj* occasional, improvised; ***~a praca*** odd job

dorzecze *n* (river-)basin

dorzucać *vt* throw in, add

dosadny *adj* strong, emphatic, blunt

dosiadać *vi* mount (***konia*** a horse)

dosięgać *vi* reach

doskonale *adv* perfectly, splendidly

doskonalić *vt* perfect; ~ ***się*** *vr* perfect oneself; improve

doskonałość *f* perfection

doskonały *adj* perfect, excellent

dosłown|y *adj* literal; ***tłumaczenie ~e*** word for word translation

dosłużyć się *vr* gain through service; be promoted (***stopnia pułkownika*** to the rank of colonel)

dosłyszeć *vt* hear, catch; ***nie*** ~ mishear; be hard of hearing

dostać *vt* get, receive, obtain, attain; ~ ***się*** *vr* get; ~ ***się do domu*** get home; ~ ***się do środka*** get in; ~ ***się do niewoli*** be taken prisoner; ~ ***się w czyjeś ręce*** fall <get> into sb's hands; ~ ***się do czegoś*** get at sth

dostarczać *vt* deliver, supply, provide (***komuś czegoś*** sb with sth); (*żywności*) cater

dostateczny *adj* sufficient; satisfactory; passable; ***stopień*** ~ fair, passing grade

dostat|ek *m* affluence, abundance, plenty; ***pod ~kiem*** in abundance, in plenty, enough of

dostatni *adj* abundant; (*zamożny*) prosperous, wealthy, well-to-do

dostaw|a *f* delivery, supply; ***z ~ą do domu*** with home delivery

dostawca *m* deliverer, supplier, provider; purveyor; caterer

dostawiać *vi* supply, deliver; (*np. więźnia*) convoy, escort

dostąpić *vi* approach (***do kogoś*** sb); attain; **~ *łaski*** find favour (***czyjejś*** with sb); **~ *zaszczytów*** gain <obtain> honours
dostęp *m* access; approach
dostępny *adj* accessible, easy of access; (*o książce, wykładzie*) popular; (*o osobie*) approachable
dostojeństwo *n* dignity
dostojnik *m* dignitary
dostojny *adj* dignified, eminent, distinguished, worthy
dostosować *vt* adapt, adjust, fit; **~ *się*** *vr* adapt oneself, conform
dostosowanie *n* adaptation, adjustment; conformity
dostroić *vt* tune (up), attune; **~ *się*** *vr* adapt <adjust> oneself; conform
dostrzec *vt* catch sight (***coś*** of sth), perceive, notice
dostrzegalny *adj* perceptible, noticeable
dostrzeganie *n* perception
dosyć *adv* enough, sufficiently; **~ *tego*** enough of that, that's enough, that will do; ***mieć* ~ *czegoś*** be fed up with sth
do syta *adv* amply; ***najeść się* ~** eat one's fill, eat to the full
doszczętnie *adv* completely, thoroughly, utterly, down to the ground
doszczętny *adj* thorough, complete, utter
doścignąć *vt* overtake, catch up (with)
dość *zob.* ***dosyć***
dośrodkowy *adj* centripetal
doświadcz|ać *vt* (*doznawać*) experience (***czegoś*** sth), go (***czegoś*** through sth); (*próbować, robić doświadczenie*) test out, put to the test, try; ***los go ciężko ~ył*** fate has severely tried him
doświadczalny *adj* experimental
doświadczeni|e *n* (*życiowe*) experience; (*naukowe*) experiment; ***robić ~e*** experiment, make an experiment; ***wiedzieć z ~a*** know by experience
doświadczony *adj* experienced, expert
doświadczyć *zob.* ***doświadczać***
dotacja *f* donation, endowment; allowance
dotąd *adv* (*o miejscu*) up to here; thus far; (*o czasie*) till now, up to now, so far; ***jak* ~** as yet
dotkliw|y *adj* acute, severe, painful; ***~a strata*** heavy loss
dotknąć *vt* touch, feel; affect; (*urazić*) offend, hurt; **~ *ważnej sprawy*** touch upon an important question; **~ *do żywego*** touch to the quick
dotknięcie *n* touch
dotrwać *vi* persevere, hold out
dotrzeć *zob.* ***docierać***
dotrzymywać *vt* keep (***obietnicy, słowa, tajemnicy*** a promise, one's word, a secret); **~ *komuś kroku*** keep pace with sb, keep up with sb; **~ *komuś towarzystwa*** keep sb company; **~ *warunków*** stand by <keep> the terms
dotychczas *adv* up to now, so far
dotychczasow|y *adj* previous, hitherto prevailing; ***~e wiadomości*** the news received up to now
dotycz|yć *vi* concern (***kogoś, czegoś*** sb, sth), refer, relate (***kogoś, czegoś*** to sb, sth); ***co ~y*** with regard to, in respect of, relative to; as far as *sth* is concerned; ***co mnie ~y*** as for me; ***to mnie nie ~y*** it is no concern of mine; ***~ący*** relative (***kogoś, czegoś*** to sb, to sth), concerning, referring
dotyk *m* touch, feeling
dotykać *zob.* ***dotknąć***
dotykalny *adj* tangible, palpable
douczać *zob.* ***dokształcać***
dowcip *m* joke, witticism; (*humor, bystrość*) wit; ***stary* ~** stale joke

D

D

dowcipkować *vi* joke
dowcipniś *m* joker, wit
dowcipny *adj* witty, clever
dowiadywać się *vr* inquire (***o kogoś, coś*** after sb, sth, ***od kogoś*** of sb)
do widzenia *int* good-bye!; *pot.* bye-bye!
dowiedzieć się *vr* get to know, learn, find out
dowieść *vt* (*doprowadzić*) bring, lead; (*udowodnić*) prove; *zob.* ***dowodzić***
dowlec *vt* drag as far as; ~ ***się*** *vr* come dragging along
dowodowy *adj* evidential, demonstrative, conclusive; ***materiał ~*** evidence
dowodzenie *n* demonstration; (*dowództwo*) command
dowodzić *vi* prove, demonstrate (***czegoś*** sth), be demonstrative (***czegoś*** of sth); (*argumentować*) argue; (*komenderować*) command; (*przewodniczyć*) lead
dowolnie *adv* (*samowolnie*) arbitrarily; (*według woli*) at will, at one's discretion, freely
dowolność *f* (*samowola*) arbitrariness; (*własne uznanie*) discretion; freedom
dowolny *adj* (*samowolny*) arbitrary; (*do uznania*) discretional, discretionary, optional, free to choose; (*bezpodstawny*) unfounded; (*jakikolwiek*) any, whatever; ***w ~m kolorze*** of any colour you choose; ***w ~m kierunku*** in any direction
dowozić *vt* bring, supply
dowód *m* proof, evidence; (*pamięci, wdzięczności*) token, sign; (*dokument*) certificate; ***w ~*** in token of; ***~ osobisty*** identity card, ID; ***~ odbioru <sprzedaży>*** receipt; ***~ rzeczowy*** material proof; ***~ rejestracyjny*** registration card
dowódca *m* commander; ***naczelny ~*** commander-in-chief
dowództwo *n* command; (*siedziba*) headquarters; ***objąć ~*** take command
dowóz *m* supply, delivery
doza *f* dose, amount
dozgonny *adj* lifelong
doznać *vi* experience, go through; (*straty, krzywdy*) suffer; ***~ rozczarowania*** meet with disappointment; ***~ wrażenia*** get an impression; ***~ ulgi*** feel relieved
dozorca *m* guard, overseer; (*domowy*) housekeeper, doorkeeper, caretaker; (*więzienny*) gaoler, jailer
dozorować *vt* oversee, supervise, keep watch
dozować *vt* doze
dozór *m* supervision; (*policyjny*) surveillance
dozwalać *vi* allow, permit
dożyć *vi* live till, live to see; ***~ późnego wieku*** live to an old age; ***~ stu lat*** live to be a hundred years old
dożynki *s pl* harvest home
dożywocie *n* life-estate; (*renta*) life-annuity; ***na ~*** for life
dożywotni *adj* lifelong; ***kara ~ego więzienia*** imprisonment for life, life sentence
dół *m* pit, hole; lower part; bottom; ***na dole*** below, down; ***z dołu*** from below; ***na ~, w ~*** downstairs; down- hill; ***schodzić na ~*** go down <downstairs, downhill>
drabina *f* ladder; ***~ sznurowa*** rope-ladder
dramat *m teatr* drama; *przen.* tragedy
dramaturg *m* dramatist, playwright
dramaturgia *f* dramaturgy
dramatyczny *adj* dramatic
drań *m pot.* bastard, scoundrel, rascal
drapacz *m* scraper; ***~ chmur*** skyscraper, tower block
drapać *vt* scrape, scratch; ***~ się*** *vr*, ***~ się w głowę*** scratch one's

head; (*piąć się*) climb, scramble

drapieżnik *m* predator; beast <bird> of prey

drapieżność *f* rapacity, predacity

drapieżn|y *adj* predatory, rapacious; ***zwierzę ~e*** beast of prey

drasnąć *vt* scratch, graze; *przen.* (*dotknąć*) hurt

drastyczny *adj* drastic; (*drażliwy*) ticklish; indecent

drażetka *f farm.* dragée, pill

drażliwość *f* susceptibility, ticklishness

drażliwy *adj* susceptible, ticklish, touchy, irritable

drażnić *vt* irritate, gall, tease

drąg *m* pole, bar

drąż|ek *m* stick bar, rod; *pl* ***~ki gimnastyczne*** bars; ***~ek zmiany biegów*** *bryt.* gear lever; *am.* gearshift

drążyć *vt* hollow out

dren *m* drain

drenować *vt* drain

dreptać *vi* trip

dres *m* track suit, training suit, running tackle

dreszcz *m* shudder; *pl* ***~e*** fit of shivers, cold fits

dreszczyk *m* thrill

drewniak *m* (*but*) clog; (*budynek*) wooden house <hut>

drewniany *adj* wooden

drewno *n* log, piece of wood; timber

dręczy|ć *vt* torment, harass, vex; ***co cię ~?*** what's eating you?; ***~ć się*** *vr* worry, be vexed

drętwieć *vi* stiffen, grow stiff, numb

drętwy *adj* stiff, numb, rigid, lifeless

drgać *vi* shiver, tremble; (*o sercu, pulsie*) palpitate; (*o głosie, strunie itp.*) vibrate; (*o mięśniach, twarzy*) twitch

drganie *n* trembling; palpitation; vibration

drgawka *f* spasm, convulsion; twitch

drobiazg *m* trifle, detail

drobiazgowość *f* pedantry, punctiliousness, fussiness

drobiazgowy *adj* pedantic, punctilious, fussy

drobić *vt* (*kruszyć*) crumble; (*drobno siekać*) mince; (*nogami*) trip

drobina *f* particle; *fiz.* molecule

drobnica *f handl.* piece-goods

drobnostka *f* trifle

drobnoustrój *m* microbe, microorganism

drobn|y *adj* tiny, minute; (*kupiec, rolnik*) small; (*pomniejszy*) petty; ***~e wydatki*** pocket expenses; ***~a suma*** small <petty> sum; ***~y błąd*** minor mistake; ***~e*** *s pl* small change

droczyć się *vr* tease (***z kimś*** sb)

dro|ga *f* way, road, track, route; ***~ga dla pieszych*** footpath; ***~ga powietrzna*** airway; ***~ga wodna*** waterway; ***~ga główna <boczna>*** main <side> road; ***krótsza ~ga*** (*na przełaj*) short cut; ***wolna ~a*** the way is clear; ***rozstajne ~gi*** cross-roads; ***być na dobrej ~dze*** be on the right path; ***pytać kogoś o ~gę*** ask sb the way; ***iść tą samą ~gą*** go the same way; ***wejść komuś w ~gę*** get in sb's way; ***wybrać się w ~gę*** set out on one's way; ***zejść z ~gi*** (*ustąpić*) give way; ***utorować ~gę*** pave the way for; ***~gą lądową*** by land; ***~gą na <przez> Warszawę*** by way of Warsaw; ***~gą wodną*** by water, by sea; ***~gą służbową*** by <through> official channels; ***nie po ~dze*** out of the way; ***po ~dze*** on the way; ***pół godziny ~gi*** half-an-hour's walk <drive, ride>; ***w pół ~gi*** half-way; ***w ~dze wyjątku*** by way of exception; ***szczęśliwej ~gi!*** have a good journey, have a nice trip; good-bye!

drogeria *f* druggist's (shop); *am.* drugstore

drogi 1. *adj* (*kochany*) dear
drogi 2. *adj* (*kosztowny*) expensive, costly
drogo *adv* dear(ly), at a high price
drogocenny *adj* precious
drogowskaz *m* signpost, guidepost
drogow|y *adj* road *attr;* ***przepisy ~e*** traffic regulations; ***atlas ~y*** road atlas; ***znaki ~e*** road signs
dromader *m zool.* dromedary
drozd *m zool.* thrush
drożdże *s pl* leaven, yeast
drożeć *vt* grow dear
drożyźniany *adj*, ***dodatek ~*** cost-of-living bonus
drób *m* poultry
dróżka *f* path
dróżnik *m* lineman, railway watchman
druczek *m* (blank) form; (*drobny druk*) small print
drug|i *num* second, another, other; ***książka z ~iej ręki*** second-hand book; ***kupować z ~iej ręki*** buy second-hand; ***co ~i*** every other <second>; ***co ~i dzień*** every other <second> day; ***~ie tyle*** twice as much; ***jeden po ~im*** one after another; ***po ~ie*** in the second place; ***po ~iej stronie*** on the other side; ***~a strona medalu*** the other side of the coin; ***z ~iej strony ...*** on the other hand ...
drugorzędny *adj* second-class, second-rate, secondary
druh *m* (*harcerz*) boy scout, friend; *pot.* crony
druhna *f* (*harcerka*) *bryt.* girl guide, *am.* girl scout
druk *m* print(ing); (*blankiet*) form; (*przesyłka pocztowa*) printed matter; ***w ~u*** in (the) press; ***drobny ~*** small type; ***tłusty ~*** bold type; ***omyłka w ~u*** misprint
drukarka *f* printer; ***~ laserowa*** laser printer; ***~ igłowa*** dot-matrix printer
drukarnia *f* printing-office
drukarsk|i *adj* printer's; typographical; ***farba ~a*** printer's <printing> ink; ***błąd ~i*** misprint; ***maszyna ~a*** printing machine
drukarz *m* printer
drukować *vt* print
drut *m* wire; *elektr.* (*sznur*) cord; ***~ kolczasty*** barbed wire; ***~ do robienia pończoch*** *itp.* knitting-needle; ***robić na ~ach*** knit
druzgotać *vt* smash, shatter
drużba *m* best man
drużyna *f* team, crew, troop; ***~ ratownicza*** rescue <relief, search> party
drużynowy *m* group leader
drwa *s pl* wood, firewood
drwal *m* woodcutter
drwić *vi* mock, sneer (***z kogoś, czegoś*** at sb, sth)
drwiny *s pl* mockery, raillery
dryfować *vi mors.* drift
dryg *m pot.* knack (***do czegoś*** of sth); inclination
dryl *m* drill
drylować *vt* (*owoce*) seed, stone
drzazga *f* splinter, sliver
drzeć *vt* (*rwać*) tear; (*ubranie, buty*) wear out, use; ***~ się*** *vr* (*o ubraniu, butach*) wear out; (*krzyczeć*) scream
drzemać *vi* doze, nap
drzemka *f* doze, nap
drzewko *n* little tree; (*choinka*) Christmas tree
drzewny *adj* wooden, wood-; ***papier ~*** wood-paper; ***spirytus ~*** wood-spirit; ***węgiel ~*** charcoal
drzewo *n* tree; (*ścięte*) wood, timber
drzeworyt *m* woodcut
drzwi *s pl* door; (*podnoszone*) trap; (*obrotowe*) revolving door; (*rozsuwane*) sliding door; ***~ wejściowe*** front door; ***przy ~ach zamkniętych*** behind closed doors
drżeć *vi* tremble, shiver, vibrate; ***~ o kogoś*** tremble for sb; ***~ z zimna*** shiver with cold

drżenie *n* trembling, tremor, vibration

dubeltówka *f* double-barrelled gun

dublet *m* duplicate; double

dublować *vt* double

duch *m* ghost, spirit; ***dodać ~a*** cheer up, encourage; ***podnosić na ~u*** lose heart; ***wyzionąć ~a*** breathe one's last; expire; ***iść z ~em czasu*** keep abreast of the times; ***nie ma żywego ~a*** there is not a living soul; ***zły <dobry> ~*** evil <good> spirit <genius>; ***spokój ~a*** peace of mind

duchowieństwo *n* clergy

duchowny *adj* spiritual; ecclesiastical; ***stan ~*** the clergy; *s m* clergyman

duchowy *adj* spiritual, mental, psychical

dudnić *vi* resound, rumble, drone; (*o wodzie*) brawl

duma *f* pride, haughtiness

dumny *adj* proud (***z czegoś*** of sth); ***być ~m z*** take pride in

Duńczyk *m* Dane

duński *adj* Danish

dupa *f wulg.* arse; *am.* ass; *pot.* bottom

duplikat *m* duplicate

dur 1. *m med.* typhus; ***~ brzuszny*** typhoid fever

dur 2. *m nieodm. muz.* (*tonacja*) major

dur|eń *m* fool; ***robić z siebie <kogoś> ~nia*** make a fool of oneself <sb>

durny *adj* silly, foolish

durzyć się *vr pot.* be infatuated (***w kimś*** with sb)

dusiciel *m* strangler; *zool.* ***boa ~*** boa constrictor

dusić *vt* strangle, stifle; ***~ się*** *vr* choke, stifle, suffocate; (*o potrawie*) stew

dusz|a *f* soul; ***z całej ~y*** with all my soul; ***nie ma tu żywej ~y*** there is not a living soul here; ***mieć ~ę na ramieniu*** have one's heart in one's boots; *pot.* ***nie mam grosza przy ~y*** I have not a penny to bless myself with

dusznica *f med.* asthma

duszność|ć *f* sultriness; *pl* ***~ci*** oppression

duszny *adj* sultry, close; (*o pomieszczeniu*) stuffy

duszpasterski *adj* pastoral

duszpasterstwo *n* pastoral office, ministry

duszpasterz *m* pastor, clergyman

dużo *adv* (*z rzeczownikami niepoliczalnymi*) much, a great deal of, a lot of; (*z rzeczownikami policzalnymi*) many, a great many, lots of, a lot of

duż|y *adj* great, big, large; ***~a litera*** capital letter; ***~y ruch*** heavy traffic

dwa *num* two; ***~ razy*** twice

dwadzieścia *num* twenty

dwanaście *num* twelve

dwieście *num* two hundred

dwoi|ć *vt* double; ***~ć się*** *vr* double; ***~ mu się w oczach*** he sees double

dwoistość *f* doubleness, duality; dualism

dwoisty *adj* double, dual

dwojaczki *s pl* twins

dwoje *num* two

dworek *m* little manor

dworski *adj* courtly, court *attr*

dworzanin *m* courtier

dworzec *m* (*kolejowy, autobusowy*) railway <bus> station; (*lotniczy*) air terminal

dwója *f pot.* (*nota szkolna*) bad <failing> mark

dwójka *f* two; couple, pair; = ***dwója***

dwójkowy *adj* binary

dwór *m* court; (*wiejski, szlachecki*) manor-house, country-house; ***na dworze*** out, outside, out of doors; ***na ~*** out

dwudniowy *adj* two-day *attr*; two days'

D

dwudziestka *f* twenty, score

dwudziesty *num* twentieth

dwugłoska *f gram.* diphthong

dwugodzinny *adj* two-hour *attr*; two hours'

dwujęzyczny *adj* bilingual

dwukropek *m* colon

dwukrotnie *adv* twice

dwukrotny *adj* twofold

dwuletni *adj* two-year *attr*; two years'

dwulicowość *f* duplicity; hypocrisy; double-dealing

dwulicowy *adj* double-faced, hypocritical; double-dealing

dwumasztowiec *m mors.* two-master

dwumasztowy *adj mors.* two-masted

dwumian *m mat.* binomial

dwumiesięcznik *m* bimonthly

dwumiesięczny *adj* bimonthly

dwunastnica *f anat.* duodenum

dwunasty *num* twelfth

dwunożn|y *adj* two-legged; ***~e stworzenie*** biped

dwuosobowy *adj* for two persons; (*pokój*) double; (*o grze*) two-handed

dwupiętrowy *adj* three-storied

dwupłatowiec *m* biplane

dwuręczny *adj* two-handed

dwurzędowy *adj* double-rowed; (*o marynarce*) double-breasted

dwustronny *adj* two-sided; (*o umowie*) bilateral

dwutlenek *m chem.* dioxide

dwutomowy *adj* two-volume *attr*

dwutorowy *adj* double-track *attr*

dwutygodnik *m* biweekly

dwutygodniowy *adj* fortnightly

dwuzgłoskowy *adj gram.* disyllabic

dwuznaczność *f* ambiguity, double meaning

dwuznaczny *adj* equivocal, ambiguous

dwużeństwo *n* bigamy

dydaktyczny *adj* didactic

dyfteryt *m med.* diphtheria

dyfuzja *f fiz.* diffusion

dyg *m* curtsy

dygnitarz *m* dignitary; high-ranking official; *pot.* big shot

dygotać *vi* shiver

dygresja *f* digression

dykcja *f* diction

dykta *f* plywood

dyktafon *m* Dictaphone

dyktando *n* dictation

dyktator *m* dictator

dyktatorski *adj* dictatorial

dyktatura *f* dictatorship

dykteryjka *f* anecdote

dyktować *vt* dictate

dylemat *m* dilemma

dyletant *m* dilettante, amateur

dyliżans *m* stage-coach

dym *s* smoke; ***puścić z ~em*** send up in smoke; ***pójść z ~em*** go up in smoke <flames>

dymić *vi* smoke, reek

dymisj|a *f* dismissal; resignation; ***podać się do ~i*** hand <send> in one's resignation, resign

dymisjonować *vt* dismiss

dymny *adj* smoky

dynamiczny *adj* dynamic

dynamika *f* dynamics

dynamit *m* dynamite

dynia *f bot.* pumpkin

dyplom *m* diploma

dyplomacja *f* diplomacy

dyplomata *m* diplomat

dyplomatyczny *adj* diplomatic

dyrekcja *f* management; head office

dyrektor *m* director, manager; (*szkoły*) headmaster

dyrygent *m muz.* conductor

dyrygować *vt* conduct

dyscyplina *f* discipline

dysk *m* disc; *sport* discus; *komp.* disk; ***stacja ~ów*** disk drive; ***~ twardy*** hard disk; ***~ miękki*** floppy (disk)

dyskietka *f komp.* diskette, floppy (disk)

dyskoteka *f* discotheque, disco

dyskretny *adj* discreet

dyskryminacja *f* discrimination; ~ ***rasowa*** racial discrimination; apartheid
dyskusja *f* discussion; debate; panel
dyskwalifikować *vt* disqualify
dyspozycj|a *f* disposition; disposal; ***być do czyjejś ~i*** be at sb's disposal
dysproporcja *f* disproportion
dysputa *f* dispute, disputation
dyskutować *vi* discuss, debate (***o czymś*** sth)
dystans *m* distance; ***na ~*** at arm's length
dystansować *vt* outdistance
dystrakcja *f* distraction
dystrybucja *f* distribution
dystyngowany *adj* distinguished
dystynkcja *f* distinction
dysydent *m* dissident, dissenter
dyszeć *vi* gasp, pant
dyszel *m* shaft
dywan *m* carpet, rug
dywanik *m*, ***wezwać kogoś na ~*** call sb on the carpet
dywersja *f* subversion
dywidenda *f* dividend
dywizja *f* division
dywizjon *m lotn.* wing
dyzenteria *f med.* dysentery
dyżu|r *m* duty; ***mieć ~r*** be on duty; ***nie być na ~rze*** be off duty; ***ostry ~r*** emergency service
dyżurny *adj* on duty; *s m* officer <clerk *etc.*> on duty
dzban *m* jug, pitcher
dzbanek *m* jug
dziać się *vi* go on, happen, take place, occur; ***co się tu dzieje?*** what's up here?; ***niech się dzieje, co chce*** happen <come> what may; ***co się z nim dzieje?*** what's happening to him?
dziad *m* grandfather; old man; (*żebrak*) beggar
dziadek *m* grandpa; (*żebrak*) beggar; (*w brydżu*) dummy; ***~ do orzechów*** nutcracker(s)
dziadowski *adj* (*żebraczy*) beggarly; (*tandetny*) rotten, trashy
dział *m* section, division, part, sphere; (*w gazecie*) column; *geogr.* ***~ wód*** watershed
działacz *m* man of action; ***~ społeczny*** social worker; ***~ polityczny*** politician
działa|ć *vi* act, be active; work, operate; (*o leku*) be effective; (*o wrażeniu*) affect; ***~ć komuś na nerwy*** get on sb's nerves; ***zacząć ~ć*** come into operation; ***~ć cuda*** work wonders; ***telefon nie ~*** the phone doesn't work; *pot.* the line is dead
działalność *f* activity
działanie *n* activity; effect; operation; *mat.* rule; ***~ uboczne*** side-effect
działka *f* lot, allotment, parcel
działo *n* gun
dzian|y *adj* knitted; *pl* ***wyroby ~e*** knitted goods
dziarski *adj* brisk, brave, lively
dziąsło *n anat.* gum
dzicz *f* savages, rabble, riffraff
dziczeć *vi* become savage, grow wild
dziczyzna *f* venison
dzida *f* spear
dzieciak *m* kid, child
dzieciarnia *f* children; *zbior.* small fry
dziecięcy *adj* child's, children's; *med.* ***paraliż ~*** infantile paralysis
dziecinada *f* childishness
dziecinnieć *vi* become childish
dziecinny *adj* childish; childlike; infantile
dzieciństwo *n* childhood
dziecko *n* child; (*do 7 lat*) infant; (*niemowlę*) baby
dziedzic *m* (*spadkobierca*) heir
dziedzictwo *n* (*kulturowe*) heritage; inheritance, legacy
dziedziczn|y *adj* hereditary; ***obciążenie ~e*** hereditary taint; ***to jest ~e*** it runs in the family <the blood>
dziedziczyć *vt* inherit

dziedzina *f* domain, sphere, field

dziedziniec *m* court, yard, courtyard

dzieje *s pl* history

dziejopisarstwo *n* historiography

dziejopisarz *m* historian

dziejowy *adj* historic(al)

dziekan *m* dean

dziekanat *m* dean's office, deanery

dzielenie *n* division

dziel|ić *vt* divide; distribute; separate; split; break up (into); (*podzielić*) share; *mat.* **~ć przez** divide by; **~ć się** *vr* be divided; share (**czymś z kimś** sth with sb); **15 ~ się przez 3** 15 can be divided by 3; **ta książka ~ się na 3 części** this book is divided into 3 parts

dzielna *f mat.* dividend

dzielnica *f* quarter; district

dzielnik *m mat.* divisor

dzielność *f* bravery

dzielny *adj* brave

dzieło *n* work, act, deed; *przen.* doing; **~ sztuki** work of art

dziennie *adv* daily, a day; **2 razy ~** twice a day

dziennik *m* (*gazeta*) daily (newspaper); (*pamiętnik*) diary; (*telewizyjny, radiowy*) TV <radio> news; **~ lekcyjny** class book <register>

dziennikarski *adj* journalistic

dziennikarstwo *n* journalism

dziennikarz *m* journalist; *bryt. pot.* pressman

dzienn|y *adj* daily, day's; **praca ~a** (*całodzienna*) day's work; (*wykonywana w dzień*) day-work; **światło ~e** daylight

dzień *m* day; **~ po dniu** day by day; **~ powszedni** workday, weekday; **~ świąteczny** holiday; **w biały ~** in broad daylight; **cały ~** all day long; **co drugi ~** every other day; **na drugi ~** on the next day; **raz na ~** once a day; **z dnia na ~** from day to day; **za dnia** by day, in the day-time; **żyć z dnia na ~** live from hand to mouth; **~ dobry!** good morning!; **pewnego dnia** (*w przyszłości*) one day, some day; **któregoś dnia** (*w przeszłości*) the other day

dzierżaw|a *f* lease, tenancy; **wziąć w ~ę** take on lease

dzierżawca *m* tenant, leaseholder, lessee

dzierżawczy *adj gram.* possessive

dzierżawić *vt* lease, take on lease, hold by lease

dzierżawn|y *adj*, **czynsz ~y** rental, rent; **umowa ~a** leasehold deed

dzierżyć *vt* hold, keep

dziesiątka *f* ten

dziesiątkować *vt* decimate

dziesiąty *num* tenth

dziesięciokroć *num* ten times

dziesięciokrotny *adj* tenfold

dziesięciolecie *n* tenth anniversary; decade

dziesięć *num* ten

dziesiętny *adj* decimal

dziewczęcy *adj* girl's, girlish, maidenly

dziewczyna *f* girl, maiden

dziewczynka *f* little girl; *pot.* (*podlotek*) flapper

dziewiątka *f* nine

dziewiąty *num* ninth

dziewica *f* virgin, maiden

dziewictwo *n* virginity, maidenhood

dziewicz|y *adj* virgin(al), maiden; **~a gleba** virgin soil; **las ~y** virgin forest

dziewięć *num* nine

dziewięćdziesiąt *num* ninety

dziewięćdziesiąty *num* ninetieth

dziewięćset *num* nine hundred

dziewiętnasty *num* nineteenth

dziewiętnaście *num* nineteen

dzięcioł *m zool.* woodpecker

dziękczynienie *n* thanksgiving

D

dziękczynny *adj* thankful; ***list ~*** letter of thanks
dzięki *s pl* thanks; *praep* thanks to, owing to; ***~ Bogu!*** thank God!
dziękować *vi* thank; ***dziękuję*** (***bardzo***) thank you (very much)
dzik *m zool.* (wild) boar
dziki *adj* wild, savage; *s m* savage
dziobać *vt* peck
dziobaty *adj* (*po ospie*) pockmarked
dziobek *m* (*np. imbryka*) spout, nozzle
dziób *m* beak, bill; (*okrętu*) prow
dzisiaj, dziś *adv* today; ***~ rano*** this morning; ***~ wieczór*** this evening, tonight; ***od ~ za tydzień*** this day week
dzisiejszy *adj* today's, present, present-day; ***w ~ch czasach*** nowadays, these days
dziura *f* hole, opening; (*w zębie*) cavity
dziurawić *vt* hole, make holes
dziurawy *adj* leaky, full of holes
dziurkować *vt* perforate; (*bilety*) punch
dziwactwo *n* eccentricity, peculiarity
dziwaczeć *vi* become eccentric <queer>
dziwaczny *adj* eccentric, odd, weird
dziwak *m* eccentric; *pot.* crank, freak
dziwić *vt* astonish; ***~ się*** *vr* wonder, be astonished (***komuś, czemuś*** at sb, sth); ***nie ma się czemu ~*** it is no wonder
dziwka *f wulg.* slut, bitch
dziwn|y *adj* strange, queer; ***nic ~ego, że ...*** no wonder that ...; ***cóż ~ego, że ...*** what wonder that ...
dziwoląg *m* monster, deformed creature, monstrosity, oddity
dzwon *m* bell; ***bić w ~y*** ring the bells
dzwonek *m* (hand-)bell; doorbell; (*dzwonienie*) ring; (*telefoniczny*) call
dzwoni|ć *vi* ring; (*telefonować*) ring up (***do kogoś*** sb); ***~ć do drzwi*** ring the doorbell; ***~ mi w uszach*** my ears tingle
dzwonnica *f* belfry
dzwonnik *m* bell-ringer
dźwięczeć *vi* sound, resound, ring, jingle
dźwięczność *f* sonority
dźwięczny *adj* sonorous
dźwięk *m* sound
dźwiękowy *adj* sound; ***film ~*** sound film
dźwig *m* (*winda*) lift; *am.* elevator; (*żuraw*) crane
dźwigać *vt* (*nosić*) carry; (*podnosić*) lift, heave; ***~ się*** *vr* raise oneself, rise
dźwignia *f* lever; *mot.* ***~ zmiany biegów*** gear-change lever
dżdżownica *f zool.* earthworm, dew-worm
dżdżysty *adj* rainy
dżem *m* jam
dżentelmen *m* gentleman
dżinsy *s pl* jeans, denims
dżokej *m* jockey
dżonka *f* junk
dżuma *f med.* plague
dżungla *f* jungle

E

E

ebonit *m* ebonite
echo *n* echo; *przen.* response
edukacja *f* education, instruction
edycja *f* edition
edykt *m* edict
edytor *m* editor (*także komp.*)
efekt *m* effect, result; ~ ***uboczny*** side-effect
efektowny *adj* attractive, showy
efektywny *adj* efficient, effective
efemeryczny *adj* ephemeral
efemeryda *f* ephemera
Egipcjanin *m* Egyptian
egipski *adj* Egyptian
egoista *m* egoist
egoistyczny *adj* egoistic, selfish
egoizm *m* egoism
egzaltacja *f* exaltation
egzaltowany *adj* exalted, filled with exaltation
egzamin *m* examination, *pot.* exam; ***zdawać*** ~ take <sit for> an examination; ***zdać*** ~ pass an examination; ***nie zdać*** **~*u*** fail (in) an examination
egzaminator *m* examiner
egzaminować *vt* examine
egzaminując|y *adj* examinational; ***komisja*** **~*a*** board of examiners
egzekucja *f* execution
egzekucyjny *adj* executive; ***pluton*** ~ firing squad
egzekutor *m* executor
egzekutywa *f* executive (power)
egzekwować *vt* execute; (*pieniądze, należność itp.*) exact (***coś od kogoś*** sth from sb)
egzema *f med.* eczema
egzemplarz *m* copy; ***w dwóch*** **~*ach*** in duplicate
egzotyczność *f* exoticism, exoticness; exotica
egzotyczny *adj* exotic
egzystencja *f* existence
egzystencjalizm *m* existentialism
egzystować *vi* exist
ekierka *f mat.* set-square
ekipa *f* crew, team; ~ ***ratownicza*** rescue party
eklektyczny *adj* eclectic
ekolog *m* ecologist
ekologia *f* ecology
ekonomia *f* economy; (*nauka*) economics; ~ ***polityczna*** political economy
ekonomiczny *adj* economic
ekonomika *f* economics
ekonomista *m* economist
ekran *m* screen
ekscelencja *f* excellency
ekscentryczność *f* eccentricity
ekscentryczny *adj* eccentric, quaint
ekscentryk *m* eccentric; *pot.* freak
eksces *m* (*zw. pl* **~*y***) excesses, disturbances
ekshibicjonizm *m* exhibitionism
ekshumacja *f* exhumation
ekshumować *vt* exhume
ekskluzywny *adj* exclusive
ekskomunika *f rel.* excommunication
ekskrementy *s pl* excrements
eksmisja *f* eviction
eksmitować *vt* evict
ekspansja *f* expansion
ekspansywny *adj* expansive
ekspedient *m* (*w sklepie*) shop-assistant, salesman
ekspediować *vt* dispatch, forward
ekspedycja *f* dispatch; expedition; (*biuro*) forwarding department
ekspedycyjny *adj* expeditionary
ekspedytor *m* forwarding agent
ekspert *m* expert (***w czymś*** at, in sth)

ekspertyza *f* expert's report <inquiry>
eksperyment *m* experiment
eksperymentować *vi* experiment
eksploatacja *f* exploitation
eksploatować *vt* exploit
eksplodować *vi* explode
eksplozja *f* explosion
eksponat *m* exhibit
eksponować *vt* expose, exhibit
eksport *m* export, exportation
eksporter *m* exporter
eksportować *vt* export
ekspres *m* express (train); (*list*) express letter; (*ekspresowe doręczenie*) express <special> delivery; ***kawa z ~u*** espresso
ekspresja *f* expression
ekstaza *f* ecstasy
eksterminacja *f* extermination
eksternista *m* extramural student
eksternistyczn|y *adj*, *pl* ***studia ~e*** university extension; extramural studies
eksterytorialny *adj* extraterritorial
ekstrakt *m* extract
ekstrawagancja *f* extravagance
ekstrawagancki *adj* extravagant
ekumeniczny *adj* ecumenical
ekwipować *vt* equip, fit out
ekwipunek *m* equipment, outfit
ekwiwalent *m* equivalent
elastyczność *f* elasticity
elastyczny *adj* elastic; flexible
elegancja *f* elegance
elegancki *adj* elegant, smart
elegia *f* elegy
elektroda *f* electrode
elektrokardiogram *m* electrocardiogram, ECG
elektroliza *f* electrolysis
elektromagnes *m* electromagnet
elektron *m fiz.* electron
elektronika *f* electronics
elektrotechnik *m* electrician
elektrotechnika *f* electrical engineering
elektrownia *f* power-station; ***~ nuklearna*** nuclear power-station
elektryczność *f* electricity
elektryczny *adj* electric
elektryfikacja *f* electrification
elektryfikować *vt* electrify
elektryk *m* electrician
elektryzować *vt* electrify; *przen.* galvanise
element *m* element
elementarny *adj* elementary, basic
elementarz *m* primer, ABC
elewacja *f arch.* façade; (*wyniesienie, promowanie*) elevation
elewator *m* (grain) elevator, grain storehouse
eliksir *m* elixir
eliminacja *f* elimination
eliminacyjn|y *adj* eliminating; *pl* ***zawody ~e*** trial heats
eliminować *vt* eliminate
elipsa *f mat.* ellipse; *gram.* ellipsis
elita *f* élite
emalia *f* enamel
emaliować *vt* enamel
emancypacja *f* emancipation
emancypować *vt* emancipate
emblemat *m* emblem
embrion *m* embryo
emeryt *m* pensioner, retired (*officer, teacher etc.*)
emerytowany *adj* retired
emerytur|a *f* pension, retired pay; ***przejść na ~ę*** retire; ***wysłać na ~ę*** pension off
emfatyczny *adj* emphatic
emfaza *f* emphasis
emigracja *f* emigration, exile
emigracyjny *adj* emigration *attr;* ***rząd ~*** government in exile
emigrant *m* emigrant; (*polityczny*) émigré
emigrować *vi* emigrate
eminencja *f* eminence
emisja *f* emission, issue; *radio* broadcast

emitować *vt* emit, issue; *radio* broadcast
emocja *f* emotion
empiryczny *adj* empirical
empiryzm *m* empiricism
emulsja *f* emulsion
encyklika *f* encyclical
encyklopedia *f* encyclop(a)edia
encyklopedyczny *adj* encyclop(a)edic
energetyka *f* power industry
energia *f* energy; (*elektryczna*) power; **~ jądrowa** nuclear energy
energiczny *adj* energetic, active, vigorous
entuzjastyczny *adj* enthusiastic
entuzjazm *m* enthusiasm
entuzjazmować się *vr* be enthusiastic (**czymś** about sth)
enuncjacja *f* statement, pronouncement
epiczny, epicki *adj* epic(al)
epidemia *f* epidemic
epika *f* epic poetry
epilepsja *f med.* epilepsy
epileptyk *m* epileptic
epilog *m* epilogue
episkopat *m* episcopate
epitet *m* epithet
epizod *m* episode
epoka *f* epoch
epokowy *adj* epoch-making
epopeja *f* epic (poem), epopee
epos *m* epos
era *f* era
erotyczny *adj* erotic
erotyzm *m* eroticism; erotica
erudycja *f* erudition
erudyta *m* erudite (person)
erupcja *f geol. med.* eruption
esencja *f* essence
eskadra *f mors. lotn.* squadron
eskapada *f* escapade
Eskimos *m* Eskimo
eskorta *f* escort
eskortować *vt* escort
esperanto *n* Esperanto
esteta *m* aesthete
estetyczny *adj* aesthetic
estetyka *f* aesthetics
Estończyk *m* Estonian
estoński *adj* Estonian
estrada *f* platform, stage, bandstand
etap *m* stage
eta|t *m* permanent post; ***być na ~cie*** hold a regular post, be employed on a permanent basis; ***pół ~tu*** half-time job
etatowy *adj* permanent
etatyzm *m* state control
eter *m* ether
etniczny *adj* ethnic
etnograf *m* ethnographer
etnografia *f* ethnography
etnograficzny *adj* ethnographic
etnolog *m* ethnologist
etnologia *f* ethnology
etyczny *adj* ethical
etyka *f* ethics
etykieta *f* etiquette; (*napis, kartka*) label, tag
etymologia *f* etymology
etymologiczny *adj* etymologic(al)
eugenika *f* eugenics
eukaliptus *m bot.* eucalyptus
Europejczyk *m* European
europejski *adj* European
eutanazja *f* euthanasia, mercy killing
ewakuacja *f* evacuation
ewakuować *vt* evacuate
Ewangelia *f rel.* Gospel
ewangelicki *adj* Protestant
ewangeliczny *adj* evangelic(al)
ewangelik *m* Protestant
ewentualnie *adv* possibly
ewentualność *f* contingency, eventuality, possibility
ewentualny *adj* contingent, possible, likely
ewidencj|a *f* register, registry; record; file; ***biuro ~i*** registry office
ewolucja *f* evolution; ***~ drogą doboru naturalnego*** the survival of the fittest
ewolucjonizm *m* evolutionism
ewolucyjny *adj* evolutionary

F

fabryczny *adj* manufactured, *attr* factory; ***robotnik ~*** factory worker; ***znak ~*** trade mark
fabryka *f* factory, works; (*tekstylna, papieru*) mill, plant
fabularny *adj*, ***film ~*** feature film
fabuła *f* plot
facet *m pot.* fellow, chap; *am.* guy
fach *m* occupation, profession
fachowiec *m* expert, specialist
fachowy *adj* professional, expert
fagot *m muz.* bassoon
fajans *m* faience
fajerwerk *m zw. pl* fireworks *pl*
fajka *f* pipe
fajny *adj pot.* super, terrific; tip-top, first-rate
faks *m* fax; (*urządzenie*) facsimile machine
faksować *vt* fax
fakt *m* fact
faktura *f handl.* invoice
faktycznie *adv* in fact, actually, in reality
faktyczny *adj* actual, real
fakultatywny *adj* optional
fakultet *m* faculty
fal|a *f* wave; (*bałwan*) billow; (*duża i długa*) roller; ***~a zimna <gorąca>*** cold <heat> wave; (*radio*) ***zakres ~*** wave-band
falbana *f* flounce, furbelow
falisty *adj* wavy, undulating
falochron *m* breakwater
falować *vi* wave, undulate
falset *m muz.* falsetto
falsyfikat *m* forgery, counterfeit, fake
falsyfikować *vt* falsify, forge, counterfeit, fake
fałda *f* fold, pleat
fałsz *m* falsehood, deceit
fałszerstwo *n* falsification, forgery
fałszerz *m* falsifier, forger
fałszować *vt* falsify, forge, counterfeit, fake
fałszywy *adj* false; (*podrobiony*) forged, fake; (*wniosek*) spurious
fanatyczny *adj* fanatical
fanatyk *m* fanatic
fanatyzm *m* fanaticism
fanfara *f* flourish (of trumpets); bugle
fant *m* pawn, pledge; ***gra w ~y*** game of forfeits
fantasta *m* dreamer; visionary
fantastyczny *adj* fantastic
fantazja *f* fantasy; fancy; imagination
faraon *m* Pharaoh
farba *f* dye, paint, colour; ***~ drukarska*** printer's ink; ***~ olejna*** oil-colour; ***~ wodna*** water-colour
farbiarnia *f* dyer's, dye-works
farbować *vt* dye, paint, colour; ***~ na czarno*** dye black
farmaceuta *m* pharmacist
farmacja *f* pharmacy
farmakologia *f* pharmacology
farsa *f* farce
farsz *m* stuffing
fartuch *m* apron
faryzeusz *m rel.* Pharisee; *przen.* pharisee
fasada *f* façade
fascynować *vt* fascinate, charm; mesmerize
fasola *f* bean (*zw. pl* beans); ***~ szparagowa*** French <string> beans
fason *m* pattern, fashion; (*szyk*) style, chic; ***stracić ~*** lose shape
faszerować *vt* stuff
faszysta *m* fascist
faszyzm *m* fascism
fatalista *m* fatalist
fatalizm *m* fatalism
fatalny *adj* fatal, disastrous
fatyg|a *f* fatigue, pains, trouble;

zadać sobie ~ę take the trouble, take pains
fatygować *vt* trouble; bother; **~ *się*** *vr* take the trouble, trouble
faul *m sport* foul play
fauna *f* fauna; **~ *wodna*** aquatic fauna

faworek *m* crisped cake
faworyt *m* favourite
faworyzować *vt* favour
faza *f* phase, stage
febra *f med.* ague, fever
federacja *f* federation
federalny *adj* federal
feler *m* flaw, fault
felieton *m* feature article; column
feminista *m* feminist
feniks *m* ph(o)enix
fenomen *m* phenomenon
fenomenalny *adj* phenomenal
feralny *adj* disastrous, ominous
ferie *s pl* holiday, vacation, recess
ferma *f* farm
ferment *m* ferment; *przen.* trouble
fermentacja *f* fermentation
fermentować *vi* ferment
festiwal *m* festival
festyn *m* festive (garden-)party, feast
fetor *m* stench
fetysz *m* fetish
feudalizm *m* feudalism
feudalny *adj* feudal
fiask|o *n* fiasco; ***skończyć się ~iem*** end in fiasco, fizzle out
figa *f bot.* fig
fig|iel *m* joke, trick; ***spłatać ~la*** play a trick <a practical joke> (***komuś*** on sb)
figlarz *m* jester, joker
figlować *vi* joke, play tricks; (*o dzieciach*) romp, frolic
figow|y *adj* fig *attr;* ***drzewo ~e*** fig-tree; ***listek ~y*** fig-leaf
figura *f* figure; statue; shape; **~ *przydrożna*** roadside shrine; *przen.* ***wielka ~*** VIP
fikać *vi vt* gambol, kick up; **~ *koziołki*** turn somersaults
fikcj|a *f* fiction, sham; ***podtrzymywać ~ę*** keep up the sham
fikcyjny *adj* fictitious
filantrop *m* philanthropist
filantropia *f* philanthropy
filar *m* pillar
filatelista *m* philatelist, stamp-collector
filatelistyka *f* philately, stamp-collecting
filc *m* felt
filharmonia *f muz.* Philharmonic Hall
filia *f* branch (office)
filister *m* philistine
filiżanka *f* cup
film *m* film; *am.* movie; **~ *dokumentalny*** documentary; **~ *długometrażowy*** full-length film; **~ *fabularny*** feature film; **~ *krótko-metrażowy*** short subject, short film; **~ *rysunkowy*** animated cartoon, cartoon film; **~ *reklamowy*** commercial; **~ *kryminalny*** crime-story film; ***nakręcać ~*** shoot a film; ***wyświetlanie ~u*** projection, screening
filmow|y *adj* film *attr;* ***atelier ~e*** film-studio; ***gwiazda ~a*** film star; ***kronika ~a*** news-reel; news-film
filolog *m* student <professor> of language and literatures, philologist
filologia *f* study of language and literature, philology
filologiczny *adj* philological
filozof *m* philosopher
filozofia *f* philosophy
filozoficzny *adj* philosophic(al)
filtr *m* filter
filtrować *vt* filter
Fin *m* Finn
finalizować *vt* finish (up)
finał *m* final; *muz.* finale
finans|e *s pl* finances; ***minister ~ów*** *bryt.* Chancellor of the Exchequer; *am.* Secretary of the Treasury; ***ministerstwo ~ów***

bryt. Exchequer; *am.* Treasury
finansista *m* financier
finansować *vt* finance
finansowy *adj* financial
fiński *adj* Finnish
fiolet *m* violet, purple
fioletowy *adj* violet, purple
fiołek *m bot.* violet
fiord *m geogr.* fjord
firanka *f* curtain
firma *f* firm
firmament *m* firmament
fiszbin *m* whalebone
fiszka *f* slip; (*żeton*) counter; (*w kartotece*) card
fizjolog *m* physiologist
fizjologia *f* physiology
fizjologiczny *adj* physiological
fizjonomia *f* physiognomy
fizyczn|y *adj* physical; ***pracownik ~y*** manual worker; ***wychowanie ~e*** physical training <education>
fizyk *m* physicist
fizyka *f* physics
flaga *f* flag, banner; ***~ angielska*** Union Jack; ***~ amerykańska*** Stars and Stripes
flak *m* (*zw. pl **~i***) intestines; *pot.* guts; (*potrawa*) tripe
flakon *m* bottle, phial; (*do kwiatów*) flower-vase, bowl
Flamandczyk *m* Fleming
flamandzki *adj* Flemish
flamaster *m* (text) marker
flanca *f* seedling
flanela *f* flannel
flanka *f wojsk.* flank
flaszka *f* bottle, flask; (*na ocet, oliwę*) cruet
flądra *f zool.* flounder, plaice
flegma *f* phlegm
flegmatyczny *adj* phlegmatic
flet *m muz.* flute
flirciarka *f*, ***flirciarz*** *m* flirt
flirt *m* flirt, flirtation
flirtować *vi* flirt
flora *f* flora
flota *f* fleet; ***~ wojenna*** navy; ***~ handlowa*** merchant marine
fluid *m* fluid
fluktuacja *f* fluctuation
fochy *s pl pot.* sulks; ***stroić ~*** sulk, be in the sulks
foka *f zool.* seal
foksterier *m zool.* fox-terrier
fokstrot *m* foxtrot
folia *f* foil
folklor *m* folklore
fonem *m gram.* phoneme
fonetyczny *adj* phonetic
fonetyka *f gram.* phonetics
fonoteka *f* record <disc, tape> library
fontanna *f* fountain
foremny *adj* well-shaped, shapely
form|a *f* form, shape; (*w odlewnictwie*) mould; ***~y towarzyskie*** social conventions; *zbior.* ***być w ~ie*** be in form; ***nie być w ~ie*** be out of form
formacja *f* formation
formalista *m* formalist
formalizm *m* formalism
formalność *f* formality
formaln|y *adj* formal; ***kwestia ~a*** point of order
format *m* size
formatować *vt komp.* format
formować *vt* form, shape, mould; ***~ się*** *vr* form; come into being
formularz *m* form
formuł(k)a *f* formula
formułować *vt* formulate, word, phrase
fornir *m* veneer
fornirować *vt* veneer
forsa *f pot.* dough
forsować *vt* force; ***~ się*** *vr* exert oneself; overstrain
forsowny *adj* forced, intensive
fort *m wojsk.* fort
forteca *f wojsk.* fortress
fortel *m* trick, subterfuge
fortepian *m* (grand) piano; ***grać na ~ie*** play the piano
fortuna *f* fortune
fortyfikacja *f wojsk.* fortification
fortyfikować *vt wojsk.* fortify
fosa *f* ditch; *wojsk.* moat

fosfor *m chem.* phosphorus
fotel *m* armchair; **~ *inwalidzki*** (*na kółkach*) wheelchair
fotogeniczny *adj* photogenic
fotograf *m* photographer
fotografia *f* (*technika*) photography; (*zdjęcie*) photograph, picture
fotograficzny *adj* photographic
fotografować *vt* photograph, take a picture
fotokomórka *f* photo-cell
fotokopia *f* photocopy
fotomontaż *m* (*technika*) photomontage; (*obraz*) montage (photograph)
fotoreporter *m* cameraman, camera-reporter
fracht *m* freight
fragment *m* fragment
fragmentaryczny *adj* fragmentary
frak *m* dress-coat, tail-coat; full dress; *am.* tuxedo
frakcja *f* fraction; *polit.* faction
francuski *adj* French
Francuz *m* Frenchman
Francuzka *f* Frenchwoman
frank *m* franc
fraszka *f* trifle; *lit.* limerick
fraza *f* phrase
frazeologia *f* phraseology
frazeologiczny *adj* phraseological
frazes *m* cliché; commonplace; *zbior.* **~*y*** claptrap
frekwencja *f* (*w szkole, na zebraniu itp.*) attendance
fresk *m* fresco
frędzla *f* fringe
front *m* front; *wojsk.* front, front line; ***pójść na*** **~** to go <be sent> to the front; *przen.* ***zmienić*** **~** shift one's ground
froterować *vt* polish
fruwać *vi* (*latać*) fly; flit
frytki *pl* chips; *am.* French fries
frywolny *adj* frivolous
fryzjer *m* hairdresser (*zw. damski*); barber
fryzura *f* hair-style, hair-do
fujarka *f* pipe
fundacja *f* foundation
fundament *m* foundation; (*podstawa*) groundwork
fundamentalny *adj* fundamental
fundator *m* founder
fundować *vt* found, establish; (*częstować*) treat (***komuś coś*** sb to sth), stand (***szklankę piwa*** a glass of beer)
fundusz *m* fund; **~ *powierniczy*** trust fund
funkcja *f* function
funkcjonalny *adj* functional
funkcjonariusz *m* functionary; official; civil servant
funkcjonować *vi* function, act
funt *m* pound; **~ *szterling*** pound sterling
furi|a *f* fury, rage; ***dostać*** **~*i*** fly into a fury
furiat *m* raging fellow
furman *m* driver, carter
furor|a *f* furore; ***zrobić*** **~*ę*** make a furore
furtka *f* wicket, gate
fusy *s pl* (*np. w kawie*) grounds, dregs
futerał *m* case, cover
futro *n* fur; (*sztuczne*) fur imitation
futryna *f* window-frame, door-frame

G

gabaryt *m* dimension

gabinet *m polit.* cabinet; (*pokój do pracy*) study; (*lekarza*) surgery

gablota *f* glass-case, show-case

gad *m zool.* reptile

gadać *vt vi pot.* chatter, prattle, talk; **~ od rzeczy** talk nonsense

gadanie *n pot.* talk, prattle

gadatliwość *f* talkativeness

gadatliwy *adj* talkative

gaduła *m pot.* chatterbox, clapper

gaf|a *f* bloomer; *am.* goof; **popełnić ~ę** make a bloomer, drop a brick; *am.* goof

gaj *m* grove

gajowy *m* forester, gamekeeper

galaktyka *f* galaxy

galanteria *f* (*skórzana*) fancy leather goods; fancy-goods *pl*

galaret(k)a *f* jelly

galera *f hist.* galley

galeria *f* gallery; **~ obrazów** picture-gallery; **~ sztuki** art gallery

galernik *m* galley-slave

galimatias *m pot.* mess, muddle, jumble

galon *m* (*miara*) gallon

galop *m* gallop; **~em** at a gallop

galopować *vi* gallop

galowy *adj* gala; **strój ~** gala-suit; gala-dress

galwanizować *vt* galvanize

gałązka *f* twig

gałąź *f* branch, bough

gałganiarz *m bryt.* rag-and-bone man

gałka *f* ball, globe; (*u drzwi, laski*) knob; (*oczna*) eyeball; *bot.* **~ muszkatołowa** nutmeg

gama *f muz. i przen.* gamut, scale

gamoń *m pot.* lout, *am.* galoot; half-wit

ganek *m* porch, veranda(h)

gangrena *f med.* gangrene

gangster *m* gangster, bandit

ganić *vt* blame

gap|a *m f* gull, dupe; **pasażer na ~ę** (*na statku, w samolocie*) stowaway; **jechać na ~ę** stow away

gapić się *vr* gape (**na coś** at sth)

garaż *m mot.* garage

garb *m* hump

garbarnia *f* tannery

garbarz *m* tanner

garbaty *adj* hunch-backed

garbić się *vr* hunch, stoop

garbować *vt* tan

garbus *m* hunchback

garderoba *f* (*szafa*) wardrobe; (*szatnia*) cloakroom; (*odzież*) stock of clothes, clothing; *teatr.* dressing-room

gard|ło *n anat.* throat; *przen.* **wąskie ~ło** bottleneck; **mieć ból ~ła** have a sore throat; **mieć nóż na ~le** be in a fix

gardzić *vi* despise, disdain, scorn (**czymś** sth)

garnąć *vt*, **~ się** *vr* cling (**do kogoś, czegoś** to sb, sth); strive (**do czegoś** after sth); hunger (**do nauki itd.** after learning *etc.*); apply oneself (**do czegoś** to sth)

garncarstwo *n* pottery, ceramic

garncarz *m* potter

garnek *m* pot

garnirować *vt* trim, garnish

garnitur *m* (*ubranie*) suit (of clothes), clothes *pl*; *zbior.* (*komplet*) set, fittings

garnizon *m* garrison; **stać <obsadzić> ~em** garrison

garnuszek *m* little pot, mug

garsonka *f* two-piece dress

garstka *f* handful; a small number of

garś|ć *f* handful; *przen.* **trzymać w ~ci** hold under one's thumb; **wziąć się w ~ć** pull oneself together

gasić *vt* extinguish, put out; (*prag-*

nienie) quench; (*wyłączać światło*) switch <turn> off
gasnąć *vi* go out; (*umierać*) die away; fade away; expire
gastronomia *f* (*sztuka przyrządzania jedzenia*) gastronomy
gaśnica *f* (fire-)extinguisher
gatunek *m* kind; sort, quality; *biol.* species
gatunkowy *adj* specific, generic; ***ciężar ~*** specific gravity

gawęda *f* chat; story, tale
gawędziarz *m* story-teller
gawędzić *vt* chat
gawron *m zool.* rook
gaz *m* gas; ***~ trujący*** poison-gas; ***~ ziemny*** natural gas; ***zatruć ~em*** gas; *mot. pot.* ***dodać ~u*** step on the gas
gaza *f* gauze
gazeciarz *m* newsagent, newspaper-boy
gazela *f zool.* gazelle
gazeta *f* newspaper, daily
gazociąg *m* gas pipeline
gazomierz *m* gas-meter
gazownia *f* gas-works
gazow|y *adj* gaseous, gas *attr*; ***maska ~a*** gas-mask; ***kuchenka ~a*** gas-range
gaźnik *m mot.* carburettor
gaża *f* salary, pay
gąbczasty *adj* spongy
gąbka *f* sponge
gąsienica *f zool.* caterpillar
gąsienicow|y *adj*, ***koło ~e*** caterpillar-wheel
gąsior *m zool.* gander; (*butla*) demijohn
gąszcz *m* (*gęstwina*) thicket; (*gęsty osad*) sediment
gbur *m* boor, churl
gburowaty *m* rude, coarse, boorish
gdakać *vi* cackle
gderać *vi* grumble (***na kogoś, coś*** at sb, sth)
gdy *conj* when, as, while; ***teraz ~*** now that; ***~ tylko*** as soon as
gdyby *conj* if; ***jak ~*** as if; ***~ nie to*** but for that
gdyż *conj* for, because
gdzie *conj adv* where; ***~ indziej*** elsewhere, somewhere else
gdziekolwiek *adv* anywhere
gdzieniegdzie *adv* here and there
gdzieś *adv* somewhere, someplace
gejzer *m* geyser
gen *m biol.* gene
genealogia *f* genealogy
genealogiczny *adj* genealogic(al)
generacja *f* generation
generalizować *vt vi* generalize
generaln|y *adj* general; *teatr* ***próba ~a*** dress rehearsal
generał *m* general
generator *m elektr.* generator
genetyczny *adj* genetic
genetyka *f* genetics
geneza *f* genesis, origin
genialn|y *adj* full of genius; ***człowiek ~y*** man of genius; ***myśl ~a*** stroke of genius
genitalia *s pl anat.* genitals
geniusz *m* genius, man of genius
geodezja *f* geodesy
geograf *m* geographer
geografia *f* geography
geograficzny *adj* geographic(al)
geolog *m* geologist
geologia *f* geology
geologiczny *adj* geological
geometria *f mat.* geometry; ***~ wykreślna*** descriptive geometry
geometryczny *adj* geometric(al)
geriatria *f* geriatrics
germanista *m* student <professor> of German studies
germański *adj* Germanic
gerontologia *f* gerontology
gest *m* gesture; ***mieć ~*** be generous
gestykulacja *f* gesticulation
gestykulować *vi* gesticulate
getry *s pl* (*długie*) gaiters; (*krótkie*) spats

getto *n* ghetto
gęb|a *f pot.* mug; *wulg.* **stulić ~ę** shut up
gęgać *vi* gaggle
gęsi *adj* goose *attr*; **iść ~ego** walk in Indian file
gęstnieć *vi* thicken
gęstość *f* thickness, density
gęstwina *f* thicket
gęsty *adj* thick, dense; (*np. o tkaninie*) close
gęś *f zool.* goose
giąć *vt* bend, bow; **~ się** *vr* bend, bow (down)
giełda *f* stock exchange; **~ pracy** labour exchange
giełdow|y *adj, fin.* **ceduła ~a** list of quotations, stock-exchange list; **makler ~y** stock-broker
giętki *adj* flexible, pliant
giętkość *f* flexibility, pliability
gięt|y *adj, pl* **meble ~e** bentwood furniture
gigant *m* giant
gigantyczny *adj* gigantic, giant
gilotyna *f* guillotine
gimnastyczn|y *adj* gymnastic; **sala ~a** gymnasium
gimnastyk *m sport* gymnast
gimnastyka *f sport* gymnastics
gimnastykować się *vr* do gymnastics; exercise, do physical exercises
ginąć *vi* perish; get lost
ginekolog *m* gyn(a)ecologist
ginekologia *f* gyn(a)ecology
gips *m* plaster
gipsować *vt* plaster
girlanda *f* garland
gitara *f muz.* guitar
glazura *f* glaze; (*materiał*) glazing
glazurować *vt* glaze
gleba *f* soil
gliceryna *f* glycerine
glin *m chem. bryt.* aluminium, *am.* aluminum
glina *f* clay; *pot.* (*policjant*) cop
glinian|y *adj* earthen; *pl* **naczynia ~e** earthenware *zbior.*
glinka *f* potter's clay, argil
glista *f zool.* (earth-)worm
glob *m* globe
globalnie *adv* in the gross, in bulk; in total
globalny *adj* total; global
globus *m* globe
gloria *f* glory; (*aureola*) halo
gloryfikować *vt* glorify, extol
glosa *f* gloss
glukoza *f chem.* glucose
gładki *adj* smooth; plain; (*o włosach, futrze*) sleek; (*o manierach*) polished, refined; **~ materiał** (*bez wzoru*) plain fabric
gładkość *f* smoothness, ease; (*obejścia*) refinement
gładzić *vt* smoothe, polish
głaskać *vt* stroke
głaz *m* rock; (*otoczak*) boulder
głąb 1. *f* = **głębia**
głąb 2. *m* (*np. kapusty*) heart
głębi|a *f* depth, deep; *przen.* profundity; **w ~ lasu** in the heart of the forest; **z ~ serca** from the bottom of one's heart; *fot.* **~a ostrości** depth of focus
głębinowy *adj* deep-sea *attr*
głębok|i *adj* deep; *przen.* profound; **w ~ą noc** in the dead of night
głębokość *f* depth; profundity
głodny *adj* hungry, famished
głodomór *m* starveling
głodować *vi* starve, hunger
głodow|y *adj* hunger *attr*; **kuracja ~a** hunger-cure; **strajk ~y** hunger-strike
głodówka *f* starvation; (*protestacyjna*) hunger-strike; (*lecznicza*) hunger-cure
głodzić *vt* starve, famish; **~ się** *vr* starve, famish; **~ się na śmierć** starve oneself to death
głos *m* voice; (*w głosowaniu*) vote; (*dzwonka*) sound; **podnosić ~** raise one's voice; **prawo ~u** right of vote; **większość ~ów** majority of votes; **czytać na ~** read aloud; **dopuścić do ~u** give permission to speak; **mieć ~** have a

G

voice; ***oddać ~ na kogoś*** give sb one's vote; ***prosić o ~*** ask for permission to speak; ***udzielić ~u*** give permission to speak, give the floor; ***zabrać ~*** begin to speak, stand up to speak, take the floor; ***na cały ~*** at the top of one's voice

głosić *vt* proclaim, propagate

głoska *f gram.* sound

G

głosować *vi* vote, (*tajnie*) ballot; ***~ nad czymś*** put sth to the vote; ***~ na kogoś*** vote for sb

głosowanie *n* voting, poll, (*tajne*) ballot

głosowy *adj* vocal

głosujący *m* voter

głośnia *f anat.* glottis

głośnik *m* loud-speaker, megaphone

głośno *adv* loud(ly), aloud, in loud voice; ***zachowywać się ~*** be noisy

głośny *adj* loud; (*sławny*) famous

głow|a *f* head; ***~a państwa*** head of state; ***~a kapusty*** head of cabbage; ***w kapeluszu na ~ie*** with one's hat on; ***z obnażoną ~ą*** bare-headed; *przen.* ***łamać sobie ~ę*** rack one's brains (***nad czymś*** about sth); ***mieć coś na ~ie*** have sth on one's hands; ***on ma przewrócone w ~ie*** he has a queer head; ***on ma źle w ~ie*** there is sth wrong with his head; ***pobić na ~ę*** rout, defeat thoroughly; ***przychodzi mi do ~y*** it occurs to me; ***nie mieć ~y do...*** have no head for...; ***zmyć komuś ~ę*** take sb to task; ***co ~a to rozum*** so many men, so many minds; ***~y polecą (za coś)*** heads will roll (for sth); ***od stóp do głów*** from top to toe; ***~a do góry!*** cheer up !

głowica *f techn.* head; *arch.* capital; ***~ bojowa*** *wojsk.* warhead

głowić się *vr* rack one's brains (***nad czymś*** about sth)

głód *m* hunger (***czegoś*** for sth); (*powszechny*) famine; ***poczuć ~*** become hungry; *przen.* ***~ mieszkaniowy*** housing shortage; ***~ ziemi*** land hunger

głóg *m bot.* hawthorn

główka *f* (small) head; ***~ maku*** poppy-head; ***~ szpilki*** pin-head

głównodowodzący *m* commander-in-chief

główn|y *adj* main, chief, principal, cardinal; (*o stacji, zarządzie*) central; (*o poczcie*) general; ***~a wygrana*** first prize

głuchnąć *vi* grow deaf

głuchoniemy *adj* deaf and dumb, deaf-mute

głuchota *f* deafness

głuch|y *adj* deaf (***na lewe ucho*** in the left ear); (*o dźwięku*) hollow, dull; ***~a cisza*** dead silence; ***być ~ym na...*** turn a deaf ear to ...; ***~y jak pień*** stone deaf

głupi *adj* silly, stupid, foolish; ***~ jak but*** stupid as a donkey

głupiec *m* fool, blockhead

głupieć *vi* grow stupid

głupkowaty *adj* half-witted, dull

głupota *f* stupidity

głupstw|o *n* silly thing <stuff>, nonsense; (*drobnostka*) trifle; ***pleść ~a*** talk nonsense

głusza *f* solitude, dead silence

głuszec *m zool.* wood-grouse

głuszyć *vt* deafen; (*przyciszać*) damp; *zob.* ***zagłuszać***

gmach *m* edifice

gmatwać *vt* tangle, embroil

gmatwanina *f* tangle, imbroglio

gmerać *vi* fumble (***w czymś*** at, in, with sth)

gmina *f* community; (*wiejska*) parish; (*miejska*) municipality, municipal corporation, borough; ***Izba Gmin*** *bryt.* House of Commons

gminn|y *adj* communal; (*pospolity*) vulgar; ***rada ~a*** parish council

gnać *vt* drive; *vi* run

gnębiciel *m* oppressor

gnębić *vt* oppress; (*dręczyć*) worry; (*dokuczać*) harass, pester
gniady *adj* bay
gniazdko *n* (little) nest; *elektr.* socket
gniazdo *n* nest; *przen.* **~ rodzinne** hearth, home
gnici|e *n* rotting, decay, putrefaction; **podlegający ~u** liable to decay
gnić *vi* rot, decay, putrefy
gnida *f zool.* nit
gnieść *vt* press, squeeze; (*ciasto*) knead; **~ się** *vr* crush, crowd together; (*miąć*) crumple
gniew *m* anger; **wpaść w ~** get angry; fly into a rage, burst out in anger
gniewać *vt* anger; **~ się** *vr* be angry (**na kogoś** with sb, **na coś** at sth)
gniewny *adj* angry, irritated, cross
gnieździć się *vr* nest, nestle (down)
gnom *m* gnome
gnój *m* dung, manure
gnuśnieć *vi* stagnate, be slothful
gnuśność *f* stagnation, sloth
gnuśny *adj* stagnant, slothful
go *pron zob.* **on**
gobelin *m* Gobelin
godło *n* device; **~ Polski** Polish ensign <emblem>
godność *f* dignity
godny *adj* worthy; (*pełen godności*) dignified; **~ podziwu** admirable; **~ polecenia** recommendable; **~ pożałowania** lamentable; **~ szacunku** respectable; **~ widzenia** worth seeing
godzić *vt* (*jednać*) conciliate; *vi* hit (**w coś** sth), aim (**w coś** at sth); **~ na czyjeś życie** attempt sb's life; **~ się** *vr* agree, consent (**na coś** to sth); reconcile oneself (*np.* **z losem** to one's lot)
godzin|a *f* hour; *pl* **~y nadliczbowe** overtime; *pl* **~y przyjęć** office-hours, consulting-hours; *pl* **~y urzędowe** office hours; **~a policyjna** curfew; **pracować po ~ach** work overtime; **pół ~y** half-an-hour; **która ~a?** what time is it?; **jest ~a trzecia** it is three o'clock; **co dwie ~y** every two hours; *przen.* **na czarną ~ę** for a rainy day; **całymi ~ami** for hours (and hours)
godziwy *adj* suitable, fair
goić *vt* heal, cure; **~ się** *vr* heal (up), be cured
gol *m sport* goal; **~ samobójczy** own goal
goleni|e *n* shave; **maszynka do ~a** safety-razor
goleń *f* shin(-bone); *anat.* tibia
golf *m* golf
golić *vt* shave; **~ się** *vr* shave, have a shave
golonka *f* knuckle of pork
gołąb *m* pigeon; **siwy jak ~** snow-white
gołąbek *m* (*także przen.*) dove
gołębiarz *m* pigeon-keeper
gołębica *f* dove
gołębnik *m* pigeon-house
gołoledź *f* glazed frost
gołosłowny *adj* unfounded, groundless
goł|y *adj* naked; (*ogołocony*) bare; (*obnażony*) nude; **~ym okiem** with the naked eye; **na ~ej ziemi** on the bare ground; **z ~ą głową** bare- -headed; **pod ~ym niebem** under the open sky; in the open air; **z ~ymi rękoma** empty-handed
gondola *f* gondola
gong *m* gong
gonić *vt* chase, drive, pursue; *vi* run after, chase, be after; **~ ostatkami** be short (**czegoś** of sth); **~ się** *vr* chase one another; race
goniec *m* messenger; (*w hotelu*) bell-boy; (*w szachach*) bishop
gonitwa *f* run, chase
gończy *adj*, **list ~** warrant of arrest; **pies ~** hound
gorąco 1. *adv* hot(ly); **jest mi ~** I am <feel> hot; **~ dziękować**

thank warmly; *przen.* ***na ~*** without a moment's delay
gorąco 2. *n* heat
gorąc|y *adj* hot; (*o strefie*) torrid; *przen.* (*płomienny*) ardent, (*żarliwy*) fervent; ***~a linia*** hot line; *przen.* ***w ~ej wodzie kąpany*** hot-blooded; hot-headed; ***złapać na ~ym uczynku*** catch red-handed <in the very act>
gorączka *f* fever; *przen.* excitement, passion; ***~ złota*** gold rush
gorączkować *vi* have a fever; ***~ się*** *vr* be excited
gorączkowy *adj* feverish; ***stan ~*** temperature
gorczyca *f bot.* mustard
gordyjski *adj* Gordian; *przen.* ***przeciąć węzeł ~*** cut the Gordian knot
gorliwiec *m* zealot
gorliwość *f* zeal, fervour
gorszy *adj comp* worse
gorszyć *vt* scandalize, demoralize; ***~ się*** *vr* be scandalized (***czymś*** at sth)
gorycz *f* bitterness
goryl *m zool.* gorilla; *pot.* (*ochroniarz*) muscleman; bodyguard
gorzej *adv comp* worse; ***tym ~*** so much the worse; ***~ się czuję*** I am worse
gorzelnia *f* distillery
gorzki *adj* bitter
gorzknieć *vi* become bitter
gospoda *f* inn, public house, tavern
gospodarczy *adj* economic
gospodarka *f* economy; (*domowa*) housekeeping, management
gospodarny *adj* economical
gospodarować *vi* farm; manage, administer; (*w domu*) keep house
gospodarstwo *n* (*rolne*) farm, farming; (*domowe*) household
gospodarz *m* (*rolnik*) farmer; landlord; (*właściciel*) master (of the house); (*pan domu*) host; (*zarządca*) manager
gospodyni *f* mistress (of the house); (*pani domu*) hostess; manageress; landlady
gosposia *f* housekeeper
gościć *vt* receive, entertain; (*przyjąć na nocleg*) put up; *vi* stay (***u kogoś*** with sb)
gościec *m med.* gout
gościn|a *f* stay, visit, hospitality, sojourn; ***zaprosić w ~ę*** extend hospitality to
gościnność *f* hospitality
gościnny *adj* hospitable; ***pokój ~*** guest-room
gość *m* guest, visitor; (*klient*) customer; (*w pensjonacie*) boarder; ***nieproszony ~*** intruder, unwelcome guest
gotować *vt* cook, boil; (*przygotowywać*) prepare; ***~ się*** *vr* (*o wodzie, mleku*) boil; (*o potrawach*) be cooking; (*przygotowywać się*) prepare (***do czegoś, na coś*** for sth)
gotowość *f* readiness
gotow|y *adj* ready, prepared (***na coś, do czegoś*** for sth); finished; ***~e ubranie*** ready-made clothes
gotówk|a *f* cash, ready money; ***płacić ~ą*** pay (in) cash; ***za ~ę*** cash down
gotycki *adj* Gothic
gotyk *m* Gothic (style); (*pismo*) Gothic letters
goździk *m bot.* carnation, pink
gór|a *f* mountain; (*szczyt, górna część*) top; ***~a lodowa*** iceberg; ***do ~y nogami*** upside down; ***na górze*** up, above, at the top, (*na piętrze*) upstairs; ***z ~y*** down, downwards, downstairs, from above; ***u ~y stronicy*** at the top of the page; ***płacić z ~y*** pay in advance; ***ręce do ~y!*** hands up!; ***traktować z ~y*** look down (***kogoś*** upon sb); ***z ~ą*** (*ponad*) over; ***brać ~ę*** get the upper hand (***nad kimś*** of sb); ***w ~ę rzeki*** upstream; ***zbocze ~y*** hillside; ***pod***

~ę uphill; *przen.* ***wierzchołek ~y lodowej*** the tip of the iceberg
góral *m* highlander
górnictwo *n* mining (industry)
górniczy *adj* mining
górnik *m* miner; ***inżynier ~*** mining-engineer
górnolotny *adj* high-flown, lofty
górn|y *adj* upper, superior; ***~a granica*** upper <top> limit
górować *vi* prevail (***nad kimś*** over sb), be superior (***nad kimś*** to sb)
górski *adj* (*teren*) mountainous; *attr* mountain; ***łańcuch ~*** mountain-chain
górujący *adj* prevalent, predominant
górzysty *adj* mountainous
gówno *n wulg.* shit, crap, turd
gra *f* play; game; *teatr* acting; (*hazard*) gamble; ***~ słów*** play upon words, pun; ***wchodzić w grę*** come into play; (*być stawką*) be at stake; ***~ na przeczekanie*** waiting game ***~ komputerowa*** computer game
grab *m bot.* hornbeam
grabarz *m* grave-digger
grabić *vt* (*np. siano*) rake; (*rabować*) rob, plunder
grabie *s pl* rake
grabież *f* plunder
grabieżca *m* plunderer
grabieżczy *adj* rapacious
gracja *f* grace, charm
gracz *m* player; (*hazardowy*) gambler; ***~ na giełdzie*** stock-exchange speculator; ***~ na wyścigach*** betting-man; (*w tenisie*) ***~ podający*** server; ***~ przyjmujący*** striker
grać *vi* play; ***~ na giełdzie*** operate <gamble> on the Exchange; ***~ na loterii*** play in the lottery; ***~ na skrzypcach*** play the violin; ***~ na wyścigach*** bet in horse-racing; ***~ w karty*** <***szachy***> play cards <chess>; ***~ na scenie*** act; ***~ na czas*** <***na zwłokę***> play for time; ***co grają w teatrze*** <***kinie***>***?*** what's on at the theatre <the cinema>?
grad *m* hail; ***~ pada*** it hails
gradacja *f* gradation
gradobicie *n* hailstorm
graficzny *adj* graphic
grafik *m* graphic artist
grafika *f* graphic art
grafit *m miner.* graphite
grafologia *f* graphology
grafoman *m* scribbler
grajek *m* fiddler, *bryt.* (*uliczny*) busker
gram *m* gram, gramme
gramatyczny *adj* grammatical
gramatyka *f* grammar
gramofon *m* gramophone; ***~ kompaktowy*** compact disc <CD> player
granat *m* (*kolor*) navy-blue; (*owoc*) pomegranate; (*pocisk*) grenade, shell; (*kamień*) garnet
granatnik *m wojsk.* howitzer
granatowy *adj* navy-blue
graniastosłup *m* prism
graniasty *adj* angular
granic|a *f* (*kres, zakres*) limit; (*geograficzna, polityczna*) border, frontier; (*demarkacja*) boundary; ***za ~ą, za ~ę*** abroad; ***to przechodzi wszystkie ~e*** that beats everything; that's the limit; ***wszystko ma swoje ~e*** there is a limit to everything
graniczn|y *adj* border(ing), frontier *attr*; ***kamień ~y*** border stone, landmark; ***kordon ~y*** military cordon, patrolled border; ***linia ~a*** boundary(-line); ***przejście ~e*** border <frontier> crossing
graniczyć *vi* border (***z czymś*** on sth)
granit *m* granite
grań *f* ridge
grasica *f anat.* thymus
grasować *vi* maraud, prowl; (*o chorobach*) spread, prevail
grat *m pot.* stick; *przen.* (*o starym człowieku*) fossil, fog(e)y

G

gratis *adv* gratis, free of charge
gratisowy *adj* free of charge, gratuitous
gratka *f pot.* windfall
gratulacja *f* congratulation
gratulować *vi* congratulate (**komuś czegoś** sb on sth)
gratyfikacja *f* gratuity, extra pay
grawer *m* engraver
grawerować *vt* engrave

G

grawerstwo *n* engraving
grawitacja *f* gravitation
grawitować *vi* gravitate (**ku komuś, czemuś** towards sb, sth)
grdyka *f anat.* Adam's apple
grecki *adj* Greek; (*klasyczny*) Grecian
Grek *m* Greek
gremialnie *adv* in a body, in a mass
gremialny *adj* general
gremium *n sing nieodm.* staff, body
grobla *f* dam
grobowiec *m* tomb, sepulchre
grobow|y *adj* sepulchral; ***kamień ~y*** tomb-stone; *przen.* ***cisza ~a*** dead silence
groch *m* pea; (*potrawa*) peas *pl; pot.* ***~ z kapustą*** hotchpotch; ***rzucać ~em o ścianę*** talk to deaf ears
grochówka *f* pea-soup
grom *f* thunderbolt; ***~ z jasnego nieba*** a bolt from the blue
gromada *f* crowd, throng; troop, group
gromadny *adj* numerous, collective
gromadzić *vt* accumulate, amass, heap up; ***~ się*** *vr* assemble, gather
gromić *vt* storm (***kogoś*** at sb); (*rozbijać, niszczyć*) rout, smash
gromki *adj* resonant, thunderous
gromnica *f rel.* blessed wax-candle
gromniczny *adj, rel.* ***dzień Matki Boskiej Gromnicznej*** Candlemas
grono *n* bunch of grapes; (*grupa*) circle, company, staff
gronostaj *m zool.* ermine
gronostajow|y *adj*, ***futro ~e*** ermine
grosz *m* grosz; *przen.* penny; ***bez ~a*** penniless; ***co do ~a*** to a penny; ***~ wdowi*** widow's mite
grot *m* pike, dart, bolt, arrow-head
grota *f* grotto, cave
groteska *f* grotesque
grotołaz *m* potholer
groz|a *f* horror, terror; ***przejąć ~ą*** strike with awe, terrify
grozi|ć *vi* threaten (***komuś czymś*** sb with sth), menace; ***~ nam burza*** we are threatened with a storm; ***~ epidemia*** an epidemic is imminent
groźba *f* threat, menace
groźny *adj* threatening, imminent
grób *m* grave; (*grobowiec*) tomb; *lit. i rel.* sepulchre; ***Grób Nieznanego Żołnierza*** Tomb of the Unknown Soldier <Warrior>; ***być jedną nogą w grobie*** have one foot in the grave
grubas *m* fatty
grubieć *vi* grow stout, become thick, thicken
gruboskórny *adj* coarse-skinned, thick-skinned; callous, coarse
grubość *f* thickness, stoutness; (*objętość*) bulk
gruby *adj* thick, stout, big, bulky; (*o suknie, rysach twarzy*) coarse; (*o błędzie*) gross; (*o głosie*) low, deep
gruchać *vi* coo
gruchot *m* crash, rattle
gruchotać *vt* smash, shatter
gruczoł *m anat.* gland
gruczołowy *adj* glandular
gruda *f* clod (of earth)
grudka *f* (*np. zakrzepłej krwi*) clot; (*kulka*) globule
grudzień *m* December
grun|t *m* ground; (*rolny*) soil; (*dno*) bottom; (*istota rzeczy*) essence; ***do ~tu*** thoroughly, to the

core; ***w ~cie rzeczy*** as a matter of fact, at bottom, essentially; ***na mocnym ~cie*** on solid ground
gruntować *vt* (*opierać, bazować*) ground; (*sondować*) fathom, sound; *vi* bottom, touch bottom
gruntownie *adv* thoroughly
gruntowny *adj* solid, well-grounded; thorough
gruntowy *adj*, *fin.* ***podatek ~*** land-tax
grupa *f* group
grupować *vi* group; ***~ się*** *vr* group
grusza *f bot.* pear-tree
gruszk|a *f bot.* pear; *przen.* ***~i na wierzbie*** castles in the air
gruz *m* rubbish, rubble; *pl* ***~y*** debris *zbior.*, ruin; ***rozpadać się w ~y*** fall to ruin; ***leżeć w ~ach*** lie in ruin
Gruzin *m* Georgian
gruziński *adj* Georgian
gruźlica *f med.* tuberculosis, TB; consumption
gruźliczy *adj* tuberculous
gruźlik *m* consumptive person
gryczan|y *adj*, ***kasza ~a*** buckwheat groats *pl*
gryf *m muz.* fingerboard
gryka *m bot.* buckwheat
grymas *m* grimace, caprice
grymasić *vi* be fastidious; (*przy jedzeniu*) be particular
grymaśny *adj* fastidious, capricious; (*przy jedzeniu*) particular
grypa *f med.* influenza, *pot.* flu(e)
grysik *m* semolina
gryzący *adj* mordant, corrosive
gryzmolić *vt* scribble, scrawl
gryzoń *m zool.* rodent
gryźć *vt* bite, gnaw, nibble; (*np. o pieprzu*) burn; (*o sumieniu, troskach*) prick, sting; ***~ się*** *vr* bicker, wrangle; (*martwić się*) worry, be grieved (***czymś*** about sth); ***co cię gryzie?*** what's eating you?
grzać *vt* warm, heat; ***~ się*** *vr* warm (oneself); (*na słońcu*) bask
grzałka *f* heater; ***~ nurkowa*** immersion heater
grzanka *f* toast
grządka *f* bed
grząski *adj* quaggy, boggy
grzbiet *m* back; (*góry, fali*) crest
grzebać *vt* bury, inter; rake (up); *vi* fumble (***w czymś*** at sth); dig (*np.* ***w kieszeni*** in the pocket)
grzebień *m* comb; (*górski*) crest; ***~ koguci*** cock's comb, crest
grzech *m* sin; ***~ śmiertelny*** deadly <mortal> sin
grzechotać *vi* rattle
grzechotka *f* rattle
grzechotnik *m zool.* rattlesnake
grzeczność *f* politeness, kindness, courtesy; ***wyświadczyć ~*** render a (kind) service; ***przez ~*** by courtesy <favour>
grzeczny *adj* polite, kind; (*o dziecku*) good; ***bądź ~!*** be a good boy!
grzejnik *m* heater, radiator
grzesznik *m* sinner
grzeszny *adj* sinful
grzeszyć *vi* sin
grzęda *f* bed; (*dla kur*) perch
grzęznąć *vi* sink, get stuck
grzmi|eć *vi* thunder; ~ it thunders
grzmocić *vt* thrash, thump
grzmot *m* thunder
grzyb *m* mushroom, fungus
grzybica *f* mycosis
grzybnia *f* mushroom spawn
grzywa *f* mane
grzywka *f* fringe; forelock
grzywn|a *f* fine; ***ukarać ~ą*** fine
gubernator *m* governor
gubić *vt* lose; (*niszczyć*) destroy; ***~ się*** *vr* lose oneself, lose one's way, get lost; ***~ się w domysłach*** be lost in conjectures
gum|a *f* rubber; ***~a do żucia*** chewing gum; (*na koła itp.*) rubber; (*elastyczna*) rubber; (*żywiczna*) resin; (*do wycierania*) eraser; *pot.* ***złapać ~ę*** get a puncture
gust *m* taste; ***w moim guście*** to

my taste; ***w dobrym <złym> guście*** in good <bad> taste
gustować *vi* take delight (***w czymś*** in sth), relish (***w czymś*** sth), like
gustowny *adj* in good taste, graceful, elegant
guz *m* bump, bruise; *med.* tumour
guzdrać się *vr* dawdle, dilly-dally
guzik *m* button; ***zapiąć na ~*** button (up); (*przycisk*) push-button
gwałcić *vt* violate; (*kobietę*) rape; ***~ prawo*** outrage the law
gwałt *m* violence; rape; ***~em*** forcibly
gwałtowny *adj* violent
gwar *m* clatter, murmur
gwara *f* dialect; slang
gwarancja *f* guarantee; warranty; security; *prawn.* guaranty
gwarant *m prawn.* guarantor
gwarantować *vt vi* guarantee; assure
gwardia *f* guard (*także pl*); ***~ przyboczna*** body-guard; ***Gwardia Narodowa*** *am.* National Guard
gwardzista *m* guardsman, guard
gwarny *adj* noisy
gwiazda *f* star; *sport* (*figura gimnastyczna*) cartwheel; ***~ filmowa*** film-star
gwiazdk|a *f* starlet; (*w druku*) asterisk; (*wigilia*) Christmas Eve; ***domagać się ~i z nieba*** cry for the moon
gwiazdor *m* (film) star
gwiazdozbiór *m* constellation
gwiaździsty *adj* (*oświetlony gwiazdami*) starlit; (*ozdobiony gwiazdami*) starry
gwint *m* (screw-)thread
gwizd *m* whistle
gwizdać *vi* whistle; ***gwiżdżę na to!*** I don't care a damn!
gwizdek *m* whistle; buzzer, hooter
gwóźdź *m* nail; ***przybić gwoździami*** nail; *przen.* ***~ do trumny*** a nail in sb's coffin
gzyms *m* cornice

H

habit *m* frock
haczyk *m* hook
hafciarka *f* embroiderer
haft *m* embroidery
haftka *f* clasp
haftować *vt vi* embroider
hak *m* hook
hala 1. *f* hall; ***~ targowa*** market-hall; ***~ maszyn*** engine-room
hala 2. *f* mountain pasture <meadow>
halka *f* petticoat
halogen *m* fog lamp
halucynacja *f* hallucination
hałas *m* noise, din, fuss; ***wiele ~u o nic*** much ado about nothing; ***robić ~ o coś*** make a fuss over sth
hałasować *vi* make a noise
hałaśliwy *adj* noisy
hałda *f* heap, pile (of ore, coal)
hamak *m* hammock
hamburger *m* hamburger, burger
hamować *vt* brake; (*wstrzymywać*) check, slacken; (*tłumić*) repress; ***~ się*** *vr* restrain oneself
hamulec *m* brake; *przen.* restraint; ***~ ręczny*** hand-brake; ***~ bezpieczeństwa*** emergency brake
handel *m* trade; commerce; ***~ winem, zbożem*** *itd.* trade in wine, corn *etc.*; ***~ detaliczny*** retail trade; ***~ wymienny*** barter; ***~***

zagraniczny foreign trade; ***prowadzić ~*** carry on trade
handlarz *m* trader, dealer (***winem, zbożem*** *itd.* in wine, corn *etc.*); ***~ wędrowny*** pedlar; ***~ narkotyków*** drug trafficker
handlować *vi* trade, deal (***czymś*** in sth)
handlowiec *m* businessman, tradesman, merchant
handlow|y *adj* commercial, mercantile; ***izba ~a*** chamber of commerce; ***korespondencja ~a*** commercial correspondence; ***marynarka ~a*** merchant marine; ***statek ~y*** merchant ship; ***księga ~a*** account book; ***spółka ~a*** partnership; ***towarzystwo ~e*** trading company
hangar *m* hangar
haniebny *adj* shameful, disgraceful
hantle *pl* (*gimnastyczne*) dumbbells
hańba *f* shame, disgrace, dishonour
hańbić *vt* disgrace, dishonour
haracz *m* tribute
harce *s pl* (*swawola*) frolics, pranks; ***wyprawiać ~*** frolic, play pranks
harcerka *f* girl guide; *am.* girl scout
harcerstwo *n* scouting, boy scouts movement
harcerz *m* boy scout
harcmistrz *m* scoutmaster, scout leader
harcować *vi* (*swawolić*) frolic, romp
hardość *f* haughtiness
hardy *adj* haughty
harfa *f muz.* harp
harfiarz *m muz.* harpist
harmonia *f muz.* harmony; (*instrument*) concertina
harmoniczny *adj* harmonic
harmonijka *f* harmonica, mouth organ
harmonijny *adj* harmonious
harmonizować *vi* harmonize
harmonogram *m* plan of work, timetable, schedule
harować *vi pot.* sweat, drudge, toil
harówka *f pot.* sweat, drudgery, toil
harpun *m* harpoon; spear gun
hart *m* hardiness; *techn.* temper; (*charakteru*) fortitude
hartować *vt* harden; inure; *techn.* temper; *zob.* ***zahartowany***; ***~ się*** *vr* harden, inure oneself
hasło *n* watchword; slogan; *wojsk.* password; (*w słowniku*) entry, headword
haszysz *m* hashish
haubica *f wojsk.* howitzer
haust *m* draught; ***jednym ~em*** at a draught
hazard *m* hazard; (*w grze*) gamble
hazardować się *vr* gamble
heban *m bot.* ebony
hebel *m* plane
heblować *vt* plane
hebrajski *adj* Hebrew
hegemonia *f* hegemony
hej *int* hey!, ho!
hejnał *m* trumpet-call
hektar *m* hectare
helikopter *m* helicopter; *pot.* chopper
hełm *m* helmet; (*ochronny*) crash helmet
hemoglobina *f biol.* h(a)emoglobin
hemoroidy *s zw pl med.* h(a)emorrhoids
heraldyka *f* heraldry, heraldic art
herb *m* coat-of-arms; (*na sygnecie*) crest
herbaciarnia *f* teashop
herbata *f* tea; (*w torebkach*) tea bags
herbatnik *m* biscuit
heretycki *adj* heretical
heretyk *m* heretic
herezja *f* heresy
hermetyczny *adj* hermetic, airtight, water-tight

heroiczny *adj* heroic

heroizm *m* heroism

herold *m hist.* herald

herszt *m* ringleader

hetman *m hist.* commander-in-chief; (*w szachach*) queen

hiacynt *m bot.* hyacinth

hibernować *vi* hibernate

hiena *f zool.* hyena

hierarchia *f* hierarchy

hierarchiczny *adj* hierarchic

hieroglif *m* hieroglyph

higiena *f* hygiene

higieniczny *adj* hygienic; sanitary

Hindus *m* Hindu

hinduski *adj* Hindu

hiobow|y *adj*, ***~a wieść*** Job's <dismal> news

hiperbola *f* hyperbole; *mat.* hyperbola

hipnotyczny *adj* hypnotic

hipnotyzer *m* hypnotist

hipnotyzować *vt* hypnotize

hipnoza *f* hypnosis

hipochondria *f* hypochondria

hipochondryk *m* hypochondriac

hipokryta *m* hypocrite

hipokryzja *f* hypocrisy

hipopotam *m zool.* hippopotamus; *pot.* hippo

hipoteczn|y *adj* mortgage *attr*; ***bank ~y*** mortgage bank; ***dłużnik ~y*** mortgager; ***pożyczka ~a*** mortgage loan

hipoteka *f* mortgage

hipotetyczny *adj* hypothetic(al)

hipoteza *f* hypothesis

histeria *f* hysteria, hysterics

histeryczny *adj* hysterical

histeryk *m* hysteric

historia *f* history; story; ***nieprawdopodobna ~*** a tall story

historyczny *adj* (*dotyczący historii*) historical; (*doniosły, epokowy*) historic

Hiszpan *m* Spaniard

hiszpański *adj* Spanish

hodować *vt* rear, breed, raise; (*uprawiać*) cultivate; (*o jarzynach*) grow

hodowca *m* (*bydła*) breeder; (*jarzyn itp.*) grower

hodowla *f* breeding, growth, culture

hojność *f* liberality, generosity, open-handedness

hojny *adj* liberal, generous, open-handed

hokej *m* (ice) hockey; (*na trawie*) field hockey

hol 1. *m* tow-line

hol 2. *m* (*np. w hotelu*) lounge; lobby

Holender *m* Dutchman

holenderski *adj* Dutch

holocaust *m* holocaust

holować *vt* haul, tow, have in tow, tug

holownik *m* tugboat

hołd *m* homage; ***składać ~*** pay <do> homage

hołdować *vt* pay <do> homage; (*wyznawać, np. zasady*) profess (***czemuś*** sth)

hołota *f* rabble

homar *m zool.* lobster

homilia *f rel.* homily, sermon

homoseksualista *m* homosexual; *pot.* gay

honor *m* honour; ***czynić ~y*** do the honours

honorarium *n sing nieodm.* fee; (*autorskie*) royalty

honorować *vt* honour, respect

honorowy *adj* honorary; (*zaszczytny*) honourable

horda *f* horde

hormon *m biol.* hormone

horoskop *m* horoscope

horrendalny *adj* horrible, scandalous

horror *m* horror film <movie>, thriller

horyzont *m* horizon; skyline

horyzontalny *adj* horizontal

hospicjum *n* hospice

hossa *f* boom

hostia *f rel.* the Host

hotel *m* hotel; ***opuścić ~*** check out

hrabia *m* count; (*w Anglii*) earl
hrabina *f* countess
hrabstwo *n* county
huba *f bot.* bracket fungus
hubka *f* tinder
huczeć *vi* roar, resound; make a noise
huczny *adj* resonant, clamorous; (*okazały*) sumptuous, pompous
huk *m* roar, bang; (*trzask*) crash
hulać *vi* revel, carouse; run wild
hulajnoga *f* scooter
hulaka *m* carouser
hulanka *f* carousal
hulaszczy *adj* debauched, dissolute
hultaj *m* rogue, scamp
humanista *m* humanist
humanistyczn|y *adj* humanistic, humane; ***studia ~e*** the Arts
humanistyka *f* the humanities *pl*
humanitarny *adj* humanitarian, humane
humanizm *m* humanism
humor *m* humour, mood; (*kaprys*) whim, fancy; ***poczucie ~u*** sense of humour; ***czarny ~*** black humour
humoreska *f* humorous story; *muz.* humoresque
humorystyczny *adj* humoristic, humorous
hura *int* hurrah!, hurray!
huragan *m* hurricane; storm
hurt *m* wholesale; ***~em*** wholesale, in (the) gross
hurtownia *f* warehouse, wholesale firm
hurtownik *m* wholesaler
hurtow|y *adj*, ***handel ~y*** wholesale trade; ***sprzedaż ~a*** wholesale
huśtać *vt*, ***~ się*** *vr* rock, swing
huśtawka *f* swing; (*podparta w środku*) seesaw
huta *f* foundry, steel-works; ***~ szkła*** glass-works
hutnictwo *n* metallurgy
hutniczy *adj* metallurgic(al)
hutnik *m* founder
hybryda *f* hybrid
hydrant *m* hydrant; hose
hydraulik *m* plumber
hydroplan *m* hydroplane, seaplane
hydrostatyka *f* hydrostatics
hydroterapia *f* hydrotherapy
hymn *m* hymn; ***~ narodowy*** national anthem

I

i *conj* and; also, too; ***i tak dalej*** and so on
ich *pron* their, theirs; them; *zob.* ***oni, one***
idea *f* idea
idealista *m* idealist
idealistyczny *adj* idealistic
idealizm *m* idealism
idealizować *vt* idealize
idealny *adj* ideal
ideał *m* ideal
identyczność *f* identity
identyczny *adj* identical
identyfikować *vt* identify; establish sb's identity
ideolog *m* ideologist
ideologia *f* ideology
ideologiczny *adj* ideological
ideowy *adj* ideological, attached to an idea
idiom *m* idiom
idiomatyczny *adj* idiomatic
idiosynkrazja *f* idiosyncrasy
idiota *m* idiot, fool
idiotyczny *adj* idiotic
idylla *f* idyll

iglast|y *adj*, ***drzewo ~e*** coniferous tree
iglica *f* needle; (*u broni palnej*) pin; (*na wieży*) spire
igł|a *f* needle; ***~a gramofonowa*** stylus; ***nawlec ~ę*** thread a needle; *przen.* ***prosto z ~y*** brand-new; ***robić z igły widły*** make mountains out of molehills
ignorancja *f* ignorance
ignorancki *adj* ignorant
ignorant *m* ignoramus
ignorować *vt* ignore, disregard
igrać *vi* play, sport
igraszka *f* frolic, play; toy, plaything, child's play
igrzyska *s pl* games, play, spectacle; ***~ olimpijskie*** Olympic games, the Olympics
ikona *f* icon (*także inf.*)
ikra *f zool.* roe; *pot.* spirit
ile *adv* how much, how many; ***tyle ... ~*** as much <many> ... as; ***~ masz lat?*** how old are you?; ***o ~*** how far, so far as, in so far as, as long as; ***o ~ wiem*** for all I know, as far as I know; ***~ to kosztuje***? how much is it?
ilekroć *adv* how many times; *conj* whenever, as often as
iloczas *m* quantity (of a vowel)
iloczyn *m mat.* product
iloraz *m mat.* quotient
ilościowy *adj* quantitative
ilość *f* quantity, amount; ***duża ~*** a great number (of); a great many
iluminacja *f* illumination
iluminować *vt* illuminate
ilustracja *f* illustration, picture
ilustrator *m* illustrator
ilustrować *vt* illustrate
iluzja *f* illusion
ił *m* loam
im *pron m f pl* them; *zob.* ***oni, one***; *adv* the; ***im... tym ...*** the ... the ...; ***im więcej, tym lepiej*** the more the better
imadło *n* (hand-)vice, handle
imaginacja *f* imagination
imbir *m bot.* ginger
imbryk *m* teapot
imieniny *s pl* name-day
imiennik *m* namesake
imienny *adj* nominal
imiesłów *m gram.* participle
imi|ę *n* name, first <given, Christian> name; denomination; ***z ~enia, na ~ę*** by name; ***w ~eniu*** in the name (***kogoś*** of sb), on behalf of...; ***dobre ~ę*** good reputation; ***jak ci na ~ę?*** what's your name?
imigracja *f* immigration
imigrant *m* immigrant
imigrować *vi* immigrate
imitacja *f* imitation, fake; ***~ skóry*** leatherette
imitować *vt* imitate
immatrykulacja *f* matriculation
immatrykulować *vt* matriculate
immunitet *m* immunity
impas *m* impasse, deadlock, blind alley; (*w kartach*) finesse
imperialistyczny *adj* imperialistic
imperializm *m* imperialism
imperium *n sing nieodm.* empire
impertynencja *f* impertinence
impertynencki *adj* impertinent
impertynent *m* impertinent person
impet *m* impetus
implikować *vt* imply
imponować *vt* impress (***komuś*** sb); brag
imponujący *adj* impressive, imposing
import *m* import, importation
importować *vt* import
impotencja *f* impotence
impotent *m* impotent
impregnować *vt* impregnate
impresjonizm *m* impressionism
impreza *f* event; undertaking; (*widowisko*) performance, spectacle, show
improwizacja *f* improvisation
improwizować *vt* improvise; (*o aktorze*) extemporize

impuls *m* impulse, stimulus, urge, spur
impulsywny *adj* impulsive, impetuous
inaczej *adv* otherwise, differently; ***tak czy ~*** one way or another; ***bo ~*** or else
inauguracja *f* inauguration
inauguracyjny *adj* inaugural
inaugurować *vt* inaugurate
in blanco *adv nieodm.* blank cheque
incydent *m* incident
indagacja *f* interrogation, examination
indagować *vt* inquire, examine, interrogate
indeks *m* index, list; student's (registration) book
indeksacja *f* indexation
Indianin *m* Indian
indiański *adj* Indian
Indonezyjczyk *m* Indonesian
indonezyjski *adj* Indonesian
indukcja *f* induction
indukcyjny *adj* inductive
indyczka *f zool.* turkey-hen
indyjski *adj* Indian, Hindu
indyk *m zool.* turkey
indywidualista *m* individualist
indywidualizm *m* individualism
indywidualność *f* individuality; (*osoba*) personality
indywidualny *adj* individual
inercja *f* inertia, inertness
infekcja *f* infection
inflacja *f* inflation
informacj|a *f* information (***o czymś*** on <about> sth); ***biuro ~i*** inquiry office; (*w napisie*) "inquiries"; ***przetwarzanie ~i*** information processing
informacyjny *adj* informative
informator *m* informant; (*publikacja*) guide-book
informatyka *f* computer science
informować *vt* inform; ***~ się*** *vr* inquire (***u kogoś*** of sb, ***w sprawie czegoś*** for <after> sth), get information (***u kogoś*** from sb, ***w sprawie czegoś*** about sth)
infrastruktura *f* infrastructure
ingerencja *f* interference
ingerować *vi* interfere (***w coś*** with sth)
inhalacja *f* inhalation
inicjał *m* initial
inicjator *m* initiator
inicjatyw|a *f* initiative; ***wystąpić z ~ą*** take the initiative; ***z własnej ~y*** on one's own initiative; ***przejąć ~ę*** take the initiative
inicjować *vt* initiate
iniekcja *f med.* injection
inkasent *m* collector
inkaso *n* collection
inkasować *vt* collect
innowacja *f* innovation
inny *adj* other, different; ***kto ~*** somebody else; ***~m razem*** another time
inscenizacja *f* staging, production; mise en scéne
inscenizować *vt* stage, produce, put on the stage
insekt *m zool.* insect
inspekcja *f* inspection, survey
inspektor *m* inspector
inspiracja *f* inspiration
inspirować *vt* inspire
instalacja *f* installation, system; (*gazowa, hydrauliczna*) fittings *pl*
instalować *vt* install; put in; (*wodę, gaz, elektryczność*) lay on
instancj|a *f* instance, authority; (*sądowa*) court; ***niższa ~a*** lower court; ***wyższa ~a*** superior court; ***w ostatniej ~i*** in the last resort
instrukcj|a *f* instruction; *pl* ***~e*** (*dyrektywy, wskazówki*) directions; ***~a obsługi*** service manual, instructions *pl* for use
instruktor *m* instructor
instrument *m* instrument; appliance; ***~ dęty*** wind-instrument; ***~ smyczkowy*** string(ed) instrument; ***~ dęty drewniany*** woodwind instrument; ***~ dęty blaszany*** brass instrument

instrumentalny *adj* instrumental
instynkt *m* instinct
instynktowny *adj* instinctive
instytucja *f* institution
instytut *m* institute
insygnia *s pl* insignia
insynuacja *f* insinuation
insynuować *vt* insinuate
integracja *f* integration
integralny *adj* integral
integrować *vt* integrate
intelekt *m* intellect
intelektualista *m* intellectual; *pot.* highbrow
intelektualny *adj* intellectual; *pot.* highbrow

I

inteligencja *f* intelligence; (*warstwa społeczna*) the intellectuals *pl,* (the) intelligentsia, educated people
inteligent *m* intellectual; educated person; (*pracownik umysłowy, urzędnik*) white-collar worker
inteligentny *adj* intelligent
intencja *f* intention
intensywność *f* intensity
intensywny *adj* intensive, intense; strenuous
interes *m* business; (*korzyść*) interest, affair; matter; bargain; ***człowiek ~u*** businessman; ***dobry ~*** good bargain; ***mieć ~ do kogoś*** have business with sb; ***przyjść w ~ie*** come on business; ***robić wielkie ~y*** do a great business; ***to nie twój ~*** it is no business of yours; ***sprzeczność ~ów*** conflict of interests; ***to leży w moim ~ie*** it is my own interest; ***robić ~ na czymś*** make a profit on <from> sth
interesant *m* client; (interested) party
interes|ować *vt* interest, concern; ***to mnie wcale nie ~uje*** it is not of any interest to me; ***~ować się*** *vr* be interested (***czymś*** in sth), be concerned (***czymś*** about, with, in sth), take interest (***czymś*** in sth)
interesowny *adj* self-interested, selfish
interesujący *adj* interesting
interfejs *m techn. komp.* interface
internat *m* (*szkoła*) boarding-school; dormitory
internista *m* internist
internować *vt* intern
internowany *m* internee; ***obóz ~ch*** internment camp
interpelacja *f* interpolation
interpelować *vi* interpolate
interpolacja *f* interpolation
interpolować *vt* interpolate
interpretacja *f* interpretation, rendering; rendition
interpretować *vt* interpret; render
interpunkcja *f* punctuation
interwencja *f* intervention
interweniować *vi* intervene
intonacja *f* intonation
intonować *vt* strike up (a tune); (*wymawiać z intonacją*) intone
intratny *adj* lucrative; profitable
introligator *m* bookbinder
introligatornia *f* bookbinder's (shop)
introligatorstwo *n* bookbinding
introspekcja *f* introspection
introspekcyjny *adj* introspective
intruz *m* intruder
intryga *f* intrigue, scheme, machination; plot
intrygować *vi* intrigue, scheme; plot
intuicja *f* intuition, insight
intuicyjny *adj* intuitive
intymny *adj* intimate, private
inwali|da *m* invalid, handicapped person; (*żołnierz*) disabled soldier <sailor>; *pl* ***~dzi*** the disabled (people)
inwazja *f* invasion
inwektywa *f* insult
inwentaryzować *vt* take stock (***coś*** of sth)
inwentarz *m* inventory, stock; ***żywy ~*** livestock

inwersja *f* inversion
inwestor *m* investor; ***~ indywidualny*** individual investor; ***~ instytucjonalny*** institution investor
inwestować *vt* invest
inwestycja *f* investment
inwigilacja *f* invigilation
inwigilować *vt* invigilate; watch (***kogoś, coś*** over sb, sth)
inżynier *m* engineer
inżynieria *f* engineering; ***~ genetyczna*** genetic engineering
irański *adj* Iranian, Persian
ircha *f* chamois (leather)
Irlandczyk *m* Irishman
irlandzki *adj* Irish
ironia *f* irony
ironiczny *adj* ironical
ironizować *vi* speak with irony
irracjonalny *adj* irrational
irygacja *f* irrigation
irygator *m med.* irrigator
irys *m bot.* iris
irytacja *f* irritation
irytować *vt* irritate, annoy; ***~ się*** *vr* become irritated (***czymś*** at sth)
ischias *m med.* sciatica
iskra *f* spark
iskrzyć się *vr* sparkle; spark
islam *m* Islam
Islandczyk *m* Icelander
islandzki *adj* Icelandic
istnieć *vi* exist
istnienie *n* existence
istny *adj* real; ***~ łajdak*** a very rogue
isto|ta *f* being, creature; (*to, co zasadnicze*) essence, substance; ***~ta rzeczy*** heart <crux> of the matter; ***w ~cie rzeczy*** as a matter of fact; ***w ~cie*** in reality, in fact, in substance; ***~ta ludzka*** human being
istotnie *adv* in reality, really
istotny *adj* real, essential (***dla kogoś, czegoś*** to sb, sth), substantial, crucial
iść *vi* go, walk; ***~ dalej*** go on; ***~ po coś*** go and fetch <get> sth; ***~ za kimś, czymś*** follow sb, sth; ***~ w czyjeś ślady*** follow in sb's steps; ***jak ci idzie?*** how are you doing <getting on>?; ***interes idzie dobrze*** the business is a going concern; ***idzie o życie*** life is at stake; ***co idzie w...?*** what's on at...?
iwa *f bot.* goat willow
izba *f* apartment, room; (*parlamentu, sala*) chamber; ***~ handlowa*** Chamber of Commerce; ***Izba Gmin <Lordów>*** House of Commons <of Lords>; ***~ chorych*** sick-room; ***~ porodowa*** maternity ward
izolacja *f* isolation; (*elektryczna, cieplna*) insulation
izolacjonizm *m* isolationism
izolacyjny *adj* insulating
izolatka *f* (*w szpitalu*) isolation ward; (*w więzieniu*) separate cell
izolator *m* insulator
izolować *vt* isolate; *fiz.* insulate
izoterma *f fiz.* isotherm
izotop *m fiz.* isotope
Izraelczyk *f* Israeli
izraelski *adj* Israeli
iż *conj* that

J

ja *pron* I; *przypadek dzierżawczy* ***mój*** (***moja, moje, moi***); *z rzeczownikiem* my; *bez rzeczownika* mine; *przypadki zależne* ***mnie*** (***mi***), ***mną*** me; ***to ja*** it's me
jabłecznik *m* cider

jabłko *n bot.* apple; **~ *Adama*** Adam's apple; ***zbić kogoś na kwaśne*** **~** beat sb black and blue

jabłoń *f bot.* apple-tree

jacht *m* yacht

jachtklub *m* yacht-club

jad *m* venom, toxin

jadalnia *f* dining-room

jadalny *adj* eatable, edible

jadłospis *m* bill of fare, menu

jadowity *adj* venomous

jaglan|y *adj*, ***kasza ~a*** millet-groats

jaglica *f med.* trachoma

jagnię *n zool. i przen.* lamb

jagoda *f bot.* berry; ***czarna ~*** bilberry, blueberry; ***iść na jagody*** go berry-picking

J

jajecznica *f* scrambled eggs

jajk|o *n* egg; ***~o na miękko <na twardo>*** soft <hard> boiled egg; ***~a sadzone*** fried eggs; ***~o święcone*** Easter egg

jajnik *m anat.* ovary

jajo *n* egg; *wulg.* balls, bag, basket

jajogłowy *m uj.* egghead

jak *adv conj part.* how, as; ***~ to?*** how is that?; ***~ najprędzej*** as soon as possible; ***~ najwięcej*** as much <many> as possible; ***~ tylko*** as soon as; ***tak ... ~ ...*** as ... as ...; ***nie tak ... ~ ...*** not so ... as ...; ***~ gdyby*** as if; ***~ również*** as well as; ***~ on wygląda?*** what does he look like?; ***on jest taki ~ ja*** he is like me; ***~ następuje*** as follows

jakby *adv conj* as if

jak|i *pron* what; ***~a to książka?*** what book is this?; ***~i bądź*** any one; ***~im sposobem*** in what way, how; ***~im bądź sposobem*** in any way; ***~i ojciec, taki syn*** like father like son

jakikolwiek *pron* any, whatever

jakiś *pron* some

jakkolwiek *conj* (al)though; *adv* anyhow, somehow, in any <some> way

jako *adv conj* as; ***~ też*** also, as well as; ***~ tako*** in a fashion, tolerably

jakoś *adv* somehow; ***~ to będzie (tak czy inaczej)*** things will work out (one way or another)

jakościowy *adj* qualitative

jakość *f* quality

jałmużna *f* alms

jałowiec *m bot.* juniper

jałowieć *vi* grow barren, become sterile <unproductive>

jałowy *adj* barren; (*sterylny*) sterile; *przen.* futile, vain, idle

jałówka *f* heifer

jama *f* pit, burrow; *anat.* ***~ ustna*** oral cavity

jamnik *m zool.* dachshund

Jankes *m* Yankee

Japończyk *m* Japanese

japoński *adj* Japanese

jarmark *m* fair

jarosz *m* vegetarian

jarski *adj* vegetarian

jarzeniówka *f elektr.* fluorescent tube, glow-tube lamp

jarzębina *f bot.* sorb, rowan (tree)

jarzmo *n* yoke; ***zrzucić ~*** shake off the yoke

jarzyn|a *f* vegetable, *zw. pl* ***~y*** greens, vegetables

jarzynow|y *adj*, ***zupa ~a*** vegetable-soup

jasełka *s pl* Nativity play, Christmas play <puppet-show>

jasiek *m pot.* small pillow

jaskier *m bot.* buttercup

jaskinia *f* cave, cavern; pothole

jaskiniowy *adj*, ***człowiek ~*** cave-man

jaskółka *f zool.* swallow

jaskrawy *adj* glaring; (*o kolorze*) bright, garish; (*wierutny*) arrant, rank; (*rażący*) crass

jasno *adv* clearly, brightly; ***~ mówić*** speak plainly; ***zrobiło się ~*** it dawned

jasność *f* clearness, brightness

jasnowidz *m* seer

jasny *adj* bright, clear, light; (*o cerze, włosach*) fair

jastrząb *m zool.* hawk
jaszczurka *f zool.* lizard
jaśmin *m bot.* jasmine
jaśnieć *vi* shine, glitter
jatka *f* butcher's shop; *przen.* (*rzeź*) slaughter
jaw *m*, ***wyjść na ~*** come to light; ***wydobyć na ~*** bring to light
jaw|a *f* waking; ***sen na ~ie*** day-dream
jawnie *adv* openly, evidently; in public
jawność *f* publicity, evidence, openness
jawny *adj* manifest, evident, open, public
jawor *m bot.* sycamore
jazd|a *f* ride, drive; (*podróż*) journey; (*krótka podróż*) trip; (*statkiem*) sail, voyage; ***~a konna*** horsemanship; ***prawo ~y*** driver's <driving> license, driving <*am.* driver's> licence
jazz *m* jazz
jaźń *f* ego, self
ją *pron f* her; it; *zob.* ***ona***
jądro *n* kernel; *anat.* testicle; *biol. fiz.* nucleus
jądrowy *adj* nuclear
jąkać się *vr* stammer, stutter
jąkała *m* stammerer, stutterer
jątrzyć *vt* irritate, provoke; excite, chafe; (*podjudzać*) instigate; ***~ się*** *vr* (*o ranie*) suppurate, fester
je *pron f pl i n* them; it; *zob.* ***one, ono***
jechać *vi* go (***pociągiem*** by train, ***statkiem*** by boat, ***autobusem*** by bus, on a bus, ***samochodem*** by car); ride (***konno*** on horseback, ***rowerem*** a bicycle, on a bicycle); drive; travel
jed|en *num* one, a; ***ani ~en*** not a single; ***co do ~nego*** to the last man <thing>; ***~en po drugim*** one after another; ***sam ~en*** alone, all by himself; ***wszystko ~no*** all the same, no matter; ***co to za ~en?*** who is he?; ***na ~no wychodzi*** makes no difference, it comes to the same thing
jedenasty *num* eleventh
jedenaście *num* eleven
jednać *vt* conciliate, reconcile; (*sobie*) win; ***~ się*** *vr* become reconciled
jednak *conj adv* but yet, still; however, nevertheless, after all, for all that
jednakowo *adv* equally, alike, in the same way
jednakowy *adj* the same, equal, identical
jednoaktówka *f* one-act play
jednobarwny *adj* one-coloured, unicolour
jednoczesny *adj* simultaneous
jednocześnie *adv* simultaneously, at the same time
jednoczyć *vt*, ***~ się*** *vr* unite, consolidate
jednodniowy *adj* one day's
jednogłośny *adj* unanimous
jednokierunkowy *adj* one-way; ***ruch ~*** one-way traffic
jednokomórkowy *adj* unicellular
jednokrotny *adj* single
jednolitość *f* uniformity
jednolity *adj* uniform
jednomyślnie *adv* unanimously, with one consent
jednomyślność *f* unanimity
jednomyślny *adj* unanimous
jednonogi *adj* one-legged
jednoosobowy *adj* (*pokój*) single; one-man *attr*
jednopiętrowy *adj* one-storied
jednopłatowiec *m* monoplane
jednorazowy *adj* single
jednoręczny *adj* one-handed
jednoroczny *adj* one-year *attr*, one year's
jednorodny *adj* homogeneous
jednostajny *adj* monotonous; steady
jednostk|a *f* unit, individual; ***kult ~i*** personality cult
jednostronność *f* unilaterality; one-sidedness, partiality

jednostronny *adj* unilateral, one-sided; partial
jedność *f* unity
jednotorowy *adj* single-track, single-line
jednozgłoskowy *adj* monosyllabic
jednoznaczny *adj* synonymous
jedwab *m* silk
jedwabnik *m zool.* silkworm
jedynaczka *f* only daughter
jedynak *m* only son
jedynie *adv* only, solely, merely
jedynka *f* one
jedynowładca *m* autocrat
jedynowładztwo *n* autocracy
jedyny *adj* only, sole, single; (*wyjątkowy*) unique
jedzeni|e *n* eating; meal, food; ***po ~u*** after meal(s); ***~e ciężko strawne*** rich food
jego *pron m* his; him; it; *zob.* ***on, ono***
jej *pron f* her; hers; it; *zob.* ***ona***
jeleń *m* deer; (*samiec*) stag
jelit|o *n* intestine; *pl* ***~a*** intestines, bowels
jełczeć *vi* become rancid
jemioła *f bot.* mistletoe
jemu *pron m* him; it; *zob* ***on, ono***
jeniec *m* prisoner, captive; ***~ wojenny*** prisoner of war (P.O.W.)
jesienny *adj* autumnal, (*o modzie, porze*) autumn *attr*
jesień *f* autumn; *am.* fall
jesion *m bot.* ash(-tree)
jesionka *f* overcoat
jesiotr *m zool.* sturgeon
jeszcze *adv* still, yet; beside; else; more; ***co ~?*** what else?; ***~ długo*** for a long time to come; ***~ do niedawna*** until quite recently; ***~ dwie mile*** another two miles; ***~ do dzisiaj*** to this very day; ***~ jedna szklanka*** one more glass; ***~ pięć minut*** another five minutes; ***~ raz*** once more; one more time; ***czego ~ chcesz?*** what more <else> do you want?; ***czy*** (***chcesz***) ***~ trochę chleba?*** a little more bread?
jeść *vt vi* eat; ***chce mi się ~*** I'm hungry; ***~ śniadanie*** have breakfast; ***~ obiad*** have dinner, dine; ***~ kolację*** have supper, sup
jeśli *conj* if; ***~ nie*** unless
jezdnia *f* road, roadway
jezioro *n* lake
jezuita *m* Jesuit
jeździć *vi* travel, go, ride; ***~ po Polsce*** travel about Poland; *zob.* ***jechać***
jeździec *m* horseman, rider
jeździectwo *n* horsemanship, horse riding
jeż *m zool.* hedgehog
jeżeli *zob.* ***jeśli***
jeżyć *vt*, ***~ komuś włosy na głowie*** make sb's hair stand on end; ***~ się*** *vr* bristle
jeżyna *f bot.* blackberry
jęczeć *vi* groan, moan; (*utyskiwać*) grumble (***na coś*** at, about sth)
jęczmień *m bot.* barley; (*na oku*) style
jędrny *adj* firm, pithy, sappy; vigorous
jędza *f* shrew, vixen
jęk *m* groan, moan
języczek *m* little tongue; (*u wagi*) cock
język *m anat.* tongue; language; ***~ ojczysty*** mother tongue; vernacular; ***~ obcy*** foreign language; ***~ potoczny*** colloquial speech; ***~ migowy*** sign language; ***pokazać ~*** put out one's tongue; *przen.* ***zapomnieć ~a w gębie*** lose one's tongue; ***trzymać ~ za zębami*** hold one's tongue; ***~ prasy*** journalese; ***~ oficjalnych komunikatów*** *pot. uj.* officialese; ***~ ciała*** body language
językowy *adj* linguistic; *anat.* lingual
językoznawca *m* linguist
językoznawstwo *n* linguistics
jod *m chem.* iodine

jodełk|a *f bot.* small fir; ***wzór w ~ę*** herring-bone pattern
jodła *f bot.* fir(-tree)
jodyna *f med.* tincture of iodine; *pot.* iodine
joga *f* yoga
jogurt *m* yoghurt, yogurt
jon *m fiz.* ion
jowialny *adj* jovial
jubilat *m* man celebrating his jubilee
jubiler *m* jeweller
jubileusz *m* jubilee
judaizm *m* Judaism
judzić *vt* instigate, abet
junior *m* junior
jury *n* jury
jurysdykcja *f* jurisdiction
juta *f* jute
jutr|o *adv* tomorrow; *s n* next day; *lit.* morrow; ***do ~a*** till tomorrow; ***do zobaczenia, do ~a*** see you tomorrow
jutrzejszy *adj* tomorrow's
jutrzenka *f* morning star; (*brzask*) dawn
już *adv* already; ***~ nie*** no more; ***~ niedługo*** very soon; not any longer; ***~ po wszystkim*** it's all over; ***~ nigdy*** nevermore; ***~ o piątej godzinie*** as early as 5 o'clock

K

K

kabał|a *f* (*wróżenie*) fortune-telling; (*trudne położenie*) scrape; ***wpaść w ~ę*** get oneself into a bad fix
kabaret *m* cabaret
kabel *m* cable
kabina *f* cabin; (*telefoniczna*) telephone booth <box>; (*w samolocie*) cockpit
kabłąk *m* bow, arch
kabłąkowaty *adj* arched
kabotyn *m* buffoon
kabotyński *adj* buffoonish
kabura *f* holster
kabz|a *f pot.* purse; ***nabić ~ę*** load the purse; make one's pile
kac *m pot.* hangover
kacyk *m uj.* (*samowolny dygnitarz*) princeling, petty boss
kaczk|a *f zool.* duck; *przen.* (*fałszywa pogłoska*) canard, hoax; ***puszczać ~i na wodzie*** play ducks and drakes; ***chodzić jak ~a*** waddle
kaczor *m zool.* drake
kadencj|a *f muz.* cadence, rhythm; (*czas urzędowania*) term (of office); ***pełnić obowiązki przez jedną ~ę*** serve one term
kadet *m* cadet
kadłub *m* trunk; (*statku*) hull; (*rozbitego statku*) hulk; (*samolotu*) fuselage
kadra *f* staff; *wojsk.* cadre
kadzić *vi* incense; *przen.* butter up
kadzidło *n* incense
kafar *m techn.* rammer, pile-driver
kafel *m* tile
kaftan *m* jacket; ***~ bezpieczeństwa*** strait-jacket
kaganek *m* oil-lamp; *przen.* the torch of knowledge
kaganiec *m* muzzle; (*pochodnia*) torch; ***nałożyć psu ~*** muzzle the dog
kajać się *vr* repent (***z powodu czegoś*** sth, of sth), do penance
kajak *m* canoe, kayak; ***płynąć ~iem*** canoe
kajdany *s pl* chains, fetters; (*kajdanki na ręce*) handcuffs; ***zakuć w ~*** put in chains <handcuff>

(***kogoś*** sb), put handcuffs (***kogoś*** on sb), to handcuff; ***skruszyć ~*** throw off the chains
kajuta *f* cabin
kakao *n zw. nieodm.* cocoa
kakofonia *f* cacophony
kaktus *m bot.* cactus
kalać *vt* foul, pollute
kalafior *m bot.* cauliflower
kalambur *m* pun, play on words
kalarepa *f bot.* kohlrabi
kalectwo *n* deformity; lameness
kaleczyć *vt* cut; maim, mutilate; *przen.* ***~ angielski*** murder English
kalejdoskop *m* kaleidoscope
kaleka *m f* cripple, disabled person
kalendarz *m* calendar; ***~ kartkowy*** block calendar
kalesony *s pl* drawers
kaliber *m* calibre; gauge
kalina *f bot.* guelder-rose, snowball tree
kalka *f* carbon-paper; (*kopia przez kalkę*) carbon-copy; *techn.* tracing paper
kalkomania *f* transfer; *am.* decal
kalkować *vt* calk, trace over
kalkulacja *f* calculation, computation; reckoning
kalkulator *m* calculator
kalkul|ować *vt* calculate; speculate; compute; ***to się nie ~uje*** this is a losing deal
kaloria *f* calorie
kaloryczny *adj* caloric
kaloryfer *m* radiator, heater
kalosz *m* (rubber) overshoe, galosh
kalumni|a *f* calumny; ***rzucać ~e*** calumniate (***na kogoś*** sb)
kalwin *m rel.* Calvinist
kalwiński *adj rel.* Calvinist
kał *m* excrement, stool; f(a)eces *pl*
kałuż|a *f* puddle; ***w ~y krwi*** in a pool of blood
kamea *f* cameo
kameleon *m zool. i przen.* chameleon
kamelia *f bot.* camellia
kamera *f* (*wideo, filmowa*) video <film> camera
kameraln|y *adj, muz.* ***muzyka ~a*** chamber music
kamerton *m muz.* tuning-fork
kamfora *f chem.* camphor; ***ulotnić się jak ~*** vanish into thin air
kamieniarstwo *n* stone-cutting
kamieniarz *m* stone-cutter
kamieniołom *m* quarry
kamienisty *adj* stony, rocky
kamienn|y *adj* stone; ***węgiel ~y*** (black) coal; ***sól ~a*** rock-salt; *przen.* ***~e serce*** a heart of stone
kamienować *vt* stone
kamień *m* stone; ***~ szlachetny*** gem, precious stone; ***~ graniczny*** landmark; ***~ młyński*** millstone; ***~ węgielny*** cornerstone; ***~ do zapalniczek*** flint; ***~ nazębny*** tooth scale; tartar; ***spać jak ~*** sleep like a log
kamizelka *f* waistcoat; (*ratunkowa*) life-jacket
kampania *f* campaign; ***~ wyborcza*** election campaign
kamyk *m* pebble (stone); (*do zapalniczki*) flint
Kanadyjczyk *m* Canadian
kanadyjski *adj* Canadian
kanalia *f wulg.* scoundrel, rascal
kanalizacja *f* (*budowa kanałów*) canalization; (*urządzenie*) sewerage, sewage system <works>
kanalizować *vt* provide with a sewage system
kanał *m* canal; (*morski, TV*) channel; (*miejski*) sewer; *anat.* duct; ***Kanał La Manche*** the English Channel
kanapa *f* sofa, couch, settee
kanapka *f* (*przekąska*) snack, sandwich
kanarek *m zool.* canary
kancelaria *f* office
kanclerz *m* (*szef rządu*) chancellor
kandelabr *m* chandelier
kandydat *m* candidate; applicant

kandydatura *f* candidature
kandydować *vi* be a candidate (***do czegoś*** for sth); (*do parlamentu*) stand for Parliament, contest a seat (in Parliament); (*w wyborach*) stand for election
kangur *m zool.* kangaroo
kanister *m* (petrol) can
kanon *m* standard; (*także muz.*) canon
kanonada *f* cannonade
kanoniczny *adj* canonic(al)
kanonierka *f wojsk.* gunboat
kanonik *m* canon
kanonizacja *f rel.* canonization
kanonizować *vt rel.* canonize
kant *m* edge; angle; (*u spodni*) crease; *pot.* (*oszustwo*) swindle, take-in, fraud
kantor *m* money exchange office; (*kontuar*, *lada*) counter; (*biuro*) counting-house
kantyna *f* canteen
kanwa *f* canvas
kapa *f* covering, bedspread, bedcover; (*szata*) cope
kapać *vi* dribble, trickle, drip
kapary *s pl bot.* capers
kapeć *m* slipper
kapela *f* orchestra, band
kapelan *m* chaplain
kapelmistrz *m* bandmaster
kapelusz *m* hat; ***bez ~a*** with no hat on
kaperować *vt hist.* privateer, go privateering; *vt* capture, win over
kapiszon *m* hood; (*spłonka*) percussion cap
kapitalista *m* capitalist
kapitalistyczny *adj* capitalistic
kapitalizm *m* capitalism
kapitalny *adj* capital; *pot.* (*świetny*) great, splendid; ***remont ~*** general overhaul
kapitał *m* capital; ***~ zakładowy*** capital stock; ***~ obrotowy*** acting <circulating> capital; ***~ akcyjny*** joint stock
kapitan *m* captain
kapitel *m arch.* capital
kapitulacja *f* capitulation, surrender
kapitulować *vi* capitulate, surrender, give up <in>
kapituła *f* chapter
kaplica *f* chapel
kapłan *m* priest
kapłański *adj* priestly, sacerdotal
kapłaństwo *n* priesthood
kapłon *m* capon
kapok *m* life-jacket
kapral *m wojsk.* corporal
kaprys *m* caprice, whim, fad, fancy; ***od czyjegoś ~u*** at sb's will and pleasure
kapryśny *adj* capricious, whimsical, fastidious
kapsel *m* (*u butelki*) cap; (*u broni*) percussion cap; (*okucie*) capping
kapsułka *f* capsule
kaptować *vi* win over, win (***sobie kogoś*** sb to oneself); (*wyborców, klientów*) canvass
kaptur *m* hood; cowl
kapturek *m* hood; ***Czerwony Kapturek*** Red Riding Hood
kapusta *f bot.* cabbage; ***~ kwaszona*** sauerkraut
kapuśniak *m* sauerkraut soup
kar|a *f* punishment; (*sądowa*) penalty; (*pieniężna*) fine; (*śmierci*) capital punishment, death-penalty; ***podlegać karze*** be punishable; ***ponieść ~ę*** undergo a punishment; ***skazać na ~ę pieniężną*** fine; ***wymierzyć ~ę*** inflict a penalty (***komuś*** on sb); ***pod ~ą*** under the penalty of, under <on> pain (*np.* ***śmierci*** of death)
karabin *m wojsk.* rifle, gun; ***~ maszynowy*** machine-gun
karać *vt* punish; (*sądownie*, *w sporcie*) penalize; ***~ grzywną*** fine
karafka *f* water-bottle; (*na alkohol*) decanter
karakuły *s pl* (*futro*) astrakhan (fur)

karalny *adj* punishable
karaluch *m zool.* cockroach
karambol *m* collision, clash
karaś *m zool.* crucian
karat *m* carat; *am.* karat
karate *n* karate
karawan *m* hearse
karawana *f* caravan
karawaniarz *m* bearer, undertaker's man
karb *m* notch, score; ***kłaść na ~*** put sth down (***kogoś, czegoś*** to sb, sth); ***trzymać w ~ach*** keep a tight hand (***kogoś*** on sb)
karbid *m chem.* carbide
karbol *m chem.* carbolic acid
karbować *vt* notch, score; (*fałdować*) crease, fold; (*o włosach*) curl
karcić *vt* reprimand, reprove
karczma *f* tavern, inn
karczmarz *m* innkeeper
karczoch *m bot.* artichoke
karczować *vt* (*pnie, krzaki*) root out; grub out; (*ziemię*) clear
kardiografia *f* cardiography
kardynalny *adj* cardinal, fundamental
kardynał *m* cardinal
kareta *f* carriage, coach
karetka *f* chaise; ***~ pogotowia*** ambulance
kariera *f* career
karierowicz *m* pushing person; *pot.* (social) climber
kark *m* neck; ***chwycić za ~*** collar, seize by the neck; ***mieć na ~u*** have on one's hands; ***pędzić na złamanie ~u*** drive at a breakneck speed; ***siedzieć komuś na ~u*** be on sb's hand; ***skręcić ~*** break one's neck
karkołomny *adj* breakneck *attr*
karłowaty *adj* dwarfish
karmazyn *m* crimson
karmel *m* caramel
karmelek *m* caramel, bonbon
karmić *vt* feed, nourish; (*piersią*) suckle; ***~ się*** *vr* feed, live (***czymś*** on sth)
karmin *m* carmine
karnawał *m* carnival
karność *f* discipline
karny *adj* disciplined, docile; (*o prawie*) penal; (*o sądzie*) criminal; (*karzący*) punitive (*expedition etc.*); ***rzut ~*** *sport* penalty kick
karo *n* (*w kartach*) diamond
karoseria *f mot.* body (of a car)
karp *m bot.* carp
kart|a *f* card; (*książki*) leaf, page; (*dokument*) charter; (*do gry*) playing-card; ***~a tożsamości*** identity card; ***~a tytułowa*** title-page; ***~a magnetyczna*** magnetic card; ***~a kredytowa*** credit card; (***roz***)***dawać ~y*** deal cards; ***mieć dobrą ~ę*** have a good hand; *przen.* ***odkrycie ~*** showdown; ***grać w otwarte ~y*** lay one's cards on the table; ***stawiać na jedną ~ę*** stake all on one card
kartel *m* cartel
kartka *f* leaf, slip (of paper); (*na bagażu, towarze*) label; ***~ żywnościowa na chleb*** bread coupon; ***~ pocztowa*** postcard
kartofel *m bot.* potato
kartografia *f* cartography
karton *m* cardboard, pasteboard; (*pudło tekturowe*) carton
kartoteka *f* card-index
karuzela *f* merry-go-round
karygodny *adj* punishable, culpable
karykatura *f* caricature, cartoon
karykaturzysta *m* cartoonist
karzeł *m* dwarf
kasa *f* pay desk, cash-desk, cashier's window; (*podręczna*) cash-box, cash-drawer; (*kolejowa*) booking-office; *am.* ticket-office; (*teatralna*) box-office; ***~ oszczędności*** savings-bank; ***~ pancerna*** safe
kasacja *f* annulment
kaseta *f* cassette; ***~ wideo*** video

K

cassette; **~ magnetofonowa** tape cassette
kasetka *f* casket; cash-box
kasjer *m* cashier; (*bankowy*) teller
kask *m* helmet; (*ochronny*) crash-helmet
kaskada *f* cascade
kaskader *m*, **kaskaderka** *f* stuntman, stuntwoman
kasłać *zob.* **kaszleć**
kasować *vt* cancel, annul
kasownik *m muz.* natural; *filat.* postmark, cancellation; (*datownik*) date stamp; (*w środkach komunikacji*) punch
kasta *f* caste
kastowość *f* caste system
kastrować *vt* castrate
kasyno *n* casino, club; **~ oficerskie** officers' mess
kasza *f* groats; cereals; (*gotowana, płynna*) gruel
kaszel *m* cough
kaszka *f* gruel
kaszleć *vi* cough
kasztan *m bot.* chestnut(-tree); (*koń*) chestnut
kat *m* executioner, hangman
katafalk *m* catafalque
kataklizm *m* cataclysm, disaster
katalizator *m chem.* catalyst; *mot.* catalytic converter
katalog *m* catalogue; *komp.* directory
katalogować *vt* catalogue
katamaran *m mors.* catamaran
katapulta *f* (*w samolocie*) ejection seat
katar *m med.* cold; catarrh; **nabawić się ~u** catch a cold
katarakta *f także med.* cataract
katarynka *f muz.* barrel-organ, street organ
katastrofa *f* catastrophe, calamity, disaster; (*np. kolejowa*) crash
katastrofalny *adj* catastrophic
katechizm *m* catechism
katedra *f* cathedral; (*na uniwersytecie*) chair
kategoria *f* category
kategoryczny *adj* categorical
katoda *f elektr.* cathode
katolicki *adj rel.* Catholic
katolicyzm *m rel.* Catholicism
katolik *m rel.* Catholic
katorga *f* forced labour, penal servitude
katować *vt* torment, torture
katusze *s pl* torture
kaucj|a *f* security, deposit; (*sądowa*) bail; **za ~ą** on bail
kauczuk *m* rubber, India-rubber
kaukaski *adj* Caucasian
kaw|a *f bot.* coffee; **~a palona** roasted beans; **młynek do ~y** coffee-mill, coffee-grinder
kawaler *m* (*nieżonaty*) bachelor; (*galant*) gallant; (*orderu*) knight; *hist.* cavalier
kawaleria *f* cavalry
kawalerski *adj* bachelor's; **stan ~** single life
kawalerzysta *m* cavalry man, trooper
kawalkada *f* cavalcade
kawał *m* piece, lump; (*dowcip*) joke; (*psota*) practical joke; **brzydki ~** foul trick; **zrobić komuś ~** play sb a trick; (*okpić*) bamboozle sb
kawał|ek *m* bit, morsel, piece; **~ek cukru** lump of sugar; **po ~ku** piece by piece
kawiarnia *f* coffee-house, café
kawior *m* caviar
kawka *f zool.* jackdaw
kazać *vi* bid, order, let
kazanie *n* sermon; preaching
kazirodztwo *n* incest
kaznodzieja *m* preacher
kazuistyka *f* casuistry
kaźń *f* torture; (*stracenie*) execution
każdy *pron* every, each, everybody, everyone; **~ z dwóch** either
kącik *m* nook
kądziel *f* distaff; **po ~i** on the distaff side

kąkol *m bot.* cockle
kąpać *vt* bathe; **~ *się*** *vr* bathe; (*w łazience*) have a bath; (*w rzece, morzu*) have a bathe
kąpiel *f* (*w łazience*) bath; (*w rzece, morzu*) bathe; **~ *słoneczna*** sun-bath
kąpielisko *n* (*miejscowość*) spa, watering place; (*zakład*) bath-house
kąpielowy *adj*, ***strój* ~** bathing costume <suit>
kąpielówki *s pl* bathing trunks
kąsać *vt* bite
kąsek *m* bit, morsel
kąt *m* corner; *mat.* angle; **~ *prosty*** right angle; **~ *ostry*** acute angle; **~ *rozwarty*** obtuse angle; **~ *przeciwległy*** alternate angle; **~ *przyległy*** contiguous angle; **~ *załamania światła*** angle of refraction; ***pod ~em widzenia*** from the point of view
kątomierz *m* protractor
kątowy *adj mat.* angular
kciuk *m* thumb; *pot.* ***trzymać ~i*** (***za kogoś***) keep one's fingers crossed (for sb)
kelner *m* waiter
kelnerka *f* waitress
kemping *m* camping; (*teren*) campsite
keson *m techn. wojsk.* caisson
kędzierzawy *adj* curly, crisp
kędzior *m* curl, lock
kępa *f* cluster; (*np. włosów*) tuft
kęs *m* bit, morsel
kibić *f* waist, figure
kichać *vi* sneeze
kicz *m* daub; kitsch
kiecka *f pot.* frock, skirt
kiedy *conj* when, as; *adv* ever; **~ *wrócisz?*** when will you be back?; ***rzadko* ~** hardly ever; **~ *indziej*** some other time
kiedykolwiek *conj* whenever
kiedyś *adv* once, at one time, (*w przyszłości*) some day
kielich *m* goblet, cup
kieliszek *m* glass
kielnia *f* trowel
kieł *m anat.* (*u człowieka*) canine tooth; (*u słonia*) tusk; (*u psa*) fang
kiełbasa *f* sausage
kiełek *m* sprout, shoot
kiełkować *vi* sprout, shoot (forth)
kiełznać *vt* bit, bridle
kiepski *adj* poor, shoddy; second-rate
kier *m* (*w kartach*) heart
kierat *m* treadmill
kiermasz *m* fair; **~ *książki*** book-fair
kierować *vi vt* lead, direct, govern (***czymś*** sth); *mot.* drive (***samochodem*** a car); (*zarządzać*) manage; **~ *się*** *vr* proceed in the direction; be guided (***czymś*** by sth); act (***czymś*** according to sth)
kierowca *m mot.* driver; ***niedzielny* ~** Sunday driver
kierownica *f mot.* steering-wheel; (*u roweru*) handle bar
kierownictwo *n* management, administration, direction
kierowniczy *adj* managing, directive
kierownik *m* manager, director, head; **~ *personalny*** personnel officer <manager>; **~ *techniczny*** chief engineer
kierunek *m* direction, course; *przen.* trend, tendency
kierunkowskaz *m mot.* indicator
kierunkow|y *adj* directional; (*radio*) ***antena ~a*** beam antenna
kieszeń *f* pocket
kieszonka *f* small pocket
kieszonkowe *n* pocket money
kieszonkowiec *m* pickpocket
kij *m* stick, cane; (*narciarski*) ski pole; **~ *golfowy*** club; **~ *bilardowy*** cue
kijanka *f zool.* tadpole
kikut *m* stump
kilim *m* rug, carpet
kilka, kilku *num* some, a few

kilkakrotnie *adv* several times, repeatedly
kilkakrotny *adj* repeated
kilkudniowy *adj* several days'
kilkuletni *adj* several years'
kilof *m* pickaxe
kilobajt *m komp.* kilobyte
kilogram *m* kilogram(me)
kilometr *m* kilometre
kim *pron* who, whom; *zob.* ***kto***
kinematografia *f* cinematography
kinetyka *f* kinetics
kino *n* cinema; *am.* movies *pl* ~ ***parkingowe*** drive-in cinema <movies>
kinoman *m* cinema-goer
kiosk *m* booth, stall, kiosk; (*z gazetami*) news stall <stand>
kipieć *vi* boil
kir *m* pall, shroud
kisić *vt* (*kwasić*) sour; (*marynować*) pickle
kisiel *m* jelly, fruit cream
kisnąć *vi* sour, ferment
kiszka *f* intestine, gut; (*wędlina*) pudding, sausage; ~ ***pasztetowa*** liverwurst
kiść *f* bunch, tuft
kit *m* putty
kitel *m* smock-frock
kiwać *vi* wag, shake; beckon (***na kogoś*** to sb); ~ ***głową*** nod; ~ ***ręką*** wave one's hand (***na kogoś*** to sb); ~ ***się*** *vr* wag, totter
klacz *f zool.* mare
klaka *f* claque
klakson *m* hooter, horn
klamka *f* (door-)handle, latch
klamra *f* clasp, buckle; (*nawias*) bracket
klan *m* clan
klapa *f* flap; *techn.* valve; (*marynarki*) lapel; *pot.* (*niepowodzenie*) flop; ~ ***bezpieczeństwa*** safety-valve
klarnet *m muz.* clarinet; ~ ***basowy*** bass-clarinet
klarować *vt* clear, clarify; (*wyjaśniać*) explain
klarowny *adj* limpid, clear
klasa *f* class; (*sala szkolna*) classroom; (*rocznik szkolny*) *bryt.* form; ~ ***turystyczna*** tourist class
klaskać *vi* clap (***w ręce*** one's hands); (*bić brawo*) applaud
klasówka *f* school-work, school-test
klasycyzm *m* classicism
klasyczny *adj* classic(al)
klasyfikować *vt* classify
klasyk *m* classic
klasztor *m* cloister, monastery
klasztorny *adj* monastic
klatka *f* cage; *anat.* ~ ***piersiowa*** chest; ~ ***schodowa*** staircase
klauzula *f* clause
klawiatura *f* keyboard
klawisz *m* key; *muz.* ~ ***biały*** natural
kląć *vi* swear (***kogoś*** at sb); (*przeklinać, złorzeczyć*) curse (***na kogoś*** sb); ~ ***się*** *vr* swear (***na coś*** by sth)
klątwa *f* anathema, curse
klecić *vt pot.* botch up, concoct
kleić *vt* stick, glue (together), paste; ~ ***się*** *vr* stick
kleik *m* gruel
kleisty *adj* sticky
klej *m* glue, gum, paste
klejnot *m* jewel, gem
klekot *m* rattle, clatter
klekotać *vi* rattle, clatter
kleks *m* (ink-)blot
klepać *vt* hammer, beat; (*ziemię*) stamp; (*po plecach*) slap, clap
klepk|a *f* stave; *przen. pot.* ***brak mu piątej ~i*** he is crackbrained; he has a screw loose
klepsydra *f* hourglass; (*ogłoszenie żałobne*) obituary notice
kler *m rel.* clergy
kleryk *m rel.* seminarist, seminarian
klerykalizm *m* clericalism
klerykalny *adj* clerical; (*o kraju, instytucji*) priest-ridden
klerykał *m* clericalist
kleszcz *m zool.* tick

kleszcze *s pl* (*instrument*) pincers, pliers
klęczeć *vi* kneel, be on one's knees
klękać *vi* kneel down (***przed kimś*** to sb); genuflect
klęsk|a *f* defeat, calamity, disaster; ***ponieść ~ę*** be defeated; ***zadać ~ę*** defeat
klient *m* client; *handl.* customer
klika *f* clique
klimat *m* climate
klimatyczn|y *adj* climatic; ***miejscowość ~a*** health-resort
klimatyzacja *f* air conditioning
klimatyzować *vt* condition
klin *m* wedge; ***wbijać ~*** drive a wedge
klinga *f* (sword-)blade
kliniczny *adj* clinic
klinika *f med.* clinic ***~ stomatologiczna*** dental clinic
klisza *f* cliché; *fot.* plate
kloaka *f* sewer
kloc *m* log, block
klocek *m* block
klomb *m* flowerbed
klon *m bot.* maple
klops *m* meat-ball
klosz *m* (*abażur*) globe; lampshade; (*spódnicy*) flare (of a skirt)
kloszard *m* bum, bummer
kloszow|y *adj*, ***~e spodnie*** bell-bottomed trousers
klown *m* clown
klozet *m* water-closet, WC; *am.* restroom
klub *m* club
klucz *m* key; *muz.* clef; ***~ do nakrętek*** spanner; ***~ francuski*** wrench; ***zamknąć na ~*** lock
kluczow|y *adj* key, fundamental; ***nuta ~a*** keynote
kluć się *vr* hatch
kluska *f* noodle
kładka *f* foot-bridge
kłak *m* flock, wisp
kłam *m*, ***zadać komuś ~*** give sb the lie
kłamać *vi* lie (***przed kimś*** to sb)
kłamca *m* liar
kłamliwy *adj* lying, deceitful, mendacious
kłamstw|o *n* lie; ***wykrywacz ~o*** lie detector, polygraph; ***niewinne ~o*** white lie
kłania|ć się *vr* greet (***komuś*** sb), bow (***komuś*** to sb); ***~j mu się ode mnie*** remember me to him; give him my regards
kłaść *vt* lay, set, put; ***~ się*** *vr* lie down
kłąb *m* clew, ball, roll; ***kłęby dymu*** wreaths of smoke
kłębek *m* ball, roll; *przen.* ***~ nerwów*** bundle of nerves
kłębiasty *adj* billowy; (*o chmurze*) cumulous
kłębić się *vr* swell, surge; (*o dymie*) wreathe
kłoda *f* log, block; clog
kłopo|t *m* trouble, bother; ***być w ~cie*** be in trouble, be at a loss; ***mieć ~ty pieniężne*** have money troubles; ***narobić sobie ~tu*** get into trouble; ***narobić komuś ~tu*** get sb into trouble; ***wprawiać w ~t*** embarrass, give trouble
kłopotać *vt* embarrass, trouble; ***~ się*** *vr* be troubled, bother (***o coś*** about sth)
kłopotliwy *adj* troublesome, embarrassing
kłos *m bot.* ear; ***zbierać ~y*** glean
kłócić się *vr* quarrel (***o coś*** about sth); (*np. o kolorach, poglądach*) clash
kłódk|a *f* padlock; ***zamknąć na ~ę*** padlock
kłótliwy *adj* quarrelsome
kłótnia *f* quarrel, row
kłucie *n* (*w boku*) stitch
kłuć *vt vi* sting, prick; ***~ w oczy*** be an eyesore (***kogoś*** to sb)
kłus *m* trot; ***~em*** at a trot
kłusować 1. *vi* (*jechać kłusem*) trot
kłusować 2. *vi* (*uprawiać kłusownictwo*) poach

kłusownictwo *n* poaching
kłusownik *m* poacher
kmin(ek) *m bot.* cumin
knajpa *f pot.* pub, tavern
knebel *m* gag
kneblować *vt* gag (***komuś usta*** sb)
knedle *s pl* dumplings with fruit
knocić *vt pot.* bungle, botch
knot *m* wick
knuć *vt* plot, conspire
koalicja *f* coalition
kobieciarz *m pot.* ladies' man
kobiecość *f* womanhood
kobiec|y *adj* womanly, womanlike; woman's; (*o płci*) female
kobiet|a *f* woman; *uj.* female; ***prawa ~*** women's rights; ***~a pracująca zawodowo*** career woman; ***ruch na rzecz wyzwolenia ~*** women's liberation movement
kobra *f zool.* cobra
kobza *f muz. pot.* bagpipes *pl*
kobziarz *m* bagpiper
koc *m* blanket, rug
kocha|ć *vt* love; ***~ się*** *vr* be in love (***w kimś*** with sb); make love (***z kimś*** to sb); have sex
kochanie *int* darling, honey, sweetheart; *am.* sugar
kochanek *m* lover, love
kochanka *f* lover, love; mistress
kochliwy *adj* amorous
koci *adj* catty, catlike; feline
kociak *m zool.* kitten
kocioł *m* kettle, cauldron; *muz.* kettle-drum; ***~ parowy*** steam-boiler
kocur *m pot. zool.* tomcat
koczować *vi* nomadize, migrate
koczowniczy *adj* nomadic, migratory
kod *m* code; (*pocztowy*) *bryt.* postcode; *am.* zip code; ***~ paskowy*** bar code
kodeks *m* code; ***~ karny*** penal code
kodyfikacja *f* codification
kodyfikować *vt* codify
koedukcja *f* co-education
koegzystencja *f* co-existence
kofeina *f* caffeine
kogel-mogel *m* yolk stirred with sugar
kogo *pron* who, whom; *zob.* ***kto***
kogut *m zool.* cock
koić *vt* soothe
koja *f* berth
kojarzenie *n* association
kojarzyć *vt* match; (*pojęcia*) associate; ***~ się*** *vr* associate, be associated; pair
kojący *adj* soothing, alleviating
kojec *m* coop
kokarda *f* bow
kokieteria *f* coquetry
kokietka *f* coquette
kokietować *vt* coquet (***kogoś*** with sb)
koklusz *m med.* whooping-cough
kokon *m* cocoon
kokos *m* coconut
koks *m* coke
koksownia *f* coking-plant
koktajl *m* cocktail; ***~ mleczny*** milk shake
kola *f* cola; *pot.* coke
kolaboracja *f* collaboration
kolaborant *m* collaborator
kolaborować *vi* collaborate
kolacj|a *f* supper; (*spożywana między szóstą a siódmą*) dinner; ***jeść ~ę*** have supper, sup
kolano *n* knee; (*rury*) joint; (*rzeki*) bend, turn
kolarstwo *n* cycling
kolarz *m* cyclist
kolba *f* (*strzelby*) butt-end; *chem.* flask; (*do lutowania*) soldering-iron
kolczasty *adj* prickly, thorny; ***drut ~*** barbed wire
kolczyk *m* ear-ring; (*u zwierząt*) ear-mark
kolebka *f* cradle
kolec *m* prick, thorn; (*u sprzączki*) tongue
kolega *m* mate, companion; school friend; (*z pracy*) col-

league; (*szkolny*) schoolmate, friend; classmate
kolegialny *adj* collegiate
kolegium *n sing nieodm.* college; (*grono*) staff, board, committee
koleina *f* rut
kole|j *f* railway; *am.* railroad; (*następstwo*) turn, succession; ***po ~i*** in turn, by turns; ***~j na mnie*** it is my turn
kolejarz *m* railwayman
kolej|ka *f* (*wąskotorowa*) narrow-gauge railway; (*szynowa, zawieszona nad ulicą*) elevated railway; (*górska*) funicular railway; (*ludzi*) queue, line; (*dań, kieliszków*) round; turn; ***stać w ~ce*** queue up, line up
kolejno *adv* in turn, by turns, successively
kolejnoś|ć *f* succession, sequence; rotation; ***w ~ci*** by rotation
kolejny *adj* successive, next
kolekcja *f* collection
kolekcjoner *m* collector
kolekcjonować *vt* collect
kolektura *f* lottery office
koleżanka *f* (woman) friend; (*z pracy*) colleague
koleżeński *adj* friendly
koleżeństwo *n* companionship
kolęda *f* Christmas carol
kolędni|k *m* carol-singer, caroller; *pl* ***~cy*** waits
kolędować *vi* carol
kolia *f* necklace
kolidować *vi* collide, clash
koligacja *f* affinity, connection
kolisty *adj* circular
kolizj|a *f* collision; (*samochodowa*) car crash; ***popaść w ~ę*** come into collision
kolka *f med.* (*jelitowa*) colic
kolokwialny *adj* colloquial
kolokwium *n sing nieodm.* colloquy; (*na uczelni*) test, examination
kolonia *f* colony, settlement; (*wakacyjna*) summer camp
kolonialny *adj* colonial
kolonista *m* colonist
kolonizacja *f* colonization
kolonizator *m* colonizer
koloński|i *adj*, ***woda ~a*** eau de Cologne
kolor *m* colour; (*w kartach*) suit; ***dać do ~u*** follow suit
koloratura *f* coloratura
kolorować *vt* colour
kolorowy *adj* coloured, colourful
koloryt *m* colour, colouring
koloryzować *vt* colour
kolos *m* colossus; *przen.* giant
kolosalny *adj* colossal
kolportaż *m* distribution; hawking
kolporter *m* distributor, hawker
kolportować *vt* distribute, hawk
kolumna *f* column, pillar; *wojsk.* column
kolumnada *f* colonnade
kołatać *vi* rattle; knock (***do drzwi*** at the door); *przen.* solicit (***do kogoś o coś*** sb for sth <sth from sb>
kołczan *m* quiver
kołdra *f* counterpane, coverlet; (*pikowana*) quilt
kołek *m* peg
kołnierz *m* collar
koło 1. *praep* by, near; about
koło 2. *n* wheel; (*obwód; grupa, stowarzyszenie*) circle; (*do tortur*) rack; ***~ napędowe*** driving wheel; ***~ zębate*** cog-wheel; ***~ zapasowe*** spare wheel; ***błędne ~*** vicious circle; ***~ fortuny*** wheel of fortune; ***~ ratunkowe*** life buoy
kołować *vi* move round, circle; (*o samochodzie*) taxi
kołowrotek *m* spinning-wheel
kołowy *adj* circular; ***ruch ~*** vehicular traffic
kołtun *m med.* plica; (*człowiek zacofany*) fogey, stick-in-the-mud
kołysać *vt* rock, lull; ***~ się*** *vr* rock, sway
kołysanka *f* cradle-song, lullaby

kołyska *f* cradle
komandor *m* commander; *mors.* commodore
komandos *m* commando, ranger
komar *m zool.* mosquito
kombajn *m* combine(-harvester)
kombatant *m* combatant
kombinacja *f* combination
kombinator *m* speculator, dodger
kombinerki *pl* (combination) pliers
kombinezon *m* overalls *pl*; *am.* coveralls *pl*
kombinować *vt* combine; speculate
komedia *f* comedy
komenda *f* command
komendant *m* commander, commandant
komenderować *vi* command
komentarz *m* commentary; ***bez ~a*** no comment
komentator *m* commentator
komentować *vt* comment (***coś*** on <upon> sth), annotate
komercyjny *adj* commercial
kometa *f* comet
kometka *f* badminton
komfort *m* comfort
komfortowy *adj* luxurious
komiczny *adj* comic, funny
komik *m* comedian
komiks *m* strip cartoon, comic strip; cartoon (story)
komin *m* chimney; (*na dachu*) chimney-pot; (*lokomotywy, statku*) funnel
kominek *m* fire-place, hearth
kominiarz *m* chimney-sweeper
komis *m* commission; (*sklep*) commission-house; ***wziąć w ~*** take on commission
komisariat *m* commissary's office; *wojsk.* commissariat; ***~ policji*** police-station
komisarz *m* commissary
komisj|a *f* commission, committee, board; ***~a egzaminacyjna*** examining board; ***zasiadać w ~i*** be on the committee
komitet *m* committee
komityw|a *f* intimacy, friendly terms; ***w dobrej ~ie*** on good terms
komiwojażer *m* travelling agent <salesman>
komoda *f* chest of drawers
komora *f* chamber; cabin; (*spiżarnia*) larder; ***~ celna*** custom-house
komorne *n* rent
komórka *f* closet; *biol., elektr.* cell; ***~ fotoelektryczna*** (*fotokomórka*) photocell, photoelectric cell
kompan *m pot.* chum, pal
kompania *f* company
kompas *m* compass
kompatybilny *adj komp.* compatible
kompendium *n sing nieodm.* compendium, digest; companion
kompensata *f* compensation
kompensować *vt* compensate (***coś*** for sth)
kompetencja *f* competence
kompetentny *adj* competent
kompilacja *f* compilation
kompilator *m* compiler
kompilować *vt* compile
kompleks *m* complex
komplement *m* compliment; ***prawić ~y*** pay compliments; ***dopraszać się o ~y*** fish for compliments
komplet *m* set; ***~ stołowy*** dinner-set; ***~ do herbaty*** tea-set; ***~ ubrania*** suit of clothes; ***~ narzędzi*** tool kit
kompletny *adj* complete, thorough
kompletować *vt* complete
komplikacja *f* complication
komplikować *vt* complicate
komponować *vt* compose
kompost *m* compost
kompot *m* stewed fruit, compote
kompozycja *f* composition
kompozytor *m* composer
kompres *m* compress, poultice

K

kompresja *f* compression
kompresor *m* compressor
kompromis *m* compromise; ***iść na ~*** compromise (***w czymś*** on sth)
kompromisowy *adj* compromising
kompromitacja *f* discredit
kompromitować *vt* discredit, compromise; ***~ się*** *vr* discredit oneself
kompromitujący *adj* compromising, disgraceful
komputer *m komp.* (desktop) computer; ***~ osobisty*** personal computer (PC); ***~ przenośny*** laptop (computer)
komputerowy *adj*, ***sprzęt ~*** hardware
komu *pron* who, whom; *zob.* ***kto***
komuna *f* commune
komunalny *adj* communal
komunał *m* commonplace
komunia *f* communion
komunikacj|a *f* communication; (*transport*) transport service, transportation; ***~a autobusowa*** bus service; *pl* ***środki ~i*** means of transport
komunikat *m* announcement, news report; communiqué
komunikować *vt* announce (***komuś coś*** sth to sb), inform (***komuś coś*** sb about sth); ***~ się*** *vr* communicate
komunista *m* communist
komunistyczny *adj* communist(ic)
komunizm *m* communism
konać *vi* die, die away
konar *m* bough, branch
koncentracja *f* concentration
koncentracyjny *adj* concentrative; ***obóz ~*** concentration camp
koncentrować *vt* concentrate
koncepcja *f* idea, conception
koncept *m* concept, idea; (*zarys*) draft
koncern *m* concern
koncert *m* concert; (*utwór*) concerto
koncertować *vi* give concerts, perform
koncesja *f* concession, licence
koncesjonować *vt* license, grant a concession
koncha *f* conch, shell
kondensator *m techn.* condenser
kondensować *vt* condense
kondolencj|a *f* condolence; ***składać ~e*** condole (***komuś z powodu czegoś*** with sb on <upon> sth)
kondom *m* condom, (rubber) sheath; contraceptive
kondor *m zool.* condor
kondukt *m*, ***~ pogrzebowy*** funeral procession
konduktor *m* (*kolejowy*) guard; (*tramwajowy*) conductor
kondycja *f* condition
kondygnacja *f* floor, level, tier
koneksja *f* connection
koneser *m* connoisseur, expert
konewka *f* watering-can
konfederacja *f* confederacy, confederation
konfekcja *f* ready-made clothes
konferansjer *m* announcer; narrator
konferencja *f* conference; ***~ na szczycie*** summit conference; ***~ prasowa*** press conference
konferować *vi* confer
konfesjonał *m* confessional
konfident *m* informer
konfiskata *f* confiscation
konfiskować *vt* confiscate
konfitura *f* jam
konflikt *m* conflict
konformista *m uj.* conformist
konformizm *m* conformity
konfrontacja *f* confrontation
konfrontować *vt* confront
kongregacja *f* congregation
kongres *m* congress; *am.* Congress
koniak *m* cognac
koniczyna *f bot.* clover, trefoil

K

koniec *m* end, conclusion, close; ***dobiegać końca*** draw near the end; ***położyć ~*** put an end; ***wiązać ~ z końcem*** make both ends meet; ***aż do końca*** up to the end; ***bez końca*** no end; ***do samego końca*** to the very end; ***na ~*** finally; ***na końcu języka*** on the tip of one's tongue; ***w końcu*** finally, eventually, in the end; ***na <przy> końcu...*** at the end of...
koniecznoś|ć *f* necessity; ***z ~ci*** of <by> necessity
konieczny *adj* necessary, indispensable
konik *m* pony; (*mania*) hobby; *pot.* (*spekulujący biletami*) tout; *am.* scalper; *zool.* ***~ polny*** grasshopper
koniokrad *m* horse-thief
koniugacja *f jęz.* conjugation
koniunktura *f* tide of the market; opportunity; ***dobra ~*** boom; ***zła ~*** slump, recession
koniuszek *m* tip
konkluzja *f* conclusion
konkordat *m* concordat
konkretny *adj* concrete, real
konkurencja *f* competition
konkurencyjny *adj* competitive
konkurent *m* competitor, rival; (*zalotnik*) suitor
konkurować *vi* compete; (*zalecać się*) court (***do kogoś*** sb)
konkurs *m* competition; contest; ***~ piękności*** beauty contest; ***ogłaszać ~ na coś*** offer sth for competition; ***drogą ~u*** by open competition
konkursowy *adj* competitive
konnica *f* cavalry
konno *adv* on horseback
konn|y *adj* mounted; (*o zaprzęgu*) horse-drawn; ***jazda ~a*** horse-riding; ***wyścigi ~e*** horse-race
konopie *s pl bot.* hemp
konosament *m handl.* bill-of-lading
konsekwencj|a *f* consequence; consistency; ***ponosić ~e*** take the consequences
konsekwentnie *adv* in a consistent way, consistently
konsekwentny *adj* consistent
konserwa *f* preserve, *bryt.* tinned <*am.* canned> meat <milk, fruit *etc.*>
konserwacja *f* conservation
konserwatorium *n sing nieodm.* conservatory, conservatoire
konserwatysta *m* conservative
konserwatywny *adj* conservative
konserwatyzm *m* conservatism
konserwować *vt* conserve; (*żywność*) preserve
konserwowy *adj* pickled; tinned, canned; ***przemysł ~*** canning industry
konsolidacja *f* consolidation
konsolidować *vt* consolidate
konspekt *m* draft; conspectus
konspiracja *f* conspiracy, plot
konspirator *m* conspirator
konspirować *vi vt* conspire, plot
konstatować *vt* state, ascertain
konstelacja *f* constellation
konsternacja *f* consternation, dismay
konstrukcja *f* construction
konstrukcyjny *adj* constructional
konstruktor *m* constructor
konstruktywny *adj* constructive
konstruować *vt* construct
konstytucja *f* constitution
konstytucyjny *adj* constitutional
konstytuować *vt* constitute
konsul *m* consul
konsularny *adj* consular
konsulat *m* consulate
konsultacja *f* consultation
konsultant *m* consultant; (*o lekarzu*) consulting physician
konsultować *vt* consult; ***~ się*** *vr* consult, confer
konsument *m* consumer
konsumować *vt* consume
konsumpcja *f* consumption

konsumpcyjn|y *adj* consumptive; ***towary ~e*** consumer goods
konsylium *n sing nieodm. med.* consultation
konsystorz *m* consistory
konszachty *s pl* collusion; ***wchodzić w ~*** enter into collusion
kontakt *m* contact; ***nawiązać ~*** contact (***z kimś*** sb), come into contact (***z kimś*** with sb); ***stracić ~*** be out of contact
kontaktować *vt vi* bring into contact, contact; ***~ się*** *vr* be in contact, keep in touch
kontekst *m* context
kontemplacja *f* contemplation
kontener *m* container
kont|o *n* account; ***na ~o*** on account; ***wyciąg z ~a*** statement of account; ***stan ~a*** balance
kontrabanda *f* smuggling, contraband
kontrabas *m muz.* double bass
kontradmirał *m wojsk.* rear admiral
kontrahent *m* contracting party
kontrakt *m* contract (***w sprawie czegoś*** for <of> sth); ***~ o pracę*** contract for work; ***~ sprzedaży*** contract of sale; ***zawrzeć ~*** conclude an agreement
kontraktować *vt vi* contract
kontrapunkt *m muz.* counterpoint
kontrargument *m* counterargument
kontrast *m* contrast
kontrastować *vt vi* contrast
kontratak *m* counter-attack
kontrofensywa *f* counteroffensive
kontrola *f* control; ***~ paszportowa*** passport control; ***~ wyrywkowa*** spot check
kontroler *m* controller; ***~ paszportów*** immigration officer
kontrolny *adj*, ***punkt ~*** checkpoint
kontrolować *vt* control
kontrować *vt* (*w kartach*) double
kontrowersja *f* controversy
kontrowersyjny *adj* controversial
kontrrewolucja *f* counterrevolution
kontrrewolucyjny *adj* counterrevolutionary
kontrtorpedowiec *m mors.* destroyer
kontrwywiad *m* counterespionage, counterintelligence
kontrybucj|a *f* contribution; ***nałożyć na kraj ~ę*** lay a country under contribution
kontuar *m* counter
kontur *m* outline, contour
kontuzja *f* contusion
kontuzjować *vt med.* contuse
kontynent *m* continent
kontynentalny *adj* continental
kontyngent *m* contingent, quota; (*żołnierzy*) levy
kontynuować *vt* continue
konwalia *f bot.* lily of the valley
konwenans *m* conventionality, convention
konwencja *f* convention
konwencjonalny *adj* conventional
konwent *m* convention, assembly; (*klasztor*) convent
konwersacja *f* conversation
konwersacyjny *adj* conversational
konwojent *m* escort
konwojować *vt* convoy, escort
konwój *m* convoy, escort
konwulsja *f* convulsion
konwulsyjny *adj* convulsive
koń *m* horse; (*w szachach*) knight; ***~ gimnastyczny*** vaulting-horse; ***~ mechaniczny*** metric horsepower; ***~ pociągowy*** draught-horse; ***~ wierzchowy*** saddlehorse; ***~ na biegunach*** rocking-horse; ***jechać na koniu*** go on horseback; ***wsiąść na konia*** get on horseback; mount a horse;

stawiać na złego konia back the wrong horse
końcow|y *adj* final, eventual; ultimate; terminal; ***stacja ~a*** terminus
końcówka *f* ending, end; (*np. węża gumowego*) nozzle
kończyć *vt* end, finish, conclude, close; **~ *się*** *vr* end, come to a close; (*o nauce, szkole*) break up
kończyna *f* limb
kooperacja *f* cooperation
kooperacyjny *adj* cooperative
kooptować *vt* co-opt
koordynacja *f* coordination
koordynować *vt* coordinate
kopa *f* three-score; (*stos*) pile; ***~ siana*** haystack
kopać *vt* dig; (*nogą*) kick
kopalnia *f* mine; ***~ węgla*** coal-mine; ***~ soli*** salt-mine
koparka *f* excavator
koper *m bot.* dill
koperta *f* envelope
kopia 1. *f* (*odbitka*) copy, transcript; (*dzieła sztuki*) replica
kopia 2. *f* (*broń*) lance
kopiarka *f* copier, photocopier, Xeroxing machine, Xerox
kopiec *m* mound; (*mogiła*) tumulus; (*kupa*, *stos*) pile; ***kreci ~*** molehill
kopiować *vt* copy
kopniak *m* kick
kopuła *f* cupola, dome
kopyto *n* hoof; (*szewskie*) last
kor|a *f* bark; ***odzierać drzewo z ~y*** bark the tree; *anat.* ***~a mózgowa*** cortex
koral *m zool.* coral
koralik *m* bead
Koran *m rel.* the Koran
korba *f* crank
korcić *vt* tempt
kordon *m* cordon; ***otaczać ~em*** cordon off
Koreańczyk *m* Korean
koreański *adj* Korean
korek *m* cork; *elektr.* fuse; (*w bucie*) lift
korekt|a *f druk.* proof; ***~a kolumnowa*** page-proof; ***robienie ~y*** proof-reading; correction
korektor *m* proof-reader
korektura *f* correction
korepetycja *f* private lesson
korepetytor *m* tutor, coach
korespondencja *f* correspondence
korespondent *m* correspondent
korespondować *vi* correspond
korkociąg *m* corkscrew; *lotn.* spin
korkować *vt* cork
kornet 1. *m* (*strój głowy zakonnicy*) coif, cornet
kornet 2. *m muz.* cornet
korniszon *m* gherkin
korodować *vi* corrode
koron|a *f* crown; *dent.* cap; *dent.* ***nałożyć ~ę*** cap
koronacja *f* coronation
koronka *f* lace
koronować *vt* crown
korowód *m* procession
korozja *f* corrosion
korporacja *f* corporation
korpulentny *adj* corpulent
korpus *m* trunk, body; *wojsk.* corps; ***~ dyplomatyczny*** diplomatic corps; (*tekst*) corpus
korsarstwo *n* piracy
korsarz *m* pirate
kort *m sport.* (tennis) court
korupcja *f* corruption
korygować *vt* correct
korytarz *m* corridor; hall
koryto *n* trough; (*rzeki*) bed
korze|ń *m* root; ***zapuszczać ~nie*** take <strike> root
korzyć się *vr* humble oneself
korzystać *vi* profit (***z czegoś*** by <from> sth), avail oneself (***z czegoś*** of sth), use (***z czegoś*** sth), have the use (***z czegoś*** of sth)
korzystny *adj* profitable
korzyść *f* profit, advantage; ***na ~*** to the advantage (***czyjąś*** of sb);

K

in favour of sb; ***na moją ~*** to my advantage
kos *m zool.* blackbird
kosa *f* scythe
kosiarka *f* (lawn-)mower
kosiarz *m* mower
kosić *vt* mow
kosmaty *adj* shaggy, hairy
kosmetyczka *f* (*torebka*) vanity-bag; (*kobieta*) cosmetician; *am.* beautician
kosmetyczny *adj* cosmetic; ***gabinet ~*** beauty parlour
kosmetyk *m* cosmetic
kosmetyka *f* cosmetics
kosmiczny *adj* cosmic; ***przemysł ~*** space industry; ***prom ~*** space shuttle
kosmonauta *m* cosmonaut
kosmopolita *m* cosmopolite
kosmopolityzm *m* cosmopolitism
kosmos *m* (outer) space
kosmyk *m* tuft, wisp
kosodrzewina *f* dwarf mountain pine
kostium *m* costume; ***~ kąpielowy*** bathing <swimming> suit; ***~ gimnastyczny*** gym suit
kostka *f* small bone; (*w grze*) die; (*u ręki*) knuckle; (*u nogi*) ankle; (*sześcian*) cube; (*brukowa*) flagstone; (*cukru*) lump
kostnica *f* mortuary; ossuary
kostnieć *vi* grow stiff
kostny *adj* osseous
kosz *m* basket; ***~ do śmieci*** waste-paper basket, dustbin; (*na ulicy*) litterbin
koszary *s pl* barracks
koszerny *adj* kosher
koszmar *m* nightmare
koszt *m* cost, expense; ***~em czegoś*** at the cost <the expense> of sth; ***~y podróży*** travelling expenses; ***~y utrzymania*** living costs
kosztorys *m* estimate of costs; cost calculation
koszt|ować *vt* cost; (*próbować*) taste; ***to mnie ~owało dużo pracy*** this cost me a lot of work; ***ile to ~uje?*** how much does it cost <is it>?
kosztowności *pl* valuables
kosztowny *adj* expensive, costly
koszula *f* shirt; (*damska*) chemise
koszulka *f* (*podkoszulka*) undershirt; T-shirt
koszyk *m* basket
koszykarz *m* basket-maker; *sport.* basketball player
koszykówka *f sport.* basketball
kościec *m* skeleton; ***~ moralny*** backbone
kościelny *adj* ecclesiastical, church-(*rate etc.*); *s m* sexton
kościotrup *m* skeleton
kościół *m* church
kościsty *adj* bony
kość *f* bone; (*do gry*) die (*pl* dice); *komp.* chip; ***~ słoniowa*** ivory; *przen.* ***~ niezgody*** a bone of contention
koślawy *adj* deformed; (*kulawy*) lame; (*np. o meblach*) rickety
kot *m zool.* cat; *przen. pot.* ***kupować ~a w worku*** buy a pig in a poke
kotara *f* curtain
kotek *m* kitten, pussy-cat
koteria *f* coterie, clique
kotlet *m* cutlet, chop
kotlina *f* dell, hollow, valley
kotłować się *vr pot.* boil, whirl
kotłownia *f* boiler-room; (*na statku*) stokehold
kotwic|a *f* anchor; ***podnieść ~ę*** weigh anchor; ***zarzucić ~ę*** cast anchor
kowadło *n* anvil
kowal *m* (black)smith
kowboj *m* cowboy
koza *f zool.* goat
kozioł *m zool.* (he-)goat, buck; (*u wozu*) box; *przen.* ***~ ofiarny*** scapegoat
kozioł|ek *m zool.* (*w zabawie i gimnastyce*) somersault; ***robić <fikać> ~ki*** turn somersaults

Koziorożec *m astr. geogr.* (*także znak zodiaku*) Capricorn
kożuch *m* sheepskin (coat)
kółko *n* little wheel; circle; (*rolka*) truckle; (*obręcz do zabawy*) hoop; (*do kluczy itp.*) ring; (*towarzyskie*) circle
kpiarz *m* scoffer
kpić *vi* scoff, mock (***z kogoś, czegoś*** at sb, sth)
kpiny *s pl* mockery
kra *f* floe, floating ice
krab *m zool.* crab
krach *m* crash, slump
kraciasty *adj* chequered
kradzież *f* theft; (*w sklepie*) shoplifting
kraina *f* land, region
kraj *m* country, land; home
kraj|ać *vt* cut; (*o mięsie*) carve; ***serce mi się ~e*** *przen.* my heart bleeds
krajobraz *m* landscape
krajowiec *m* native
krajowy *adj* native; home-made; home; ***przemysł <rynek, wyrób> ~*** home industry <market, product>
krakers *m* cracker
krakowiak *m* (*taniec*) Cracovienne
krakowianin *m* man of Cracow
kraksa *f* crash, accident; ***~ samochodowa*** car crash
kram *m* (*stoisko*) booth, stand; *pot.* (*zamieszanie*) mess
kran *m* tap, cock; (*żuraw*) crane; ***otworzyć <zamknąć> ~*** turn on <turn off> the tap <faucet>
kraniec *m* extremity, extreme, border
krańcowość *f* extremism
krańcowy *adj* extreme
krasnoludek *m* brownie
krasomówca *m* orator, rhetorician
krasomówstwo *n* oratory, rhetoric
kraść *vt* steal
krata *f* grate, grating, bars *pl*; (*drewniana*) lattice; (*deseń*) chequer
krater *m* crater
kratk|a *zob.* ***krata***; ***materiał w ~ę*** chequered cloth
kratkować *vt* chequer
kratować *vt* grate
krawat *m* (neck)tie
krawcowa *f* dressmaker
krawędź *f* edge, verge, border; (*górska*) ridge
krawężnik *m* kerb(-stone), *am.* curb
krawiec *m* tailor, dress-maker
krawiectwo *n* tailoring, dressmaking
krąg *m* circle; ring; disk; ***w kręgu przyjaciół*** in the circle of friends
krążek *m* disk
krążenie *n* circulation
krążownik *m wojsk.* cruiser
krążyć *vi* circulate, go round; (*o słońcu, planetach*) revolve; (*po orbicie*) orbit; (*po morzu*) cruise; (*wędrować*) ramble
kreacja *f* creation, production
kreatura *f pog.* low creature
kreci *adj* mole, mole's; *przen.* ***~a robota*** underhand dealings *pl*
kreda *f* chalk
kredens *m* cupboard
kredka *f* crayon; (*szminka*) lipstick
kredyt *m* credit; ***na ~*** on credit
kredytować *vt* credit, give on credit
krem *m* whipped cream; ***~ do golenia*** shaving cream
kremacja *f* cremation
krematorium *n* crematory, crematorium
kremowy *adj* cream-coloured
kreować *vt* create; *teatr.* (*rolę*) act
krepa *f* crape
kres *m* end, term, limit; ***położyć ~*** put an end (***czemuś*** to sth)
kreska *f* stroke; (*myślnik*) dash; (*pochyła*) slash
kreskować *vt* line

kreskówka *f* (*film rysunkowy*) animated cartoon
kresy *s pl* borderland, frontier land
kreślarz *m* draughtsman
kreślić *vt* draw, sketch
kret *m zool.* mole
kretowisko *n* molehill
kretyn *m* idiot, fool
krew *f* blood; ***rozlew krwi*** bloodshed; ***puszczać ~*** bleed (***komuś*** sb); ***związki krwi*** blood ties; ***przelewać ~*** spill blood, shed blood; ***zachować zimną ~*** keep cool; ***pełnej krwi*** (*rasowy*) thorough-bred; ***z zimną krwią*** in cold blood; ***dawca krwi*** blood donor
krewetka *f zool.* shrimp; prawn
krewki *adj* sanguine, impetuous
krewny *m* relative, relation
kręci|ć *vt vi* turn, twist, spin; (*włosy*) curl; *pot.* (*wykręcać się*) use crooked ways, quibble; ***~ć nosem na coś*** sniff at sth; ***~ć się*** *vr* turn; (*wiercić się*) fidget, fuss about; ***~ mi się w głowie*** my head turns, I feel giddy <dizzy>; ***~ć film*** shoot a film
kręcony *adj* twisted; (*o włosach*) curly; (*o schodach*) winding
kręg *m anat.* vertebra
kręgle *s pl* ninepins
kręgosłup *m anat.* spine, spinal column, backbone
kręgowiec *m zool.* vertebrate
krępować *vt* (*wiązać*) tie, bind; (*utrudniać*) constrain, hamper; (*żenować*) embarrass, make uneasy; ***~ się*** *vr* be embarrassed, feel uneasy (***czymś*** about sth)
krępy *adj* thickset
krętacki *adj* crooked
krętactwo *n* crooked ways *pl*, quibbling
krętacz *m* quibbler, shuffler
kręty *adj* winding, tortuous, crooked
krnąbrny *adj* refractory, intractable
krochmal *m* starch
krochmalić *vt* starch
kroczyć *vi* stride, pace
kroić *vt* cut
krok *m* step, pace; ***dotrzymywać ~u*** keep up (***komuś*** with sb); ***przedsięwziąć ~i*** take steps <measures>; ***~ za ~iem*** step by step; ***na każdym ~u*** at every step; ***równym ~iem*** in step; ***nierównym ~iem*** out of step; ***wielkimi ~ami*** by leaps and bounds; ***~i wojenne*** hostilities
krokodyl *m zool.* crocodile
krokus *m bot.* crocus
kromka *f* slice
kronika *f* chronicle; ***~ filmowa*** newsreel
kronikarz *m* chronicler, annalist
kropi|ć *vt vi* (be)sprinkle; drip; ***~ deszcz*** it drizzles
kropidło *n* sprinkler
kropielnica *f* font
kropk|a *f* point, dot; (*znak przestankowy*) full stop; *am.* period; ***stawiać ~ę nad „i"*** dot the "i"; ***w ~i*** dotted
kropkować *vt* dot
kropla *f* drop; ***~ w morzu*** a drop in the bucket
krosn|o *n*, *zw. pl* ***~a*** loom
krosta *f* pimple
krowa *f zool.* cow; ***święta ~*** sacred cow
krój *m* cut; *komp.* (*znaków*) font
król *m* king; *rel.* ***Trzej Królowie*** The Magi; (*święto*) Epiphany
królestwo *n* kingdom; ***Zjednoczone Królestwo*** (***Wielkiej Brytanii i Irlandii Północnej***) the United Kingdom (of Great Britain and Northern Ireland)
królewicz *m* king's son, prince royal
królewna *f* king's daughter, princess royal
królewski *adj* kingly, royal
królik *m zool.* rabbit; ***~ doświadczalny*** guinea-pig
królikarnia *f* warren

królowa *f* queen; ~ ***piękności*** beauty queen
królować *vi* reign (***nad kimś, czymś*** over sb, sth)
krótki *adj* short; (*zwięzły, krótkotrwały*) brief
krótko *adv* shortly; (*zwięźle*) in brief, in short
krótkofalowy *adj* short-wave *attr*
krótkofalówka *f pot.* short-wave set
krótkometrażówka *f pot.* short subject film
krótkoterminowy *adj* short-term *attr*
krótkotrwały *adj* brief, short-lived *attr*
krótkowidz *m med* myope; short-sighted person
krótkowzroczność *f med* myopia; short-sightedness
krótkowzroczny *adj* short-sighted
krówka *f zool.* small cow; ***boża*** ~ ladybird
krtań *f anat.* larynx
kruchość *f* fragility, frailty
kruchta *f* church-porch
kruch|y *adj* fragile, frail, brittle; (*chrupiący*) crisp; (*o mięsie*) tender; ***~e ciasto*** shortcake, shortbread
krucjata *f* crusade
krucyfiks *m rel.* crucifix
kruczek *m pot.* (*wybieg, sztuczka*) trick, shift
krucz|y *adj* raven's; ***~e włosy*** raven hair
kruk *m zool.* raven; ***biały*** ~ rarity
krupier *m* croupier
kruszec *m* ore
kruszeć *vi* become brittle; crumble; (*o mięsie*) become tender
kruszyć *vt* crush, crumb; ~ ***się*** *vr* crumble
kruszyna *f* crumb
krużganek *m* gallery
krwawić *vi*, ~ ***się*** *vr* bleed
krwawy *adj* sanguinary, bloodthirsty
krwinka *f biol.* blood corpuscle
krwiobieg *m biol.* circulation of the blood
krwiodawca *m* blood-donor
krwionośn|y *adj*, ***naczynie ~e*** blood vessel
krwiożerczy *adj* bloodthirsty
krwisty *adj* sanguineous, blood-red
krwotok *m* h(a)emorrhage
kry|ć *vt* (*pokrywać*) cover; (*ukrywać*) hide, conceal; ***~ć się*** *vr* hide; ***za tymi słowami coś się ~je*** there is sth behind these words
kryjówka *f* hiding-place
kryminalista *m* criminal
kryminalny *adj* criminal
kryminał *m* detective story, *pot.* whodunit; (*więzienie*) jail
krynica *f poet.* spring, fount
krynolina *f* crinoline
krypta *f* vault
kryptonim *m* cryptonym, code name
krystaliczny *adj* crystalline
krystalizować *vt*, ~ ***się*** *vr* crystallize
kryształ *m* crystal
kryterium *n* criterion
krytycyzm *m* criticism
krytyczny *adj* critical
krytyk *m* critic
krytyka *f* criticism, critique; (*recenzja*) review
krytykować *vt* criticize; (*recenzować*) review
kryza *f* ruff, frills
kryzys *m* crisis
krzaczasty *adj* bushy
krzak *m* ***bot.*** bush, shrub
krzątać się *vr* busy oneself, bustle (***koło czegoś*** about sth)
krzątanina *f* bustle
krzem *m chem.* silicon
krzemień *m* flint
krzemionka *f* silica
krzepić *vt* refresh, strengthen
krzepki *adj* vigorous
krzepnąć *vi* solidify; (*np. o krwi*)

coagulate; (*mężnieć*) become vigorous
krzesło *n* chair
krzew *m bot.* shrub
krzewić *vt* spread, propagate; **~ się** *vr* multiply
krzt|a *f*, ***ani ~y*** not a whit
krztusić się *vr* choke, stifle
krzyczący *adj* clamorous; (*o kolorze*) glaring, loud; (*o niesprawiedliwości*) burning, gross
krzyczeć *vi* shout (***na kogoś*** at sb); cry, shriek; **~ *z bólu*** shout with pain; **~ *z radości*** shout for joy
krzyk *m* cry, scream, shriek
krzykacz *m* crier, bawler
krzykliwy *adj* noisy
krzywd|a *f* wrong, harm, prejudice; ***wyrządzić ~ę*** wrong, do harm <wrong> (***komuś*** sb); ***z moją ~ą*** to my prejudice; *prawn.* ***spotkała mnie ~a*** a harm has come to me
krzywdzący *adj* prejudicial, harmful, injurious (***dla kogoś, czegoś*** to sb, sth)
krzywdzić *vt* wrong, harm, do wrong <harm>
krzywica *f med.* rickets, rachitis
krzywić *vt* crook, bend; **~ *się*** *vr* make a wry face (***na kogoś, na coś*** at sb, sth)
krzywo *adv* awry; (*pisać*) aslant, slantwise; (*patrzeć*) askance
krzywoprzysięgać *vt* perjure oneself
krzywoprzysięstwo *n* perjury
krzywoprzysięzca *m* perjurer
krzyw|a *s f mat.* (*linia*) curve; **~y** *adj* crooked; (*o minie, uśmiechu itp.*) wry
krzyż *m także rel.* cross; ***Czerwony Krzyż*** Red Cross
krzyżacki *adj*, ***zakon ~*** Teutonic Order
Krzyżak *m* Teutonic Knight, Knight of the Cross
krzyżować *vt* (*układać na krzyż*) cross; (*rozpinać na krzyżu*) crucify; (*psuć plany*) thwart
krzyżowiec *m hist.* crusader
krzyżow|y *adj* cross, crossed, cross-shaped; *wojsk.* ***ogień ~y*** cross-fire; *hist.* ***wojna ~a*** crusade; *przen.* ***~y ogień pytań*** cross-questions; ***badanie w ~ym ogniu pytań*** cross-examination
krzyżówka *f* crossword puzzle
krzyżyk *m* small cross, crosslet; *muz.* sharp
ksenofobia *f* xenophobia
kserograf *m* Xeroxing machine, Xerox, photocopier
kserować *vt* Xerox
ksiądz *m* priest, clergyman
książeczka *f* booklet; **~ *oszczędnościowa*** savings-bank book; **~ *czekowa*** cheque-book
książę *m* prince, duke
książęcy *adj* princely, ducal
książka *f* book; **~ *szkolna*** school-book; **~ *w miękkiej oprawie*** paperback; **~ *z obrazkami*** picture-book; **~ *teleadresowa*** *pot.* yellow pages
księga *f* book; (*urzędowa, rejestracyjna*) register; (*główna w księgowości*) ledger; **~ *pamiątkowa*** visitors' book
księgarnia *f* bookseller's shop, bookshop, *am.* bookstore
księgarz *m* bookseller
księgować *vt* enter, book
księgowość *m* accountancy, accounting, bookkeeping
księgowy *m* accountant, bookkeeper
księgozbiór *m* library, collection of books
księstwo *n* duchy, principality
księżna, księżniczka *f* duchess, princess
księżyc *m* moon; ***przy świetle ~a*** by moonlight; ***spaść z ~a*** drop from the Moon
ksylofon *m muz.* xylophone
kształcący *adj* instructive
kształcić *vt* educate, instruct

kształt *m* form, shape
kształtny *adj* shapely
kształtować *vt* form, shape
kto *pron* who; *przypadki dzierżawcze* **czyj** (**czyja, czyje**) whose; *przypadki zależne* **kogo** (**komu, kim**) who, whom; **~ inny** who else; somebody else; **~ bądź** anybody, anyone
ktokolwiek *pron zob.* **kto bądź** *zob.* **kto**
ktoś *pron* somebody, someone; **~ inny** somebody else
którędy *pron* which way
który *pron* who, which, that; **~ bądź** (*z dwojga*) either
którykolwiek *pron* any, whichever; whatever
któryś *pron* some
ku *praep* towards, to
Kubańczyk *m* Cuban
kubański *adj* Cuban
kubatura *f* cubature, cubic volume
kubek *m* mug, cup
kubeł *m* pail, bucket; **~ na śmiecie** dustbin; *am.* trash can
kubizm *m* cubism
kucharka *f* cook
kucharsk|i *adj* culinary; **książka ~a** cookery-book
kucharz *m* cook
kuchenka *f* (*urządzenie*) cooker, range; **~ mikrofalowa** microwave (oven)
kuchnia *f* (*pomieszczenie*) kitchen; (*urządzenie do gotowania*) stove, range; (*jakość potraw*) cuisine, cooking; **dobra ~** good cooking
kucnąć *vi* squat down
kucyk *m* pony
kuć *vt* forge, hammer; (*konia*) shoe; *vi pot.* (*uczyć się na pamięć*) cram
kudłaty *adj* shaggy
kufel *m* (beer-)mug, tankard
kufer *m* box, trunk, chest
kuglarstwo *n* jugglery
kuglarz *m* juggler
kukiełka *f* puppet
kukiełkowy *adj*, **teatr ~** puppet-show
kukła *f* puppet
kukułka *f zool.* cuckoo
kukurydza *f bot. bryt.* maize; *am.* corn
kul|a *f* ball; (*rewolwerowa itp.*) bullet; (*geometryczna*) sphere; (*proteza*) crutch; (*do gry*) bowl; **~a śnieżna** snowball; **~a ziemska** globe; **pchnięcie ~ą** *sport* shot put
kulawy *adj* lame
kuleć *vi* limp, hobble
kulić się *vr* cower, squat
kulig *m* sleighing party
kulinarny *adj* culinary
kulisty *adj* spherical, round
kulis|y *s pl teatr.* scenes, wings; *przen.* **za ~ami** behind the scenes
kulka *f* small ball, globule; (*z papieru, chleba*) pellet
kulminacyjny *adj*, **punkt ~** culminating point, climax
kult *m* cult, worship
kultur|a *f* culture, civilization; (*uprawa*) cultivation; **~a masowa** mass <popular> culture
kulturalny *adj* cultural, civilized; (*o umyśle, manierach*) cultured
kulturysta *m* body-builder; muscleman
kultywować *vt* cultivate
kuluary *m pl* lobbies; corridors
kumkać *vi* croak
kumoterstwo *n* favouritism, backing for family reasons; *przen.* log-rolling
kumpel *m pot.* pal
kumulacja *f* cumulation
kumulować *vt*, **~ się** *vr* cumulate
kuna *f zool.* marten
kundel *m* cur, mongrel
kunktator *m* cunctator
kunszt *m* art
kunsztowny *adj* artful, artistic
kup|a *f* heap, pile; **składać na ~ę** heap up; *przen.* **wziąć się do ~y** pull oneself together

kupić *vt zob.* ***kupować***

kupiec *m* merchant, tradesman, dealer; (*drobny handlarz*) shopkeeper

kuplet *m* cabaret song; (*dwuwiersz*) couplet

kupn|o *m* purchase; bargain; ***siła ~a*** purchasing power

kupon *m* coupon

kupować *vt* buy, purchase; ***~ na raty*** buy in <by> instalments; ***~ kota w worku*** buy a pig in a poke

kura *f zool.* hen

kuracja *f* cure, treatment

kuracjusz *m* patient; (*np. w uzdrowisku*) visitor

kuracyjn|y *adj* curative; ***miejscowość ~a*** health-resort

kuratela *f* guardianship, trusteeship

kurator *m* trustee; guardian, curator

kuratorium *n* board of trustees; school-board

kurcz *m med.* cramp, spasm

kurczak *n zool.* chicken

kurczowo *adv* spasmodically

kurczowy *adj* spasmodic

kurczyć *vt*, ***~ się*** *vr* shrink; *fiz.* contract

kurek *m* cock; (*kran*) tap; (*na wieży*) weather-cock

kurhan *m* tumulus, barrow

kuria *f* curia

kurier *m* courier

kuriozum *n* curiosity

kuropatwa *f zool.* partridge

kurować *vt* treat, cure (***na daną chorobę*** for a disease)

kurs *m* course; ***~ walutowy*** rate of exchange; ***zapisać się na ~*** enrol for a course

kursor *m komp.* cursor

kursować *vi* run, circulate

kursywa *f* italics

kurtka *f* jacket; bomber jacket; baseball jacket

kurtuazja *f* courtesy

kurtuazyjny *adj* courteous

kurtyna *f* curtain

kurwa *f wulg.* whore; hooker, hustler, slut; *int* (*przekleństwo*) fuck (it)!

kurz *m* dust

kurzawa *f* dust-storm

kurzyć *vi* raise dust; ***~ się*** *vr* be <get> dusty; (*dymić się*) smoke, reek

kusiciel *m* tempter, seducer

kusić *vt* tempt; ***~ się*** *vr* seek to obtain, attempt

kustosz *m* custodian, trustee

kusza *f* cross-bow

kuśnierz *m* furrier

kutas *m wulg.* cock, prick

kuter *m mors.* cutter

kuzyn *m* cousin

kuźnia *f* forge, smithy

kwadra *f astr.* quarter

kwadrans *m* a quarter (of an hour)

kwadrat *m* square

kwadratow|y *adj* square; ***liczba ~a*** square number; ***5 stóp ~ych*** 5 square feet

kwakać *vi* quack

kwakier *m* Quaker

kwalifikacja *f* qualification

kwalifikować *vt* qualify; ***~ się*** *vr* be qualified, qualify (***do czegoś*** for sth)

kwalifikowany *adj* (*o pracowniku*) skilled

kwapić się *vr* be eager (***do czegoś*** for, after sth; to do sth)

kwarantanna *f* quarantine

kwarc *m miner.* quartz

kwartalnie *adv* quarterly

kwartalnik *m* quarterly

kwartalny *adj* quarterly

kwartał *m* quarter

kwartet *m muz.* quartet

kwas *m* acid; (*zaczyn*) leaven; *pl* ***~y*** (*w żołądku*) acidity; *przen.* (*niezadowolenie, dąsy*) ill-humour

kwasić *vt* sour; ferment; (*np. ogórki*) pickle

kwaskowaty *adj* sourish, acidulous

kwasota *f* acidity
kwaszony *adj*, ***kapusta ~a*** sauerkraut
kwaśnieć *vi* sour, become sour
kwaśn|y *adj* sour, acid; ***~a mina*** a long <wry> face; ***zbić kogoś na ~e jabłko*** beat sb black and blue
kwatera *f* lodging; *wojsk.* billet; ***~ główna*** headquarters *pl*
kwatermistrz *m* quartermaster
kwaterować *vt* quarter; *wojsk.* billet; *vi* be quartered <billeted>
kwaterunek *m* quartering; *wojsk.* billeting
kwesta *m* collection
kwestarz *m* collector
kwesti|a *f* question; ***~a gustu*** matter of taste; ***to nie ulega ~i*** there is no doubt about it, it's beyond doubt
kwestionariusz *m* inquiry-sheet, questionnaire
kwestionować *vt* question, call in question
kwestor *m* bursar
kwestować *vi* collect (money)
kwestura *f* bursary
kwiaciarka *f* florist; (*uliczna*) flower-girl
kwiaciarnia *f* florist shop
kwiat *m* flower; (*drzewa owocowego*) blossom; *przen.* ***w kwiecie wieku*** in the prime of life
kwiczeć *vi* squeak
kwiecień *m* April
kwiecisty *adj* flowery; (*o stylu*) florid
kwietnik *m* flower-bed
kwik *m* squeak
kwilić *vi* whimper
kwintesencja *f* (quint)essence
kwintet *m* quintet
kwit *m* receipt; ***~ bagażowy*** check; ***~ celny*** certificate of clearance; ***~ zastawny*** pawn-ticket
kwitariusz *m* receipt-book
kwitnąć *vi* bloom, blossom, flower; *przen.* flourish
kwitować *vt* receipt; ***~ odbiór przesyłki*** acknowledge the receipt of a parcel
kwoka *f* sitting hen
kworum *n nieodm.* quorum
kwota *f* (sum) total, amount

L

labirynt *m* labyrinth, maze
laborant *m* laboratory assistant
laboratorium *n* laboratory, lab
laboratoryjny *adj* laboratory
lać *vt vi* (*nalewać*) pour; (*odlewać np. metal*) cast; ***deszcz leje*** it is pouring; ***~ się*** *vr* pour; (*strumieniem*) gush, flow, stream; ***krew się leje*** blood is being shed; ***pot leje mu się z czoła*** sweat trickles from his brow
lada 1. *f* chest, box; (*stół sklepowy*) counter; ***~ chłodnicza*** refrigerated counter
lada 2. *part.* any, whatever; ***~ chwila*** any minute; ***~ dzień*** any day; ***~ kto*** anybody; ***to zawodnik nie ~*** he is far from being an average competitor
laguna *f* lagoon
laik *m* layperson; layman
lak *m* sealing wax
lakier *m* varnish, nail polish; lacquer; enamel
lakierki *s pl* patent leather shoes
lakierować *vt* varnish, lacquer
lakmus *m chem.* litmus
lakoniczny *adj* laconic
lakować *vt* seal
lalka *f* doll

lament *m* lament, lamentation
lamentować *vi* lament (***nad kimś, czymś*** for, over sb, sth)
lamować *vt* border
lamówka *f* border; (*do ubrań*) lace
lamp|a *f* lamp; ***~ka wina*** glass of wine
lampart *m* leopard
lampas *m* (trouser-)galloon
lampion *m* lampion, Chinese lantern
lanca *f* lance
lancet *m* lancet
landrynka *f* fruit drop
lanie *n* pouring; (*odlewanie*) casting; *pot.* (*bicie*) good thrashing, flogging
lanolina *f* lanolin
lansować *vt* promote; launch
lapidarny *adj* pointed, concise
lapsus *m* slip of the tongue; lapse
larwa *f zool.* larva
laryngolog *m* laryngologist, ENT specialist
las *m* wood(s), forest; ***dziewiczy ~*** virgin forest; ***~ tropikalny*** rainforest
laseczka *f* wand, (small) stick
lasek *m* grove
laser *m* laser
laserow|y *adj*, ***drukarka ~a*** laser printer
lask|a *f* (walking) stick, cane; ***~a marszałkowska*** speaker's staff; *bryt.* mace; ***złożyć wniosek do ~i marszałkowskiej*** table a motion
laskowy *adj*, ***orzech ~*** hazel-nut
lasować *vt* slake
latać *vi* fly; (*biegać*) run about
latarka *f* lantern; ***~ elektryczna*** (electric) torch, flashlight
latarnia *f* lantern, lamp; ***~ morska*** lighthouse; ***~ projekcyjna*** projection lantern
latarnik *m* lighthouse-keeper
lataw|iec *m* kite; ***puszczać ~ca*** fly a kite
lato *n* summer; ***babie ~*** (*okres*) Indian summer; (*pajęczyna*) gossamer
latorośl *f* shoot, offshoot; *przen.* offspring; ***winna ~*** (grape-)vine
laufer *m* (*w szachach*) bishop
laur *m* laurel
laureat *m* laureate, prize-winner; ***~ nagrody Nobla*** Nobel-Prize winner
lawa *f* lava
lawenda *f bot.* lavender
laweta *f* gun-carriage
lawina *f* avalanche, slide
lawirować *vi mors.* tack, beat about; *przen.* veer
lazur *m* azure, sky-blue
ląd *m* land; ***~ stały*** continent; ***~em*** by land
lądować *vi* land
lądowisko *n lotn.* landing-ground
lecieć *vi* fly; (*pędzić*) run, hurry; (*o czasie*) pass, slip away; ***~ z góry*** drop, fall down
lecz *conj* but, still
leczeni|e *n* treatment; therapy; ***~e szpitalne*** hospitalization; ***poddać się ~u*** try a cure, follow a course of treatment; ***~e się*** cure
lecznica *f* clinic, hospital, nursing home
lecznictwo *n* therapeutics; health service
leczniczy *adj* medicinal; ***środek ~*** medicine
leczyć *vt* treat (***kogoś na coś*** sb for sth); cure (***kogoś z czegoś*** sb of sth); (*goić*) heal; ***~ się*** *vr* undergo a treatment, take a cure
ledwie, ledwo *adv* hardly, scarcely; ***~ dyszy*** he can hardly breathe; ***~ nie umarł*** he nearly died; *conj* no sooner... than...; ***~ wyszliśmy, zaczęło padać*** no sooner had we left than it started to rain
legalizować *vt* legalize
legalny *adj* legal, rightful
legat *m* (*zapis*) legacy, bequest; (*papieski*) nuncio, legate

legawiec *m* pointer; (*długowłosy*) setter
legenda *f* legend
legendarny *adj* legendary
legia *f* legion; **~ *cudzoziemska*** foreign legion
legion *m* legion
legionista *m* legionary
legitymacja *f* identity card, ID; certificate; (*członkowska*) membership card
legitymować *vt* identify, establish sb's identity; **~ *się*** *vr* prove one's identity
legowisko *n* couch, bed; (*dzikich zwierząt*) lair
legumina *f* pudding
lej *m* funnel; (*w ziemi*) crater
lejce *s pl* reins
lejek *m* funnel
lek *m* medicine, cure; remedy; **~ *uniwersalny*** panacea
lekarski *adj* medical; ***wydział* ~** faculty of medicine
lekarstwo *n med.* medicine, remedy; ***zażyć* ~** take a medicine
lekarz *m med.* physician, doctor; **~ *ogólnie praktykujący*** general practitioner; **~ *wojskowy*** army surgeon
lekceważący *adj* disregardful, disdainful
lekceważenie *n* neglect, disregard, disdain, slight(ing)
lekceważyć *vt* neglect, disregard, disdain, slight; **~ *obowiązki*** neglect one's duties
lekcj|a *f* lesson; ***brać ~e angielskiego*** take English lessons; ***udzielać ~i angielskiego*** give English lessons; ***odrabiać ~e*** do one's lessons
lekk|i *adj* light; *sport* (*w boksie*) ***waga ~a*** light weight
lekkoatleta *m sport* athlete
lekkoatletyka *f sport* athletics
lekkomyślność *f* lightmindedness, recklessness
lekkomyślny *adj* light-minded, reckless
lekkostrawny *adj* light (*dish*)
lekkość *f* lightness; (*łatwość*) easiness
leksykografia *f* lexicography
leksykon *m* lexicon
lektor *m* lector, reader; (*prowadzący lektorat*) teacher
lektorium *n* reading-room
lektur|a *f* (*czytanie*) reading; (*materiał do czytania*) reading-matter; ***spis ~y*** reading list
lemiesz *m* ploughshare
lemoniada *f* lemonade
len *m bot.* flax
lenić się *vr* laze, idle
lenistwo *n* idleness, laziness
leniuch *m* lazybones, idler, sluggard
leniuchować *vi* laze, idle one's time away
leniwiec *m zool.* sloth
leniwy *adj* idle, lazy
leń *m* lazybones, idler
lep *m* glue; **~ *na muchy*** fly-paper
lepianka *f* shanty
lepić *vt* glue, stick; **~ *z gliny*** loam, make of loam; **~ *się*** *vr* stick, be sticky
lepiej *adv comp* better; ***tym* ~** all the better, so much the better; **~ *byś poszedł sobie*** you had better go
lepki *adj* sticky; (*przylepny*) adhesive
lepszy *adj comp* better; ***kto pierwszy, ten* ~** first come, first served
lesbijka *f* lesbian
lesisty *adj* wooded, woody
leszcz *m zool.* bream
leszczyna *f bot.* hazel
leśnictwo *n* forestry, forest district
leśniczówka *f* forester's cottage <lodge>
leśniczy, leśnik *m* forester
leśny *adj* forest-(*law etc.*); wood-(*nymph etc.*)
letarg *m med.* lethargy; *przen.* torpor

letni *adj* (*niegorący*) tepid, lukewarm; *attr* (*dotyczący lata*) summer

letnisko *n* health-resort, summer-resort

leukocyt *m biol.* leukocyte

lew *m* lion; (*znak zodiaku*) Leo

lew|a *f* (*w kartach*) trick; ***wziąć ~ę*** take <win> a trick

lewar *m* lever; (*hydrauliczny*) siphon

lewatywa *f med.* enema

lewica *f* left hand <side>; *polit.* the left, left wing

lewicowiec *m* leftist

lewkonia *f bot.* stock

leworęczny *adj* left-handed

lewostronny *adj* left-sided

lew|o *adv*, ***na ~o*** on the left, to the left; ***~y*** *adj* left; ***~a strona*** wrong side; ***na ~ą stronę*** inside out; (*monety*) reverse

leźć *vi pot.* (*wspinać się*) climb, creep upwards; (*wlec się*) drag (oneself) along, shuffle

leżak *m* folding-chair, deck-chair

leże *n* lodging, resting-place; *wojsk.* camp, quarters *pl*; ***~ zimowe*** winter-quarters *pl*

leżeć *vi* lie; (*znajdować się*) be placed, be situated; (*o ubraniu*) ***dobrze ~*** sit <fit> well; ***źle ~*** sit <fit> badly

lędźwie *s pl* loins

lęgnąć się *vr* come out of the shell, hatch

lęk *m* fear; (*groza*) awe

lękać się *vr* (***o kogoś, coś*** for sb, sth), be anxious (***o kogoś, coś*** about sb, sth), be afraid (***kogoś, czegoś*** of sb, sth)

lękliwy *adj* timid

lgnąć *vi* adhere, stick; *przen.* cling, be attached

libacja *f* drinking bout

liberalizm *m* liberalism

liberalny *adj* liberal

liberał *m* liberal

liberia *f* livery

libertyn *m* libertine

libretto *n* libretto

licencja *f* licence

liceum *n* secondary <grammar> school

lich|o *n* evil; *pot.* ***co u ~a!*** what the devil <deuce>!

lichtarz *m* candlestick

lichwa *f* usury

lichwiarz *m* usurer; loan shark

lichy *adj* poor, mean, miserable, shabby

lic|ować *vi* harmonize (***z czymś*** with sth), become (***z kimś, czymś*** sb, sth); ***to nie ~uje z tobą*** it does not become you

licytacj|a *f* auction; (*w brydżu*) bid; ***oddać na ~ę*** put up to auction; ***sprzedać na ~i*** sell by auction

licytator *m* auctioneer

licytować *vt* sell by auction, put to auction; (*w brydżu*) bid

liczba *f* number; figure; *gram.* ***~ pojedyncza <mnoga>*** singular <plural> (number); *mat.* ***~ wymierna*** rational number; ***szczęśliwa ~*** lucky number

liczbowy *adj* numerical

liczebnie *adv* numerically, in number

liczebnik *m gram.* numeral, number

liczebny *adj* numerous; numerical

liczeni|e *n* calculation; counting, computation; ***maszyna do ~a*** calculating machine, calculator

licznik *m mat.* numerator; (*automat*) counter, meter; ***~ elektryczny*** electrometer; ***~ gazowy*** gas-meter; ***~ w taksówce*** taximeter

liczny *adj* numerous

liczy|ć *vt* (*obliczać*) count, reckon, compute; (*wynosić*) number, count; (*podawać cenę*) charge; ***~ć na kogoś*** depend <rely> on <upon> sb; ***klasa ~ 20 uczniów*** the class numbers 20 pupils; ***on ~ sobie około 60 lat*** he may be

some 60 years old; ***~ć się*** *vr* count; ***to się nie ~*** that does not count; ***~ć się z kimś, czymś*** take sb, sth into account; ***on się nie ~ z pieniędzmi*** he doesn't count every penny
liczydło *n* abacus
lider *m* leader
liga *f* league
lignina *f* lignin
likier *m* liqueur
likwidacja *f* liquidation
likwidować *vt* liquidate, wind up
lila *adj nieodm.* lilac, pale violet
lilia *f bot.* lily
liliowy *adj* lily *attr*, lily-white; pale violet
limfa *f biol.* lymph
limfatyczny *adj* lymphatic
limit *m* limit
limuzyna *f* limousine
lin *m zool.* tench
lina *f* rope, line, cord
lincz *m* lynch law
linczować *vt* lynch
lingwista *m* linguist
lingwistyka *f* linguistics
lini|a *f* line; (*liniał*) rule, ruler; ***~a ciągła*** solid line; ***~a przerywana*** broken line; ***cienkie ~e*** (*na papierze*) faint lines; ***~a autobusowa*** <***kolejowa***> bus <railway> line; ***~a lotnicza*** air-line
linieć, lenieć *vi* moult, shed one's hair; (*o gadach*) slough
linijka *f* (*liniał*) ruler; (*wiersz*) line
liniowa|ć *vt* rule, line; (*o papierze*) ***cienko ~ny*** ruled <lined> faint
liniow|y *adj wojsk. mors.* line *attr*, of the line; ***pułk ~y*** line regiment; ***oddziały ~e*** troops of the line; ***okręt ~y*** (*pasażerski*) liner; (*wojskowy*) ship of the line
linoleum *n nieodm.* linoleum
linoskoczek *m* rope-dancer
linotyp *m druk.* linotype
linow|y *adj*, ***kolejka ~a*** funicular <cable> railway
lipa *f bot.* lime, linden; *przen. pot.* humbug
lipiec *m* July
lira *f muz.* lyre
liryczny *adj* lyrical
liryka *f* lyric poetry; lyrics
lis *m zool.* fox
list *m* letter; ***~ polecony*** registered letter; ***~y uwierzytelniające*** credentials; ***~ ekspresowy*** express <special delivery> letter; ***~ polecający*** letter of introduction <recommendation>
lista *f* list, register; ***~ obecności*** attendance record; ***~ płacy*** payroll, pay-sheet; ***~ zmarłych*** death-roll; ***~ oczekujących*** waiting list
listek *m* leaflet
listonosz *m* postman
listopad *m* November
listownie *adv* by letter, in writing
listowy *adj*, ***papier ~*** letter-paper, note-paper
listwa *f* fillet, batten; (*mała, cienka*) slat
liszaj *m med.* herpes
liszka *f* (*gąsienica*) caterpillar
liściasty *adj* leafy
liść *m* leaf
litania *f* litany
litera *f* letter; ***wielka ~*** capital letter
literacki *adj* literary
literalny *adj* literal
literat *m* man of letters, literary man
literatura *f* literature; ***~ piękna*** belles-lettres
literować *vt* spell
litewski *adj* Lithuanian
litografia *f* lithography
litościwy *adj* merciful
litość *f* mercy, pity; ***na ~ Boską!*** for heaven's <God's> sake!
litować się *vr* take pity (***nad kimś*** on sb); feel sorry for; have mercy on
litr *m* litre
liturgia *f* liturgy

liturgiczny *adj* liturgical
Litwin *m* Lithuanian
lity *adj* massive, solid; (*lany*) molten, cast
lizać *vt* lick; *pot.* ***liznął trochę angielskiego*** he has a smattering of English
lizak *m* lollipop, *am. też* sucker
lizol *m chem.* Lysol
lizus *m pot.* toady
lnian|y *adj* linen; ***siemię ~e*** linseed; ***płótno ~e*** linen
loch *m* dungeon
lodołamacz *m* ice-breaker
lodowaty *adj* glacial, icy
lodowiec *m* glacier
lodowisko *n* ice field; (*tor łyżwiarski*) skating-rink
lodow|y *adj* ice *attr*, glacial; *geol.* ***epoka ~a*** Ice Age; ***góra ~a*** iceberg
lodówka *f* refrigerator, ice-box, *pot.* fridge
lody *s pl* ice-cream
lodziarz *m* iceman
logarytm *m mat.* logarithm
logiczny *adj* logical
logika *f* logic
logistyka *f* logistics
logo *n* logo
lojalność *f* loyalty
lojalny *adj* loyal
lok *m* lock
lokaj *m* lackey; manservant
lokal *m* premises *pl*, place, room(s), apartment(s); ***~ rozrywkowy*** place of entertainment; ***nocny ~*** night-club
lokalizować *vt* localize, locate
lokalny *adj* local
lokata *f* investment
lokator *m* tenant, lodger
lokaut *m* lockout
lokomotywa *f* (railway-)engine; *am.* locomotive
lokować *vt* place, locate; (*inwestować*) invest
lombard *m* pawnshop
londyńczyk *m* Londoner
lont *m* fuse
lora *f* lorry
lord *m* lord
lornetka *f* binoculars; (*polowa*) field-glasses *pl*; (*teatralna*) opera-glasses *pl*
los *m* lot, fate; (*na loterii*) lottery-ticket; (*wygrana na loterii*) prize; ***ciągnąć <rzucać> ~y*** draw <cast> lots; ***na ~ szczęścia*** at a venture, at hazard; ***zdać się na ~ szczęścia*** chance one's luck
losować *vi* draw lots
losowanie *n* drawing of lots, lottery-drawing
lot *m* flight; ***~ czarterowy*** charter flight; ***widok z ~u ptaka*** bird's eye view; ***~ odwołany <opóźniony>*** flight cancelled <delayed>
loteri|a *f* lottery; ***wygrana na ~i*** prize
lotka *f zool.* pinion; *lotn.* aileron
lotnia *f* hang glider
lotnictwo *n* aviation, aircraft; air force; ***~ wojskowe*** Air Force; (*w Anglii*) Royal Air Force
lotnicz|y *adj*, ***baza ~a*** air-base; ***linia ~a*** air-line, airway; ***poczta ~a*** air-mail
lotnik *m* airman, flyer, flier
lotnisko *n* (*cywilne*) airport
lotniskowiec *m* aircraft carrier
lotny *adj* quick, bright; *chem.* volatile; *wojsk.* ***~ oddział*** flying squad; ***piasek ~*** quick <shifting> sand
lotos *m bot.* lotus
loża *f teatr* box; (*masońska*) lodge
lód *m* ice; ***przełamać pierwsze lody*** break the ice
lśniący *adj* brilliant, lustrous, shiny
lśnić *vi* shine, glitter
lub *conj* or
lubić *vt* like, be fond of, have a liking for; (*bardzo*) love; ***nie ~*** dislike
lubieżny *adj* lewd, voluptuous
lubować się *vr* take pleasure, delight (***w czymś*** in sth)

lud *m* people, folk
ludność *f* population
ludny *adj* populous
ludobójca *m* genocide
ludobójstwo *n* genocide
ludow|y *adj* people's *attr*; popular; ***pieśń ~a*** folk song; ***stronnictwo ~e*** peasant party
ludożerca *m* cannibal, man-eater
ludzie *s pl* people, persons
ludzki *adj* human; (*humanitarny*) humane; ***ród ~*** mankind
ludzkość *f* mankind; (*człowieczeństwo*) humanity; human nature
luf|a *f* barrel; ***otwór ~y*** muzzle
lufcik *m* vent(-hole)
luk *m mors.* scuttle, hatch; (*okienko*) porthole
luka *f* gap, breach
lukier *m* sugar-icing
lukratywny *adj* lucrative
luksus *m* luxury
luksusow|y *adj* luxury *attr*, luxurious; *pl* ***artykuły ~e*** fancy articles, articles of luxury
lunatyk *m* sleep-walker
lunąć *vi* (*o deszczu*) come down in a torrent; *pot.* (*uderzyć*) slap, hit
luneta *f* telescope
lupa *f* magnifying glass
lura *f pot.* slops; wish-wash
lusterko *m* pocket-glass, hand-glass; ***~ wsteczne*** rear-view mirror
lustracja *f* inspection, survey; review
lustro *n* mirror, looking-glass
lustrować *vt* review, pass in review; inspect, survey
luteranin *m* Lutheran
lutnia *f muz.* lute
lutować *vt* solder
luty *m* February
luz *m* margin; play; (*swoboda*) leeway; ***~em*** loosely; separately; ***być na luzie*** feel <be> relaxed
luzować *vt* replace, relay; *wojsk.* relieve
luźny *adj* loose
lwi *adj* lion's, leonine; ***~a część*** lion's share
lżyć *vi* insult, abuse (***kogoś*** sb)

Ł

łabę|dź *m* swan; *przen.* ***~dzi śpiew*** swan song
łachman *m* rag, tatter
łacina *f* Latin
ład *m* order
ładny *adj* pretty, good-looking, fair; nice; neat
ładować *vt* load, charge
ładunek *m* load; (*okrętowy*) cargo; (*kolejowy*) freight; (*nabój*) cartridge; (*elektryczny*) charge; (*wybuchowy*) blast
łagodnieć *vi* become mild, soften
łagodność *f* mildness, softness
łagodny *adj* mild, soft, gentle
łagodząc|y *adj* soothing; alleviating; ***okoliczności ~e*** extenuating circumstances
łagodzić *vt* appease, alleviate, soothe, mitigate
łajdacki *adj* roguish, villainous
łajdactwo *n* villainy
łajdak *m* villain, scoundrel, rascal
łaknąć *vi* be hungry; (*pożądać*) be desirous (***czegoś*** of sth)
łakomić się *vr* covet (***na coś*** sth)
łakomstwo *n* greediness, gluttony
łakomy *adj* greedy (***na coś*** for sth)
łamacz *m* breaker; *mors.* ***~ fal***

breakwater; **~ lodów** icebreaker
łamać *vt* break; **~ głowę** rack one's brains (**nad czymś** about sth); **~ słowo** break one's word; **~ się** *vr* break
łamigłówka *f* puzzle, riddle, poser
łamistrajk *m* strike-breaker
łamliwy *adj* brittle, fragile
łania *f zool.* hind
łańcuch *m* chain; **~ gór** mountain range
łańcuchow|y *adj*, **most ~y** chain bridge; *chem.* **reakcja ~a** chain reaction
łańcuszek *m* little chain; (*u zegarka*) watch-chain
łapa *f* paw
łapać *vt* catch, seize; **~ kogoś za słówka** catch sb in his words; **~ za coś** catch hold of sth
łapanka *f* round-up; raid
łapczywość *f* greed
łapczywy *adj* greedy (**na coś** for, of sth)
łapka 1. *f* little paw
łapka 2. *f* (*pułapka*) trap; **~ na myszy** mouse-trap
łapownictwo *n* bribery
łapówk|a *f* bribe; **dać ~ę** bribe
łasica *f zool.* weasel
łasić się *vr* fawn (**do kogoś** on, upon sb)
łas|ka *f* grace, favour; **akt ~ki** act of grace; **na ~ce** at the mercy; **w drodze ~ki** as a favour
łaskawość *f* kindness, graciousness
łaskaw|y *adj* kind (**dla kogoś** to sb); gracious; **bądź ~ to zrobić** be so kind as to do it
łaskotać *vt* tickle
łaskotki *s pl* tickling
łasy *adj* greedy (**na coś** for sth)
łata *f* patch
łatać *vt* patch, piece together
łatanina *f pot.* patch-work
łatwopalny *adj* inflammable; *am.* flammable
łatwość *f* easiness, ease, facility
łatwowierność *f* credulity
łatwowierny *adj* credulous
łatwy *adj* easy; **~ w obsłudze** easy to handle <operate>
ław|a *f* bench; **~a przysięgłych** jury; **kolega z ~y szkolnej** schoolmate
ławica *f* bank; **~ ryb** shoal of fish
ławka *f* bench; (*kościelna*) pew; (*szkolna*) desk
ławnik *m* alderman
łazić *vi* crawl, tramp, loaf; **~ po drzewach** climb trees
łazienka *f* bathroom
łazik *m pot.* tramp, vagabond
łaźnia *f* vapour-bath
łączący *adj* binding, joining; *gram.* **tryb ~** subjunctive mood
łącznie *adv* together, along with
łącznik *m* link; *wojsk.* liaison officer; *gram.* hyphen
łącznoś|ć *f* communication; connection, connection, contact, union; **służba ~ci** signal-service; *wojsk.* **oficer ~ci** signal officer
łączn|y *adj* joint; **~a suma** sum total
łącz|yć *vt* join, unite, connect, link; associate; **~ się** *vr* unite, combine; (*w liście*) **~ę pozdrowienia** yours truly <sincerely>
łąka *f* meadow
łeb *m pot.* pate; **na ~, na szyję** headlong, head over heels; **brać się za łby** come to blows
łechtać *f* tickle
łęk *m* saddle-bow
łgać *vi* lie, tell lies
łgarstwo *n* lie
łkać *vi* sob
łobuz *m* urchin; rogue, villain; bastard
łobuzerstwo *n* petty villainy; knavery
łodyga *f* stalk, stem
łok|ieć *m* elbow; **trącać ~ciem** elbow
łom *m* crowbar; (*złodziejski*) jemmy; *am.* jimmy
łomot *m* crack, din

łono *n* bosom; womb; lap
łopata *f* spade, shovel
łopatka *f* little shovel, spatula; *anat.* shoulder-blade
łopotać *vi* flap <flutter> (***skrzydłami, żaglami*** the wings, the sails)
łoskot *m* crash, crack, din
łosoś *m zool.* salmon
łoś *m zool.* elk
łotewski *adj* Latvian; Lettish
łotr *m* rascal, scoundrel; criminal
Łotysz *m* Latvian
łowca *m* hunter
łowczy *adj* hunting; ***pies ~*** hound; *s m* huntsman, master of the chase
łowić *vt* catch; ***~ ryby*** fish; (*na wędkę*) angle
łowiectwo *n* hunting
łowisko *n* fishery
łowy *s pl* hunting, chase
łoza *s bot.* sallow
łoże *n* bed; ***~ małżeńskie*** marriage-bed; ***~ śmierci*** death-bed
łożyć *vt* lay out; *vi* (*ponosić koszty*) bear expenses
łożysko *n* bed; *techn.* bearing; ***~ kulkowe*** ball-bearing; ***~ rzeki*** river-bed
łódka *f mors.* (small) boat
łódź *f mors.* boat; ***~ podwodna*** submarine
łój *m* tallow; (*barani itp.*) suet
łóżeczko *n* cot
łóżk|o *n* bed; (*bez materaca i pościeli*) bedstead; ***leżeć w ~u*** (*chorować*) keep to one's bed; ***położyć się do ~a*** go to bed; ***słać ~o*** make the bed
łubin *m bot.* lupine
łucznictwo *n* archery
łucznik *m* archer
łudzący *adj* delusive; deceptive
łudzenie się *n* delusion
łudzić *vt* delude; ***~ się*** *vr* be deluded, deceive oneself
łuk *m* bow; *arch.* (*sklepienie*) arch; *mat. fiz. elektr.* arc
łukow|y *adj*, *elektr.* ***lampa ~a*** arc lamp; ***światło ~e*** arc-light
łuna *f* glow
łup *m* booty, spoil; ***paść ~em*** fall a prey (***kogoś, czegoś*** to sb, sth)
łupać *vt* split, cleave; chip
łupek *m miner.* slate
łupić *vt* plunder, loot
łupież *m* dandruff
łupieżca *m* plunderer, looter
łupina *f* peel, hull, husk, shell
łuska *f* (*ryby*) scale; (*owocu*) husk; (*orzecha, grochu, naboju*) shell; *przen.* ***~ spadła komuś z oczu*** the scale fell from sb's eyes
łuskać *vt* (*kukurydzę*) husk, peel; (*groch, fasolę*) hull; (*migdały itp.*) scale; (*groch, orzechy*) shell
łuszczyć się *vr* scale off
łydka *f* calf
łyk *m* draught, gulp; ***jednym ~iem*** at one gulp
łykać *vt* swallow, gulp
łykowaty *adj* (*o mięsie*) tough, sinewy
łysieć *vi* become bald
łysina *f* bald head
łysy *adj* bald
łyżeczka *f* (little) spoon, teaspoon
łyżka *f* spoon; (*zawartość*) spoonful; ***~ stołowa*** tablespoon; ***~ do butów*** shoe-horn; ***~ wazowa*** ladle; ***~ zupy*** spoonful of soup
łyżwa *f* skate
łyżwiarstwo *n* skating; ***~ figurowe*** figure skating; ***~ szybkie*** speed skating
łyżwiarz *m* skater
łza *f* tear; ***lać gorzkie łzy*** shed bitter tears; ***zalewać się łzami*** be all in tears; ***krokodyle łzy*** crocodile tears
łzawi|ć *vi* water; ***gaz ~ący*** tear-gas
łzawy *adj* tearful; (*ckliwy*) maudlin

Ł

M

macać *vt* touch, feel; fumble; ~ ***po ciemku*** grope
macerować *vt* macerate
machać *vi* wave (***ręką*** one's hand); wag (***ogonem*** the tail); brandish (***szablą*** the sword); ~ ***ręką na przywitanie*** <***pożegnanie***> wave welcome <farewell> (***kogoś*** to sb); ***machnąć na coś ręką*** wave sth aside
machina *f* machine, machinery
machinacja *f* machination
machnąć *zob.* ***machać***
macica *f anat.* uterus; ~ ***perłowa*** mother-of-pearl
macierzanka *f bot.* thyme
macierzyński *adj* maternal, motherly
macierzyństwo *n* maternity, motherhood; ***świadome*** ~ birth control
macierzysty *adj* mother *attr*; ***kraj*** ~ mother country; ***port*** ~ port of registry; home port
macka *f* tentacle, feeler
macocha *f* step-mother
maczać *vt* soak, steep, dip; *przen.* ~ ***w czymś palce*** have one's finger in the pie
maczuga *f* mace, club
mafia *f* Mafia
magazyn *m* store, storehouse; *wojsk.* magazine; (*czasopismo*) magazine
magazynier *m* store-keeper
magazynować *vt* store up, keep in store
magia *f* magic, sorcery; ***czarna*** ~ black <magic > art
magiczny *adj* magic(al)
magiel *m* mangle
magik *m* magician
magister *m* Master of Arts
magisterium *n* (*stopień*) MA, master's degree
magistracki *adj* municipal
magistrant *m* candidate for the master's degree
magistrat *m* (*budynek*) town-hall; (*władza*) municipality
maglować *vt* mangle
magnat *m* (*przemysłowy*) tycoon; magnate
magnes *m* magnet
magnetofon *m* tape-recorder; ~ ***kasetowy*** cassette recorder
magnetowid *m* video; VCR, video tape-recorder
magnetyzować *vt* magnetize
magnez *m chem.* magnesium
magnezja *f chem.* magnesia
magnificencja *f* magnificence
magnolia *f bot.* magnolia
mahometanin *m* Mohammedan, Muslim, Moslem
mahometański *adj* Mohammedan, Muslim, Moslem
mahoń *m bot.* mahogany
maj *m* May
majaczeć *vi* loom, appear dimly in the distance
majaczenie *n* hallucinations; ravings
majaczyć *vi* (*mówić od rzeczy*) talk deliriously, rave; (*rysować się niewyraźnie*) loom
majątek *m* property, fortune; real estate
majeranek *m bot.* marjoram
majestat *m* majesty
majestatyczny *adj* majestic
majolika *f* majolica
majonez *m* mayonnaise
major *m* major
majster *m* foreman, master; *sl.* boss; ~ ***do wszystkiego*** jack-of-all-trades
majstersztyk *m* masterpiece
majstrować *vi pot.* tamper, fiddle (***koło czegoś*** with sth)
majtek *m* sailor, mariner

majtki *s pl* drawers; knickers; *pot.* panties
mak *m* poppy; (*ziarno*) poppy-seed; ***jest cicho jak ~iem zasiał*** one might hear a pin drop
makabra *f* horrible <repulsive, hair-raising> sight <situation>
makaron *m* macaroni
makat|a *f* piece of tapestry; *pl* ***~y*** tapestry *zbior.*
makieta *f* model
makijaż *m* make-up; ***zrobić sobie ~*** put on make-up
makler *m handl.* broker; ***~ giełdowy*** stock-broker
maklerski *adj* ***biuro ~e*** brokerage firm <house, office>
makówka *f* poppy-head
makrama *f* macramé
makrela *f zool.* mackerel
maksimum *n nieodm. sing* maximum
maksyma *f* maxim
maksymalny *adj* maximum
makulatura *f* waste-paper
malaria *f med.* malaria; jungle fever
malarstwo *n* painting
malarz *m* painter; ***~ pokojowy*** house painter
maleć *vi* grow small, dwindle
maleństwo *n* little thing
malina *f bot.* raspberry
malkontent *m* malcontent
malować *vt* paint; (*na szkle*) stain; (*na porcelanie*) enamel; ***~ się*** *vr* (*szminkować się*) make up; ***„świeżo malowane"*** "wet paint"
malowidło *n* painting, picture
malowniczy *adj* picturesque
maltretować *vt* maltreat, ill-treat
malwa *f bot.* mallow
malwersacja *f* malversation, embezzlement
mało *adv* little, few; ***~ kiedy*** very seldom; ***o ~*** nearly; ***mieć ~ pieniędzy*** be short of money
małoduszność *f* pusillanimity
małoduszny *adj* pusillanimous
małoletni *adj* under age, minor
małoletniość *f* minority
małolitrażowy *adj*, ***samochód ~*** low-capacity car
małomówność *f* taciturnity
małomówny *adj* taciturn
małostkowość *f* petty-mindedness
małostkowy *adj* petty-minded
małowartościowy *adj* of little worth
małpa *f zool.* (*człekokształtna*) ape; (*niższego rzędu*) monkey
małpować *vt* ape
mały *adj* small, little; (*drobny*) tiny
małż *m zool.* crustacean
małżeńsk|i *adj* matrimonial, marital, conjugal; ***para ~a*** married couple
małżeństwo *n* marriage; married couple
małżonek *m* husband, spouse
małżonka *f* wife, spouse
mama *f pot.* mammy, mum; *am.* mommy, mama
mamić *vt* delude; allure
mamrotać *vt* mumble, mutter
mamut *m zool.* mammoth
manatki *s pl pot.* goods and chattels, bag and baggage
mandat *m polit.* mandate; (*drogowy*) ticket; fine
mandolina *f muz.* mandolin(e)
manekin *m* mannequin, manikin, model
manewr *m* man(o)euvre
manewrować *vi* man(o)euvre
maneż *m* manege, manège, riding-school
mangan *m chem.* manganese
mania *f* mania, obsession; ***~ prześladowcza*** persecution mania; ***~ wielkości*** megalomania
maniak *m* maniac
manicure [-kiur] *m* manicure; ***robić ~*** manicure
maniera *f* manner; (*zmanierowanie*) mannerism

M

manifest *m* manifesto
manifestacja *f* demonstration
manifestować *vi* demonstrate
manipulacja *f* manipulation
manipulacyjn|y *adj* manipulative; ***opłaty ~e*** handling charges
manipulować *vi* manipulate, handle
mankament *m* defect, fault, weak point
mankiet *m* cuff, wristband
manko *n* cash shortage, deficit, deficiency
manna *f* manna; ***kasza ~*** semolina
manowce *s pl* wrong ways, impracticable tracts; ***sprowadzić na ~*** lead astray; ***zejść na ~*** go astray
mansarda *f* attic
manuskrypt *m* manuscript
mańkut *m* left-handed person
mapa *f* map; (*morska*) chart; (*samochodowa*) road map
mara *f* spectre, phantom
maratoński *adj*, ***bieg ~*** Marathon race
marcepan *m* marzipan
marchew *f bot.* carrot
margaryna *f* margarine; *pot.* marge
margines *m* margin
margrabia *m* margrave
marionetka *f* marionette, puppet
mark|a *f* mark; ***~a fabryczna*** trademark; ***mieć dobrą ~ę*** enjoy a good reputation
markiz *m* marquis
markiza *f* (*żona markiza*) marchioness; (*osłona*) awning, marquee
markotny *adj* grumbling, discontent
marmolada *f* jam; (*zw. z pomarańcz*) marmalade
marmur *m* marble
marnieć *vi* languish, waste away, perish
marność *f* vanity
marnotrawca *m* spendthrift
marnotrawić *vt* waste, squander
marnotrawny *adj* prodigal
marnotrawstwo *n* waste, prodigality
marnować *vt* waste, dissipate, trifle away; ***~ się*** *vr* be wasted, go to waste
marn|y *adj* miserable, meagre, second-rate, mean; ***wszystko poszło na ~e*** it all dissolved into thin air
marsowy *adj* martial
marsz *m* march; *int* ***~!*** *wojsk.* forward march!; (*wynoś się!*) clear off!, clear out!; get lost!
marszałek *m* marshal
marszczyć *vt* wrinkle; ***~ brwi*** knit one's brows; ***~ się*** *vr* wrinkle, become wrinkled
marszruta *f* itinerary, route
martwica *f med.* necrosis
martwić *vt* vex, grieve, worry; ***~ się*** *vr* worry (***o kogoś, o coś*** about, over sb, sth), grieve, be grieved (***o kogoś, o coś*** at, for sb, sth)
martw|y *adj* dead, lifeless; ***~a natura*** still life; ***~y sezon*** slack season; ***~y punkt*** deadlock; ***stanąć na ~ym punkcie*** come to a deadlock
martyrologia *f* martyrdom
maruder *m* marauder
marudzić *vi* (*guzdrać się*) loiter; (*gderać*) grumble
mary *s pl* bier
marynarka *f* marine; (*wojenna*) navy; (*część ubrania*) jacket; coat; ***~ jednorzędowa <dwurzędowa>*** single-breasted <double-breasted> coat
marynarz *m* sailor, mariner
marynata *f* pickle, marinade
marynować *vt* pickle, marinade
marzec *m* March
marzenie *n* dream, reverie
marznąć [-r zn-] *vi* freeze, feel <be> cold
marzyciel *m* dreamer
marzyć *vi* dream (***o kimś, o***

czymś of sb, sth); ~ ***na jawie*** daydream
marża *f handl.* margin; ~ ***zysku*** profit margin
masa *f* mass; (*wielka ilość*) a lot, a great deal; *fiz.* ~ ***atomowa*** atomic ratio <weight, mass>; *chem.* ~ ***cząsteczkowa*** molecular mass <weight>; ~ ***drzewna*** wood pulp; ~ ***papiernicza*** paper-pulp; *prawn.* ~ ***upadłościowa*** bankrupt's estate
masakra *f* massacre
masakrować *vt* massacre
masaż *m* massage
masażysta *m* masseur
masażystka *f* masseuse
maselniczka *f* butter-dish
mask|a *f* mask; (*samochodu*) *bryt.* bonnet, *am.* hood; ***pod ~ą*** under the guise of
maskarada *f* masquerade
maskotka *f* mascot
maskować *vt* mask, disguise
masło *n* butter; *przen. pot.* ***jak po maśle*** it's plain sailing
masochizm *m med.* masochism
masoneria *f* freemasonry
masować *vt* massage
masowo *adv* in a mass
masow|y *adj* massy, mass *attr*; ***~a produkcja*** mass production
masturbacja *f* masturbation
masyw *m* massif
masywny *adj* massive, solid
maszerować *vi* march
maszt *m* mast
maszyn|a *f* machine, engine; ***~a do pisania*** typewriter; ***pisać na ~ie*** type; ***~a do szycia*** sewing-machine; ***~a parowa*** steam-engine
maszynista *m* engineer; (*kolejowy*) engine-driver
maszynistka *f* typist
maszynka *f*, ~ ***do golenia*** safety-razor; electric razor; ~ ***do mięsa*** mincer; ~ ***do gotowania*** cooker; ~ ***spirytusowa*** spirit lamp
maszynopis *m* typescript
maść *f* ointment; (*konia*) colour
maślanka *f* buttermilk
mat *m* (*barwa*) dull colour; (*w szachach*) mate; ***dać ~a*** check-mate (***komuś*** sb)
mata *f* mat
matactwo *n* fraudulence, trickery, machination
matador *m* matador
matczyny *adj* maternal
matematyczny *adj* mathematical
matematyk *m* mathematician
matematyka *f* mathematics
materac *m* mattress
materia *f* matter; stuff
materialista *m* materialist
materialistyczny *adj* materialistic
materializm *m* materialism
materialn|y *adj* material; ***środki ~e*** material means, pecuniary resources
materiał *m* material, stuff; *przen.* makings *pl*; ~ ***wybuchowy*** explosive (material); ~ ***dowodowy*** evidence
matka *f* mother; ~ ***chrzestna*** godmother
matni|a *f* trap, snare; ***złapać w ~ę*** ensnare, entrap
matowy *adj* dull, mat; opaque
matryca *f* matrix; (*w mennicy*) die
matrymonialny *adj* matrimonial
matura *f bryt.* examination(s) for GCE (*General Certificate of Education*)
maturzysta *m* secondary-school graduate
mauretański *adj* Moorish; (*styl*) Moresque
mazać *vt* smear, daub
mazgaj *m pot.* sniveller, noodle; cry-baby
mazur *m* (*muz. i taniec*) mazurka
mazurek *m muz.* mazurka; (*ciasto wielkanocne*) Easter cake
maź *m* grease

M

mąci|ć *vt* trouble, disturb; **~ *mi się w głowie*** my head reels
mączka *f* fine flour
mączn|y *adj*, ***produkty ~e*** cereals
mądrość *f* wisdom
mądry *adj* wise, sage
mąka *f* flour
mątwa *f zool.* cuttlefish
mąż *m* husband; man; **~ *stanu*** statesman; (*w związkach zawodowych*) **~ *zaufania*** shop-steward; ***wychodzić za ~*** marry, get married; ***jak jeden ~*** to a man
mdleć *vi* faint; *żart.* (*z radości*) swoon; *pot.* pass out
mdli|ć *v impers*, **~ *mnie*** I feel sick
mdłości *s pl* sickness, qualm, nausea
mdły *adj* insipid, dull
meb|el *m* piece of furniture; *pl* ***~le*** (*umeblowanie*) *zbior.* furniture

M

meblować *vt* furnish
mecenas *m* sponsor; (*adwokat*) lawyer, barrister
mech *m* moss
mechaniczny *adj* mechanical
mechanik *m* mechanic
mechanika *f* mechanics
mechanizacja *f* mechanization
mechanizm *m* mechanism
mecz *m sport.* match; **~ *sparingowy*** spar; **~ *rewanżowy*** return match
meczet *m* mosque
medal *m* medal; ***odwrotna strona ~u*** the other side of the coin
media *pl* (*środki przekazu*) (mass) media
mediacja *f* mediation
medium *n* medium (*pl* media)
meduza *f zool.* jelly-fish
medycyna *f* medicine; **~ *sądowa*** forensic medicine; **~ *nuklearna*** nuclear medicine
medyczny *adj* medical
medykament *m* medicine, medicament
medytacja *f* meditation
megabajt *m komp.* megabyte
megafon *m* loud-speaker
megaloman *m* megalomaniac
megalomania *f* megalomania
Meksykanin *m* Mexican
meksykański *adj* Mexican
melancholia *f* melancholy
melancholijny *adj* melancholy
melancholik *m* melancholic
melasa *f* molasses *pl*
meldować *vt* report, announce; **~ *się*** *vr* report oneself; (*zgłaszać urzędowo przyjazd*) register
meldunek *m* report, notification; (*meldowanie*) registration
melioracja *f* melioration
meliorować *vt* meliorate
melodia *f* melody
melodramat *m* melodrama
melodyjny *adj* melodious
melon *m bot.* melon
melonik *m* bowler
memorandum *n* memorandum
memoriał *m* memorial
menażer *m* manager
menażeria *f* menagerie
menażka *f* mess-tin, dish
mennica *f* mint
menstruacja *f* menstruation
mentalność *f* mentality
mentol *m* menthol
menu [meniu] *n nieodm.* menu, bill of fare
menuet *m* minuet
mer *m* mayor
merdać *vi pot.* wag (***ogonem*** the tail)
mereżka *f* hemstitch
merynos *m zool.* merino
merytoryczny *adj* essential, substantial; ***rozważać sprawę pod względem ~m*** consider a matter on its merits
Mesjasz *m rel.* Messiah
meszek *m* fine moss; (*puszek*) down
met|a *f* goal, terminus; ***na dalszą ~ę*** in the long run, at long range
metafizyczny *adj* metaphysical

metafizyka *f* metaphysics
metal *m* metal
metaliczny *adj* metallic
metalowy *adj* metal *attr*
metalurgia *f* metallurgy
metamorfoza *f* metamorphosis
meteor *m* meteor
meteorolog *m* meteorologist
meteorologia *f* meteorology
metoda *f* method; **~ *prób i błędów*** trial and error (method, process)
metodyczny *adj* methodical
metr *m bryt.* metre, *am.* meter; **~ *kwadratowy*** square metre; **~ *sześcienny*** cubic metre
metraż *m* living area (*in square metres*)
metro *n* underground (railway); *pot.* tube; *am.* subway (railway)
metropolia *f* metropolis
metropolita *m* metropolitan
metrum *n nieodm. lit.* metre, measure
metryczny *adj* (*system*) metric; (*w prozodii*) metrical
metryka *f* (*urodzenia*) birth certificate; (*ślubu*) marriage certificate
metyl *m chem.* methyl
mewa *f zool.* (sea-)mew, sea-gull
mezalians *m* misalliance
męczarnia *f* torment, torture
męczennica *f*, ***męczennik*** *m* martyr
męczeński *adj* martyr's
męczeństwo *n* martyrdom
męczyć *vt* torment, torture; (*dokuczać*) vex; (*nużyć*) tire; **~ *się*** *vr* get tired; take pains, exert oneself, labour; (*umysłowo*) rack one's brains
mędrzec *m* sage
męka *f* torment, pain; fatigue, toil
męski *adj* male; masculine; (*właściwy mężczyźnie*) manly; manlike; (*pełen męskości, mężny*) manful; macho; ***chór* ~** chorus of men; ***garnitur* ~** man's suit; ***obuwie ~e*** man's boots *pl*; *gram.* ***rodzaj* ~** masculine gender
męskość *f* manhood, manliness; machismo
męstwo *n* bravery, valour
mętniactwo *n pot.* woolliness
mętny *adj* dull; (*nieprzejrzysty*) woolly; troubled, turbid
męty *s pl* grounds, dregs; **~ *społeczne*** *zbior.* scum of society
mężatka *f* married woman
mężczyzn|a *m* man, male; ***„dla ~"*** "Gentlemen", "Gents"; ***prawdziwy* ~** he-man
mężny *adj* brave, valiant
mgiełka *f* haze
mglisty *adj* hazy, misty, foggy
mgła *f* fog, mist
mgławica *f* mist; *astr.* nebula
mgnieni|e *n* twinkling; ***w ~u oka*** in the twinkling of an eye
mi *pron.* me; *zob.* ***ja***
miał *m* dust; **~ *węglowy*** coal dust
miałki *adj* fine
mianować *vt* name, appoint
mianowicie *adv* namely; (*w piśmie*) viz.
mianownik *m mat.* denominator; *gram.* nominative
miar|a *f* measure; (*skala*) gauge; ***ubranie na ~ę*** suit (made) to measure; ***brać ~ę*** measure (***z kogoś*** sb); ***w ~ę, jak się zbliżał*** as he was approaching; ***w jakiej mierze?*** to what extent?; ***w ~ę możności*** as far as possible, to the best of my <your *etc.*> ability; ***w pewnej mierze*** in some measure, to a certain extent; ***żadną ~ą*** by no means; ***w dużej mierze*** in large measure
miarka *f* gauge
miarodajny *adj* competent, authoritative
miarowy *adj* measured; (*rytmiczny*) rhythmic
miasteczko *n* little town; ***wesołe* ~** fun fair, amusement park; **~ *uniwersyteckie*** campus
miasto *n* town, city

M

miauczeć *vi* mew
miazga *f* (*miąższ*) pulp; (*wyciśnięta masa*) squash
miażdżyć *vt* crush, squash
miąć *vt* rumple, crumple; ***~ się*** *vr* crumple, get crumpled
miąższ *m* pulp
miech *m* (pair of) bellows
miecz *m* sword
mieć *vt* have; ***~ kogoś za coś*** take sb for sth; ***~ się dobrze*** be <feel> well; ***~ zamiar*** intend, have the intention; ***ma się na deszcz*** it is going to rain, it looks like rain; ***mam na sobie palto*** I have my overcoat on; ***~ do czynienia z*** have sth to do with; ***miałem wyjechać*** I was going to leave; ***co miałem robić?*** what was I to do?; ***czy mam to zrobić?*** shall I do it?; ***ile masz lat?*** how old are you?; ***mam 30 lat*** I am 30 years old; ***jak się masz?*** how do you do?, how are you?; ***nie ma gdzie pójść*** there's no place <there's nowhere> to go; ***nie mam przy sobie pieniędzy*** I have no money about me; ***nie masz się czego bać*** you needn't be afraid of anything; ***nie ma jak Zakopane*** there's nothing like Zakopane
miednica *f* (wash-)basin; *am.* washbowl; *anat.* pelvis
miedza *f* balk
miedzioryt *m* copper-plate
miedź *f chem.* copper
miejsc|e *n* place; (*przestrzeń*) room; (*posada*) situation, employment; ***~e pobytu*** residence; ***~e przeznaczenia*** destination; ***~e siedzące*** <***stojące***> sitting <standing> room; ***~e do leżenia*** (*w pociągu*) couchette, berth; ***czułe ~e*** tender spot; ***~e urodzenia*** birthplace; ***~e pracy*** workplace; ***nie ma ~*** full up; ***płatne na ~u*** payable on the spot; ***jest dużo ~a*** there is plenty of room; ***zająć ~e*** (***siedzące***) take one's seat; ***zrobić ~e*** make room (***dla kogoś, czegoś*** for sb, sth); ***nie na ~u*** out of place; ***na ~e*** in place, instead (***kogoś, czegoś*** of sb, sth)
miejscownik *m gram.* locative (case)
miejscowość *f* locality; ***~ górska*** <***nadmorska***> mountain <seaside> resort
miejscowy *adj* local
miejscówka *f* seat reservation
miejsk|i *adj* municipal, town- *attr*, city- *attr*; ***rada ~a*** town-council, city-council
mieli|zna *f* shallow water, shoal; ***osiąść na ~źnie*** run aground
mielony *adj pp* ground; *zob.* ***mleć***
mienić się *vr* change colour, shimmer
mienie *n* property
miernictwo *n* geodesy, surveying
mierniczy *adj* geodetic, surveying; *s m* (land-)surveyor
miernota *f* mediocrity
mierny *adj* mediocre, mean
mierzić [-r·z-] *vt* disgust, sicken
mierzwić *vt* tousle
mierzyć *vt* measure; *vi* (*celować*) aim (***do kogoś, czegoś*** at sb, sth); (*ubranie*) try on
miesiąc *m* month; ***od dziś za ~*** this day month; ***~ miodowy*** honeymoon
miesiączka *f* menstruation; *pot.* menses *pl*
miesić *vt* knead
miesięcznie *adv* monthly, a month
miesięcznik *m* monthly
miesięczny *adj* monthly
mieszać *vt* mix; (*np. zupę*) stir; (*peszyć, wprowadzać w zakłopotanie*) confuse; ***~ się*** *vr* mix, become mixed; (*wtrącać się*) interfere, meddle (***do czegoś*** with sth)
mieszanina *f* mixture

mieszanka *f* blend, mixture
mieszczanin *m* townsman, bourgeois
mieszczański *adj* middle-class *attr*, bourgeois; ***stan ~*** middle class, bourgeoisie
mieszczaństwo *n* middle class, bourgeoisie
mieszkać *vi* live, stay, reside; *poet.* dwell
mieszkalny *adj* habitable; ***dom ~*** dwelling-house
mieszkanie *n* flat, lodgings *pl*
mieszkaniec *m* inhabitant, resident
mieszkaniow|y *adj* housing; ***dzielnica ~a*** residential district
mieścić *vt* comprise, contain; ***~ się*** *vr* be comprised; be included; (*zmieścić się*) find enough room
miewać *vt* have occasionally <from time to time>
mięczak *m zool.* mollusc; *am.* mollusk
między *praep* (*o dwóch osobach, rzeczach*) between; (*o większej liczbie*) among(st), amid(st); ***~ nami mówiąc*** between you and me; ***~ innymi*** among other things
międzymiastow|y *adj*, ***rozmowa ~a*** long distance call, trunk call
międzynarodowy *adj* international
międzynarodówka *f* (*organizacja*) International
międzyplanetarny *adj* interplanetary
miękisz *m* pulp, flesh
miękki *adj* soft; (*o mięsie*) tender
miękko *adv* softly; ***jajka na ~*** soft boiled eggs
miękkość *f* softness
mięknąć *vi* soften, become soft
mięsień *m* muscle
mięsisty *adj* fleshy; (*muskularny*) brawny
mięso *n* flesh; (*jadalne*) meat; ***~ armatnie*** cannon-fodder
mięsożerny *adj* carnivorous
mięta *f bot.* mint
miętosić *vt* knead, crumple
miętówka *f* peppermint (liqueur)
mig *m* twinkling; ***w ~, ~iem*** in a twinkling; ***mówić na ~i*** speak by signs
migacz *m* blinker; flasher
migać *vi* twinkle, glimmer
migawka *f fot.* shutter; ***~ sektorowa*** diaphragm shutter; ***~ szczelinowa*** focal-plane shutter
migawkow|y *adj*, *fot.* ***zdjęcie ~e*** snapshot
migdał *m bot.* almond; *anat.* tonsil; *med.* ***zapalenie ~ów*** tonsil(l)itis
migotać *vi* twinkle, shimmer
migracja *f* migration
migrena *f med.* migraine, sick headache
mijać *vt* pass, go past; *vi* (*przemijać*) pass away; ***~ się*** *vr* pass <cross> each other; ***~ się z prawdą*** depart <swerve> from the truth
mikrob *m* microbe
mikrofisza *f* microfiche
mikrofon *m* microphone; *pot.* mike
mikrokomputer *m* microcomputer
mikroprocesor *m komp.* microprocessor
mikroskop *m* microscope
mikroskopijny *adj* microscopic
mikser *m* mixer, blender
mikstura *f* mixture
mila *f* mile
milczący *adj* silent
milczeć *vi* be <keep> silent; ***~!*** silence!
milczenie *n* silence; ***pominąć ~m*** pass over in silence
miliard *m* billion, *bryt. także* milliard
milicja *m* militia
milicjant *m* militiaman
miligram *m* milligram(me)
milimetr *m* millimetre
milion *m* million

milioner *m* millionaire
milionowy *adj* millionth
militarny *adj* military
militarysta *m* militarist
militaryzm *m* militarism
militaryzować *vt* militarize
milknąć *vi* become silent; (*cichnąć*) become quiet, calm down
milowy *adj*, ***kamień ~*** milestone
miło *adv* agreeably; ***~ mi pana poznać*** I'm glad to see you; ***~ to usłyszeć*** it's a pleasure to hear that; ***~ było panią poznać*** it's been nice meeting you
miłosierdzi|e *n* mercy, charity; ***siostra ~a*** Sister of Mercy
miłosierny *adj* merciful, charitable
miłosn|y *adj* love *attr*, amatory, amorous; ***list ~y*** love letter; ***przygoda ~a*** love affair
miłość *f* love; ***~ własna*** self-love; self-esteem; self-respect; ***~ cielęca*** calf-love
miłośnik *m* lover, amateur
miłować *vt* love
miły *adj* pleasant, agreeable, nice, dear
mimiczny *adj* mimic
mimika *f* mimics, mimic art
mimo *praep* in spite of; (*obok*) by; *adv* past, by; ***~ to*** nevertheless; ***~ woli*** involuntarily; ***~ wszystko*** after all; for all that
mimochodem *adv* by the way, in passing
mimowolny *adj* involuntary
mimoza *f bot.* sensitive plant
min|a 1. *f* (*wyraz twarzy*) air, countenance; ***kwaśna ~a*** wry face; ***robić ~y*** pull <make> faces
mina 2. *f wojsk.* mine
minąć *vi* pass, be past, be over; ***dawno minęła 5 godzina*** it is long past 5 o'clock; ***burza minęła*** the storm is over; ***~ się*** *vr* pass <cross> each other; ***~ się z powołaniem*** miss one's calling; *zob.* ***mijać***
mineralny *adj* mineral
mineralogia *f* mineralogy
minerał *m* mineral
mini *n*, ***spódniczka ~*** miniskirt, mini
minia *f* minium, red lead
miniatura *f* miniature
minimalny *adj* minimal
minimum *n* minimum
miniony *adj* past, bygone
minister *m* minister; ***~ handlu*** President of the Board of Trade; ***~ oświaty*** Minister of Education; ***~ skarbu*** Chancellor of the Exchequer; *am.* Secretary of the Treasury; ***~ spraw wewnętrznych*** Home Secretary; ***~ spraw zagranicznych*** Foreign Secretary; *am.* Secretary of State; ***~ opieki społecznej*** Minister of Social Welfare; ***~ bez teki*** minister without portfolio
ministerialny *adj* ministerial
ministerstwo *n* ministry; ***~ spraw zagranicznych*** Foreign Office; *am.* State Department; ***~ spraw wewnętrznych*** Home Office; *am.* Department of the Interior
minus *m* minus
minuta *f* minute
miodownik *m* honey-cake
miodowy *adj* honey *attr*, honeyed; ***miesiąc ~*** honeymoon
miotacz *m* thrower; *wojsk.* ***~ bomb*** bomb-thrower; ***~ min*** mine-thrower; ***~ płomieni*** flame-thrower
miotać *vt* throw, fling, launch
miotła *f* broom
miód *m* honey; (*pitny*) mead
mirra *f* myrrh
mirt *m bot.* myrtle
misa *f* bowl
misja *f* mission
misjonarz *m* missionary
miska *f* pan, bowl
misterium *n nieodm.* mystery
misterny *adj* fine
mistrz *m* master; *sport* champion;

pot. champ; ~ ***kraju*** national champion; ~ ***świata*** world champion
mistrzostw|o *n* mastership, mastery; *pl* ~***a*** championship
mistrzowski *adj* masterly; master's, master; champion *attr*
mistycyzm *m* mysticism
mistyczny *adj* mystic(al)
mistyfikacja *f* mystification
mistyfikować *vt* mystify
mistyk *m* mystic
miś *m* bear; (*z bajki*) Bruin; (*zabawka*) Teddy bear
mit *m* myth
mitologia *f* mythology
mitologiczny *adj* mythological
mitra *f* mitre
mityczny *adj* mythical
mityng *m* meeting, rally
mizantrop *m* misanthrope
mizantropia *f* misanthropy
mizeria *f* cucumber salad
mizernieć *vi* grow meagre <wan>
mizerny *adj* meagre, wan
mknąć *vi* flit, fleet
mlaskać *vi* smack (***językiem*** one's tongue)
mlecz *m bot.* sow thistle; (*rybi*) soft roe
mleczarnia *f* dairy
mleczko *n* milk
mleczn|y *adj* milk *attr*, milky; *chem.* lactic; *astr.* ***Droga Mleczna*** Milky Way; ***bar*** ~***y*** milk-bar; ***gospodarstwo*** ~***e*** dairy-farm; ***ząb*** ~***y*** milk-tooth
mleć *vt* grind, mill
mleko *n* milk; ~ ***zbierane*** skimmed milk; ~ ***skondensowane*** evaporated milk; ~ ***zsiadłe*** curdled milk
młocka *f* threshing
młockarnia *f* threshing-machine
młode *adj zob.* ***młody***; *s n* young <little> one
młodociany *adj* youthful; (*nieletni*) juvenile; ***sąd dla*** ~***ch*** juvenile court
młodość *f* youth
młod|y *adj* young; ***pan*** ~***y*** bridegroom; ***panna*** ~***a*** bride; ~***e drzewo*** sapling
młodzieniec *m* young man, youth
młodzieńczy *adj* youthful, adolescent; ***wiek*** ~ adolescence
młodzież *f* youth, young people, the young
młodzieżowy *adj* juvenile
młodzik *m* youngster, sapling
młokos *m* stripling
młot *m* hammer; *sport.* ***rzut*** ~***em*** hammer throw
młotek *m* hammer; (*drewniany*) mallet
młócić *vt* thresh
młyn *m* mill
młynek *m* (*ręczny*) handmill; (*do kawy*) coffee-grinder
młyński *adj* mill *attr*; ***kamień*** ~ millstone, grindstone
mną *pron* me; *zob.* ***ja***
mnemotechnika *f* mnemonics
mnich *m* monk; friar
mnie *pron* me; *zob.* ***ja***
mniej *adv* less, fewer; ~ ***więcej*** more or less
mniejszość *f* minority
mniejsz|y *adj* smaller, less, minor; ~***a o to!*** never mind!
mniemać *vi* think, believe
mniemanie *n* opinion
mniszka *f* nun
mnog|i *adj* numerous; *gram.* ***liczba*** ~***a*** plural (number)
mnogość *f* plurality, multitude
mnożeni|e *n* multiplication; *mat.* ***tabliczka*** ~***a*** multiplication table
mnożnik *m mat.* factor, multiplier
mnożyć *vt* multiply; ~ ***się*** *vr* multiply, increase in number
mnóstwo *n* multitude, a lot, lots; ***całe*** ~ ***ludzi*** lots of people; a thousand and one
mobilizacja *f* mobilization
mobilizować *vt* mobilize
moc *f* might, power; *pot.* a lot; ~

prawna legal force; ***na ~y*** by virtue of, on the strength of; ***w mojej ~y*** in <within> my power
mocarstwo *f polit.* (great) power
mocarz *m* potentate, powerful man
mocno *adv* fast, firmly; ***~ bić*** strike hard; ***~ spać*** be fast asleep; ***~ stać na nogach*** stand firm on one's legs; ***~ trzymać*** hold tight; ***~ przekonany*** firmly convinced; ***~ zobowiązany*** deeply obliged
mocny *adj* strong, vigorous, firm
mocować się *vr* wrestle
mocz *m* urine; ***oddać ~*** urinate, pass water
moczary *s pl* marsh, bog
moczopędny *adj* diuretic
moczowy *adj* urinary; (*o kwasie*) uric; ***pęcherz ~*** urinary bladder
moczyć *vt* wet, drench; soak
mod|a *f* fashion; ***wchodzić w ~ę*** come into fashion; ***wychodzić z ~y*** grow out of fashion; ***rewia ~y*** fashion show; ***ostatni krzyk ~y*** the latest fashion <craze>, all the rage
model *m* model, pattern; ***najnowszy ~*** the latest model
modelarz *m* modeller, pattern-maker
modelka *f* model
modelować *vt* model, shape, fashion
modem *m komp.* modem
modernizm *m* modernism
modernizować *vt* modernize
modlić się *vr* pray, say one's prayers
modlitewnik *m* prayer-book
modlitwa *f* prayer
modł|a *f* way, form, fashion; ***na ~ę*** after the fashion
moduł *m* module
modystka *f* milliner, modiste
mogiła *f* tomb, grave; ***~ zbiorowa*** common grave
moi *pron m pl* my, mine; *zob.* ***ja***
moja *pron f* my, mine; *zob.* ***ja***
moje *pron f i n pl* my, mine; *zob.* ***ja***

M

moknąć *vi* grow <get> wet, become moist
mokry *adj* wet, moist
molekularny *adj fiz.* molecular
molekuła *f fiz.* molecule
molestować *vt* molest, torment, annoy
molo *n* pier, jetty
moment *m* moment
momentalny *adj* instant, instantaneous
monarcha *m* monarch
monarchia *f* monarchy
monarchiczny *adj* monarchic(al)
monarchista *m* monarchist
monet|a *f* coin; *przen.* ***brzęcząca ~a*** hard cash; ***przyjmować za dobrą ~ę*** accept at face value; ***rzucić ~ę*** flip <toss> a coin
monetarny *adj* monetary
mongolski *adj* Mongolian
Mongoł *m* Mongolian
monitor *m* monitor
monitować *vt* admonish
monizm *m filoz.* monism
monochromatyczny *adj* monochrome
monografia *f* monograph
monograficzny *adj* monographic
monogram *m* monogram
monolog *m* monologue, soliloquy
monologować *vi* soliloquize
monopol *m* monopoly
monopolizować *vt* monopolize
monoteizm *m filoz.* monotheism
monotonia *f* monotony
monotonny *adj* monotonous
monstrualność *f* monstrosity
monstrualny *adj* monstrous
monstrum *n* monster
montaż *m* mounting, fitting up; (*składanie np. maszyny*) assembly
monter *m* mechanic, fitter; (*gazowy, wodociągowy*) plumber; (*liniowy, elektryk*) lineman
montować *vt* mount, fit up; (*składać, np. maszynę*) assemble

monumentalny *adj* monumental
moralizator *m* moralizer
moralizować *vi* moralize (***na temat czegoś*** on sth)
moralnoś|ć *f* (*etyka*) morality; (*moralne postępowanie, obyczaje*) morals *pl*; ***nauka ~ci*** moral teaching <science>; ***świadectwo ~ci*** certificate of conduct; ***upadek ~ci*** corruption of morals <manners>
moralny *adj* moral
morał *m* moral
mord *m* murder, manslaughter
morda *f pot.* muzzle
morderca *m* murderer, assassin
morderczy *adj* murderous
morderstwo *n* murder; ***~ z premedytacją*** third-degree <premeditated> murder
mordęga *f pot.* toil, drudge
mordować *vt* murder; assassinate; (*dręczyć*) torment; ***~ się*** *vr* toil, drudge
morela *f bot.* apricot; (*drzewo*) apricot-tree
morfina *f* morphine, morphia
morfologia *f* morphology
mors *m zool.* walrus
morsk|i *adj* maritime; sea- *attr*; ***bitwa ~a*** sea-fight; ***brzeg ~i*** seacoast; ***choroba ~a*** seasickness; ***podróż ~a*** voyage; ***drogą ~ą*** by sea
morwa *f* mulberry; (*drzewo*) mulberry-tree
morz|e *n* sea; ***na ~u*** at sea; ***na pełnym ~u*** on the high seas; ***nad ~em*** at the seaside; ***za ~em*** overseas
mosiądz *m* brass
mosiężny *adj* brass *attr*; brazen
moskit *m zool.* mosquito
most *m* bridge; ***~ powietrzny*** airlift; ***~ zwodzony*** draw-bridge; ***~ wiszący*** suspension bridge; *przen.* ***spalić za sobą ~y*** burn one's boats
mostek *m* little bridge, footbridge; *anat.* sternum; (*rodzaj protezy*) bridge
moszcz *m* must
moszna *f anat.* scrotum
motać *vt* (*nawijać*) reel, wind
motel *m* motel
motłoch *m* mob, rabble
motocykl *m* motor-cycle
motor *m* motor
motorower *m* moped
motorowy, motorniczy *m* motor driver; *am.* motorman
motorówka *f* motor-boat
motoryzacja *f* motorization, mechanization
motoryzować *vi* motorize, mechanize
motyka *f* hoe
motyl *m zool.* butterfly
motyw *m* motif; (*bodziec*) motive
motywować *vt* motive, motivate, substantiate; give reasons (***coś*** for sth)
mow|a *f* speech; ***~a ojczysta*** native tongue; *gram.* ***~a zależna*** <***niezależna***> indirect <direct> speech; ***części ~y*** parts of speech; ***wygłosić ~ę*** make a speech
mozaika *f* mosaic
mozolić się *vr* toil, drudge (***nad czymś*** at sth)
mozolny *adj* toilsome
mozół *m* pains *pl*, exertion
moździerz *m* mortar
może *adv* maybe, perhaps
możliwość *f* possibility, chance
możliwy *adj* possible
można *impers* it is possible, it is allowed, one can; ***jak ~ najlepiej*** as well as possible; ***czy ~ usiąść?*** may I sit down?; ***jeśli ~*** if possible
możność *f* power; possibility
możny *adj* potent, powerful, mighty
móc *vi aux* can, be able; ***mogę*** I can; I may
mój *pron* my, mine

mól *m zool.* moth; *przen.* **~ książkowy** bookworm

mówca *m* speaker, orator

mówić *vt* speak, say, tell, talk; ***nie ma o czym ~*** (*grzecznościowo*) don't mention it; ***~ na próżno*** waste one's breath; ***~ (jak) do ściany*** speak to a (brick) wall; ***mówi się (że)...*** they say (that)..., it is said (that)...; ***nie mówiąc o...*** to say nothing of...

mównica *f* platform

mózg *m anat.* brain; *przen.* (*przedsięwzięcia*) mastermind; ***drenaż ~ów*** brain drain; *med.* ***wstrząs ~u*** cerebral concussion

mózgowy *adj* cerebral

mroczny *adj* gloomy, dusky

mrok *m* gloom, dusk

mrowić się *vr* teem, swarm (***od czegoś*** with sth)

mrowie *n* swarm, teeming multitude

mrowisko *n* ant-hill; ***wsadzić kij w ~*** stir up a hornet's nest

mrozić *vt* freeze, refrigerate; congeal

mroźny *adj* frosty

mrówka *f zool.* ant

mróz *m* frost

mruczeć *vi* murmur, mumble, mutter

mrugać *vi* wink (***na kogoś*** at sb), twinkle; blink

mruk *m* mumbler, grumbler

mrukliwy *adj* mumbling, grumbling

mrużyć *vt* blink

mrzonka *f* fancy, reverie

msz|a *f rel.* mass; ***odprawiać ~ę*** say mass

mszał *m rel.* missal

mściciel *m* avenger

mścić *vt* avenge; **~ się** *vr* revenge oneself, take revenge (***na kimś*** on sb)

mściwy *adj* revengeful, vindictive

mu *pron m i n* him; it; *zob.* ***on, ono***

mucha *f* fly

mufka *f* muff

Mulat *m* mulatto

mulisty *adj* slimy, oozy

muł 1. *m* slime, ooze

muł 2. *m zool.* mule

mułła *m* mullah

mumia *f* mummy

mundur *m* uniform

mur *m* wall; *przen.* ***przyprzeć do ~u*** drive into a corner

murarz *m* bricklayer, mason

murawa *f* lawn

murowa|ć *vt* mason, build in stone < bricks>; ***dom ~ny*** house of stone <bricks>

Murzyn *m* Black (man); *zw. uj.* Negro; ***~ka*** *f* Black (woman); *zw. uj.* Negress

mus *m* (*pianka*) mousse, froth

musieć *v aux* must; have (got) to; ***nie ~*** need not; not have (got) to

muskać *vt* stroke, touch slightly <gently>

muskularny *adj* muscular, brawny; sinewy

muskuł *m* muscle

musować *vi* effervesce, froth; (*o winie*) sparkle

muszka *f zool.* fly; (*na lufie*) bead

muszkiet *m* musket

muszkieter *m* musketeer

muszla *f* shell, conch; ***~ klozetowa*** lavatory pan <bowl>

musztarda *f* mustard

musztra *f wojsk.* drill

musztrować *vt* drill

muślin *m* muslin

mutacja *f* mutation

muza *f* Muse

muzealny *adj*, ***przedmiot ~*** museum-piece

muzeum *n nieodm.* museum

muzułmanin *m* Moslem

muzułmański *adj* Moslem

muzyczny *adj* musical

muzyk *m* musician

muzyka *f* music; ***~ kameralna, popularna*** chamber, pop(ular) music; ***~ poważna*** classical music

muzykalność *f* musicality
muzykalny *adj* musical
muzykant *m* musician, bandsman; (*uliczny*) busker
muzykologia *f* musicology
my *pron* we; *przypadki dzierżawcze* **nasz** (**nasza, nasze, nasi**); *z rzeczownikiem* our; *bez rzeczownika* ours; *przypadki zależne* **nas** (**nam, nami**) us
myć *vt* wash; **~ się** *vr* wash oneself
mydlić *vt* soap; (*twarz do golenia*) lather; **~ się** *vr* soap
mydliny *s pl* (soap-)suds
mydło *n* soap
myjnia *f* car-wash
mylić *vt* mislead, misguide; **~ się** *vr* be mistaken (**co do czegoś** about sth), make a mistake, be wrong
mylny *adj* erroneous, wrong
mysz *f* (*także komp.*) mouse
myszkować *vi* mouse about (**za czymś** for sth)
myśl *f* thought, idea; **dobra ~** bright idea; **być dobrej ~i** be of good cheer; hope for the best; **mieć na ~i** mean, have in mind; **przychodzi mi na ~** it occurs to me; **na samą ~** at the mere thought (**o czymś** of sth); **po mojej ~i** after my heart; **z ~ą o czymś** with a view of sth
myślący *adj* thinking, thoughtful, reflective
myśl|eć *vt vi* think; (*mniemać, zamierzać*) mean; **co o tym ~isz?** what do you think of it?; **~ę, że tak** I think so; **nie ~ę tego robić** I do not mean to do it; **o czym ~isz?** what are you thinking about?
myślenie *n* thinking, **~ oboczne** lateral thinking; **~ życzeniowe** wishful thinking
myśliciel *m* thinker
myślistwo *n* hunting
myśliwiec *m lotn.* fighter
myśliwy *m* hunter, huntsman
myślnik *m gram.* dash
myślowy *adj* mental
myto *n* (*opłata*) toll
mżawka *f* drizzle
mżyć *vi* drizzle

N

N

na *praep* on, upon; at; by; for; in; **na dole** down; **na dworze** out of doors; **na górze** up; **na końcu** at the end; **na moją prośbę** at my request; **na pamięć** by heart; **na piśmie** in writing; **na sprzedaż** for sale; **na stare lata** in <for> one's old age; **na wiosnę** in spring; **na zawsze** for ever; **cóż ty na to?** what do you say to it?; **raz na tydzień** once a week; **na mój koszt** at my expense; **na ulicy** in the street; **głuchy na lewe ucho** deaf in his left ear; **na całe życie** for life; **na pierwszy rzut oka** at first sight; **iść na obiad** go to dinner; **umrzeć na tyfus** die of typhus
nabawić się *vr* bring upon oneself, incur; **~ choroby** contract a disease; **~ kataru** catch a cold; **~ kłopotów** get into trouble
nabiał *m* dairy-goods, dairy-products
nabierać 1. *vt* take; draw in; gather
nabierać 2. *vt pot.* (*oszukiwać*) take in; (*drażnić, żartować złośliwie*) tease
nabijać *vt* (*np. gwoździami*) stud; (*broń*) charge, load; *pot.* **~ sobie**

głowę czymś get an idea into one's head
nabożeństwo *n* divine service
nabój *m* (*jednostka amunicji*) cartridge; *elektr.* charge; ***ślepy ~*** blank cartridge
nabrać *zob.* ***nabierać 1., 2.***
nabrzmiały *adj* swollen
nabytek *m* acquisition, purchase
nabywać *vt* acquire, purchase, obtain
nabywca *m* purchaser
nabywczy *adj* purchasing
nachodzić *vt* importune by coming; intrude (***kogoś*** upon sb); *przen.* (*o myślach itp.*) invade, haunt
nachylać *vt* bend, bow, incline; ***~ się*** *vr* bow, incline, stoop, lean
nachylenie *n* inclination, slope
naciągać *vt* stretch, strain; (*o łuku*) bend; *pot.* (*nabierać*) tease, take in; *vi* (*o herbacie*) draw
naciek *m* infiltration; deposit
nacierać *vt* (*trzeć*) rub; *vi* (*atakować*) attack (***na kogoś*** sb)
nacięcie *n* notch, cut; *techn. med.* incision
N
nacinać *vt* notch, cut, incise
nacisk *m* pressure, stress; ***kłaść ~*** stress, lay stress; ***z ~iem*** emphatically; ***wywierać ~*** urge, press
naciskać *vt vi* press (***na coś*** sth, on sth)
nacjonalista *m* nationalist
nacjonalizacja *f* nationalization
nacjonalizm *m* nationalism
nacjonalizować *vt* nationalize
na czele *adv* at the head of
naczelnik *m* head, chief, manager; ***~ stacji*** station-master
naczelny *adj* head-, chief, paramount; ***~y dowódca*** commander-in-chief; ***~e dowództwo*** command-in-chief, supreme command; *zool.* ***~e*** *s pl* primates
naczyni|e *n* vessel, dish; ***~a gliniane*** *zbior.* earthenware, pottery; ***~a kuchenne*** kitchen utensils; *anat.* ***~a krwionośne*** blood-vessels
nać *f* top, leaves *pl*
nad *praep* over, above, on, upon, beyond, at; ***~ morzem*** at the seaside; ***~ chmurami*** above the clouds; ***~ miarę*** beyond measure; ***Londyn leży ~ Tamizą*** London is situated on the Thames; ***niebo jest ~ naszymi głowami*** the sky is over our heads
nadal *adv* still; ***~ coś robić*** continue to do <doing> sth; ***on ~ pracuje*** he continues <keeps on> working
nadaremnie *adv* in vain
nadaremny *adj* vain, fruitless
nadarz|ać się *vr* present itself, occur; ***~yła się okazja*** an opportunity presented itself, an occasion arose
nadawać *vt* bestow, confer (***coś komuś*** sth on, upon sb); grant; (*na poczcie*) dispatch, post, send off; ***~ audycję*** broadcast; ***~ czemuś wygląd czegoś*** make sth look like sth; ***~ się*** *vr* be fit <fitted>, be suited (***do czegoś*** for sth)
nadawca *m* sender, consignor
nadążać *vi* keep pace (***za kimś*** with sb); ***nie ~*** lag behind
nadbałtycki *adj* Baltic, situated on the Baltic
nadbiec *vi* come running
nadbrzeże *n* coast; embankment
nadbrzeżn|y *adj* coastal; ***miasto ~e*** river-side <sea-side> town
nadbudowa *f* superstructure
nadbudować *vt* raise a structure (***na czymś*** above sth)
nadchodzi|ć *vi* approach, come round, arrive; ***~ zima*** winter is drawing on; ***nadszedł pociąg*** the train is in
nadciągać *vi* draw near, approach
nadciśnienie *n* high blood-pressure

nadczłowiek *m* superman
nadejście *n* arrival
nadepnąć *vi* tread, step
nader *adv* excessively
nadesłać *vt* send (in)
nade wszystko *adv* above all
nadęty *adj* inflated, puffed up; (*zarozumiały*) bumptious
nadgraniczny *adj* border *attr*, frontier *attr*
nadjechać *vi* arrive, come driving
nadlecieć *vi* come flying
nadleśniczy *m* chief forester
nadliczbow|y *adj* supernumerary, overtime; ***godziny ~e*** overtime hours *pl*; ***praca ~a*** overtime work
nadludzki *adj* superhuman
nadmiar *m* excess, surplus
nadmienić *vt* mention
nadmiernie *adv* in <to> excess, excessively
nadmierny *adj* excessive
nadmorski *adj* maritime, coastal, sea-side
nadobowiązkowy *adj* optional, facultative
nadpłacić *vt* overpay, surcharge
nadpłata *f* overpay
nadpłynąć *vi* come swimming <sailing>
nadprodukcja *f* overproduction
nadprogramow|y *adj* extra; ***praca ~a*** extra <overtime> work
nadprzyrodzony *adj* supernatural
nadpsuty *adj* a little spoiled; (*jedzenie*) off
nadrabiać *vi* make up (***coś*** for sth); *vi* work additionally; ***~ czas*** make up for lost time; *przen.* ***~ miną*** put on a good face to a bad business
nadruk *m* (*drukowany napis*) letter-head, overprint; *filat.* surcharge
nadrzędny *adj* superior; primary
nadskakiwać *vi* court (***komuś*** sb); dance attendance (***komuś*** on sb)
nadspodziewany *adj* unexpected, above all expectation
nadstawiać *vt* hold out; *przen.* ***~ uszu*** prick up one's ears; *pot.* ***~ karku*** risk one's neck
nadto *adv* moreover, besides; ***aż ~*** too much, more than enough
nadużycie *n* abuse, misuse
nadużyć *vt* abuse; misuse; take advantage of; ***~ czyjejś gościnności*** trespass upon sb's hospitality
nadwaga *f* overweight
nadwątlić *vt* impair
nadwerężyć *vt* impair, strain
nadwodny *adj* situated on <near> the water, waterside; (*np. o ptaku, roślinie*) aquatic, water *attr*
nadworny *adj* court *attr*; ***~ dostawca*** court-purveyor
nadwozie *n* body (of a car)
nadwyżka *f* surplus
nadymać *vt* inflate, puff up; (*np. policzki*) blow out; ***~ się*** *vr* swell
nadymić *vi* fill with smoke
nadzie|ja *f* hope; ***mieć ~ję*** hope (***na coś*** for sth), have good hope (***na coś*** of sth); ***iskra ~i*** spark of hope
nadziemny [d-z] *adj* above ground
nadziemski [d-z] *adj* supermundane
nadzienie *n* stuffing, filling
nadziewać *vt* (*np. na rożen*) stick; (*np. gęś*) stuff, fill
nadzór *m* supervision, superintendence; ***~ policyjny*** police control
nadzwyczajn|y *adj* extraordinary; ***wydanie ~e*** extra edition; ***poseł ~y*** envoy extraordinary
nafta *f bryt.* paraffin, *am.* kerosene
naftalina *f* naphthaline, naphthalene
nagabywać *vt* importune, molest
nagana *f* reprimand, rebuke
nagi *adj* naked, bare, nude

naginać *vt* bend
naglący *adj* urgent
naglić *vt* urge, press
nagłość *f* urgency, suddenness
nagłówek *m* heading; (*w gazecie*) headline
nagły *adj* urgent, sudden; ***w ~m wypadku*** in case of emergency
nagminny *adj* (*powszechny*) common, universal; (*epidemiczny*) epidemic
nagniotek *m* corn
nagonka *f* battue, drive
nagrać *vt* record; *komp.* save
nagranie *n* recording
nagradzać *vt* reward, recompense; indemnify (***komuś stratę*** sb for a loss)
nagrobek *m* tombstone, tomb
nagroda *f* reward; (*w sporcie, na konkursie itp.*) prize
nagrodzić *zob.* ***nagradzać***
nagromadzenie *m* amassment, accumulation
nagromadzić *vt* heap up, accumulate
nagrzewać *vt* warm, heat
naigrawać się *vr* mock (***z kogoś*** at sb), make fun (***z kogoś*** of sb)
naiwniak *m pot.* sucker
naiwność *f* naivety, simple-mindedness, credulity
naiwny *adj* naive, simple-minded, credulous
najazd *m* invasion, raid
najbardziej *adv* most (of all); ***jak ~!*** yes, indeed!
najczęściej *adv* for the most part
najecha|ć *vt* (*wtargnąć*) invade, overrun; *vi* (*wpaść*) dash (***na kogoś, coś*** against sb, sth), run (***na kogoś, coś*** into sb, sth); ***wóz ~ł na drzewo*** the car has struck against the tree
najedzony *adj* full
najem *m* hire, lease, leasing
najemnik *m* hireling
najemny *adj* hired, mercenary
najeść się *vr* eat one's fill
najeźdźca *m* invader
najeżdżać *zob.* ***najechać***
najgorsz|y *adj* worst; ***być przygotowanym na ~e*** be prepared for the worst; ***w ~ym razie*** at (the) worst
najlepiej *adv* best
najlepsz|y *adj* best; ***wszystkiego ~ego!*** best of luck!; ***w ~ym razie*** at (the) best
najmniej *adv* least; **co ~** at least
najmniejszy *adj* least, smallest
najmować *vt* hire, let
najpierw *adv* first, first of all
najście *n* invasion (***na coś*** of sth)
najść *vi vt* invade (***na dom, kraj*** a house, a country); come (***kogoś*** upon sb); *zob.* ***nachodzić***
najwięcej *adv* most
najwyżej *adv* highest; (*w najlepszym razie*) at most, at best
najwyższy *adj* highest; (*o sądzie, mądrości*) supreme; (*o władzy*) sovereign; **~ czas** high time; *gram.* ***stopień ~*** superlative (degree)
nakaz *m* order, command; ***~ rewizji*** warrant of search
nakazywać *vt* order, command
nakleić *vt* stick, paste up
naklejka *f* label, sticker
nakład *m* (*koszt*) cost, expenditure; (*książki*) edition, issue, impression
nakładać *vt* lay on, put on; (*podatek, obowiązek*) impose; (*karę*) inflict
nakłaniać *vt* induce, persuade
nakręcać *vt* wind up, turn; (*film*) shoot; ***~ numer telefonu*** dial
nakrętka *f techn.* nut (of a screw)
nakrycie *n* cover(ing); (*serwis*) tableware, service; ***~ głowy*** head-gear
nakrywać *vt* cover; lay (***do stołu*** the table)
nalega|ć *vi* insist (***na coś*** on sth); press, urge (***na kogoś*** sb); ***~ł na***

mnie, żebym to zrobił he urged me to do this
naleganie *n* insistence, solicitation
nalepiać *vt* stick, paste up
nalepka *f* label, sticker
naleśnik *m* pancake
nalewać *vt* pour (out)
należeć *vi* belong
należeć się *vr* be due
należnoś|ć *f* charge, amount due; ***cała moja ~ć*** the whole amount due to me; ***zaległe ~ci*** arrears *pl*; ***~ć nadal nie uregulowana*** the arrears still outstanding
należny *adj* due
należy *v nieodm.* (*przystoi, wypada; trzeba*) become; ***nie ~ trzaskać drzwiami*** it doesn't become to slam the door
należycie *adv* duly, properly
należyty *adj* due, proper
nalot *m* raid; *med.* coating; *wojsk.* ***~ powietrzny*** air-raid
nałogowiec *m* addict
nałogowy *adj* habitual, addicted (to a habit); ***~ pijak*** habitual drunkard
nałóg *m* addiction, (bad) habit; ***wpaść w ~*** become addicted
nam *pron* us; *zob.* ***my***
namacalny *adj* tangible
namaszczać *vt* grease; (*olejami*) anoint
namaszczenie *n* anointment, unction
namawiać *vt* induce, persuade; (*do przestępstwa*) abet
namazać *vt* besmear, daub over
nami *pron* us; *zob.* ***my***
namiastka *f* substitute, ersatz
namiestnictwo *n* regency
namiestnik *m* regent, governor-general
namiętność *f* passion; infatuation
namiętny *adj* passionate
namiot *m* tent; ***rozbić ~*** put up a tent
namoczyć *vt* steep, soak
namoknąć *vi* become soaked
namow|a *f* persuasion, instigation; ***za ~ą*** persuaded (***czyjąś*** by sb)
namydlić *vt* soap; (*twarz*) lather
namy|sł *m* reflection, consideration; ***bez ~słu*** (*bez zastanowienia*) inconsiderately; ***po ~śle*** on consideration
namyślać się *vr* reflect (***nad czymś*** on sth); consider
na nowo *adv* anew, afresh
naocznie *adv* with one's own eyes
naoczny *adj* ocular; ***~ świadek*** eye-witness
na odwrót *adv* vice versa, the other way round; (*wkładać ubranie na lewą stronę*) inside out
naokoło *adv* round, all round, round about; *praep* round
na opak *adv* contrariwise, amiss
na oścież *adv*, ***otwarty ~*** wide open; ***otworzyć ~*** fling open
na oślep *adv* blindly; ***strzelać ~*** shoot wild
napad *m* attack, assault; (*o chorobie, gniewie*) fit; ***~ rabunkowy*** mugging, robbery by assault, hold-up; ***~ z bronią w ręku*** armed robbery
napad|ać *vt* attack, mug, assail; ***co go ~ło?*** what's come over him?
napar *m* infusion
naparstek *m* thimble
naparzyć *vt* infuse, brew
napastliwość *f* aggressiveness
napastliwy *adj* aggressive
napastnik *m* aggressor, mugger; *sport* forward
napastować *vt* attack, mug; (*molestować*) importune, pester
napaść *f* attack, assault, mugging
napawać *vt* imbue, fill; ***~ się*** become imbued; (*rozkoszować się*) delight (***czymś*** in sth)
napełniać *vt* fill (up); ***~ ponownie*** refill; ***~ się*** *vr* fill, become filled

na pewno *adv* certainly, surely, to be sure

napęd *m* drive, propulsion; **~ *dyskowy*** *komp.* disk drive; **~ *na przednie koła*** *mot.* front-wheel drive

napędow|y *adj* propulsive; ***siła ~a*** motive power

napędzać *vt* propel; (*wprawiać w ruch maszynę*) drive, run; (*przynaglać*) press, urge; *przen.* **~ *strachu*** frighten

napić się *vr* have sth to drink; (*alkoholu*) have a drink; **~ *kawy*** have a cup of coffee

napierać *vi* press; **~ *się*** *vr* insist (***czegoś*** on sth)

napięci|e *n* tension, strain; (*oczekiwanie*) suspense; *elektr.* voltage; ***trzymać w ~u*** hold in suspense

napięty *adj* tense, taut; (*o stosunkach*) strained

napinać *vt* strain; (*łuk*) string

napis *m* sign, inscription; caption; notice

napiwek *m* tip, gratuity

napływ *m* inflow, influx; (*np. krwi, wody*) flush

napływać *vi* flow in; rush; (*przybyć gromadnie*) flock

napływowy *adj* inflowing, immigrant

napoczynać *vt* (*butelkę*) open; (*beczkę*) broach

napominać *vt* admonish

napomknąć *vt* mention

napomnienie *n* admonishment

napotykać *vt* meet (***coś*** with sth), come (***coś*** across sth)

napowietrzny *adj* aerial, air *attr*

napój *m* beverage, drink; **~ *bezalkoholowy*** soft drink; **~ *alkoholowy*** strong drink, alcoholic liquor; **~ *chłodzący*** refreshing drink

napór *m* pressure

napraw|a *f* repair, reparation; ***muszę oddać zegarek do ~y*** I must have my watch repaired

naprawdę *adv* indeed, really

naprawiać *vt* mend, repair, fix, put right; make good; (*nadrabiać*) make up (***coś*** for sth); **~ *krzywdę*** redress the wrong

naprężenie *n* tension, strain; ***złagodzić ~*** ease the tension

naprężony *adj* = ***napięty***

naprężyć *vt*, **~ *się*** *vr* stretch, strain; tauten

naprowadzać *vt* lead; (*myślowo*) suggest (***kogoś na coś*** sth to sb)

na próżno *adv* in vain

naprzeciw *adv* opposite; *praep* opposite, against

na przekór *adv praep* in spite (***komuś, czemuś*** of sb, sth)

na przełaj *adv* cross country; ***droga ~*** short cut

na przemian *adv* alternately

naprzód *adv* forward, on; (*najpierw*) first, in the first place; ***iść ~*** go ahead

na przykład *adv* for instance, for example

naprzykrzać się *vr* importune (***komuś*** sb)

napuszony *adj* inflated, puffed; (*o stylu*) bombastic; (*zarozumiały*) bumptious

napychać *vt* cram, stuff, pack

narad|a *f* consultation, conference; ***odbywać*** <***zwoływać***> ***~ę*** hold <call up> a conference

naradzać się *vr* confer; (*radzić się*) consult, take counsel (***z kimś*** with sb)

narastać *vi* grow, augment; (*o procentach, dochodach, korzyściach*) accrue

naraz *adv* at once, suddenly

na razie *adv* for the present, for the time being

narażać *vt* jeopardize, endanger; **~ *na niewygody*** put to inconvenience; **~ *się*** *vr* risk (***na coś*** sth); lay oneself open (***na plotki*** to gossip); expose oneself (***na coś*** to sth); **~ *się komuś*** incur sb's displeasure; **~ *się na kłopoty***

ask for trouble, get oneself into trouble
narciarstwo *n* skiing; ~ ***wodne*** water skiing; surfing
narciarz *m* skier
narcyz *m bot.* narcissus
nareszcie *adv* at last
naręcze *n* armful
narkoman *m* drug addict
narkotyczny *adj* narcotic
narkotyk *m* narcotic, drug; *pot.* dope; ***handel ~ami*** drug trafficking
narkotyzować *vt* narcotize
narkoza *f* narcosis
narobić *vt* make, do; ~ ***długów*** get into debts; ~ ***hałasu*** <***zamieszania***> make a noise <trouble>; *pot.* kick up a row <a fuss>; ~ ***komuś kłopotu*** get sb into trouble; ~ ***sobie kłopotu*** get oneself into trouble
narodowościowy *adj* national, concerning nationality
narodowość *f* nationality
narodowy *adj* national; ***hymn*** ~ national anthem
narodzenie *n* birth; ***Boże Narodzenie*** Christmas; Nativity
narodzić się *vr* be born
narośl *f* excrescence, overgrowth
narowisty *adj* (*o koniu*) restive
narożnik *m* corner
narożny *adj* corner *attr;* ***dom*** ~ corner-house
naród *m* nation
nart|a *f sport* ski; *pl* ***~y*** skis; a pair of skis; ***jeździć na ~ach*** ski
nartostrada *f* ski-run
naruszać *vt* violate; (*np. honor, uczucie*) injure; (*np. spokój*) trouble, disturb; (*np. zapasy*) broach; (*np. gotówkę*) touch; ~ ***czyjeś interesy*** prejudice sb's interests; ~ ***czyjeś prawa*** encroach on <upon> sb's rights; ~ ***prawo*** <***regulamin*** *itp.*> offend against the law <the rules *etc.*>; ~ ***terytorium*** encroach on <upon> territory
naruszenie *n* violation; (*zasady, umowy, obowiązków itp.*) breach; (*spokoju publicznego*) disturbance, prejudice, injury (***czegoś*** to sth, ***czyjejś reputacji*** to sb's reputation); ~ ***prawa*** offence against the law
narwany *adj* hot-headed, crazy
narybek *m zool.* fry
narząd *m* organ
narzecze *n* dialect
narzeczona *f* fiancée
narzeczony *m* fiancé
narzekać *vi* complain (***na coś*** of sth)
narzekanie *n* complaint
narzędnik *m gram.* instrumental (case)
narzędzie *n* instrument, tool
narzucać *vt* throw in, cast up, put on; force, obtrude (***coś komuś*** sth on sb); ~ ***się*** *vr* obtrude oneself (***komuś*** on sb)
narzucanie się *n* obtrusion
narzuta *f* cover
narzutka *f* cape
nas *pron pl* us; *zob.* ***my***
nasenny *adj* soporific; ***środek*** ~ sleeping-pill
nasi *pron m pl* our, ours; *zob.* ***my***
nasiadówka *f* hip-bath
nasiąkać *vi* imbibe (***czymś*** sth), become imbued (***czymś*** with sth)
nasienie *n* seed; *biol.* sperm
nasilenie *n* intensification, intensity
naskórek *m anat.* epidermis
nasłuch *m* (*radiowy*) monitoring
nasłuchiwać *vi* listen intently (***czegoś*** to sth); (*drogą radiową*) monitor
nastać *vi* set in, come on, ensue
nastawać *vi* insist (***na coś*** on sth); attempt (***na czyjeś życie*** on sb's life)
nastawiać *vt* set (right), put, put on <right>; (*umysłowo, moralnie*) dispose; (*radio*) tune in (***na dany program*** to a programme); ~

wodę na herbatę put the kettle on; *przen.* ***~ uszu*** prick up one's ears

nastawienie *n* disposition; (*postawa*) attitude

nastąpić *vi* (*mieć miejsce*) take place; occur; (*mieć miejsce po czymś innym*) succeed

następca *m* successor (***tronu*** to the throne)

następnie *adv* next, subsequently, then

następny *adj* following, next, subsequent

następ|ować *vi* follow (***po kimś, czymś*** sb, sth); succeed; ***jak ~uje*** as follows; succeed

następstwo *n* succession; result; *gram.* ***~ czasów*** sequence of tenses

następujący *adj* following; (*kolejny*) consecutive, subsequent

nastolatek *m* teenager

nastraszyć *vt* frighten; ***~ się*** *vr* be frightened, take fright (***czymś*** at sth)

nastręczać *vt* procure; afford; (*sposobność*) offer; (*trudności*) present; (*wątpliwości*) cause; ***~ się*** *vr* occur, be present, present itself

nastroić *vt* tune (up); (*usposobić kogoś*) predispose

nastroszyć *vt* erect, bristle up; ***~ się*** *vr* bristle up

nastr|ój *m* mood, frame of mind, disposition, spirits; ***w dobrym <złym> ~oju*** in high <low> spirits; ***mieć ~ój do czegoś*** be in the mood for sth; ***nie mieć ~u*** be in no mood

nasturcja *f bot.* nasturtium

nasuwać *vt* shove, push; (*myśl*) suggest; (*wątpliwości*) cause; ***~ się*** *vr* occur, arise

nasycać *vt* satiate; saturate; (*głód*) satisfy

nasycenie *n* satiation; *chem.* saturation; *handl.* glut

nasycony *adj* satiate, satiated; *chem.* saturated

nasyłać *vt* send on

nasyp *m* embankment

nasypać *vt* strew, pour (in)

nasz *pron* our, ours; *zob.* ***my***

nasza *pron f* our, ours; *zob.* ***my***

nasze *pron f i n pl* our, ours; *zob.* ***my***

naszpikować *vt* lard, stuff

naszyć *vt* sew on, trim (***czymś*** with sth)

naszyjnik *m* necklace

naście *num pot.* umpteen

naśladować *vt* imitate

naśladowca *m* imitator

naśladownictwo *n* imitation; (*w przyrodzie*) mimicry

naśladowczy *adj* imitative

naświetlać *vt* enlighten, light up; (*wyjaśniać*) throw light (***coś*** on sth); elucidate; *med.* irradiate; *fot.* expose

naświetlanie *n*, ***naświetlenie*** *n* elucidation; *med.* irradiation; *fot.* exposure

natarcie *n* rubbing, friction; (*atak*) attack, charge

natarczywość *f* importunity

natarczywy *adj* importunate

natchnąć *vt* inspire

natchnienie *n* inspiration

natężać *vt* strain

natężenie *n* intensity

natężony *adj* strained, intense

natknąć się *vr* meet (***na kogoś, coś*** with sb, sth), come (***na kogoś, coś*** across sb, sth)

natłok *m* crowd, swarm, mass

natomiast *adv* but, on the contrary, yet

natrafić *vt* meet (***na kogoś, coś*** with sb, sth); encounter (***na kogoś, coś*** sb, sth)

natręctwo *n* importunity

natręt *m* importuner

natrętny *adj* importunate

natrysk *m* shower-bath

natrząsać się *vr* scoff (***z kogoś*** at sb)

natu|ra *f* nature; ***z ~ry*** by nature; (*malować*) from nature; ***płacić w ~rze*** pay in kind; ***martwa ~ra*** still life; ***wybryk ~ry*** freak of nature
naturalizacja *f* naturalization
naturalizm *m* naturalism
naturalizować *vt* naturalize; ***~ się*** *vr* naturalize, become naturalized
naturalnie *adv* naturally; (*oczywiście*) of course
naturaln|y *adj* natural; ***rzecz ~a*** matter of course; ***portret ~ej wielkości*** life-size portrait
naturyzm *m* naturism
natychmiast *adv* at once, instantly; immediately, straight off
natychmiastowy *adj* instantaneous, instant
nauczać *vt* teach, instruct
nauczanie *n* teaching, instructing
nauczk|a *f* lesson; ***dać ~ę*** teach a lesson (***komuś*** sb)
nauczyciel *m* teacher
nauczyć się *vr* learn
nauk|a *f* (*szkolna*) instruction, lessons; (*wyższa*) study; (*wiedza*) learning, science; *pl* ***~i przyrodnicze*** natural sciences; *pl* ***~i humanistyczne*** the humanities
naukowiec *m* scholar, researcher, scientist
naukowość *f* scientific character; (*wiedza*) erudition, scholarship
naukow|y *adj* scientific; scholarly; ***stopień ~y*** academic degree; ***praca ~a*** research work; ***towarzystwo ~e*** learned society
naumyślnie *zob.* ***umyślnie***
nauszniki *s pl* ear-muffs, ear-flaps
nawa *f arch.* nave; *przen.* ***~ państwowa*** ship of State
nawadniać *vt* irrigate
nawalić *vt* pile up, heap; *vi pot.* (*zawieść, nie dopisać*) conk out
nawał *m* mass; *pot.* heaps
nawała *f* crowd, invasion
nawałnica *f* tempest, hurricane
nawet *adv* even
nawias *m* parenthesis, bracket, brace; ***~em mówiąc*** by the way, incidentally
nawiasowy *adj* parenthetical
nawiązać *vt* tie (up); ***~ do czegoś*** refer to sth; ***~ korespondencję*** enter into correspondence; ***~ rozmowę*** engage in conversation; ***~ stosunki*** establish <enter into> relations; ***~ znajomość*** strike up an acquaintance
nawiązani|e *n* reference; ***w ~u do czegoś*** with reference to sth
nawiedzać *vt* frequent; (*o myślach, o duchach*) haunt
nawierzchnia *f* top layer, surface. pavement
nawijać *vt* wind up, reel
nawilżać *vt* moisten
nawlekać *vt* (*igłę*) thread; (*np. korale*) string
nawodnienie *n* irrigation
nawoływać *vt* call; (*wzywać*) exhort; (*przynaglać*) urge (***kogoś do czegoś*** sb to do sth)
nawozić *vt* manure, fertilize
nawóz *m* manure, fertilizer
nawracać *vt* (*konie*) wheel; (*na inną wiarę*) convert; *vi* return; ***~ się*** *vr* become converted (***na coś*** to sth)
nawrócenie *n* conversion
nawrót *m* relapse, return
na wskroś *adv* throughout, clean through
nawyk *m* habit
nawykać *vi* become accustomed
nawykły *adj* accustomed
nawzajem *adv* mutually, one another, each other; ***dziękuję, ~!*** thank you, the same to you!
nazajutrz *adv* (on) the next day, the day after
nazbyt *adv* too, excessively
naznaczyć *vt* mark; (*ustalić*) fix; (*mianować*) appoint
nazwa *f* name, designation
nazwisk|o *n* name, surname, family name; ***~iem Smith*** Smith by

name; ***przybrane ~o*** assumed name; ***~o panieńskie*** maiden name

nazywa|ć *vt* call, name; ***~ć kogoś osłem*** call sb an ass; ***~ć się*** *vr* be called; ***~m się X.Y.*** my name is X.Y.; ***jak się nazywasz ?*** what is your name?; ***to się ~ szczęście !*** that's what you call good luck!

negacja *f* negation

negatyw *m fot.* negative

negliż *m* undress

negocjacje *s pl* negotiations

negocjować *vt* negotiate

negować *vt* deny, disavow

nekrolog *m* obituary

nektar *m* nectar

neofita *m* neophyte

neologizm *m* neologism

neon *m chem.* neon; (*reklama*) neon sign; (*lampa*) neon lamp

ner|ka *f anat.* kidney; *med.* ***zapalenie ~ek*** nephritis

nerw *m* nerve; ***działać komuś na ~y*** get on sb's nerves

nerwica *f* neurosis

nerwoból *m* neuralgia

nerwowość *f* nervousness

nerwowy *adj* nervous; *przen.* touchy, jumpy

neseser *m* dressing-case

netto *adv* net(t)

neurastenia *f* neurasthenia, neurosis

neurastenik *m* neurasthenic, neurotic

neurotyczny *adj* neurotic

neutralizować *vt* neutralize

neutralność *f* neutrality

neutralny *adj* neutral

neutron *m chem. fiz.* neutron

newralgia *f med.* neuralgia

nęcić *vt* allure, entice, tempt

nędza *f* misery

nędzarz *m* pauper, beggar

nędznik *m* villain

nędzny *adj* miserable, wretched

nękać *vt* torment, molest

ni *conj, adv, praef zob.* ***ani***; ***~ stąd, ~ zowąd*** without any reason

nią *pron f* her; *zob.* ***ona***

niej *pron f* her; *zob.* ***ona***

niańczyć *vt* nurse

niańka *f* nurse

niby *conj* as if; (*rzekomo*) apparently; *praef* (*pseudo-*) sham-, would-be, pseudo-; ***~-doktor*** sham-doctor, pseudo-doctor

nic *pron* nothing; ***~ podobnego*** nothing of the sort; ***~ a ~*** nothing whatsoever <at all>; ***~ mi do tego*** it's no business of mine; ***~ mi nie jest*** nothing is the matter with me; ***~ mi po tym*** I have no use for it; ***~ nie szkodzi*** it does not matter; ***nie mam ~ więcej do powiedzenia*** I have no more to say; ***odejść z niczym*** go away empty-handed; ***skończyć się na niczym*** come to nothing; ***to na ~*** it's no use <good>; ***~ z tego*** *pot.* nothing doing; *am.* no way

nich *pron m i f pl* them; *zob.* ***oni, one***

nicość *f* nothingness

nicować *vt* turn

nicpoń *m* good-for-nothing

niczyj *adj* nobody's, no man's

nić *f* thread

nie *part.* not; (*zaprzeczenie całej wypowiedzi*) no; ***jeszcze ~*** not yet; ***już ~*** no more; no longer; ***także ~*** neither, not... either; ***ja tego także ~ wiem*** I do not know it, either; ***wcale ~*** not at all; ***~ mniej*** no less; ***~ więcej*** no more; ***~ ma mowy*** nothing doing

nieagresj|a *f* non-aggression; non-violence; ***pakt o ~i*** non-aggression pact

niebaczny *adj* inconsiderate, imprudent

niebawem *adv* shortly, before long

niebezpieczeństwo *n* danger; ***narazić na ~*** endanger

niebezpieczny *adj* dangerous

niebiański *adj* celestial, heavenly

niebieskawy *adj* bluish

niebieski *adj* blue; *zob.* ***niebiański***
niebieskooki *adj* blue-eyed
niebiosa *s pl rel.* Heavens
nieb|o *n* (*firmament*) sky; *rel.* Heaven; ***na ~ie*** in the sky; ***w ~ie*** *rel.* in Heaven; ***pod gołym ~em*** under the open sky; ***poruszyć ~o i ziemię*** move heaven and earth, leave no stone unturned; ***jak grom z jasnego ~a*** like a bolt from the blue
nieborak *m* poor soul, poor thing
nieboszczyk *m* deceased
niebotyczny *adj* sky-high
niebyły *adj* bygone; *prawn.* null and void
niebywale *adv* uncommonly, unusually
niebywały *adj* uncommon, unheard-of
niecał|y *adj* incomplete, not all; ***~a godzina*** a short hour; ***~e dziesięć minut*** a short ten minutes; ***~e pół arkusza*** not so much as half a sheet
niech *part.* let; ***~ sobie idzie*** let him go; ***~ żyje!*** long live!
niechcący *adv* unintentionally
niechęć *f* unwillingness, reluctance (***do czegoś*** to do sth); ***czuć ~ do kogoś*** bear sb a grudge
niechętny *adj* unwilling, reluctant; ill-disposed (***komuś*** towards sb)
niechlujny *adj* dirty, slovenly
niechybny *adj* infallible
nieciekawy *adj* uninteresting
niecierpliwić *vt* try sb's patience; ***~ się*** *vr* grow impatient
niecierpliwość *f* impatience
niecierpliwy *adj* impatient
niecny *adj* infamous, vile
nieco *adv* a little, somewhat
niecodzienny *adj* uncommon
nieczułość *f* insensibility (***na coś*** to sth)
nieczuły *adj* insensitive (***na coś*** to sth); (*nie reagujący*) unresponsive, insensible (***na coś*** to sth)
nieczynny *adj* inactive; inoperative, out of order; (*zamknięty*) closed
nieczystość *f* uncleanness, impurity, unchastity
nieczysty *adj* unclean, impure, unchaste
nieczytelność *f* illegibility
nieczytelny *adj* illegible
niedaleki *adj* not far <distant>; ***w ~ej przyszłości*** in the near future
niedaleko *adv* not far (away)
niedawn|o *adv* recently; the other day; of late; ***~o temu*** not long ago; ***do ~a*** until recently
niedbalstwo *n* negligence, carelessness
niedbały *adj* negligent, careless
niedelikatność *f* indelicacy
niedelikatny *adj* indelicate
niedługi *adj* not long
niedługo *adv* soon, before long; not long
niedobitki *s pl* wrecks; remains; survivors
niedobór *m* deficit
niedobrany *adj* ill-suited
niedobry *adj* not good, bad; wicked
niedobrze *adv* not well, badly, ill; ***czuć się ~*** feel sick
niedociągnięcie *n* shortcoming
niedogodność *f* inconvenience
niedogodny *adj* inconvenient
niedogotowany *adj* half-cooked
niedojrzałość *f* immaturity
niedojrzały *adj* immature; (*o owocach*) unripe
niedokładność *f* inaccuracy
niedokładny *adj* inaccurate
niedokonany *adj*, ***czas ~*** *gram.* imperfect (tense)
nie dokończony *adj* unfinished
niedokrwistość *f med.* an(a)emia
niedola *f* adversity
niedołęstwo *n* awkwardness, inefficiency

niedołężny *adj* awkward, inefficient
niedomagać *vi* be suffering (***na coś*** from sth), be indisposed
niedomaganie *n* indisposition; defect, imperfection, deficiency
niedomówienie *n* understatement; reticence
niedomyślny *adj* slow-witted, slow, dull
niedopałek *m* cigarette-end; (*świecy*) candle-end
niedopatrzenie *n* oversight; ***przez ~*** through oversight
niedopełnienie *n* not-fulfilment
niedopuszczalność *f* inadmissibility
niedopuszczalny *adj* inadmissible
niedorostek *m* youngster, stripling; greenhorn
niedorozwinięty *adj* underdeveloped; (*umysłowo*) mentally deficient <retarded>
niedorozwój *m* underdevelopment; undergrowth; (*umysłowy*) underdevelopment
niedorzeczność *f* absurdity
niedorzeczny *adj* absurd
niedoskonałość *f* imperfection
niedoskonały *adj* imperfect
niedosłyszalny *adj* inaudible
niedostateczność *f* insufficiency
niedostateczny *adj* insufficient, inadequate; ***stopień ~*** bad mark; *am.* failure
niedostatek *m* indigence, penury; (*brak*) deficiency, shortness; ***~ artykułów spożywczych*** dearth of provisions
niedostępność *f* inaccessibility
niedostępny *adj* inaccessible
niedostrzegalny *adj* imperceptible
niedościgły *adj* unattainable, unsurpassable
niedoświadczenie *n* inexperience
niedoświadczony *adj* inexperienced
niedotykalny *adj* intangible; untouchable
niedowarzony *adj* (*niedojrzały*) immature
niedowiarek *m* unbeliever
niedowidzieć *vi* be weak-sighted
niedowierzanie *n* distrust, mistrust
niedowład *m med.* paresis
niedozwolony *adj* prohibited, illicit
niedrogi *adj* inexpensive
nieduży *adj* small, little
niedwuznaczny *adj* unequivocal
niedyskrecja *f* indiscretion
niedyskretny *adj* indiscreet
niedyspozycja *f* indisposition
niedziela *f* Sunday
niedźwiadek *m* cub
niedźwiedzica *f zool.* she-bear; *astr.* ***Wielka Niedźwiedzica*** Great Bear
niedźwiedź *m zool.* bear
nieestetyczny *adj* un(a)esthetic
niefachowy *adj* unprofessional, incompetent
nieformalny *adj* not formal, informal
niefortunny *adj* unfortunate, unsuccessful
niefrasobliwy *adj* carefree, unconcerned
niegdyś *adv* once, at one time
niegodny *adj* unworthy, undignified
niegodziwość *f* wickedness, villainy
niegodziwy *adj* wicked, villainous
niegościnny *adj* inhospitable
niegramatyczny *adj* ungrammatical, incorrect
niegrzeczność *f* (*nieuprzejmość*) unkindness, impoliteness; (*o dzieciach*) naughtiness
niegrzeczny *adj* (*nieuprzejmy*) unkind, impolite; (*o dzieciach*) naughty
niegustowny *adj* tasteless, in bad taste

nieharmonijny *adj* unharmonious, inharmonious
niehonorowy *adj* dishonourable, dishonest
nieistotny *adj* inessential; irrelevant
niejaki *adj* certain, a, some; **~ p. Smith** a certain Mr. Smith; **od ~ego czasu** for some time past
niejasność *f* dimness, vagueness, obscurity
niejasny *adj* dim, vague, obscure
niejawny *adj* under cover
niejed|en *adj* many a; **~na dobra książka** many a good book
niejednokrotny *adj* repeated
niekiedy *adv* sometimes, now and then
niekompetentny *adj* incompetent
niekonsekwentny *adj* inconsistent
niekorzystny *adj* unprofitable, disadvantageous
niekorzyść *f* disadvantage, detriment; **na ~** to the detriment (**kogoś, czegoś** of sb, sth)
niekształtny *adj* unshapely
niektóry *adj* some
niekulturalny *adj* uncultured
nielegalny *adj* illegal
nieletni *adj* under age, minor
nieliczn|y *adj* not numerous; **~e wyjątki** a few exceptions
nielitościwy *adj* unmerciful, ruthless
nielogiczność *f* illogicality
nielogiczny *adj* illogical
nieludzki *adj* inhuman
nieludzkość *f* inhumanity
nieład *m* disorder, confusion
nieładnie *adv* unhandsomely; **to ~** it is not nice
niełaska *f* disfavour
niełaskawy *adj* unkind, unfavourable
niemal *adv* almost, nearly
niemało *adv* not a little; not a few; pretty much <many>
niemały *adj* pretty big <great, large>
niematerialny *adj* immaterial
niemądry *adj* unwise
Niemiec *m* German
niemiecki *adj* German
niemiłosierny *adj* unmerciful, merciless
niemiły *adj* unpleasant
niemniej *adv*, **~ jednak** nevertheless, none the less
niemoc *f* impotence, infirmity
niemodny *adj* out of fashion, unfashionable, outmoded
niemoralność *f* immorality
niemoralny *adj* immoral
niemowa *m, f* mute
niemowlę *n* infant, baby, babe
niemożliwość *f* impossibility
niemożliwy *adj* impossible
niemrawy *adj* sluggish, tardy
niemy *adj* dumb, mute; (*o filmie*) silent
nienaganny *adj* blameless, irreproachable
nienaruszalny *adj* inviolable
nienaruszony *adj* intact
nienasycony *adj* insatiable; *chem.* unsaturated
nienaturalny *adj* unnatural, affected
nienawidzić *vt* hate, detest
nienawistny *adj* hateful, detestable
nienawiść *f* hatred
nienormalny *adj* abnormal, anomalous
nieobecność *f* absence; **~ nieusprawiedliwiona** unexcused absence
nieobecny *adj* absent
nieobliczalny *adj* incalculable; (*niepoczytalny*) unreliable
nieobowiązkowy *adj* optional
nieoceniony *adj* inestimable
nieoczekiwany *adj* unexpected
nieodłączny *adj* inseparable
nieodmienny *adj* invariable; *gram.* indeclinable

nieodparty *adj* irresistible; (*np. argument*) irrefutable
nieodpłatny *adj* free of charge
nieodpowiedni *adj* inadequate; unsuitable; unfit
nieodpowiedzialność *f* irresponsibility
nieodpowiedzialny *adj* irresponsible
nieodstępny *adj* inseparable
nieodwołalny *adj* irrevocable
nieodwracalny *adj* irreversible
nieodzowny *adj* indispensable
nieodżałowan|y *adj* ever memorable; ***~ej pamięci*** the late lamented
nieoficjalny *adj* unofficial, informal
nieoględny *adj* inconsiderate
nieograniczony *adj* unlimited
nieokiełznany *adj* unmanageable, unbridled
nieokreślony *adj* indefinite
nieokrzesany *adj* uncouth, rude, rough
nieomal *adv* nearly, all but
nieomylność *f* infallibility
nieomylny *adj* infallible
nieopanowany *adj* impetuous, vehement, uncontrollable
nieopatrzność *f* improvidence, inconsideration
nieopatrzny *adj* improvident, inconsiderate
nieopisany *adj* indescribable
nieopłacalny *adj* unprofitable
nieopodal *adv praep* nearby
nieoprawiony *adj* (*o książce*) unbound
nieorganiczny *adj* inorganic
nieosobowy *adj* impersonal
nieostrożność *f* carelessness, incaution, inadvertence
nieostrożny *adj* careless, incautious, inadvertent
nieoswojony *adj* (*dziki*) untamed
nieoświecony *adj* uneducated, ignorant
nie oznaczony *pp i adj* indefinite, indeterminate
niepalący *adj* not smoking, nonsmoking; *s m* non-smoker
niepalny *adj* incombustible; nonflammable
niepamięć *f* oblivion
niepamiętny *adj* unmemorable; forgetful (***czegoś*** of sth); ***od ~ch czasów*** from times immemorial
nieparlamentarny *adj* unparliamentary, nonparliamentary
nieparzysty *adj* odd
niepełnoletni *adj* under age, minor
niepełnoletniość *f* minority
niepełny *adj* incomplete
niepewność *f* uncertainty, incertitude
niepewny *adj* uncertain; unreliable
niepiśmienny *adj* illiterate; *s m* illiterate
niepłatny *adj* unpaid, gratuitous
niepłodność *f* sterility
niepłodny *adj* sterile, barren
niepochlebny *adj* unflattering
niepocieszony *adj* inconsolable
niepoczytalność *f* irresponsibility
niepoczytalny *adj* irresponsible
niepodejrzany *adj* unsuspected
niepodległość *f* independence
niepodległy *adj* independent
niepodobieństwo *n* unlikelihood; improbability, impossibility
niepodobn|y *adj* unlike (***do kogoś, czegoś*** sb, sth); ***oni są do siebie ~i*** they are dissimilar; they are unlike
niepodzielny *adj* indivisible
niepogoda *f* bad weather
niepohamowany *adj* unrestrained, irrepressible
niepojętny *adj* dull, unintelligent
niepojęty *adj* unintelligible, inconceivable
niepokalany *adj* unspotted; immaculate
niepokaźny *adj* inconspicuous
niepokoić *vt* disturb, disquiet; ~

się *vr* be alarmed, feel uneasy <anxious> (***czymś*** about sth)
niepokonany *adj* unconquerable, invincible
niepokój *m* anxiety, uneasiness (***o kogoś, coś*** about sb, sth); trouble, disorder
niepolityczny *adj* impolitic
niepomny *adj* oblivious, forgetful (***na coś*** of sth)
niepomyślność *f* adversity
niepomyślny *adj* adverse, unfavourable, unsuccessful
niepopłatny *adj* unprofitable
niepoprawność *f* incorrigibility; incorrectness
niepoprawny *adj* incorrigible; incorrect
niepopularność *f* unpopularity
niepopularny *adj* unpopular
nieporadny *adj* awkward, unpractical
nieporęczny *adj* unhandy, inconvenient
nieporozumienie *n* misunderstanding
nieporównany *adj* incomparable
nieporuszony *adj* immovable
nieporządek *m* disorder, mess
nieporządny *adj* disorderly, untidy
nieposłuszeństwo *n* disobedience
nieposłuszny *adj* disobedient
niepospolity *adj* uncommon
nieposzlakowany *adj* unblemished, unspotted
niepotrzebny *adj* unnecessary
niepowetowany *adj* irreparable, irretrievable
niepowodzenie *n* adversity, failure
niepowołany *adj* incompetent, unauthorized
niepowstrzymany *adj* unrestrainable, uncontrollable
niepowszedni *adj* uncommon
niepowściągliwość *f* incontinence
niepowściągliwy *adj* incontinent
niepozorny *adj* inconspicuous
niepożądany *adj* undesirable
niepożyteczny *adj* useless
niepraktyczny *adj* unpractical
nieprawda *f* untruth, falsehood; ***to ~*** this is not true
nieprawdopodobny *adj* improbable
nieprawdziwy *adj* untrue
nieprawidłowość *f* irregularity, anomaly
nieprawidłowy *adj* irregular, abnormal
nieprawny *adj* illegal
nieprawomyślność *f* unorthodoxy
nieprawomyślny *adj* unorthodox
nieprawość *f* iniquity, wickedness
nieprawy *adj* iniquitous; illegitimate
nieproporcjonalny *adj* disproportionate
nieproszony *adj* unbidden, uncalled-for
nieprzebaczalny *adj* unpardonable; unforgivable
nieprzebrany *adj* inexhaustible
nieprzebyty *adj* impassable
nieprzechodni *adj gram.* intransitive
nieprzejednany *adj* irreconcilable
nieprzejrzysty *adj* nontransparent
nieprzekupny *adj* incorruptible
nieprzemakalny *adj* impermeable, waterproof, rainproof; ***płaszcz ~*** raincoat
nieprzenikniony *adj* impenetrable
nieprzepuszczalny *adj* impermeable, impervious
nieprzerwany *adj* uninterrupted, continuous; (*o locie, jeździe*) *attr* non-stop

nieprześcigniony *adj* unsurpassable
nieprzewidziany *adj* unforeseen
nieprzezorność *f* improvidence
nieprzezorny *adj* improvident
nieprzezroczysty *adj* nontransparent, opaque
nieprzezwyciężony *adj* invincible, insuperable
nieprzychylność *f* disfavour
nieprzychylny *adj* unfavourable, unfriendly
nieprzydatność *f* uselessness
nieprzydatny *adj* useless
nieprzyjaciel *m* enemy, *lit.* foe
nieprzyjacielski *adj* inimical; *attr* enemy; ***siły ~e*** enemy forces; ***działanie ~e*** hostilities *pl*
nieprzyjazny *adj* unfavourable, unfriendly; hostile
nieprzyjaźń *f* enmity; hostility
nieprzyjemność *f* disagreeableness
nieprzyjemny *adj* disagreeable, unpleasant
nieprzymuszon|y *adj* unconstrained; voluntary; ***~a wola*** free will

N

nieprzystępność *f* inaccessibility
nieprzystępny *adj* inaccessible; (*o cenach*) prohibitive
nieprzytomność *f* unconsciousness; (*roztargnienie*) absent-mindedness
nieprzytomny *adj* unconscious; (*roztargniony*) absent-minded
nieprzyzwoitość *f* indecency
nieprzyzwoity *adj* indecent
niepunktualność *f* unpunctuality
niepunktualny *adj* unpunctual
nieracjonalny *adj* irrational; unreasonable
nierad *adj* reluctant, disinclined; ***rad ~*** willy-nilly
nieraz *adv* many a time, repeatedly
nierdzewny *adj* rustless, rustproof; (*o stali*) stainless
nierealność *f* unreality
nierealny *adj* unreal
nieregularność *f* irregularity
nieregularny *adj* irregular
niereligijny *adj* irreligious
nierentowny *adj* unprofitable
nierozdzielny *adj* inseparable
nierozerwalny *adj* indissoluble
nierozgarnięty *adj* dull
nierozłączny *adj* inseparable
nierozmyślny *adj* unpremeditated
nierozpuszczalność *adj* indissolubility
nierozpuszczalny *adj* indissoluble
nierozsądny *adj* unreasonable, imprudent
nierozwaga *f* inconsideration, imprudence
nierozważny *adj* inconsiderate, imprudent
nierozwiązalny *adj* insoluble; (*o zagadnieniu*) irresolvable
nierozwinięty *adj* undeveloped; (*opóźniony w rozwoju*) backward
nierówność *f* inequality
nierówny *adj* unequal, uneven
nieruchliwy *adj* slow, impassive
nieruchomoś|ć *f* immobility; (*o majątku*) real estate; *pl* ***~ci*** *prawn.* immovables
nieruchomy *adj* immovable, motionless; ***majątek ~*** real estate
nierzadko *adv* often, not infrequently
nierząd *m* prostitution
nierzeczywisty *adj* unreal
nierzetelność *f* dishonesty
nierzetelny *adj* dishonest, unreliable
niesamowity *adj* uncanny
niesforność *f* unruliness, indocility
niesforny *adj* unruly, indocile
nieskalany *adj* immaculate, stainless
nieskazitelność *f* spotlessness; integrity

nieskazitelny *adj* unblemished, stainless
nieskładny *adj* awkward
nieskończenie *adv* infinitely; **~ mały** infinitesimal
nieskończoność *f* infinity
nieskończony *adj* infinite
nieskromny *adj* immodest, indecent
nieskuteczność *f* inefficacy, ineffectiveness
nieskuteczny *adj* ineffective, inefficacious
niesławny *adj* disreputable
niesłowny *adj* false to one's word, unreliable
niesłuszność *f* injustice, unfairness
niesłuszny *adj* unjust, unfair
niesłychany *adj* unheard-of; unprecedented
niesmaczny *adj* tasteless
niesmak *m* distaste (***do czegoś*** for sth), disgust (***do czegoś*** at, for sth)
niesnaski *s pl* dissension, quarrels
niespełna *adv* nearly; ***~ rozumu*** crack-brained
niespodziank|a *f* surprise; ***sprawić komuś ~ę*** give sb a surprise
niespodziewany *adj* unexpected
niespokojny *adj* restless, unquiet
nie sposób *adv* it's impossible
niespożyty *adj* (*niestrudzony*) indefatigable; (*trwały*) everlasting
niesprawiedliwość *f* injustice
niesprawiedliwy *adj* unjust
nie sprzyjający *adj* unfavourable, adverse
niestałość *f* inconstancy, instability
niestały *adj* inconstant, unstable
niestaranny *adj* careless, sloppy
niestawiennictwo *n* non-appearance
niestety *adv* unfortunately; *lit.* alas; ***~ on nie wróci*** I'm afraid he will not come back; ***~ nie mogę tego zrobić*** I'm sorry I can't do it
niestosowny *adj* unsuitable, improper
niestrawność *f* indigestion
niestrawny *adj* indigestible
niestrudzony *adj* indefatigable
niestworzon|y *adj pot.* ***opowiadać ~e rzeczy*** tell tall stories
niesumienność *f* dishonesty, unscrupulousness
niesumienny *adj* dishonest, unscrupulous
nieswojo *adv* not at ease; ***czuć się ~*** feel uneasy
nieswój *adj* strange, uneasy, ill at ease
niesymetryczny *adj* asymmetrical
niesympatyczny *adj* uncongenial
nieszczególny *adj* not peculiar, mediocre, tolerable, moderate
nieszczelny *adj* leaky, not tight
nieszczerość *f* insincerity
nieszczery *adj* insincere
nieszczęsny *adj* ill-fated, unfortunate; disastrous
nieszczęście *n* misfortune; calamity, disaster; bad luck; ***na ~*** unfortunately; ***na moje ~*** to my misfortune
nieszczęśliwy *adj* unfortunate, unhappy, unlucky; ***~ wypadek*** accident; ***~ zbieg okoliczności*** fatal coincidence
nieszkodliwy *adj* harmless
nieszpory *s pl* vespers
nieścisłość *f* inexactitude, inaccuracy
nieścisły *adj* inexact, inaccurate
nieść *vt* carry, bear, bring; (*o kurze*) lay
nieślubny *adj* illegitimate
nieśmiałość *f* timidity, shyness
nieśmiały *adj* timid, shy
nieśmiertelność *f* immortality
nieśmiertelny *adj* immortal
nieświadomość *f* unconsciousness, ignorance

nieświadomy *adj* unconscious, insensible (of); ignorant
nietakt *m* tactlessness; indelicacy, faux pas; ***popełnić ~*** make a slip; *am. pot.* goof
nietaktowny *adj* tactless; *am. pot.* goofy
nietknięty *adj* intact, untouched
nietolerancja *f* intolerance
nietoperz *m* bat
nietowarzyski *adj* unsociable
nietrafny *adj* improper, wrong; (*strzał*) missing the mark
nietrwały *adj* nondurable
nietrzeźwy *adj* inebriate; *pot.* tipsy, tight; ***w stanie ~m*** under the influence of drink; intoxicated
nietykalność *f* inviolability; (*posłów*) privilege; *prawn.* immunity
nietykalny *adj* inviolable; untouchable; *prawn.* enjoying immunity
nie tyle *adv* not so much
nie tylko *adv* not only
nieubłagany *adj* implacable
nieuchronny *adj* unavoidable, inevitable
nieuchwytny *adj* elusive; nowhere to be found
nieuctwo *n* ignorance
nieuczciwość *f* dishonesty
nieuczciwy *adj* unfair, dishonest
nieuczynny *adj* disobliging
nieudany *adj* unsuccessful, abortive
nieudolność *f* inability, incompetence, clumsiness
nieudolny *adj* incapable, incompetent, clumsy
nieufnoś|ć *f* mistrust; ***wotum ~ci*** vote of censure
nieufny *adj* distrustful
nieugaszony *adj* unquenchable, inextinguishable
nieugięty *adj* inflexible
nieukojony *adj* unappeasable, unappeased, inconsolable
nieuleczalny *adj* incurable
nieumiarkowany *adj* immoderate, intemperate
nieumiejętność *f* inability, unskilfulness
nieumiejętny *adj* incapable, unskilful
nieumyślny *adj* unintentional
nieuniknionу *adj* unavoidable, inevitable
nieuprzedzony *adj* unprejudiced, unbiased
nieuprzejmy *adj* unkind, impolite
nieurodzajny *adj* sterile, infertile, barren
nieusprawiedliwiony *adj* unjustified; inexcusable
nieustanny *adj* incessant, unceasing
nieustępliwy *adj* uncompromising
nieustraszony *adj* fearless
nieusuwalność *f* irremovability, irremovableness
nieusuwalny *adj* irremovable
nieutulony *adj* inconsolable
nieuwag|a *f* inattention, inadvertence; ***przez ~ę*** by oversight <mistake>; through <by> inadvertence
nieuważny *adj* inattentive, inadvertent
nieuzasadniony *adj* unfounded, unjustified
nieuzbrojony *adj* unarmed
nieużyteczny *adj* useless
nieużyty *adj* disobliging
niewart *adj* unworthy
nieważkość *f* weightlessness
nieważki *adj* imponderable, weightless
nieważny *adj* unimportant, trivial; (*np. dokument*) invalid
niewątpliwie *adv* undoubtedly, no doubt
niewątpliwy *adj* indubitable, undoubted
niewczesny *adj* inopportune; unseasonable, untimely
niewdzięczność *f* ingratitude

N

niewdzięczny *adj* ungrateful
niewesoły *adj* joyless; unpleasant; bad
niewiadom|y *adj* unknown; **~a** *s f mat. i przen.* unknown quantity
niewiara *f* disbelief, unbelief
niewiarygodny *adj* incredible, unbelievable
niewidoczny *adj* invisible
niewidomy *adj* blind; *s m* blind man
niewidzialn|y *adj* invisible, unseen; *fiz. pl* ***promienie ~e*** obscure rays
niewiedza *f* ignorance
niewiele *adv* little, few
niewielki *adj* small, little
niewierność *f* unfaithfulness, faithlessness, disloyalty
niewierny *adj* unfaithful, faithless, disloyal; ***~ Tomasz*** doubting Thomas
niewiniątko *n* innocent
niewinność *f* innocence
niewinny *adj* innocent
niewłaściwość *f* impropriety
niewłaściwy *adj* improper
niewol|a *f* slavery, captivity; ***wziąć kogoś do ~i*** take sb prisoner
niewolniczy *adj* slavish
niewolnik *adj* slave; ***~ palenia papierosów*** a slave to smoking
nie wolno *v nieodm.* it is forbidden, one must not
niewprawny *adj* unskilled, inexpert
niewrażliwy *adj* insensible, insensitive
niewspółmierność *f* incommensurability
niewspółmierny *adj* incommensurate
niewybaczalny *adj* unpardonable, unforgivable
niewyczerpany *adj* inexhaustible
niewydajny *adj* inefficient
niewygoda *f* inconvenience, discomfort
niewygodny *adj* inconvenient, uncomfortable
niewykonalny *adj* impracticable, unfeasible
niewykształcony *adj* uneducated
niewymierny *adj mat.* irrational
niewymowny *adj* ineffable, unspeakable; ineloquent
niewymuszony *adj* unaffected, unconstrained, free and easy
niewypał *m* blind shell, live shell; *pot.* dud
niewypłacalność *f* insolvency
niewypłacalny *adj* insolvent
niewypowiedziany *adj* unsaid
niewyraźny *adj* indistinct; looming; unclear
niewyrobiony *adj* unwrought; (*niewprawny*) unskilled, inexperienced
niewyrozumiały *adj* intolerant, not lenient; ruthless
niewysłowiony *adj* ineffable, unspeakable
niewystarczający *adj* insufficient
niewytłumaczalny *adj* inexplicable
niewytrwały *adj* not persistent
niewytrzymały *adj* = ***niewytrwały***
niewzruszony *adj* unmoved, imperturbable
niezaangażowany *adj* uncommitted
niezachwiany *adj* unshaken
niezadowalający *adj* unsatisfactory
niezadowolenie *n* discontent, dissatisfaction (***z czegoś*** with sth)
niezadowolony *adj* discontented, dissatisfied (***z czegoś*** with sth)
niezakłócony *adj* undisturbed
niezależność *f* independence (***od czegoś, kogoś*** of sth, sb)
niezależny *adj* independent (***od kogoś, czegoś*** of sb, sth)

niezamężna *adj* unmarried, single
niezamożny *adj* not well-to-do, indigent, of limited means
niezapominajka *f* forget-me-not
niezapomniany *adj* unforgotten
niezaprzeczalny *adj* incontestable, undeniable
niezaradny *adj* helpless, unpractical
niezasłużony *adj* undeserved
niezawisłość *f* independence (***od kogoś, czegoś*** of sb, sth)
niezawisły *adj* independent (***od kogoś, czegoś*** of sb, sth)
niezawodnie *adv* without fail, unfailingly
niezawodny *adj* unfailing, infallible
nieząbkowany *adj filat.* imperforate
niezbadany *adj* unexplored, inscrutable
niezbędność *f* indispensability
niezbędny *adj* indispensable
niezbity *adj* irrefutable
niezbyt *adv* not (all) too
N
niezdarny *adj* awkward, clumsy
niezdatny *adj* unfit
niezdecydowany *adj* undecided; (*w działaniu*) indecisive
niezdolność *f* inability, incapability; ***~ do pracy*** incapacity for work
niezdolny *adj* incapable, unable; ***~ do służby wojskowej*** unfit for military service; ***~ do pracy*** incapable of work
niezdrowy *adj* unhealthy, unwell; (*szkodliwy dla zdrowia*) unwholesome
niezdyscyplinowany *adj* undisciplined
niezgłębiony *adj* unfathomable, inscrutable
niezgoda *f* disagreement, discord, dissent
niezgodność *f* discordance; nonconformity, unconformity; (*charakterów*) incompatibility
niezgodny *adj* disagreeing, discordant; incompatible, inconsistent
niezgrabność *f* clumsiness, awkwardness
niezgrabny *adj* clumsy, awkward
nieziszczalny *adj* unrealizable, unattainable
niezliczony *adj* innumerable, countless
niezłomny *adj* inflexible, unshaken
niezmącony *adj* untroubled, unruffled
niezmienność *f* immutability
niezmienny *adj* immutable, unchanging, invariable
niezmierność *f* immensity
niezmierny *adj* immense
niezmordowany *adj* indefatigable, tireless
nieznaczny *adj* insignificant, trivial, slight
nieznajomość *f* ignorance (***czegoś*** of sth); unacquaintance (***czegoś*** with sth)
nieznajomy *adj* unknown; *s m* unknown person, stranger
nieznany *adj* unknown, unfamiliar
nieznośny *adj* unsupportable, unbearable, intolerable
niezręczność *f* awkwardness
niezręczny *adj* awkward
niezrozumiałość *f* unintelligibility
niezrozumiały *adj* unintelligible, incomprehensible
niezrównany *adj* incomparable, matchless, unrivalled; ***człowiek <przedmiot> ~*** nonesuch
niezrównoważony *adj* unbalanced
niezupełny *adj* incomplete
niezwłocznie *adv* immediately, without delay
niezwłoczny *adj* immediate, instant
niezwyciężony *adj* invincible
niezwykły *adj* uncommon, unusual

nieżonaty *adj* unmarried, single
nieżyczliwość *f* unfriendliness; unkindness
nieżyczliwy *adj* unfriendly, ill-disposed (***dla kogoś*** towards sb)
nieżyt *m med.* catarrh, inflammation
nieżywotny *adj* inanimate
nieżywy *adj* lifeless, dead
nigdy *adv* never, not ... ever; ***~ więcej*** never more; ***jak gdyby ~ nic*** as if nothing had happened
nigdzie *adv* nowhere, not ... anywhere
nijak *adv int pot.* no way
nijaki *adj* (*nieokreślony*) indeterminate; shapeless, amorphous; *gram.* ***rodzaj ~*** neuter gender
nijako *adv* indeterminately; ***czuć się ~*** feel uneasy
nikczemnik *m* villain
nikczemność *f* villainy, meanness
nikczemny *adj* villainous, mean; vile
nikiel *m* nickel
niklować *vt* nickel
nikły *adj* exiguous, scanty
niknąć *vi* vanish, disappear; (*marnieć*) waste away
nikotyna *f* nicotine
nikt *pron* no one, nobody, not anybody; neither, none
nim 1. *conj* = ***zanim***
nim 2. *pron m i n* him; it; *zob.* ***on, ono***
nimfa *f* nymph
nimi *pron m i f pl* them; *zob.* ***oni, one***
niniejszy *adj* present; ***~m zaświadczam*** I hereby testify
niski *adj* low; (*o wzroście*) short
nisko *adv* low; ***~ mierzyć*** aim low; ***~ się kłaniać*** bow low
nisza *f* niche
niszczący *adj* destructive
niszczeć *vi* waste away, decay
niszczyć *vt* destroy, spoil, ruin; (*ubranie, obuwie*) wear down; ***~ się*** *vr* spoil, deteriorate; (*o ubraniu, obuwiu*) wear (down)
nit *m techn.* rivet
nitka *f* thread
niweczyć *vt* destroy, annihilate; frustrate
niwelować *vt* level
nizać *vt* thread, string
nizina *f* lowland
niż 1. *conj* than
niż 2. *m* lowland; (*barometryczny*) depression
niżej *adv* lower; down, below; ***~ podpisany*** the undersigned
niższość *f* inferiority
niższy *adj* lower; (*gatunkowo, służbowo*) inferior
no *part.* well, now, (well) then
noc *f* night; ***~ą*** by night, at night; ***przez ~*** overnight; ***dziś w ~y*** tonight; ***całą ~*** all night long
nocleg *m* night's rest; (*miejsce*) place to sleep in
nocnik *m* chamber-pot
nocn|y *adj* night(ly); ***koszula ~a*** night-gown; ***służba ~a*** night-duty; ***spoczynek ~y*** night's rest
nocować *vi* stay overnight, stay for the night; ***~ poza domem*** sleep out
nog|a *f* leg; (*stopa*) foot; ***być na ~ach*** be up; ***do góry ~ami*** upside down; ***podstawić komuś ~ę*** trip sb up; ***wybić do ~i*** *pot.* kill to a man; ***wyciągnąć ~i*** *przen. pot.* kick the bucket
nogawka *f* leg
nokaut *m sport* knockout
nokturn *m muz.* nocturne
nomenklatura *f* nomenclature
nominacja *f* appointment, nomination
nominalny *adj* nominal
nonsens *m* nonsense; *pot.* rubbish; *wulg.* balls, bullshit
nora *f* burrow, hole
norka *f zool.* mink
norma *f* standard, norm
normalizacja *f* normalization
normalizować *vt* normalize, standardize

normalny *adj* normal
normować *vt* regulate
Norweg *m* Norwegian
norweski *adj* Norwegian
nos *m* nose; ***wycierać ~*** blow <wipe> one's nose; ***zadzierać ~a*** put up one's nose, put on airs; *pot.* ***mieć ~a*** have a sharp nose; ***wodzić za ~*** lead by the nose; ***wścibiać ~ do*** poke one's nose into
nosacizna *f med.* glanders
nosić *vt* (*dźwigać*) carry, bear; (*mieć na sobie*) wear; (*brodę, wąsy*) grow; ***~ się*** *vr* (*o ubraniu*) wear; ***~ się z myślą*** entertain an idea
nosiciel *m* bearer; carrier
nosorożec *m zool.* rhinoceros
nostalgia *f* nostalgia, homesickness
nosze *s pl* stretcher
nota *f* note
notariusz *m* notary public
notatka *f* note
notatnik *m*, ***notes*** *m* notebook
notoryczny *adj* notorious
notować *vt* take notes (***coś*** of sth), put down; (*rejestrować na giełdzie*) quote
notowanie *n* record; (*kurs na giełdzie*) quotation
nowator *m* innovator
nowela *f* short-story; (*dodatkowa ustawa*) amendment
nowicjat *m* novitiate, noviciate, probation time
nowicjusz *m* novice, probationer
nowina *f* news; ***to nie żadna ~*** that's no news
nowoczesny *adj* modern, up-to-date; (*technicznie*) high-tech
nowo narodzony *adj* new-born
noworoczny *adj* New Year's
nowość *f* novelty
nowotwór *m med.* tumour; ***~ złośliwy*** malignant tumour
nowo wstępujący *adj i s m* (*do uczelni, zawodu itp.*) entrant
nowożytny *adj* modern(-era), Christian-era *attr*
nowy *adj* new; ***co nowego?*** what's the news?; what's new?
nozdrze *n* nostril
nożownik *m pot.* (*bandyta*) cut-throat
nożyce *s pl* shears, clippers
nożyczki *s pl* scissors
nożyk *m* knife, pocket-knife; (*do golenia*) blade
nów *m* new moon
nóż *m* knife
nucić *vt vi* hum; (*o ptakach*) warble
nuda *f* boredom
nudności *s pl* nausea, qualm
nudny *adj* tedious, wearisome, dull, boring
nudziarz *m* bore
nudzi|ć *vt* bore; ***mnie to ~*** I'm tired of this; ***~ć się*** *vr* feel bored
numer *m* number; ***~ wewnętrzny*** extension (number)
numeracja *f* numeration
numerować *vt* number
numerek *m* (*np. w szatni*) check
numizmatyka *f* numismatics
nuncjusz *m rel.* nuncio
nurek *m* diver
nurkować *vi* dive
nurkowanie *n* diving; *lotn.* nose-dive
nurkowy *adj*, *lotn.* ***lot ~*** nose-dive
nurt *m* current
nurt|ować *vt* penetrate, pervade; ***to mnie ~uje*** I feel uneasy about it
nurzać *vt* dip, plunge, immerse; ***~ się*** *vr* plunge, welter
nut|a *f* note; melody, tune; *pl* ***~y*** music *zbior.*
nuż *part.* there now; ***a ~ przyjdzie*** suppose he comes; ***a ~ wygram*** what if I win?; ***a ~ mi się uda*** what if I succeed?
nużący *adj* tiring
nużyć *vt* tire (out), weary; ***~ się*** *vr* grow weary, get tired
nylon *m* nylon

O

o *praep* of, for, at, by, about, with; ***boję się o twoje bezpieczeństwo*** I fear for your safety; ***chodzić o lasce*** walk with a stick; ***powiększyć o połowę*** increase by one half; ***prosić o coś*** ask for sth; ***o co chodzi?*** what's the matter?; ***o czym mówisz?*** what are you speaking of <about>?; ***o 5 godzinie*** at 5 o'clock
oaza *f* oasis (*pl* oases)
oba, obaj, obie, oboje *num* both
obalenie *n* overthrow; (*zniesienie*) abolition; *prawn.* (*wyroku*) reversal
obalić *vt* overthrow, upset; (*znieść*) abolish
obarcz|yć *vt* burden, charge; ***~ony smutkiem*** laden with sorrow; ***~ony troską*** care-laden
obaw|a *f* fear, anxiety; ***~y*** (*złe przeczucia*) misgivings; ***z ~y*** for fear (***przed czymś*** of sth, ***o coś*** of sth); ***żywić ~ę*** be anxious (***o coś*** of sth)
obawiać się *vr* be afraid (of), be anxious (about), worry (about), fear (that)
obcas *m* heel; ***wysoki ~*** high heel
obcesowo *adv* outright
obcęgi *s pl* tongs, pliers
obchodzenie się *n* dealing (***z kimś, czymś*** with sb, sth), treatment (***z kimś, czymś*** of sb, sth)
obchodzi|ć *vt* walk <go> round; (*prawo*) evade; (*święto, urodziny*) celebrate, observe; ***to ciebie nic nie ~*** it is no concern of yours; ***to mnie szczególnie ~*** it is of great concern to me; ***to mnie nic nie ~*** I don't care (about it); it is no concern of mine; ***~ć się*** *vr* do (***bez czegoś*** without sth), dispense (***bez czegoś*** with sth), spare (***bez czegoś*** sth); deal (***z kimś*** with sb), treat (***z kimś*** sb); ***~ć się ostrożnie*** handle with care; ***źle się ~ć*** ill-treat (***z kimś*** sb); ***~ć się ostrożnie*** handle with care
obchód *m* (*okrążenie*) round; (*obchodzenie święta*) observation; (*rocznicy*) celebration
obciągać *vt* pull down, make tight; (*np. fotel*) cover; *techn.* (*ostrzyć*) whet
obciąża|ć *vt* burden, charge; (*rachunek*) debit; *pl* ***okoliczności ~jące*** aggravating circumstances
obciążenie *m* charge, burden, ballast; (*rachunku*) debit
obcierać *vt* wipe (away, off); (*np. skórę do krwi*) rub (off)
obcinać *vt* cut; (*pensję, wydatki*) cut down; (*gałęzie*) lop; (*nożyczkami*) clip; (*paznokcie*) pare
obcisły *adj* tight, close-fitting
obcokrajowiec *m* foreigner, alien
obcokrajowy *adj* foreign, alien
obcować *vi* associate
obcowanie *n* association
obcy *adj* strange, foreign; *s m* stranger
obczyzna *f* foreign country
obdarowywać *vt* present (***kogoś czymś*** sb with sth)
obdartus *m pot.* ragamuffin
obdarty *adj* ragged
obdarzyć *vt* present (***kogoś czymś*** sb with sth); (*nadać*) bestow (***czymś kogoś*** sth upon sb); ***~ łaską*** favour (***kogoś*** sb), bestow favour (***kogoś*** upon sb)
obdukcja *f* post-mortem examination
obdzielić *vt* give everybody his share; distribute
obdzierać *vt* take <pull> off; rob

(***z czegoś*** of sth); ***~ ze skóry*** skin; ***~ z kory*** bark

obecnie *adv* at present

obecnoś|ć *f* presence; ***lista ~ci*** attendance record <list>; roll; ***odczytać listę ~ci*** call the roll; ***odczytanie listy ~ci*** roll-call

obecny *adj* present; ***być ~m na zebraniu*** attend a meeting

obejmować *vt* embrace; (*zawierać*) comprise, contain; (*przejmować, brać na siebie*) take over; ***~ obowiązki*** enter on <upon> one's duties; ***~ coś w posiadanie*** take possession of sth

obejrzeć *vt* have a glance (***coś*** at sth), inspect

obelga *f* insult, outrage

obelisk *m* obelisk, needle

obelżywy *adj* insulting, outrageous

oberwać *vt* tear off

obezwładnić *vt* render unable, disable

obfitoś|ć *f* abundance, profusion, plenty; ***róg ~ci*** horn of plenty

obfitować *vi* abound (***w coś*** with, in sth)

obfity *adj* abundant, plentiful, profuse

obiad *m* dinner; ***jeść ~*** dine, have dinner

obibok *m pot.* loafer; *am.* bum

obicie *n* (*tapeta*) wallpaper, tapestry; (*pokrycie mebli itp.*) covering

obie *zob.* ***oba***

obiecywać *vt* promise

obieg *m* circulation; ***puścić w ~*** circulate; ***wycofać z ~u*** withdraw from circulation

obiegać *vi* circulate; run round

obiegowy *adj* circulating; ***pieniądz ~*** currency; ***środek ~*** circulating medium

obiekcja *f* objection

obiekt *m* object; ***niezidentyfikowany ~ latający*** unidentified flying object, UFO

obiektyw *m* objective; *fot.* lens

obiektywizm *m* objectivism

obiektywny *adj* objective

obierać *vt* (*wybierać*) elect, choose; (*zawód*) embrace; (*ziemniaki*) peel; (*owoce*) pare

obieralny *adj* elective, eligible

obietnic|a *f* promise; ***dotrzymać ~y*** keep one's promise

obijać *vt* beat; (*materiałem*) cover, line; ***~ gwoździami*** nail; ***~ się*** *vr pot.* skive off, shirk

objadać się *vr* overeat oneself

objaśniać *vt* explain

objaśniający *adj* explanatory

objaśnienie *n* explanation

objaw *m* symptom

objawiać *vt* show, reveal

objawienie *n* revelation

objazd *m* detour, circuit, round

objazdow|y *adj*, ***droga ~a*** by-pass; ***sądowa sesja ~a*** circuit

objeżdżać *vt* go <ride> round; tour; (*omijać*) by-pass

objęcie *n* (*ramionami*) embrace; (*zajęcie, przejęcie*) taking over; (*w posiadanie*) taking possession; ***~ obowiązków*** entering <entrance> on <upon> one's duties

objętość *f* volume, circumference, bulk

oblegać *vt* besiege, beleaguer

oblewać *vt* water, sprinkle, pour on; (*egzamin*) fail, flunk; ***~ się*** *vr* pour on oneself; ***~ się potem*** be bathed in sweat; ***~ się rumieńcem*** flush, blush

oblewanie *n*, ***~ mieszkania*** housewarming (party)

oblężenie *f* siege

obliczać *vt* count, calculate

oblicz|e *n* face; ***w ~u*** in the face of

obliczenie *n* calculation, computation

obligacja *f* (*zobowiązanie*) obligation; (*papier wartościowy*) bond; *bryt.* debenture

oblizywać *vt* lick

oblubienica *f* bride, betrothed

oblubieniec *m* bridegroom, betrothed

obładow|ywać *vt* charge, (over-)

load, (over)burden; ***ciężko ~any*** heavy-laden
obława *f* chase, raid, round-up
obłąkanie *n zob.* ***obłęd***
obłąkan|y *adj* insane, mad; *pot.* crazy, loony; *s m* madman; *s f* ***~a*** (*kobieta*) madwoman; ***szpital dla ~ych*** lunatic asylum, madhouse
obłęd *m* insanity, madness
obłędny *adj* insane, mad
obłok *m* cloud
obłowić się *vr* make one's pile, enrich oneself
obłożnie *adv*, ***~ chorować*** be bedridden
obłoż|yć *vt* cover, overlay; (*warstwą czegoś*) layer; *med.* ***~ony język*** coated tongue
obłuda *f* hypocrisy
obłudnik *m* hypocrite
obłudny *adj* hypocritical
obły *adj* oval
obmacać *vt* feel about, finger; *pot.* paw
obmawiać *vt* gossip (***kogoś*** about sb); backbite, slander
obmierzły [-r·z-] *adj* disgusting, detestable
obmierz|nąć [-r·z-] *vi* become disgusting; ***to mi ~ło*** I am disgusted with it
obmowa *f* backbiting, slander
obmurować *vt* surround with a wall, wall in
obmyślać *vt* reflect (***coś*** on, upon sth), turn over in one's mind; (*planować, knuć*) contrive, devise
obnażać *vt* bare, lay bare, uncover, strip; ***~ się*** *vr* strip
obnażony *adj* bare, naked, nude
obniżać *vt* lower, abate; (*cenę*) reduce; (*zarobki*) cut down; (*wartość*) depreciate; ***~ się*** *vr* sink, go down, decrease
obniżenie *n* lowering, abatement; reduction
obniżka *f* abatement, decrease; (*cen*) sale; reduction; (*wartości*) depreciation; (*potrącenie*) deduction
obojczyk *m anat.* collar-bone
oboje *zob.* ***oba***
obojętnieć *vi* grow indifferent
obojętność *f* indifference
obojętn|y *adj* indifferent, impassive; (*nieważny*) unimportant; ***to mi jest ~e*** I don't care for it; it's all the same to me
obok *adv praep* near, by, nearby
obopóln|y *adj* reciprocal, common; ***za ~ą zgodą*** by common consent
obora *f* cow-shed
obosieczny *adj* two-edged
obowiąz|ek *m* duty, (*zobowiązanie*) obligation; ***spełnić swój ~ek*** do one's duty; ***uchylać się od ~ku*** shirk one's duty; ***pełniący ~ki*** (*skrót* ***p/o***) acting (*np.* ***kierownika*** manager); ***mieć ~ki*** (***moralne***) ***w stosunku do kogoś*** be under an obligation to sb
obowiązkowość *f* sense of duty, dutifulness
obowiązkowy *adj* (*wierny obowiązkom*) with a sense of duty, dutiful; (*urzędowo obowiązujący*) obligatory, compulsory
obowiązując|y *adj* obliging, obligatory; ***mieć moc ~ą*** be in force; ***nabrać mocy ~ej*** come into force
obowiązywać *vt vi* oblige, bind in duty; be in force, take effect
obozować *vi* encamp, be encamped; (*nocować w namiotach*) camp out
obozowisko *n* camping site; encampment
obozowy *adj* camp *attr*; ***sprzęt ~*** camping outfit <equipment>
obój *m muz.* oboe
obóz *m* camp; ***~ jeniecki*** prison camp; ***~ koncentracyjny*** concentration camp; ***stanąć obozem*** encamp; ***rozbić ~*** pitch

a camp; ***zwinąć ~*** decamp; break up a camp

obrabiarka *f* machine tool

obracać *vt* turn (over); ***~ się*** *vr* turn; (*na osi*) revolve; (*przebywać*) move; ***gdzie on się teraz obraca?*** where may he be now?; ***nie wiem, gdzie on się teraz obraca*** I don't know his whereabouts

obrachunek *m* calculation, settlement

obradować *vi* debate; deliberate (***nad czymś*** upon sth), confer; be in session

obrady *pl* debate, conference

obramować *vt* frame, border; (*oblamować*) hem

obrastać *vi* overgrow

obraz *m* picture, painting; (*wizerunek, podobizna*) image

obraza *f* offence; ***~ majestatu*** lese-majesty

obraz|ek *m* picture; illustration; ***książka z ~kami*** picture-book

obrazić *vt* offend, give offence; ***nie chciałem ~*** I meant no offence; ***~ się*** *vr* take offence (***o coś*** at sth)

obrazowy *adj* pictorial, picturesque; graphic; (*o stylu*) figurative

obraźliwy *adj* offensive; susceptible, touchy

obrażeni|e *n* offence; (*uszkodzenie ciała*) injury; ***~a cielesne*** body injuries

obrąbek *m* hem

obrączka *f* ring; ***~ ślubna*** wedding ring

obręb *m* compass; (*teren*) premises *pl*; ***w ~ie uczelni*** on the premises of the college; ***w ~ie miasta*** within the town <the city>

obrębiać *vt* hem

obręcz *f* hoop; (*u koła*) tyre

obron|a *f* defence; *sport zbior.* backs *pl*; ***w ~ie własnej*** in self-defence

obronność *f* defensive power

obronny *adj* defensive

obrońca *m* defender; (*sądowy*) lawyer, counsel for the defence; *sport* back; ***~ z urzędu*** public defender

obrośnięty *adj* overgrown; hairy

obrotność *f* activity, adroitness

obrotny *adj* active, adroit

obrotomierz *m* tachometer

obrotowy *adj* rotatory, rotative; ***podatek ~*** turnover tax

obroża *f* (dog-)collar

obróbka *f* treatment, working

obrócić *zob.* ***obracać***

obrót *m* rotation, turn; *handl.* turnover, return; ***~ czekowy*** business in checks; ***~ gotówkowy*** cash transactions; ***przybrać pomyślny ~*** take a favourable turn; *przen.* ***na pełnych obrotach*** in full swing

obrus *m* table-cloth

obrywać *vt* pluck, tear off

obrządek *m* rite, ritual

obrzęd *m* ceremony; rite

obrzędowy *adj* ceremonial, ritual

obrzęk *m* swell(ing), tumour

obrzękły *adj* swollen

obrzucać *vt* throw (***kogoś czymś*** sth on sb), cover (***czymś*** with sth), pelt (***obelgami, kamieniami*** with abuse, with stones)

obrzydliwość *f* abomination

obrzydliwy *adj* abominable, hideous, disgusting, repulsive

obrzyd|nąć *vi* become abominable; ***to mi ~ło*** I'm disgusted with it

obrzydzenie *n* aversion, abomination, repulsion

obrzydzić *vt* make disgusting

obsada *f* stock, fitting; (*uchwyt*) handle; (*oprawka*) holder; (*załoga*) crew; (*personel*) staff; *teatr.* cast

obsadzać *vt* (*ogród*) plant; (*miejsce*) fill, occupy; (*personelem*) staff, man; ***~ kimś urząd*** nomi-

nate sb for an office; *wojsk.* **~ załogą** garrison
obserwacja *f* observation
obserwator *m* observer
obserwatorium *n* observatory
obserwować *vt* watch, observe
obsłu|ga *f* service, attendance; **łatwy w ~dze** user-friendly
obsług|iwać *vt* wait (**kogoś** on, upon sb), serve (**kogoś** sb), attend (**kogoś** to sb); (*w sklepie*) help; **czy pana ktoś ~uje?** are you being helped?; can I help you?
obstawać *vi* insist (**przy czymś** on sth)
obstrukcja *f* obstruction; *med.* constipation
obsypywać *vt* strew (**czymś kogoś** sth upon sb); **~ pudrem** powder
obszar *m* space, area; territory
obszerny *adj* extensive, ample, spacious
obszycie *n* border, trimming
obszywać *vt* border, trim, sew round
obudowa *f* casing; housing
obudzić *zob.* **budzić**
obumarły *adj* half-dead
obumierać *vi* die away, mortify
oburzać *vt* fill with indignation; revolt; **~ się** *vr* become indignant (**na kogoś** with sb, **na coś** at sth)
oburzenie *n* indignation
oburzony *adj* indignant (**na kogoś** with sb, **na coś** with sth)
obustronn|y *adj* two-sided, bilateral; **~a korzyść** mutual advantage
obuwi|e *n* footwear, shoes *pl;* **naprawa ~a** heel bar
obwieszczać *vt* proclaim, make known, announce
obwieszczenie *n* proclamation, announcement
obwiniać *vt* accuse (**kogoś o coś** sb of sth), charge (**kogoś o coś** sb with sth)
obwisać *vi* hang down, droop
obwodnica *f* ring road; *am.* beltway
obwoluta *f* wrapper; (*książki*) book-jacket
obwołać *vt* proclaim, call
obwozić *vt* drive around
obwód *m* circumference; *mat.* perimeter; (*okręg*) district, precinct
obwódka *f* border
oby *part.*, **~ on wyzdrowiał** may he recover; **~ tak było** may it be so
obycie *n* good manners *pl*; (*doświadczenie*) familiarity, experience
obyczaj *m* custom, manner, way
obydwaj *num* both
obyty *adj* experienced, familiar
obywać się *zob.* **obchodzić się**; **bez tego nie mogło się obyć** this could not be spared
obywatel *m*, **obywatelka** *f* citizen; (*członek danego państwa*) national
obywatelsk|i *adj* civic, civil; **komitet ~i** civic committee; **prawa ~ie** civil rights; **straż ~a** civic guard; **duch ~i** public spirit
obywatelstwo *n* citizenship; **nadać ~** naturalize; **przyjąć ~** naturalize
obżarstwo *n* gluttony
ocaleć *vi* remain safe, survive, be rescued
ocalenie *n* salvation, rescue
ocalić *vt* save, rescue
ocean *m* ocean
oceaniczny *adj* oceanic
ocena *f* estimate, estimation; opinion; (*recenzja*) review; (*osąd*) assessment, evaluation
oceniać *vt* estimate, assess, evaluate, value (**na pewną sumę** at a certain sum)
ocet *m* vinegar
ochładzać *vt*, **~ się** *vr* cool (down)
ochłonąć *vi* calm down, compose oneself, recover

ochoczy *adj* willing, eager, ready
ochot|a *f* desire, willingness; ***mam ~ę na coś <zrobienie czegoś>*** I feel like (doing) sth; I would like, I have a mind (***coś zrobić*** to do sth); ***z ~ą*** willingly, with pleasure
ochotniczy *adj* voluntary
ochotnik *m* volunteer
ochraniać *vt* protect, shelter, preserve (***przed czymś*** from sth)
ochrona *f* protection, shelter; ***~ środowiska <przyrody>*** preservation <protection, conservation> of natural environment; ***~ osobista*** bodyguard
ochroniarz *m* bodyguard
ochronny *adj* protective, preventive
ochrypły *adj* hoarse
ochrypnąć *vi* become hoarse
ociągać się *vr* tarry, linger; ***~ z robieniem czegoś*** do sth reluctantly
ociekać *vi* drip (***czymś*** with sth)
ociemnia|ły *adj* blind; *s m* blind man; *pl* ***~li*** the blind
ocieniać *vt* shade
ocieplać *vt* warm, make warm; ***~ się*** *vr* grow warm
ocierać *vt* wipe (off); (*ścierać naskórek*) chafe, gall
ociężałość *f* heaviness, dullness
ociężały *adj* heavy, dull
ocknąć się *vr* awake, come to
oclenі|e *n* clearance; levy; ***podlegający ~u*** dutiable; ***dać do ~a*** declare; ***mieć coś do ~a*** have sth to declare
ocl|ić *vt* impose duty (***coś*** on sth); ***~ony*** duty-paid
octowy *adj* acetic
oczarować *vt* charm, enchant
oczekiwać *vi* wait (***kogoś, czegoś*** for sb, sth), look forward (***czegoś*** to sth), await, expect (***kogoś, czegoś*** sb, sth)
oczekiwa|nie *n* expectation; ***przechodzić wszelkie ~nia*** surpass all expectations; ***nie spełniać czyichś ~ń*** fall short of one's expectations; ***wbrew ~niom*** contrary to expectations
oczerniać *vt* libel, slander, defame
oczko *n* eyelet; (*igły, rośliny*) eye; (*sieci*) mesh; ***spuszczone ~*** (*w pończosze*) ladder, *am.* runner
oczyszczać *vt* clean, cleanse, clear; (*np. wodę, powietrze*) purify; ***~ z kurzu*** dust; ***~ z zarzutów*** clear of blame
oczyszczalnia *f*, ***~ ścieków*** waste-water treatment plan
oczytany *adj* well-read
oczywistość *f* evidence, obviousness
oczywisty *adj* evident, obvious
oczywiście *adv* evidently, obviously, of course; ***~!*** absolutely!, certainly!
od *praep* from; off, of, for; (*począwszy od*) since; ***na wschód od Warszawy*** to the east of Warsaw; ***od czasu do czasu*** from time to time; ***już od dawna go nie widziałem*** I have not seen him for a long time now; ***od dwóch miesięcy*** for the last two months; ***od niedzieli*** since Sunday; ***od owego dnia*** from that day on; ***odpaść od ściany*** fall off the wall; ***od ręki*** directly, extempore, on the spot; ***od stóp do głów*** from top to toe; ***starszy od brata*** older than his brother
oda *f* ode
odbarwić się *vr* discolour
odbici|e *n* beating back; (*odzwierciedlenie*) picture, image; (*np. w wodzie*) shadow; (*światła*) reflection; (*uwolnienie*) relief, rescue; ***kąt ~a*** angle of reflection; ***~e się*** (*piłki*) bounce; (*kuli*) ricochet
odbić *zob.* ***odbijać***
odbiegać *vi* run away; (*zbaczać*) deviate, stray (***od czegoś*** from

sth); depart from; (*od tematu*) drift away from

odbierać *zob.* ***odebrać***

odbijać *vt* beat away <back>; (*o druku*) print; (*o świetle*) reflect; (*o statku*) put off; take off; (*uwolnić*) relieve, rescue; **~ *się*** *vr* rebound; (*o głosie*) resound; (*kontrastować*) contrast (***od czegoś*** with sth); (*w lustrze*) be reflected

odbiorca *m* receiver; (*nabywca*) buyer, purchaser; client, customer

odbiorczy *adj* receiving; ***aparat ~*** receiver

odbiornik *m* receiver; (*radio*) receiving set, (radio) receiver

odbiór *m* receipt; **~ *radiowy*** reception; ***potwierdzić ~*** acknowledge the receipt

odbitka *f* copy, reprint, off-print; *fot.* print

odblask *m* reflex

odblaskow|y *adj*, ***światła ~e*** reflecting lights

odbudowa *m* rebuilding, reconstruction; restoration

odbudować *vt* rebuild, reconstruct

odbyt *m anat.* anus

odbywać *vt* execute, perform, do, make; **~ *zebranie*** hold a meeting; **~ *studia*** follow one's studies; **~ *podróż*** make a journey; **~ *się*** *vr* take place, go on, come off, proceed, be held

odchodzi|ć *vi* go away, leave, withdraw; ***~ć od zmysłów*** be out of one's senses; ***pociąg ~ o godz. 10*** the train leaves at 10

odchudzać się *vr* reduce weight, slim

odchylać *vt* draw aside, remove; **~ *się*** *vr* deviate

odchylenie *n* deviation; swerve

odciągać *vt* draw away, pull back

odciążać *vt* relieve, alleviate

odcień *m* shade, hue

odcięcie *n* cutting off; *med.* amputation

odcinać *vt* cut off; *med.* amputate; (*oddzielać*) detach; **~ *się*** *vr* (*ostro odpowiadać*) retort; (*kontrastować*) contrast (***od czegoś*** with sth)

odcinek *m* sector; (*kupon*) coupon; (*koła*) segment; (*powieści*) instalment; **~ *kontrolny*** counterfoil

odcisk *m* impression; (*nagniotek*) corn; **~ *palca*** finger-print

odciskać *vt* impress, imprint

odcyfrować *vt* decipher

odczepić *vt* detach, untie; **~ *się*** *vr* become detached; *pot.* get rid (***od kogoś*** of sb)

odczucie *n* feeling

odczuć *zob.* ***odczuwać***; ***to daje się ~*** it makes itself felt

odczuwać *vt* feel; notice; (*boleśnie*) suffer

odczyn *m chem.* reaction

odczynnik *m chem.* reagent

odczyt *m* lecture; ***mieć ~*** lecture, give a lecture

odczytać *vt* read over; (*zrozumieć*) make out

oddać *vt* give back, render; (*dług*) pay back; (*np. list*) deliver; *hist.* **~ *hołd*** pay homage; **~ *sprawiedliwość*** do justice; **~ *przysługę*** do a favour; **~ *wizytę*** pay a return visit; **~ *życie*** give one's life; **~ *się*** *vr* (*poświęcić się*) devote oneself; **~ *się rozpaczy*** abandon oneself to despair

oddalać *vt* remove; (*zwolnić*) dismiss; **~ *się*** *vr* retire, withdraw

oddaleni|e *n* (*odległość*) distance; (*wydalenie*) dismissal; (*odsunięcie*) removal; ***w ~u*** in the distance, a long way off; ***w pewnym ~u*** at a distance; ***z ~a*** from afar

oddalony *adj* distant, remote

oddany *adj* devoted; given

oddawać *zob.* ***oddać***

oddech *m* breath, respiration

oddychać *vi* breathe, respire

oddychanie *n* breathing, respiration

oddział *m* section; (*dział instytucji*) department; *wojsk.* detachment; (*filia*) branch (office); (*w szpitalu*) ward

oddziaływać *vi* affect (***na kogoś, coś*** sb, sth), influence (***na kogoś, coś*** sb, sth), act (***na kogoś, coś*** on, upon sb, sth)

oddziaływanie *n* influence, action; ***wzajemne ~*** interaction

oddzielać *vt* separate; ***~ się*** *vr* separate, become separated

oddzielny *adj* separate

oddźwięk *m* echo; (*odzew*) response

odebrać *vt* take away <back>, withdraw; (*otrzymać*) receive; ***~ sobie życie*** take one's own life

odechci|eć się *vr*, ***~ało mi się*** I have lost the interest (***robić to*** to do this), I no longer care (***tego*** for it)

odegrać się *vr* win back, recover (one's money); (*zemścić się, zrewanżować się*) to get one's own back

odejmować *vt* take away; deduct; *mat.* subtract

odejmowanie *n* deduction; *mat.* subtraction

odejście *n* departure

odejść *zob.* ***odchodzić***

odemknąć *vt* open; (*zamek*) unlock

odepchnąć *vt* push away <back>, beat off; *zob.* ***odpychać***

odeprzeć *zob.* ***odpierać***

oderwać *zob.* ***odrywać***

oderwani|e *n* tearing away; ***w ~u od czegoś*** apart from sth

odesłać *zob.* ***odsyłać***

odetchnąć *vi* take a breath; *przen.* ***~ z ulgą*** heave a sigh of relief

odezwa *f* proclamation, address

odezwać się *zob.* ***odzywać się***

odgadywać *vt* guess, unriddle, make out; ***~ czyjeś myśli*** read sb's mind <thoughts>

odgałęzienie *n* branch

odganiać *vt* drive away

odgarniać *vt* shove away

odginać *vt* unbend

odgłos *m* echo, report; ***~ strzału*** report; ***~y dzwonów*** chime, ringing

odgrażać się *vr* threaten (***komuś*** sb), utter threats

odgrodzić *vt* separate; (*np. parkanem*) fence off; (*ścianką*) partition off

odgrywać *vt* play, (*w teatrze*) act, perform

odgryzać *vt* bite off

odgrzebywać *vt* dig up

odgrzewać *vt* warm up again, warm over

odjazd *m* departure

odjeżdżać *vi* depart, leave (***do Warszawy*** for Warsaw)

odkażać *vt* disinfect

odkażający *adj*, ***środek ~*** disinfectant

odkażanie *n* disinfection

odkąd *conj* since; *adv* since when, since what time

odkleić *vt* unglue, unstick; ***~ się*** *vr* come unstuck

odkładać *vt* set aside, put away; (*pieniądze*) lay by <up>; (*odraczać*) delay, put off, defer, postpone; (*słuchawkę*) hang up; *bryt.* ring off

odkłonić się *vr* return the bow

odkopać *vt* dig up, unearth

odkorkować *vt* uncork

odkręcić *vt* unwind; (*śrubę*) unscrew; (*kurek*) turn on

odkroić *vt* cut off

odkrycie *n* discovery; (*odsłonięcie*) uncovering

odkrywać *vt* discover, find out, detect; (*odsłonić*) uncover; (*karty*) show down

odkupiciel *m* redeemer

odkupić *vt* repurchase; *rel.* redeem

odkupienie *n* repurchase; *rel.* redemption

odkurzacz *m* vacuum-cleaner; *bryt. pot.* Hoover

odlać się *vr wulg.* piss, have a piss

odlatywać *vi* fly away

odległoś|ć *f* distance; ***na ~ć, w pewnej ~ci*** at a distance

odległy *adj* distant, remote

odlepiać *vt* unstick, unglue

odlew *m* cast

odlewać *vt* (*płyn*) pour off; *techn.* (*metal*) cast; mould

odlewnia *f* foundry

odliczać *vt* deduct, discount; (*przeliczyć*) count off

odliczenie *n* deduction, discount

odlot *m* flight, departure, take-off

odludek *m* recluse

odludny *adj* solitary

odłam *m* fraction, fragment

odłamać *vt* break away

odłazić *vi* come off

odłączyć *vt* separate, set apart, disconnect; ***~ dziecko od piersi*** to wean the baby; ***~ się*** *vr* separate, sever oneself, go apart; (*wystąpić*) secede

odłożyć *zob.* ***odkładać***

odł|óg *m* (*zw. pl* ***~ogi***) fallow; ***leżeć ~ogiem*** lie fallow

odłupać *vt*, ***~ się*** *vr* split off

odmarznąć [-r·z-] *vi* thaw, melt off, unfreeze

odmawiać *vt* refuse, deny; (*modlitwę*) say

odmian|a *f* change; variety; *gram.* declension; (*czasowników*) conjugation; ***dla ~y*** for a change

odmieniać *vt* change, alter; *gram.* decline; (*czasowniki*) conjugate

odmienność *f* dissimilarity, difference; mutability

odmienny *adj* dissimilar (***od kogoś, czegoś*** to sb, sth), different (***od kogoś, czegoś*** from sb, sth); mutable

odmierzać *vt* measure off

odmłodzić *vt* make younger, rejuvenate; ***~ się*** *vr* grow younger, rejuvenate, become rejuvenated

odmowa *f* refusal; ***kategoryczna ~*** flat refusal

odmowny *adj* negative

odmówić *zob.* ***odmawiać***

odmrozi|ć *vt* thaw; (*spowodować odmarznięcie*) defrost; ***~łem sobie palec*** my finger has been frost-bitten, I have a frozen finger

odmrożenie *n* frostbite; (*np. mięsa zamrożonego*) defrosting

odmrożony *adj* frost-bitten

odmykać *zob.* ***odemknąć***

odnająć *vt* lend; hire

odnawiać *vt* renew, renovate

od niechcenia *adv* carelessly, negligently

odniesieni|e *n* carrying back; (*aluzja, zwrócenie się*) reference; ***w ~u*** with reference <regard> (***do czegoś*** to sth)

odnieść *vt* bring back, carry; ***~ korzyść*** derive profit (***z czegoś*** from sth); ***~ wrażenie*** get the impression; ***~ zwycięstwo*** win a victory; *zob.* ***odnosić***

odnoga *f* branch; (*kolejowa*) branch-line

odnosić *vt zob.* ***odnieść***; ***~ się*** *vr* (*traktować*) treat (***do kogoś*** sb), behave (***dobrze do kogoś*** well towards sb, ***źle do kogoś*** badly, shamefully towards sb); *tylko 3 pers* (*dotyczyć*) refer, apply (***do kogoś, czegoś*** to sb, sth)

odnośnie *adv praep* concerning, respecting; with reference (***do czegoś*** to sth)

odnośnik *m* mark of reference; (*przypisek*) footnote

odnośny *adj* relative, respective

odnowa *f* renewal, restoration; renovation

od nowa *adv* anew, afresh; from the start

odosobnić *vt* isolate

odosobnienie *n* isolation

odór *m* smell, stink

odpadać *vi* fall off; (*zerwać, odstąpić*) break away

odpadki *s pl* waste(s), garbage, refuse, offal *zbior.*; dregs *pl*
odparcie *n* (*ataku*) repulse; (*zarzutu, argumentu*) refutation
odparować *vt* repel, parry; *chem.* evaporate
odparzenie *n* scalding
odparzyć *vt* scald
odpędzać *vt* drive away
odpiąć *vt* unbutton, undo
odpieczętować *vt* unseal
odpierać *vt* (*atak*) repel; (*zarzut, argument*) refute; (*atak słowny, oskarżenie*) retort
odpis *m* copy, duplicate
odpisać *vt* (*przepisać*) copy; (*odpowiedzieć pisemnie*) answer in writing, write back
odpłacić *vt vi* repay, recompense; retaliate; ***~ niewdzięcznością*** repay with ingratitude; ***~ pięknym za nadobne*** give tit for tat
odpłynąć *vi* (*o cieczy*) flow away; (*odjechać okrętem*) sail away; (*oddalić się wpław*) swim away; *przen.* (*ubywać*) drop away
odpływ *m* outflow; (*morza*) ebb (tide)
odpoczynek *m* rest, repose
odpoczywać *vi* rest, take <have> a rest
odpokutować *vt* atone (***coś*** for sth), expiate; *przen.* pay dearly
odporność *f* resistance (***na coś*** to sth); (*o chorobie*) immunity (*np.* ***na ospę*** to/against smallpox)
odporny *adj* resistant (***na coś*** to sth); (*o chorobie*) immune (*np.* ***na ospę*** from smallpox); (*o przymierzu*) defensive
odpowiada|ć *vi* answer (***na coś*** sth), reply (***na coś*** to sth); (*być odpowiednim*) suit; ***~ć celowi*** answer the purpose; ***to mi nie ~*** this does not suit me; ***~ć za coś*** be responsible for sth
odpowiedni *adj* adequate; suitable (***do kogoś, czegoś*** to <for> sb, sth); ***w ~m czasie*** in due course <time>
odpowiednik *m* equivalent
odpowiedzialnoś|ć *f* responsibility, liability; ***pociągnąć do ~ci sądowej*** arraign, prosecute; ***ponosić ~ć*** bear the responsibility; ***ograniczona ~ć (finansowa)*** Limited Liability (*skrót* Ltd)
odpowiedzialny *adj* responsible (***przed kimś*** to sb, ***za coś*** for sth)
odpowie|dź *f* answer, reply (***na coś*** to sth); ***w ~dzi na*** in reply to
odpór *m* resistance
odprawa *f* dispatch; (*np. pracownika*) discharge, dismissal; (*zapłata*) separation pay; (*udzielenie instrukcji*) briefing; (*ostra odpowiedź*) retort, rebuff; ***~ celna*** customs clearance; ***~ paszportowa*** passport control; (*na lotnisku*) check-in
odprawiać *vt* dispatch; (*zwalniać*) discharge, dismiss; (*np. nabożeństwo*) celebrate
odprężać *vt* relax; ***~ się*** *vr* unwind
odprężenie *n* relaxation; ease of tension
odprowadzać *vt* (*osobę*) accompany, escort, see off; (*np. wodę*) drain off; ***~ kogoś do domu*** see sb home; ***~ kogoś do drzwi*** see sb to the door
odpruć *vt* unsew, rip; ***~ się*** *vr* come unsewn
odprzedać *vt* resell
odprzedaż *f* resale
odpust *m* indulgence; (*uroczystość kościelna*) church fair
odpuszczenie *n* (*przebaczenie*) remission, forgiveness
odpuścić *vt* (*przebaczyć*) remit, forgive, pardon
odpychać *vt* push away; repulse; (*odtrącić*) repel; *zob.* ***odepchnąć***
odpychający *adj* repulsive, repellent

odpychanie *n* repulsion

odra *f med.* measles *pl*

odrabiać *vt* do, perform; (*np. zaległości*) work off; ~ ***stracony czas*** make up for lost time; ~ ***lekcje*** do one's lessons <homework>

odraczać *vt* put off, postpone, adjourn

odradzać *vt* dissuade (***komuś coś*** sb from sth)

odrastać *vi* grow anew

odraza *f* repugnance (***do czegoś*** to sth), disgust (***do czegoś*** at, for sth)

od razu *adv* on the spot, at once

odrażający *adj* repulsive

odrąbać *vt* chop off

odrębność *f* separateness, peculiarity

odrębny *adj* separate, peculiar

odręczny *adj* autographic; (*natychmiastowy, od ręki*) off-hand *attr*; (*o rysunku*) free-hand *attr*

odrętwiały *adj* torpid, benumbed

odrętwienie *n* torpor

odrobin|a *f* bit; ***ani ~y*** not a bit

odroczenie *n* postponement; adjournment

odrodzenie *n* revival, regeneration; (*okres*) Renaissance

odrodzić się *vr* regenerate

odróżniać *vt* distinguish, tell the difference, tell apart; ~ ***się*** *vr* differ

odróżnieni|e *n* distinction; ***w ~u*** in contradistinction (***od czegoś*** to sth)

odruch *m* reflex, instinctive reaction

odruchowo *adv*, ***reagować ~*** act on impulse

odruchowy *adj* instinctive

odrywać *vt* tear off; (*uwagę od nauki itp.*) divert, distract; (*siłą*) rend; ~ ***wzrok*** turn one's sight away (***od czegoś*** from sth); ~ ***się*** *vr* tear oneself away (***od kogoś*** from sb); (*o guziku itp.*) come off

odrzec *vi* reply

odrzucać *vt* reject; throw away; drive back; (*nie przyjmować*) decline

odrzutowiec *m* jet-plane, *pot.* jet

odrzutowy *adj* jet-propelled; ***napęd ~*** jet propulsion

odrzynać *vt* cut off

odsetek *m* percentage

odsetki *s pl fin.* interest; ~ ***składane*** compound interest

odsiadywać *vt* sit out; ~ ***karę więzienia*** serve a sentence

odsiecz *f* relief, rescue; ***przybyć na ~*** come to the rescue (***miastu*** of the town)

odsiew *m* throw-out; screening

odskocznia *f* spring-board; *przen.* stepping-stone

odskoczyć *vi* jump off, bounce

odskok *m* bounce

odsłona *f teatr* scene

odsłonić *vt* reveal, display

odstąpić *vi* step <draw> off; desist (***od czegoś*** from sth); depart (***od zasady*** from a rule); (*odpaść*) secede; *vt* (*kogoś*) leave; (*coś*) cede; ~ ***komuś miejsca*** give up <resign> one's place <seat> to sb

odstęp *m* interval, margin, distance; (*w druku*) space; ***w pewnych ~ach*** at intervals; ***w krótkich ~ach*** at short intervals

odstępca *m* apostate

odstępne *n* compensation

odstępstwo *n* apostasy; (*odstąpienie, odchylenie*) departure

odstraszyć *vt* deter (***od czegoś*** from sth), frighten away

odstręczyć *vt* estrange, alienate; (*odwieść, odradzić*) dissuade

odsunąć *vt* shove <put> away, draw aside

odsyłacz *m* mark of reference; (*u dołu stronicy*) footnote

odsyłać *vt* send (back), convey

odsypać *vt* pour off

odszkodowani|e *n* indemnity,

compensation, damages *pl*; **~a wojenne** reparations; **dać ~e** indemnify (**komuś za coś** sb for sth)
odszukać *vt* find out
odśrodkowy *adj* centrifugal
odświeżyć *vt* refresh, renew; **~ się** *vr* refresh oneself; (*wiedzę*) brush up
odświętny *adj zob.* **świąteczny**; **w ~m stroju** in one's Sunday best
odtąd *adv* from now on, from then on, ever since
odtrącać *vt* knock off, push away; (*odstręczać*) repel; (*nie przyjmować*) repudiate
odtrutka *f* antidote, counterpoison, antitoxin
odtwarzać *vt* reproduce, reconstruct
odtwórca *m* reproducer; (*na scenie*) performer
oduczać *vt* unteach; (*odzwyczajać*) disaccustom (**kogoś od czegoś** sb to do sth); **~ się** *vr* unlearn; (*odzwyczajać się*) get out of the habit (**od czegoś** of sth)
odurzać *vt* dizzy, stupefy, intoxicate
odurzenie *n* stupor, stupefaction, intoxication
odwadniać *vt* drain; *chem. med.* dehydrate
odwag|a *f* courage; **dodać ~i** encourage (**komuś** sb); **nabrać ~i** pluck up one's courage
odwar *m* decoction
odważnik *m* weight
odważny *adj* courageous, brave
odważyć *vt* (*odmierzyć*) weigh out; **~ się** *vr* (*ośmielić się*) dare, venture
odwdzięczyć się *vr* repay (*np.* **za przysługę** the service), return *sb's* kindness, show oneself grateful
odwet *m* retaliation, reprisal, revenge; **w ~ za coś** in revenge <reprisal> for sth
odwetowy *adj* retaliatory
odwiązać *vt* untie, unbind, detach; **~ się** *vr* come loose, get detached
odwieczny *adj* eternal
odwiedzać *vt* call (**kogoś** on sb), visit, come to see; (*uczęszczać*) frequent (**jakieś miejsce** a place)
odwiedziny *s pl* call, visit; **przyjść w ~** make a call (**do kogoś** on sb)
odwijać *vt* unroll, unwrap, unwind
odwilż *f* thaw; **jest ~** it thaws
odwlekać *vt* put off, delay, postpone
odwodnić *zob.* **odwadniać**
odwodnienie *n* drainage; *chem. med.* dehydration
odwodzić *vt* divert, draw off; (*odradzać*) dissuade (**od czegoś** from sth)
odwołać *vt* recall, repeal; (*cofnąć*) withdraw, retract; (*zamówienie*) countermand; **~ się** *vr* appeal
odwołani|e *n* repeal, recall; withdrawal; retractation; **~ się** appeal; **aż do ~a** until further notice
odwód *m wojsk.* reserve
odwracać *vt* turn back, reverse; (*niebezpieczeństwo*) avert; (*uwagę*) divert; **~ się** *vr* turn round; **~ wzrok** look the other way
odwracalny *adj* reversible
odwrotność *f* reverse; *mat.* reciprocal
odwrotn|y *adj* inverse, inverted, contrary, reverse; **~a strona** back, reverse; **~ą pocztą** by return of post <mail>
odwrót *m* retreat; withdrawal; (*odwrotna strona*) back, reverse; **na ~** on the contrary, conversely
odwzajemniać się *vr* requite, repay (**komuś za usługę** sb's service), reciprocate (**komuś przyjaźnią** sb's friendship)

odyniec *m* boar
odzew *m* echo; *przen.* (*reakcja*) response; *wojsk.* countersign
odziedziczyć *vt* inherit
odzienie *n* clothing, clothes *pl*
odzież *f* clothes *pl*, dress, garments *pl*
odzieżowy *adj* clothing *attr*; ***przemysł ~*** clothing industry <trade>
odznaczenie *n* distinction; (*o egzaminie*) ***z ~m*** with honours
odznaczyć *vt* distinguish; (*orderem*) decorate; **~ się** *vr* distinguish oneself
odznaka *f* badge
odzwierciedlać *vt* reflect, mirror
odzwierciedlenie *n* reflex, mirror, image
odzwyczajać *vt* disaccustom (***kogoś od czegoś*** sb to sth); **~ się** *vr* get out of the habit (***od czegoś*** of sth, of doing sth)
odzyskać *vt* regain, recover, retrieve; ***~ przytomność*** recover one's senses, regain one's consciousness, come round
odzywać się *vr* make oneself heard, reply; (*przemówić*) address (***do kogoś*** sb); ***nie odezwałem się ani słowem*** I did not so much as utter one word
odźwierny *m* porter, doorkeeper
odżałować *vt* put up (***coś*** with the loss of sth)
odżyć *vi* revive, come to life again
odżywczy *adj* nutritive, nutritious
odżywiać *vt* nourish, feed; **~ się** *vr* nourish oneself, feed
odżywianie *n* nutrition
ofensyw|a *f* offensive; ***w ~ie*** on the offensive
ofensywny *adj* offensive
oferować *vt* offer
oferta *f* offer, tender
ofiar|a *f* offering; (*datek*) contribution, charity; (*osoba ulegająca przemocy*) victim; (*wojny, wypadku itd.*) casualty; (*poświęcenie*) sacrifice; ***paść ~ą*** fall a victim (***czegoś*** to sth)
ofiarność *f* generosity, liberality; (*poświęcenie*) self-sacrifice
ofiarny *adj* sacrificial; (*gotowy do ofiar*) generous, liberal; (*pełen poświęcenia*) self-sacrificing
ofiarodawca *m* donor
ofiarować *vt* give, offer; donate, proffer; (*złożyć w ofierze*) sacrifice; ***~ usługi*** render services
oficer *m* officer
oficjalny *adj* formal; official
oficyna *f* back-premises *pl*, outhouse; (*wydawnicza*) publishing house
ofuknąć *vt pot.* snub, rebuke
ogar *m* hound
ogarek *m* candle-end
ogarniać *vt* embrace; (*przeniknąć*) pervade; (*o strachu*) seize
ogień *m* fire; (*płomień*) flame; (*światło, płonący przedmiot*) light; ***sztuczne ognie*** fireworks; ***dać ognia*** (*do papierosa*) give a light; ***otworzyć ~*** open fire; ***podłożyć ~*** set fire (***pod coś*** to sth); ***zaprzestać ognia*** cease fire; ***słomiany ~*** short-lived enthusiasm, *pot.* a flash in the pan
ogier *m zool.* stallion
oglądać *vt* look (***kogoś, coś*** at sb, sth), see, inspect; **~ się** *vr* look back <round>
oględność *f* circumspection
oględny *adj* cautious, circumspect
oględziny *s pl* examination, inspection; ***~ zwłok*** post-mortem examination
ogłada *f* good manners *pl*, polish
ogładzać *vt* polish, refine
ogłaszać *vt* publish, make known; announce; (*w mediach*) advertise
ogłoszenie *n* announcement; (*w gazecie*) advertisement, advert, ad
ogłuchnąć *vi* become deaf

ogłupiały *adj* stupefied
ogłupieć *vi* become stupid
ogłuszyć *vt* deafen, stun
ognik *m*, ***błędny ~*** will-o'-the-wisp
ogniotrwał|y *adj* fireproof; ***kasa ~a*** safe
ogniow|y *adj* fire *attr*; ***straż ~a*** fire brigade; *przen.* ***próba ~a*** ordeal
ognisko *n* fire, hearth; (*impreza pod gołym niebem*) campfire, bonfire; (*punkt centralny*) centre, focus; *fiz.* focus; ***~ domowe*** hearth, home
ogniskować *vt* focus; ***~ się*** *vr* centre, be focused
ognisty *adj* fiery, ardent
ogniwo *n* link; *elektr.* element
ogolić *vt* shave; ***~ się*** *vr* shave, have a shave
ogołocić *vt* lay bare, denude (***z czegoś*** of sth); (*pozbawić*) deprive (***z czegoś*** of sth)
ogon *m* tail; (*u sukni*) train
ogon|ek *m* tail; *pot.* (*kolejka ludzi*) queue, line; ***stać w ~ku*** queue up, line up
ogorzały *adj* sunburnt
ogólnie *adv* generally, in general
ogólnik *m* generality
ogólnikowy *adj* general, vague
ogólnokrajowy *adj* nation-wide
ogólnopolski *adj* all-Polish, all-Poland
ogólny *adj* general, universal
ogół *m* generality, totality, the whole; ***~em, na ~*** on the whole, in general; ***w ogóle*** generally, in general
ogórek *m bot.* cucumber
ogórkowy *adj* cucumber *attr*; *przen.* ***sezon ~*** silly season
ograbić *vt* rob (***kogoś z czegoś*** sb of sth)
ograniczenie *n* restraint, limitation, restriction; *mot.* ***~ szybkości*** speed limit
ograniczony *adj* limited, restricted; ***~ umysłowo*** narrow-minded
ograniczyć *vt* limit, confine, restrain, restrict; ***~ się*** *vr* confine oneself (***do czegoś*** to sth)
ogrodnictwo *n* gardening
ogrodnik *m* gardener
ogrodzenie *n* fence, enclosure
ogrodzić *vt* fence in, enclose
ogrom *m* immensity
ogromny *adj* immense, huge, enormous
ogród *m* garden; ***~ warzywny*** kitchen-garden
ogryzać *vt* gnaw away; nibble; bite
ogryzek *m* fag-end; (*owocu*) core
ogrzewacz *m* heater
ogrzewać *vt* heat, warm
ogrzewanie *n* heating; ***centralne ~*** central heating
ohyda *f* abomination
ohydny *adj* abominable, hideous
o ile *conj* as far as
ojciec *m* father; ***~ chrzestny*** godfather
ojcostwo *n* fatherhood, paternity
ojcowizna *f* patrimony
ojcowski *adj* fatherly, paternal, father's
ojczym *m* step-father
ojczysty *adj* paternal; (*np. kraj, miasto*) native; ***język ~*** mother tongue
ojczyzna *f* motherland, fatherland, homeland
okalać *vt* surround, encircle
okaleczenie *n* mutilation; injury
okaleczyć *vt* mutilate, maim; hurt
okamgnieni|e *n*, ***w ~u*** in the twinkling of an eye
okap *m* (*nad kuchnią*) hood; eaves *pl*
okaz *m* specimen
okazały *adj* showy, magnificent, stately
okazanie *n* showing, demonstration; ***za ~m*** on presentation; *handl.* ***płatny za ~m*** payable at sight
okaziciel *m* holder; *handl.* (*czeku*) bearer

okazj|a *f* occasion; (*sposobność*) opportunity; (*okazyjne kupno*) bargain; ***z ~i czegoś*** on the occasion of sth; ***przy tej ~i*** on that occasion; ***skorzystać z ~i*** take the opportunity
okazowy *adj* model, specimen *attr*
okazyjnie *adv* occasionally, on occasion
okazyjn|y *adj* occasional; ***~e kupno*** bargain
okazywać *vt* show, produce; ***~ się*** *vr* appear; turn out, prove; ***on okazał się oszustem*** he turned out <proved> to be an impostor
okiełznać *vt* bridle
okienko *n* window; (*przerwa między zajęciami*) break; (*biletowe*) booking-office window
okiennica *f* shutter
oklaski *s pl* applause
oklaskiwać *vt* applaud
okleić *vt* paste over
oklepany *adj* well-worn, trite, commonplace
okład *m* cover, coating; (*leczniczy*) compress; ***z ~em*** and more than that; ***50 lat z ~em*** 50 odd years
okładać *vt* cover, overlay; (*bić*) thrash
okładka *f* cover; ***twarda ~*** hardcover
okłamywać *vt* lie (***kogoś*** to sb)
okno *n* window; ***~ wystawowe*** shop-window
oko *n* eye; (*w sieci*) mesh; (*gra w karty*) pontoon, twenty-one; ***mieć na oku*** keep an eye on; have in view; ***~ za ~*** an eye for an eye; ***na własne oczy*** with one's own eyes; ***mieć otwarte oczy*** be alive (***na coś*** to sth); ***patrzeć komuś w oczy*** look sb in the face; ***stracić z oczu*** lose sight (***kogoś, coś*** of sb, sth); ***zejdź mi z oczu*** get out of my sight; ***na czyichś oczach*** in the eyes of sb; ***na pierwszy rzut oka*** at first sight; ***w cztery oczy*** face to face
okolica *f* vicinity; environs *pl*, neighbourhood; area
okolicznik *m gram.* adverbial
okolicznościowy *adj* occasional
okolicznoś|ć *f* circumstance; ***zbieg ~ci*** coincidence; ***w tych ~ciach*** under such circumstances; *prawn.* ***~ci łagodzące*** extenuating circumstances
okoliczny *adj* adjacent, neighbouring
około *praep* about, near
okop *m* trench, entrenchment
okopać *vt* dig up; entrench; (*jarzyny*) hoe; ***~ się*** *vr* entrench oneself
okopcić *vt* smoke, blacken with soot
okólnik *m* circular; newsletter
okólny *adj* circular, circuitous
okpić *vt* cheat, take in; *pot.* bamboozle
okradać *vt* steal (***kogoś z czegoś*** sth from sb), rob (***kogoś z czegoś*** sb of sth)
okrakiem *adv* astraddle
okrasić *vt* add some fat to
okratować *vt* rail <wire> in, grate
okratowanie *n* grating
okrąg *m* circuit, circumference, circle
okrągły *adj* round
okrążać *vt* surround, encircle
okrążenie *n* encirclement; *sport* lap
okres *m* period; (*szkolny, kadencja*) term; *mat.* (*ułamka*) recurring decimals *pl;* (*menstruacja*) period, *pot.* menses *pl*
okresowy *adj* periodical
określać *vt* define, determine
określenie *n* definition, designation
określony *adj* definite
okręcać *vt* wind round
okręg *m* (*obszar*) district, precinct
okręgowy *adj* district *attr*
okręt *m* ship, vessel, boat; *wojsk.* ***~ bojowy*** <***liniowy***> battleship; ***~***

handlowy merchantman; ~ ***podwodny*** submarine; ~ ***wojenny*** warship, man-of-war; ***wsiąść na*** ~ go on board, embark; ***wziąć towar na*** ~ take goods on board, embark goods; ***~em*** by ship; *zob.* ***statek***
okrętow|y *adj* naval, ship *attr*, ship's *attr*; ***agent ~y*** shipping agent; ***budownictwo ~e*** naval constructions *pl*; ***dziennik ~y*** log-book; ***lekarz ~y*** naval surgeon, ship's doctor; ***papiery ~e*** ship's papers; *pl* ***warsztaty ~e*** dockyard; ***załoga ~a*** crew
okrężn|y *adj* circular; roundabout *attr*; ***iść drogą ~ą*** go a roundabout way
okroić *vt* cut around; (*płacę, wydatki*) cut down
okropność *f* horror
okropny *adj* horrible, terrible, awful
okruch *m* crumb, fragment, bit
okrucieństwo *n* cruelty
okruszyna *f* crumb
okrutnik *m* cruel man
okrutny *adj* cruel
okrycie *n* covering; (*wierzchnie ubranie*) overcoat
okrywać *vt* cover
okrzepnąć *vt* recover, become vigorous
okrzyczany *adj* famous; notorious, (ill-)reputed
okrzyk *m* outcry, shout; ***~i uznania*** applause; ~ ***wojenny*** battle-cry
okrzyknąć *vt* acclaim (*np.* ***wodzem*** leader)
oktawa *f muz. lit.* octave
okucie *n* ironwork, metal fitting; (*konia*) shoeing
okuć *vt* cover with metal; (*konia*) shoe
okular *m* eyeglass, eye-piece; *pl* ***~y*** (eye) glasses, spectacles; (*słoneczne*) sunglasses
okularnik *m zool.* cobra, spectacle snake
okulista *m med.* oculist, eye-doctor
okulistyka *f med.* ophthalmology
okultyzm *m* occultism
okup *m* ransom
okupacja *f* occupation
okupant *m* occupant
okupić *vt* ransom; ~ ***się*** *vr* buy oneself off
okupować *vt* occupy
olbrzym *m* giant
olbrzymi *adj* gigantic, huge; giant *attr*; ***~a siła*** giant strength
olcha *f bot.* alder(-tree)
oleander *m bot.* oleander
oleisty *adj* oily, oleaginous
olej *m* oil; ~ ***lniany*** linseed oil; ~ ***lotniczy*** aeroplane oil; ~ ***skalny*** crude <rock> oil; ~ ***rycynowy*** castor oil; ~ ***rzepakowy*** rapeseed oil; ~ ***słonecznikowy*** sunflower oil
oligarcha *m* oligarch
oligarchia *f* oligarchy
Olimpiada *f sport* the Olympics; the Olympiad
olimpijski *adj* Olympic; Olympian; ***igrzyska ~e*** the Olympic Games
oliwa *f* olive oil
oliwić *vt* oil, lubricate
oliwka *f bot.* olive (tree)
oliwn|y *adj* olive *attr*; ***gałązka ~a*** olive branch
olszyna *f* alder forest
olśniewać *vt* dazzle
ołów *m chem.* lead
ołówek *m* pencil; (*do brwi*) brow pencil
ołtarz *m* altar
omack|iem *adv* gropingly; ***iść po ~u*** grope one's way
omal *adv* nearly, almost
omamić *vt* delude, deceive
omamienie *n* delusion
omawiać *vt* discuss
omdlały *adj* faint(ed)
omdlenie *n* faint, swoon
omen *m* omen; ***zły*** ~ ill omen
omieszka|ć *vi* (*zw.* ***nie ~ć***) fail;

nie ~m zawiadomić cię o tym I shall not fail to let you know about it
omijać *vt* pass (***coś*** by sth), evade, omit
omlet *m* omelette
omnibus *m* omnibus, bus; (*specjalista od wszystkiego*) Jack-of-all-trades
omotać *vt* entangle
omówić *zob.* ***omawiać***
omówienie *n* discussion
omylić się *vr* make a mistake, be mistaken (***co do czegoś*** about sth)
omylność *f* fallibility
omylny *adj* fallible
omyłk|a *f* error, mistake; ***~a drukarska*** misprint; ***przez ~ę*** by mistake, in error
omyłkowy *adj* erroneous
on *pron m zaimek osobowy* he; *przypadek dzierżawczy* **jego** his; *przypadki zależne* **jego** (***go, jemu, mu, nim***): him; *zaimek nieosobowy* it
ona *pron f zaimek osobowy* she; *przypadek dzierżawczy z rzeczownikiem* **jej** her – *bez rzeczownika* hers; *przypadki zależne* ***jej*** (***ją, nią, niej***) her; *zaimek nieosobowy* it
ondulacja *f* (*włosów*) wave; ***trwała ~*** permanent wave, *pot.* perm
one *pron f pl zaimek osobowy* they; *przypadek dzierżawczy – z rzeczownikiem* **ich** their – *bez rzeczownika* theirs; *przypadki zależne* **je** (***im, nimi, nich***) them; *zaimek nieosobowy* they
onegdaj *adv* the other day
ongiś *adv* once, at one time
oni *pron m pl zaimek osobowy* they; *przypadek dzierżawczy z rzeczownikiem* **ich** their - *bez rzeczownika* theirs; *przypadki zależne* **ich** (***im, nimi, nich***) them; *zaimek nieosobowy* they
oniemiały *adj* dumb, stupefied
onieśmielać *vt* intimidate, make <feel> uneasy
onkologia *f med.* oncology
ono *pron n zaimek osobowy* it; *przypadek dzierżawczy* **jego** its; *przypadki zależne* **jego** (***go, jemu, mu, je, nim***): it; *zaimek nieosobowy* it
opactwo *n* abbey; (*godność opata*) abbacy
opaczny *adj* wrong, perverse
opad *m* fall; precipitation; ***~y deszczowe*** rainfall; ***~y śniegu*** snowfall; *med.* ***~ krwi*** blood sedimentation; ***~ radioaktywny*** radioactive fall-out
opadać *vi* fall, sink, drop; (*o wodzie*) subside; ***~ z sił*** break down
opak, na ~ *adv* contrariwise, awry
opakować *vt* pack up; wrap up
opakowanie *n* packing; container
opal *m miner.* opal
opalać *vt* scorch; ***~ się*** *vr* (*na słońcu*) tan, sunburn, become sunburnt
opalanie się *n* sun-bathing, sunburning
opalenizna *f* (sun)tan, sunburn
opalony *pp i adj* scorched; (*na słońcu*), (sun)tanned, sunburnt
opał *m* fuel
opamiętać się *vr* come to one's senses, collect oneself
opancerzyć *vt* armour
opanować *vt* master, subdue, control; ***~ się*** *vr* calm <cool> down
opanowanie *n* mastery, control; (*np. języka*) command; ***~ się*** self-control
opanowany *adj* controlled; (*o człowieku*) self-possessed, composed
opar *m* vapour; *pl* ***~y*** fumes
oparci|e *n* support; ***punkt ~a*** footing, hold; (*u dźwigni*) fulcrum
oparzelina *f* scald
oparzyć *vt* burn, scorch;

O

(*gorącym płynem*) scald; *zob.* **sparzyć**
opasać *vt* gird; encircle
opaska *f* band
opasły *adj* obese
opatentować *vt* take out a patent (**coś** for sth), patent
opatrunek *m med.* dressing
opatrunkowy *adj* dressing *attr*; **punkt ~** dressing-station
opatrywać *vt* provide (**w coś** with sth); (*ranę*) dress
opatrznościowy *adj* providential
opatrzność *f* providence
opcja *f* option
opera *f muz.* opera
operacj|a *f med.* operation; **~a plastyczna** plastic surgery; **~a plastyczna twarzy** face-lifting; **poddać się ~i** undergo an operation
operator *m* operator; (*chirurg*) operating surgeon; **~ filmowy** cameraman; projectionist
operatywny *adj* operative
operetka *f* operetta
operować *vt* operate (**kogoś** on, upon sb)
opędzać *vt* drive away<back>; **~ się** *vr* try to get rid (**przed kimś, czymś** of sb, sth)
opęta|ć *vt* ensnare; possess; **co cię ~ło?** what possesses you?; **być ~nym myślą** be possessed with an idea; **być ~nym przez diabła** be possessed by the devil
opętanie *n* possession
opieka *f* care; protection; custody; (*kuratela*) tutelage, guardianship; **~ medyczna** medical care, Medicare; **~ społeczna** social welfare
opiekacz *m* toaster
opiekować się *vr* protect, guard (**kimś** sb); have the custody (**kimś** of sb); take care (**kimś, czymś** of sb, sth); **~ chorym** nurse a patient
opiekun *m* guardian, protector
opiekuńczy *adj* tutelary, protective
opierać *vt* lean, rest; (*uzasadniać*) found, base; **ten zarzut nie jest na niczym oparty** this accusation is unfounded; **~ się** *vr* lean (**o coś** on <upon, against> sth); (*polegać*) rely, depend (**na kimś, czymś** on <upon> sb, sth); (*przeciwstawiać się*) resist (**komuś** sb)
opieszałość *f* sloth, sluggishness
opieszały *adj* sluggish
opiewa|ć *vt* praise (in song), chant; *vi* (*brzmieć, orzekać*) run, be worded, read; **rachunek ~ na 10 funtów** the bill amounts to £ 10; **umowa ~ na 2 lata** the contract runs for 2 years; **ustawa ~ następująco** the law reads as follows
opięty *adj* close-fitting, tight
opilstwo *n* (habitual) drunkenness
opiłki *s pl* file-dust
opinia *f* opinion; **~ publiczna** public opinion
opiniować *vt vi* pronounce one's opinion (**coś, o czymś, o kimś** on sth, sb)
opis *m* description
opisać *vt* describe; *mat.* circumscribe
opisowy *adj* descriptive
opium *n nieodm.* opium
oplatać *vt* wreathe, entwine; (*np. butelkę*) cover with basket-work
oplątać *vt* entangle
opluć *vt* spit
opłacać *vt* pay (**coś** for sth); **~ z góry** prepay, pay in advance; **~ się** *vr* pay
opłacony *pp i adj* (*o liście, przesyłce*) post-paid; **z góry ~** prepaid
opłakany *adj* deplorable, lamentable; regrettable
opłakiwać *vt* deplore, lament
opłat|a *f* charge; (*urzędowa*) duty; (*składka członkowska itp.*) fee;

(*za przejazd*) fare; ***jaka jest ~a za przejazd?*** what is the fare?; ***wolny od ~y*** free of charge, no charge
opłatek *m* wafer
opłotek *m* (wicket-)fence, hurdle
opłucna *f anat.* pleura
opływać *vt* swim <sail> round, flow round; *vi* (*mieć pod dostatkiem*) abound (***w coś*** in <with> sth)
opływow|y *adj*, ***linia ~a*** streamline
opodal *adv* at some distance, nearby
opodatkować *vt* tax; (*w samorządzie*) rate
opodatkowanie *n* taxation; (*lokalne*) rating
opoka *f* rock
opon|a *f* (*u koła*) *bryt.* tyre; *am.* tire; *anat. pl* ***~y mózgowe*** meninges
oponent *m* opponent, adversary
oponować *vi* oppose (***przeciwko czemuś*** sth), object (***przeciwko czemuś*** to sth)
opornie *adv* with difficulty
oporny *adj* refractory; stubborn
oportunista *m* opportunist, time-server
oportunizm *m* opportunism
opowiadać *vt vi* tell, relate; ***~ się*** *vr* declare (***za kimś, czymś*** for sb, sth)
opowiadanie *n* narrative, tale, story
opowieść *f* tale, story
opozycja *f* opposition
opozycyjny *adj* opposing
opór *m* resistance; ***ruch oporu*** resistance movement; ***iść po linii najmniejszego oporu*** take the line of least resistance; ***stawiać ~*** offer resistance, resist
opóźniać *vt* delay; retard; ***~ się*** *vr* be late, be slow; lag behind
opóźnienie *n* delay; (*w rozwoju*) retardation
opóźniony *pp i adj* delayed; ***~ w rozwoju*** retarded; (*gospodarczo*) underdeveloped
opracować *vt* work out, elaborate
opracowanie *n* elaboration; (*szkolne*) paper
oprawa *f* frame; holder; (*okładka książki*) binding; (*oprawianie*) mount; ***książka w miękkiej oprawie*** paperback
oprawca *m* hangman
oprawiać *vt* (*książkę*) bind; (*obraz w ramy*) frame; (*dawać oprawę*) mount
oprawka *f* holder; collet; ***~ żarówki*** lamp-socket
opresja *f* oppression
oprocentować *vt bank. fin.* pay interest
oprocentowanie *n bank. fin.* interest
oprogramowanie *n komp.* software
oprowadzać *vt* guide <show> round
oprócz *praep* except, save; ***~ tego*** besides
opróżniać *vt* empty; (*mieszkanie*) quit, leave; (*miasto, obóz*) evacuate; (*posadę, tron*) vacate
opryskać *vt* splash; ***~ drzewa*** spray trees
opryskliwość *f* brusqueness, abruptness
opryskliwy *adj* brusque, abrupt
opryszczka *f med.* herpes; *pot.* cold spot <sore>
opryszek *m* brigand
oprzeć *zob.* ***opierać***
oprzęd *m* cocoon
oprzytomnieć *vi* recover consciousness; come round, come to
optować *vi* opt
optyczny *adj* optical
optyk *m* optician
optyka *f* optics
optymalny *adj* best; optimum *attr*
optymista *m* optimist
optymistyczny *adj* optimistic
optymizm *m* optimism

opublikować *vt* publish; make public
opuchlina *f* swelling
opuchły *adj* swollen
opuchnąć *vi* swell
opukiwać *vt* sound; *med.* percuss
opustoszały *adj* deserted, desolate
opuszczać *vt* (*pozostawiać*) leave; abandon; (*np. wyraz w zdaniu*) omit, leave out; (*lekcję, wykład*) miss; (*kurtynę, głowę itp.*) lower, drop; (*cenę*) abate; **~ się** *vr* go down, let oneself down; (*zaniedbywać się*) grow remiss, become negligent
opuszczenie *n* omission; (*pozostawienie*) abandonment
oracz *m* ploughman
orać *vt* plough; *am.* plow; till
orangutan *m zool.* orang-outang, orang-utan
oranżeria *f* hothouse, greenhouse, orangery
oraz *conj* and; as well as; and also
orbita *f* orbit
order *m* order; decoration
ordynacja *f* regulation; (*wyborcza*) electoral system; (*majątek*) fee-tail
ordynans *m* orderly
ordynarny *adj* vulgar
ordynator *m* (*lekarz*) head of a ward
orędownik *m* intercessor
orędzie *n* proclamation, message
oręż *m* weapon, arms
orężny *adj* armed
organ *m* organ; *pl* **~a sądowe** magistrates, magistracy; *pl* **~a władzy** administrative board, police authorities, powers
organiczny *adj* organic
organista *m* organist
organizacja *f* organization
organizator *m* organizer
organizm *m* organism
organizować *vt* organize
organki *pl* mouth organ, harmonica
organy *s pl muz.* organ
orgazm *m* orgasm
orgia *f* orgy
orientacj|a *f* orientation; **zmysł ~i** sense of locality
orientalny *adj* oriental
orientować *vt am.* orientate, orient; **~ się** *vr* orient(ate) oneself; find one's way
orka *f* tillage, ploughing; *przen.* (*ciężka praca*) drudgery
orkiestra *f muz.* orchestra, band; **~ symfoniczna** symphony orchestra; **~ dęta** brass band
orlę *n zool.* eaglet
orli *adj* (*o nosie*) aquiline; (*o wzroku*) eagle *attr*, eagle's *attr*
ornament *m* ornament
ornamentacja *f* ornamentation
orny *adj* arable
orszak *m* train; (*świta*) retinue; (*pogrzebowy itp.*) procession
ortodoksja *f* orthodoxy
ortodoksyjny *adj* orthodox
ortografia *f* orthography; spelling
oryginalność *f* originality
oryginalny *adj* original; genuine, authentic; (*dziwaczny*) eccentric
oryginał *m* original; (*dziwak*) eccentric; *pot.* freak
orzech *m bot.* nut; **~ kokosowy** coconut; **~ laskowy** hazelnut; **~ włoski** walnut
orzeczenie *n* pronouncement, statement; *gram.* predicate; *sąd.* sentence
orzecznik *m gram.* predicate
orzekać *vt vi* pronounce, state
orzeł *m zool.* eagle; **~ czy reszka?** heads or tails?
orzeźwiać *vt* refresh
osa *f zool.* wasp
osaczyć *vt* drive to bay, beset
osad *m* sediment; *chem.* residue
osada *f* settlement
osadnictwo *n* colonization
osadnik *m* settler
osadzać *vt* settle; set, put; (*powodować osad*) deposit; **~ się** *vr*

settle; be deposited; *chem.* precipitate
osamotnienie *n* isolation, estrangement
osąd *m* judgement
osądzić *vt* judge; (*skazać*) sentence, condemn (***na coś*** to sth)
oschły *adj* stiff, cold; arid, dry
osełka *f* whetstone; (*masła*) piece
oset *m* thistle
osiadać *zob.* ***osiąść***
osiadły *adj* settled; (*zamieszkały*) resident
osiągać *vt* attain, achieve, obtain, reach
osiągalny *adj* attainable
osiągnięcie *n* attainment, achievement
osiąść *vi* settle; (*opaść*) sink, subside; (*o ptakach*) alight
osiedlać *vt* settle; ***~ się*** *vr* settle, establish oneself
osiedle *n* settlement; ***~ mieszkaniowe*** housing estate; ***~ willowe*** residential district
osiedleniec *m* settler
osiem *num* eight
osiemdziesiąt *num* eighty
osiemnasty *num* eighteenth
osiemnaście *num* eighteen
osiemset *num* eight hundred
osierocić *vt* orphan
osiodłać *vt* saddle
osioł *m zool.* ass, donkey
oskarżać *vt* accuse (***o coś*** of sth), charge (***o coś*** with sth)
oskarżenie *n* accusation, charge; ***wystąpić z ~m*** bring an accusation (***przeciw komuś*** against sb)
oskarżony *m* the accused
oskarżyciel *m* accuser; ***~ publiczny*** public prosecutor
oskrzel|e *n anat.* bronchus; *pl* ***~a*** bronchi; *med.* ***zapalenie ~i*** bronchitis
oskrzydlać *vt wojsk.* outflank
osłabiać *vt* weaken, enfeeble
osłabienie *n* weakness
osłaniać *vt* cover, protect, shelter
osławiony *adj* ill-reputed, notorious (***z powodu czegoś*** for sth)
osłupiały *adj* stupefied
osłupieć *vi* become stupefied
osłupienie *n* stupor; ***wprawić w ~*** stupefy
osmarować *vt* besmear; *przen.* (*oczernić*) libel
osnowa *f* (*tkacka*) warp; (*treść*) tenor, contents *pl*
osob|a *f* person; (*osobistość*) personage; *prawn.* ***~a prawna*** legal person; ***~ fizyczna*** natural person; ***we*** (***własnej***) ***~ie*** in (one's own) person
osobistość *f* celebrity, personage; VIP
osobist|y *adj* personal; ***dowód ~y*** identity card; ***rzeczy ~e*** personal belongings
osobiście *adv* personally, in person
osobliwość *f* singularity, particularity; curiosity
osobliwy *adj* singular, particular, strange
osobnik *m* individual
osobn|y *adj* separate, isolated; ***na ~ości*** in private
osobowość *f* personality, individuality; ***~ prawna*** personality at law
osobowy *adj* personal; ***pociąg ~*** passenger-train
osowiały *adj* depressed
ospa *f med.* smallpox; ***~ wietrzna*** chicken pox
ospały *adj* drowsy, sluggish
ospowaty *adj* pockmarked
ostatecznoś|ć *f* finality; (*krańcowość*) extremity, extreme; ***w ~ci*** in the end, ultimately; ***wpadać w ~ć*** go to extremes
ostateczny *adj* final, ultimate, eventual
ostatek *m* remainder, rest; ***na ~*** finally, at last
ostatni *adj* last, final; (*najświeższy, niedawno miniony*) latest, recent; ***~a moda*** the latest

fashion; ***~a wola*** one's last will; ***~e wiadomości*** the latest news
ostatnio *adv* lately, recently
ostemplować *zob.* ***stemplować***
ostentacja *f* ostentation
ostoja *f* mainstay
ostroga *f* spur
ostrokrzew *m bot.* holly
ostrosłup *m mat.* pyramid
ostrożnoś|ć *f* caution, prudence; ***środki ~ci*** precautions
ostrożny *adj* cautious, careful
ostr|y *adj* sharp; (*o bólu, kącie itp.*) acute; (*smak*) hot; (*spiczasty*) pointed; (*o zimnie itp. - przenikliwy*) hard, frosty; ***~e pogotowie*** instant readiness; *med.* ***~y dyżur*** emergency service; *wojsk.* ***~e strzelanie*** ball-firing; *przen.* ***~y język*** bitter tongue
ostryga *f* oyster
ostrze *n* blade; (*ostry brzeg*) edge
ostrzegać *vt* warn (***kogoś przed kimś, czymś*** sb against <of> sb, sth)
ostrzeżenie *n* warning (***przed kimś, czymś*** of sb, sth)
ostrzyc *vt zob.* ***strzyc***; ***muszę sobie ~ włosy*** I must have a haircut
ostrzyć *vt* sharpen, whet
osunąć się *vi* sink
oswobodzenie *n* liberation
oswobodziciel *m* liberator
oswobodzić *vt* liberate, free (***od kogoś, czegoś*** from sb, sth)
oswoić *vt* tame, domesticate; (*przyzwyczajać*) accustom (***z czymś*** to sth); ***~ się*** *vr* become domesticated; become familiar (***z czymś*** with sth), become accustomed (***z czymś*** to sth)
oswojony *adj* tame; (*przyzwyczajony*) accustomed (***z czymś*** to sth), familiar (***z czymś*** with sth)
oszacować *vt* estimate, evaluate, assess
oszaleć *vi* go mad <crazy>; become insane; ***oszalałeś?*** are you crazy?
oszczep *m* spear; *sport* javelin; ***rzut ~em*** javelin throw
oszczerca *m* calumniator, slanderer
oszczerczy *adj* slanderous, calumnious
oszczerstw|o *n* calumny, slander, libel; ***rzucać ~a*** slander (***na kogoś*** sb)
oszczędnościow|y *adj* economical; ***akcja ~a*** economical drive
oszczędnoś|ć *f* thrift, parsimony, economy; *pl* ***~ci*** savings; ***kasa ~ci*** savings bank; ***robić ~ci*** economize, practise economy
oszczędny *adj* frugal, economical (***w czymś, pod względem czegoś*** of sth), thrifty
oszczędz|ać, oszczędz|ić *vt* save, spare, economize; ***~ić pieniędzy <wydatków, czasu, trudu>*** save money <expenses, time, trouble>
oszołomić *vt* stun, stupefy, benumb; (*np. alkoholem*) intoxicate
oszołomienie *n* stupor, stupefaction; (*np. alkoholowe*) intoxication
oszukać *vt* cheat, deceive, swindle
oszukańczy *adj* fraudulent
oszust *m* swindler, impostor
oszustwo *n* swindle, fraud, hoax, humbug
oś *f* (*koła*) axle; *mat. astr. przen.* axis
ościenny *adj* adjacent
oścież *m*, ***na ~*** *adv*, ***otwarty na ~*** wide open; ***otworzyć na ~*** fling open
ość *f* (fish-)bone
oślep *m*, ***na ~*** *adv* blindly, at random
oślepiać *vt* blind; (*o słońcu, świetle*) dazzle
oślepnąć *vi* become blind
ośmielać *vt* encourage, embolden; ***~ się*** *vr* venture, dare

ośmieszać *vt* ridicule, make fun of; **~ się** *vr* make oneself ridiculous, make a fool of oneself
ośnieżyć *vt* snow over, cover with snow
ośrodek *m* centre; **~ badawczy** research centre
oświadczać *vt vi* declare; **~ się** *vr* declare (**za kimś** for sb); **~ się** propose (**kobiecie** to a woman)
oświadczenie *n* declaration, pronouncement
oświadczyny *s pl* proposal, declaration of love
oświat|a *f* education, civilization; **ministerstwo ~y** *bryt.* Board of Education
oświatowy *adj* educational
oświecać *vt* (*oświetlać*) light; (*kształcić*) enlighten
oświecenie *n* enlightenment; **Oświecenie** (*epoka*) Enlightenment
oświetlenie *n* lightning, illumination
oświetlić *vt* light up
otaczać *vt* surround; *wojsk.* (*okrążać*) envelop, outflank
otchłań *f* abyss
oto *part. i int* here, there, behold!; **~ on** here he is; **~ jestem** here I am
otoczenie *n* surroundings *pl*, environment
otoczyć *zob.* **otaczać**
otóż *adv i part.* now; **~ słuchaj!** now listen!; I say!
otręby *s pl* bran *zbior.*
otrucie *n* poisoning
otruć *vt* poison
otrzaskać się *vr* become at home (**z czymś** with, in sth)
otrząsnąć *vt* shake down; **~ się** *vr* shake oneself free (**z czegoś** from sth)
otrzewna *f anat.* peritoneum
otrzeźwić *vi* sober down, become sober
otrzymać *vt* get, receive, obtain
otuch|a *f* good cheer; courage; **dodać ~y** encourage, hearten up (**komuś** sb); **nabrać ~y** take heart
otulić *vt*, **~ się** *vr* wrap up
otwarcie *adv* frankly, openly, outright
otwartość *f* openness, frankness
otwarty *adj* open; (*szczery*) frank, plain; (*bezpośredni*) upfront
otwierać *vt*, **~ się** *vr* open
otwieracz *m* opener
otw|ór *m* opening, aperture; (*wylot*) orifice; (*podłużny*) slot; **stać ~orem** lie open
otyłość *f* obesity
otyły *adj* fat, obese
owa *zob.* **ów**
owacja *f* ovation; cheers; (*na stojąco*) standing ovation
owad *m zool.* insect
owadobójczy *adj* insecticide
owal *m* oval
owalny *adj* oval
owca *f zool.* sheep
owczarek *m zool.* sheep-dog
owczarnia *f* sheepfold
owczarz *m* shepherd
owdowiały *adj* widowed
owdowieć *vi* become a widow <a widower>
owieczka *f zool., także przen.* lamb
owies *m bot.* oat(s)
owijać *vt* wrap up; (*okręcać*) wind; **~ się** *vr* wrap up <oneself>; (*okręcać się*) wind round
owładnąć *vi* take possession (**czymś** of sth)
owo *zob.* **ów**
owoc *m* fruit; **~e konserwowe** tinned <*am.* canned> fruit
owocarnia *f* fruit shop
owocny *adj* fruitful
owocować *vi* fruit, fructify
owrzodzenie *n med.* ulceration
owrzodziały *adj med.* ulcerous
owrzodzieć *vi* ulcerate, become ulcerous
owsianka *f* (*zupa*) porridge
owszem *adv* quite (so), certainly

ozdabiać *vt* adorn, decorate
ozdoba *f* adornment; decoration, trimmings
ozdobny *adj* decorative, ornamental
oziębić *vt* chill, cool down; **~ się** *vr* cool down, become cool
oziębłość *f* frigidity, coolness
oziębły *adj* frigid
ozimina *f* winter corn
oznaczać *vt* mark; (*znaczyć, wyrażać*) signify, mean; (*przez znak*) denote
oznajmiać *vt* announce, make known
oznajmienie *n* announcement
oznaka *f* sign, token, mark; (*numer np. bagażowego*) badge; symptom
ozon *m chem.* ozone
ozór *m* tongue
ożenić się *vr* marry (***z kimś*** sb), get married (***z kimś*** to sb)
ożyć *vi* come to life, revive
ożywczy *vt* vivifying, stimulating
ożywiać *vt* vivify, enliven, animate; **~ się** *vr* become animated, brisk up
ożywienie *n* animation
ożywiony *adj* animated, brisk; (*żyjący*) animate

Ó

ósemka *f* eight
ósmy *num* eighth
ówczesny *adj* then, one time; of that time *attr*; ***~ prezydent*** the then president
ówcześnie *adv* at that time, of the time

P

pach|a *f* armpit; ***pod ~ą*** under one's arm
pachnący *adj* fragrant; odorous
pachnie|ć *vi* smell, smell sweet (***czymś*** of sth); ***to mi źle ~*** I smell a rat
pachołek *m* groom, servant; ***~ drogowy*** (*słupek*) bollard
pachwina *f anat.* groin
pacierz *m* prayer; ***odmawiać ~*** say one's prayer(s)
pacierzowy *adj anat.* spinal; ***rdzeń ~*** spinal column
paciorek *m* bead
pacjent *m* patient
pacyfikacja *f* pacification
pacyfikować *vt* pacify
pacyfista *m* pacifist
pacyfizm *m* pacifism
paczka *f* packet, parcel; ***~ papierosów*** packet of cigarettes
paczyć *vt*, **~ się** *vr* warp
padaczka *f med.* epilepsy
pada|ć *vi* fall; ***deszcz ~*** it rains; ***śnieg ~*** it snows; ***~ć trupem*** drop dead; ***~ć na kolana*** go down on one's knees; ***~ć ofiarą czegoś*** fall a victim <prey> to sth; ***padł strzał*** a shot was fired; *zob.* ***paść***
padalec *m zool.* slow-worm
padlina *f* carrion, carcass

paginacja *f* pagination

pagórek *m* hill

pagórkowaty *adj* hilly

pajac *m* harlequin

pająk *m* spider

pajęczyna *f* cobweb

paka *f* pack; (*skrzynia*) case

pakiet *m* packet, package; ***~ akcji*** block of shares

pakować *vt* pack (up), wrap; ***~ się*** *vr* pack (up)

pakowani|e *n* packing; ***papier do ~a*** wrapping-paper

pakowny *adj* capacious; roomy

pakt *m* pact

paktować *vi* negotiate

pakuły *s pl* oakum

pakunek *m* package, parcel, bundle

pal *m* pale, stake; ***wbić na ~*** impale

palacz *m* stoker; (*palący tytoń*) smoker

palarnia *f* smoking-room

palący *p praes i adj* burning; (*tytoń*) smoking; (*pilny*) urgent; *s m* smoker; ***przedział dla ~ch*** smoking compartment

palec *m* finger; (*u nogi*) toe; ***~ środkowy*** middle finger; ***~ wielki*** thumb; ***~ wskazujący*** index finger; ***~ serdeczny*** ring finger; ***mały ~*** little finger; ***stać na palcach*** stand on tiptoe; ***nie ruszyć palcem*** not to stir a finger

palenie *n* burning; combustion; (*w piecu*) stoking; (*papierosów*) smoking; ***~ wzbronione*** no smoking

palenisko *n* hearth

palestra *f* the Bar

paleta *f* palette

palić *vt vi* burn; (*w piecu domowym*) make fire; (*w piecu fabrycznym, lokomotywie itp.*) stoke; (*papierosy itp.*) smoke; ***~ jak komin*** smoke like a chimney; ***~ się*** *vr* burn, be on fire; ***Pali się!*** Fire!; *pot.* ***~ się do czegoś*** be keen on sth

paliwo *n* fuel; ***~ stałe*** solid fuel

palma *f bot.* palm(-tree)

palnąć *vi vt pot.* fire; shoot; (*uderzyć, grzmotnąć*) discharge a shot; strike; ***~ głupstwo*** put one's foot in it; ***~ sobie w łeb*** blow out one's brains

palnik *m* burner

paln|y *adj* combustible; ***broń ~a*** fire-arms

palto *n* overcoat

pałac *m* palace

pałać *vi* glow, be inflamed (***czymś*** with sth); ***~ zemstą*** breathe nothing but vengeance; ***~ żądzą władzy*** burn with lust for power

pałąk *m* bow, arch

pałąkowaty *adj* bowlike, arched

pałeczka *f* wand, rod; (*do jedzenia*) chopstick

pałk|a *f* stick, club, cudgel; (*policyjna*) truncheon; ***bić ~ą*** club, cudgel

pamflet *m* lampoon, squib

pamiątk|a *f* keepsake, souvenir; ***na ~ę*** in token of remembrance, in remembrance; ***~i przeszłości*** relics of the past

pamiątkowy *adj* memorial, commemorative

pamięciowy *adj* memorial, of memory

pamię|ć *f* memory; ***~ć wzrokowa*** visual <eye> memory; ***uczyć się na ~ć*** learn by heart; ***uciec z ~ci*** escape one's memory; ***świętej ~ci mój ojciec*** my late father; (*podręczna*) *komp.* cache memory; (***ku***) ***pamięci...*** in memory of...; ***wylecieć z ~ci*** slip one's memory

pamiętać *vt* remember, keep in mind

pamiętnik *m* diary, memoirs

pamiętny *adj* memorable; mindful (***czegoś*** of sth)

pan *m* gentleman; (*np. domu*) master; (*arystokrata*) lord; ***Pan Bóg*** our Lord; (*forma grzecznościowa*) you, sir; (*tytuł*

szlachecki) Sir; (*przed nazwiskiem*) mister (*skr.* ***Mr***); **~ *Kowalski*** Mr Kowalski; **~ *młody*** bridegroom; (***toaleta***) ***dla ~ów*** gents
pancernik *m wojsk., mors.* armoured cruiser; battleship; *zool.* armadillo
pancerny *adj* armoured
pancerz *m* armour
panegiryk *m* panegyric
pani *f* lady; (*np. domu*) mistress; (*forma grzecznościowa*) madam; you; (*przed nazwiskiem*) **~ *Kowalska*** Mrs Kowalska; (***toaleta***) ***dla pań*** ladies
paniczny *adj* panic *attr*; panic-stricken; *pot.* panicky
panienka *f* miss, maiden
panieński *adj* girlish, maiden(ly)
panieństwo *n* maidenhood
panierowany *adj* coated
panika *f* panic, scare
panna *f* miss, maid; **~ *młoda*** bride; ***stara* ~** old maid, spinster; (*znak zodiaku*) Virgo, Virgin
panorama *f* panorama
panoszyć się *vr* boss
pan|ować *vi* rule, reign (***nad czymś*** over sth); command (***nad czymś*** sth); ***~ować nad sobą*** control oneself, be master of oneself, be self-possessed; ***powszechnie ~ować*** prevail; ***~ować nad sytuacją*** be in full control of the situation, have the situation well in hand; ***~uje piękna pogoda*** the weather is lovely; ***~uje epidemia tyfusu*** there is an epidemic of typhus
panowanie *n* rule, reign, command; **~ *nad sobą*** self-control
panteizm *m filoz.* pantheism
pantera *f zool.* panther
pantof|el *m* shoe; ***ranne ~le*** slippers; *przen.* ***być pod ~lem*** be henpecked
pantomima *f teatr* pantomime
panujący *p praes i adj* reigning, ruling; (*przeważający*) dominant, prevalent

pański *adj* lord's, gentleman's; (*w zwrotach grzecznościowych*) yours
państw|o *n* (*kraj*) state; (*małżeństwo*) Mr and Mrs; ***proszę ~a!*** ladies and gentlemen!; ***~o młodzi*** bridal pair, the newly-married couple
państwow|y *adj* state *attr*; public; ***przemysł ~y*** state-owned industry; ***służba ~a*** civil service
pańszczyzna *f hist.* serfdom; statute-labour
papa *f* tar-board
papeteria *f* note-paper and envelopes; stationery
papier *m* paper; ***arkusz ~u*** sheet of paper; **~ *podaniowy*** foolscap; **~ *toaletowy*** toilet paper; **~ *pakowy*** wrapping paper; *pl* ***~y wartościowe*** bonds and shares
papierek *m* slip (of paper)
papieros *m* cigarette
papierośnica *f* cigarette-case
papiestwo *n rel.* papacy
papież *m rel.* Pope
papilot *m* curl-paper
papirus *m bot.* papyrus
papka *f* pulp, mash
paplać *vi* prattle
paproć *f bot.* fern
papryka *f* paprika, red pepper
papuga *f zool.* parrot
par|a 1. *f* pair, couple; ***~a małżeńska*** married couple; ***do ~y*** to match; ***rękawiczka nie do ~y*** odd glove; ***~ę*** a few; ***za ~ę dni*** in a few days; ***~ę razy*** once or twice; ***nieszczęścia chodzą ~ami*** it never rains but it pours
para 2. *f* (*wodna*) steam, vapour
parabola *f mat.* parabola
parada *f* parade; pageantry
paradoks *m* paradox
paradoksalny *adj* paradoxical
paradować *vi* parade
parafia *f* parish
parafialny *m* parish *attr*, parochial

parafianin *m* parishioner
parafina *f* paraffin
paragon *m* receipt, bill of sale
paragraf *m* paragraph, section
paralityczny *adj* paralytic
paraliż *m med.* paralysis, palsy
paraliżować *vt* paralyse
parametr *m* parameter
parapet *m* parapet; (*okienny*) window-sill
parapsychologia *f* parapsychology
parasol *m* umbrella; (*przeciw słońcu*) parasol; sunshade
parasolka *f* umbrella
parawan *m* screen
parcela *f* lot, parcel
parcelować *vt* parcel out
parcie *n* pressure
parias *m* pariah
park *m* park; **~ *narodowy*** national park
parkan *m* fence, hoarding
parkiet *m* parquet
parking *m* car park; *am* parking-lot <place>
parkować *vt* park
parkowanie *n* parking; **~ *wzbronione*** no parking
parlament *m* parliament; ***członek ~u*** member of parliament; MP; ***rozwiązać ~*** dissolve parliament
parlamentarny *adj* parliamentary
parlamentariusz *m* bearer of a white flag, negotiator
parny *adj* sultry, close
parobek *m* farm-hand
parodia *f* parody
parodiować *vt* parody
parokrotny *adj* repeated
paroksyzm *m* paroxysm; attack
parować *vi* vaporize; evaporate
parowanie *n* evaporation
parowiec *m mors.* steamship, steamboat
parowóz *m* (steam-)engine; *am.* locomotive
parowy *adj* steam *attr*; *fiz.* ***koń ~*** horsepower; ***statek ~*** *zob.* ***parowiec***
parów *m* ravine
parówka *f* (*kiełbaska*) frankfurter; (*w bułce*) hot dog
parsk|ać *vi* snort; ***~nąć śmiechem*** burst out laughing
parszywy *adj* scabby, mangy
partactwo *n* botching, bungling; botch, bungle
partacz *m* bungler, botcher
partaczyć *vt* bungle, botch, make a mess of sth; *pot.* screw up
parter *m* ground-floor; *am.* first floor; *teatr* pit
parti|a *f* party; (*część*) part; (*towaru*) lot; (*rola*) role, part; (*w grze*) game; (*w brydżu*) ***po ~i*** vulnerable; ***przed ~ą*** invulnerable; ***~a konserwatywna*** <***liberalna***> conservative <liberal> party
partner *m* partner
partyjny *adj* party (*tylko attr*); *s m* party-man
partykularyzm *m* particularism
partykuła *f gram.* particle
partyzant *m* guerrilla; partisan
partyzantka *f* guerrilla war
parweniusz *m* upstart, parvenu
parytet *m fin.* parity, par; ***~ złota*** gold parity <standard>; ***według ~u*** at par
parzyć *vt* scald; (*np. herbatę*) brew, infuse; (*poddawać działaniu pary*) steam; ***~ się*** *vr* (*o herbacie*) draw
parzysty *adj* even
pas *m* belt, girdle; ***popuszczać*** <***zaciskać***> ***~a*** loosen <tighten> one's belt; *pot.* ***wziąć nogi za ~*** take to one's heels; ***~ startowy*** runway; *mot.* ***~ ruchu*** lane; ***~ bezpieczeństwa*** safety <seat> belt; (*w brydżu*) no bid; *am.* pass
pasat *m* trade-wind
pasaż *m* passage; (*uliczka*) passage-way; (*handlowy*) shopping arcade <mall>
pasażer *m* passenger; ***~ na gapę*** stowaway

P

Pascha *f rel.* Passover
pas|ek 1. *m* belt, girdle; (*do brzytwy*) strop; (*kreska, wzór*) stripe; bar; ***materiał w ~ki*** striped cloth;
pasek 2. *m* (*nielegalny handel*) black-market, profiteering
paser *m* black marketeer, profiteer
pasieka *f* apiary
pasierb *m* stepson
pasierbica *f* stepdaughter
pasj|a *f* passion; fury; ***wpaść w ~ę*** fly into a passion <a fury>
pasjans *m* patience; ***stawiać ~a*** play patience
pasjonować *vt* fascinate; thrill; ~ ***się*** *vr* be passionately fond of; be keen on
paskarz *m* black-market dealer, profiteer
paskudny *adj* hideous, horrid
pasmo *n* (*gór*) range, chain; (*przędzy*) skein; strand; (*taśma*) band; *elektr. i radio* band; (*smuga*) streak; *elektr.* ***~ częstotliwości*** frequency band; *przen.* ***~ żywota*** threat of life
pas|ować 1. *vt vi* fit, suit; (*być do pary*) match; ***krawat ~uje do ubrania*** the tie matches the suit; (*o ubraniu*) ***~uje do ciebie*** it becomes you
pasować 2. *vt*, ***~ kogoś na rycerza*** dub sb a knight
pasożyt *m* parasite
pasożytniczy *adj* parasitic(al)
passa *f*, ***dobra*** <***zła***> ~ a run of good <bad> luck
pasta *f* paste; ***~ do butów*** boot-polish; ***~ do podłogi*** floor-polish; ***~ do zębów*** tooth-paste
pastel *m* crayon, pastel; ***malować ~ami*** crayon
pasterka *f* shepherdess; (*nabożeństwo*) Christmas midnight mass
pasterski *adj* pastoral
pasterz *m* shepherd
pastewny *adj* pasture *attr*; fodder *attr*
pastor *m* pastor, minister
pastuch *m* herdsman, cowboy
pastw|a *f*, ***paść ~ą*** fall a prey (***kogoś, czegoś*** to sb, sth)
pastwić się *vr* treat with cruelty (***nad kimś*** sb)
pastwisko *n* pasture
pastylka *f* tablet, pill
pasywa *s pl fin.* liabilities
pasywny *adj* passive
pasza *f* fodder
paszcza *f* jaw, muzzle
paszkwil *m* lampoon, libel
paszport *m* passport; ***biuro ~ów*** passport office
pasztet *m* pie, pâté
paść 1. *vi* fall down, come down; *zob.* ***padać***; ***~ trupem*** drop dead
paść 2. *vt* (*bydło*) pasture; ~ ***się*** *vr* (*o bydle*) pasture, graze
pat *m* (*w szachach*) stalemate
patelnia *f* frying-pan
patent *m* patent
patetyczny *adj* pathetic; pompous
patolog *m* pathologist
patologia *f* pathology
patos *m* pathos; pomposity
patriarcha *m* patriarch
patriarchalny *adj* patriarchal
patriota *m* patriot
patriotyczny *adj* patriotic
patriotyzm *m* patriotism
patrol *m* patrol
patrolować *vt* patrol
patron *m* patron (*także* saint); sponsor
patronat *m* patronage, auspices *pl*; sponsorship
patronować *vi* patronize (***komuś, czemuś*** sb, sth); sponsor
patroszyć *vt* eviscerate; (*kurę*) draw; (*rybę*) gut; (*zająca*) hulk
patrzeć *vi* look (***na kogoś, coś*** at sb, sth); ***~ na kogoś jak na wroga*** look on <upon> sb as a foe; ***~ na kogoś z góry*** look down upon sb; ***~ przez okno*** look out of the window; ***~ za sie-***

bie look back; ~ ***przez palce*** connive (***na coś*** at sth); ~ ***spode łba*** scowl (***na kogoś, coś*** at sb, sth); ~ ***uporczywie*** stare (***na kogoś, coś*** at sb, sth); ***jest na co*** ~ it is worth seeing
patyk *m* stick, rod
patyna *f* patina
pauza *f* pause; (*szkolna*) break; *muz.* rest; (*myślnik*) dash
pauzować *vi* pause, make a pause
paw *m zool.* peacock; ***dumny jak*** ~ as proud as a peacock
pawian *m zool.* baboon
pawilon *m* pavilion
paznok|ieć *m* nail; (finger)nail, (toe)nail; ***obcinać ~cie*** clip <pare> nails
pazur *m* claw, (*szpon, także techn.*) clutch
paź *m* page
październik *m* October
pączek *m* bud; (*ciastko*) doughnut
pączkować *vi* bud
pąk *m* bud
pchać *vt* push, thrust; ~ ***się*** *vr* push one another, crush
pchełki *s pl* (*gra*) tiddlywinks
pchła *f* flea; ***pchli targ*** flea market
pchnięcie *n* push, thrust
pech *m* bad <hard> luck
pedagog *m* pedagogue
pedagogia *f* pedagogy
pedagogika *f* pedagogics, pedagogy
pedał *m* pedal; (*homoseksualista*) *pot.* gay, fag, pansy
pedant *m uj.* pedant
pedanteria *f uj.* pedantry
pedantyczny *adj uj.* pedantic, priggish
pediatra *m* p(a)ediatrician, p(a)ediatrist
pejcz *m* horsewhip
pejzaż *m* landscape
peleryna *f* cape
pelikan *m zool.* pelican
pełni|a *f* plenty, abundance, fullness; ***~a księżyca*** full moon; ***w*** ~ completely, fully
pełnić *vt* perform, fulfil, accomplish; ~ ***obowiązek*** do one's duty
pełno *adv* plenty (***czegoś*** of sth); ***mieć ~ czegoś*** be full of sth
pełnoletni *adj* adult, of age, major
pełnoletniość *f* majority, full age
pełnometrażowy *adj*, ***film*** ~ feature film
pełnomocnictwo *n* (*prawo*) power of attorney; (*dokument*) letter of attorney
pełnomocnik *m* plenipotentiary; authorized agent
pełnomocny *adj* plenipotentiary, authorized
pełnopłatny *adj* with full pay; ~ ***urlop*** full-pay leave
pełnowartościowy *adj praed* of full value
pełny *adj* full; ***na ~m morzu*** on the high seas
pełzać *vi* (*poruszać się*) crawl, creep
pełznąć *vi* (*płowieć*) fade; lose colour; *zob.* **pełzać**
penicylina *f med.* penicillin
penis *m anat.* penis
pensja *f* (*pobory*) salary
pensjonat *m* boarding-house; pension
perfidia *f* perfidy
perfidny *adj* perfidious
perfumeria *f* perfumer's shop, perfumery
perfumować *vt* perfume, scent
perfumy *s pl* perfume, scent
pergamin *m* parchment
periodyczny *adj* periodical
perkal *m* calico
perkusja *f muz.* percussion
perkusyjny *adj* percussive; ***instrument*** ~ percussion instrument
perliczka *f zool.* guinea-fowl
perła *f* pearl

peron *m* platform
Pers *m* Persian, Iranian
perski *adj* Persian, Iranian
personalny *adj* personal
personel *m* staff, personnel
personifikacja *f* personification
perspektywa *f* perspective, prospect, view
perswadować *vt* persuade (***komuś, żeby coś zrobił*** sb into doing sth, ***komuś, żeby czegoś nie zrobił*** sb out of doing sth)
perswazja *f* persuasion
pertraktacje *s pl* negotiations
pertraktować *vi* negotiate (***w sprawie czegoś*** sth)
peruka *f* wig
perwersja *f* perversion
perwersyjny *adj* perverse
peryferi|e *s pl* periphery; ***na ~ach*** on the outskirts
peryskop *m* periscope
pestka *f* stone, kernel; (*w jabłku, pomarańczy*) pip
pesymista *m* pessimist
pesymistyczny *adj* pessimistic
pesymizm *m* pessimism
petarda *f* petard
petent *m* petitioner
petycja *f* petition
pewien *adj* (*niejaki*) a, one, a certain; ***po pewnym czasie*** after some time; ***przez ~ czas*** for some time; *zob.* ***pewny***
pewnik *m* axiom
pewno, na ~ *adv* certainly, for sure, assuredly; ***on na ~ przyjdzie*** he is sure to come
pewnoś|ć *f* certainty, certitude; *pot.* dead certainty (*bezpieczeństwo*) security; ***~ć siebie*** self-assurance; self-confidence; ***z ~cią*** certainly; sure enough; for certain; sure; ***dla ~ci*** to be on the safe side
pewny *adj* sure, certain; (*bezpieczny*) safe, secure; ***~ siebie*** self-assured, self-confident; cocksure; ***czuć się ~m*** feel sure <safe>

pęcak *m* peeled barley
pęcherz *m anat.* bladder
pęcherzyk *m anat.* vesicle; (*bąbel*) blister; (*bańka*) bubble
pęczek *m* bunch, tuft
pęcznieć *vi* swell
pęd 1. *m* (*szybki bieg*) rush; ***całym ~m*** at full speed; (*napęd, impuls*) impulse; (*rozpęd*) impetus; *fiz.* momentum; (*dążenie, zamiłowanie*) aspiration (***do czegoś*** after <for> sth)
pęd 2. *bot.* shoot, sprout; ***puszczać ~y*** shoot forth, sprout
pędzel *m* brush
pędzić *vt* rush, drive; (*życie*) lead; (*czas*) spend; (*wódkę*) distil; *vi* rush, run (***za kimś*** after sb), race, hurry, scurry
pędzlować *vt* brush
pęk *m* (*kwiatów, kluczy*) bunch; (*papierów*) file; (*wiązka*) bundle
pęka|ć *vi* burst; (*rozłupać się*) crack; fracture; ***~ć z zazdrości*** burst with envy; ***serce mi ~*** my heart breaks; ***głowa mi ~*** my head is splitting
pękaty *adj* bulging, bulged; (*przysadkowaty*) dumpy, podgy
pępek *m anat.* navel
pęta *s pl* fetters, chains; (*końskie*) hobble; ***zerwać ~*** break the bonds
pętać *vt* fetter; (*konia*) hobble
pętelka, pęt|la *f* loop, noose; (*o samolocie*) ***robić ~lę*** loop; (*całą*) loop the loop
piać *vi* crow
piana *f* froth, foam; ***~ mydlana*** lather; (*ubita*) whipped whites
pianino *n muz.* (upright) piano
pianista *m muz.* pianist
pianow|y *adj* foam *attr*; ***gaśnica ~a*** foam extinguisher
piasek *m* sand
piaskowiec *m* sandstone
piaskownica *f* sand-pit
piaskowy *adj* sandy, sand *attr*
piasta *f* nave, hub

piastować *vt* (*dzieci*) nurse; (*urząd*) hold
piastun *m* guardian, foster-father; (*godności, urzędu*) holder
piastunka *f* nurse, foster-mother
piaszczysty *adj* sandy, sand-
piąć się *vr* climb (***na drzewo*** a tree, ***po drabinie*** a ladder); (*o roślinach*) creep
piątek *m* Friday; ***Wielki Piątek*** Good Friday
piątka *num* five; *szk.* very good, A-grade
piąty *num* fifth
pici|e *n* drinking; ***woda do ~a*** drinking water
pić *vt vi* drink; ***~ mi się chce*** I'm thirsty
piec 1. *m* stove, fire-place; (*piekarski*) oven; *techn.* furnace; ***wielki ~*** blast-furnace
piec 2. *vt* bake; (*zw. o mięsie*) roast; (*palić*) burn, scorch; ***~ się*** *vr* bake, roast; ***świeżo upieczony*** newly fledged
piechota *f* infantry
piechotą *adv* on foot
piecyk *m* (little) stove; (*do ogrzewania*) heater; *pot.* (*piekarnik*) oven
piecz|a *f* care, charge (***nad kimś, czymś*** of sb, sth); ***mieć ~ę*** take care (***nad kimś, czymś*** of sb, sth); ***powierzyć coś czyjejś ~y*** trust sb with sth; ***pod czyjąś ~ą*** in sb's charge
pieczara *f* cavern
pieczarka *f bot.* champignon; mushroom
pieczątka *f* seal, stamp
pieczeń *f* roast-meat; ***~ cielęca*** roast veal; ***~ wołowa*** roast beef
pieczęć *f* seal, stamp
pieczętować *vt* seal, stamp
pieczołowitość *f* solicitude
pieczołowity *adj* solicitous
pieczywo *n* baker's goods; (*słodkie*) pastry
pieg *m* freckle
piegowaty *adj* freckled
piekarnia *f* bakery, baker's (shop)
piekarnik *m* baking oven
piekarz *m* baker
piekieln|y *adj* infernal, hellish, devilish; ***maszyna ~a*** infernal machine; *przen.* ***ogień ~y*** hellfire
piekło *n* hell; ***zrobić komuś ~*** give sb hell; (*robić awanturę*) raise the hell <the devil>
pielęgniarka *f* nurse
pielęgniarz *m* (male) nurse; hospital orderly
pielęgnować *vt* (*chorych*) nurse; (*rośliny*) cultivate; (*umiejętność*) foster, cultivate; (*ręce, fryzurę*) take care
pielgrzym *m* pilgrim
pielgrzymka *f* pilgrimage
pielucha *f* swaddling-cloth, napkin; *am.* diaper
pieniacz *m* litigious person
pieniądz *m* coin, piece of money; *pl* ***~e*** money; ***drobne ~e*** (small) change; (*gotówka*) cash; ***~e kieszonkowe*** pocket money; *am.* allowance
pienić się *vr* foam; (*o winie*) sparkle; ***~ ze złości*** foam with rage
pieniężn|y *adj* pecuniary, money *attr*; ***kara ~a*** fine
pień *m* (*trzon, łodyga*) trunk; stem; (*pniak*) stump; ***zboże na pniu*** standing corn; ***głuchy jak ~*** stone-deaf
pieprz *m bot.* pepper; ***suchy jak ~*** bone-dry
pieprzny *adj* peppery; (*nieprzyzwoity*) spicy
pieprzyć *vt* pepper; (*odbyć stosunek seksualny*) *wulg.* fuck, screw
pieprzyk *m* (*na skórze*) mole, beauty spot
pierdzieć *vi wulg.* fart, make a fart
piernik *m* ginger-bread; honey-cake
pierś *f* breast; (*klatka piersiowa*) chest

pierścieniowy *adj* annular

pierścień *m* ring; (*włosów*) ringlet; (*tłoka*) piston-ring

pierścionek *m* ring

pierwiastek *m* element; *chem.* element; *mat.* (*wartość*) root; *mat.* (*znak*) radical; **~ *kwadratowy* <*sześcienny*>** square <cube> root; **~ *piątego stopnia*** fifth root

pierwiastkowy *adj mat.* radical

pierwiosnek *m bot.* primrose

pierworodny *adj* first-born; (*o grzechu*) original

pierwotniak *m zool.* protozoan

pierwotność *f* primordiality; (*prymitywizm*) primitiveness

pierwotny *adj* primordial; (*prymitywny*) primitive; (*pierwszy*) primary

pierwowzór *m* prototype

pierwszeństwo *n* priority; **~ *przejazdu*** right of way

pierwszorzędny *adj* first-rate, first-class

pierwsz|y *num* first; ***na ~ego stycznia*** on the first of January; ***~a pomoc*** first aid; ***~y lepszy*** just any, at random; ***~a godzina*** one o'clock; ***po ~e*** firstly, in the first place; ***kto ~y, ten lepszy*** first come, first served; ***na ~y rzut oka*** at first sight

pierzchać *vi* flee, take flight

pierze *n* feathers *pl*

pierzyna *f* eiderdown

pies *m zool.* dog; *pot.* ***zejść na psy*** go to the dogs; ***żyć jak pies z kotem*** live <lead> a cat-and-dog life; ***potraktować kogoś jak psa*** treat sb like a dog

pieszczota *f* caress; petting

pieszczotliw|y *adj* caressing, cuddlesome; ***~e imię*** pet name; ***~e słowo*** word of endearment

pieszo *adv* on foot

pieścić *vt* caress, pet, fondle

pieśń *f* song

pietruszka *f bot.* parsley

pietyzm *m* pietism

pięciobój *m sport* pentathlon

pięciokrotny *adj* fivefold

pięcioletni *adj* five-year *attr*; (*o wieku*) five-year old

pięcioraczki *s pl* quintuplets

pięcioraki *adj* fivefold

pięć *num* five

pięćdziesiąt *num* fifty

pięćdziesiąty *num* fiftieth

pięćset *num* five hundred

pięknie *adv* beautifully, finely; ***jest ~*** it is fine weather; ***wyglądać ~*** look fine

pięknieć *vi* grow beautiful

piękno *n* beauty, the beautiful

piękność *f* beauty

piękn|y *adj* beautiful, handsome, lovely, fair; ***literatura ~a*** belles-lettres; ***~a pogoda*** fine weather; *pl* ***sztuki ~e*** fine arts

pięściarz *m sport* boxer, pugilist

pięść *f anat* fist

pięta *f anat.* heel; **~ *Achillesa*** Achilles heel

piętnastoletni *adj* fifteen-year *attr*; (*o wieku*) fifteen-year old *attr*

piętnasty *num* fifteenth

piętnaście *num* fifteen

piętno *n* stigma, stamp; ***wycisnąć ~*** impress a stamp

piętnować *vt* stigmatize, stamp

piętro *n* stor(e)y, floor

piętrzyć *vt* pile up; **~ *się*** *vr* be piled up; (*wznosić się*) tower

pigułka *f* pill (*także antykoncepcyjna*)

pijak *m* drunk, drunkard

pijan|y *adj praed* drunk; drunken *attr*; ***jazda po ~emu*** drunken driving

pijaństwo *n* drunkenness

pijatyka *f* drinking-bout

pijawka *f zool.* leech

pik *m* (*w kartach*) spade

pika 1. *f* pike

pika 2. *f* (*tkanina*) piqué

pikantny *adj* piquant; hot; (*nieprzyzwoity*) spicy

pikling *m* kipper

piknik *m* picnic

pikować *vt* (*tkaninę*) quilt; *vi lotn.* dive
pilnik *m* file
pilność *f* diligence
pilnować *vt* look after, watch; ~ ***swego interesu*** mind one's business; ~ ***się*** *vr* be on one's guard
piln|y *adj* diligent, assiduous; (*naglący*) urgent; ***nic ~ego*** no hurry
pilot *m* pilot; (*przewodnik*) guide; (*telewizyjny*) remote control
pilotować *vt* pilot, guide
pilśń *f* felt
piła *f* saw; *przen. pot.* (*nudziarz*) bore
piłka 1. *f* (*narzędzie*) hand-saw
piłka 2. *f* (*do gry*) ball; *sport* ~ ***nożna*** (association) football, soccer
piłkarz *m sport* football player, footballer
piłować *vt* (*piłą*) saw; (*pilnikiem*) file; *pot.* (*nudzić, dręczyć*) bore
pinezka *f* tack, drawing-pin
pingwin *m zool.* penguin
piołun *m bot.* wormwood
pion *m* perpendicular; (*narzędzie*) plummet; *przen.* line
pionek *m* pawn; (*w warcabach*) checker
pionier *m* pioneer
pionowy *adj* vertical
piorun *m* thunderbolt; ***trzask ~a*** thunderclap; ***rażony ~em*** thunderstruck
piorunochron *m* lightning-conductor <-protector>
piosenka *f* song, ditty
piórnik *m* pen and pencil case, writing-case
pióro *m* feather; (*do pisania*) pen; ~ ***wiosła*** blade; ***gęsie*** ~ quill; ***wieczne*** ~ fountain pen
pióropusz *m* plume
pipeta *f* pipette
piracki *adj* piratical
piractwo *n* piracy; ~ ***komputerowe*** software piracy
piramida *f* pyramid
pirat *m* pirate; ~ ***drogowy*** road hog; ~ ***komputerowy*** software pirate
pirotechnika *f* pyrotechnics
pisać *vt vi* write (*ołówkiem, atramentem* in pencil, in ink); ~ ***na maszynie*** type; ***jak się ten wyraz pisze?*** how do you spell this word?; ~ ***się*** *vr* be written, be spelt; (*zgadzać się*) subscribe (***na coś*** to sth)
pisanka *f* Easter egg
pisarz *m* (*autor*) writer
pisemnie *adv* in writing
pisemny *adj* written, in writing; ***egzamin*** ~ written examination
pisk *m* squeal, squeak
pisklę *n* nestling; (*kurczątko*) chick, hatchling
piskorz *m zool.* loach
pismo *n* writing, letter; (*czasopismo*) newspaper; periodical; (*charakter pisma*) handwriting; ***na piśmie*** in writing; ***Pismo święte*** Holy Scripture
pisnąć *vi vt zob.* ***piszczeć***; ***nie ~ ani słówka*** not breathe a word
pisownia *f* spelling
pistolet *m* pistol
piszczałka *f* pipe, fife
piszczeć *vi* squeak, squeal
piszczel *m anat.* shinbone, tibia
piśmiennictwo *n* letters *pl*, literature
piśmienn|y *adj* literate; (*pisemny*) written; *pl* ***artykuły ~e*** writing-materials, stationery
piwiarnia *f* pub, beer-house
piwnica *f* cellar
piwny *adj* beer *attr*; (*kolor*) brown
piwo *n* beer; ~ ***z beczki*** beer on draught; ***dać na*** ~ give a tip
piwonia *f bot.* peony
piwowar *m* brewer
piżama *f* pyjamas *pl*; *am.* pajamas
piżmo *n* musk
piżmowiec *m zool.* musk-rat
plac *m* ground; (*parcela*) lot; (*okrągły, u zbiegu ulic*) circus; (*kwadratowy*) square; ~ ***boju***

battlefield; ~ ***budowy*** building-ground
placek *m* cake
placówka *f* outpost; ~ ***dyplomatyczna*** diplomatic post
plaga *f* plague
plagiat *m* plagiarism; ***popełnić*** ~ plagiarize
plakat *m* poster, bill
plakieta *f* plaque
plam|a *f* spot, stain; (*na honorze*) blemish; ***wywabiacz*** ~ stain remover
plamić *vt* spot, stain; ~ ***się*** *vr* spot
plan *m* plan, scheme; ***pierwszy*** ~ foreground; ***dalszy*** ~ background; ~ ***filmowy*** location; ~ ***Krakowa*** map of Cracow
planeta *f* planet
planetarny *adj* planetary
planować *vt* plan
planowanie *n* planning
planowo *adv* according to plan
planowy *adj* planned
plantacja *f* plantation
plantator *m* planter
plastelina *f* plasticine; modelling clay, *am.* play dough
plaster *m* sticking plaster; ~ ***miodu*** honeycomb
plasterek *m* (*np. szynki*) slice
plastik *m* plastic
plastycznie *adv* plastically
plastyczność *f* plasticity
plastyczn|y *adj* plastic; ***sztuki ~e*** fine arts; ***chirurgia ~a*** plastic surgery
plastyk *m* (*artysta*) artist
platerować *vt* plate
platery *s pl zbior.* plate
platforma *f* platform; (*wóz ciężarowy*) lorry
platoniczny *adj* Platonic
platyna *f chem.* platinum
plazma *f* plasma
plaża *f* beach
plądrować *vt vi* plunder
pląsać *vi* hop, toe and heel it
plątać *vt* entangle; ~ ***się*** *vr* tangle, become entangled; *pot.* (*łazić*) slouch about
plątanina *f* tangle
plebiscyt *m* plebiscite
plecak *m* knapsack, rucksack
plecionka *f* plait; (*wyrób koszykarski*) wickerwork
plec|y *s pl* back; ***za ~ami*** behind one's back; ***obrócić się ~ami*** turn one's back (***do kogoś*** on sb)
pleć *zob.* ***plewić***
pled *m* plaid
plejada *f* pleiad
plemienny *adj* tribal, racial
plemię *n* tribe, race
plenarn|y *adj* plenary; full; ***sesja ~a*** plenary session
plener *m* the open; ~ ***filmowy*** location
plenić się *vr* multiply
pleść *vt* twist, plait; (*gadać*) babble
pleśnieć *vi* mould
pleśń *f* mould, mildew
plewa *f* chaff
plewić *vt* weed
plik *m* bundle; *komp.* file
plisa *f* pleat
plisować *vt* pleat
plomba *f* lead, leaden seal; (*w zębie*) filling, stopping
plombować *vt* seal up, lead; (*ząb*) fill, stop
plon *m* crop, yield
plotka *f* gossip; (*pogłoska*) rumour
plotkarka *f*, **plotkarz** *m* gossip(er)
plotkować *vi* gossip
pluć *vi* spit
plugawić *vt* (be)foul
plugawy *adj* foul, filthy
pluralizm *m* pluralism
plus *m* (*znak*) plus sign; (*zaleta*) plus, advantage; *adv* (*ponadto*) plus
pluskać *vi* splash; ~ ***się*** *vr* splash
plusz *m* plush
plutokracja *f* plutocracy
pluton *m wojsk.* platoon

plutonowy *adj wojsk.* staff sergeant
plwocina *f* spittle
płac|a *f* pay, salary, wages *pl*; ***lista ~*** pay-sheet, pay-roll
płachta *f* sheet
płacić *vt* pay; ***~ gotówką*** pay in cash; ***~ czekiem*** pay by cheque <check>; ***~ z góry*** pay in advance, prepay; ***~ każdy za siebie*** *pot.* go Dutch
płacz *m* cry; crying, weeping; ***wybuchnąć ~em*** burst into tears
płakać *vi* cry, weep
płaski *adj* flat
płasko *adv* flatways, flatwise
płaskorzeźba *f* relief, bas-relief
płaskowzgórze *n* tableland
płaszcz *m* overcoat, cloak; ***~ nieprzemakalny*** raincoat
płaszczyć *vi* flatten; ***~ się*** *vr* become flat; *przen.* fawn (***przed kimś*** on, upon sb)
płaszczyk *m* cape, mantle; *przen.* ***pod ~iem*** under the cloak <the disguise> of
płaszczyzna *f* plain, level; *mat. i przen.* plane
płat *m* (*kawał, szmat, mięsa*) slice; *anat.* lobe
płatać *vi* cut; ***~ figle*** play tricks (***komuś*** on sb)
płat|ek *m* shred, piece; (*plasterek*) slice; (*kwiatu*) petal; (*śniegu*) flake; *pl* ***~ki zbożowe*** cornflakes
płatniczy *adj, fin.* ***bilans ~*** balance of <accounts> payments; ***środek ~*** legal tender
płatnik *m* payer; ***~ podatku*** tax payer
płatnoś|ć *f* payment; ***termin ~ci*** maturity; ***~ć natychmiastowa*** money down; ***dzień ~ci*** pay-day; *handl.* (*o wekslu*) date <time> of maturity; ***warunki ~ci*** terms of payment
płatny *adj* payable, due; *handl.* paid; ***~ na okaziciela*** payable to the bearer
płaz 1. *m zool.* amphibian
płaz 2. *m* flat (of a sabre *etc.*); *przen.* ***puścić coś ~em*** pass sth over, connive at sth
płciow|y *adj* sexual, sex *attr*; ***życie ~e*** sexual life; ***popęd ~y*** sex instinct <urge>
płeć *f* sex; ***~ piękna*** the fair sex; ***słaba ~*** the weaker sex; ***~ brzydka*** the stronger sex
płetwa *f* fin; (*płetwonurka*) flipper
płetwonurek *m* frogman
płochliwy *adj* shy
płochy *adj* frivolous
płodność *f* fertility
płodny *adj* fertile
płodozmian *m* rotation of crops
płodzenie *n* procreation
płodzić *vt* procreate
płomienny *adj* flaming, fiery; (*żarliwy*) ardent
płomień *m* flame
płonąć *vi* burn, be on fire; *przen.* ***~ ze wstydu*** burn with shame
płonica *f med.* scarlet-fever
płonny *adj* vain
płoszyć *vt* scare (away); ***~ się*** *vr* be scared (***czymś*** by sth)
płot *m* fence, ledge
płot|ek *m sport* hurdle; ***bieg przez ~ki*** hurdle race
płowieć *vi* fade (away)
płow|y *adj* fallow; ***zwierzyna ~a*** fallow deer
płoza *f* runner, skid
płód *m* fruit, product; *anat.* f(o)etus
płótno *n* linen; (*malarskie, żaglowe*) canvas
płucny *adj* pulmonary
płuc|o *n anat.* lung; *med.* ***zapalenie ~*** pneumonia
pług *m bryt.* plough, *am.* plow; ***~ śnieżny*** snowplough
płukać *vt* rinse, wash; ***~ gardło*** gargle
płyn *m* liquid; (*kosmetyczny*) lotion
płynąć *vi* flow; (*pływać*) swim; (*o statkach*) sail; (*o podróży mor-*

skiej) go by water, sail; **~ *łódką*** boat

płynny *adj* liquid; fluid; smooth; (*o mowie*) fluent

płyta *f* plate, slab; **~ *gramofonowa*** record, disc; **~ *kompaktowa*** compact disc, CD; **~ *kamienna*** (*do brukowania*) flagstone; *komp.* (mother)board

płytki *adj* shallow; (*np. o talerzu*) flat

płytoteka *f* record library

pływać *vi* swim; (*np. o korku*) float

pływak *m* swimmer; (*w zbiorniku, u wędki itp.*) float

pływalnia *f* swimming-pool

pneumatyczny *adj* pneumatic

pniak *m* stump

po *praep* after; up to; for; past; ***zaraz po*** on, upon; ***po wykładach*** after the lectures; ***po dzień dzisiejszy*** up to the present day; ***po uszy*** up to the ears; ***posłać po taksówkę*** send for a taxi; ***kwadrans po piątej*** a quarter past five; ***zaraz po jego powrocie*** on his return; ***po co?*** what for?; ***po ile?*** how much?; ***po kolei*** by turns; ***każdemu po funcie*** one pound each; ***po funcie za sztukę*** one pound apiece; ***po raz pierwszy*** for the first time; ***po pierwsze*** firstly, in the first place; ***mówić po angielsku*** speak English

pobić *vt* beat, defeat; **~ *rekord*** break <beat> the record; **~ *się*** *vr* come to blows

pobielać *vt* (*metal*) tin; (*ścianę*) whitewash

pobierać *vt* (*np. pensję*) receive; (*np. podatek*) collect; (*lekcje*) take; **~ *się*** *vr* get married

pobieżny *adj* superficial

pobliski *adj* near

pobliż|e *n*, ***w ~u*** nearby, in the vicinity of...

pobłażać *vi* be indulgent (***komuś*** to sb); be lenient (***komuś*** with sb); connive (***czemuś*** at sth); **~ *sobie*** indulge oneself

pobłażliwość *f* indulgence, leniency, permissiveness

pobłażliwy *adj* indulgent, lenient, tolerant, permissive

pobocze *n* shoulder (of the road)

poboczny *adj* lateral; (*o przedmiocie*) secondary

pobojowisko *n* battlefield

poborca *m* (tax-)collector

poborowy *adj* conscript; *s m* conscript

pobory *s pl* salary

pobożn|y *adj* pious; *pot.* ***~e życzenie*** wishful thinking

pobór *m* (*do wojska*) conscription, levy; (*podatku*) collection, levy

pobranie *n*, ***za ~m*** to be paid on delivery, cash on delivery

pobrzeże *n* shore land, seashore

pobudka *f* motive, stimulus; *wojsk.* reveille

pobudliwość *f* excitability

pobudliwy *adj* excitable

pobudzić *vt* excite, impel; (*zbudzić*) wake up

pobyt *m* sojourn, stay; ***miejsce stałego ~u*** residence

pocałunek *m* kiss

pochlebca *m* flatterer

pochlebiać *vi* flatter (***komuś*** sb)

pochlebn|y *adj* flattering; ***~a opinia*** high opinion

pochlebstwo *n* flattery

pochłaniacz *m* absorber

pochłania|ć *vt* absorb, swallow; **~ *go nauka*** he is absorbed in study

pochmurny *adj* cloudy; *przen.* (*ponury*) gloomy

pochodnia *f* torch

pochodny *adj* derivative, secondary

pochodzenie *n* origin, descent, provenance; **~ *społeczne*** social background

pochodzić *vi* descend, be descended (***od kogoś*** from sb), derive, be derived (***od kogoś, cze-***

goś from sb, sth); (*wynikać*) result (***z czegoś*** from sth), proceed (***z czegoś*** from sth)
pochopność *f* eagerness, hastiness
pochopny *adj* eager, hasty
pochować *vt* (*pogrzebać*) bury; *zob.* **chować**
pochód *m* procession; march
pochwa *f* sheath; *anat.* vagina
pochwalać *vi* praise; (*uznawać*) approve (***coś*** of sth)
pochwaln|y *adj* laudatory; ***mowa ~a*** eulogy
pochwała *f* praise
pochylenie *n* inclination
pochylić *vt* bend, bow; ***~ się*** *vr* bow down
pochyłość *f* slope, slant
pochyły *adj* sloping, inclined
pociąg 1. *m* train; ***~ osobowy*** <***towarowy***> passenger <goods> train; ***~ pospieszny, ekspresowy, bezpośredni*** fast, express, direct train; ***zdążyć*** <***spóźnić się***> ***na ~*** catch <miss> one's train
pociąg 2. *m* (*skłonność*) attraction, inclination; (*upodobanie*) liking, fondness
pociągać *vt vi* pull (***coś*** sth, ***za coś*** at sth), draw; (*nęcić*) attract; ***~ do odpowiedzialności*** call to account
pociągający *adj* attractive, alluring
pociągły *adj* oblong
pociągnięcie *n* draught, pull; (*np. w grze*) move
pociągowy *adj*, ***koń ~*** draught <draft> horse
po cichu *adv* in a low voice; (*w tajemnicy*) tacitly; secretly
pocić się *vr* perspire, sweat
pociecha *f* consolation, comfort; ***niewielka ~*** *pot.* no great shakes
po ciemku *adv* in the dark
pocierać *vt* rub
pocieszać *vt* console, comfort, cheer up; ***~ się*** *vr* console oneself
pocieszenie *n* consolation, comfort
pocieszny *adj* funny, droll
pocieszyciel *m* comforter
pocisk *m* missile, projectile; ***~ armatni*** shell; ***~ kierowany*** guided missile; ***~ nuklearny*** nuclear missile; *pot.* nuke; (*kula*) bullet
począć *vt* begin, commence; (*zajść w ciążę*) conceive; ***co mam ~?*** what am I to do?
począt|ek *m* beginning; origin; opening; ***na ~ek*** to start with; ***na ~ku*** at the beginning, at the outset; ***od ~ ku do końca*** from beginning to end
początkowo *adv* at first, initially
początkowy *adj* initial, primary
początkujący *m* beginner
poczciwiec *m* good fellow
poczciwy *adj* good, good-hearted
poczekalnia *f* waiting-room
poczekani|e *n*, ***na ~u*** on the spot; off-hand; there and then
poczernić *vt* black(en)
poczernieć *vi* blacken, become black
poczerwienić *vt* redden, make red
poczerwienieć *vi* redden, become red; (*zarumienić się*) blush
poczesny *adj* honourable, respectable
poczęcie *n* beginning; *biol.* conception; ***Niepokalane Poczęcie*** *rel.* Immaculate Conception
poczęstunek *m* treat
poczt|a *f* post, mail; (*budynek*) post-office; ***~a lotnicza*** air mail; ***~ą*** by post; ***odwrotną ~ą*** by return of post; ***osobną ~ą*** under separate cover
pocztow|y *adj* postal, post *attr*; ***kartka ~a*** postcard; *am.* postal card; ***opłata ~a*** postage; ***stempel ~y*** postmark; ***unia ~a*** postal union; ***urząd ~y*** post-office; ***znaczek ~y*** (postage-)stamp; ***skrzynka ~a*** letter-box, pillar-box

P

pocztówka *f* postcard
poczucie *n* feeling; sense; ~ ***obowiązku*** <***humoru***> sense of duty <humour>
poczuwać się *vr*, ~ ***do obowiązku*** feel it one's duty; ~ ***do winy*** admit one's guilt, feel guilty
poczwarka *f zool.* chrysalis; pupa
poczwórny *adj* fourfold
poczynać *vt vi* begin, originate; ~ ***sobie*** behave
poczytać *vt* read (a little); *zob.* ***poczytywać***
poczytalny *adj* accountable
poczytność *f* popularity
poczytny *adj* widely read, popular
poczytywać *vt* regard (***kogoś, coś*** sb, sth; ***za kogoś, coś*** as sb, sth); ~ ***siebie za bardzo ważnego*** consider oneself very important; ~ ***sobie za wielki zaszczyt*** look upon <esteem> *sth* as a great honour; ~ ***coś komuś za przestępstwo*** impute sth to sb as an offence
pod *praep* under, beneath, below; ~ ***drzwiami*** at the door; ~ ***karą śmierci*** on the penalty of death; ~ ***nazwiskiem X.Y.*** by the name X.Y.; ~ ***ręką*** at hand; ~ ***tym względem*** in this respect; ~ ***Warszawą*** near Warsaw; ***bitwa*** ~ ***Warszawą*** battle of Warsaw; ~ ***warunkiem*** on condition; ~ ***wieczór*** towards the evening
podać *zob.* ***podawać***
podagra *f med.* gout
podający *m* (*w tenisie*) server
podanie *n* (*prośba*) petition, application; (*legenda*) legend; *sport* service, pass; ***wnieść*** ~ file an application
podarek *m* gift, present
podarować *vt* make a present
podarty *adj* torn, worn
podatek *m* (*państwowy*) tax; (*samorządowy*) rate; ~ ***od wartości dodanej*** value-added tax, VAT
podatnik *m* tax-payer; rate-payer
podatny *adj* susceptible (***na coś*** to sth); subject (*na choroby* to diseases); *przen.* ~ ***grunt*** favourable conditions
podawać *vi* give, hand, pass; ~ ***rękę*** shake hands (***komuś*** with sb); ~ ***na stół*** serve; ~ ***do wiadomości*** make known; ~ ***w wątpliwość*** call into question; ~ ***się za kogoś*** make <give> oneself out to be sb
podaż *f* supply, offer
podążać *vi* go, hurry along; ~ ***za kimś*** follow sb
podbicie *n* (*kraju*) conquest; (*podszycie*) lining; (*u stopy*) instep
podbiegać *vi* come running
podbiegunowy *adj* polar
podbijać *vt* run up; (*zawojować*) conquer, subdue
podbój *m* conquest
podbródek *m* chin
podburzać *vt* incite, stir (up)
podchodzić *vi* come near, approach
podchwycić *vt* catch up
podciągać *vt* draw up; (*pod kategorię*) subsume
podcinać *vt* undercut; (*np. włosy, skrzydła*) clip
podczas *praep* during; ~ ***gdy*** *conj* while; whereas
podczerwon|y *adj fiz.* infra-red; ***promienie*** ~***e*** infra-red radiation
poddać *vt* subject; (*np. twierdzę*) surrender; (*podsunąć myśl*) suggest; ~ ***próbie*** put to trial; ~ ***się*** *vr* surrender; (*operacji, egzaminowi*) undergo (*an operation, examination*); (*ulec*) submit
poddanie się *n* submission, surrender
poddany *m* subject
poddaństwo *n hist.* serfdom
poddasze *n* attic, garret, loft
podejmować *vt* take up, undertake; (*np. gości*) entertain, re-

ceive; ~ ***kroki*** take steps; ~ ***pieniądze*** withdraw money; ~ ***się*** *vr* undertake (***czegoś*** sth)
podejrzany *adj* suspect(ed); (*budzący podejrzenie*) suspicious
podejrzenie *n* suspicion
podejrzewać *vt* suspect (***kogoś o coś*** sb of sth)
podejrzliwie *adv* suspiciously; ***patrzeć ~*** look askance
podejrzliwość *f* suspiciousness
podejrzliwy *adj* suspicious
podejście *n* approach
podejść *vt* (*podstępnie*) circumvent, deceive; *vi zob.* ***podchodzić***
podeptać *vt* trample under foot
poderżnąć *zob.* ***podrzynać***
podeszły *adj*, ~ ***wiekiem*** aged, advanced in years
podeszwa *f* sole
podgrzewać *vt* warm up, heat up
podium *n* dais, podium
podjazd *m* approach; (*droga do budynku*) drive(way)
podjazdow|y *adj*, ***walka ~a*** guerrilla warfare
podjąć *vt* pick up; *zob.* ***podejmować***
podjechać *vi* drive up, come riding
podjudzać *vt* abet, stir up
podkleić *vt* stick under
podkład *m* base, foundation; *kolej.* sleeper
podkładać *vt* put <lay> under
podkładka *f* pad, bolster
podkop *m* sap, subway
podkopywać *vt* undermine, sap
podkowa *f* horseshoe
podkradać *vt* pilfer; ~ ***się*** *vr* steal secretly
podkreślać *vt* underline; (*uwydatniać*) stress, lay stress; emphasize
podkręcać *vt* twist up, screw up
podkuwać *vt* (*konia*) shoe; (*but*) tap
podlatywać *vi* fly up
podlegać *vt* be subject (***komuś, czemuś*** to sb, sth); (*karze, podatkowi itp.*) be liable
podległy *adj* subject
podlewać *vt* water
podlizywać się *vr* fawn (***komuś*** on, upon sb), suck up to, butter up
podlotek *m* young girl, *pot.* flapper, teenage girl
podłoga *f* floor
podłość *f* vileness
podłoże *n* substratum; (*podstawa*) base, background
podłożyć *zob.* ***podkładać***
podłużny *adj* oblong
podły *adj* vile, mean
podmalować *vt* ground, paint the background
podmiejski *adj* suburban
podminować *vt* undermine
podmiot *m* subject
podmiotowy *adj* subjective
podmuch *m* blast, puff; gust (of wind)
podmywać *vt* wash away, wash under
podniebienie *n* palate
podniecać *vt* excite; (*także seksualnie*) arouse; stimulate, incite, stir up (***do czegoś*** to sth)
podniecenie *n* excitement, elation, arousal; (*podnieta*) incitement
podniecony *adj* excited; elated; (*seksualnie*) aroused; *pot.* (*o mężczyźnie*) horny
podniesienie *n* lifting, hoisting, elevation
podnieść *zob.* ***podnosić***
podnieta *f* incitement; stimulus; incentive
podniosłość *f* sublimity
podniosły *adj* sublime, lofty
podnosić *vt* raise, lift, take up; (*z ziemi*) pick up; (*ręce*) hold up; (*ciężary*) lift; (*kotwicę*) weigh; (*pieniądze, ceny, podatki itp.*) raise; (*w banku, zasiłek itp.*) draw; ~ ***bunt*** raise a revolt; ~ ***na duchu*** encourage, *pot.* buoy up; ~

zarzuty level charges; *mat.* ~ ***do kwadratu*** square, raise to the square; ~ ***się*** *vr* rise, get up .
podnośnik *m mot.* car lift, jack
podnóż|e *n* (*góry*) foot; ***u ~a*** at the foot
podnóżek *m* footstool; leg-rest
podoba|ć się *vr* like; enjoy; please; ~ ***mi się tutaj*** I like this place; ***czy podobała ci się ta sztuka?*** did you enjoy that play?; ***rób, jak ci się*** ~ do as you please; ***on mi się*** ~ I like him; ***jak ci się to ~?*** how do you like this?; ***rób, jak ci się*** ~ do as you please; ***weź, ile ci się*** ~ take as much <many> as you please
podobieństwo *n* resemblance, likeness
podobizna *n* photo, image; likeness
podobnie *adv* likewise, alike; ~ ***jak*** like
podobno *adv* I suppose that, I understand that; ***on ~ wraca jutro*** he is supposed to come back tomorrow; they say...
podobn|y *adj* similar (***do kogoś*** to sb), like (***do kogoś*** sb); ***być ~ym*** resemble <take after> (***do kogoś*** sb); ***coś ~ego!*** fancy that!; ***nic ~ego*** nothing of the kind

podoficer *m wojsk.* non-commissioned officer
podołać *vi* be up (***czemuś*** to sth), manage (***czemuś*** sth)
podpadać *vi* fall (***czemuś, pod coś*** under sth)
podpalacz *m* incendiary
podpalać *vt* set fire (***coś*** to sth), set on fire (***coś*** sth)
podpalenie *n* arson
podpaska *f* (*higieniczna*) sanitary towel <*am.* napkin>
podpatrywać *vt* watch furtively, peep at; spy
podpierać *vt* support, prop
podpinać *vt* fasten, buckle up
podpis *m* signature; ***złożyć*** ~ put one's signature (***na czymś*** to sth)
podpisa|ć *vt* sign; subscribe (*pożyczkę* to a loan); ***niżej ~ny*** the undersigned
podpora *f* support, prop; *przen.* (*ostoja*) mainstay
podporucznik *m wojsk.* second lieutenant
podporządkować *vt* subordinate (***komuś, czemuś*** to sb, sth); ~ ***się*** *vr* conform, submit
podpowiadać *vt* prompt (***komuś*** sb)
podpowiedź *f* hint
podpułkownik *m wojsk.* lieutenant-colonel
podrabiać *vt* forge; imitate
podrastać *vi* grow up
podrażnić *vt* excite, irritate
podrażnienie *n* excitement, irritation
podręcznik *m* handbook, manual; *szk.* textbook
podręczn|y *adj* (*znajdujący się pod ręką*) handy, at hand; ***książka ~a*** reference book; ***~y bagaż*** hand luggage <*am.* baggage>
podroby *s pl* pluck *zbior.*
podróż *f* travel, journey; (*krótka*) trip; (*morska*) voyage; ~ ***poślubna*** honeymoon trip; business trip; ***odbywać*** ~ make a journey; ***szczęśliwej ~y!*** happy journey!
podróżnik *m* traveller
podróżny *s m* traveller, passenger; *adj* travelling
podróżować *vi* travel
podrygi *s pl* gambols
podrygiwać *vi* gambol, skip
podrywać *vt przen.* (*np. zdrowie*) sap; *pot.* (*np. dziewczynę*) pick up; ~ ***się*** *vr* start up;
podrzeć *vt* tear up
podrzędny *adj* inferior; *gram.* subordinate; (*drugorzędny*) second-rate, secondary
podrzucać *vt* throw up, toss; (*np. ulotkę, dokument*) foist; (*niemowlę*) expose

podrzutek *m* foundling
podrzynać *vt* undercut; **~ *komuś gardło*** cut sb's throat
podsądny *m* accused, defendant
podsekretarz *m* undersecretary
podskakiwać *vi* jump, leap up, bounce; (*o cenach*) rise, shoot up; **~ *z radości*** leap for joy
podskok *m* jump, leap
podskórn|y *adj* subcutaneous; (*o zastrzyku*) hypodermic; ***woda ~a*** subsoil water
podsłuch *m* eavesdropping; (*telefoniczny*) wire-tapping; (*radiowy*) monitoring; (*urządzenie*) bug
podsłuchiwać *vt* overhear, eavesdrop; (*w radiu*) monitor
podstarzały *adj* aged, elderly
podstaw|a *f* base, basis, grounds; ***na ~ie czegoś*** on the grounds of sth
podstawić *vt* put under; substitute (***coś na miejsce czegoś*** sth for sth)
podstawow|y *adj* basic, fundamental, rudimentary, essential; ***szkoła ~a*** elementary <grade, primary> school
podstęp *m* trick, ruse
podstępny *adj* tricky, trickish
podsumować *vt* sum up
podsunąć *vt* shove, slip; (*wsunąć ukradkiem*) foist; (*myśl*) suggest
podsycać *vt* foment, excite; (*ogień*) feed, blow
podszeptywać *vt* whisper furtively; (*podsunąć*) prompt (***komuś pomysł*** sb with an idea), suggest
podszewka *f* lining
podszycie *n* (*lasu*) undergrowth
podszyć *vt* (*ubranie*) line; **~ *się*** *vr* pretend to be (***pod kogoś*** sb), assume the character (***pod kogoś*** of sb)
podścielić *vt* underlay, litter
podściółka *f* underlay, litter
podświadomość *f* subconsciousness
podświadomy *adj* subconscious
podtrzymywać *vt* support; (*stosunki, poglądy itp.*) maintain; (*życie, nastrój*) sustain; *przen.* (*bronić kogoś, czyjejś sprawy*) advocate
podupad|ać *vi* decline, go down; ***~ać na siłach*** break up; ***~ł na zdrowiu*** his health broke down
poduszczeni|e *n* abatement, instigation; ***z czyjegoś ~a*** at sb's instigation
poduszka *f* (*pościelowa*) pillow; (*ozdobna*) cushion; **~ *do stempli*** ink-pad
poduszkowiec *m* hovercraft
podwalina *f* foundation
podważyć *vt* lever; (*łomem*) lift up; *przen.* (*osłabić*) weaken, sap, shake
podwiązać *vt* tie up, bind up
podwiązka *f* garter, suspender
podwieczorek *m* afternoon tea
podwieźć *vt* (*dostarczyć*) supply; **~ *kogoś*** (*samochodem*) give sb a lift
podwinąć *vt* turn up, tuck up
podwładny *adj i s m* subordinate
podwodn|y *adj* underwater *attr*, submarine; *mors.* ***łódź ~a*** submarine
podwoić *vt* double
podwozie *n mot.* chassis; *lotn.* undercarriage
podwójnie *adv* doubly, twofold
podwójn|y *adj* double, twofold; ***~a gra*** double-dealing
podwórze *n* (court-)yard, backyard
podwyżka *f* augmentation; (*cen*) rise, boom; (*płacy*) increase
podwyższać *vt* raise, heighten; lift; (*powiększać*) increase
podwyższenie *n* elevation
podzelować *vt* sole
podzia|ć *vt* put somewhere, misplace, lose; ***~ć się*** *vr* be misplaced, go lost; ***gdzie się to ~ło?*** what's become of it?
podział *m* division, partition; **~ *godzin*** timetable

podziałka *f* scale
podzielać *vt* share
podzielić *vt* divide; **~ się** *vr* share; **~ się z kimś wiadomościami** impart news to sb
podzielny *adj* divisible
podziemi|e *n polit.* the underground; basement; **świat ~a** the underworld
podziemn|y *adj* underground, subterranean; **przejście ~e** underground passage
podziękować *zob.* **dziękować**
podziękowanie *n* thanks *pl*
podziw *m* admiration
podziwiać *vt* admire
podzwrotnikow|y [-d·z-] *adj* tropical; *pl* **kraje ~e** the tropics
podżegacz *m* abetter, abettor; **~ wojenny** war-monger
podżegać *vt* abet, instigate
poemat *m* poem
poeta *m* poet
poetka *f* poetess
poetycki *adj* poetic(al)
poezja *f* poetry
pogadać *vi pot.* (*także* **~ sobie**) have a chat
pogadanka *f* chat; (*popularny wykład*) talk
poganiacz *m* driver
poganiać *vt* rush, drive; urge, push on

poganin *m* heathen, pagan
pogański *adj* heathen, pagan
pogaństwo *n* paganism
pogard|a *f* contempt, scorn, disdain; **godny ~y** contemptible
pogardliwy *adj* contemptuous, scornful, disdainful
pogardzać *vt* despise, disdain
pogarszać *vt* make worse, worsen, deteriorate; **~ się** *vr* get <become> worse, deteriorate
pogawędka *f* chat, talk
pogawędzić *vi* (*także* **~ sobie**) have a chat
pogląd *m* view, opinion; **wymiana ~ów** exchange of views; **~ na świat** outlook on life
poglądow|y *adj*, **lekcja ~a** object-lesson
pogłaskać *vt* stroke, caress
pogłębiać *vt* deepen
pogłosk|a *f* rumour, hearsay; **chodzą ~i** it is rumoured
pogod|a *f* weather; **prognoza ~y** weather forecast <report>; *przen.* (*ducha*) serenity
pogodny *adj* fair; (*na duchu*) serene, cheerful
pogodzenie (**się**) *n* conciliation, reconciliation
pogodzić *vt* reconcile; **~ się** *vr* reconcile oneself (**z kimś** with sb, **z czymś** to sth), become reconciled
pogoń *f* chase (**za kimś** after sb), pursuit (**za kimś** of sb); **~ za sukcesem** rat race
pogorszenie *n* change for the worse, deterioration, aggravation
pogorszyć *zob.* **pogarszać**
pogorzelec *m* victim of a fire
pogotowi|e *n* readiness; (*ratunkowe*) medical emergency service; **karetka ~a** ambulance; **~e policyjne** emergency police squad; **~e górskie** mountain rescue service; **być w ~u** be on the alert <on standby>
pogranicze *n* borderland
pograniczn|y *adj* border-, frontier-, bordering; **miasto ~e** frontier-town; **teren ~y** border-territory, frontier land
pogrążyć *vt* sink, plunge; **~ się** *vr* sink, plunge; *przen.* become absorbed; **~ się w żalu** be overwhelmed by sorrow
pogrobowiec *m* posthumous child
pogrom *m* pogrom; (*rozbicie wojsk*) rout
pogromca *m* conqueror; (*zwierząt*) tamer
pogróżka *f* threat
pogrzeb *m* funeral, interment, burial
pogrzebać *zob.* **grzebać**

pogrzebowy *adj* funeral; **orszak ~** funeral procession
pogwałcenie *n* violation
pogwałcić *vt* violate
poić *vt* (*konie*) water
pojawić się *vr* appear, turn up, make one's appearance
pojazd *m* vehicle
pojąć *vt* comprehend, grasp; **~ za męża** <**żonę**> take as a husband <wife>; take in marriage
pojechać *vi* go (**dokądś** to a place); leave (**dokądś** for a place); (*samochodem*) drive
pojednać *vt* reconcile; **~ się** *vr* reconcile oneself, become reconciled
pojednanie *n* reconciliation
pojednawczy *adj* conciliatory
pojedynczo *adv* singly, one by one
pojedynczy *adj* single; *gram.* singular
pojedynek *m* duel; **wyzwać na ~** challenge to a duel
pojedynkować się *vr* duel, fight a duel
pojemnik *m* container
pojemność *f* capacity
pojemny *adj* capacious
pojezierze *n* lake district
pojęcie *n* idea, notion; **to przechodzi moje ~** it passes <is beyond> my comprehension; **dawać ~ o czymś** give an idea of sth
pojętny *adj* quick of apprehension, clever, intelligent
pojmować *vt* comprehend, apprehend, grasp
pojmowanie *n* comprehension, apprehension
pojutrze *adv* the day after tomorrow
pokarm *m* food, nourishment
pokarmowy *adj* alimentary; **przewód ~** alimentary canal
pokaz *m* show; display; **~ lotniczy** air display; **na ~** for show
pokazywać *vt* show, display, demonstrate; (*wskazywać*) point (**na kogoś** at sb); **~ się** *vr* appear, come into sight
pokaźny *adj* considerable; showy, stately
pokątny *adj* clandestine; (*nielegalny*) unlicensed, illegal
poker *m* (*gra w karty*) poker
poklask *m* applause
pokła|d *m* layer; *mors.* deck; **na ~d, na ~dzie statku** on board a ship, aboard
pokładać *vt* lay, place; *przen.* **~ nadzieję** set hopes (**w kimś, czymś** on sb, sth)
pokłon *m* bow, homage
pokło|nić się *vr* bow; **~ń mu się ode mnie** present him my compliments, give him my regards
pokłosie *n* gleaning; *przen.* aftermath
pokłócić *vt* set at variance; **~ się** *vr* fall out (**z kimś** with sb), *pot.* fall to <at> loggerheads
pokochać *vt* fall in love (**kogoś** with sb), become fond (**kogoś, coś** of sb, of sth)
pokojow|y *adj* peaceful; peace *attr*; (*znajdujący się w pokoju*) indoor; **okres ~y** peace-time; **układ ~y** peace treaty; **piesek ~y** lap dog; **~e współistnienie** peaceful coexistence
pokojówka *f* chamber-maid
pokolenie *n* generation
pokonać *vt* (*pobić*) defeat, beat; (*przemóc*) overcome, (*trudności*) surmount; **~ odległość** cover a distance
pokora *f* humility
pokorny *adj* humble
pokój 1. *m* (*pomieszczenie*) room; **~ stołowy** dining-room; **~ sypialny** bedroom; **pokoje do wynajęcia** rooms to let; **wynająć ~** rent a room
pok|ój 2. *m* peace; **zawierać ~ój** make peace; *rel.* **niech spoczywa w ~oju** may he rest in peace

pokrewieństwo *n* relationship, affinity
pokrewny *adj* related (***komuś*** to sb); (*duchowo*) congenial (***komuś*** sb, with sb)
pokrowiec *m* cover, dust-cloth
pokr|ój *m*, ***innego ~oju*** of another cast; ***tego ~oju*** of this stamp
pokrótce *adv* in short, briefly
pokrycie|e *n* (*także fin.*) cover, covering; ***~e w złocie*** gold backing <cover>; (*na czeku*) ***„bez ~a"*** "no effects"
pokryć *vt* cover; (*koszty*) defray
po kryjomu *adv* stealthily, secretly
pokrywa *f* cover, lid
pokrywać *vt zob.* **pokryć**; **~ się** *vr* be covered; *przen.* (*zbiegać się*) coincide
pokrzepiać *vt* invigorate, strengthen; refresh; ***~ na duchu*** fill with high spirits, cheer; ***~ się*** *vr* refresh oneself
pokrzepienie *n* refreshment; invigoration; (*duchowe*) encouragement
pokrzywa *f bot.* nettle
pokrzywka *f med.* nettle-rash
pokupny *adj* saleable, in great demand
pokus|a *f* temptation, lure; ***miałem ~ę żeby...*** I felt tempted to...
pokusić się *vr* attempt, venture (***o coś*** sth)
pokut|a *f* penance, penitence; ***odprawiać ~ę*** do penance
pokutować *vi* do penance; *przen.* (*trwać nadal*) linger on
pokwitować *vt* give a receipt
pokwitowanie *n* receipt
Polak *m* Pole
polana *f* glade, clearing
polarn|y *adj* polar; ***gwiazda ~a*** pole-star; ***zorza ~a*** polar lights
polaroid *m* Polaroid camera
polaryzacja *f* polarization
pole *n* field, area; ***~ bitwy*** battlefield; ***~ widzenia*** field <range> of vision; *przen.* ***wywieść w ~*** jockey, hoax
polec *vi* fall, be killed
polec|ać *vt* recommend; (*powierzać*) commend; ***list ~ający*** letter of introduction; ***list ~ony*** registered letter
polecenie *n* recommendation; *komp.* command; ***~ wypłaty*** order of payment
polega|ć 1. *vi* (*ufać*) rely, depend (***na kimś, czymś*** on sb, sth); ***na nim można ~ć*** he can be relied upon
polega|ć 2. *vi* consist (***na czymś*** in sth); ***nasze zadanie ~ na wspólnym wysiłku*** our task consists in a common effort; ***rzecz ~ na czymś innym*** the matter consists in sth else, the point of the matter is different
polemiczny *adj* polemic(al)
polemika *f* polemic(s)
polepsz|ać *vi* improve, make better; ***~ać się*** *vr* improve, grow better; (*o zdrowiu*) ***~yło mu się*** he is better
polerować *vi* polish
polewa *f* glaze, enamel
polewać *vt* (*wodą*) water, sprinkle; (*pokrywać glazurą*) glaze
polędwica *f* loin
policj|a *f* police; ***posterunek ~i*** police station; ***~a drogowa*** traffic police
policjant *m* policeman; *pot.* cop
policjantka *f* policewoman; *pot.* cop
policzek *m* cheek; face; (*uderzenie w twarz*) slap; ***wymierzyć komuś ~*** slap sb's face
poliglota *m* polyglot
polisa *f* insurance policy
politechniczny *adj* polytechnic(al)
politechnika *f* polytechnic; school of engineering, engineering college
politowanie *n* pity, mercy
politura *f* polish

polityrować *vt* polish
polityczny *adj* political
polityk *m* politician
polityka *f* (*taktyka*, *nauka*) politics; (*działalność*, *kierunek postępowania*, *dyplomacja*) policy; **~ zagraniczna** foreign policy; **~ kija i marchewki** the carrot or the stick policy
politykierstwo *n uj.* politicking
polka *f* (*taniec*) polka
Polka *f* Pole
polon *m chem.* polonium
polonez *m muz.* (*taniec*) polonaise
polonista *m* student <professor> of Polish studies
polonistyka *f* Polish studies
polot *m* inspiration, imaginativeness; enthusiasm
polować *vi* hunt, chase (*na zwierzynę* the deer); shoot; *pot.* (*poszukiwać*) hunt (**na kogoś, coś** sb, sth)
polowanie *n* chase, hunting; **iść na ~** go hunting; **~ na czarownice** witch-hunt
polski *adj* Polish
polszczyzn|a *f* Polish (language); **mówić i pisać dobrą ~ą** speak and write good Polish
polubić *vt* take a liking <fancy> (**kogoś, coś** to sb, sth)
polubowny *adj* arbitral; **sąd ~** arbitration
połać *f* stretch of land, expanse
poławiacz *m* fisherman, diver; **~ pereł** pearl-diver; **~ min** minesweeper
połączeni|e *n* combination; communication; connection (*także kolejowe*); union; fusion; **w ~u z czymś** in connection with sth; **~e telefoniczne** telephone communication
połączyć *vt* connect; unite; (*telefonicznie*) put through (**z kimś** to sb); **~ się** *vr* unite; become connected; (*telefonicznie*) get through (**z kimś** to sb)
połow|a *f* half; (*środek*) middle; **~a roku** half a year; **w ~ie marca** in the middle of March, in mid-March; **na ~ę** by half; **za ~ę ceny** at half price; **w ~ie drogi** half-way; *żart.* **moja lepsza ~a** my better half; **dzielić się po ~ie** go halves
połowiczny *adj* half; partial
położeni|e *n* situation; (*zw. trudne*) plight; **w ciężkim ~u** in a sad <sorry> plight; **w takim samym ~u** in the same boat
położna *f* midwife
położnik *m* (*lekarz*) obstetrician
położyć *vt* lay (down), place, put; *przen.* **~ koniec** put an end (**czemuś** to sth); **~ trupem** kill; **~ życie** sacrifice one's life; **~ się** *vr* lie down, go to bed; *zob.* **kłaść**
połóg *m* delivery, childbirth
połów *m* catch (**ryb** of fish), fishing; (*wynik połowu*, *ryby w sieci*) haul; **~ pereł** pearl-fishing; *przen.* **obfity ~** large booty
południe *n* midday, noon; **w ~** at noon; (*strona świata*) the South; **na ~ od ...** (to the) south of ...; **przed ~m** in the morning, before noon
południk *m geogr.* meridian
południowo-wschodni *adj* south-eastern
południowo-zachodni *adj* south-western
południow|y *adj* southern, south; **~a pora** noontide
połykać *vt* swallow
połysk *m* lustre, glitter, gloss, polish
połyskiwać *vi* glitter
pomadka *f* chocolate cream; **~ do ust** lipstick
pomagać *vi* help, aid, assist; be good, be of use (**na coś** for sth); **co to pomoże?** what's the use of it?; **płacz nic nie pomoże** it's no use crying
pomału *adv* slowly, little by little
pomarańcza *f* orange

pomarańczowy *adj* orange
pomarszczony *adj* wrinkled
pomawiać *vt* impute (***kogoś o coś*** sth to sb), charge (***kogoś o coś*** sb to sth)
pomazać *vt* smear over, besmear
pomiar *m* measurement; (*geodezyjny*) survey
pomiatać *vi* disdain, spurn (***kimś*** sb)
pomidor *m bot.* tomato
pomieszać *vt* mix up, stir up; (*wprowadzić zamęt*) confuse; ***~ komuś szyki*** thwart sb's designs; *zob.* ***mieszać***
pomieszani|e *n* confusion; ***~e zmysłów*** insanity; ***dostać ~a zmysłów*** go mad, become insane
pomieszczenie *n* place, lodging, accommodation, room
pomieścić *vt* put, place; (*mieścić w sobie*) contain; (*dać mieszkanie, nocleg*) lodge, accommodate
pomiędzy *zob.* ***między***
pomija|ć *vt* pass over, omit, overlook; ***~ć milczeniem*** pass over in silence, let pass; ***~jąc...*** apart from...
pomimo *praep* in spite of, despite
pomniejszać *vt* diminish, belittle; reduce; ***~ znaczenie*** play down
pomniejszy *adj* minor, petty
pomnik *m* monument
pomny *adj* mindful (***czegoś*** of sth)
pomoc *f* help, aid, assistance; *sport* half-back; ***~ domowa*** maid-servant; *pl* ***~e naukowe*** instructional aids; ***udzielenie pierwszej ~y*** first-aid treatment; ***przyjść komuś z ~ą*** come to sb's help; ***wzywać kogoś na ~*** call on sb for help; ***przy ~y <za ~ą> czegoś*** with the aid <by means, through the medium> of sth; ***przy ~y kogoś*** with aid <help> of sb; ***„Na pomoc!", „Pomocy!"*** "Help!"
pomocniczy *adj* auxiliary
pomocnik *m* assistant
pomocny *adj* helpful
pomorski *adj* Pomeranian
pomost *m* platform; (*ze statku*) gangway; *med.* ***~ wieńcowy*** bypass
pomóc *zob.* ***pomagać***
pomór *m* pestilence; (*u bydła*) murrain
pomp|a 1. *f techn.* pump; ***~a ssąca*** suction pump; ***~ka*** (*w gimnastyce*) press-up, push-up
pomp|a 2. *f* (*wystawność*) pomp; ***z wielką ~ą*** in great state
pompatyczny *adj* pompous
pompować *vt* pump
pomsta *f* revenge
pomyje *s pl* slops
pomylić się *vr* make a mistake, commit an error, be mistaken (***co do kogoś, czegoś*** about sb, sth)
pomyłk|a *f* mistake, error; ***przez ~ę*** by mistake; (*telefoniczna*) wrong number
pomysł *m* idea; ***wpaść na ~*** hit on an idea
pomysłowość *f* ingenuity
pomysłowy *adj* ingenious
pomyślność *f* prosperity, success
pomyślny *adj* successful, favourable; (*o wietrze*) fair; ***~ skutek*** good effect
ponad *praep* above; ***~ miarę*** beyond measure; ***~ moje siły*** beyond my power
ponadto *adv* moreover; besides; in addition, furthermore
ponaglać *vt* urge, press
ponaglenie *n* urgency; (*pismo*) reminder
poncz *m* punch
ponętny *adj* alluring, enticing, attractive
poniechać *vt* give up, abandon
poniedziałek *m* Monday
poniekąd *adv* to some degree <extent>; in a way, sort of, as if

P

ponieść *zob.* ***ponosić***
ponieważ *conj* because, as, since
poniewczasie *adv* too late
poniewierać *vt* disregard; maltreat
poniewierka *f* miserable life, life of misery; neglect
poniżać *zob.* ***poniżyć***
poniżej *praep* under, below; *adv* underneath, below
poniżenie *n* humiliation, abasement
poniższy *adj* under-named, undermentioned
poniżyć *vt* bring down, lower; degrade; abase, humble; ***~ się*** *vr* degrade oneself, humble oneself
ponosić *vt* carry (away); (*o uczuciach, namiętnościach*) transport; ***~ koszty*** <***odpowiedzialność***> bear the expenses <the responsibility>; ***~ karę śmierci*** <***śmierć, stratę***> suffer the death penalty <death, a loss>; ***~ klęskę*** sustain <suffer> a defeat
ponowić *vt* renew; (*powtarzać*) repeat
ponownie *adv* anew, again
ponowny *adj* repeated, new, another
ponton *m* pontoon
ponury *adj* gloomy, dreary
pończocha *f* stocking
po omacku *adv* gropingly; ***iść ~*** grope one's way; ***szukać ~*** grope (***czegoś*** for sth)
poparcie *n* support; ***na ~*** in support (***czegoś*** of sth)
popaść *vi* fall; ***~ w kłopoty*** <***długi***> get into trouble <debts>; ***~ w nieszczęście*** fall into misfortune
popełnić *vt* commit
popęd *m* impulse, urge; inclination; ***~ płciowy*** sex instinct; ***z własnego ~u*** of one's own free will
popędliwość *f* impetuosity
popędliwy *adj* impetuous
popędzać *vt* drive on, urge
popielaty *adj* ashen, grey
Popielec *m rel.* Ash-Wednesday
popielniczka *f* ash-tray
popierać *vt* support, back
popiersie *n* bust
popijać *vt vi* (*małymi łykami*) sip; (*nałogowo*) tipple
popiół *m* ashes *pl*, cinders *pl*
popis *m* display, show
popisowy *adj* spectacular; exemplary, show *attr*, model *attr*
popisywać się *vr* display (***czymś*** sth), show off (***czymś*** sth)
poplecznik *m* supporter, adherent
popłaca|ć *vi* pay; ***to nie ~*** it does not pay, there is no money in it
popłoch *m* panic
popołudni|e *n* afternoon; ***po ~u*** in the afternoon
poprawa *f* improvement
poprawczy *adj* corrective; ***dom ~*** penitentiary, reformatory
poprawiać *vt* correct, improve; (*ustawę, tekst*) amend; ***~ się*** *vr* improve; (*moralnie*) mend one's ways; (*na zdrowiu*) get better, improve
poprawka *f* correction; *prawn.* amendment; (*egzamin*) retake examination; make-up examination
poprawność *f* correctness
poprawny *adj* correct
po prostu *adv* simply; plainly; ***mówiąc ~*** to be plain
poprzeczka *f sport* crossbar
poprzecznie *adv* crosswise
poprzeczny *adj* transversal
poprzedni *adj* previous, preceding; ***~ego dnia*** the day before, on the previous day
poprzednik *m* predecessor
poprzednio *adv* previously; formerly
poprzedzać *vt* precede, go before; ***~ przedmową*** preface
poprzek, w ~ *adv* crosswise, athwart, across

poprzestać *vi* be satisfied (***na czymś*** with sth); ***na tym nie można ~*** the matters cannot rest there
poprzez *praep* across, through
popularność *f* popularity
popularny *adj* popular
popularyzować *vt* popularize
popuszczać *vt* slacken, loosen, let loose; relax; (*folgować*) indulge (***komuś w zachciankach*** sb in his whims); ***~ wodze swej fantazji*** give reins <give full rein> to one's imagination; ***~ pasa*** loosen one's belt
popychać *vt* push; ***~ się*** *vr* push on, jostle
popychadło *n* scapegoat
popyt *m* demand (***na coś*** for sth); ***~ i podaż*** demand and supply
por 1. *m anat.* pore
por 2. *m bot.* leek
por|a *f* season, time; ***~a obiadowa*** dinner time; ***4 ~y roku*** 4 seasons of the year; ***do tej ~y*** till now, up to this time; ***o każdej porze*** at any time; ***w ~ę*** in good time; ***w samą ~ę*** just in time; (*punktualnie*) on time
porabia|ć *vi*, ***co ~sz?*** what have you been doing?, what are you doing?
porachunki *m zw. pl* reckoning, settling of accounts
porad|a *f* advice, counsel; ***udzielić ~y*** give advice; ***zasięgnąć czyjejś ~y*** take sb's advice; ***za czyjąś ~ą*** on sb's advice
poradnia *f* (*lekarska*) clinic for outpatients, dispensary
poradnik *m* guide-book, vade mecum
poradz|ić *vt* advise, give advice; ***nic na to nie ~ę*** I can't help it; ***~ić sobie z czymś*** manage sth; ***~ić się kogoś*** consult sb
poranek *m* morning; (*filmowy*) matinee
poranny *adj* morning *attr*
porastać *vi* get overgrown, become grown over; ***~ w pierze*** feather one's nest
porazić *vt* strike, shock; paralyze; defeat
porażenie *n* stroke, shock; paralysis; ***~ słoneczne*** sunstroke
porażka *f* defeat
porcelana *f* china
porcja *f* portion, share; helping; ration
poręcz *f* banister, handrail; (*u krzesła*) arm; *pl* ***~e*** *sport* parallel bars
poręczenie *n* surety, guarantee
poręczny *adj* handy
poręczyciel *m* guarantee, guarantor; *prawn.* guaranty
poręczyć *zob.* **ręczyć**
poręka *zob.* **poręczenie**
pornografia *f* pornography, porn(o)
pornograficzny *adj*, ***film ~*** *pot.* skin flick, blue movie
poronić *vt vi med.* miscarry
poronienie *n med.* abortion, miscarriage
poroniony *adj* abortive
porost *m* growth
porowaty *adj* porous
porozbiorowy *adj hist.* post-partition *attr*
porozumieć się *vr* come to an understanding (***z kimś*** with sb); make oneself understood (***z kimś*** by sb); combine (***żeby coś zrobić to*** do sth); (*kontaktować się*) communicate (***z kimś*** with sb)
porozumieni|e *n* understanding, agreement; ***dojść do ~a*** come to an agreement <an understanding>
porozumiewać się *vr* communicate; *zob.* **porozumieć się**
poród *m med.* childbirth, delivery
porównać, porównywać *vt* compare
porównanie *n* comparison
porównawczy *adj* comparative

poróżnić *vt* set at variance; ***~ się*** *vr* fall out (***z kimś*** with sb)

port *m* port, harbour; ***~ lotniczy*** airport; ***komendant ~u*** harbourmaster

portfel *m* wallet; *am.* billfold

portier *m* porter, door-keeper, janitor

portiernia *f* porter's quarters <lodge>

portmonetka *f* purse

porto *n* (*opłata*) postage

portret *m* portrait

portretować *vr* portray

Portugalczyk *m* Portuguese

portugalski *adj* Portuguese

portyk *m* portico

poruczać *vt* charge (***komuś coś*** sb with sth); entrust (***komuś coś*** sb with sth, sth to sb); ***~ czyjejś opiece*** commit to sb's care

poruczenie *n* commission, charge

porucznik *m wojsk.* lieutenant

poruszać *vt* move; stir; touch (***kwestię*** upon a question); ***~ się*** *vr* move, stir

poruszenie *n* movement, stir

porwanie *n* (*osoby*) kidnapping; (*samolot*) hijacking

poryw *m* impulse; (*zapał*) enthusiasm, rapture; ***~ wiatru*** gust

porywać *vt* seize; snatch; carry off; (*kobietę*) ravish, rape; (*zw. dziecko*) kidnap; (*samolot*) hijack; (*zachwycać*) enrapture; ***~ się*** *vr* (*z miejsca*) start up; attempt (***na coś*** sth)

porywający *adj* ravishing

porywczy *adj* rash; impetuous

porząd|ek *m* order; ***~ek zebrania*** agenda; ***w ~ku*** OK, all right; in (good) order; ***nie w ~ku*** out of order; ***coś nie jest w ~ku*** something is wrong with it; ***przywołać do ~ku*** call to order; ***zrobić ~ek*** put in order; ***~ki*** cleanup, cleaning

porządkować *vt* order, put in order

porządkowy *adj* ordinal (number)

porządny *adj* well-ordered; neat; (*uczciwy*) honest, decent

porzeczka *f bot.* currant

porzucać *vt* abandon, give up, leave

posada *f* job, post, position; situation, employment; (*podstawa*) foundation

posadzić *vt* set, seat; (*roślinę*) plant

posadzka *f* (parquet) floor

posag *m* dowry, trousseau

posądzać *vt* suspect (***kogoś o coś*** sb of sth)

posądzenie *n* suspicion (***o coś*** of sth)

posąg *m* statue

posążek *m* statuette

poselstwo *n* legation; mission

poseł *m* (*pełnomocny*) envoy; (*delegat*) deputy; (*posłaniec*) messenger; ***~ do parlamentu*** *bryt.* Member of Parliament MP, *am.* Congressman

posesja *f* property, real estate

posępny *adj* gloomy

posiadacz *m* owner, man of property; ***~ ziemski*** *bryt.* squire, landowner

posiada|ć *vt* possess, own; ***nie ~ć się z radości*** <***z wściekłości***> be beside oneself with joy <fury>

posiadłość *f* property, possession

posiąść *vt* come into possession (***coś*** of sth), get possession (***coś*** of sth)

posiedzenie *n* sitting; ***odbywać ~*** hold a sitting

posiew *m* sowing; grain sown; *przen.* seeds *pl*

posilać się *vr* refresh oneself, get refreshed

posił|ek *m* meal, refreshment; (*pomoc*) *pl* ***~ki*** reinforcements

posiłkować się *vr* make use (***czymś*** of sth)

posiłkowy *adj* auxiliary (*także gram.*)
poskramiać *vt* tame; (*konia*) break; (*wroga, namiętności*) due
poskromiciel *m* tamer
posłać 1. *vi* send (**po** for); convey, dispatch
posłać 2. *vt*, **~ łóżko** make the bed
posłanie *n* message, mission; (*pościel*) bed clothes *pl*, bedding
posłaniec *m* messenger
posłuch *m* obedience; **dać ~** give ear (**czemuś** to sth)
posłuchać *vi vt* (*usłuchać*) obey; (*przysłuchiwać się*) listen (**czegoś** to sth); (*o audycji*) listen in (**czegoś** to sth); **~ czyjejś rady** take sb's advice
posłuchanie *n* audience; **otrzymać ~** be received in audience
posługiwać się *vr* make use (**czymś** of sth), use
posłuszeństwo *n* obedience
posłuszny *adj* obedient; **być ~m** obey
posmak *m* aftertaste
pospolity *adj* low, vulgar, common
pospólstwo *n* populace, mob
posrebrzać *vt* silver
post *m* fast; *rel.* **Wielki Post** Lent
posta|ć *f* form, shape; figure; (*osoba*) person; (*kreacja*) character; **przybrać ~ć** take the form <shape>; **w ~ci** in the form <shape> (**czegoś** of sth)
postanawiać *vt vi* resolve (**coś zrobić** on doing sth); decide, determine, make up one's mind (**coś zrobić** to do sth)
postanowienie *n* decision, resolution
postawa *f* (*pozycja, prezencja*) stature; (*ustosunkowanie się*) attitude
postawić *vt* set (up); (*budynek*) erect; (*np. warunek*) impose; (*pytanie*) put; **~ na swoim** carry one's point, have one's own way; **~ sobie zadanie** set oneself the task
poste-restante *nieodm.* poste restante; **pisać na ~** write to poste-restante
posterunek *m* post, outpost; *wojsk.* sentry
postęp *m* progress, advance
postępek *m* act, action
postępować *vi* proceed, go on; (*zachowywać się*) behave (**w stosunku do kogoś** towards sb); deal (**z kimś** with sb); act (**zgodnie z czymś** up to sth)
postępowanie *n* (*zachowanie się*) behaviour (**z kimś** towards sb), procedure, action; **~ sądowe** legal proceedings
postępowy *adj* progressive
postój *m* stay, stop, halting-place; **~ taksówek** taxi-stand; (*w podróży*) stopover; **Zakaz postoju** No Parking
postrach *m* terror, scare
postradać *vt* lose
postronek *m* rope; (*stryczek*) halter
postronny *adj* side *attr*, outside *attr*; alien, strange
postrzał *m* shot, gunshot-wound; (*ból*) crick
postrzelić *vt* wound by a shot
postrzelony *adj* wounded by a shot; (*szalony*) crazy
postscriptum *n nieodm.* postscript
postulat *m* postulate, demand, claim
postument *m* pedestal
posucha *f* drought
posunięcie *n* move
posuwać *vt* move (forward), push on; *przen.* advance; **~ się** *vr* move (forward), go along; *przen.* advance, make progress
posyłać *zob.* **posłać**
posyłk|a *f* parcel, packet; (*sprawunek*) errand; **chodzić na ~i** run errands; **chłopiec na ~i** errand-boy

posypywać *vt* strew over, powder
poszanowanie *n* respect, esteem
poszarpany *adj* rugged, (*strzępiasty*) jagged; *zob.* ***szarpać***
poszczególnie *adv* individually, one by one
poszczególny *adj* individual; respective; separate; particular; ***każdy ~ wypadek*** each particular case
poszczerbiony *adj* jagged; *zob.* ***szczerbić***
poszerzać *vt* widen
poszewka *f* pillow-case
poszkodowany *adj* injured, damaged; ***zostać ~m*** incur damage
poszlaka *f* trace, indication
poszlakowy *adj*, ***materiał ~*** circumstantial evidence
poszukiwacz *m* searcher, researcher; prospector; ***~ złota*** gold-digger, gold-prospector
poszukiwa|ć *vt* search (***czegoś*** for sth); seek (***czegoś*** after sth), be in search (***czegoś*** of sth); (*badać*) inquire (***czegoś*** into sth); *prawn.* ***~ć na kimś szkody*** sue sb for damages; ***~ny*** sought after; (*przez policję*) wanted; (*o towarze*) in demand
poszukiwanie *n* search, quest; ***udać się na ~*** go in search
pościć *vi* fast
pościel *f* bed-clothes *pl*, bed linen
pościg *m* chase, pursuit
pośladek *m* buttock
pośledni *adj* inferior, mean, mediocre
poślizg *m* slip, skid; ***wpaść w ~*** skid
pośliznąć się *vr* slip
poślubić *vt* marry
pośmiertny *adj* posthumous
pośmiewisk|o *n* derision; ***przedmiot ~a*** laughing-stock
pośpiech *m* haste, hurry, speed; ***w ~u*** in a hurry
pośpiesznie *adv* hurriedly
pośpieszny *adj* hasty; ***pociąg ~*** fast train
pośpieszyć (się) *vi vr* hasten, hurry
pośredni *adj* indirect, mediate, middle
pośrednictw|o *n* mediation; ***za ~em*** through the medium; ***biuro ~a pracy*** Labour Exchange; ***za ~em*** by the agency of
pośredniczyć *vi* mediate
pośrednik *m* mediator, intermediary; *handl.* middleman
pośrodku *adv* in the middle
pośród *praep* among(st), amid(st)
poświadczać *vt* attest, testify, certify
poświadczenie *n* attestation, certificate
poświęcać *vt* devote; dedicate; (*czynić ofiary*) sacrifice; (*święcić, wyświęcać*) consecrate; ***~ się*** *vr* sacrifice oneself; devote oneself
poświęcenie *n* devotion; (*ofiara*) sacrifice
pot *m* sweat, perspiration; ***zlany ~em*** bathed in perspiration; ***w pocie czoła*** in the sweat of one's brow
potajemny *adj* secret, clandestine
potakiwać *vi* say yes
potas *m chem.* potassium
potem *adv* afterwards
potencjalny *adj* potential
potencjał *m* potential
potentat *m* potentate; *pot.* tycoon
potęga *f* power, might; *mat.* power; ***druga ~*** second power, square
potęgować *vt* augment, heighten, raise; ***~ się*** *vr* increase, intensify
potępiać *vt* condemn; (*skazać na potępienie*) damn, denounce
potępienie *n* condemnation; damnation, denunciation
potężny *adj* powerful, mighty
potknąć się *vr* stumble; *przen.*

(*postąpić niewłaściwie*) make a slip
potknięcie się *n* stumbling; *przen.* (*niewłaściwy krok*) slip, lapse
potoczny *adj* current, common, familiar; ***język ~*** colloquial speech
potoczysty *adj* flowing, fluent
potok *m* stream, torrent; *przen.* ***~ słów*** <***łez***> flood of words <tears>
potomek *m* descendant, offspring
potomność *f* posterity
potomstwo *n* offspring, progeny, issue
potop *m* flood, deluge
potrafić *vi* know how to do, manage
potraw|a *f* dish, course; ***spis ~*** menu, bill of fare
potrawka *f* fricassee, ragout
potrącać *vt* push, jostle; (*pieniądze*) knock off, deduct
potrącenie *n* push; (*sumy pieniężnej*) deduction
po trochu *adv* little by little
potroić *vt*, ***~ się*** *vr* treble
potrójnie *adv* threefold
potrójny *adj* threefold
potrzask *m* trap; ***wpaść w ~*** to be caught in a trap
potrząsać *vt* shake
potrzeb|a 1. *f* need, want; (*konieczność*) necessity; ***nagła ~a*** emergency; ***~y życiowe*** necessaries of life; ***~a naturalna*** *żart.* call of nature; ***nie ma ~y*** there is no need; ***w razie ~y*** in case of need; if need be
potrzeba 2. *v nieodm.* it is needed, it is necessary; ***tego mi ~*** I need it; ***nie ~ mówić*** (it is) needless to say; ***~ będzie dużo czasu, aby to skończyć*** it will take long to finish it
potrzebny *adj* needed, wanted, necessary
potrzeb|ować *vt* need, want, be in need of; ***będę ~ował dwóch godzin, aby to skończyć*** it will take me two hours to finish it; ***pociąg ~uje dwóch godzin, aby tam dojechać*** the train needs two hours to get there
po trzecie *adv* in the third place
potulność *f* submissiveness, docility
potulny *adj* submissive, docile
poturbować *vt* beat, batter
potwarz *f* slander, calumny
potwierdzać *vt* confirm, corroborate; (*odbiór czegoś*) acknowledge
potwierdzenie *n* confirmation, corroboration; ***~ odbioru*** receipt, acknowledgement of receipt
potworność *f* monstrosity
potworny *adj* monstrous
potwór *m* monster
potyczka *f* skirmish
potykać się *vr* (*walczyć*) skirmish; *zob.* ***potknąć się***
potylica *f anat.* occiput
pouczać *vt* instruct
pouczający *adj* instructive
pouczenie *n* instruction
poufałość *f* intimacy, familiarity
poufały *adj* intimate, familiar
poufny *adj* confidential
powabny *adj* attractive, charming
powaga *f* gravity, seriousness; (*autorytet*) authority
powalić *vt* knock down, overthrow, bring to the ground; ***~ się*** *vr* collapse
poważać *vt* respect, esteem
poważanie *m* respect, esteem; (*w liście*) ***z ~m*** yours truly, yours sincerely <faithfully>; ***z głębokim ~m*** yours respectfully
poważny *adj* grave, serious, earnest; (*znaczny*) considerable; (*autorytatywny*) authoritative; (*o wieku*) advanced; ***~ człowiek*** (*wpływowy*) man of consequence; (*o kobiecie*) ***w ~m stanie*** in the family way

powątpiewać *vi* doubt (**o czymś** sth, about sth), be in doubt (**o czymś** about sth)
powetować *vt* make up (**sobie coś** for sth), compensate; **~ sobie stracony czas** make up for lost time
powiadamiać *vt* inform, let know
powiadomienie *n* notice, information
powiat *m* district
powidła *s pl* (plum) jam
powiedzenie *n* saying
powie|dzieć *vt* say; **że tak ~m, ~dzmy** so to say, say; (*komuś*) tell
powieka *f anat.* eyelid
powielacz *m techn.* copier, Xerox; mimeograph, duplicator
powielać *vt* copy, Xerox; mimeograph, duplicate
powiernictwo *n* custody
powiernik *m* confidant; *prawn.* trustee
powierzać *vt* confide, entrust
powierzchnia *f* surface; (*teren*) area
powierzchowność *f* superficiality; (*prezencja*) outward appearance
powierzchowny *adj* superficial; *przen.* shallow
powiesić *vt* hang (up); **~ się** *vr* hang oneself
powieściopisarz *m* novelist
powieść 1. *f* novel
powieść 2. *vt zob.* **wieść 2.**, **~ się** *vr*, **jemu się powiodło** he has been successful
powietrz|e *n* air; **na wolnym ~u** in the open air
powietrzn|y *adj* aerial; air; **droga ~a** airway; **linia ~a** airline; **drogą ~ą** by air
powiew *m* breath of wind, breeze; (*silny*) blast
powiewać *vt* blow; (*na wietrze*) stream; (*pomachać*) wave
powiększać *vt* enlarge, augment, increase, magnify; **~ się** *vr* increase; (*zw. o dochodach, majątku*) accrue
powiększenie *n* enlargement, increase; *fot.* blow up
powijaki *s pl* swaddling-clothes
powikłać *vt* entangle, complicate
powikłanie *n* entanglement, complication
powinien *praed.* **on ~** he should, he ought to; **ja ~em** I should, I ought to
powinność *f* duty
powitanie *n* welcome, salutation
powlekać *vt* cover
powłoczka *f* pillow-case
powłoka *f* cover; (*warstwa*) coat(ing)
powodować *vt* cause, bring about, effect; (*wywoływać*) provoke
powodze|nie *n* success, prosperity; **~nia!** good luck!; **mieć ~nie w życiu** succeed in life
powodzi|ć się *vr* get on, prosper; **dobrze mi się ~** I am prospering, I am getting on well; **źle mu się ~** he is doing badly; **jak ci się ~?** how are you doing?; how are you getting on?
powojenny *adj* post-war *attr*
powolny *adj* slow; (*uległy*) submissive, compliant
powołanie *n* call; (*pobór*) call-up, conscription; *am.* draft; vocation (*np.* **do stanu duchownego** for the ministry)
powoływać *vt* call; (*na stanowisko*) appoint; (*do wojska*) call up; **~ do życia** call into being; **~ się** *vr* refer (**na kogoś, coś** to sb, sth)
powonienie *n* (sense of) smell
powód *m* cause, reason (**czegoś** of sth, **do czegoś** for sth); (*w sądzie*) plaintiff; **z powodu** by reason of, on account of, because of; **bez żadnego powodu** for no reason whatever <at all>
powództwo *n* complaint

powódź *f* flood, inundation
powój *m bot.* bindweed, honeysuckle
powóz *m* carriage
powracać *vi* return, come back; **~ do zdrowia** recover
powrotny *adj* recurrent; **bilet ~** return ticket
powr|ót *m* return; **~ót do zdrowia** recovery; **na ~ót, z ~otem** back, again; **tam i z ~otem** to and fro
powróz *m* rope, cord
powstanie *n* formation; (*zbrojne*) uprising, insurrection; *biol.* origin; **~ gatunków** origin of species
powstaniec *m* insurgent
powstawać *vi* stand up, rise; (*zacząć istnieć*) come into existence, arise; **~ zbrojnie** rise up in arms; **~ przeciw komuś** rebel against sb
powstawanie *n* formation
powstrzymanie *n* repression, suppression, check
powstrzymywać *vt* restrain, keep back, check; **~ kogoś od czegoś** prevent <keep> sb from (doing) sth; **~ się** *vr* refrain (**od czegoś** from sth, from doing sth)
powszechny *adj* universal, general; (*o szkole*) primary; *am.* elementary
powszedni *adj* everyday, daily, common; **chleb ~** daily bread, **dzień ~** weekday; workday
powszednieć *vi* become common
powściągliwość *f* restraint, temperance
powściągliwy *adj* restrained, temperate, self-controlled
powtarzać *vt* repeat
powtórka *f* repetition
powtórnie *adv* anew, again
powtórny *adj* repeated, second
powtórzenie *n* repetition
powyżej *adv* above
powyższ|y *adj* above, above-mentioned; **~a klauzula** the above clause
powziąć *vt* take, take up; form, frame, conceive; **~ myśl** form <conceive> an idea; **~ postanowienie** make a resolution; arrive at a decision; **~ uchwałę** pass a resolution
poza 1. *f* pose, attitude
poza 2. *praed* beyond, behind; (*oprócz*) except, apart from; **~ szkołą** away from school; **~ tym** *adv* besides; **nikt ~ tym** nobody else
pozagrobow|y *adj*, **życie ~e** afterlife, life hereafter
pozaziemski *adj* extraterrestrial
pozbawiać *vt* deprive (**kogoś czegoś** sb of sth); **~ majątku** dispossess
pozbywać się *vr* get rid (**czegoś** of sth); (*strachu*) banish; (*nałogu*) abandon
pozdr|awiać *vt* greet, hail, salute; **~ów go ode mnie** give him my (kind) regards <my love>; remember me to him, say "hello" to him
pozdrowieni|e *n* greeting, salutation; **serdeczne ~a** love
pozew *m* summons, writ
poziom *m* level; **~ umysłowy** intellectual level; **wysoki ~ życia** high standard of living; **na ~ie** up to the mark
poziomka *f bot.* (wild) strawberry
poziomy *adj* horizontal; level
pozłota *f* gilding
pozna|ć *vt* get to know; (*rozpoznać*) recognize; **~ć się** *vr* (**z kimś**) make sb's acquaintance, become acquainted with sb; **~łem się z nim** I made his acquaintance; (*witając się*) meet; **miło pana ~ć** (it's) nice to meet you; **~łem się na nim** I saw him through
poznani|e *n* recognition, perception, knowledge; *filoz.* cognition;

P

zdolność ~a perceptive faculty; ***nie do ~a*** out of all recognition
poznawać *zob.* ***poznać***
poznawczy *adj* cognitive
pozorny *adj* apparent, seeming
pozostać *zob.* ***pozostawać***
pozostałość *f* residue, reminder, rest
pozostały *adj* remaining, left; *chem.* residual; ***~ przy życiu*** surviving
pozosta|wać *vi* remain; stay behind; be left; ***~wać przy swoim zdaniu*** persist in one's opinion; ***~wać w domu*** stay at home; ***~wać w łóżku*** keep to one's bed; ***nie ~je mi nic innego jak tylko...*** there is nothing left for me but ...; ***niewiele mi ~je*** I have not much left
pozostawiać *vt* leave; ***~ za sobą*** leave behind; ***~ wiele do życzenia*** leave much to be desired
pozować *vi* pose (***na kogoś*** as sb), set oneself up (***na kogoś*** as sb); ***~ malarzowi do portretu*** sit to a painter for one's portrait
poz|ór *m* appearance, pretence, pretext; ***zachowywać ~ory*** keep up appearances; ***na ~ór*** on the face of it; seemingly; ***pod ~orem*** under the pretence; ***pod żadnym ~orem*** under no account; ***według wszelkich ~orów*** to all appearances
pozwać *vt* summon
pozwalać *vt* allow, permit, let; ***~ sobie*** allow oneself; (*folgować sobie*) indulge (***na coś*** in sth); ***~ sobie na poufałość*** take liberties (***z kimś*** with sb)
pozwany *m prawn.* defendant
pozwolenie *n* permission, permit
pozwolić sobie *vr* (*mieć finansowe możliwości*) afford; ***mogę sobie na to pozwolić*** I can afford it
pozycja *f* position; (*zapis*) item, entry; ***~ społeczna*** social standing
pozyskać *vt* gain, win
pozytyw *m fot.* positive
pozytywizm *m* positivism
pozytywny *adj* positive
pożałować *vt* (*zlitować się*) take pity (***kogoś*** on sb); (*odczuć żal*) regret, repent; (*poskąpić*) begrudge (***komuś czegoś*** sb sth)
pożar *m* fire
pożarn|y *adj*, ***straż ~a*** fire-brigade
pożądać *vt* desire, covet
pożądanie *n* desire; (*żądza*) lust
pożądany *adj* desirable; (*o gościu*) welcome
pożegnać *vt* take leave (***kogoś*** of sb); ***~ się*** *vr* say goodbye (***z kimś*** to sb)
pożegnalny *adj* farewell *attr*, parting
pożegnanie *n* leave-taking, leave; farewell
pożerać *vt* devour
pożoga *f* fire, conflagration
pożreć *zob.* ***pożerać***
pożyci|e *n* life; ***~e małżeńskie*** married life; ***trudny w ~u*** hard to live with
pożyczać *vt* lend (***komuś*** to sb); borrow (***od kogoś*** from sb)
pożyczk|a *f* loan, credit; ***udzielać ~i*** grant a loan
pożyteczność *f* utility, usefulness
pożyteczny *adj* useful
pożyt|ek *m* use, utility; (*korzyść*) profit; ***odnosić ~ek*** derive an advantage (***z czegoś*** from sth); ***jaki z tego ~ek?*** what's the use of it?
pożywić *vt* nourish, feed; ***~ się*** *vr* refresh oneself
pożywienie *n* nourishment, refreshment food
pożywka *f* nutrient, nourishing substance
pożywny *adj* nutritious, nourishing
pójść *zob.* ***iść***
póki *zob.* ***dopóki***
pół *num* half; demi-, semi-; ***~ ceny***

half-price; ~ ***do drugiej*** half past one; ~ ***na*** ~ half-and-half; ~ ***roku*** half a year; ***dzielić się na*** ~ go halves; ~ ***na*** ~ fifty-fifty
półbut *m* low shoe
półfabrykat *m* half-finished product
półfinał *m sport* semi-final
półgłosem *adv* half aloud
półgłówek *m* half-wit
półinteligent *m uj.* half-educated man
półka *f* shelf; (*na bagaż, narzędzia*) rack; ~ ***na książki*** bookshelf
półkole *n* semicircle
półksiężyc *m* half-moon; *poet. i godło islamu* crescent
półkula *f* hemisphere
półmisek *m* dish
półmrok *m* twilight, dusk
północ *f geogr.* the North; (*pora doby*) midnight; ***na*** ~ ***od ...*** (to the) north of...; ***na*** ~***y*** in the north; ***o*** ~***y*** at midnight
północno-wschodni *adj* north-eastern
północno-zachodni *adj* north-western
północny *adj attr* north; northern; *attr* midnight; ***Biegun Północny*** North Pole
półpasiec *m med.* shingles
półpiętro *n* landing
półroczny *adj* half-yearly
półświatek *m* demimonde; the underworld
półtora *num* one and a half
półurzędowy *adj* semi-official
półwysep *m* peninsula
później *adv* later (on), afterwards, then; ***prędzej czy*** ~ sooner or later
późno *adv* late
późny *adj* late
prababka *f* great grandmother
prac|a *f* work; (*zatrudnienie*) job; (*trud*) labour; ~***a domowa*** homework; ~***a akordowa*** piece-work; ~***a dniówkowa*** time-work; ***partia*** ~***y*** Labour Party; ***świat*** ~***y*** labour; ***warunki*** ~***y*** working conditions; ***bez*** ~***y*** out of work; *przen.* ***syzyfowa*** ~***a*** Sisyphean labours; ~***a na pełny etat*** <***pół etatu***> full-time <part-time> job; ***pozwolenie na*** ~***ę*** work permit
pracobiorca *m* employee
pracodawca *m* employer
pracoholik *m* workaholic
pracować *vi* work; have a job
pracowitość *f* industry
pracowity *adj* industrious, laborious
pracownia *f* workshop; laboratory; studio
pracownik *m* worker; employee; ~ ***fizyczny*** <***umysłowy***> manual <office, non-manual> worker; ~ ***państwowy*** civil servant; ~ ***naukowy*** research worker, researcher
praczka *f* washerwoman
prać *vt* wash
pradziad *m* great grandfather; (*przodek*) ancestor
pragnący *adj* desirous (***czegoś*** of sth); (*spragniony*) thirsty
pragnąć *vt vi* desire; be desirous (***czegoś*** of sth)
pragnienie *n* desire; thirst; ***mieć*** ~ be thirsty
praktyczny *adj* practical
praktyk *m* practitioner
praktyk|a *f* practice; training, apprenticeship; ***odbywać*** ~***ę*** serve one's apprenticeship, undergo training; ***wyjść z*** ~***i*** be out of practice
praktykant *m* apprentice; (*kandydat przyjęty na próbę*) probationer
praktykować *vt vi* (*uprawiać praktykę*) practise; (*odbywać praktykę*) get practical training, be bound apprentice
pralinka *f* praline
pralka *f* washing-machine, *am.* washer

pralnia *f* wash-house; (*pomieszczenie*) laundry; ~ ***chemiczna*** dry-cleaning shop, dry-cleaner's
prałat *m* prelate
pranie *n* washing; (*bielizna do prania*) laundry
praojciec *m* ancestor
prasa *f* press; (*drukarnia*) printing-machine; (*gazety*) newspapers *pl*, magazines *pl*; (*dziennikarze, reporterzy, itd.*) the press; ~ ***brukowa*** yellow press
prasować *vt* press; (*bieliznę, ubranie*) iron, press
prasow|y *adj*, ***kampania ~a*** press campaign
prawd|a *f* truth; ***to ~a*** that's true; ***powiedzieć ~ę*** tell the truth; ***~ę mówiąc...*** to tell the truth
prawdomówność *f* truthfulness, veracity
prawdomówny *adj* truthful, veracious
prawdopodobieństw|o *n* probability; ***według wszelkiego ~a*** in all probability
prawdopodobnie *adv* probably; ***on ~ powróci*** he is likely to come back
prawdopodobny *adj* probable, likely
prawdziwie *adv* indeed, truly
prawdziwość *f* genuineness, authenticity, reality, truth
prawdziwy *adj* true, genuine, real, authentic
prawica *f* right hand; *polit.* the Right
prawicowy *adj* rightist, right
prawić *vt vi* discourse, talk; ~ ***kazanie*** preach, sermonize, lecture (***komuś*** sb); ~ ***komplementy*** pay compliments
prawidłowość *f* regularity
prawidłowy *adj* regular, correct
prawie *adv* almost, nearly; ***praca jest ~ skończona*** the work is as well as done; ~ ***nigdy*** hardly ever; ~ ***tej samej wielkości*** about the same size
prawniczy *adj* juridical; ***wydział ~*** Faculty <School> of Law
prawnie *adv* (*na mocy prawa*) by right; by law; rightfully, lawfully
prawnik *m* lawyer
prawnuczka *f* great granddaughter
prawnuk *m* great grandson
prawny *adj* legal, lawful; (*prawnie należny*) rightful
prawo 1. *adv* the right; ***na ~*** *adv* on the right, to the right
praw|o 2. *n* (*przedmiotowe, ustawa*) law; ***~o karne*** criminal law; ***~o cywilne*** civil law; ***~o autorskie*** copyright; ***~o głosowania*** voting right; ***~o jazdy*** driving-licence, driver's licence; ***~o własności*** right of possession; ***~o zwyczajowe*** common law; ***mieć ~o*** have the right; ***odwołać się do ~a*** go to law; ***studiować ~o*** read law; ***wyjąć spod ~a*** outlaw; ***domagać się swoich ~*** claim one's rights; ***~a człowieka*** human rights; ***~o dżungli*** the law of the jungle
prawodawczy *adj* legislative
prawodawstwo *n* legislation
prawomocność *f* validity, legal force
prawomocny *adj* valid
prawomyślny *adj* orthodox
praworządny *adj* law-abiding
prawosławny *adj* Orthodox
prawość *f* righteousness, honesty
prawować się *vr* litigate (***o coś*** about sth)
prawowierność *f* orthodoxy
prawowierny *adj* orthodox
prawowity *adj* legitimate
prawoznawstwo *n* jurisprudence
praw|y *adj* right; (*uczciwy*) honest, righteous; ***po ~ej stronie*** on the right hand <side>
prażyć *vt* roast; (*o słońcu*) burn, beat down
prąd *m* current; (*strumień*) stream; (*kierunek, dążność*) ten-

dency, trend; *elektr.* **~ stały <zmienny>** direct <alternating> current; **pod ~** against the stream, upstream; **z ~em** with the stream, downstream

prądnica *f* generator

prąż|ek *m* stripe; **w ~ki** striped

prążkowany *adj* striped

precedens *m* precedent; **bez ~u** unprecedented, without example

precyzja *f* precision

precyzować *vt* define precisely

precyzyjny *adj* precise; precision *attr*; **instrument ~** precision instrument

precz *adv* away; *int* get out <away>!, begone!, out of my sight!; **~ z nim!** away with him!; **~ z wojną!** down with war!

predestynacja *f* predestination

prefabrykat *m* prefabricated product

prefabrykować *vt* prefabricate

prefekt *m* prefect

prefiks *m gram.* prefix

prehistoryczny *adj* prehistoric

prekursor *m* precursor, forerunner

prelegent *m* lecturer

prelekcja *f* lecture

preliminaria *s pl* preliminaries

preliminarz *m* preliminary estimate; **~ budżetowy** budget estimates *pl*

preludium *n muz. i przen.* prelude

premedytacja *f* premeditation

premia *f* premium; (*nagroda*) prize; (*dodatek do płacy*) bonus

premier *m* prime minister, premier

premiera *f* first night, premiere

premiować *vt* pay a premium; pay a bonus; award a prize

prenumerata *f* subscription

prenumerator *m* subscriber

prenumerować *vt* subscribe (**coś** to sth)

preparat *m* preparation; *med.* microscopic section

preria *f* prairie

prerogatywa *f* prerogative, privilege

presj|a *f* pressure; **wywierać ~ę na kogoś** to bring pressure, to bear on sb; **pod ~ą** under pressure

pretekst *m* pretext; **pod ~em** on the pretext

pretendent *m* claimant; (*do tronu, tytułu itp.*) pretender

pretendować *vi* claim (**do czegoś** sth); pretend (**do czegoś** to sth)

pretensj|a *f* pretence, *am.* pretense, pretension; (*roszczenie*) claim; **występować z ~ami** lay claims; **mieć ~ę** have a grudge (**do kogoś** against sb)

pretensjonalność *f* pretentiousness

pretensjonalny *adj* pretentious

prewencja *f prawn.* prevention (**przed czymś** of sth)

prewencyjny *adj* preventive

prezencja *f* presence

prezent *m* present, gift

prezenter *m* (*muzyczny*) disc jockey

prezentować *vt* present; (*przedstawiać*) introduce; **dobrze się ~** have a good presence

prezerwatywa *f* condom; *pot.* rubber (sheath)

prezes *m* chairman, president

prezydent *m* president

prezydium *n* presidium, board

prezydować *vi* preside (**czemuś** over sth)

prędki *adj* quick, swift, fast

prędko *adv* quickly, fast

prędkoś|ć *f* quickness, fastness; *fiz.* velocity, speed; **~ć dźwięku** speed of sound; **~ć jazdy** travelling speed; rate of travel; **ograniczenie ~ci** speed limit; **przekroczenie dozwolonej ~ci** speeding

prędzej *adv* quicker, more quickly; (*wcześniej*) sooner, rather;

czym ~ as soon as possible; ***~ czy później*** sooner or later
pręg|a *f* stripe; ***w ~i*** striped
pręgierz *m hist.* pillory; *przen.* ***być pod ~em*** be pilloried; ***stawiać pod ~em*** pillory
pręgowany *adj* striped
pręt *m* rod, stick
prężność *f* elasticity; *przen.* expansiveness; *techn.* tension
prężny *adj* elastic; *przen.* (*dynamiczny*) expansive
Prima Aprilis April <All> Fools' Day
priorytet *m* priority, preference
probierczy *adj* test *attr*, testing; *techn. i przen.* ***kamień ~*** touchstone
problem *m* problem
problematyczny *adj* problematic
probostwo *n* parsonage
proboszcz *m* parson
probówka *f* test-tube
proca *f* sling
proceder *m* proceeding; (*interes*) *uj.* underhand dealings
procedura *f* procedure
procent *m* percentage; (*odsetki*) interest; ***na 5 ~*** 5 per cent; ***pożyczać na ~*** lend at interest; ***na wysoki ~*** at a high rate of interest; ***przynosić ~*** bear interest; ***stopa ~owa*** rate of interest; *pot.* (*pewne*) ***na sto ~*** it's a (dead) cert
proces *m* process; (*sądowy*) lawsuit, trial, action; ***wytoczyć ~*** bring an action (***komuś*** against sb)
procesja *f rel.* procession
procesor *m* processor
procesować się *vr* be at law, litigate
proch *m* powder; (*pył*) dust; ***~ strzelniczy*** gunpowder
producent *m* producer
produkcj|a *f* production, output; ***~a sceniczna*** performance; *pl* ***środki ~i*** means of production
produkcyjność *f* productivity
produkcyjny *adj* productive
produkować *vt* produce; ***~ się*** *vr* perform (***czymś*** sth), display (***czymś*** sth)
produkt *m* product; *pl* ***~y*** products; *zbior.* produce; ***~ uboczny*** by-product; ***~y spożywcze*** provisions, victuals; ***~ narodowy brutto*** gross national product, GNP
produktywny *adj* productive
profanacja *f* profanation
profanować *vt* profane
profesor *m* professor
profesorski *adj* professorial, professor's
profesura *f* professorship
profil *m* profile; ***z ~u*** in profile
profilaktyczny *adj* prophylactic, preventive
prognoza *f* prognosis; ***~ pogody*** weather-forecast
program *m* programme, *zw. am.* program; ***~ studiów*** curriculum; *komp.* application, program; (*narzędziowy*) *komp.* utility program; (*uczący*) tutorial
programista *m* programmer
programowanie *n* programming
programowy *adj* programmatic, according to programme
progresja *f* progression
progresywny *adj* progressive; (*o podatku*) graduated
prohibicja *f* prohibition
projekcja *f* projection
projekcyjn|y *adj*, ***aparat ~y*** projector; ***kabina ~a*** projection room
projekt *m* project; plan; design; blueprint; (*zarys, szkic*) draft; (*ustawy*) bill
projektować *vt* project, design, plan
proklamacja *f* proclamation
proklamować *vt* proclaim
prokurator *m* public prosecutor
prokuratura *f* public prosecutor's office

prolog *m* prologue

prolongata *f* prolongation, extension of the term

prolongować *vt* prolong, extend the term

prom *m* ferry, ferry-boat; **~ *kosmiczny*** space shuttle

promienieć *vi* beam, radiate

promieniotwórczość *f* radioactivity

promieniotwórczy *adj* radioactive

promieniować *vi* radiate, beam forth

promieniowanie *n* radiation; **~ *kosmiczne*** cosmic rays; **~ *słoneczne*** solar radiation

promienny *adj* radiant, beaming

promie|ń *m* beam, ray; *mat.* radius; ***~ń słoneczny*** sunbeam; ***~nie Roentgena*** x-rays *pl*

promocja *f* promotion, advancement

promować *vt* promote, advance

propaganda *f* propaganda

propagować *vt* propagate

proponować *vt* offer, propose; make an offer

proporcja *f* proportion

proporcjonalność *f* proportionality

proporcjonaln|y *adj* proportional; *mat.* ***odwrotnie <wprost> ~y*** inversely <directly> proportional; ***średnia ~a*** mean proportional

proporzec *m* banner

propozycja *f* proposal, suggestion

prorektor *m* deputy rector; *am.* vice-president

proroctwo *n* prophecy

prorok *m* prophet

prorokować *vt* prophesy

prosić *vt vi* ask, beg (***kogoś o coś*** sb for sth); request (***o łaskę, odpowiedź*** a favour, a reply); **~ *kogoś, ażeby coś zrobił*** ask sb to do sth; **~ *na obiad*** invite for dinner; **~ *o pozwolenie zrobienia czegoś*** request permission to do sth; ***proszę przyjść!*** come please!; ***proszę wejść!*** please, come in!

prosię *n zool.* young pig, piglet

proso *n bot.* millet

prospekt *n* (*publikacja*) prospectus

prosperować *vi* prosper

prostacki *adj* boorish, rude

prostactwo *n* boorishness, rudeness

prostaczek *m* simpleton

prostak *m* boor

prost|o *adv* directly, straight; ***po ~u*** simply

prostoduszność *f* uprightness, candidness

prostoduszny *adj* upright, candid

prostokąt *m mat.* rectangle

prostokątny *adj mat.* rectangular

prostolinijny *adj* rectilinear; (*prostoduszny*) simple-minded, candid

prostopadła *f mat.* perpendicular

prostopadły *adj mat.* perpendicular

prostota *f* simplicity

prostować *vt* straighten, make straight; (*błąd*) rectify, correct

prostownica *f techn.* straightener

prostownik *m elektr.* rectifier

prost|y *adj* direct, straight, right; simple, plain; *mat.* ***linia ~a*** straight <right> line

prostytutka *f* prostitute

proszek *m* powder; **~ *do prania*** washing-powder

prośb|a *f* request, demand; (*pisemna*) petition; ***wnosić ~ę*** apply (***o coś*** for sth); ***zwracać się z ~ą*** address a request (***do kogoś*** to sb); ***na jego ~ę*** at his request

protegowa|ć *vt* patronize; ***~na*** *s f* protégée; ***~ny*** *s m* protégé

protekcja *f* patronage, protection; backing
protekcjonizm *m* protectionism
protekcyjny *adj* protective
protektor *m* protector, patron; sponsor
protektorat *m* protectorate; sponsorship
protest *m* protest; ***założyć ~*** lodge a protest
protestancki *adj* Protestant
protestant *m* Protestant
protestantyzm *m* Protestantism
protestować *vi vt* protest
proteza *f* (*kończyny*) artificial limb; (*dentystyczna*) denture
protokół *m* record, report; (*dyplomatyczny*) protocol; (*z posiedzenia*) minutes; ***prowadzić ~*** draft the report; ***pisać ~*** (***z posiedzenia***) take <draw up> the minutes; (*policyjny*) take down the evidence
prototyp *m* prototype
prowadzenie *n* (*przedsiębiorstwa*) management; ***~ się*** behaviour, conduct; ***złe ~ się*** misbehaviour, misconduct
prowadzić *vt* lead, guide, conduct; (*przedsiębiorstwo, gospodarstwo itp.*) manage, keep, run; (*rozmowę itp.*) carry on, hold; ***~ zebranie*** chair, preside; ***~ handel*** carry on trade; *handl.* ***~ księgowość*** keep the books; ***~ wojnę*** wage war; ***~ wóz*** drive a car; ***~ się*** *vr* behave; ***źle się ~*** misbehave
prowiant *m* provisions *pl*; ***suchy ~*** packed (lunch, *etc.*)
prowiantować *vt* provision
prowincja *f* province; (*w przeciwieństwie do stolicy*) provinces *pl*, country
prowincjonalny *adj* provincial, *attr* country
prowizja *f* commission (fee), percentage; ***~ maklerska*** brokerage
prowizoryczny *adj* provisional
prowodyr *m* ringleader
prowokacja *f* provocation
prowokacyjny *adj* provocative
prowokator *m* provocateur
prowokować *vt* provoke, incite
proz|a *f* prose; ***~ą*** in prose
prozaiczny *adj* prosaic
prozaik *m* prose writer
prozodia *f* prosody
prób|a *f* trial, test, proof; (*kandydata do zawodu*) probation; *teatr* rehearsal; (*usiłowanie*) attempt; ***ciężka ~a*** ordeal; *teatr* ***~a generalna*** dress rehearsal; ***~a ogniowa*** trial by fire; ***~a złota*** assay of gold; ***na ~ę*** by way of trial; *handl.* on approval; *teatr* ***odbywać ~ę*** rehearse (***czegoś*** sth); ***wystawić na ~ę*** put to trial, put to the test; ***wytrzymać ~ę*** stand the test
próbka *f* sample, pattern
próbny *adj* tentative; (*o okresie próby*) probationary
próbować *vt* try, test; (*usiłować*) attempt; (*kosztować*) taste; ***~ szczęścia*** try one's luck
próchnica *f med.* (*zębów*) caries
próchnieć *vi* moulder, decay, rot
próchno *n* rotten wood, rot
prócz *praep* save, except; ***~ tego*** besides, apart from this
próg *m* threshold, doorsill; *mot.* ***~ zwalniający*** (*dla samochodów*) speed breaker <ramp>, *żart.* sleeping policeman
prószyć *vi* powder; (*o śniegu*) flake
próżnia *f* void; *fiz.* vacuum
próżniactwo *n* idleness, laziness
próżniaczy *adj* idle, lazy
próżniak *m* idler
próżno *adj* vainly; ***na ~*** in vain
próżność *f* vanity
próżnować *vi* idle away one's time
próżny *adj* empty, void; idle; (*zarozumiały*) conceited; (*daremny*) vain

pruć *vt* unsew, unstitch; **~ się** *vr* get <come> unsewn
pruderia *f* prudery, prudishness
pruski *adj* Prussian; *chem.* **kwas ~** prussic acid
prycza *f* plank-bed
prym *m*, **wieść ~** have the lead
prymas *m rel.* primate
prymitywny *adj* primitive
prymus *m* (*uczeń*) top-boy; (*maszynka*) Primus (stove)
pryskać *vi* splash, sputter; (*łamać się*) burst
pryszcz *m* pimple
prysznic *m* shower-bath
prywatka *f* (dancing) party
prywatnie *adv* in private
prywatny *adj* private
prywatyzacja *f* privatization
pryzmat *m* prism
przaśny *adj* (*o chlebie*) unleavened
prządka *f* spinner
prząść *vt* spin
przebaczać *vt* pardon, forgive
przebaczenie *n* pardon; **prosić kogoś o ~** beg sb's pardon
przebicie *n* piercing, perforation; (*np. opony*) puncture
przebieg *m* course, run; **~ wydarzeń** course of events
przebiegać *vt vi* run across, cross; (*np. o czasie*) pass; (*o sprawie*) take a course
przebiegłość *f* cunning, slyness
przebiegły *adj* cunning, sly, shrewd
przebierać *vt vi* (*starannie wybierać*) pick and choose, sort; (*zmieniać komuś ubranie*) dress anew, change *sb's* clothes; **~ miarę** exceed all bounds, beat everything, overdo (*sth*); **nie ~ w środkach** not to be particular about one's means; **~ się** *vr* change (one's clothes); **~ się za...** disguise oneself as...
przebijać *vt* pierce, cut through; (*w kartach*) take; **~ atutem** trump; **~ się** *vr* force one's way through, break through
przebłysk *m* glimmer, flash; **~ nadziei** flash of hope
przebój *m* (*muzyczny*) hit; (*sukces wydawniczy*) best-seller; **iść przebojem** fight one's way through
przebrać *zob.* **przebierać**
przebranie *n* disguise
przebrnąć *vi* muddle through
przebrzmiał|y *adj* extinct; **rzecz ~a** a has been
przebrzmieć *vi* die away, expire, blow over
przebudowa *f* reconstruction
przebudować *vt* reconstruct, rebuild
przebudzenie *n* awakening
przebudzić *vt* wake up, rouse; **~ się** *vr* wake, wake up
przebyć *vt* cross, pass; (*przestrzeń*) cover; (*doświadczyć*) experience; **~ chorobę** overcome one's illness, pass through an illness; **~ próbę** go through a trial
przebywać *vi* stay, live; *zob.* **przebyć**
przecedzać *vt* strain, filter
przecena *f* repricing, sale
przeceniać *vt* overestimate; (*zmieniać cenę*) lower the price, reprice
przechadzać się *vr* walk, take a walk, stroll
przechadzk|a *f* walk; **pójść na ~ę** go for a walk
przechodni *adj* transitional; *gram.* transitive; **pokój ~** connecting room; *sport* **puchar ~** challenge cup
przechodzi|ć *vt vi* pass (by), cross, go over; (*mijać*) pass away <by>; (*doświadczyć*) experience, undergo; **~ć przez ulicę** cross the street; **to ~ moje oczekiwania** it surpasses my expectations
przechodzień *m* passer-by
przechowalnia *f* (*bagażu*) left-luggage office; cloakroom, *am.* baggage room

przechowanie *n* preservation; keeping; **na ~** for safekeeping
przechowywać *vt* preserve; keep, store
przechwalać *vt* overpraise; **~ się** *vr* boast, brag (**czymś** of, about sth)
przechwycić *vt* intercept
przechylić *vt* incline; *przen.* **~ szalę** turn the balance; **~ się** *vr* incline
przechytrzyć *vt* outwit, outsmart
przeciąg 1. *m* draught; *am.* draft, current of air
przeciąg 2. *m* (*okres trwania*) space of time; **na ~ tygodnia** for a week; **w ~u tygodnia** within a week, in the course of a week
przeciągać *vt vi* draw; move, march along; (*przedłużać*) prolong, delay, protract; **~ na swoją stronę** win over; **~ się** *vr* drag on, be protracted; stretch oneself
przeciążać *vt* overburden, overcharge
przeciążenie *n* overcharge; (*pracą*) overwork
przeciekać *vi* leak, percolate
przecierać *vt* rub, wipe clear; **~ się** *vr* (*przejaśniać się*) clear up; (*o materiale*) become threadbare
przecierpieć *vt* endure
przecież *adv* yet, still, after all; **~ to mówiłeś** you did say it
przecięcie *n* cut, cutting; section, intersection
przeciętnie *adv* on (an) average
przeciętność *f* average; mediocrity
przeciętn|y *adj* average; (*średni*) mediocre; **~a** *s f* average; **powyżej ~ej** above the average
przecinać *vt* cut through; intersect; (*np. rozmowę*) cut short; **~ się** *vr* intersect
przecinek *m* comma
przeciw *praep* against; **nie mam nic ~ temu** I have no objections to it; I don't mind it; *praef* anti-, counter-; **za i ~** the pros and cons
przeciwdziałać *vi* counteract (**czemuś** sth)
przeciwdziałanie *n* counteraction
przeciwieństw|o *n* opposition, contrast, contradistinction; **być ~em** be opposed (**do czegoś** to sth); **w ~ie do czegoś** in contradistinction to sth, in contrast with sth
przeciwko *zob.* **przeciw**
przeciwległy *adj* opposite (**czemuś** to sth)
przeciwlotnicz|y *adj wojsk.* anti-aircraft *attr*; **działo ~e** anti-aircraft gun; **obrona ~a** air defence
przeciwnie *adv* on the contrary, just the opposite; the other way round; conversely
przeciwnik *m* adversary, opponent
przeciwność *f* adversity
przeciwny *adj* contrary, opposite; (*przeciwstawny*) adverse; opposed; **jestem temu ~** I am against it, I object to it; **w ~m razie** otherwise, or else
przeciwprostokątna *f mat.* hypotenuse
przeciwstawiać *vt* oppose, set against; **~ się** *vr* set one's face (**czemuś** against sth), oppose (**czemuś** sth)
przeciwstawienie *n* opposition, anti-thesis
przeciwwaga *f* counterpoise, counterweight
przecząco *adv* negatively, in the negative
przeczący *adj* negative
przeczenie *n* negation
przecznica *f* cross-street
przeczucie *n* foreboding, presentiment, misgiving
przeczulenie *n* oversensitiveness, hyper(a)esthesia
przeczulony *adj* oversensitive
przeczuwać *vt* forebode, have a presentiment

P

przeczyć *vi* deny (***czemuś*** sth)
przeczyszczać *vt* cleanse; *med.* purge
przeczyszczający *adj med.* purgative, laxative
przeć *vt vi* press (on), push
przed *praep* before; in front of; **~ *tygodniem*** a week ago
przedawkować *vt* overdose
przedawnienie *n prawn.* prescription; expiration (of validity)
przedawniony *adj prawn.* prescribed, outdated
przeddzień *m* eve; ***w ~*** on the eve
przede wszystkim *adv* first of all, above all
przedhistoryczny *adj* prehistoric
przedimek *m gram.* article
przedkładać *vt* submit, present; (*woleć*) prefer (***coś nad coś*** sth to sth)
przedłużacz *m elektr.* extension cord
przedłużać *vt* lengthen, extend, prolong
przedłużenie *n* prolongation, extension
przedmieście *n* suburb
przedmiot *m* object; (*temat, zagadnienie*) subject, subject-matter, topic
P
przedmiotowość *f* objectivity
przedmiotowy *adj* objective
przedmowa *f* preface
przedmówca *m* last <previous> speaker
przedni *adj* frontal, *attr* front, fore; (*lepszy gatunkowo*) fine, choice; ***~a noga*** foreleg; ***plan ~*** foreground; ***straż ~a*** vanguard
przednówek *m* time before the harvest
przedostać się *vr* penetrate (***do czegoś*** into sth), get through, come through
przedobiedni *adj attr* before-dinner
przedostatni *adj* last but one; penultimate; ***~ej nocy*** the night before last
przedpłata *f* prepayment, subscription, payment in advance
przedpokój *m* hall, antechamber, waiting-room
przedpole *n* foreground
przedpołudnie *n* forenoon; morning
przedpotopowy *adj* antediluvian
przedramię *n* forearm
przedrostek *m gram.* prefix
przedrozbiorow|y *adj*, ***Polska ~a*** Poland before the partitions
przedruk *m* reprint
przedrzeźniać *vt* mock, mimic, take off
przedsiębiorca *m* businessman, contractor, entrepreneur
przedsiębiorczość *f* (spirit of) enterprise, initiative
przedsiębiorczy *adj* enterprising; entrepreneurial
przedsiębiorstwo *n* business, firm
przedsiębrać *vt* undertake
przedsięwzięcie *n* undertaking, enterprise
przedsmak *m* foretaste
przedstawia|ć *vt* present, represent; (*wystawiać na scenie*) stage; (*przedkładać*) submit; (*np. sprawę*) describe; (*osobę*) introduce; ***~ć się*** *vr* present oneself, (*nieznanej osobie*) introduce oneself; ***jak ~ się sprawa?*** how does the matter stand?; ***to się ~ inaczej*** the matter is different
przedstawiciel *m* representative; *handl.* agent
przedstawicielstwo *n* agency; representation
przedstawienie *n* presentation; (*teatralne*) performance, spectacle, show; **~ *przedpołudniowe*** matinee; (*osoby*) introduction
przedszkole *n* infant school, kindergarten
przedtem *adv* before, formerly

przedterminowo *adv handl.* in anticipation; ***zapłacić ~*** anticipate a payment
przedterminow|y *adj handl.* anticipated, anticipatory, anticipating; premature; ***~e dokonanie zapłaty*** anticipation of payment
przedwczesny *adj* premature; (*zbyt wczesny*) precocious
przedwcześnie *adv* prematurely, before time; ***~ dojrzały*** precocious
przedwczoraj *adv* the day before yesterday
przedwojenny *adj* pre-war *attr*
przedział *m* partition, division; (*we włosach*) parting; (*w pociągu*) compartment; ***~ dla palących, dla niepalących*** smoker, nonsmoker
przedzielić *vt* divide, part
przedzierać *vt* tear up, rend; ***~ się*** *vr* force one's way through, break through
przedziurawić *vt* make a hole (***coś*** in sth), pierce, perforate; (*bilet*) punch; (*oponę*) puncture
przeforsować *vt* force through
przegapić *vt* overlook, miss, let slip
przeginać *vt* bend
przegląd *m* review; (*sprawdzenie*) revision; inspection, survey; ***~ gwarancyjny, okresowy*** guarantee, periodical survey
przeglądać *vt* review; (*sprawdzać*) revise; (*np. gazetę*) skim through; ***~ się*** *vr* see oneself
przegłosować *vt* carry by vote; (*pokonać większością głosów*) outvote
przegrać *vt* loss at play, gamble away; (*bitwę, sprawę sądową*) lose; *muz.* play over
przegradzać *vt* separate, partition
przegrana *f* lost battle; (*strata*) loss
przegroda *f* partition
przegrupować *vt* regroup
przegryzać *vt* bite through; (*przekąsić*) have a snack
przegub *m anat.* wrist, joint
przegubowy *adj*, *mot.* ***autobus ~*** articulated bus
przeholować *vi* (*przebrać miarę*) go too far; overreach oneself
przeistoczyć *vt* transform
przejaśnić się *vr* clear up
przejaw *s* symptom, sign
przejawiać *vt* manifest; ***~ się*** *vr* manifest oneself, show
przejazd *m* passage, thoroughfare; (*przez tory*) level crossing; ***w przejeździe, ~em*** on one's way; ***opłata za ~*** fare
przejażdżka *f* drive, ride; (*wycieczka*) trip
przejecha|ć *vi vt* pass, ride, travel (*np.* ***przez Warszawę*** through Warsaw); (*rozjechać*) run over; ***~ć cały kraj*** travel all over the country; ***~ł go samochód*** he was run over by car
przejęcie *n* taking over; (*przechwycenie*) interception; ***~ się*** high emotion, exaltation
przejęzyczenie (się) *n* slip of the tongue
przejmować *vt* take over; (*przechwycić*) intercept; ***~ podziwem*** fill with admiration; ***~ strachem*** seize with fear; ***~ się*** *vr* be impressed, be moved (***czymś*** by sth); ***nie przejmuj się*** take it easy
przejmujący *adj* impressive; (*o mrozie*) piercing; (*o bólu itp.*) keen
przejrzeć *vt vi* (*przeniknąć*) see through; (*odzyskać wzrok*) regain one's sight; *zob.* ***przeglądać***
przejrzystość *f* transparency; (*wyrazistość*) clarity
przejrzysty *adj* transparent; clear
przejście *n* passage; (*przez jezdnię*) pedestrian <zebra> crossing; (*stadium przejściowe*) transition; (*doświadczenie*) experience, trial

przejść *vt vi zob.* ***przechodzić***; **~ się** *vr* take a walk
przekaz *m* transfer; (*historyczny*) record; (*bankowy*) draft; (*pocztowy*) <postal, money> order
przekazywać *vt* transfer, pass on, send, hand down, transmit
przekąs *m*, **z ~em** ironically, sneeringly
przekąska *f* snack, refreshment
przekąsić *vt* have a snack
przekątna *f mat.* diagonal
przekleństw|o *n* curse; *pl* **~a** swear words, imprecations, curses
przeklęty *adj* cursed, damned
przeklinać *vt* curse (***kogoś*** sb), swear (***kogoś*** at sb)
przekład *m* translation
przekładać *vt* displace, transpose; (*przesuwać*) shift; (*układać na zmianę*) interlay; (*tłumaczyć*) translate; (*woleć*) prefer (***coś nad coś*** sth to sth); (*karty*) cut
przekładnia *f techn.* gear, switch; interface
przekłuć *vt* pierce
przekomarzać się *vr* tease each other
przekonanie *n* conviction; ***mam ~*** I am convinced
przekon|ywać *vt* convince, persuade (***kogoś o czymś*** sb of sth); ***jestem ~any*** I am convinced; ***mocno ~any*** confident (***o czymś*** of sth); **~ywać się** *vr* convince oneself
przekonywający *adj* convincing, persuasive, weighty, potent
przekop *m* trench, ditch
przekor|a *f* contradictoriness; ***przez ~ę*** from <out of> spite
przekorny *adj* contradictory, contradictious
przekór *adv*, ***na ~*** in defiance of, in spite of
przekraczać *vt* cross; (*miarę, uprawnienia*) exceed; (*prawo*) infringe, violate; ***~ stan konta*** overdraw an account; ***~ dozwoloną prędkość*** speed
przekradać się *vr* steal through
przekreślać *vt* cross (out); (*skasować*) cancel, annul
przekręcać *vt* twist; (*przeinaczać*) distort
przekręcenie *n* twist; (*słów, faktów*) distortion
przekroczenie *n* crossing; (*prawa*) offence, trespass; *handl.* (*stanu konta*) overdraft; ***~ szybkości*** speeding
przekroić *vt* cut (into two pieces)
przekrój *m* section; ***~ podłużny*** longitudinal section; ***~ poprzeczny*** cross-section
przekrwienie *n med.* congestion
przekształcać *vt* transform
przekształcenie *n* transformation
przekupić *vt* bribe
przekupka *f* huckster
przekupny *adj* venal, corruptible
przekupstwo *n* bribery, corruption
przekwitać *vi* cease blooming, fade
przekwitanie *n* fading; *med.* climacteric, menopause
przelać *zob.* ***przelewać***
przelatywać *vi* fly by, flit by, pass
przelew *m* transfusion; *bank.* transfer; ***~ krwi*** bloodshed
przelewać *vt* pour over; pour into another vessel; transfuse; *bank.* transfer; (*krew, łzy*) shed; (*przekazywać władzę*) devolve
przelękły *adj* frightened
przelęknąć się *vr* take fright (***czegoś*** at sth)
przeliczyć *vt* count over again; **~ się** *vr* miscalculate
przelot *m* flight, passage
przelotn|y *adj* fleeting, passing; *zool.* ***ptaki ~e*** birds of passage
przelotowość *f* (*ulic*) traffic capacity
przeludnienie *n* overpopulation
przeludniony *adj* overpopulated
przeładować *vt* (*przeciążyć*)

overload; (*przenieść ładunek*) transship
przeładowanie *n* (*przeciążenie*) overloading; *zob.* **przeładunek**
przeładunek *m* transshipment
przełaj *m* cross; **bieg na ~** cross-country race; **droga na ~** short cut; **iść na ~** take a short cut
przełamać *vt* break through; (*opór*) surmount
przełączyć *vt* switch over
przełęcz *f* pass
przełknąć *vt* swallow
przełom *m* crisis, (*punkt zwrotny*) turning-point; (*wyłom, przerwa*) breakthrough; (*wyrwa*) breach; **~ wieku** the turn of the century
przełomowy *adj* critical, crucial
przełożona *f* schoolmistress, lady-superior
przełożony *m* principal, superior
przełożyć *zob.* **przekładać**
przełyk *m anat.* gullet, (o)esophagus
przemakać *zob.* **przemoknąć**
przemarsz *m* march-past, passage
przemarznąć [-r·z-] *vi* be penetrated with cold
przemawiać *vi vt* address; (*publicznie*) harangue (**do kogoś** sb); speak; advocate (**za czymś** sth)
przemądrzały *adj* sophisticated
przemęczać *vt* overstrain; **~ się** *vr* overwork
przemęczenie *n* overwork, overstrain
przemian *m*, **na ~** alternately, by turns, taking it in turn
przemiana *f* transformation; *biol.* **~ materii** metabolism
przemianować *vt* rename
przemienić *vt* transform, turn (**coś w coś** sth into sth)
przemieszczać *vt* displace
przemieszczenie *n* displacement
przemijać *vi* pass away, be over
przemijający *adj* passing, fleeting, transitory
przemilczeć *vt* pass over in silence, suppress, conceal
przemoc *f* force, violence; **ulec ~y** yield to a superior force
przemoczyć *vt* soak, drench; **~ sobie nogi** get one's feet wet
przemoknąć *vi* be soaked, get wet; **~ do nitki** get a nice soaking
przemożny *adj* predominant, overpowering
przem|óc *vt* overpower, overwhelm; (*przezwyciężyć*) surmount, overcome; *vi* (*odnieść przewagę*) prevail; **~óc się** *vr* control oneself
przemówić *zob.* **przemawiać**
przemówienie *n* speech, address, harangue
przemycać *vt* smuggle
przemysł *m* industry; **~ motoryzacyjny** motor industry; **~ lekki <ciężki>** light <heavy> industry; *przen.* **żyć własnym ~em** live by one's wits
przemysłowiec *m* industrialist, industrial producer
przemysłow|y *adj* industrial; **wyroby <towary> ~e** industrial goods
przemyśleć *vt* think over
przemyślny *adj* ingenious
przemyt *m* smuggling, contraband
przemytnik *m* smuggler; **~ alkoholu** bootlegger
przeniesienie *n* transfer; transmission
przenieść *vt* transfer; transport; remove; (*w księgowości*) carry over <forward>; **~ się** *vr* move (**do innego mieszkania** to another flat)
przenigdy *adv* nevermore
przenikać *vt vr* penetrate; pervade; pierce
przenikliwość *f* penetrability; (*bystrość*) sagacity, perspicacity
przenikliwy *adj* penetrating; pervasive, pervading; (*bystry*) perspi-

cacious, acute; (*o głosie*) shrill; (*o mrozie*) biting, bitter
przenocować *vt* put up for the night; *vi* stay overnight
przenosić *vt* (*światło, ciepło, dźwięk*) transmit; (*udzielać*) convey; (*woleć*) prefer (***coś nad coś*** sth to sth); **~ się** *vr* shift (***z miejsca na miejsce*** from place to place); *zob.* ***przenieść***
przenośnia *f* metaphor
przenośny *adj* portable; (*obrazowy*) metaphorical, figurative
przeobrażać *vt* transform (***w coś*** into sth); **~ się** *vr* be transformed, change
przeobrażenie *n* transformation, change
przeoczenie *n* oversight
przeoczyć *vt* overlook, miss
przeor *m* prior
przeorysza *f* prioress
przepadać *vi* be lost, go lost; (*przy egzaminie*) fail; *przen.* ***~ za kimś, czymś*** be crazy about sb, sth
przepalić *vt* burn through
przepasać *vt* girdle
przepaska *f* band
przepaścisty *adj* precipitous
przepaść *f* precipice, abyss
przepełniać *vt* overfill, cram; (*ludźmi*) overcrowd

P

przepełnienie *n* overfilling; overcrowding
przepędzać *vt* drive away; (*spędzać czas*) spend
przepierzenie *n* partition-wall
przepiękny *adj* most beautiful
przepiłować *vt* saw through; (*pilnikiem*) file through
przepiórka *f zool.* quail
przepis *m* prescription, regulation; (*kucharski*) recipe; *mot. pl* ***~y drogowe*** traffic regulations, highway code
przepisać *vt* (*lekarstwo*) prescribe; (*tekst*) rewrite, copy, write over again; ***~ na czysto*** make a fair copy (***coś*** of sth)
przepisowo *adv* according to regulations
przepisowy *adj* regular; *attr* regulation; ***strój ~*** regulation dress; ***~ rozmiar*** regulation size
przeplatać *vt* interlace
przepłacać *vt* overpay
przepływać *vt* vi (*o wodzie*) flow over <across, through>; (*o człowieku*) swim over <across>; (*o statku*) cross (***przez morze*** the sea)
przepona *f anat.* diaphragm
przepowiadać *vt* prophesy, predict, foretell
przepowiednia *f* prophecy, prediction, prognosis
przepracować się *vr* overwork oneself
przepracowanie *n* overwork
przeprasza|ć *vt* (I'm) sorry!; apologize (***kogoś za coś*** to sb for sth); ***„~m!"*** "excuse me!"; (*prośba o powtórzenie informacji*) "(I beg your) pardon!"
przeprawa *f* passage; (*np. przez rzekę, morze*) crossing; *przen.* (*przykre zajście*) hard business, misadventure
przeprawiać *vt* carry over; **~ się** *vr* cross (*np.* ***przez rzekę*** a river); ***~ się na drugi brzeg*** cross over to the other side
przeproszenie *n* apology, excuse; ***za ~m*** by your leave
przeprowadzać *vt* carry over, convey, lead across; (*wykonywać*) carry out, carry into effect; **~ się** *vr* move, move house
przeprowadzka *f* removal
przepuklina *f med.* hernia, rupture
przepustka *f* pass, permit
przepuszczać *vt* let through; allow to pass; (*marnować np. okazję*) let out, miss
przepuszczalny *adj* permeable
przepych *m* luxury, pomp
przepychać *vt* push through; **~**

się *vr* push through, force one's way
przerabiać *vt* do over again, remake, refashion; (*opracować powtórnie*) revise; **~ *lekcje*** do one's lessons; **~ *sztukę na film*** adapt a play to the screen; **~ *temat egzaminacyjny*** prepare a subject for the examination
przeradzać się *vr* undergo a change, be transformed
przerastać *vt* outgrow, grow over; rise above
przeraźliwy *adj* terrifying; (*o głosie*) shrill
przerażać *vt* appal, horrify; **~ *się*** *vr* be appalled (***czymś*** at sth)
przerażenie *n* terror
przeróbka *f* recast, revision, adaptation
przerw|a *f* break, pause, interruption, intermission; ***bez ~y*** without intermission; *sport* (*w połowie gry*) half-time
przerywać *vt* interrupt, break off; rend, tear asunder
przerzedzić *vt* thin, make thin; **~ *się*** *vr* thin, become thinner
przerzucać *vt* throw over; shift; (*przeglądać*) look over
przerżnąć [r·ż] *vt* saw, cut in two
przesada *f* exaggeration
przesadzać *vt* exaggerate; (*roślinę*) transplant
przesączać *vt* filter, filtrate, percolate; **~ *się*** *vr* filter, percolate, permeate
przesąd *m* prejudice, superstition
przesądny *adj* superstitious
przesądzać *vt* prejudge, foreclose
przesiada|ć się *vr* (*z pociągu na pociąg*) change (trains); ***gdzie się ~my?*** where do we change?
przesiąkać *vi* be soaked, soak through, be imbued
przesiedlać *vt* remove, displace; **~ *się*** *vr* migrate, move
przesiedlenie *n* displacement; **~ *się*** migration
przesiedleniec *m* emigrant
przesiewać *vt* sift, sieve
przesilać się *vr* pass through a crisis
przesilenie *n* crisis; *pot.* **~ *dnia z nocą*** solstice
przeskoczyć *vi vt* jump over; (*podpierając się rękami*) vault (***przez coś*** over sth, sth)
przeskok *m* jump
przesłaniać *vt* screen (off)
przesłanka *f* premise
przesłona *f* screen; *fot.* shutter
przesłuchanie *n* examination, interrogation; (*świadka*) hearing
przesłuchiwać *vt* examine, interrogate
przesmyk *m* (*przełęcz*) pass, defile; *geogr.* isthmus
przestać *vi* cease, stop, discontinue
przestarzały *adj* out of date, out of fashion, obsolete
przestawać *vi* associate (***z kimś*** with sb); be satisfied (***na czymś*** with sth); *zob.* ***przestać***
przestawiać *vt* displace, transpose
przestawienie *n* displacement, transposition
przestąpić *vt* cross, step over
przestępca *m* criminal, offender
przestępczość *f* criminality, delinquency; **~ *wśród nieletnich*** juvenile delinquency
przestępczy *adj* criminal
przestępny *adj* criminal; *astr.* ***rok ~*** leap-year
przestępstwo *n* offence; **~ *walutowe*** foreign currency offence
przestrach *m* fright
przestraszyć *vt* frighten, scare; **~ *się*** *vr* be frightened <scared>, take fright (***czegoś*** at sth)
przestroga *f* warning, caution
przestronny *adj* spacious, roomy
przestrzegać *vt* (*ostrzegać*) warm (***przed czymś*** of sth), caution (***przed czymś*** against

sth); (*zachowywać np. tradycję*) observe; (*stosować np. zasady, przepisy*) keep, abide by
przestrzenny *adj* spatial
przestrzeń *f* space, room; **~ kosmiczna** outer <cosmic> space
przestworze *n*, **przestwór** *m* infinite expanse
przesunięcie *n* shift, displacement
przesuwać *vt* shift, shove, move; (*wagony*) shunt; **~ się** *vr* move, shift
przesycać *vt* surfeit, glut; *techn.* impregnate
przesyłać *vt* send, forward
przesył|ka *f* parcel; (*wysyłanie*) dispatch; (*towarowa*) consignment; (*pieniężna*) remittance; **w osobnej ~ce** under separate cover
przesyt *m* surfeit
przeszczep *m med.* transplantation; transplant
przeszczepiać *vt* transplant
przeszeregować *vt* regroup
przeszkadzać *vi* hinder, disturb, trouble (**komuś** sb); (*zawadzać*) obstruct (**komuś, czemuś** sb, sth); **~ komuś pisać** prevent sb from writing; **~ komuś w odpoczynku** disturb sb's rest
przeszko|da *f* hindrance, obstacle, impediment; *sport* **bieg z ~dami** steeplechase; **wyścig z ~dami** obstacle race; **stać na ~dzie** stand in the way
przeszkolenie *n* schooling, training; re-education
przeszkolić *vt* school, train; reeducate
przeszło *adv* more than, beyond
przeszłoś|ć *f* the past; **kobieta <mężczyzna> z ~cią** a woman <man> with a past
przeszły *adj* past; *gram.* **czas ~** past tense, preterite
przeszukać *vt* search
przeszyć *vt* sew through, stitch; (*przekłuć*) pierce, transfix
prześcieradło *n* sheet
prześcignąć *vt* outrun; *przen.* (*przewyższyć*) outdo; *dosł. i przen.* get ahead (**kogoś** of sb)
prześladować *vt* persecute; *przen.* (*nie dawać spokoju*) haunt, obsess
prześladowanie *n* persecution
prześladowcz|y *adj* persecutive; **mania ~a** persecution complex
prześliczny *adj* most beautiful, lovely
prześliznąć się *vr* glide through, slip through
przeświadczenie *n* conviction
przeświadczony *adj* convinced
przeświecać *vi* shine through
prześwietl|ać *vt fot.* overexpose; *med.* x-ray; **~ono mi płuca** I had my lungs x-rayed
prześwietlenie *n med.* x-ray examination
przetaczać *vt* roll over; *kolej.* shunt; *med.* **~ krew** transfuse
przetapiać *vt* recast, melt
przetarg *m handl.* auction, tender
przetarty *pp adj* (*o tkaninie*) threadbare
przeterminowany *adj* overdue
przetłumaczyć *vt* translate, interpret; (*nakłonić*) persuade
przetoka *f med.* fistula
przetrawić *vt* digest
przetrwać *vt* outlast, survive
przetrząsnąć *vt* shake up; (*przeszukać*) search; (*teren*) comb out
przetrzymać *vt* keep (waiting); (*przetrwać*) outlast; (*ból, ciężkie położenie itp.*) endure
przetwarzać *vt* transform; turn into; manufacture
przetwór *m* manufacture, produce; *pl* **przetwory** preserves
przetwórczy *adj* manufacturing
przetwórnia *f* factory
przetykać *vt* (*przepychać, przewlekać*) pierce, pass through; (*o tkaninie*) interweave
przewag|a *f* superiority, predom-

inance, preponderance; (*górowanie*) advantage; ***mieć ~ę*** have an advantage (***nad kimś*** over sb); ***zyskać ~ę*** gain an advantage (***nad kimś*** over sb)
przeważać *vi* outweigh, outbalance; *vt* prevail (***nad kimś*** over sb); ***~ szalę*** turn the scale
przeważający *adj* prevailing, prevalent
przeważnie *adv* for the most part, mostly
przewiązać *vt* bind up; (*ranę*) dress
przewidywać *vt* foresee, forecast, anticipate
przewidywanie *n* foresight, anticipation
przewiercić *vt* bore through, pierce
przewiesić *vt* hang over, sling
przewietrzyć *vt* ventilate, air; ***~ się*** *vr pot.* take the air
przewiew *m* draught
przewiewny *adj* airy
przewieźć *zob.* ***przewozić***
przewijać *vt* swathe, wrap up; (*ranę*) dress
przewinienie *n* offence, guilt
przewlekać *vt* (*opóźnić*) protract, delay; ***~ nitkę przez igłę*** thread the needle; ***~ pościel*** change the bed linen; ***~ się*** *vr* drag on
przewlekły *adj* protracted; *med.* chronic
przewodni *adj* leading
przewodnictwo *n* leadership; *fiz.* conductivity
przewodniczący *m* chairman
przewodniczyć *vi* preside (***zebraniu*** over the meeting), chair
przewodnik *m* (*wycieczki*) guide; leader; (*książka*) guide-book; *fiz.* (*ciepła*) conductor
przewodzić *vi vt* lead, command (***czemuś*** sth), be at the head
przewozić *vt* bring over, transport, convey
przewozow|y *adj* transport *attr*, freight; ***list ~y*** bill of consignment, (*okrętowy*) bill of lading; ***środki ~e*** means of conveyance
przewoźnik *m* carrier; (*na promie, łodzi*) ferryman, boatman
przewód *m* channel, conduit; (*kominowy*) flue; (*gazowy*) pipe; *elektr.* wire; *prawn.* procedure; *anat.* ***~ pokarmowy*** alimentary canal
przewóz *m* transport, conveyance, carriage
przewracać *vt* overturn, turn over, upset; ***~ do góry nogami*** turn upside down; ***~ kartki książki*** thumb the book; ***~ się*** *vr* fall down, overturn, tumble down; (*o statku*) capsize
przewrotność *f* perversity
przewrotny *adj* perverse
przewrót *m* upheaval, revolution, subversion
przewyższać *vt* surpass, exceed; (*liczebnie*) outnumber
przez *praep* through, by, across, over; (*o czasie*) during, for, within, in; ***~ cały dzień*** all (the) day long; ***~ cały rok*** all the year round; ***~ dwa miesiące*** for two months; ***~ drogę*** across the road; ***~ telefon*** by telephone; ***~ Szekspira*** by Shakespeare; ***~ wdzięczność*** out of gratitude
przeziębić się *vr* catch (a) cold
przeziębienie *n* cold
przeziębiony *adj*, ***jestem ~*** I have a cold
przeznacz|ać *vt* destine (***na coś, do czegoś*** for <to> sth); devote (***coś na coś*** sth to sth); intend (***coś na coś*** sth for sth, ***kogoś na coś*** sb to be sth, ***coś dla kogoś*** sth for sb); ***te książki ~one są do biblioteki*** these books are intended for the library
przeznaczenie *n* destination; (*los*) destiny, fate
przezorność *f* prudence, caution, providence

przezorny *adj* prudent, cautious, provident

przezrocze *n fot.* slide

przezroczystość *f* transparency

przezroczysty *adj* transparent

przezwisko *n* nickname

przezwyciężać *vt* surmount, overcome

przezywać *vt* (***kogoś***) call sb names

przeżegnać *vt* cross; **~ *się*** *vr* cross oneself, make the sign of the cross

przeżuwać *vt* chew

przeżycie *n* (*przetrwanie*) survival; (*doświadczenie*) experience

przeży|ć *vt* (*przetrwać*) survive, outlive; (*doświadczyć*) experience; (*spędzić okres czasu*) live through; ***on tego nie ~je*** this will be the death of him; ***~łem okres biedy*** I lived through a period of poverty; ***~ł niejedną ciężką chwilę*** he experienced many a hardship; ***~ł swego starszego brata*** he outlived his elder brother

przeżytek *m* survival, relic (of the past)

przędza *f* yarn

przędzalnia *f* spinning-mill

przęsło *n* bay, span

przodek *m* ancestor; (*część przednia*) forepart, front

przodować *vt* lead, be ahead

przodownictwo *n* leadership, primacy

przodownik *m* leader; foreman

przód *m* forepart, front; ***na przedzie*** at the head, in the front of; ***z przodu*** in front of; ***iść przodem*** go first; ***iść do przodu*** go <get> ahead

przy *praep* (near) by, at; with; on; about; **~ *filiżance kawy*** over a cup of coffee; **~ *pracy*** at work; **~ *świetle księżyca*** by moonlight; **~ *tej sposobności*** on that occasion; **~ *twej pomocy*** with your help; **~ *tym*** besides, too; **~ *wszystkich swoich wadach*** with all his faults; ***nie mam ~ sobie pieniędzy*** I have no money about <on> me; ***usiądź ~ mnie*** sit by me <my side>

przybić *vt* fasten; (*gwoździami*) nail; *vi* **~ *do brzegu*** land

przybiec *vi* come running

przybierać *vt* (*zdobić*) adorn; (*przyjmować*) assume; **~ *wygląd* <*imię*>** assume a look <a name>; *vi* (*o wodzie*) rise; **~ *na wadze*** put on weight

przybliżać *vt* bring near(er); **~ *się*** *vr* come near, approach (***do kogoś*** sb); approximate

przybliżeni|e *n* approximation, approach; ***w ~u*** approximately

przyboczn|y *adj*, ***straż ~a*** bodyguard

przyb|ór *m* (*wody*) rise; *pl* ***~ory*** (*komplet użytkowy*) outfit, equipment, fittings *pl*; ***~ory do pisania*** writing-materials, stationery *zbior.*

przybrać *vt zob.* ***przybierać***

przybrzeżn|y *adj* coast *attr*, riverside *attr*; ***straż ~a*** coast guard

przybudówka *f* annex, penthouse

przybycie *n* arrival

przybysz *m* newcomer, arrival

przybytek *m* (*przyrost*) accruement, increase; (*budynek, miejsce*) haunt, abode; (*święty*) shrine, sanctuary

przyby|wać *vi* arrive (***do Warszawy*** in Warsaw, ***do Kluczborka*** at Kluczbork), come (***do Warszawy*** to Warsaw); (*powiększać się, narastać*) be added, increase; (*o wodzie w rzece*) rise; ***~wa dnia*** the days are longer and longer; ***~ło dużo pracy*** there is much additional work

przychodnia *f med.* outpatient clinic, clinic for outpatients

przychodzi|ć *vi* come (***dokądś*** to a place), arrive (***dokądś*** at

<in> a place); **~ć do kogoś** (*w odwiedziny*) come to see sb; **~ć do siebie** come to, recover; **~ mi do głowy** <**na myśl**> it occurs to me; **~ mi ochota** I feel like (**zrobić coś** doing sth); **~ mi z trudnością** I find it difficult
przychód *m* income
przychylać *vt* incline; **~ się** *vr* incline, feel inclined (**do czegoś** to sth); (*skłaniać się*) comply (**do czyjejś prośby** with sb's request)
przychylność *f* favourable disposition, goodwill, favour
przychylny *adj* favourable, friendly, favourably disposed (**dla kogoś** towards sb)
przyciągać *vt* draw; (*pociągać*) attract; *vi* draw <come> near
przyciąganie *n* attraction; *astr. fiz.* **~ ziemskie** gravitation
przyciemniać *vt* darken, dim
przycinać *vt* cut, clip; *vi* taunt (**komuś** sb)
przycisk *m* (*akcent*) stress, accent; (*dzwonka*) button; (*do papierów*) weight
przyciskać *vt* press
przycupnąć *vt* squat down
przyczaić się *vr* lie in ambush (**na kogoś** for sb)
przyczepić *vt* affix, attach; **~ się** *vr* cling, stick (**do kogoś, czegoś** to sb, sth)
przyczepa *f am.* caravan; trailer; (*motocykla*) side-car
przyczółek *m* abutment; *arch.* pediment; *wojsk.* **~ mostowy** bridgehead
przyczyn|a *f* cause, reason; **z tej ~y** for that reason
przyczynek *m* contribution
przyczynić się *vr* contribute (**do czegoś** to sth)
przyczynowość *f* causality
przyczynowy *adj* causal
przyćmiewać *vt* dim, darken
przyda|ć *vt* add; **~ć się** *vr* come in handy, be of some use; **na co się to ~?** what's the use of it?
przydatność *f* usefulness, utility
przydatny *adj* useful, to the purpose, handy
przydawka *f gram.* attribute
przydech *m* aspiration
przydeptać *vt* tread under foot
przydługi *adj* lengthy
przydomek *m* nickname, assumed name, by-name
przydrożny *adj* wayside *attr*
przydusić *vt* stifle, smother
przydymiony *adj* smoky
przydział *m* allotment; assignment, (*np. chleba*) ration, allowance
przydzielić *vt* allot, assign, ration
przyganiać *vt* blame (**komuś** sb), find fault (**komuś** with sb)
przygarnąć *vt* (*przytulić*) cuddle, snuggle; *przen.* (*dać schronienie*) shelter
przygasać *vi* go out; *przen.* become stifled, subside, abate
przyglądać się *vr* (*przypatrywać się*) look on, watch; look (**komuś, czemuś** at sb, sth), observe
przygłuszać *vt* (*przytłumiać*) stifle, muffle
przygnębiać *vt* depress, deject
przygnębienie *n* depression, low spirits *pl*, dejection
przygnębiony *adj* depressed, downcast; *praed* in low spirits
przygniatać *vt* press down; oppress; (*ciążyć*) weigh heavy (**coś** on, upon sth)
przygoda *f* adventure, accident
przygodny *adj* accidental, casual
przygotowanie *n* preparation, arrangement
przygotowawczy *adj* preparatory
przygotowywać *vt* prepare, get ready; **~ kogoś do egzaminu** prepare <coach> for the examination; **~ się** *vr* make ready, prepare (oneself); **~ się do egzaminu** prepare <study > for the

examination; **~ *się na najgorsze*** <***na niespodziankę***> prepare oneself for the worst <for a surprise>

przygrywać *vi vt* play the accompaniment (***komuś*** to sb); accompany (***komuś*** sb)

przygrywka *f* prelude, accompaniment; (*gra*) play

przyimek *m gram.* preposition

przyjaciel *m* friend

przyjacielski *adj* friendly

przyjaciółka *f* friend, girlfriend, lady-friend

przyjazd *m* arrival

przyjazny *adj* friendly

przyjaźnić się *vr* be on friendly terms

przyjaźń *f* friendship

przyjechać *zob.* ***przyjeżdżać***

przyjemnie *adv* agreeably; ***jest mi ~*** I am glad <pleased>; ***„~ mi Pana poznać"*** "(I am) pleased to meet you"; ***tu jest ~*** it is nice here

przyjemno|ść *f* pleasure; ***znajdować ~ść*** take pleasure (***w czymś*** in sth); ***zrób mi ~ść*** do me the pleasure; ***z*** (***wielką***) ***~ścią*** with (great) pleasure

przyjemny *adj* pleasant, agreeable

przyjezdny *adj* strange; *s m* stranger, (new) arrival

przyjeżdżać *vi* come (***do pewnego miejsca*** to some place), arrive (***do pewnego miejsca*** at <in> some place)

przyję|cie *n* reception; (*towarzyskie*) reception, party; (*np. do szkoły*) admission; (*do pracy*) engagement; (*daru, weksla*) acceptation; (*wniosku*) carrying; *pl* ***godziny ~ć*** reception-hours; office-hours; (*u lekarza*) consulting hours; ***możliwy do ~cia*** acceptable

przyjęty *adj* (*zwyczajem uznany*) received, customary

przyjmować *vt* receive; (*np. dar, weksel*) accept; (*np. do szkoły, towarzystwa*) admit; (*do pracy*) engage; ***~ wniosek*** carry a motion; ***~ się*** *vr* take root; be successful; prove a success; (*o roślinie, szczepionce*) take; (*o zwyczaju, modzie*) catch on

przyjście *n* arrival (***do pewnego miejsca*** at <in> some place)

przyjść *vi zob.* ***przychodzić***; ***~ na umówione spotkanie*** keep an appointment

przykazać *vt* order, command

przykazanie *n rel.* commandment

przyklaskiwać *vi* applaud (***komuś*** sb)

przykleić *vt* stick, glue

przyklęknąć *vi* kneel down, genuflect

przykład *m* example, instance; paragon; ***na ~*** for instance <example>; ***brać ~ z kogoś*** follow sb's example; ***dawać ~*** set an example; ***ilustrować ~em*** exemplify; ***iść za ~em*** follow an example

przykładać *vt* apply, put on; ***~ się*** *vr* apply oneself

przykładny *adj* exemplary

przykręcać *vt* screw on

przykro *adv*, ***~ mi*** I'm sorry; ***~ mi to mówić*** I regret to say this

przykrość *f* annoyance, pain, trouble; (*ciężka*) tribulation; ***zrobić komuś ~*** cause sb pain

przykry *adj* annoying, painful, disagreeable

przykrycie *n* cover

przykrywać *vt* cover

przykrywka *f* cover, lid

przykrzy|ć się *vr*, ***~ mi się*** I am bored

przykucnąć *vi* squat down

przykuwać *vt* chain, nail; (*np. uwagę*) fix, arrest; ***~ czyjąś uwagę*** fix <draw, absorb> one's attention

przylądek *m* cape, promontory

przylecieć *vi* come flying, arrive; *pot.* (*przybiec*) come running
przylegać *vi* cling, lie close; fit close; adhere; (*o pokoju, domu*) be contiguous
przyleganie *n fiz.* adhesion
przyległość *f* contiguity; (*majątku, terytorium*) dependency
przyległy *adj* contiguous, adjacent
przylepić *vt* stick, glue; **~ się** *vr* stick
przylepiec *m* (*plaster*) adhesive tape
przylgnąć *vi* stick, cling
przylot *m* arrival
przylutować *vt* solder
przyłączenie *n* annexation
przyłączyć *vt* annex, attach; **~ się** *vr* join (**do kogoś, do towarzystwa** sb, a company)
przyłbica *f hist.* visor
przymawiać *vi* taunt (**komuś** sb); **~ się** *vr* allude (**o coś** to sth)
przymiarka *f* (*u krawca*) fitting
przymierać *vi* (*głodem*) starve
przymierzać *vt* (*ubranie*) try on
przymierzalnia *f* fitting room
przymierze *n* alliance
przymiot *m* quality
przymiotnik *m gram.* adjective
przymocować *vt* fasten, fix
przymrozek *m* light frost
przymrużon|y *pp i adj*, **~e oczy** half-closed eyes
przymus *m* compulsion, constraint; obligation; **pod ~em** under compulsion
przymusow|y *adj* compulsory, obligatory; *lotn.* **~e lądowanie** forced landing
przynaglać *vt* urge, press
przynajmniej *adv* at least
przynależeć *vi* belong
przynależnoś|ć *f* appurtenance; (*członkowska*) membership; (*państwowa*) nationality; *pl* **~ci** belongings; (*o majątku ziemskim*) appendages
przynależny *adj* belonging, appurtenant
przynęta *f* bait; *przen.* lure, enticement
przynosić *vt* bring, fetch; (*dochód*) bring in; (*plon*) yield; (*stratę, szkodę*) cause
przypadać *vi* fall, come; (*o terminie płatności*) be due; **~ do gustu** suit one's taste
przypad|ek *m* event, accident, incident, chance, case; *gram.* case; **w ~ku** (*w razie*) in case (of)
przypadkiem *adv* by chance, accidentally; **spotkałem go ~** I happened to meet him
przypadkowo *adv* accidentally, by accident; **czy masz ~ tę książkę?** do you happen to have this book?; **natknąć się ~** chance (**na kogoś, coś** on <upon> sb, sth)
przypadkowy *adj* accidental, casual
przypadłość *f* ailment, indisposition
przypalić *vt* singe; **~ się** *vr* singe, become singed
przypatrywać się *vr* look on, watch; look (**czemuś** at sth), observe
przypędzić *vt* drive in; *vi* come hurrying
przypieczętować *vt* seal up
przypinać *vt* pin, fasten
przypisek *m* footnote; note, annotation; gloss
przypisywać *vt* assign, attribute, ascribe
przypłynąć *vi* come swimming <sailing, flowing>; arrive; **~ do brzegu** come to shore
przypływ *m* flow; **~ i odpływ** flow and ebb, tide
przypodobać się *vr* endear oneself
przypominać *vt* remind (**komuś coś** sb of sth); **~ sobie** recall, recollect, remember
przypomnienie *n* (*zwrócenie uwagi*) admonition; (*monit*) reminder; **~ sobie** recollection

przypowieść *f* parable
przyprawa *f* condiment, spice, seasoning
przyprawiać *vt* (*nadawać smak*) season; (*przymocować*) attach, fix; *~ **o utratę*** cause a loss
przyprowadzać *vt* bring; ***~ do porządku*** put in order
przypuszczać *vt* suppose, admit; ***~ szturm*** assault (***do fortecy*** a fortress)
przypuszczalnie *adv* supposedly, presumably
przypuszczalny *adj* supposed, presumable
przypuszczenie *n* supposition, admission
przyrod|a *f* nature; ***ochrona ~y*** preservation <conservation> of nature; ***dzika ~a*** wildlife
przyrodni *adj*, ***brat ~*** step-brother; ***siostra ~a*** step-sister
przyrodniczy *adj* natural
przyrodnik *m* naturalist
przyrodoznawstwo *n* natural science <history>
przyrodzony *adj* natural, innate
przyrost *m* increment; ***~ naturalny*** birth rate
przyrostek *m gram.* suffix
przyrząd *m* apparatus, instrument, tool, gadget, device
przyrządzać *vt* prepare, make ready
przyrzeczenie *n* promise
przyrzekać *vi* promise
przysadka *f anat.* ***~ mózgowa*** pituitary gland
przysiad *m sport* crouch, squat; sit-down
przysiadać *vt* sit down, crouch; ***~ się*** *vr* sit down close (***do kogoś*** to sb), join (***do kogoś*** sb)
przysięg|a *f* oath; ***złożyć ~ę*** take an oath; ***pod ~ą*** upon oath
przysięgać *vi* swear
przysięgły *adj* sworn; *s m* juryman; ***sąd ~ch*** jury
przysłaniać *vt* veil, shade
przysłowie *n* proverb
przysłowiowy *adj* proverbial
przysłówek *m gram.* adverb
przysłuchiwać się *vr* listen (***czemuś*** to sth)
przysług|a *f* service; ***wyświadczyć ~ę*** do <render> a service, do a favour; ***oddać ostatnią ~ę*** perform the last offices
przysług|iwać *vi* have a right, be entitled; ***~uje mi prawo*** I have a right, I am entitled
przysłużyć się *vr* render a good service
przysmak *m* dainty, delicacy
przysmażać *vt* fry
przysparza|ć *vt* augment, add to, increase; cause; ***to mi ~ kłopotu*** this adds to my trouble
przyspieszać *vt* accelerate, hasten, speed up
przyspieszenie *n astr. fiz.* acceleration
przysporzyć *zob.* ***przysparzać***
przysposabiać *vt* prepare, make fit <ready>; adept; *prawn.* adopt
przysposobienie *n* preparation; adaptation; *prawn.* adoption; ***~ wojskowe*** military training
przyst|ać *vi* join (***do kogoś, do partii*** sb, the party); ***~ać na służbę*** enter into service; ***to nie ~oi*** it is unbecoming; ***~ać na coś*** comply with sth; ***~ać na warunki*** accept conditions
przystanąć *vi* stop short, halt
przystanek *m* stop, halt; ***~ na żądanie*** request stop
przystań *f* harbour
przystawać *vi* adhere
przystawiać *vt* put close, place near
przystawka *f* side seat; (*zakąska*) appetizer, starter, hors d'oeuvre
przystępność *f* accessibility
przystępny *adj* accessible, easy of approach <access>; (*o cenie*) moderate
przystępować *vi* join (***do kogoś*** sb); come near; accede

P

(***do organizacji*** to organization)
przystojny *adj* good-looking, handsome; well-shaped
przystrajać *vt* adorn; decorate
przysuwać *vt* move <shove, push> nearer; ~ ***się*** *vr* draw <move> nearer
przyswajać *vt* assimilate; (*wiedzę, języki*) acquire; (*poglądy, metody*) adopt; (*przywłaszczać sobie*) appropriate
przysyłać *vt* send (in); *vi* send (***po kogoś, coś*** for sb, sth)
przysypywać *vt* (*np. ziemią*) cover; (*cukrem*) powder
przyszłoś|ć *f* the future; ***na ~ć*** (*ostrzegając*) in future; ***w ~ci*** in the future; ***oszczędzać na ~ć*** (*na dalsze lata*) save for the future
przyszły *adj* future; ~ ***tydzień*** *itp.* next week *etc.*
przyszywać *vt* sew on
przyśnić się *vr* appear in a dream
przyśpieszać *zob.* ***przyspieszać***
przyśrubować *vt* screw on
przytaczać *vt* (*cytować*) quote, cite; (*toczyć*) roll up
przytakiwać *vi* say yes (***komuś*** to sb); assent (***czemuś*** to sth)
przytępić *vt* blunt, dull
przytłaczać *vt* press down, overwhelm
przytłumiać *vt* damp, suppress
przytoczyć *zob.* ***przytaczać***
przytomnie *adv* with presence of mind, consciously
przytomność *f* consciousness; ~ ***umysłu*** presence of mind; ***stracić*** ~ lose consciousness; faint (away); ***odzyskać*** ~ regain consciousness; come round, come to (one's senses)
przytomny *adj* conscious
przytrafić się *vr* happen
przytrzymać *vt* detain, hold up; hold down; (*zatrzymywać*) keep back
przytulić *vt* snuggle, cuddle, hug (***do piersi*** to one's breast); ~ ***się*** *vr* cuddle, cling close; ~ ***się do siebie*** cuddle together
przytulny *adj* cosy, snug
przytułek *m* shelter, asylum; ~ ***dla ubogich*** almshouse; ***dawać*** ~ shelter (***komuś*** sb)
przytwierdzić *vt* fasten, fix
przytyk *m* allusion
przywiązanie *n* attachment
przywiązanie *vt* bind, tie (up), fasten; ~ ***się*** *vr* attach oneself, become attached (***do kogoś, czegoś*** to sb, sth)
przywidzenie *n* illusion, fancy
przywieźć *zob.* ***przywozić***
przywilej *m* privilege
przywitać *vt* welcome, greet
przywitanie *n* welcome, greeting
przywłaszczać *vt* (*sobie*) appropriate; (*władzę, tytuł itp.*) usurp
przywłaszczenie *n* appropriation
przywoływać *vt* call
przywozić *vt* bring; convey; import
przywódca *m* leader
przywóz *m* import, importation; (*dostawa*) delivery
przywracać *vt* restore
przywrócenie *n* restoration
przywyknąć *vi* get accustomed <used> (***do kogoś, czegoś*** to sb, sth)
przyznać *vt* (*np. nagrodę*) award; (*uznać rację*) admit; (*wyznaczyć*) assign; ***muszę ~, że ...*** I have to admit that ...; ~ ***się*** *vr* confess, avow (***do czegoś*** sth); *prawn.* ~ ***się do winy*** plead guilty
przyzwalać *vi* consent (***na coś*** to sth), concede (***na coś*** sth)
przyznanie *n* granting, awarding; ~ ***się do winy*** acknowledgement of guilt
przyzwoitość *f* decency
przyzwoity *adj* decent
przyzwolenie *n* consent (***na coś*** to sth)

P

przyzwyczajać *vt* accustom (**do czegoś** to sth); **~ się** *vr* become accustomed, get used (**do czegoś** to sth)
przyzwyczajeni|e *n* habit; **nabrać złego ~a** fall into a bad habit; **nabrać dobrego ~a** form a good habit; **siła ~a** force of habit
przyzwyczajony *pp i adj* accustomed, used (**do czegoś** to sth)
przyzywać *vt* call
psalm *m* psalm
pseudo- *praef* pseudo-
pseudonim *m* pseudonym; (*literacki*) pen-name
psi *adj* dog's, dog; *attr* **~e życie** dog's life
psiakrew *int* damn it!, dash it!
psiarnia *f* kennel; (*sfora*) pack of hounds
psikus *m* trick; **spłatać ~a** play a trick (**komuś** on sb)
psocić *vi* play pranks, skylark; play tricks
psota *f* mischief, prank, trick
psotnik *m* wag, jester
pstrąg *m zool.* trout
pstry *adj* motley; (*o koniu*) piebald
psuć *vt* spoil; (*pogarszać*) deteriorate, make worse, worsen; (*uszkadzać*) damage; **~ się** *vr* spoil, get spoilt; break down, go wrong
psychiatra *m* psychiatrist
psychiatria *f* psychiatry
psychiczny *adj* psychic(al)
psychika *f* psyche
psycholog *m* psychologist
psychologia *f* psychology
psychologiczny *adj* psychological
pszczelarz *m* bee-keeper
pszczelarstwo *n* bee-keeping
pszczoła *f zool.* bee
pszenica *f bot.* wheat
ptactwo *n* birds *pl;* (*wodne, dzikie*) fowl; (*domowe*) poultry
ptak *m* bird; *pot.* **niebieski ~** playboy; spiv; *pl* **~i przelotne** birds of passage
ptasi *adj* bird, bird's *attr*; **~e gniazdo** bird's nest; *przen.* **brak mu ~ego mleka** he lives in clover <in the lap of luxury>
publicysta *m* journalist
publicystyka *f* journalism
publicznie *adv* in public
publiczność *f* public; (*na sali*) audience
publiczny *adj* public
publikacja *f* publication
publikować *vt* publish
puch *m* (*ptasi*) down; (*meszek*) fluff
puchacz *m zool.* eagle-owl
puchar *m* beaker, bowl; *sport* **~ przechodni** challenge cup
puchlina *f* swelling; *med.* (*wodna*) dropsy
puchnąć *vi* swell
pucołowaty *adj* chubby
pucybut *m* bootblack
pucz *m* coup (d'état), putsch
pudełko *m* box
puder *m* powder
puderniczka *f* powder compact
pudło *n* box
pudrować *vt* powder
pukać *vi* knock, rap (**do drzwi** at the door)
pukanie *n* knock; tap
pukiel *m* curl, lock
pula *f* pool
pulchny *adj* plump; (*o cieście*) crumbly; (*o glebie*) friable
pulower *m* pullover
pulpit *m* desk, writing-desk; (*do nut*) music-stand, music-desk
puls *m* pulse; **mierzyć ~** feel the pulse
pulsować *vi* pulsate
pułap *m* ceiling
pułapka *f* trap; **~ na myszy** mouse-trap
pułk *m wojsk.* regiment
pułkownik *m wojsk.* colonel
pumeks *m* pumice (stone)
punkt *m* point; (*inwentarza, pro-*

gramu itp.) entry, item; ~ ***ciężkości*** centre of gravity; ~ ***oparcia*** point of support; ~ ***widzenia*** point of view; ~ ***wyjścia*** starting point; ~ ***zborny*** rallying point
punktualnie *adv* punctually, on time
punktualność *f* punctuality
punktualny *adj* punctual
pupil *m* favourite
purchawka *f* puff-ball
purpura *f* purple
purytanin *m* Puritan
pustelnia *f* hermitage
pustelnik *m* hermit
pustk|a *f* solitude, desert; vacancy; ***były ~i w teatrze*** the house was empty, there was a thin audience in the theatre; ***mieć ~ę w głowie*** be empty-headed; ***stać ~ami*** be abandoned <empty>
pustkowie *n* desert, wilderness
pustoszyć *vt* devastate, lay waste
pusty *adj* empty; hollow; deserted
pustynia *f* desert
pustynny *adj* desert; waste
puszcza *f* wilderness; primeval forest
puszczać *vt* let fall, let go; *vi* (*o farbie*) come off; (*o szwach*) come apart; (*o mrozie*) break; ~ ***coś płazem*** pass sth over; *med.* ~ ***krew*** bleed; ~ ***latawca*** fly a kite; ~ ***pieniądze*** squander one's <sb's> money; make ducks and drakes of one's money; ~ ***pąki*** bud; ~ ***w obieg*** circulate, put into circulation; (*w praniu*) fade; (*o farbie*) come off; ~ ***w ruch*** set going, set in motion; ~ ***wolno*** set free; ~ ***się*** *vr pot.* (*sypiać z wieloma osobami*) sleep around
puszek *m* down; (*do pudru*) powder-puff; (*meszek*) fluff
puszka *f* box; (*blaszana*) tin, *am.* can; ~ ***na pieniądze*** money-box
puszysty *adj* downy, fluffy
puścić *zob.* ***puszczać***
puzon *m muz.* trombone
pycha *f* pride, haughtiness
pykać *vt vi* (*z fajki*) puff
pył *m* dust
pyłek *m* mote; *bot.* pollen
pysk *m* muzzle, snout
pyskować *vt pot.* bark
pyszałek *m* conceited fellow
pyszałkowaty *adj* conceited, bloated
pysznić się *vr* pride oneself (***czymś*** on sth)
pyszny *adj* proud; (*wyborny*) excellent; (*smaczny*) delicious
pyta|ć *vt* ask (***o drogę*** one's way; ***o kogoś, coś*** about sb, sth; ***kogoś o zdrowie*** after sb's health); inquire (***o kogoś, coś*** after <for> sb, sth); (*wypytywać*) interrogate, question; (*egzaminować*) examine; ***kto ~ł się o mnie?*** who has asked for me?
pytanie *n* question; inquiry (***o kogoś*** after sb); (*stawianie pytań, badanie*) interrogation; ***trudne*** <***podchwytliwe***> ~ poser; ***zadać komuś ~*** ask sb a question, put a question to sb
pyzaty *adj* chubby

R

rabarbar *m bot.* rhubarb
rabat *m* discount; ***udzielać ~u*** give a discount
rabin *m* rabbi
rabować *vt* rob (***komuś coś*** sb of sth), plunder
rabunek *m* robbery, plunder
rabunkowy *adj* predatory; ***na-***

pad ~ hold-up
rachityczny *adj* rickety
rachub|a *f* calculation; (*rachunkowość*) accountancy, book-keeping; ***stracić ~ę czasu*** lose count of time
rachun|ek *m* reckoning; account; calculation; (*w sklepie, restauracji*) bill; *fin.* ***~ek bieżący*** current account; ***~ek bankowy*** banking account; ***~ek oszczędnościowy*** savings account; ***~ek inwestycyjny*** investment account; *mat.* ***~ek różniczkowy*** differential calculus; *pl* ***~ki*** (*lekcja*) arithmetic; (*gospodarskie*) house-keeping accounts; ***na własny ~ek*** on one's own account
rachunkowość *f* accountancy, book-keeping
racj|a *f* reason; (*żywnościowa*) ration; ***mieć ~ę*** be right; ***nie mieć ~i*** be wrong; ***~a stanu*** reason of state
racjonalista *m* rationalist
racjonalizacja *f* rationalization
racjonalizm *m* rationalism
racjonalizować *vt* rationalize
racjonalność *f* rationality, reasonableness
racjonalny *adj* rational, reasonable
raczej *adv* rather, sooner
raczek *m zool.* (small) crab, crayfish

raczkować *vi* crawl on all fours
raczyć *vi* deign, condescend; *vt* (*częstować*) treat (***kogoś czymś*** sb to sth); ***~ się*** *vr* treat oneself
rad 1. *adj* glad (***z czegoś*** of sth); pleased (***z czegoś*** with sth) ***~ bym wiedzieć*** I should like to know; ***~ nierad*** *pot.* willy-nilly
rad 2. *m chem.* radium
rad|a *f* (*porada*) advice, counsel; (*zespół*) council, board; ***~a powiernicza*** board of trustees; ***~a miejska*** city council; ***Rada Bezpieczeństwa*** Security Council; ***dać sobie ~ę*** manage (***z czymś*** sth); ***nie ma na to ~y*** it can't be helped; ***pójść za czyjąś ~ą*** follow <take> sb's advice; ***zasięgać czyjejś ~y*** ask sb's advice, consult sb; ***jaka na to ~a?*** what can be done about it?
radar *m* radar
radca *m* counsellor; (*prawny*) counsel, legal adviser
radio *n* radio; (*aparat*) radio(-set); ***przez ~*** on the radio, on the air; ***nadawać przez ~*** broadcast
radioaktywny *adj* radioactive
radiofonia *f* broadcasting
radiosłuchacz *m* listener, listener-in
radiostacja *f* broadcasting station
radiotelegrafista *m* radio operator
radioterapia *f* radiotherapy
radiowy *adj attr* radio; ***aparat ~*** wireless set; ***program ~*** radio programme
radny *m* city <town> councillor, alderman
radosny *adj* joyous, joyful, cheerful
radoś|ć *f* joy; ***nie posiadać się z ~ci*** be transported with joy; ***sprawić komuś ~ć*** give sb joy, make sb glad
radować *vt* gladden; ***~ się*** *vr* rejoice (***czymś*** at <in> sth)
radykalizm *m* radicalism
radykalny *adj* radical
radykał *m* radical
radzić *vt vi* advise (***komuś*** sb); (*obradować*) deliberate (***nad czymś*** on sth); ***~ się*** *vr* consult (***kogoś*** sb)
rafa *f* reef
rafineria *f* refinery; ***~ nafty*** oil distillery
raj *m* paradise
rajd *m* rally, raid, race
rajstopy *pl* tights; *am.* panty-hose
rak *m zool.* crab, crayfish; *med.*

geogr. cancer; (*znak zodiaku*) Cancer, Crab
rakiet|a 1. *f* missile; rocket; **~a kosmiczna** space rocket; **odpalenie ~y** lift-off, launching
rakieta 2. *f sport* racket
ram|a *f* frame; **~a okienna** sash, window-frame; **oprawiać w ~ę** frame; *przen.* **w ~ach czegoś** within the framework <limits> of sth
rami|ę *n* arm; (*bark*) shoulder; **wzruszać ~onami** shrug one's shoulders
rampa *f* ramp; (*towarowa*) platform; *teatr* footlights *pl*
rana *f* wound, cut, bruise
randka *f pot.* date; rendezvous; **~ w ciemno** *pot.* blind date
ranga *f* rank
ranić *vt* wound, hurt
ranny 1. *adj* wounded
ranny 2. (*poranny*) *attr* morning; **~ ptaszek** early riser
rano *adv* in the morning; **dziś ~** this morning; **wczoraj** <**jutro**> **~** yesterday <tomorrow> morning; **z rana** in the morning
raport *m* report; account; **stanąć do ~u** appear to account; **wezwać do ~u** call to account
raportować *vt* report
rapsodia *f* rhapsody
raptem *adv* all of a sudden, abruptly
raptowny *adj* abrupt, sudden
rasa *f* race; *zool.* breed
rasizm *m* racism
rasow|y *adj* racial; (*o zwierzętach czystej rasy*) thorough-bred; (*z rodowodem*) pedigree; **dyskryminacja ~a** colour bar, apartheid
rat|a *f* instalment, part payment; **na ~y** by instalments, in part payments; **sprzedaż** <**kupno**> **na ~y** hire-purchase
ratować *vt* save, rescue; **~ się** *vr* save oneself; **~ się ucieczką** take to flight
ratownictwo *n* rescuing; life-saving
ratowni|k *m* rescuer; (*wodny*) life-guard; **ekipa ~cza** rescue party
ratun|ek *m* rescue, salvation; **wołać o ~ek** call <cry> for help; **~ku!** help!
ratunkow|y *adj* saving, life-saving; **łódź ~a** life-boat; **pas ~y** life-belt; **kamizelka ~wa** life jacket
ratusz *m* town hall; *am.* city hall
ratyfikacja *f* ratification
ratyfikować *vt* ratify
raut *m* evening party
raz *s* (*cios*) blow; (*określając częstotliwość*) time; **jeden ~** once; **dwa ~y** twice; **trzy ~y** three times; **innym ~em** some other time; **jeszcze ~** once more; **na ~ie** for the time being; **od ~u** at once; **pewnego ~u** once upon a time; **po ~ pierwszy** for the first time; **~ na zawsze** once for all; **~ po ~** repeatedly, again and again; **tym ~em** this time; **w każdym ~ie** at any rate, in any case; **w najgorszym ~ie** if the worst comes to the worst, at worst; **w najlepszym ~ie** at best; **w przeciwnym ~ie** or else, otherwise; **w ~ie jego śmierci** in the event of his death; **w ~ie potrzeby** in case of need; **w takim ~ie** in such a case, so; **za każdym ~em** every time; *adv* once, at one time
razem *adv* together
razić *vt* strike; offend; shock; **~ oczy** dazzle; **~ strzałami** pelt with arrows; **rażony piorunem** thunderstruck; **rażony paraliżem** stricken with paralysis
razowy *adj*, **chleb ~** brown bread
raźny *adj* brisk
rażący *adj* striking, shocking; (*o świetle*) dazzling; (*o błędzie, postępku*) gross
rąbać *vt* hew; (*drzewo*) chop; (*rozłupywać*) split

R

rąbek *m* hem, border
rączka *f* (*uchwyt*) handle; (*steru*) tiller
rączy *adj* nimble, brisk
rdza *f* rust
rdzawy *adj* rusty
rdzenny *adj* original, true-born, native
rdzeń *m* pith, marrow; core; **~ *wyrazu*** *gram.* root; *anat.* **~ *pacierzowy*** spinal marrow
rdzewieć *vi* react (***na coś*** to sth)
reakcja *f* reaction
reakcjonista *m* reactionary
reakcyjny *adj* reactionary
reaktor *m fiz.* reactor
realia *s pl* realities *pl*
realista *m* realist
realistyczny *adj* realistic
realizm *m* realism
realizować *vt* realize, make real; (*czek, rachunek*) cash
realność *f* (*rzeczywistość*) reality
realny *adj* real
reasekuracja *f* reinsurance
reasumować *vt* recapitulate
rebus *m* rebus
recenzent *m* reviewer; critic
recenzja *f* review, critique
recenzować *vt* review
recepcja *f* reception; (*np. w hotelu*) reception desk <office>
recepcyjny *adj* receptive; ***pokój* ~** reception-room
recepta *f* prescription
recesja *f* recession
rechot *m* croaking
recital [-czi-, -c·i-] *m muz.* recital
recydywa *f* relapse
recydywista *m* recidivist
recytować *vt* recite
redagować *vt* (*szkicować*) draw up; (*gazetę, czasopismo*) edit
redakcja *f* (*czynność*) editing, composition; (*szkic*) draft; (*biuro*) editor's office; (*zespół*) editorial staff
redakcyjny *adj* editorial
redaktor *m* (*gazety, czasopisma*) editor; **~ *naczelny*** editor in chief

redukcja *f* reduction; (*zwolnienie z pracy*) discharge, dismissal; **~ *zarobków*** wage-cut
redukować *vt* reduce; (*zwolnić z pracy*) discharge; dismiss; (*wydatki, ceny itp.*) cut (down)
reduta *f wojsk.* redoubt
refektarz *m* refectory
referat *m* paper; report
referencja *f* reference
referent *m* reporter; clerk
referować *vt* report
refleks *m* reflex
refleksja *f* reflection
refleksyjny *adj* reflexive, reflective
reflektor *m mot.* headlight; searchlight
reforma *f* reform
reformacja *f* (*okres*) Reformation
reformować *vt* reform
refren *m* refrain
regał *m* book-shelf
regaty *s pl sport* boat-race, regatta
regencja *f* regency
regeneracja *f* regeneration
regenerować *vt* regenerate; **~ *się*** *vr* regenerate, become regenerated
regent *m* regent
regionalny *adj* regional
regres *m* regression, retrogression
regulacja *f* regulation
regulamin *m* regulations *pl*
regularność *f* regularity
regularny *adj* regular; ***prowadzić* ~ *tryb życia*** keep regular hours
regulator *m* regulator
regulować *vt* regulate; (*zegarek*) put right; (*ruch uliczny*) control; (*rachunek*) settle
reguł|a *f* rule; ***z* ~*y*** as a rule; **~*y gry*** the rules of the game
rehabilitacja *f* rehabilitation; vindication
reja *f mors.* yard
rejent *m* notary (public)

rejestr *m* register, record; ledger
rejestrac|ja *f* registration; *mot.* ***tablica ~yjna*** registration plate
rejestrować *vt* register, record; *wojsk.* enrol; **~ *się*** *vr* register
rejon *n* region; zone, precinct
rejs *m* cruise, voyage
rekapitulować *vt* recapitulate, sum up
rekin *m zool.* shark
reklama *f* publicity, advertising, advert; (*telewizyjna*, *radiowa*) commercial
reklamacj|a *f* claim, complaint; ***złożyć ~ę*** lodge a complaint
reklamować *vt* claim; (*ogłaszać*) advertise
rekolekcje *s pl* retreat
rekomendacja *f* recommendation
rekomendować *vt* recommend; (*o liście*) register
rekompensata *f* compensation, recompense
rekompensować *vt* compensate for
rekontrować *vi* (*w brydżu*) redouble
rekonwalescencja *f* recovery, convalescence
rekonwalescent *m* convalescent
rekord *m* record; ***pobić*** <***ustanowić***> **~** break a record; ***wyrównać* ~** equal a record
rekordzista *m* record-holder
rekreacja *f* recreation, pastime
rekrut *m wojsk.* recruit; ***pobór ~ów*** conscription
rekrutacja *f wojsk.* recruitment
rekrutować *vt wojsk.* recruit
rektor *m* rector; *bryt.* vice-chancellor, president
rektyfikacja *f* rectification
rektyfikować *vt* rectify
rekwirować *vt* requisition
rekwizycja *f* requisition
rekwizyt *m* requisite; *teatr pl* ***~y*** property *zbior.*, props
relacja *f* report, relation; (*stosunek*) relation; **~ *bezpośrednia*** live coverage
relaks *m* relaxation
relatywizm *m* relativism, relativity
relegować *vt* (*z uniwersytetu*) expel, *bryt.* rusticate
relief *m* relief
religia *f rel.* religion
religijność *f* religiosity
religijny *adj* religious
relikt *m* relic
relikwia *f* relic
remanent *m* remainder, remaining stock; ***sporządzanie ~u*** stock-taking; ***sporządzać* ~** take stock
reminiscencja *f* reminiscence
remis *m sport* tie; draw
remisow|y *adj*, ***gra ~a*** tie game
remiza *f* shed; *am.* barn
remont *m* renovation, repair; **~ *kapitalny*** overhaul repair, general overhaul
remontować *vt* renovate, repair
ren *m zool.* reindeer
renegat *m* renegade
renesans *m* revival, renascence, renaissance; (*okres*, *styl*) Renaissance
renifer *m* = ***ren***
renkloda *f bot.* greengage
renoma *f* renown
renomowany *adj* renowned
renons *m* (*w kartach*) void
renta *f* income, annuity; (*starcza*) old-age pension; (*inwalidzka*) disability payment
rentgen *m* X-ray apparatus; *pot.* (*prześwietlenie*) radiograph
rentgenologia *f* radiology
rentowny *adj* paying, profitable
reorganizacja *f* reorganization
reperacj|a *f* reparation; repair; ***muszę dać buty do ~y*** I must have my shoes repaired
reperować *vi* repair, mend
repertuar *m* repertoire, repertory
repetent *m* repeater

repetycja *f* repetition
replika *f* rejoinder, repartee; (*obrazu, rzeźby*) replica
replikować *vi* retort, rejoin
reportaż *m* reportage; coverage; newspaper report
reporter *m* reporter
represja *f* reprisal
reprezentacja *f* representation; **~ *narodowa*** national team
reprezentacyjny *adj* representative
reprezentant *m* representative
reprezentować *vt* represent
reprodukcja *f* reproduction
reprodukować *vt* reproduce
republika *f* republic
republikanin *m* republican
republikański *adj* republican
reputacja *f* reputation, repute
resor *m* spring, *mot.* shock absorber
resort *m* department, province; ***to nie należy do mojego ~u*** this is beyond my province
respekt *m* respect
respektować *vt* respect
restauracja *f* restaurant; (*odnowienie, przywrócenie*) restoration
restaurator *m* restaurant-keeper; (*konserwator*) restorer
restaurować *vt* restore, renovate, repair
restrykcja *f* restriction
restytucja *f* restitution
reszka *f* (*na monecie*) tails; ***orzeł czy ~?*** heads or tails?
reszt|a *f* rest, remainder; (*pieniędzy*) change; (*osad*) residue
reszt|ka *f* remnant; *pl* ***~ki*** relics, remains; (*jedzenia*) leftovers
retorta *f* retort
retoryczny *adj* rhetorical
retoryka *f* rhetoric
retusz *m* retouch
reumatyczny *adj* rheumatic
reumatyzm *m* rheumatism
rewanż *m* (*odwet*) revenge; (*odwzajemnienie*) reciprocation, requital; *sport* return match, revenge; ***dać komuś możliwość ~u*** give sb his revenge
rewanżować się *vr* requite, reciprocate
rewelacja *f* revelation, sensation
rewelacyjny *adj* sensational
rewers *m* receipt; (*biblioteczny*) book receipt, lending form
rewia *f wojsk.* march-past, review; *teatr* revue; **~ *mody*** fashion show
rewident *m* controller
rewidować *vt* revise; examine; (*obszukiwać*) search; (*w procesie sądowym*) revise
rewizja *f* revision; examination; (*obszukiwanie*) search; (*sądowa*) revision, retrial; **~ *osobista*** body search
rewizyta *f* return <reciprocated> visit
rewizytować *vt* return <repay> a visit
rewolucja *f* revolution
rewolucyjny *adj* revolutionary
rewolwer *m* revolver
rezeda *f bot.* reseda
rezerw|a *f* reserve; ***w ~ie*** in reserve
rezerwat *m* reserve, reservation; (*łowiecki, rybny*) preserve; (*dla Indian itp.*) reservation
rezerwista *m* reservist
rezerwować *vt* reserve; (*miejsce w pociągu, teatrze*) book
rezerwow|y *adj* reserve *attr*; (*zapasowy*) spare *attr*; ***części ~e*** spare parts
rezerwuar *m* reservoir
rezolucj|a *f* resolution; ***podjąć ~ę*** pass <carry> a resolution
rezolutny *adj* resolute, determined
rezonans *m* resonance
rezultat *m* result
rezurekcja *f* resurrection; *rel.* the Resurrection
rezydencja *f* residence
rezydent *m* resident
rezydować *vi* reside

rezygnacja *f* resignation
rezygnować *vi* resign (***z czegoś*** sth, ***na rzecz kogoś*** to sb); give up
reżim *m* regime
reżyser *m* stage-manager; (*filmowy*) director
reżyseria *f* stage-management; (*filmowa*) direction, directed by...
reżyserować *vt* stage-manage; (*film*) direct
ręcznie *adv* by hand; ***~ robiony*** handmade
ręcznik *m* towel
ręczn|y *adj* hand *attr*, manual; ***bagaż ~y*** hand <portable> luggage; ***robota ~a*** handiwork; ***wózek ~y*** hand-barrow
ręczyć *vt* guarantee, warrant
ręk|a *f* hand; ***dać komuś wolną ~ę*** give sb a free hand; ***iść komuś na ~ę*** play into sb's hands; ***to jest mi na ~ę*** this suits me; ***trzymać za ~ę*** hold by the hand; ***na własną ~ę*** on one's own (account); ***od ~i*** on the spot, offhand; ***pod ~ą*** at hand; ***pod ~ę*** arm in arm; ***~a w ~ę*** hand in hand; ***ręce precz od...!*** hands off...!
rękaw *m* sleeve
rękawica *f* glove; (*bokserska*) boxing-glove; *hist.* (*rycerska*) gauntlet
rękawiczka *f* glove; (*z jednym palcem*) mitten
rękodzielnik *m* handicraftsman
rękodzieło *n* handicraft
rękojeść *f* handle; (*u szabli*) hilt
rękojmia *f* guarantee, warranty
rękopis *m* manuscript
robactwo *n* vermin
robaczywy *adj* worm-eaten
robak *m* worm
rober *m* (*w kartach*) rubber
robi|ć *vt* make, do; ***~ć swoje*** do one's duty; mind one's business; ***~ć na drutach*** knit; ***mało sobie z tego ~ę*** I make little of it; ***to mi dobrze ~*** it does me good; ***~ć się*** *vr tylko impers*, ***~ się ciepło*** <***zimno, późno*** *itd.*> it is getting warm <cold, late *etc.*>
robocizna *f* workmanship; labour; (*zapłata*) wages *pl;* (*pańszczyźniana*) statute labour
robocz|y *adj* work, working *attr*; ***dzień ~y*** working day; ***siła ~a*** manpower; workforce; ***ubranie ~e*** working clothes; ***wół ~y*** draught-ox
robot *m* robot; ***~ kuchenny*** blender, mixer
robot|a *f* work, labour, job; ***~y polne*** field-labour; ***~y przymusowe*** forced labour; ***~y ziemne*** earth works; ***~y drogowe*** (*napis*) "Road up"; ***ciężkie ~y*** (*karne*) hard labour, penal servitude; ***nie mieć nic do ~y*** have nothing to do
robotniczy *adj* workman's, workman *attr*
robotnik *m* (*pracownik*) worker; (*pracownik fizyczny*) workman; (*wyrobnik*) labourer; (*wykwalifikowany*) skilled worker
robótki *s pl* needlework; fancywork
rocznica *f* anniversary
rocznie *adv* yearly, annually
rocznik *m* year-book; *wojsk.* class; *pl* ***~i*** (*naukowe, literackie*) annals
roczny *adj* yearly, annual
rodak *m* (fellow-)countryman, compatriot
rodowity *adj* true-born, native; ***~ Anglik*** Englishman by birth, true-born Englishman
rodowód *m* pedigree
rodow|y *adj* (*dziedziczny*) ancestral; clan *attr*; clannish; (*plemienny*) tribal; ***majątek ~y*** patrimony; ***szlachta ~a*** *hist.* hereditary nobility
rodzaj *m* kind, species, sort; *biol.* genus; *gram.* gender; ***~ ludzki*** mankind; ***coś w tym ~u*** something of the kind; ***najgorszego***

~u of the worst description; **wszelkiego ~u** of every description
rodzajnik *m gram.* article
rodzajowy *adj* generic
rodzeństwo *n* brother(s) and sister(s)
rodzice *s pl* parents; **~ przybrani** foster parents
rodzicielski *adj* parental; parents' *attr*
rodzić *vt* bear, give birth to...; **~ się** *vr* be born; generate, produce
rodzimy *adj* native
rodzina *f* family
rodzinn|y *adj* family *attr*; natal, native; **majątek ~y** family estate; **miasto ~e** native town; **dodatek ~y** family allowance
rodzynek *m* raisin
rogacz *m* stag; *przen. pot.* (*zdradzony mąż*) cuckold
rogatka *f* turnpike; toll-bar
rogatywka *f* four-cornered cap
rogowy *adj attr* (*z rogu*) horny
rogówka *f anat.* cornea
roi|ć *vi* dream; **~ć sobie** imagine, fancy; **~ć się od** *vr* be infested with; swarm, team; **coś mu się ~** he fancies sth, sth runs through his head
rojalista *m* royalist
rojny *adj* swarming, teaming
rok *s* (*pl* **lata**) year; **~ przestępny** leap-year; **~ szkolny** school-year; **co drugi ~** every second year; **za ~** in a year; **w przyszłym <w zeszłym> ~u** next <last> year; **przed laty** many years ago; **mam 18 lat** I am 18 years old
rokować *vi* (*pertraktować*) negotiate (**w sprawie traktatu, pożyczki** a treaty, a loan); (*zapowiadać*) augur; **~ nadzieje** bid fair, give fair promise; **można ~ nadzieje, że on będzie miał powodzenie** he bids fair to succeed
rokowani|e *n* prognosis; *pl* **~a** (*pertraktacje*) negotiations
rola 1. *f* (*pole*) arable land, field, soil
rol|a 2. *f* (*teatr i przen.*) part, role; **odgrywać kluczową ~ę** play a key role; **grać ~ę Hamleta** act the part of Hamlet
roleta *f* window-blind
rolka *f* (*szpulka*) reel; (*zwój*) roll; (*wałek*) roller
rolnictwo *n* agriculture
rolniczy *adj* agricultural
rolnik *m* farmer; agriculturist
roln|y *adj* agrarian; agricultural; land *attr*; **reforma ~a** agrarian reform; **bank ~y** land bank
romans *m* (*powieść*) romance
romansować *vi* flirt, carry a love-affair
romantyczność *f* romanticism
romantyczny *adj* romantic; (*przedstawiciel romantyzmu*) romanticist
romantyzm *m* romanticism; (*okres*) Romanticism
romański *adj* (*język*) Romance; (*styl*) Romanesque
romb *m mat.* rhomb(us)
rondel *m* stew-pan
rondo 1. *n* (*kapelusza*) brim; *muz.* rondo
rondo 2. *m* (*plac*) circus; roundabout
ronić *vt* (*np. łzy*) shed
ropa *f med.* pus; **~ naftowa** oil, rock-oil, petroleum
ropieć *vi* fester, suppurate
ropień *m med.* abscess
ropucha *f zool.* toad
rosa *f* dew
Rosjanin *m*, **Rosjanka** *f* Russian
rosły *adj* tall
rosnąć *vi* grow
rosół *m* bouillon, beef-soup, clear soup, consommé
rostbef *m* roast beef
rosyjski *adj* Russian
roszad|a *f* (*w szachach*) castling; **robić ~ę** to castle

R

roszczenie *n* claim (***o coś*** to sth, ***pod czyimś adresem*** on sb)
rościć *vt* (*np. prawo, pretensje*) claim (***do czegoś*** to sth), lay claim (***do czegoś*** to sth)
roślina *f bot.* plant; ~ ***pnąca*** creeper
roślinność *f* flora, vegetable, vegetal
rowek *m* (small) channel; *techn.* groove
rower *m* bicycle; *pot.* bike; (*składany*) folding bicycle
rowerzysta *m* cyclist
rozbawić *vt* amuse, exhilarate
rozbicie *n* disruption; (*wrogich sił*) defeat; ~ ***okrętu*** shipwreck
rozbić *vt* crash, smash, disrupt; (*wroga*) defeat; ~ ***się*** *vr* be crashed <smashed>; (*o statku*) be shipwrecked; (*o planie*) be frustrated <thwarted>
rozbierać *vt* undress; (*rozkładać*) decompose; (*dom*) pull down; (*kraj*) partition; (*rozczłonkowywać*) dismember; (*np. maszynę*) dismantle, dismount; (*np. zegarek*) take apart; ~ ***się*** *vr* undress, strip; (*zdejmować wierzchnie odzienie*) take off (*one's overcoat, hat etc.*)
rozbieżność *f* divergence
rozbieżny *adj* divergent
rozbijać *zob.* ***rozbić***
rozbiór *m* dismemberment; (*tekstu*) analysis; (*kraju*) partition
rozbiórka *f* (*domu*) pulling down; (*maszyny, itp.*) dismantlement, taking part; demolition
rozbitek *m* castaway, shipwrecked person; *przen.* (*życiowy*) wreck
rozbój *m* robbery, piracy
rozbójnik *m* robber, highwayman; (*morski*) pirate
rozbrajać *vt*, ~ ***się*** *vr* disarm
rozbrat *m* rupture, disunity; ***wziąć*** ~ break, fall out (***z kimś*** with sb); become divorced (***z rozumem*** from one's senses)
rozbrojenie *n* disarmament
rozbrzmiewać *vi* resound
rozbudowa *f* extension, enlargement
rozbudowywać *vt* extend, enlarge; (*np. praktykę, stosunki*) build up; ~ ***się*** *vr* extend
rozbudzić *vt* awaken, arouse
rozchmurzyć *vt* clear up; *przen.* (*rozweselić*) cheer one's thoughts
rozchodzić się *vr* (*o towarzystwie*) break up, part; (*o zgromadzeniu, grupie uczniów itp.*) disperse; *wojsk.* break ranks; (*rozłączyć się*) separate, get divorced, come apart; (*o wiadomościach itp.*) spread abroad; (*o towarze*) sell well
rozchód *m* expenditure(s), disbursement
rozchwiać *vt* shake, make loose; ~ ***się*** *vr* be shaken, become loose
rozchwytać *vt* snatch up; (*rozkupić*) buy up
rozchylać *vt*, ~ ***się*** *vr* open, draw apart; ~ ***usta*** part one's mouth
rozciągać *vt*, ~ ***się*** *vr* extend, stretch, expand
rozciągłoś|ć *f* expansion, extent; ***w całej ~ci*** at full length; to the full extent
rozciągły *adj* extensive
rozcieńczyć *vt* dilute
rozcierać *vt* grind (***na proch*** to powder); (*np. ciało*) rub
rozcinać *vt* cut up
rozczarować *vt* disillusion, disappoint; ~ ***się*** *vr* become disappointed
rozczarowanie *n* disillusionment, disappointment, disenchantment
rozczesać *vt* comb off
rozczłonkować *vt* dismember
rozczłonkowanie *n* dismemberment
rozczulać *vt* move (to pity), touch, affect; ~ ***się*** *vr* be moved, be touched; (*bawić się w senty-*

R

menty) sentimentalize (***nad kimś, czymś*** over sb, sth)
rozczyn *m* solution
rozdarcie *n* rent, tear; *przen.* (*wewnętrzne skłócenie*) disruption
rozdawać *vt* distribute; give out; (*karty*) deal
rozdmuchiwać *vt* (*nadymać*) blow up, inflate; (*podsycać płomień*) fan
rozdrabniać *vt* fritter
rozdrapywać *vt* scratch; (*rozranić*) lacerate
rozdrażniać *vt* irritate
rozdrażnienie *n* irritation
rozdroże *n* crossroad(s)
rozdwoić *vt* divide, split, disunite
rozdwojenie *n* division, disunion, split
rozdymać *vt* blow up, inflate; distend
rozdział *m* (*oddzielenie*) separation; (*podział*) division, (*rozdzielenie*) distribution; (*w książce*) chapter; (*we włosach*) parting
rozdzielać *vt* (*oddzielać*) separate, sever; (*podzielić*) divide; (*rozdawać*) distribute; (*wydzielać*) deal <share> out; (*nagrody*) give away <out>
rozdzielczość *f komp.* resolution
rozdzielcz|y *adj* distributive; ***punkt ~y*** distributing point; ***tablica ~a*** *elektr.* switchboard; (*w samochodzie*) dashboard
rozdziera|ć *vt* rend, tear up, split; (*otwierać np. list*) tear open; ***~jący serce*** heart-rending
rozdźwięk *m* dissonance, discord
rozebrać *zob.* ***rozbierać***
rozedma *f med.*, ***~ płuc*** emphysema
rozejm *m* armistice, truce
rozejść się *zob.* ***rozchodzić się***
rozerwać się *vr* (*zabawić się*) have a good time, divert oneself; (*pęknąć*) become <get> torn up; (*wybuchnąć*) burst
roześmiać się *vr* burst into laughter
rozeta *f* rosette
rozeznać *vt* discern; distinguish
rozgałęziacz *m elektr.* branch-joint, cluster
rozgałęziać się *vr* branch out, ramify, fork
rozgałęzienie *n* branching; ramification
rozgarniać *vt* pull apart, unroll, rake aside; (*ogień*) stir
rozgarnięty *adj* intelligent, clever
rozglądać się *vr* look round (***za kimś, czymś*** for sb, sth)
rozgłaszać *vt* blaze, divulge, spread abroad
rozgłos *m* publicity, renown; resonance; ***nabrać ~u*** become renowned
rozgłośnia *f* broadcasting station
rozgłośny *adj* resounding, renowned
rozgnieść *vt* crush
rozgniewać *vt* anger, make angry; ***~ się*** *vr* get angry (***na kogoś*** with sb, ***na coś*** at <about> sth)
rozgoryczenie *n* embitterment
rozgoryczyć *vt* embitter
rozgraniczenie *n* delimitation, demarcation
rozgraniczyć *vt* delimit, demarcate
rozgromić *vt* rout, defeat completely
rozgrywka *f* contest; *przen.* intrigue
rozgryźć *vt* bite through; *pot.* (*odgadnąć*) unriddle, puzzle out
rozgrzebywać *vt* dig up, rake up
rozgrzeszenie *n* absolution
rozgrzeszyć *vt* absolve
rozgrzewać *vt* warm up; ***~ się*** *vr* warm oneself, get warm, warm up
rozhukany *adj* unbridled, unruly
rozhuśtać *vt* set swinging, set in motion
roziskrzony *adj* sparkling

rozjaśnić *vt*, **~ się** *vr* clear up, brighten
rozjątrzyć *vt* irritate, exacerbate; chafe, rankle; **~ się** *vr* become irritated, get exacerbated; rankle; *med.* suppurate
rozjechać się *vr* (*o towarzystwie, zgromadzeniu itp.*) break up, part
rozjemca *m* arbiter; *sport* umpire
rozjuszyć *vt* enrage, infuriate
rozkapryszony *adj* capricious, whimsical
rozkaz *m* order, command; ***na ~*** by order; at sb's command
rozkazujący *adj* imperious, imperative; *gram.* ***tryb ~*** imperative mood
rozkazywać *vi* order, command
rozkiełznać *vt* unbridle
rozkleić *vt* unglue; (*rozlepić, np. afisze*) post up; **~ się** *vr* unglue, come unglued; *pot.* (*stać się nieodpornym*) weaken, be moved
rozkład *m* disposition; (*psucie się*) decay, disintegration; corruption; (*jazdy, godzin*) time-table; schedule; ***według ~u*** on schedule
rozkładać *vt* (*rozstawiać*) dispose, place apart; (*np. mapę*) spread open <out>; (*rozwijać*) unfold; (*np. na wystawie*) display, lay out; (*rozbierać na części*) decompose, take to pieces; **~ się** *vr* (*wyciągać się*) stretch out, spread; (*psuć się*) decay, decompose; (*rozpadać się*) disintegrate
rozkochać *vt* inspire with love; **~ się** *vr* fall in love (***w kimś*** with sb)
rozkojarzony *adj pot.* spaced out
rozkołysać *vt* set swinging
rozkopać *vt* dig up
rozkosz *f* delight
rozkoszny *adj* delightful
rozkręcać *vt* unwind, unscrew
rozkruszać *vt* crumble, crush
rozkrzewić *vt* propagate, multiply
rozkuć *vt* unchain, unbind
rozkulbaczyć *vt* unsaddle
rozkupić *vt* buy up
rozkwit *m* flowering, efflorescence, bloom; ***w pełni ~u*** in full bloom
rozkwitać *vi* blossom, flourish
rozkwitły *adj* full-blown
rozlegać się *vr* spread, extend; (*o głosie*) resound, ring
rozległy *adj* extensive, vast
rozleniwiać *vt* make lazy; **~ się** *vr* become lazy
rozlepiać *vt* (*np. afisze*) post up
rozlew *m* (*powódź*) flood; ***~ krwi*** bloodshed
rozlewać *vt* (*np. mleko na podłogę*) spill; (*wlewać do naczyń*) pour out; (*krew, łzy*) shed; **~ się** *vr* (*o rzece*) overflow; (*o płynie*) spill
rozliczać się *vr* settle accounts
rozliczenie *n* settling (of account), settlement; *handl.* clearing
rozliczny *adj* diverse, various; numerous
rozlokować *vt* accommodate, quarter; **~ się** *vr* put up (***w hotelu*** at a hotel), find accommodation
rozlosować *vt* dispose by lots (***coś*** of sth)
rozluźnić *vt* loosen, relax; **~ się** *vr* loosen, come loose
rozluźnienie *n* loosening, relaxation; (*obyczajów*) laxity
rozładować *vt* discharge, unload
rozłam *m* split, disruption, breach
rozłamać *vt* break asunder, disrupt, split; **~ się** *vr* be broken, go asunder
rozłazić się *vr* straggle, disperse; (*rozpadać się*) fall to pieces
rozłączać *vt* disjoin, disconnect; (*także techn.*) separate; (*np. telefon*) switch <cut> off; **~ się** *vr* become disconnected; separate; (*telefonicznie*) hang up; switch off
rozłączenie *n* separation; (*także techn.*) disconnection

rozłożyć *zob.* ***rozkładać***; **~ *się obozem*** encamp
rozłupać *vt* split, cleave; (*orzech*) crack
rozmach *m* impetus, swing
rozmaitoś|ć *f* variety; *pl* **~*ci*** miscellany *zbior.*
rozmaity *adj* various, diverse
rozmaryn *m bot.* rosemary
rozmawiać *vi* talk, chat, converse
rozmiar *m* (*wymiar*) size; (*zakres*) dimension, extent
rozmienić *vt* (*pieniądze*) change
rozmieszczać *vt* dispose, arrange; locate; (*rozlokować*) quarter, accommodate; (*wojsko*) deploy
rozmieszczenie *n* disposition, arrangement; location; (*zakwaterowanie*) quartering, accommodation
rozmiękczać *vt* soften, make soft, mollify
rozmiękczenie *n* softening, emollience; *med.* **~ *mózgu*** encephalomalacia
rozmięknąć *vi* soften, become soft
rozminąć się *vr* miss (***z kimś, czymś*** sb, sth) cross one another; **~ *się z celem*** go wide <fall short> of the mark; **~ *się z powołaniem*** miss one's calling; **~ *się z prawdą*** deviate from the truth
rozminować *vt* clear of mines
rozmnażać *vt*, **~ *się*** *vr* multiply, breed
rozmnażanie się *n* multiplication
rozmoczyć *vt* wet, soak
rozmoknąć *vi* become wet, soak
rozmow|a *f* conversation; (*telefoniczna*) call; ***prowadzić* ~*ę*** have <carry on> a conversation; **~ *telefoniczna na koszt rozmówcy odbierającego*** reverse charge <transfer> call; *am.* call collect; **~ *międzymiastowa*** long-distance call
rozmówca *m* interlocutor
rozmównica *f* (*także* **~ *telefoniczna***) telephone booth <box>
rozmysł *m*, ***z* ~*em*** deliberately
rozmyślać *vi* meditate, ruminate, reflect (***nad czymś*** on <upon> sth), ponder
rozmyślanie *n* meditation
rozmyślić się *vr* change one's mind
rozmyślnie *adj* deliberately
rozmyślny *adj* deliberate, premeditated
rozniecić *vt* (*rozpalić*) kindle; *przen.* (*wywołać żywe uczucie*) stir up, inflame
roznosiciel *m* carrier; **~ *gazet*** newspaper boy
roznosić *vt* carry; (*rozpowszechniać*) spread, distribute
rozochocić *vt* make merry; **~ *się*** *vr* become merry, cheer up
rozpacz *f* despair; ***doprowadzić do* ~*y*** drive to despair
rozpaczać *vi* despair
rozpaczliwy *adj* desperate
rozpad *m* decay, decomposition
rozpadać się *vr* fall to pieces, collapse, break down
rozpadlina *f* crevice, cleft
rozpakować *vt*, **~ *się*** *vr* unpack
rozpalać *vt* (*ogień*) light a fire; **~ *piec*** fire a stove; *przen.* (*wzmagać*) inflame; (*wyobraźnię*) fire; **~ *ognisko*** make a fire
rozpamiętywać *vt* meditate (***coś*** on sth)
rozpaplać *vt pot.* blab out
rozparcelować *vt* parcel out, break up
rozpasanie *n* profligacy, debauchery
rozpasany *adj* dissolute, profligate, debauched
rozpatrywać *vt* consider, examine
rozpęd *m* impetus, start
rozpędzić *vt* disperse; (*tłum*) scatter, break up; (*rozruszać*)

start, set in motion; **~ się** *vr* break into a run
rozpętać *vt* unchain, unfetter; *pot.* (*np. wojnę*) unleash
rozpiąć *zob.* **rozpinać**
rozpić się *vr* take to drink
rozpieczętować *vt* unseal
rozpierać *vt* distend, extend; **~ się** *vr* spread oneself
rozpierzchnąć się *vr* disperse
rozpieszczać *vt* pamper
rozpiętość *f* spread; (*mostu, łuku*) span; *przen.* (*zakres*) extent
rozpinać *vt* (*ubranie*) unbutton, undo; (*rozciągać*) stretch out; (*żagiel*) spread
rozplatać *vt* untwist, untwine
rozplątać *vt* disentangle
rozplenić *vt*, **~ się** *vr* multiply
rozpłakać się *vr* burst into tears
rozpłaszczyć *vt* flatten
rozpłatać *vt* split, cleave
rozpływać się *vr* melt away, vanish; (*o pieniądzach*) melt; *przen.* descant (**nad czymś** on <upon> sth)
rozpoczynać *zob.* **zaczynać**
rozpogodzić się *vr* clear up
rozporek *m* fly
rozporządzać *vi* dispose (**czymś** of sth); (*dawać rozporządzenie*) order, decree
rozporządzeni|e *n* disposal (**czymś** of sth); (*dekret*) order, decree; **do twego ~a** at your disposal
rozpościerać *vt*, **~ się** *vr* spread (out)
rozpowiadać *vt* talk abroad, divulge
rozpowszechniać *vt* disseminate, spread, diffuse, propagate; **~ się** *vr* spread
rozpowszechnienie *n* dissemination, spread
rozpowszechniony *adj* widespread, prevailing
rozpoznanie *n* discernment; *med.* diagnosis; *mil.* (*terenu*) reconnaissance
rozpoznawać *vt* recognize; discern; *med.* diagnose
rozpraszać *vt*, **~ się** *vr* disperse, dissipate
rozprawa *f* dissension, debate; (*np. naukowa*) treatise, dissertation, thesis (*pl* theses); *prawn.* (*sądowa*) trial; (*załatwienie sporu*) settlement
rozprawia|ć *vi* debate, discuss (**o czymś** sth); **~ć się** *vr* settle matters; **szybko ~ć się** make short work (**z czymś** of sth)
rozprężenie *n* (*odprężenie*) relaxation
rozpromienić *vt*, **~ się** *vr* brighten up
rozprostować się *vr* straighten
rozproszenie *n* dispersion, dissipation
rozproszyć *zob.* **rozpraszać**
rozprowadzać *vt* lead; (*smar, farbę*) lay on; (*rozcieńczać*) dilute; (*towar, bilety itp.*) distribute
rozpruwać *vt* unsew, unstitch; (*rozrywać*) rip open
rozprzedawać *vt* sell out
rozprzestrzeniać *vt* spread, extend; proliferate
rozprzestrzenianie *n* spread; proliferation
rozprzęgać *vt* unharness; *przen.* (*rozluźniać*) dissolve, relax
rozprzężenie *n* dissoluteness, relaxation; **~ obyczajów** laxity of morals
rozpusta *f* debauchery
rozpustnik *m*, **rozpustnica** *f* debauchee
rozpustny *adj* debauched
rozpuszczać *vt* (*płyn*) dissolve; (*odprawiać, zwalniać*) dismiss; (*wojsko*) disband, dismiss; (*puszczać wolno*) let go, dismiss; (*pogłoski*) spread; **~ się** *vr* dissolve, (*topnieć*) melt
rozpuszczalnik *m chem.* solvent
rozpuszczalny *adj* soluble
rozpychać się *vr* jostle
rozpylacz *m* pulverizer; sprayer

R

rozpylać *vt* pulverize, spray
rozrabiać *vt* (*farbę, pastę itp.*) mix, dilute; (*rozbełtywać*) stir up; *vi pot.* make trouble; intrigue
rozrachunek *m* reckoning; *handl.* clearing
rozrastać się *vr* grow large, develop
rozrąbać *vt* cut asunder, split
rozrodczy *adj* genital; generative, procreative
rozróżniać *vt* distinguish; (*wyodrębniać*) discern
rozruch *m* start, setting in motion; *pl* **~y** (*zamieszki*) uproar, riot(s)
rozruszać *vt* set in motion; start; (*ożywić*) stir up, rouse
rozrusznik *m mot.* starter
rozrywać *vt* tear; rend; (*np. związek*) disrupt; (*list itp.*) tear open; **~ się** *vr* have a good time, amuse
rozrywka *f* amusement, pastime
rozrzedzać *vt* rarefy; (*rozcieńczać*) dilute
rozrzewnić *vt* move, affect; **~ się** *vr* be moved, become affected
rozrzewnienie *n* emotion, touch of tenderness
rozrzucać *vt* scatter; (*pieniądze*) squander
rozrzutność *f* extravagance
rozrzutny *adj* extravagant
rozsada *f* seedlings *pl*
rozsadnik *m* seed-plot
rozsadzać *vt* plant apart; (*rozstawiać*) space; (*rozdzielać*) separate; seat separately; (*prochem*) blow up
rozsądek *m* sense; **zdrowy ~** common sense
rozsądny *adj* sensible, reasonable
rozsiewać *vt* sow; *przen.* (*rozpraszać*) disseminate
rozsławiać *vt* render famous
rozstaj *m, zw pl* **na ~ach dróg** at the parting of the roads
rozstajn|y *adj*, **~e drogi** crossroads
rozstanie *n* parting, separation
rozstawać się *vr* part company (**z kimś** from <with> sb, **z czymś** with sth)
rozstawiać *vt* place apart, space; (*np. nogi*) spread
rozstąpić się *vr* step asunder, get apart; part; (*o ziemi*) burst, open up
rozstęp *m* spread, space, gap
rozstroić *vt* put out of order, derange; (*nerwy*) shatter; (*instrument*) put out of tune
rozstrój *m* disharmony, discord; disorganization; (*umysłowy*) mental derangement; *med.* **~ nerwowy** nervous breakdown; depression; **~ żołądka** dyspepsia, upset stomach
rozstrzelać *vt* shoot dead, execute
rozstrzel|ić *vt* (*druk*) space out; **~one głosy** scattered votes
rozstrzygać *vt* decide (**coś** sth), determine (**o czymś** sth); **~ kwestię** decide the question; **~ o wyniku** determine the result
rozstrzygający *p praes adj* decisive
rozstrzygnięcie *n* decision
rozsuwać *vt* draw aside; (*zasłonę*) draw; (*stół*) pull out
rozsyłać *vt* send out, distribute
rozsypać *vt* scatter; **~ się** *vr* be scattered, disperse; (*rozpadać się*) crumble
rozszarpać *vt* tear to pieces
rozszczepiać *vr* split, cleave
rozszczepienie *n* split
rozszerzać *vt* widen, broaden; enlarge; (*szerzyć*) diffuse, spread; **~ się** *vr* widen, broaden; extend
rozszerzenie *n* extension, enlargement, widening, broadening
rozsznurować *vt* unlace
rozszyfrować *vt* decode
rozścielać *vt*, **~ się** *vr* spread
rozśmieszać *vt* make laugh
rozświecać *vt* light up
roztaczać *vt*, **~ się** *vr* spread, ex-

tend; ~ ***opiekę*** keep guard (***nad kimś, czymś*** over sb, sth)
roztapiać *vt* melt; (*metal*) smelt
roztargnienie *n* distractedness
roztargniony *adj* distracted, absent-minded
rozstawać się *vr* part company (***z kimś*** with sb)
rozterka *f* distraction; discord; uneasiness; perplexity
roztkliwiać *vt* move to pity; ~ ***się*** *vr* be moved to pity, sentimentalize (***nad kimś, czymś*** over sb, sth)
roztłuc *vt* smash
roztoczyć *zob.* ***roztaczać***; ~ ***opiekę nad kimś, czymś*** take sb, sth under one's protection
roztopić *zob.* ***roztapiać***
roztopy *s pl* thawing snow
roztratować *vt* trample under foot
roztrąbić *vt* blaze abroad, divulge
roztrącić *vt* push asunder
roztropność *f* prudence
roztropny *adj* prudent
roztrwonić *vt* squander away, waste
roztrzaskać *vt* smash
roztrzepanie *n* distractedness, absent-mindedness
roztrzepany *adj* distracted, scatter-brained
roztwór *m* solution; (*nalewka*) tincture
roztyć się *vr* grow fat
rozum *m* (*zdolność pojmowania*) understanding; (*władze umysłowe*) reason; (*umysł*) intellect; (*rozsądek, spryt*) wit; ***chłopski*** ~ common sense; ***to przechodzi ludzki*** ~ this is beyond human understanding; ***on ma*** ~ ***w głowie*** he has his wits about him
rozumie|ć *vt* understand; (*pojmować*) comprehend; ~***ć się*** *vr* understand (***nawzajem*** each other); (*znać się*) understand thoroughly (***na czymś*** sth); ***co przez to*** ~***sz?*** what do you mean by it?; ***to*** ~ ***się samo przez się*** it stands to reason
rozumny *adj* reasonable; sensible
rozumować *vi* reason
rozumowanie *n* reasoning
rozumowy *adj* rational
rozwadniać *vt* dilute
rozwag|a *f* prudence; (*rozważanie*) consideration; ***wziąć pod*** ~***ę*** take into consideration
rozwarty *adj* open; *mat.* (*o kącie*) obtuse
rozważać *vt* (*rozpatrywać*) consider; (*zastanawiać się*) reflect (***coś*** on <upon> sth); (*ważyć częściami*) weigh out
rozważny *adj* prudent
rozwiać *zob.* ***rozwiewać***
rozwiązalny *adj* (*o zagadce, zagadnieniu*) solvable; (*o umowie, stowarzyszeniu itp.*) dissoluble
rozwiązanie *n* (*zagadki*) solution; (*zebrania, małżeństwa, umowy itp.*) dissolution; cancellation; (*przedsiębiorstwa*) winding up; *med.* (*poród*) delivery
rozwiązłość *f* dissoluteness
rozwiązły *adj* dissolute
rozwiązywać *vt* untie, undo; (*zagadki, problemy*) solve; (*stowarzyszenie, małżeństwo, umowę*) dissolve; (*zgromadzenie*) dismiss, dissolve; (*przedsiębiorstwo*) wind up
rozwidniać się *vr* dawn
rozwiedziony *adj* divorced
rozwieszać *vt* hand about
rozwiewać *vt* blow about <off>, scatter; *przen.* (*obawy, wątpliwości*) dispel; ~ ***się*** *vr* be blown away; *przen.* vanish; (*przemijać*) blow over
rozwijać *vt* (*np. paczkę*) unwrap; (*np. gazetę*) unfold; (*np. zwój sukna, papieru*) unroll; (*skrzydła, żagiel*) spread; (*np. umysł, nowy gatunek roślin*) develop; (*np. działalność*) display; ~ ***się*** *vr* de-

velop; unroll; (*o pączkach, krajobrazie*) unfold
rozwikłać *vt* disentangle; solve
rozwlekły *adj* prolix, lengthy; diffuse
rozwodnić *zob.* ***rozwadniać***
rozwodnik *m* divorcee
rozwodzić *vt* divorce; ***~ się*** *vr* divorce (***z kimś*** sb); enlarge, dilate (***nad czymś*** on sth)
rozwojowy *adj* evolutionary; developmental
rozwolnienie *n pot.* diarrh(o)ea
rozwozić *vt* convey, distribute
rozwód *m* divorce; ***wziąć ~*** divorce (***z kimś*** sb)
rozwój *m* development, evolution, progress
rozwydrzony *adj* unbridled, wild
rozzłościć *vt* make angry, irritate; ***~ się*** *vr* become angry
rozżalenie *n* resentment; regretfulness
rozżalony *adj* resentful; regretful
rozżarzyć *vt* make red-hot; ***~ się*** *vr* become red-hot
rożen *m* roasting-spit
ród *m* (*pochodzenie*) origin, stock; (*rasa*) race; (*szczep*) tribe, (*w Szkocji*) clan; ***~ ludzki*** mankind; ***rodem z Warszawy*** a native of Warsaw; ***rodem z Polski*** Pole <Polish> by birth
róg *m* horn; (*myśliwski*) bugle; (*zbieg ulic, kąt*) corner; ***rogi jelenie*** antlers; ***~ obfitości*** horn of plenty; ***na rogu*** at the corner; *przen.* ***przytrzeć komuś rogów*** take sb down a peg or two; ***zapędzić kogoś w kozi ~*** drive sb into a corner
rój *m* swarm
rów *m* ditch; *wojsk.* ***~ łączący*** communication-trench; ***~ strzelecki*** entrenchment, trench
rówieśnik *m adj* lit. coeval; contemporary; ***on jest moim ~iem*** he is of my age
równać *vt* (*wyrównywać*) even, make even; level; (*porównywać*) compare; *vi wojsk.* dress; ***~ się*** *vr* be equal (***komuś, czemuś*** to sb, sth)
równanie *n mat.* equation; ***~ pierwszego*** <***drugiego***> ***stopnia*** linear <quadratic> equation; (*zrównanie*) equalization
równi|a *f* plane(s), level surface; ***~a pochyła*** *fiz.* inclined plane; ***na ~ z kimś, czymś*** on a level with sb, sth; on the same level as sb, sth
równie *adv* equally
również *adv* also, too, as well; ***jak ~*** as well as
równik *m geogr.* equator
równina *f* plain
równo *adv* even
równoboczny *adj* equilateral
równoczesny *adj* simultaneous; (*współczesny*) contemporary
równoległy *adj* parallel
równoleżnik *m geogr.* parallel
równomierny *adj* equal, uniform
równoramienny *adj*, *mat.* ***trójkąt ~*** isosceles
równorzędny *adj* of equal rank, equivalent
równość *f* equality; (*gładkość*) evenness
równouprawnienie *n* equality of rights
równouprawniony *adj* having the same rights
równowag|a *f* equilibrium, balance; ***odzyskać ~ę*** recover one's balance, ***stracić ~ę*** lose one's balance, be off one's balance; ***utrzymać ~ę*** be in equilibrium, keep one's balance; ***wyprowadzić z ~i*** throw out of balance, unbalance
równowartościowy *adj* of equal value
równowartość *f* (*rzecz konkretna*) equivalent, *sth* of equal value
równoważnik *m* equipoise, equivalent
równoważny *adj* equivalent

równoważyć *vt* balance; compensate
równoznaczny *adj* synonymous with; tantamount (to)
równ|y *adj* (*gładki, płaski, prosty*) even, flat, level; (*taki sam, jednakowy*) equal; *gram.* ***stopień ~y*** positive degree; ***~y krok*** steady pace; ***nie mający ~ego sobie*** unparalleled; ***żyć jak ~y z ~ym*** live as equals; ***przestawać z ~ymi sobie*** mix with one's equals
rózga *f* rod
róża *f bot.* rose; (*polna*) sweet briar; *med.* erysipelas
różaniec *m* rosary
różdżka *f* wand; ***~ czarodziejska*** magician's <magic> wand
różnica *f* difference; ***~ zdań*** diversity of opinions
różnicować *vt* differentiate
różniczka *f mat.* differential
różniczkować *vt mat.* differentiate
różni|ć się *vr* differ (***od kogoś, czegoś*** from sb, sth; ***pod względem czegoś*** in sth)
różnobarwny *adj* many-coloured
różnojęzyczny *adj* many-tongued
różnoraki *adj* manifold, diverse
różnorodność *f* heterogeneity; variety
różnorodny *adj* heterogeneous; various
różn|y *adj* (*odmienny*) different (***od czegoś*** from sth); (*różniący się, przeciwstawny*) distinct (***od czegoś*** from sth); (*rozmaity*) various; sundry; ***~e drobiazgi*** sundries
różowy *adj* pink, rosy
rtęć *f chem.* mercury, quicksilver
rubaszność *f* coarseness
rubaszny *adj* coarse
rubin *m* ruby
rubryka *f* rubric; (*szpalta*) column; (*wolne miejsce w formularzu*) blank
ruch *m* movement, motion; (*posunięcie, np. w szachach*) move; (*krzątanie się*) bustle; (*chód, np. maszyny*) motion; ***~ jednokierunkowy*** one-way road; ***~ oporu*** resistance movement; ***~ uliczny*** traffic; ***~ pasażerski*** passenger-traffic; ***~ towarowy*** goods-traffic; ***~ lotniczy*** air traffic; ***~ pieszy*** pedestrian traffic; ***zablokować ~ uliczny*** jam the traffic; ***puszczać w ~*** put in motion, start; ***w ~u*** on the move, on the go
ruchliwość *f* mobility
ruchliw|y *adj* mobile, active; ***~a ulica*** busy street; ***~e życie*** busy life
ruchomości *s pl* movables, personalty, personal property
ruchom|y *adj* movable; ***~e schody*** escalator
ruda *f* ore
rudera *f* hovel, dilapidated house
rudy *adj* brownish-red, rusty; (*rudowłosy*) red-haired
rufa *f mors.* stern
rugować *vt* (*ze służby*) dismiss; (*z miejsca*) eject
ruin|a *f* ruin; ***doprowadzić do ~y*** bring to ruin
ruletka *f* roulette
rulon *m* roll
rum *m* rum
rumak *m lit.* steed
rumianek *m* camomile
rumiany *adj* ruddy, rosy
rumienić się *vr* become ruddy; (*na twarzy*) blush
rumieniec *m* blush, high colour
rumor *m* noise
rumowisko *n* debris
rumsztyk *m* rump-stake
Rumun *m*, ***Rumunka*** *f* Rumanian
rumuński *adj* Rumanian
runąć *vi* collapse, tumble down
runda *f* round
runo *n* fleece
rupiecie *s pl* lumber *zbior.*, trash

ruptura *f med.* (*przepuklina*) hernia
rura *f* pipe, tube; ~ ***wydechowa*** exhaust pipe
rurka *f* tube, pipe
rurociąg *m* pipe-line
rusałka *f* naiad
rusycysta *m* student <professor> of Russian studies
ruszać *vt vi* move, stir; (*dotykać*) touch; (*w drogę*) set off, start (***dokądś*** for a place); ~ ***się*** *vr* move, stir; (*być czynnym*) be busy, *pot.* be up and doing
ruszenie *n*, ***pospolite*** ~ *hist.* general levy
ruszt *m* grill, (fire-)grate
rusztowanie *n* scaffolding
rutyna *f* routine
rwać *vt* tear; (*owoce, kwiaty*) pluck, pick; (*zęby*) pull, extract; *vi* (*o bólu*) shoot; ~ ***się*** *vr* (*np. o ubraniu*) tear; (*mocno chcieć*) be eager (***do czegoś*** for <after> sth, to do sth); *pot.* be keen (***do czegoś*** on sth)
rwący *adj* (*o rzece*) rapid; (*o bólu*) stabbing, shooting
rwetes *m* bustle
ryb|a *f* fish; ***łowić ~y*** fish; catch fish, (*na wędkę*) angle; ***iść na ~y*** go fishing; *przen.* ***gruba ~a*** big shot; ***zdrów jak ~a*** as fit as a fiddle; ***Ryby*** (*znak zodiaku*) Pisces
rybak *m* fisher, fisherman, (*wędkarz*) angler
rybołówstwo *n* fishing, fishery
rycerski *adj* chivalrous
rycerskość *f* chivalry
rycerstwo *n* chivalry; knighthood
rycerz *m* knight; ***błędny*** ~ knight-errant
rychło *adv* soon
rychły *adj* early, speedy
rycina *f* illustration, picture; (*sztych*) print
rycyna *f* (*olej*) castor-oil
ryczałt *m* lump sum; ***~em*** in the lump
ryczeć *vi* roar; (*o krowie*) low; (*o ośle*) bray
ryć *vt vi* (*kopać*) dig, (*rylcem*) engrave; (*w drzewie*) carve
rydwan *m poet.* chariot
rydz *m bot.* milk-cap
rygiel *m* bolt
rygor *m* rigour
rygorystyczny *adj* rigorous
ryj *m* snout
ryk *m* roar; (*krowy*) low; (*osła*) bray
rylec *m* chisel
rym *m* rhyme
rymarz *m* saddler
rymować *vt* rhyme
rynek *m* market, market-place; ***czarny*** ~ black market
rynna *f* rain-pipe, gutter-pipe
rynsztok *m* gutter, sewer
rynsztunek *m* equipment, armour
ryps *m* rep(p)
rys *m* (*twarzy*) feature; (*charakteru*) train
rysa *f* flaw, crack
rysopis *m* description
rysować *vt* draw; (*szkicować*) sketch; (*planować*) design; ~ ***się*** *vr* (*na tle*) loom, appear; (*pękać np. o ścianie*) crack
rysownica *f* drawing-board
rysownik *m* draughtsman; (*kreślarz*) sketcher, designer
rysun|ek *m* drawing, (*szkic*) sketch; (*plan*) design; ***lekcja ~ków*** drawing-lesson
rysunkowy *adj*, ***film*** ~ cartoon-film; ***papier*** ~ drawing-paper
ryś *m zool.* lynx
rytm *m* rhythm
rytmiczny *adj* rhythmic
rytownictwo *n* engraving
rytownik *m* engraver
rytuał *m* ritual
rywal *m* rival
rywalizacja *f* rivalry
rywalizować *vt* rival (***z kimś*** sb), compete (***z kimś*** with sb)
ryza *f* (*papieru*) ream; ***trzymać***

kogoś w ~ch keep a tight hand on sb

ryzyko *n* risk; ***narażać się na ~*** run a <the> risk

ryzykować *vt* risk, hazard; venture

ryzykowny *adj* risky

ryż *m bot.* rice

ryży *adj* red, red-haired

rzadki *adj* rare; (*nieliczny*) scarce; (*o włosach*) thin; (*o zupie*) clear; (*o tkaninie*) loose

rzadko *adv* seldom, rarely

rzadkość *f* rarity; (*niewystarczająca ilość*) scarcity

rząd 1. *m* row, rank, file; *biol.* order; ***drugi z rzędu*** next, successive; ***8 godzin z rzędu*** 8 hours at a stretch; ***rzędem*** in a row <line>; ***ustawić się rzędem*** line up; ***w pierwszym rzędzie*** in the first place, first of all

rząd 2. *m* government; *am.* administration

rządca *m* governor, manager

rządowy *adj* government *attr*, state *attr*; governmental

rządzić *vi* govern; manage (***czymś*** sth); rule (***czymś*** over sth)

rzecz *f* thing; (*sprawa*) matter; ***do ~y*** to the point; ***przystąpić do ~y*** come to the point; ***na jego ~*** on his behalf; ***to nie twoja ~*** it is no business of yours; ***w samej ~y*** in point of fact; ***~ jasna*** matter of course; ***mówić od ~y*** talk nonsense; ***to nie ma nic do ~y*** it is beside the question, it is off the point

rzecznik *m* representative; (*orędownik*) advocate; (*prasowy*) spokesperson, spokesman; ***~ praw obywatelskich*** ombudsman

rzeczownik *m gram.* noun, substantive

rzeczowo *adv* to the point, matter-of-factly, positively

rzeczowy *adj* matter-of-fact, real, positive, essential; ***człowiek ~*** matter-of-fact man; ***dowód ~*** material proof; ***materiał ~*** evidence

rzeczoznawca *m* expert

Rzeczpospolita *f*, ***~ Polska*** Republic of Poland

rzeczywistość *f* reality

rzeczywisty *adj* real, actual

rzednąć *vt* become rare; (*o włosach, mgle*) thin; *vi* become thin

rzeka *f* river

rzekomo *adv* allegedly; ***on ~ ma talent*** he is supposed to have a talent

rzekomy *adj* alleged, supposed, pretended, sham; (*niedoszły*) would-be; ***~ bohater*** would be hero; ***~ lekarz*** sham doctor

rzemień *m* strap

rzemieślnik *m* artisan, craftsman

rzemiosło *n* craft, trade

rzemyk *m* strap

rzepa *f bot.* turnip

rzepak *m bot.* rape

rzesza *f* crowd

rześki *adj* brisk; lively, hale

rzetelność *f* honesty, integrity

rzetelny *adj* honest, fair

rzewny *adj* plaintive

rzeź *f* slaughter, massacre

rzeźba *f* (*sztuka*) sculpture; (*dzieło*) piece of sculpture; ***~ terenu*** relief

rzeźbiarstwo *n* (art of) sculpture

rzeźbiarz *m* sculptor

rzeźbić *vt* carve, sculpture

rzeźnia *f* slaughter-house

rzeźnik *m* butcher

rzępolić *vi pot.* fiddle

rzęsa *f* eye-lash

rzęsist|y *adj* abundant, copious, profuse; ***~e łzy*** flood of tears; ***~e oklaski*** thunder of applause; ***~y deszcz*** heavy rain

rzęzić *vi* rattle

rzodkiewka *f bot.* radish

rzucać *vt* throw, cast; (*opuszczać*)

leave; (*poniechać*) give up; ***~ okiem*** have a glance (***na coś*** at sth); ***~ rękawicę*** challenge (***komuś*** sb); ***~ myśl*** make a suggestion; ***~ się*** *vr* rush (***na kogoś, coś*** at sb, sth); fling oneself; (*nerwowo*) toss; (*w wodę*) plunge
rzut *m* throw, cast; (*plan*) projection; ***na pierwszy ~ oka*** at first glance; *sport* ***~ karny*** penalty kick <throw>
rzutki 1. *adj* brisk, lively, enterprising
rzutki 2. *pl* (*gra*) darts
rzutkość *f* briskness, activity
rzutnik *m* (slide) projector
rzutować *vt vi* project
rzymianin *m* Roman
rzymski *adj* Roman
rzymskokatolicki *adj rel.* Roman Catholic
rżnąć *vt* cut, carve; (*zabijać*) slaughter
rżeć *vi* neigh
rżenie *n* neigh
rżysko *n* stubble-field

S

sabotaż *m* sabotage, subversion
sabotażysta *m* saboteur
sabotować *vt* sabotage
sacharyna *f* saccharine
sad *m* orchard
sadło *n* grease, fat, suet
sadownictwo *n* fruit-growing, pomiculture
sadyba *f* abode, habitation, dwelling-place
sadysta *m* sadist
sadyzm *m* sadism
sadza *f* soot
sadzać *vt* seat, place
sadzawka *f* pool
sadzić *vt* plant, set
sadzonka *f* seedling
safian *m* morocco
sak *m* sack; (*sieć*) drag-net
sakrament *m rel.* sacrament
saksofon *m muz.* saxophone
sala *f* hall, room; auditorium; ***~ operacyjna*** operating theatre; ***~ gimnastyczna*** gymnasium; *pot.* gym
salaterka *f* salad-plate, dish
saldo *n* balance
saletra *f chem.* saltpetre
salina *f górn.* salt-mine
salmiak *m chem.* ammonium chloride
salon *m bryt.* drawing-room; living-room; ***~ kosmetyczny*** beauty parlour; ***~ wystawowy*** showroom
salonka *f bryt.* saloon-carriage; *am.* parlour-car
salutować *vi* salute
salwa *f* volley
sałata *f bot.* lettuce; (*surówka*) salad
sam *adj* alone; -self (myself, yourself *itd.*); same; very; ***~ jeden*** all alone; ***~ na ~*** all alone with *sb*; ***~ jeden*** all by oneself; ***na ~ym końcu*** at the very end; ***już na ~ą myśl*** at the very thought; ***rozumie się ~o przez się*** it is a matter of course; ***tak ~o*** likewise, as well; ***ten ~*** the same; ***w ~ą porę*** (just) in time; ***w ~ środek*** right in the middle; ***on ~ to powiedział*** he said it himself
samica *f* female
samiec *m* male
samobójca *m* suicide
samobójczy *adj* suicidal
samobójstwo *n* suicide; ***popełnić ~*** commit suicide

samochód *m* car, motor-car; ~ ***ciężarowy*** motor-lorry, van, truck; ~ ***turystyczny*** touring-car; ~ ***dwuosobowy otwarty*** roadster; ~ ***wyścigowy*** racing car; ~ ***kombi*** estate car; *am.* station wagon; ***prowadzić ~ na zmianę*** *am.* take spells at the wheel
samochwalstwo *n* boastfulness
samochwał *m* braggart
samodział *m* homespun
samodzielność *f* independence, self-reliance
samodzielny *adj* independent, self-reliant
samogłoska *f gram.* vowel
samogon *f* moonshine, home-brew
samoistny *adj* self-existent, independent
samokrytyka *f* self-criticism
samokształcenie *n* self-instruction, self-education
samolot *m* (aero)plane, airplane; ~ ***myśliwski*** fighter; ~ ***bombowy*** bomber; ***porwać ~*** hijack a plane
samolub *m* egoist
samolubstwo *n* egoism, selfishness
samoobrona *f* self-defence
samoobsługowy *adj* (*o barze, o sklepie, o stacji benzynowej*) self-service *attr*
samopas *adv* all by oneself, loosely, at large
samopoczucie *n* feeling; ***dobre ~*** (feeling of) comfort; ***złe ~*** (feeling of) discomfort
samopomoc *f* self-help
samoprzylepny *adj* (self-)adhesive
samorodek *m* (*złota*) nugget
samorodny *adj* autogenous; original, spontaneous
samorząd *m* autonomy, self-government; ~ ***gminny*** <***miejski*** *itp.*> local government
samostanowienie *n polit.* self-determination; self-rule
samotnik *m* recluse, solitary
samotność *f* solitude, loneliness
samotny *adj* lonely, lone; *praed* alone; solitary
samouctwo *n* self-education, self-instruction
samouczek *m* handbook for self-instruction; ~ ***języka angielskiego*** English self-taught
samouk *m* self-taught person
samowładca *m* autocrat
samowładztwo *n* autocracy
samowola *f* lawlessness
samowolny *adj* lawless; arbitrary
samowystarczalność *f* self-sufficiency
samowystarczalny *adj* self-sufficient
samozachowawczy *adj*, ***instynkt ~*** instinct of self-preservation
samozapalenie się *n* spontaneous combustion
samozwaniec *m* usurper, false pretender, impostor
samozwańczy *adj* self-styled, false
sanatorium *n* sanatorium
sandał *m* sandal
sanie *s pl* sleigh, sledge
sanitariusz *m* nurse, hospital attendant <orderly>; *wojsk.* stretcher-bearer
sanitariuszka *f* nurse
sanitarny *adj* sanitary; ***wóz ~*** ambulance; ***punkt ~*** first-aid station
sankcja *f* sanction
sankcjonować *vt* sanction
sanki *s pl* sledge, sled, toboggan
sanskryt *m* Sanskrit
sapać *vt* pant, gasp
saper *m wojsk.* sapper
sardynka *f zool.* sardine
sarkać *vi pot.* grumble (***na coś*** at sth)
sarkastyczny *adj* sarcastic
sarkazm *m* sarcasm
sarkofag *m* sarcophagus

sarna *f zool.* deer; roe, (*samiec*) buck; (*samica*) doe
sarni *adj*, **~a pieczeń** roast venison; **~a skóra** buckskin, doeskin
Sas *m* Saxon
saski *adj* Saxon
satelita *m* satellite; **~ telekomunikacyjny** communications satellite
satrapa *m przen.* tyrant
satyna *f* satin
satyra *f* satire
satyryczny *adj* satirical
satyryk *m* satirist
satysfakcja *f* satisfaction
sączek *m chem.* filter
sączyć *vt*, **~ się** *vr* trickle, drip
sąd *m* judgement; (*ocena*) opinion; (*instytucja*) *prawn.* court, law court; **~ dla nieletnich** juvenile court; **~ przysięgłych** jury; **~ wojenny** court-martial; **Sąd Ostateczny** Last Judgement; **Sąd Najwyższy** Supreme Court
sądownictwo *n prawn.* judicature, the judiciary
sądow|y *adj* judicial; **koszty ~e** court fees; **postępowanie ~e** legal procedure; **sprawa ~a** lawsuit; **wytoczyć sprawę ~ą** bring a suit (**komuś** against sb); **wyrok ~y** sentence of the court
sądzić *vt* judge; **~ sprawę** try a case; *vi* (*mniemać*) think, believe
sąsiad *m* neighbour
sąsiadować *vi* neighbour
sąsiedni *adj* neighbouring; (*przyległy*) adjacent
S
sąsiedztwo *n* neighbourhood
scalić *vt* integrate
scena *f* scene; *teatr* stage
scenariusz *m* scenario; script; (*filmowy*) screenplay
sceneria *f* scenery
sceniczny *adj* stage *attr*
sceptycyzm *m* scepticism
sceptyczny *adj* sceptical
sceptyk *m* sceptic
schab *m* joint of pork
schadzka *f* rendezvous; *am. pot.* date
scheda *f* inheritance; legacy
schemat *m* scheme, plan
schematyczny *adj* schematic
schizma *f* schism
schizofrenia *f med.* schizophrenia
schlebiać *vt* flatter; *pot.* butter up
schludny *adj* cleanly, neat, tidy
schnąć *vi* dry, become dry; (*usychać*) wither; (*marnieć*) wane, waste
schodek *m* step
schodow|y *adj*, **klatka ~a** staircase
schody *s pl* steps, stairs; **ruchome ~** escalator
schodzić *vi* go <come> down; (*z chodnika, ze sceny itp.*) get off; (*o czasie*) pass; **~ się** *vr* get <come> together, meet
scholastyczny *adj* scholastic
scholastyka *f* scholasticism
schorowany *adj* sickly, poorly
schować *zob* **chować**
schowek *m* hiding-place; (*bankowy*) safe
schron *m* shelter; (*betonowy*) pill-box
schronić *vt* shelter; **~ się** *vr* shelter (oneself); take shelter <cover>
schronisko *n* shelter; (*w górach*) mountain lodge <shelter, chalet>, shelter-house; refuge; (*azyl*) asylum; **~ młodzieżowe** youth hostel
schwytać *vt* seize, catch
schylać *vt*, **~ się** *vr* bend, bow, incline
schyłek *m* decline
scyzoryk *m* penknife
seans *m* (*w kinie*) house, picture-show; *am.* movie-show; showing; (*spirytystyczny*) seance
secesja *f* secession
sedno *n* core, gist; **trafić w ~** hit the mark; **~ sprawy** heart <crux> of the matter

sejf *m* safe; safe-deposit box
sejm *m* (*w Polsce*) Sejm, Seym
sekciarski *adj* sectarian
sekciarz *m* sectarian
sekcja *f* section; department; *med.* dissection; **~ pośmiertna** post-mortem examination
sekcyjny *adj* sectional
sekre|t *m* secret; ***zachować coś w ~cie*** keep sth secret; ***pod ~tem*** in secret
sekretariat *m* secretariat
sekretarka *f* secretary; ***~ automatyczna*** answering machine
sekretarz *m* secretary; ***~ stanu*** *am.* Secretary of State
seks *m* sex
seksualny *adj* sex *attr*; sexual
sekta *f* sect
sektor *m* sector
sekunda *m* second
sekundant *m* second
sekundnik *m* second hand
sekundować *vi* second (***komuś*** sb)
sekutnica *f* shrew
sekwestr *m prawn.* sequestration
seledynowy *adj* sea-green
selekcja *f* selection
seler *m bot.* celery
semafor *m* semaphore
semantyka *f* semantics
semestr *m* semester, term
semicki *adj* Semitic
seminarium *n* (*duchowne*) seminary; (*uniwersyteckie*) seminar; (*nauczycielskie*) training-college
semiotyka *f* semiotics
sen *m* sleep; (*marzenie senne*) dream; (*zimowy*) hibernation
senat *m* senate
senator *m* senator
senior *m* senior
senność *f* sleepiness, drowsiness
senn|y *adj* sleepy, drowsy; ***marzenie ~e*** dream
sens *m* sense, meaning; ***mieć ~*** make sense; ***nie było ~u tego robić*** there was no sense in doing that; ***w pewnym ~ie*** in a sense
sensacja *f* sensation
sensacyjn|y *adj* sensational; ***film ~y, powieść ~a*** thriller
sentencja *f* maxim
sentyment *m* sentiment
sentymentalność *f* sentimentalism
sentymentalny *adj* sentimental
separacja *f* separation
separować się *vr* separate
seplenić *vi* lisp
ser *m* cheese; ***~ biały*** cottage cheese
serc|e *n* heart; ***choroba ~a*** heart disease; ***przyjaciel od ~a*** bosom friend; ***~e dzwonu*** clapper; ***brać do ~a*** take to heart; ***ciężko mi na ~u*** I have a broken heart; ***mieć na ~u*** have at heart; ***bez ~a*** heartless; ***~em i duszą*** heart and soul; ***z całego ~a*** with all one's heart; ***ze złamanym ~em*** broken-hearted
sercow|y *adj med.* cardiac
serdeczność *f* cordiality
serdeczny *adj* cordial, hearty, heart-felt; ***~ przyjaciel*** bosom friend
serdelek *m* sausage
serduszko *n* (*pieszczotliwie*) sweetie, darling
serenada *f* serenade
seria *f* series; *filat.* issue, set
serial *m* serial
serio, na ~ *adv* in (good) earnest, seriously; ***czy mówisz serio?*** are you serious?
sernik *m* cheesecake
serwantka *f* glass-case
serwatka *f* whey
serweta *f* table-cloth
serwetka *f* napkin; (*papierowa*) serviette
serwilizm *m* servility, servileness
serwis 1. *m* (dinner, tea *etc.*) service, set
serwis 2. *m* (*w tenisie*) service, serve
serwis 3. *m* (*naprawa, usługa*) service

serwować *vt vi sport* serve
seryjny *adj* serial
sesja *f* session
setka *f* a hundred
setny *num* hundredth
sezon *m* season; ***martwy*** ~ dull <slack, dead> season; ~ ***ogórkowy*** the silly season; ~ ***turystyczny*** tourist season
sędzia *m* judge; (*polubowny*) arbiter; *sport* umpire, referee; ~ ***śledczy*** investigating magistrate; ~ ***pokoju*** justice of the peace
sędziwy *adj* aged, old
sęk *m* knag, knot
sęp *m* vulture
sfer|a *f* sphere; (*np. towarzyska, społeczna*) circle; ***wyższe ~y*** upper circles, high life
sferyczny *adj* spherical
sfinks *m* sphinx
sfora *f* pack
siać *vt* sow
siadać *vi* sit down, take a seat; ~ ***na konia*** mount a horse
sian|o *n* hay; ***szukać igły w stogu ~a*** look for a needle in a haystack
sianokosy *s pl* hay-making
siarczan *m chem.* sulphate
siarczysty *adj*, ***mróz*** ~ bitter frost
siarka *f chem.* sulphur
siarkowy *adj chem.* sulphuric
siatka *f* net; netting; *elektr.* grid
siatkówka *f anat.* retina; *sport* volley-ball
siąść *zob.* ***siadać***
sidł|o *n* (*zw. pl* ***~a***) snare, trap; ***zastawiać ~a*** lay a trap
siebie, sobie, sobą *pron* (*siebie samego*) myself, yourself *itd.*; each, other; one another; ***mieszkają daleko od siebie*** they live far from each other; ***blisko siebie*** close to each other; (*nawzajem, wzajemnie*) ***nie cierpią siebie*** they hate each other; ***bawią się ze sobą*** they play with one another

siec *vt* cut; (*chłostać*) lash; *zob.* ***siekać***
sieczna *f mat.* secant
sieć *f* net, network; (*pajęczyna*) web; *elektr.* mains, grid; ~ ***kolejowa*** railway-system; ~ ***wodociągowa*** water piping
siedem *num* seven
siedemdziesiąt *num* seventy
siedemdziesiąty *num* seventieth
siedemnasty *num* seventeenth
siedemnaście *num* seventeen
siedemset *num* seven hundred
siedlisko *n* seat; abode
siedmioletni *adj* seven-year old *attr*; lasting seven years
siedzenie *n* seat; *anat. pot.* bottom
siedziba *f* seat, residence
siedzieć *vi* sit; ~ ***cicho*** keep quiet; ~ ***w domu*** stay at home; ~ ***w więzieniu*** be in prison; ~ ***przy stole*** sit at table
siekacz *m* incisor; (*narzędzie*) chopper
sieka|ć *vt* chop; (*mięso*) hash; ***mięso ~ ne*** hash(ed) <minced> meat
siekanina *f* hash
siekiera *f* axe
sielanka *f* idyll
sielski *adj* rural; idyllic
siemię *n* seed; ~ ***lniane*** flax-seed
sierociniec *m* orphanage, orphan-asylum
sieroctwo *n* orphanhood, orphanage
sierota *m* orphan
sierp *m* sickle
sierpień *m* August
sierść *f* hair, bristle
sierżant *m* sergeant
siew *m* sowing
siewca *m* sower
siewnik *m* sowing-machine
się *pron* oneself; *nieosobowo*: one, people, you, they; ***musi ~ przestrzegać reguł*** one must observe the rules; ***jeśli ~ chce coś***

zrobić natychmiast, lepiej to zrobić samemu if one wants a thing immediately, one had better do it oneself; ***nic ~ o tym nie wie*** there is no knowing; ***mówi ~, że...*** people <you, they> say that...; ***mówi ~, że zanosi się na bardzo mroźną zimę*** people <they> say it's going to be a very frosty winter; ***mówi ~, że on jest chory <zachorował>*** he is said to be ill <to be taken ill>
sięga|ć *vi* reach (***po coś*** for sth); ***łąka ~ aż do rzeki*** the meadow reaches as far as the river
sikać *vi wulg.* piss, take a piss
sikawka *f* quirt; (*strażacka*) fire-hose; (*pompa strażacka*) fire-engine
silić się *vr* make efforts, exert oneself
silnik *m* engine; motor
silny *adj* strong, robust
silos *m* silo
sił|a *f* strength; *także elektr.* power; force, might; ***~a wyższa*** act(s) of God; *fiz.* ***~a dośrodkowa <odśrodkowa>*** centripetal <centrifugal> force; ***~a kupna*** purchasing power; ***~a robocza*** manpower; ***~a woli*** will power; ***~y zbrojne*** armed forces; ***ponad moje ~y*** beyond my power; ***~ą*** by force; ***w sile wieku*** in the prime of life; ***zabrakło mi ~*** my strength failed me
siłacz *m* athlete, strong man
siłownia *f elektr.* power-station; *sport.* fitness room
siniak *m* bruise
sinus *m mat.* sine
siny *adj* livid; blue
siodłać *vt* saddle
siodło *n* saddle
siostra *f* sister; (*zakonna*) nun
siostrzenica *f* niece
siostrzeniec *m* nephew
siódemka *f* seven
siódmy *num* seventh
sito *n* sieve
siusiać *vi pot. dziec.* pee, wee-wee
siwieć *vi* grow grey
siwowłosy *adj* grey-haired
siwy *adj* grey
skafander *m* diving-dress; *lotn.* pressure suit
skakać *vi* jump, leap; (*podskakiwać*) skip
skakanka *f* skipping-rope
skal|a *f* scale; ***na dużą ~ę*** on a large scale
skaleczenie *n* cut, wound, injury
skaleczyć *vt* wound, injure, hurt
skal|isty, ~ny *adj* rocky
skalp *m* scalp
skała *f* rock
skamielina *f geol.* fossil
skamienieć *vi* petrify; *przen.* become petrified
skandal *m* scandal
skandaliczny *adj* scandalous
skaner *m med. komp.* scanner
skanować *vt med. komp.* scan
skansen *m* Skansen museum, open-air museum
skarb *m* treasure; (*państwowy*) *bryt.* Exchequer; *am.* Treasury
skarbiec *m* treasury
skarbnik *m* treasurer
skarbonka *f* money-box
skarg|a *f* complaint (***na kogoś*** against sb, ***z powodu czegoś*** about sth); (*sądowa*) charge; ***wnieść ~ę*** bring a charge (***na kogoś*** against sb)
skarpa *f* scarp
skarpetka *f* sock
skarżyć *vt* accuse (***kogoś o coś*** sb of sth); (*do sądu*) sue (***kogoś o coś*** sb for sth), bring a suit (***kogoś*** against sb, ***o coś*** for sth); *vi* (*w szkole*) denounce (***na kogoś*** sb); ***~ się*** *vr* complain (***na coś*** of sth)
skaza *f* blemish, flaw
skaza|ć *vt* condemn, sentence (***na coś*** to sth); ***~ na karę pieniężną*** fine; *przen.* (*przeznaczony*) ***~y na*** doomed to

skazaniec *m* convict
skazić *vt* corrupt, contaminate; (*żywność, napój*) denature
skąd *adv* from where, where ... from
skądinąd *adv* from elsewhere; on the other hand; otherwise
skąpić *vi* stint (***komuś czegoś*** sb of sth); begrudge (***komuś czegoś*** sb sth)
skąpiec *m* miser, niggard
skąpstwo *n* avarice, miserliness, stinginess
skąpy *adj* avaricious, miserly, stingy; (*o posiłku*) meagre; (*nie wystarczający*) scanty; **~ *w słowach*** scanty of words
skiba *f* ridge
skinąć *vi* nod (*głową*); beckon (***na kogoś*** to sb)
skinienie *n* nod (*głową*); ***na czyjeś ~*** at sb's beck and call
sklejka *f* plywood
sklep *m* shop, *am.* store
sklepienie *n* vault; **~ *niebieskie*** firmament
sklepiony *adj* vaulted
skleroza *f med.* sclerosis
skład *m* composition; (*magazyn*) store, warehouse, storehouse; **~ *osobowy*** personnel
składać *vt* put together; (*np. list, gazetę*) fold; (*przedstawiać dokumenty, dowody*) submit; (*broń*) lay down; (*pieniądze*) lay by, save; (*pieniądze do banku*) deposit; (*jaja*) lay; (*czcionki*) compose; (*wizytę*) pay; (*egzamin*) undergo; **~ *narzędzia*** (*po pracy*) down tools; **~ *ofiarę*** (*poświęcać się*) make a sacrifice; **~ *ofiarę pieniężną*** offer a money-gift; **~ *oświadczenie*** make a statement; **~ *przysięgę*** take an oath (***na coś*** upon sth); **~ *sprawozdanie*** render an account (***z czegoś*** of sth); **~ *uszanowanie*** pay one's respects; **~ *się*** *vr* be composed of, be made up of; consist (***z czegoś*** of sth); compose (***na coś*** sth), go into the making (***na coś*** of sth)
składany *adj* (*o odsetkach*) compound; (*o krześle, łóżku*) folding; ***nóż ~*** clasp knife
skład|ka *f* contribution; (*zbiórka*) collection; ***lista ~ek*** collecting list; ***~ka członkowska*** dues
składnia *f gram.* syntax
składnica *f* store, warehouse
składnik *m* component; (*potrawy, lekarstwa*) ingredient
składniowy *adj gram.* syntactic(al)
skłaniać *vt* incline; bow; induce (***kogoś*** sb to do sth); **~ *się*** *vr* <feel> inclined (***do czegoś*** to do sth)
skłon *m* bend; bow; (*terenu*) slope
skłonność *f* inclination, disposition (***do czegoś*** to do sth)
skłonny *adj* inclined, disposed
skłócić *vt* (*zmącić*) trouble, stir up; (*poróżnić*) set at variance
sknera *m* miser, niggard
sknerstwo *n* avarice, stinginess
skoczek *m* jumper, leaper; (*w szachach*) knight; **~ *spadochronowy*** parachutist
skoczny *adj* brisk, lively
skoczyć *vi* (*rzucić się*) make a dash; *zob.* ***skakać***
skok *m* leap, jump; **~ *do wody*** dive; *sport* **~ *w dal*** long jump; **~ *o tyczce*** pole-jump; **~ *wzwyż*** high jump; **~ *narciarski*** ski jump; *techn.* **~ *tłoka*** stroke of a piston
skołatany *adj pot.* shattered
skomleć *vi* whine, whimper
skomplikowany *adj* complicated, intricate; (*złożony*) complex
skonać *vi* die, expire
skończony *adj* finished; complete; (*wytrawny, doskonały*) accomplished, consummate; *zob.* ***skończyć***
skończy|ć *vt* finish, end; complete; get through (*np.* ***pracę*** with work); ***~ć się*** *vr* be finished,

S

come to an end; be over; ***lekcje się ~ły*** the lessons are over; ***~ć się na niczym*** come to nothing
skoro *adv*, **~ tylko** (*w zdaniu czasowym*) as soon as; (*w zdaniu przyczynowym*) as, now that
skoroszyt *m* file
skorowidz *m* index
skorpion *m* scorpion; (*znak zodiaku*) Scorpio
skorup|a *f* crust, hull; (*np. jajka, żółwia, orzecha*) shell; *pl* ***~y*** broken glass
skory *adj* quick, speedy
skośny *adj* oblique, slanting
skowronek *m zool.* lark
skowyczeć *vi* whine
skowyt *m* whine
skór|a *f* (*żywa na ciele*) skin; (*zwierzęca surowa*) hide; (*garbowana*) leather; *przen.* ***dostać w ~ę*** get a hiding <a thrashing>; ***obedrzeć ze ~y*** skin
skórka *f* skin; (*szynki, sera, owocu, kiełbasy*) rind; (*owocu, ziemniaka*) peel; (*chleba*) crust; (*na futro*) pelt; (*na buty, rękawiczki*) leather; *przen.* ***gęsia ~*** the creeps, the jitters
skórn|y *adj* dermatic; ***choroba ~a*** skin disease
skórzany *adj* leather *attr*
skracać *vt* shorten, cut short; (*mowę, tekst*) abbreviate; (*książkę*) abridge
skradać się *vr* steal
skraj *m* (*przepaści, ruiny itp.*) verge, brink; (*granica, kres*) border; (*miasta*) outskirts *pl*
skrajność *f* extreme; extremism
skrajny *adj* extreme; utter
skrapiać *vt* besprinkle, water
skraplać *vt* liquefy; (*gaz, parę*) condense; **~ *się*** *vr* liquefy; condense
skrawek *m* cutting; (*ziemi*) strip; (*papieru*) slip, scrap
skreślić *vt* (*skasować*) cancel, cross out, erase; ***~ z listy*** strike off the list
skręcać *vt* twist, turn; (*kark*) break; *vi* turn (*np.* ***na prawo*** to the right)
skrępować *vt* pinion, tie up
skrępowany *adj* restricted; (*zażenowany*) embarrassed
skręt *m* twirl, torsion; (*zakręt*) turning; *med.* (*kiszek*) twisting
skrobać *vt* scrape, rub, erase; (*ryby*) scale
skromność *f* modesty
skromny *adj* modest
skroń *f* temple
skropić *zob.* ***skrapiać***
skrócić *zob.* ***skracać***
skrót *m* abbreviation; shortening; (*krótsza droga*) shortcut
skrucha *f* contrition
skrupi|ć się *vr*, ***to się ~ na mnie*** I'll be the scapegoat, I'll bear the brunt of it
skrupulatność *f* scrupulosity
skrupulatny *adj* scrupulous
skrupuł *m* scruple
skruszony *pp* (*pokruszony*) crumbled; *adj* contrite
skruszyć *vt* crumble; ***~ się*** *vr* crumble; (*poczuć skruchę*) become contrite
skrypt *m* script; (*uniwersytecki*) textbook
skrytka *f* hiding-place; ***~ pocztowa*** post-office box, P.O. box
skrytobójca *m* assassin
skryty *adj* (*tajny*) secretive, clandestine; (*powściągliwy w mowie*) reticent
skrzeczeć *vi* scream, (*o żabie, wronie*) croak
skrzep *m* clot; *med.* blood clot
skrzętny *adj* industrious
skrzydło *n* wing; (*np. stołu*) leaf; (*wiatraka*) sail
skrzynia *f* chest, coffer; ***~ biegów*** gearbox
skrzynka *f* box, case; (*pocztowa*) mail-box
skrzypc|e *s pl muz.* violin; *pot.* fiddle; ***grać na ~ach*** play the violin

skrzypaczka *f*, ***skrzypek*** *m muz.* violinist; *pot.* fiddler
skrzypieć *vi* creak; squeak
skrzyżowanie *n* (*dróg*) crossroads *pl*; *zool.* crossbreeding
skubać *vt* pick, plume, pull; *pot.* (*kogoś z pieniędzy*) fleece, drain; ***~ ptaka*** pluck a bird; ***~ trawę*** crop grass
skuć *vt* fetter, chain
skulić się *vr* cower, squat
skup *m* purchase
skupiać *vt* assemble, bring together, (*uwagę*) concentrate; (*wojsko*) mass; ***~ się*** *vr* assemble, come together; become concentrated; (*duchowo*) collect oneself
skupienie *n* concentration
skupiony *adj* collected, concentrated
skupować *vt* buy up, purchase
skurcz *m med.* cramp, convulsion
skurczyć *vt*, ***~ się*** *vr* shrink
skurwysyn *m wulg.* son of a bitch
skuteczność *f* effectiveness, efficacy
skuteczny *adj* effective, efficacious
skut|ek *m* result, effect; ***~ki uboczne*** side effects; ***bez ~ku*** to no purpose, of no effect; ***na ~ek tego*** as a result of it; ***dojść do ~ku*** take effect; ***doprowadzić do ~ku*** bring about, bring into effect; ***nie odnosić żadnego ~ku*** have no effect
skuter *m* (motor-)scooter
skutkować *vi* have effects, take effect, be effective; work; *pot.* do the trick
skwapliwy *adj* eager
skwar *m* oppressive heat
skwaśniały *adj* sour
skwer *m* square; (*ogród publiczny*) green
slawistyka *f* Slavic studies
slajd *m fot.* slide
slalom *m sport* slalom
slipy *s pl* briefs
słabnąć *vi* become weak, weaken; (*o kursach walut*) decline, go down
słabostka *f* foible, weak point
słabość *f* (*niedomaganie*) illness; (*skłonność*) weakness (***do czegoś*** for sth)
słabowity *adj* sickly; ***~ człowiek*** weakling
słaby *adj* weak, feeble
słać *vt* (*wysyłać*) send; (*rozpościerać*) spread; ***~ łóżko*** make a bed
słaniać się *vr* totter, faint away
sława *f* glory, fame, repute; ***dobra <zła> ~*** good <bad> name
sławić *vt* glorify
sławny *adj* famous, renowned
słodkawy *adj* sweetish
słodk|i *adj* sweet; ***~a woda*** fresh water
słodycz *f* sweetness; *pl* ***~e*** sweets *pl*, confectionery *zbior.*; *am.* candies *pl*
słodzić *vt* sweeten, sugar
słodzik *m* sweetener
słoik *m* jar
słoma *f* straw
słomian|y *adj* straw *attr*, grass *attr*; ***~a wdowa*** grass-widow; ***~y wdowiec*** grass-widower
słomka *f* straw; (*łodyga*, *źdźbło*) stem, haulm, halm
słomkowy *adj*, ***kapelusz ~*** straw-hat
słonecznik *m bot.* sunflower
słoneczny *adj* sunny, sun *attr*; ***zegar ~*** sundial; ***promień ~*** sunbeam
słonina *f* fat; lard
słoniow|y *adj* elephantine; ***kość ~a*** ivory
słoność *f* saltiness; salinity
słony *adj* salt(y)
słoń *m zool.* elephant; ***~ w składzie porcelany*** a bull in a china shop
słońc|e *n* sun; ***leżeć na ~u*** lie in the sun; ***wschód <zachód> ~a*** sunrise, sunset
słowacki *adj* Slovak, Slovakian

S

Słowak *m* Slovak
Słoweniec *m* Slovene
słoweński *adj* Slovenian
Słowianin *m* Slav
słowiański *adj* Slav, Slavonic
słowik *m* nightingale
słownictwo *n* vocabulary
słownie *adv fin.* say
słownik *m* dictionary; **~ wyrazów bliskoznacznych** thesaurus; **~ kieszonkowy** pocket dictionary
słowny *adj* verbal; (*dotrzymujący słowa*) reliable; dependable
słow|o *n* word; *pl* **cierpkie** <**gorzkie**> **~a** bitter words; **gra słów** pun, play upon words; *pl* **piękne ~a** fair words; *pl* **czułe słówka** words of endearment; **~o wstępne** foreword; *pl* **wielkie ~a** big words; **innymi ~y** in other words; **na te ~a** at these words; **~em** in short, in a word; **~o w ~o** word for word; **cofnąć dane ~o** come back upon one's word; **daję ~o!** upon my word!; **dotrzymać ~a** keep one's word; **łapać kogoś za ~o** take sb at his word; **mieć ostatnie ~o** get the last word; **napisz mi parę słów** drop me a line or two; *pot.* **nie pisnąć ani ~a** not to breathe a word; **on nie mówi ani ~a po angielsku** he can't speak a word of English; **zapamiętaj moje ~a!** mark my words!; **wyjął mi te ~a z ust** he took these words out of my mouth; **zamienić z kimś parę słów** have a word with sb; **złamać dane ~o** break one's word
słowotwórstwo *n gram.* word-formation
słód *m* malt
słój *m* jar; (*drzewa*) vein, stratum
słuch *m* hearing; *pl* **~y** (*pogłoski*) reports, rumours *pl*; **chodzą ~y** it is rumoured; **aparat ~owy** hearing aid; **zamienić się w ~** be all ears
słuchacz *m* hearer, listener (*także radiowy*); (*student*) student; *pl* **~e** audience
słucha|ć *vt* listen (**kogoś, czegoś** to sb, sth); **~m?** (I) beg your pardon?, pardon?; (*być posłusznym*) obey (**kogoś** sb); **~ć czyjejś rady** take <follow> sb's advice; **~ć radia** listen to the radio; **~ć wykładu** attend a lecture
słuchawka *f* headphone, earphone; (*telefoniczna*) receiver; (*lekarska*) stethoscope
słuchowisko *n* radio play
sługa *m* servant
słup *m* pillar, column, post, pole; **~ graniczny** landmark; boundary-post; **~ telegraficzny** telegraph-pole; **~ ogłoszeniowy** poster pillar; **~ latarni** lamp-post
słupek *m bot.* pistil; (*np. rtęci, wody*) column; **~ drogowy** bollard
słusznie *adv* rightly, with reason; (*racja*) that's right
słusznoś|ć *f* reason, reasonableness, legitimacy; **mieć ~ć** be right; **masz ~ć** right you are; **nie mieć ~ci** be wrong
słuszny *adj* right, fair, reasonable, rightful
służalczość *f* servility
służalczy *adj* servile
służący *m*, **służąca** *f* servant; maid-servant
służb|a *f* service; *zbior.* (*personel*) servants *pl.*; **na ~ie** on duty; **po ~ie, poza ~ą** off duty; **w czynnej ~ie** on active duty; **odbywać ~ę wojskową** serve one's time in the army; **pełnić ~ę** be on duty; **~a zdrowia** medical service
służbisty *adj* officious
służbow|y *adj* service *attr*, official; **droga ~a** official channels *pl*; **podróż ~a** business trip; (*dłuższa*) business tour
służy|ć *vi* serve (**komuś** sb), be in the service (**komuś, u kogoś** of

sb); (*być pożytecznym*) be of use <service> (***komuś*** to sb); agree; ***tutejszy klimat mi nie ~*** the climate here does not agree with me; (*w sklepie*) ***czym mogę panu ~ć?*** can I help you?

słychać *vi* be heard; it is rumoured, they say; ***co ~?*** what's the news?

słynąć *vi* be renowned <famous> (***jako*** as, ***z powodu czegoś*** for sth)

słynny *adj* renowned, famous

słyszalny *adj* audible

słyszeć *vt* hear

smaczn|y *adj* savoury, tasty; ***~ego!*** I hope you'll enjoy your lunch <dinner, tea>

smagać *vt* lash

smagły *adj* swarthy

smak *m* taste, flavour; ***bez ~u*** tasteless, insipid

smakołyk *m* dainty

smak|ować *vi* taste; relish; ***jak ci to ~uje?*** how do you like it?

smalec *m* lard, fat

smar *m* grease, lubricant

smarkacz *m* stripling; callow youth

smarkaty *adj pot.* snotty, callow

smarować *vt* smear; (*masłem*) butter; lubricate

smażyć *vt*, ***~się*** *vr* fry

smecz *m sport* smash

smętny *adj* melancholic

smoczek *m* dummy

smok *m* dragon

smoking *m* dinner-jacket; *am.* tuxedo

smoła *f* pitch

smrodliwy *adj* stinking, smelly

smród *m* stench

smucić *vt* make sad, sadden; ***~ się*** *vr* be sad; sorrow (***z powodu czegoś*** at <over> sth)

smukły *adj* slim, slender

smutek *m* sorrow, sadness

smutny *adj* sad, sorrowful

smycz *f* leash, lead

smyczek *m* bow

smyczkow|y *adj*, ***instrument ~y*** stringed instrument; ***orkiestra ~a*** string-orchestra

snop *m* sheaf (*of corn*); ***~ światła*** shaft (of light)

snowboard *f* (*deska zjazdowa*) snowboard

snuć *vt* snip; ***~ domysły*** conjecture; ***~ marzenia*** spin dreams

snycerstwo *n* wood-carving

snycerz *m* wood-carver

sobą *pron zob.* ***siebie***

sobek *m pot.* selfish person; egoist

sobie *pron zob.* ***siebie***

sobota *f* Saturday

sobowtór *m* double; *pot.* dead ringer

soból *m zool.* sable

sobór *m* synod

socjalista *m* socialist

socjalistyczny *adj* socialist

socjalizacja *f* socialization

socjalizm *m* socialism

socjalizować *vt* socialize

socjalny *adj* social; welfare

socjolog *m* sociologist

socjologia *f* sociology

socjologiczny *adj* sociological

soczewica *f bot.* lentil

soczewka *f* lens

soczysty *adj* juicy

soda *f* soda

sodow|y *adj*, ***woda ~a*** soda-water

sofa *f* sofa, couch

soja *f* soy-bean

sojusz *m* alliance

sojuszniczy *adj* allied

sojusznik *m* ally

sok *m* juice; (*drzewa, rośliny*) sap

sokół *m zool.* falcon

solanka *f* (*pieczywo*) salt roll; (*źródło*) salt-spring

solenizant *m* person celebrating his <her> name day <birthday>

solić *vt* salt

solidarność *f* solidarity

solidarny *adj* solidary; unanimous

solidny *adj* solid, reliable

solista *m* soloist
soliter *m* tape-worm
solniczka *f* salt-cellar, salt-shaker
solny *adj*, *chem.* ***kwas ~*** hydrochloric acid
solo *adv* solo
sołtys *m* village administrator
sonata *f* sonata
sonda *f* plummet, sound; ***~ kosmiczna*** space probe
sondaż *m* (*opinii publicznej*) opinion poll
sondować *vt* sound
sonet *m* sonnet
sopel *m* icicle
sopran *m* soprano
sortować *vt* sort
sos *m* sauce; (*od pieczeni*) gravy
sosna *f bot.* pine
sowa *f zool.* owl
sód *m chem.* sodium
sól *f* salt; ***~ kamienna*** rock salt
spacer *m* walk
spacerować *vi* take a walk
spacja *f druk.* space
spacjować *vt druk.* space out
spaczenie *n* distortion; (*drzewa*) warping; *przen.* perversion
spać *vi* sleep; ***chce mi się ~*** I am sleepy; ***iść ~*** go to bed; ***dobrze <źle> spałem*** I had a good <a bad> night's rest; ***~ jak suseł*** sleep like a log; ***~ twardo*** be sound asleep
spad *m* fall; (*pochyłość*) slope
spadać *vi* fall (down), drop
spad|ek *m* fall, drop (***cen, temperatury*** in prices, in temperature); (*pochyłość*) slope; (*scheda*) inheritance, legacy; ***zostawić w ~ku*** bequeath
spadkobierca *m* heir
spadkobierczyni *f* heiress
spadochron *m* parachute
spadochroniarz *m* parachutist; *wojsk.* paratrooper
spadochronow|y *adj*, ***wojska ~e*** paratroops
spadzisty *adj* steep
spajać *vt* weld; (*lutować*) solder
spal|ać *vt* burn (out <up>); (*zwłoki*) cremate; ***~ać się*** *vr* burn (away <out>); *elektr.* (*o żarówce*) burn out; (*o korkach*) blow; ***~ić mosty za sobą*** burn one's boats
spalanie *n* combustion
spalinow|y *adj*, ***gazy ~e*** combustion gases; ***silnik ~y*** internal combustion engine
spalony *adj* burnt (down); *sport* off-side
spartolić *vt pot.* screw up
sparzyć *vt* scald, burn; (*pokrzywą*) sting; ***~ sobie palce*** burn one's fingers; ***~ się*** *vr* burn oneself; *zob.* ***oparzyć***
spawacz *m* welder
spawać *vt* weld, solder
spawanie *n* welding
spazm *m* spasm
spazmatyczny *adj* spasmodic
specjalista *m* specialist
specjalizacja *f* specialization
specjalizować się *vr* specialize
specjalność *f* speciality; *am.* specialty
specjalny *adj* special
specyficzny *adj* specific
spedycja *f* dispatching
spektakl *m* spectacle, performance; show
spektrum *n* spectrum
spekulacja *f* speculation
spekulant *m* speculator, *bryt. pot. uj.* spiv
spekulatywny *adj* speculative
spekulować *vi* speculate
spelunka *f* den
spełniać *vt* (*obowiązek*) fulfil, do; (*wymagania, życzenia, prośby*) satisfy; meet; ***~ się*** *vr* come true
spełznąć *vi zob.* ***pełznąć***; ***~ na niczym*** come to nothing
sperma *f* sperm
spędzać *vt* drive (up, down); (*czas*) spend; *med.* ***~ płód*** procure abortion
spichlerz *m* granary
spiczasty *adj* pointed

spiec *vt* parch, scorch
spieniężyć *vt* sell; (*czek, weksel itp.*) cash, realize
spieniony *adj* foaming
spieprzyć *vt wulg.* screw up
spierać się *vr* contend, argue (***z kimś o coś*** with sb about sth)
spieszny *adj* hasty, speedy; (*naglący*) urgent
spieszy|ć się *vr* hurry, be in a hurry; *pot.* bustle up; ***zegarek ~ się*** the watch is fast
spięcie *n, elektr.* ***krótkie ~*** short-circuit
spiętrzyć *vt* pile up; ***~ się*** *vr* pile up, be piled up
spiker *m* (*radiowy*) announcer; *polit.* (*w parlamencie*) speaker
spinacz *m* (paper-)fastener, clip
spinać *vt* buckle, clasp, fasten
spinka *f* (*do mankietów*) cufflink, stud; (*do włosów*) clasp
spirala *f* spiral; *techn.* coil
spiralny *adj* spiral
spirytus *m* spirit; ***~ skażony*** methylated spirit; ***czysty ~*** neutral spirit
spis *m* list, catalogue, register; ***~ inwentarza*** inventory; ***~ ludności*** census; (*w książce*) ***~ rzeczy*** (table of) contents; ***~ potraw*** bill of fare, menu; ***~ ulic*** index of streets
spisać *vt* list, catalogue, register; write down; ***~ się*** *vr* (*odznaczyć się*) make one's mark, distinguish oneself
spisek *m* conspiracy, plot
spiskować *vi* conspire, plot
spiskowiec *m* conspirator, plotter
spiżarnia *f* pantry
splatać *vt* intertwine, interlace; (*włosy*) plait, braid; (*np. linę*) splice
spleśniały *adj* mouldy, musty
splot *m* (*włosów*) braid, plait; (*liny*) splice; (*okoliczności*) coincidence; *anat.* plexus; (*węża*) coil
splunąć *vi* spit
spłacać *vt* pay off, repay
spłaszczać *vt* flatten
spłata *f* payment; repayment
spłatać *vt*, ***~ figla*** play a trick (***komuś*** on sb)
spław *m* floating; (*tratwą*) rafting
spławiać *vt* float; (*tratwą*) raft
spławny *adj* navigable
spłodzić *zob.* ***płodzić***
spłonąć *vi* go up in flames
spłonka *f techn.* percussion cap
spłowiały *adj* faded
spłowieć *vi* fade
spłukiwać *vt* rinse; (*silnym strumieniem*) flush
spływ *m* canoeing rally
spływać *vi* flow down
spocić się *vr* be in a sweat <in perspiration>, be all of a sweat
spocząć *vi* take a rest, repose oneself
spoczyn|ek *m* rest; ***w stanie ~ku*** (***na rencie***) retired
spocz|ywać *vi* rest, repose; ***~nij!*** *wojsk.* at ease!
spod *praep* from under
spodek *m* saucer; (*latający*) flying saucer
spodnie *s pl* trousers; (*do konnej jazdy*) breeches; (*krótkie sportowe*) shorts, plus-fours; (*pumpy*) knickerbockers; *am. pot.* pants
spodoba|ć się *vr* take sb's fancy; ***to mi się ~ło*** I liked <enjoyed> it
spodziewać się *vr* hope (***czegoś*** for sth), expect (***czegoś*** sth)
spoglądać *vi* look (***na kogoś, coś*** at sb, sth); ***~ z góry*** look down (***na kogoś*** on sb)
spoić *vt* (*np. alkoholem*) make drunk; *zob.* ***spajać***
spoistość *f* compactness, coherence, cohesion
spoisty *adj* compact, coherent, cohesive
spojów|ka *f anat.* conjunctiva; *med.* ***zapalenie ~ek*** conjunctivitis

spojrzeć *vi* have a glance (***na kogoś, coś*** at sb, sth)
spojrzenie *n* glance; ***jednym ~m*** at a glance
spokojny *adj* quiet, calm, peaceful; ***bądź o to ~*** set your mind at rest about that
spokój *m* peace, calm; ***~ umysłu*** peace of mind, composure; ***zachować ~*** keep calm <cool>; ***daj mi ~!*** let <leave> me alone!
spokrewnić się *vr* become related (***z kimś*** to sb)
spoliczkować *vt* slap (***kogoś*** sb's face)
społeczeństwo *n* society; ***~ otwarte*** open society
społeczność *f* community
społeczn|y *adj* social; ***opieka ~a*** social welfare
społem *adv* jointly, together
spomiędzy *praep* from among
sponad *praep* from above
sponsor *m* sponsor
spontaniczny *adj* spontaneous
sporadyczny *adj* sporadic
sporny *adj* controversial, disputable; ***punkt ~*** moot point
sporo *adv* pretty much <many>
sport *m* sport(s); *pl* ***~y wodne*** aquatic sports, aquatics; *pl* ***~y zimowe*** winter sports; ***uprawiać ~*** practise sports
sportowiec *m* sportsman; (*kobieta*) sportswoman
sportow|y *adj* sporting, sports *attr*; (*lekkoatletyczny*) athletic; ***plac ~y*** playing ground; *pl* ***przybory ~e*** sports kit; ***marynarka ~a*** sports jacket; ***~e zachowanie się*** (*godne sportowca*) sporting conduct; ***klub ~y*** athletic club
sportsmenka *f* sportswoman
spory *adj* pretty large, considerable, siz(e)able
sporządzać *vt* make, prepare; (*bilans, dokument*) draw up; (*lekarstwo*) make up
sposobić *vt*, ***~ się*** *vr* prepare (*do czegoś* for sth)
sposobnoś|ć *f* (*sprzyjająca okoliczność*) opportunity; (*okazja, powód*) occasion; ***mam mało ~ci mówienia po polsku*** I have little opportunity of speaking Polish; ***przy tej ~ci*** on this occasion
sposobny *adj* convenient
spos|ób *m* means, way; ***~ób myślenia*** way of thinking; ***tym ~obem*** by this means, in this way; ***w taki czy inny ~ób*** somehow or other; ***w żaden ~ób*** by no means; ***~ób użycia*** directions for use; ***na ~ób polski*** the Polish way
spostrzegać *vt* perceive, notice; catch sight (***coś*** of sth)
spostrzegawczość *f* perceptiveness
spostrzegawczy *adj* perceptive, quick to perceive
spostrzeżenie *n* perception; (*uwaga*) observation, remark
spośród *praep* from among(st)
spotkanie *n* meeting; ***umówione ~*** appointment; ***przyjść na ~*** keep an appointment; (*towarzyskie*) get-together
spotwarzać *vt* calumniate, slander
spot|ykać *vt* meet (***kogoś*** sb); ***~ykać się*** *vr* meet (***z kimś*** sb); (*napotykać*) meet (***z czymś*** with sth); ***~kać się z trudnościami*** meet with difficulties
spowiadać *vt rel.* confess; ***~ się*** *vr* confess (***z czegoś*** sth, ***przed kimś*** to sb)
spowiedź *f rel.* confession
spowodować *vt* cause, bring about
spoza *praep* from behind
spożycie *n* consumption
spożywcz|y *adj*, ***artykuły ~e*** foodstuff(s)
spód *m* bottom; ***u spodu*** at the bottom
spódnica *f* skirt; ***~ mini*** miniskirt
spójnik *m gram.* conjunction

spójność *f* cohesion
spójny *adj* cohesive
spółdzielca *m* cooperator
spółdzielczość *f* cooperative movement
spółdzielczy *adj* cooperative
spółdzielnia *f* cooperative (society)
spółgłoska *f gram.* consonant
spółk|a *f* partnership, company; **~a z kapitałem mieszanym** joint venture; **~a z ograniczoną odpowiedzialnością** limited liability company (*skrót* Ltd.); **~a akcyjna** joint stock company; **do ~i** in common
spółkować *vi* copulate
spółkowanie *n* copulation, coitus
spór *m* dispute, contention
spóźniać się *vr* be late; (*o zegarze*) be slow; **~ na pociąg** miss one's <the> train
spóźnianie *n* delay
spóźniony *adj* late, belated, delayed
spracowany *adj* overworked
spragniony *adj* thirsty; *przen.* eager (**czegoś** for sth, to do sth)
spraw|a *f* affair, matter; (*sądowa*) lawsuit, case, action; **~a honorowa** a matter of honour; **~a pieniężna** money matter; **ministerstwo ~ wewnętrznych** Home Office; **ministerstwo ~ zagranicznych** Foreign Office; **w ~ie czegoś** in the matter of sth, about sth; **to nie twoja ~a** it is no business of yours; **wytoczyć ~ę** bring an action (**komuś** against sb); **załatwić ~ę** settle the matter; **zdawać ~ę** report (**komuś z czegoś** to sb about sth), give an account (**komuś z czegoś** sb of sth); **zdawać sobie ~ę** be aware (**z czegoś** of sth); realize (**z czegoś** sth)
sprawca *m* author; doer; (*przestępstwa*) perpetrator
sprawdzać *vt* verify, test, check; **~ się** *vr* come <prove> true; (*w słowniku*) look up
sprawdzian *m* test, criterion
sprawiać *vt* effect, bring about; (*ulgę, przyjemność*) afford; (*przykrość, ból*) cause; (*wrażenie*) make; **~ sobie** procure, buy oneself
sprawiedliwość *f* justice; **oddać ~** do justice; **wymierzać ~** administer justice; **wymierzać sobie ~** take the law into one's own hands
sprawiedliwy *adj* just, righteous
sprawka *f* doing
sprawność *f* skill, dexterity, efficiency
sprawny *adj* skilful, dexterous, efficient
sprawować *vt* do, perform; (*władzę*); exercise; (*urząd*) hold, fill; (*obowiązek*) discharge, perform; **~ się** *vr* behave
sprawowanie *n* (*obowiązku*) discharge, exercise; (*władzy, urzędu*) exercise; (*zachowanie*) conduct, behaviour
sprawozdanie *n* report, account; **~ radiowe** running commentary; **składać ~** report (**z czegoś** sth), render an account (**z czegoś** of sth)
sprawozdawca *m* reporter; (*radiowy*) commentator
sprawun|ek *m* purchase; *pl* **~ki** shopping; **załatwiać ~ki w sklepach** do the shopping
sprężać *vt* compress
sprężanie *n* compression
sprężyna *f* spring
sprężysty *adj* elastic, resilient
sprostać *vi* be equal, be up (**czemuś** to sth)
sprostować *vt* correct
sprostowanie *n* correction; *polit.* dementi
sproszkować *vt* pulverize
sprośność *f* obscenity
sprośny *adj* obscene
sprowadzać *vt* bring (in); lead

down; (*towar*) convey; (*z zagranicy*) import; (*np. nieszczęście*) bring about, cause; (*np. do absurdu*) reduce; **~ się** *vr* (*do mieszkania*) take up one's quarters, move in

spróchniały *adj* rotten, (*np. o zębie*) decayed

spróchnieć *vi* become rotten <decayed>

spryskać *vt* splash

spryt *m* cleverness, shrewdness; *pot.* cuteness, smartness; **mieć ~** *pot.* have a knack (**do czegoś** for sth)

sprytny *adj* clever, shrewd, cunning; *pot.* cute, smart

sprzączka *f* buckle, clasp

sprzątaczka *f* charwoman

sprzątać *vt* (*usuwać*) remove, carry off; (*gruzy*) cart away; (*porządkować*) put <set> in order; (*pokój*) do up, tidy up; **~ ze stołu** clear the table

sprzątanie *n* tidying up, clearing

sprzeciw *m* objection, protest

sprzeciwiać się *vr* object (**czemuś** to sth), oppose (**czemuś** sth)

sprzeczać się *vr* contend (**o coś** about sth), squabble

sprzeczka *f* argument, squabble

sprzecznoś|ć *f* contradiction; **być w ~ci** contradict each other

sprzeczny *adj* contradictory

sprzed *praep* from before

sprzedać *vt zob.* **sprzedawać**

sprzedajność *f* venality

sprzedajny *adj* venal

sprzedawać *vt* sell

sprzedawca *m* seller, (*ekspedient*) shop-assistant; salesman; saleswoman

sprzedaż *f* sale; **na ~** for sale; (*detaliczna*) retail; **w ~y** on sale; **~ uliczna** street vending; **~ posezonowa** clearance sale

sprzeniewierzenie *n* embezzlement

sprzeniewierzyć *vt* embezzle; **~ się** *vr* become faithless

sprzęgać *vt* couple, join

sprzęgło *n techn.* coupling, clutch; **włączyć ~** put in the clutch; **wyłączyć ~** declutch

sprzęt *m* piece of furniture; implement, equipment; **~ kuchenny** kitchen utensils *pl*; **~ wojenny** war material; **~ komputerowy** hardware

sprzężenie *n komp.* interface; **~ zwrotne** feedback

sprzyjać *vi* favour (**komuś, czemuś** sb, sth), be favourable (**komuś, czemuś** to sb, sth)

sprzyjający *adj* favourable

sprzykrzy|ć *vt*, **~ć sobie coś** become fed up with sth, be sick of sth; **~ć się** *vr*, **to mi się ~ło** I am fed up with it <sick of it>

sprzymierzeniec *m* ally

sprzymierzon|y *adj* allied; *pl* **państwa ~e** Allied Powers

sprzymierzyć się *vr* enter into an alliance

sprzysięgać się *vr* conspire

sprzysiężenie *n* conspiracy, plot

spuchnąć *vi* swell up

spuchnięty *adj* swollen

spust *m techn.* slip; (*strzelby, pistoletu*) trigger

spustoszenie *n* devastation

spustoszyć *zob.* **pustoszyć**

spuszczać *vt* down, lower, drop; (*wodę*) let off; (*oczy*) cast down; (*głowę*) droop; (*psa ze smyczy*) unleash; **~ się** *vr* go down, descend; (*statek na wodę*) launch

spuścizna *f* heritage; inheritance

spychacz *m* bulldozer

spychać *vt* push down, shift back

sraczka *f wulg.* the shits

srać *vi wulg.* shit, crap, take a shit <a crap>

srebro *n* silver; **~ stołowe** plate; *pot.* **żywe ~** quicksilver, mercury

srebrzyć *vt* silver, plate with silver

srebrzysty *adj* silvery

srogi *adj* cruel, severe, fierce

srogość *f* severity, fierceness

sroka *f zool.* (mag)pie

sromotny *adj* shameful, disgraceful

srożyć się *vr* rage

ssać *vt* suck

ssak *m zool.* mammal

ssanie *n* suction

ssąc|y *p praes i adj* sucking; suction *attr*; ***pompa ~a*** suction pump

stabilizacja *f* stabilization

stacja *f* station; ***~ obsługi technicznej*** service station; ***~ kosmiczna*** space station

staczać *vt* roll down; ***~ bój*** fight a battle; ***~ się*** *vr* tumble <roll> down; *przen.* get low

sta|ć *vi* stand; ***~ć mnie na to*** I can afford it; ***~ć na czele*** be at the head; ***~ć na kotwicy*** lie <ride> on the anchor; ***~ć na warcie*** stand sentry; ***~ z założonymi rękoma*** stand by with folded arms; ***~ć się*** *vr* happen, occur; become; ***co się ~ło?*** what happened?, what's up here?; ***co się z nim ~ło?*** what has become of him?; ***on ~ł się sławny*** he became famous; ***gdyby mu się coś ~ło*** should anything happen to him

stadion *m* stadium; sports ground

stadium *n* stage

stado *n* herd; (*ptaków*) flock

stagnacja *f* stagnation; recession

stajnia *f* stable

stal *f* steel

stale *adv* constantly, always; continually

stalownia *f* steelworks

stalówka *f* nib

stałość *f* constancy, stability

stały *adj* constant, stable; (*o cenie*) fixed; (*o pogodzie*) settled; *fiz.* solid; ***ląd ~*** continent; ***~ mieszkaniec*** resident

stamtąd *praep* from there

stan *m* state, condition; (*część państwa*) state; ***~ cywilny*** marital status; ***urząd ~u cywilnego*** registry-office; ***~ kawalerski, panieński*** single state; ***~ małżeński*** married state; ***~ liczebny*** strength; ***~ oblężenia*** state of siege; ***~ prawny*** legal status; ***~ wyjątkowy*** state of emergency; ***~ wojenny*** martial law; state of war; *fin.* ***~ bierny*** liabilities *pl*; ***~ czynny*** assets *pl*; ***mąż ~u*** statesman; ***zamach ~u*** coup d'état; ***zdrada ~u*** high treason; ***ludzie wszystkich ~ów*** people of every state and condition; ***w nietrzeźwym ~ie*** under the influence of drink; ***być w ~ie*** be able (***coś zrobić*** to do sth); ***w dobrym ~ie*** in good condition; ***żyć ponad ~*** live beyond one's means

stan|ąć *vi* (*powstać*) stand up; (*zatrzymać się*) stop, halt, come to a standstill; ***praca ~ęła*** work has stopped; ***~ąć komuś na przeszkodzie*** get in sb's way; ***na tym ~ęło*** there the matter was dropped

stancja *f* lodging

standard *m* standard, norm

standaryzować *vt* standardize

stanik *m* (*biustonosz*) brassiere; *pot.* bra

stanowczo *adv* decidedly; absolutely, definitely

stanowczość *f* firmness, peremptoriness

stanowczy *adj* firm, decided, peremptory

stanowi|ć *vt vi* (*ustanawiać*) establish, institute; (*wyjątek, prawa, różnice itp.*) make; (*decydować*) decide (***o czymś*** sth); ***to ~ 5 funtów*** this amounts to 5 pounds

stanowisk|o *n* post, position; (*społeczne*) standing; (*pogląd*) standpoint, opinion; (*postawa*) attitude; ***człowiek na wysokim ~u*** man of high standing; ***zająć przyjazne ~o*** take a friendly at-

titude (***w stosunku do kogoś, czegoś*** towards sb, sth); ***zajmować ~o nauczyciela*** fill the position <post> of teacher
starać się *vr* endeavour, make efforts, take pains; (*troszczyć się*) take care (***o kogoś, coś*** of sb, sth); (*zabiegać*) solicit (***o coś*** sth); ***~ o posadę*** apply for a job
starani|e *n* (*troska*) care; (*zabiegi*) solicitation, endeavour; ***robić ~a*** make efforts; apply (*np.* ***o posadę*** for a job)
staranność *f* accuracy, exactitude
staranny *adj* careful, exact, accurate, solicitous
starcie *n* rubbing, friction; (*skóry*) abrasion; (*walka*) collision, conflict; *wojsk.* engagement
starczy *adj* senile
starczy|ć *vi* suffice; ***jeśli mi tylko sił ~*** to the best of my power; ***to ~*** that will do
starodawny *adj* ancient, antique; old-time *attr*
staromodny *adj* old-fashioned; out-of-date *attr*
starosta *m* prefect (of a district); (*kierownik grupy*) senior
starość *f* old age
staroświecki *adj* old-fashioned; old-world *attr*
starożytność *f* antiquity
starożytn|y *adj* ancient, antique; *s pl* ***~i*** the ancients
starszeństwo *n* seniority
star|szy *adj* older, elder; senior; *s* senior, superior; *pl* ***~si*** (*starszyzna*) the elders
starszyzna *f* the elders
start *m* start; *lotn.* take-off
starter *m* starter, self-starter
startować *vi* start; *lotn.* take off
staruszek, starzec *m* old man
stary *adj* old, aged
starzeć się *vr* grow old
stateczność *f* steadiness
stateczny *adj* steady; (*zrównoważony*) staid
stat|ek *m mors.* vessel, ship; ***~ek handlowy*** merchantman; ***~ek parowy*** steamship, steamer; ***~ek rybacki*** fishing boat <vessel>; ***~ek wojenny*** man-of-war; ***~ek pocztowy*** mail boat <ship>; ***~ek kosmiczny*** spaceship, spacecraft; ***~kiem*** by ship; ***podróżować ~kiem*** sail, go by ship; ***wysyłać ~kiem*** ship, send by ship; ***wsiadać na ~ek*** take ship, go on board (a ship); ***na ~ek, na ~ku*** on shipboard, on board ship
statua *f* statue
statuetka *f* statuette
statut *m* charter; (*regulamin, przepisy*) statue; *handl.* articles of association
statyczny *adj* static
statyka *f* statics
statysta *m teatr* mute
statystyczny *adj* statistic(al)
statystyk *m* statistician
statystyka *f* statistics
statyw *m* tripod, stand
staw *m* pond; *anat.* joint
stawać *zob.* **stanąć**
stawiać *vt* set, put (up); (*np. butelkę, szklankę, drabinę*) stand; (*budować*) build, erect; (*pomnik*) raise; ***~ czoło*** make a stand (***komuś, czemuś*** against sb, sth), brave (***komuś, czemuś*** sb, sth); ***~ opór*** resist (***komuś, czemuś*** to sb, sth); ***~ (wszystko) na jedną kartę*** stake everything on one card; ***~ na konia*** back a horse; ***~ 10 funtów na konia*** bet £ 10 on horse; ***~ coś na głowie*** stand sth on its head; ***~ się*** *vr* defy (***komuś*** sb), show fight (***komuś*** to sb); (*np. w sądzie*) appear, turn up
stawiennictwo *n* appearance
stawka *f* (*w grze*) stake; (*taryfa*) rate
staż *m* probation; training period
stażysta *m* probationer
stąd *praep* (*z tego miejsca*) from here; (*dlatego*) hence

stąpać *vi* stride, step, tread
stchórzyć *vi* prove a coward, *pot.* show the white feather
stearyna *f* stearin(e)
stempel *m* stamp; (*sztanca*) die; (*podpora*) prop; (*pocztowy*) postmark
stemplować *vt* stamp, cancel; (*datownikiem pocztowym*) postmark; *filat.* obliterate; (*podpierać*) prop (up)
stenografia *f* shorthand, shorthand-writing
stenografować *vt* write in shorthand
step *m* steppe
ster *m* rudder; (*koło sterowe*) helm; ***u ~u*** at the helm
sterczeć *vi* stand <stick> out, (*ku górze*) stick up
stereo *nieodm.* stereo
stereofonia *f* stereo sound
stereofoniczny *adj* stereophonic; stereo; ***magnetofon ~*** stereo tape recorder; stereo cassette deck; ***wzmacniacz ~*** stereo amplifier; ***zestaw ~*** stereo set
stereoskop *m fiz. fot.* stereoscope
stereotyp *m* stereotype
sterling *zob.* ***funt***
sternik *m* steersman, helmsman
sterować *vi* steer (***okrętem*** the ship)
sterowanie *n* control
sterta *f* stack; (*stos*) pile, heap
sterylizować *vt* sterilize
sterylny *adj* sterile
stewardessa *f* air-hostess, air-stewardess
stęchlizna *f* fustiness
stęchły *adj* fusty, musty
stękać *vi* moan, groan
stępić *vt* blunt; ***~ się*** *vr* become blunt
stęskniony *pp i adj* pining, yearning (***za kimś, czymś*** for sb, sth); ***~ za ojczyzną*** homesick
stężać *vt chem.* concentrate
stężenie *n* hardening; *chem.* concentration
stłoczyć *vt* compress, cram
stłuc *vt* smash, break; (*np. kolano*) bruise
sto *num* one <a> hundred; ***Sto lat!*** (*śpiewane życzenia*) Happy Birthday to You!
stocznia *f mors.* shipyard
stodoła *f* barn
stoicyzm *m* stoicism
stoik *m* stoic
stoisko *n* stand
stojak *m* stand
stok *m* slope, hillside
stokrotka *f* daisy
stokrotny *adj* hundredfold
stolarz *m* carpenter, joiner
stolec *m med.* stool; ***oddawać ~*** move one's bowels; defecate
stolica *f* capital; *rel.* ***Stolica Apostolska*** Holy See
stołeczny *adj* metropolitan
stołek *m* stool
stołować *vt* board; ***~ się*** *vr* board (***u kogoś*** with sb)
stołownik *m* boarder
stołówka *f* canteen; cafeteria
stomatologia *f med.* stomatology
stonoga *f zool.* woodlouse
stop *m* (*metalowy*) alloy
stop|a *f* foot; ***~a procentowa*** rate of interest; ***~a życiowa*** living standard, standard of life; ***na ~ie wojennej*** on war footing; ***na przyjacielskiej ~ie*** on a friendly footing; ***od stóp do głów*** from top to toe; ***u stóp góry*** at the foot of the hill
stopić *vt* melt
stop|ień *m* degree; (*ocena*) mark, grade; (*np. schodów*) step; ***mający ~ień akademicki*** graduate; ***uzyskać ~ień (akademicki)*** graduate; ***w wysokim ~niu*** to a high degree
stopniały *adj* (*o metalu*) molten; (*np. o śniegu*) melted
stopnieć *vi* melt down

stopniować *vt* gradate, graduate
stopniowanie *n* gradation
stopniowo *adv* gradually, by degrees
stopniowy *adj* gradual
stora *f* (window-)blind
storczyk *m bot.* orchid
stos *m* pile, heap; (*całopalny*) stake; *fiz.* ***~ atomowy*** atomic pile; ***ułożyć w ~*** heap (up), pile (up)
stosowa|ć *vt* apply, employ, use; ***~ć się*** *vr* comply (*np.* ***do prośby*** with a request), conform (*np.* ***do przepisów, zwyczajów*** to rules, to customs); (*odnosić się*) refer (***do czegoś*** to sth); ***sztuki ~ne*** applied arts
stosownie *adv* accordingly; ***~ do czegoś*** according to sth
stosowny *adj* suitable, appropriate (***do kogoś, czegoś*** to sb, sth)
stosun|ek *m* relation; proportion; (*związek*) connection; (*postawa*) attitude; (*płciowy*) intercourse; *pl* ***~ki*** (*majątkowe itp.*) means, circumstances; (*polityczne, towarzyskie*) relations; ***być w dobrych ~kach*** be on good terms
stosunkowy *adj* relative; proportional; comparative
stowarzyszenie *n* association, society
stożek *m* cone
stożkowy *adj* conical
stóg *m* stack, rick
stół *m* table; (*wikt, utrzymanie*) board; ***nakrywać do stołu*** lay the table; ***przy stole*** (*jedząc*) at table
stracenie *n* execution
straceniec *m* desperado
strach *m* fear, fright; ***napędzać ~u*** alarm, terrify (***komuś*** sb); ***ze ~u*** for fear (***przed czymś*** of sth, ***o coś*** for sth); ***~ na wróble*** scarecrow
stracić *vt* (*ponieść stratę*) lose; (*pozbawić życia*) execute; ***~ z oczu*** lose from sight
stragan *m* (huckster's) stand, stall
straganiarz *m pot.* huckster
strajk *m* strike; ***~ powszechny*** general strike; ***~ głodowy*** hunger strike; ***~ okupacyjny*** sit-down strike
strajkować *vi* strike, go on strike
strajkujący *m* striker
strapienie *n* affliction, grief
strapiony *adj* afflicted, heartsick
straszak *m* toy pistol; bugbear
straszliwy *adj* horrible
straszny *adj* terrible, awful
straszy|ć *vt* frighten; (*o duchach*) haunt; ***w tym domu ~*** this house is haunted
straszydło *n także i przen.* scarecrow
strat|a *f* loss; ***ponieść ~ę*** suffer a loss; ***ze ~ą*** at a loss
strategia *f* strategy
strategiczny *adj* strategic
stratny *adj*, ***być ~m*** be a loser
stratosfera *f* stratosphere
strawny *adj* digestible
straż *f* guard, watch; ***być na ~y*** keep guard; ***pod ~ą*** under guard; ***~ honorowa*** guard of honour; ***~ ogniowa*** fire-brigade
strażak *m* fireman
strażnica *f* watch-tower
strażnik *m* guard; (*nocny*) watchman
strącić *vt* throw <hurl> down; precipitate (*także chem.*), deduct; (*o samolocie*) bring down; ***~ z tronu*** dethrone
strączek, strąk *m* pod, husk, hull
strefa *f geogr.* zone; ***~ podzwrotnikowa*** torrid zone; ***~ umiarkowana*** temperate zone; ***~ zimna*** frigid zone
stres *m* stress
streszczać *vt* make a summary (***coś*** of sth), summarize; ***~ się*** *vr* be brief

streszczenie *n* summary, précis
stręczyciel *m* (*pośrednik*) jobber; (*do nierządu*) procurer; *pot.* pimp
stręczyć *vt* procure
striptiz *m* striptease
striptizerka *f* stripper
strofa *f* stanza
strofować *vt* reprimand
stroić *vt* (*ubierać*) attire, deck; (*fortepian*) tune; **~ żarty** make fun (**z kogoś, czegoś** of sb, sth); **~ się** *vr* dress oneself, deck oneself out
strojny *adj* smart, dressy
stromy *adj* steep, abrupt
stron|a *f* side; (*stronica*) page; *gram.* voice, **~a czynna** <**bierna**> active <passive> voice; (*okolica*) region, part; **~a zawierająca umowę** contracting party; **~y świata** quarters of the globe, cardinal points; **stanąć po czyjejś ~ie** take sides with sb, side with sb; **w tych ~ach** in these parts; **z jednej ~y... z drugiej ~y** on the one hand... on the other hand; **z mojej ~y** for <on> my part; **z prawej ~y** on the right hand; **z tej ~y** on this side; **ze wszystkich ~** on all sides
stronnictwo *n* party
stronniczość *f* partiality
stronniczy *adj* partial, biased
stronnik *m* partisan
strop *m* ceiling
stropić *vt* put out of countenance; **~ się** *vr* be put out of countenance
stroskany *adj* afflicted, careworn
strój *m* attire, dress; *muz.* pitch; **~ wieczorowy** evening dress
stróż *m* guard, guardian; (*strażnik*) watchman; (*dozorca*) door-keeper; **anioł ~** guardian angel
strudzony *adj* wearied
struga *f* rill, stream
strugać *t* whittle
struktura *f* structure
strumień *m* stream
struna *f muz.* string, chord; *anat.* **~ głosowa** vocal cord
strup *m* crust
struś *m zool.* ostrich
strych *m* attic, loft, garret
strychnina *f chem.* strychnine
stryczek *m* halter, rope
stryj *m* uncle
stryjeczn|y *adj*, **brat ~y, siostra ~a** cousin
strzał *m* shot
strzała *f* arrow
strzaskać *vt* smash
strząsać *vt* shake off
strzec *vt* guard, protect (**przed kimś, czymś** from <against> sb, sth); **~ się** *vr* be on one's guard (**kogoś, czegoś** against sb, sth)
strzecha *f* thatch
strzelać *vi* shoot, fire (**do kogoś, czegoś** at sb, sth); **~ z pistoletu** fire a pistol; **~ bramkę** shoot <score> a goal
strzelanina *f* firing
strzelba *f* rifle, gun
strzelec *m* rifleman; shot; (*wyborowy*) marksman; (*znak zodiaku*) Sagittarius
strzelnica *f* shooting-gallery; *wojsk.* shooting-range
strzelniczy *adj*, **proch ~** gunpowder
strzemienny *m* parting drink
strzemię *n* stirrup
strzęp *m* tatter, shred
strzępić *vt* shred, fray; **~ się** *vr* fray, become frayed
strzyc *vt* shear, clip; (*włosy*) cut, crop; **~ sobie włosy** have a haircut; **~ włosy krótko** crop the hair close; **~ uszami** prick up one's ears
strzykać *vt vi* squirt; (*boleć*) twinge
strzykanie *n* twinge
strzykawka *f* syringe; **~ jednorazowego użytku** disposable syringe

strzyżenie *n* shearing; **~ włosów** haircut

student *m*, **studentka** *f* student; **~ pierwszego <drugiego, trzeciego, czwartego> roku** first <second, third, fourth> year student; *am.* freshman, sophomore, junior, senior

studia *pl* studies; **~ zaoczne** extramural studies

studiować *vt* study

studium *n* study

studnia *f* well

studzić *vt* cool (down)

stuk *m* knocking, noise

stulecie *n* century; (*setna rocznica*) centenary

stuletni *adj* (*człowiek*) hundred years old; **wojna ~a** Hundred Years' War

stwardniałość *f* hardening, callosity

stwardniały *adj* hardened, callous

stwarzać *vt* create; make; (*np. sytuację, warunki*) bring about

stwierdzać *vt* state, assert, affirm; confirm, corroborate

stwierdzenie *n* statement, assertion; corroboration

stworzenie *n* (*czyn*) creation; (*istota*) creature; **żywe ~** living animal

stworzyciel, stwórca *m* creator

stworzyć *zob.* **stwarzać, tworzyć**

styczeń *m* January

styczna *f mat.* tangent

styczność *f* contact, contiguity; **utrzymywać ~** keep in touch (**z kimś** with sb)

stygmat *m* stigma

stygnąć *vi* cool down

stykać się *vr* contact (**z kimś** sb), meet (**z kimś** sb), be in touch (**z kimś** with sb)

styl *m* style; **~ pływacki** stroke; **~ życia** way of life

stylista *m* stylist

stylistyczny *adj* stylistic

stylistyka *f* stylistics

stylowy *adj* stylish

stypa *f* wake

stypendium *n* (*naukowe*) scholarship; (*także studenckie*) fellowship; stipend; grant

stypendysta *f* scholarship-holder

subiektywizm *m* subjectivism

subiektywny *adj* subjective

sublimat *m chem.* sublimate

sublokator *m* lodger

subordynacja *f* subordination

subskrybent *m* subscriber

subskrybować *vt* subscribe (**coś** to sth)

subskrypcja *f* subscription (**czegoś** to sth)

substancja *f* substance

subsydiować *vt* subsidize

subsydium *n* subsidy

subtelność *f* subtlety

subtelny *adj* subtle, fine

subwencja *f* subvention, subsidy; grant

subwencjonować *vt* subsidize

suchar *m* biscuit; *am.* cracker

sucharek *m* rusk

suchy *adj* dry; arid

sufiks *m gram.* suffix

sufit *m* ceiling

sufler *m* prompter

sugerować *vt* suggest

sugestia *f* suggestion

sugestywny *adj* suggestive

suka *f* bitch

sukces *m* success; **odnieść ~** be successful, be a success

sukcesja *f* succession; (*dziedzictwo*) inheritance

sukcesor *m* successor; heir

sukienka *f* dress, frock

sukiennice *s pl* drapers' hall

sukiennik *m* draper

sukinsyn *m wulg.* son of a bitch

suknia *f* dress, frock, gown; **~ wieczorowa** evening gown

sukno *n* cloth

sułtan *m* sultan

sułtanka *f* sultana

sum *m zool.* catfish, sheat-fish
suma *f* sum, total; (*msza*) High Mass
sumaryczny *adj* summary
sumienie *n* conscience; ***czyste ~*** good <clear> conscience; ***nieczyste ~*** bad <guilty> conscience
sumienność *f* conscientiousness
sumienny *adj* conscientious
sumować *vt* sum up
sunąć *vi* glide; *vt zob.* ***suwać***
supeł *m* knot
supremacja *f* supremacy
surdut *m* frock-coat
surogat *m* surrogate, substitute
surowica *f* serum
surowiec *m* raw material
surowość *f* severity, crudeness
surowy *adj* raw; *przen.* severe, stern
surówka *f* raw stuff; *techn.* pig-iron; (*potrawa*) vegetable salad
susza *f* drought
suszarka *f* (*do włosów*) hair-dryer; (*do naczyń*) dish drainer;
suszarnia *f* drying-shed
suszyć *vt* dry; *przen.* ***~ komuś głowę*** pester sb; *vi* (*pościć*) fast
sutanna *f* cassock
sutener *m pot.* pimp
suterena *f* basement
sutka *f* nipple, teat
suwać *vt* shove, shuffle, slide
suwak *m* slide; (*błyskawiczny*) zip (fastener); *am.* zipper
swada *f* eloquence
swat *m* match-maker; (*zawodowy*) matrimonial agent
swatać *vt* make a match
swawola *f* frolics *pl*, pranks *pl*, antics *pl*, wantonness
swawolić *vi* frolic, play pranks, skylark, wanton
swawolny *adj* frolicsome, playful, wanton
swąd *m* reek
sweter *m* sweater, jumper, jersey; (*zapinany*) cardigan
swędzenie *n* itch
swędzić *vi* itch
swobod|a *f* liberty, freedom; (*wygoda*) ease; (*lekkość ruchów, obejścia*) easiness; ***~y obywatelskie*** civil liberties
swobodny *adj* free; (*wygodny, lekki w obejściu*) easy; (*niewymuszony, powolny*) leisurely; (*o stroju*) informal
swoisty *adj* specific, peculiar
swojski *adj* homely, familiar, congenial
sworzeń *m* bolt
swój *pron* her, his, my, our, your, their; ***postawić na swoim*** have one's will; ***po swojemu*** in one's own way; ***swego czasu*** at one time
sybaryta *m* sybarite
sybarytyzm *m* sybaritism
syberyjski *adj* Siberian
sycić *vt* satiate
syczeć *vi* hiss
syfon *m* siphon
sygnalizacja *f* signalling
sygnalizacyjny *adj* signal *attr*; ***system ~*** code of signals
sygnalizować *vt vi* signal
sygnał *m* signal; ***~ świetlny*** flare
sygnatariusz *m* signatory
sygnet *m* signet
syk *m* hiss
sylaba *f gram.* syllable
sylogizm *m* syllogism
sylwester *m* New Year's Eve party
sylwet(k)a *f* silhouette
symbioza *f* symbiosis
symbol *m* symbol
symboliczny *adj* symbolic
symbolika *f* symbolism
symbolizować *vt* symbolize
symetria *f* symmetry
symetryczny *adj* symmetrical
symfonia *f* symphony
symfoniczny *adj* symphonic
sympati|a *f* sympathy; *pot.* (*o dziewczynie, chłopcu*) girlfriend, boyfriend; ***czuć ~ę*** have a liking (***do kogoś*** for sb)

sympatyczny *adj* lov(e)able, lik(e)able; (*ujmujący*) winning; (*swojski*) congenial
sympatyk *m* sympathizer, supporter, well-wisher
sympatyzować *vi* sympathize
symptom *m* symptom
symptomatyczny *adj* symptomatic
symulacja *f* simulation, malingering
symulant *m* simulator; (*symulujący chorobę*) malingerer
symulować *vi* simulate; (*udawać chorego*) malinger
syn *m* son
synagoga *f* synagogue
synchronizacja *f* synchronization
synchronizm *m* synchronism
synchronizować *vt vi* synchronize
syndykat *m* syndicate
synekura *f* sinecure; *pot.* cosy job
synod *m* synod
synonim *m* synonym
synowa *f* daughter-in-law
syntaktyczny *adj gram.* syntactic
syntetyczny *adj* synthetic
synteza *f* synthesis
sypać *vt* strew, pour, scatter; (*np. kopiec, okopy*) throw up; ***~ się*** *vr* pour
sypialnia *f* bedroom
sypialny *adj* sleeping *attr*; ***wagon ~*** sleeping-car, sleeper
sypki *adj* loose; *pl* ***ciała ~e*** dry goods
syrena *f* (*mitologiczna*) siren, mermaid; (*alarmowa*, *fabryczna*) hooter; (*okrętowa*, *mgłowa*) foghorn; (*okrętowa*) ship's siren
syrop *m* syrup; (*lekarstwo*) medicated syrup
Syryjczyk *m* Syrian
syryjski *adj* Syrian
system *m* system ***~ operacyjny*** *komp.* operating system; ***~ planetarny*** planetary system; ***~ nerwowy*** nervous system
systematyczny *adj* systematic
sytny *adj* substantial, nutritious
sytość *f* satiety
sytuacj|a *f* situation; ***w obecnej ~i*** as things are
sytuować *vt* situate
syt|y *adj* satiated; ***do ~a*** to satiety
szabla *f* sabre, sword
szablon *m* model, pattern; (*malarski*) stencil
szach *m* (*panujący*) Shah; (*w szachach*) check; ***~ i mat*** checkmate
szachista *m* chess-player
szachować *vt* check; *przen.* hold at bay
szachownica *f* chess-board
szachy *s pl* chess
szacować *vt* estimate, assess, rate (***na 5 funtów*** at £ 5), appraise
szacun|ek *m* (*ocena*) estimate, assessment, appraisal; (*uszanowanie*) esteem, respect; ***z ~kiem*** with compliments
szafa *f* (*na ubranie*) wardrobe; (*na książki*) bookcase; (*biurowa, lekarska*) cabinet
szafir *m* sapphire
szafka *f* (*oszklona*) case; (*na papiery itp.*) cabinet; (*nocna*) night-table
szafot *m* scaffold
szafować *vi* lavish
szafran *m* saffron
szajka *f* gang
szakal *m zool.* jackal
szal *m* shawl
szal|a *f* scale; ***przeważyć ~ę*** turn the scale
szalbierstwo *n* fraudulence, swindle
szalbierz *m* swindler
szaleć *vi* rage; be crazy (***za kimś, czymś*** about sb, sth)
szaleniec *m* madman
szaleństwo *n* madness, folly; (*w modzie*) craze
szalet *m* WC; public lavatory; *am.* restroom

szalik *m* scarf; (*wełniany*) comforter
szalka *f* scale; bowl
szalony *adj* mad, crazy, frantic
szalować *vt* board
szalupa *f mors.* life boat
szał *m* fury, frenzy; ***wpaść w ~*** fly into a fury; ***doprowadzić kogoś do ~u*** drive sb mad
szałas *m* shed, shanty
szambelan *m* chamberlain
szamotać się *vr* scuffle
szampan *m* champagne
szampon *m* shampoo
szaniec *m* rampart
szanować *vt* esteem, respect; (*zdrowie, książki itp.*) be careful (***coś*** of sth)
szanown|y *adj* respectable, honourable; ***~y Panie*** Dear Sir; ***~a Pani*** Dear Madam
szansa *f* chance; (*życiowa*) chance of a lifetime
szantaż *m* blackmail
szantażować *vt* blackmail
szantażysta *m* blackmailer
szarada *f* charades
szarańcza *f* locust
szarfa *f* sash, scarf
szargać *vt* foul, soil
szarlatan *m* quack, charlatan
szarlotka *f* apple-tart; apple-cake; apple-pie
szarotka *f bot.* edelweiss
szarpać *vt* tear, pull (***coś*** sth, ***za coś*** at sth)
szaruga *f* foul weather
szary *adj* grey; *am.* gray; *przen.* ***~ człowiek*** the man in the street; ***~ koniec*** lower end, lowest place
szarzeć *vi* become grey; (*zmierzchać się*) grow dusky
szarża *f* charge; (*ranga*) rank
szarżować *vt* (*atakować*) charge
szastać *vi* squander
szata *f* robe, gown; garment
szatan *m* Satan, devil
szatański *adj* satanic(al), fiendish
szatkować *vt* slice
szatnia *f* cloakroom; *am.* checkroom
szczać *vi wulg.* piss, leak, take a piss <a leak>
szczapa *f* splint, chip
szczaw *m* sorrel
szczęt|ek *m* remnant, rest; *pl* ***~ki*** debris
szczebel *m* (*drabiny*) rung; (*przen. stopień*) step, degree, grade, level
szczebiot *m* chirrup
szczebiotać *vi* chirrup
szczecina *f* bristle
szczególnoś|ć *f* peculiarity; ***w ~ci*** in particular
szczególny *adj* peculiar, particular
szczegół *m* detail; ***wchodzić w ~y*** go into details
szczegółowo *adv* in detail
szczegółowy *adj* detailed, particular
szczekać *vi* bark
szczelina *f* cleft, crevice, chink
szczelny *adj* close, tight
szczeniak *m* whelp, cub; (*psi*) puppy
szczep *m* (*ogrodniczy*) graft, shoot; (*plemię*) tribe
szczepić *vt* (*drzewko*) graft; *med.* vaccinate; *med. i przen.* inoculate
szczepienie *n* (*drzewka*) graft, grafting; *med. i przen.* inoculation; vaccination
szczepionka *f med.* vaccine
szczerba *f* jag, notch
szczerbaty *adj* jagged; (*wyszczerbiony*) indented, notched; (*o zębach*) gap-toothed
szczerbić *vt* jag; (*nacinać*) indent
szczerość *f* sincerity
szczery *adj* sincere, frank; (*np. o złocie*) genuine
szczędzić *vt vi* spare
szczęk *m* jingle, clang
szczęka *f anat.* jaw; ***sztuczna ~*** denture; ***opada ~ komuś*** *przen.* one's jaw drops
szczękać *vi* clink, jingle

szczęści|ć się *vr*, ***jemu się ~*** he has good luck, he is successful <prosperous>
szczęściarz *m pot.* lucky beggar <dog>
szczęści|e *n* (*zdarzenie*) good luck; (*stan*) happiness; ***na ~e*** fortunately; ***mieć ~e*** be lucky, have good luck; ***próbować ~a*** try a chance
szczęśliwy *adj* happy; fortunate, lucky
szczodrość *f* liberality, generosity
szczodry *adj* liberal, generous
szczoteczka *f* (*do zębów*) toothbrush
szczotka *f* brush
szczotkować *vt* brush
szczuć *vt* bait; *przen.* (*judzić*) abet
szczudło *n* stilt
szczupak *m zool.* pike
szczupleć *vi* become slim, reduce weight
szczupły *adj* slim; (*niedostateczny*) scare, scanty
szczur *m zool.* rat
szczycić się *vr* boast (***czymś*** of sth), pride oneself on sth; glory (***czymś*** in sth)
szczypać *vt* pinch
szczypce *s pl* (*obcęgi*) tongs, (*kleszcze*) pincers, (*płaskie*) pliers
szczypiorek *m bot.* chive(s)
szczypta *f* pinch
szczyt *m* peak, top; *także polit.* summit; climax; (*np. ambicji, sławy*) height; ***godziny ~u*** rush hours; ***to ~ wszystkiego!*** that beats everything!; that's the limit!
szczytny *adj* sublime
szef *m* principal, chief, *pot.* boss; ***~ kuchni*** chef
szelest *m* rustle
szeleścić *vi* rustle, (*np. o jedwabiu*) swish
szelki *s pl* braces, *am.* suspenders
szemrać *vi* murmur; (*narzekać*) grumble (***na coś*** at sth)
szept *m* whisper
szeptać *vt vi* whisper
szereg *m* row, file, series; (*np. nieszczęść*) succession; (*ilość*) number; ***w ~u wypadków*** in a number of cases
szeregować *vt* rank
szeregowiec *m wojsk.* private (soldier)
szeregow|y *adj*, *techn.* ***połączenie ~e*** connection in series; *komp.* serial; *s* ***~y*** *wojsk.* private; *pl* ***~i*** ranks and file
szermierka *f sport* fencing
szermierz *m sport* fencer; *przen.* champion
szeroki *adj* wide, broad; ***człowiek o ~ch poglądach*** open- <broad-> minded man
szerokość *f* width, breadth; *geogr.* latitude; (*toru*) gauge
szerokotorow|y *adj*, ***kolej ~a*** broad-gauge railway
szerszeń *m zool.* hornet
szerzyć *vt*, ***~ się*** *vr* spread
szesnastka *f* sixteen
szesnasty *num* sixteenth
szesnaście *num* sixteen
sześcian *m* cube; *mat.* ***podnosić do ~u*** cube
sześcienny *adj* cubic
sześć *num* six
sześćdziesiąt *num* sixty
sześćdziesiąty *num* sixtieth
sześćset *num* six hundred
szew *m* seam; *med.* suture
szewc *m* shoemaker
szkalować *vt* slander
szkapa *f pot.* jade
szkaradny *adj* hideous
szkarlatyna *f med.* scarlet-fever
szkarłat *m* scarlet
szkatuła *f* casket
szkic *m* sketch, outline
szkicować *vt* sketch, outline
szkicownik *m* sketch-book
szkielet *m anat.* skeleton; (*zarys*) framework; (*statku, budowli*) frame; (*zwłoki*) carcass
szkiełko *n* glass; (*mikroskopowe*) slide

szklanka *f* glass
szklany *adj* glass *attr*
szklarnia *f* glasshouse, greenhouse
szklarz *m* glazier
szklisty *adj* glassy
szkliwo *n* glaze
szkł|o *n* glass; ***~o powiększające*** magnifying glass; ***~a kontaktowe*** contact lenses; (*wyroby*) glassware
szkocki *adj* (*w odniesieniu do ludzi, języka*) Scots, Scottish; (*o produktach*) Scotch
szkod|a *f* damage, detriment, harm; ***~a, że...*** it's a pity that ...; ***~a o tym mówić*** it's no use talking about it; ***wyrządzić ~ę*** do harm (***komuś*** to sb); ***na czyjąś ~ę*** to the detriment of sb; ***jaka ~a!*** what a pity!
szkodliwość *f* harmfulness
szkodliwy *adj* injurious, harmful, detrimental
szkodnik *m* wrong-doer, mischief-maker; *pl* ***~i*** *zool.* pest; vermin *zbior.*
szkodzi|ć *vi* do harm, injure; ***nie ~!*** never mind!; it doesn't matter; ***~ na żołądek*** bad for the stomach
szkolić *vt* school, train, instruct
szkolnictwo *n* school-system, education
szkoln|y *adj* school *attr*; ***kolega ~y*** schoolmate; ***książka ~a*** school-book; ***sala ~a*** schoolroom; ***wiek ~y*** school age
szko|ła *f* school; ***~ła morska*** school of navigation; nautical school; ***~ła podstawowa*** <***powszechna***> elementary <primary> school; ***~ła średnia*** secondary school; *am.* high school; ***~ła wyższa*** higher school; ***~ła zawodowa*** technical school; ***chodzić do ~y*** go to school; ***w ~le*** at school
szkopuł *m* obstacle
szkorbut *m med.* scurvy
Szkot *m* Scotsman, Scot; ***Szkoci*** the Scots, Scotsmen
Szkotka *f* Scotswoman
szkółka *f* (*drzew*) nursery
szkwał *m mors.* squall
szlaban *m* barrier, turnpike
szlachcic *m hist.* country gentleman; nobleman
szlachetny *adj* noble, gentle
szlachta *f* gentry, nobility
szlafrok *m* dressing-gown
szlag *m pot.* ***niech to*** <***cię***> ***~ trafi!*** damn it <you>!
szlagier *m* hit
szlak *m* border; (*droga*) track, trail
szlam *m* slime
szlem *m* (*w brydżu*) grand slam
szlemik *m* (*w brydżu*) small slam
szlifierz *m* grinder, polisher
szlifować *vt* grind, polish
szlochać *vi* sob
szmal *m pot.* dough, bread
szmaragd *m* emerald
szmata *f* clout, rag
szmelc *m* scrap, scrap-iron; ***nadający się na ~*** fit for scrap
szmer *m* murmur, rustle
szminka *f* paint, (*kredka*) lipstick
szmugiel *m* smuggle
szmuglować *vt* smuggle
sznur *m* rope, cord; string; ***~ pereł*** <***korali*** *itp.*> string of pearls <beads *etc.*>
sznurek *m* string
sznurować *vt* lace (up)
sznurowadło *n* shoe-lace
szofer *m* chauffeur, driver
szok *m* nervous shock
szopa *f* shed
szopka *f* puppet theatre; (*gwiazdkowa*) Christmas crib
szorować *vt* scour, scrub
szorstki *adj* rough; coarse
szorty *s pl* shorts
szosa *f* motorway, highway, freeway
szowinista *m* chauvinist, jingoist
szowinizm *m* chauvinism, jingoism

szóstka *f* six
szósty *num* sixth; ***~ zmysł*** the sixth sense
szpada *f sport* épée
szpagat *m* string; (*w tańcu, akrobacji*) splits *pl*
szpak *m zool.* starling
szpaler *m* lane, double row
szpalta *f* column
szpara *f* slit, (*w automacie*) slot; (*szczelina*) chink
szparag *m bot.* asparagus
szpecić *vt* uglify, make ugly, disfigure
szpetny *adj* ugly
szpic *m* point; (*sztyft, kolec*) spike
szpicel *m pot.* sleuth
szpieg *m* spy
szpiegować *vt* spy (***kogoś*** on sb)
szpik *m* marrow
szpikować *vt* lard
szpilka *f* pin; ***siedzieć jak na ~ch*** be on pins and needles
szpinak *m* spinach
szpital *m* hospital
szpon *m* claw, talon; (*także techn.*) clutch
szprot *m*, *pot.* **szprotka** *f zool.* sprat
szpryca *f* syringe
szprycha *f* spoke
szpulka *f* spool, reel, bobbin
szpunt *m* plug, stopper; (*w beczce*) bung
szrama *f* scar
szron *m* hoarfrost
sztab *m wojsk.* staff
sztaba *f* bar
sztachety *s pl* fence, railing
sztafeta *f* courier; *sport* relay race
sztaluga *f zw. pl* easel
sztanca *f* die
sztandar *m* banner, flag
szterling *m* = ***sterling*** *zob.* ***funt***
sztolnia *f górn.* adit
sztruks *m* corduroy
sztucer *m* (*strzelba*) rifle
sztuczka *f* (*fortel*) trick; gimmick
sztuczny *adj* artificial; (*nienaturalny*) affected
sztućce *s pl* cutlery
sztuk|a 1. *f* art; ***~i piękne*** fine arts; ***galeria ~i*** art gallery; ***~ dla ~i*** art for art's sake
sztuka 2. *f* (*kawałek, jednostka*) piece, unit; (*bydła*) head; ***~ mięsa*** boiled beef
sztuka 3. *f* (*teatralna*) play
sztuka 4. *f* (*fortel*) artifice, trick
sztukateria *f* stucco
sztukować *vt* piece out, patch
szturchać *vt* jostle, prod
szturm *m* storm, attack; ***przypuścić ~ do twierdzy*** storm a fortress
szturmować *vt* storm, attack
sztych *m* (*uderzenie*) stab, thrust; (*rycina*) engraving
sztyft *m* pin, spike
sztygar *m górn.* foreman
sztylet *m* dagger
sztywnieć *vi* stiffen
sztywny *adj* stiff; (*np. o zapasach, postępowaniu*) rigid; (*o cenach*) fixed
szubienica *f* gallows
szubrawiec *m* scoundrel, rascal
szufla *f* shovel
szuflada *f* drawer
szuja *m pot.* scoundrel
szukać *vt* seek (***kogoś, czegoś*** sb, sth); look for <after> (***kogoś, czegoś*** sb, sth); (*w słowniku, itp.*) look up (***czegoś*** sth)
szuler *m* cardsharp(er)
szum *m* roar, noise
szumieć *vi* roar
szumowiny *s pl* scum *zbior.*
szuter *m* gravel
szuwary *s pl* bulrush
szwadron *m wojsk.* squadron
szwagier *m* brother-in-law
szwagierka *f* sister-in-law
Szwajcar *m*, ***~ka*** *f* Swiss; ***~zy*** *pl* the Swiss
szwajcarski *adj* Swiss
Szwed *m*, ***~ka*** *f* Swede; ***~zi*** *pl* the Swedes

szwedzki *adj* Swedish
szyb *m* shaft
szyba *f* pane; (*przednia w samochodzie*) windscreen
szybki *adj* quick, swift, speedy, fast
szybko *adv* quick(ly), fast
szybkoś|ć *f* speed, velocity; ***z ~cią 60 mil na godzinę*** at a speed of 60 miles per hour; ***z pełną ~cią*** at full speed; ***ograniczenie ~ci*** speed limit
szybkościomierz *m mot.* speedometer
szybować *vi* soar; *lotn.* glide
szybowiec *m lotn.* glider
szychta *f* shift, relay
szyci|e *n* sewing; ***maszyna do ~a*** sewing-machine
szyć *vt* sew
szydełko *n* crochet-needle
szydełkow|y *adj*, ***robota ~a*** crochet
szyderca *m* scoffer
szyderczy *adj* scoffing
szyderstwo *n* scoff
szydło *n* awl
szydzić *vi* scoff (***z kogoś, czegoś*** at sb, sth)
szyfr *m* code, cipher
szyfrować *vt* code, cipher
szyj|a *f* neck; ***pędzić na łeb na ~ę*** rush headlong; ***rzucać się komuś na ~*** fall upon somebody's neck
szyk 1. *m* (*porządek*) order; *wojsk.* ***~ bojowy*** battle-array; *gram.* ***~ wyrazów*** word order
szyk 2. *m* (*wytworność*) elegance, chic
szykanować *vt* persecute; nag, vex
szykan|y *s pl* persecutions; vexations; ***z ~ami*** in great style
szykowny *adj* chic, smart
szyld *m* signboard
szylkret *m* tortoise-shell
szympans *m zool.* chimpanzee
szyna *f* rail; *med.* splint
szynka *f* ham
szyper *m mors.* skipper
szyszak *m hist.* helmet
szyszka *f bot.* cone

Ś

ścian|a *f* wall; (*skalna*) cliff; ***~y mają uszy*** (the) walls have ears
ścianka *f* (*przepierzenie*) partition
ściągaczka *f szkol. pot.* crib
ściągać *vt* draw down; pull down; (*zaciskać*) draw together, tighten; (*brwi, mięśnie*) contract; (*ludzi*) assemble; (*zdejmować buty*) pull off; (*ubranie*) take off; (*podatek*) raise, levy; (*pieniądze*) collect (***od kogoś*** from sb); (*wartę*) withdraw; *pot.* (*odpisywać*) crib; ***~ się*** *vr* contract; (*kurczyć się*) shrink
ścieg *m* stitch
ściek *m* sewer, gutter, drain
ściekać *vi* flow down <off>, drip off
ściemniać się *vr* darken, grow <get> dark
ścienny *adj* wall *attr*; mural
ścierać *vt* wipe <rub> off; ***~ kurz*** dust
ścierka *f* mop, dishcloth; (*do kurzu*) duster
ścierpły *adj* benumbed, numb
ścierpnąć *vi* go numb
ścieśniać *vt* tighten; ***~ się*** *vr* tighten; stand <sit> closer
ścieżka *f* path, footpath; (*dźwiękowa*) soundtrack
ścięcie *n* cutting off; ***~ głowy*** beheading, execution

ścięgno *n anat.* sinew, tendon

ścigać *vt* pursue, chase; **~ się** *vr* race, run a race; (*sądownie*) prosecute

ścinać *vt* cut off <down>; (*drzewo*) fell; (*głowę*) behead; *sport* smash; *pot.* (*przy egzaminie*) flunk; **~ się** *vr* congeal, coagulate

ścisk *m* squeeze, crush

ściskać *vt* compress, press, squeeze, tighten; (*obejmować*) embrace; **~ komuś rękę** shake sb's hand; *vr* embrace

ścisłość *f* (*dokładność*) exactness, preciseness; (*zwartość*) compactness

ścisły *adj* (*dokładny*) exact, precise, strict; (*zwarty*) compact, close

ściszać *vt* (*głos*) lower; (*radio*) turn down

ściśle *adv* closely; (*ciasno*) tightly; (*dokładnie*) exactly, precisely, strictly; **~ mówiąc** strictly speaking

ślad *m* trace, track, vestige; **~ stopy** footmark, footprint; **iść ~em czegoś** trace sth; **iść w czyjeś ~y** walk <follow> in sb's steps; **nie ma ani ~u ...** not the least trace ... is left; **trafić na ~ czegoś** get a clue to sth

ślamazara *m f* sluggard

ślamazarny *adj* sluggish

śląski *adj* Silesian

Ślązak *m*, **Ślązaczka** *f* Silesian

śledczy *adj* inquiry *attr*; inquiring, examining; **sąd ~** court of inquiry

śledzić *vt* (*obserwować*) watch; (*tropić*) trace; investigate

śledziona *f anat.* spleen

śledztwo *n* inquiry, investigation

śledź *m zool.* herring

ślepiec *m* blind man

ślepnąć *vi* grow blind

ślepo *adv* blindly; **na ~** blindly, at random

ślepota *f* blindness; **kurza ~** night blindness

ślep|y *adj* blind; **~y nabój** blank cartridge; **~y zaułek** blind alley

ślęczeć *vi* pore (**nad czymś** over sth)

śliczny *adj* lovely, most beautiful

ślimacznica *f techn.* worm-wheel; spiral

ślimak *m zool.* snail; *techn.* worm-gear

ślina *f* spittle, saliva

ślinić *vt*, **~ się** *vr* slaver

ślinka *f* spittle; **~ mi idzie do ust** my mouth waters (**na widok czegoś** at sth)

śliski *adj* slippery

śliwka *f* plum; (*suszona*) prune; (*drzewo*) plum-tree

śliwowica *f* plum-brandy

ślizgacz *m* powerboat; gliding-boat

ślizgać się *vr* slide, glide; (*na łyżwach*) skate

ślizgawica *f* glazed frost

ślizgawka *f* (*tor*) skating-rink

ślub *m* wedding; marriage-ceremony; **~ kościelny** church wedding; **~ cywilny** registry marriage; (*ślubowanie*) vow; **brać ~** get married; **czynić ~** make a vow, take a pledge

ślubny *adj* wedding *attr*, nuptial

ślubować *vt vi* vow, make a vow

ślusarz *m* locksmith, fitter

śluz *m* slime

śluza *f* sluice, flood-gate

śmiać się *vr* laugh (**z czegoś** at sth), make fun (**z czegoś** of sth); **chce mi się z tego ~** that makes me laugh; *pot.* **~ się do rozpuku** laugh one's head off; *pot.* **~ się w kułak** laugh up one's sleeve

śmiałek *m* daredevil

śmiałość *f* boldness, bravery

śmiały *adj* bold, brave

śmiech *m* laughter; **wybuchnąć ~em** burst out laughing; **pękać ze ~u** split one's sides with laughter

śmiecić *vi* litter, clutter (up)

śmiecie *s pl* litter, garbage, rubbish; sweepings *pl*; ***kosz na ~*** dust-bin, wastebasket
śmieć *vi* dare, venture
śmiercionośny *adj* deadly; (*broń*) lethal
śmier|ć *f* death; ***wyrok ~ci*** death sentence; ***patrzeć ~ci w oczy*** look death in the face; ***skazać na ~ć*** sentence to death; *przysł.* ***raz kozie ~ć*** man can die but once
śmierdzieć *vi* stink, smell (***czymś*** of sth)
śmiertelnik *m* mortal
śmiertelność *f* mortality
śmiertelny *adj* (*o człowieku*) mortal; (*o grzechu, truciźnie itp.*) deadly; fatal; (*rana*) mortal
śmieszność *f* ridiculousness, the ridiculous
śmieszny *adj* ridiculous, funny
śmieszyć *vt* make laugh
śmietana *f* sour-cream
śmietank|a *f* cream; ***zbierać ~ę*** skim milk; ***~a towarzyska*** cream of society
śmietnik *m* dump, dust-heap, refuse heap
śmigło *n* propeller, *bryt.* airscrew
śmigłowiec *m* helicopter
śniadanie *n* breakfast; ***jeść ~*** breakfast, have breakfast
śniady *adj* swarthy
śni|ć *vi* dream; ***~ło mi się*** I had a dream; I dreamt
śnieg *m* snow; ***~ z deszczem*** sleet; ***pada ~*** it snows
Ś
śniegowce *s pl* snowboots, overshoes
śnieżka *f* snow-ball
śnieżny *adj* snowy
śnieżyca *f* snow-storm, blizzard
śpiący *adj* (be) sleepy, drowsy
śpiączka *f* sleepiness; *med.* ***~ (afrykańska)*** sleeping-sickness
śpieszny *zob.* ***spieszny***
śpieszyć *zob.* ***spieszyć***
śpiew *m* song, singing; ***~ kościelny*** chant; ***nauczyciel ~u*** singing-master
śpiewać *vt vi* sing; (*intonować*) chant
śpiewak *f* singer
śpiewnik *m* song-book
śpiewny *adj* melodious
śpioch *m* sleepyhead
śpiwór *m* sleeping-bag
średni *adj* middle, average, middling, medium; (*mierny*) mediocre; ***~a szkoła*** secondary school; ***~ wzrost*** medium height, middle size; (*radio*); ***~e fale*** medium waves; *pl* ***wieki ~e*** Middle Ages
średnica *f* diameter
średnik *m* semicolon
średnio *adv* on the average; tolerably, *pot.* middling
średniowiecze *n* Middle Ages *pl*
średniowieczny *adj* medi(a)eval
średniówka *f lit.* caesura
środa *f* Wednesday; ***~ popielcowa*** Ash Wednesday
środ|ek *m* middle, centre; (*sposób*) means; *fiz.* ***~ek ciężkości*** centre of gravity; ***~ek drogi*** midway; ***~ek leczniczy*** remedy; *handl. fin.* ***~ek płatniczy*** legal tender; *pl* ***~ki do życia*** means; *pl* ***~ki ostrożności*** measures of precaution; *pl* ***~ki masowego przekazu*** mass media; ***złoty ~ek*** golden mean(s); *med.* ***~ek przeczyszczający*** (***przeciwbólowy, uspakajający***) laxative (analgesic, sedative); *med.* ***~ek antykoncepcyjny*** contraceptive
środkowy *adj* central, middle
środowisk|o *n* environment; ***ochrona ~a*** conservation of environment; milieu
śródmieście *n* centre (of a town), *am.* downtown
śródziemny *adj* Mediterranean
śrub|a *f* screw; ***przykręcić ~ę*** put on the screw; ***zwolnić ~ę*** loosen the screw

śrubokręt *m* screwdriver
śrubować *vt* screw (up)
śrut *m* shot, grapeshot
świadczeni|e *n* service; *pl* **~a społeczne** social services; *pl* **~a lekarskie** medical benefits; *pl* **~a w pieniądzach i naturze** disbursements in money and in kind
świadczyć *vi* attest, testify; bear witness (**o czymś** to sth); (*składać zeznania*) give evidence, depose; **~ usługi** render services
świadectwo *n* evidence, testimonial, certificate; testimony; (*szkolne*) report; **~ pochodzenia** certificate of origin; **~ dojrzałości** *bryt.* General Certificate of Education, GCE; **~ urodzenia** birth certificate; **~ depozytowe** deposit certificate
świad|ek *m* witness; **~ek naoczny** eyewitness (**czegoś** sth); **~ek koronny** crown witness; **być ~kiem** witness (**czegoś** sth)
świadomość *f* consciousness
świadomy *adj* conscious
świat *m* world; **tamten** <**drugi**> **~** the next world; **przyjść na ~** come into the world; **na świecie** in the world; **po całym świecie** all over the world; **wielki ~** highlife society; **stary jak ~** as old as the hills; **~ jest mały!** It's a small world
światł|o *n* light; **~o drogowe** traffic light; **~o dzienne** daylight; **~o księżyca** moonlight; **~o słoneczne** sunlight; **w świetle** in the light of; **przy świetle księżyca** by moonlight; *mot. pl* **~a główne** <**mijania, postojowe, tylne, stopu**> head <passing, parking, tail, stop> lights
światłomierz *m fot.* light meter
światłość *f* brightness
światły *adj* bright; (*o umyśle*) enlightened
światopogląd *m* world outlook, philosophy of life
światowiec *m* man of the world
świąteczny *adj* festive, festival; (*np. o ubraniu*) holiday *attr*
świątki *s pl*, **Zielone ~** Whitsuntide
świątobliwość *m*, *rel.* **Jego ~** His Holiness
świątynia *f* temple
świder *m* drill
świdrować *vt* drill, bore
świeca *f* candle; *techn.* **~ zapłonowa** sparking-plug; **przy ~ch** by candlelight
świecić *vi* shine; *vt* (*zapalać*) light; **~ się** *vr* shine, glitter
świecidełko *n* tinsel; Christmas decoration
świecki *adj* lay, secular
świeczka *f* candle
świecznik *m* candlestick
świergot *m* chirp
świergotać *vi* chirp
świerk *m bot.* spruce
świerszcz *s zool.* cricket
świerzb *m* itch, *med.* scabies
świerzbić *vi* itch
świetlany *adj* luminous
świetlica *f* club
świetlik *m zool.* glow-worm
świetlny *adj* light *attr*, lighting; **gaz ~** lighting-gas; **rok ~** light-year
świetnie *int* splendid!, excellent!, well done!
świetność *f* splendour
świetny *adj* splendid, glorious; excellent
świeżość *f* freshness
świeży *adj* fresh; recent, new
święcić *vt* consecrate; (*obchodzić*) celebrate
święto *n* holiday, festivity
świętojański *adj* St. John's; *zool.* **robaczek ~** glow-worm
świętokradztwo *n* sacrilege
świętoszek *m* hypocritical bigot
świętość *f* sanctity, holiness
świętować *vi* have a holiday
święt|y *adj* holy, sacred; (*przed imieniem*) saint; **~y** *s m*, **~a** *s f*

saint; *rel.* ***Wszystkich Świętych*** All Saints' Day; ***Św. Mikołaj*** Santa Claus, Father Christmas; ***~a krowa*** sacred cow; ***Ojciec Święty*** the Holy Father; ***Pismo Święte*** the (Holy) Scriptures, the (Holy) Bible

świnia *f zool.* swine, pig

świnka *f zool.* little pig; *med.* mumps; *zool.* ***~ morska*** guinea-pig

świństwo *n* dirty trick

świst *m* whistle, whiz(z)

świstać *vt vi* whistle

świstak *m zool.* marmot; *am.* groundhog

świstek *m* scrap of paper

świ|t *m* daybreak, dawn; ***o ~cie*** at daybreak

świtać *vi* dawn

T

ta *pron f* this; *zob.* ***ten***

tabaka *f* snuff

tabela *f* schedule, table, list

tabletka *f* tablet

tablica *f* board; (*szkolna*) blackboard; (*tabela*) table; *mat.* array; (*do ogłoszeń*) notice board; *techn.* ***~ rozdzielcza*** switchboard, (*w samochodzie*) dashboard; *mot.* ***~ rejestracyjna*** number <licence> plate

tabliczka *f* tablet; (*np. czekolady*) bar; *mat.* ***~ mnożenia*** multiplication table

tabor *m wojsk.* retrenched camp; army service columns *pl*; ***~ kolejowy*** rolling-stock

taboret *m* stool

tabu *n* taboo

taca *f* tray, salver

taczać się *vr* wallow, roll; (*zataczać się*) stagger, reel

taczka *f* wheelbarrow, barrow

tafla *f* sheet, plate

taić *vt* hide, conceal (***przed kimś*** from sb)

tajać *vi* thaw

tajemnic|a *f* secret, mystery; ***w ~y*** in secret, secretly; ***publiczna ~a*** open secret; ***otoczony ~ą*** shrouded in mystery

tajemniczość *f* mysteriousness

tajemniczy *adj* mysterious

tajemny *adj* secret, clandestine

tajność *f* secrecy

tajny *adj* secret; under cover

tak *part.* yes; *adv* thus, so, as; (*w ten sposób*) like this <that>; ***~ ..., jak*** as ... as, ***nie ~ ..., jak*** not so ... as; ***~ sobie*** so-so; ***~ czy owak*** anyhow; ***i ~ dalej*** and so on; ***niech ~ będzie*** so be it; ***czy ~?*** is that so?; ***bądź ~ dobry i poinformuj mnie*** be so kind as to inform me

taki *adj* such; ***co ~ego?*** what's the matter?; ***nic ~ego*** nothing of the sort; ***~ biedny, ~ mądry*** so poor, so wise; ***~ sam*** just the same; ***on jest ~ jak ty*** he is like you

takielunek *m mors.* (*olinowanie*) rigging

taksometr *m* taximeter

taksówk|a *f* taxi; *am.* cab; ***jechać ~ą*** travel <go> by taxi; ***zatrzymać ~ę*** hail <thumb> a taxi

taksówkarz *m* taxi-driver

takt *m* tact; (*w muzyce*) time; (*odstęp w pięciolinii*) bar, measure; ***trzymać ~*** keep time; ***wybijać ~*** beat time

taktowny *adj* tactful

taktyka *f* tactics

także *adv* also, too, as well; ***~ nie*** neither, not ... either

talent *m* talent, gift
talerz *m* plate
talia *f* waist; (*kart*) pack
talizman *m* talisman
talk *m* talc(um)
talon *m* coupon
tam *adv* there; (*wskazując*) over there; ***co mi ~*** I don't care; ***kto ~?*** who's there?; ***~ i z powrotem*** to and fro
tamci *pron pl* those; *zob.* ***tamten***
tam|a *f* dam; *przen.* check, stop; ***położyć ~ę*** put a stop (***czemuś*** to sth)
tamować *vt* dam; (*np. ruch*) obstruct; *przen.* check; (*krew*) staunch
tampon *m* tampon; plug
tamta *pron f* that; ***tamten***
tamte *pron pl* those; *zob.* ***tamten***
tamtejszy *adj* from there, of that place
tamten *pron m* (*wskazujący*): that; ***tamta*** *f*: that; ***tamto*** *n*: that; *pl* ***tamci***, ***tamte*** those
tamtędy *adv* that way
tamto *pron n* that; *zob.* ***tamten***
tance|rz *m*, ***~rka*** *f* dancer
tandem *m* tandem
tandeta *f* rubbish, trash, shoddy article
tandetny *adj* shoddy, trashy
tangens *m mat.* tangent
tani *adj* cheap; ***~ jak barszcz*** dirt-cheap
taniec *m* dance
tanieć *vi* become cheap
tantiema *f* bonus
tańczyć *vi* dance, *pot.* hop
tapczan *m* couch, sofa-bed
tapeta *f* wallpaper
tapetować *vt* cover with wall-paper, paper
tapicer *m* upholsterer
tapicerka *f* upholstery
tara *f handl.* tare
taran *m hist.* battering-ram
taras *m* terrace
tarasować *vt* block, barricade
tarcie *n* friction
tarcza *f* target; (*osłona*) shield; (*np. słońca*) disc; (*np. zegarka*) dial
tarczyca *f anat.* thyroid gland
targ *m* market; ***pchli ~*** flea market; ***dobić ~u*** strike a bargain; ***~i*** fair
targać *vt* tear, pull
targnąć się *vr* attempt (***na czyjeś życie*** on sb's life)
targować się *vr* bargain, haggle (***o coś*** about sth)
tarka *f* grater, rasp
tarnina *f* blackthorn
tartak *m* sawmill
taryfa *f* tariff; ***~ celna*** customs tariff
tarzać się *vr* wallow, roll
tasak *m* chopper
tasiemiec *m zool.* tapeworm
tasiemka *f* tape
tasować *vt* shuffle
taśma *f* band; *techn.* tape; ***~ filmowa*** band, film-band; ***~ izolacyjna*** insulating tape; ***~ karabinu maszynowego*** cartridge belt; ***~ miernicza*** measuring tape; ***~ samoprzylepna*** (self)adhesive tape; ***~ montażowa*** assembly line
Tatar *m* Tartar
tatarski *adj* Tartar
taternictwo *n* mountain-climbing; mountaineering
taternik *m* mountain-climber; mountaineer
tatuować *vt* tattoo
tatuś *m zdrob.* dad, daddy
tchawica *f anat.* trachea
tchnąć *vt vi* breathe, inspire
tchnienie *n* breath
tchórz *m zool.* polecat; (*człowiek*) coward
tchórzliwy *adj* cowardly
te *pron pl* these; *zob.* ***ten***
teatr *m* theatre; ***~ muzyczny*** music-hall, music theatre
teatraln|y *adj* theatrical; ***sztuka ~a*** play
techniczny *adj* technical

technik *m* technician
technika *f* technics, technology; (*umiejętność, sposób*) technique
technologia *f* technology; (*zaawansowana*) high tech
teczka *f* case; briefcase, (*na dokumenty*) folder
tegoroczny *adj* this year's
teka *f* briefcase; (*ministerialna, bankowa itp.*) portfolio
tekst *m* text
tekstylny *adj* textile
tektura *f* cardboard
teledysk *m* video clip
telefon *m* telephone; ***przez ~*** over the telephone, by phone; ***~ wewnętrzny*** extension; ***~ komórkowy*** cellular <mobile> telephone; ***~ bezprzewodowy*** cordless telephone
telefoniczn|y *adj* telephonic, telephone; ***rozmowa ~a*** telephone call; ***międzymiastowa rozmowa ~a*** long-distance <trunk> call; ***rozmównica*** <***budka***> ***~a*** telephone booth <box>; ***książka ~a*** directory, telephone book; ***rozmowa ~a*** telephone call; ***podsłuch ~y*** wire tapping
telefonistka *f* operator
telefonować *vt vi* telephone; *pot.* ring <call> sb up (***do kogoś*** sb)
telegazeta *f* Teletext, Videotext
telegraf *m* telegraph
telegraficznie *adv* telegraphically; *pot.* by wire
telegraficzn|y *adj* telegraphic; *pot.* wire *attr*; ***~a wiadomość*** telegraphic message; ***słup ~y*** telegraph-pole
telegrafować *vt vi* telegraph, *pot.* wire, cable
telegram *m* telegram, cable; *am.* wire; ***pilny ~*** urgent telegram
telekonferencja *f* teleconference
teleks *m* telex
teleobiektyw *m fot.* telephoto lens; zoom lens
telepatia *f* telepathy
telereklama *f* television commercial
teleskop *m* telescope
teleskopowy *adj* telescopic
teletekst *m* Teletext
telewidz *m* (tele)viewer
telewizja *f* television, TV; *pot.* telly; ***~ kablowa*** cable television; ***~ satelitarna*** satellite television, TV by satellite
telewizor *m* television <TV> set
temat *m* theme, subject, subject-matter; ***odbiegać od ~u*** drift away from the subject
temblak *m* sling
temperament *m* temperament
temperatur|a *f* temperature; ***~a topnienia*** melting-point; ***~a wrzenia*** boiling-point; ***~a zamarzania*** freezing-point; ***mierzyć ~ę*** take the temperature
temperować *vt* temper; (*ołówek*) sharpen
temp|o *n* time, measure, rate, tempo; ***w szybkim ~ie*** at a fast rate; ***w żółwim ~ie*** at a snail's pace
temu *adv*, ***rok ~*** one year ago; ***dawno ~*** long ago
ten *pron m* (*wskazujący*) this; ***ta*** *f* this; ***to*** *n* this; *pl* ***ci***, ***te*** these
tendencja *f* tendency; (*kierunek*) trend; ***~ zniżkowa*** downward tendency
tendencyjny *adj* biased
tender *m techn.* tender
tenis *m* tennis; ***~ stołowy*** table tennis
tenisówki *pl* plimsolls, canvas shoes; *am.* sneakers
tenor *m* tenor
tenże *pron* the (very) same
teolog *m* theologian
teologia *adj* theology
teoretyczny *adj* theoretical
teoretyk *m* theorist, theoretician
teoria *f* theory
terakota *f* terracotta
terapeuta *m* therapist

T

terapia *f* therapy, therapeutics
teraz *adv* now
teraźniejszość *f* present time, the present
teraźniejszy *adj* present (day); *gram.* **czas ~** present tense
tercet *m* tercet; *muz.* trio
teren *m* area, site, territory, ground, country; (*instytucji, budynku*) premises *pl*
terenowy *adj* local; country- *attr*; (*np. o samochodzie*) cross-country *attr*
terenoznawstwo *n* topography; local knowledge
terkotać *vi* rattle
termin *m* term; (*czeladnika*) apprenticeship; ***przed ~em*** ahead of time; ***w ~ie*** on time; ***~ ostateczny*** deadline; ***~ ważności*** expiry date
terminal *m lotn. komp.* terminal
terminator *m* apprentice
terminologia *f* terminology
terminowo *adv* in time; at a fixed time, at fixed intervals
terminow|y *adj* term *attr*; fixed; (*np. egzamin*) terminal; ***kalendarz ~y*** memorandum; ***~a dostawa*** delivery on term; ***~a zapłata*** term payment
termit *m zool.* termite, white ant
termofor *m* hot-water bottle
termometr *m* thermometer
termos *m* thermos (flask); vacuum flask
termostat *m techn.* thermostat
terpentyna *f chem.* turpentine
terror *m* terror
terrorysta *m* terrorist
terrorystyczny *adj* terrorist
terroryzm *m* terrorism
terroryzować *vt* terrorize
terytorialny *adj* territorial
terytorium *n* territory
testamen|t *m* testament, will; ***zapisać w ~cie*** bequeath, leave as a legacy; ***Stary <Nowy> Testament*** *rel.* the Old <New> Testament
teściowa *f* mother-in-law
teść *m* father-in-law
teza *f* thesis
też *adv* also, too; ***~ nie*** neither, not ... either
tęcza *f* rainbow
tęczówka *f anat.* iris
tędy *adv* this way
tęgi *adj* stout; solid; (*mocny*) robust; able
tępić *vt* blunt, dull; (*niszczyć*) exterminate
tępota *f* dullness, bluntness
tępy *adj* blunt; (*pojmujący z trudem*) dull
tęsknić *vi* long, yearn (***za kimś*** for <after> sb); ***~ za krajem*** be homesick
tęsknota *f* longing, yearning; ***~ za krajem*** homesickness
tęskny *adj* longing, melancholic
tętent *m* tramp (of horses), hoofbeat
tętnica *f* artery
tętnić *vi* tramp, resound; (*o pulsie*) pulsate
tętno *n* pulse, pulsation
tężec *m med.* tetanus
tężeć *vi* stiffen; (*twardnieć*) solidify
tężyzna *f* vigour
tkacki *adj* textile
tkactwo *n* weaving, textile industry
tkacz *m* weaver
tkać *vt* weave
tkanina *f* fabric, cloth
tkanka *f anat. biol.* tissue
tkliwość *f* tenderness, affectionateness
tkliwy *adj* tender, affectionate
tknąć *vt* touch
tkwić *vi* stick
tleć *vi* smoulder, burn faintly
tlen *m chem.* oxygen
tlenek *m chem.* oxide
tlić się *vr* burn faintly, smoulder
tło *n* background
tłocznia *f* press
tłoczyć *vt* press, crush; (*druko-*

wać) impress; **~ się** *vr* crowd, crush

tłok *m* (*ścisk*) crowd, crush; *techn.* piston

tłuc *vt* pound, grind; (*rozbijać*) break, smash; (*np. orzechy*) crack; **~ się** *vr* be broken, be smashed; *pot.* (*np. po świecie*) knock about

tłuczek *m* pestle

tłum *m* crowd, throng, mob

tłumacz *m* translator; (*ustny*) interpreter; **~ przysięgły** sworn translator

tłumaczenie *n* translation; interpretation; (*wyjaśnienie*) explanation; excuse

tłumaczyć *vt* translate (**z polskiego na angielski** from Polish into English); (*ustnie*) interpret; (*wyjaśniać*) explain, account for; **~ się** *vr* excuse oneself

tłumić *vt* stifle, muffle; (*np. bunt, uczucie*) suppress

tłumik *m muz.* sordino; *techn.* silencer, muffler

tłumnie *adv* in crowds

tłumny *adj* multitudinous, numerous

tłusty *adj* fat; (*o plamie, smarze*) greasy; (*gruby*) obese, stout; **~ druk** boldface <bold type> (letters *pl*)

tłuszcz *m* fat, grease

tłuścić *vt* grease

to *pron n* this; *zob.* **ten**; **to moja książka** it is my book; **to twoja wina** it's your own fault

toalet|a *f* toilet; **~ka** (*mebel*) dressing-table; (*ubikacja*) WC; lavatory; *pot.* loo; *am.* restroom; **~ damska** Ladies; **~ męska** Gents

toaletow|y *adj* toilet *attr*; **mydło ~e** toilet soap; **papier ~y** toilet paper; **przybory ~e** articles of toilet

toast *m* toast; **wznosić ~ za czyjeś zdrowie** propose sb's health

tobą *pron* you; *zob.* **ty**

tobie *pron* you; *zob.* **ty**

toczy|ć *vt* roll; (*nóż*) whet; (*obrabiać w tokarni*) turn; (*płyn z beczki*) draw; (*o robactwie*) gnaw, nibble, eat; (*niszczyć*) wear away; (*sprawę sądową*) carry on; (*wojnę*) wage; **~ć się** *vr* roll; (*o sprawie, akcji itp.*) be in progress; (*o wojnie*) be waged; (*o płynie*) flow, run, gush; **rozmowa ~ła się o pogodzie** the conversation was carried on about the weather; **~ły się rokowania** negotiations were held <were proceeding>

toga *f* gown, robe

tok *m* course, progress; **w ~u** in progress

tokarka *f* turning-lathe

tokarz *m* turner

tolerancja *f* tolerance

tolerancyjny *adj* tolerant

tolerować *vt* tolerate

tom *m* volume

tomograf *m* tomograph

ton *m* tone, sound

tona *f* ton

tonacja *f muz.* key, mode

tonaż *m* tonnage

tonąć *vi* drown, be drowned; (*o okręcie*) sink

toniczny *adj* tonic

tonik *m* tonic

toń *f* depth, *poet.* deep

topaz *m* topaz

topić *vt* drown, sink; (*roztapiać*) melt, fuse; **~ się** *vr* drown, be drowned, sink; (*roztapiać się*) melt (away)

topielec *m* drowned man

topnieć *vi* melt

topografia *f* topography

topola *f bot.* poplar

toporek *m* hatchet

topór *m* axe, chopper

tor *m* track; *wojsk.* (*pocisku*) trajectory; **~ boczny** side-track; **~ główny** main-track; **~ kolejowy** railway-track; **~ wyścigowy** *am.* racecourse; racetrack

torba *f* bag; (*na zakupy*) shopping bag
torebka *f* (hand-)bag; *am.* purse
torf *m* peat
torfowisko *n* peat-bog
tornado *n* tornado
tornister *m* knapsack; (*szkolny*) satchel
torować *vt* clear; *przen.* ***~ komuś drogę*** pave the way for sb
torpeda *f wojsk.* torpedo
torpedować *vt* torpedo
torpedowiec *m* (*statek*) torpedo-boat; (*samolot*) torpedo-plane
tors *m* torso
torsje *pl* vomiting, nausea
tort *m* fancy-cake; (*przekładany*) layer-cake
tortur|a *f* torture; ***brać na ~y*** put to torture
torturować *vt* torture
totalitarny *adj* totalitarian
totalitaryzm *m* totalitarianism
totalizator *m* totalizator; ***~ sportowy*** pools
totalny *adj* total
towar *m* article, commodity; ***~y*** *pl* goods; ***~y codziennego użytku*** consumers' <consumer> goods; *pot.* ***~y chodliwe*** marketable goods
towarowy *adj*, ***dom ~*** department store; ***pociąg ~*** goods-train, *am.* freight train
towaroznawstwo *n* knowledge of mercantile wares
towarzyski *adj* social; (*o człowieku*) sociable
towarzystwo *n* society, company
towarzysz *m* companion; ***~ podróży*** fellow traveller
towarzyszyć *vi* accompany (***komuś*** sb)
tożsamoś|ć *f* identity; ***dowód ~ci*** identity card, ID
tracić *vt* lose; (*zadawać śmierć*) execute
tradycja *f* tradition
tradycjonalizm *m* traditionalism
tradycyjny *adj* traditional
traf *m* chance, accident; ***~em*** by chance, accidentally
trafiać *vi* hit (***w coś*** sth; ***na coś, kogoś*** on <upon> sth, sb); ***nie ~*** miss, fail; ***~ do przekonania*** convince; ***na chybił trafił*** at a guess, at random; ***~ się*** *vr* happen
trafność *f* aptness, pertinence, accuracy
trafny *adj* (*o strzale*) well-hit; (*odpowiedni*) just, exact; (*o odpowiedzi*) suitable; (*o sądzie, uwadze itp.*) pertinent, to the point
tragarz *m* porter
tragedia *f* tragedy
tragiczny *adj* tragic
tragikomedia *f* tragicomedy
tragizm *m* tragedy, the tragic
trakcja *f* traction
trak|t *m* highroad; (*przebieg*) course; ***w ~cie działania*** in the course of action
traktat *m* (*układ*) treaty; (*rozprawa*) treatise, tract; ***~ pokojowy*** peace treaty
traktor *m* tractor; ***~ gąsienicowy*** caterpillar-tractor
traktować *vt* handle, treat (***kogoś, coś*** sb, sth)
tramwaj *m* tram, tramway; *am.* streetcar; ***jechać ~em*** go by tram
tran *m* cod-liver oil; ***~ wielorybi*** whale-oil
trans *m* trance
transakcja *f* transaction
transatlantycki *adj* transatlantic
transformacja *f* transformation
transformator *m elektr.* transformer
transformować *vt* transform
transfuzja *f* transfusion
transkrybować *vt* transcribe
transmisja *f* transmission
transmitować *vt* transmit
transparent *m* banner, streamer; (*przezrocze*) transparency
transport *m* transport; *am.* transportation; (*środek przewozowy*)

conveyance; ~ ***wahadłowy*** shuttle service
transportować *vt* transport, convey
tranzystor *m elektr.* transistor
tranzyt *m* transit
trapez *m mat.* trapezium, trapezoid; *sport* trapeze
trapić *vt* vex, molest, pester; ~ ***się*** *vr* worry, grieve (***czymś*** about sth)
trasa *f* route, track; ~ ***podróży*** itinerary; (*lotnicza*) air-route
tratować *vt* trample
tratwa *f* raft
trawa *f* grass
trawić *vt* digest; *techn.* etch; (*zżerać*) consume
trawienie *n* digestion; (*metalu*) etching
trawnik *m* lawn
trąba *f* trumpet; (*słonia*) trunk; (*powietrzna*) whirlwind
trąbić *vi* trumpet
trąbka *f muz.* trumpet; (*zwój*) roll
trącać *vt* push, jostle; (*łokciem*) elbow; ~ ***się*** *vr* knock, jostle; (*kieliszkiem*) clink <click>
trącić *zob.* ***trącać***; *vi* (*pachnieć*) smell (***czymś*** of sth)
trąd *m med.* leprosy
trefl *m* (w *kartach*) club
trema *f* stage fright; *pot.* jitters *pl*
tren 1. *m lit.* elegy, threnody
tren 2. *m* (*u sukni*) train
trener *m* trainer, coach
trening *m* training, coaching
trenować *vt* train, coach; *vi* train, practise
trepanacja *f med.* trepanation
tresować *vt* train, drill; (*konia*) break in
tresura *f* training, drill
treść *f* content, substance; (*zawartość książki*) contents *pl*; (*fabuła*) plot
trębacz *m* trumpeter
trędowaty *adj* leprous; *s m* leper
trio *n muz.* trio
triumf *m* triumph
triumfować *vi* triumph
trochę *adv* a little, a few; ***ani*** ~ not a little, not a bit
trociny *s pl* sawdust
trofe|um *n* trophy, *zw. pl* ~***a*** trophies
trojaczki *s pl* triplets
trojaki *adj* triple
troje *num* three
trolejbus *m* trolley-bus
tron *m* throne; ***wstąpić na*** ~ come to the throne; ***złożyć z*** ~***u*** dethrone
trop *m* track, trace
tropić *vt* trace; (*śledzić*) shadow
tropikaln|y *adj* tropical; ***kraje*** ~***e*** the tropics
troska *f* care, anxiety
troskliwy *adj* careful (***o kogoś, coś*** of sb, sth); attentive (***o kogoś, coś*** to sb, sth)
troszczyć się *vr* care (for), be anxious (***o kogoś, coś*** about sb, sth)
trójbarwny *adj* three-coloured
trójca *f* trinity
trójka *f* three
trójkąt *m* triangle
trójkątny *adj* triangular
truciciel *m* poisoner
trucizna *f* poison
truć *vt* poison
trud *m* pains *pl*; toil; ***zadawać sobie*** ~ take pains, take the trouble
trudnić się *vr* be engaged (***czymś*** in sth), occupy oneself (***czymś*** with sth), work (***czymś*** at sth)
trudno *adv* with difficulty, hard; (*ledwie*) hardly; ~ ***mi powiedzieć*** I can hardly say; ~ ***to zrozumieć*** it is hard to understand; ~***!*** it can't be helped!
trudność *f* difficulty
trudny *adj* difficult, hard
trudzić *vt* fatigue, trouble; ~ ***się*** *vr* take pains
trujący *adj* poisonous
trumna *f* coffin

trunek *m* drink
trup *m* corpse, dead body; ***paść ~em*** drop dead
trupa *f teatr* company, troupe
trupi *adj* cadaverous; ***~a główka*** death's-head
truskawka *f bot.* strawberry
trust *m fin.* trust
truteń *m zool.* drone
trutka *f* poisonous bait
trwać *vi* last, persist
trwale *adv* fast, firmly
trwałość *f* durability, fastness
trwały *adj* durable, lasting, permanent, fast
trwoga *f* fear, fright, awe
trwonić *vt* waste, squander
trwożyć *vt* alarm; **~ się** *vr* feel alarmed (***czymś*** at sth); be in fear (***czymś*** of sth); (*niepokoić się*) be anxious (***o coś*** about sth)
tryb *m* mode, manner, course; *gram.* mood; *techn.* cog, gear *zbior.*; ***~ życia*** way <mode> of life; ***~ warunkowy*** conditional mood
trybun *m* tribune
trybuna *f* platform; (*np. na wyścigach*) stand; (*mównica*) rostrum
trybunał *m* tribunal
trychina *f zool.* trichina
trychinoza *f med.* trichinosis
trygonometria *f* trigonometry
trykotaże *s pl* hosiery
trylion *num bryt.* trillion
tryskać *vi* spurt, spout; (*o krwi, łzach*) gush; (*dowcipem*) sparkle
trywialność *f* triviality
trywialny *adj* trivial
trzask *m* crack, crash
trzaskać *vi* crack (***z bicza*** the whip); crash; bang, slam (***drzwiami*** the door)
trząść *vt vi* shake; **~ się** *vr* shake; tremble; (*z zimna*) shiver
trzcina *f* reed, cane; ***~ cukrowa*** sugar-cane
trzeba *v imp* it is necessary; ***~ ci wiedzieć*** you ought to know; ***~ to było zrobić*** I ought to have done it; ***~ na to dużo pieniędzy*** this requires much money; ***~ mi czasu <pieniędzy>*** I need time <money>
trzeci *num* third
trzeć *vt* rub
trzepaczka *f* dusting-brush; (*do dywanów*) carpet-beater
trzepać *vt* dust; (*dywan*) beat; shake
trzepotać *vi* flap (***skrzydłami*** the wings); **~ się** *vr* flutter
trzeszczeć *vi* crackle
trzeźwić *vt* sober, make sober, refresh
trzeźwieć *vi* sober, become sober
trzeźwość *f* sobriety
trzeźwy *adj* sober
trzęsawisko *n* quagmire
trzęsienie *n* shakes, trembling, shaking; ***~ ziemi*** earthquake
trzmiel *m zool.* bumble-bee
trzoda *f* herd, flock; ***~ chlewna*** swine *zbior.*
trzon *m* (*podstawowa część*) substance; (*rękojeść*) handle, hilt; *techn.* shaft, stem
trzonowy *adj* molar; ***ząb ~*** molar
trzustka *f anat.* pancreas
trzy *num* three
trzydziesty *num* thirtieth
trzydzieści *num* thirty
trzykrotny *adj* threefold
trzyletni *adj* three-year old, three-years'
trzyma|ć *vt* hold, keep; ***~ć język za zębami*** hold one's tongue; ***~ć kogoś za słowo*** keep sb to his word; ***~ć za rękę*** hold by the hand; ***~ć z kimś*** side with sb; ***~ć w szachu*** keep at bay; ***~ć się*** *vr* keep (oneself); hold out; ***~ć się czegoś*** keep to sth, hold to sth, *przen* abide by sth; ***~ć się tematu*** stick to the point; ***~ć się dobrze*** keep well; ***~ć się razem*** hold together, *pot.* stick together; ***~ć się w pobliżu*** keep close (***czegoś*** to sth); ***~ć się z dala***

T

keep away, keep aloof (***od kogoś*** from sb); ***~j się!*** take care
trzynasty *num* thirteenth
trzynaście *num* thirteen
trzysta *num* three hundred
tu *adv* here
tuba *f muz.* tube; speaking-trumpet
tubka *f* tube
tubylczy *adj* indigenous, native
tuczyć *vt* fatten; ***~ się*** *vr* fatten, grow fat
tulić *vt* hug, fondle; ***~ się*** *vr* hug, cuddle together
tulipan *m bot.* tulip
tułacz *m* wanderer
tułać się *vr* wander
tułów *m* trunk (of the body)
tuman *m* dust-cloud; *pot.* (*głupiec*) blockhead
tunel *m* tunnel; ***~ pod kanałem La Manche*** Channel Tunnel; *pot.* Chunnel
tuner *m* tuner
tunika *f* tunic
tupać *vi* stamp (***nogami*** one's feet)
tupet *m* nerve, cheek
turban *m* turban
turbina *f techn.* turbine
Turczynka *f* Turkish woman
turecki *adj* Turkish
Turek *m* Turk
turkot *m* rattle
turkus *m* turquoise
turniej *m* tournament, contest
turnus *m* shift, turn
turysta *m* tourist
turystyczn|y *adj* tourist; ***samochód ~y*** touring car; ***biuro ~e*** tourist agency, travel bureau
turystyka *f* tourism; sightseeing, touring
tusz *m* ink; (*prysznic*) shower-bath; ***~ do rzęs*** mascara
tusza *f* corpulence; stoutness
tutaj *adv* here
tuzin *m* dozen
tuż *adv* nearby; ***~ obok*** next door
twardnieć *vi* harden
twardo *adv* hard; ***jajko na ~*** hard-boiled egg
twardość *f* hardness
twardy *adj* hard; (*np. o mięsie*) tough; ***~ orzech do zgryzienia*** a tough nut to crack
twaróg *m* cottage cheese; (cheese) curds *pl*
twarz *f* face; *pl* ***rysy ~y*** features; ***dostać w ~*** be slapped on the face; ***uderzyć kogoś w ~*** slap sb's face; ***jej jest z tym do ~y*** this suits her; ***zmieniać się na ~y*** change one's countenance; ***zachować ~*** save face; ***~ą w ~*** face to face
twierdza *f wojsk.* stronghold, fortress, citadel
twierdząco *adv* affirmatively, in the affirmative
twierdzący *adj* affirmative
twierdzenie *n* statement; affirmation, assertion; *mat.* theorem
twierdzić *vi vt* state, assert, maintain
twoja *pron f* your, yours; *zob.* ***ty***
twoi *pron m pl* your, yours; *zob.* ***ty***
twoje *pron f i n* your, yours; *zob.* ***ty***
tworzenie *n* creation; ***~ się*** formation, origin
tworzyć *vt* create; form; ***~ się*** *vr* form, be formed, arise, rise
tworzywo *n* material; (*sztuczne*) plastic
twój *pron m* your, yours
twór *m* creation, creature; piece of work, product
twórca *m* creator, author, maker
twórczość *f* creativity, creative power; production, output
twórczy *adj* creative, constructive
ty *pron sing* you; *przypadki dzierżawcze* ***twój*** (***twoje, twoje, twoi***) *z rzeczownikiem* your; *bez rzeczownika* yours; *przypadki zależne* ***ciebie/cię*** (***tobie/ci, tobą***) you
tyczka *f* pole, perch

T

tyczy|ć się *vr* concern, regard; ***co się ~*** as for <to>, concerning
tyć *m* grow fat, put on weight
tydzień *m* week; ***dwa tygodnie*** *bryt.* fortnight; ***za ~*** in a week's time; ***od dziś za ~*** this day week
tyfus *m med.* typhus; ***~ brzuszny*** enteric fever
tygiel *m* crucible, melting-pot
tygodnik *m* weekly
tygodniowo *adv* weekly
tygodniowy *adj* weekly
tygrys *m zool.* tiger
tykać *vi* (*o zegarze*) tick
tykwa *f bot.* gourd
tyle as much <many>, so much <many>
tylekroć *adv* so <as> many
tylko *adv* only, solely; ***~ co*** just now; ***skoro ~*** as soon as
tyln|y *adj* back, hind, posterior; ***~a straż*** rearguard; ***~e światło*** rear-light
tył *m* back, rear; ***obrócić ~em*** turn one's back (***do kogoś*** on sb); ***do ~u*** back, backward(s); ***z ~u*** (from) behind
tyłek *m pot. am.* tush, tushie; *wulg.* ass, bum
tym *w zwrotach:* ***~ więcej*** all the more; ***im... tym...*** the... the...; ***im więcej, ~ lepiej*** the more the better
tymczasem *adv* meanwhile, in the meantime
tymczasowość *f* temporariness, provisional state
tymczasowy *adj* temporary, provisional
tymianek *m bot.* thyme
tynk *m* plaster
tynkować *vt* plaster
typ *m* type; character; ***podejrzany ~*** queer customer, suspicious character
typować *vt* indicate, mark out, destine; *sport* rate
typowy *adj* typical (of)
tyrada *f* tirade
tyran *m* tyrant
tyrania *f* tyranny
tyrański *adj* tyrannical
tysiąc *num* thousand
tysiąclecie *n* millennium
tysięczny *num* thousandth
tytan *m* titan; *chem.* titanium
tytoń *m* tobacco
tytularny *adj* titular(y)
tytuł *m* title; ***z jakiego ~u?*** on what grounds?; ***~ naukowy*** academic degree
tytuł|ować *vt* entitle; address; ***~ują go doktorem*** he is spoken to as doctor
tytułow|y *adj* title *attr*; ***strona ~a*** title-page

U

u *praep* at, by, in, with; ***u jego boku*** by his side; ***u krawca*** at the tailor's; ***u nas w kraju*** in this <our> country; ***u mnie*** at my place; ***u Szekspira*** in Shakespeare; ***tu u dołu*** down here; ***tu u góry*** up here; ***mam u niego pieniądze*** he owes me money; ***mieszkam u niego*** I stay with him; ***zostań u nas*** stay <live> with us
uaktualnić *vt* update
ubawić *vt* amuse; ***~ się*** *vr* amuse oneself, have much amusement
ubezpieczać *vt* insure (***od ognia*** against fire), assure, secure; ***~ się*** *vr* insure oneself; ***~ się na życie*** insure one's life
ubezpieczalnia *f* (*instytucja*) National Insurance Centre; (*sys-*

tem) National Health Insurance
ubezpieczenie *n* insurance, assurance; **~ *na życie*** life insurance; **~ *od ognia*** fire insurance; **~ *społeczne*** social insurance, National Insurance Scheme; **~ *na wypadek choroby*** insurance against health risks
ubezpieczeniow|y *adj*, ***polisa ~a*** insurance-policy; ***agent ~y*** insurance agent
ubezwłasnowolnić *vt prawn.* incapacitate
ubiec *vt* (*wyprzedzić*) get the start (***kogoś*** of sb); (*uprzedzić*) forestall, anticipate
ubiegać się *vr* apply, contend (***o coś*** for sth), solicit (***o coś*** for sth), compete (***o coś*** for sth); *zob.* **ubiec**
ubiegły *adj* past, last
ubierać *vt* dress, clothe; **~ *się*** *vr* get dressed, dress
ubijać *vt* batter <ram> down; kill; (*jajka, śmietanę*) beat; **~ *interes*** *pot.* strike a bargain
ubikacja *f* toilet, water-closet, WC, lavatory; *am.* restroom
ubiór *m* dress, attire
ubliżać *vi* offend, disparage (***komuś*** sb)
ubliżający *adj* offensive
ubocz|e *n*, ***na ~u*** out of the way
ubocznie *adv* incidentally; marginally
uboczny *adj* incidental; (*nieistotny*) marginal; accessory; (*boczny*) lateral; ***produkt ~*** by-product
ubogi *adj* poor
ubolewać *vi* be sorry; feel sympathy (***nad kimś*** for sb); deplore (***nad kimś, czymś*** sb, sth)
ubolewani|e *n* sympathy, condolence; ***godny ~a*** deplorable
ubożeć *vi* get poor
ubożyć *vt* impoverish, pauperize
ubój *m* slaughter
ubóstwiać *vt* idolize, adore
ubóstwianie *n* idolatry, adoration
ubóstwo *n* poverty
ubóść *vt* gore; *przen.* (*urazić*) hurt
ubrać *zob.* **ubierać**
ubranie *n* clothes *pl*; suit; **~ *gotowe*** ready-made suit; **~ *wieczorowe*** evening dress; (*dekoracja*) decoration
ubytek *m* loss; decrease, decline
ubywać *vi* decrease, diminish
uch|o *n* ear; ***ból ~a*** ear-ache; (*uchwyt*) handle; (*igły*) eye; *przen.* ***nadstawiać ~a*** prick up one's ears; ***słyszeć na własne uszy*** hear with one's own ears; ***puszczać coś mimo uszu*** turn a deaf ear to sth; ***zakochać się po uszy*** be head over heels in love; ***po uszy w długach*** over head and ears in debts; ***zaczerwienić się po uszy*** blush to the roots of one's hair
uchodzić *vi* go away, escape, flee; pass (***za kogoś*** for sb); **~ *czyjejś uwadze*** escape sb's attention <notice>
uchodźca *m* refugee, emigrant, émigré
uchodźstwo *n* emigration, exile
uchować *vt* preserve, save
uchronić *vt* safeguard, protect; **~ *się*** *vr* protect oneself
uchwalać *vt* decree, (*ustawę*) enact; (*powziąć*) carry; **~ *przez aklamację*** carry by acclamation
uchwała *f* resolution, decision
uchwyt *m* handle, grip
uchybiać *vi* fail (*np.* ***obowiązkom*** to do one's duty); transgress (***prawu*** the law)
uchybienie *n* fault; offence
uchylać *vt* (*kapelusza*) raise, lift; (*uchwałę itp.*) abolish, repeal; **~ *się*** *vr* duck; avoid (***od czegoś, kogoś*** sth, sb); (*stronić*) shun (***od czegoś, kogoś*** sth, sb); shirk (***od obowiązku, odpowiedzialności*** responsibility, duty)
uciążliwość *f* nuisance, difficulty, importunity

uciążliwy *adj* burdensome, difficult, onerous
uciecha *f* pleasure, delight, joy
ucieczk|a *f* flight, escape; ***ratować się ~ą*** flee for life; ***zmusić do ~i*** put to flight
uciekać *vi* flee, fly, escape; ***~ się do...*** *vr* resort to...; ***bez uciekania się do...*** without recourse to...
uciekinier *m* fugitive; refugee
ucieleśniać *vt* embody
ucieleśnienie *n* embodiment
ucierać *vt* rub; (*rozcierać*) grind
ucieszy|ć *vt* delight, make happy <glad>; ***~ć się*** *vr* be <become> glad (***czymś*** of <at> sth), find pleasure (***czymś*** in sth), rejoice at; ***~łem się na jego widok*** I was glad to see him
ucinać *vt* cut (off)
ucisk *m* pressure, oppression
uciskać *vt* press, oppress; (*np. o bucie*) pinch
uciszyć *vt* appease, calm; silence; ***~ się*** *vr* calm down; become silent
uciśniony *adj* oppressed
uczciwość *f* honesty
uczelnia *f* university, college
uczennica *f* school-girl, pupil
uczeń *m* school-boy, pupil; apprentice; (*zwolennik*) disciple
uczepić *vt* hang on, append, fasten; ***~ się*** *vr* hang on, become attached (***czegoś*** to sth)
uczesanie *n* hair-do, hair-style; hairdressing
uczestnictwo *n* participation
uczestniczyć *vi* participate, take part
uczestnik *m* participant, partner; (*przestępstwa*) accomplice
uczęszczać *vi* frequent; attend (*np.* ***na wykłady*** lectures); ***~ do szkoły*** go to school
uczęszczanie *n* attendance
uczony *adj* erudite, learned; *s m* scholar, erudite
uczta *f* feast
ucztować *vi* feast
uczucie *n* feeling, emotion, sentiment; (*doznanie*) sensation; (*przywiązanie*) affection
uczuciowość *f* sensibility
uczuciowy *adj* sensitive, emotional
uczulać *vt* make sensitive; *med. fot.* sensitize
uczulenie *m med.* allergy
uczy|ć *vt vi* teach (***kogoś*** sb, ***czegoś*** sth), instruct (***kogoś*** sb, ***czegoś*** in sth); ***~ć się*** *vr* learn (*np.* ***angielskiego*** English); study; ***jak długo ~sz się angielskiego?*** how long have you been learning English?
uczyn|ek *m* deed, act; ***złapać kogoś na gorącym ~ku*** catch sb red-handed <in the act of...>
uczynność *f* readiness to help, helpfulness
uczynny *adj* obliging, kind
uda|ć *zob.* ***udawać***; ***robota mu się nie ~ła*** his work was not a success; ***~ł mu się jego plan*** he succeeded in his plan; ***~ło mi się to zrobić*** I have succeeded <I have been successful> in doing it; ***jego plany nie ~ły się*** all his plans have failed; ***~ło mi się zdać egzamin*** I was successful in passing the examination
udany *adj* successful; fine
udar *m* stroke; *med.* apoplexy; ***~ słoneczny*** sunstroke
udaremnić *vt* frustrate, baffle
udawać *vt* feign, pretend, simulate, sham; ***~ chorobę*** sham <pretend> sickness; ***~ się*** *vr* (*iść*) go, proceed, resort, make one's way; (*zwrócić się*) apply (***do kogoś*** to sb, ***w sprawie czegoś*** for sth); (*poszczęścić się*) be successful, succeed, be a success
uderzać *vt* strike, hit; attack; ***~ pięścią w stół*** strike one's fist on the table; (***w kogoś, coś*** on, upon sb, sth); ***~ komuś do głowy*** go to one's head

uderzenie *n* blow, strike; (*np. wiosłem, rakietą*) stroke; attack; ***za jednym ~m*** at one stroke
udo *n anat.* thigh
udogodnienie *n* convenience, facilities *pl*
udoskonalić *vt* bring to perfection; improve
udostępnić *vt* make accessible
udowodnić *vt* prove; (*wykazać*) show
udręczenie *n* vexation, distress
udusić *vt* strangle, choke; (*potrawę*) stew; **~ *się*** *vr* choke, suffocate
uduszenie *n* suffocation, strangulation
udział *m* share; part; (*w przestępstwie*) complicity; (*los, dola*) lot; ***brać ~*** take part
udziałowiec *m* partner, shareholder
udzielać *vt* give, impart; (*użyczać*) grant; **~ *nagany*** reprimand; **~ *się*** *vr* be imparted; spread; (*o chorobie*) be contagious
udzielenie *n* imparting, giving; (*pozwolenia, pożyczki itp.*) grant
ufać *vi vt* trust (***komuś*** sb, in <to> sb), confide (***komuś*** in sb)
ufność *f* confidence
ufny *adj* confident, (*pewny siebie*) self-confident
uganiać się *vr* run (***za czymś*** after sth)
uginać *vt* bend, bow; **~ *się*** *vr* bow down; (*np. o podłodze*) give in; *przen.* (*pod ciężarem*) strain
ugłaskać *vt pot.* wheedle, coax
ugniatać *vt* knead; press; (*ziemniaki*) mash

U

ugoda *f* agreement
ugodowy *adj* conciliatory
ugodzić *vt* hit; *zob.* ***godzić***
ugór *m* fallow
ugruntować *vt* consolidate
ugryźć *vt* bite
ugrząźć *vi* stick
uiścić *vt* (*dług*) acquit, pay
ujadać *vi* bay
ujarzmić *vt* subjugate, subdue
ujawnić *vt* reveal, disclose
ująć *vt* (*objąć*) seize, grasp; (*myślą*) conceive; (*sformułować*) formulate; (*zjednać*) win, captivate; (*odjąć*) deduct, take away; **~ *się*** *vr* intercede (***za kimś*** sb's cause), take (***za kimś*** sb's part)
ujednolicić *vt* make uniform, standardize
ujemny *adj* negative, unfavourable; (*bilans*) adverse, unfavourable
ujeżdżać *vt* (*konia*) break in
ujęcie *n* seizure, grasp; (*sformułowanie*) expression
ujmujący *adj* winning, prepossessing
ujrzeć *vt* see, perceive
ujście *n* escape; (*rzeki*) mouth; *przen.* ***znaleźć ~*** find a vent <an outlet>
ukamienować *vt* stone to death
ukartować *vt* concert; (*podstępnie*) plot, conspire; frame (up)
ukartowan|y *adj* concerted; ***~a sprawa*** put-up affair
ukazywać *vt* show; **~ *się*** *vr* appear, show
ukąsić *vt* bite
ukąszenie *n* bite; sting; (*rana*) bite
układ *m* disposition; (*ułożenie*) arrangement; (*umowa*) agreement; (*plan*) scheme; (*system*) system; (*rozmieszczenie geogr., terenowe itp.*) configuration, layout; ***~y*** *pl* (*pertraktacje*) negotiations; **~ *scalony*** chip; ***wchodzić w ~y*** enter into negotiations (***z kimś w sprawie czegoś*** with sb for sth)
układać *vt* arrange, dispose; (*np. posadzkę*) lay; (*drzewo, siano itp.*) stack; (*porządkować*) put in order; (*pertraktować w sprawie warunków*) negotiate the terms; (*np. tekst, opowiadanie*) compose,

set down; (*planować, ustalać*) make; **~ się** *vr* settle down; come all right; (*zgadzać się*) agree, come to an arrangement <agreement>

układanka *f* jigsaw puzzle

układny *adj* well-mannered, polite

ukłon *m* bow; **~y** *pl* (*pozdrowienia*) regards, respects; *zob.* **pokłon**

ukłonić się *vr* bow (**komuś** to sb)

ukłucie *n* prick, puncture, sting

ukłuć *vt* prick, sting

ukochany *adj* beloved, favourite

ukoić *vt* soothe, relieve, appease

ukojenie *n* relief, alleviation

ukończenie *n* completion; (*wyższych studiów ze stopniem*) graduation

ukończyć *vt* complete, finish; (*studia wyższe*) graduate

ukos *m* slant, obliquity; **na ~** aslant; **patrzeć z ~a** look askance

ukośny *adj* oblique, slant(ing), diagonal

ukradkiem *adv* furtively, stealthily

Ukrainiec *m*, **Ukrainka** *f* Ukrainian

ukraiński *adj* Ukrainian

ukraść *vt* steal, (*porwać*) snatch

ukręcić *vt* twist, wring

ukrop *m* boiling water

ukrócić *vt* repress, check

ukrycie *n* concealment, hiding-place

ukryty *adj* hidden; disguised; secret; obscure

ukrywać *vt* conceal, hide (**przed kimś, czymś** from sb, sth); cover; disguise; **~ się** *vr* hide (oneself), conceal oneself; cover oneself

ul *m* beehive

ula|ć *vt* pour out; *techn.* cast, mould; *pot.* **pasuje jak ~ł** <**~ny**> fits to a miracle

ulatniać się *vr* leak; evaporate, volatilize

ulatywać *vi* fly up, soar up

uleczalny *adj* curable

uleczyć *vt* cure, heal (**z czegoś** of sth)

ulega|ć *vi* give way, yield, succumb (**komuś** to sb); (*podporządkować*) submit; undergo (**czemuś** sth); **nie ~ wątpliwości** this is beyond all doubts; **~ć czyimś wpływom** be influenced by sb, undergo sb's influence; **~ć pokusie** yield to temptation; **~ć zepsuciu** be subject to deterioration; **~ć zmianie** undergo a change; **~ć zwłoce** be delayed

uległość *f* submission, submissiveness

uległy *adj* submissive

ulepszać *vt* better, improve, ameliorate

ulepszenie *n* betterment, improvement, amelioration

ulewa *f* downpour, shower

ulewny *adj* pouring; **~ deszcz** downpour

ulg|a *f* relief, ease; (*ułatwienie*) facilitation; (*zniżka*) reduction, facility; **doznać ~i** be relieved, feel relief; **sprawić ~ę** relieve, alleviate; **~a podatkowa** tax relief

ulgowy *adj* reduced

ulic|a *f* street; **iść ~ą** go down <up> the street; **boczna ~a** by-street, off-street, side street; **ślepa ~a** dead-end street

uliczka *f* lane; **boczna ~** by-lane

ulotka *f* leaflet; (*uliczna*) handbill

ulotnić się *zob.* **ulatniać się**

ulotny *adj* (*zmienny*) volatile; (*przemijający*) passing, transitory

ultimatum *n* ultimatum; **postawić ~** deliver an ultimatum

ultrafioletowy *adj* ultraviolet

ultramaryna *f* ultramarine

ulubieniec *m* favourite; darling

ulubiony *adj* favourite, beloved

ulży|ć *vi* relieve (**komuś** sb);

(*złagodzić np. ból*) alleviate; ***~ć sumieniu*** ease sb's conscience; *pot.* ***~ło mi*** I felt relieved
ułamać *vt* break off
ułamek *m* fragment; *mat.* fraction
ułamkowy *adj* fragmentary; *mat.* fractional
ułaskawić *vt* pardon
ułaskawienie *n* pardon
ułatwić *vt* facilitate, make easier
ułatwienie *n* facilitation
ułomność *f* infirmity, disability
ułożenie *n* arrangement, composition
ułożony *pp* composed; *adj* well-mannered
ułożyć *vt* arrange, put in order; *zob.* ***układać***
ułuda *f* illusion, delusion
ułudny *adj* illusive, delusive
umacniać *vt* fortify, confirm; (*utrwalać*) strengthen; ***~ się*** *vr* consolidate; ***~ się w przekonaniu*** be confirmed
umarły *adj i s m* deceased, dead
umartwiać *vt* mortify
umartwienie *n* mortification
umawiać się *vr* make an arrangement <an appointment>; agree (***co do czegoś*** on <upon> sth); ***~ z kimś*** arrange with sb (***co do czegoś*** about sth); ***~ co do dnia*** fix the day; ***~ co do spotkania*** make a date; (*z sympatią*) have a date with...; ***~ co do ceny*** settle the price
umeblowanie *n* furniture, furnishings *pl*
umiar *m* moderation
umiarkowanie *n* moderation; (*wstrzemięźliwość*) temperance
umiarkowany *adj* moderate; (*wstrzemięźliwy*) temperate; (*o cenach*) reasonable
umie|ć *vt vi* know, be able, ***~m czytać i pisać*** I know how to read and write; ***czy ~sz czytać?*** can you read?; ***czy ~sz to na pamięć?*** do you know it by heart?
umiejętność *f* science; (*zdolność, wprawa*) skill
umiejscowić *vt* locate, localize
umiejscowienie *n* localization
umierać *vi* die (***z choroby, głodu*** of an illness, of starvation; ***od rany*** of a wound); ***~ śmiercią naturalną*** die a natural death; *przen.* ***~ ze strachu*** <***ciekawości***> die of fear <curiosity>
umieszczać *vt* place, locate, put; (*np. ogłoszenie*) put up, set up; (*w gazecie*) insert
umilać *vt* render agreeable, make pleasant
umiłowany *adj* beloved, favourite
umizgać się *vr* (*zalecać się*) court, woo (***do kogoś*** sb); (*przymilać się*) blandish, wheedle (***do kogoś*** sb)
umizgi *s pl* (*zaloty*) courtship, wooing; (*przymilanie się*) blandishment(s)
umknąć *vi* escape
umniejszać *vt* diminish, lessen
umocnić *vt zob.* ***umacniać***
umocnieni|e *n* fixing, consolidation; *pl* ***~a*** *wojsk.* fortifications, fieldwork
umocować *vt* fasten, fix
umorzenie *n fin.* sinking, remission; ***~ postępowania*** discontinuation of the trial
umorzyć *vt* sink, discontinue (a trial)
umowa *f* agreement, contract; convention
umowny *adj* conventional
umożliwiać *vt* enable; make possible
umówić się *zob.* ***umawiać się***
umundurować *vt* put in uniform
umundurowanie *n* supply of uniforms; uniforms *pl* (*of soldiers etc.*)
umyć *vt* wash; ***~ się*** *vr* wash (oneself)

umykać *vi* escape; fly away, flit (away)
umy|sł *m* mind; ***przytomność ~słu*** presence of mind; ***zdrowy na ~śle*** of sound mind
umysłowość *f* mentality
umysłowy *adj* mental, intellectual; ***pracownik ~*** *pot.* white-collar worker
umyślnie *adv* on purpose, intentionally, specially
umyślny *adj* intentional; (*specjalny*) special, express
umywalka *f*, ***umywalnia*** *f* washbasin; *am.* wash-bowl
unaocznić *vt* demonstrate, make evident
uncja *f* ounce
unia *f* union; ***Unia Europejska*** European Union
unicestwić *vt* annihilate
uniemożliwić *vt* make impossible
unieruchomić *vt* immobilize
uniesienie *n* (*gniew*) burst of passion, fit of anger; (*zachwyt*) enchantment, ecstasy
unieszczęśliwić *vt* make unhappy
unieszkodliwić *vt* render harmless
unieść *vt* lift, carry up <away>; ***~ się*** *vr* (*w górę*) soar up; (*zachwycić się*) become enraptured; ***~ się gniewem*** fly into a passion
unieważnić *vt* annul, nullify, invalidate, cancel
unieważnienie *n* annulment, nullification, invalidation, cancellation
uniewinnić *vt* acquit (***kogoś od czegoś*** sb of sth); (*uwolnić*) exonerate (***kogoś od czegoś*** sb from sth)
uniezależnić *vt* make independent; ***~ się*** *vr* become independent (***od kogoś, czegoś*** of sb, sth)
unifikacja *f* unification
uniform *m* uniform
unikać *vi* avoid (***kogoś, czegoś*** sb, sth); (*stronić*) steer clear (***kogoś, czegoś*** of sb, sth), shun
unikat *m* unique specimen <thing>
uniwersalny *adj* universal; all-purpose *attr*
uniwersytet *m* university
uniżoność *f* humbleness
uniżony *adj* humble
uniżyć *vt*, ***~ się*** *vr* humble, humiliate
unosić *vt zob.* ***unieść***; ***~ się*** *vr* ascend; (*o ciężarze*) heave; (*np. na falach*) float; (*wisieć w powietrzu*) hover; soar; (*gniewem*) fly into a passion
unowocześniać *vt* modernize; update
uodpornić *vt* make proof, immunize
uogólnić *vt* generalize
uosabiać *vt* impersonate, personify
uosobienie *n* impersonation, personification
upadać *vi* fall down, drop, collapse; ***~ na duchu*** be disheartened; ***~ na kolana*** drop on one's knees
upadek *m* fall, downfall; decline, collapse
upadłość *f* bankruptcy; insolvency
upadł|y *adj* fallen; *handl.* bankrupt; ***do ~ego*** to the utmost, *pot.* right to the bitter end; ***pracować do ~ego*** work oneself to death
upajać *zob.* ***upoić***
upalny *adj* torrid
upał *m* heat
upamiętnić *vt* render memorable, commemorate
upaństwowić *vt* nationalize
uparty *adj* obstinate, stubborn
upaść *zob.* ***upadać***
upatrywać *vt* watch for, track (***kogoś, coś*** sb, sth); be on the look-out (***czegoś, coś*** for sth); ***~ sposobności*** watch for one's

U

opportunity; **~ *sobie następcę*** single out a successor
upełnomocnić *vt* empower, authorize
upełnomocnienie *n* power of attorney
upewnić *vt* assure, make sure (***o czymś*** of sth); **~ *się*** *vr* make sure (***o czymś*** of sth)
upić się *vr* get drunk; be intoxicated (***sukcesem*** with success)
upierać się *vr* persist (***przy czymś*** in sth); insist
upiększenie *n* embellishment, decoration
upiększyć *vt* embellish, beautify
upiorny *adj* ghostly, ghostlike, lurid
upiór *m* ghost
upływ *m* flow, discharge, flux; **~ *czasu*** lapse of time; **~ *krwi*** loss of blood
upływać *vi* flow away; (*o czasie*) pass, elapse; (*o terminie*) expire, elapse
upodlić *vt* debase
upodlenie *n* debasement
upodobanie *n* liking (***do czegoś*** for sth)
upodobnić *vt*, **~ *się*** *vr* assimilate, conform
upoić *vt* make drunk; intoxicate; **~ *się*** *vr przen.* (*zachwycić się*) enchant, enrapture
upojenie *n* intoxication; *przen.* (*zachwyt*) ravishment, rapture
upokorzenie *n* humiliation
upokorzyć *vt* humiliate, humble; **~ *się*** *vr* humiliate oneself
upominać *vt* admonish, reprimand, rebuke, scold; **~ *się*** *vr* claim (***o coś*** sth)
upominek *m* souvenir, present, gift
upomnienie *n* admonition, reprimand; warning
uporać się *vr* get through (***z czymś*** with sth)
uporczywość *f* persistence, obstinacy
uporczywy *adj* persistent, obstinate, stubborn
uporządkować *vt* order, put in order, adjust; (*np. ubranie, pokój*) tidy up
uposażenie *n* (*pobory*) salary, pay
upośledzenie *n* (*fizyczne*) handicap, debility; (*umysłowe*) feeble-mindedness, mental handicap
upośledzić *vt* wrong (by nature), debilitate
upośledzony *adj* handicapped, debilitated; (*umysłowo*) mentally handicapped
upoważniać *vt* authorize, empower, entitle
upoważnienie *n* authorization; warrant
upowszechniać *vt* disseminate, diffuse, generalize, spread
upowszechnienie *n* dissemination, diffusion
upór *m* obstinacy
upragniony *adj* desired
upraszać *vt* request
upraszczać *vt* simplify
uprawa *f* (*np. roli, zbóż itp.*) cultivation; (*pszczół, jedwabników, bakterii*) culture
uprawiać *vt* cultivate; grow; (*gimnastykę, sporty itp.*) practise, exercise; (*praktykę lekarską itp.*) profess
uprawniać *vt* legalize; entitle, authorize
uprawnienie *n* right, title; authorization
uprawniony *pp i adj* entitled, authorized
uprawny *adj* arable, cultivated, cultivable
uprawomocnić *vt* legalize; **~ *się*** *vr* come into force; *prawn.* become valid
uprościć *vt* simplify
uprowadzenie *n* ravishment, abduction; (*osoby*) kidnapping; (*samolotu*) hijack(ing)
uprowadzić *vt* carry off; (*por-*

wać) ravish, abduct; (*np. dziecko*) kidnap; (*samolot*) hijack
uprzątać *vt* remove; (*pokój*) tidy up
uprząż *f* harness
uprzedni *adj* previous, former
uprzedzający *adj* (*ujmujący*) prepossessing; (*uprzedzająco grzeczny*) obliging, complaisant
uprzedzenie *n* (*np. faktu, pytania*) anticipation; (*niechęć*) prejudice; (*ostrzeżenie*) warning
uprzedzić *vt* (*poprzedzić*) precede, come before; (*np. fakt, pytanie*) anticipate; (*zapobiec*) avert, prevent; (*ostrzec*) warn; (*ujemnie zainspirować*) prejudice; (*życzliwie usposobić*) prepossess; **~ się** *vr* become predisposed, become prejudiced
uprzejmość *f* kindness; ***przez ~*** by courtesy; ***prosić o ~*** ask a favour (***kogoś*** of sb)
uprzejmy *adj* kind, obliging; ***bądź tak ~ i pomóż mi*** be so kind and help me
uprzemysłowić *vt* industrialize
uprzemysłowienie *n* industralization
uprzykrzyć *vt* make unpleasant, render annoying; ***~ komuś życie*** make life unbearable for sb; ***~ się*** *vr* be fed up
uprzystępnić *vt* render accessible; facilitate
uprzytomnić *vt* bring home (***komuś coś*** sth to sb); ***~ sobie*** realize (***coś*** sth)
uprzywilejować *vt* privilege
upust *m* letting off, outlet; vent; (*krwi*) bloodletting; (*wody*) drain, drainage, floodgate; ***dać ~*** give vent (***czemuś*** to sth)
upuścić *vt* drop, let fall
upychać *vt* stuff, pack
urabiać *vt* form, fashion; *polit.* (*poglądy*) lobby; (*np. glinę, ciasto*) knead, work
uradować *vt* make glad; ***~ się*** *vr* become glad (***czymś*** at <of> sth)
uradzić *vt* agree, decide
uran *m chem.* uranium
uratować *vt* save, rescue
uraz *m* (*fizyczny*) hurt, injury; (*moralny*) shock; *med.* complex
uraz|a *f* resentment, grudge; ***mieć ~ę do kogoś*** bear <have> a grudge against sb
urazić *vt* hurt, injure, offend
urągać *vi* deride (***komuś*** sb); ***~ przyzwoitości*** outrage decency
urbanistyka *f* town planning
uregulować *vt* put in order; settle
urlop *m* leave (of absence); ***~ macierzyński*** maternity leave; ***~ zdrowotny*** sick leave; ***na ~ie*** on leave; ***~ naukowy*** sabbatical (leave)
urna *f* urn; (*wyborcza*) ballot box
uroczy *adj* charming
uroczystość *f* celebration, solemnity, festivity
uroczysty *adj* solemn, festive
uroda *f* beauty, good looks *pl*
urodzaj *m* abundance (of crops), good harvest
urodzajność *f* fertility
urodzajny *adj* fertile
urodze|nie *n* birth; ***z ~nia*** by birth; ***od ~nia*** from birth; ***świadectwo ~nia*** birth certificate; ***kontrola ~ń*** birth control
urodz|ić *vt* give birth to, beget, bear; ***~ się*** *vr* be born; ***~łem się w 1943 r.*** I was born in 1943; ***w czepku ~ony*** born with a silver spoon in one's mouth
urodziny *s pl* birthday
uroić *vt*, ***~ coś sobie*** imagine sth, dream sth, take sth into one's head, see things
urojenie *n* dream, delusion
urojon|y *adj* imaginary; *mat.* ***liczba ~a*** abstract number
urok *m* charm, fascination
uronić *vt* shed, drop, let fall
urozmaiceni|e *n* variety, diversity; ***dla ~a*** for variety's sake
urozmaicić *vt* vary, diversify

urozmaicony *adj* varied, diversified

uruchomić *vt* put in motion, set going, start; ~ **silnik** start the engine

urwa|ć *vt* tear off, pluck, pull off; (*np. rozmowę*) break (off), *pot.* snap; **~ć się** *vr* tear away, rush off; **~ł się guzik** the button has come off

urwis *m* urchin

urwisko *n* precipice

urwisty *adj* precipitous, steep

urywek *m* fragment, excerpt, extract

urywkowy *adj* fragmentary

urząd *m* office, charge, function; **piastować ~** hold office; **objąć ~** come into office; **z urzędu** ex officio, officially; **~ stanu cywilnego** registrar's office, registry; **~ celny** customs house; **~ skarbowy** the Inland Revenue; *am.* Internal Revenue

urządzać *vt* arrange; organize; install; set up; **~ się** *vr* make one's arrangements; set oneself up; (*mieszkanie*) furnish

urządzenie *n* arrangement; organization, installation; appliance, gadget; (*umeblowanie*) furniture

urzec *vt* bewitch, enchant

urzeczenie *n* bewitchment, enchantment

urzeczywistnić *vt* realize, make real; **~ się** *vr* (*o śnie, marzeniu*) come true

urzędnik *m* official, (*niższy*) clerk, (*państwowy*) civil servant

urzędować *vi* be on duty, work; hold an office

urzędowani|e *n* office work; **godziny ~a** office hours; **koniec ~a** closing time

urzędowy *adj* official

usadowić *vt* place, settle; **~ się** *vr* (*np. w fotelu*) make oneself comfortable; (*osiąść*) settle down, establish oneself

usamodzielnić *vt* render independent; **~ się** *vr* become independent

uschły *adj* dried, withered

uschnąć *vi* dry, wither

usiąść *vi* sit down, take a seat; (*o ptaku*) perch

usidlać *vt* ensnare

usilny *adj* strenuous, intense

usiłować *vi vt* make efforts, endeavour, attempt

usiłowanie *n* endeavour, attempt

uskrzydlić *vt* wing

usłuchać *vt* obey; **~ czyjejś rady** follow <take> sb's advice

usług|a *f* service, favour; **oddać ~ę** do a service; **do pańskich ~** at your service

usługiwać *vi* serve; wait (**komuś** on sb, **przy stole** at table)

usługowy *adj*, **punkt ~** servicing station

usłużność *f* complaisance

usłużny *adj* complaisant

usłużyć *vi* do a service; *zob.* **usługiwać**

usnąć *vi* fall asleep, get to sleep

uspokajać *vt* quiet, quieten, soothe down, appease, calm; **~ się** *vr* become quiet; calm down, ease oneself

uspokajający *adj* (*środek*) sedative; soothing, relaxing

uspokojenie *n* tranquillization; appeasement (*zw. polit.*)

uspołecznić *vt* nationalize; socialize

usposobić *vt* dispose

usposobienie *n* temper, disposition

usprawiedliwić *vt* justify; give reasons (**coś** for sth), excuse; **~ się** *vr* excuse oneself; apologize (**z powodu czegoś** for sth, **przed kimś** to sb)

usprawiedliwienie *n* justification; excuse (**za coś** for sth); apology

usprawnić *vt* improve, render more efficient, rationalize

usta *s pl anat.* mouth

ustać *vi* stop, cease
ustalać *zob.* ***ustalić***
ustalenie *n* settlement, consolidation, stabilization; fixing
ustalić *vt* settle; (*ustanowić*) establish, consolidate; stabilize; (*utwierdzić, naznaczyć np. termin*) fix; (*np. zasadę*) lay down
ustanawiać *vt* constitute; enact; fix, establish; ***~ rekord*** set up a record
ustanowienie *n* constitution; enaction, establishment
ustatkować się *vr* settle down
ustawa *f* act, law
ustawać *vi* cease, stop; (*być zmęczonym*) weary
ustawiać *vt* set, arrange, place, dispose; ***~ się*** *vr* range <place> oneself
ustawiczny *adj* incessant, unceasing
ustawodawca *m* legislator
ustawodawcz|y *adj* legislative; ***ciało ~e*** legislature
ustawodawstwo *n* legislation
ustawowy *adj* legal
usterk|a *f* fault, deficiency, defect; (*w telewizji*) ***przepraszamy za ~i*** stand-by, please
ustęp *m* (*w książce*) paragraph, section; (*klozet*) lavatory, WC
ustępliwy *adj* yielding
ustępować *vi* resign, withdraw, concede, give in <way>, yield; (*mijać*) abate
ustępstwo *n* concession; resignation
ustnie *adv* by word of mouth, orally
ustnik *m* mouthpiece
ustny *adj* oral; verbal
ustosunkować się *vr* take an attitude (***do kogoś, czegoś*** towards sb, sth)
ustosunkowany *adj* having relations, well-connected
ustronie *n* recess, solitude
ustronny *adj* secluded, retired
ustrój *m* political system, constitution; organization; (*system rządzenia*) policy
ustrzec *vt* preserve, guard (***od czegoś*** from sth); ***~ się*** *vr* guard (***przed czymś*** against sth), avoid (***przed czymś*** sth)
usunięcie *n* removal; (*dymisja*) dismissal
usuwać *vt* remove; dismiss; ***~ się*** *vr* withdraw; ***~ się z drogi*** keep out of the way
usychać *vi* wither, dry, become dry
usypać *vt* pour out; (*wznieść*) raise, heap up
usypiać *vi* fall asleep; *vt* lull to sleep; *zob.* ***uśpić***
usypiający *adj* soporific
uszanować *vt* respect
uszanowani|e *n* respect; ***składać ~e*** pay one's respects; ***przesyłać wyrazy ~a*** send one's respects; ***proszę złożyć mu ode mnie wyrazy ~a*** please give him my respects <regards>
uszczelka *f* packing; (*np. w kranie*) washer; seal
uszczerb|ek *m* detriment; ***z ~kiem dla kogoś*** to the detriment of sb
uszczęśliwić *vt* make happy
uszczknąć *vt* pluck; pick (up)
uszczuplić *vt* curtail, cut short
uszczypliwość *f* mordacity, causticity
uszczypliwy *adj* mordacious
uszko *n* ear; (*igły*) eye
uszkodzenie *n* damage, impairment
uszkodzić *vt* damage, impair
uszlachetnić *vt* ennoble; refine
uścisk *m* embrace; grasp; ***~ dłoni*** handshake; (*chwyt*) hug
uścisnąć *vt* embrace; grasp; ***~ ręce*** shake hands (***komuś*** with sb)
uśmiać się *vr* have a good many laughs (***z czegoś*** over sth)
uśmiech *m* smile; ***radosny ~*** beam; ***szyderczy ~*** sneer

uśmiech|ać się *vr* smile (***do kogoś*** at <on> sb); ***szczęście ~nęło się do mnie*** fortune has smiled on me; ***uśmiechaj się!*** *int* keep smiling!
uśmiercić *vt* kill, put to death
uśmierz|yć *vt* appease, alleviate, soothe; calm; (*bunt*) suppress; *med.* ***środek ~ający ból*** painkiller, analgesic
uśpić *vt* lull to sleep; make drowsy; (*sztucznie*) narcotize, put to sleep
uświadomić *vt* make (***komuś*** sb) conscious; initiate; bring home (***kogoś*** to sb); ***~ sobie niebezpieczeństwo*** realize the danger
uświadomienie *n* making sb conscious; initiation; ***~ sobie czegoś*** realization <awareness> of sth
uświetnić *vt* illuminate, give splendour
uświęca|ć *vt* hallow, sanctify; (*przysłowie*) ***cel ~ środki*** the end justifies the means
utajon|y *adj* latent, secret; *fiz.* ***ciepło ~e*** latent heat
utalentowany *adj* talented, gifted
utarczka *f* skirmish; (*słowna*) squabble
utarty *adj* commonplace; *zob.* ***ucierać***
utensylia *s pl* utensils
utknąć *vi* stick, become fixed; (*o rozmowie*) break down; *przen.* ***~ na martwym punkcie*** come to a standstill
utlenić *vt* oxidize
utlenienie *n* oxidation

utonąć *vi* be drowned; (*np. o statku*) sink
utonięcie *n* drowning; sinking
utopia *f* Utopia
utopić *vt* drown, sink; ***~ się*** *vr* be drowned
utopijny *adj* Utopian
utożsamiać *vt* identify
utożsamienie *n* identification
utracjusz *m* spendthrift
utrapienie *n* worry, nuisance; affliction
utrata *f* loss
utrudnić *vt* make difficult, impede
utrudnienie *n* difficulty, impediment
utrwalić *vt* consolidate, fix, stabilize; *techn. fot.* fix; ***~ się*** *vr* become fixed <consolidated>
utrzymani|e *n* maintenance, living; ***mieszkanie i ~e*** room and board; *pl* ***środki ~a*** cost of living; ***zarabiać na ~e*** earn one's living; ***z pełnym ~em*** with full board
utrzymywać *vt vi* keep; (*stosunki*) maintain; hold; (*np. korespondencję*) keep up; (*twierdzić, podtrzymywać*) maintain; ***~ na wodzy*** restrain; ***~ się*** *vr* maintain oneself; (*trzymać się mocno*) keep steady, hold one's own; ***~ się z pracy umysłowej*** live by intellectual work
utulić *vt* hug, (*uspokoić*) appease
utwierdzić *vt* confirm, consolidate, fix
utwór *m* work, composition, production; *muz.* tune
utyć *vi* put on (weight)
utykać *vi* limp; *vt* fill
utylitarny *adj* utilitarian
utylitaryzm *m* utilitarianism
utyskiwać *vi* complain (***na coś*** of sth)
uwag|a *f* attention; observation; remark; ***brać pod ~ę*** take into consideration; ***zwracać ~ę*** pay attention (***na coś*** to sth), mind (***na coś*** sth); ***nie zwracać ~i*** take no notice (***na coś*** of sth); ***z ~i na coś*** considering sth; ***„~a, winda!"*** "mind the lift!"
uwalniać *vt* release, liberate, set free; deliver (***od czegoś*** from sth)

uważa|ć *vt vi* pay attention (***na coś*** to sth), be attentive; regard, count (***za coś*** as sth); mind (***na coś*** sth); take care (***na coś*** of sth); see; think; reckon; ***~m za właściwe*** I think it proper; ***~m to za dobry film*** I think it is a good film; ***~ się go za najlepszego ucznia*** he is reckoned to be the best student
uważny *adj* attentive; careful
uwertura *f muz.* overture
uwiąd *m biol.* marasmus, decrepitude
uwiązać *vt* bind, attach
uwidocznić *vt* make evident, make clear, render conspicuous, exhibit, manifest
uwiecznić *vt* immortalize
uwiedzenie *n* seduction
uwielbiać *vt* adore, worship
uwielbienie *n* adoration, worship
uwieńczyć *vt* crown
uwierać *vt* (*o bucie*) pinch; chafe
uwierzyć *vt* believe
uwierzytelniając|y *adj, pl* ***listy ~e*** credentials
uwierzytelnić *vt* legalize
uwiesić *vt*, ***~ się*** *vr* hang on
uwijać się *vr* busy oneself, bustle (***dookoła czegoś*** about sth)
uwikłać *vi* involve
uwłaczać *vi* defame (***komuś*** sb); derogate (***czemuś*** from sth)
uwłaszczać *vt* bestow property (***kogoś*** on <upon> sb); denationalize
uwłaszczenie *n* bestowal of property (***kogoś*** on sb); denationalization
uwodziciel *m* seducer
uwodzić *vt* seduce
uwolnić *vt* set free (***kogoś*** sb, ***od czegoś*** from <of> sth), set at liberty; deliver (***kogoś*** sb, ***od czegoś*** from sth), release
uwolnienie *n* liberation, deliverance, release; *prawn.* acquittal
uwydatnić *vt* bring into prominence; enhance, set off
uwypuklić *vt* bring into relief, set off; bring forth
uwzględnić *vt* take into consideration
uwziąć się *vr* set one's mind (***na coś*** on <upon> sth), *pot.* become crazy (***na coś*** about sth)
uzależnić *vt* make dependent (***od kogoś, czegoś*** on <upon> sb, sth); ***~ się*** become addicted (***od czegoś*** to sth)
uzależniony *adj* contingent (on), conditional (on); (*od narkotyków*) addicted to
uzasadnić *vt* substantiate, justify; give reasons (***coś*** for sth)
uzasadnieni|e *n* substantiation, justification; ***w ~u*** in support (***czegoś*** of sth)
uzbraj|ać *vt*, ***~ się*** *vr* arm
uzbrojony *adj* armed (***po zęby*** to the teeth)
uzbrojenie *n* armament, arming, arms *pl*
uzda *f* bridle
uzdolnić *vt* enable
uzdolnienie *n* gift, talent, ability, capability
uzdolniony *adj* gifted, talented, able, capable
uzdrawiać *vt* heal, cure, restore to health; *przen.* (*np. finanse*) put on a healthy basis
uzdrowienie *n* cure, recovery, restoration (to health); ***~ poprzez wiarę i modlitwę*** faith healing
uzdrowisko *n* health-resort; spa
uzewnętrzniać *vt* manifest, show
uzębienie *n anat.* dentition; *techn.* toothing
uzgadniać *vt* square, agree; (*zharmonizować*) adjust; coordinate
uziemiać *vt elektr.* ground, earth
uziemienie *n elektr.* ground, earth
uzmysłowić *vt* demonstrate,

make clear, objectify; ~ ***sobie*** realize

uznani|e *n* acknowledgement, regard, appreciation, recognition; ***do twego ~a*** at your discretion; ***możesz postąpić według własnego ~a*** you may use your own discretion; ***zasługujący na ~e*** worthy of acknowledg(e)ment, praiseworthy; ***z ~em*** appreciatively

uznawać *vt* acknowledge, recognize, appreciate; (*potwierdzać*) admit; (*uważać za*) find

uzupełniać *vt* supplement, complete, complement

uzupełniający *adj* supplementary, complementary

uzupełnienie *n* supplement, completion, complement; ***~ leczenia*** follow-up

uzurpator *m* usurper

uzurpować *vt* usurp

uzwojenie *n techn.* winding

uzyskać *vt* gain, win, obtain

użądlić *vt* sting

użerać się *vr pot.* bicker (***o coś*** about sth), quibble

użyci|e *n* use; (*np. życia*) enjoyment; ***przepis ~a*** directions for use; ***wyjść z ~a*** go out of use, fall into disuse; ***w codziennym ~u*** in daily use

użyczać *vt* grant, lend

użyć *vt* use; ~ ***sobie*** enjoy (***czegoś*** sth), indulge (***czegoś*** in sth)

użyteczność *f* utility

użyteczny *adj* useful

użytek *m* use; ***zrobić dobry <zły> ~ z czegoś*** make good <bad> use of sth

użytkować *vt* use, utilize

użytkownik *m* user

używać *vt* use; make use of; (*np. życia*) enjoy; (*np. siły*) exert; utilize

używalność *f* utilization, use

używany *adj* used; (*nie nowy*) second-hand

użyźniać *vt* fertilize

W

w, we *praep* in, into, at, by, on; ***w Anglii*** in England; ***w ogrodzie*** in the garden; ***w domu*** at home; ***w Krakowie*** in Cracow; ***w dzień*** by day; ***w środę*** on Wednesday; ***grać w karty, w szachy, w piłkę nożną*** *itd.* play cards, chess, football *etc.*; ***wpaść w długi*** get into debts

wabić *vt* decoy, allure, lure

wachlarz *m* fan; *przen.* (*np. spraw, zagadnień*) gamut, spectrum

wachlować *vt* fan; ~ ***się*** *vr* fan (oneself)

wada *f* fault, defect; drawback, shortcoming

wadliwy *adj* faulty

wafel *m* wafer

wag|a *f* weight; *przen.* importance; (*przyrząd*) balance, pair of scales; ***na ~ę*** by weight; *sport* ***~a papierowa*** light flyweight; ***~a musza*** flyweight; ***~a kogucia*** bantamweight; ***~a piórkowa*** featherweight; ***~a lekka*** lightweight; ***~a lekkopółśrednia*** light welterweight; ***~a lekkośrednia*** light middleweight; ***~a półśrednia*** welterweight; ***~a średnia*** middleweight; ***~a półciężka*** light heavyweight; ***~a ciężka*** heavyweight; *przen.* ***przykładać ~ę*** set store (***do czegoś*** by sth); (*znak zodiaku*) Libra

wagary *s pl pot.* truancy; ***iść na ~*** play truant, wag it; *am.* play hook(e)y
wagon *m* (*kolejowy*) carriage, *am.* car; (*sypialny*) sleeping car; wagon, coach; (*towarowy*) truck
wahać się *vr* hesitate, waver; *pot.* hang back; (*chwiać się*) shake, totter; (*o cenach, kursach*) fluctuate; *fiz.* oscillate
wahadło *n* pendulum
wahadłowiec *m* space shuttle
wahanie *n* hesitation; (*cen, kursów*) fluctuation
wakacje *s pl* holiday(s), vacation; (*z programem*) package holiday <tour>
walc *m* waltz
walcować *vi* waltz
walcownia *f* rolling mill
walczący *adj* combatant
walczyć *vi* fight, struggle (**o coś** for sth); combat; ***~ z wiatrakami*** fight at windmills
walec *m* cylinder; (*drogowy*) (steam-)roller
waleczność *f* valour
waleczny *adj* valiant, brave
walet *m* (*w kartach*) knave, jack
walić *vt* (*burzyć*) demolish, pull down, break down; (*uderzać*) strike; bang, pound; ***~ się*** *vr* tumble down; (*rozpadać się*) decay, crash down; ***~ głową w mur*** bang one's head against the wall
Walijczyk *m* Welshman
walijski *adj* Welsh
walizka *f* case, suitcase
walka *f* struggle, fight, combat
waln|y *adj* general, plenary, complete; ***~e zgromadzenie*** general assembly
walor *m* value
waluta *f* currency; ***~ wymienialna*** convertible currency
wał *m* embankment, rampart; *techn.* shaft
wałek *m* roller; *techn.* shaft; ***~ do ciasta*** rolling-pin
wałęsać się *vr* roam, loiter
wam *pron pl* you; *zob.* ***wy***
wami *pron pl* you; *zob.* ***wy***
wampir *m* vampire; (*zool.*) vampire-bat
wandal *m* vandal
wandalizm *m* vandalism
wanna *f* bathtub
wapień *m* limestone
wapno *n* lime; ***~ lasowane*** slaked lime; ***~ niegaszone*** quick lime; ***~ do bielenia*** whiting
wapń *m chem.* calcium
warcaby *pl* draughts; *am.* checkers
warczeć *vi* growl
warga *f anat.* lip; ***~ dolna*** <***górna***> lower <upper> lip
wargowy *adj i anat., gram.* labial
wariacja *f* variation; (*szaleństwo*) madness; (*także w modzie*) craze
wariacki *adj* mad, crazy, insane
wariant *m* variant
wariat *m* madman, lunatic; ***robić z kogoś ~a*** make a fool of sb
wariometr *m* polygraph, lie detector
wariować *vi* be <go> mad
warkocz *m* plait; *am.* braid
warownia *f* fortress; *wojsk.* fort
warowny *adj* fortified
warstwa *f* layer, stratum; (*pl* strata)
warszawiak, *m* **warszawianin** *m* inhabitant of Warsaw
warsztat *m* workshop; (*tkacki*) loom
wart *adj* worth; worthy; ***nie ~e zachodu*** it is not worth the trouble
war|ta *f* guard; ***stać na ~cie*** stand guard; ***stanąć na ~cie, zaciągnąć ~tę*** mount guard
wartki *adj* rapid
warto *v impers* it is worth; ***nie ~ tego czytać*** it's not worth reading
wartościow|y *adj* valuable; ***papiery ~e*** securities, bonds; ***człowiek ~y*** man of great worth
wartość *f* value, worth; ***~ dodat-***

kowa surplus value; ~ ***ujemna*** negative value; ***to ma małą*** ~ it's of little value; ~ ***bezwzględna*** *mat.* absolute value

warun|ek *m* condition, term; ***pod ~kiem, że...*** on condition that, provided that...; ***~ki atmosferyczne*** weather conditions

warunkowy *adj* conditional; ***odruch*** ~ conditioned reflex

warzelnia *f* (*soli*) salt-works

warzywa *s pl* vegetables, greens

warzywny *adj*, ***ogród*** ~ kitchen-garden

was *pron pl* you; *zob.* ***wy***

wasal *m hist.* vassal

wasi *pron m pl* you, yours; *zob.* ***wy***

wasz *pron m* your, yours; *zob.* ***wy***

wasza *pron f* your, yours; *zob.* ***wy***

wasze *pron f i n pl* your, yours; *zob.* ***wy***

wata *f* cotton-wool

wawrzyn *m* laurel

waza *f* bowl, vase; *sport* cup

wazelina *f* Vaseline

wazon *m* vase, bowl

ważka *f zool.* dragon-fly

ważki *adj* weighty

ważność *f* importance; significance; *prawn.* validity; ***utracić*** ~ expire

ważny *adj* important; significant; *prawn.* valid

ważyć *vt vi* (*odważać*) weigh; ~ ***słowa*** weigh one's words; (*śmieć*) dare; ~ ***się*** *vr* dare

wąchać *vt* smell, sniff

wąs *m* (*zw. pl* ***~y***) moustache

wąski *adj* narrow

wąskotorow|y *adj* narrow-gauged; ***kolej ~a*** narrow-gauge railway

wątek *m techn.* woof; *przen.* matter, motif; ***stracić*** ~ lose the thread

wątły *adj* frail

wątpić *vi* doubt (***w coś*** sth)

wątpliwość *f* doubt

wątpliwy *ad* doubtful; dubious

wątroba *f anat.* liver

wąwóz *m* ravine, gorge

wąż *m* snake; (*gumowy*) hose; (*pożarniczy*) fire hose

wbiec *vi* run in <into>

wbijać *vt* drive in

wbrew *praep* in spite of, despite, against, in defiance of

w bród *adv* in abundance; *zob.* ***bród***

wcale *adv* quite, fairly; ~ ***nie*** not at all

wchłaniać *vt* absorb

wchodzić *vi* go <come> in, enter; ~ ***na górę*** go up; ~ ***komuś w drogę*** get in <cross> sb's way; ~ ***w czyjeś położenie*** realize sb's position; ~ ***w grę*** come into play; ~ ***w posiadanie czegoś*** gain possession of sth

wciągać *vt* draw in

wciąż *adv* continually, still

wcielać *vt* incarnate, embody; (*włączać*) incorporate; (*do szeregów*) enlist

wcielenie *n* incarnation; (*włączenie*) incorporation; *wojsk.* enlistment

wcielony *adj* incarnate; *pp* (*włączony*) incorporated; *wojsk.* enlisted; ***diabeł*** ~ devil incarnate

wcierać *vt* rub in <into>; *med.* embrocate

wcięcie *n* incision, notch

wcinać *vt* incise

wciskać *vt* press in; notch

wczasowicz *m* holiday-maker

wczasy *s pl* holidays

wczesny *adj* early

wcześnie *adv* early

wczoraj *adv* yesterday; ~ ***wieczorem*** last night

wdawać się *vr* meddle (***w coś*** with sth), interfere

wdowa *f* widow; ***słomiana*** ~ grass widow

wdowiec *m* widower; ***słomiany*** ~ grass widower

wdrapać się *vr* climb up (***na coś*** sth); (*z trudem*) clamber up

wdrażać *vt* inculcate (***jakieś pojęcie komuś*** an idea on sb); implement (*praktycznie*); implant; *prawn.* start; **~ *kroki*** (***sądowe***) take steps; **~ *się*** *vr* get implanted
wdychać *vt* inhale
wdzierać się *vr* break into; (*na górę*) clamber up
wdzięczność *f* gratitude; (*uznanie*) appreciation
wdzięczny *adj* grateful; (*powabny*) graceful; ***być ~m*** feel grateful (***za coś*** for sth), appreciate (***za coś*** sth)
wdzięk *m* grace, charm
według *praep* after, by, according to
wegetacja *f* vegetation; *przen.* hand-to-mouth existence
wegetarianin *m* vegetarian
wegetarianizm *m* vegetarianism
wegetować *vi* vegetate; *przen.* keep body and soul together
wejrzeć *vi* glance in; *przen.* investigate
wejrzenie *n* glance; ***na pierwsze ~*** at first sight
wejście *n* entrance; **~ *wzbronione*** no entry, no admittance, private
wejść *vi* enter, go <come> in; **~ *w modę*** <***w użycie***> come into fashion <into use>; (*o ustawie*) **~ *w życie*** come into force; take effect
weksel *m fin.* bill (of exchange)
wektor *m* vector
welon *m* veil
welwet *m* velveteen
wełna *f* wool
wełniany *adj* woollen
weneryczny *adj* venereal
wentyl *m* air-regulator; vent; (*w instrumencie*) valve
wentylacja *f* ventilation
wentylator *m* ventilator
wentylować *vt* ventilate
weranda *f* porch, veranda(h)
wersja *f* version
wertować *vt* (*książkę*) thumb, browse
werwa *f* verve
weryfikacja *f* verification
weryfikować *vt* verify
wesele *n* wedding
wesołek *m* jester, wag
wesołość *f* merriment, gaiety
wesoł|y *adj* merry, joyful, jolly, glad; ***~e miasteczko*** fun fair, amusement park
westchnąć *vi* sigh; ***ciężko ~*** heave a sigh
westchnienie *n* sigh
wesz *f* louse
wet *m w zwrocie*: **~ *za* ~** tit for tat
weteran *m* veteran
weterynarz *m* veterinary surgeon; *pot* vet
wetknąć *vt* stick, thrust; (*do ręki*) slip
weto *n* veto; ***założyć ~*** veto (***przeciwko czemuś*** sth)
wewnątrz *praep i adv* in, inside, within
wewnętrzn|y *adj* inside, internal, inward, inner; ***sprawy ~e*** home affairs
wezbrać *zob.* ***wzbierać***
wezwać *zob.* ***wzywać***
wezwanie *n* call; (*sądowe*) summons
węch *m* smell, smelling
wędk|a *f* fishing-rod; ***łowić na ~ę*** angle (***na coś*** for sth); fish
wędkarz *m* angler
wędlin|a *f* (*zw. pl* ***~y***) (smoked) meat products
wędliniarnia *f* ham and sausage shop
wędrować *vi* wander, roam; saunter, stroll
wędrowiec *m* wanderer
wędrowny *adj* wandering; (*o ptakach*) migratory
wędrówka *f* wandering, migration
wędzić *vt* smoke; cure
wędzidło *n* bit
węgiel *m* coal; *chem.* carbon; ~

kamienny hard coal; ~ ***drzewny*** charcoal; ~ ***brunatny*** brown coal

węgielny *adj*, ***kamień*** ~ cornerstone

Węgier *m*, **Węgierka** *f* Hungarian

węgierski *adj* Hungarian

węglan *m chem.* carbonate

węglarz *m* coaler, coal-dealer

węglowodan *m chem.* carbohydrate

węglowodór *m chem.* hydrocarbon

węglow|y *adj* coal *attr*, *chem.* carbon *attr*; ***pole ~e*** coal-field; ***zagłębie ~e*** coal basin

węgorz *m zool.* eel

węszyć *vt* scent

węzeł *m* knot, tie; *mors.* knot; (*kolejowy*) junction

węzłow|y *adj*, ***punkt ~y*** vital point; point of junction; ***stacja ~a*** junction station

wgląd *m* inspection, insight; ***mieć ~ w*** have access to

wglądać *vi* look into, inspect

wgryzać się *vr* eat into; *przen.* penetrate (***w coś*** through <into> sth)

wiać *vi* blow; (*ziarna*) winnow

wiadomo *v impers* it is known; ***nic nie ~*** there is no knowing; ***o ile mi ~*** for all I know, as far as I know; ***o ile mi ~ to nie*** not to my knowledge

wiadomoś|ć *f* news, a piece of information; *pl* ***~ci*** information *zbior.*; ***dobra ~ć*** a piece of good news; *pl* ***najnowsze ~ci*** the latest news, hot news

wiadomy *adj* known

wiadro *n* pail, bucket

wiadukt *m* viaduct

wianek *m* wreath

wiara *f* faith, belief, creed; ***w dobrej wierze*** in good faith

wiarołomność *f* faithlessness, perfidy

wiarołomny *adj* faithless, perfidious

wiarygodność *f* credibility; authenticity

wiarygodny *adj* credible; authentic

wiatr *m* wind; ***~em podszyty*** thinly lined; ***rzucać słowa na ~*** speak idly; *pot.* ***szukać ~u w polu*** run a wild-goose chase

wiatrak *m* windmill; (*wentylator*) fan

wiatrówka *f bryt.* windcheater; *am.* windbreaker

wiąz *m bot.* elm

wiązać *vt* bind, tie; *chem.* combine; ~ ***ręce, nogi*** pinion

wiązadł|o *n* band, link; *anat.* ligament

wiązanie *n* binding; bond

wiązanka *f* bunch, nosegay

wiązka *f* bundle; ~ ***laserowa*** laser beam

wibracja *f* vibration

wibrować *vi* vibrate

wice *praef* vice-, deputy-

wiceadmirał *m* vice-admiral

wiceprezydent *m* vice-president

wicher *m* windstorm; whirlwind, gale

wichrzyciel *m* fomenter, troublemaker

wichrzyć *vi* trouble, foment trouble

wić *vt* wreathe, twine; ~ ***się*** *vr* writhe

widać *vi* show; be clear; be seen

widelec *m* fork

wideo *nieodm.* video

wideokamera *f* video(film) camera

wideokaseta *f* video cassette

wideomagnetofon *m* video, video cassette recorder, VCR

wideopłyta *f* videodisc

widły *s pl* pitchfork

widmo *n* spectre; *fiz.* spectrum

widmowy *adj* spectral

widno *adv*, ***robi się ~*** it's getting light

widnokrąg *m* horizon

widny *adj* visible, clear

widocznie *adv* apparently, evidently
widoczność *f* visibility
widoczny *adj* visible; evident
widok *m* view, sight, prospect, vista; ***mieć na ~u*** have in view; ***~ od przodu <tyłu>*** front <rear> view; ***~ z lotu ptaka*** bird's-eye view
widokówka *f* (picture-)postcard
widowisko *n* spectacle, show
widownia *f* house; (*publiczność*) audience; (*teren*) scene; ***pełna ~*** full house
widywać *vt* see (frequently *etc.*)
widz *m* spectator, onlooker
widzeni|e *n* sight, view; vision; ***do ~a*** good-bye; ***punkt ~a*** point of view
widzialność *f* visibility
widzialny *adj* visible
widzieć *vt* see; ***~ się*** *vr* see (***z kimś*** sb)
wiec *m* meeting, rally
wieczność *f* eternity
wieczny *adj* eternal
wiecz|ór *m* evening; ***~orem*** in the evening
wiedza *f* knowledge, learning; (*wdrożeniowa, praktyczna*) know-how
wiedzieć *vt vi* know; ***chciałbym ~*** I would <should> like to know; ***o ile wiem*** as far as I know
wiedźma *f* witch
wiejski *adj* country *attr*, rural
wiek *m* age; (*stulecie*) century; ***~ dziecięcy*** infancy; ***~ męski*** manhood; ***~ młodzieńczy*** youth, adolescence; ***~ starczy*** old age; ***w średnim ~u*** middle-aged
wieko *n* lid, cover
wiekopomny *adj* memorable, immortal
wiekowy *adj* aged
wielbiciel *m* lover, admirer; fan
wielbić *vt* adore, admire, fan
wielbłąd *m* camel
wielce *adv* much, greatly, highly
wiele *adv* much, many
wielebny *adj* reverend
Wielkanoc *f* Easter
wielki *adj* great, large, big; (*okazały, doniosły*) grand; ***~ czas*** high time
wielkoduszność *f* magnanimity, generosity
wielkoduszny *adj* magnanimous, generous
wielkoś|ć *f* largeness; greatness; magnitude; ***naturalnej ~ci*** life-size
wielmożny *adj* mighty; (*w tytule*) honourable
wielokąt *m* polygon
wielokrotn|a *s f mat.* multiple; ***~y*** *adj* manifold;
wieloletni *adj* of many years; ***~a umowa*** long-term agreement
wieloryb *m zool.* whale
wielostronny *adj* multilateral
wielozadaniowość *f komp.* multitasking
wieniec *m* wreath, crown
wieńczyć *vt* crown
wieprz *m zool.* hog
wieprzowina *f* pork
wiercić *vt* drill, bore; ***~ się*** *vr* fidget
wierność *f* fidelity, faithfulness
wierny *adj* faithful
wiersz *m* poem, verse; (*linijka*) line; ***czytać między ~ami*** read between the lines
wierszokleta *m uj. lit.* poetaster
wiertarka *f* drill(er), boring machine
wierzba *f bot.* willow
wierzch *m* top, surface; ***jechać ~em*** ride on horseback
wierzchni *adj* upper
wierzchołek *m* top, peak, summit; *mat.* vertex; ***~ góry lodowej*** the tip of the iceberg
wierzchowiec *m* saddle-horse
wierzgać *vi* kick up
wierzyciel *m* creditor
wierzyć *vi* believe (***komuś*** sb, ***czemuś, w coś*** sth)

wieszać *vt*, **~ się** *vr* hang
wieszak *m* hanger, rack, peg
wieszcz *m* seer, bard
wieś *f* village; (*w przeciwieństwie do miasta*) country; ***na wsi*** in the country; ***mieszkaniec wsi*** countryman
wieść 1. *f* news, a piece of news, information; report; ***~ hiobowa*** alarming news
wieść 2. *vt* (*prowadzić*) lead, conduct
wieśniaczka *f* countrywoman
wieśniak *m* countryman
wietrzeć *vi* decay, moulder; become vapid, lose smell; (*o skałach*) weather, be weathered; *przen.* (*z głowy*) evaporate
wietrzyć *vt* air, ventilate; *techn.* aerate; (*np. zwierzynę*) scent, smell
wiewiórka *f zool.* squirrel
wieźć *zob.* ***wozić***
wieża *f* tower; (*w szachach*) rook; ***~ stereo*** stereo (system)
wieżowiec *m* tower block
wieżyczka *f* turret
więc *conj adv* so, now, well, therefore
więcej *adv* more; ***mniej lub ~*** more or less; ***mniej ~*** some, about, approximately
więdnąć *vi* wither, fade
większość *f* majority; ***~ ludzi*** most people
większ|y *adj* greater, bigger, larger; ***w ~ej części*** for the most part
więzić *vt* detain, imprison
więzieni|e *n* prison, *bryt.* gaol; *am.* jail; ***wtrącić do ~a*** imprison
więzień *m* prisoner
wigili|a *f* eve; ***~a Bożego Narodzenia*** Christmas Eve; (*posiłek*) Christmas Supper; ***w ~ę*** on the eve
wihajster *m bryt. pot.* gimmick, gadget
wikariusz, wikary *m* vicar
wiklina *f* osier, wicker
wikłać *vt* entangle, complicate
wikt *m* board
wilgoć *f* moisture, humidity
wilgotny *adj* moist, humid
wilia *zob.* ***wigilia***
wilk *m zool.* wolf; *przysł.* ***nie wywołuj ~a z lasu*** let sleeping dogs lie; ***~ w owczej skórze*** a wolf in sheep's clothing
willa *f* villa
win|a *f* guilt, fault; ***poczuwać się do ~y*** feel guilty; *prawn.* ***przyznać się do ~y*** plead guilty
winda *f bryt.* lift; *am.* elevator
winiarnia *f* wine-shop, wine bar
winić *vt* blame (***kogoś*** sb, ***o coś*** for sth), inculpate
winien *adj* guilty; (*dłużny*) owing, indebted; ***jestem mu ~ pieniądze*** I owe him money
winieta *f* vignette
winnica *f* vineyard
winn|y 1. *praed* (*winien*) guilty (***czegoś*** of sth); (*o należności, szacunku, płatności itp.*) due (***komuś*** to sb); ***być ~ym komuś pieniądze*** owe money to sb
winn|y 2. *adj* wine *attr*; *bot.* ***~a latorośl*** vine
wino *n* wine
winobranie *n* vintage
winogrona *s pl* grapes
winowajca *m* culprit, offender
winszować *vi* congratulate (***komuś czegoś*** sb on sth)
wiolonczela *f muz.* cello
wiosenny *adj* spring *attr*
wioska *f* hamlet
wiosło *n* oar
wiosłować *vi* row
wiosn|a *f* spring; ***na ~ę*** in (the) spring
wioślarski *adj* rowing; ***wyścigi ~e*** boat-race
wioślarstwo *n* rowing
wioślarz *m* oarsman, rower
wiotki *adj* flimsy, frail
wiór *m* shaving
wir *m* whirl; (*wodny*) whirlpool, eddy

W

wiraż *m* turn(ing), bend
wirować *vi* whirl, rotate
wirówka *f* centrifugal machine, centrifuge
wirtuoz *m* virtuoso
wirus *m biol.* virus
wisieć *vi* hang; **~ *na włosku*** hang by a thread <a hair>
wisielec *m* hanged man
wisiorek *m* pendant
wiśnia *f bot.* cherry; (*drzewo*) cherry-tree
witać *vt* greet, welcome
witamina *f* vitamin
witraż *m* stained glass (window)
witryna *f* shopwindow, glass case
wiwatować *vi* cheer
wiwisekcja *f* vivisection
wiz|a *f* visa; ***~a wjazdowa*** <***wyjazdowa, tranzytowa, pobytowa, turystyczna***> entry <exit, transit, visitor's, tourist> visa; ***otrzymać ~ę*** get one's visa <passport visaed>; ***udzielać ~y*** visa
wizerunek *m* effigy, portrait, likeness
wizja *f* vision
wizyt|a *f* call, visit; ***złożyć ~ę*** pay a visit, call (***komuś*** on sb)
wizytacja *f* inspection, visitation
wizytator *m* inspector, visitor
wizytować *vt* inspect, visit
wizytówka *f* visiting card; call card
wjazd *m* entrance, gateway, doorway; **~ *wzbroniony*** no entry
wjeżdżać *vi* drive in, enter
wkleić *vt* stick into
wklęsły *adj* concave
wkład *m* (*inwestycja*) investment; (*depozyt*) deposit; (*przyczynek*) contribution; (*np. do notesu*) filler; (*np. do długopisu*) refill; *techn.* input
wkładać *vt* put <in>; (*buty, ubranie itp.*) put on; (*kapitał*) invest; (*deponować*) deposit
wkładka *f* insertion; (*dodatek do książki itp.*) inset; *techn.* insert
wkoło *praep* round (about)
wkradać się *vr* steal in, sneak in
wkręcać *vt* screw in; **~ *się*** *vr pot.* (*wciskać się*) sneak <steal> in
wkroczyć *vi* enter
wkrótce *adv* soon
wkupić się *vr* pay for admission
wlec *vt* drag; **~ *się*** *vr* drag, trail along
wlepić *vt* stick in; *przen.* **~ *oczy w*** fix one's eyes on
wlewać *vt* pour in; **~ *się*** *vr* (*wpływać*) flow in
wleźć *vi* creep in; (*na drzewo*) climb up
wliczyć *vt* include (***do rachunku*** into an account)
w lot *adv* quickly, in a flash
wlot *m* inlet
władać *vi* be master (***czymś*** of sth), have mastery (***czymś*** over sth); (*panować*) rule (***czymś*** over sth); **~ *biegle językiem angielskim*** have a good command of English
władca *m* ruler, master
władz|a *f* power; *pl* ***~e*** (*urząd*) authorities; (*fizyczna, umysłowa*) faculty; ***dojść do ~y*** come to power; ***~e miejscowe*** local authorities
włama|ć się *vr* break (*np.* ***do sklepu*** into the shop); ***~no się do sklepu*** the shop was broken into
włamanie *n* burglary
włamywacz *m* housebreaker, burg'ar
własnoręcznie *adv* with one's own hand
własnoręczny *adj* authentic, written with one's own hand; **~ *podpis*** sign manual
własność *f* property; quality
własn|y *adj* own; ***miłość ~a*** self-love; ***na ~ą rękę*** on one's own; ***oddać do rąk ~ych*** deliver personally
właściciel *m* owner, proprietor
właściwość *f* property, peculiarity

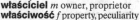

właściwy *adj* proper, peculiar, right, specific
właśnie *adj* just, exactly; **~!** *int* precisely!, exactly!
włączać *vt* include; *elektr.* connect, switch on; **~ wtyczkę** plug in
włącznie *adv* inclusively; **~ z ...** inclusive of ...
Włoch *m* Italian
włochaty *adj* hairy
włos *m* hair; **~y** *pl* hair *zbior.*; **jasne ~y** fair hair; **farba do ~ów** hair-dye; **wypadanie ~ów** fall of the hair; **chcę sobie ostrzyc ~y** I want to have my hair cut; *przen.* **nie ustąpić ani o ~** not to yield an inch; **~y od tego stają mi na głowie** it makes my hair stand on end; **o ~** within a hair's breath, narrowly; **o ~** (**uniknąć nieszczęścia**) have a narrow escape; **rozdzielać ~ na czworo** split hairs
włoski *adj* Italian
włoskowaty *adj* capillary
włoszczyzna *f* soup-greens *pl*
Włoszka *f* Italian
włośnica *f bot.* trichinosis
włożyć *zob.* **wkładać**
włóczęga *m* (*wędrówka*) ramble; (*osoba*) tramp, bum, bummer, vagabond
włóczka *f* woollen yarn
włócznia *f* spear
włóczyć *vt* drag, shuffle; **~ się** *vr* roam, stroll
włókiennictwo *n* textile industry
włókienniczy *adj* textile
włókniarz *m* textile worker, weaver
włóknisty *adj* fibrous
włókno *n* fibre
wmawiać *vt* make (**komuś** sb) believe (**coś** sth), suggest (**coś w kogoś** sth to sb)
wmieszać się *vr* interfere (**w coś** with sth), involve (**w coś** in sth)
wnęka *f* niche
wnętrze *n* interior
wnętrzności *s pl* bowels, intestines; *anat.* viscera *pl*
Wniebowstąpienie *n rel.* Ascension
Wniebowzięcie *n rel.* Assumption
wnieść *vt* bring in; enter
wnikać *vi* penetrate, enter, get in
wnios|ek *m* conclusion; (*na posiedzeniu*) motion; petition; **dojść do ~ku** come to <drive at> a conclusion; **przyjąć** <**odrzucić**> **~ek** carry <reject> a motion; **wyciągnąć ~ek** draw a conclusion; **stawiać ~ek, ażeby odroczyć zebranie** move that the meeting be adjourned
wnioskować *vt vi* conclude, infer
wnioskowanie *n* inference, conclusion
wniwecz *adv*, **obrócić ~** bring to nothing, annihilate
wnosić *vt zob.* **wnieść**; (*prośbę*) put up; conclude, infer; *vi* (*stawiać wniosek*) move, propose
wnuczka *f* granddaughter
wnuk *m* grandson
woal *m* veil
wobec *praep* in the face of, in the presence of, before; **~ tego, że ...** considering that ...
woda *f* water; **~ podskórna** ground water; **~ słodka** fresh water; *przysł.* **cicha ~ brzegi rwie** still waters run deep
wodewil *m* vaudeville
Wodnik *m* (*znak zodiaku*) Aquarius
wodnisty *adj* watery
wodnopłat *m lotn.* hydroplane
wodn|y *adj* water *attr;* (*o roztworze*) aqueous; (*o sportach*) aquatic; **znak ~y** watermark; **drogą ~ą** by water; *sport* **piłka ~a** water-polo
wodociąg *m* water-pipe; *pl* **~i** (*sieć*) water supply system
wodolecznictwo *n med.* hydrotherapy

wodolot *m* hydrofoil (boat)
wodorost *m bot.* seaweed
wodorow|y *adj* hydrogen *attr*; ***bomba ~a*** hydrogen bomb, H-bomb
wodospad *m* waterfall; (*w nazwie*) falls *pl*
wodoszczelny *adj* watertight, waterproof
wodotrysk *m* fountain
wodować *vi lotn.* land <alight> (on water); *mors.* launch (a ship)
wodowstręt *m* hydrophobia
wodór *m chem.* hydrogen
wodz|a *f zw. pl* rein(s), bridle; *przen.* ***trzymać na ~y*** keep a tight rein (***kogoś*** on sb); ***puścić ~e*** give (free) rein to
wodzić *vt* lead, conduct; ***~ rej*** have the lead
wodzirej *m* cheerleader
w ogóle *adv zob.* ***ogół***
wojenny *adj* war, military; ***sąd ~*** court-martial; ***stan ~*** martial law, state of war
województwo *n* province, voivodship
wojn|a *f* war; ***~a domowa*** civil war; ***prowadzić ~ę*** wage (a) war; ***wypowiedzieć ~ę*** declare war; ***~a nerwów*** war of nerves; ***zimna ~a*** cold war; ***~y gwiezdne*** star wars
wojować *vi* war
wojowniczy *adj* warlike, belligerent
wojownik *m* warrior
wojsk|o *n* army, troops *pl*, the military; ***zaciągnąć się do ~a*** enlist
wojskowość *f* military system, military forces <affairs> *pl*
wojskowy *adj* military; *s m* army <military> man; soldier; ***były ~*** ex-serviceman
wokalny *adj* vocal
wokoło, wokół *adv praep* around, round
wol|a *f* will; ***siła ~i*** will power; ***do ~i*** at will, to one's heart's content; freely; ***z własnej ~i*** of one's own free will
wol|eć *vt* prefer (***kogoś, coś*** sb, sth; ***niż kogoś, niż coś*** to sb, to sth), like better; ***~ę tańczyć, niż czytać*** I'd rather dance than read
wolno 1. *adv* (*powoli*) slowly; (*swobodnie*) freely
wolno 2. *v nieodm.* be allowed; ***nie ~*** one must not; ***każdemu tu ~ wejść*** everyone is allowed to come in
wolnoś|ć *f* liberty, freedom; ***na ~ci*** at liberty; ***wypuścić na ~ć*** set free <at liberty>
wolny *adj* free; (*o miejscu*) vacant; (*od podatku, obowiązku itp.*) exempt (***od czegoś*** from sth); (*powolny*) slow; ***dzień ~ od pracy*** day off, day off duty; ***~ czas*** leisure, extra <spare> time; ***~ stan*** single life; ***~ od opłaty pocztowej*** post free
wolt *m elektr.* volt
woltomierz *m elektr.* voltmeter
wołacz *m gram.* vocative
wołać *vt* call
wołanie *n* call
wołowina *f* beef
wonny *adj* aromatic
woń *f* aroma, fragrance
worek *m* bag, sack
wosk *m* wax
woskować *vt* wax
wotum *n* vote; *prawn.* ***~ zaufania*** vote of confidence; ***~ nieufności*** vote of non-confidence <censure>
wozić *vt* carry, convey, transport
woźnica *m* driver
wódka *f* vodka
wódz *m* leader, commander; ***~ naczelny*** commander-in-chief
wójt *m* (village-)mayor
wół *m zool.* ox
wór *m* bag, sack
wówczas *adv* at the time, then
wóz *m* (*fura*) cart, carriage; (*auto*) car; (*ciężarowy*) truck; (*cięża-*

rowy kryty) van; *pot.* (*kolejowy*) *bryt.* carriage, *am.* car; **~ meblowy** furniture van; *astr.* **Wielki <Mały> Wóz** Great <Little> Bear

wózek *m* hand-cart, (*kolejowy, ręczny*) truck; **~ dziecięcy** perambulator; *pot.* pram; *am.* baby carriage; (*sklepowy*) trolley; **~ spacerowy** push-chair

wpad|ać *vi* fall in; (*nagle wbiegać*) rush in; (*napotkać*) run (**na kogoś** across sb); (*w oczy*) strike; (*w czyjeś ręce*) get (into *sb's hands*); get (**w długi** into debts), incur (**w długi** debts); (*w gniew*) fly (*into a rage*); **wpaść pod samochód** get run over by a car; **~ło mi na myśl** it occurred to me

wpajać *vt* inculcate (**coś komuś** sth in <into> sb)

wpaść *zob.* **wpadać; ~ do kogoś** drop in on sb

wpatrywać się *vr* stare (**w coś** at sth)

wpędzać *vt* drive in

wpierw *adv* first

wpis *m* registration, inscription

wpisać *vt* register, write down; **~ się** *vr* register, enter one's name

wpisowe *n* entrance fee, registration (fee)

wplątać *vt* entangle; **~ się** *vr* get entangled

wpłacać *vt* pay in

wpłata *f* payment

wpław *adv*, **przebyć rzekę ~** swim across the river

wpływ *m* influence; (*pieniędzy*) income, accruement; **wywierać ~** exert an influence

wpływać *vi* flow in; (*do portu*) enter; (*o pieniądzach, listach itp.*) come in; (*wywierać wpływ*) influence (**na kogoś** sb)

wpływowy *adj* influential

w poprzek *adv* across; crosswise

wpół *adv* half, by half; (*w środku*) in the middle; **na ~** half; **~ do trzeciej** half past two; **na ~ skończony** half-finished

wpraw|a *f* skill, practice; **wyjść z ~y** be out of practice

wprawdzie *adv* while it is true that...

wprawić *vt* put in, set in; (*wyćwiczyć*) train; **~ się** *vr* become skilled

wprawny *adj* skilled, skilful

wprost *adv* straight, directly

wprowadzać *vt* introduce, lead in, bring in; **~ się** *vr* (*do mieszkania*) move in

wprzęgać *vt* put (**konie do wozu** horses to the cart), yoke harness

wpust *m* inlet; (*wąski otwór*) slot

wpuszczać *vt* let in

wpychać *vt* push <stuff> in

wracać *vi* return, come back; **~ do zdrowia** recover

wrak *m* wreck

wrastać *vi* grow (**w coś** into sth)

wraz *praep* together with, alongside with

wrażenie *n* impression; **robić ~** impress (**na kimś** sb); **być pod ~m** be impressed by

wrażliwość *f* sensitivity; sensibility

wrażliwy *adj* sensitive, susceptible (**na coś** to sth); vulnerable

wreszcie *adv* at last

wręcz *adv* plainly; **walka ~** hand-to-hand fight, close encounter

wręczać *vt* hand in, deliver

wręczenie *n* delivery

wrodzony *adj* innate, inborn

wrogi *adj* hostile

wrogość *f* hostility

wrona *f zool.* crow

wrotki *s pl* roller skates

wrób|el *m zool.* sparrow; **~le o tym ćwierkają** a little bird told me

wrócić *zob.* **wracać**

wróg *m* foe, enemy

wróżba *f* omen, augury

wróżbiarstwo *n* fortune-telling

wróżka *f* fortune-teller; (*w bajkach*) fairy
wróżyć *vt vi* augur, tell fortunes, tell the future
wryć *vt* engrave (*np.* ***w pamięć*** on memory); sink; **~ *się*** *vr* sink; become impressed
wrzask *m* shriek, scream, uproar
wrzawa *f* noise, uproar
wrzący *adj* boiling
wrzątek *m* boiling water
wrzeciono *n* spindle
wrzeć *vi* boil
wrzeni|e *n* boiling; ***punkt ~a*** boiling point
wrzesień *m* September
wrzeszczeć *vi* scream, bawl, shriek
wrzos *m bot.* heather
wrzosowisko *n* heath, moor
wrzód *m med.* abscess, ulcer
wrzucać *vt* throw in
wsadzać *vt* put in, place; (*np. kapelusz, buty*) put on
wschodni *adj* eastern, east
wschodzić *vi* rise, come forth
wschód *m* the East; (*kulturowy*) the Orient; ***na ~ od ...*** (to the) east of...; ***~ słońca*** sunrise
wsiadać *vi* get (***do pociągu*** in <into, on> the train; mount (***na konia <rower>*** on a horse <a bicycle>); ***~ na okręt*** go on board, board a ship
wsiąkać *vi* infiltrate, permeate (***w coś*** sth, through sth)
wskakiwać *vi* leap in <on>
wskazówk|a *f* index, indication; (*u zegara*) hand; (*rada*) suggestion, hint; *pl* ***~i*** (*pouczenia*) instructions, directions
wskazujący *adj*, ***palec ~*** forefinger; *gram.* ***zaimek ~*** demonstrative pronoun
wskazywać *vt vi* point (***na coś*** at <to> sth), indicate, show
wskaźnik *m* index; indicator; *komp.* pointer
w skos *adv* askew, aslant
wskroś *adv*, ***na ~*** throughout, through and through
wskrzesić *vt* resuscitate, revive; resurrect
wskrzeszenie *n* resuscitation, revival; resurrection
wskutek *praep* on account of, owing to, as a result of, in consequence of
wsławić *vt* make famous; **~ *się*** *vr* become famous
wspaniałomyślność *f* magnanimity
wspaniałomyślny *adj* magnanimous
wspaniałość *f* magnificence, splendour
wspaniały *adj* magnificent, splendid, superb
wsparcie *n* support, assistance, back-up
wspierać *vt* support, assist
wspinaczka *f* climbing
wspinać się *vr* climb up (***na górę, na drzewo*** a hill, a tree)
wspomagać *vt* aid, help, assist; support
wspominać *vt* remember; recall, recollect; (*robić wzmiankę*) mention
wspomniany *adj* mentioned; ***wyżej ~*** above-mentioned; in question
wspomnienie *n* remembrance, reminiscence; recollection
wspólnie *adv* in common, jointly
wspólnik *m* partner, co-partner; (*współpracownik*) associate; (*zbrodni, złego uczynku*) accomplice; ***cichy ~*** sleeping partner; *am.* silent partner
wspólnota *f* community, partnership; ***Wspólnota Narodów*** Commonwealth of Nations
wspóln|y *adj* common; ***mieć niewiele ~ego z*** have little in common with
współczesność *f* contemporaneity, the present time
współczesny *adj* contemporary,

contemporaneous; present-day *attr*
współczucie *n* sympathy, compassion
współczuć *vi* sympathize; have compassion
współczynnik *m* (*także gram.*) coefficient
współdziałać *vi* cooperate
współdziałanie *n* cooperation
współistnieć *vi* coexist
współistnienie *n* coexistence
współmierny *adj* commensurate
współobywatel *m* fellow-citizen
współpraca *f* cooperation, collaboration
współpracować *vi* cooperate, collaborate
współpracownik *m* collaborator; (*prasowy, literacki*) contributor
współrzędność *f* coordination
współrzędny *adj* (*także gram.*) coordinate
współuczestnictwo *n* participation
współuczestniczyć *vi* participate
współudział *m* participation, cooperation
współwłaściciel *m* joint proprietor
współzawodnictwo *n* competition, contest
współzawodniczyć *vi* compete, contest (***o coś*** for sth)
współzawodnik *m* competitor
współżycie *n* companionship, living together; coexistence
współżyć *vi* live together
wstawać *vi* get up, rise
wstawiać *vt* put in, set in; insert; ***~ się*** *vr* (*orędować*) intercede (***u kogoś za kimś, za czymś*** with sb for sb, sth); (*błagać*) plead (***się u kogoś o coś*** with sb for sth)
wstawiennictwo *n* intercession
wstawka *f* insertion; (*np. w tekście*) interpolation, inset
wstąpić *vi* enter, go in, come in; (*odwiedzić*) call (***do kogoś*** on sb); *pot.* drop in (***do kogoś*** at sb's place)
wstąpienie *n* entrance; (*na tron*) accession (to the throne)
wstążka *f* ribbon
wstecz *adv* backwards, back
wstecznictwo *n* backwardness
wsteczn|y *adj* reactionary, backward, retrograde; *techn.* ***bieg ~y*** reverse gear; ***lusterko ~e*** rear-view mirror
wstęga *f* ribbon
wstęp *m* entrance, admission; (*przedmowa*) preface, introduction; ***~ wolny*** admission free; ***~ wzbroniony*** no entrance; private; no admittance
wstępny *adj* preliminary, introductory; ***egzamin ~*** entrance examination
wstępować *zob.* ***wstąpić***
wstręt *m* abomination, aversion
wstrętny *adj* abominable; lousy; repulsive, hideous, nasty
wstrząs *m* shock; *med.* ***~ mózgu*** concussion of the brain
wstrząsający *adj* shocking, stirring
wstrząsnąć *vt* shock, stir, shake
wstrzemięźliwość *f* temperance, moderation
wstrzemięźliwy *adj* temperate, moderate
wstrzykiwać *vt* inject
wstrzymywać *vt* stop, hold up, keep back, suspend; ***~ się*** *vr* abstain (***od czegoś*** from sth); put off, delay (***z czymś*** sth)
wstyd *m* shame; disgrace; ***~ mi*** I am ashamed; ***jak ci tego nie ~?*** aren't you ashamed of it?; ***przynosić ~*** bring shame (***komuś*** on sb)
wstydliwość *f* bashfulness, shyness
wstydliwy *adj* bashful, shy
wstydzić się *vr* be ashamed (***kogoś, czegoś*** of sb, sth); ***wstydź się!*** shame on you!
wsunąć *vt* put in, slip

W

wsypać *vt* pour in; *pot.* (*zdekonspirować*) slip, peach (***kogoś*** on sb)
wszakże *conj adv* however, yet, but
wszczepiać *vt* (*szczepić*) inoculate; (*np. zasady*) inculcate (***komuś*** in sb)
wszczynać *vt* begin, start (up)
wszechmoc *f* omnipotence
wszechmocny *adj* omnipotent, almighty
wszechnica *f* (*szkoła wyższa*) university
wszechstronność *f* universality, many-sidedness
wszechstronny *adj* all-purpose, universal, versatile; many-sided
wszechświat *m* universe
wszechświatowy *adj* universal; cosmic
wszechwiedzący *adj* omniscient
wszechwładny *adj* omnipotent, all-powerful
wszelki *adj* every, all, any
wszerz *adv* across, in breadth
wszędzie *adv* everywhere
wszystko *pron* all, everything; ***~ jedno*** (*bez różnicy*) (it's) all the same; (*nie ma się o co martwić*) never mind, no matter
wścibiać *vt*, ***~ nos*** meddle (***w coś*** with sth)
wścibski *adj* meddling, interfering; *s m* meddler, busybody
wściekać się *vr* rage (***na kogoś*** at <against> sb), become furious (***na kogoś*** with sb)
wścieklizna *f med.* rabies
wściekłość *f* fury
wściekły *adj* furious, mad; (*o psie*) rabid
wśliznąć się *vr* sneak in
wśród *praep* among, amid
wtajemniczać *vt* initiate (***w coś*** into sth)
wtajemniczenie *n* initiation
wtargnąć *vi* invade, make an inroad
wtedy *adv* then
wtoczyć *vt* roll in
wtorek *m* Tuesday
wtórować *vi* accompany (***komuś*** sb)
wtrącać *vt* put in, insert; ***~ się*** *vr* meddle (***do czegoś*** with sth)
wtyczk|a *f elektr.* plug; ***włączyć ~ę*** plug in
wtykać *vt* put in, insert; *zob.* ***wetknąć***
w tył *adv* back, backwards
wuj *m* uncle
wulgarny *adj* vulgar; obscene
wulkan *m* volcano
wulkaniczny *adj* volcanic
wulkanizować *vt* vulkanize
wwozić *vt* import
wy *pron pl* you; *przypadki dzierżawcze* ***wasz*** (***wasza, wasze, wasi***) *z rzeczownikiem* your; *bez rzeczownika* yours; *przypadki zależne* ***was*** (***wam, wami***) you
wybaczać *vt* pardon, excuse, forgive
wybaczalny *adj* pardonable
wybaczenie *n* pardon
wybaczyć *zob.* ***wybaczać***; ***proszę ~*** I beg your pardon, excuse me
wybawca *m* rescuer, saviour
wybawić *vt* save; redeem; deliver (***od czegoś*** from sth)
wybawienie *n* deliverance, salvation
wybi|ć *vt* knock, beat out, strike out; (*np. szybę*) break; (*wytłoczyć*) stamp; (*wychłostać*) thrash; (*wyścielić np. suknem*) line, cover; (*godzinę*) strike; (*ząb, oko*) knock out; ***~ć komuś coś z głowy*** put sth out of sb's head; ***~ła piąta*** it has struck five; ***~ć się*** *vr* (*dojść do znaczenia*) come to the top, make one's way; distinguish oneself; excel
wybiec *vi* run out, dash out
wybieg *m* evasion, shift, subterfuge

wybielać *vt* whiten, bleach
wybierać *vt* choose, select; elect; (*np. owoce*) pick out; (*pocztę*) pick up; (*wyjmować*) take out; ~ **się** *vr* set out (**w drogę** on one's way); ~ **się do kogoś** be going to call on sb, prepare to go on a visit
wybieralny *adj* eligible
wybijać *zob.* **wybić**; ~ **takt** beat time
wybitny *adj* prominent, remarkable, outstanding
wyblakły *adj* faded, discoloured
wyblaknąć *vi* fade, discolour
wyboisty *adj* full of holes
wyborca *m* voter, elector
wyborcz|y *adj* electoral; **okręg** ~**y** constituency; **ordynacja** ~**a** electoral system
wyborny *adj* excellent, superior
wyborowy *adj* choice *attr*
wybory *s pl* election; ~ **uzupełniające** by-election
wybój *m* hole, pothole
wyb|ór *m* choice, selection; election; **z** ~**oru** by choice
wybrakowany *adj*, ~ **towar** shoddy article <goods *pl*>
wybredny *adj* fastidious, particular
wybrnąć *vi* get out, find a way out
wybryk *m* excess
wybrzeże *n* coast, seaside, strand; (*plaża*) beach
wybuch *m* outburst; explosion; outbreak; (*np. wulkanu, epidemii*) eruption
wybuchnąć *vi* explode; *przen.* (*o wojnie*) break out; (*o uczuciach*) burst out; ~ **płaczem** burst into tears; ~ **radością** burst with joy; ~ **śmiechem** burst out laughing
wybuchowy *adj* explosive; **materiał** ~ explosive
wybujać *vi* shoot up
wychodzi|ć *vi* go out, come out; (*o oknach*) open (**na coś** on sth); ~**ć komuś na dobre** turn to sb's account; ~**ć za mąż** marry (**za kogoś** sb); ~**ć na spacer** go out for a walk; ~**ć z mody** go out of fashion; **to na jedno** ~ it amounts to the same; ~**ć z domu** leave home; (*w kartach*) lead
wychować *zob.* **wychowywać**
wychowanek *m* foster-son; (*uczeń*) pupil
wychowanie *n* education, upbringing; **dobre** <**złe**> ~ good <bad> manners *pl*
wychowawca *m* tutor, educator
wychowawczy *adj* pedagogical; educational
wychowawczyni *f* woman tutor
wychowywać *vt* bring up, educate; ~ **się** *vr* be brought up, be educated
wychwalać *vt* praise
wychylać *vt* put out; (*wypijać*) empty, drain off; ~ **się** *vr* lean out (*np.* **z okna** of a window), lean forward
wyciąg *m* extract; *techn.* hoist, lift; *am.* elevator; (*narciarski*) ski-lift
wyciągać *vt* draw out, stretch out; take out; (*korzyści*) derive (**z czegoś** from sth); (*pieniądze*) extort; (*wniosek*) draw; (*np. ząb, pierwiastek*) extract; (*szufladę*) pull open; (*np. żagiel, flagę*) hoist; ~ **naukę moralną** draw a moral; ~ **się** *vr* stretch oneself out
wycie *n* howl(ing)
wycieczk|a *f* excursion, trip; **pójść na** ~**ę** go on an excursion, take a trip
wyciek *m* leak
wyciekać *vi* leak, flow out
wycieńczać *vt* extenuate, exhaust
wycieńczenie *n* extenuation, exhaustion
wycieraczka *f* (*do butów*) (door-)mat, shoe-scraper; (*w samochodzie*) (windscreen) wiper
wycierać *vt* wipe (off), wipe out; scrape; (*np. buty*) sweep
wycięcie *n* cutting out

wycinać *vt* cut out; (*żłobić*) carve out; (*las*) clear
wycinek *m* cutting; *mat.* **~ koła** sector; **~ prasowy** press-cutting, press-clipping
wyciskać *vt* squeeze, extort; (*wytłaczać*) impress, imprint
wycofać *vt* withdraw, retire; **~ się** *vr* withdraw; (*z czynnej służby itp.*) retire
wyczekiwać *vt* expect
wyczerp|ać *vt* exhaust, draw out, wear out; **~ać się** *vr* wear out; (*np. o zapasie*) run short; **moje zapasy ~ują się** my supplies are running short; **~ała się moja gotówka** I've run short of cash
wyczuwać *vt* sense, feel
wyczyn *m* feat; stunt, performance; achievement; exploit
wyć *vi* howl, yell
wyćwiczony *adj* trained, skilled
wyćwiczyć *vt* train; **~ się** *vr* get training (**w** in), acquire skill
wydać *zob.* **wydawać**
wydajność *f* productivity, yield, efficiency, output
wydajny *adj* productive, efficient
wydalać *vt* remove; (*np. z posady*) dismiss, *pot.* sack, fire
wydanie *n* edition, issue; (*kieszonkowe*) pocket edition; (*nadzwyczajne*) special issue (of a newspaper); **~ poprawione i uzupełnione** revised and enlarged edition
wydalenie *n* removal; (*z posady*) dismissal
wydarzenie *n* event, occurrence
wydarzyć się *vr* happen, occur
wydatek *m* expense, expenditure
wydatny *adj* protruding; considerable
wydawać *vt* (*pieniądze*) spend; (*płody*) bring forth, produce, yield; (*książki*) publish, issue; (*lekarstwo*) dispense; (*światło, ciepło itp.*) emit; (*np. obiad, przyjęcie*) give; deliver; (*w ręce sprawiedliwości*) deliver; (*zapach*) give out; **~ resztę** give the change; **~ za mąż** marry, get married; **~ się** *vr* seem, appear
wydawca *f* publisher, editor
wydawnictwo *n* publishing house; (*publikacja*) publication
wydąć *vt* (*nadmuchać*) inflate, swell; (*rozszerzyć*) expand; (*usta*) blow out, puff up
wydech *m* exhalation, breathing out; *mot.* **rura ~owa** exhaust pipe
wydeptać *vt* tread (out)
wydłużać *vt* lengthen, prolong
wydma *f* dune
wydmuchać *vt* blow <puff> out
wydobycie *n górn.* output
wydobywać *vt* bring <draw> out, extract, get out; **~ się** *vr* extricate oneself; get out
wydostać *vt* bring out, take out, get out; **~ się** *vr* get out; extract oneself
wydra *f zool.* otter; **ni pies ni ~** *pot.* neither fish nor foul
wydrapać *vt* scratch out
wydrążać *vt* hollow out; excavate
wydrążenie *n* hollow; cavity
wydruk *m komp.* printout
wydusić *vt pot.* (*wymusić*) squeeze out, extort
wydychać *vt vi* breathe out, exhale
wydymać *vt* swell (out), puff up, inflate, blow out; **~ się** *vr* swell (out), become inflated
wydział *m* department; section; (*uniwersytecki*) faculty
wydziedziczać *vt* disinherit
wydziedziczenie *n* disinheritance
wydzielać *vt* set apart, detach; (*o zapachu, substancji*) emit, secrete; (*przydzielać*) allot; (*rozdzielać*) distribute; **~ się** *vr* be secreted
wydzielina *f* secretion
wydzierać *vt* tear out, wrench out
wyga *m*, *pot.* **stary ~** old hand; cunning fellow

wygadać *vt pot.* blab out; **~ się** *vr* blab out (a secret)
wygarniać *vt* rake out; *pot.* speak out one's mind
wygasać *vi* go out; (*o terminie*) expire; be extinct
wygasić *vt* put out, extinguish
wygięcie *n* bend, curve; dent
wyginać *vt* bend, curve
wygląd *m* appearance, looks
wyglądа|ć *vi* look out; (*mieć wygląd*) look, appear; **~ć na coś** look like sth; **~ na deszcz** it looks like rain; **~ć wspaniale** look splendid; **jak to ~?** what does it look like?
wygłodzić *vt* starve
wygłosić *vt* pronounce, express; (*odczyt, mowę*) deliver
wygnać *vt* drive out, expel
wygnanie *n* exile
wygnaniec *m* exile
wygniatać *vt* press out; (*ciasto*) knead
wygod|a *f* comfort; convenience
wygodny *adj* comfortable, convenient
wygórowan|y *adj* excessive; **~a cena** exorbitant price
wygrać *vt* win
wygran|a *f* win; (*np. na loterii*) prize; (*zwycięstwo*) victory; *przen.* **dać za ~ą** throw up the game
wygryzać *vt* bite out; *pot.* (*wyrugować*) oust
wygrzebywać *vt* dig out
wygrzewać się *vt* warm oneself; (*na słońcu*) bask
wygwizdać *vt* hiss off (the stage)
wyjałowić *vt* make sterile, sterilize
wyjaśniać *vt* explain; **~ się** *vr* clear up
wyjaśnienie *n* explanation
wyjawiać *vt* reveal, disclose
wyjazd *m* departure
wyjąt|ek *m* exception; **z ~kiem** except, save, but for (**kogoś, czegoś** sb, sth)
wyjątkowy *adj* exceptional
wyjąwszy *praep* except
wyjechać *vi* go out, go away, drive out; leave (*np.* **do Warszawy** for Warsaw); **~ w podróż** go on a journey
wyjednać *vt* obtain
wyjmować *vt* take out
wyjści|e *n* (*czynność*) going out, exodus; (*miejsce*) way out, exit; **~ awaryjne** emergency exit; *przen.* issue; (*w kartach*) lead; **punkt ~a** starting-point; **nie mieć ~a** have no way out, *pot.* be in a fix; **przed ~em z domu** before leaving home; **~e po angielsku** taking French leave; *komp.* output
wyjść *zob.* **wychodzić**
wykałaczka *f* tooth-pick
wykarmić *vt* breed, feed; (*wychować*) bring up
wykaz *m* list, register, specification
wykazywać *vt* show, demonstrate; (*udowodnić*) prove, indicate
wykipieć *vi* boil over
wyklarować *vt* clarify, clear up
wykląć *vt* curse
wykleić *vt* line
wyklinać *zob.* **wykląć**
wykluczać *vt* exclude; rule out
wykluczenie *n* exclusion
wykład *m* lecture; **chodzić na ~y** attend lectures; **prowadzić ~y** give lectures
wykładać *vt* (*pieniądze*) lay out, advance; (*np. towar*) display; (*pokrywać*) lay, line; (*nauczać*) lecture (**coś** on sth); (*tłumaczyć*) explain
wykładnik *m mat.* exponent; index
wykładowca *m* lecturer
wykładowy *adj*, **język ~** language of instruction
wykładzina *f* lining; **~ podłogowa** floor finish
wykoleić *vt* derail; **~ się** *vr* run off the rails, derail; *przen.* swerve

from the right path, go on the wrong track
wykolejenie *n* derailment
wykonać *zob.* ***wykonywać***
wykonalność *f* feasibility, practicability
wykonalny *adj* practicable, feasible
wykonanie *n* execution, realization; (*artystyczne itp.*) performance; (*jakość*) workmanship
wykonawca *m* performer; (*testamentu*) executor
wykonawczy *adj* executive
wykonywać *vt* execute, accomplish; (*artystycznie*) perform, realize, carry out
wykończenie *n* finish
wykończyć *vt* finish (off)
wykop *m* excavation; *sport* kick-off
wykopać *vt* dig out; excavate
wykopaliska *s pl* excavations
wykorzenić *vt* root out
wykorzystać *vt* make the most (***coś*** of sth), utilize; take advantage of, exploit
wykpić *vt* deride
wykraczać *vi* step over, go over; (*naruszać np. prawo, ustawę*) infringe (***przeciw czemuś*** sth, upon sth); ~ ***przeciw prawu*** infringe the law
wykradać *vt* steal; (*dzieci, ludzi*) kidnap; ~ ***się*** *vr* steal out
wykres *m* graph, diagram, chart
wykreślić *vt* (*nakreślić*) trace, chart, delineate; (*usunąć*) strike out, cross out, cancel
wykręcić *vt* turn round; (*np. śrubę*) unscrew; (*skręcać*) twist; distort; ~ ***się*** *vr* turn round; *pot.* (*wyłgać się*) extricate oneself; ~ ***się tyłem*** turn one's back (***do kogoś*** on sb)
wykręt *m* pretext, trick
wykrętny *adj* shifty, evasive, tricky
wykroczenie *n* infringement, offence
wykroić *vt* cut out
wykruszyć *vt* crumble out
wykrycie *n* detection, discovery
wykryć *vt* reveal, detect
wykrzesać *vt* (*ogień*) strike
wykrzyczeć *vt* shout out
wykrzykiwać *vi* vociferate
wykrzyknąć *vi* cry out
wykrzyknik *m gram.* interjection, (mark of) exclamation
wykrzywiać *vt* twist, curve; ~ ***twarz*** make a wry face
wykształcenie *n* education; ***podstawowe*** <***średnie, wyższe***> ~ elementary <secondary, university> education; ~ ***zawodowe*** vocational <technical> education
wykształcić *vt* educate
wykształcony *adj* educated, well-read
wykup *m* ransom
wykupić *vt* ransom; (*towar*) buy up; (*zastaw, dług itp.*) redeem
wykuwać *vt* forge, beat out; *pot.* (*lekcje*) learn by rote
wykwalifikowany *adj* skilled, qualified
wykwintny *adj* elegant, refined, exquisite
wylatywać *vi* (*wyfrunąć*) fly out <away>; (*w powietrze*) blow up; *pot.* (*wybiegać*) run out; (*spadać*) fall out; *pot.* (*być wyrzuconym z pracy*) be fired
wyląg *m* brood
wylecieć *zob.* ***wylatywać***
wyleczyć *vt* cure, heal (***z czegoś*** of sth); ~ ***się*** *vr* be cured, recover
wylew *m* flood, inundation; (*np. krwi*) effusion
wylewać *vt* pour out <forth>; *vi* (*o rzece*) overflow (its bank); ~ ***dziecko z kąpielą*** throw out the baby with the bath water
wylęgać *vt*, ~***się*** *vr* brood, hatch
wyliczać *vt* enumerate; *sport* count out
wylosować *vt* draw out by lot
wylot *n* (*odlot*) flight, departure;

(*otwór*) orifice, nozzle; (*np. komina*) vent; outlet; ***na*** **~** throughout, through and through
wyludniać *vt* depopulate; **~ *się*** *vr* become depopulated
wyludnienie *n* depopulation
wyładować *vt* unload, discharge
wyłamać *vt* break open <down>
wyłaniać *vt* evolve, call into existence; **~ *się*** *vr* emerge, appear
wyłączać *vt* exclude; *elektr.* switch off, disconnect; **~ *się*** *vr* (*automatycznie*) shut off
wyłączenie *n* exclusion; *elektr.* disconnection
wyłącznik *m elektr.* switch
wyłączność *f* exclusiveness
wyłączny *adj* exclusive
wyłom *m* breach, break
wyłożyć *zob.* ***wykładać***
wyłudzić *vt* trick (***coś od kogoś*** sb out of sth)
wyłuskać *vt* husk, shell
wyłuszczyć *zob.* ***wyłuskać***; (*przedstawić coś*) explain
wymagać *vt* require, exact
wymaga|nie *n* requirement; ***spełnić ~nia*** meet the requirements
wymarcie *n* extinction
wymarły *adj* extinct
wymarsz *m* departure
wymaszerować *vi* march off
wymawiać *vt* pronounce, articulate; (*zarzucać*) reproach (***komuś coś*** sb for <with> sth); (*służbę, mieszkanie itp.*) give notice; (*pracę*) dismiss; *pot.* fire; **~ *się*** *vr* decline (***od czegoś*** sth)
wymazać *vt* efface, blot out, delete, erase
wymeldować *vt* announce departure; **~ *się*** *vr* announce one's departure; *am.* (*w hotelu*) check out
wymiana *f* exchange
wymiar *m* dimension; measure; (*podatku*) assessment; (*sprawiedliwości*) administration
wymiatać *vt* sweep out
wymieni|ać *vt* change (***coś na coś*** sth for sth), exchange (***coś z kimś*** sth with sb); (*przytaczać*) mention; ***wyżej ~ony*** abovementioned
wymienny *adj* exchangeable, exchange-(*copy etc.*); ***handel*** **~** barter
wymierać *vi* die out, become extinct
wymierny *adj* measurable; *mat.* rational
wymierzać *vt* measure out; apportion; (*podatek*) assess; (*sprawiedliwość*) administer; **~ *cios*** deal a blow
wymię *n* udder
wymijać *vt* pass (***kogoś*** by sb), cross; (*uchylać się*) elude, evade
wymijający *adj* evasive; noncommittal
wymiotować *vt* vomit, throw up; *wulg.* puke
wymowa *f* (*sposób wymawiania*) pronunciation; (*krasomówstwo*) eloquence
wymowny *adj* eloquent; (*wiele znaczący*) expressive, significant
wymóc *vt* extort
wymówka *f* (*zarzut*) reproach; (*pretekst*) pretext, excuse
wymuszać *vt* extort, force; **~ *pierwszeństwo przejazdu na kimś*** force the right of way from sb
wymuszenie *n* extortion
wymuszony *adj* extorted; (*nienaturalny*) affected, constrained
wymykać się *vr* escape, elude (***komuś, czemuś*** sb, sth)
wymysł *m* invention, fiction
wymyślać *vt* think out, invent; *vi* (*lżyć*) abuse, revile; (*łajać*) scold (***komuś*** sb)
wymyślić *vt* think up, find out; (*np. fabułę*) frame
wymyślny *adj* (*pomysłowy*) inventive, ingenious; (*wyszukany*) refined, sophisticated

W

wynagradzać *vt* reward

wynagrodzenie *n* reward; (*zapłata*) payment; (*pensja*) salary

wynajdywać *vt* find out

wynajmować *vt* (*coś komuś*) let; (*od kogoś*) hire, rent

wynalazca *m* inventor

wynalazek *m* invention

wynaleźć *zob.* ***wynajdywać***; (*wymyślić*) invent; discover

wynarodowić *vt* denationalize

wynędzniały *adj* emaciated

wynędznieć *vi* become emaciated

wynieść *zob.* ***wynosić***

wynik *m* result, issue; outcome; *sport* score; ***w ~u czegoś*** as a result of sth

wynikać *vi* result, follow; arise

wyniosłość *f* elevation, height, eminence; (*zarozumiałość*) haughtiness

wyniosły *adj* lofty, high, eminent; (*zarozumiały*) haughty

wyniszczać *vt* destroy, exterminate, waste

wyniszczenie *n* destruction, extermination, waste; ***wojna na ~*** war of attrition

wynos|ić *vt* carry out; (*podnosić*) elevate; raise; (*wychwalać*) extol; (*o kosztach*) amount; ***koszty wynoszą 1000 funtów*** the expenses amount to £ 1,000; ***~ić pod niebiosa*** extol to the skies; ***~ić się*** *vr* (*wyjechać*) depart; ***wynoś się!*** *pot.* get out!; *pot.* clear out; (*pysznić się*) elevate oneself; (***danie***) ***na ~*** takeaway; *am.* takeout

wynurzać *vt* bring to the surface; utter; reveal; ***~ się*** *vr* emerge, come forth; (*zwierzać się*) unbosom oneself (***przed kimś*** to sb, ***z czymś*** with regard to sth); disclose (***z czymś*** sth; ***przed kimś*** to sb)

wynurzenie *n* emergence; (*myśli, uczuć*) effusion

wyobcować *vt* alienate

wyobraźnia *f* imagination

wyobrażać *vt* represent, figure; ***~ sobie*** imagine, fancy; *pot.* figure out

wyobrażalny *adj* imaginable, conceivable

wyobrażenie *n* (*pojęcie*) idea, notion; image

wyodrębniać *vt* (*oddzielać*) separate; (*wydzielać, wyróżniać*) single out

wyodrębnienie *n* (*oddzielenie*) separation; (*wydzielenie, wyróżnienie*) isolation, distinction

wyolbrzymić *vt* magnify

wypaczyć *vt*, ***~ się*** *vr* warp

wypad *m wojsk.* sally

wypad|ać *vi* fall out; (*nagle wybiegać*) rush out; turn out; *impers* ***~a*** (*zdarza się*) it happens; (*godzi się*) it becomes; ***to ci nie ~a*** this does not become you; ***ile na mnie ~a*** how much is due to me?; ***na jedno ~a*** it comes to the same; ***to dobrze ~ło*** it turned out well; ***to szczęśliwie ~ło*** it has turned out fortunately; ***to za drogo ~ło*** it cost too much

wypad|ek *m* case, event; (*nieszczęśliwy*) accident; ***w każdym ~ku*** in any event; ***w żadnym ~ku*** in no case; ***w nagłym ~ku*** in case of emergency; ***na wszelki ~ek*** just in case

wypadkowa *f fiz. mat.* resultant

wypalać *vt* burn; *med.* cauterize; ***~ się*** *vr* burn out <down>

wypaplać *vt pot.* babble out

wypaść *zob.* ***wypadać***

wypatrywać *vt* watch out (***kogoś, czegoś*** for sb, sth), look out (***kogoś, czegoś*** for sb, sth)

wypełniać *vt* (*druk*) fill up <in>; (*polecenie, rozkaz*) carry out; (*spełniać*) fulfil; (*czek*) make out

wypełnienie *n* filling (up); (*spełnienie*) fulfilment

wypędzać *vt* drive out, expel, turn out

wypić *vt* drink (off <up>)

wypiek *m* baking; (*na twarzy*) flush

wypierać *vt* oust, push out; ~ **się** *vr* deny (**czegoś** sth)

wypisywać *vt* write out

wyplatać *vt* intertwine, interweave

wyplątać *vt* extricate; ~ **się** *vr* extricate oneself, become disentangled

wyplenić *vt* weed out

wypluć *vt* spit out

wypłacać *vt* pay out; (*gotówką*) pay down; (*np. robotnikom*) pay off

wypłacalność *f* solvency

wypłacalny *adj* solvent

wypłat|a *f* payment; (*np. robotnikom*) paying off; **dzień ~y** payday

wypłoszyć *vt* scare away

wypłowieć *vi* fade, discolour

wypłukać *vt* rinse, wash out

wypływ *m* outflow, issue

wypływać *vi* flow out; (*wypłynąć*) swim out; (*o statku*) sail out; (*na powierzchnię*) emerge; (*wynikać*) result, ensue

wypoczynek *m* rest

wypoczywać *vi* rest, take a rest

wypogadzać się *vr* clear up

wypominać *vi vt* reproach (**komuś coś** sb with sth)

wyporność *f mors.* displacement

wyposażenie *n* endowment; equipment

wyposażyć *vt* endow; equip

wypowiadać *vt* (*wygłaszać*) pronounce; (*pracę, mieszkanie*) give notice; (*wojnę*) declare; utter; speak; **wypowiedziano mu** (**pracę, mieszkanie**) **na miesiąc z góry** he was given a month's notice to quit

wypowiedzenie *n* pronouncement; (*wojny*) declaration; (*np. pracy, mieszkania*) notice, note to quit; **dać** <**otrzymać**> **miesięczne** ~ give <get> a month's notice; (*wyrażenie*) expression; elocution

wypożyczać *vt* lend out

wypożyczalnia *f* lending shop; ~ **książek** lending-library; ~ **samochodów** rent-a-car service

wypracować *vt* elaborate, work out

wypracowanie *n* elaboration; (*szkolne*) composition, paper

wyprać *vt* wash (off); launder

wypraszać *vt*, ~ **za drzwi** show the door

wyprawa *f* expedition; (*ślubna*) trousseau; (*skóry*) tanning

wyprawiać *vt* dispatch, send; (*skórę*) tan; ~ **się** *vr* (*wyruszać*) set out

wyprężać *vt* stretch out

wyprostować *vt* straighten

wyprowadza|ć *vt* lead out; (*wywodzić*) trace back (**od czegoś** to sth); **~ć wniosek** draw a conclusion; **~ć w pole** take in, deceive; **~ć z błędu** undeceive; **niejeden Amerykanin ~ swoje pochodzenie od polskich przodków** many an American traces his genealogy back to Polish ancestors; **~ć się** *vr* move out (into new quarters)

wypróbować *vt* test, try (out)

wypróbowany *adj* well-tried

wypróżniać *vt* empty; ~ **się** *vr* defecate

wyprysk *m med.* eczema

wyprzedawać *vt* sell out

wyprzedaż *f* sale, clearance-sale; ~ **używanych, zbędnych przedmiotów** garage sale

wyprzedzać *vt* precede, come before; (*np. ubiegać wypadki*) forestall; get ahead (**kogoś** of sb), overtake

wypukłość *f* convexity; bulge

wypukły *adj* convex

wypuścić *vt* let out <off>, let go; ~ **na wolność** set free, set at liberty

wypychać *vt* oust, push out; (*wypełniać*) stuff
wypytywać *vt* question, examine
wyrabiać *vt* manufacture, make; form; (*uzyskiwać*) procure; **~ się** *vr* (*polepszać się*) improve, develop
wyrachowany *adj* scheming, calculating, cold-hearted
wyraz *m* word; expression
wyrazisty *adj* expressive
wyraźny *adj* distinct, marked, explicit
wyrażać *vt* express; **~ się** *vr* express oneself
wyrażenie *n* expression; phrase
wyrąb *m* cutting; (*lasu*) clearing
wyrąbać *vt* cut out; (*las*) clear
wyręczać *vt* (*zastąpić*) replace; (*dopomóc*) succour, relieve, help out; **~ się** *vr*, ***on się zawsze kimś wyręcza*** he always has sb doing his work for him
wyrocznia *f* oracle
wyrodny *adj* degenerate
wyrodzić się *vr* degenerate
wyrok *m* sentence, verdict; ***wydać ~*** pass a sentence
wyrost|ek *m* outgrowth; (*starszy chłopak*) stripling; *anat.* ***~ek robaczkowy*** appendix; *med.* ***zapalenie ~ka*** appendicitis
wyrozumiałość *f* indulgence, understanding
wyrozumiały *adj* indulgent, understanding
wyrozumować *vt* reason out
wyr|ób *m* manufacture, make, article; ***~oby krajowe*** home-made articles; ***~oby żelazne*** hardware
wyrównać *vt* equalize, level, make even; (*rachunek*) settle, pay; *handl.* balance
wyrównanie *n* equalization, levelling; (*rachunku*) settlement, payment; *handl.* balance
wyróżniać *vt* distinguish, mark out
wyróżnienie *n* distinction, honours *pl*
wyrugować *vt* remove; dislodge
wyruszyć *vi* start, set out <off> (***w drogę*** on a journey)
wyrwa *f* breach, gap
wyrwać *vi* pull out, tear out, extract
wyrządzać *vt* do, make, administer; **~ *krzywdę*** do wrong
wyrzec się *vr* renounce, recant
wyrzeczenie *n* renouncement, renunciation
wyrzucać *vt* throw out, expel; (*zarzucać*) reproach (***komuś coś*** sb for <with> sth); (*wysuwać*) eject; ***~ z pracy*** fire
wyrzut *m* (*zarzut*) reproach; *med.* eruption; *pl* ***~y sumienia*** pricks <pangs> of conscience; ***robić*** <***czynić***> ***~y*** reproach (***komuś z powodu czegoś*** sb with sth)
wyrzutek *m* outcast
wyrzynać *vt* cut out, carve; (*mordować*) slaughter
wysadzić *vt* set out; (*podróżnych*) drop, set down; (*na ląd*) land, strand; (*w powietrze*) blow up
wyschnąć *vi* dry up, become dry; (*wychudnąć*) become lean
wysiadać *vi* get out <off>
wysiedlać *vt* expel, remove; dislodge
wysiedlenie *n* expulsion, removal
wysilać *vt* exert; **~ się** *vr* exert oneself, make efforts
wysił|ek *m* effort; ***nie szczędzić ~ków*** spare no efforts
wyskakiwać, wyskoczyć *vi* spring out, jump out
wyskok *m* jump; (*wypad*) sally; (*ekscesy*) *zw pl* excesses
wyskrobać *vt* scrape (out), scratch off, erase
wyskubać *vt* pluck out, pull out
wysłać *vt* send, dispatch; *zob.* ***wysyłać***
wysłaniec *m* messenger, envoy
wysławiać 1. *vt* (*wychwalać*) extol, glorify

wysławiać 2. *vt* express; **~ *się*** *vr* express oneself
wysłuchać *vt* give ear, hear
wysługiwać się *vr* lackey (***komuś*** sb)
wysmażony *adj* fried, well-done
wysmukły *adj* slender, slim
wysnuwać *vt* spin out, unravel; (*wnioski*) draw, deduce
wysoki *adj* high; (*o wzroście*) tall
wysokogórski *adj* high-mountain *attr*
wysokoś|ć *f* height, altitude; (*sumy*) amount; (*zapłata*) ***w ~ci...*** (payment) to the amount of...; ***stanąć na ~ci zadania*** rise to the occasion
wyspa *f* island; (*w nazwie*) isle
wyspać się *vr* get enough sleep
wyspiarski *adj* insular
wyspiarz *m* islander
wyssać *vt* suck out
wystarczający *adj* sufficient
wystarczy|ć *vi* suffice, be enough; ***to ~*** that will do
wystawa *f* exhibition; (*pokaz*) display, show; (*sklepowa*) shop-window
wystawać *vi* stand out, jut, protrude
wystawca *m* exhibitor; (*np. czeku*) drawer
wystawiać *vt* put out; (*pokazać*) exhibit; (*w oknie sklepowym*) display; (*narażać*) expose; (*sztukę*) stage; (*czek*) draw, make out; (*budować*) erect; ***~ kogoś do wiatru*** *pot.* stand sb up
wystawność *f* splendour, pomp
wystawny *adj* pompous, ostentatious, showy
wystawow|y *adj*, ***okno ~e*** show window, shop window
wystąpić *vi* step <come> forward, step out; (*ukazać się*) appear; (*w sądzie*) bring an action <accusation>; (*np. z organizacji*) withdraw, retire; ***~ w teatrze*** appear on the stage; ***~ publicznie*** make a public appearance
występ *m* (*coś wystającego*) projection; (*publiczne wystąpienie*) appearance; ***gościnny ~*** guest performance
występowanie *n* appearance; (*np. zjawiska*) occurrence
wystosować *vt* (*np. pismo*) address
wystraszyć *vt* frighten; **~ *się*** *vr* take fright (***czegoś*** at sth)
wystroić *vt* attire, dress up; **~ *się*** *vr* dress oneself up
wystrzał *m* shot
wystrzałowy *adj pot.* (*efektowny*) terrific, fantastic
wystrzegać się *vr* guard (***czegoś*** against sth), avoid
wystrzelić *vt vi* fire (a shot); shoot; ***~ rakietę*** launch a rocket
wysuszyć *vt* dry up
wysuwać *vt* move forward, push out; (*np. szufladę*) pull open; ***~ się*** *vr* draw ahead, put oneself forward
wysyłać *vt* forward; *fiz.* emit; *zob.* ***wysłać***
wysypać *vt* pour out
wysypka *f med.* rash
wyszczególnienie *n* specification
wyszczerbić *vt* jag
wyszukać *vt* find out; search out; (*np. w słowniku*) look up
wyszukany *adj* (*wykwintny*) choice, exquisite; (*wymyślny*) elaborate, sophisticated
wyszydzać *vt* deride
wyszywać *vt* embroider
wyścielać *vt* line, bolster up; (*np. ściółkę*) litter
wyścig *m* race; (*ubieganie się o pierwszeństwo*) competition, contest; ***~i konne*** horse races *pl* <racing>; ***~ zbrojeń*** armament-race, arms race; *przen.* ***robić na ~i*** try to outdo (***z kimś*** each other); ***~ z czasem*** race against time
wyśledzić *vt* trace out, find out, discover

wyśliznąć się *vr* slip out
wyśmiać *vt* deride
wyśmienity *adj* excellent, exquisite
wyświadczyć *vt* do, render
wyświetlać *vt* (*np. sprawę*) clear up; (*film*) show, project, screen
wytarty *adj* threadbare, worn-out
wytchnienie *n* rest, repose
wytępić *vt* exterminate
wytępienie *n* extermination
wytężać *vt* strain
wytężenie *n* strain, exertion
wytężony *adj* intense, strained
wytknąć *vt* put out; (*błąd*) expose, point out
wytłaczać *vt* (*wyciskać*) squeeze out, extract; (*drukować*) imprint, impress; (*nadawać kształt*) emboss
wytłumaczyć *vt* explain; **~ się** *vr* excuse oneself
wytoczyć *vt* roll out; (*sprawę sądową*) bring a law-suit (***komuś*** against sb), sue
wytrawny *adj* experienced, consummate; (*o winie*) dry
wytrącić *vt* push out, knock out; ***~ kogoś z równowagi*** throw sb out of balance
wytropić *vt* track, trace, search out
wytrwać *vi* hold out, endure; persevere (***w czymś*** in sth)
wytrwałość *f* perseverance, endurance
wytrwały *adj* enduring, persevering
wytrych *m* skeleton key
wytrysk *m* spout, jet; ejaculation
wytryskać *vt vi* spout, jet; ejaculate
wytrząść *vt* shake out
wytrzebić *vt* exterminate
wytrzeszczyć *vi*, ***~ oczy*** goggle
wytrzeźwieć *vi* become sober, sober down
wytrzyma|ć *vt* (*znieść*) stand, endure; *vi* (*przetrzymać*) hold out, last (out); ***to nie ~ przez zimę*** this will not last out the winter
wytrzymałość *f* endurance, stamina
wytrzymały *adj* resistant; durable; (*zahartowany*) enduring; (*o rzeczach*) fast, lasting
wytrzymani|e *n*; ***nie do ~a*** unbearable, past all bearing
wytwarzać *vt* produce, manufacture; (*tworzyć*) form
wytworność *f* distinction, exquisiteness
wytworny *adj* distinguished, exquisite
wytwór *m* product; piece of work
wytwórczość *f* productivity, production
wytwórczy *adj* productive
wytwórnia *f* factory, plant, mill
wytyczać *vt* (*granicę*) delimit, delimitate; (*linię*) draw, trace
wytyczny *adj* directive
wytykać *zob.* ***wytknąć***
wyuzdany *adj* unbridled, licentious
wywabia|ć *vt* lure out, coax away; (*plamy*) take out, remove; ***~cz plam*** stain remover
wywalczyć *vi* fight out
wywalić *vt pot.* (*np. drzwi*) break open; (*wyrzucić*) shove out
wywar *m* decoction
wyważyć *vt* weight; (*np. drzwi*) force, unhinge
wywiad *m* interview; *polit. wojsk.* intelligence; secret service; *wojsk.* (*zwiad*) reconnaissance
wywiązać się *vr* acquit oneself (***z czegoś*** of sth); (*o chorobie, rozmowie*) set in, develop
wywierać *vt* (*np. wpływ*) exert
wywieść *zob.* ***wywodzić***; ***~ w pole*** deceive
wywietrzeć *vi* evaporate, volatilize
wywietrzyć *vt* air, ventilate
wywijać *vi* wave, flourish, brandish; **~ się** *vr* elude
wywlekać *vt* drag out, draw out

wywłaszczać *vt* expropriate, dispossess

wywłaszczenie *n* expropriation, dispossession

wywnętrzać się *vr pot.* unbosom oneself (***przed kimś*** to sb, ***z czymś*** regarding sth)

wywnioskować *vt* infer, conclude

wywodzić *vt* (*wyprowadzać*) lead out; (*np. pochodzenie*) derive; (*wywnioskować*) infer, deduce; (*dowodzić*) argue; ~ ***się*** *vr* be derived, originate

wywoływać *vt* call out <forth>; (*powodować*) evoke, cause, bring about; *fot.* develop

wywozić *vt* carry out; export

wywód *m* deduction, inference

wywóz *m* removal, carrying out; export

wywracać *vt* overturn, upset; ~ ***się*** *vr* overturn; (*o łodzi*) capsize; ~ ***do góry nogami*** turn upside down

wywyższać *vt* elevate, raise; extol

wywyższenie *n* elevation

wyzbyć się *vr* get rid (***czegoś*** of sth); deprive oneself (***czegoś*** of sth)

wyzdrowieć *vi* recover

wyzdrowienie *n* recovery

wyziew *m* exhalation; fumes *pl*

wyznaczać *vt* (*mianować*) appoint; (*zaznaczać*) mark out; (*przydzielać*) allot

wyznacznik *m mat.* determinant

wyznać *zob.* ***wyznawać***

wyznanie *n* (*przyznanie*) avowal; (*religijne*) denomination; (*wiary*) confession; (*miłości*) declaration

wyznawać *vt* (*przyznawać*) avow, confess; (*np. religię*) profess; (*miłość*) declare

wyznawca *m* confessor, believer

wyzuć *vt* deprive, bereave (***kogoś z czegoś*** sb of sth)

wyzwać *vt* challenge, provoke, defy

wyzwalać *vt* liberate, free; emancipate

wyzwanie *n* challenge, defiance; ***rzucić*** ~ throw down the gauntlet

wyzwolenie *n* liberation, deliverance

wyzwolić *vt* liberate, free; ~ ***się*** *vr* free oneself

wyzysk *m* exploitation

wyzyskiwać *vt* exploit

wyzywać *zob.* ***wyzwać***; (*przezywać*) call names (***kogoś*** sb), abuse

wyzywający *adj* provocative, outraging

wyżej *adv* higher; above

wyżeł *m zool.* pointer

wyżłobić *vt* hollow out, groove

wyższość *f* superiority

wyższy *adj* higher; (*rangą itp.*) superior

wyżyć *vi* manage to live; ~ ***się*** *vr* live a full life

wyżymaczka *f* wringer

wyżymać *vt* wring

wyżyna *f* upland

wyżywić *vt* feed, nourish; ~ ***się*** *vr* make a living

wyżywienie *n* living, maintenance

wzajemno|ść *f* mutuality, reciprocity; ***na zasadzie ~ści*** on mutual terms

wzajemny *adj* mutual, reciprocal

w zamian *adv* in exchange, in return (***za coś*** for sth)

wzbierać *vi* swell; rise

wzbogacać *vt* enrich; ~ ***się*** *vr* become rich

wzbogacenie *n* enrichment

wzbraniać *vt* forbid; ~ ***się*** *vr* refuse, decline (***przed czymś*** sth)

wzbudzać *vt* excite, cause, inspire

wzbudzenie *n* excitement, inspiration; *fiz.* excitation

wzburzenie *n* stir, excitement

wzburzony *adj* stirred, troubled; (*o morzu*) rough

wzburzyć *vt* stir up, agitate, trouble

wzdłuż *praep* along; *adv* alongside, lengthwise, lengthways

wzdrygać się *vr* shrink (***przed czymś*** from sth)

wzdychać *vi* sigh (***za kimś, czymś*** for sb, sth)

wzdymać *vt* inflate, puff up

wzgarda *f* contempt (***dla kogoś, czegoś*** for sb, sth)

wzgardliwy *adj* contemptuous, scornful

wzgardzić *vt* despise, spurn

wzgl|ąd *m* regard, respect; consideration; ***pod ~ędem*** with regard (***czegoś*** to sth); ***przez ~ąd*** in regard (***na coś*** of sth); ***ze ~ędu*** with regard (***na kogoś, na coś*** to <for> sb, to <for> sth); ***pod wieloma ~ędami*** in many respects

względność *f* relativity

względny *adj* relative

wzgórek *m* hillock

wzgórze *n* hill

wziąć *vt* take; *zob.* ***brać***; ***~ do niewoli*** take prisoner; ***~ górę*** get the upper hand; ***~ za złe*** take amiss; ***~ się*** *vr*, ***~ się do pracy*** set to work

wzięty *adj* popular, fashionable

wzlot *m* flight, ascent; ***~y i upadki kogoś*** ups and downs (of sb)

wzmacniacz *m techn.* amplifier

wzmacniać *vt* strengthen, reinforce; intensify; *radio* amplify; ***~ się*** *vr* gather strength

wzmagać *vt* increase, grow more intense

wzmianka *f* mention (***o czymś*** of sth); notice

wzmożony *adj* increased

wznak, na ~ *adv* on one's <the> back

wzniecać *vt* stir up, excite

wzniesienie *n* elevation; ***~ się*** (*statku kosmicznego*) lift-off

wznieść *zob.* ***wznosić***

wzniosłość *f* sublimity; loftiness; (*wzniesienie*) elevation

wzniosły *adj* sublime; elevated; lofty

wznosić *vt* raise, lift, elevate, erect; ***~ toast*** propose a toast; ***~ się*** *vr* rise, ascend; *lotn.* climb, lift off

wznowić *vt* revive, renew; resume; (*np. książkę*) reprint

wzorcowy *adj* standard, model *attr*

wzorować *vt* pattern; (*modelować*) model; ***~ się*** model oneself (***na kimś, czymś*** on sb, sth); pattern (***według czegoś*** after sth); follow the example

wzorow|y *adj* exemplary; model *attr*; ***~a szkoła*** model school

wzorzec *m* standard, pattern

wzorzysty *adj* figured; ***~ materiał*** fancy cloth

wzór *m* pattern, model; design; *mat.* formula; (*do naśladowania*) paragon

wzrastać *vi* grow up

wzrok *m* sight; eyesight

wzrokowy *adj* optical; visual

wzrost *m* growth, development; (*cen, kosztów*) rise, increase; (*człowieka*) stature, height; ***człowiek średniego ~u*** man of medium height

wzruszać *vt* move, affect, touch; ***~ się*** *vr* be moved, be affected

wzruszający *adj* moving, touching; pathetic

wzruszenie *n* emotion, affection

wzwyż *adv* up, upwards

wzywać *vt* bid, order, call; (*np. lekarza do domu*) call in; (*urzędowo, np. do sądu*) summon; ***~ pomocy*** call for help

Z

z, ze *praep* with; from, of, out of; through, by; off; ***razem z kimś*** together with sb; ***jeden z wielu*** one out of many; ***jedno z dzieci*** one of the children; ***zrobiony z drzewa*** made of wood; ***pić ze szklanki*** drink out of a glass; ***przychodzę ze szkoły*** I am coming from school; ***wyjść z domu*** leave home; ***zdjąć obraz ze ściany*** take the picture off the wall; ***zejść <zboczyć> z drogi*** go out of one's way; ***żyć z hazardu*** live by gambling; ***ze strachu*** for fear; ***z nieświadomości*** through ignorance; ***to uprzejmie z twojej strony*** it is kind of you; *adv* (*około*) about

za *praep* for; behind; after; by; in; ***biegać za kimś*** run after sb; ***mieć kogoś za nic*** have no regard for sb; ***trzymać za rękę*** hold by the hand; ***wyjść za mąż*** get married; ***dzień za dniem*** day by day; ***za czasów*** at <in> the time; ***za dnia*** by day; ***za godzinę*** in an hour; ***za gotówkę*** for cash; ***za każdym krokiem*** at each step; ***za miastem*** outside the town; ***za pokwitowaniem*** on receipt; ***za ścianą*** behind the wall; ***za zapłatą*** on payment; ***co to za człowiek?*** what (kind of) man is he?; ***co to za książki?*** what (kind of) books are these?

zaawansowany *adj* advanced; (*technicznie*) high tech(nology)

zabarwienie *n* hue, stain, dye

zabawa *f* amusement, entertainment, play; fun; ***~ taneczna*** dance

zabawiać *vt* amuse; ***~ się*** *vr* amuse oneself, have some fun

zabawka *f* toy, plaything

zabawny *adj* amusing, funny

zabezpieczenie *n* guarantee, security, protection; providing (***kogoś*** for sb); placing (***czegoś*** sth) in safety

zabezpiecz|yć *vt* safeguard, secure, place in safety; guarantee; ***~yć rodzinę*** provide for one's family; ***~yć się*** *vr* assure oneself, secure oneself, take measures of precaution; ***być ~onym*** be provided for; be placed in safety

zabić *zob.* **zabijać**

zabieg *m* measure, resource, endeavour; (*lekarski*) intervention; ***czynić ~i*** take measures; take pains

zabiegać *vi* strive (***o coś*** for sth); make great endeavours (***o coś*** towards sth); ***~ komuś drogę*** cross sb's path

zabierać *vt* take, take off <away>; ***~ dużo czasu*** take much time; ***~ głos*** take the floor; ***~ się*** *vr* get off, clear out; set (***do czegoś*** about sth); ***~ się do roboty*** set to work

zabijać *vt* kill; (*gwoździami*) nail up; fix; ***~ czas*** kill time

zabliźnić się *vr* close up

zabłądzić *vi* go astray, lose one's way

zabłocić *vt* splash <cover> with mud; soil, make dirty

zabobon *m* superstition

zabobonny *adj* superstitious

zabol|eć *vi* begin to ache; *przen.* ***to mnie ~ało*** this has hurt me

zaborca *m* occupant; invader

zaborczy *adj* rapacious; predatory; grasping; invasive

zabójca *m* killer, homicide, murderer

zabójczy *adj* murderous, killing, homicidal; destructive

zabójstwo *n* manslaughter, murder

zabór *m* conquest, occupation, annexation; annexed territory
zabrak|nąć *vi* fall short, run short (***czegoś*** of sth); ***~ło nam benzyny*** we ran short of petrol
zabrania|ć *vt* forbid, prohibit, interdict; ***~ się pod karą...*** it is forbidden on <under> penalty <on pain> of...
zabudowa|ć *vt* cover with buildings, build upon; close a passage with brick and mortar; ***plac został ~ny*** the plot has been built upon
zaburzenie *n* disorder, trouble
zabyt|ek *m* monument, relic; historic building; ***ochrona ~ków*** preservation of historic monuments
zachcianka *f* fancy, caprice
zachęcać *vt* encourage
zachęta *f* encouragement
zachłanność *f* greed
zachłanny *adj* greedy
zachłysnąć się *vr* be choked
zachmurz|yć *vt* cloud; ***~yć się*** *vr* cloud, be covered with clouds; become gloomy; ***~one czoło*** frown
zachodni *adj* western, west
zachodzić *vi* arrive; (*o wypadku*) happen, occur; (*o słońcu*) set; (*o kwestii*) arise; ***~ komuś drogę*** cross sb's path; ***~ w ciążę*** become pregnant
zachorować *vi* fall ill, be taken ill (***na coś*** with sth)
zachowanie (się) *n* behaviour, conduct
zachowawczy *adj* conservative
zachowywać *vt* preserve, keep; ***~ ciszę*** keep silent; ***~ ostrożność*** be on one's guard, be cautious; ***~ pozory*** keep up appearances; ***~ obyczaje*** observe customs; ***~ się*** *vr* behave, bear oneself; ***~ się źle*** misbehave
zachód *m* the West; (*trud*) pains *pl*, endeavour; ***~ słońca*** sunset; ***na ~ od*** (to the) west of
zachrypnąć *vi* get <grow> hoarse
zachrypnięty *adj* hoarse
zachwalać *vt* praise
zachwiać *vt* shake, cause to tremble; ***~ się*** *vr* shake, be shaken, reel
zachwycać *vt* charm, enchant, fascinate; ***~ się*** *vr* be charmed, be enraptured (***czymś*** with sth), rave (***czymś*** about sth)
zachwyt *m* enchantment, rapture
zaciąg *m* *wojsk.* enlistment, recruitment
zaciąg|ać *vt* (*do wojska*) enlist, recruit; (*ciągnąć*) draw, drag; ***~ać dług*** contract <incur> a debt; ***~nąć się*** *vr* enlist, join up; ***~ać się papierosem*** inhale the smoke
zaciekawić *vt* intrigue, puzzle, arouse curiosity
zaciekły *adj* embittered; rapid; (*o wrogu*) sworn
zaciemnić *vt* obscure, eclipse; (*np. okna*) black-out
zaciemnienie *n* obscurity; (*przeciwlotnicze*) black-out
zacierać *vt* efface, obliterate
zacieśnić *vt* tighten up
zacięty *adj* obstinate, stubborn
zacinać *vt* notch, slit, cut; ***~ się*** *vr* (*w mowie*) stutter, stammer, falter; (*o zamku, maszynie itp.*) get stuck <jammed>, jam
zaciskać *vt* press together, compress, tighten up; ***~ pięść*** clench one's fist; *przen.* ***~ pasa*** tighten one's belt
zacisze *n* retreat, solitude
zacny *adj* honest, good
zacofanie *n* backwardness
zacofany *adj* backward, reactionary, rusty; ***~ gospodarczo*** underdeveloped
zaczadzenie *n* asphyxia, suffocation
zaczadzieć *vi* become asphyxiated
zaczaić się *vr* lie in ambush; ***~ na kogoś*** lay an ambush for sb
zaczarować *vt* enchant, bewitch

zacząć *zob.* **zaczynać**
zaczepiać *vt* hook on; (*podejść do kogoś*) accost; (*napaść*) attack; (*czepiać się*) pick (**kogoś** on sb)
zaczepk|a *f* attack; **szukać ~i** pick a quarrel
zaczepn|y *adj* aggressive; **przymierze ~o-odporne** offensive and defensive alliance
zaczerwienić *vt* redden, make red; **~ się** *vr* redden, (*zarumienić się*) blush
zaczyn *m* ferment
zaczynać *vt vi* begin, start, commence; **~ się** *vr* begin, start, commence
zaćmić *vt* obscure, eclipse
zaćmienie *n* eclipse
zad *m* rump
zada|ć *vt* give, put; (*o zadaniu do opracowania*) set a task; **~ć cios** deal a blow; **~ć pytanie** put a question; **~ć sobie trud** take the trouble; **~ne lekcje** homework, home lessons; **mamy dużo ~ne** we have much homework to do
zadanie *n* task; **dać ~** set a task; (*domowe*) homework
zadatek *m prawn.* earnest, *fin.* advance payment
zadatkować *vt* pay in earnest <advance>
zadawać *zob.* **zadać**; **~ się** *vr* associate (**z kimś** with sb)
zadłużony *adj* (deeply) in debt; indebted
zadłużyć się *vr* get into debt
zadośćuczynić *vi* give satisfaction, do justice; **~ prośbie** comply with the request
zadowalający *adj* satisfactory
zadowolenie *n* satisfaction, contentment; **~ z samego siebie** self-complacency
zadowolić *vt* satisfy, gratify; **~ się** *vr* content oneself
zadowolony *adj* satisfied, content(ed), glad, pleased
zadrapać *vt* scratch open, make sore with scratching
zadrasnąć *vt* scratch open; *przen.* hurt
zadrażnienie *n* irritation
zadrzewianie *n* afforestation
zaduch *m* stifling air
zaduma *f* meditation, day-dream
zadusić *vt* stifle, choke, smother
Zaduszki *s pl* All Souls' Day
zadymka *f* snow-storm, blizzard
zadyszany *adj* breathless
zadzierać *vt vi* lift <pull> up; tear open, rend; *pot.* **~ nosa** give oneself great airs; **~ z kimś** seek a quarrel with sb
zadziwiać *vt* astonish, amaze
zadzwonić *vi* ring; **~ do kogoś** ring <call> sb up
zagadka *f* riddle, puzzle
zagadkowy *adj* puzzling, enigmatic
zagadnienie *n* question, problem
zagaić *vt* (*np. posiedzenie*) open
zagajnik *m* grove
zagarniać *vt* take, capture
zagęszczać *vt* condense, compress
zagiąć *vt* bend, turn down
zaginąć *vi* get <be> lost, be missing
zaginiony *adj* lost
zaglądać *vi* peep; look up (**do książki** the book); call (**do kogoś** on sb)
zagłada *f* extinction, extermination
zagłębić *vt* plunge, sink; **~ się** *vr* plunge, dive, sink; **~ się w studiach** be engaged in study
zagłębie *n* basin; **~ naftowe** oilfield; **~ węglowe** coal-basin
zagłębienie *n* hollow, cavity
zagłuszać *vt* deafen; (*audycję*) jam
zagmatwać *vt* entangle
zagmatwanie *n* entanglement
zagniewany *adj* angry (**na kogoś** with sb)
zagnieździć się *vr* nestle; *przen.* get a footing

zagorzały *adj* zealous, keen, ardent
zagotować *vt* boil; **~ się** *vr* boil up
zagrabić *vt* seize, appropriate by force
zagranic|a *f* foreign countries; **z ~y** from abroad
zagraniczny *adj* foreign, overseas; ***handel ~*** foreign trade
zagrażać *vt* threaten, menace
zagroda *f* farm, farm-house, cottage
zagrodzić *vt* enclose
zagrożeni|e *n* menace, threat; ***stan ~a*** state of emergency
zagrożony *adj* menaced
zagrzebać *vt* hide in the ground; bury; **~ się** *vr* (*o zwierzętach, np. o krecie*) burrow; *przen.* ***~ się w książkach*** be buried in the books
zagrzewać *vt* warm up; *przen.* (*np. do boju*) rouse, inflame
zahamowanie *n* check, stoppage
zahartowany *adj* inured (***na coś*** to sth)
zaimek *m gram.* pronoun
zainteresowanie *n* interest
zaintonować *vt* strike up (*a tune*)
zajadły *adj* fanatical, furious
zajazd *m* inn; (*najazd*) foray
zając *m* hare
zająć *zob.* ***zajmować***; ***~ się czymś*** set about doing sth; ***~ się od ognia*** catch fire
zajechać *vi* put up (***do gospody*** at an inn); drive up
zajezdnia *f* depot
zajęcie *n* occupation, business, activities; (*np. mienia*) seizure, arrest
zajmować *vt* occupy, take possession (***coś*** of sth); (*stanowisko*) fill; **~ się** *vr* occupy oneself (***czymś*** with sth), be engaged (***czymś*** in sth)
zajście *n* incident
zajść *zob.* ***zachodzić***; ***~ w ciążę*** become pregnant
zakamieniały *adj* obdurate
zakatarzony *adj* having a cold, sniffing; sniffler
zakaz *m* prohibition, ban; ***~ wjazdu*** no entry; ***~ wstępu*** no admittance
zakazić *vt* infect
zakaz|ywać *vt* forbid, prohibit (***czegoś*** sth); ***~any owoc*** a forbidden fruit
zakaźny *adj* infectious, contagious
zakażenie *n* infection
zakąsić *vt vi* have a snack
zakąska *f* snack; (*przystawka*) hors d'oeuvre
zakątek *m* corner, nook; recess
zaklęcie *n* spell; conjuring
zaklinać *vt* conjure, charm; (*błagać*) conjure
zakład *m* (*instytucja*) establishment, institution, institute; (*założenie się*) bet; ***~ pracy*** working place; ***~ krawiecki*** tailor's shop; ***~ przemysłowy*** industrial plant; ***~ ubezpieczeń*** insurance company; ***iść o ~*** make a bet
zakłada|ć *vt* establish, found, institute; (*np. okulary*) put on; (*ręce*) cross; (*fundament*) lay; *vi* (*logicznie*) presume, assume; ***~ć się*** *vr* bet, make a bet, stake; ***~m się z tobą o 5 funtów*** I bet you 5 pounds
zakładka *f* tuck, fold, (*w książce*) bookmark(er)
zakładnik *m* hostage
zakłopotanie *n* embarrassment, uneasiness
zakłócać *vt* trouble, disturb
zakłócenie *n* trouble, disturbance; ***~ porządku*** disorder
zakochać się *vr* fall in love (***w kimś*** with sb); become infatuated with sb
zakochany *adj* in love, enamoured; ***~ po uszy*** head over heels in love
zakomunikować *vt* communicate

zakon *m* order
zakonnica *f* nun
zakonnik *m* monk
zakontraktować *vt* contract (***coś*** for sth), arrange by contract; (*samolot, statek*) charter
zakończenie *n* conclusion, end(ing); ***na ~*** to end with, at the end; ***szczęśliwe ~*** happy end(ing)
zakopać *vt* bury
zakorzenić się *vr* strike root; *przen.* become deeply rooted
zakorzeniony *adj* deep-rooted, inveterate
zakradać się *vr* steal into, creep, sneak up
zakres *m* range, sphere, domain, scope
zakreślić *vt* (*koło*) circumscribe; (*np. plan*) outline; (*zaznaczyć ołówkiem*) mark
zakręci|ć *vt* turn, twist, screw up; ***~ć się*** *vr* turn round, wheel about; ***~ło mi się w głowie*** I'm feeling dizzy
zakręt *m* turning, bend
zakręcić *vt* cover
zakrwawić *vt* stain with blood
zakrzyczeć *vt* shout down; ***~ kogoś*** storm at sb
zakrzywić *vt* crook, curve, bend
zakuć *vt*, ***~ w kajdany*** (en)chain, put in chains
zakup *m* purchase; ***robić ~y*** do the shopping; ***iść na ~y*** go shopping
zakuty *adj* (*w kajdany*) enchained; *pot.* ***~ łeb*** thick-skulled, dull-witted; dumb
zakwitnąć *vi* (begin to) blossom
zalążek *m* germ, embryo
zalecać *vt* recommend, commend; ***~ się*** *vr* court (***do kogoś*** sb), woo (***do kogoś*** sb); make love (***do kogoś*** to sb)
zalecenie *n* recommendation
zaledwie *adv* scarcely, hardly, merely
zalegać *vi* be behind, be in arrears (***z czymś*** with sth); (*o pieniądzach*) remain unpaid
zaległość *f* arrears *pl*
zaległy *adj* overdue
zalepić *vt* glue over
zalesienie *n* afforestation
zaleta *f* virtue, advantage
zalew *m* inundation, flood; (*zatoka*) fresh-water bay
zalewać *vt* pour over; (*o powodzi*) inundate, flood
zależ|eć *vi* depend (***od kogoś*** on sb); ***~y mi na tym*** I am anxious about it; ***nie ~y mi na tym*** it does not matter to me; I don't care for it; ***to ~y*** it depends; ***to ~y od ciebie*** it depends on you; it's up to you
zależność *f* dependence
zależny *adj* dependent (***od czegoś*** on sth)
zaliczać *vt* reckon, advance, pay in advance; (*szeregować*) classify, class, rank; (*wliczać*) include
zaliczenie *n* inclusion; attestation; *handl.* ***za ~m*** cash on delivery
zaliczk|a *f prawn.* earnest; *fin.* advance (money); ***tytułem ~i*** in earnest <advance>
zaludniać *vt* populate
zaludnienie *n* population
załadować *vt* load, charge
załagodzenie *n* mitigation, softening, appeasement
załagodzić *vt* allay, mitigate, compose, appease
załamać *vt* break down
załamanie *n* break-down, collapse; *fiz.* refraction
załatwiać *vt* settle, arrange; (*interesy*) go about one's business, do business; transact; ***~ sprawunki*** shop; go <do> shopping; ***~ się*** *vr* manage (***z czymś*** sth); ***~ się szybko*** make short work (***z czymś*** of sth); ***załatwione!*** (*umowa zawarta*) it's a deal!
załatwienie *n* settlement, ar-

Z

rangement; (*interesów*) doing business, transaction
załącz|ać *vt* enclose (***do czegoś*** with sth); ***w ~eniu do...*** enclosed with...
załącznik *m* (*dodatek*) annex
załoga *f* crew; *wojsk.* garrison
założeni|e *n* foundation; (*przesłanka*) presumption, premise; assumption, principle; ***wychodzić z ~a*** assume, take for granted
założyciel *m* founder
założyć *zob.* ***zakładać***
zamach *m* attempt ***~ na życie*** attempt on life; ***~ stanu*** coup (d'état); stroke; ***za jednym ~em*** at one stroke
zamachowiec *m* assassin
zamarły *adj* dead
zamarzły[-r·z-] *adj* frozen
zamarznąć [-r·z-] *vi* freeze up, get frozen up
zamaskować *vt* mask, camouflage
zamaszysty *adj* vigorous, brisk
zamawiać *vt* (*np. towar*) order; (*rezerwować*) reserve (***sobie*** for oneself)
zamazać *vt* efface, smear over
zamącić *vt* disturb, trouble
zamążpójście *n* marriage
zamek 1. *m* (*budowla*) castle
zamek 2. *m* (*u drzwi*) lock; ***~ błyskawiczny*** zip-fastener, zipper; ***~ szyfrowy*** combination lock
zameldować *vr* report, register; ***~ się*** *vr* report oneself, register; *am.* (*w hotelu*) check in
zamęt *m* confusion, disturbance
zamężna *adj* married
zamglony *adj* hazy, foggy, misty; (*szkło, oczy*) cloudy
zamiana *f* exchange, swap, change (***na coś*** for sth)
zamiar *m* purpose, aim, design, intention; ***mieć ~*** intend, mean
zamiast *praep* instead of
zamiatać *vt* sweep
zamieć *f* (*śnieżna*) blizzard
zamienić *vt* change, exchange (***coś na coś*** sth for sth)
zamienny *adj* exchangeable; (*zapasowy*) reserve, spare; ***handel ~*** barter
zamierać *vi* die off, expire
zamierzać *vt* intend, mean, be going; ***~ się*** *vr* raise one's hand to strike
zamierzchły *adj* remote, old, immemorial
zamieszać *vt* stir <mix> up
zamieszanie *n* confusion, fuss
zamieszczać *vt* place, put; (*w prasie*) insert, have printed
zamieszkać *vi* take lodgings; put up; reside
zamieszkały *adj* resident, living, domiciled
zamieszkani|e *n*, ***miejsce ~a*** dwelling-place, abode, domicile
zamieszkiwać *vi* live; *vt* inhabit
zamilknąć *vi* become silent
zamiłowanie *n* predilection, fancy, love, liking (***do czegoś*** for sth)
zamiłowany *adj* passionately fond (***w czymś*** of sth)
zamknąć *vt* close, shut; (*na klucz*) lock; (*w czterech ścianach*) shut in, lock in, lock up
zamknięcie *n* closing device; lock; fastener; (*pomieszczenie*) seclusion; (*zakończenie*) close, closing; (*ulicy*) blocking
zamoczyć *vt* wet, soak, dip
zamorski *adj* overseas
zamożność *f* prosperity, wealth
zamożny *adj* well-off, well-to-do, wealthy
zamówić *zob.* ***zamawiać***
zamówienie *n* order; ***uszyty na ~*** made to measure
zamrażać *vt* freeze, refrigerate
zamrażarka *f* freezer
zamroczenie *n* stupefaction, numbness
zamroczyć *vt* benumb, stupefy
zamsz *m* chamois-leather, suede

zamurować *vt* wall up
zamykać *zob.* ***zamknąć***
zamysł *m* design
zamyślenie *n* meditation
zamyślić *vt* design; **~ się** *vr* be lost in thoughts
zamyślony *adj* lost in thoughts
zanadto *adv* too, too much, too many
zaniechać *vt* give up
zanieczyszczenie *n* contamination, pollution, impurity; **~ powietrza** air pollution; **~ wody** water pollution
zanieczyścić *vt* pollute, foul
zaniedbanie *n* neglect, negligence
zaniedbywać *vt* neglect; (*np. okazję*) miss
zaniemówić *vi* become dumb
zaniepokoić *vt* alarm, make anxious
zaniepokojenie *n* alarm, anxiety, uneasiness
zanieść *vt* carry; take; (*prośbę*) address
zanik *m* disappearance, loss, decay, atrophy
zanikać *vi* disappear, decline, dwindle
zanim *conj* before, by the time
zanocować *vi* stay for the night
zanosi|ć *vt* take, fetch; **~ się na deszcz** it is going to rain; *zob.* ***zanieść***
zanotować *vt vi* make a note (**coś** of sth), note, put down, take down
zanurzyć *vt* plunge, submerge; (*np. pióro*) dip; **~ się** *vr* plunge, submerge
zaoczn|y *adj*, **studia ~e** extramural <non-resident> studies; **wyrok ~y** verdict by default
zaognić *vt* inflame
zaokrąglić *vt* round off
zaopatrywać *vt* provide, supply (**w coś** with sth); stock; (*na przyszłość*) provide (**kogoś** for sb)
zaopatrzenie *n* supply; (*wyposażenie*) equipment; (*aprowizacja*) provision, maintenance
zaopatrzony *adj* provided for
zaostrzyć *vt* sharpen, whet; (*sytuację*) aggravate
zaoszczędzić *vt* save, economize
zapach *m* smell, odour
zapadać *vi* sink, fall in; (*o nocy*) set in; (*o wyroku*) be pronounced, be passed; **~ na zdrowiu** fall ill; **~ się** *vr* fall in, sink, decay
zapadł|y *adj* sunken; **~a wieś** out-of-the-way village
zapakować *vt* pack up
zapalczywość *f* impetuosity, vehemence
zapalczywy *adj* impetuous, vehement
zapalenie *n* ignition; (*światła*) lighting; *med.* inflammation; **~ płuc** pneumonia
zapaleniec *m* fanatic, enthusiast
zapalić *vt* (*światło*) light; (*podpalić*) set on fire; **~ ogień** make fire; **~ się** *vr* catch fire; *przen.* become enthusiastic (**do czegoś** about sth); **~ silnik** start the engine
zapalniczka *f* (cigarette-)lighter
zapalny *adj* inflammable
zapał *m* ardour, enthusiasm
zapałka *f* match
zapamiętać *vt* remember, memorize; retain in memory, note
zapamiętałość *f* frenzy, fury
zapamiętały *adj* frantic, furious
zapanowa|ć *vi* become prevalent; control; (*pokonać*) overmaster; (*nastać*) set in; **~ła piękna pogoda** a fine weather has set in
zaparzenie *n* infusion
zaparzyć *vt* infuse
zapas *m* stock, store, reserve; **~ do ołówka, pióra** refill; *pl* **~y** supplies
zapasow|y *adj* reserve, spare; *pl* **części ~e** spare parts
zapasy *s pl sport* wrestling(-match)

zapaśnik *m sport* wrestler
zapatrywać się *vr* be of the opinion that...; fix one's eyes (**w coś** on sth)
zapatrywanie się *n* view, opinion
zapełnić *vt* fill up
zapewne *adv* surely, certainly
zapewnić *vt* assure; (*zabezpieczyć*) secure
zapewnienie *n* assurance
zapieczętować *vt* seal up
zapierać się *vr* deny (**czegoś** sth)
zapinać *vt* button up, do up, buckle
zapis *m* record; (*wpis*) registration; (*testament*) legacy, bequest; (*np. w grze*) score
zapisać *vt* write <take> down, record, enter, note; (*lekarstwo*) prescribe; **~ w testamencie** bequeath; *vr* **~ się na kurs** enrol (in), register, sign up for <subscribe to> a course of lectures
zaplątać *vt* entangle
zaplecze *n* back-up
zapłacić *vt* pay
zapłakany *adj* in tears
zapłata *f* payment
zapłodnić *vt* fructify; (*kobietę*) impregnate; inseminate
zapłodnienie *n* fructification; impregnation; **sztuczne ~** artificial insemination
zapłon *m mot.* ignition; **wyłącznik ~u** ignition switch
zapobiegać *vi* guard (**czemuś** against sth), prevent, obviate (**czemuś** sth); **~ ciąży** practice birth control
zapobiega|nie *n* prevention; **środki ~nia ciąży** contraceptives
zapobiegawczy *adj* preventive
zapobiegliwy *adj* industrious; provident
zapoczątkować *vt* inaugurate, start
zapominać *vt* forget; **~ się** *vr* forget oneself
zapomnienie *n* oblivion
zapomoga *f* aid, subsidy
zapora *f* (*przeszkoda*) obstacle; (*zagrodzenie*) bar; **~ wodna** barrage; (water) dam
zaporowy *adj* barrage; *wojsk.* **ogień ~** curtain-fire
zapotrzebowanie *n* demand, requirement
zapowiadać *vt* announce; **~ się** *vr* promise
zapowiedź *f* announcement; (*przedślubna*) banns *pl*
zapoznać *vt* acquaint; **~ się** *vr* get acquainted
zapoznanie *n* acquaintance
zapożyczać się *vr* contract a debt, get into debt
zapracować *vt* earn
zapracowany *adj* (*przemęczony*) overworked
zapragnąć *vt* be desirous (**czegoś** of sth)
zapraszać *vt* invite
zaprawa *f* (*murarska*) mortar; (*sportowa*) training
zaprawiać się *vr* train (**do czegoś** for sth)
zaprosić *zob.* **zapraszać**
zaproszenie *n* invitation
zaprowadzić *vt* lead, conduct; **~ nową modę** start a new fashion; **~ nowe porządki** establish a new order of things; **~ zwyczaj** introduce a custom
zaprowiantowanie *n* provisioning; *zbior.* provisions *pl*
zaprzeczać *vt* deny (**czemuś** sth)
zaprzeczenie *n* denial
zaprzeć się *zob.* **zapierać się**
zaprzepaścić *vt* lose, dissipate, waste
zaprzestać *vi* desist (**czegoś** from sth), discontinue, stop
zaprzęg *m* team, harness
zaprzyjaźnić się *vr* make friends (**z kimś** with sb)
zaprzyjaźniony *adj*, **być ~m z** be on friendly terms with

zaprzysiąc *vt* swear, confirm by oath
zaprzysiężenie *n* (*kogoś*) swearing-in; (*czegoś*) confirmation by oath
zapychać *vt* stuff, cram
zapytać, zapytywać *vt* ask; inquire, query
zapytani|e *n* question; inquiry, query; ***znak ~a*** question-mark
zarabiać *vt* earn, gain; ***~ na życie*** earn one's living <one's bread>
zaradczy *adj* preventive; ***środek ~*** preventive (*means*)
zaradny *adj* resourceful
zaraz *adv* at once, directly
zaraza *f* infection, pestilence
zarazek *m* bacillus, virus, microbe
zarazem *adv* at the same time, at once
zarazić *vt* infect; ***~ się*** *vr* become infected
zaraźliwy *adj* infectious, contagious
zarażenie *n* infection
zaręczyć się *vr* become engaged (to be married)
zaręczyny *s pl* engagement, betrothal
zarobek *m* earning, gain
zarobkować *vi* earn by working
zarodek *m* germ, embryo
zarosły *adj* overgrown
zarost *m* hair, beard
zarośla *s pl* thicket
zarozumialec *m* presumptuous fellow, haughty person
zarozumiałość *f* conceit, (self-) conceitedness
zarozumiały *adj* presumptuous, conceited, bumptious
zarówno *adv*, ***~ jak*** as well as
zarumienić się *vr* redden, become red; (*np. ze wstydu*) blush
zarys *m* outline, sketch, draft
zarysować się *vr* become delineated; (*pojawiać się*) become visible, loom
zarząd *m* administration, management; ***~ główny*** board, council
zarządca *m* administrator, manager
zarządzać *vt* administer, manage (***czymś*** sth), run
zarządzenie *n* regulation, law, order
zarządzić *vt* order, ordain, decide
zarzucać *vt* (*zaniechać*) give up; (*coś na siebie*) put on; reproach (***coś komuś*** sb for <with> sth); (*zasypywać*) pelt; (*pytaniami*) molest; (*towarem*) flood; *vi* (*o aucie*) skid
zarzut *m* reproach, objection; ***bez ~u*** faultless; ***czynić ~y*** raise objections (***komuś*** to sb); ***pod ~em*** on a charge of
zasad|a *f* principle, maxim; *chem.* alkali, base; ***z ~y*** as a rule, in principle
zasadniczy *adj* principal, fundamental, essential, cardinal
zasadzka *f* ambush
zasępiony *adj* gloomy, mournful
zasiadać *vi* take a seat, sit; ***~ do roboty*** get <set> to work
zasiew *m* sowing; seed-corn
zasięg *m* (*np. ramienia*) reach; (*zakres*) domain, scope, sphere; *wojsk.* (*np. ognia*) range; ***w ~u*** within reach
zasięgać *vt* consult (***czyjejś rady*** sb); ***~ informacji*** inquire
zasilać *vt* reinforce; (*np. pieniędzmi*) support
zasił|ek *m* aid, subsidy; ***~ek chorobowy*** sick benefit <allowance>; ***~ek dla bezrobotnych*** unemployment benefit; ***być na ~ku*** *pot.* be on the dole
zaskarżyć *vt* accuse, bring an action
zaskoczenie *n* surprise
zaskoczyć *vt* surprise; take by surprise
zasłabnąć *vi* faint

zasłaniać *vt* (*zakrywać*) cover, veil, cloak, (*osłaniać*) screen, shelter
zasłona *f* cover, veil, screen; (*żaluzja*) blind
zasług|a *f* merit; ***położyć ~i*** deserve well (***dla kraju*** of the country)
zasługiwać *zob.* ***zasłużyć***
zasłużon|y *adj* well-deserved; ***~a kara*** well-deserved punishment; ***~y człowiek*** man of merit
zasłużyć *vi* deserve, merit (***na coś*** sth); ***~ się*** *vr* render service; distinguish oneself
zasłynąć *vi* become famous
zasmucić *vt* make sad, sadden; ***~ się*** *vr* become sad
zasnąć *vi* fall asleep; *zob.* ***zasypiać***
zasobny *adj* wealthy, well-to-do; well stocked
zas|ób *m* store, stock; supply; ***~oby pieniężne*** financial resources; ***~oby żywnościowe*** provisions; ***~ób wyrazów*** vocabulary; stock of words
zaspa *f* (*piasku*) snow-drift
zaspać *vi* oversleep
zaspokoić *vt* satisfy; (*głód, ciekawość*) appease; (*pragnienie*) quench
zaspokojenie *n* satisfaction
zastać *vt* find
zastanawiać *vt* make (***kogoś*** sb) think; ***~ się*** *vr* reflect (***nad czymś*** on sth)
zastanowienie *n* reflection
zastarzały *adj* inveterate
zastaw *m* pawn, pledge; ***dać w ~*** put in pawn
zastawa *f* (*zapora*) barrage; (*stołowa*) tableware
zastawić *vt* bar, block; (*stół*) serve; (*w lombardzie*) pawn, pledge
zastawka *f anat.* valve
zastąpić *vt* replace (with), substitute (for); (*drogę*) bar
zastęp *m* host
zastępca *m* deputy, representative, proxy
zastępczo *adv* in sb's place, temporarily
zastępczy *adj* substitute
zastępstwo *n* replacement, substitution, (*np. handlowe*) representation
zastosować *vt* apply, use; ***~ się*** *vr* comply (***do czegoś*** with sth), conform (***do czegoś*** to sth)
zastosowanie *n* adaptation, application
zastój *m* stagnation; recession
zastraszyć *vt* intimidate, frighten
zastrzegać *vt* reserve; ***~ się*** *vr* stipulate (***, że*** that); ***~ sobie prawa autorskie*** copyright
zastrzelić *vt* shoot dead
zastrzeżenie *n* reservation, provision, restriction
zastrzyk *m* injection; ***~ domięśniowy <dożylny, podskórny>*** intramuscular <intravenous, hypodermic> injection
zastygnąć *vi* (*zakrzepnąć*) congeal
zasuszyć *vt* dry up
zasuwa *f* bar, bolt
zasypać *vt* cover, fill up; (*obsypać*) strew; *przen.* (*towarami*) flood
zasypiać *vi* doze off, drop off, fall asleep; (*na zimę*) hibernate
zaszczycać *vt* honour
zaszczyt *m* honour; ***przynosić ~*** do credit (***komuś*** to sb), be an honour
zaszczytny *adj* honourable
zaszkodzić *vt* injure, prejudice, do harm
zasznurować *vt* lace, tie
zasztyletować *vt* stab
zaszyć *vt* sew up; ***~ się*** *vr* hide oneself, shut oneself in
zaś *conj* but
zaślepienie *n* blindness; *przen.* infatuation
zaświadczenie *n* certificate; attestation

zaświadczyć *vt* certify; attest
zaświecić *vt* light, make light; *vi* begin to shine
zaświta|ć *vi* dawn; ***~ła mu myśl*** the idea dawned upon <on> him
zataić *vt* conceal
zatamować *vt* stop
zatarasować *vt* block, barricade
zatarg *m* conflict; ***popaść w ~*** to get into conflict
zatem *conj* then, therefore, accordingly
zatęchły *adj* musty
zatęsknić *vi* (begin to) pine <long> (***za kimś*** for sb)
zatkać *vt* stop; (*szpary*) caulk, calk
zatłuścić *vt* grease
zatoka *f* bay, creek; *anat.* sinus
zatonąć *vi* sink
zatopić *vt* sink, drown
zatracenie *n* ruin, perdition
zatracić *vt* lose, waste
zatroskać się *vr* become anxious (***o coś*** about sth)
zatrucie *n* poisoning
zatruć *vt* poison; ***~ się*** *vr* get poisoned
zatrudniać *vt* employ
zatrudnie|nie *n* employment; (*zajęcie*) occupation; ***biuro ~nia*** employment agency
zatrwożyć *vt* alarm, frighten; ***~ się*** *vr* become alarmed
zatrzask *m* thumb-lock; (*do drzwi*) safety-lock; (*do ubrania*) (snap-)fastener
zatrzasnąć *vt* slam
zatrzymać *vt* stop; (*nie oddać*) retain, keep; (*przetrzymać, aresztować*) detain; ***~ się*** *vr* stop; remain
zatwardzenie *n med.* constipation
zatwierdzenie *n* confirmation; ratification
zatwierdzić *vt* confirm, sanction; ratify
zatyczka *f* plug
zatykać *zob.* ***zatkać***
zaufać *vi* trust (***komuś*** sb), confide (***komuś*** in sb)
zaufani|e *n* trust, confidence, credence; ***godny ~a*** trustworthy; ***darzyć ~em*** put trust (***kogoś*** in sb); ***cieszyć się wielkim ~em*** be in a position of great trust; ***w ~u*** confidentially; ***wotum ~a*** *zob.* ***wotum***; ***mąż ~a*** shop-steward
zaufany *adj* reliable, trustworthy, trusted
zaułek *m* backstreet; *przen.* ***ślepy ~*** blind alley
zausznik *m* sycophant
zauważyć *vt* notice; (*napomknąć*) remark; ***dający się ~*** perceptible, noticeable
zawada *f* hindrance, obstacle
zawadzać *vi* (*przeszkadzać*) hinder, impede
zawalić ~ się *vr* collapse, break down
zawał *m med.* cardiac infarction; heart failure <condition>
zawartość *f* capacity, contents *pl*
zawarty *pp i adj* contained, enclosed, included
zaważyć *vi* weigh
zawczasu *adv* in good time
zawdzięczać *vi* be indebted; owe
zawezwać *vt* call, summon, call in
zawiadamiać *vt* inform, let known; (*urzędowo*) advise
zawiadomienie *n* notice; information, announcement; (*urzędowe*) advice
zawiadowca *m*, ***~ stacji*** stationmaster
zawias *m* hinge
zawiązać *vt* tie(up), bind; *zob.* ***wiązać***
zawieja *f* storm; (*śnieżna*) blizzard
zawierać, zawrzeć *vt* (*mieścić w sobie*) contain, include; (*znajomość*) make; (*małżeństwo*) contract; (*pokój*) conclude
zawiesić *vt* hang up; (*w*

obowiązkach) suspend; (*wypłatę*) stop; (*odroczyć*) adjourn

zawieszenie *n* suspension; **~ broni** armistice; **~ ognia** cease-fire

zawieść *zob.* **zawodzić**

zawieźć *zob.* **zawozić**

zawijać *vt vi* wrap up; **~ do portu** enter a harbour

zawikłać *vt* entangle, complicate

zawikłanie *n* entanglement, complication

zawiły *adj* intricate, complicated

zawini|ć *vi* be guilty (**w czymś** of sth); **on w tym nie ~ł** this is no fault of his; **w czym on ~ł?** what wrong has he done?

zawisły *adj* dependent (**od czegoś** on sth)

zawistny *adj* invidious, envious

zawiść *f* envy, invidiousness

zawładnąć *vi* come into possession, take possession (**czymś** of sth)

zawodnik *m* competitor

zawodny *adj* unreliable, untrustworthy

zawodowiec *m* professional

zawodowy *adj* professional

zawody *s pl* competition, contest; games *pl*

zawodzić *vt vi* (*prowadzić*) lead; (*rozczarować*) let down, disillusion, disappoint; (*nie udać się*) fail

zawołać *vt* call; **~ taksówkę** hail <thumb> a taxi

zawołanie *n* call, appeal; (*hasło*) watch-word; **na ~** on <at> call; at any time

zawozić *vt* carry, convey

zawód *m* occupation, profession; (*rozczarowanie*) disappointment, disillusion; **zrobić ~** let down, disappoint, disillusion

zawracać *vi* turn back; (*samochodem*) do a U-turn; *vt* **~ komuś głowę** bother sb; **~ komuś w głowie** turn sb's head

zawrócić *zob.* **zawracać**

zawrót *m* (*głowy*) dizziness

zawrzeć *zob.* **zawierać**

zawstydzić *vt* put to shame, make feel ashamed; **~ się** *vr* feel ashamed

zawsze *adv* always, ever; **na ~** for ever; **raz na ~** once for all

zawziąć się *vr* be (dead) set (**na coś** upon sth), set one's mind on sth

zawziętość *f* persistence; obstinacy

zawzięty *adj* persistent; obstinate; **~ na coś** keen on sth

zazdrosny *adj* jealous, envious (**o kogoś, o coś** of sb, sth)

zazdrościć *vt* envy (**komuś czegoś** sb sth)

zazdrość *f* jealousy, envy

zazębiać się *vr* couple; (*łączyć się*) overlap (**z czymś** sth)

zazębienie *n* coupling; overlapping

zaziębić się *vr* catch (a) cold

zaziębienie *n* cold

zaznaczyć *vt* mark; (*podkreślić, wspomnieć*) remark

zaznać *vt* experience

zaznajomi|ć *vt* make acquainted; **~ć się** *vr* become acquainted (**z kimś** with sb); make the acquaintance (**z kimś** of sb); **~łem się z nim** I have made his acquaintance

zazwyczaj *adv* usually, generally

zażalenie *n* complaint; **wnieść ~** lodge a complaint

zażarty *adj* furious, fierce

zażądać *vt* demand, require

zażegnać *vt* ward off, prevent

zażyłość *f* intimacy

zażyły *adj* intimate

zażywać *vt* enjoy; taste; (*lekarstwo*) take

ząb *m* tooth; *pl* teeth; **~ mądrości** wisdom-tooth; **~ mleczny** milk-tooth; **~ trzonowy** molar; **ból zębów** toothache

ząbkować *vi* teethe

ząbkowany *adj* notched; *filat.* perforate

zbaczać *vi* deviate
zbankrutować *vi* go bankrupt
zbankrutowany *adj* bankrupt
zbawca, zbawiciel *m* saviour; (*Chrystus*) the Redeemer, the Saviour
zbawiać *vt* save, redeem
zbawienie *n* salvation
zbędność *f* superfluity
zbędny *adj* superfluous, redundant
zbić *vt* beat up <down>; nail together; (*stłuc*) break; (*np. twierdzenie*) refute
zbiec *vi* run down; run away; escape, make off; *zob.* **zbiegać**
zbieg *m* fugitive, escaped prisoner, escapee; (*zbieżność*) coincidence, concurrence; **~ okoliczności** coincidence
zbiegać *vi* run down, run away; **~ się** *vr* come hurriedly together; (*kurczyć się*) shrink; (*o liniach*) converge; (*o wypadkach*) coincide; *zob.* **zbiec**
zbiegowisko *n* concourse, throng
zbieracz *m* collector
zbierać *vt* collect, gather, hoard; (*np. owoce*) pick; (*np. płyn gąbką*) sop; **~ się** *vr* gather, assemble
zbieżność *f* convergence
zbieżny *adj* convergent
zbiornik *m* receptacle, reservoir
zbiorowisko *m* gathering, crowd
zbiorowy *adj* collective
zbiór *m* collection; (*zboża*) harvest, crop
zbiórk|a *f* meeting, rally, assembly; (*pieniężna*) collection; **miejsce ~i** rallying-point; **zbiórka!** fall in!
zbir *m* ruffian, mugger
zbity *adj* beaten; (*zwarty*) compact
zblednąć *vi* turn pale; (*o barwie*) fade away
z bliska *adv* from near, closely
zbliżać *vt* bring near; **~ się** *vr* approach (**do kogoś** sb), come <draw> near, near
zbliżenie *n* approach; (*w filmie*) close-up
zbliżony *adj* approximate; related; (*podobny*) similar
zbłądzić *vi* err; (*zabłąkać się*) lose one's way
zbłąkany *adj* erring, stray
zbocze *n* slope
zboczenie *n* deviation; (*psychiczne*) aberration
zbolały *adj* aching
zborny *adj*, **punkt ~** rallying-point
zboże *n* corn, grain
zbór *m* Protestant church
zbroczony *pp i adj*, **~ krwią** blood-stained
zbrodnia *f* crime; **~ wojenna** war crime
zbrodniarz *m* criminal
zbroić *vt* arm; **~ się** *vr* arm
zbroja *f* armour
zbroje|nie *n* (*zw. pl* **~nia**) armament; **wyścig ~ń** armaments race
zbrojn|y *adj* armed; **siły ~e** armed forces
zbrojony *adj* (*np. beton*) armoured
zbrojownia *f* arsenal, armoury
zbrzyd|nąć *vi* become ugly; (*stać się wstrętnym*) become repulsive; **to mi ~ło** I am disgusted with it, I am sick of it
zbudzić *vt* wake (up), awaken; **~ się** *vr* wake (up)
zburzenie *n* destruction, demolition
zburzyć *vt* destroy, demolish; (*o budynku, rozebrać*) pull down
zbutwiały *adj* mouldy; *am.* moldy
zbutwieć *vi* moulder; *am.* molder
zbyć *vt zob.* **zbywać**; **~ pięknymi słówkami** put off with fair words
zbyt 1. *adv* too; **~ dużo** too much; **~ wiele** too many
zbyt 2. *m* sale; **rynek ~u** market
zbyteczny *adj* superfluous, redundant

zbytek *m* luxury

zbytnio *adv* excessively

zbywa|ć *vt* sell, dispose (**coś** of sth); (*brakować*) lack; **na niczym mi nie ~** I don't lack anything

zdać *vt*, **~ egzamin** pass the examination; *zob.* **zdawać**

z dala *adv* from afar

zdalnie *adv* from afar; **~ sterowany** with remote control; (*o pocisku*) guided

zdanie *n* opinion, view; *gram.* sentence; **~ główne <podrzędne>** main <subordinate> clause; **moim ~m** in my opinion; **zmienić ~** change one's mind

zdarzać się *vr* happen, occur

zdarzenie *n* occurrence, event, incident, happening

zdatny *adj* fit, suitable, apt

zdawać *vt* render, give over; (*egzamin*) take; *zob.* **zdać**; **~ się** *vr* (*wydawać się*) appear, seem; surrender (*np.* **na los** to the fate); rely (**na kogoś** upon sb)

zdawkowy *adj* commonplace

zdążyć *vt* come in time; **~ coś zrobić** succeed in making sth in time

zdechły *adj* dead

zdecydować *vi* decide; **~ się** *vr* decide

zdejmować *vt* take off, remove; **strach go zdjął** he was seized by fear; **zdjęty podziwem** struck with amazement

zdenerwowany *adj* nervous, irritated, flustered, on edge

zderzak *m* buffer; (*samochodu*) *mot.* bumper

zderzenie *n* crash, collision

zderzyć się *vr* crash, collide

zdjąć *zob.* **zdejmować**

zdjęcie *n fot.* picture, photo(graph), *pot.*(snap)shot; *med.* **~ rentgenowskie** radiograph, x-ray; **zrobić ~** take a picture

zdmuchnąć *vt* blow off

zdobić *vt* decorate, adorn

zdobniczy *adj* decorative

zdobycz *f* acquisition, spoil(s); trophy; catch

zdobywać *vt* conquer

zdobywca *m* conqueror

zdolność *f* ability, capacity

zdolny *adj* able, capable, clever

zdołać *vi* be able

zdrada *f* treachery, infidelity, betrayal; **~ stanu** high treason

zdradliwy *adj* treacherous

zdradzać *vt* betray

zdradziecki *adj* treacherous, perfidious

zdrajca *m* traitor

zdrapywać *vt* scratch off

zdrętwiał|y *adj* rigid, benumbed, torpid; (*z zimna*) numb with cold; **~a ręka** numb hand

zdrętwieć *vi* stiffen, become torpid

zdrętwienie *n* torpor, numbness

zdrobniały *adj* diminutive

zdrowi|e *n* health; **służba ~a** health service; Medicare; **wznieść czyjeś ~e** drink sb's health; **twoje ~e!** here's to you!

zdrowy *adj* healthy, sound; (*służący zdrowiu*) salubrious, wholesome; **~ rozum** common sense; **cały i ~** safe and sound

zdrój *m* spring, well; spa

zdruzgotać *vt* smash, shatter

zdrzemnąć się *vr* have a nap, doze (off)

zdumienie *n* astonishment

zdumiewać się *vr* wonder, be astonished <amazed> (**czymś** at sth)

zdumiewający *adj* amazing

zdumiony *adj* amazed, astonished (**czymś** at sth)

zdychać *vi* die

zdyszany *adj* breathless

zdyszeć się *vr* be short of breath, pant for breath

zdziałać *vt* perform, accomplish

zdziecinniały *adj* in one's dotage; **~ człowiek** dotard

zdziecinnienie *n* dotage

Z

zdzierać *vt* tear away; (*skórę*) skin; (*np. odzież*) wear out; *przen.* overcharge
zdzierstwo *n pot.* overcharge
zdziwić *vt* surprise, astonish; **~ się** *vr* be surprised <astonished> (**czymś** at sth)
zdziwienie *n* surprise, astonishment
ze *praep zob.* **z**
zebra *f* zebra; (*na jezdni*) zebra crossing
zebrać *zob.* **zbierać**
zebranie *n* meeting, assembly; (*towarzyskie*) party, get-together; **prowadzić ~** chair a meeting
zecer *m druk.* compositor
zechci|eć *vi* become willing; **czy ~ałbyś to zrobić?** would you like to do this?
zegar *m* clock; **~ słoneczny** sundial
zegar|ek *m* watch; **żyć z ~kiem w ręku** live by the clock; **na moim ~ku** by my watch
zegarmistrz *m* watchmaker
zejście *n* descent; (*ze świata*) decease
zejść *vi* descend, go down; (*ze świata*) decease; **~ na psy** go to the dogs
zelować *vt* sole
zelówka *f* sole
zemdleć *vi* faint, swoon; *pot.* pass out
zemdlenie *n* fainting, swoon
zemdlony *adj* faint, unconscious
zemst|a *f* revenge; **z ~y** out of revenge
zepchnąć *vt* push down
zepsucie *n* damage; corruption; depravation
zepsuć *vt* spoil, corrupt; deprave; (*uszkodzić*) damage; **~ się** *vr* spoil, be spoiled; be corrupted, be depraved
zepsuty *adj* spoilt; (*uszkodzony*) damaged; (*zgniły*) rotten; *przen.* depraved, corrupted
zerkać *vi* look askance, cast furtive glances (**na kogoś** at sb)
zero *n* zero, nought, null
zerwać *zob.* **zrywać**
zeskoczyć *vi* jump <leap> down
zeskrobać *vt* scrape off
zesłać *vt* send down; (*wygnać*) deport
zesłanie *n* deportation
zespołow|y *adj* collective; **praca ~a** team-work
zespół *m* group, body, team; (*artystyczny*) ensemble, troupe
zestarzeć się *vr* grow old
zestawiać *vt* compare, confront, put together, combine; (*np. bilans*) draw up
zestawienie *n* comparison, combination
zestrzelić *vt* shoot down
zeszłoroczny *adj* last year's
zeszpecenie *n* disfiguration, deformation
zeszpecić *vt* disfigure, deform
zeszyt *m* exercise-book; notebook
ześlizgnąć się *vr* glide down
zetknąć *zob.* **stykać się**
zetknięcie *n* contact
zetrzeć *vt zob.* **ścierać**; **~ kurz** dust; **~ na miazgę** crush; **~ na proch** grind to dust
zew *m* call
zewnątrz *adv praep* outside, outward; **z ~** from outside; **na ~** outside
zewnętrzny *adj* outside, exterior; external; outer
zewsząd *adv* from everywhere, on every side
zez *m* squint
zeznanie *n prawn.* testimony, declaration
zeznawać *vt* testify, declare, give evidence
zezować *vi* squint
zezwalać *vi* allow, permit
zezwolenie *n* permission, permit; consent
zębowy *adj* dental
zgadywać *vt* guess

zgadzać się *vr* consent, agree (***na coś*** to sth); harmonize
zgaga *f* heartburn
zgarnąć *vt* rake together
zgęszczać *vt*, **~ *się*** *vr* thicken, condense
zgęszczenie *n* condensation
zgiełk *m* bustle, tumult
zgięcie *n* bend, turn
zginać *vt* bend, turn, bow; **~ *się*** *vr* bend, bow
zginąć *vi* be killed; (*przepaść*) be lost; perish; (*zapodziać się*) get lost
zgliszcza *s pl* cinders; ruins
zgładzić *vt* kill, exterminate
zgłaszać *vt* report; (*do oclenia*) declare; present; **~ *wniosek*** present a motion; **~ *się*** *vr* come forward, present oneself
zgłębiać *vt* sound, probe, fathom
zgłodniały *adj* starving
zgłosić *zob.* ***zgłaszać***
zgłoska *f* syllable
zgłoszenie *n* announcement, report, declaration, presentation; **~ *się*** *vr* appearance
zgnieść *vt* crush, squash
zgnilizna *f* rot; corruption, decay; (*moralna*) depravity, moral debasement
zgniły *adj* rotten, putrid; (*moralnie*) depraved
zgo|da *f* consent (***na coś*** to sth); (*zgodność*) harmony, concord; ***w ~dzie*** in agreement; ***za ~dą*** with the consent; ***„~da!"*** "agreed!"; "it's a deal!"
zgodnie *adv* according (*np.* ***z planem*** to plan), in conformity, in compliance (*np.* ***z rozkazem*** with the order); (*jednomyślnie*) unanimously
zgodność *f* conformity, compliance; (*jednomyślność*) unanimity; (*dostosowanie*) compatibility
zgodny *adj* (*skłonny do zgody*) compliant; conformable (*np.* ***z tekstem*** to the text); (*jednomyślny*) unanimous; (*dostosowany*) compatible
zgon *m* decease; death; ***świadectwo ~u*** death certificate
zgorszenie *n* offence, scandal
zgorzel *f med.* gangrene
zgorzkniały *adj* sour, rancid; *przen.* embittered, sullen
z góry *adv dosł.* down (hill); beforehand; (*płatność*) in advance
zgrabny *adj* dexterous, skilful; (*dorodny*) well-shaped; (*szczupły*) slim
zgraja *f* gang
zgromadzenie *n* gathering, assembly
zgromadzić *vt* gather, assemble; **~ *się*** *vr* gather, assemble
zgroza *f* horror
zgrubsza *adv* roughly, in the rough
zgryźliwy *adj* sarcastic
zgrzać się *vr* get hot, be sweating
zgrzybiały *adj* decrepit, senile
zgrzyt *m* rasp
zgrzytać *vi* rasp, grate; (*zębami*) gnash
zgub|a *f* loss; (*klęska*) perdition; ***doprowadzić do ~y*** bring to ruin
zgubić *vt* lose; ruin; **~ *się*** *vr* get lost
zgubny *adj* pernicious, ruinous
ziać *vi* exhale
ziarnisty *adj* granular
ziarnko *n* grain, granule
ziarno *n* grain, corn, seed; (*kawy*) bean; (*np. w owocu*) kernel
ziele *n* herb; weed
zielenić się *vr* grow green
zieleń *f* green (colour); (*np. drzew*) verdure; (*w mieście*) green
zielnik *m* herbarium
zielony *adj* green
ziemia *f* (*kula ziemska*) earth; (*gleba*) soil; (*ląd*) land; (*powierzchnia*) ground; **~ *obiecana*** the promised land
ziemiaństwo *n hist.* landed gentry

ziemiopłody *s pl* agricultural products
ziemniak *m* potato
ziemsk|i *adj* earthly, terrestrial; ***kula ~a*** terrestial globe; ***skorupa ~a*** the crust of the earth; ***właściciel ~i*** landowner
ziewać *vi* yawn
zięba *f zool.* finch
ziębić *vt* make cold, refrigerate
zięć *m* son-in-law
zima *f* winter
zimno *adv* coldly; ***jest ~*** it is cold; ***jest mi ~*** I am cold; *s n* cold
zimny *adj* cold, frigid; ***z ~ą krwią*** in cold blood
zimorodek *m zool.* kingfisher
zimować *vi* pass the winter; (*o zwierzętach*) hibernate
zioło *n* herb
ziomek *m pot.* fellow-countryman
ziścić *vt* fulfil
zjadać *vt* eat
zjadliwy *adj* sarcastic
zjawa *f* phantom, apparition
zjawić się *vr* appear
zjawisko *n* phenomenon (*pl* phenomena)
zjazd *m* (*zebranie*) congress, meeting; (*koleżeński*) reunion; (*zlot, zbiórka*) rally; (*w dół*) descent
zjechać *vi* go down, descend; ***~ z drogi*** make way; ***~ się*** *vr* come together, assemble, meet
zjednać *vt* gain; ***~ sobie*** win the favour (***kogoś*** of sb)
zjednoczenie *n* unification; (*organizacja*) union, association
zjednoczony *adj* unified, joint; ***Organizacja Narodów Zjednoczonych*** United Nations Organization
zjednoczyć *vt* unify, unite
zjełczały *adj* rancid
zjeść *vt* eat (up); ***~ obiad*** have dinner
zjeżdżać *zob.* ***zjechać***
zjeżdżalnia *f* slide

Z

zlecać *vt* commission, charge (***komuś coś*** sb with sth), order
zlecenie *n* commission, order; *handl.* ***~ wypłaty*** order of payment
z lekka *adv* lightly, softly
zlepek *m* conglomerate, cluster
zlepiać *vt*, ***~ się*** *vr* stick together
zlew *m* sink
zlewisko *n geogr.* watershed
zlewka *f chem.* beaker
zlewki *s pl* slops
zliczyć *vt* count, add up, compute
zlot *m* rally; (*np. harcerski*) jamboree
złagodnieć *vi* soften, become mild
złagodzenie *n* softening, mitigation
złagodzić *vt* soothe, alleviate; mitigate
złamać *vt* break; ***~ się*** *vr* break, get broken; *zob.* ***łamać***
złamanie *n* break, breaking; *med.* (*kości*) fracture; (*zobowiązania*) breach
złazić *vi* come <climb> down
złącze *n techn.* joint, connector
złączenie *n* junction; connection; unification
złączyć *vt* join, connect, unite; ***~ się*** *vr* join (***z kimś*** sb); unite
zło *n* evil; ***~ konieczne*** necessary evil; ***wybrać mniejsze ~*** choose the lesser of two evils
złocić *vt* gild
złodziej *m* thief; (*kieszonkowy*) pickpocket
złodziejstwo *n* larceny, theft
złom *m* scrap-iron, waste stuff
złościć *vt* annoy, make angry; ***~ się*** *vr* be angry (***na kogoś*** with sb, ***na coś*** at sth), be annoyed <vexed> (***na kogoś, coś*** at <with> sb, sth)
złość *f* anger, spite; ***na ~*** just to spite (***komuś*** sb)
złośliwość *f* malice
złośliw|y *adj* malicious; spiteful; *med.* ***~a anemia*** pernicious

an(a)emia; ***nowotwór ~y*** malignant tumour
złotnik *m* goldsmith
złoto *n* gold
złot|y 1. *adj* gold, *przen.* golden; ***~y wiek*** golden age; ***~a rączka*** *przen. pot.* Jack-of-all-trades
złoty 2. *m* (*jednostka monetarna*) zloty
złowieszczy *adj* ominous, sinister
złowrogi *adj* ill-omened
złoże *n geol.* deposit; bed
złożony *adj* folded; (*skomplikowany*) complicated; complex, compound; ***~ chorobą*** bedridden
złożyć *vt* fold; (*np. pieniądze*) deposit; (*przysięgę*) take; (*z urzędu*) dismiss; (*urząd*) resign; (*wizytę*) pay; (*oświadczenie*) make a statement; *zob.* **składać**
złudny *adj* illusory, deceptive
złudzenie *n* illusion; delusion
zły *adj* evil, bad, ill, wicked; (*zagniewany*) angry (***na kogoś*** with sb); ***złe czasy*** hard times; ***nic złego*** no harm; ***brać za złe*** take amiss
zmagać się *vr* struggle, grapple (with)
zmaganie *n* struggle
zmaleć *vi* grow smaller, diminish, decrease
zmanierowany *adj* mannered, affected
zmarły *adj* dead; *s m* deceased; ***jego ~ ojciec*** his late father
zmarnować *vt* waste; ***~ się*** *vr* get wasted; ***~ okazję*** lose <miss> an opportunity
zmarszczka *f* wrinkle, crease
zmarszczyć *vt*, ***~ się*** *vr* wrinkle (up), crease
zmartwić *vt* worry, grieve, afflict; ***~ się*** *vr* become grieved (***czymś*** at sth)
zmartwienie *n* worry, grief, affliction
zmartwychwstać *vt* resurrect, rise from the dead
zmartwychwstanie *n rel.* the Resurrection
zmarznąć [-r·z-] *vi* be <get> frozen
zmądrzeć *vi* be reasonable
zmęczenie *n* weariness, fatigue
zmęczony *adj* tired, weary
zmęczyć *vt* tire, fatigue; ***~ się*** *vr* be <get> tired
zmian|a *f* change, alteration; (*kolejność pracy*) shift, turn; ***na ~ę*** by turns, in turn, alternately; ***~a na lepsze*** a change for the better
zmiatać *vt* sweep
zmiażdżyć *vt* crush, smash
zmieniać *vt* change, alter; ***~ się*** *vr* change
zmienna *f mat.* variable; ***~ niezależna <zależna>*** independent <dependent> variable
zmienność *f* changeability, variability, mutability
zmienny *adj* changeable, variable, mutable
zmierzać *vi* aim, drive (***do czegoś*** at sth), head (for)
zmierzch *m* dusk, twilight
zmierzchać się *vr* grow dusky
zmieszać *vt* mix up; (*speszyć*) confuse, perplex, disconcert; ***~ się*** *vr* become mixed up; (*speszyć się*) become confused, be disconcerted
zmieszanie *n* mixing up; (*speszenie*) confusion
zmieścić *vt* put, accommodate, place; ***~ się*** *vr* find enough room (for sth)
zmiękczyć *vt* soften
zmięknąć *vi* soften, become soft
zmiłować się *vr* have mercy, take pity (***nad kimś*** on sb)
zmniejszać *vt* reduce, diminish, lessen; ***~ się*** *vr* diminish, lessen, decrease, dwindle
zmniejszenie *n* reduction, diminution, decrease
zmoczyć *vt* moisten, wet, soak

zmoknąć *vi* get wet, be soaked, *pot.* get a soaking
zmora *f* nightmare
zmorzy|ć *vt*, ***sen mnie ~ł*** I was overcome with sleep
zmotoryzowany *adj* motorized
zmowa *f* collusion, conspiracy, plot
zmówić *vt*, ***~ modlitwę*** say one's prayer
zmrok *m* dusk, twilight
zmuszać *vt* force, compel
zmykać *vi* bolt, scamper off
zmylić *vt* mislead, hoodwink
zmysł *m* sense; ***być przy zdrowych ~ach*** be in one's right senses <mind>
zmysłowość *f* sensuality
zmysłowy *adj* sensual; sexy
zmyślać *vt* invent; make up
zmyślenie *n* invention, fiction
zmyślony *adj* fictitious, invented
zmywać *vt* wash up
zmywarka *f* (*do naczyń*) dish washer
znachor *m* medicine-man, witch-doctor
znaczący *adj* significant, meaningful
znaczek *m* sign, mark; (*pocztowy*) (postage-)stamp; (*odznaka*) badge
znaczeni|e *n* significance, meaning, importance; ***być bez ~a*** be of no account, be unimportant
znacznie *adv* considerably
znaczny *adj* considerable, notable
znaczony *adj* labelled, marked
znaczyć *vt vi* mean, signify, mark; be of importance
znać *vt* know; ***~ kogoś z nazwiska*** <***z widzenia***> know sb by name <by sight>; ***dać komuś ~*** let sb know; ***nie chcę go ~*** I want to have nothing to do with him; ***nie dać o sobie ~*** send no news; ***~ się*** *vr* be acquainted (***z kimś*** with sb); be familiar (***na czymś*** with sth); *pot.* be well up (***na czymś*** in sth); ***nie ~ się*** be ignorant (***na czymś*** of sth)
znajd|ować *vt* find; ***~ować się*** *vr* be (found); ***gdzie on się ~uje?*** where is he?; where can he be found?; *zob.* **znaleźć**
znajomość *f* acquaintance; ***zawrzeć ~*** make acquaintance; (*wiedza*) knowledge
znajomy *m* acquaintance; *adj* known, familiar
znak *m* sign, mark, token; signal; ***~ fabryczny*** brand, trade mark; *komp.* character; ***~i drogowe*** road signs; ***~ tożsamości*** earmark; ***~ orientacyjny*** (*w terenie*) landmark; ***~ wodny*** watermark; ***~ zapytania*** interrogation <question> mark, query; ***~ czasu*** a sign of the times; ***zły ~*** ill omen; ***na ~*** in token (***czegoś*** of sth)
znakomitość *f* excellence; celebrity
znakomity *adj* excellent; exquisite
znalazca *m* finder
znalezienie *n* finding, discovery
znaleźć *vt* find; (*odkryć*) discover; ***~ się*** *vr* (*odnaleźć*) be found; (*być*) find oneself; *zob.* **znajdować**
znaleźne *n* finder's reward
znamienny *adj* characteristic
znamię *n* sign, stigma; *przen.* (*piętno*) impress
znamionować *vt* characterize; (*znakować*) brand
znany *adj* known; celebrated
znarowić *vt* (*konia*) make restive
znawca *m* expert (***czegoś*** in sth); authority
znawstwo *n* thorough knowledge
znęcać się *vr* torment, maltreat; torture
znękany *adj* depressed, worn out
zniechęcać *vt* discourage; ***~ się*** *vr* be discouraged
zniechęcenie *n* discouragement

zniecierpliwić *vt* put out of patience; **~ *się*** *vr* lose patience; grow impatient
zniecierpliwienie *n* impatience
znieczulający *adj*, **~ *środek*** an(a)esthetic
znieczulenie *n* insensibility; *med.* an(a)esthesia
znieczulić *vt* make insensible; *med.* an(a)esthetize
zniedołężnieć *vi* become decrepit
zniekształcić *vt* disfigure, deform, distort
znienacka *adv* all of a sudden
znienawidzić *vt* come to hate
znienawidzony *adj* hated, odious
zniesieni|e *n* (*usunięcie*) abolition; ***nie do ~a*** intolerable, unbearable
zniesławić *vt* defame
zniesławienie *n* defamation
znieść *vt zob.* ***znosić***
zniewaga *f* insult
znieważać *vt* insult
zniewieściałość *f* effeminacy
zniewieściały *adj* effeminate, womanish
zniewolenie *n* constraint; violation; (*kobiety*) rape
znikać *vi* vanish, disappear
znikąd *adv* from nowhere
znikomy *adj* (*nieznaczny*) inconspicuous; negligible
zniszczenie *n* destruction, ruin
zniszczyć *vt* destroy, ruin
zniweczyć *vt* annihilate, destroy, thwart
zniżać *vt* lower, (*cenę*) reduce; **~ *się*** *vr* go down, lower, be lowered
zniżk|a *f* reduction; discount; (*giełdowa*) slump; ***sprzedawać ze ~ą*** sell at a discount
zniżony *adj*, ***po ~ch cenach*** at reduced prices
znosić *vt* carry down; (*usuwać*) abolish; (*unieważniać*) annul, lift; (*ścierpieć*) suffer, endure; (*jaja*) lay; ***nie ~*** can't stand; **~ *się*** *vr* (*o ubraniu, obuwiu*) wear; be worn (down); (*utrzymywać stosunki*) have contacts
znośny *adj* tolerable, bearable
znowu *adv* again
znudzenie *n* boredom
znudzi|ć *vt* bore, weary; **~ć *się*** *vr* become bored, be fed up (***czymś*** with sth); ***to mi się ~ło*** I am fed up with it
znużenie *n* weariness
znużyć *vt* fatigue, weary; **~ *się*** *vr* grow weary, become tired
zobaczyć *vt* catch sight (***coś*** of sth), see; **~ *się*** *vr* see (***z kimś*** sb)
zobojętnić *vt* neutralize
zobojętnieć *vi* become indifferent <unconcerned>
zobowiązanie *n* obligation, pledge; ***wziąć na siebie ~*** take on an obligation
zobowiązywać *vt* oblige, bind; **~ *się*** *vr* pledge (oneself)
zodiak *m*, ***znaki ~u*** zodiac <sun> signs
zoolog *m* zoologist
zoologia *f* zoology
zoologiczny *adj* zoological
zorza *f* dawn; **~ *północna*** <***polarna***> northern lights, aurora borealis
z osobna *adv* separately; ***wszyscy razem i każdy ~*** jointly and severally
zosta|ć *vi* remain; (*stać się*) become; ***dom ~ł zburzony*** the house was destroyed; ***~ć na obiedzie*** stay to dinner
zostawiać *vt* leave
zrastać się *vr* grow together, coalesce
zrażać *vt* discourage; **~ *się*** *vr* become discouraged; become prejudiced (***do kogoś*** against sb)
zresztą *adv* after all, anyway
zręczność *f* dexterity, skill
zręczny *adj* dexterous, skilful; (*sprytny*) clever
zrobi|ć *vt* make, do, perform; **~ć**

się *vr* become, grow, get; **~ło mi się niedobrze** I felt sick; **~ło się zimno** it grew cold; **~ła się wiosna** spring has come
zrosnąć się *vr zob.* **zrastać się**
zrozpaczony *adj* desperate, in despair
zrozumiały *adj* comprehensible, intelligible, understandable
zrozumieć *vt* understand, comprehend; *pot.* catch, get
zrozumienie *n* understanding, comprehension
zrównać *vt* even, level; equalize
zrównanie *n* levelling; equalization
zrównoważyć *vt* balance
zrywać *vt* tear off; (*np. kwiaty*) pick; pluck; (*stosunki*) break off; *vi* break (**z kimś** with sb); **~ się** *vr* start up; (*ze snu*) get up with a start; (*o wietrze*) rise
zrządzi|ć *vt* cause, ordain; **los ~ł** the fate has ordained
zrzeczenie się *n* renunciation, resignation
zrzekać się *vr* renounce, resign (**czegoś** sth)
zrzeszać *vt*, **~ się** *vr* associate
zrzeszenie *n* association
zrzędzić *vi* grumble (**na coś** at sth)
zrzucać *vt* throw off <down>, drop, dump; **~ odpowiedzialność** shift off responsibility
zrzut *m* drop(ping)
zsiadać *vi* dismount, descend; **~ się** *vr* (*o mleku*) curdle
zsiadły *adj* (*o mleku*) curdled
zstępować *vi* descend
zsyp *m* chute
zszyć *vt* sew together
zszywka *f* (*do papieru*) staple
zubożały *adj* impoverished
zubożeć *vi* impoverish, become poor
zuch *m* brave fellow; pot. dare devil; (*w harcerstwie*) (Scout) Cub
zuchwalstwo *n* arrogance; (*śmiałość*) audacity
zuchwały *adj* arrogant, audacious
zupa *f* soup
zupełny *adj* complete, entire, total
zużycie *n* (*energii itp.*) consumption; (*zniszczenie*) wear, waste
zużyć *vt* consume; use (up); **~ się** *vr* be used up, wear
zużytkować *vt* utilize
zużyty *adj* used up, worn out
zwalczać *vt* fight (off), combat, overpower, overcome
zwalić *vt* throw down; (*np. dom*) pull down; **~ winę na kogoś** put all the blame on sb; **~ się** *vr* tumble down, collapse
zwalniać (*tempo*) slow down; (*uwolnić*) free, set free; (*pracownika*) dismiss; (*z opłaty, itp.*) exempt (**z** from); (*z obowiązku*) exonerate
zwarcie *n elektr.* short circuit
zwapnienie *n* calcification
zwariować *vi* go mad
zwariowany *adj* mad, crazy (**na punkcie czegoś** about sth)
zwarty *adj* compact, close
zważać *vi* mind (**na coś** sth); (*uwzględniać*) pay attention (**na coś** to sth)
zważyć *vt* weigh; *przen.* (*rozważyć*) consider
zwątpić *vi* doubt, feel a doubt (**w coś** about sth)
zwątpienie *n* doubt, uncertainty
zwędzić *vt pot.* (*ukraść*) snatch, snaffle, pinch
zwężać *vt* narrow; (*spodnie itp.*) take in
zwiać *vr zob.* **zwiewać**
zwiastować *vt* announce
zwiastun *m* harbinger
związać *zob.* **wiązać**
związ|ek *m* union, bond, alliance, conjunction, connection; *chem.* compound; **~ek zawodowy** trade union; **w ~ku z ...** in connection with ...

zwichnąć *vt* sprain, dislocate
zwichnięcie *n* sprain, dislocation
zwiedzać *vt* go sightseeing, see, visit; (*kraj*) tour
zwiedzanie *n* sightseeing
zwierciadło *n* looking-glass, mirror
zwierzać się *vr* open one's heart (***komuś*** to sb), unbosom oneself
zwierzchni *adj* upper, superior
zwierzchnictwo *n* superiority, supremacy
zwierzchnik *m* superior, principal, head
zwierzenie *n* confession
zwierzę *n* animal; (*dzikie*) beast; (*domowe*) domestic animal
zwierzęcy *adj* animal; brutal; ***świat ~*** animal kingdom
zwierzyna *f zbior.* fauna; (*dzika*) game; ***gruba ~*** big game
zwietrzały *adj* decomposed; (*o skałach*) weathered
zwietrzeć *vi* decompose, evaporate; (*o skałach*) weather
zwiewać *vi pot.* (*uciekać*) cut and run, scurry
zwiędły *adj* faded
zwiędnąć *vi* fade away
zwiększyć *vt* magnify, increase; ***~ się*** *vr* increase, augment
zwięzłość *f* brevity, conciseness
zwięzły *adj* brief, concise
zwijać *vt* roll, wind; (*żagle*) furl; (*interes*) wind up; ***~ się*** *vr* roll <curl up> oneself; (*krzątać się*) bustle (***koło czegoś*** about sth)
zwilżyć *vt* moisten, dampen, wet
zwinąć *vt zob.* ***zwijać***
zwinny *adj* nimble, quick, agile
zwitek *m* scrap, scroll, roll
zwlekać *vt vi* delay, linger, protract; (*odkładać*) put off
zwłaszcza *adv* particularly, especially
zwłok|a *f* delay; (*odroczenie terminu*) respite; ***bez ~i*** without delay
zwłoki *s pl* corpse, mortal remains *pl*
zwodz|ić *vt* delude, deceive; ***most ~ony*** drawbridge
zwolennik *m* follower, adherent
z wolna *adv* slowly
zwolnić *zob.* ***zwalniać***
zwolnienie *n* (*uwolnienie*) release; (*o tempie*) slackening; (*z pracy*) layoff, dismissal; (*lekarskie*) sick leave; medical certificate; ***~ od cła*** exemption from customs duty
zwoływać *vt* call together
zwozić *vt* carry, bring in <together>
zwój *m* scroll, roll
zwracać *vt* give back, return; (*pieniądze*) reimburse; ***~ uwagę*** pay attention (***na coś*** to sth); (***komuś na coś*** call sb's attention to sth); ***on zwrócił mi na to uwagę*** he called my attention to it; ***~ się*** *vr* apply (***do kogoś o coś*** to sb for sth), address (***do kogoś*** sb)
zwrot *m* return; (*obrót*) turn; (*wyrażenie*) (set) phrase
zwrotka *f* stanza
zwrotnica *f* switch
zwrotnik *m* tropic; ***~ Raka*** <***Koziorożca***> the tropic of Cancer <Capricorn>
zwrotnikowy *adj* tropical
zwrotny *adj* returnable; (*o pieniądzach*) repayable; *gram.* reflexive; ***punkt ~*** turning-point
zwrócić *zob.* ***zwracać***
zwycięski *adj* victorious; (*w zawodach itp.*) champion *attr*
zwycięstwo *n* victory; *sport.* win
zwycięzca *m* victor; (*w zawodach*) winner, champion
zwyciężać *vt vi* win, conquer, be victorious
zwyczaj *m* custom, practice, habit (***czegoś*** of sth); wont; ***wejść w ~*** grow into a habit, become a custom, become customary; ***starym ~em*** according to the old custom
zwyczajny *adj* usual, common;

ordinary; ***profesor ~*** full professor
zwyczajow|y *adj* customary; *prawn.* ***prawo ~e*** common law
zwykle *adv* usually; ***jak ~*** as usual
zwykły *adj* common; ***~ człowiek*** the man in the street
zwyrodniały *adj* degenerate
zwyrodnienie *n* degeneration
zwyżka *f* rise, increase
zwyżkować *vi* rise
zwyżkow|y *adj*, ***tendencja ~a*** upward tendency
zygzak *m* zigzag
zysk *m* gain, profit; ***czysty ~*** net profit
zyskać *vt* profit; (***na czymś*** by sth), gain
zyskowny *adj* profitable
zza *praep* from behind, from beyond
zziębnięty *adj* chilled
zżymać się *vr* fret and fume; *pot.* be cross (***na kogoś*** with sb)

Ź

źdźbło *n* stalk; (*trawy*) blade
źle *adv* bad, badly, ill, wrong, poorly
źrebak *m*, ***źrebię*** *n zool.* foal
źrenic|a *f* pupil; *przen.* the apple of the eye; ***strzec jak ~y oka*** cherish like the apple of one's eye
źródlany *adj* spring (water)
źródł|o *n* spring, well; *przen.* source; authority; *pl* ***gorące ~a*** hot springs; *przen.* ***~o zła*** origin <root> of evil; ***mieć swoje ~o w czymś*** to rise <spring> from sth; ***~o dochodu*** source of income
źródłosłów *m gram.* etymology
źródłowy *adj* (*oparty na źródłach*) first-hand, original

Ż

żaba *f zool.* frog
żaden *pron* no, none; ***~ z dwóch*** neither
żag|iel *m* sail; ***rozwinąć*** <***zwinąć***> ***~le*** unfurl <furl> the sails, spread <take in> the sails
żaglowiec *m* sailing ship
żaglow|y *adj*, ***płótno ~e*** canvas, sail-cloth
żaglówka *f mors.* sailing-boat
żakiet *m* jacket
żal *m* regret, grief, pity; ***~ mi*** (*przykro mi*) I am sorry; (*żałuję*) I regret; ***~ mi go*** I pity him; ***czuję*** <***mam***> ***do niego ~*** I bear him a grudge; (*skrucha*) repentance
żalić się *vr* complain (***na coś*** of sth)
żaluzja *f* blind; (*sklepowa*) shutter
żałoba *f* mourning; (*odzież*) mourning-dress
żałobny *adj* mourning, mournful; (*orszak, marsz*) funeral *attr*
żałosny *adj* lamentable, deplorable; pathetic
żałować *vt* regret; grudge (***komuś czegoś*** sb sth)
żandarmeria *f* the military police

żar *m* glow, red-heat; (*zapał*) ardour
żargon *m* jargon; slang
żarliwość *f* ardour
żarliwy *adj* ardent
żarłoczność *f* gluttony
żarłoczny *adj* gluttonous, greedy
żarłok *m* glutton
żarna *s pl* hand mill
żarówka *f* bulb
żart *n* joke, jest; ***~em*** in joke, in jest
żartobliwy *adj* jocular, facetious, jocose
żartować *vi* jest, joke; ***~ sobie z kogoś*** make fun of sb; pull sb's leg
żartowniś *m* joker
żarzyć się *vr* glow
żądać *vt* demand, require
żądanie *n* demand, request; ***na ~*** on request; ***płatny na ~*** payable on demand
żądło *n* sting
żądny *adj* desirous (***czegoś*** of sth), eager (***czegoś*** for sth); ***~ sławy*** anxious for fame
żądza *f* eagerness, desire; (*pożądanie*) lust
że *conj* that; *part.* then; ***przyjdźże!*** come then!; do come!
żebrać *vi* ask alms, beg
żebrak *m* beggar
żebro *n* rib
żeby *conj* that, in order that <to>; ***~ nie*** lest
żeglarski *adj* nautical
żeglarstwo *n* sailing; yachting
żeglarz *n* seaman, sailor, navigator
żeglowa|ć *vi* sail, navigate
żeglowanie *m* sailing; navigation; ***~ na desce*** wind surfing
żegluga *f* navigation; ***~ powietrzna*** aviation
żegna|ć *vt* bid farewell; ***~j!*** farewell!; ***~ć się*** *vr* say goodbye to sb; take leave (***z kimś*** of sb); *rel.* cross oneself; *zob.* ***pożegnać***
żel *m* gel
żelatyna *f* gelatine, jelly
żelazko *n* iron
żelazn|y *adj* iron *attr*; ***kolej ~a*** railway; *am.* railroad
żelazo *n* iron; ***~ kute*** wrought-iron; ***~ lane*** cast-iron; ***~ surowe*** pig-iron
żelazobeton, żelbeton *m* reinforced concrete, ferroconcrete
żeliwo *n* cast-iron
żenić się *vr* marry (***z kimś*** sb), take a wife; get married (to)
żeński *adj* female, woman's, women's; feminine *także gram.*
żeton *m* counter, token; (*w grach*) chip
żłobek *m* crib; (*dla dzieci*) crèche, nursery
żłobić *vt* groove
żłopać *vt pot.* gulp
żłób *m* crib, manger
żmija *f* adder, viper
żniwiarka *f* (*maszyna*) harvester, reaping machine
żniwo *n* harvest
żołądek *m* stomach
żołądź *f/m bot.* acorn
żoł|d *m* (soldier's) pay; ***na ~dzie*** in the pay
żołdak *m pog.* mercenary, hireling
żołnierski *adj* soldier's, military
żołnierz *m* soldier
żona *f* wife
żonaty *adj* married (***z kimś*** to sb)
żonglować *vt* juggle
żółciowy *adj* bilious; *med.* ***kamień ~*** gall-stone
żółć *f anat.* bile
żółknąć *vi* turn yellow
żółtaczka *f med.* jaundice
żółtawy *adj* yellowish
żółtko *n* yolk
żółtodziób *m pog.* greenhorn; *am.* rookie
żółty *adj* yellow
żółw *m zool.* tortoise, (*morski*) turtle
żółwi *adj*, ***~m krokiem*** at a snail's peace

żrący *adj* caustic, corrosive
żreć *vt pot.* devour, eat greedily; *chem.* corrode
żubr *m zool.* (European) bison, wisent
żuchwa *f anat.* jaw-bone
żuć *vt* chew, munch
żuk *m zool.* beetle, scarab
żuławy *s pl* marsh-lands *pl*
żur *m* sour soup
żuraw *m zool.* crane; (*studzienny*) draw-well; *techn.* crane
żurnal *m* fashion-journal, ladies' magazine
żużel *m* slag, cinder; ~ ***wielkopiecowy*** furnace slag; *sport* (*wyścigi*) speedway
żwawy *adj* brisk, quick
żwir *m* gravel
życie *n* life; living; (*utrzymanie*) subsistence; ***zarabiać na ~*** earn one's living; ***na całe ~*** for life; ***wprowadzić w ~*** implement; ***~ pozagrobowe*** afterlife; ***takie jest ~!*** that's life!
życiorys *m* life (history), biography, curriculum vitae, CV
życiow|y *adj* vital; ***mądrość ~a*** worldly wisdom, sagacity
życzeni|e *n* wish, desire; ***na ~e*** on request; ***~a*** congratulations; ***z najlepszymi ~ami z okazji imienin <urodzin>*** many happy returns of the day; ***z najlepszymi ~ami z okazji Nowego Roku*** (a) Happy New Year; ***pobożne ~a*** wishful thinking
życzliwość *f* benevolence, goodwill
życzliwy *adj* well-wishing, friendly, favourably disposed (***dla kogoś*** towards sb); *s m* well-wisher
życz|yć *vt* wish; ***~ę ci szczęścia*** I wish you the best of luck; ***~ sobie*** wish
żyć *vi* live, be alive; ***~ powietrzem*** live on air; ***~ przeszłością*** live in the past
Żyd *m* Jew
żydowski *adj* Jewish
Żydówka *f* Jewess
żylaki *m pl* varicose veins
żylasty *adj* (*o mięsie*) tough; (*o człowieku*) wiry
żyletka *f* (*ostrze*) razor-blade
żyła *f* vein; (*minerału*) seam
żyrafa *f* giraffe
żyrandol *m* chandelier
żyrant *m handl.* endorser
żyro *n handl.* endorsement
żyroskop *m* gyroscope
żyrować *vt handl.* endorse
żyto *n* rye
żywcem *adv* alive
żywica *f* resin
żywiczny *adj* resinous
żywić *vt* nourish, feed; (*np. rodzinę*) maintain; (*nadzieję*) entertain; ***~ się*** *vr* feed, live (***czymś*** on sth)
żywiec *m zbior.* cattle for slaughter
żywienie *n* feeding
żywioł *m* element
żywnościow|y *adj* alimentary; ***artykuły ~e*** victuals, provisions, food articles
żywność *f* food, victuals; ***~ z mórz i oceanów*** seafood; ***zdrowa ~*** health food; ***~ z odpadów*** *pot.* junk food
żywo *adv* quickly, briskly, vivaciously; ***na ~*** live
żywopłot *m* hedge
żywot *m* life; (*życiorys*) biography
żywotność *f* vitality, life
żywotny *adj* vital
żyw|y *adj* living, alive; (*kolor*) bright; (*ruchliwy*) lively, vivacious, brisk, quick; *pot.* snappy; ***~e srebro*** quick-silver, mercury; ***jak ~y*** true to life; ***kłamać w ~e oczy*** lie with impudence; ***nie widzę ~ej duszy*** I see no living creature; ***do ~ego*** to the quick; ***ledwie ~y*** half-dead
żyzność *f* fertility
żyzny *adj* fertile

GEOGRAPHICAL NAMES

* NAZWY GEOGRAFICZNE

* Skróty: *Ils* i *Mts* odpowiadają wyrazom *Islands* i *Mountains.*

Adriatyk, Morze Adriatyckie Adriatic, Adriatic Sea
Afganistan Afghanistan
Afryka Africa
Alpy Alps
Ameryka America; ~ **Północna** North America; ~ **Południowa** South America
Anglia England
Antarktyda Antarctic; Antarctic Continent
Arabia Saudyjska Saudi Arabia
Argentyna Argentina
Arktyka Arctic
Ateny Athens
Atlantyk, Ocean Atlantycki Atlantic, Atlantic Ocean
Australia Australia; **Związek Australijski** Commonwealth of Australia
Austria Austria
Azja Asia
Azerbejdżan Azerbaijan
Bałkany Balkans; **Półwysep Bałkański** Balkan Peninsula
Bałtyk, Morze Bałtyckie Baltic, Baltic Sea
Belgia Belgium
Belgrad Belgrade
Berlin Berlin
Berno Bern(e)
Białoruś Byelorussia
Bośnia Bosnia
Brasilia Brasilia (*stolica*)
Brazylia Brasil (*państwo*)
Bruksela Brussels
Brytania Britain; **Wielka** ~ Great Britain
Budapeszt Budapest
Bukareszt Bucharest
Bułgaria Bulgaria
Chiny China; **Chińska Republika Ludowa** Chinese People's Republic
Chorwacja Croatia
Cieśnina Kaletańska Strait of Dover
Cypr Cyprus
Czechy Czech Republic, Czechia
Dania Denmark
Dunaj Danube
Edynburg Edinburgh
Egipt Egypt
Estonia Estonia
Europa Europe
Finlandia Finland
Francja France
Gdańsk Gdansk
Gdynia Gdynia
Genewa Geneva
Grecja Greece
Gruzja Georgia
Haga the Hague
Himalaje Himalayas
Hiszpania Spain
Holandia Holland, the Netherlands
Indie India
Irlandia Ireland, (*Republika Irlandzka*) Eire
Islandia Iceland
Izrael Israel
Japonia Japan
Jerozolima Jerusalem
Kair Cairo
Kanada Canada
Kanał La Manche English Channel
Karpaty Carpathians, Carpathian Mts
Katowice Katowice
Kaukaz Caucasus
Kijów Kiev
Kopenhaga Copenhagen
Kornwalia Cornwall
Kraków Cracow
Krym Crimea
Litwa Lithuania
Lizbona Lisbon
Londyn London

Łotwa Latvia
Łódź Lodz
Macedonia Macedonia
Madryt Madrid
Meksyk Mexico
Mińsk Minsk
Mołdawia Moldavia
Morze Bałtyckie Baltic Sea
Morze Czarne Black Sea
Morze Kaspijskie Caspian Sea
Morze Północne North Sea
Morze Śródziemne Mediterranean Sea
Moskwa Moscow
Niemcy Germany
Norwegia Norway
Nowy Jork New York
Ocean Atlantycki = **Atlantyk**
Ocean Spokojny = **Pacyfik**
Odra Odra, Oder
Oksford, Oxford Oxford
Pacyfik, Ocean Spokojny Pacific Ocean
Paryż Paris
Pekin Beijing, Peking
Polska Poland
Portugalia Portugal
Poznań Poznan
Praga Prague
Ren Rhine
Rosja Russia
Rumunia Romania, R(o)umania
Ryga Riga
Rzym Rome
Sekwana Seine
Serbia Serbia
Skandynawia Scandinavia
Słowacja Slovakia
Słowenia Slovenia
Stany Zjednoczone Ameryki United States of America
Sycylia Sicily
Szczecin Szczecin
Szkocja Scotland
Sztokholm Stockholm
Szwajcaria Switzerland
Szwecja Sweden
Śląsk Silesia
Tamiza Thames
Tatry Tatra Mts
Turcja Turkey
Ukraina Ukraine
Walia Wales
Warszawa Warsaw
Waszyngton Washington
Watykan Vatican City
Węgry Hungary
Wiedeń Vienna
Wielka Brytania Great Britain
Wilno Vilnius
Wisła Vistula
Włochy Italy
Wołga Volga
Wrocław Wroclaw
Zatoka Gdańska Gulf of Gdansk
Zjednoczone Królestwo Wielkiej Brytanii i Północnej Irlandii United Kingdom of Great Britain and Northern Ireland

LIST OF COMMON ABBREVIATIONS

SPIS NAJCZĘŚCIEJ UŻYWANYCH SKRÓTÓW

a. ***albo*** or
am. ***amerykański*** American
ang. ***angielski*** English

b. ***były*** ex; ***bardzo*** very
bm. ***bieżącego miesiąca*** of the current month
br. ***bieżącego roku*** of this year, the current year

cd. ***ciąg dalszy*** continued
cm ***centymetr*** centimetre
cz. ***część*** part
czł. ***członek*** member

dag, dg ***dekagram*** decagram

dł. ***długość*** length
dn. ***dnia*** day ...
dol. ***dolar*** dollar
dot. ***dotyczy*** refers; ***dotyczący*** concerning
dr ***doktor*** doctor
Dw. ***Dworzec*** station

egz. ***egzemplarz*** copy

f.szt ***funt szterling*** pound sterling

G., g. ***góra*** mountain
g ***gram*** gram[me]
g. ***godzina*** hour
gr ***grosz*** *100th part of a zloty*

ha ***hektar*** hectare

i.e. ***id est*** *łac.* (= ***to jest***) i.e., that is
im. ***imienia*** named after, memorial to
in. ***inny*** other; ***inaczej*** or, otherwise
it ***informacja turystyczna*** tourist information
itd. ***i tak dalej*** and so on
itp. ***i tym podobne*** and the like

jez. ***jezioro*** lake
jęz. ***język*** language
jw. ***jak wyżej*** as above

k. ***koło*** near
kg ***kilogram*** kilogram
kier., Kier. ***kierownik*** head, manager
kl. ***klasa*** class
km ***kilometr*** kilometre; ***karabin maszynowy*** machine gun
KM ***koń mechaniczny*** horse-power (h.p.)
km/g ***kilometry na godzinę*** kilometres per hour
kw. ***kwadratowy*** square; ***kwartał*** three months

lek. ***lekarz*** physician

Lot *zob.* **PLL Lot**

M ***metro*** Underground
m ***metr*** metre
m. ***miasto*** town, city; ***miesiąc*** month
mg ***miligram*** milligram(me)
mies. ***miesiąc*** month; ***miesięcznie*** monthly
mieszk. ***mieszkaniec, mieszkańców*** inhabitant(s)
min ***minuta*** minute
m.in. ***między innymi*** among others
m kw. ***metr kwadratowy*** square metre
mld ***miliard*** milliard, billion
mln ***milion*** million
mm ***milimetr*** millimetre

n. ***nad*** on
nad. ***nadawca*** sender
NBP ***Narodowy Bank Polski*** National Bank of Poland
n.e. ***naszej <nowej> ery*** Anno Domini (A.D.)
np. ***na przykład*** for instance
n.p.m. ***nad poziomem morza*** above sea level
nr ***numer*** number

ob., Ob. ***obywatel, obywatelka*** citizen
os. ***osiedle, osada*** settlement; ***osoba*** person

p., P. ***pan, pani, panna*** Mr, Ms, Mrs
p. ***patrz*** see; ***piętro*** floor
PBP Orbis ***Polskie Biuro Podróży Orbis*** Polish Travel Office Orbis
PKO BP ***Powszechna Kasa Oszczędności*** National Savings State Bank
PKO, Pekao ***Polska Kasa Opieki*** Polish Guardian Bank, Ltd
PKP ***Polskie Koleje Państwo-***

we Polish State Railways
PLL ***Lot Polskie Linie Lotnicze Lot*** Polish Airlines Lot
płd. ***południe*** south; ***południowy*** South; southern
płd.-wsch. ***południowowschodni*** south-east
płd.-zach. ***południowo-zachodni*** south-west
płn. ***północ*** north; ***północny*** North; northern
płn.-wsch. ***północno-wschodni*** north-east
płn.-zach. ***północno-zachodni*** north-west
p.n.e. ***przed naszą erą*** before Christ (B.C.)
pol. ***polski*** Polish
por. ***porównaj*** compare
pow. ***powierzchnia*** area
poz. ***pozycja*** item
pp., PP. ***panowie, panie, państwo*** Messrs, Mesdames, Mr and Mrs
prof. ***profesor*** professor
p-ta ***poczta*** post office

r. ***rok***(***u***) year
RP ***Rzeczpospolita Polska*** Republic of Poland

s. ***strona*** page; ***siostra, syn*** sister, son
SA, S.A. ***spółka akcyjna*** Joint Stock Company, *am.* Incorporated Company
SAM, sam ***sklep samoobsługowy*** self-service shop
sek. ***sekunda*** second
sp. zo.o. ***spółka z ograniczoną odpowiedzialnością*** limited liability company; Ltd.
st. ***starszy*** older; senior; ***stopień, stopnie*** degree(s); ***stacja*** station
str. ***strona*** page
St. Zjedn. ***Stany Zjednoczone*** United States

św. ***święty*** saint

t ***tona*** ton
t. ***tom*** volume
tj. ***to jest*** that is (i.e.)
tow. ***towarzysz***(***ka***) comrade; ***towarzystwo*** society
tys. ***tysiąc*** thousand
tzn. ***to znaczy*** that is to say, namely
tzw. ***tak zwany*** so-called

ub. ***ubiegły*** last (*month*, *year etc.*)
UE ***Unia Europejska*** European Union
ul. ***ulica*** street
UP-T ***Urząd Pocztowo-Telekomunikacyjny*** Post and Telecommunication Office
ur. ***urodzony*** born

w. ***wiek*** century
W. Bryt. ***Wielka Brytania*** Great Britain
wg ***według*** according to
w m. ***w miejscu*** local
woj. ***województwo*** province, land
wsch. ***wschód*** east; ***wschodni*** East; eastern
ww. ***wyżej wymieniony*** above mentioned
wym. ***wymawiaj*** pronounce
wys. ***wysokość*** height

zach. ***zachód*** west; ***zachodni*** West; western
zał. ***założony; założył*** established; founded
z d. ***z domu*** maiden name
zł ***złoty*** zloty
zm. ***zmarł***(***a***) died
zob. ***zobacz*** see
z o.o. (*spółka*) ***z ograniczoną odpowiedzialnością*** limited liability (*company*); Ltd
zw. ***związek*** union, association